JN440433

주석 민법

[친족 2]

(제7판)

§ 844 ~ § 996

집필대표

민 유 숙

韓國司法行政學會

집필대표 **민 유 숙** (전 대법관)

편집위원 **전 보 성** (서울서부지방법원 수석부장판사)

(2025. 6. 15. 현재)

머리말(제 7 판)

2020.3. 주석 민법 친족편 제 6 판을 출간한 지 5 년이 지났다.

그 동안 다수의 대법원 판례와 헌법재판소 결정 및 관련 법령 제·개정이 이루어졌다. 먼저 대법원 전원합의체가 다수의 친족법 판례를 내 놓은 점을 특징으로 꼽을 수 있다. 친생자관계존부확인소의 원고적격, 조손입양의 허가기준, 미성년자녀가 있는 성전환자의 성별정정 허가, 이혼소송에서 증거제출을 위한 통신회사에 대한 문서제출명령, 이혼 후 과거 혼인관계의 무효확인청구의 소를 제기할 확인의 이익, 과거양육비 청구권의 소멸시효 기산일 등 친족법의 전 영역에 걸쳐 중요한 법리가 선언되었다. 그 밖에도 유책배우자를 포함하여 재판상 이혼사유의 유연화, 재산분할재판에서 심판청구 기간과 분할대상 산정, 양육비 청구, 성년후견, 국제사법상 재판관할권, 미성년이었던 자녀 본인의 인지청구 제소기간, 부정행위 제 3 자에 대한 손해배상청구 요건 등 다수 쟁점에 관한 대법원 판결들이 선고되었다. 헌법재판소에서 8 촌 이내 혈족의 혼인을 무효로 하는 금혼조항에 대하여 헌법불합치결정을 하고, 혼인 외의 자녀에 대한 출생신고에 관한 결정을 한 것도 중요하다. 친족법 관련 법률로서, 가족관계의 등록 등에 관한 법률이 개인정보에 대한 자기결정권 보호 및 아동의 출생등록될 권리를 보장하기 위한 각종 제도를 신설한 것, 국내입양에 관한 특별법과 국제입양에 관한 법률이 제·개정된 점 역시 눈여겨보아야 할 입법적 변화이다. 제 7 판에서는 이에 대한 해설과 학계의 다양한 논의를 모두 담아 '실체와 절차를 아우르는 친족법 해설서'로서 법률 실무자들께 도움을 드리고자 노력하였다. 2025. 4.까지 선고 및 간행된 대법원 판례와 관련 문헌까지 서술에 포함하였다.

제 7 판에서는 일부 조문에서 새로운 집필자가 공동집필자로 참여하여 수고해주셨다. 또한 새롭게 총론을 추가하였다. 총론에서는 본문의 조문별 편제하에서 다루기 어려운 전체적인 조망을 위하여 친족법의 입법연혁과 특징, 재산법과의 관계, 가사소송법상 전속관할과 절차특례(이행확보방안 포함), 가족관계의 등록 등에 관한 법률의 주요 제도를 망라하여 서술하고, 최근 화두로 떠오르는 쟁점인 사실혼 배우자의 범위, 친생추정과 출생등록될 권리의 충돌에 관하여 간략히 소개하였다.

민법 친족편은 혼인부터 이혼에 이르기까지 부부 사이의 관계와 친생자 및 입양을 포괄한 친자관계를 규율하고 있다. 또한 고령사회 도래와 더불어 중요성이 높아지는 후견 및 친족간 부양에 관한 기본법이다. 사회의 구성단위로서 쉽게 흔들려서는 아니 되는 굳건함을 유지하면서도 역사와 시대의 최전선에서 변화를 수용하기도 한다. 법률실무가와 관계인들이 중심이 되어 그 역할을 수행할 때에 본 주석서가 든든한 법률적 뒷받침이 될 것을 기대한다.

원고를 집필하신 집필자 여러분, 간사로서 집필과정을 총괄하신 전보성 부장판사, 한국사법행정학회의 이중한 사업본부장님을 비롯한 편집부 직원 여러분께 감사드린다. 특히 1960년대부터 척박한 법률전문서 시장의 선구자로서 60여 년간 한결같이 주석시리즈를 비롯하여 다수의 법률서적과 잡지를 출간하여 법률문화 발전에 크게 기여하신 고 이종균 회장님의 영전에 특별한 존경과 감사를 올린다.

2025. 5.

집필대표 민 유 숙

머리말(제 6 판)

사람이 인생의 무대에서 살아가는 모습은 다양하나, 사람이 태어나 인적 결합을 맺다가 사망하면 그간 유지된 인간관계는 종료하고 남겨진 재산을 가르고 분배하는 일은 공통된다고 할 수 있다. 사회의 최소 구성분자인 가족관계 속에서 나는 누구인지(친자관계), 일생의 동반자나 친족과의 관계는 어떻게 형성되고 소멸하는지(혼인관계, 친족관계), 세월을 녹여 일군 재산이 어떻게 나누어지는지(유언, 상속관계), 이러한 삶의 기본이 되는 법적 문제를 규율하는 것이 바로 친족법과 상속법을 아우르는 가족법이다.

이처럼 우리의 일상생활에 큰 영향을 미치는 가족법의 최근 개정은 눈에 띈다. 민법 중 가족법과 아울러 다른 한 축을 이루는 재산법은 실질적인 개정이 거의 이루어지지 않았던 것과 견주어 보면, 가족법만이 가지는 특색이라고 할 수 있다. 근래 있었던 개정만 꼽아 보아도, 조부모의 면접교섭권, 친권의 일시 정지·일부 제한, 미성년자 입양 허가, 미성년후견 및 친권 제도의 개편, 성년후견제도 도입 등 굵직한 내용이 많다. 한편 대한민국 수립 이후 반세기 동안 유일한 가정법원이었던 서울가정법원 외에 전국 주요도시에 가정법원이 신설되었다. 그에 따라 가사사건만을 전담하는 법관과 가사조사관이 충원되어 가족법을 둘러싼 법률문제와, 가족간 심리현상을 과학적으로 다루는 전문인력층도 두터워졌다. 이러한 변화는 전통적인 혼인·가족관계가 재편되고, 가사재판실무에서 아동 복리 관점이 최우선적 가치가 되는 등 사회변화에 대처하기 위한 필연적인 결과라고 평가할 수 있다. 개정된 법령과 변화된 실무에 따른 학설과 판례도 축적되었음은 물론이다.

이러한 법률개정과 실무 발전의 역동성이야말로 우리 가족법을 이해하는 핵심이라는 인식 아래 가족법 이론과 실무의 발전상을 충실하게 반영하기 위해, 각급 법원에서 가사사건을 전문적으로 다루어 뛰어난 실무역량을 갖춘 소장판사를 중심으로 집필진을 구성하였다. 이로써 가족법이 재판실무에서 어떻게 살아 있는 법으로서 시대감각에 맞게 구현되는지 보여줄 수 있다고 믿는다. 나아가 이 책의 주된 독자층인 법률실무가의 수요에 부응하여, 최신 법령을 기준으로 학설과 판례를 집대성하였다. 이론적 논의는 최소화하는 대신, 대법원 판례뿐 아니라 공간되지 않은 각급법원 판결도 최신판결까지 충실하게 소개하였고, 필요한 범위에서 가사재판절차에 관해서도 서술한 것이 이 책의 가장 큰 특징이다. 이로써 가사재판실무에 종사하는 사람에게 재판례에 관한 갈증을 풀고 실질적인 도움을 주고자 노력하였다.

다만 가사소송법 전부개정안이 통과되리라 예상하여 개정안에 포함된 가사재판절차까지 소개하려던 것이 당초 이 책의 집필 계획이었으나, 개정안의 통과 여부가 불확실하여 거기에 이르지 못했다. 그 내용은 이 책의 개정판에서 기대해 볼 수 있겠다.

끝으로 바쁜 재판실무에도 원고를 집필하신 집필자 여러분과 간사로서 집필과정을 총괄한 전보성 부장판사, 어려운 출판 여건 아래에서도 집필자 구성에 관한 새로운 시도를 흔쾌히 수락하여 이 책의 출판을 맡아주신 한국사법행정학회의 이종균 회장님과 이형한 기획부장을 비롯한 한국사법행정학회 편집부 직원 여러분께 깊은 감사를 드린다.

2020. 3.

편집대표 민 유 숙

머리말(제 5 판)

2010 년 가을에 주석민법 친족편 제 4 판을 출간한 이후 5 년이 넘는 세월이 흘렀다. 그 동안 민법 중 친족편의 조문이 상당 부분 개정되었을 뿐만 아니라, 친족법 분야에서 새로운 해석론을 전개한 판례도 적지 않게 축적되었다.

이번에 새로 출간하는 제 5 판에서는 개정된 친족법 조문과 그 동안 새로 나온 중요한 판례들을 빠짐없이 소개하고 해설하고자 하였다. 또한 기존의 주석에 대해서도 보완이 필요하다고 생각되는 부분을 보정하였다. 이 과정에서 특히 후견 부분의 분량이 상당히 증가하여 주석민법 친족편 제 5 판은 부득이 네 권으로 나누어 출간하게 되었다.

이 자리를 빌어서 성년후견과 관련하여 집필에 필요한 기초자료를 준비해 주고 중요한 논점에 대해서 자문의견을 준 박인환 교수(인하대학교 법학전문대학원)와 성실하게 교정을 보아준 안문희 박사에게 감사의 인사를 전한다. 그리고 이 책을 출판하는 데 여러 가지 지원을 아끼지 않은 한국사법행정학회의 이종균 회장님과 이형한 부장님에게도 감사의 뜻을 표한다.

2016. 6. 8.
저자 金 疇 洙
金 相 瑢

머리말(제 4 판)

주석친족 제 3 판을 출판한 지 5 년만에 제 4 판을 출간하게 되었다. 이번 개정판에서는 여러 가지 면에서 보완과 개선을 추구하였다. 우선 개정판에서는 한자로 되어 있던 용어를 대부분 한글화하여 독자들의 편의를 도모하였다. 2005 년에 개정된 민법 조문의 해석을 보완하였고, 2007 년에 개정된 협의이혼제도와 관련된 부분을 추가하였다. 또한 양육비이행확보를 위하여 2009 년에 개정된 가사소송법 규정에 대해서도 해설하였으며, 가족관계등록법과 관련하여서도 최근에 개정된 내용(2010 년 6 월 30 일부터 시행)까지 반영하여 설명하였다.

이전과 마찬가지로 제 4 판에서도 해방되기 이전의 판례부터 최근의 판례까지 망라하여 수록하는 것을 원칙으로 하였다(교정을 볼 때까지 판례공보에 공개된 대법원 판례는 전부 수록하려고 하였으며, 가능한 범위에서 하급심판결과 미간행 판례도 소개하였다). 과거의 오래된 판례를 삭제하는 문제에 대해서 고민하였으나, 친족·상속에 관한 우리 판례의 변천을 살펴볼 수 있다는 점에서 역사적인 의미가 있다고 생각하여 그대로 유지하기로 하였다(과거의 판례에 대한 평석도 그 당시에 적용된 법률을 전제로 한 것이다).

주석친족은 제 3 판까지는 단독저서였으나, 이번 개정판부터는 2 인 공저가 되었다. 앞으로도 주석친족의 내용을 보완하고 다듬어서, 다음에는 더욱 충실한 주석서를 세상에 내놓을 것을 약속드린다.

이 책의 출판을 위해 수고하신 사법행정의 이형한 부장님, 교정을 도와 준 중앙대 대학원의 김용현 군에게 감사의 인사를 드린다.

2010. 6.
저자 金 疇 洙
金 相 瑢

머리말(제 3 판)

제 17 대 국회가 열리면서, 정부는 호주제도를 폐지하는 민법개정안을 마련하여 2000 년에 국회에 제출하였다가 폐기된 개정안을 합쳐서 국회에 제출하였으며, 국회는 법제사법위원회 민법심위소위원회에서 이를 심의한 결과 여야의원이 약간의 수정을 거쳐, 2005 년 2 월 28 일 법제사법위원회 전체회의를 찬성 11 명, 반대 3 명, 기권 1 명으로 통과시켰다. 이에 앞서 헌법재판소는 2005 년 2 월 3 일 호주제도에 대하여 헌법불합치결정을 내려, 민법상의 호주제도에 관련되는 규정이 개정될 때까지만 그 효력을 가진다고 선고하였다. 국회법제사법위원회를 통과한 개정안은 2005 년 3 월 2 일 국회의원 235 명 중 찬성 161 명, 반대 58 명, 기권 16 명으로 본회의를 통과하여, 2005 년 3 월 31 일 법률 제 7427 호로 공포 시행됨으로써, 우리나라에도 드디어 개인의 존엄과 양성평등의 원칙에 입각한 현대적 모습을 가진 가족법이 탄생하였다.

개정법 중에서 중요한 부분만 꼽아 보면, 1. 호주제도의 폐지, 2. 가족의 법위의 신설, 3. 자의 성과 본의 개정, 4. 근친혼금지규정이 개정, 5. 여자의 재혼금지기간의 폐지, 6. 친생부인제도의 개정, 7. 친양자제도의 신설, 8. 친권규정의 일부 개정, 9. 후견인의 해임규정의 개정, 10. 한정승인제도의 보완규정의 신설 등을 들 수 있다.

이 중에서 호주제도와 관련된 규정(제 2 장 호주와 가족, 제 8 장 호제승계)과 친양자에 관한 규정 등은 신분등록부의 정비의 필요상, 2008 년 1 월 1 일부터 시행하게 되어 있다.

위와 같은 내용을 해설하기 위하여 제 3 판을 내기로 했으며, 그밖에 그 후에 새로 나온 판례를 보완하였다.

2005. 7. 2.

저자 金 疇 洙

머리말(제 2 판)

이 책의 제 1 판이 1998 년에 출간되었다. 그 후 법무부의 민법개정특별분과위원회에서 5 년여에 걸쳐서 준비한 가족법(친족법과 상속법의 통칭)개정안이 1999년에 국회에 제출되어 법제사법위원회에서 약간의 수정이 가해진 후 전체회의까지 통과되었지만, 법무부가 제출한 개정안 중에서 이미 헌법재판소에서 헌법불합치 결정을 내려 효력을 상실한 동성동본간의 혼인금지규정(제 809 조 제 2 항)을 폐지하고 근친혼금지규정으로 바꾸는 안을 채택하지 않았기 때문에 언론계와 여성계 등의 맹렬한 비판을 받고, 결국 법사위의 수정안은 국회 본회의에 상정시키지 못하고 폐기되는 운명에 처해졌다. 그 후 새 국회가 열린 후, 법무부는 이미 주요 조항들이 헌법재판소에서 헌법불합치결정이 내려져서 그 효력이 상실되어 있는 상태이기 때문에, 1999 년에 국회에 제출되었다가 폐기된 가족법 개정안 중에서 "부양상속분"의 규정을 기여분의 특칙으로 손질을 한 후 다시 국회에 제출하였다. 그러나 국회는 "가부장제 가족법질서로의 회귀"를 꿈꾸는 수구봉건세력의 압력에 밀려 개정안에 대해서는 손도 대지 못하고, 개정안 중에서 상속회복청구권의 제척기간(제 999 조 제 2 항)과 한정승인에 관한 규정(제 1019 조 제 3 항의 신설)에 대해서만 심의를 하여 이를 통과시켜서 2002 년 1 월 14 일 공포 시행되고 있을 뿐이다.

이 책의 제 2 판은 원래 가족법 개정안의 국회 통과를 계기로 낼 생각으로 준비하고 있었다. 그러나 위와 같은 사정에 비추어 볼 때에, 가족법 개정안의 완전한 통과는 당분간 어려울 것 같다. 그래서 그 동안 새로 나온 판례를 모두 보완하고, 국회에 제출되어 있는 개정안을 관련된 부분에서 소개하여 해설하였다.

끝으로 이 책을 내는 데 있어서 편집과 교정 등 여러 모로 수고해 주신 편집부의 최창석 부장에게 깊은 감사를 드린다.

2002. 7. 18.

저자 金 疇 洙

머리말(제 1 판)

한국사법행정학회의 주석서는 '주석민법'에서 시작된다. 그것은 상·하권으로 되어 있었는데, 친족편은 하권에 들어 있었다. 하권의 초판이 1972 년에 출간되었으므로, 이미 26 년이라는 세월이 흘렀다. 그동안 한국사법행정학회에서는 주석민법의 전정판을 출간해 왔는데, 친족편과 상속편에 대해서는 내가 책임지고 편집과 집필을 하기로 출판사와 약속이 되어 있었다. 그러나 나의 게으름으로 그 출간이 늦어져서 상속편이 겨우 1996 년에야 출간되었다. 이어서 친족편이 곧 출간되어야 하는데, 나의 개인사정으로 늦어져서 이제야 Ⅰ·Ⅱ·Ⅲ의 3 권으로 그 모습을 보이게 되었다. 상속편은 나의 책임하에 여러 사람이 집필하였지만, 친족편은 나의 단독집필로 하였다. 그것은 이 주석서의 구판(1972 년)이 나의 단독저서였다는 데에 기인한다.

끝으로 이 책을 내는데 있어서, 교정과 색인작성 등 여러모로 수고 해주신 편집부의 최창석 부장에게 깊은 감사를 드린다.

1998. 7. 13.
저자 金 疇 洙

제7판 주석 민법 친족편 집필자

강 주 리	대전지방법원 부장판사
김 성 우	법무법인(유한) 율촌 변호사
김 정 운	대구지방법원 부장판사
민 유 숙	전 대법관
박 상 인	인천지방법원 부장판사
송 인 우	전주지방법원 부장판사
신 정 일	수원지방법원·수원가정법원 평택지원 부장판사
이 광 우	서울가정법원 수석부장판사
이 민 수	서울남부지방법원 부장판사
이 선 미	대전고등법원 고법판사
이 은 정	법무법인(유한) 동인 변호사
임 종 효	서울고등법원 고법판사
전 연 숙	서울북부지방법원 부장판사
정 동 혁	서울가정법원 부장판사
정 용 신	서울가정법원 부장판사
정 현 경	서울고등법원 고법판사
최 인 화	김·장 법률사무소 변호사
홍 창 우	법무법인(유한) 동인 변호사

(가나다순, 2025. 6. 15. 현재)

[범 례]

Ⅰ. 서술방식

1. 원고는 횡서체로 하고 한글 전용을 원칙으로 한다. 다만 법령명이나 의미 전달에 혼란이 있는 경우 한자를 괄호안에 병기하였다.

2. 타이틀은 다음과 같이 구분하였다.

Ⅰ.
1.
가.
1)
가)
(1)
(가)
①
㉮

3. 조문은 집필당시의 개정법률을 근거로 하며 그 내용은 종합법률정보(http://glaw.scourt.go.kr)에 수록된 법령에 준하였다.

4. 조문 하단에는 집필하려는 조문과 관련된 관련조문이나 비교조문을 나열하였고, 해당 조문의 목차를 두었다.

5. 각 조문별로 주석을 서술하였고 별면으로 처리하였다. 각주의 일련번호는 각 편, 장, 절, 관, 조문별로 새롭게 번호를 부여하였다.

Ⅱ. 법령 표기

1. 법령의 인용시에는 원칙적으로 약어를 사용하지 않았다.

2. 본문속에 법령을 표기할 때에는 본문의 법령인용은 원문 그대로 사용하며 제○조 제○항 제○호 등으로 기재하였다.

※ 예) ① 본문의 경우

민사소송법 제476조 제1항, 민법 제289조의2 제1항

② ( )안의 경우

(민사소송법 제479조 제2항 제1호, 민법 제280조 제1항 제1호)

Ⅲ. 판례 표기

1. 판례의 표기는 다음과 같은 방법에 따른다.

▷ 대법원 1996. 4. 26. 선고 96다1078 판결.

▷ 대법원 1992. 5. 26. 선고 92다84 판결, 대법원 1993. 10. 26. 선고 93다6409 판결, 대법원 1996. 6. 14. 선고 96다46374 판결.

▷ 대법원 1996. 11. 16. 자 95마252 결정.

▷ 대법원 1995. 11. 16. 선고 94다56852, 56853 전원합의체 판결.

☞ 사건번호는 병합, 반소, 참가 사건 구분 없이 '94다56852, 56853'과 같이 나열하였다.

▷ 부산지방법원 동부지원 2000. 1. 18. 선고 2000가합10574 판결.

▷ 헌법재판소 1994. 7. 29. 선고 92헌바49, 52 결정.

2. 외국 판결은 그 나라의 표준적인 표시방법에 따라 표시할 수 있다. 다만, 일본판결의 경우에 선고일자는 서기연도로 기재하며, 일본연호는 사용하지 않았다.

▷ 일본대심원 대정 9년 12월 20일 판결

☞ 日大判 1920. 12. 20.

▷ 일본최고재판소 소화 34년 6월 19일 판결

☞ 日最判 1959. 6. 19.

3. 판례 출처는 검색이 가능한 판례의 경우는 출처를 밝히지 않았다. 하지만 그 외의 경우는 출처를 밝히기 위한 약어는 다음과 같다. 약어로 표기된 출처는 괄호(공1988, 623)안에 넣어 표기한다.

▷ 법원공보 1988년 4월 15일 제822호 623면 → 공1988, 623

▷ 법원공보 1993년 7월 15일 제948호 1697면 → 공1993하, 1697

☞ 법원공보가 상, 하로 분리된 1993년부터는 상, 하를 구분하여 표시하였다.

▷ 판례공보 1996년 2월 1일 제3호 461면 → 공1996상, 461

▷ 대법원판례집 제43권 2집 민사편 230면 → 집43-2, 230

☞ 다만, 대법원판례집 제31권 6집까지는 편별로 면수가 독립되어 있으므로 '집31-6, 민149'와 같이 편별 표시를 하였다.

▷ 대법원판결요지집 민사·상사편 Ⅰ-2집 680-2면 65번 판결 → 요민Ⅰ-2, 680- 2(65)

☞ 형사·군사편은 '요형', 특별편은 '요특'으로 표시하였다.

▷ 각급법원(제1,2심) 판결공보 2005년 2월 10일 제18호 215면 → 각공18, 215

▷ 고등법원판례집 1970년 형사·특별편 20면 → 고집1970, 형특20

▷ 하급심판결집 1984년 제2권 229면 → 하집1984-2, 229

▷ 헌법재판소판례집 제3권 569면 → 헌집3, 569

▷ 헌법재판소공보 제3호 255면 → 헌공3, 255

▷ 사법논집 제25집 311면 → 사법논집(25), 311

▷ 사법연구자료 제21집 153면 → 사법연구(21), 153

▷ 재판자료 제61집 364면 → 재판자료(61), 364

▷ 대법원판례해설 1995 하반기(통권 제24호) 151면 → 판례해설(24), 151

IV. 기타 인용 표기

1. 판결, 문헌 인용시 약어는 사용하지 않으며 해당 페이지에 대한 “면”, “쪽” 등의 글자 표시는 생략하였다.

2. 참고문헌의 표기는 다음과 같이 하였다.

▷ 이시윤, 민사소송법(신정보판), 박영사(1995), 232.

▷ 주석 형법, 각칙(1)(제5판), 한국사법행정학회(2017), 119(김선일).

▷ 형법주해[IV], 각칙(1), 박영사(2023), 315(김택균).

3. 저자가 2명 이상인 경우 ‘/ ’를 사용하여 2명의 이름을 모두 밝히되, 3명 이상인 경우에는 ‘○○○ 외 2인’ 등으로 표기하였다.

4. 논문이나 단행본, 월간지, 기타 논문집의 인용은 다음과 같이 하였다.

▷ 김기정, “집합건물의 집행을 둘러싼 몇 가지 법률문제에 대한 고찰”, 사법논집(27), 5.

▷ 윤진수, “토지 임차인의 매수청구권 행사와 법원의 석명의무”, 인권과 정의 236호(1996. 4.), 133~139.

5. 외국 문헌은 그 나라의 인용례에 따르는 것을 원칙으로 하되, 책 이름에 이탤릭체나 밑줄 등을 사용하지 아니하고 논문 제목에 “ ” 표시를 하였다.

▷ Walter E. May, “International Equipment Leasing: The UNIDROIT Draft Convention,” 105 Harv. L. Rev. 80(1991).

▷ 植田勝博, “ユ-ザ-からみた リ-ス契約の 問題點”, 金融法務事情 1101號(1985. 10.), 24.

▷ 南部二三雄, リ-スの 實務, 東京: 東洋經濟新報社(1973), 178.

6. 인터넷 자료는 다음과 같이 표기하였다.

▷ 저자명, 자료제목(2009. 9. 1. 방문), <http://www.scourt.go.kr/seminar/ d-3.htm>

V. 옆번호의 표기

1. 주석서의 효율적인 정보 전달과 내용 첨가, 수정시 페이지 변동으로 인한 인용 불편을 해소하기 위해 옆번호[1]를 표기하였다.

2. 옆번호는 텍스트 위치를 신속하게 찾을 수 있고 정확한 인용을 할 수 있도록 한다. 본문 내용이 추후 첨가, 삭제, 수정되는 경우 페이지는 변경되지만 옆번호는 항상 동일하기 때문에 인용의 불편함을 해소하며, 특히 온라인에서 열람할 경우에 도움이 된다. 옆번호는 동일 내용을 담고 있는 문단에 부여한다.

< 표기 예시 >

1 일반적인 범죄론 체계에 따르면 범죄란 구성요건에 해당하고 위법하며 유책한 행위라고 정의할 수 있다. 형법 각칙은 죄형법정주의에 입각하여 범죄의 개별적 유형에 따른 구체적 구성요건의 내용을 정하고 형벌의 범위를 설정하는 일반법이다. 구성요건이란 좁은 의미에서 보면 법적으로 규정되지 않은 행위는 처벌대상이 아니라는 것이고, 넓은 의미에서 보면 범죄의 성립요건 전부를 포괄하는 것이다.

2 형법 총칙이 형법의 본질적 기초를 이루는 범죄와 형벌에 대한 일반 원칙을 다룬다면, 형법 각칙에서는 개별적인 범죄유형과 이에 대한 구체적인 형벌을 규정하고 있다.

1 독일 법률서적에서 많이 사용되는 Randnummer[Rn. 옆번호(방주)]는 본문 오른쪽 혹은 왼쪽에 적혀 있는 일련의 번호를 말한다.

[목 차]

* 삭제 조문

제 4 편 친족

제 4 장 부모와 자

제 1 절 친생자

제 3 관 친권의 상실, 일시 정지 및 일부 제한

제 5 장 후견

제 1 절 미성년후견과 성년후견

제 1 관 후견인

제 2 관 후견감독인

제 3 관 후견인의 임무

제 4 관 후견의 종료

제 2 절 한정후견과 특정후견

제 3 절 후견계약

제 6 장 친족회*

제 7 장 부양

제 8 장 호주승계*

[찾아보기]

제 4 편 친족

제 4 장 부모와 자
제 1 절 친생자
[후론 1] 인공임신과 친자관계
제 2 절 양자
제 1 관 입양의 요건과 효력
제 2 관 입양의 무효와 취소
제 3 관 파양
제 1 항 협의상 파양
제 2 항 재판상 파양
제 4 관 친양자
[후론 2] 입양에 관한 특별법
제 3 절 친권
제 1 관 총칙
제 2 관 친권의 효력
제 3 관 친권의 상실, 일시 정지 및 일부 제한
제 5 장 후견
제 1 절 미성년후견과 성년후견
제 1 관 후견인
제 2 관 후견감독인
제 3 관 후견인의 임무
제 4 관 후견의 종료
제 2 절 한정후견과 특정후견
제 3 절 후견계약
제 6 장 친족회
제 7 장 부양
제 8 장 호주승계

제 4 편 친족

제 4 장 부모와 자

[총설]

[참고문헌] 김주수/김상용, 주석 민법, 친족(3)(제5판), 한국사법행정학회(2016); 주해친족법(제1권)(제1판), 박영사(2015); 주해친족법(제1권)(제2판), 박영사(2025); 권재문, 친생자관계의 결정기준, 경인문화사(2011); 김주수/김상용, 친족·상속법(제20판), 법문사(2024)

Ⅰ. 의의

1 민법 제4편이 규율하는 '친족'은 크게 혼인관계와 친자관계를 통해 형성된다. 민법 제4편 제4장은 그 중 부모와 자녀관계 즉 친자관계에 대해 규율하고 있다. 친자관계는 친권(민법 제909조 이하), 부양(제974조 이하), 상속(제1000조 이하), 혼인의 자유에 대한 제한(제809조), 성과 본의 결정(제781조), 국적의 결정(국적법 제2조 제1항, 제3조) 등과 같은 여러 가지 법률효과의 근거가 된다.[1]

2 친자관계는 혈연 유무에 따라 혈연이 있는 친자관계(친생친자관계)와, 혈연은 없지만 법률에 의해 인정되는 친자관계(법정친자관계)로 나눌 수 있다. 법정친자관계는 입양에 의한 친자관계를 의미한다. 과거에는 법정친자관계에 계모자관계 및 적모서자관계가 포함되었으나, 당사자의 의사와 관계없이 발생된다는 문제 및 적모서자관계의 경우 첩제도의 잔존물로서 처의 인격을 모욕하는 것이라는 비판이 있어 1990년의 민법 일부개정으로 폐지되었다.[2]

3 민법 제4편 제4장 제1절은 친생자에 관해 규율하고 있다. 이는 출생에 의하여 발생하는 부모와 자녀 관계로서, 부모가 자연적인 성적 교섭으로 임신한 자녀를 출산한 경우를 전제로 하므로 부모와 출생한 자녀 사이에는 생물학

1 권재문, 친생자관계의 결정기준, 경인문화사(2011), 3.
2 김주수/김상용, 주석 민법, 친족(3)(제5판), 한국사법행정학회(2016), 35.

적 혈연관계가 존재하는 것이 원칙이다.[3] 친생자는 다시 부모의 법적 혼인 여부에 따라 혼인 중의 출생자와 혼인외의 출생자로 나눌 수 있다.

4 민법 제4편 제4장 제2절은 양자에 관해 규율하고 있다. 이는 혈연관계가 없는 당사자들이 의사에 따라 입양이라는 법적 제도를 통해 친자관계를 창설하는 법정친자관계로서, 법정친자관계가 성립하면 친권, 부양, 상속 등의 법률효과가 발생한다. 그러나 혈연관계가 존재하지 않는다는 점에서 친생친자관계의 법적 효과와 차이점이 있다. 예컨대 일반입양으로 양자가 된 자는 양부의 성으로 변경되지 아니한다. 따라서 법정친자관계 성립시의 효과는 유형별로 나누어 살펴보아야 한다.[4]

5 민법 제4편 제4장 제3절은 친권에 관해 규율하고 있다. 친권이란 부모가 미성년의 자를 보호하고 교양할 권리 및 의무를 의미한다(민법 제913조). 과거에는 친권이 부모의 자에 대한 지배권이라는 인식이 강하였으나, 2005년 "친권을 행사함에 있어서는 자의 복리를 우선적으로 고려하여야 한다."는 민법 제912조 제1항이 신설되고, 2021년 '친권자는 그 자를 보호 또는 교양하기 위하여 필요한 징계를 할 수 있고 법원의 허가를 얻어 감화 또는 교정기관에 위탁할 수 있다.'는 민법 제915조(징계권)가 아동학대 가해자인 친권자의 항변사유로 이용되는 것을 방지하고 아동의 권리와 인권을 보호하기 위해 삭제됨으로써, 민법은 친권이 미성년자의 복리 실현을 위하여 부모에게 인정된 권리이자 의무임을 분명히 밝히고 있다.

Ⅱ. 모자관계

6 친생자관계에서도 모자관계와 부자관계는 다른 모습으로 나타난다. 이하에서는 부자관계와 별도로, 모자관계의 성립과 해소에 관해 본다.

1. 모자관계의 성립

7 혼인 중의 출생자에 대해 모자관계의 성립 요건을 규정하고 있는 조문은 없다. 그러나 혼인외의 출생자에 대해서는 민법 제855조(인지) 제1항 규정의 문리해석상 모자관계도 부자관계와 마찬가지로 인지에 의하여 성립하는 것으

3 대법원 2019. 10. 23. 선고 2016므2510 전원합의체 판결.
4 주해친족법(제1권)(제2판), 박영사(2025), 771(현소혜).

로 규정되어, 출산이라는 사실을 근거로 모자관계가 성립함을 전제하는 것인지 여부에 대해 해석상의 혼란을 야기하고 있다.

8 그러나 확립된 판례[5]와 통설[6]은 모자관계는 혼인 중 출생자 뿐 아니라 혼인 외 출생자의 경우에도 '출산'이라는 자연적 사실에 의해 당연히 발생하므로 별도의 인지가 필요하지 않다고 본다. 기아나 미아와 같이 모를 알 수 없는 경우에는 모의 인지가 필요하겠지만, 이러한 경우에도 인지에 의하여 비로소 모자관계가 발생하는 것은 아니고 모자관계를 확인하는 의미에 그치며, 민법 제855조 제1항의 규정도 이러한 의미로 해석해야 한다.[7]

9 따라서, 무효인 대리모계약에 의하여 출산이 이루어졌다고 하더라도, 출산한 모와 자녀 사이에 혈연관계도 존재한다면, 출산 대리모를 그 자녀의 모로 보는 것이 타당하다.[8]

2. 모자관계의 해소

10 모자관계를 출산이라는 사실을 근거로 당연히 성립하는 것으로 파악한다면 친생모와 자녀 사이의 법적 모자관계를 해소하는 것은 불가능하다고 보아야 한다.[9] 따라서, 법적 모자관계의 해소는 친생모가 아닌 경우에 한하여 인정될 수 있으며, 친생모가 아닌 법적 모와 자녀 사이의 모자관계를 해소하기 위해서는 친생자관계 부존재확인의 소를 거쳐야 한다.[10]

11 다만, 2005. 3. 31. 민법 제908조의2 내지 제908조의8로 신설된 친양자제도에 기하여 입양모와 자녀 사이에 법적 모자관계가 성립하게 된 경우, 친생모와 자녀 사이의 법적 모자관계는 소멸하게 된다. 그러나 이는 친양자 입양의 목적을 달성하기 위해 제한적인 범위 내에서만 소멸되는 것으로서 법적 모

5 혼인외 출생자의 경우에 있어서 모자관계는 인지를 요하지 아니하고 법률상의 친자관계가 인정될 수 있지만, 부자관계는 부의 인지에 의하여서만 발생하는 것이므로, 부가 사망한 경우에는 그 사망을 안 날로부터 1년 이내에 검사를 상대로 인지청구의 소를 제기하여야 하고, 생모가 혼인외 출생자를 상대로 혼인외 출생자와 사망한 부와의 사이에 친생자관계 존재확인을 구하는 소는 허용될 수 없다고 할 것이다(대법원 1997. 2. 14. 선고 96므738 판결); 모자관계는 임신과 출산이라는 자연적 사실에 의하여 그 관계가 명확히 결정된다(헌법재판소 2015. 4. 30. 선고 2013헌마623 결정); 임신과 출산이라는 자연적 사실에 의하여 그 관계가 명확히 결정되는 모자관계와 달리, 부자관계는 그 관계 확정을 위한 별도의 요건이 필요하다(대법원 2019. 10. 23. 선고 2016므2510 전원합의체 판결).

6 김주수/김상용, 친족·상속법(제20판), 법문사(2024), 317.

7 김주수/김상용, 친족·상속법(제20판), 법문사(2024), 318.

8 대법원 2025. 4. 24. 선고 2022므15371 판결

9 주해친족법(제1권)(제1판), 박영사(2015) 558(권재문).

10 권재문, 친생자관계의 결정기준, 경인문화사(2011), 16.

자관계의 완전한 소멸을 의미하지는 않는다. 즉, 법적 모자관계의 효과 중 친권, 부양, 상속 등의 효과는 소멸하지만, 민법 제809조가 정한 근친혼 금지에 따른 혼인무효사유인 근친혼 여부를 판단함에 있어서는 여전히 친생모를 중심으로 하는 친족관계도 포함되기 때문이다.

Ⅲ. 친자의 성(姓)

12 ☞ 민법 제781조 주석 참조.

제1절 친생자

[총설]

[참고문헌] 권재문, 친생자관계의 결정기준, 경인문화사(2011); 김상용, 법무부 친생추정조항 개정안에 대한 비판적 고찰, 중앙법학 제19집 제3호, 중앙법학회(2017); 김원태, 가사소송에서의 소송능력, 민사소송: 한국민사소송법학회지 제18권 제1호, 한국사법행정학회(2015); 박정화, "친생자관계 존부확인 소송의 심리에 관하여", 가사조정 제4호, 서울가정법원조정위원회(2003); 방윤섭, "AID로 태어난 아이의 아빠는 누구인가", 가사재판연구Ⅲ, 서울가정법원 가사재판연구회(2018); 이창우, "출생연월일 정정에 확정판결이 필요한지 여부", 가사재판연구Ⅲ, 서울가정법원 가사재판연구회(2018); 윤진수, "보조생식기술의 가족법적 쟁점에 대한 근래의 동향", 서울대학교 법학 제49권 제2호, 서울대학교 법학연구소(2008); 윤진수, "친생추정에 관한 민법 개정안", 가족법연구 제31권 제1호, 한국가족법학회(2016); 이수영, "과거 양육비 청구권의 소멸시효", 민사재판의 제문제 세21권, 한국사법행정학회(2012); 이준영, "임의인지에 의한 부자관계의 확정", 한양법학 제29권, 한양법학회(2010); 현소혜, "친생자 추정과 가족관계등록절차의 개선방안", 법학논고 제49집, 경북대학교 출판부(2015); 현소혜, "대리모를 둘러싼 쟁점과 해결방안 - 입법론을 중심으로", 가족법연구 제32권 제1호, 한국가족법학회(2018); 2019 가사비송사건 업무편람, 부산가정법원(2018); 김현진, "대리모 출생아, 어떻게 보호할 것인가", 법률신문사(2019); 박동섭, "친생자관계 존부확인의 소의 당사자적격", 법률신문사(2006)

1 친자관계는 크게 혈연으로 이루어진 친자관계(친생친자관계)와, 혈연은 없으나 법률에 의해 인정되는 친자관계(법정친자관계)로 나눌 수 있다.

2 혈연에 의한 친생친자관계는 부모의 혼인 여부에 따라 혼인 중의 출생자와 혼인외의 출생자로 나누어진다.

3 혼인 중의 출생자는 다시 출생 당시부터 혼인 중의 출생자 신분을 취득하는 생래(生來)의 혼인 중 출생자와, 부모의 혼인과 父의 인지에 의하여 혼인 중 출생자의 신분을 취득하는 준정(準正)으로 나뉜다.

4 한편 생래적 혼인 중 출생자는 아버지의 친생자로 추정을 받는지 여부에 따라 친생추정을 받는 혼인 중 출생자와 친생추정을 받지 않는 혼인 중 출생자, 친생추정이 미치지 않는 혼인 중 출생자로 나뉘며,[1] 민법 제844조에서 남편의 친생자의 추정에 대해 규정하고 있다.

5 혼인외의 출생자는 부모가 혼인하지 아니한 상태에서 출생한 자녀로서, 이

1 김주수/김상용, 친족·상속법(제20판), 법문사(2024), 298.

경우 어머니와의 관계에서는 출산과 동시에 친자관계가 발생하지만, 아버지와의 관계에서는 아버지가 임의로 인지를 하거나, 인지청구의 소에 의해 인지판결을 받거나, 인지허가청구에 의해 인지심판[2]을 받음으로써 비로소 친자관계가 발생한다. 이와 같이 인지를 통하여 발생하는 혼인외의 출생자와 아버지와의 친자관계는 출생시로 소급하여 발생하게 된다.

2 혼인관계가 종료된 날부터 300일 이내에 출생한 자녀는 혼인 중에 임신한 것으로 추정되나, 자녀가 이미 혼인 중의 자녀로 출생신고가 되지 않은 경우에는 어머니 또는 어머니의 전 남편이 가정법원에 친생부인의 허가 청구를 할 수 있도록 하는 친생부인의 허가 청구 및 생부가 가정법원에 인지의 허가를 청구할 수 있는 제도 등이 신설되는 내용으로 민법(법률 제14965호, 2017. 10. 31. 공포, 2018. 2. 1. 시행)이 개정되었고, 민법 일부 개정에 따라 신설된 친생부인의 허가 청구, 인지의 허가 청구 등 사건을 라류 가사비송사건으로 추가하는 내용으로 가사소송법(법률 제14961호, 2017. 10. 31. 공포, 2018. 2. 1. 시행)이 개정되었으며, 위와 같이 민법과 가사소송법이 각 개정됨에 따라 신설되는 친생부인을 허가하는 심판과 인지를 허가하는 심판에 대하여는 민법 제854조의2 제1항에 규정한 자가 즉시항고를 할 수 있는 것에 관하여 가사소송규칙 제61조의2가 신설(대법원 규칙 제2764호, 2018. 2. 1. 시행)되었다.

제 844 조 [남편의 친생자의 추정]

① 아내가 혼인 중에 임신한 자녀는 남편의 자녀로 추정한다.

② 혼인이 성립한 날부터 200일 후에 출생한 자녀는 혼인 중에 임신한 것으로 추정한다.

③ 혼인관계가 종료된 날부터 300일 이내에 출생한 자녀는 혼인 중에 임신한 것으로 추정한다.

[전문개정 2017. 10. 31.]

[2017. 10. 31. 법률 제14965호에 의하여 2015. 4. 30. 헌법재판소에서 헌법불합치 결정된 이 조를 개정함.]

[관련조문] 민법 제845조(법원에 의한 부의 결정), 제846조(자의 친생부인), 제847조(친생부인의 소)

[참고문헌] 김주수/김상용, 주석 민법, 친족(3)(제5판), 한국사법행정학회(2016); 김주수/김상용, 친족·상속법(제20판), 법문사(2024); 송덕수, 친족상속법(제7판), 박영사(2024); 신영호 외 2인, 가족법강의(제4판), 세창출판사(2023); 주해친족법(제1권)(제1판), 박영사(2015); 주해친족법(제1권)(제2판), 박영사(2025); 가족관계등록실무(Ⅰ), 법원행정처(2018); 박정화, "친생자관계 존부확인소송의 심리에 관하여", 가사조정 제4호, 서울가정법원조정위원회(2003); 윤진수, "친생추정에 관한 민법 개정안", 가족법연구 제31권 제1호, 한국가족법학회(2017); 이창우, "출생연월일 정정에 확정판결이 필요한지 여부", 가사재판연구Ⅲ, 서울가정법원 가사재판연구회(2018); 현소혜, 친생자 추정과 가족관계등록절차의 개선방안, 법학논고 제49집, 경북대학교 출판부(2015)

Ⅰ. 부자관계의 성립과 친생추정 규정의 의의

1 부모와 자녀 사이의 친생친자관계에는 부자관계와 모자관계가 있는바, 모자관계는 임신과 출산이라는 외형적 사실에 의하여 확정되고,[1] 부자관계는 그

[1] 그러나 오늘날에는 인공수정 등 의학기술의 발달로 불확실하게 될 수 있다[송덕수, 친족상속법(제7판), 박영사(2024), 144].

렇지 아니하며,[2] 일정한 법률적 요건이 충족되는 경우에 성립한다고 봄이 일반적이다.

2 부자관계의 성립과 관련하여 민법은 모의 혼인 여부에 따라 이원적 요건을 두고 있다. 모가 혼인 중에 자녀를 임신한 것으로 추정되는 경우에는 모의 배우자가 그의 친생부로 추정되어 부자관계가 성립하고, 모가 혼인외로 자녀를 출산한 경우에는 모자관계만 성립하고 부자관계는 인지의 요건이 충족된 경우에 비로소 성립한다고 보아, 친생추정과 인지를 법적 부자관계의 이원적 성립요건으로 파악하고 있다.[3]

3 즉 부모의 혼인 여부에 따라 혼인 중의 출생자와 혼인외의 출생자가 나뉘는데, 혼인 중의 출생자는 다시 출생 당시부터 혼인 중의 출생자 신분을 취득하는 생래(生來)의 혼인 중 출생자와, 출생 당시에는 혼인외의 출생자였으나 부모의 혼인과 父의 인지[4]에 의하여 혼인 중의 출생자 신분을 취득하는 준정(準正)에 의한 혼인 중 출생자로 나뉜다. 통설은 나아가 생래적 혼인 중 출생자를 아버지의 친생자로 추정을 받는지 여부에 따라 ① 친생추정을 받는 혼인 중 출생자와 ② 친생추정을 받지 않는 혼인 중 출생자, ③ 친생추정이 미치지 않는 혼인 중 출생자[5]로 나누고 있다.[6]

4 한편, 민법 제844조는 자녀의 복리를 위해 신속한 부자관계 확정을 목적으로 일정한 요건 하에 남편의 친생자 추정 규정을 두고 있다. 민법 제844조 제1항은 아내가 혼인 중에 임신한 자녀는 남편의 자녀로 추정한다는 규정을 두고, 혼인 중의 임신 사실을 일률적인 기준에 의해서 정할 수 있도록 제844조 제2항·제3항에서 일정한 기간을 제시하고 있다.[7] [8] 그러므로 민법 제844조가

2 그러나 오늘날에는 과거에는 존재하지 아니하였던 유전자검사 기술의 발달로 부자관계도 과학적으로 정확하게 확인할 수 있게 되었다(헌법재판소 2015. 4. 30. 선고 2013헌마623 결정).

3 주해친족법(제1권)(제1판), 박영사(2015), 559(권재문)

4 부의 인지의 시기가 혼인 전인지, 혼인 중인지, 혼인 해소 후인지에 따라 준정의 종류가 달라진다[송덕수, 친족상속법(제7판), 박영사(2024), 169].

5 '친생추정이 미치지 않는 자'의 범위에 관하여는 뒤에서 보는 바와 같이 학설이 대립된다.

6 김주수/김상용, 친족·상속법(제20판), 법문사(2024), 298.

7 김주수/김상용, 주석 민법, 친족(3)(제5판), 한국사법행정학회(2016), 44.

8 민법 제844조 제2항에서 정한 200일 및 제3항에서 정한 300일의 기간은 임신시부터 출산시까지의 최단·최장기간에 해당하는 의학적 통계를 바탕으로 한다. 태아의 임신기간이 통상 280일(40주)인 것은 의학적으로 인정되는 사실이고, 산모의 개인적 차이를 고려하더라도 출산일로부터 역산하여 200~300일 이내에 임신되었을 것이라고 추정하는 것은 경험칙에 부합한다(헌법재판소 2015. 4. 30. 선고 2013헌마623 결정).

정한 기간 중에 태어난 자녀는 아내가 혼인 중 임신한 것으로 추정되고, 나아가 남편의 자녀로 추정된다.

5 그러나, 이러한 친생추정 규정은 근본적으로 진실한 혈연관계와 일치하지 않는 법률상 친자관계를 발생시킬 수 있는 가능성을 피할 수 없기에, 각국의 입법례는 법에 따른 친생추정과 진실한 혈연관계가 일치하지 않는 경우를 대비하여 남편과 자녀 사이의 친자관계를 제거할 수 있는 제도를 마련해두고 있다.[9] 민법은 진실한 혈연관계의 회복이라는 법익과 자녀의 법적 지위의 안정성이라는 법익을 조화시키기 위해, 친생추정을 받는 자녀에 대해서 그 추정을 번복하려면 반드시 엄격한 친생부인소송(민법 제847조 이하)을 거치도록 규정하고 있다.

6 다만, 2017. 10. 31. 개정 전 민법 제844조 제2항의 "혼인 종료 후 300일 이내에 출생한 자" 부분에 관하여, 위 조항이 혼인 종료 후 300일 이내의 출생 여부를 친생추정의 원칙적 기준으로 삼는 것 자체는 입법형성의 한계를 넘었다고 볼 수는 없지만, 친생추정에 아무런 예외를 허용하지 아니한 채 오직 친생부인의 소를 통해서만 친생추정을 번복할 수 있도록 한 것은 모가 가정생활과 신분관계에서 누려야 할 인격권, 혼인과 가족생활에 관한 기본권을 침해한다는 이유로 헌법불합치 결정이 선고되었고[10] 그에 따라 2017. 10. 31. 개정된 민법 제854조의2에서는 민법 제844조 제3항에 기해 혼인관계가 종료된 날부터 300일 이내에 출생하여 친생추정을 받는 자녀에 대해, 전남편과의 혼인 중의 자녀로 출생신고가 되어있지 아니할 것을 조건으로 어머니 또는 어머니의 전남편이 가정법원에 비송사건으로서 친생부인의 허가 심판을 청구할 수 있도록 규정하였고, 민법 제855조의2에서는 제844조 제3항에 따라 혼인관계가 종료된 날부터 300일 이내에 출생하여 친생추정을 받는 자녀에 대해, 전남편과의 혼인 중의 자녀로 출생신고가 되어있지 아니할 것을 조건으로 생부가 가정법원에 비송사건으로 인지의 허가 심판을 청구할 수 있도록 규정하여, 친생추정의 엄격성을 다소 완화하고 있다.

9 김주수/김상용, 주석 민법, 친족(3)(제5판), 한국사법행정학회(2016), 44.
10 헌법재판소 2015. 4. 30. 선고 2013헌마623 결정.

Ⅱ. 친생자의 추정을 받는 혼인 중의 출생자

1. 친생자 추정을 받기 위한 요건

가. 아내가 혼인 중에 '임신한' 자녀

7 민법 제844조의 친생추정은 자녀의 출생시에 모와 혼인관계 있는 사람을 부로 추정하는 이른바 '출생시주의'가 아니라, 친생추정의 요건으로서 혼인이라는 요소뿐 아니라 혈연의 존재 개연성도 요구하는 이른바 '임신시주의'를 채택하고 있다.[11] 이러한 친생추정 규정은 친자관계의 과학적 확인이 실질적으로 불가능하고 법률상 혼인관계에 있는 아내가 남편의 자녀를 임신할 것이라는 사회적·법률적 배경을 기초로 혼인 중 출생한 자녀가 남편과 혈연관계가 있을 개연성이 높다는 것을 전제로 하는 것이다.[12]

8 민법 제844조 제1항의 '임신'에 인공임신이 포함되는지 여부와 관련하여, 대법원 2019. 10. 23. 선고 2016므2510 전원합의체 판결의 다수의견은, 남편이 무정자증으로 인한 생식불능인데 아내가 혼인 중 남편이 아닌 제3자의 정자를 제공받아 인공수정으로 임신하여 출산한 자녀의 친자관계가 문제된 사안에서, "친생자와 관련된 민법 규정, 특히 민법 제844조 제1항(이하 '친생추정 규정'이라 한다)의 문언과 체계, 민법이 혼인 중 출생한 자녀의 법적 지위에 관하여 친생추정 규정을 두고 있는 기본적인 입법 취지와 연혁, 헌법이 보장하고 있는 혼인과 가족제도 등에 비추어 보면, 아내가 혼인 중 남편이 아닌 제3자의 정자를 제공받아 인공수정으로 자녀를 출산한 경우에도 친생추정 규정을 적용하여 인공수정으로 출생한 자녀가 남편의 자녀로 추정된다고 보는 것이 타당하다."고 판시하여 인공임신의 경우에도 자연임신과 동일하게 친생추정 규정이 적용된다고 보았다.

9 또한 위 전원합의체 판결은, "정상적으로 혼인생활을 하고 있는 부부 사이에서 인공수정 자녀가 출생하는 경우 남편은 동의의 방법으로 자녀의 임신과 출산에 참여하게 되는데, 이것이 친생추정 규정이 적용되는 근거라고 할 수 있다. 남편이 인공수정에 동의하였다가 나중에 이를 번복하고 친생부인의 소를 제기하는 것은 허용되지 않는다. 나아가 인공수정 동의와 관련된 현행법상 제도의 미비, 인공수정이 이루어지는 의료 현실, 민법 제852조에서 친생

11 주해친족법(제1권)(제2판), 박영사(2025), 614(이봉민)
12 대법원 2019. 10. 23. 선고 2016므2510 전원합의체 판결.

자임을 승인한 자의 친생부인을 제한하고 있는 취지 등에 비추어 이러한 동의가 명백히 밝혀지지 않았던 사정이 있다고 해서 곧바로 친자관계가 부정된다거나 친생부인의 소를 제기할 수 있다고 볼 것은 아니다." 즉 "부부가 정상적인 혼인생활을 하고 있는 경우 출생한 인공수정 자녀에 대해서는 남편의 동의가 있었을 개연성이 높다. 따라서 혼인 중 출생한 인공수정 자녀에 대해서는 다른 명확한 사정에 관한 증명이 없는 한 남편의 동의가 있었던 것으로 볼 수 있다. 동의서 작성이나 그 보존 여부가 명백하지 않더라도 인공수정 자녀의 출생 이후 남편이 인공수정 자녀라는 사실을 알면서 출생신고를 하는 등 인공수정 자녀를 자신의 친자로 공시하는 행위를 하거나, 인공수정 자녀의 출생 이후 상당 기간 동안 실질적인 친자관계를 유지하면서 인공수정 자녀를 자신의 자녀로 알리는 등 사회적으로 보아 친자관계를 공시·용인해 왔다고 볼 수 있는 경우에는 동의가 있는 경우와 마찬가지로 취급하여야 한다."고 판시하여, 혼인 중인 부부 사이에서 인공수정의 방법으로 태어나 친생추정을 받는 자녀에 대한 친생부인의 소를 엄격히 제한하고 있다.

나. '혼인이 성립한 날'부터 200일 후에 출생한 자녀와 '혼인관계가 종료된 날'부터 300일 이내에 출생한 자녀

10 혼인 중의 임신사실을 직접 증명하는 것은 쉽지 않으므로, 민법 제844조 제2항·제3항은 일률적인 기준에 혼인 중의 임신 여부를 정할 수 있도록 일정한 기간을 제시하고 있다.[13] 즉 혼인성립의 날로부터 200일(최단 임신기간) 후, 혼인관계종료의 날로부터 300일(최장 임신기간) 이내에 출생한 자는 모가 혼인 중에 임신한 것으로 추정한다.[14]

11 다만 민법 제844조 제2항·제3항이 정한 기간 외에 자녀가 출생하였다는 사실만으로 당연히 친생추정이 배제되지는 않는다. 즉 제844조 제2항·제3항은 혼인 중의 임신 여부를 판단하기 위해 일응의 기준이 되는 기간을 규정하고 있을 뿐이며, 이 기간을 절대적인 기준이라 할 수는 없다. 따라서 민법 제844조

13 김주수/김상용, 주석 민법, 친족(3)(제5판), 한국사법행정학회(2016), 45.

14 헌법재판소는 "혼인관계종료의 날로부터 300일 내에 출생한 子"는 원칙적으로 夫(모의 전남편)의 子로 추정되지만, 예외적으로 유전자검사를 통하여 확인된 생부가 그 子를 인지할 의사가 있는 경우에는 夫의 자로 추정되지 않는 것으로 보아야 한다고 판단하였다. 그리고 이러한 범위에서 "혼인관계종료의 날로부터 300일 내에 출생한 子"를 일률적으로 夫(전남편)의 자로 추정하는 규정은 헌법에 합치되지 않는다고 결정하였다(헌법재판소 2015. 4. 30. 선고 2013헌마623 결정).

제2항·제3항이 정한 기간 외에 자녀가 출생한 경우에도 모가 남편과의 혼인 중에 임신했다는 사실을 증명할 수 있다면 제844조 제1항에 의해 당연히 남편의 친생자로 추정된다고 보아야 할 것이다.[15]

12 여기서 혼인성립의 날이란 본래 혼인신고를 한 날이나, 통설은 사실혼을 거쳐 법률혼으로 가는 실제의 관행을 고려하여 사실혼 성립의 날도 포함하는 것으로 해석한다.[16] 의용민법 하의 판례도 같다.[17] 이렇게 친생추정이 미치는 부자관계를 소멸시키려면 남편이 친생부인의 소를 제기하여야 한다. 이와 반대로 법률상의 부(父)가 자를 양육할 의사가 없고, 생부가 자를 인지하여 양육할 의사가 있는 경우에는 혼인성립에 사실혼을 포함시키지 않는 것이 오히려 자의 이익에 부합한다는 견해도 있다. 이렇게 해석하는 경우 자는 친생추정을 받지 않게 되므로 생부 등 이해관계인이 기간에 관계없이 친생자관계 부존재확인의 소를 제기할 수 있으며, 판결이 확정되면 인지를 할 수 있기 때문이다.[18]

13 혼인은 신고로써 그 효력이 생기도록 되어 있는 민법 체계상 민법 제844조의 '혼인 중'에서의 혼인은 법률상 유효한 혼인을 말하는 것이라고 보아야 하고, 사실혼 관계에 있더라도 혼인신고가 없으면 그 사이에 출생한 자는 혼인 외의 자일 수밖에 없으므로, 사실혼 성립의 날로부터 기산할 것은 아니라고 본다.[19] [20] 각급법원 판결 중 사실혼에도 민법 제844조가 유추적용 되는 것

15 윤진수, 친생추정에 관한 민법 개정안, 가족법연구 제31권 제1호, 한국가족법학회(2017), 11.(그런 의미에서 저자는 친생추정 여부에 대한 출생시주의에 동의하지 않는다고 한다.)

16 송덕수, 친족상속법(제7판), 박영사(2024), 145.

17 대법원 1963. 6. 13. 선고 63다228 판결(요지: 우리 나라의 옛 관습에 의하면 혼인신고를 하지 아니한 채 내연관계로서 동거생활 중 처가 포태된 자의 출생일자가 그 부모의 혼인신고일 뒤에 있고 그 사이의 기간이 200일이 못된다 하여도 이러한 자는 출생과 동시에 당연히 그 부모의 적출자로서의 신분을 취득한다.)
그러나 이에 대하여는 위 판결은 현행 민법이 시행되기 이전인 1924년경에 혼인한 부부 사이에서 태어난 자식에 대한 것으로서 그 판결 이유에서 현행 민법에 따른 것이 아니라 구법인 조선민사령에 좇아서 기준을 삼은 것이라고 판시하고 있으므로 적극설의 근거는 되지 아니한다는 견해가 있다[박정화, "친생자관계 존부확인소송의 심리에 관하여", 가사조정 제4호, 서울가정법원조정위원회(2003)].

18 김주수/김상용, 친족·상속법(제20판), 법문사(2024), 299.

19 송덕수, 친족상속법(제7판), 박영사(2024), 145; 박정화, "친생자관계 존부확인소송의 심리에 관하여", 가사조정 제4호, 서울가정법원조정위원회(2003).

20 소극설의 입장을 반영한 판결의 예시로 서울가정법원 일자미상 2000드단102315 친생자관계 부존재확인소송 판결이 혼인신고 전에 사실혼이 선행했다고 해도 혼인신고일로부터 200일이 되기 전에 출생한 자는 친생추정을 받지 않는 것으로 판단하였다고 소개한 경우가 있으나[김주수/김상용, 친족·상속법(제20판), 법문사(2024), 299, 각주12], 위 사건은 2001. 6. 12. 1심 소취하로 종국되었으므로 적절한 예가 될 수 없을 것이다.

으로 보되, 혼인신고 전 사실혼관계의 존부 및 시기가 명확하지 아니하다는 이유로 친생추정이 미치지 않는다고 판시한 사례가 있다.[21]

14 혼인관계가 종료된 날부터 300일 이내에 출생한 자녀의 경우 엄격한 친생부인의 소에 의하여 뿐 아니라 앞서 본 바와 같이 일정한 요건 하에서 자의 친생부인의 허가청구(민법 제854조의2) 또는 인지 허가청구(제855조의2)에 의하여도 번복할 수 있다.[22]

다. 기간의 계산

15 통설은 200일 또는 300일의 기간은 민법 제157조에 따라 그 당일(혼인성립일)부터 날로써 계산하여야 한다고 본다.[23]

16 그러나 이는 기간에 관한 민법 규정에 맞지 않으므로 혼인성립일은 제외하여야 하고, 기산일부터 200일째 되는 날도 제외해야 한다는 견해가 있다.[24]

2. 친생자 추정의 범위에 관한 학설 대립

가. 무제한설

17 민법 제844조가 정한 요건에 해당한다면, 아내가 남편의 자를 임신할 수 없는 것이 객관적으로 명백한 사정이 있는 경우(예컨대 장기간의 별거 등)에도 친생자의 추정을 받는다는 학설인데, 과거 우리나라[25]와 일본에서 무제한설이 주장되기도 하였으나, 현재는 아래 나.에서 보는 바와 같이 제한설 중 외관설이 통설 및 판례의 태도이다.

나. 제한설

18 민법 제844조가 정한 요건에 해당한다 하더라도, 아내가 남편의 자를 임신할

21 서울가정법원 2016. 3. 23. 선고 2015드단320933 판결(확정), 수원지방법원 2018. 7. 13. 선고 2018드단586 판결(확정). 위 각 판결에서는 주위적 친생부인 청구를 각하하고, 예비적 친생자관계부존재확인 청구를 인용하였다.

22 송덕수, 친족상속법(제7판), 박영사(2024), 153.

23 김주수/김상용, 친족·상속법(제20판), 법문사(2024), 299.

24 송덕수, 친족상속법(제7판), 박영사(2024), 146. 이 견해는 기간을 일로 정한 때에는 연령계산(민법 제158조) 및 그 기간이 오전 영시부터 시작하는 때(민법 제157조 단서)를 제외하고는 기간의 초일을 산입하지 않는데, 여기의 기간은 연령계산도 아니고 그 기간이 오전 영시부터 시작하는 것도 아니므로 기간계산에서 혼인성립일은 제외해야 하며, 기산일부터 200일째 되는 날도 제외해야 하는바, 일반적으로 '후'라고 하면 '그 날이 경과한 뒤'라고 새겨지기 때문이라고 본다. 이와 달리 기산일부터 300일째 되는 날은 '300일 이내'가 그 날을 포함시키려는 취지로 보이므로 포함된다고 본다.

25 대법원 1968. 2. 27. 선고 67므34 판결, 대법원 1975. 7. 22. 선고 75다65 판결 등.

수 없는 것이 객관적으로 명백한 사정이 있는 경우(예컨대 장기간의 별거 등)에는 친생자의 추정이 미치지 않는다는 학설인데, 구체적으로 어떠한 범위에서 친생자 추정을 배제할 것인지에 대해서는 견해가 나뉜다.

1) 외관설

19 아내가 남편의 자를 임신할 수 없는 것이 외관상 명백한 사정이 있는 경우(예컨대 남편이 행방불명 또는 생사불명인 경우, 남편이 장기간 수감·입원·외국 체재 등으로 부재중인 경우, 혼인관계가 파탄되어 사실상 이혼상태로 별거중인 경우 등[26])에는 친생자 추정이 배제된다고 보는 견해로서, 이 견해에 따르면 위와 같은 별거상태가 존재하지 않는 한 부와 자의 혈액형 배치 또는 부의 생식불능 등의 사정이 있다 하더라도 처가 혼인 중 임신한 자녀는 친생자로 추정된다. 다수설[27]과 판례의 태도이다.

20 대법원은 1983. 7. 12. 선고 82므59 전원합의체 판결[28]에서 제한설에 따름을 명백히 하면서, 별거 중에 출생한 자에게도 친생추정이 미친다고 판결했던 종전의 판례[29]를 변경한 이래 계속하여 같은 취지로 판시하고 있다.[30] 또한 자와 부 사이의 친생자관계 부존재확인의 소에서 사실상 별거하고 있었다는 등 동거의 결여로 포태할 가능성이 없음이 외관상 명백하다는 사정에 관하여 아무런 주장 입증이 없음에도 바로 본안에 들어가 유전자감정을 하여 친생자관계가 인정됨을 이유로 원고의 청구를 기각한 제1심 판결을 취소하고 자판하여 소를 각하함으로써 외관설의 입장을 명확히 하였다.[31]

21 한편 대법원은 민법 제844조의 규정에 따라 친생추정을 받는 부자 사이에

26 송덕수, 친족상속법(제7판), 박영사(2024), 148.

27 주해친족법(제1권)(제1판), 박영사(2015), 562(권재문). 다만 종래 다수설이 제한설에 입각하였으나, 근래에는 제한설은 이론적으로 문제가 있고 무제한설이 타당하다는 견해가 점차 힘을 얻고 있다는 입장은 주해친족법(제1권)(제2판), 박영사(2025), 623(이봉민).

28 모가 1941.경에 가출하여 청구인과 별거 중 가출한지 2년 2개월 후에 피청구인을 출산하였음을 이유로 부가 피청구인과의 친생자관계 부존재확인의 소를 제기하였는바, 원심은 친생추정이 미친다는 이유로 각하판결을 하였는데, 대법원은 "민법 제844조는 부부가 동거하여 처가 부의 자를 포태할 수 있는 상태에서 자를 포태한 경우에 적용되는 것이고, 부부의 한쪽이 장기간에 걸쳐 해외에 나가 있거나 사실상의 이혼으로 부부가 별거하고 있는 경우 등 동서의 결여로 처가 부의 자를 포태할 수 없는 것이 외관상 명백한 사정이 있는 경우에는 그 추정이 미치지 않는다."는 이유로 파기환송하였다.

29 대법원 1968. 2. 27. 선고 67므34 판결, 대법원 1975. 7. 22. 선고 75다65 판결 등.

30 대법원 1997. 2. 25. 선고 96므1663 판결 등.

31 대법원 2000. 8. 22. 선고 2000므292 판결, 대법원 2012. 10. 11. 선고 2012므1892 판결 등.

유전자검사에서 혈연적 친생자관계가 성립하지 않는다는 결과가 나온 사안에서, "민법 제844조에 의한 친생자 추정은 반증을 허용하지 않는 강한 추정이므로, 처가 혼인 중에 포태한 이상 그 부부의 한쪽이 장기간에 걸쳐 해외에 나가 있거나 사실상의 이혼으로 부부가 별거하고 있는 경우 등 동거의 결여로 처가 부의 자를 포태할 수 없는 외관상 명백한 사정이 있는 경우에만 그 추정이 미치지 않고, 이러한 예외적인 사유가 없는 한 누구라도 그 자가 부의 친생자가 아님을 주장할 수 없다. 이와 같은 추정을 번복하기 위하여는 부부의 일방이 민법 제846조, 제847조에서 정하는 친생부인의 소를 제기하여 그 확정판결을 받아야 하고, 이러한 친생부인의 소가 아닌 민법 제865조에서 정하는 친생자관계 부존재확인의 소에 의하여 그 친생자관계의 부존재확인을 구하는 것은 부적법하다."고 판시하여 친생자관계 부존재확인 청구를 인용한 원심 판결을 파기하고, 각하 판결[32]을 내렸다.

22 또한 대법원 2019. 10. 23. 선고 2016므2510 전원합의체 판결의 다수의견은, 남편이 무정자증으로 생식불능인데 아내가 혼외관계를 통해 1997년경 자녀를 출산하여 남편의 자녀로 출생신고 하였고, 이에 대해 남편이 장기간 문제삼지 아니한 채 자녀와 동거하면서 아버지로서 보호, 교양해 오다가 2013년경 아내와 이혼 소송을 하게 되자 비로소 자녀를 상대로 친생자관계 부존재확인소송을 제기한 사안에서, "혼인 중 아내가 임신하여 출산한 자녀가 남편과 혈연관계가 없다는 점이 밝혀졌더라도 친생추정이 미치지 않는다고 볼 수 없다."고 판시하면서 다음과 같은 이유를 들었다. 즉 ① 혈연관계의 유무를 기준으로 친생추정 규정이 미치는 범위를 정하는 것은 민법 규정의 문언에 배치될 뿐만 아니라 친생추정 규정을 사실상 사문화하는 것으로 친생추정 규정을 친자관계의 설정과 관련된 기본 규정으로 삼고 있는 민법의 취지와 체계에 반하고, ② 혈연관계의 유무를 기준으로 친생추정 규정의 효력이 미치는 범위를 정하게 되면 필연적으로 가족관계의 당사자가 아닌 제3자가 부부관계나 가족관계 등 가정 내부의 내밀한 영역에 깊숙이 관여하게 되는 결과를 피할 수 없는데 혼인과 가족관계가 다른 사람의 기본권이나 공공의 이익을 침해하지 않는 한 혼인과 가족생활에 대한 국가기관의 개입은 자제

32 대법원 2012. 10. 11. 선고 2012므1892 판결.

하여야 하며, ③ 법리적으로 보아도 혈연관계의 유무는 친생추정을 번복할 수 있는 사유에는 해당할 수 있지만 친생추정이 미치지 않는 범위를 정하는 사유가 될 수 없다는 것이다.

23 이에 대해 위 전원합의체 판결 중 대법관 권순일, 노정희, 김상환의 별개의견은, "다수의견의 입장을 그 이유에 비추어 살펴보면, 혈연관계가 없음이 확인된 경우에도 친생추정의 예외는 인정될 수 없다고 판시함으로써 판례가 취하고 있는 '친생추정 규정의 적용 범위에 관한 제한설'을 사실상 변경하자는 취지로 보이기도 하고, 다른 한편으로는 이 사건은 어차피 친생추정의 예외에 관한 종래의 판례가 적용될 사안이 아니라는 이유로 이에 관한 견해를 밝히지 않음으로써 판례를 유지하는 취지로 볼 수도 있다. 이점에 대하여 불필요한 법적 혼란이 야기되지 않도록 할 필요가 있음에도 다수의견은 그 입장이 분명하지 않다."라고 비판하고 있으나, 다수의견은 후자의 입장에서 종래의 판례를 유지하는 취지라고 봄이 타당하다.

24 위 전원합의체 판결 중 대법관 민유숙의 반대의견은, "일정한 요건 하에 친생추정의 예외를 인정하는 종래의 대법원 판례는 유지되어야 하며, 오히려 확대해석할 필요가 있다. 종래 대법원 판례에서 친생추정 예외 인정 범위와 관련하여 판단 기준으로 삼은 '아내가 남편의 자녀를 임신할 수 없는 외관상 명백한 사정'은 '동거의 결여'뿐 아니라 친생추정 규정을 둘러싼 제반 환경의 변화와 개정된 민법 취지를 참작하여 '아내가 남편의 자녀를 임신할 수 없었던 것이 외관상 명백하다고 볼 수 있는 다른 사정'도 포함하는 것으로 해석되어야 한다. 어느 경우가 '아내가 남편의 자녀를 임신할 수 없었던 것이 외관상 명백한 사정'에 해당하는지는 일률적으로 말할 수 없다. 개별 사건을 심리하는 가정법원이 여러 사정을 고려하여 구체적 타당성을 도모할 수 있도록 합리적으로 판단할 것이다. 그 과정에서 혈액형 검사, 유전인자 검사 등 과학적 방법에 따른 검사결과뿐만 아니라 별거 유무와 그 기간, 부부 중 일방이 별도의 주거지를 가졌거나 외국 등 먼 장소로의 왕래가 잦았는지 여부 등 제반 사정을 종합적으로 고려할 수 있다. 나아가 부부의 혼인관계가 종료 또는 파탄되어 자녀를 둘러싼 종래의 공동생활을 유지할 수 없을 정도가 되었는지 여부와 경위, 관련자들의 태도와 의사, 친생자관계의 부존재를 주장하는 사람이 부모, 자녀와 같이 친생자관계의 직접 이해당사자인지 여부, 자

녀의 생부가 청구하는 경우 그에게 인지 및 양육의 의사가 있는지 여부, 제3자가 청구하는 경우 진실한 신분관계의 확정이라는 본래의 목적을 넘어선 재산적 이해관계 같이 다른 의도가 엿보이는지 여부 등 여러 사정들도 심리하고 평가하여 '외관상 명백한 사정'을 판단할 수 있을 것이다."라고 설시하여, 제한설 중 외관설의 범위를 확대하고, 그 판단 기준을 구체적으로 제시하고 있다는 점에서 의미가 있다(외관설 범위확대설).

25 대법원 2021. 9. 9. 선고 2021므13293 판결도, "혈연관계 유무나 그에 대한 인식은 친생부인의 소를 이유 있게 하는 근거 또는 제소기간의 기산점 기준으로서 친생부인의 소를 통해 친생추정을 번복할 수 있도록 하는 사유이다. 이를 넘어서 처음부터 친생추정이 미치지 않도록 하는 사유로서 친생부인의 소를 제기할 필요조차 없도록 하는 요소가 될 수는 없다. 혈연관계가 없다는 점을 친생추정이 미치지 않는 전제사실로 보는 것은 원고적격과 제소기간의 제한을 두고 있는 친생부인의 소의 존재를 무의미하게 만드는 것으로 현행 민법의 해석상 받아들이기 어렵다. 친생부인권을 실질적으로 행사할 수 있는 기회를 부여받았는데도 제소기간이 지나도록 이를 행사하지 않아 더 이상 이를 다툴 수 없게 된 경우 그러한 상태가 남편이 가정생활과 신분관계에서 누려야 할 인격권, 행복추구권, 개인의 존엄과 양성의 평등에 기초한 혼인과 가족생활에 대한 기본권을 침해한다고 볼 수 없다. 다만 친생추정 규정은 부부가 정상적인 혼인생활을 영위하고 있는 경우를 전제로 가정의 평화를 위하여 마련된 것이어서 그 전제사실을 갖추지 않은 경우까지 적용하여 요건이 엄격한 친생부인의 소로써 부인할 수 있도록 하는 것은 제도의 취지에 반하여 진실한 혈연관계에 어긋나는 부자관계를 성립하게 하는 등 부당한 결과를 가져올 수 있다. 대법원 2019. 10. 23. 선고 2016므2510 전원합의체 판결에서도 이러한 입장이 변경되지 아니하였다. 따라서 민법 제844조 제1항의 친생추정은 반증을 허용하지 않는 강한 추정이므로, 처가 혼인 중에 포태한 이상 그 부부의 한쪽이 장기간에 걸쳐 해외에 나가 있거나, 사실상의 이혼으로 부부가 별거하고 있는 경우 등 동거의 결여로 처가 부(夫)의 자를 포태할 수 없는 것이 외관상 명백한 사정이 있는 경우에만 그 추정이 미치지 않을 뿐이고, 이러한 예외적인 사유가 없는 한 누구라도 그 자가 부의 친생자가 아님을 주장할 수 없다."고 판시하여, 외관설의 입장을 명확히 하였다.

2) 혈연설

26 유전자검사 등 과학적인 방법으로 부자관계가 없음이 입증된 경우에는 친생추정이 미치지 않는다는 견해이다. 혈연관계를 의학적으로 정확하게 판별할 수 있게 된 이상 가장 강력한 간접사실인 과학적 검사결과를 배제한다는 것은 매우 어색하다는 근거를 든다.[33] 이에 대하여는 지나치게 혈연진실주의에 경도된 주장으로서, 민법이 보호하고자 하는 또다른 법익인 가정의 평화를 고려하지 않는다는 비판이 있다.[34]

27 한편, 앞서 본 대법원 2019. 10. 23. 선고 2016므2510 전원합의체 판결의 원심인 서울가정법원 2016. 9. 21. 선고 2015르1490 판결은, "친생자 추정 및 친생부인 제도에 관한 입법은 부성의 정확한 감별이 실질적으로 불가능하고 처의 부정행위가 극히 드물었던 시대적 배경 하에 이루어진 것인데, 과학적 친자감별기법의 발달로 친자감정을 함으로써 친생자 추정이 혈연에 반하는지 여부를 명확하게 판단할 수 있을 뿐 아니라 부부간의 정조의무에 대한 인식이 예전보다 저하된 현재에 이르러서는 이와 같은 친생자 추정의 법리를 무조건적으로 유지하기 어려운 점, 동서의 결여로 부의 자를 포태할 수 없는 것이 외관상 명백한 사정이 있는 경우에 그 추정이 미치지 않는다고 해석하면서도, 이와 달리 보다 더 과학성 및 객관성이 담보되는 유전자검사 등에 의하여 부의 자가 아니라는 점이 명백히 밝혀진 경우까지 그 추정이 미친다고 할 합리적인 이유가 없는 점 등을 종합하면, 부부 사이의 동서의 결여뿐만 아니라 유전자형 배치의 경우에도 친생자 추정의 효력은 미치지 않는다고 봄이 타당하다."고 판시하여 혈연설의 입장을 취한 바 있다.

3) 사회적 친자관계설

28 대법원 2019. 10. 23. 선고 2016므2510 전원합의체 판결 중 대법관 권순일, 노정희, 김상환의 별개의견은, "오늘날의 시대 상황은 1983년 최초로 친생추정의 예외를 인정한 대법원 82므59 전원합의체 판결 당시와 비교해 볼 때 사회적·기술적·법률적 배경이 크게 변화하였으므로, 친생추정의 예외 인정의 기준으로 외관설을 채택한 기존의 판례는 전면적으로 재검토될 필요가 있

33 주해친족법(제1권)(제1판), 박영사(2015), 563(권재문).
34 김주수/김상용, 친족·상속법(제20판), 법문사(2024), 303.

다."면서, "'아내가 남편의 자녀를 임신할 수 없는 외관상 명백한 사정'이 있는지의 여부만을 기준으로 친생추정의 예외를 인정해 온 종래의 제한설은 그대로 유지되기 어렵게 되었다고 보아야 한다. 그리고 앞서 본 헌법적 요청을 고려하면, 남편과 자녀 사이에 혈연관계가 없음이 과학적으로 증명되고 그들 사이에 사회적 친자관계가 형성되지 않았거나 파탄된 경우에는 친생추정의 예외로서 친생부인의 소에 의하지 아니하고도 그 친자관계를 부정할 수 있다고 할 것이나, 혈연관계가 없음이 과학적으로 증명되었더라도 사회적 친자관계가 형성되어 있는 경우에는 함부로 친생추정 예외의 법리로써 친자관계를 부정할 수 없다고 봄이 타당하다. 이 때 사회적 친자관계란 부와 자 사이에 부자로서의 정서적 유대가 형성되어 있고, 부가 부로서의 역할을 수행할 의사를 가지고 자를 보호·교양하는 등 생활의 실태가 형성되어 있는 상태를 의미한다고 볼 수 있다. 그리고 이를 판단할 때에는 부부의 혼인계속 여부, 과거 가족공동체로 볼 수 있는 생활관계가 형성되어 있었는지 여부나 그 기간, 부자 사이에 정서적 유대관계의 형성 여부, 친자관계의 파탄 원인과 그에 관한 당사자의 책임 유무, 자녀의 연령, 사회적 친자관계의 회복 가능성, 친자관계의 파탄을 인정하는 것이 자녀의 인격형성과 정서에 미치는 영향 등 가족관계를 둘러싼 여러 사정을 두루 고려하여야 한다."고 설시하여, 혈연관계의 부존재에 더하여 사회적 친자관계 유무를 친생추정 예외의 판단기준으로 삼아야 한다고 보고 있다.

29 서울가정법원 2018. 10. 30. 선고 2018르31218 판결(확정)은, 갑과 을이 법률상 부부로서 혼인기간 중에 출생한 병을 갑의 친자로 출생신고 하였는데 그 후 유전자형 검사에서 병이 갑의 친자가 될 수 없다는 결과가 나오자 갑이 을과 이혼한 후 정과 혼인하여 정이 갑과 병 사이에 친생자관계 부존재확인을 구하는 소를 제기하여 1심에서 각하 판결을 받고 항소한 사안에서, 갑과 을이 이미 이혼하여 혼인관계가 파탄에 이른 점, 이후 갑과 병은 서로 교류하지 않고 지냈고, 병이 성과 본을 변경하였는바, 갑과 병 사이의 사회적, 정서적 유대관계가 단절된 것으로 보이는 점, 유전자검사에서 갑과 병 사이에 친생자관계가 성립하지 않는다는 결과가 나온 점 등을 종합하면 병이 갑의 친생자로 추정되지 않으므로, 정이 친생자관계 부존재확인의 소의 방법에 의하여 갑과 병 사이의 친생자관계의 부존재확인을 구할 이익이 있다는 이유로 1심

을 파기하고 인용 판결을 함으로써 사회적 친자관계설의 입장을 취한 것으로 보인다.

4) 가정평화설

30 유전자검사 등 과학적인 방법으로 부자관계가 없음이 입증된 경우에도 일률적으로 친생추정이 미치지 않는다고 볼 것이 아니라, 부부가 이미 이혼한 경우와 같이 이미 지켜야 할 가정의 평화가 더 이상 존재하지 않는 경우에 친생자의 추정이 미치지 않는 것으로 보는 견해로서, 혈연진실주의와 가정의 평화라는 두 가지 법익을 조화시키려는 시도라고 볼 수 있다.[35] 사회적 친자관계설이 친생추정의 예외 인정의 필요성을 자녀의 복리 관점에서 검토하는 것과 달리, 가정평화설은 부부 중심의 가정의 평화를 중시한다는 점에서 차이점이 있다 할 것이다. 가정평화설에 대하여는 부부간의 혼인관계가 해소된 경우에도 자녀의 복리를 보호해야 한다는 점을 간과하였다는 비판이 있을 수 있다.

5) 동의설

31 유전자검사 등 과학적인 방법으로 부자관계가 없음이 입증된 경우에도 일률적으로 친생추정이 미치지 않는다고 보거나, 가정파탄이라는 사정만 인정되면 당사자의 의사 등을 전혀 고려하지 않고 친생추정이 미치지 않는다고 볼 것이 아니라, 부부와 자녀 모두가 동의한 경우에 한하여 친생추정이 미치지 않는다고 보아야 한다는 견해이다.[36]

다. 제한설 유지 불요설

32 우리나라에 거의 그대로 반영된 일본의 제한설은 원래 친생부인 기간의 기산점이 '자녀의 출생을 안 날'임을 전제로 지나치게 엄격한 친생부인의 요건으로 인하여 발생할 수 있는 문제에 대처하기 위해 고안된 것인데, 민법은 2005년 개정에 의해 친생부인 기간의 기산점으로 '절대기간 없는 상대기간'[37]을 채택하였기 때문에 위와 같은 문제에 대처할 수 있게 되었다.[38] 따라서 본 학설

35 김주수/김상용, 친족·상속법(제20판), 법문사(2024), 303.

36 송덕수, 친족상속법(제7판), 박영사(2024), 148.

37 2005년 개정 전에는 친생부인의 소의 제기기간이 '출생을 안 날로부터 1년 내'로 규정되어 있었으나, 헌법재판소 1997. 3. 27. 선고 95헌가14, 96헌가7(병합) 결정에 의하여 위 부분이 헌법불합치 결정을 받고 '사유가 있음을 안 날로부터 2년 내'로 개정되었다.

38 주해친족법(제1권)(제1판), 박영사(2015), 564(권재문).

은 "혼인 중 출생자의 부자관계를 신속하게 획일적으로 결정한다."는 친생추정의 기능을 약화시키는 제한설을 이제 유지할 필요가 없다고 본다.[39]

3. 친생자추정의 효과

가. 법적 부자관계의 성립

33 친생추정에 의하여 혼인 중의 출생자의 법적 부자관계가 성립한다.[40] 친생자의 추정을 받는 혼인 중의 출생자의 지위는 매우 확고하여,[41] 앞서 본 친생부인허가 심판청구 또는 인지허가 심판청구가 가능한 경우를 제외하고는 원칙적으로 요건이 엄격한 친생부인의 소에 의해서만 다투어질 수 있다. 즉 부부 중 일방[42]이 친생부인의 소를 제기하여야 하고, 친생자관계 부존재확인의 소에 의할 수는 없다.[43]

34 그리고 반드시 친생부인의 소를 '제기'하여야 하고, 상속 관련 소송과 같은 별개의 소송에서 선결문제로 친생부인을 주장할 수는 없다.[44] 따라서 친생추정을 받고 있는 자녀는 친생부를 상대로 인지청구의 소를 제기할 수 없으며,[45] [46] 마찬가지로 친생부라 하더라도 타인의 친생추정을 받고 있는 자녀를 인지할 수 없다.[47]

35 한편, 앞서 본 바와 같이 대법원 2019. 10. 23. 선고 2016므2510 전원합의체 판결은 혼인 중인 부부 사이에서 인공수정의 방법으로 태어나 친생추정을 받는 자녀에 대한 친생부인의 소 또한 엄격히 제한하고 있다.

39 주해친족법(제1권)(제1판), 박영사(2015), 565(권재문).
40 주해친족법(제1권)(제1판), 박영사(2015), 565(권재문).
41 김주수/김상용, 친족·상속법(제20판), 법문사(2024) 299.
42 2005. 3. 31. 민법 개정 이전에는 원고적격이 부에게만 인정되었다.
43 대법원 2000. 8. 22. 선고 2000므292 판결.
44 송덕수, 친족상속법(제7판), 박영사(2024), 147.
45 대법원 2000. 1. 28. 선고 99므1817 판결.
46 이 판결은 민법 제844조의 친생추정을 받는 자는 친생부인의 소에 의하여 그 친생추정을 깨뜨리지 않고서는 다른 사람을 상대로 인지청구를 할 수 없음이 원칙이나, 호적상의 부모의 혼인 중의 자로 등재되어 있는 자라 하더라도 그의 생부모가 호적상의 부모와 다른 사실이 객관적으로 명백한 경우에는 그 친생추정이 미치지 아니하므로, 그와 같은 경우에는 곧바로 생부모를 상대로 인지청구를 할 수 있다고 판시하였다. 그러나 이 판결 중 '그의 생부모가 호적상의 부모와 다른 사실이 객관적으로 명백한 경우에는 그 친생추정이 미치지 아니하므로' 부분에 대하여는 '친생자의 추정이 미치지 않는 자'의 법리에 대한 그릇된 이해에서 비롯되었다는 비판이 있다[김주수/김상용, 친족·상속법(제20판), 법문사(2024), 304].
47 대법원 1992. 7. 24. 선고 91므566 판결.

36 그런데, 친생부인의 소 대신 친생자관계 부존재확인의 소를 제기한 부적법한 청구일지라도 법원이 그 잘못을 간과하고 청구를 받아들여 친생자관계가 존재하지 않는다는 확인의 심판을 선고하고 그 심판이 확정된 이상 이 심판이 당연 무효라고 할 수는 없는 것이며, 확정심판의 기판력이 제3자에게 미치는 이상 위 심판의 확정으로 친생자의 추정이 깨어진다고 본 대법원 판결도 있다.[48]

나. 가족관계등록제도와의 관계

1) 친생추정과 출생신고

37 이러한 법리는 가족관계등록제도에도 영향을 미친다. 가족관계등록부에 친자관계를 등록하는 것은 출생신고 또는 인지신고에 의하여 이루어지는데, 이때 신고서류를 접수하여 수리하는 가족관계등록공무원의 심사권에 대해 우리나라는 형식적 심사주의를 채택하고 있다.[49] 즉 가족관계등록공무원은 출생신고된 자와 부 사이에 진실한 혈연관계가 존재하는지 여부를 심사할 권한이 없고, 따라서 아무리 모가 제3자와의 사이에 출산한 자녀라고 할지라도 친생부인 판결에 의해 법률혼 배우자와 부자관계 없음이 확정되지 않은 이상, 가족관계등록공무원은 친생추정의 법리에 따라 그 자녀를 모의 남편의 자로 기재하여야 한다.[50]

2) 태어난 즉시 출생등록될 권리와의 관계[51]

38 가족관계의 등록 등에 관한 법률 제47조는 "친생부인의 소를 제기한 때에도 출생신고를 하여야 한다."라고 규정하고 있고, 가족관계의 등록 등에 관한 법률 제46조는 출생신고의무자에 관하여 "① 혼인 중 출생자의 출생의 신고는 부 또는 모가 하여야 한다. ② 혼인 외 출생자의 신고는 모가 하여야 한다. ③ 제1항 및 제2항에 따라 신고를 하여야 할 사람이 신고를 할 수 없는 경우에는 다음 각 호의 어느 하나에 해당하는 사람이 각 호의 순위에 따라 신고를 하여야 한다. 1. 동거하는 친족 2. 분만에 관여한 의사·조산사 또는 그 밖의 사람 ④ 신고의무자가 제44조 제1항에 따른 기간 내에 신고를 하지 아니하여 자녀의 복리가 위태롭게 될 우려가 있는 경우에는 검사 또는 지방자치

48 대법원 1992. 7. 24. 선고 91므566 판결.
49 가족관계등록실무(Ⅰ), 법원행정처(2018), 319.
50 현소혜, "친생자 추정과 가족관계등록절차의 개선방안", 법학논고 제49집, 경북대학교 출판부(2015).
51 헌법재판소 2023. 3. 23. 선고 2021헌마975 결정.

단체의 장이 출생의 신고를 할 수 있다."고 규정하고 있으며, 가족관계의 등록 등에 관한 법률 제57조(친생자출생의 신고에 의한 인지) 제1항·제2항은 "① 부가 혼인 외의 자녀에 대하여 친생자출생의 신고를 한 때에는 그 신고는 인지의 효력이 있다. 다만, 모가 특정됨에도 불구하고 부가 본문에 따른 신고를 함에 있어 모의 소재불명 또는 모가 정당한 사유 없이 출생신고에 필요한 서류 제출에 협조하지 아니하는 등의 장애가 있는 경우에는 부의 등록기준지 또는 주소지를 관할하는 가정법원의 확인을 받아 신고를 할 수 있다. ② 모의 성명·등록기준지 및 주민등록번호의 전부 또는 일부를 알 수 없어 모를 특정할 수 없는 경우 또는 모가 공적 서류·증명서·장부 등에 의하여 특정될 수 없는 경우에는 부의 등록기준지 또는 주소지를 관할하는 가정법원의 확인을 받아 제1항에 따른 신고를 할 수 있다."라고 규정하고 있다.

39 이와 관련하여 대법원 2020. 6. 8. 자 2020스575 결정은, 출생 당시 부 또는 모가 대한민국의 국민인 경우 그 자는 국적법에 따라 출생과 동시에 대한민국 국적을 취득하는데, 대한민국 국민으로 태어난 아동은 태어난 즉시 '출생등록될 권리'를 가진다고 선언하면서, 외국인인 모의 인적사항은 알지만 자신이 책임질 수 없는 사유로 출생신고에 필요한 서류를 갖출 수 없거나, 모의 소재불명이나 모가 정당한 사유 없이 출생신고에 필요한 서류 발급에 협조하지 않는 경우에도 가족관계의 등록 등에 관한 법률 제57조 제2항이 적용된다고 판시하여, 아동의 출생등록될 권리를 최초로 천명하면서 비혼부가 가정법원의 허가를 받아 자녀의 출생신고를 간소하게 할 수 있는 방안을 제시하였다.

40 한편, 최근 헌법재판소 2023. 3. 23. 선고 2021헌마975 결정은, '혼인 중 여자와 남편 아닌 남자 사이에서 출생한 자녀에 대한 생부의 출생신고'를 허용하도록 규정하지 아니한 가족관계의 등록 등에 관한 법률 제46조 제2항 및 제57조 제1항·제2항은 혼인 외 출생자의 태어난 즉시 '출생등록될 권리'를 침해한다고 보면서, "혼인 중인 여자와 남편이 아닌 남자 사이에서 출생한 자녀의 경우, 혼인 중인 여자와 그 남편이 출생신고의 의무자에 해당하나, 해당 자녀의 모가 남편과의 관계에서 발생하는 여러 사정을 고려하여 출생신고를 하지 아니하는 경우가 발생하고 있고, 그 남편이 해당 자녀의 출생의 경위를 알고도 출생신고를 하는 것은 사실상 기대하기 어렵다. 한편, 신고적격자인

검사 또는 지방자치단체의 장의 출생신고는 의무적인 것이 아니며, 이들이 혼인 외 출생자의 구체적 사정을 출생 즉시 파악할 수 있다고 보기도 어렵다. 이처럼 현행 출생신고제도는 혼인 중 여자와 남편 아닌 남자 사이에서 출생한 자녀인 청구인들과 같은 경우 출생신고가 실효적으로 이루어질 수 있도록 보장하지 못하고 있다. 신고기간 내에 모나 그 남편이 출생신고를 하지 않는 경우 생부가 생래적 혈연관계를 소명하여 인지의 효력이 없는 출생신고를 할 수 있도록 하거나, 출산을 담당한 의료기관 등이 의무적으로 모와 자녀에 관한 정보 등을 포함한 출생신고의 기재사항을 미리 수집하고, 그 정보를 출생신고를 담당하는 기관에 송부하여 출생신고가 이루어지도록 한다면, 민법상 신분관계와 모순되는 내용이 가족관계등록부에 기재되는 것을 방지하면서도 출생신고가 이루어질 수 있다. 따라서 심판대상조항들은 입법형성권의 한계를 넘어서서 실효적으로 출생등록될 권리를 보장하고 있다고 볼 수 없으므로, 혼인 중 여자와 남편 아닌 남자 사이에서 출생한 자녀에 해당하는 혼인 외 출생자인 청구인들의 태어난 즉시 '출생등록될 권리'를 침해한다."는 이유로 위 각 조항에 대하여 헌법불합치 결정을 하였다.

41 위 결정의 취지에 따라 가족관계의 등록 등에 관한 법률이 일부 개정되어(2023. 7. 18. 법률 제19547호), 의료기관에 의한 출생사실의 통보(가족관계의 등록 등에 관한 법률 제44조의3) 및 출생신고의 확인·최고와 직권 출생 기록(제44조의4) 규정이 신설되었다.

3) 친생부인 판결이 확정된 경우의 가족관계등록부 정정

42 친생자관계 부존재확인 판결이 확정된 경우 및 친생부인 판결이 확정된 경우의 가족관계등록부 정정에 대하여는 친자관계의 판결에 의한 가족관계등록부 정정절차 예규 제4조 내지 제8조에서 규정하고 있다.

43 한편 이혼한 후 300일 이내에 출생한 자녀를 생부의 자녀로 출생신고할 수 없게 된 어머니가 자녀의 생년월일을 허위로 기재하여 친생추정을 면하고 혼인외의 자녀로 출생신고를 한 후 나중에 등록부상의 출생년월일의 정정허가를 신청하는 일도 발생하게 되었는데,[52] 이에 대해 대법원 2012. 4. 13. 자 2011스160 결정은, 가족관계등록부 기록사항 중 출생연월일·사망일시를 가족

52 신영호 외 2인, 가족법강의(제4판), 세창출판사(2023), 157.

관계의 등록 등에 관한 법률 제104조에서 정한 가족관계등록부 정정 대상으로 봄이 상당하고, 자녀 갑의 법정대리인인 모 을이 배우자 병과 2009. 9. 28. 이혼한 후 갑의 출생연월일을 2010. 7. 31.로 신고하였다가 뒤늦게 실제 갑의 출생연월일이 2007. 12. 18.이라며 가족관계등록부 정정을 구한 사안에서, 출생신고는 그 신고에 의해 창설적 효력이 생기는 창설적 신고가 아니라 이른바 보고적 신고에 불과하므로 민법 제844조의 친생추정규정에서 말하는 출생이란 '가족관계등록부에 신고된 출생일'을 기준으로 하는 것이 아니라 '실제 출생한 때'를 기준으로 한다고 보아야 하며, 따라서 가족관계등록부상의 출생연월일이 정정되었다는 사정만으로 친생추정의 효력이 미치는 등 신분관계에 중대한 영향을 미친다고 볼 수 없으므로 법 제104조에 의한 가족관계등록부의 정정을 불허할 사유가 될 수 없다는 이유로, 민법 제844조에 따라 갑이 병의 자로 추정되기 때문에 가족관계등록부 정정을 불허한 원심결정에 법리오해의 위법이 있다고 판시하고 이를 허용한 바 있다. 이 경우 갑의 출생년월일이 정정되면 갑의 가족관계등록부에 모의 전남편인 병을 부로 기록하는 정정사유가 추가로 발생하는데,[53] 이는 갑과 병 사이의 친생추정이 번복되지 않는 한 갑이 혼외자로서의 신분을 법적으로 유지하면서 출생년월일만 정정하는 것은 허용되지 않기 때문이다.

44 다만 현재는 이혼 후 300일 이내에 출생한 자녀에 대하여 출생신고를 하지 않고 생부가 인지허가심판을 청구하거나, 생모가 친생부인의 허가 심판을 청구할 수 있게 되었으므로, 친모가 자녀의 생년월일을 허위로 기재하여 친생추정을 면하고 혼인외의 자녀로 출생신고를 한 후 나중에 등록부상의 출생년월일의 정정허가를 신청하는 일은 발생가능성이 낮아졌다 할 것이다.

Ⅲ. 친생자의 추정을 받지 않는 혼인 중의 출생자

45 민법 제844조 제2항이 정한 기간인 '혼인이 성립한 날부터 200일 후' 이전에 출생한 자는 친생자의 추정을 받지 못한다. 따라서 요건이 엄격한 친생부인의 소가 아니라 요건이 완화된 친생자관계 부존재확인의 소에 의하여 법률상 부자관계를 소멸시킬 수 있다.[54]

53 이칭수, "출생연월일 정정에 확정판결이 필요한지 여부", 법조 통권 제675호, 법조협회(2012), 217.
54 김주수/김상용, 친족·상속법(제20판), 법문사(2024), 300.

46 친생자관계 부존재확인의 소는 가족관계등록부상 부자관계의 존재를 정정하기 위해 이해관계인이라면 누구나(단, 대법원 2020. 6. 18. 선고 2015므8351 전원합의체 판결은 친생자관계 존부확인의 소를 제기할 수 있는 자는 민법 제865조 제1항에서 정한 제소권자로 한정되고, 민법 제777조에서 정한 친족이라는 사실만으로 당연히 친생자관계 존부확인의 소를 제기할 수 있다고 한 종전 대법원 판례는 더 이상 유지될 수 없게 되었다고 판시하였다) 제기할 수 있고, 친생부인의 소와 달리 제소기간의 제한도 없다. 다만 민법 제865조 제2항에서, 소의 상대방이 될 수 있는 사람이 모두 사망한 경우에는 사망을 안 날로부터 2년 내에 검사를 상대로 소를 제기할 수 있다고 규정할 뿐이다.

47 한편, '친생추정을 받지 않는 혼인 중의 출생자'와 '친생추정이 미치지 않는 혼인 중의 출생자'에 대하여, 친생추정과 인지를 부자관계의 이원적 성립요건으로 파악하는 종래의 해석론에 의하면 위와 같은 혼인 중의 출생자에 대하여는 친생추정이 되지 않아 모의 배우자와 자녀 사이에 법적 부자관계가 성립하지 않고, 아무도 친생자관계 부존재확인의 소를 제기하여 그 효과를 다투지 않는 경우 이들 사이에 법적 부자관계가 성립한 것인지 여부 자체가 불명확해지므로, 모의 배우자의 '인지'에 의해 법적 부자관계가 성립한 것으로 파악함이 타당하다는 견해가 있다.[55]

Ⅳ. 친생자의 추정이 미치지 않는 혼인 중의 출생자

48 앞서 본 친생자 추정의 범위에 관한 학설 대립과 관련하여, 제한설의 입장을 취하는 경우에는 민법 제844조의 요건을 충족함에도 불구하고 친생자의 추정이 미치지 않는 자가 발생하게 된다. 친생자의 추정이 미치지 않는 자에 대해서는 부 또는 모가 친생부인의 소를 제기할 수 있을 뿐만 아니라(제척기간의 경과 후에는 부 또는 모도 친생자관계 부존재확인의 소를 제기할 수 있다),[56] 가족관계등록부상 부자관계의 존재를 정정하기 위하여 이해관계인이 친생자관계 부존재확인의 소를 제기할 수 있다. 그리고 가족관계등록부상의 부 또는 모가 친생부인 또는 친생자관계 부존재확인의 소를 제기하여 가족관계등록부를 정정하기 전이라도 자는 친생부를 상대로 인지청구의 소를 제기할 수 있다(대법

55 주해친족법(제1권)(제1판), 박영사(2015), 561, 616(권재문).
56 김주수/김상용, 친족·상속법(제20판), 법문사(2024), 301.

원 1981. 12. 22. 선고 80므103 판결은 호적상 타인들 사이의 친생자로 허위등재되어 있다 하더라도 그 자는 실부모를 상대로 인지청구의 소를 제기할 수 있으며, 그 인지를 구하기 전에 먼저 호적상 부모로 기재되어 있는 사람을 상대로 친자관계부존재 확인의 소를 제기하여야 하는 것이 아니라고 판시하였다). 다만 친생부는 친생자관계부존재확인의 소를 제기하여 가족관계등록부상의 부자관계를 정정한 후에야 자녀를 인지할 수 있다.[57](그 전에는 인지신고가 수리되지 않는다.)

49 또한, 헌법재판소 2015. 4. 30. 선고 2013헌마623 결정에서, 혼인관계종료 후 300일 이내에 출생한 자는 원칙적으로 전남편의 자로 추정되지만, 예외적으로 유전자검사 등을 통하여 전남편이 아닌 제3자가 생부로 확인되고, 생부가 그 자를 인지할 의사가 있는 경우에는 전남편의 친생자로 추정되지 않는다는 취지로 판단하였고, 그에 따라 2017. 10. 31. 개정된 민법 제854조의2에서는 제844조 제3항에 기해 혼인관계가 종료된 날부터 300일 이내에 출생하여 친생추정을 받는 자녀에 대해, 전남편과의 혼인 중의 자녀로 출생신고가 되어있지 아니할 것을 조건으로 어머니 또는 어머니의 전남편이 가정법원에 비송사건으로서 친생부인의 허가 심판을 청구할 수 있도록 규정하였고, 민법 제855조의2에서는 제844조 제3항에 따라 혼인관계가 종료된 날부터 300일 이내에 출생하여 친생추정을 받는 자녀에 대해, 전남편과의 혼인 중의 자녀로 출생신고가 되어있지 아니할 것을 조건으로 생부가 가정법원에 비송사건으로 인지의 허가 심판을 청구할 수 있도록 규정하였는바, 이러한 규정은 친생자의 추정이 미치지 않는 자의 범위를 부분적으로 확대하는 결과를 가져왔다고 볼 수 있다.[58]

57 송덕수, 친족상속법(제4판), 박영사(2018), 145.
58 김주수/김상용, 주석 민법, 친족(3)(제5판), 한국사법행정학회(2016), 49.

제 845 조 [법원에 의한 부의 결정]

재혼한 여자가 해산한 경우에 제844조의 규정에 의하여 그 자의 부를 정할 수 없는 때에는 법원이 당사자의 청구에 의하여 이를 정한다. <개정 2005. 3. 31.>

[대조] 신설(1958년). 2005년의 민법 일부개정에 의하여 제811조의 규정(재혼금지기간)을 삭제하였기 때문에 조문을 정리

[관련조문] 가사소송법 제2조(가정법원의 관장 사항) 제1항 제1호 나목의 5), 가사소송법 제27조(아버지를 정하는 소의 당사자)

[참고문헌] 주해친족법(제1권)(제1판), 박영사(2015); 주해친족법(제1권)(제2판), 박영사(2025); 법원실무제요, 가사[Ⅰ], 사법연수원(2021)

Ⅰ. 의의 및 성질

1. 의의

1 민법 제845조에 의한 '부를 정하는 소'는 부자관계 성립요건인 친생추정의 일종으로 파악할 수 있다.[1] 즉 재혼한 여성이 전혼 종료 후 300일 이내이면서 동시에 재혼 성립의 날부터 200일을 경과한 기간 중 자녀를 출산하여, 그 자녀가 전혼 남편의 친생자로 추정되는 동시에 후혼 남편의 친생자로도 추정받아 친생추정이 경합하는 경우, 가정법원이 당사자의 청구에 의하여 그 자녀의 아버지를 정하는 제도이다. 특히 2005년의 민법 개정으로 친생추정의 경합을 방지하는 기능을 수행하던 여성의 재혼금지 기간 제도가 폐지되었기 때문에 부를 정하는 소에 의하여 부자관계를 확정해야 하는 사안이 발생할 가능성이 높아졌다고 할 수 있다.[2] 다만, 앞서 본 바와 같이 아내가 남

1 주해친족법(제1권)(제1판), 박영사(2015), 567(권재문).
2 주해친족법(제1권)(제1판), 박영사(2015), 567(권재문).

편의 자녀를 임신할 수 없음이 외관상 명백한 경우에는 친생자의 추정이 미치지 아니하므로,[3] 친생추정이 실질적으로 경합하는 경우가 그리 흔한 것은 아닐 것이다.[4]

2 친생추정의 경합은 중혼의 경우에도 생길 수 있다. 즉, 여성이 중혼 성립 후 200일이 지난 뒤에 자녀를 출산한 경우에 그 자녀는 그 여성의 각각의 남편의 친생자로 추정될 수 있다. 이 경우의 처리에 관하여는 명문의 규정이 없으나, 당사자가 아버지의 결정을 청구할 수 있다고 볼 것이다.[5] 처가 A, B와 중혼 상태에 있던 중 A와 이혼하고 C와 재혼하였다면 A, B, C 세 명에 대한 친생추정이 경합하는 경우도 생각해 볼 수 있으며, 이 경우에도 마찬가지로 민법 제845조를 유추적용하여 부를 정하는 소로써 법적 부자관계를 확정하여야 할 것이다.[6]

2. 소의 성질

3 부를 정하는 소가 확인의 소인지 형성의 소인지 견해가 대립한다. 확인의 소라는 견해는 자녀가 전혼 남편과 후혼 남편 중 어느 쪽의 친생자인지를 판단하여 확정하여야 하는 것이어서 확인의 소라고 본다. 반면 형성의 소라는 견해는 경합하는 친생추정이 모두 유효한 법적 부자관계를 성립시키는 것이고, 혈연과 일치하는 법적 부자관계 하나만 성립해 있는 것은 아니기 때문에 이들 중 하나를 해소시키는 것이 이 소의 목적이라고 보는바, 지배적 견해는 후자의 입장이다.[7]

4 다만 형성소송설을 따르더라도 일반적 형성의 소인지 형식적 형성의 소인지에 관해, 아버지의 결정에 있어서는 전혼 남편과 후혼 남편 중 누가 친생부인지에 관하여 확신을 얻지 못하였더라도 그 청구를 기각할 수는 없고 어느 정도의 재량이 포함된 판단에 의하여 어느 한 쪽을 친생부로 결정하여야만 하는 것이고, 그 판결의 확정에 의하여 비로소 법률상의 친생자 관계가 소급적으로 형성되는 것이므로 통설은 비송적 성질을 가진 형식적 형성의 소로

3 대법원 1983. 7. 12. 선고 82므59 전원합의체 판결.
4 법원실무제요, 가사[I], 사법연수원(2021), 690.
5 법원실무제요, 가사[I], 사법연수원(2021), 690.
6 주해친족법(제1권)(제1판), 박영사(2015), 567(권재문).
7 주해친족법(제1권)(제1판), 박영사(2015), 568(권재문).

본다.[8]

5 가사소송법 제2조 제1항 제1호 나목에서는 아버지를 결정하는 소를 나류 가사소송사건으로 규정하고 있다.

3. 친생승인 및 친생부인의 소와의 관계

6 부를 정하는 소의 전제인 친생추정의 경합 상태가 그 중 하나에 대한 친생승인 또는 친생부인에 의하여 해소될 수 있는지 여부가 문제된다.

7 먼저, 경합하는 친생추정은 같은 가치를 가지는 것이기 때문에, 친생승인에 의한 친생추정의 확정은 일방의 의사만을 근거로 그 중 하나를 확정시키고 타방에 대한 친생추정을 해소시키는 것은 부당하므로 친생승인에 의한 친생추정의 확정은 허용되지 않는다고 보아야 한다.[9]

8 반면 부를 정하는 소를 제기하지 않는 당사자가 친생부인의 소를 제기하는 것은 일방에 대한 친생추정을 제거하려는 것일 뿐이고 타방에 대한 친생추정에는 영향을 미치지 않기 때문에 원칙적으로 허용된다고 볼 것이다.[10] 즉 친생추정을 받는 전혼 남편 또는 후혼 남편이 그 친생추정을 번복시키는 방법으로는, 부를 정하는 소에 의하여 다른 배우자를 아버지로 결정되도록 할 수도 있고, 직접적으로 친생부인의 소를 제기하여 적극적으로 친생추정의 번복을 시도할 수도 있다.[11] 따라서 부를 정하는 소에는 전혼 남편 또는 후혼 남편이 친생부인의 청구를 선택적으로 병합하거나 반소로써 구할 수도 있다.

Ⅱ. 소송절차

1. 정당한 당사자

9 부를 정하는 소의 당사자는 절차법인 가사소송법 제27조에 규정되어 있다.

가. 원고적격

10 부를 정하는 소는 자녀, 어머니, 어머니의 배우자, 어머니의 전 배우자가 이를 제기할 수 있다(가사소송법 제27조 제1항). '전 배우자'는 친생추정을 받는

8 법원실무제요, 가사[I], 사법연수원(2021), 690.
9 주해친족법(제1권)(제1판), 박영사(2015), 569(권재문).
10 주해친족법(제1권)(제1판), 박영사(2015), 569(권재문).
11 법원실무제요, 가사[I], 사법연수원(2021), 691.

전혼 남편을 가리키며, 어머니가 여러 번 재혼하였다면 전 배우자가 복수일 수도 있다.

나. 피고적격

11 누가 원고인가에 따라 피고적격이 달라진다. 자녀가 소를 제기하는 경우에는 어머니, 어머니의 배우자 및 어머니의 전 배우자를 상대방으로 하고, 어머니가 제기하는 경우에는 그 배우자 및 전 배우자를 상대방으로 하며(가사소송법 제27조 제2항), 어머니의 배우자가 제기하는 경우에는 어머니 및 어머니의 전 배우자를 상대방으로 하고, 어머니의 전 배우자가 제기하는 경우에는 어머니 및 어머니의 배우자를 상대방으로 한다(제27조 제3항). 상대방으로 될 사람 중에 사망한 사람이 있을 때에는 생존자를 상대방으로 하고, 생존자가 없을 때에는 검사를 상대방으로 한다(가사소송법 제27조 제4항).

12 피고가 복수로 규정되어 있으므로 그들 사이의 관계는 고유필수적 공동소송관계라고 보나,[12] 부를 정하는 소는 전혼 배우자와 후혼 배우자 중 한 명에 대해 친생추정에 의한 법적 부의 지위를 소멸시키기 위한 것이기 때문에 모가 반드시 공동피고가 되도록 할 필요가 있는지 의문을 제기하는 견해도 있다.[13]

다. 자녀의 표시방법

13 자녀는 원고적격이 있을 뿐 피고적격은 없으므로 자녀 이외의 사람이 소를 제기할 때에는 그 판결에 자녀가 원·피고 어느 쪽의 당사자로도 표시되지 않음이 원칙이나, 그 판결은 자녀의 신분관계에 중대한 영향을 미치는 것이므로 가사비송사건에 준하여 가사소송규칙 제20조에 따라 자녀를 판결 당사자표시란의 가장 마지막 부분에 '사건본인'으로 표시한다.

2. 관할

가. 토지관할

14 아버지를 정하는 소는 자녀의 보통재판적이 있는 곳의 가정법원의 전속관할에 속하며, 자녀가 사망한 경우에는 자녀의 마지막 주소지의 가정법원의 전속관할에 속한다(가사소송법 제26조 제1항).

12 법원실무제요, 가사[Ⅰ], 사법연수원(2021), 692.
13 주해친족법(제1권)(제1판), 박영사(2015), 569(권재문).

나. 사물관할

15 아버지를 정하는 소는 단독판사의 사물관할에 속한다(민사 및 가사소송의 사물관할에 관한 규칙 제3조).

3. 심리

가. 조정전치주의와의 관계

16 아버지를 정하는 소는 나류 가사소송사건이므로 가사소송법 제50조의 문언상 조정전치주의의 적용을 받기는 하나, 성질상 아버지를 정하는 소의 소송물에 관하여는 당사자의 임의처분이 허용되지 않으므로, 가사소송법 제59조 제2항 단서의 규정에 의하여 실무적으로는 조정의 의미가 없다.

나. 청구취지

17 아버지의 결정에 있어서는 앞서 본 바와 같이 친생추정이 경합하는 경우에 해당하는 한 가정법원은 반드시 누가 진실한 아버지인가를 가려서 선언하여야 하고, 단순히 원고의 주장과 다른 결론에 이르렀다고 하여 그 청구를 기각할 수는 없다. 이 점에서 아버지를 정하는 소는 비송사건적인 성질을 가진다. 따라서 소장의 청구취지란에는 "피고 ○○○를 사건본인의 아버지로 정한다."고 기재함이 보통이지만, 단순히 "사건본인의 아버지를 정하는 판결을 구한다."라는 식으로 추상적으로 기재하여도 무방하다.[14]

다. 소송능력과 소송대리

18 미성년자인 자녀가 소를 제기하는 경우에는 그 법정대리인인 어머니, 어머니의 배우자 및 전 배우자가 모두 피고로 되어야 하므로, 민사소송법 제62조에 의한 특별대리인을 선임하여야 한다.[15]

라. 당사자의 추가와 경정

19 피고로서 필수적 공동소송인으로 되어야 할 자 중 일부를 누락하였거나 피고적격 없는 자를 피고로 잘못 지정한 경우에는 사실심의 변론 종결시까지 당사자를 추가하거나 경정할 수 있다(가사소송법 제15조).

14 법원실무제요, 가사[Ⅰ], 사법연수원(2021), 693.

15 법원실무제요, 가사[Ⅰ], 사법연수원(2021), 694. 다만 민법 제921조에 의한 특별대리인을 선임하여야 한다는 견해도 있다.

마. 관련사건의 병합

20 앞서 본 바와 같이, 친생추정을 받는 어머니의 배우자 또는 전 배우자가 그 친생추정을 번복시키는 방법으로는 아버지의 결정에 의하여 다른 쪽의 배우자를 아버지로 결정되도록 할 수도 있고, 직접적으로 친생부인의 소를 제기하여 적극적으로 친생추정의 번복을 시도할 수도 있다. 따라서 아버지의 결정의 소에는 어머니의 배우자 또는 전 배우자가 친생부인의 청구를 선택적으로 병합하거나 반소로써 구할 수도 있다.

바. 소송절차의 승계

21 아버지를 정하는 소는 원고적격자에 따라 피고적격자를 달리하고, 그 원고적격자는 언제나 단수로 규정되어 있으므로, 일반적으로 원고의 사망이나 그 밖의 사유에 의한 소송절차의 승계(가사소송법 제16조)는 상정하기 어렵다. 다만, 어머니가 배우자 및 전 배우자를 상대로 소를 제기하였다가 사망한 경우 자녀의 소송절차의 승계를 인정할 것인지에 관하여는 견해가 나뉠 수 있으나, 이를 허용하더라도 당사자지위의 혼동은 일어나지 않고 피고적격자가 달라지는 것도 아니므로 긍정하여도 무방할 것이다.[16]

22 피고 중 일부가 사망한 경우에는 피고 중 생존자가 있는 한 그 생존자와의 사이에서 소송절차가 속행되어야 하는 것이므로 소송절차의 수계는 일어나지 않는다. 피고로 된 자가 모두 사망한 경우에 검사의 소송절차의 수계를 인정할 것인지에 관하여는 견해가 나뉠 수 있다.[17]

사. 혈액형 등의 수검명령

23 가정법원은 아버지를 정하는 소의 심리를 함에 있어 당사자 또는 관계인 사이의 혈족관계의 유무에 관하여 다른 증거조사에 의하여 심증을 얻지 못한 때에는 검사를 받을 사람의 건강과 인격의 존엄을 해치지 아니하는 범위에서 당사자 또는 관계인에게 혈액채취에 의한 혈액형의 검사 등 유전인자의 검사나 그 밖에 적당하다고 인정되는 방법에 의한 검사를 받을 것을 명할 수 있다(가사소송법 제29조). 당사자 또는 관계인이 정당한 이유 없이 이 명령을 위반한 경우에는 가정법원은 직권으로 또는 권리자의 신청에 의하여 결정으로 1천

16 법원실무제요, 가사[Ⅰ], 사법연수원(2021), 695.
17 법원실무제요, 가사[Ⅰ], 사법연수원(2021), 695.

만 원 이하의 과태료를 부과할 수 있고(가사소송법 제67조 제1항), 이 제재를 받고도 정당한 이유 없이 다시 수검명령을 위반한 경우에는 30일의 범위에서 그 의무를 이행할 때까지 위반자에 대한 감치를 명할 수 있다(제67조 제2항).

4. 판단

24 친생추정이 경합하지 않는 경우인데도 아버지의 결정의 소를 제기한 때와 같이, 민법 제845조에 해당하지 않는 경우에는 소를 각하할 것이나, 그 밖의 경우에는 청구취지에 구애됨이 없이 적극적으로 아버지를 정하는 판결을 선고하여야 한다.[18]

25 혈액형 등의 수검명령을 통한 과학적인 검사가 불가능하거나, 그러한 검사에 의하여서도 누가 아버지인지를 판단할 수 없는 경우, 법원이 청구기각 판결을 할 수 없고 제반 사정을 고려하여 가장 합당한 사람을 아버지로 정해야 한다는 견해와 증명책임에 의하여 청구기각 판결을 하여야 한다는 견해가 대립하나, 부를 정하는 소의 법적 성질을 형식적 형성의 소로 본다면 법원은 청구기각 판결을 할 수 없고, 친생추정에 의한 법적 부자관계가 혈연상의 부자관계와 반드시 일치하는 것은 아니기 때문이라는 이유로 전자가 타당하다고 본다.[19]

26 한편 친생추정이 경합하는 외관을 갖추고 있으나 실질상 어머니가 전혼 배우자 및 후혼 배우자 모두와 별거하여 그 어느 쪽의 자녀도 포태할 수 없음이 외관상 명백한 경우에는, 친생추정에 관한 제한설 중 외관설을 따르는 판례에 기할 때 부를 정하는 소는 각하되어야 하나,[20] 관할이 일치한다면 소송경제를 고려하여 친생자관계 부존재확인을 구하는 것으로 청구취지를 변경하도록 할 필요가 있을 것이다.[21]

27 자녀가 제3자의 친생자가 아니고 어머니의 배우자 또는 전 배우자 중 한 사람의 친생자라고 판단되는 경우에는 어느 쪽의 자녀인지가 불분명하다거나 원고가 주장하는 것과는 다른 결론에 이른다고 하더라도 누군가를 자녀의

18 법원실무제요, 가사[I], 사법연수원(2021), 695.
19 주해친족법(제1권)(제1판), 박영사(2015), 571(권재문).
20 다만 두 사람 모두 아버지가 아니라는 판결을 선고하여야 한다는 견해를 다수설로 보는 입장도 있다. 법원실무제요, 가사[I], 사법연수원(2021), 696.
21 주해친족법(제1권)(제1판), 박영사(2015), 571(권재문).

아버지로 정하는 판결을 선고하여야 하고, 원고 청구의 전부 또는 일부를 기각할 것은 아니므로, 이 경우에는 언제나 원고의 청구를 인용하는 결과가 되며, 소송비용은 특별한 사정이 없다면 패소자인 피고들이 필수적 공동소송인으로서 공동부담하게 된다.[22]

Ⅲ. 판결의 효과

1. 확정판결의 효력

28 아버지를 정하는 청구를 인용한 확정판결은 제3자에게도 효력이 있으므로(가사소송법 제21조 제1항), 전혼 배우자와 후혼 배우자 중 일방을 자녀의 친생부로 정하는 판결이 확정되면 어느 누구도 그 지위를 다툴 수 없다. 따라서 삼중으로 친생추정을 받는데도 이를 간과한 채 이중의 친생추정만 있는 것으로 보아 어머니와 2명의 배우자 사이에 판결로 아버지가 결정되면, 나머지 한사람의 배우자는 다시 아버지의 결정을 청구할 수 없고, 친생부인의 소를 제기할 수도 없다.[23]

2. 가족관계등록사무를 처리하는 사람에의 통지

29 아버지를 정하는 판결이 확정된 때에는 가정법원의 법원사무관등은 지체없이 등록기준지의 가족관계등록사무를 처리하는 사람에게 그 뜻을 통지하여야 한다(가사소송규칙 제7조 제2항 제1호).

30 친생추정이 경합하는 경우에는 어머니에게 출생신고의무가 있으나 아버지가 미정이라는 취지로 신고할 수밖에 없는바(가족관계의 등록 등에 관한 법률 제48조 제1항), 아버지가 확정될 때까지 가족관계등록부에 기록할 수 없고 아버지를 정하는 판결의 확정 후에 출생의 추후보완신고에 의하여 아버지 또는 어머니의 성과 본을 따라 자녀의 가족관계등록부를 작성하게 된다(출생신고에 관한 사무처리지침 제10조). 그러나 이러한 실무례에 대하여는 부를 정하는 소의 원고적격자들에게 소제기를 강제할 방법이 없기 때문에, 부를 정하는 판결이 확정될 때까지 자녀의 가족관계등록부를 작성하지 않으면 자녀가 상당기간 동안 무적자로 남게 될 우려가 있으므로, 일단 아버지 란을 공란으로 하여

22 법원실무제요, 가사[Ⅰ], 사법연수원(2021), 696.
23 법원실무제요, 가사[Ⅰ], 사법연수원(2021), 697.

가족관계등록부를 작성한 후 부를 정하는 판결이 확정되면 소를 제기한 사람이 확정판결의 내용에 따라 가족관계등록을 정정하도록 하는 방안이 낫다는 의견도 있다.[24]

Ⅳ. 문제점

31 아버지를 정하는 소 제도와 관련하여, 친생추정이 경합하지 않는 일반적인 경우에는 친생부인 사유를 안 날로부터 2년 이내에 친생부인의 소를 제기하지 않거나 친생승인을 통해 당사자들이 자발적으로 혈연과 일치하지 않는 법적 친자관계를 받아들일 수 있고 이에 대해 누구도 더 이상 이를 다툴 수 없는 반면, 친생추정이 경합하는 경우에는 아버지를 정하는 소의 제소기간에 제한이 없고 친생승인 또한 인정되지 아니하므로, 자녀에게 불공평한 결과를 초래한다는 비판이 있다.[25]

32 입법론적 주장으로, 친생추정이 중복되는 경우 후혼 남편의 자녀로 추정하고 부를 정하는 소는 폐지하는 것이 바람직하며, 전남편에게는 인지를 위해 친생부인의 소를 제기할 권한을 주어야 한다는 견해도 있다.[26]

24 주해친족법(제1권)(제1판), 박영사(2015), 572(권재문).

25 주해친족법(제1권)(제1판), 박영사(2015), 573(권재문)에서도 같은 견해를 취하여, 입법론적으로 민법 제845조에 대하여도 제847조와 유사한 기간 제한을 둘 필요가 있고, 해석론적으로 전혼 배우자와 후혼 배우자 중 일방이 친생승인을 하면 타방은 자신도 친생승인을 하려는 경우에만 부를 정하는 소를 제기할 수 있도록 할 필요가 있다고 본다.

26 주해친족법(제1권)(제2판), 박영사(2025), 635(이봉민).

제 846 조 [자의 친생부인]

부부의 일방은 제844조의 경우에 그 자가 친생자임을 부인하는 소를 제기할 수 있다. <개정 2005. 3. 31.>

[대조] 2005년의 민법 일부개정에 의하여 원고적격을 '부'에서 '부 또는 처'로 하였다.

[관련조문] 민법 제844조(남편의 친생자의 추정), 제847조(친생부인의 소)

[참고문헌] 김주수/김상용, 주석 민법, 친족(3)(제5판), 한국사법행정학회(2016); 주해친족법(제1권)(제1판), 박영사(2015).

1 민법 제844조에 의한 친생추정으로 진실한 혈연관계와 일치하지 않는 법률상의 부자관계가 발생될 가능성이 상존한다. 이러한 경우를 대비하여 각국의 입법례는 부자관계를 해소할 수 있는 제도를 마련하고 있으며, 민법도 그러한 취지에서 진실한 혈연관계와 일치하지 않는 친자관계의 부인권을 부부에게 인정하고 있다.[1]

2 민법 제844조에 의한 친생추정을 번복하기 위해서는, 앞서 친생추정의 효과 부분에서 본 바와 같이 친생부인허가 심판청구 또는 인지허가 심판청구가 가능한 경우를 제외하고는 원칙적으로 요건이 엄격한 친생부인의 소를 제기하여 확정판결을 받아야만 한다.[2] 혼인 중 아내가 남편의 동의를 받아 제3자의 정자로 인공임신을 하여 자녀를 출산한 경우에도 같다.[3] 따라서 친생자관계 부존재확인의 소에 의할 수는 없고, 반드시 친생부인의 소를 '제기'하여야 하며, 상속 관련 소송과 같은 별개의 소송에서 선결문제로 친생부인을 주장할 수 없고, 친생추정을 받고 있는 자녀는 친생부를 상대로 인지청구의 소를 제기할 수 없으며, 마찬가지로 친생부라 하더라도 타인의 친생추정을 받고 있는 자녀를 인지할 수 없다.

3 2005년 민법 개정 전까지는 부에게만 친생부인권이 인정되는데, 이에 대하여는 가부장적인 의식의 반영이고, 혈연진실주의와 부부평등의 이념에 반한다는 비판이 있었고,[4] 2005년 민법 개정으로 모에게도 친생부인권이 인정되

1 김주수/김상용, 주석 민법, 친족(3)(제5판), 한국사법행정학회(2016), 85.
2 대법원 2000. 8. 22. 선고 2000므292 판결.
3 대법원 2019. 10. 23. 선고 2016므2510 전원합의체 판결.
4 김주수/김상용, 주석 민법, 친족(3)(제5판), 한국사법행정학회(2016), 89.

었다. 다만 모의 친생부인권 행사 요건과 관련하여, 자녀의 복리와 부합하는 경우에 한하여 인정되어야 한다는 견해와 부와 동일하게 기간제한 외에는 제한요건을 둘 필요가 없다는 견해가 있으며, 후자가 타당하다고 본다.[5]

5 주해친족법(제1권)(제1판), 박영사(2015), 577(권재문).

제 847 조 [친생부인의 소]

① 친생부인의 소는 부 또는 처가 다른 일방 또는 자를 상대로 하여 그 사유가 있음을 안 날부터 2년내에 이를 제기하여야 한다.
② 제1항의 경우에 상대방이 될 자가 모두 사망한 때에는 그 사망을 안 날부터 2년내에 검사를 상대로 하여 친생부인의 소를 제기할 수 있다.
[전문개정 2005. 3. 31.]

[대조] 2005년의 민법 일부개정에 의하여 친생부인의 소의 출소기간을 변경하였다.

[관련조문] 민법 제846조(자의 친생부인), 가사소송법 제2조(가정법원의 관장 사항) 제1항 제1호 나목 6).

[참고문헌] 김주수/김상용, 주석 민법, 친족(3)(제5판), 한국사법행정학회(2016); 주해친족법(제1권)(제1판), 박영사(2015); 주해친족법(제1권)(제2판), 박영사(2025); 김주수/김상용, 친족·상속법(제20판), 법문사(2024); 법원실무제요, 가사[Ⅰ], 사법연수원(2021)

Ⅰ. 의의 및 성질

1. 조문의 개정내용

1 민법 제847조는 친생부인의 소의 당사자적격과 제소기간을 규정하고 있다. 2005년의 민법 개정으로 친생부인의 소의 원고적격이 모에게도 확대되었으며, "친권자인 모가 없는 때에는 법원은 특별대리인을 선임하여야 한다."는 구 조항이 삭제되고 피고적격자가 모두 사망한 때에는 그 사망을 안 날로부터 2년 내에 검사를 상대로 친생부인의 소를 제기할 수 있다는 조항이 추가되었으며, 제소기간과 관련하여 '그 출생을 안 날로부터 1년 내'가 '그 사유가 있음을 안 날부터 2년 내'로 개정되었다.

2. 친생자관계 부존재확인과의 관계

2 친생부인이나 친생자관계 부존재확인은 양자 모두 실제와 다른 외관상의 친자관계를 바로잡는 것을 목적으로 하는 점에서는 같으나, 친생부인은 남편 또는 아내가 친생추정을 받는 자녀와의 친자관계를 부인하기 위한 수단임에 비하여, 친생자관계 부존재확인은 친생추정의 효력이 미치지 않으면서도 가족관계등록부상 자녀가 부 또는 모의 친생자로 등재되어 있는 경우에 이해관계인이 그 가족관계등록부 기록을 바로잡기 위한 수단인 점에서 다르다.[1] 따라서 친생추정을 받는 자녀에 대하여 친생부인의 소가 아닌 친생자관계 부존재확인의 소를 제기하는 경우 각하 사유가 되나, 일단 그 청구를 인용하는 판결이 확정된 경우에는 그 확정판결의 대세효에 따라 친생추정은 깨어진다.[2]

3. 소의 성질

3 친생부인의 소의 성질에 대하여는 확인소송설과 형성소송설이 대립한다. 전자는 친생추정은 어디까지나 추정일 뿐이고 실질적인 부자관계가 없으면 법률상의 부자관계도 없는 것이므로 친생부인의 소는 그 확인을 구하는 것이고, 다만 가정의 평화와 신분관계의 안정을 위하여 청구권자와 청구기간을 제한하여 그 기간을 넘기면 실제로는 존재하지 않는 부자관계도 법률상 존재하는 것으로 확정된다고 본다. 후자는 친생추정에 의하여 자녀는 포태와 동시에 그 모의 배우자와의 법률상 부자관계가 성립하고, 친생부인의 확정판결에 의해 그 부자관계가 소급적으로 소멸되는 효과가 발생한다고 보는바, 후자의 형성소송설이 통설이다.[3]

4 가사소송법 제2조 제1항 제1호 나목에서는 친생부인의 소를 나류 가사소송사건으로 규정하고 있다.

Ⅱ. 소송절차

1. 정당한 당사자

가. 원고적격

5 부부 중 일방이 원고적격을 가진다. 자녀의 원고적격 및 혈연부의 원고적격

1 법원실무제요, 가사[Ⅰ], 사법연수원(2021), 704.
2 대법원 1992. 7. 4. 선고 91므566 판결.
3 법원실무제요, 가사[Ⅰ], 사법연수원(2021), 705.

을 인정하는 입법론에 대하여는 학설이 대립한다.[4] 남편이나 아내가 피성년후견인인 경우에 대하여는 민법 제848조에서 별도로 규정하고 있다. 남편 또는 아내가 유언으로 부인의 의사를 표시한 때에는 유언집행자에게 원고적격이 있다(민법 제850조). 남편이 자녀의 출생 전에 사망하거나 남편 또는 아내가 민법 제847조 제1항이 정한 제소기간 내에 사망한 때에는 남편 또는 아내의 직계존속이나 직계비속이 각 원고적격자가 된다(민법 제851조).

6 한편, 부부가 이혼한 후에도 친생부인의 소를 제기할 수 있으므로, 엄밀하게 보자면 부인권자를 부부의 일방이나 처라고 표현하는 것은 정확하지 않으며, 이는 자의 모라는 의미로 이해되어야 한다는 견해가 있다.[5]

7 또한, 친생부인의 소의 원고적격이 있는 부부의 일방 중 아내는 자녀의 생모에 한정되고, 남편(친생부인의 대상인 자녀의 가족관계등록부상의 부)과 재혼한 처는 포함되지 않는다.[6]

나. 피고적격

8 친생부인의 소의 상대방은 부부의 다른 한쪽 또는 자녀[7]이고, 위 상대방이 될 사람이 모두 사망한 때에는 검사이다. 한편 자녀가 사망한 후에 그 자녀에게 직계비속이 있는 때에는 그 모를 상대로, 모가 없으면 검사를 상대로 친생부인의 소를 제기할 수 있다(민법 제849조).

다. 자녀의 지위

9 친생부인의 소는 자녀의 신분관계에 중대한 영향을 미치는 것이므로, 자녀가 소송당사자로 등장하지 않는 경우에도 가사비송사건에 준하여 가사소송규칙 제20조에 따라 자녀를 판결 당사자표시란의 가장 마지막 부분에 '사건본인'으로 표시한다.

2. 관할

가. 토지관할

10 친생부인의 소는 자녀의 보통재판적이 있는 곳의 가정법원의 전속관할에 속

4 주해친족법(제1권), 제2판, 박영사(2025), 639~641(이봉민).

5 김주수/김상용, 주석 민법, 친족(3)(제5판), 한국사법행정학회(2016), 88.

6 대법원 2014. 12. 11. 선고 2013므4591 판결.

7 문언과 달리, 타방 배우자와 자녀가 모두 생존해 있는 경우 자녀 보호 측면에서 이들이 공동피고가 되어야 한다고 보는 견해도 있다. 주해친족법(제1권)(제1판), 박영사(2015), 580(권재문).

하며, 자녀가 사망한 경우에는 자녀의 마지막 주소지의 가정법원의 전속관할에 속한다(가사소송법 제26조).

나. 사물관할

11 친생부인의 소는 단독판사의 사물관할에 속한다(민사 및 가사소송의 사물관할에 관한 규칙 제3조).

3. 심리

가. 조정전치주의와의 관계

12 친생부인의 소는 나류 가사소송사건이므로 가사소송법 제50조 제1항 문언상 조정전치주의의 적용을 받기는 하나, 친생부인의 소의 소송물은 당사자의 임의처분이 허용되지 아니하므로,[8] 실무적으로는 조정의 의미가 없다 할 것이다.

13 다만 남편은 친생의 승인을 할 수 있으므로, 부가 자녀의 친생을 승인한다는 조정을 하는 것은 무방하고, 그러한 경우 부는 다시 친생부인의 소를 제기하지 못한다.[9] 실무상 주위적으로 친생부인, 예비적으로 친생자관계 부존재확인을 청구한 사건에서, 법원이 "원고는 사건본인을 원고의 친생자로 승인한다."는 내용의 화해권고결정을 하여 위 결정이 확정된 바 있다.[10]

나. 제소기간

1) 연혁

14 2005년 민법 일부개정 이전에는 친생부인의 소의 제소기간이 '그 출생을 안 날로부터 1년'이었으나, 이에 대하여 헌법재판소 1997. 3. 27. 선고 95헌가14, 96헌가7(병합) 결정은 "민법 제847조 제1항은 친생부인의 소의 제척기간과 그 기산점에 관하여 '그 출생을 안 날로부터 1년 내'라고 규정하고 있으나, 일반적으로 친자관계의 존부는 특별한 사정이나 어떤 계기가 없으면 이를 의심하지 아니하는 것이 통례임에 비추어 볼 때, 친생부인의 소의 제척기간의 기산점을 단지 그 '출생을 안 날로부터'라고 규정한 것은 부에게 매우 불리한 규정일 뿐만 아니라, '1년'이라는 제척기간 그 자체도 그 동안에 변화된 사회현실여건과 혈통을 중시하는 전통관습 등 여러 사정을 고려하면 현저히

8 대법원 1968. 2. 27. 선고 67므34 판결.

9 법원실무제요, 가사[Ⅰ], 사법연수원(2021), 707.

10 대구가정법원 2012드단20842 친생부인 사건.

짧은 것이어서, 결과적으로 위 법률조항은 입법재량의 범위를 넘어서 친자관계를 부인하고자 하는 부로부터 이를 부인할 수 있는 기회를 극단적으로 제한함으로써 자유로운 의사에 따라 친자관계를 부인하고자 하는 부의 가정생활과 신분관계에서 누려야 할 인격권, 행복추구권 및 개인의 존엄과 양성의 평등에 기초한 혼인과 가족생활에 관한 기본권을 침해하는 것이다."라는 이유로 헌법불합치 결정을 하였고, 그에 따라 '그 사유가 있음을 안 날로부터 2년 내'로 개정되었다.

2) 내용 및 성질

15 피고적격자가 생존한 경우에는 '그 사유가 있음을 안 날'이 기산점이고, 피고적격자가 모두 사망한 때에는 '그 사망을 안 날'이 기산점이 되며, 제소기간은 모두 2년이다. 이러한 기간의 법적 성질은 제척기간으로 보는 것이 통설[11]과 판례[12]의 태도이다.

3) '그 사유가 있음을 안 날'의 의미

16 그 사유가 있음을 안 날이란 '혈연관계의 진실을 인식한 날'을 의미한다.[13] 이에 대해, 부가 혈연 없음을 알게 된 날이 언제인지를 특정하는 것은 극히 어려우며, 그로 인하여 법률상의 부는 자신의 의사에 따라 언제든지 친생부인의 소를 제기할 수 있게 되고 결국 법적 부자관계의 안정성은 무의미하게 되어버린다는 비판이 있다.[14] 독일의 경우 이러한 문제에 대처하기 위해 이른바 '의심의 계기 요건'에 대한 판례법리가 형성되어 왔으며, 법률상의 부가 친생부인의 소를 제기하려면 단순히 자신이 자녀의 혈연부가 아님을 주장하는 것만으로는 부족하고, 객관적으로 볼 때 자녀의 혈연에 대한 의심을 가지게 하기에 적합한 사정을 주장하고 이를 소명하여야 한다.[15]

17 현재로서는 부가 객관적으로 자녀의 혈연에 대한 의심을 갖기에 적합한 사정은 일반적으로 유전자검사 결과가 될 것이다. 헌법재판소 2015. 3. 26. 선고 2012헌바357 결정은 이혼 소송 절차에서 자녀에 대한 유전자검사를 거쳐

11 주해친족법(제1권)(제1판), 박영사(2015), 582(권재문).
12 대법원 1990. 12. 11. 선고 90므637 판결, 헌법재판소 1997. 3. 27. 선고 95헌가14, 96헌가7(병합) 결정 등.
13 헌법재판소 2015. 3. 26. 선고 2012헌바357 결정.
14 주해친족법(제1권)(제1판), 박영사(2015), 585(권재문).
15 주해친족법(제1권)(제1판), 박영사(2015), 585(권재문).

친자가 아님을 알게 된 사람이 그로부터 2년 경과 후 친생부인의 소를 제기하여 각하되자 민법 제847조 제1항 중 '부가 그 사유가 있음을 안 날부터 2년 내' 부분이 헌법에 위반된다는 헌법소원심판을 청구한 사건에서, "이 사건 법률조항은 친생부인의 소의 제척기간을 '부가 그 사유가 있음을 안 날부터 2년 내'로 규정하고 있는 바, '친생부인의 사유가 있음을 안 날'을 그 기산점으로 삼음으로써 부가 자에 대한 혈연관계의 진실을 인식할 때까지 제척기간의 진행을 유보하고 있고, 나아가 '그로부터 2년'을 그 제척기간으로 삼음으로써 진실한 혈연관계에 대한 인식을 바탕으로 친자관계의 유지 여부를 진지하게 숙려할 상당한 기간을 부여하고 있다. 과학적 친자감정기술이 발달함에 따라 이 사건 법률조항이 정하는 숙려기간의 의미는 오히려 더 중요하게 되었다. 과학적으로 혈연관계의 증명이 한결 용이해진 오늘날에는 부가 그 사실을 알고 난 후에 어떠한 태도를 취하는가가 과거에 비하여 훨씬 중요한 의미를 가지게 되었기 때문이다. 과학적 친자감정으로 자와의 혈연관계 진실을 명확히 안 날부터 2년이라는 시간이 있었다면 부에게는 혈연진실에 반하는 친자관계의 유지 여부를 진지하게 숙려할 상당한 기간이 제공된 것이고, 그럼에도 불구하고 부가 그 기간 동안 아무런 이의를 제기하지 않았다면 기존에 추정된 친자관계를 법률상 친자관계로 받아들이거나 또는 자신의 친생부인권을 행사하지 않겠다는 묵시적 의사로 볼 수 있다. 특히 법률상 친자관계는 생물학적 혈연관계에 기초하는 것이 원칙이겠지만 오늘날에는 그 혈연 자체뿐만 아니라 부모·자식으로서의 사회생활상 관계에도 중요한 가치가 있으므로, 부가 혈연진실을 명확히 안 날로부터 2년간 친생부인권을 행사하지 아니하여 사회생활상 친자관계가 상당히 성숙되었다면, 그 사회생활상 친자관계에 대한 신뢰를 당사자 일방이 함부로 복멸할 수 없도록 제한할 필요성도 존재한다."는 이유로 합헌 결정을 한 바 있다.

다. 소송능력과 소송대리

18 부부 중 일방이 미성년자인 자녀를 상대로 소를 제기하는 경우에는 다른 일방이 그 법정대리인이 된다. 부모 중 일방이 사망한 경우에 생존한 당사자가 친생부인의 소를 제기하려면 자녀를 피고로 하여야 하고, 이때 자녀가 미성년자로서 미성년후견인이 있다면 별도의 특별대리인이 필요하지 않으나, 원고가 자녀의 친권자인 경우에는 민법 제921조에 따른 특별대리인 선임을 할

수도 있고, 친권자나 후견인이 법정대리권을 행사할 수 없는 경우로 보아 민사소송법 제62조에 따른 특별대리인 선임을 할 수도 있다. 이 경우 본안사건이 계속 중일 때의 특별대리인 선임신청은 가사소송법 제62조에 따른 특별대리인으로 봄이 통설[16] 및 실무례[17]이다.

라. 관련사건의 병합

19 친생부인의 소는 친생추정을 받는 자녀를 대상으로 하는 것이므로, 혼인 중의 자에 대하여 친생부인의 소를 제기하면서 그 자녀가 친생추정을 받지 않는 경우에는 친생자관계 부존재 확인청구를 예비적으로 병합할 수 있다.[18]

마. 소송절차의 승계

20 소를 제기한 부 또는 처가 소송 도중 사망한 경우 그 직계존속이나 직계비속이 있는 때에는 그들이 소송절차를 승계할 수 있고, 유언집행사가 소송절차를 승계할 수도 있다고 해석된다.[19]

21 소송의 당사자가 누구이든 소송 도중에 자녀가 사망하면 친생부인의 소는 목적을 잃어 소송절차가 종료됨이 원칙이다. 그러나 민법 제849조에 의할 때 자녀에게 직계비속이 있는 경우에는 모, 모가 없으면 검사를 상대로 친생부인의 소를 제기할 수 있으므로, 자녀를 피고로 한 친생부인 소송에서 자녀가 사망한 경우 모 또는 검사로 하여금 피고의 지위를 수계하게 할 것인지에 관하여는 긍정설과 부정설이 있다. 또, 모를 피고로 한 소송에서 모가 사망한 경우 자녀 또는 특별대리인의 소송수계를 허용할 것인지에 관하여도 긍정설과 부정설의 대립이 있다.[20]

22 이와 관련하여, 대법원 2014. 9. 4. 선고 2013므4201 판결은 "친생자관계 존부확인 소송은 그 소송물이 일신전속적인 것이지만, 당사자 일방이 사망한 때에는 일정한 기간 내에 검사를 상대로 하여 그 소를 제기할 수 있으므로(민법 제865조 제2항), 당초에는 원래의 피고적격자를 상대로 친생자관계 존부확인 소송을 제기하였으나 소송계속 중 피고가 사망한 경우 원고의 수계신

16 김주수/김상용, 친족·상속법(제15판), 법문사(2018), 304.
17 법원실무제요, 가사[Ⅰ], 사법연수원(2021), 616.
18 법원실무제요, 가사[Ⅰ], 사법연수원(2021), 709.
19 법원실무제요, 가사[Ⅰ], 사법연수원(2021), 709.
20 법원실무제요, 가사[Ⅰ], 사법연수원(2021), 709.

청이 있으면 검사로 하여금 사망한 피고의 지위를 수계하게 하여야 한다. 그러나 그 경우에도 가사소송법 제16조 제2항을 유추적용하여 원고는 피고가 사망한 때로부터 6개월 이내에 수계신청을 하여야 하고, 그 기간 내에 수계신청을 하지 않으면 그 소송절차는 종료된다. 이와 같은 법리는 친생자관계존부확인 소송계속 중 피고에 대하여 실종선고가 확정되어 피고가 사망한 것으로 간주되는 경우에도 마찬가지로 적용된다."라고 판시한 바 있다.

바. 혈액형 등의 수검명령

23 가정법원은 친생부인의 소의 심리를 함에 있어 부와 자녀 사이의 혈족관계의 유무에 관하여 다른 증거조사에 의하여 심증을 얻지 못한 때에는 검사를 받을 사람의 건강과 인격의 존엄을 해치지 아니하는 범위에서 당사자 또는 관계인에게 혈액채취에 의한 혈액형의 검사 등 유전인자의 검사나 그 밖에 적당하다고 인정되는 방법에 의한 검사를 받을 것을 명할 수 있다(가사소송법 제29조). 당사자 또는 관계인이 정당한 이유 없이 이 명령을 위반한 경우에는 가정법원은 직권으로 또는 권리자의 신청에 의하여 결정으로 1천만 원 이하의 과태료를 부과할 수 있고(가사소송법 제67조 제1항), 이 제재를 받고도 정당한 이유 없이 다시 수검명령을 위반한 경우에는 30일의 범위에서 그 의무를 이행할 때까지 위반자에 대한 감치를 명할 수 있다(제67조 제2항).

4. 판단

24 친생부인의 소의 주요사실은 자녀와 부(夫) 사이에 혈연적 친자관계의 부존재이다. 이러한 주요사실의 종국적 판단은 夫의 생식능력 유무, 혈액형의 배치 여부, 포태기간 중의 별거 여부, 친자관계가 존재하지 않음을 증명하는 유전자감정결과 등의 간접사실을 통해 이루어질 수 있다. 처가 포태기간 중 다른 남성과 성관계가 있었다는 사실이 분명하게 되더라도 그것만으로 곧 친생자임이 부인되는 것은 아니다.[21] 자녀와 夫 사이의 친생자관계 부존재사실만을 주장, 입증하면 되고, 그 자녀의 아버지가 누구인가를 입증할 필요는 없다.[22]

25 혼인 중 아내가 제3자의 정자로 인공임신을 하여 자녀를 출산한 경우, 남편이 인공수정에 동의하였다가 나중에 이를 번복하고 친생부인의 소를 제기하

21 법원실무제요, 가사[Ⅰ], 사법연수원(2021), 711.
22 김주수/김상용, 친족·상속법(제20판), 법문사(2024), 311.

는 것은 허용되지 않는다.[23] 나아가 위 판결은 혼인 중 출생한 인공수정 자녀에 대해서는 다른 명확한 사정에 관한 증명이 없는 한 남편의 동의가 있었던 것으로 볼 수 있고, 동의서 작성이나 그 보존 여부가 명백하지 않더라도 인공수정 자녀의 출생 이후 남편이 인공수정 자녀라는 사실을 알면서 출생신고를 하는 등 인공수정 자녀를 자신의 친자로 공시하는 행위를 하거나, 인공수정 자녀의 출생 이후 상당 기간 동안 실질적인 친자관계를 유지하면서 인공수정 자녀를 자신의 자녀로 알리는 등 사회적으로 보아 친자관계를 공시·용인해 왔다고 볼 수 있는 경우에는 동의가 있는 경우와 마찬가지로 취급하여야 한다고 보았다.

Ⅲ. 판결의 효과

1. 확정판결의 효력

26 친생부인의 청구를 인용한 확정판결은 가사소송법 제21조 제1항에 의해 제3자에게도 효력이 있다. 따라서 그 확정판결에 의하여 자녀는 부(夫)의 친생자가 아닌 것으로 대세적으로 확정되고, 명문규정은 없으나 부자관계의 성질상 그 효과는 자녀의 출생시로 소급한다고 보아야 한다.[24] 부(夫)와의 부자관계가 소멸되므로, 그 생부가 인지하는 등에 의하여 새로운 부자관계를 형성할 수 있게 된다.

27 친생부인의 청구를 기각한 판결이 확정되면 가사소송법 제21조 제2항에 의하여 다른 제소권자는 사실심의 변론종결 전에 참가하지 못한 데 대하여 정당한 사유가 있지 아니하면 다시 소를 제기할 수 없다. 다른 제소권자로는 친생부인의 소를 제기하지 않은 배우자, 민법 제851조의 경우의 직계존속 또는 직계비속이 있고, 그들 전부에 대하여 재소금지의 효력이 발생하면 청구기각의 확정판결에 대세효가 있는 것과 마찬가지로 되어 어느 누구도 자녀가 부의 친생자가 아님을 주장할 수 없게 된다.[25]

23 대법원 2019. 10. 23. 선고 2016므2510 전원합의체 판결.
24 수해진속법(제1권)(제1판), 박영사(2015), 586(권재문).
25 법원실무제요, 가사[Ⅰ], 사법연수원(2021), 711.

2. 가족관계등록사무를 처리하는 사람에의 통지

28 친생부인의 청구를 인용한 판결이 확정되면 가정법원의 법원사무관등은 바로 그 뜻을 등록기준지의 가족관계등록사무를 처리하는 사람에게 통지하여야 한다(가사소송규칙 제7조 제1항 제1호).

29 친생부인의 판결이 확정된 경우에 소를 제기한 자는 가족관계의 등록 등에 관한 법률 제107조에 의해 가족관계등록부 정정신청을 하여야 하는바, 구체적인 정정방법 및 절차는 친자관계의 판결에 의한 가족관계등록부 정정절차 예규(가족관계등록예규 제300호) 제7조 및 제8조에서 규정하고 있다.

제 848 조 [성년후견과 친생부인의 소]

① 남편이나 아내가 피성년후견인인 경우에는 그의 성년후견인이 성년후견감독인의 동의를 받아 친생부인의 소를 제기할 수 있다. 성년후견감독인이 없거나 동의할 수 없을 때에는 가정법원에 그 동의를 갈음하는 허가를 청구할 수 있다.

② 제1항의 경우 성년후견인이 친생부인의 소를 제기하지 아니하는 경우에는 피성년후견인은 성년후견종료의 심판이 있은 날부터 2년 내에 친생부인의 소를 제기할 수 있다.

[전문개정 2011. 3. 7.]

[대조] 신설(1958년). 2005년의 민법 일부개정에 의하여 '부'를 '부 또는 처'로, '1년'을 '2년'으로, '부인의 소'를 '친생부인의 소'로 개정. 2011년의 민법 일부개정으로 전문개정.

[관련조문] 민법 제9조(성년후견개시의 심판), 제11조(성년후견종료의 심판), 제847조(친생부인의 소), 제929조(성년후견심판에 의한 후견의 개시)

[참고문헌] 김주수/김상용, 주석 민법, 친족(3)(제5판), 한국사법행정학회(2016); 주해친족법(제1권)(제1판), 박영사(2015); 김원태, "가사소송에서의 소송능력", 민사소송:한국민사소송법학회지 제18권 제1호, 한국사법행정학회(2015)

Ⅰ. 의의

1 친생부인의 소를 제기할 수 있는 원고적격자인 남편이나 아내가 피성년후견인이 되어 친생부인의 소를 제기할 수 없는 경우, 남편이나 아내에게 인정된 친생부인권의 취지가 상실되는 것을 막기 위해 민법은 보충적인 원고적격자를 인정하고 있다. 민법 제848조는 2005년에 '남편' 외에 '아내'를 추가하는 것으로 개정되었고, 2011년 민법에 성년후견제도가 도입됨에 따라 이를 반영하는 내용으로 개정되었다.

Ⅱ. 성년후견인에 의한 친생부인

2 남편이나 아내가 민법 제9조에 따라 성년후견개시의 심판을 받아 피성년후견인이 되면, 민사소송법 제55조 제1항에 의해 법정대리인에 의해서만 소송

행위를 할 수 있다. 성년후견이 개시된 경우 법정대리인은 성년후견인이므로, 그는 민법 제848조 제1항에 따라 성년후견감독인의 동의를 받아서 친생부인의 소를 제기할 수 있고, 성년후견감독인이 없거나 동의할 수 없을 때에는 가정법원으로부터 그 동의에 갈음하는 허가를 받아 친생부인의 소를 제기할 수 있다. 성년후견감독인의 동의 또는 가정법원의 동의에 갈음하는 허가를 조건으로 한 것은 피성년후견인 본인의 의사나 이익에 반하여 친생부인의 소가 제기되는 것을 막기 위한 목적이다.

3 만약 남편이나 아내 중 일방이 피성년후견인이고, 다른 일방이 그의 성년후견인인 경우, 성년후견인인 일방이 성년후견인의 지위가 아닌 배우자의 지위에서 원고가 되어 피성년후견인을 상대로 친생부인의 소를 제기하고자 한다면 민법 제937조 제8호에 규정된 성년후견의 결격사유에 해당하여 성년후견인 변경사유가 될 것이다.

4 민법 제848조 제1항에서는 친생부인권 행사의 기산점과 제소기간을 명시하지 아니하였으나, 제847조의 규정에 비추어 고유한 친생부인권자가 친생부인사유가 있음을 안 날부터 2년 경과 후에 피성년후견인이 되었다면 성년후견인에게도 친생부인권이 인정되지 않는다고 보아야 하며,[1] 제척기간 경과 전에 피성년후견인이 되었다면 '성년후견인'이 피성년후견인의 자에 대하여 친생부인의 사유가 있음을 안 날부터 2년 내에 제기하여야 한다고 본다.[2] 따라서 성년후견인이 친생부인의 사유가 있음을 안 날부터 2년이 경과한 때에는 성년후견인은 더 이상 친생부인의 소를 제기할 수 없다.

Ⅲ. 성년후견종료심판 이후의 친생부인

5 남편 또는 아내의 성년후견인이 피성년후견인을 위하여 친생부인의 소를 제기할 수 있는 것은 피성년후견인을 보호하는 성년후견인의 지위에 기인하는 것이며, 친생부인은 대리할 수 없는 것이 원칙이므로 피성년후견인인 남편이나 아내의 대리인으로서 친생부인권을 행사하는 것은 아니다.[3] 따라서 남편 또는 아내의 친생부인권이 존속하는 한 성년후견인의 친생부인권이 소멸하

1 주해친족법(제1권)(제1판), 박영사(2015), 590(권재문).
2 김주수/김상용, 주석 민법, 친족(3)(제5판), 한국사법행정학회(2016), 96.
3 김주수/김상용, 주석 민법, 친족(3)(제5판), 한국사법행정학회(2016), 97.

더라도 피성년후견인이 친생부인권을 행사하는 데에는 지장이 없다고 본다. 따라서, 성년후견인이 친생부인의 사유가 있음을 안 날부터 2년이 경과하여 친생부인의 소를 제기할 수 없는 때에도, 피성년후견인은 성년후견종료의 심판이 있은 날부터 2년 내에 친생부인의 소를 제기할 수 있다.

6 이에 대하여는 성년후견종료 심판이 있었다는 것은 피성년후견인이 정상적인 판단능력을 회복하였다는 것만을 의미할 뿐임에도, 이들이 친생부인 사유를 알았는지 여부와 무관하게 성년후견종료심판이 있었던 날부터 친생부인 기간을 기산하게 하는 것은 의문이라는 비판이 있다.[4]

Ⅳ. 관련 논의

7 성년후견이 개시된 경우, '친생부인의 소'에 대하여는 민법 제848조가 성년후견인의 친생부인권을 규정하고 있으나, 이와 달리 그 이외의 친자관계 소송, 즉 인지이의의 소, 인지무효의 소, 친생자관계 존부확인의 소 등의 경우에는 당사자에게 성년후견개시 심판이 내려진 경우에 대해 아무런 규정을 두고 있지 아니하여 문제라는 비판이 있다.[5] 이에 대하여는, 오히려 민법 또는 가사소송법이 가족관계 가사소송사건에서 당사자 본인에게 원칙적으로 당사자적격을 부여하고 있으며, 친생부인의 소와 같이 성년후견인에게만 제소권을 부여하는 경우가 오히려 예외적이라고 보면서, 성년후견제도는 본인의 잔존능력을 활용하여 자기결정을 실현하기 위하여 도입된 것으로서 제한능력자의 소송수행능력을 보완하기 위하여 변호사선임명령의 현대화로서의 의미를 가지는 독일법상 절차후견인 제도 도입을 제안하고, 절차후견인의 소송수행은 본인에 갈음하여 본인의 소송수행을 대체하는 것이 아니라 본인의 소송수행능력을 보완하고 지원하는 것이어야 한다는 견해가 있다.[6] 실무적으로는 성년후견개시 심판에서 성년후견인의 법정대리권의 범위에 관하여, 법원의 감독 하에 피성년후견인의 권리를 보호하기 위해 성년후견인이 피성년후견인을 대리하여 소송행위를 할 경우 가정법원의 허가를 받도록 제한하는 경우가 다수이다.

4 주해친족법(제1권)(제1판), 박영사(2015), 591(권재문).
5 주해친족법(제1권)(제1판), 박영사(2015), 591(권재문).
6 김원태, "가사소송에서의 소송능력", 민사소송: 한국민사소송법학회지 제18권 제1호, 한국사법행정학회(2015).

제 849 조 [자사망후의 친생부인]

자가 사망한 후에도 그 직계비속이 있는 때에는 그 모를 상대로, 모가 없으면 검사를 상대로 하여 부인의 소를 제기할 수 있다.

[대조] 신설(1958년).

[관련조문] 민법 제846조(자의 친생부인), 제847조(친생부인의 소)

[참고문헌] 김주수/김상용, 주석 민법, 친족(3)(제5판), 한국사법행정학회(2016); 주해친족법(제1권)(제1판), 박영사(2015); 김주수/김상용, 친족·상속법(제20판), 법문사(2024)

Ⅰ. 의의

1 자녀가 직계비속을 남기고 사망한 경우, 그 직계비속은 장래 상속인이 될 가능성도 있고, 친족간 혈연관계를 명확하게 정리할 필요가 있으므로, 친생부인의 소를 제기할 실익이 인정된다. 따라서 사망한 자녀의 아버지로 추정되는 사람과 그 자녀의 직계비속 사이에 조손관계를 해소할 수 있도록 규정된 조항이다.

2 이 조항은 민법 제850조와 더불어 민법에 고유한 것으로서 혈연진실주의를 실현하는 것이라고 보는 견해도 있다.[1]

Ⅱ. 당사자

3 민법 제849조에 의한 원고적격자가 누구인지에 대해 견해가 나뉜다. 문언상 친생부인권자는 부이고 처는 포함되지 않는다고 보면서, 2005년 민법 개정에서 친생부인권자에 처가 추가되었음에도 제849조에서만은 처에게 친생부인권을 인정하지 아니하였는데, 제849조에서 처의 친생부인권을 부정할 이유가 있을지 의문이라고 보는 견해가 있다.[2] 한편, 2005년 민법 개정으로 친생부인권자에 처가 추가되었으므로 민법 제849조에 의한 원고적격자에 처도 포함된다고 보면서, 따라서 피고적격자에 부(父)가 누락된 것은 오류이므로

1 주해친족법(제1권)(제1판), 박영사(2015), 593(권재문).
2 주해친족법(제1권)(제1판), 박영사(2015), 594(권재문).

입법론적으로 부(父)를 추가해야 한다는 견해가 있다.[3] 후자가 타당하다고 본다.

4 친생부인의 상대방에 대하여, 민법 제849조에서 정한 '모'가 '친생추정 대상자의 모'인지 '직계비속의 모'인지 해석상 논란의 여지가 있을 수 있으나, 친생추정의 대상이 딸인 경우에도 이 조항이 적용될 수 있으므로, 민법 제849조의 '모'는 친생추정 대상자의 모로 봄이 타당하다.[4] 모가 없으면 검사를 피고로 한다.

Ⅲ. 제소기간

5 이 조항은 일반적인 친생부인권을 예외적으로 확장하는 것이라고 보아야 하기 때문에, 비록 명문의 규정은 없으나 민법 제847조 제1항에서 정한 친생부인 기간이 적용된다고 보아야 한다.[5] 2005년 친생부인 기간 개정 전에는 부가 자녀의 출생을 안 날로부터 1년이 경과하면 더 이상 친생부인을 할 수 없었기 때문에 자녀에게 직계비속이 있어 민법 제849조가 적용될 수 있는 경우가 극히 드물었으나,[6] 2005년 개정으로 인하여 절대기간의 제한 없이 그 사유가 있음을 안 날부터 2년 내에 친생부인의 소를 제기할 수 있기 때문에 제849조가 적용될 수 있는 경우가 확대되었다.

3 김주수/김상용, 친족·상속법(제20판), 법문사(2024), 310.
4 주해친족법(제1권)(제1판), 박영사(2015), 594(권재문).
5 김주수/김상용, 주석 민법, 친족(3)(제5판), 한국사법행정학회(2016), 98; 주해친족법(제1권)(제1판), 박영사(2015), 595(권재문).
6 원고인 부가 금치산자였다가 손자녀 출산 후 금치산 선고가 취소된 경우 가능할 수 있었을 것이다 [주해친족법(제1권)(제1판), 박영사(2015), 595(권재문)].

제 850 조 [유언에 의한 친생부인]

부 또는 처가 유언으로 부인의 의사를 표시한 때에는 유언집행자는 친생부인의 소를 제기하여야 한다. <개정 2005. 3. 31.>

[대조] 신설(1958년). 2005년의 민법 일부개정에 의하여 '부'를 '부 또는 처'로 개정

[관련조문] 민법 제846조(자의 친생부인), 제847조(친생부인의 소), 제851조(부의 자 출생 전 사망 등과 친생부인), 제1091조(유언증서, 녹음의 검인), 제1107조(유언집행의 비용)

[참고문헌] 김주수/김상용, 주석 민법, 친족(3)(제5판), 한국사법행정학회(2016); 주해친족법(제1권)(제1판), 박영사(2015)

Ⅰ. 의의

1 민법 제851조에 의해, 부가 자의 출생 전에 사망하거나 부 또는 처가 제847조 제1항의 기간 내에 사망한 때에는 부 또는 처의 직계존속이나 직계비속에 한하여 그 사망을 안 날로부터 2년 내에 친생부인의 소를 제기할 수 있다. 그러나 직계존속이나 직계비속이 반드시 부의 의사에 기속되는 것은 아니기 때문에, 제850조는 부 또는 처가 친생부인의 의사를 표시하는 유언을 하고 유언집행자에 의해 그 의사를 실현할 기회를 주고 있다.[1]

Ⅱ. 적용요건

2 동조에서 말하는 유언은 민법 제1065조부터 제1070조까지 규정된 유언의 방식에 따라 이루어진 유효한 유언을 의미한다.

3 한편, 지정된 유언집행자가 없는 경우에는 민법 제1095조에 따라 상속인이 유언집행자가 되는데, 친생부인은 상속관계에 영향을 미치므로 부(夫)의 상속인이 유언집행자로서 친생부인의 소를 제기할 수 있는지 여부가 문제될 수 있으나, 친생부인 여부는 법원이 혈연의 존부라는 객관적 사실을 직권으로 탐지하여 판단하는 것이고, 제1106조는 이해관계인에게 유언집행자의 해임청구권을 보장하고 있으므로, 법정상속인인 유언집행자가 친생부인 여부와 이

1 주해친족법(제1권)(제1판), 박영사(2015), 596(권재문).

해관계가 있다는 이유만으로 처음부터 그를 배제할 필요는 없다는 의견이 있다.[2]

Ⅲ. 제소기간

4 자녀 출생 전 부(夫) 사망으로 유언의 효력이 발생한 경우에는 태아에 대한 친생부인이 인정되지 않기 때문에 유언집행자는 자녀의 출생을 기다렸다가 친생부인의 소를 제기하여야 한다.

5 출소기간과 관련하여, 유언집행자는 민법 제847조의 규정에 따라 자녀에 대해 친생부인의 사유가 있음을 안 날로부터 2년 내에 자 또는 처(자녀의 모)를 상대로 친생부인의 소를 제기할 수 있고, 이 때 '친생부인의 사유가 있음을 안 날'의 기산점은 유언자가 아닌 유언집행자를 기준으로 함이 지배적 견해이다.[3]

6 자녀 출생 후 부(夫)가 친생부인의 소를 제기하지 못한 상태에서 사망한 때에도, 출소기간이 남아 있는 경우에는 유언에 의해서 유언집행자로 하여금 부인의 소를 제기하도록 할 수 있다.[4]

7 반면 자녀 출생 전 친생부인의 유언을 하였던 유언자가 자녀 출생 후 스스로 친생부인의 소를 제기할 수 있는 출소기간 경과시까지 생존한 경우라면, 이는 유언을 철회한 것으로 보거나(민법 제1109조), 친생승인을 한 것(제852조)으로 볼 수 있으므로, 친생부인의 유언은 그 효력이 소멸하였다고 보아야 한다.[5]

2 주해친족법(제1권)(제1판), 박영사(2015), 597(권재문).

3 김주수/김상용, 주석 민법, 친족(3)(제5판), 한국사법행정학회(2016), 99; 주해친족법(제1권)(제1판), 박영사(2015), 598(권재문) 절대기간 없는 상대기간을 도입한 2005년 개정의 취지는 친자관계의 법적 안정성을 희생시키더라도 부의 의사를 존중하려고 한 것이기 때문에 부가 자녀 출생 전 사망한 경우에도 이러한 취지를 관철시키는 것이 일관적이라고 본다.

4 김주수/김상용, 주석 민법, 친족(3)(제5판), 한국사법행정학회(2016), 99.

5 주해친족법(제1권)(제1판), 박영사(2015), 596(권재문).

제 851 조 [부의 자 출생 전 사망 등과 친생부인]

부가 자의 출생 전에 사망하거나 부 또는 처가 제847조 제1항의 기간내에 사망한 때에는 부 또는 처의 직계존속이나 직계비속에 한하여 그 사망을 안 날부터 2년내에 친생부인의 소를 제기할 수 있다.

[전문개정 2005. 3. 31.]

[대조] 신설(1958년). 2005년의 민법 일부개정에 의하여 '부'를 '부 또는 처'로, 또 출소기간을 2년으로 개정.

[관련조문] 민법 제846조(자의 친생부인), 제847조(친생부인의 소), 제850조(유언에 의한 친생부인), 제1000조(상속의 순위)

[참고문헌] 김주수/김상용, 주석 민법, 친족(3)(제5판), 한국사법행정학회(2016); 주해친족법(제1권)(제1판), 박영사(2015); 법원실무제요, 가사[I], 사법연수원(2021)

Ⅰ. 의의

1 민법 제1000조 제3항에 따라 태아는 상속순위에 관하여 이미 출생한 것으로 간주되나, 친생의 추정은 자녀의 출생과 법적 부자관계의 성립을 요건으로 하므로, 현행법하에서 태아에 대한 친생부인은 허용되지 않는다.

2 따라서, 부(夫)가 태아가 자신의 친생자가 아님을 알고 친생부인의 의사가 있는 경우에도 자녀 출생 전 사망한다면 그 후 출생한 자녀가 친생자가 아님에도 상속을 받게 되는바, 태아의 권리능력 인정 여부를 개별 사안별로 달리 인정함으로써 발생하는 문제이다.[1]

3 그와 같이 태아가 출생하는 경우 다른 상속인들의 이익이 침해될 수 있으므로, 민법 제851조의 취지는 상속인들의 이익 보호를 위한 것이라고 봄이 지배적 견해이다.[2] 이에 대하여, 친생부인제도의 취지를 혈연진실주의와 가정의 평화, 친자관계의 법적 안정성 보호의 조화로 보는 입장에서 남편 또는 아내 이외의 사람이 법적 부자관계를 다툴 수 있도록 하는 것은 바람직하지

1 주해친족법(제1권)(제1판), 박영사(2015), 599(권재문).
2 김주수/김상용, 주석 민법, 친족(3)(제5판), 한국사법행정학회(2016), 100.

않으며, 상속인의 이익을 보호할 필요가 있다면 부의 직계존속의 경우에는 친생부인의 대상인 자녀 외에 다른 직계비속이 없는 경우에 한하여 친생부인권을 인정하여야 한다는 견해도 있다.[3]

Ⅱ. 적용요건

1. 사망시기에 따른 검토

4 부(夫)가 자의 출생 전 사망한 경우에는 부(夫)의 직계존속이나 직계비속이 부의 사망을 안 날로부터 2년 이내에 친생부인의 소를 제기할 수 있다. 부에게 친생부인의 의사가 있었는지 여부는 문언상 고려되지 않는다. 이에 대하여, 부가 자의 출생 전 사망한 경우 부의 의사와 무관하게 직계존속이나 직계비속에게 친생부인권을 인정한 것은, 부나 처가 자의 출생 후 민법 제847조 제1항에 규정된 기간 후에 사망한 경우에는 직계존속이나 직계비속에게 친생부인권이 인정되지 않는 것과 균형이 맞지 않아 부당하다는 비판이 있다.[4]

5 부(夫) 또는 처(妻)가 민법 제847조 제1항에 규정된 기간 내에 사망한 경우에는 그의 직계존속이나 직계비속이 그 사망을 안 날로부터 2년 이내에 친생부인의 소를 제기할 수 있다. 이에 대하여, 2005년 민법 개정으로 절대기간 없는 상대기간이 도입됨으로써 자녀가 장성한 후에 부나 처가 사망하더라도 그의 직계존속 또는 직계비속은 "최근 2년 이내에 부 또는 처가 친생부인 사유가 있음을 알게 되었다."는 이유로 제851조에 기한 친생부인의 소를 제기할 수 있게 됨으로써, 법적 친자관계가 극도로 불안정하게 되었다는 비판이 있다.[5]

6 한편, 부 또는 처가 민법 제847조 제1항에 규정된 기간 내에 사망한 경우라 하더라도, 제852조에 의한 친생승인이 있었다면 제851조에 의한 친생부인의 소는 허용되지 아니한다.

7 부 또는 처가 생전에 이미 친생부인의 소를 제기한 후 사망한 경우에는 민법 제851조에 기하여 가사소송법 제16조에 따라 부 또는 처의 직계존속이나 직계비속이 소송절차를 승계할 수 있다고 본다.[6]

3 주해친족법(제1권)(제1판), 박영사(2015), 600(권재문).
4 주해친족법(제1권)(제1판), 박영사(2015), 601(권재문).
5 주해친족법(제1권)(제1판), 박영사(2015), 601(권재문).
6 김주수/김상용, 주석 민법, 친족(3)(제5판), 한국사법행정학회(2016), 100.

2. 당사자

8 민법 제851조에 따른 원고적격자는 본래의 친생부인권자인 부 또는 처 각각의 직계존속 또는 직계비속이고, 그들의 친생부인권은 권리이지 의무가 아니므로 각자의 선택에 따라 소제기 여부를 결정할 수 있을 것이다. 그러나 일단 친생부인의 소를 제기한 후 소를 취하할 수 있는지 여부에 대하여는 견해가 대립하는바, 원고적격자 중 1인이 소를 제기한 경우 다른 원고적격자도 소를 제기하거나 공동소송참가의 방법으로 당사자가 될 수 있었을 것이므로, 친생부인의 소를 제기하지 않은 사실 자체를 자신의 친생부인권을 적극적으로 행사할 의사가 없었던 것으로 보아[7] 소취하를 긍정하는 견해가 타당하다.

9 민법 제851조에 따른 친생부인의 소의 상대방에 대하여는 별도의 규정이 없으므로, 민법 제847조에 따라 상대방 배우자 또는 자녀가 원칙적인 피고가 되고, 이들이 모두 사망하였을 경우에는 검사가 피고가 된다.

Ⅲ. 제소기간

10 민법 제851조에 따른 친생부인권자들이 소를 제기할 수 있는 시기(始期)에 대하여, 부가 사망한 이상 사망을 안 날로부터 2년 이내라면 자녀가 출생하기 전이라도 소를 제기할 수 있다는 견해도 있으나, 제851조에 의한 친생부인의 소도 친생추정에 의한 부자관계가 성립한 후, 즉 자녀가 출생한 후에 비로소 제기할 수 있는 것으로 해석해야 하며, 그렇게 보더라도 사망을 안 날로부터 2년 이내에는 자녀가 출생하였을 것이므로 굳이 태아를 상대로 친생부인을 할 수 있도록 할 필요가 없다는 견해가 타당하다.[8]

11 민법 제851조에 따른 친생부인권자들은 부 또는 처의 사망을 안 날로부터 2년 이내에 친생부인의 소를 제기하여야 하고, 친생부인권자가 여러 명인 경우에는 각자에 대해 서로 다른 기간이 적용되므로 법적 친자관계가 장기간 불안정해진다는 비판이 있다.[9]

7 주해친족법(제1권)(제1판), 박영사(2015), 602(권재문).

8 주해친족법(제1권)(제1판), 박영사(2015), 602(권재문).

9 주해친족법(제1권)(제1판), 박영사(2015), 603(권재문). 일본은 인사소송수속법 제정 당시부터 고유한 친생부인권자의 사망 후 장기간 법적 부자관계를 불안정하게 하는 것은 바람직하지 않음을 이유로 부의 사망일로부터 1년이라는 절대기간으로 규정하였다고 한다.

12 다만, 가사소송법 제21조 제2항에 의하여 가류 또는 나류 가사소송사건의 청구를 배척한 판결이 확정된 경우 다른 제소권자는 사실심의 변론종결 전에 참가하지 못한 데 대하여 정당한 사유가 있지 아니하면 다시 소를 제기할 수 없는바, 나류 가사소송사건인 친생부인의 소에서 민법 제851조에 따른 다른 제소권자인 직계존속 또는 직계비속이 있다 하더라도 친생부인 청구를 기각한 판결이 확정되어 그들 전부에 대하여 재소금지의 효력이 발생하면 청구기각의 확정판결에 대세효가 있는 것과 마찬가지로 되어 어느 누구도 자녀가 부의 친생자가 아님을 주장할 수 없게 된다.[10]

10 법원실무제요, 가사[Ⅰ], 사법연수원(2021), 711.

제 852 조 [친생부인권의 소멸]

자의 출생 후에 친생자임을 승인한 자는 다시 친생부인의 소를 제기하지 못한다.

[전문개정 2005. 3. 31.]

[대조] 신설(1958년). 2005년 민법 일부개정에 의하여 부 뿐만 아니라 처에게도 해당하게 되었다.

[관련조문] 민법 제844조(남편의 친생자의 추정), 제846조(자의 친생부인)

[참고문헌] 김주수/김상용, 주석 민법, 친족(3)(제5판), 한국사법행정학회(2016); 주해친족법(제1권)(제1판), 박영사(2015)

Ⅰ. 의의

1 자녀의 출생 후에 그 자녀가 자신의 친생자임을 승인한 자는 친생부인의 소를 제기하지 못한다. 2005년 민법 일부개정에 의하여, 처도 자녀의 출생 후 그 자녀를 부의 자로 승인하였다면 친생부인의 소를 제기하지 못하게 되었다.

Ⅱ. 당사자

1. 친생승인의 대상

2 친생승인은 친생추정을 전제로 하기 때문에, 민법 제844조에 의해 혼인 중의 출생자로 추정받는 자녀를 대상으로 한다.

3 태아에 대하여는 출생시기를 알아야 포태시점을 추측하여 혈연관계의 존부를 판단할 수 있는 점, 자녀 출생 전에는 친생부인을 할 수 없는 점 등을 근거로 태아는 친생승인의 대상이 아니라는 견해가 지배적이다.[1]

2. 친생승인권자

4 친생승인은 친생부인권 소멸의 효과를 가져오므로, 친생부인권을 가지는 부

1 주해친족법(제1권)(제1판), 박영사(2015), 605(권재문).

또는 처가 할 수 있으며, 대리는 허용되지 않는다. 제한능력자일지라도 사실상의 의사능력을 가지는 한 독립하여 승인할 수 있으며, 의사능력이 없는 경우에는 부 또는 처 자신은 물론 어떠한 사람도 그를 갈음하여 승인할 수 없다.[2]

3. 친생승인의 상대방

5 민법 제852조 문언상 친생승인의 상대방이 누구인지는 명확하지 않다. 이와 관련하여 처(자의 모) 또는 부, 자나 그 외의 사람들에 대해서 해도 무방하다는 견해가 있으나,[3] 이 견해에 대해 이는 친생승인을 상대방 없는 단독행위로 파악하는 것으로서, 일반적으로 유언, 상속의 승인·포기 등 상대방 없는 단독행위는 그 성립 여부가 불확실하게 될 우려가 있어 이를 요식행위로 규정하고 있음을 고려할 때 친생승인을 불요식행위라고 하면서 상대방 없는 단독행위로 파악하는 것은 곤란하며, 친생승인은 친생부인의 상대방에 대해서만 유효하게 할 수 있는 상대방 있는 단독행위로 해석하는 견해가 있다.[4]

Ⅲ. 승인의 방법과 내용

1. 승인의 방법

6 친생승인은 법정된 형식이 없는 불요식행위로서, 구술, 서면여부나 명시, 묵시 여부를 가리지 않는다.[5]

7 그러나, 이로 인한 효과가 친생부인권의 소멸로서 그 중대성을 고려할 때 법적 부자관계를 확정시키려는 의사가 적극적으로 나타나야 한다고 본다. 따라서, 자신이 자녀의 아버지인 것으로 출생신고를 한 것을 민법 제852조의 친생승인을 하였다고 볼 수 없으며(출생신고는 모의 배우자의 의무일 뿐 아니라, 가족관계의 등록 등에 관한 법률 제47조에 의하면 친생부인의 소를 제기한 때에도 출생신고를 하여야 하기 때문이다), 자녀의 이름을 지어주었다거나, 출생을 기뻐하고 그 후에도 자녀를 애지중지하였다는 등의 사정만으로는 승인이라고 볼 수 없다고 한다.[6] 수원지방법원 안양지원 2012. 5. 11. 선고 2011드단6501 판

2 김주수/김상용, 주석 민법, 친족(3)(제5판), 한국사법행정학회(2016), 101.
3 김주수/김상용, 주석 민법, 친족(3)(제5판), 한국사법행정학회(2016), 102.
4 주해친족법(제1권)(제1판), 박영사(2015), 605(권재문).
5 김주수/김상용, 주석 민법, 친족(3)(제5판), 한국사법행정학회(2016), 102.
6 주해친족법(제1권)(제1판), 박영사(2015), 605(권재문).

결은 친생부인의 소를 제기하였다가 취하하였다는 사정만으로는 사건본인을 친생자로 승인하였다고 보기 어렵다고 판시하였다.

2. 승인의 내용

8 승인의 내용은 민법 제844조에 의해 부(夫)의 자로 추정받는 자를 부(夫)의 자녀로 인정하는 것으로서, 부의 경우 자신의 자녀, 처의 경우 부의 자녀임을 인정하는 것이다.

9 승인의 내용과 관련하여, '친생부인권의 포기'라 보는 견해와 '자신의 친생자임을 승인'하는 것이라는 견해가 대립될 수 있으나, 통설은 후자로 보아 친생부인권을 포기한다는 의사표시는 필요하지 않다고 한다.[7] 이에 대해, 친생부인 사유를 모르는 상태라면 법률상의 부가 당연히 자녀를 자신의 친생자로 승인하는 것으로 인정될 수 있는 행위를 하게 마련이므로, 그 후 친생부인 사유를 알게 되어 친생부인의 소를 제기하려 할 때 이미 친생승인이 되어 친생부인권이 소멸되었다고 하는 것은 부당하다는 이유로 '친생부인권이 있음을 알면서도(즉 혈연관계가 없음을 알면서도) 자신의 친생자임을 승인하는 것'으로 보아야 한다는 견해가 있다.[8]

Ⅳ. 승인의 효과

10 승인의 효과로 친생부인권이 소멸된다. 친생승인을 한 부 또는 처가 친생부인의 소를 제기하였다면 각하 사유가 된다. 다만 그 효과는 승인을 한 부 또는 처에 대해서만 미치며, 부부 중 일방이 승인을 하지 않았다면 그는 친생부인의 소를 제기할 수 있고, 승인을 한 일방은 그 친생부인의 소를 저지할 수 없다.[9]

11 부 또는 처가 승인의 의사를 표시한 경우, 민법 제844조가 정한 친생부인의 소 제기 기간 내라 하더라도 승인의 의사를 철회할 수는 없다.

Ⅴ. 관련 논의

12 친생승인 제도에 관하여, 혈연과 일치하지 않는 법적 친자관계는 입양에 의

7 김주수/김상용, 주석 민법, 친족3(제5판), 한국사법행정학회(2016), 102.
8 주해친족법(제1권)(제1판), 박영사(2015), 606(권재문).
9 김주수/김상용, 주석 민법, 친족(3)(제5판), 한국사법행정학회(2016), 103.

하여 성립하는 것이 원칙인데, 친생승인에 의하여 이러한 목적을 달성할 수 있게 하면 입양허가제를 도입한 취지와 저촉된다는 비판 및 자녀의 의사와 무관하게 부모의 의사만을 근거로 혈연에 반하는 친자관계가 확정될 수 있게 한 것은 자녀의 복리 실현을 도외시한 것이라는 비판이 있다.[10]

10 주해친족법(제1권)(제1판), 박영사(2015), 607(권재문).

제 853 조 [소송종결 후의 친생승인] <2005. 3. 31. 삭제 조문>

부의 부인소송의 종결 후에도 친생자임을 승인할 수 있다.

[대조] 신설(1958년).

[참고문헌] 김주수/김상용, 주석 민법, 친족(3)(제5판), 한국사법행정학회(2016).

1 삭제이유[1]: 2005년 민법일부개정 전에는 부(夫)는 친생부인의 소를 제기하기 전뿐만 아니라 부인소송 종결 후에도 민법 제844조에 의하여 친생자로 추정받는 자(子)를 자기의 子라고 승인할 수 있었다. 부(夫)가 부인의 소를 제기하여 승소한 경우에는 친생자가 아니라는 사실이 판결에 의해서 객관적으로 확정되었다고 볼 수 있는데, 이러한 때에도 부(夫)의 일방적인 의사에 의하여 부자관계를 확정할 수 있도록 하는 것은 무리한 입법이라는 비판이 있었다. 또한 경우에 따라서는 이러한 규정이 子의 이익에 반하는 부작용을 낳을 수도 있었다[예를 들어서 생부(生父)가 인지하는 것이 子(자)에게 유리한 경우]. 이러한 이유에서 민법 제853조는 2005년의 민법 일부개정에 의하여 삭제되었다.

1 김주수/김상용, 주석 민법, 친족(3)(제5판), 한국사법행정학회(2016), 104.

제 854 조 [사기, 강박으로 인한 승인의 취소]

제852조의 승인이 사기 또는 강박으로 인한 때에는 이를 취소할 수 있다.
<개정 2005. 3. 31.>

[대조] 신설(1958년). 2005년의 민법 일부개정에 의하여 제853조가 삭제됨에 따라 조문이 정리되었다.

[관련조문] 민법 제110조(사기, 강박에 의한 의사표시), 제140조(법률행위의 취소권자), 제146조(취소권의 소멸), 제852조(친생부인권의 소멸)

[참고문헌] 김주수/김상용, 주석 민법, 친족(3)(제5판), 한국사법행정학회(2016); 주해친족법(제1권)(제1판), 박영사(2015)

Ⅰ. 의의

1 이 조항은 민법 제852조에 의한 승인을 부 또는 처의 의사표시의 일종으로 파악하여,[1] 그 의사표시가 사기 또는 강박으로 인한 때에는 이를 취소할 수 있도록 규정한 것이다.

Ⅱ. 사기 또는 강박

2 민법 제854조는 외관상 민법 제852조에 의한 친생승인이 이루어졌으나, 그 과정에 사기 또는 강박이 있을 것을 요건으로 한다. 여기에서 사기 또는 강박의 의미는 민법 제110조가 정한 사기, 강박의 의미와 동일하게 이해하여야 한다고 본다.[2]

3 따라서, 사기란 친생승인을 하도록 할 목적으로 친생부인권자인 부 또는 처에게 허위의 사실을 고지하고, 그로 인해 친생부인권자가 착오에 빠진 상태에서 친생승인의 의사표시를 하도록 하는 것을 의미하고, 강박이란 친생승인을 하도록 할 목적으로 친생부인권자인 부 또는 처에게 해악을 고지하고, 그

1 주해친족법(제1권)(제1판), 박영사(2015), 609(권재문).
2 주해친족법(제1권)(제1판), 박영사(2015), 609(권재문).

로 인해 친생부인권자가 공포에 빠진 상태에서 친생승인의 의사표시를 하도록 하는 것을 의미한다.

4 상대방 있는 의사표시에서 제3자가 사기 또는 강박을 한 경우에 민법 제110조 제2항이 유추적용되어 상대방이 그 사실을 알았거나 알 수 있었을 경우에 한하여 그 의사표시를 취소할 수 있는지 여부가 문제될 수 있으나, 친족법상의 법률행위에 대하여는 표시보다 진의를 더 존중해야 하므로 위 조항이 유추적용되지 않으며, 따라서 친생승인의 상대방이 제3자의 사기 또는 강박 사실에 의한 것임을 알았거나 알 수 있었을 경우가 아니라 하더라도 친생부인권자는 민법 제854조에 의한 승인 취소를 할 수 있으며, 같은 맥락에서 승인 취소의 효과는 선의의 제3자에게도 대항할 수 있다는 견해가 있다.[3]

Ⅲ. 당사자

1. 취소권자

5 이에 대하여 민법 제854조의 취소권자는 민법 제852조에 의하여 친생자임을 승인한 사람이고, 2005년의 민법 개정으로 처에게 친생부인권이 인정되었더라도 제852조의 문리해석상 친생자임을 승인할 수 있는 자는 부(夫) 만을 의미하는 것으로 새겨야 하므로 제854조의 취소권도 부(夫)에 대하여만 인정된다는 견해가 있으나,[4] 앞서 본 바와 같이 민법 제852조에 의하여 친생자임을 승인할 수 있는 사람은 부 또는 처라 할 것이므로, 민법 제854조에 의한 취소권자 또한 승인을 한 부 또는 처라고 봄이 타당하다.[5]

2. 취소의 상대방

6 승인취소의 상대방에 대하여는 규정된 바가 없어, 외부에 대하여 취소의 의사를 명백히 표시하면 충분하다는 견해가 있으나,[6] 앞서 본 바와 같이 승인의 법적 성질을 상대방 있는 단독행위로 본다면 승인취소의 법적 성질 또한 상대방 있는 단독행위로 보고 승인의 취소 또한 민법 제142조에 따라 승인의 상대방에게 해야 한다는 견해가 있다. 이 견해는 승인의 취소에 민법 제144조

3 주해친족법(제1권)(제1판), 박영사(2015), 610(권재문).
4 주해친족법(제1권)(제1판), 박영사(2015), 610(권재문).
5 김주수/김상용, 주석 민법, 친족(3)(제5판), 한국사법행정학회(2016), 104.
6 김주수/김상용, 주석 민법, 친족(3)(제5판), 한국사법행정학회(2016), 105.

제1항의 추인에 관한 조항도 적용될 수 있어서, 친생부인권자가 사기 또는 강박을 면하여 취소의 원인이 소멸된 후 추인의 의사표시를 하면 친생승인의 효과가 확정된다고 본다.[7]

Ⅳ. 취소의 방법과 기간

1. 취소의 방법

7 취소의 방법에 대하여는 민법 제854조에서 규정하고 있지 아니하고, 가사소송법에도 친생승인의 취소를 구하는 재판이 규정되어 있지 않으므로, 친생승인의 취소는 불요식행위로서 소의 방법에 의할 필요는 없다고 본다.

2. 취소의 기간

8 취소의 기간에 대하여 민법 제854조에서 규정하고 있지 않지만, 신분관계의 불안정성을 방지하기 위해 제854조의 취소권의 존속기간에 대해 사기 또는 강박에 의한 입양 취소 청구권의 소멸에 관한 규정(민법 제897조) 및 사기 또는 강박으로 인한 협의파양 취소 청구권의 소멸에 관한 규정(제904조)을 준용하여 사기를 안 날 또는 강박을 면한 날로부터 3개월이 경과하면 소멸하는 것으로 보아야 한다는 견해가 있다.[8] 그러나 이에 대하여는 친생승인은 단독행위의 일종이고, 입양은 계약의 일종이며, 2011년 민법 개정에 의해 입양에 대하여는 법원의 허가까지 받도록 하고 있어 친생승인과 입양은 큰 차이가 있는 제도이므로, 입양에 대한 규정을 섣불리 유추적용할 수 없다고 비판하면서, 친생승인의 본질은 오히려 인지에 가까운 것으로서 친생승인 취소권의 행사기간에 대하여 인지의 취소에 관한 민법 제861조를 유추적용하여 사기를 안 날 또는 강박을 면한 날로부터 6월 내에 취소할 수 있다고 보는 견해가 있다.[9]

7 주해친족법(제1권)(제1판), 박영사(2015), 610(권재문).

8 김주수/김상용, 주석 민법, 친족(3)(제5판), 한국사법행정학회(2016), 105.

9 주해친족법(제1권)(제1판), 박영사(2015), 612(권재문). 이 견해는 나아가 친생승인의 법적 성질을 의사표시로 보면서 착오로 인한 취소를 허용하지 않는 문제점 또한 민법 제861조를 착오로 인한 친생승인 사안에도 유추적용하여 해결할 수 있다고 본다.

V. 취소의 효과

9 사기 또는 강박으로 인한 친생승인이 유효하게 취소되면 친생승인의 의사표시는 소급하여 부존재하게 될 뿐이고, 승인의 취소로써 바로 친생부인의 효과가 생기는 것은 아니다. 즉 친생부인권자가 다시 친생부인 여부를 결정할 수 있는 상태로 돌아가게 된다는 것이 통설의 견해이다.

10 그러나, 친생승인을 취소하였다고 하여 친생부인권 행사기간이 취소시부터 새로이 기산되는 것은 아니므로, 부 또는 처가 친생부인의 사유가 있음을 안 날로부터 2년 내에 승인을 취소한 때에는 이 기간의 만료 전에 친생부인의 소를 제기할 수 있으나, 이 기간의 만료 후에는 친생부인의 소를 제기할 수 없게 된다. 이에 대하여, 그와 같이 해석할 경우 민법 제854조의 규정 취지에 반하므로 부 또는 처는 민법 제847조의 규정에도 불구하고 승인의 취소 후 지체없이 친생부인의 소를 제기할 수 있다고 보는 견해가 있고,[10] 이는 친생부인권 행사기간의 법적 성질을 제척기간으로 보는 태도와 조화되지 않는다면서 가사소송법 제12조에 의해 준용되는 민사소송법 제173조 제1항을 적용하여, 당사자가 책임질 수 없는 사유로 말미암아 불변기간을 지킬 수 없었던 경우로 보아 그 사유가 없어진 날부터 2주 이내에 소송행위를 보완할 수 있도록 함이 타당하다는 견해가 있다.[11]

10 김주수/김상용, 주석 민법, 친족(3)(제5판), 한국사법행정학회(2016), 105.
11 주해친족법(제1권)(제1판), 박영사(2015), 611(권재문).

제 854 조의 2 [친생부인의 허가 청구]

① 어머니 또는 어머니의 전 남편은 제844조 제3항의 경우에 가정법원에 친생부인의 허가를 청구할 수 있다. 다만, 혼인 중의 자녀로 출생신고가 된 경우에는 그러하지 아니하다.

② 제1항의 청구가 있는 경우에 가정법원은 혈액채취에 의한 혈액형 검사, 유전인자의 검사 등 과학적 방법에 따른 검사결과 또는 장기간의 별거 등 그 밖의 사정을 고려하여 허가 여부를 정한다.

③ 제1항 및 제2항에 따른 허가를 받은 경우에는 제844조 제1항 및 제3항의 추정이 미치지 아니한다.

[본조신설 2017. 10. 31.]

[관련조문] 민법 제844조(남편의 친생자의 추정), 가사소송법 제2조(가정법원의 관장 사항) 제1항 제2호 가목 7)의2, 제45조의8(친생부인의 허가 및 인지의 허가 관련 심판에서의 진술 청취)

[참고문헌] 김주수/김상용, 친족·상속법(제20판), 법문사(2024); 2019 가사비송사건 업무편람, 부산가정법원(2018); 법원실무제요, 가사[Ⅰ], 사법연수원(2021); 법원실무제요, 가사[Ⅱ]], 사법연수원(2021); 김상용, "법무부 친생추정조항 개정안에 대한 비판적 고찰", 중앙법학 제19집 제3호, 중앙법학회(2017)

Ⅰ. 연혁

1 헌법재판소 2015. 4. 30. 선고 2013헌마623 결정은, 2017년 민법 개정 전의 제844조 제2항 중 '혼인관계 종료의 날부터 300일 내에 출생한 자' 부분의 위헌 여부에 대하여, "오늘날 이혼 및 재혼이 크게 증가하였고, 여성의 재혼금지기간이 2005년 민법개정으로 삭제되었으며, 이혼숙려기간 및 조정전치

주의가 도입됨에 따라 혼인 파탄으로부터 법률상 이혼까지의 시간간격이 크게 늘어나게 됨에 따라, 여성이 전남편 아닌 생부의 자를 포태하여 혼인 종료일로부터 300일 이내에 그 자를 출산할 가능성이 과거에 비하여 크게 증가하게 되었으며, 유전자검사 기술의 발달로 부자관계를 의학적으로 확인하는 것이 쉽게 되었다. 그런데 심판대상조항에 따르면, 혼인 종료 후 300일 내에 출생한 자녀가 전남편의 친생자가 아님이 명백하고, 전남편이 친생추정을 원하지도 않으며, 생부가 그 자를 인지하려는 경우에도, 그 자녀는 전남편의 친생자로 추정되어 가족관계등록부에 전남편의 친생자로 등록되고, 이는 엄격한 친생부인의 소를 통해서만 번복될 수 있다. 그 결과 심판대상조항은 이혼한 모와 전남편이 새로운 가정을 꾸리는 데 부담이 되고, 자녀와 생부가 진실한 혈연관계를 회복하는 데 장애가 되고 있다. 이와 같이 민법 제정 이후의 사회적·법률적·의학적 사정변경을 전혀 반영하지 아니한 채, 이미 혼인관계가 해소된 이후에 자가 출생하고 생부가 출생한 자를 인지하려는 경우마저도, 아무런 예외 없이 그 자를 전남편의 친생자로 추정함으로써 친생부인의 소를 거치도록 하는 심판대상조항은 입법형성의 한계를 벗어나 모가 가정생활과 신분관계에서 누려야 할 인격권, 혼인과 가족생활에 관한 기본권을 침해한다."는 이유로 헌법불합치 결정을 하였다.

2 그에 따라 헌법재판소의 결정 취지를 고려하여 2017년 민법이 개정되면서 개정 전의 제844조 제2항을 제2항과 제3항으로 분리하고, 제3항의 경우 보다 쉽게 친생추정을 번복할 수 있게 하는 제도로 민법 제854조의2 친생부인의 허가청구 제도와 제855조의2 인지 허가청구 제도가 신설되었다.

3 2017년 개정 민법 부칙 제2조에 의해, 제854조의2 및 제855조의2의 개정규정은 개정 민법 시행 전에 발생한 부모와 자녀의 관계에 대해서도 적용된다. 다만, 개정 민법 시행 전에 친생부인의 소 또는 친생자관계 존부확인의 소 등 판결에 따라 생긴 효력에는 영향을 미치지 아니한다.

Ⅱ. 의의 및 성질

1. 의의

4 민법 제844조 제1항 및 제3항에 의해, 혼인관계가 종료된 날부터 300일 이내에 출생한 자녀는 혼인 중에 임신한 것으로 추정되어 모의 전남편의 친생자

로 추정되고 혼인 중 출생자의 지위를 가지나, 제854조의2에 의하여 어머니 또는 어머니의 전 남편은 가정법원에 가사소송이 아닌 가사비송사건인 친생부인의 허가 청구를 할 수 있게 되었다.

5 다만, 자녀가 이미 혼인 중의 자녀로 출생신고가 된 경우는 제외되었으며, 이 경우는 친생추정을 깨뜨리기 위해 개정 전과 같이 친생부인의 소를 제기하여야 한다. 자녀가 전 남편의 자녀로 출생신고가 되었다면, 전 남편이 친생자임을 주장하였거나 가족관계등록부에 의하여 전 남편의 자녀임이 공시된 경우이므로, 법적 혼란을 방지하기 위한 조치라 할 것이다. 그러나, 이에 대하여 가족관계의 등록 등에 관한 법률 제44조 제1항에 따라 출생의 신고는 출생 후 1개월 이내에 해야 하고, 같은 법 제122조에 따라 신고의무 있는 사람이 정당한 사유 없이 기간 내에 하여야 할 신고 또는 신청을 하지 아니한 때에는 5만 원 이하의 과태료를 부과하는바, 이 규정에 따라 출생신고가 이루어지는 경우에는 친생부인의 허가를 청구할 수 있는 길이 막히게 되므로 친생부인의 허가 제도는 출생신고에 관한 규정의 위반을 전제로 해서만 실제로 활용될 수 있는 규정으로서 이는 출생신고에 관한 현행법 규정의 위반을 조장하는 것이며, 결과적으로 아동의 기본권인 출생등록권을 침해한다는 점에서 위헌의 소지가 있다는 비판이 있다.[1]

2. 성질

6 친생부인의 허가는 가사소송사건이 아닌 라류 가사비송사건으로서, 2017년 가사소송법 일부개정으로 가사소송법 제2조 제1항 제2호 가목 7)의2로 '민법 제854조의2에 따른 친생부인의 허가'가 추가되었다.

7 가사비송은 법령에 의하여 가사비송사건으로 규정되어 가정법원의 권한에 속하는 사건을 가정법원이 후견적 입장에서 합목적적인 재량에 의하여 처리하는 재판절차라고 할 수 있다.

8 가사비송사건에는 당사자 사이의 법적 분쟁을 전제로 하지 아니하고 단순히 사인의 사법행위에 대하여 가정법원이 후견적 또는 감독적 입장에서 허가 또는 처분을 하는 사건(라류 가사비송사건)과, 당사자 사이의 법적 분쟁을 대상으로 하여 대심적 구조를 가지지만 가정법원이 후견적 입장에서 폭넓은

1 김주수/김상용, 친족·상속법(제20판), 법문사(2024), 315.

재량에 의하여 실체법을 적용, 판단하는 사건(마류 가사비송사건)이 포함된다. 어느 것이나 반드시 변론을 요하는 것은 아니고 자유로운 증명으로 충분하다는 점에서 가사소송과 구별된다.

9 동일하게 신분관계 및 그에서 비롯된 재산관계의 분쟁을 대상으로 하는 것이라도, 가사소송이 엄격하게 실체법상의 판단기준을 적용하여 당사자의 주장의 당부를 판단하는 것임에 비하여, 가사비송은 그것에 적용될 실체법상의 판단기준 그 자체가 가정법원의 재량을 전제로 하고 있어 가정법원이 후견적 입장에서 합목적적으로 일정한 법률관계를 창설, 형성하는 것이라는 점에서 차이가 있다고 할 수 있다.[2]

3. 친생자관계 부존재확인의 소와의 관계

10 민법 제854조의2의 규정이 친생추정의 범위에 관해 제한설 중 외관설을 취하는 통설, 판례와 배치된다고 보면서, 제854조의2로 인하여 동서(同棲)의 결여로 친생 추정이 미치지 않는 자도 일단 친생 추정을 받는 혼인 중의 출생자로 인정될 뿐 아니라, 혼인 중의 자로 출생신고를 한 경우에는 친생부인의 소를 통하지 않으면 친생추정을 배제할 수 없게 되어 생부가 친생자관계 부존재확인을 소를 제기할 수 없어 자력으로 인지를 하는 길이 봉쇄된다는 비판이 있다.[3]

11 그러나, 민법 제854조의2가 신설되었다 하더라도 친생추정에 관해 외관설을 취하는 통설, 판례의 입장은 여전히 유효하므로, 민법 제844조 제3항에 해당하여 친생추정을 받더라도 동서의 결여가 있으면 친생추정이 미치지 않게 되어, 생부는 기존과 같이 친생자관계 부존재확인의 소를 제기할 수도 있고, 또한 출생신고가 되어 있지 않은 경우에는 나아가 인지 허가 심판도 제기할 수 있으며, 모가 친생부인의 허가 심판을 제기할 수도 있으므로, 모와 생부의 판단에 따라 위 방법 중 선택하여 자녀의 친생추정을 배제할 수 있다는 점에서 제854조의2는 의의가 있다 할 것이다.

12 한편, 모와 생부는 가급적 모의 전 남편에게 알리지 아니하고 친생추정의 배제를 받아 자녀에 대한 출생신고를 마치고자 하는 의사가 매우 강한바, 혼인

2 법원실무제요, 가사[Ⅱ], 사법연수원(2021), 805.
3 김상용, "법무부 친생추정조항 개정안에 대한 비판적 고찰", 중앙법학 제19집 제3호, 중앙법학회(2017).

관계 종료의 날 이전에 다른 남성의 자녀를 포태한 사실이 전 남편에게 알려질 경우, 모와 생부는 전 남편으로부터 부정행위를 원인으로 한 손해배상청구소송을 제기당할 가능성이 크기 때문인 것으로 판단된다. 실무상으로도 법 개정 전 친생부인의 소를 통해 전 남편이 모의 출산 사실을 알게 되어 비로소 부정행위를 원인으로 한 손해배상청구소송을 제기하는 경우가 다수 있었다.[4]

13 따라서, 전 남편을 피고로 하여 제기해야 하는 친생부인의 소나 친생자관계부존재확인의 소를 피해, 모가 청구인이 되는 친생부인 허가 심판이나 생부가 청구인이 되는 인지 허가심판을 선택할 가능성이 높다 할 것이다. 친생부인 허가 심판이나 인지 허가 심판 절차에서 전 남편은 비송사건의 당사자가 아니며, 다만 가사소송법 제45조의8(친생부인의 허가 및 인지의 허가 관련 심판에서의 진술 청취)에 따라 의견을 진술할 기회를 가질 수 있을 뿐인데, 여기서 전 남편의 진술 청취는 임의적 절차에 불과하기 때문이다.[5]

Ⅲ. 절차

1. 청구의 방식

14 가사비송사건의 청구는 가정법원에 심판청구를 함으로써 한다(가사소송법 제36조 제1항).

2. 당사자

가. 청구인

15 가사비송사건에 있어서 신청에 의해 절차가 개시되는 경우에 그 신청인을 '청구인'이라 한다(가사소송법 제36조 제3항). 친생부인의 허가 심판은 민법 제844조 제3항의 '혼인관계가 종료된 날부터 300일 이내에 출생한 자녀'의 모 또는 모의 전남편이 청구할 수 있다. 자녀에 대하여 출생신고가 되어 있지 않아야 한다.

16 민법 제844조 제2항의 '혼인이 성립한 날부터 200일 후에 출생한 자녀'에 대하여는 출생신고가 되어 있지 않아도 청구할 수 없고, 민법 제847조에 따른 친생부인의 소를 제기하여야 한다.

4 서울가정법원 2017. 7. 20. 선고 2016드합37020(본소), 39125(반소) 판결(확정) 등 참조.

5 가사소송법 제45조의8 개정과정에서 전 남편의 진술 청취 절차를 필수적 절차로 할 것인지 임의적 절차로 할 것인지 견해가 대립하였으나, 임의적 절차로 개정되었다.

나. 상대방 없는 라류 가사비송사건

17 친생부인의 허가 심판은 라류 가사비송사건으로서 대심적 구조가 아니어서 원칙적으로 청구인과 사건본인만이 존재하고 상대방은 존재하지 아니하므로, 모가 청구한 경우의 전 남편과 전 남편이 청구한 경우의 모는 상대방이 되지 아니한다.

18 다만, 모가 청구한 친생부인의 허가 심판청구가 인용될 경우 심판 주문에 전 남편의 이름과 주민등록번호, 주소가 기재되고, 임의적 진술청취 절차 또한 거쳐야 하므로, 심판청구서에 전 남편에 관한 인적사항을 기재하여야 하고, 전 남편의 기본증명서, 가족관계증명서, 혼인관계증명서, 주민등록(등)초본, 후견등기사항부존재증명서를 제출하여야 한다.

19 한편, 심판청구에 관하여 이해관계가 있는 자는 재판장의 허가를 받아 절차에 참가할 수 있고, 재판장은 상당하다고 인정하는 경우에는 심판청구에 관하여 이해관계가 있는 자를 절차에 참가하게 할 수 있다(가사소송법 제37조).

다. 자녀의 표시방법

20 자녀는 심판의 당사자가 아니지만, 심판이 사건본인의 신분관계 기타 권리, 의무에 관계된 것이므로 자녀를 심판문 당사자표시란의 가장 마지막 부분에 '사건본인'으로 표시하여야 한다(가사소송규칙 제20조).

21 자녀에 대해 출생신고가 되어 있지 아니하므로, 사건본인인 자녀는 이름, 생년월일, 성별, 출생시 체중, 출생장소 등에 의하여 특정되고 심판문에 표시된다.

3. 관할

가. 토지관할

22 가사소송법 제44조 제1항 제3의2호에 따라 자녀 주소지의 가정법원이 된다. 출생신고가 되어 있지 않으므로 주민등록을 통해 주소지를 확인할 수는 없으나, 영유아로서 일반적으로 양육자인 모의 주소지와 같은 경우가 대부분이다.

나. 사물관할

23 친생부인 허가 심판은 라류 가사비송사건으로서 단독판사의 사물관할에 속한다.[6]

6 법원실무제요, 가사[Ⅱ], 사법연수원(2021), 934.

4. 심리

가. 조정전치주의와의 관계

24 가사소송법 제50조(조정전치주의) 제1항은 나류 및 다류 가사소송사건과 마류 가사비송사건에 대하여 조정전치주의를 규정하고 있을 뿐이고, 라류 가사비송사건은 조정전치주의의 적용대상이 되지 않는다.

나. 제소기간

25 친생부인의 소와 달리 제소기간의 제한이 없다. 다만 자녀에 대해 혼인 중 출생자로 출생신고가 이루어졌다면 친생부인 허가 청구를 할 수 없다.

다. 심리에 고려할 사항

26 민법 제854조의2 제2항 규정에 따라, 친생부인의 허가 청구가 있는 경우 가정법원은 혈액채취에 의한 혈액형 검사, 유전인자의 검사 등 과학적 방법에 따른 검사결과 또는 장기간의 별거 등 그 밖의 사정을 고려하여 허가 여부를 정한다. 실무상 모가 청구한 친생부인 허가 사건에서는 생부와 사건본인 사이의 유전자시험성적서를 제출하는 경우가 일반적이다.

라. 전 남편에 대한 진술 청취

27 가사소송법 제45조의8(친생부인의 허가 및 인지의 허가 관련 심판에서의 진술 청취) 제1항은 친생부인의 허가 심판 또는 인지의 허가 심판을 하는 경우에 어머니의 전 배우자와 그 성년후견인(성년후견인이 있는 경우에 한정한다)에게 의견을 진술할 기회를 줄 수 있다고 규정하고, 제2항은 제1항의 진술을 들을 때에는 심문하는 방법 외에도 가사조사관을 통한 조사나 서면조회 등의 방법으로 진술을 들을 수 있다고 규정하여, 전 남편에게 진술 기회를 부여하고 있다.

28 실무상 전 남편에게 '의견청취서'를 송달하는 방법으로 진술 기회를 부여함이 일반적이다. 다만 이는 임의적 절차이므로, 전 남편의 주소를 알 수 없거나, 법원이 발송한 의견청취서가 전 남편의 주소지에 송달되지 아니한 경우 의견청취 없이 판단할 수 있다. 또한 전 남편이 부동의하는 의사를 밝히더라도 유전자시험성적서 등으로 사건본인과 생부 사이의 친자관계가 인정된다면 친생부인 허가 청구를 인용하는 심판을 할 수 있다. 전 남편은 모와 생부가 모와 전 남편의 혼인관계 종료 이전부터 부정행위를 하여 혼인관계가 파탄에 이르렀다면 그러한 사유로 손해배상청구소송을 제기할 수 있을 것이다.

29 한편 전 남편에게 의견청취서를 발송할지 여부 또한 재판부의 재량에 속하는 바, 실무에서는 원칙적으로 전 남편에게 의견청취서를 송달하되, 출생증명서의 임신기간을 계산한 결과 조산 등으로 사건본인의 임신이 혼인관계 종료 이후인 것으로 나타나는 경우나 출입국사실증명서 등에 의해 전 남편의 장기 해외 체류 등이 나타난 경우 등에는 의견청취를 생략하는 경우가 있다.[7]

5. 판단

30 사건본인이 모와 전 남편의 혼인관계가 종료된 날부터 300일 이내에 출생하였고, 사건본인에 대한 출생신고가 되어 있지 아니하며, 유전자검사에서 사건본인과 생부 사이에 혈연적 친자관계가 존재한다거나 사건본인과 전 남편 사이에 혈연적 친자관계가 존재하지 않는다는 결과가 나타나면 친생부인의 허가 심판이 인용된다.

31 모가 청구한 친생부인 허가 심판을 인용하는 경우에는 심판문의 당사자표시란에 청구인인 모와 사건본인만 표시되어, 심판 주문에서 사건본인의 친부로 추정받았던 전 남편의 인적사항이 특정되어야 하므로, "청구인의 사건본인과 청구 외 ○○○(주민등록번호 ○○○○○○-○○○○○○○, ○○시 ○○구 ○○○로 ○○아파트 ○동 ○호)의 친생부인을 허가한다."는 주문을 사용한다.

32 전 남편이 청구한 친생부인 허가 심판을 인용하는 경우에는 심판문의 당사자표시 란에 청구인과 사건본인만 표시되어, 심판 주문에서 사건본인의 모의 인적사항이 특정되어야 하므로, "청구인의 사건본인(사건본인의 모 ○○○, 모의 주민등록번호 ○○○○○○-○○○○○○○)에 대한 친생부인을 허가한다."는 주문을 사용한다.

Ⅳ. 불복 절차

33 가사비송사건의 제1심 심판에 대하여는 가사소송법 제43조 제1항에 의해 대법원규칙으로 따로 정하는 경우에 한정하여 즉시항고만을 할 수 있고, 같은 조 제5항에 의해 즉시항고는 대법원규칙으로 정하는 날부터 14일 이내에 하여야 한다.

34 2017년에 가사소송규칙 제61조의2가 신설되어, 친생부인을 허가하는 심판과

7 2019 가사비송사건 업무편람, 부산가정법원(2018), 172.

인지를 허가하는 심판에 대하여는 민법 제854조의2 제1항에 규정한 자가 즉시항고를 할 수 있다고 규정하였는바, 친생부인 허가 청구를 인용하는 경우 사건본인의 모 또는 사건본인의 모의 전남편은 심판을 고지받은 날로부터 14일 이내에 즉시항고할 수 있다.

35 친생부인 허가 청구를 기각하는 경우에는 가사소송규칙 제27조에 의해 청구인이 심판을 고지받은 날로부터 14일 이내에 즉시항고할 수 있다.

V. 친생부인 허가 심판의 효력

1. 허가 심판의 효력

36 친생부인의 허가를 받은 경우에는 민법 제844조 제1항 및 제3항의 추정이 미치지 아니한다(민법 제854조의2 제3항). 즉 친생부인 허가 심판이 확정되면, 심판 확정시부터 친생부인의 효력이 발생하고, 자녀는 모의 혼인 외의 자가 되어 생부가 그를 인지할 수 있다.

2. 허가 심판 확정 후의 절차

가. 가정법원의 통지나 촉탁

37 사건본인에 대한 출생신고가 되어 있지 아니하므로 가정법원의 통지나 촉탁은 할 수 없다.

나. 출생신고

38 자녀의 모는 친생부인의 허가 심판서 등본과 확정증명서를 첨부하여 출생신고를 하여야 한다. 다만, 모의 전 남편이 친생부인의 허가 심판을 청구하여 인용되었다 하더라도, 전 남편은 출생신고 적격자가 아니므로 사건본인에 대한 출생신고를 할 수 없다.

39 자녀의 생부도 친생부인의 허가 심판서 등본과 확정증명서를 첨부하여 가족관계의 등록 등에 관한 법률 제57조(친생자출생의 신고에 의한 인지)에 따른 출생신고를 할 수 있다.

40 자녀의 모가 출생신고를 할 수 없는 경우에는 가족관계의 등록 등에 관한 법률 제46조 제3항이 규정한 순위에 따라 동거하는 친족, 분만에 관여한 의사·조산사 또는 그 밖의 사람이 친생부인의 허가 심판서 등본과 확정증명서를 첨부하여 출생신고를 할 수 있다.

제 855 조 [인지]

① 혼인외의 출생자는 그 생부나 생모가 이를 인지할 수 있다. 부모의 혼인이 무효인 때에는 출생자는 혼인외의 출생자로 본다.
② 혼인외의 출생자는 그 부모가 혼인한 때에는 그때로부터 혼인 중의 출생자로 본다.

[대조] 구 민법 제830조는 자가 성년자일 때에는 그 승낙을 요하게 하였으나, 민법은 채용하지 않는다. '준정'에 관한 규정. 구 민법 제827조, 제836조.

[관련조문] 민법 제844조(남편의 친생자의 추정), 제856조(피성년후견인의 인지), 제864조의2(인지와 자의 양육책임 등), 제909조(친권자)

[참고문헌] 김주수/김상용, 주석 민법, 친족(3)(제5판), 한국사법행정학회(2016); 주해친족법(제1권)(제1판), 박영사(2015); 김주수/김상용, 친족·상속법(제20판), 법문사(2024); 송덕수, 친족상속법(제7판), 박영사(2024); 신영호 외 2인, 가족법강의(제4판), 세창출판사(2023)

Ⅰ. 혼인외의 출생자

1 민법 제855조는 혼인외 출생자의 지위 변동에 관해 규정하고 있다. 제1항에서는 혼인외 출생자와 생부[1] 사이에 법적 친자관계가 성립하도록 하는 인지에 대해 규정하고 있으며, 제2항에서는 혼인외 출생자가 부모의 혼인으로 혼인 중의 출생자가 되도록 하는 준정(準正)에 대해 규정하고 있다.

2 혼인외의 출생자는 부모가 혼인하지 않은 상태에서 출생한 자이다. 단순한 정교관계, 부첩관계 등으로부터 출생한 자녀는 물론 부모가 사실혼관계에 있는 경우도 마찬가지다.[2] 혼인 중의 출생자 중 친생부인 판결 또는 친생자관계 부존재확인 판결에 의하여 친생자가 아님이 확정된 자녀는 혼인외의 출생자이고, 부모의 혼인이 무효인 때의 출생자는 혼인외 출생자로 본다. 그러나 혼인의 취소로 인하여 혼인관계가 해소된 경우에는 취소의 효력이 기왕

1 생모에 대하여는 뒤에서 보는 바와 같이 모자관계 확인의 의미에 그칠 뿐이다.
2 신영호 외 2인, 가족법강의(제4판), 세창출판사(2023), 162.

에 소급하지 아니하므로(민법 제824조), 혼인외 출생자가 되지 않는다.

3 혼인외의 출생자는 생모와의 관계에서는 출산과 동시에 친자관계가 발생하지만, 생부와의 관계에서는 출산만으로는 친자관계가 발생하지 않고 별도로 인지를 거쳐야 발생한다. 인지를 통하여 혼인외 출생자와 생부 사이에 친자관계가 발생하며, 그 효력은 출산시로 소급한다. 따라서, 혼인외 출생자가 벌금 이상의 형에 해당하는 죄를 범한 자신의 생부를 도피하게 하였으나 생부가 혼인외 출생자를 인지하지 않은 경우, 생부와 혼인외 출생자 사이에 법률상 친자관계가 발생하지 않으므로 혼인외 출생자의 행위에 대하여 범인도피죄의 친족 간 특례를 규정한 형법 제151조 제2항을 적용할 수 없다.[3]

4 혼인외의 출생자도 그 부모가 후에 혼인하는 경우에는 민법 제855조 제2항에 의해 부모가 혼인한 때로부터 혼인 중의 출생자가 되는데, 이를 준정이라 한다.

Ⅱ. 인지

1. 인지의 의의와 법적 성질

5 인지란, 혼인외 출생자의 생부 또는 생모가 그 출생자를 자신의 子로 인정하여 법률상의 친자관계를 발생시키는 일방적 의사표시이다.

6 인지에는 인지권자인 생부 또는 생모가 스스로 인지의사를 표시하는 임의인지와, 확정판결에 의해 강제로 인지의 효과가 발생하는 강제인지(재판상인지)가 있다.

7 인지의 법적 성질과 관련하여, 생모의 인지와 생부의 인지는 다르게 파악된다. 생모와 자녀는 출생시부터 친자관계가 발생한다고 봄이 통설과 판례의 입장이며, 기아나 미아와 같이 모를 알 수 없는 경우에는 모의 인지가 필요하지만 이러한 경우에도 모자관계를 확인하는 의미에 그치며, 민법 제855조 제1항의 규정도 이러한 의미로 해석해야 한다고 본다.[4]

8 그러나 생부의 인지는 생부가 혼인외 출생자와의 사이에 법적 부자관계를 성립시킬 것을 목적으로 하는 일방적 의사표시로서 자나 생모의 동의가 필

3 대법원 2024. 11. 28. 선고 2022도10272 판결.

4 김주수/김상용, 친족·상속법(제20판), 법문사(2024), 318.

요하지 않다고 보는 의사주의가 통설이다.[5] 이에 대하여, 혈연의 과학적 증명이 가능하므로, 생부의 인지도 혈연관계가 있다는 사실을 진술하는 관념의 통지로서 부자관계의 추정 내지 확정방법에 불과하다고 보는 사실주의를 취하는 견해도 있다.[6]

2. 임의인지

가. 당사자

1) 인지자

9 민법 제855조 제1항에 의해 생부 또는 생모가 자신의 자(子)로 임의인지를 할 수 있다. 다만 앞서 본 바와 같이 그 법적 성질은 다르다.

10 인지를 할 때에는 혼인외 출생자가 자신과 혈연관계가 있는지를 판단하고, 인지가 무엇인지 이해할 수 있는 의사능력이 있어야 한다. 따라서, 미성년자나 피한정후견인이나 피특정후견인 등 제한능력자라 하더라도 의사능력이 있으면 법정대리인의 동의 없이 임의인지를 할 수 있다.[7] 다만 피성년후견인은 민법 제856조의 규정에 따라 성년후견인의 동의를 받아 인지할 수 있다.

2) 피인지자

11 혼인외 출생자가 다른 사람의 자녀로 친생 추정을 받고 있지 않은 이상, 인지될 자가 미성년자이든 성년자이든 본인의 동의와 무관하게 인지할 수 있다(구 민법에서는 자가 성년인 경우 그 승낙을 얻어야 인지할 수 있었다). 자녀가 사망한 후에도 그 직계비속이 있는 때에는 사망한 자녀를 인지할 수 있고(민법 제857조), 태아도 인지할 수 있다(제858조).

12 그러나 타인의 친생자로 추정되는 자에 대하여는 앞서 본 친생부인허가 심판청구 또는 인지허가 심판청구가 가능한 경우를 제외하고는 원칙적으로 요건이 엄격한 친생부인의 소에 의해서만 다투어질 수 있으므로, 생부라 하더라도 타인의 친생추정을 받고 있는 자녀를 인지할 수 없고,[8] 친생추정을 받고 있는 자녀는 생부를 상대로 인지청구의 소를 제기할 수 없다.[9] 그런데, 생

5 김주수/김상용, 주석 민법, 친족(3)(제5판), 한국사법행정학회(2016), 106.
6 주해친족법(제1권)(제1판), 박영사(2015), 614(권재문).
7 송덕수, 친족상속법(제7판), 박영사(2024), 157.
8 대법원 1992. 7. 24. 선고 91므566 판결.
9 대법원 2000. 1. 28. 선고 99므1817 판결.

부와 자녀는 친생부인 소송의 원고적격자가 아니므로, 친생부인권자들이 친생부인의 소를 제기하지 않거나 제소기간의 도과로 친생추정에 의한 법적 부자관계가 확정되어 버리면, 생부는 인지에 의하여 혈연과 일치하는 법적 부자관계를 성립시킬 수 없게 된다.[10]

13 한편 친생자 추정을 받지 않는 타인의 혼인 중의 출생자에 대하여는 친생자관계 부존재확인의 소에 의하여 가족관계등록부상의 부자 사이에 친자관계가 존재하지 않는다는 것이 확정된 후에 인지할 수 있다(그 전에는 인지신고가 수리되지 않는다). 다만 가족관계등록부상의 부 또는 모가 친생부인 또는 친생자관계 부존재확인의 소를 제기하여 가족관계등록부를 정정하기 전이라도 자는 친생부를 상대로 인지청구의 소를 제기할 수 있다.[11]

14 인지는 법적 부자관계를 창설하기 때문에, 타인이 먼저 인지한 자녀에 대하여는 인지 무효의 소 또는 인지에 대한 이의의 소에 의해 가족관계등록부상의 법적 부자관계를 해소한 후 비로소 인지할 수 있다.[12]

15 한편, 자녀가 타인의 친양자로 입양된 경우 생부의 임의인지가 허용되는지에 대해, 친양자입양의 효과로서 친생부모와의 법적 혈족관계는 소멸하더라도 친양자와 친생부모를 중심으로 한 혈족간의 근친혼을 방지하기 위하여 친양자입양관계증명서에 친생부모의 인적 사항을 기재하고 있으므로(가족관계의 등록 등에 관한 법률 제15조 제2항 제5호), 생부의 임의인지의 실익이 인정된다는 견해가 있다.[13]

나. 임의인지의 방식

16 임의인지는 가족관계의 등록 등에 관한 법률이 정한 바에 따른 신고(민법 제859조 제1항) 및 유언(제859조 제2항)의 방식으로 할 수 있다. 구체적인 내용은 민법 제859조에서 본다.

다. 임의인지의 효력

17 임의인지로 인하여 생부와 자녀 사이의 법적 부자관계가 성립한다.

18 혼인외의 자가 인지된 경우에는 부모가 이혼하는 경우와 마찬가지로 부모의

10 주해친족법(제1권)(제1판), 박영사(2015), 617(권재문).
11 대법원 1981. 12. 22. 선고 80므103 판결.
12 주해친족법(제1권)(제1판), 박영사(2015), 617(권재문).
13 주해친족법(제1권)(제1판), 박영사(2015), 617(권재문).

협의로 친권자를 정하여야 하고, 협의할 수 없거나 협의가 이루어지지 아니하는 경우에는 가정법원은 직권으로 또는 당사자의 청구에 따라 친권자를 지정하여야 한다(민법 제909조 제4항 본문). 다만 부모의 협의가 자의 복리에 반하는 경우에는 가정법원은 보정을 명하거나 직권으로 친권자를 정한다(민법 제909조 제4항 단서). 그러나 임의인지의 경우에는 양육에 관한 부모의 협의를 심사할 수 있는 절차상의 기회가 없어 당사자의 청구가 없는 한 법원이 개입하여 보정을 명하거나 직권으로 정할 수 없다는 문제가 있다.[14]

19 인지의 효과는 자녀 출생시로 소급한다. 구체적인 내용은 민법 제860조에서 본다.

라. 임의인지의 효력을 다투는 방법

20 임의인지의 효력을 다투는 방법으로는 인지 무효의 소[가사소송법 제2조 제1항 제1호 가목 3), 제28조, 제23조], 인지에 대한 이의의 소(민법 제862조), 인지 취소의 소(제861조)가 있다. 구체적인 내용은 뒤에서 본다.

3. 강제인지(재판상 인지)

21 ☞ 민법 제863조 주석 참조.

Ⅲ. 준정(準正)

1. 준정의 의의

22 준정이란 혼인외의 출생자가 부모의 혼인에 의하여 혼인 중 출생자의 지위를 취득하는 것이다.

23 민법상의 준정 조항의 규정 방식에 대하여, 임의인지는 혼인외의 출생자로서의 지위를 귀속시키는 반면 준정은 혼인 중의 출생자로서의 지위를 귀속시키는 것이므로 이들을 별도의 조문으로 규정할 필요가 있고, 혼인 중의 준정 이외의 유형에 대해서도 명문 규정을 둘 필요가 있다는 비판이 있다.[15]

2. 준정의 종류

24 민법은 제855조 제2항에서 '혼인에 의한 준정'만을 규정하고 있으나, 통설은

14 김주수/김상용, 주석 민법, 친족(3)(제5판), 한국사법행정학회(2016), 190.
15 주해친족법(제1권)(제1판), 박영사(2015), 620(권재문).

'혼인 중의 준정'과 '혼인 해소 후의 준정', '사망한 자(子)에 대한 준정'도 인정하고 있다.[16]

25 혼인에 의한 준정은 부모의 혼인 전에 출생하여 부로부터 인지를 받고 있던 자가 부모의 혼인에 의하여 혼인 중의 출생자가 되는 것이다.

26 혼인 중의 준정이란 부모의 혼인 전에 출생하여 인지를 받지 못하고 있던 자가 그 부모의 혼인 후 부의 인지 또는 가족관계의 등록 등에 관한 법률 제57조에 따른 출생신고에 의해 준정이 되는 것이다.

27 혼인 해소 후의 준정이란 부모의 혼인 전에 출생하여 인지를 받지 못하고 있던 자가 그 부모의 혼인 후 혼인이 사망 또는 이혼으로 해소된 후에 부의 인지를 받음으로써 준정이 되는 것이다.

28 사망한 자에 대한 준정은 ① 혼인외 출생자를 인지한 후 그 자녀가 사망한 이후 부모가 혼인한 경우, ② 직계비속을 남기고 사망한 혼인외 출생자를 부가 인지한 후 부모가 혼인한 경우, ③ 직계비속을 남기고 사망한 혼인외 출생자를 그 부모가 혼인 중 인지한 경우가 있다.[17]

3. 준정의 효력

29 혼인에 의한 준정의 경우 위 세 가지 중 어느 경우이건 부모가 혼인한 때 혼인 중의 출생자가 된다.[18] 인지와 달리 준정에는 소급효가 인정되지 않는다.

30 준정에 의한 혼인 중 출생자는 친생추정을 받지 못하므로 그와 부의 친자관계를 다툴 때에는 친생부인의 소가 아닌 친생자관계 부존재확인의 소를 제기하면 족하다.[19]

16 송덕수, 친족상속법(제7판), 박영사(2024), 169.
17 김주수/김상용, 주석 민법, 친족(3)(제5판), 한국사법행정학회(2016), 110.
18 김주수/김상용, 주석 민법, 친족(3)(제5판), 한국사법행정학회(2016), 109.
19 송덕수, 친족상속법(제7판), 박영사(2024), 170.

제 855 조의 2 [인지의 허가 청구]

① 생부는 제844조 제3항의 경우에 가정법원에 인지의 허가를 청구할 수 있다. 다만, 혼인 중의 자녀로 출생신고가 된 경우에는 그러하지 아니하다.
② 제1항의 청구가 있는 경우에 가정법원은 혈액채취에 의한 혈액형 검사, 유전인자의 검사 등 과학적 방법에 따른 검사결과 또는 장기간의 별거 등 그 밖의 사정을 고려하여 허가 여부를 정한다.
③ 제1항 및 제2항에 따라 허가를 받은 생부가 가족관계의 등록 등에 관한 법률 제57조 제1항에 따른 신고를 하는 경우에는 제844조 제1항 및 제3항의 추정이 미치지 아니한다.
[본조신설 2017. 10. 31.]

[관련조문] 민법 제844조(남편의 친생자의 추정), 가사소송법 제2조(가정법원의 관장 사항) 제1항 제2호 가목 7)의3, 제45조의8(친생부인의 허가 및 인지의 허가 관련 심판에서의 진술 청취)

[참고문헌] 김주수/김상용, 친족·상속법(제20판), 법문사(2024); 신영호 외 2인, 가족법강의(제4판), 세창출판사(2023); 2019 가사비송사건 업무편람, 부산가정법원(2018); 법원실무제요, 가사[Ⅱ], 사법연수원(2021)

Ⅰ. 연혁

1 헌법재판소 2015. 4. 30. 선고 2013헌마623 결정은, 2017년 민법 개정 전의 제844조 제2항 중 '혼인관계 종료의 날부터 300일 내에 출생한 자' 부분의 위헌 여부에 대하여, "오늘날 이혼 및 재혼이 크게 증가하였고, 여성의 재혼금지기간이 2005년 민법개정으로 삭제되었으며, 이혼숙려기간 및 조정전치주의가 도입됨에 따라 혼인 파탄으로부터 법률상 이혼까지의 시간간격이 크

게 늘어나게 됨에 따라, 여성이 전남편 아닌 생부의 자를 포태하여 혼인 종료일로부터 300일 이내에 그 자를 출산할 가능성이 과거에 비하여 크게 증가하게 되었으며, 유전자검사 기술의 발달로 부자관계를 의학적으로 확인하는 것이 쉽게 되었다. 그런데 심판대상조항에 따르면, 혼인 종료 후 300일 내에 출생한 자녀가 전남편의 친생자가 아님이 명백하고, 전남편이 친생추정을 원하지도 않으며, 생부가 그 자를 인지하려는 경우에도, 그 자녀는 전남편의 친생자로 추정되어 가족관계등록부에 전남편의 친생자로 등록되고, 이는 엄격한 친생부인의 소를 통해서만 번복될 수 있다. 그 결과 심판대상조항은 이혼한 모와 전남편이 새로운 가정을 꾸리는 데 부담이 되고, 자녀와 생부가 진실한 혈연관계를 회복하는 데 장애가 되고 있다. 이와 같이 민법 제정 이후의 사회적·법률적·의학적 사정변경을 전혀 반영하지 아니한 채, 이미 혼인관계가 해소된 이후에 자가 출생하고 생부가 출생한 자를 인지하려는 경우마저도, 아무런 예외 없이 그 자를 전남편의 친생자로 추정함으로써 친생부인의 소를 거치도록 하는 심판대상조항은 입법형성의 한계를 벗어나 모가 가정생활과 신분관계에서 누려야 할 인격권, 혼인과 가족생활에 관한 기본권을 침해한다."는 이유로 헌법불합치 결정을 하였다.

2 그에 따라 헌법재판소의 결정 취지를 고려하여 2017년 민법이 개정되면서 개정전의 제844조 제2항을 제2항과 제3항으로 분리하고, 제3항의 경우 보다 쉽게 친생추정을 번복할 수 있게 하는 제도로 민법 제852조의2 친생부인의 허가청구 제도와 제855조의2 인지 허가청구 제도가 신설되었다.

3 2017년 개정 민법 부칙 제2조에 의해, 민법 제854조의2 및 제855조의2의 개정규정은 개정 민법 시행 전에 발생한 부모와 자녀의 관계에 대해서도 적용된다. 다만, 개정 민법 시행 전에 친생부인의 소 또는 친생자관계 존부확인의 소 등 판결에 따라 생긴 효력에는 영향을 미치지 아니한다.

Ⅱ. 의의 및 성질

1. 의의

4 민법 제844조 제1항 및 제3항에 의해, 혼인관계가 종료된 날부터 300일 이내에 출생한 자녀는 혼인 중에 임신한 것으로 추정되어 모의 전남편의 친생자로 추정되고 혼인 중 출생자의 지위를 가지나, 민법 제855조의2에 의하여 생부는 가정

법원에 가사소송이 아닌 가사비송사건인 인지의 허가청구를 할 수 있게 되었다.
5 다만, 민법 제854조의2 친생부인의 허가청구와 마찬가지로, 자녀가 이미 혼인 중의 자녀로 출생신고가 된 경우는 제외되었으며, 이 경우는 친생추정을 깨뜨리기 위해 개정 전과 같이 친생부인의 소를 제기하여야 한다. 자녀가 전 남편의 자녀로 출생신고가 되었다면, 전 남편이 친생자임을 주장하였거나 가족관계등록부에 의하여 전 남편의 자녀임이 공시된 경우이므로, 법적 혼란을 방지하기 위한 조치라 할 것이다. 그러나 이에 대해서는 앞서 친생부인 허가청구 부분에서 본 바와 같이, 출생신고에 관한 현행법 규정의 위반을 조장하는 것으로서 아동의 기본권인 출생등록권을 침해한다는 점에서 위헌의 소지가 있다는 비판이 있다.[1]

2. 성질

6 인지의 허가는 가사소송사건이 아닌 라류 가사비송사건으로서, 2017년 가사소송법 일부개정으로 가사소송법 제2조 제1항 제2호 가목 7)의3으로 '민법 제855조의2 제1항 및 제2항에 따른 인지의 허가'가 추가되었다.

7 가사비송사건의 성격은 앞서 민법 제854조의2 친생부인 허가청구 부분에서 본 바와 같다.

3. 친생자관계 부존재확인의 소와의 관계

8 ☞ 민법 제854조의2 친생부인의 허가 청구 해당 주석 참조.

Ⅲ. 절차

1. 청구의 방식

9 가사비송사건의 청구는 가정법원에 심판청구를 함으로써 한다(가사소송법 제36조 제1항).

2. 당사자

가. 청구인

10 가사비송사건에 있어서 신청에 의해 절차가 개시되는 경우에 그 신청인을

[1] 김주수/김상용, 친족·상속법(제20판), 법문사(2024), 315.

'청구인'이라 한다(가사소송법 제36조 제3항). 인지의 허가 심판은 민법 제844조 제3항의 '혼인관계가 종료된 날부터 300일 이내에 출생한 자녀'의 생부가 청구할 수 있다. 자녀에 대하여 출생신고가 되어 있지 않아야 한다.

11 민법 제844조 제2항의 '혼인이 성립한 날부터 200일 후에 출생한 자녀'에 대하여는 출생신고가 되어 있지 않아도 청구할 수 없고, 제847조에 따른 친생부인의 소를 제기하여야 한다.

나. 상대방 없는 라류 가사비송사건

12 인지의 허가 심판은 라류 가사비송사건으로서 대심적 구조가 아니어서 원칙적으로 청구인과 사건본인만이 존재하고 상대방은 존재하지 아니하므로, 생부가 청구한 경우 모나 모의 전 남편은 상대방이 되지 아니한다.

13 다만, 생부가 청구한 인지의 허가 심판청구가 인용될 경우 심판 주문에 모의 이름과 주민등록번호, 주소가 기재되어야 하므로, 심판청구서에 모에 관한 인적사항을 기재하여야 한다. 실무상 인감을 날인하고 인감증명서를 첨부한 모의 동의서를 제출받는 법원도 있다.[2]

14 전 남편의 인적사항은 심판청구서에 기재할 필요는 없으나, 모와 전 남편의 관계를 확인하고, 전 남편에 대한 임의적 진술 청취 절차를 거쳐야 하므로 전 남편의 기본증명서, 가족관계증명서, 혼인관계증명서, 주민등록(등)초본, 후견등기사항부존재증명서를 제출하여야 한다.

15 한편, 심판청구에 관하여 이해관계가 있는 자는 재판장의 허가를 받아 절차에 참가할 수 있고, 재판장은 상당하다고 인정하는 경우에는 심판청구에 관하여 이해관계가 있는 자를 절차에 참가하게 할 수 있다(가사소송법 제37조).

다. 자녀의 표시방법

16 자녀는 심판의 당사자가 아니지만, 심판이 사건본인의 신분관계 기타 권리, 의무에 관계된 것이므로 자녀를 심판문 당사자표시란의 가장 마지막 부분에 '사건본인'으로 표시하여야 한다(가사소송규칙 제20조).

17 자녀에 대해 출생신고가 되어 있지 아니하므로, 사건본인인 자녀는 이름, 생년월일, 성별, 출생시 체중, 출생장소 등에 의하여 특정되고 심판문에 표시된다.

2 2019 가사비송사건 업무편람, 부산가정법원(2018), 177.

3. 관할

가. 토지관할

18 가사소송법 제44조 제1항 제3의2호에 따라 자녀 주소지의 가정법원이 된다. 출생신고가 되어 있지 않으므로 주민등록을 통해 주소지를 확인할 수는 없으나, 영유아로서 일반적으로 양육자인 생부 및 모의 주소지와 같은 경우가 대부분이다.

나. 사물관할

19 인지 허가 심판은 라류 가사비송사건으로서 단독판사의 사물관할에 속한다.[3]

4. 심리

가. 조정전치주의와의 관계

20 가사소송법 제50조(조정전치주의) 제1항은 나류 및 다류 가사소송사건과 마류 가사비송사건에 대하여 조정전치주의를 규정하고 있을 뿐이고, 라류 가사비송사건은 조정전치주의의 적용대상이 되지 않는다.

나. 제소기간

21 친생부인의 소와 달리 제소기간의 제한이 없다. 다만 자녀에 대해 혼인 중 출생자로 출생신고가 이루어졌다면 인지 허가 청구를 할 수 없다.

다. 심리에 고려할 사항

22 민법 제855조의2 제2항 규정에 따라, 인지의 허가 청구가 있는 경우 가정법원은 혈액채취에 의한 혈액형 검사, 유전인자의 검사 등 과학적 방법에 따른 검사결과 또는 장기간의 별거 등 그 밖의 사정을 고려하여 허가 여부를 정한다. 실무상 인지 허가 사건에서는 생부와 사건본인 사이의 유전자시험성적서를 제출하는 경우가 일반적이다.

라. 전 남편에 대한 진술 청취

23 가사소송법 제45조의8(친생부인의 허가 및 인지의 허가 관련 심판에서의 진술 청취) 제1항은 친생부인의 허가 심판 또는 인지의 허가 심판을 하는 경우에 어머니의 전 배우자와 그 성년후견인(성년후견인이 있는 경우에 한정한다)에게 의견을

3 법원실무제요, 가사[Ⅱ], 사법연수원(2021), 940.

진술할 기회를 줄 수 있다고 규정하고, 제2항은 제1항의 진술을 들을 때에는 심문하는 방법 외에도 가사조사관을 통한 조사나 서면조회 등의 방법으로 진술을 들을 수 있다고 규정하여, 전 남편에게 진술 기회를 부여하고 있다.

24 실무상 전 남편에게 '의견청취서'를 송달하는 방법으로 진술 기회를 부여함이 일반적이다. 다만 이는 임의적 절차이므로, 전 남편의 주소를 알 수 없거나, 법원이 발송한 의견청취서가 전 남편의 주소지에 송달되지 아니한 경우 의견청취 없이 판단할 수 있다. 또한 전 남편이 부동의하는 의사를 밝히더라도 유전자시험성적서 등으로 사건본인과 생부 사이의 친자관계가 인정된다면 인지 허가 청구를 인용하는 심판을 할 수 있다. 전 남편은 모와 생부가 모와 전 남편의 혼인관계 종료 이전부터 부정행위를 하여 혼인관계가 파탄에 이르렀다면 그러한 사유로 손해배상청구소송을 제기할 수 있을 것이다.

25 한편 전 남편에게 의견청취서를 발송할지 여부 또한 재판부의 재량에 속하는바, 실무에서는 원칙적으로 전 남편에게 의견청취서를 송달하되, 출생증명서의 임신기간을 계산한 결과 조산 등으로 사건본인의 임신이 혼인관계 종료 이후인 것으로 나타나거나, 출입국사실증명서 등에 의해 전 남편의 장기 해외 체류 등이 나타난 경우 등은 의견청취를 생략하는 법원도 있다.[4]

5. 판단

26 사건본인이 모와 전 남편의 혼인관계가 종료된 날부터 300일 이내에 출생하였고, 사건본인에 대한 출생신고가 되어 있지 아니하며, 유전자검사에서 사건본인과 생부 사이에 혈연적 친자관계가 존재한다거나 사건본인과 전 남편 사이에 혈연적 친자관계가 존재하지 않는다는 결과가 나타나면 인지의 허가 심판이 인용된다.

27 인지의 허가 심판을 인용하는 경우에는 심판문의 당사자표시 란에 청구인과 사건본인만 표시되어, 심판 주문에서 사건본인 모의 인적사항이 특정되어야 하므로, "청구인이 사건본인(사건본인의 모 ○○○, 모의 주민등록번호 ○○○○○○-○○○○○○○)을 청구인의 친생자로 인지함을 허가한다."는 주문을 사용한다.

4 2019 가사비송사건 업무편람, 부산가정법원(2018), 172. 다만 이 경우에도 사건본인 모의 동의서를 제출하지 않은 경우에는 의견청취서를 송달한다고 한다.

Ⅳ. 불복 절차

28 가사비송사건의 제1심 심판에 대하여는 가사소송법 제43조 제1항에 의해 대법원규칙으로 따로 정하는 경우에 한정하여 즉시항고만을 할 수 있고, 같은 조 제5항에 의해 즉시항고는 대법원규칙으로 정하는 날부터 14일 이내에 하여야 한다.

29 2017년에 가사소송규칙 제61조의2가 신설되어, 친생부인을 허가하는 심판과 인지를 허가하는 심판에 대하여는 민법 제854조의2 제1항에 규정한 자가 즉시항고를 할 수 있다고 규정하였는바, 인지의 허가 청구를 인용하는 경우 사건본인의 모 또는 사건본인의 모의 전남편은 심판을 고지받은 날로부터 14일 이내에 즉시항고할 수 있다.

30 인지 허가 청구를 기각하는 경우에는 가사소송규칙 제27조에 의해 청구인이 심판을 고지받은 날로부터 14일 이내에 즉시항고할 수 있다.

Ⅴ. 인지 허가 심판의 효력

1. 허가 심판의 효력

31 인지의 허가를 받은 생부가 가족관계의 등록 등에 관한 법률 제57조 제1항에 따른 신고를 하는 경우에는 민법 제844조 제1항 및 제3항의 추정이 미치지 아니한다(민법 제854조의2 제3항). 즉 인지 허가 심판이 확정되면, 생부의 출생신고시부터 친생부인의 효력이 발생한다. 친생부인 허가 심판의 경우 심판 확정시부터 친생부인의 효력이 발생하는 점과 차이가 있다.

2. 허가 심판 확정 후의 절차

가. 가정법원의 통지나 촉탁

32 사건본인에 대한 출생신고가 되어 있지 아니하므로 가정법원의 통지나 촉탁은 할 수 없다.

나. 출생신고

33 인지 허가를 받은 경우에는 자녀의 생부만이 인지의 허가 심판서 등본과 확정증명서를 첨부하여 가족관계의 등록 등에 관한 법률 제57조 제1항에 따른 출생신고를 할 수 있다. 따라서 생부가 아닌 다른 사람(자녀의 모 또는 모가 출

생신고를 할 수 없는 경우의 다른 출생신고 적격자)은 출생신고를 할 수 없다.
34 이와 관련하여, 인지 허가 심판에 따른 출생신고가 이루어지기 전까지 자녀는 여전히 모의 전 남편의 친생자로 추정되므로, 이 기간 동안 전 남편이 출생신고를 하여 인지허가의 효력을 다투게 될 여지가 있다는 견해도 있다.[5]

5 신영호 외 2인, 가족법강의(제4판), 세창출판사(2023), 158.

제 856 조 [피성년후견인의 인지]

아버지가 피성년후견인인 경우에는 성년후견인의 동의를 받아 인지할 수 있다.

[전문개정 2011. 3. 7.]

[대조] 구 민법 제828조는 인지에는 무능력자라도 그 법정대리인의 동의가 필요 없었으나, 민법은 금치산자에 대하여는 후견인의 동의를 얻도록 한다.

[관련조문] 민법 제9조(성년후견개시의 심판), 제11조(성년후견종료의 심판), 제855조(인지), 제929조(성년후견심판에 의한 후견의 개시)

[참고문헌] 김주수/김상용, 주석 민법, 친족(3)(제5판), 한국사법행정학회(2016); 주해친족법 (제1권)(제1판), 박영사(2015); 법원실무제요, 가사[I], 사법연수원(2021); 윤진수, 주해친족법(제1권), 박영사(2025)

Ⅰ. 의의

1 피성년후견인인 부의 자녀가 출생한 경우, 피성년후견인과 친생자 사이의 법적 부자관계는 피성년후견인이 혼인을 한 경우에는 친생추정에 의하여, 그렇지 않은 경우에는 인지에 의하여 각 성립한다.[1]

2 피성년후견인의 혼인신고에 대하여는 성년후견인의 동의에 관한 규정이 없으므로, 가족관계의 등록 등에 관한 법률 제27조 제1항에서 "미성년자 또는 피성년후견인이 그 법정대리인의 동의 없이 할 수 있는 행위에 관하여는 미성년자 또는 피성년후견인이 신고하여야 한다."고 규정되어 일응 가능한 것으로 보이나, 같은 조 제2항에서 "피성년후견인이 신고하는 경우에는 신고서에 신고사건의 성질 및 효과를 이해할 능력이 있음을 증명할 수 있는 진단서를 첨부하여야 한다."고 규정하여, 사안에 따라 다르겠지만 실무적으로는 사례가 많지 않을 것으로 보인다.

[1] 주해친족법(제1권)(제1판), 박영사(2015), 621(권재문).

3 반면, 피성년후견인의 인지에 대하여 민법 제856조는 성년후견인의 동의를 받아 인지할 수 있다고 규정하고 있다. 인지를 함에는 의사능력이 있으면 되고, 행위능력은 필요로 하지 않기에 미성년자나 피한정후견인이라도 의사능력만 있다면 법정대리인의 동의 없이 인지할 수 있다. 피성년후견인의 경우에도 의사능력이 회복되어 있는 한 인지할 수 있지만, 법적 부자관계의 성립으로 수반되는 부양, 상속 등 권리의무의 귀속이라는 중대한 효과로부터 피성년후견인을 보호하기 위하여 성년후견인의 동의를 받도록 규정한 것이다.[2]

Ⅱ. 요건

1. 인지자의 인지능력

4 의사무능력자는 인지할 수 없고, 법정대리인이 대리하여 인지할 수도 없다.

5 성년후견인의 경우에도 피성년후견인을 대리하여 인지하는 것이 아니라, 피성년후견인의 인지에 동의를 할 뿐이므로, 피성년후견인에게 최소한의 의사능력은 인정되어야 한다. 어느 정도의 의사능력이 필요한지, 입증의 방법은 어떠한지 견해의 대립이 있을 수 있으나, 가족관계의 등록 등에 관한 법률 제27조 제2항을 유추적용하여 피성년후견인이 인지의 성질 및 효과를 이해할 능력이 있고, 이를 증명할 수 있는 진단서를 첨부하도록 하자는 의견이 타당한 것으로 보인다.[3]

2. 성년후견인의 동의

6 성년후견인이 피성년후견인의 인지에 동의하는 때에는 가족관계의 등록 등에 관한 법률 제32조 제1항에 따라 인지신고 또는 이에 갈음하는 출생신고서에 그 동의를 증명하는 서면을 첨부하여야 한다.

7 성년후견인이 동의에 관하여 재량을 가지고 있는지 문제되나, 인지가 일신전속적 행위이고, 민법 제947조에서 "성년후견인은 피성년후견인의 재산관리와 신상보호를 할 때 여러 사정을 고려하여 그의 복리에 부합하는 방법으로 사무를 처리하여야 한다. 이 경우 성년후견인은 피성년후견인의 복리에 반하지 아니하면 피성년후견인의 의사를 존중하여야 한다."고 규정된 점에 비추어,

2 주해친족법(제1권)(제1판), 박영사(2015), 622(권재문).
3 주해친족법(제1권)(제1판), 박영사(2015), 622(권재문).

피성년후견인이 의사능력이 있는 상태에서 인지의사를 표시한다면 성년후견인은 이를 존중하여 동의하여야 한다고 본다. 즉 동의 요건은 피성년후견인이 의사능력이 불완전한 상태에서 인지하는 것을 방지하기 위한 장치라고 한다.[4]

8 피성년후견인이 의사능력을 회복한 상태에서 성년후견인의 동의 없이 인지한 경우의 인지의 효력에 대하여는 혼인, 입양 등에 대한 동의요건 흠결 사안과 비교하여 인지 취소의 사유라는 견해, 인지 무효 사유라는 견해, 완전히 유효하다는 견해가 대립하는데,[5] 유효설은 민법 제856조의 문언에 정면으로 위반된다는 점, 취소설은 민법 제861조에서 인지의 취소 사유로 '사기, 강박, 중대한 착오'만을 규정하고 있다는 점에서 따르기 어렵고, 따라서 적법한 방식을 갖추지 못하여 무효라고 보아야 한다는 견해가 타당하다.[6]

3. 피성년후견인인 모의 인지에 성년후견인의 동의가 필요한지 여부

9 민법 제856조는 아버지가 피성년후견인인 경우에 대하여만 규정하고 있으나, 모가 기아를 인지하는 경우 등에는 제856조가 준용된다고 보아야 한다.[7]

4 주해친족법(제1권)(제1판), 박영사(2015), 623(권재문).
5 법원실무제요, 가사[I], 사법연수원(2021), 600.
6 주해친족법(제1권)(제1판), 박영사(2015), 623(권재문).
7 김주수/김상용, 주석 민법, 친족(3)(제5판), 한국사법행정학회(2016), 115.

제 857 조 [사망자의 인지]

자가 사망한 후에도 그 직계비속이 있는 때에는 이를 인지할 수 있다.

[대조] 구 민법 제851조 제2항은 사망자의 직계비속이 성년자일 때에는 그 승낙을 요하였으나 민법은 이를 채용하지 않는다.

[관련조문] 민법 제855조(인지)

[참고문헌] 김주수/김상용, 주석 민법, 친족(3)(제5판), 한국사법행정학회(2016); 주해친족법(제1권)(제1판), 박영사(2015)

Ⅰ. 의의

1 사망한 자(子)를 인지하는 것은 원칙적으로 허용되지 않는다. 인지를 통해 생부와 자 사이에 친자관계가 성립함으로써 부는 자에 대한 의무를 이행하여야 하는데, 사망한 자(子)에게는 부가 이행할 의무가 없는 반면 자의 사망으로 인한 상속의 이익을 남용할 우려가 있기 때문이다.

2 예외적으로, 사망한 자녀에게 직계비속이 있는 경우 그 직계비속이 1순위 상속권자가 되고 부에게는 상속권이 없으므로 인지권 남용의 우려가 없어 민법 제857조에서 인지를 허용하고 있다.

Ⅱ. 요건

1. 혼인외 출생자에 대한 임의인지 가능성

3 민법 제857조는 혼인외 출생자가 생존해 있다면 임의인지할 수 있는 상태임을 전제로 하므로, 혼인외 출생자가 사망하였다 하더라도 그와 다른 사람 사이에 법적 부자관계가 형성되어 있다면 친생부인의 소, 친생자관계 부존재확인의 소, 인지이의의 소, 인지무효의 소 등을 통해 이를 먼저 해소하여야 한다.[1]

1 주해친족법(제1권)(제1판), 박영사(2015), 627(권재문).

2. 사망한 혼인외 출생자에게 직계비속이 있을 것

4 민법 제857조의 직계비속은 혈연관계가 아니라 법적 친자관계를 의미한다. 따라서 혼인외 출생자와 직계비속 사이에 법적 친자관계가 성립하지 않는다면, 즉 직계비속 또한 혼인외 출생자라면, 그들 사이의 법적 친자관계의 성립 절차가 선행되어야 한다.

3. 직계비속의 동의 필요 여부

5 구 민법에서는 사망한 혼인외 출생자의 직계비속이 성년자인 경우 그 직계비속의 승낙을 받도록 규정하였으나, 민법 제857조에서는 승낙 요건을 규정하지 아니하였다. 이에 대하여는, 인지로 인하여 부양의무 등 법률적 의무가 발생하는 것을 원하지 않을 수 있으므로, 직계비속이 성년자인 경우에는 그의 승낙을 요건으로 하여야 한다는 견해가 있다.[2]

4. 인지의 방식

6 민법 제857조의 인지도 임의인지의 일종이므로 임의인지의 방식과 같으나, 다만 가족관계의 등록 등에 관한 법률 제55조 제1항 제2호에서는 사망한 자녀의 사망연월일, 직계비속의 성명, 출생연월일, 주민등록번호 및 등록기준지를 기재하도록 규정하고 있다.

Ⅲ. 효력

7 사망한 자(子)와 부 사이에 자의 출생시로 소급하여 친자관계가 발생하므로, 인지자와 사망한 자녀의 직계비속 간에 혈족관계가 인정되고, 상속 및 부양 등의 법률효과가 발생한다.

2 김주수/김상용, 주석 민법, 친족(3)(제5판), 한국사법행정학회(2016), 115.

제 858 조 [포태중인 자의 인지]

부는 포태 중에 있는 자에 대하여도 이를 인지할 수 있다.

[대조] 구 민법 제831조 제1항은 모의 동의를 요히게 하였으니 민법에서는 필요없다.

[관련조문] 민법 제762조(손해배상청구권에 있어서의 태아의 지위), 제855조(인지), 제1000조(상속의 순위), 제1064조(유언과 태아, 상속결격자)

[참고문헌] 주해친족법(제1권)(제1판), 박영사(2015); 이준영, "임의인지에 의한 부자관계의 확정", 한양법학 제29권, 한양법학회(2010)

Ⅰ. 의의

1 포태 중인 자가 출생하기 전 부가 사망한 경우에 부는 민법 제859조 제2항에 의하여 유언에 의한 임의인지를 할 수 있고, 자는 민법 제864조에 의하여 그 사망을 안 날로부터 2년 이내에 검사를 상대로 인지청구의 소를 제기할 수 있다. 민법 제858조는 위와 같이 요식행위인 유언 또는 번거로운 소제기 절차를 거치지 않고도 자의 출생 이전에 사망할 가능성이 있는 부에게 포태 중인 자를 인지할 수 있도록 규정하여 당사자들의 편의를 도모하고 있다.[1]

Ⅱ. 요건

1. 당사자

2 태아를 인지할 수 있는 사람은 부이다. 태아를 포태중인 모에게는 인지의 필요성이 인정되지 않는다.

2. 모의 동의 필요 여부

3 민법 제858조는 구 민법과 달리 부의 태아 인지에 대해 모의 동의를 요건으

1 주해친족법(제1권)(제1판), 박영사(2015), 629(권재문).

로 규정하지 않고 있다. 이에 대하여는 동의 없는 인지로 모의 명예나 프라이버시권이 침해될 침해의 우려가 있고, 인지의 진실성 확보도 어렵다는 비판이 있다.[2]

3. 친생추정과 태아인지

4 친생추정 규정이 태아인지에도 영향을 미치는지 문제된다. 태아인지도 임의인지의 일종이므로, 임의인지의 요건이 갖추어져야 가능하다. 따라서, 민법 제844조에 따라 모의 배우자의 자녀로 친생추정을 받는 태아에 대하여는 인지할 수 없다.

4. 인지의 방식

5 가족관계의 등록 등에 관한 법률 제56조에서는 태아의 인지에 관하여 "태내에 있는 자녀를 인지할 때에는 신고서에 그 취지, 모의 성명 및 등록기준지를 기재하여야 한다."고 규정하고 있어, 인지신고의 방식으로 인지할 수 있다.

6 다만 태아에 대하여는 인지신고를 하더라도 가족관계등록이 되지는 않으며, 출생신고 후에 가족관계등록부에 등재된다(가족관계의 등록 등에 관한 규칙 제69조).

Ⅲ. 효력

7 태아가 인지된 경우의 법적 효력은 태아가 살아서 출생한 경우 일반 인지의 효력과 같다. 특히, 손해배상의 청구권에 관하여는 이미 출생한 것으로 보고(민법 제762조), 상속 순위에 관하여는 상속개시 당시 이미 출생한 것으로 보며(제1000조 제3항), 유증에 있어서도 상속개시 당시 이미 출생한 것으로 본다(제1064조). 이 경우 태아가 사산되었다면 이러한 효력도 발생하지 않는다.

2 이준영, "임의인지에 의한 부자관계의 확정", 한양법학 제29권, 한양법학회(2010), 622.

제 859 조 [인지의 효력발생]

① 인지는 가족관계의 등록 등에 관한 법률의 정하는 바에 의하여 신고함으로써 그 효력이 생긴다. <개정 2007. 5. 17.>

② 인지는 유언으로도 이를 할 수 있다. 이 경우에는 유언집행자가 이를 신고하여야 한다.

[대소] 구 민법 제829조와 같은 취지.

[관련조문] 민법 제855조(인지), 제1073조(유언의 효력발생시기)

[참고문헌] 김주수/김상용, 주석 민법, 친족(3)(제5판), 한국사법행정학회(2016); 주해친족법(제1권)(제1판), 박영사(2015); 가족관계등록실무[I], 법원행정처(2018)

Ⅰ. 의의

1 민법 제859조는 인지의 효력발생요건으로, 생전 인지의 경우 제1항에서 '가족관계의 등록 등에 관한 법률'에 따라 신고를 함으로써 효력이 생긴다고 규정하고 있다. 이때의 신고는 인지신고(가족관계의 등록 등에 관한 법률 제55조)와 친생자출생의 신고에 의한 인지(제56조)가 있다. 즉 신고 없이 임의인지의 의사표시만으로는 인지의 효력이 발생하지 않고, 이 경우 인지신고는 창설적 신고이다.

2 인지는 유언에 의해서도 할 수 있고, 이 경우에는 유언집행자가 이를 신고하여야 한다. 다만 유언은 유언자가 사망한 때로부터 그 효력이 생기므로(민법 제1073조 제1항), 유언에 의한 인지의 효력도 유언자가 사망한 때로부터 발생하고, 이 경우 유언집행자의 인지신고(가족관계의 등록 등에 관한 법률 제59조)는 보고적 신고일 뿐이다.

Ⅱ. 생전의 임의인지

1. 인지신고

3 인지신고의 기재사항은 가족관계의 등록 등에 관한 법률 제55조에 규정되어 있다.

4 인지신고로 법적 부자관계가 창설되면 상속, 부양 등의 법률효과가 발생한다. 다만 혼인외 출생자가 인지된 경우 자는 부모의 협의에 따라 종전의 성과 본을 계속 사용할 수 있고, 부모가 협의할 수 없거나 협의가 이루어지지 아니한 경우에는 자는 법원의 허가를 받아 종전의 성과 본을 계속 사용할 수 있다(민법 제781조 제5항). 혼인 외의 자가 인지된 경우와 부모가 이혼하는 경우에는 부모의 협의로 친권자를 정하여야 하고, 협의할 수 없거나 협의가 이루어지지 아니하는 경우에는 가정법원은 직권으로 또는 당사자의 청구에 따라 친권자를 지정하여야 한다. 다만, 부모의 협의가 자의 복리에 반하는 경우에는 가정법원은 보정을 명하거나 직권으로 친권자를 정한다(민법 제909조 제4항).

2. 친생자출생의 신고에 의한 인지

가. 모의 인적사항이 특정되는 경우

5 친생자출생의 신고에 의한 인지에 관하여는 가족관계의 등록 등에 관한 법률 제57조에 규정되어 있다. 인지신고를 하게 되면 혼인외의 출생자임이 공시되기 때문에 실제로 인지신고 대신 출생신고를 하는 경우가 적지 않음을 반영하였다고 한다.[1]

6 다만 이 경우의 신고는 인지신고가 아니라 출생신고이기 때문에, 이로 인한 친자관계의 외관을 배제하고자 하는 때에는 인지에 관련된 소송이 아니라 친생자관계 부존재확인의 소를 제기하여야 한다.[2]

7 또한 혼인신고가 위법하여 부모의 혼인이 무효인 경우에도, 무효인 혼인 중 출생한 자를 그 호적에 출생신고하여 등재한 이상 그 자에 대한 인지의 효력이 있다.[3] 남편이 처 아닌 다른 여성과의 사이에 낳은 혼인 외 출생자를 그

1 주해친족법(제1권)(제1판), 박영사(2015), 633(권재문).
2 대법원 1993. 7. 27. 선고 91므306 판결.
3 대법원 1971. 11. 15. 선고 71다1983 판결.

처와의 사이에 낳은 것처럼 출생신고를 할 경우 혼인 중 출생자는 되지 않지만 인지의 효력은 발생한다.[4]

8 그러나 사실혼 관계의 부부가 혼인외 출생자를 낳고 부가 사망한 이후 모가 혼인신고 및 출생신고를 한 경우에는 인지의 효력이 없고,[5] 남편이 처 아닌 다른 여성과의 사이에 혼인외 출생자를 낳고 남편이 사망한 이후 처가 그 자를 자신과 남편 사이의 출생자로 출생신고한 경우에도 인지의 효력이 없으며,[6] 혼인외 출생자의 조부가 혼인외 출생자에 대한 출생신고를 한 경우에도 인지의 효력은 인정되지 않는다.[7] 인지의 효력이 있는 출생신고는 부(父)가 하여야 하기 때문이다.

9 2017년 민법 개정으로 민법 제844조 제3항에 의해 친생추정을 받지만 출생신고가 되지 않은 자에 대한 생부의 인지 허가청구가 신설되었는데(민법 제855조의2), 인지허가 심판을 받은 생부가 친생자출생의 신고를 하면 인지의 효력이 발생한다.

나. 모의 인적사항을 특정할 수 없는 경우 및 특정에 장애가 있는 경우의 가정법원의 출생확인

10 부가 친생자에 대한 출생신고를 하는 경우, 모의 성명, 등록기준지 및 주민등록번호를 기재해야 하기 때문에, 이를 알 수 없는 미혼부가 혼인외 출생자에 대한 출생신고를 하기 위해서는 후견인 지정신청, 가족관계등록창설 및 성·본 창설, 인지 등의 복잡한 절차를 거쳐야만 부자관계가 확정될 수 있는 문제점이 있어, 모의 인적 사항을 알 수 없는 부의 친생자출생의 신고를 가정법원의 확인이라는 간이한 절차를 통해 용이하게 하기 위해 2015년 가족관계의 등록 등에 관한 법률 제57조 제2항이 신설되었다. 가족관계의 등록 등에 관한 법률 제57조는 신설 당시에는 '모의 성명·등록기준지 및 주민등록번호를 알 수 없는 경우'로 한정되었으나, 2021년에 '모의 성명·등록기준지 및 주민등록번호의 전부 또는 일부를 알 수 없어 모를 특정할 수 없는 경우 또는 모가 공적 서류·증명서·장부 등에 의하여 특정될 수 없는 경우'로 확대되었다.

4 김주수/김상용, 주석 민법, 친족(3)(제5판), 한국사법행정학회(2016), 117.
5 대법원 1972. 1. 31. 선고 71다2446 판결.
6 대법원 1985. 10. 22. 선고 84다카1165 판결.
7 대법원 1976. 4. 13. 선고 75다948 판결.

11 또한 모가 특정됨에도 불구하고 모의 소재불명 또는 모가 정당한 사유 없이 출생신고에 필요한 서류 제출에 협조하지 않는 등의 장애가 있는 경우에는 부의 등록기준지 또는 주소지를 관할하는 가정법원의 확인을 받아 부가 혼인 외의 자녀에 대하여 인지의 효력이 있는 출생신고를 할 수 있도록 2021년에 가족관계의 등록 등에 관한 법률 제57조 제1항 단서가 신설되었다.

12 가정법원은 가족관계의 등록 등에 관한 법률 제57조 제1항 단서 및 2항에 따른 출생확인 사건에서, 신청인이 사건본인의 모의 성명·등록기준지·주민등록번호를 알 수 없는 경우 등 위 각 조항에서 정한 경우에 해당하는지 여부 및 신청인과 사건본인 사이에 혈연관계가 있는지 여부를 확인하여야 한다. 가정법원은 위 확인을 위하여 필요한 사항을 직권으로 조사할 수 있고, 지방자치단체, 국가경찰관서 및 행정기관이나 그 밖의 단체 또는 개인에게 필요한 사항을 보고하게 하거나 자료의 제출을 요구할 수 있다(가족관계의 등록 등에 관한 법률 제57조 제3항). 가정법원은 필요하다고 인정할 경우에는 신청인과 사건본인을 심문할 수 있고, 가정법원은 신청서와 첨부서류, 위 심문에 의하여도 사실관계에 의문이 있을 때에는 참고인 심문을 할 수 있다.[8] 가족관계의 등록 등에 관한 법률 제57조 제1항 단서 및 2항에 따른 출생신고를 하는 경우에는 가정법원의 확인서 등본으로 출생증명서를 갈음한다.

다. 모가 외국인인 경우

13 국적법 제2조 제1항 제1호는 출생 당시에 부(父) 또는 모(母)가 대한민국의 국민인 자는 출생과 동시에 대한민국 국적을 취득한다고 규정하고 있다. 그리고 국적법 제3조 제1항·제2항은 대한민국의 국민이 아닌 자(이하 '외국인'이라 한다)로서 대한민국의 국민인 부 또는 모에 의하여 인지된 사람이 민법상 미성년이고, 출생 당시에 부 또는 모가 대한민국의 국민이었다면 법무부장관에게 신고한 때에 대한민국 국적을 취득한다고 규정하고 있다.

14 여기서 국적법 제2조 제1항 제1호에 따라 부가 대한민국의 국민임을 이유로 출생과 동시에 대한민국 국적을 취득하기 위해서는, 부와 자녀 사이에 법률상 친자관계가 인정되어야 한다. 그런데 부와 혼인외의 자녀 사이에서는 인지 없이는 법률상 친자관계가 발생하지 않는다.[9] 따라서 대한민국의 국민인

8 가족관계등록실무[Ⅰ], 법원행정처(2018), 519.

9 대법원 1984. 9. 25. 선고 84므73 판결, 대법원 1997. 2. 14. 선고 96므738 판결 등 참조.

부와 외국인인 모 사이에 태어난 혼인외의 출생자에 대하여는 그 자녀가 미성년인 경우 대한민국의 국민인 부가 외국인에 대한 인지절차에 따라 인지신고(또는 가족관계의 등록 등에 관한 법률 제57조 제1항·제2항에 따라 사건본인에 대하여 인지의 효력이 있는 친생자출생의 신고)를 한 다음, 자녀가 위 국적법 제3조에 따라 법무부장관에게 신고함으로써 대한민국 국적을 취득한 후 그 통보가 된 때 가족관계등록부를 작성할 수 있다[국적법 시행령 제2조, 가족관계등록법 제93조, 한국인과 외국인 사이에서 출생한 자녀에 대한 출생신고 처리방법(가족관계등록예규 제429호) 참조].[10]

15 대법원 2020. 6. 8. 자 2020스575 결정은, 출생당시 부 또는 모가 대한민국의 국민인 경우 그 자는 국적법에 따라 출생과 동시에 대한민국 국적을 취득하는데, 대한민국 국민으로 태어난 아동은 태어난 즉시 '출생등록될 권리'를 가진다고 선언하면서, 외국인인 모의 인적사항은 알지만 자신이 책임질 수 없는 사유로 출생신고에 필요한 서류를 갖출 수 없거나, 모의 소재불명이나 모가 정당한 사유 없이 출생신고에 필요한 서류 발급에 협조하지 않는 경우에도 가족관계의 등록 등에 관한 법률 제57조 제2항이 적용된다고 판시하였다.

Ⅲ. 유언에 의한 인지

16 유언에 의한 인지의 방식에 대하여는 별도의 규정이 없으므로, 일반적인 유언의 방식에 따라야 한다. 다만 유언인지도 임의인지의 일종으로서 '신고'라는 방식을 '유언'이라는 방식으로 대체하고 있을 뿐이므로[11] 임의인지의 일반요건을 충족하여야 한다.

17 유언에 의한 인지의 경우 유언집행자는 가족관계의 등록 등에 관한 법률 제59조에 따라 그 취임일부터 1개월 이내에 인지에 관한 유언서등본 또는 유언녹음을 기재한 서면을 첨부하여 가족관계의 등록 등에 관한 법률 제55조 또는 제56조에 따라 신고를 하여야 한다. 유언에 의한 인지의 효력은 앞서 본 바와 같이 유언자의 사망으로 유언의 효력이 발생한 때이므로, 위 신고는 보고적 신고로서 신고가 없는 경우에도 인지의 효력이 발생한다.[12]

10 대법원 2018. 11. 6. 자 2018스32 결정.
11 주해친족법(제1권)(제1판), 박영사(2015), 635(권재문).
12 김주수/김상용, 주석 민법, 친족(3)(제5판), 한국사법행정학회(2016), 118.

제 860 조 [인지의 소급효]

인지는 그 자의 출생시에 소급하여 효력이 생긴다. 그러나 제삼자의 취득한 권리를 해하지 못한다.

[대조] 구 민법 제832조와 같은 취지.

[관련조문] 민법 제855조(인지), 제859조(인지의 효력발생), 제1014조(분할후의 피인지자 등의 청구권), 제1073조(유언의 효력발생시기)

[참고문헌] 주해친족법(제1권)(제1판), 박영사(2015); 이수영, "과거 양육비 청구권의 소멸시효", 민사재판의 제문제 제21권, 한국사법행정학회(2012); 이동진, "공동상속인 중 1인의 상속재산처분과 민법 제1014조", 법률신문(2018. 7. 23.)

Ⅰ. 의의

1 인지의 효력은 혼인외 출생자와 부(또는 모, 단 모의 인지의 효력에 대하여는 Ⅲ. 에서 따로 본다.) 사이에 법적 친자관계를 발생시키는 것이다. 이러한 효력은 임의인지와 강제인지를 구별하지 않고 동일하게 자의 출생시에 소급하여 발생한다. 이에 대하여, 태아에 대한 인지의 경우 인지시점보다 출생시점이 뒤에 있으므로 '출생시에 소급하여'가 아닌 '출생시부터'로 수정해야 한다는 견해가 있다.[1]

Ⅱ. 인지의 소급효의 구체적 적용

1. 양육비 지급의무와의 관계

2 자에 대한 양육비 부담의무와 관련하여, 부는 자의 출생시부터 당연히 양육비를 부담하여야 하므로, 모는 부를 상대로 과거양육비 청구 소송을 제기할 수 있다. 대법원 2023. 10. 31. 자 2023스643 결정도 인지판결이 확정되면 혼

1 주해친족법(제1권)(제1판), 박영사(2015), 637(권재문).

인외 출생자의 양육자는 친생부를 상대로 인지판결의 확정 전에 발생한 과거양육비의 상환을 청구할 수 있다고 판시하여 이를 명확히 하였다.

3 이와 관련하여 대법원 1994. 5. 13. 자 92스21 전원합의체 결정은, "어떠한 사정으로 인하여 부모 중 어느 한 쪽만이 자녀를 양육하게 된 경우에, 그와 같은 일방에 의한 양육이 그 양육자의 일방적이고 이기적인 목적이나 동기에서 비롯한 것이라거나 자녀의 이익을 위하여 도움이 되지 아니하거나 그 양육비를 상대방에게 부담시키는 것이 오히려 형평에 어긋나게 되는 등 특별한 사정이 있는 경우를 제외하고는, 양육하는 일방은 상대방에 대하여 현재 및 장래에 있어서의 양육비 중 적정 금액의 분담을 청구할 수 있음은 물론이고, 부모의 자녀양육의무는 특별한 사정이 없는 한 자녀의 출생과 동시에 발생하는 것이므로 과거의 양육비에 대하여도 상대방이 분담함이 상당하다고 인정되는 경우에는 그 비용의 상환을 청구할 수 있다. 한 쪽의 양육자가 양육비를 청구하기 이전의 과거의 양육비 모두를 상대방에게 부담시키게 되면 상대방은 예상하지 못하였던 양육비를 일시에 부담하게 되어 지나치고 가혹하며 신의성실의 원칙이나 형평의 원칙에 어긋날 수도 있으므로, 이와 같은 경우에는 반드시 이행청구 이후의 양육비와 동일한 기준에서 정할 필요는 없고, 부모 중 한 쪽이 자녀를 양육하게 된 경위와 그에 소요된 비용의 액수, 그 상대방이 부양의무를 인식한 것인지 여부와 그 시기, 그것이 양육에 소요된 통상의 생활비인지 아니면 이례적이고 불가피하게 소요된 다액의 특별한 비용(치료비 등)인지 여부와 당사자들의 재산 상황이나 경제적 능력과 부담의 형평성 등 여러 사정을 고려하여 적절하다고 인정되는 분담의 범위를 정할 수 있다."고 판시하여 과거양육비의 상환청구를 인정하고, 과거 양육비의 분담범위 결정 기준을 제시하였다.

4 한편 과거양육비의 소멸시효와 관련하여 대법원 2011. 7. 29. 자 2008스67 결정은, 당사자의 협의 또는 가정법원의 심판에 의하여 구체적인 지급청구권으로서 성립하기 전에는 과거의 양육비에 관한 권리는 양육자가 그 권리를 행사할 수 있는 재산권에 해당한다고 할 수 없고, 따라서 이에 대하여는 소멸시효가 진행할 여지가 없다고 보아야 한다고 판시하였다. 그러나 이에 대하여는, 당사자의 협의 또는 협의가 안되는 경우 청구권자가 스스로 가정법원의 심판을 구할 수 있는 것이므로, 이를 구하지 아니한 상태에서 청구권

자체의 시효소멸을 배제할 것은 아니어서, 협의 또는 심판이 있기 전의 양육비라도 소멸시효에 걸린다는 견해와 미성년인 동안에는 계속 양육비를 청구할 수 있는 신분상태가 유지되므로 양육비청구권은 유동적인 상태에 머물고, 성년이 되면 최종적으로 양육비가 확정되어 변동가능성이 없게 되므로, 자녀가 미성년인 동안에는 양육비 청구권이 시효로 소멸하지 아니하나 성년이 된 때부터 10년의 소멸시효 또는 제척기간에 걸린다는 견해가 있다.[2]

5 최근 선고된 대법원 2024. 7. 18. 자 2018스724 전원합의체 결정은, 이혼한 부부 사이의 과거양육비 소멸시효와 관련하여, "자녀가 성년이 된 후에도 당사자의 협의 또는 가정법원의 심판에 의해 확정되지 않은 과거 양육비에 관한 권리에 대하여 소멸시효가 진행하지 않는다고 하면, 과거 양육비에 관한 권리를 행사하지 않은 사람이 협의 또는 심판청구 등의 적극적인 권리행사를 한 사람보다 훨씬 유리한 지위에 서게 되는 부조리한 결과가 생긴다. 양육을 담당하였던 부모의 일방이 언제든지 자신이 원하는 시기에 과거 양육비의 지급을 청구할 수 있다면, 상대방은 일생 동안 불안정한 상태를 감수하여야 하고 시간의 흐름에 따라 증거가 없어지는 등으로 적절한 방어방법을 강구하기도 어려워진다. 이러한 결과는 소멸시효 제도의 취지에 부합하지 아니 한다."는 이유로, "자녀가 성년이 되어 양육의무가 종료되면, 당사자의 협의 또는 가정법원의 심판에 의하여 구체적인 청구권의 범위와 내용이 확정되지 않은 이상 자녀에 대한 과거 양육비의 지급을 구할 권리의 소멸시효는 자녀가 성년이 된 때부터 진행한다고 보아야 한다."고 판시하였다. 따라서 해당 사건 청구인의 심판청구는 사건본인이 성년에 이른 때부터 10년이 훨씬 지난 후에 이루어졌으므로 과거 양육비에 관한 권리는 이미 시효로 소멸하였다고 보아, 과거 양육비에 대하여 소멸시효가 진행하지 않는다는 기존 입장을 변경하였다. 다만, 위 전원합의체 결정의 다수의견에서는 민법 제180조 제2항(혼인 중의 부부에 대한 시효정지) 규정을 언급하고 있지 않으나, 대법관 권영준의 별개의견에 의하면 위 규정에 기해 이미 이혼한 부부가 아니라 별거한 지 오래된 부부의 경우에는 이혼소송 제기 당시 자녀가 성년에 이른 때부터 10년이 경과되었다 하더라도 과거양육비 청구의 시효가 만료되지 않을 수 있을 것이다.

2 이수영, "과거 양육비 청구권의 소멸시효", 민사재판의 제문제 제21권, 한국사법행정학회(2012), 537.

2. 상속과의 관계

가. 원칙

6 상속과 관련해서는, 유언에 의한 인지의 효력이 발생하거나, 부 사후에 인지청구의 소에서 인지판결이 확정된 경우, 인지의 소급효에 의해 그 자는 부의 사망시에 상속권을 취득한 것으로 된다. 따라서 다른 공동상속인들이 상속재산을 아직 처분하지 않은 경우에는 민법 제999조에 따른 상속회복청구권을 행사할 수 있고, 다른 공동상속인들이 이미 상속재산을 분할, 처분한 경우에는 제1014조에 따라 상속분에 상당한 가액의 지급을 청구할 수 있다.

나. 예외

7 인지의 소급효는 제3자의 취득한 권리를 해하지 못한다. 따라서, 인지 전 다른 공동상속인을 적법한 상속인이라고 믿고 이해관계를 맺은 제3자의 권리를 해하지 못한다. 앞서 본 바와 같이 여기의 제3자에 공동상속인 및 후순위 상속인은 포함되지 않는다. 그러나 이 경우에도 후순위 상속인을 적법한 상속인이라고 믿고 이해관계를 맺은 제3자의 권리를 해하지는 못한다.[3]

3. 친권자 결정 및 성·본과의 관계

8 피인지자의 친권자 결정과 성·본의 변경 여부는 인지 후 부모의 협의 또는 재판으로 새로 정해지기 때문에 인지의 소급효가 미치지는 않는다.[4]

Ⅲ. 모의 인지와 소급효 적용 여부

9 혼인 외의 출생자와 생모 사이에는 생모의 인지나 출생신고를 기다리지 아니하고 자의 출생으로 당연히 법률상의 친자관계가 생기고,[5] 가족관계등록부의 기재나 법원의 친생자관계 존재확인판결이 있어야만 이를 인정할 수 있는 것이 아니다.[6]

10 대법원 2018. 6. 19. 선고 2018다1049 판결은 위와 같은 법리를 근거로, 피상속인(소외인 모)의 다른 공동상속인(피고1)이 상속을 원인으로 한 소유권이전

3 대법원 1993. 3. 12. 선고 92다48512 판결.
4 주해친족법(제1권)(제1판), 박영사(2015), 637(권재문).
5 대법원 1967. 10. 4. 선고 67다1791 판결 참조.
6 대법원 1992. 7. 10. 선고 92누3199 판결 참조.

등기를 마치고 제3자(피고2)에게 부동산을 매도하여 소유권이전등기를 마친 후 원고와 소외인 사이에 친생자관계 존재확인 판결이 확정되자 원고가 피고1, 2를 상대로 지분소유권이전등기의 말소를 구한 사안에서, "인지를 요하지 아니하는 모자관계에는 인지의 소급효 제한에 관한 민법 제860조 단서가 적용 또는 유추적용되지 아니하며, 상속개시 후의 인지 또는 재판의 확정에 의하여 공동상속인이 된 자의 가액지급청구권을 규정한 민법 제1014조를 근거로 자가 모의 다른 공동상속인이 한 상속재산에 대한 분할 또는 처분의 효력을 부인하지 못한다고 볼 수도 없다. 이는 비록 다른 공동상속인이 이미 상속재산을 분할 또는 처분한 이후에 그 모자관계가 친생자관계 존재확인판결의 확정 등으로 비로소 명백히 밝혀졌다 하더라도 마찬가지이다."라고 판시하여 원고 패소 부분을 파기, 환송하였다.

11 이에 대하여는 공동상속에서는 일반 공유와 달리 공동상속인이 분명하지 아니한 예가 많은데, 이때 가족관계등록부의 기재에 따라 공동상속인으로 보이는 사람이 한 처분이 사후 다른 공동상속인이 있었음이 드러나 무효가 된다면 거래안정에 해가 된다는 이유로 이를 비판하는 견해가 있다.[7]

7 이동진, "공동상속인 중 1인의 상속재산처분과 민법 제1014조". 법률신문(2018. 7. 23.).

제 861 조 [인지의 취소]

사기, 강박 또는 중대한 착오로 인하여 인지를 한 때에는 사기나 착오를 안 날 또는 강박을 면한 날로부터 6월내에 가정법원에 그 취소를 청구할 수 있다. <개정 2005. 3. 31.>

[대조] 구 민법 제833조에서는 인지의 취소를 원칙적으로 인정하지 않고 해석상 사기 또는 중대한 착오로 인한 인지만을 취소할 수 있었으나, 민법은 이것을 명문으로 규정한다. 2005년의 민법 일부 개정에 의하여 '법원의 허가'를 '가정법원에 대한 취소청구'로 개정.

[관련조문] 민법 제109조(착오로 인한 의사표시), 제110조(사기, 강박에 의한 의사표시), 제855조(인지), 제859조(인지의 효력발생), 가사소송법 제2조(가정법원의 관장 사항) 제1항 제1호 나목 7)

[참고문헌] 주해친족법(제1권)(제1판), 박영사(2015); 법원실무제요, 가사[I], 사법연수원(2021)

Ⅰ. 의의 및 성질

1 인지의 취소는 사기, 강박 또는 중대한 착오로 임의인지를 하였음을 이유로 이를 취소하는 것이다.

2 인지취소의 소는 가사소송법 제2조 제1항 제1호 나목에서 나류 가사소송사건으로 규정되어 있으며, 그 확정판결에 의하여 인지의 효력을 소급적으로 소멸시키는 형성의 소이다.

Ⅱ. 소송절차

1. 정당한 당사자

3 인지 취소의 소의 원고적격자는 인지의 의사표시를 한 인지자이다. 피고적격자는 피인지자이며(가사소송법 제28조, 제24조 제1항), 피인지자가 사망한 때에는 검사를 상대방으로 한다(제24조 제3항).

4 당사자적격이 인지자와 피인지자에 한정되므로, 당사자의 추가는 있을 수 없다.

2. 관할

5 인지 취소의 소의 토지관할은 자녀, 즉 피인지자의 보통재판적이 있는 곳의 가정법원의 전속관할에 속하고, 자녀가 사망한 경우에는 자녀의 마지막 주소지의 가정법원의 전속관할에 속한다(가사소송법 제26조 제1항). 사물관할은 단독판사에게 속한다(민사 및 가사소송의 사물관할에 관한 규칙 제3조).

3. 심리

가. 조정전치주의와의 관계

6 인지취소의 소는 나류 가사소송사건이므로 가사소송법 제50조 제1항 문언상 조정전치주의의 적용을 받기는 하나, 상대방이 인지취소의 청구를 인낙하는 것은 허용되지 않는다. 다만 원고가 그 취소권을 포기하는 내용의 조정은 가능하다.[1]

나. 제소기간

7 인지의 취소는 사기나 착오를 안 날 또는 강박을 면한 날로부터 6월 내에 하여야 한다. 이는 제척기간이다. 그러나 인지취소의 제척기간이 경과한 경우에도 그 인지에 무효사유가 있다면 인지 무효의 소를 제기할 수 있다.

다. 관련사건의 병합

8 인지취소의 소에는 인지무효의 소가 선택적 또는 예비적으로 병합될 수 있다.

라. 소송절차의 승계

9 인지취소의 소의 당사자적격은 인지자와 피인지자에 한정되고, 소송물이 상속되는 것도 아니므로 일반적으로 소송절차의 승계는 인정되지 않는다. 다만 피고적격자인 자녀가 소송계속 중 사망한 경우 검사가 그 소송절차를 수계할 여지가 있다.[2]

1 법원실무제요, 가사[Ⅰ], 사법연수원(2021), 713.
2 법원실무제요, 가사[Ⅰ], 사법연수원(2021), 714.

Ⅲ. 판결의 효과

1. 확정판결의 효력

10 인지취소의 소를 인용한 확정판결은 제3자에게도 효력이 있다(가사소송법 제21조 제1항). 인지취소의 소에는 인지자 외에 다른 원고적격자가 없으므로, 인지취소 청구를 기각한 확정판결에도 대세효가 인정되는 효과가 있다.

2. 가족관계등록사무를 처리하는 사람에의 통지

11 인지취소 청구를 인용한 판결이 확정되면 가정법원의 법원사무관등은 바로 그 뜻을 등록기준지의 가족관계등록사무를 처리하는 사람에게 통지하여야 한다(가사소송규칙 제7조 제1항 제1호).

12 인지취소의 소를 제기한 사람은 판결확정일부터 1개월 이내에 판결의 등본 및 그 확정증명서를 첨부하여 등록부의 정정을 신청하여야 한다(가족관계의 등록 등에 관한 법률 제107조).

Ⅳ. 평가

13 인지에 대하여는 인지에 대한 이의(민법 제862조) 외에 인지 무효의 소를 통해 다툴 수 있으므로, 다시 인지의 취소를 인정할 것인지는 입법정책의 문제이나, 부모가 인지를 취소하더라도 자녀가 인지를 청구하는 것을 막을 수 없으므로 그 실익에 대하여 의문이 제기되기도 하며,[3] 그러한 이유로 인지 취소의 소에 대하여는 비판적인 견해가 지배적이라고 한다.[4]

14 실무상으로는 자녀에 대하여 인지를 한 후 유전자검사결과 혈연적 친자관계가 인정되지 않는다는 사유로 인지 취소 청구를 하는 경우가 대다수인데, 이는 인지 무효 사유에도 해당된다는 점에서 인지 취소의 소의 실익은 크지 않다 할 것이다.

3 법원실무제요, 가사[Ⅰ], 사법연수원(2021), 712.
4 주해친족법(제1권)(제1판), 박영사(2015), 641(권재문).

제 862 조 [인지에 대한 이의의 소]

자 기타 이해관계인은 인지의 신고있음을 안 날로부터 1년내에 인지에 대한 이의의 소를 제기할 수 있다.

[대조] 구 민법 제834조, 이의소송제기기간(1년)은 신설(1958년).

[관련조문] 민법 제855조(인지), 제861조(인지의 취소), 가사소송법 제2조(가정법원의 관장 사항) 제1항 제1호 나목 8)

[참고문헌] 김주수/김상용, 주석 민법, 친족(3)(제5판), 한국사법행정학회(2016); 주해친족법 (제1권)(제1판), 박영사(2015); 법원실무제요, 가사[Ⅰ], 사법연수원(2021); 법원실무제요, 가사[Ⅱ], 사법연수원(2021)

Ⅰ. 인지 이의의 소

1. 의의 및 성질

가. 의의

1 인지에 대한 이의는 인지자 외에 자 기타 이해관계인이 인지신고가 실체관계에 부합하지 아니함을 이유로 인지자가 한 인지의 효력을 다투는 것을 말한다. 재판상 인지에 대하여는 재심에 의하지 않는 한 불복방법이 없으므로,[1] 인지에 대한 이의는 임의인지를 대상으로 한다.

나. 소의 성질

2 대법원 1992. 10. 23. 선고 92다29399 판결은 "친생자가 아닌 자에 대하여 한 인지신고는 당연 무효이며 이런 인지는 무효를 확정하기 위한 판결 기타의 절차에 의하지 아니하고도, 또 누구에 의하여도 그 무효를 주장할 수 있다."고 판시하여 인지 이의의 소의 법적 성질을 확인의 소로 보고 있으며, 통설

[1] 대법원 1981. 6. 23. 선고 80므109 판결.

의 태도 또한 같다. 이와 같이 인지 이의의 소를 확인의 소로 본다면 인지무효의 소와 실질적으로 동일한 기능을 수행한다는 견해가 있다.[2]

2. 소송절차

가. 정당한 당사자

1) 원고적격

3 인지에 대한 이의의 소의 원고적격자는 자 기타 이해관계인이다.

4 민법 제862조의 자는 인지된 자를 의미하며, 그가 미성년자 또는 피성년후견인 등 제한능력자인 경우에는 법정대리인이 대리하여 소를 제기할 수 있다(민사소송법 제51조).

5 민법 제862조의 '이해관계인'은 실체상의 흠 있는 인지가 이루어졌다는 점에 대해 법률상 이해관계를 가지는 사람을 말한다. 인지로 인하여 새로운 상속권자가 나타남으로써 상속분이 감소하게 되는 인지자의 다른 직계비속 또는 배우자가 전형적인 예이며, 그 외에 피인지자에게 부양의무를 부담하는 자, 그 자(子)를 인지하려는 친생부 등도 이해관계인에 해당한다.[3] 여러 사람의 이해관계인이 공동으로 소를 제기한 때에는 유사필수적 공동소송인이 된다.[4]

6 인지자인 부는 인지무효의 소를 제기할 수 있을 뿐, 인지에 대한 이의의 소를 제기할 수 없다. 따라서 인지자가 제기한 인지 이의의 소는 인지 무효의 소로 취급하여야 한다.[5]

2) 피고적격

7 피인지자인 자녀가 소를 제기할 때에는 인지자인 부 또는 모를 상대방으로 하고, 제3자가 소를 제기할 때에는 인지자와 피인지자를 상대방으로 하되 그 중 어느 한쪽이 사망한 때에는 생존자를 상대방으로 한다(가사소송법 제28조, 제24조 제1항·제2항). 따라서 제3자가 소를 제기할 때에는 인지자와 피인지자가 필수적 공동소송인이 된다.

2 주해친족법(제1권)(제1판), 박영사(2015), 642(권재문).
3 김주수/김상용, 주석 민법, 친족(3)(제5판), 한국사법행정학회(2016), 148.
4 법원실무제요, 가사[Ⅰ], 사법연수원(2021), 717.
5 대법원 1969. 1. 21. 선고 68므41 판결.

8 상대방으로 될 사람이 모두 사망한 때, 즉 피인지자인 자녀가 소를 제기하는 경우 인지자인 부 또는 모가 사망하였거나, 제3자가 소를 제기하는 경우 인지자와 피인지자가 모두 사망하였다면 검사를 상대방으로 한다(가사소송법 제28조, 제24조 제3항).

나. 관할

9 인지에 대한 이의의 소는 상대방(상대방이 여러 명일때는 그 중 1명)의 보통재판적이 있는 곳의 가정법원의 전속관할에 속한다(가사소송법 제26조 제2항 전단). 따라서 제3자가 소를 제기하여 인지자와 피인지자를 공동피고로 할 때에는 그 중 1명의 보통재판적이 있는 곳의 가정법원의 전속관할에 속하고, 인지자와 피인지자 중 1명이 사망하여 생존자를 상대방으로 할 때는 그 상대방의 보통재판적이 있는 곳의 가정법원의 전속관할에 속한다.

10 상대방으로 될 사람이 모두 사망하여 검사를 상대방으로 할 때에는 원래 상대방으로 될 사람 중 1명의 마지막 주소지 가정법원의 전속관할에 속한다(가사소송법 제26조 제2항 후단).

11 인지 이의의 소의 사물관할은 단독판사에게 속한다(민사 및 가사소송의 사물관할에 관한 규칙 제3조).

다. 심리

1) 조정전치주의와의 관계

12 인지이의의 소는 나류 가사소송사건이므로 가사소송법 제50조 제1항 문언상 조정전치주의의 적용을 받기는 하나, 인지이의의 소의 소송물은 당사자의 임의처분이 허용되지 아니하므로,[6] 실무적으로는 조정의 의미가 없다 할 것이다.

2) 제소기간

13 인지에 대한 이의의 소는 인지의 신고 있음을 안 날로부터 1년 내에 제기할 수 있다. 인지자가 사망하여 검사를 상대방으로 하는 때에는 그 사망을 안 날로부터 2년 내에 소를 제기할 수 있다(민법 제864조).

14 기간 계산에는 초일이 산입되지 않으며(민법 제157조), 역에 의한 계산에 따라 다음 연도의 기산일에 해당하는 날의 전일에 만료한다(제160조).

6 법원실무제요, 가사[I], 사법연수원(2021), 719.

3) 소송절차의 승계

15 인지에 대한 이의의 소는 원고가 사망이나 그 밖의 사유(소송능력을 상실한 경우는 제외)로 소송절차를 계속하여 진행할 수 없게 된 때에는 다른 제소권자가 그 사유가 생긴 때부터 6개월 이내에 그 소송절차를 승계할 수 있다(가사소송법 제16조 제1항).

16 또 소송계속 중에 피고가 사망한 경우 검사의 소송수계를 인정할 것인지에 관하여는 견해가 나뉜다.[7]

4) 혈액형 등의 수검명령

17 가정법원은 인지이의의 소를 심리함에 있어 부와 자녀 사이의 혈족관계의 유무에 관하여 다른 증거조사에 의하여 심증을 얻지 못한 때에는 검사를 받을 사람의 건강과 인격의 존엄을 해치지 아니하는 범위에서 당사자 또는 관계인에게 혈액채취에 의한 혈액형의 검사 등 유전인자의 검사나 그 밖에 적당하다고 인정되는 방법에 의한 검사를 받을 것을 명할 수 있다(가사소송법 제29조). 당사자 또는 관계인이 정당한 이유 없이 이 명령을 위반한 경우에는 가정법원은 직권으로 또는 권리자의 신청에 의하여 결정으로 1천만 원 이하의 과태료를 부과할 수 있고(가사소송법 제67조 제1항), 이 제재를 받고도 정당한 이유 없이 다시 수검명령을 위반한 경우에는 30일의 범위에서 그 의무를 이행할 때까지 위반자에 대한 감치를 명할 수 있다(제67조 제2항).

3. 판결의 효과

18 이 부분은 인지무효의 소와 같으므로 해당 부분에서 본다.

Ⅱ. 인지무효의 소

1. 의의 및 성질

가. 의의

19 인지의 무효는 혼인외의 자에 대하여 법률상의 부모자관계가 형성된 것으로 가족관계등록부의 기록이 이루어져 있으나, 그 성립과정의 흠으로 인하여 법률상 부모자관계형성의 효력이 발생하지 않는 것을 말한다.[8] 재판상 인지에

7 법원실무제요, 가사[Ⅰ], 사법연수원(2021), 720.
8 법원실무제요, 가사[Ⅰ], 사법연수원(2021), 588.

대하여는 재심에 의하지 않는 한 불복방법이 없으므로,[9] 인지에 대한 무효는 임의인지를 대상으로 한다.

20 인지의 무효에 관해 민법에는 규정이 없으나, 가사소송법 제2조 제1항 제1호 가목의 가류 소송사건으로 규정되어 있다.

나. 소의 성질

21 대법원 1992. 10. 23. 선고 92다29399 판결은 “친생자가 아닌 자에 대하여 한 인지신고는 당연 무효이며 이런 인지는 무효를 확정하기 위한 판결 기타의 절차에 의하지 아니하고도, 또 누구에 의하여도 그 무효를 주장할 수 있다.” 고 판시하여 이를 확인의 소로 보고 있다.

22 따라서 인지에 무효 사유가 있으면 별도의 인지무효 확인의 소를 거치지 않아도 다른 사건에서 선결문제로도 다툴 수 있다고 본다(단, 가족관계등록부를 정정하기 위해서는 인지무효의 소를 제기하여 확인판결을 받아야 한다).

23 또한 어느 누구든지 어떤 방법으로도 그 무효를 주장할 수 있으며, 다만 가사소송법 제28조 및 제23조에서 당사자, 법정대리인 또는 4촌 이내의 친족을 인지무효의 소의 제기권자로 규정한 것은 그들에게는 당연히 확인의 이익이 인정된다는 취지일 뿐 그 밖의 사람에 의한 소제기를 금지하는 취지는 아니라고 한다.[10]

2. 소송절차

가. 정당한 당사자

1) 원고적격

24 앞서 본 바와 같이 당사자, 법정대리인 또는 4촌 이내의 친족은 가사소송법 제28조 및 제23조에 의해 언제든지 확인의 이익이 인정되어 인지무효의 소를 제기할 수 있다. 인지무효의 소의 성질을 확인의 소로 보는 이상 다른 사람의 원고적격도 인정되나, 확인의 이익이 있음을 입증하여야 한다.

25 원고적격을 가지는 여러 사람이 처음부터 공동으로 소를 제기하거나 다른 사람이 제기한 소에 원고로 참가하면 유사필수적 공동소송이 됨은 혼인무효의 소, 이혼무효의 소에서와 같다.

9 대법원 1981. 6. 23. 선고 80므109 판결.
10 법원실무제요, 가사[I], 사법연수원(2021), 589.

2) 피고적격

26 인지자 또는 피인지자 중 어느 한쪽이 소를 제기할 때에는 다른 한쪽을 상대방으로 하고, 제3자가 소를 제기할 때에는 인지자와 피인지자 모두를 상대방으로 하되, 그 중 어느 한쪽이 사망한 때에는 생존자를 상대방으로 한다(가사소송법 제28조, 제24조 제1항·제2항). 따라서 제3자가 소를 제기할 때에는 인지자와 피인지자가 필수적 공동소송인이 된다.

27 상대방으로 될 사람이 모두 사망한 때, 즉 피인지자인 자녀가 소를 제기하는 경우 인지자인 부 또는 모가 사망하였거나, 제3자가 소를 제기하는 경우 인지자와 피인지자가 모두 사망하였다면 검사를 상대방으로 한다(가사소송법 제28조, 제24조 제3항).

나. 관할

28 인지무효의 소는 자녀의 보통재판적이 있는 곳의 가정법원의 전속관할이고, 자녀가 사망한 경우에는 자녀의 마지막 주소지의 가정법원의 전속관할에 속한다(가사소송법 제26조 제1항).

29 인지무효의 소의 사물관할은 단독판사에게 속한다(민사 및 가사소송의 사물관할에 관한 규칙 제3조).

다. 심리

1) 소송요건으로서의 확인의 이익

30 인지무효의 소를 확인의 소로 보는 이상 그 소송요건으로서 확인의 이익이 있어야 한다. 다만 앞서 본 바와 같이 당사자, 법정대리인 또는 4촌 이내의 친족은 그 신분관계에 의하여 당연히 인지무효의 소를 제기할 이익이 있다.[11]

31 그 밖의 사람은 소의 이익이 있음을 주장, 입증하여야 한다.

2) 관련사건의 병합

32 인지무효의 소에는 다류 가사소송사건인 위자료청구사건이 병합되거나, 인지취소 청구가 예비적으로 병합될 수 있다.

3) 당사자의 추가·경정

33 인지자와 피인지자가 모두 생존해 있는데도 제3자가 그 중 어느 한쪽만을

[11] 대법원 1981. 10. 13. 선고 80므60 전원합의체 판결 참조.

상대방으로 하여 인지무효의 소를 제기한 경우와 같이, 필수적 공동소송인의 일부를 누락하였거나 당사자적격 없는 사람을 피고로 잘못 지정한 경우에는 사실심 변론종결시까지 당사자의 추가·경정으로 바로잡을 수 있다(가사소송법 제15조).

4) 소송절차의 승계

34 인지무효의 소는 원고가 사망이나 그 밖의 사유(소송능력을 상실한 경우는 제외)로 소송절차를 계속하여 진행할 수 없게 된 때에는 다른 제소권자가 그 사유가 생긴 때부터 6개월 이내에 소송절차를 승계할 수 있다(가사소송법 제16조 제1항).

35 또 소송계속 중에 피고가 사망한 경우 검사의 소송수계를 인정할 것인지에 관하여는 견해가 나뉜다.[12]

5) 혈액형 등의 수검명령

36 가정법원은 인지무효의 소를 심리함에 있어 부와 자녀 사이의 혈족관계의 유무에 관하여 다른 증거조사에 의하여 심증을 얻지 못한 때에는 검사를 받을 사람의 건강과 인격의 존엄을 해치지 아니하는 범위에서 당사자 또는 관계인에게 혈액채취에 의한 혈액형의 검사 등 유전인자의 검사나 그 밖에 적당하다고 인정되는 방법에 의한 검사를 받을 것을 명할 수 있다(가사소송법 제29조). 당사자 또는 관계인이 정당한 이유 없이 이 명령을 위반한 경우에는 가정법원은 직권으로 또는 권리자의 신청에 의하여 결정으로 1천만 원 이하의 과태료를 부과할 수 있고(가사소송법 제67조 제1항), 이 제재를 받고도 정당한 이유 없이 다시 수검명령을 위반한 경우에는 30일의 범위에서 그 의무를 이행할 때까지 위반자에 대한 감치를 명할 수 있다(제67조 제2항).

라. 판단(인지무효의 사유)

37 민법은 사기·강박·중대한 착오로 인한 인지는 취소할 수 있다고 규정(민법 제861조)하고 있을 뿐, 인지 무효의 사유에 관해서는 규정이 없다.

38 통설은 인지무효의 사유로, ① 인지자와 피인지자 사이에 친생자관계가 존재하지 아니하는 경우(다만 그 신고 당시 당사자 사이에 입양의 명백한 의사가 있고, 그 밖의 입양의 성립요건이 모두 구비된 경우라면 입양의 효력이 있는 것으로 해석

12 법원실무제요, 가사[I], 사법연수원(2021), 593.

될 수 있다).[13] ② 인지자의 인지의사가 결여된 경우, 예컨대 조부가 그의 친자의 혼인외 출생자에 대해 친자의 의사와 무관하게 친자의 자로 출생신고한 경우,[14] 인지자의 사망 후에 출생신고가 되었는데 유언인지가 없는 경우,[15] 생부의 인지 없이 생모에 의해 임의로 생부의 친생자로 출생신고된 경우,[16] ③ 인지의 적법한 방식을 갖추지 못한 경우, 예컨대 가족관계의 등록 등에 관한 법률에 정한 방법에 의하여 신고하지 아니하고 외국에서 친생자로 출생신고한 경우.[17] ④ 피인지자가 제3자의 친생자로 추정되는데도 친생부인의 판결에 의해 그 추정을 번복시키지 아니한 채 인지신고가 된 경우를 들고 있다. 한편, 앞서 본 바와 같이 아버지가 피성년후견인인 경우 성년후견인의 동의 없는 인지의 효력에 대해서도 위 ③에 해당하여 무효사유라는 견해도 있다.

39 단, 인지무효 사유가 위 ②, ③의 경우에 해당한다면 인지무효 판결이 확정되었더라도 자녀는 다시 인지청구의 소를 제기할 수 있다.[18]

3. 판결의 효력

가. 인용판결의 주문

40 인지무효의 소를 확인의 소로 보는 경우에는 "피고가 20○○. ○. ○. 서울 ○○구청장에게 신고하여 한 원고에 대한 인지는 무효임을 확인한다."의 형식이 된다. 인지이의의 소의 주문도 같다.

나. 확정판결의 효력

41 확인소송이지만 판결의 기판력은 제3자에게도 미친(가사소송법 제21조 제1항). 한편, 앞서 본 바와 같이 생부의 인지 없이 생모에 의해 임의로 생부의 친생자로 출생신고되었다는 것으로 이유로 한 인지무효확인판결의 기판력은 자녀와 생부 사이에 친생자관계가 존재함을 전제로 하여 재판상 인지를 구하는 청구에는 미치지 아니한다.[19]

13 대법원 1992. 10. 23. 선고 92다29399 판결.
14 대법원 1976. 4. 13. 선고 75다948 판결.
15 대법원 1985. 10. 22. 선고 84다카1165 판결.
16 대법원 1999. 10. 8. 선고 98므1698 판결.
17 대법원 1981. 12. 22. 선고 80다3093 판결.
18 대법원 1999. 10. 8. 선고 98므1698 판결.
19 대법원 1999. 10. 8. 선고 98므1698 판결.

다. 가족관계등록사무를 처리하는 사람에의 통지

42 인지무효 청구를 인용한 판결이 확정되면 가정법원의 법원사무관등은 바로 그 뜻을 등록기준지의 가족관계등록사무를 처리하는 사람에게 통지하여야 한다(가사소송규칙 제7조 제1항 제1호).

43 인지무효의 소를 제기한 사람은 판결확정일부터 1개월 이내에 판결의 등본 및 그 확정증명서를 첨부하여 등록부의 정정을 신청하여야 한다(가족관계의 등록 등에 관한 법률 제107조).

Ⅲ. 인지이의의 소와 인지무효의 소의 관계

44 민법은 인지에 대한 이의의 소를 규정하고 있으나, 인지무효의 소에 대한 규정은 없으며, 가사소송법은 인지무효의 소를 가류 가사소송사건으로, 인지에 대한 이의의 소를 나류 가사소송사건으로 규정하고 있다.

45 이와 관련하여, 인지무효의 소를 확인의 소로 보는 통설은, 인지자 자신은 인지에 대한 이의의 소를 제기할 수 없고 인지무효의 소를 제기할 수 있을 뿐이지만, 자녀 그 밖의 이해관계인은 인지무효의 소와 인지에 대한 이의의 소를 선택적으로 제기할 수 있고, 다만 인지에 대한 이의의 소는 제척기간의 규제를 받는다고 본다.

46 즉 통설은 두 소송이 원고적격과 제소기간, 조정전치주의의 적용 여부 등에서 규정상 차이가 있으나, 실질적인 요건과 본질이 동일하므로 입법론적으로는 어느 하나로 일원화시킴이 바람직하다고 본다.[20]

20 김주수/김상용, 주석 민법, 친족(3)(제5판), 한국사법행정학회(2016), 150.

제 863 조 [인지청구의 소]

자와 그 직계비속 또는 그 법정대리인은 부 또는 모를 상대로 하여 인지청구의 소를 제기할 수 있다.

[대조] 구 민법 제835조 본문과 같은 취지.

[관련조문] 민법 제855조(인지), 제864조(부모의 사망과 인지청구의 소), 가사소송법 제2조(가정법원의 관장 사항) 제1항 제1호 나목 9)

[참고문헌] 김주수/김상용, 주석 민법, 친족(3)(제5판), 한국사법행정학회(2016); 주해친족법(제1권)(제1판), 박영사(2015); 법원실무제요, 가사[Ⅰ], 사법연수원(2021); 법원실무제요, 가사[Ⅱ], 사법연수원(2021)

Ⅰ. 의의 및 성질

1. 의의

1 인지청구란 부 또는 모가 인지를 하지 않거나 할 수 없는 경우, 혼인외의 자가 부 또는 모와 법률상 친자관계를 형성하거나 확인받기 위해 가정법원에 소를 제기하는 것을 말한다. 이는 자녀 측에서 부 또는 모의 의사와 무관하게 가정법원에 소를 제기하여 확정판결을 받는다는 점에서 강제인지라고도 한다.

2. 소의 성질

2 법률상 모자관계는 출산에 의해 당연히 발생하므로, 모에 대한 인지청구는 이미 발생된 모자관계의 확인을 구하는 확인의 소이고,[1] 부에 대한 인지청구

[1] 대법원 1967. 10. 4. 선고 67다1791 판결.

는 혼인외 출생자와 부 사이의 법률상 부자관계를 형성할 것을 구하는 형성의 소라고 봄이 통설이다.

3. 인지청구권의 포기 가부

3 강제인지를 소구할 수 있는 권리인 인지청구권은 본인의 일신전속적인 신분관계상의 권리로서 이를 포기할 수 없고, 포기하였다 하더라도 그 효력이 발생할 수 없는 것이므로 비록 인지청구권을 포기하기로 하는 화해가 재판상 이루어지고 그것이 화해조항에 표시되었다 할지라도 그 화해는 효력이 없다.[2]

4 이와 같이 인지청구권의 포기가 허용되지 않는 이상 거기에 실효의 법리가 적용될 여지도 없다.[3]

5 인지청구권의 포기 후에 인지청구를 하고 그 확정판결에 따라 상속분 상당 가액 지급청구를 하더라도 신의칙 위반으로 보기 어렵다.[4]

4. 친생자출생의 신고에 의한 인지

6 부가 혼인외의 자녀에 대하여 친생자출생의 신고를 한 때에는 그 신고는 인지의 효력이 있다(가족관계의 등록 등에 관한 법률 제57조 제1항). 다만 모가 특정됨에도 불구하고 부가 본문에 따른 신고를 함에 있어 모의 소재불명 또는 모가 정당한 사유 없이 출생신고에 필요한 서류제출에 협조하지 아니하는 등의 장애가 있는 경우에는 부의 등록기준지 또는 주소지를 관할하는 가정법원의 확인을 받아 신고를 할 수 있다. 위 단서조항은 대법원 2020. 6. 8. 자 2020스575 결정 이후 그 내용을 반영하여 개정되었다.

7 모의 성명·등록기준지 및 주민등록번호의 전부 또는 일부를 알 수 없어 모를 특정할 수 없는 경우 또는 모가 공적 서류·증명서·장부 등에 의하여 특정될 수 없는 경우에는 부의 등록기준지 또는 주소지를 관할하는 가정법원의 확인을 받아 같은 법 제57조 제1항에 따른 신고를 할 수 있다(가족관계의 등록 등에 관한 법률 제57조 제2항).

2 대법원 1987. 1. 20. 선고 85므70 판결.
3 대법원 2001. 11. 27. 선고 2001므1353 판결.
4 대법원 2007. 7. 26. 선고 2006므2757, 2764 판결.

Ⅱ. 소송절차

1. 정당한 당사자

가. 원고적격

1) 자와 그 직계비속 또는 그 법정대리인

8 민법 제863조에 의해, 인지청구의 소는 자녀와 그 직계비속 또는 그 법정대리인이 제기할 수 있다. 태아에 대해서는 규정되어 있지 않고, 법정대리인도 인정되지 않으므로, 모는 태아를 대리하여 인지청구의 소를 제기할 수 없다(단, 부는 민법 제858조에 의해 포태중인 자를 인지할 수 있다).

9 직계비속은 혼인외의 출생자가 사망한 경우에 한하여 인지청구의 소를 제기할 수 있다고 해석된다.[5]

2) 친생추정과 인지청구

10 민법 제844조의 친생추정을 받는 자녀는 친생부인의 소에 의하여 그 친생추정을 깨뜨리지 않고는 다른 사람을 상대로 인지청구를 할 수 없다.

11 다만 생부는 민법 제844조의 제3항의 추정을 받는 자녀가 출생신고가 되어 있지 않은 경우 민법 제855조의2에 따라 가정법원에 인지의 허가를 청구할 수 있지만, 자녀가 생부를 상대로 인지의 허가를 청구할 수는 없다.

12 그러나, 법적 친자관계가 친생자관계 부존재확인의 소나 인지이의, 인지무효의 소의 대상이 되는 경우, 위 각 소는 확인의 소로서 인지청구 소송에서 선결문제로 다툴 수 있으므로 위 각 소를 거치지 않고 인지청구 소송을 제기할 수 있다. 즉 민법 제844조에 해당되지 아니하여 친생추정을 받지 않는 자녀, 제844조에 해당하나 외관설에 의해 친생추정이 미치지 아니하는 자녀뿐 아니라, 부부 사이에 자녀가 없어 타인의 자녀에 대해 입양 의미의 출생신고를 마친 경우[6]에도 가족관계등록부상의 부와 친생자관계 부존재확인소송을 거치지 않더라도 생부를 상대로 인지청구를 할 수 있고, 허위인지에 의하여 타인의 혼인외의 출생자로 신고되어 있어 인지이의·인지무효의 대상이 되는 경우에도 인지이의의 소나 인지무효의 소를 거치지 않고 바로 인지청구의 소를 제기할 수 있다.

[5] 김주수/김상용, 주석 민법, 친족(3)(제5판), 한국사법행정학회(2016), 154.
[6] 대법원 2000. 1. 28. 선고 99므1817 판결.

3) 법정대리인

13 자(子)나 그 직계비속이 미성년자이거나 피성년후견인일 경우 법정대리인이 인지청구의 소를 제기할 수 있다. 혼인외의 자가 미성년자인 때에는 아직 그에게 법률상의 부가 없으므로 모가 친권자로서 법정대리인이 된다.

14 한편 민법 제950조 제1항에 따라, 성년후견인이 피성년후견인을 대리하여 소송행위를 하거나 미성년후견인이 미성년자의 소송행위에 동의할 때에는 후견감독인이 있으면 그의 동의를 받아야 한다. 후견감독인의 동의가 필요한 행위에 대하여 후견감독인이 피후견인의 이익이 침해될 우려가 있음에도 동의를 하지 아니하는 경우에는 가정법원은 후견인의 청구에 의하여 후견감독인의 동의를 갈음하는 허가를 할 수 있다(민법 제950조 제2항).

15 법정대리인의 지위에 대하여는, 대리에 친하지 않은 신분행위에 예외적으로 대리를 인정한 것으로서 본인의 이름으로 소를 제기할 수 있다는 법정대리설과, 소제기의 필요성으로 인해 법정대리인에게 권리주체인 본인을 위한 직무상 당사자로서의 지위를 인정한 것이라는 소송대위설(직무상 당사자설)이 대립한다.[7] 각급법원 판결은 피성년후견인이 원고로서 인지청구의 소를 제기한 때 성년후견인을 법정대리인으로 기재한 경우가 있고,[8] 미성년자가 원고로서 인지청구의 소를 제기한 때 미성년후견인을 법정대리인으로 기재한 경우가 있으며,[9] 미성년자의 친권자인 모가 원고로서 인지청구를 한 사안에서 미성년자를 사건본인으로 기재한 경우가 있다.[10]

나. 피고적격

16 인지청구의 소의 상대방은 부 또는 모이다. 모가 피고가 되는 경우는 기아나 미아와 같이 분만자를 알지 못하였던 특수한 경우에 한한다.

17 부 또는 모가 피성년후견인인 경우, 법정대리인에 의해서만 소송행위를 할 수 있다(민사소송법 제55조 제1항). 다만 이 경우 법정대리인의 지위에 관해서는 소송대위설(직무상 당사자설)의 입장에서 상대방을 성년후견인으로 하여야 한다는 견해도 있고,[11] 법정대리인설의 입장에서 부·모를 상대방으로 하고 성

7 법원실무제요, 가사[I], 사법연수원(2021), 725.
8 수원지방법원 성남지원 2017. 10. 12. 선고 2017드단1424 판결(확정).
9 춘천지방법원 강릉지원 2016. 10. 7. 선고 2016드단537 판결(확정).
10 서울가정법원 2015. 7. 3. 선고 2015드단21748 판결.
11 주해친족법(제1권)(제1판), 박영사(2015), 651(권재문).

년후견인을 법정대리인으로 하여 소를 제기하여야 한다는 견해도 있다. 대법원은 피성년후견인이 피고인 혼인무효 사건에서, 성년후견인을 당사자로 표시한 경우도 있고,[12] 성년후견인을 피성년후견인의 법정대리인으로 표시한 경우도 있다.[13]

18 부 또는 모가 사망한 때에는 민법 제864조에 의해 그 사망을 안 날로부터 2년 내에 검사를 상대로 인지청구의 소를 제기할 수 있다.

2. 관할

19 인지청구의 소는 상대방의 보통재판적이 있는 곳의 가정법원의 전속관할로 하고, 상대방이 사망한 경우에는 그의 마지막 주소지의 가정법원의 전속관할로 한다(가사소송법 제26조 제2항).

20 인지청구의 소의 사물관할은 단독판사에게 속한다(민사 및 가사소송의 사물관할에 관한 규칙 제3조).

3. 심리

가. 조정전치주의와의 관계

21 인지청구의 소는 나류 가사소송사건으로서 가사소송법 제50조 제1항 문언상 조정전치주의의 적용을 받는다. 그러나 인지청구의 소의 소송물을 당사자가 임의로 처분할 수 있는지에 관하여는, 임의 처분할 사항이 아니어서 조정이나 재판상 화해가 허용되지 않는다는 견해와 임의인지가 허용되는 이상 인지청구의 소에서 상대방이 청구인을 인지하기로 하는 조정이나 재판상 화해가 가능하다는 견해가 있다. 실무상 판례는 후자의 견해를 따르고 있다. 다만 앞서 본 바와 같이 인지청구권의 포기는 불가능하므로, 그러한 내용의 조정이나 재판상 화해는 허용되지 않는다.

나. 제소기간

22 부 또는 모가 생존하는 동안에는 기간의 제한 없이 인지청구의 소를 제기할 수 있고, 실효의 원칙도 적용되지 않는다. 그러나 부 또는 모가 사망하여 검사를 상대로 소를 제기할 때에는 민법 제864조에 따라 그 사망사실을 안 날

12 대법원 2016. 6. 23. 자 2016므866 판결(심리불속행기각).
13 대법원 2019. 6. 27. 자 2019므11188 판결(심리불속행기각).

로부터 2년 내에 하여야 한다.

23 '사망사실을 안 날'의 의미에 관하여, 가사소송법 시행 전의 판례,[14]는 "인지청구를 하는 자의 연령이나 능력여하를 불문하는 것이 아니고 사망사실을 알고서 인지청구등 자기의 신분행위를 할 수 있는 의사능력이 있는 상태에서 사망사실을 안 때로부터 기산하여야 한다."고 보았다. 그러나 폐지된 가사심판법에는 미성년자의 독자적인 소송능력을 인정하는 특별규정이 있었으나, 현행 가사소송법에서는 미성년자의 소송능력을 인정하는 특별규정은 없으므로 현행법의 해석에 따르면 의사능력이 아닌 소송능력을 기준으로 판단하여야 할 것이다.[15] 2016년 개정된 민사소송법에 의하더라도 미성년자는 원칙적으로 법정대리인에 의해서만 소송행위를 할 수 있으므로(민사소송법 제55조 제1항), 그러한 점에서도 소송능력을 기준으로 하여야 한다.

24 법정대리인이 있는 때에는 그 법정대리인이 부 또는 모의 사망사실을 안 날이 제척기간의 기산일로 된다. 다만 자가 미성년자인 동안 법정대리인인 모가 자를 대리하여 인지청구의 소를 제기하지 않은 때에는 자가 성년에 이른 후 부의 사망을 안 날로부터 2년 내에 인지청구의 소를 제기할 수 있다고 해석하여야 하고, 성년에 이르기 전 부의 사망을 알았다면 성년이 된 날로부터 2년 내에 소를 제기하여야 할 것이다.[16] 최근 대법원도 2024. 2. 8. 선고 2021므13729 판결에서 "미성년자인 자녀의 법정대리인이 인지청구의 소를 제기한 경우에는 그 법정대리인이 부 또는 모의 사망사실을 안 날이 민법 제864조에서 정한 제척기간의 기산일이 된다. 그러나 자녀가 미성년자인 동안 법정대리인이 인지청구의 소를 제기하지 않은 때에는 자녀가 성년이 된 뒤로 부 또는 모의 사망을 안 날로부터 2년 내에 인지청구의 소를 제기할 수 있다고 보아야 한다. 인지청구권은 자녀 본인의 일신전속적인 신분관계상의 권리로서 그 의사가 최대한 존중되어야 하고, 법정대리인에게 인지청구의 소를 제기할 수 있도록 한 것은 소송능력이 제한되는 미성년자인 자녀의 이익을 두텁게 보호하기 위한 것일 뿐 그 권리행사를 제한하기 위한 것이 아니기 때문이다."라고 판시하여 같은 입장을 취하였다.

14 대법원 1977. 5. 24. 선고 77므7 판결 등.
15 법원실무제요, 가사[Ⅰ], 사법연수원(2021), 728.
16 김주수/김상용, 주석 민법, 친족(3)(제5판), 한국사법행정학회(2016), 158.

25 사망사실을 안다는 것은 부 또는 모의 객관적인 사망 사실 자체를 의미하고, 사망자가 자신의 친생부모인 사실까지 알아야 하는 것은 아니므로, 친생부모인 사실을 몰랐다 하더라도 사망 사실을 안 날로부터 2년이 경과하면 인지청구의 소를 제기할 수 없다.[17]

다. 관련사건의 병합

26 실무상 인지청구의 소에는 마류 가사비송사건인 친권자 및 양육자 지정청구, 과거 및 장래양육비청구, 면접교섭 등이 병합되는 경우가 많다.[18] (☞ 과거양육비와 관련된 쟁점은 민법 제860조 Ⅱ. 인지의 소급효 주석 참조)

라. 소송절차의 승계

27 인지청구의 소는 원고가 사망이나 그 밖의 사유(소송능력을 상실한 경우는 제외)로 소송절차를 계속하여 진행할 수 없게 된 때에는 다른 제소권자가 그 사유가 생긴 때부터 6개월 이내에 소송절차를 승계할 수 있다(가사소송법 제16조 제1항).

28 또 소송계속 중에 피고가 사망한 경우 검사의 소송수계를 인정할 것인지에 관하여는 견해가 나뉜다.[19]

마. 혈액형 등의 수검명령

1) 의의

29 가정법원은 인지청구의 소를 심리함에 있어 부와 자녀 사이의 혈족관계의 유무에 관하여 다른 증거조사에 의하여 심증을 얻지 못한 때에는 검사를 받을 사람의 건강과 인격의 존엄을 해치지 아니하는 범위에서 당사자 또는 관계인에게 혈액채취에 의한 혈액형의 검사 등 유전인자의 검사나 그 밖에 적당하다고 인정되는 방법에 의한 검사를 받을 것을 명할 수 있다(가사소송법 제29조).

30 가사사건에서는 직권주의가 적용되므로, 자녀와 부모 사이의 친자관계의 유무가 문제되는 사건에서 단순히 원고의 입증이 있는지 여부에 따라 형식적으로 정할 것이 아니라, 가능한 모든 증거조사를 통하여 실체적 진실에 부합

17 대법원 2015. 2. 12. 선고 2014므4871 판결.
18 법원실무제요, 가사[Ⅰ] 사법연수원(2021), 729.
19 법원실무제요, 가사[Ⅰ] 사법연수원(2021), 729.

하도록 그 유무의 판단을 하여야 하고, 이를 위한 가장 직접적이고 과학적인 방법은 당사자 또는 관계인의 혈액, 그 밖의 신체조직의 일부를 채취하여 그 유전인자를 대비·비교하는 것이며, 혈액형 등의 수검명령은 이와 같은 필요를 위한 것이라고 한다.[20]

31 대법원 2005. 6. 10. 선고 2005므365 판결은, "인지소송은 부와 자 사이에 사실상의 친자관계의 존재를 확정하고 법률상의 친자관계를 창설함을 목적으로 하는 소송으로서 친족·상속법상 중대한 영향을 미치는 인륜의 근본에 관한 것이고 공익에도 관련되는 중요한 것이기 때문에 이 소송에서는 직권주의를 채용하고 있는 것이므로, 당사자의 입증이 충분하지 못할 때에는 가능한 한 직권으로도 사실조사 및 필요한 증거조사를 하여야 하고, 한편 혈연상의 친자관계라는 주요사실의 존재를 증명함에 있어서는, 부와 친모 사이의 정교관계의 존재 여부, 다른 남자와의 정교의 가능성이 존재하는지 여부, 부가 자를 자기의 자로 믿은 것을 추측하게 하는 언동이 존재하는지 여부, 부와 자 사이에 인류학적 검사나 혈액형검사 또는 유전자검사를 한 결과 친자관계를 배제하거나 긍정하는 요소가 있는지 여부 등 주요사실의 존재나 부존재를 추인시키는 간접사실을 통하여 경험칙에 의한 사실상의 추정에 의하여 주요사실을 추인하는 간접증명의 방법에 의할 수밖에 없는데, 여기에서 혈액형검사나 유전자검사 등 과학적 증명방법이 그 전제로 하는 사실이 모두 진실임이 증명되고 그 추론의 방법이 과학적으로 정당하여 오류의 가능성이 전무하거나 무시할 정도로 극소한 것으로 인정되는 경우라면 그와 같은 증명방법은 가장 유력한 간접증명의 방법이 된다."라고 판시하면서, 감정의 신청을 권유하거나 유전자감정 등의 수검명령을 하지 아니한 원심 판결을 "유전자감정을 권유하거나 이에 관한 가사소송법상의 수검명령을 하고 이에 응하지 아니할 경우 과태료 또는 감치 등의 제재를 하여서라도 위와 같은 검사를 시도한 후, 그 심리 및 검사 결과에 기초하여 과연 원고와 소외 1 사이의 친생자관계를 인정할 수 있는지 여부를 판단하였어야 할 것이다."라는 이유로 파기 환송하였다.

20 법원실무제요, 가사[I] 사법연수원(2021), 594.

2) 요건

32 혈액형 등의 수검명령은 당사자 또는 관계인 사이의 혈족관계의 유무를 확정할 필요가 있는 경우에 하여야 한다(가사소송법 제29조 제1항). 따라서 절차의 위법이 문제되는 경우(인지신고의 부존재 또는 신고절차의 위법 등이 문제된 인지무효사건 등)에는 수검명령을 할 것이 아니다.

33 가사소송법 제29조 제1항에는 혈족관계의 유무를 확정할 필요가 있는 경우에 '다른 증거조사에 의하여 심증을 얻지 못한 때' 보충적으로 할 수 있는 것으로 규정되어 있으나, 인지청구의 소 등 혈연상 친자관계를 확정짓는 소송은 그 결과가 공익에도 관련되고 제3자의 이해관계에도 이해관계를 미치므로, 가능하다면 유전자검사 등 과학적인 증명방법에 의한 증거조사를 하여야 할 것이다.[21]

34 또한 수검명령은 검사를 받을 사람의 건강과 인격의 존엄을 해치지 아니하는 범위에서 적당하다고 인정되는 방법에 의하여야 한다(가사소송법 제29조 제1항).

3) 절차

35 수검명령은 가정법원이 직권으로 한다. 당사자의 신청은 직권발동 촉구의 의미가 있을 뿐이다.[22]

36 수검명령은 그 검사를 받을 당사자 또는 관계인에게 고지하여야 한다. 수검명령 위반에 대하여는 가사소송법 제67조에 의한 제재가 가능하므로, 수검명령시에는 그 제재를 함께 고지하여야 한다(가사소송법 제29조 제2항).

37 수검명령의 목적은 혈액채취에 의한 혈액형의 검사 등 유전인자의 검사나 그 밖에 적당하다고 인정되는 방법에 의한 검사이고, 그 검사는 감정으로서의 성질을 가지므로, 수검명령과 동시에 감정인을 선정하여 감정을 명하거나 감정을 촉탁하여야 한다.[23]

4) 제재

38 당사자 또는 관계인이 정당한 이유 없이 이 명령을 위반한 경우에는 가정법

21 법원실무제요, 가사[Ⅰ] 사법연수원(2021), 595.
22 법원실무제요, 가사[Ⅰ] 사법연수원(2021), 595.
23 법원실무제요, 가사[Ⅰ] 사법연수원(2021), 597.

원은 직권으로 또는 권리자의 신청에 의하여 결정으로 1천만 원 이하의 과태료를 부과할 수 있고(가사소송법 제67조 제1항), 이 제재를 받고도 정당한 이유 없이 다시 수검명령을 위반한 경우에는 30일의 범위에서 그 의무를 이행할 때까지 위반자에 대한 감치를 명할 수 있다(제67조 제2항). 이 제재는 이행명령위반에 대한 제재와 기본적으로 성질 및 절차가 같다.

5) 감치재판의 절차

39 감치에 처하는 재판은 수검명령을 한 가정법원의 전속관할로 한다(가사소송규칙 제131조). 가정법원이 직권으로 위반자 또는 의무자를 감치에 처하고자 할 때 또는 가사소송규칙 제132조(감치재판의 신청)에 의한 권리자의 신청이 이유 있다고 인정한 때에는, 재판장은 재판기일을 정하여 위반자 또는 의무자를 소환하여야 한다(가사소송규칙 제134조 제1항). 감치에 처하는 재판절차 기타의 사항에 관하여는 가사소송법 및 동규칙에 특별한 규정이 있는 경우를 제외하고는 성질에 반하지 아니하는 한 '법정 등의 질서유지를 위한 재판에 관한 규칙'을 준용한다(가사소송규칙 제130조 전단).

40 위 준용규칙에 의할 때, 재판은 위반자의 출석 없이는 이를 할 수 없다. 다만, 위반자가 정당한 이유없이 출석하지 아니하거나 재판장의 허가없이 퇴정한 때 또는 재판장의 질서유지를 위한 퇴정명령을 받은 때에는 그러하지 아니하다(법정 등의 질서유지를 위한 재판에 관한 규칙 제6조 제1항). 또한 법원은 재판을 함에 있어서 제1항 단서의 경우를 제외하고는 위반자에게 위반행위의 내용을 고지하고 변명할 기회를 주어야 하며(법정 등의 질서유지를 위한 재판에 관한규칙 제6조 제2항), 법원은 필요하다고 인정한 때에는 직권으로 위반자 또는 참고인을 심문하거나 기타 방법으로 사실을 조사할 수 있다(제6조 제3항).

41 감치에 처하는 재판에는 위반자가 위반한 수검명령의 내용 또는 의무자가 이행하지 아니한 의무의 내용, 감치의 기간, 감치할 장소 및 감치의 기간이 만료되기 이전이라도 수검명령에 응하거나 의무를 이행한 때에는 감치의 집행이 종료된다는 뜻을 명확히 하여야 한다(가사소송규칙 제135조 제1항). 또한 감치의 재판을 받은 자가 그 감치의 집행 중에 수검명령에 응할 뜻을 표시한 때에는, 재판장은 지체없이 그 위반자에 대하여 혈액채취 기타 검사에 필요한 조치를 취한 후 위반자가 유치되어 있는 감치시설의 장에게 위반자의 석방을 명하여야 한다(가사소송규칙 제137조 제1항).

42 감치 결정에 대하여는 그 고지를 받은 날부터 3일 이내에 즉시항고를 할 수 있으나, 즉시항고는 집행정지의 효력이 없다(가사소송규칙 제136조 제1항·제3항).

4. 판단

가. 친자관계의 인정

43 혈연상의 친자관계라는 주요사실의 존재의 증명은 주요사실의 존재나 부존재를 추인시키는 간접사실을 통하여 경험칙에 의한 사실상의 추정에 의하여 주요사실을 추인하는 간접증명의 방법에 의할 수밖에 없는데, 혈액형 검사나 유전자 검사 등 과학적 증명방법은 오류의 가능성이 전무하거나 무시할 정도로 극소한 경우라면 가장 유력한 간접증명의 방법이 된다.[24] 따라서 수검명령 등에 의하여 친자관계의 존재가 인정되면 인지청구를 인용하는 판결을 선고한다.

나. 친권자지정 등

44 미성년자인 자녀에 관한 인지청구의 소가 인용되는 경우, 당사자의 청구가 없는 경우에도 법원이 직권으로 친권자를 정한다(민법 제909조 제5항).

Ⅲ. 판결의 효과

1. 확정판결의 효력

45 인지청구 사건은 나류 가사소송사건으로서, 그 청구를 인용한 확정판결은 제3자에게도 효력이 있다(가사소송법 제21조 제1항). 그 청구를 배척한 판결이 확정된 경우에 다른 제소권자는 사실심의 변론종결 전에 참가하지 못한 데 대하여 정당한 사유가 있지 아니하면 다시 소를 제기할 수 없다(가사소송법 제21조 제2항).

46 인지청구는 부에 대하여는 형성적 효력을, 모에 대하여는 확인적 효력을 가지므로, 부자관계의 경우에는 인지청구를 인용한 확정판결에 의하여 비로소 형성되고(단 그 효과는 민법 제860조 본문에 의하여 자녀 출생시로 소급된다), 모자관계의 경우에는 그 확정판결에 의하여 이미 출생시에 형성된 법률상의 모자관계가 확정된다.

24 대법원 2005. 6. 10. 선고 2005므365 판결.

47 판례도 인지의 소의 확정판결에 의하여 일단 부와 자 사이에 친자관계가 창설된 이상 재심의 소로 다투는 것은 별론으로 하고, 그 확정판결에 반하여 친생자관계 부존재확인의 소로써 당사자 사이에 친자관계가 존재하지 않는다고 다툴 수는 없다고 한다.[25]

2. 가족관계등록사무를 처리하는 사람에의 통지

48 인지청구 인용판결이 확정되면 법원사무관등은 지체없이 당사자 또는 사건본인의 등록기준지의 가족관계등록사무를 처리하는 자에게 그 뜻을 통지하여야 한다(가사소송규칙 제7조 제1항 제1호).

49 인지의 재판이 확정된 경우에 소를 제기한 사람은 재판의 확정일부터 1개월 이내에 재판서의 등본 및 확정증명서를 첨부하여 그 취지를 신고하여야 한다(가족관계의 등록 등에 관한 법률 제58조 제1항). 제1항의 경우에는 그 소의 상대방도 재판서의 등본 및 확정증명서를 첨부하여 인지의 재판이 확정된 취지를 신고할 수 있다(가족관계의 등록 등에 관한 법률 제58조 제3항). 이때의 신고는 보고적 신고이다.[26]

Ⅳ. 남북 주민 사이의 인지청구

50 '남북 주민 사이의 가족관계와 상속 등에 관한 특례법' 제9조(인지청구의 소에 관한 특례)에 의하면, 혼인 외의 자로 출생한 북한주민(북한주민이었던 사람을 포함한다)과 그 직계비속 또는 그 법정대리인은 남한주민인 아버지 또는 어머니를 상대로 하여 인지청구의 소를 제기할 수 있고(남북 주민 사이의 가족관계와 상속 등에 관한 특례법 제9조 제1항), 제1항의 소는 민법 제864조에도 불구하고 분단의 종료, 자유로운 왕래, 그 밖의 사유로 인하여 소의 제기에 장애사유가 없어진 날부터 2년 내에 제기할 수 있으며(제9조 제2항), 혼인 외의 자로 출생한 남한주민과 그 직계비속 또는 법정대리인이 북한주민(북한주민이었던 사람을 포함한다)인 아버지 또는 어머니를 상대로 하여 인지청구의 소를 제기하는 경우에도 제1항 및 제2항을 준용한다(제9조 제3항).

25 대법원 2015. 6. 11. 선고 2014므8217 판결.
26 김주수/김상용, 주석 민법, 친족(3)(제5판), 한국사법행정학회(2016), 161.

제 864 조 [부모의 사망과 인지청구의 소]

제862조 및 제863조의 경우에 부 또는 모가 사망한 때에는 그 사망을 안 날로부터 2년내에 검사를 상대로 하여 인지에 대한 이의 또는 인지청구의 소를 제기할 수 있다. <개정 2005. 3. 31.>

[대조] 구 민법 제835조 단서는 인지청구소송제기기간을 사망일로부터 3년으로 하였으나, 민법은 사망을 안 날로부터 1년으로 한다. 2005년의 민법 일부개정에 의하여 소의 제기기간을 1년에서 2년으로 연장하였다.

[관련조문] 민법 제855조(인지), 제862조(인지에 대한 이의의 소), 제863조(인지청구의 소)

[참고문헌] 김주수/김상용, 주석 민법, 친족(3)(제5판), 한국사법행정학회(2016); 주해친족법(제1권)(제1판), 박영사(2015); 법원실무제요, 가사[I], 사법연수원(2021)

Ⅰ. 의의

1 민법은 인지제도의 본질적 요소를 '의사'가 아닌 '진실한 혈연관계'로 파악하여, 부 또는 모가 사망한 경우에도 그 사망을 안 날로부터 2년 내에 검사를 상대로 인지에 대한 이의의 소 및 인지청구의 소를 인정하고 있다.[1]

Ⅱ. 소의 상대방

1. 인지에 대한 이의의 소

2 인지 받은 자가 인지 이의의 소를 제기하는 경우에는 인지한 부 또는 모가 피고가 되므로, 부 또는 모가 사망한 때에는 그 사망을 안 날로부터 2년 내에 검사를 상대로 소를 제기할 수 있다. 다만 이해관계인이 소를 제기하는 경우에는 인지한 부와 자 또는 모와 자 쌍방을 피고로 하여야 하므로, 피고 중 일방이 사망한 경우에는 생존자를 피고로 하면 되고, 피고적격자 모두가 사망한 경우에 민법 제864조의 적용을 받아 검사를 피고로 하게 된다.

1 주해친족법(제1권)(제1판), 박영사(2015), 655(권재문).

3 부모사망 이후의 인지 이의의 소에 대하여는 제소기간의 제한이 있다는 점에서 제소기간이 없는 인지 무효의 소와 비교하여 그 실익이 없다는 비판이 있다.[2]

2. 인지청구의 소

4 인지청구의 소에 있어서는 부 또는 모가 피고가 되는바, 부 또는 모가 사망한 경우에는 피고적격자가 없게 되므로, 민법 제864조에 의하여 검사를 상대로 소를 제기하여야 한다. 즉 부가 사망한 경우에는 그 사망을 안 날로부터 2년 이내에 검사를 상대로 인지청구의 소를 제기하여야 하고, 생모나 친족 등 이해관계인이 혼인외 출생자를 상대로 혼인외 출생자와 사망한 부 사이의 친생자관계 존재확인을 구하는 소는 허용될 수 없다.[3]

5 사망한 부 또는 모의 상속인 등은 이해관계인으로서 민사소송법 제71조에 의한 보조참가를 할 수 있다.[4]

Ⅲ. 제소기간

6 부모 사망 후에 검사를 상대로 한 인지이의의 소 또는 인지청구의 소는 민법 제864조에 의하여 부모의 사망을 안 날로부터 2년 내에 제기하여야 하며 (2005년 민법 일부개정 전에는 1년 내에 제기하여야 했으나, 개정법에 의하여 2년으로 연장되었다), 이는 제척기간으로서 중단이나 정지는 인정되지 않는다.[5] 인지청구의 소에 제척기간이 없으며, 그 포기도 인정되지 않고, 실효의 법리도 인정되지 않는 점과 대비된다.

7 '사망을 안 날'의 의미에 관하여, 가사소송법 시행 전의 판례[6]는 "인지청구를 하는 자의 연령이나 능력여하를 불문하는 것이 아니고 사망사실을 알고서 인지청구등 자기의 신분행위를 할 수 있는 의사능력이 있는 상태에서 사망사실을 안 때로부터 기산하여야 한다."고 보았다. 그러나 폐지된 가사심판법에는 미성년자의 독자적인 소송능력을 인정하는 특별규정이 있었으나, 현행

2 주해친족법(제1권)(제1판), 박영사(2015), 655(권재문).
3 대법원 2022. 1. 27. 선고 2018므11273 판결, 대법원 1997. 2. 14. 선고 96므738 판결.
4 김주수/김상용, 주석 민법, 친족(3)(제5판), 한국사법행정학회(2016), 183.
5 주해친족법(제1권)(제1판), 박영사(2015), 656(권재문).
6 대법원 1977. 5. 24. 선고 77므7 판결 등.

가사소송법에서는 미성년자의 소송능력을 인정하는 특별규정은 없으므로 현행법의 해석에 따르면 의사능력이 아닌 소송능력을 기준으로 판단하여야 할 것이다.[7] 2016년 개정된 민사소송법에 의하더라도 미성년자는 원칙적으로 법정대리인에 의해서만 소송행위를 할 수 있으므로(민사소송법 제55조 제1항), 그러한 점에서도 소송능력을 기준으로 하여야 한다.

8 법정대리인이 있는 때에는 그 법정대리인이 부 또는 모의 사망사실을 안 날이 제척기간의 기산일로 된다. 다만 자가 미성년자인 동안 법정대리인인 모가 자를 대리하여 인지청구의 소를 제기하지 않은 때에는 자가 성년에 이른 후 부의 사망을 안 날로부터 2년 내에 인지청구의 소를 제기할 수 있다고 해석하여야 하고, 성년에 이르기 전 부의 사망을 알았다면 성년이 된 날로부터 2년 내에 소를 제기하여야 할 것이다.[8]

9 사망사실을 안다는 것은 부 또는 모의 객관적인 사망 사실 자체를 의미하고, 사망자가 자신의 친생부모인 사실까지 알아야 하는 것은 아니므로, 친생부모인 사실을 몰랐다 하더라도 사망 사실을 안 날로부터 2년이 경과하면 인지청구의 소를 제기할 수 없다.[9]

Ⅳ. 평가

10 부모가 사망한 경우에는 인지청구의 소의 제소기간을 일정기간 이내로 제한하는 것에 관하여, 헌법재판소 2001. 5. 31. 선고 98헌바9 결정은 "혼인외 출생자는 생부 또는 생모가 살아 있는 동안에는 제소기간의 제한 없이, 그리고 자신의 연령에 관계없이, 부 또는 모를 상대로 언제든지 인지청구의 소를 제기할 수 있는 것이고(민법 제863조), 혼인외 출생자가 부 또는 모와의 사이에 친자관계가 존재함을 아는 것은 그렇게 어렵지 않으므로, 이 사건 법률조항이 인지청구의 제소기간을 정함에 있어 혼인외 출생자가 부 또는 모와의 사이에 친자관계가 존재함을 알았는지 여부를 고려하지 아니하고 단순히 '사망한 사실을 안 날로부터 1년내'라고 규정한 것은 혼인외 출생자의 인지청구 자체가 현저히 곤란하게 되거나 사실상 불가능하게 되는 것은 아니다. 부 또

7 법원실무제요, 가사[Ⅰ], 사법연수원(2021), 728.
8 김주수/김상용, 주석 민법, 친족(3)(제5판), 한국사법행정학회(2016), 158.
9 대법원 2015. 2. 12. 선고 2014므4871 판결.

는 모가 사망한 경우 인지청구의 제소기간을 너무 장기간으로 설정하는 것은 법률관계를 불안정하게 하여 다른 상속인들의 이익이나 공익을 위하여 바람직하지 않으므로 인지청구의 제소기간을 부 또는 모의 사망을 알게 된 때로부터 1년으로 제한하여 법률관계를 조속히 안정시키는 것은 혼인외 출생자의 이익과 공동상속인 등 이해관계인의 이익을 조화시킨 것이다."라고 판시하여 이 법률조항이 인지청구의 소의 제소기간을 부 또는 모의 사망을 안 날로부터 1년 내로 규정한 것은 과잉금지원칙에 위배되지 아니하므로 인지청구를 하고자 하는 국민의 인간으로서의 존엄과 가치 그리고 행복을 추구하는 기본권을 침해하는 것은 아니라고 보았다.

11 그러나 이에 대하여는 과학적 감정기법의 발달로 생부 사망 후 상당기간이 경과하더라도 혈연적 친자관계의 존부를 확인이 절대적으로 곤란하다고 단정할 수 없는 점, 우리나라에서는 상속회복청구권의 행사기간이 제한되기 때문에 상속재산을 둘러싼 법적 안정성이 침해될 우려가 없다는 점 등을 근거로, 기간제한의 정당성이 없다는 의견도 제시된다.[10]

10 주해친족법(제1권)(제1판), 박영사(2015), 657(권재문). 같은 취지에서, 인지청구의 소의 제척기간이 도과되었고 공동상속인의 이익을 침해할 가능성이 없는 경우에는 친생자관계 존재확인소송이 허용될 여지도 있을 것으로 보여진다.

제 864 조의 2 [인지와 자의 양육책임 등]

제837조 및 제837조의2의 규정은 자가 인지된 경우에 자의 양육책임과 면접교섭권에 관하여 이를 준용한다.

[본조신설 2005. 3. 31.]

[대조] 2005년의 민법 일부개정에 의하여 신설.

[관련조문] 민법 제837조(이혼과 자의 양육책임), 제837조의2(면접교섭권)

[참고문헌] 김주수/김상용, 주석 민법, 친족(3)(제5판), 한국사법행정학회(2016); 주해친족법(제1권)(제1판), 박영사(2015)

Ⅰ. 의의

1 민법 제864조의2는 자가 인지된 경우 민법 제837조(이혼과 자의 양육책임) 및 제837조의2(면접교섭권)을 준용하도록 규정하고 있다. 혼인 중 출생자의 부모가 이혼한 경우와 혼인외 출생자가 인지된 경우는 양자 모두 부모가 혼인공동생활에서 자녀를 양육할 수 없다는 점에서 부모의 양육 역할에 대한 분담을 규정하고 있는 것이다.[1] 민법 제864조의2의 자는 미성년자녀를 의미한다.

2 가사소송법 제2조 제1항 제2호 나목에서는 '민법 제837조 및 제837조의2(인지를 원인으로 하는 경우 포함)에 따른 자녀의 양육에 관한 처분과 그 변경, 면접교섭권의 처분 또는 제한·배제·변경'을 마류 가사비송사건으로 규정하고 있다.

Ⅱ. 내용

1. 인지된 자의 양육책임

3 민법 제864조의2가 준용하는 민법 제837조에 의해, 당사자는 그 자의 양육에 관한 사항을 협의에 의하여 정하되, 그 협의는 양육자의 결정, 양육비용의 부담, 면접교섭권의 행사 여부 및 그 방법을 포함하여야 한다. 그 협의가

1 주해친족법(제1권)(제1판), 박영사(2015), 659(권재문).

자의 복리에 반하는 경우 가정법원은 보정을 명하거나 직권으로 그 자의 의사·연령과 부모의 재산상황, 그 밖의 사정을 참작하여 양육에 필요한 사항을 정한다.

4 그러나, 협의이혼의 경우 협의이혼의사확인절차에서 법원이 양육에 관한 부모의 협의를 심사하여 보정을 명함이 가능하지만, 임의인지의 경우에는 양육에 관한 부모의 협의를 심사할 수 있는 절차가 없어 법원이 개입하여 보정을 명하거나 직권으로 정할 수 있는 여지가 없어 문제가 있다.[2]

5 양육에 관한 사항의 협의가 이루어지지 아니하거나 협의할 수 없는 때에는 가정법원은 직권으로 또는 당사자의 청구에 따라 이에 관하여 결정한다. 이 때에도 재판상 인지의 경우에는 법원이 직권으로 양육에 관한 사항을 결정함이 가능하지만, 임의인지의 경우 당사자의 청구가 없다면 법원이 개입할 여지가 없다는 점에서 같은 문제가 발생한다.

6 따라서, 이러한 문제의 해결을 위하여 임의인지 절차에도 2007년 신설된 민법 제836조의2(이혼의 절차) 제4항이 규정한 자의 양육과 친권자결정에 관한 협의서 제출 또는 이에 관한 가정법원의 심판정본 제출 의무와 제836조의2 제5항이 규정한 양육비부담조서 작성 부분을 준용하여야 한다는 의견이 있다.[3]

7 한편 인지판결이 확정되면, 혼인외 출생자의 양육자는 친생부를 상대로 인지판결의 확정 전에 발생한 과거양육비의 상환을 청구할 수 있다.[4]

2. 인지된 자와 면접교섭권

8 민법 제864조의2가 준용하는 제837조의2에 의해, 인지된 자를 직접 양육하지 아니하는 부모의 일방과 자는 상호 면접교섭할 수 있는 권리를 가진다. 자를 직접 양육하지 아니하는 부모 일방의 직계존속은 그 부모 일방이 사망하였거나 질병, 외국거주, 그 밖에 불가피한 사정으로 자를 면접교섭할 수 없는 경우 가정법원에 자와의 면접교섭을 청구할 수 있다. 이 경우 가정법원은 자의 의사, 면접교섭을 청구한 사람과 자의 관계, 청구의 동기, 그 밖의 사정을 참작하여야 한다. 또한 가정법원은 자의 복리를 위하여 필요한 때에는 당사자의 청구 또는 직권에 의하여 면접교섭을 제한·배제·변경할 수 있다.

2 김주수/김상용, 주석 민법, 친족(3)(제5판), 한국사법행정학회(2016), 190.
3 주해친족법(제1권)(제1판), 박영사(2015), 660(권재문).
4 대법원 2023. 10. 31. 자 2023스643 결정.

제 865 조 [다른 사유를 원인으로 하는 친생관계존부확인의 소]

① 제845조, 제846조, 제848조, 제850조, 제851조, 제862조와 제863조의 규정에 의하여 소를 제기할 수 있는 자는 다른 사유를 원인으로 하여 친생자관계 존부의 확인의 소를 제기할 수 있다.

② 제1항의 경우에 당사자일방이 사망한 때에는 그 사망을 안 날로부터 2년 내에 검사를 상대로 하여 소를 제기할 수 있다. <개정 2005. 3. 31.>

[대조] 신설(1958). 2005년의 민법 일부개정에 의하여 출소기간을 1년에서 2년으로 연장.

[관련조문] 민법 제844조(남편의 친생자의 추정), 제845조(법원에 의한 부의 결정), 제845조(법원에 의한 부의 결정), 제846조(자의 친생부인), 제848조(성년후견과 친생부인의 소), 제850조(유언에 의한 친생부인), 제851조(부의 자 출생 전 사망 등과 친생부인), 제862조(인지에 대한 이의의 소), 제863조(인지청구의 소), 가사소송법 제2조(가정법원의 관장 사항) 제1항 제1호 가목 4)

[참고문헌] 김주수/김상용, 주석 민법, 친족(3)(제5판), 한국사법행정학회(2016); 주해친족법(제1권)(제1판), 박영사(2015); 법원실무제요, 가사[Ⅰ], 사법연수원(2021); 박동섭, "친생자관계 존부확인의 소의 당사자적격", 법률신문사(2006)

Ⅰ. 의의 및 성질

1. 의의

1 법적 친자관계는 가족관계등록부에 기재된다. 만약 가족관계등록부의 기록이 법률상 허가될 수 없는 것 또는 그 기재에 착오나 누락이 있다고 인정한 때에는 이해관계인은 사건본인의 등록기준지를 관할하는 가정법원의 허가를 받아 등록부의 정정을 신청할 수 있다(가족관계의 등록 등에 관한 법률 제104조 제1항). 그러나 이는 정정사항이 경미한 경우에 한하는 것이고, 정정사항이 출생, 사망, 혼인 및 혼인으로 인한 제적, 친자관계, 모의 본적 등과 같이 친족법상 또는 상속법상 중대한 영향을 미칠 경우에는 확정판결에 의하지 아니하면 그 정정을 할 수 없다.[1]

[1] 대법원 1987. 5. 8. 자 86스29, 30, 31 결정.

2 친생자관계 존부확인의 소는 이와 같이 가족관계등록부상의 정정사항이 친족법상 또는 상속법상 중대한 영향을 미치는 경우에 해당하여, 법적 친자관계와 가족관계등록상의 친자관계가 일치하지 않을 때 가족관계등록을 바로잡기 위한 절차라 할 수 있다. 여기에는 법적인 친자관계가 있는데도 가족관계등록이 되어 있지 않을 때 친생자관계의 확인을 구하는 소와, 법적 친자관계가 요건이 갖추어지지 않았는데도 가족관계등록이 되어 있을 때 친생자관계의 부존재확인을 구하는 소가 있다.[2]

3 민법 제865조에 의한 친생자관계 존부확인의 소는, 부를 정하는 소(민법 제845조), 친생부인의 소(제846조, 제848조, 제849조, 제850조, 제851조), 인지에 대한 이의의 소(제862조), 인지청구의 소(제863조) 및 인지 무효의 소(가사소송법 제2조 제1항 제1호 가목)의 목적에 해당하지 않는 '다른 사유'를 원인으로 하여 가족관계등록부의 기록을 정정할 필요가 있을 때 제기할 수 있다.

2. 다른 소송과의 구별

가. 친생부인의 소

4 민법 제844조에 의해 부의 친생자로 추정되는 자와의 친생자관계를 부정하기 위하여는 친생부인의 소를 제기하여야 하고, 친생자관계 부존재확인의 소를 제기하는 것은 부적법하다(단, 민법 제844조 제3항의 경우에는 앞서 본 바와 같이 출생신고가 되어 있지 아니할 것을 요건으로 친생부인의 소의 절차보다 간이한 라류 가사비송사건인 친생부인 허가청구 또는 인지의 허가 청구를 할 수 있다).

5 한편, 친생추정을 받는 기간 중에 출생한 자라 하더라도, 동서(同棲)의 결여로 처가 남편의 자녀를 포태할 수 없음이 외관상 명백한 경우에는 자녀가 남편의 친생자로 추정되지 아니하므로, 남편은 친생부인의 소에 의하지 아니하고 자녀와의 친생자관계 부존재확인의 소를 제기할 수 있다.[3]

6 그러나 친생부인의 소를 제기해야 할 것을 친생자관계 부존재확인의 소를 제기하여 부적법한 소라도 가정법원이 이를 간과하고 그 청구를 받아들여 친생자관계가 존재하지 아니한다는 판결을 선고하고 그 판결이 확정된 경우에는, 그 판결은 당연무효가 아니고 대세효도 있으므로 친생추정의 효과는

2 주해친족법(제1권)(제1판), 박영사(2015), 661(권재문).
3 대법원 1983. 7. 12. 선고 82므59 전원합의체 판결.

소멸하게 된다.[4]

7 한편 친생추정을 받지 않는 혼인 중의 출생자(혼인성립의 날로부터 200일이 되기 전에 출생한 자)에 대하여는 친생자관계 부존재확인의 소를 제기할 수 있다. 친생추정을 받지 않는 혼인 중의 출생자가 다른 사람의 자로 되어 있을 경우 생부를 상대로 인지청구의 소를 제기할 때에도 사전에 친생자관계 부존재확인의 소를 제기할 필요가 없다.

나. 인지에 대한 이의의 소 또는 인지 무효의 소

8 인지에 대한 이의의 소 또는 인지 무효의 소는 '인지신고'에 의하여 발생된 신분관계를 다투는 것이므로, 인지신고가 아닌 '출생신고'에 의하여 가족관계등록부상 등재된 친생자관계를 다투기 위하여는 그 출생신고에 인지로서의 효력이 인정된다 하더라도(가족관계의 등록 등에 관한 법률 제57조) 인지에 대한 이의의 소나 인지무효의 소를 제기할 것이 아니라 친생자관계 부존재확인의 소를 제기하여야 한다.[5]

9 따라서 허위의 친생자출생신고에 의하여 가족관계등록부에 친생자관계로 등재된 경우 예컨대 부가 처 외에 다른 여자와의 관계에서 출생한 혼인외 출생자를 처와의 관계에서 태어난 혼인 중의 출생자로 출생신고한 경우에는 친생자관계 부존재확인의 소를 제기할 수 있다.[6] 가족관계등록부에 생부모 아닌 사람들 사이에서 출생한 것으로 등재된 경우[7]도 같다.

10 반대로, 인지신고에 의하여 가족관계등록부상 등재된 친생자관계를 다투기 위하여는 인지에 대한 이의의 소 또는 인지무효의 소를 제기하여야 하고, 친생자관계 부존재확인의 소를 제기할 것은 아니다.[8]

다. 입양무효 또는 입양취소

11 입양에 의한 친생자관계 또한 입양의 무효나 취소로 다투는 것이 원칙이다.[9] 입양의 실질적 요건을 모두 갖추고 양친자관계를 형성하려는 의사로 출생신고를 함으로써 입양의 효력이 발생한 경우, 친생자관계 부존재확인의 소를 제기

4 대법원 1992. 7. 24. 선고 91므566 판결.
5 대법원 1998. 10. 20. 선고 97므1585 판결.
6 대법원 1967. 7. 18. 자 67마332 결정.
7 대법원 1992. 8. 17. 자 92스13 결정.
8 법원실무제요, 가사[Ⅰ], 사법연수원(2021), 604.
9 법원실무제요, 가사[Ⅰ], 사법연수원(2021), 604.

한 원고가 소송 도중 재판상 파양사유가 있다고 주장하는 경우 재판상 파양으로 청구를 변경하여야 하는지에 관하여, 대법원은 재판상 파양사유가 있는 경우 재판상 파양에 갈음하는 친생자관계 부존재확인청구를 허용하고 있다.[10] 즉, 당사자간에 양친자관계를 창설하려는 의사가 있었고 기타 입양의 실질적 요건을 갖춘 경우 입양의 방편으로 허위의 출생신고를 하였다면 입양의 효력이 인정되므로,[11] 파양에 의하여 그 양친자관계를 해소할 필요가 있는 경우 호적 기재 자체를 말소하여 법률상 친자관계의 존재를 부인하게 하는 친생자관계 부존재확인청구를 제기하면 된다.[12] 다만, 파양의 원인이 없는 한, 친생자관계 부존재확인의 소를 제기하여도 확인의 이익이 없다는 이유로 각하된다.[13]

12 그리고 위와 같은 양친자관계를 해소하기 위한 친생자관계 부존재확인청구의 인용판결이 확정되면, 확정일 이후부터는 더 이상 양친자관계의 존재를 주장할 수 없다.[14]

라. 인지청구의 소

13 혼인외 출생자의 경우 부자관계를 창설하기 위해서는 인지청구의 소를 제기하여야 하며, 친생자관계 존재확인의 소에 의할 수는 없다.[15] 혼인외 출생자와 생부 사이의 친자관계는 인지에 의하여 비로소 발생하기 때문이다. 다만 모자관계는 인지를 통하지 않고도 법률상 친자관계가 인정되므로, 친생자관계 존재확인의 소가 가능할 수 있다.[16]

마. 법원의 석명권 행사

14 앞서 본 바와 같이 친생자관계 존부확인의 소는 친생부인, 인지에 대한 이의나 인지의 무효, 입양의 무효나 취소의 소에 대한 관계에서 보충적인 성질을 가지지만, 일단 그 판결이 확정된 이후에는 인지나 입양 또는 친생추정 등에 의한 신분관계가 부정되는 결과로 되므로, 친생자관계 존부확인의 소를 처리함에 있어서는 신중할 필요가 있다.[17]

10 대법원 2001. 5. 24. 선고 2000므1493 전원합의체 판결.
11 대법원 1977. 7. 26. 선고 77다492 전원합의체 판결.
12 대법원 2001. 5. 24. 선고 2000므1493 전원합의체 판결.
13 대법원 1991. 12. 13. 선고 91므153 판결.
14 대법원 2023. 9. 21. 선고 2021므13354 판결, 대법원 2012. 12. 13. 선고 2011다69442, 69459 판결 참조.
15 대법원 1981. 12. 22. 선고 80므103 판결.
16 김주수/김상용, 주석 민법, 친족(3)(제5판), 한국사법행정학회(2016), 195.
17 법원실무제요, 가사[I], 사법연수원(2021), 605.

15 실무상 원고가 친생자관계 존부확인의 소를 제기하였는데 위에서 열거한 소를 제기하여야 하는 사건에 해당하기 때문에 허용되지 않는 경우에, 법원은 석명권을 행사하여 원고에게 청구취지 및 청구원인을 석명하여 소를 변경하도록 유도하고, 당사자가 이에 불응하는 경우 비로소 그 소를 각하할 것이다.[18]

3. 성질

16 친생자관계 존부확인의 소는 현재 존재하는 친생자관계의 존재 또는 부존재의 확인을 구하는 것으로서, 그 성질은 확인의 소이다. 따라서 가족관계등록부상 진실과 다르게 출생신고가 되어 있는 경우 재산상 분쟁 및 그 밖의 소송에서 선결문제로 친자관계의 부존재를 심리함도 가능하고, 소송의 방법 뿐 아니라 누구든지 어떤 방법으로든 주장할 수 있다.[19]

Ⅱ. 소송절차

1. 정당한 당사자

가. 원고적격

17 부를 정하는 소(민법 제845조), 친생부인의 소(제846조, 제848조, 제850조, 제851조), 인지에 대한 이의의 소(제862조), 인지청구의 소(제863조)를 제기할 수 있는 사람은 친생자관계 존부확인의 소를 제기할 수 있다(제865조 제1항).

18 아버지를 정하는 소는 자녀, 모, 모의 배우자, 모의 전 배우자가, 친생부인의 소는 부부 중 어느 일방, 후견인, 유언집행자, 직계존속이나 직계비속 등이, 인지에 대한 이의의 소는 자녀 그 밖의 이해관계인이, 인지청구의 소는 자녀와 그 직계비속 또는 그 법정대리인이 각각 제기할 수 있으므로, 결국 이해관계인은 누구나 친생자관계 존부확인의 소를 제기할 수 있는 것으로 해석될 수 있다.[20]

19 여기의 이해관계인은 친생자관계 존부의 확정판결에 의해 특정한 권리를 얻게 되거나 특정한 의무를 면하게 되는 등의 직접적 이해관계가 있는 제3자를 가리키는바, 예컨대 A의 생모가 아님에도 그의 생모로 가족관계등록부에 등

18 법원실무제요, 가사[Ⅰ], 사법연수원(2021), 606.
19 대법원 1978. 4. 11. 선고 78다71 판결.
20 법원실무제요, 가사[Ⅰ], 사법연수원(2021), 607.

재된 사람은 A 와 자신 사이의 친생자관계 부존재확인을 구할 이익은 있어도 A 와 그 아버지 사이의 친생자관계 존부확인을 구할 이익은 없다.[21] 또한 여기의 이해관계인은 법적인 친족에 한정되지 않기 때문에 생부도 자녀가 가족관계등록부상 부의 친생추정을 받지 않거나 친생추정이 미치지 않는 경우 자녀와 가족관계등록부상 부 사이의 친생자관계 부존재확인을 구할 수 있다.

20 과거 판례는, 민법 제777조 소정의 친족은 특별한 사정이 없는 한 그와 같은 신분관계를 가졌다는 사실만으로써 당연히 친생자관계 존부확인의 소를 제기할 이익이 있다고 판시하였고,[22] 이에 대하여는 당사자와 그 법정대리인 및 4촌 이내의 친족은 확인의 이익 등 특별한 이해관계를 증명할 필요 없이 당연히 친자관계존부확인의 소를 제기할 수 있지만, 그 이외의 제777조 소정의 친족은 확인의 이익을 주장하고 증명하여 소를 제기할 수 있다고 해석해야 한다는 비판이 있었다.[23]

21 대법원 2020. 6. 18. 선고 2015므8351 전원합의체 판결은 견해를 바꾸어, 구 인사소송법(1990. 12. 31. 법률 제4300호 가사소송법 부칙 제2조로 폐지) 등의 폐지와 가사소송법의 제정·시행, 호주제 폐지 등 가족제도의 변화, 신분관계 소송의 특수성, 가족관계 구성의 다양화와 그에 대한 당사자 의사의 존중, 법적 친생자관계의 성립이나 해소를 목적으로 하는 다른 소송절차와의 균형 등을 고려할 때, 민법 제777조에서 정한 친족이라는 사실만으로 당연히 친생자관계 존부확인의 소를 제기할 수 있다고 한 종전 대법원 판례는 더 이상 유지될 수 없게 되었다고 보면서, 친족관계에 있는 제3자도 이해관계인에 해당하는 경우에 원고적격을 가진다고 판시하였다.

나. 피고적격

22 친생자관계 존부확인의 소의 피고적격은 가사소송법의 규정에 따른다. 즉 친생자관계의 당사자인 부(또는 모)와 자녀 중 일방이 소를 제기한 때에는 상대방이 피고가 되고(가사소송법 제28조, 제24조 제1항), 이해관계인이 소를 제기한 때에는 부(또는 모)와 자녀가 공동피고로 되는 것이 원칙이며(제24조 제2항), 그 중 한 명이 사망한 때에는 생존자만을 피고로 할 수 있다(제24조 제3항).

21 대법원 1990. 7. 13. 선고 90므88 판결.
22 대법원 1981. 10. 13. 선고 80므60 전원합의체 판결.
23 박동섭, "친생자관계 존부확인의 소의 당사자적격", 법률신문사(2006).

23 여기에서 친생자관계가 있는 당사자의 어느 한쪽 또는 양쪽이라는 것은 부자 사이에는 그 부와 자, 모자 사이에는 그 모와 자를 가리키며, 부모와 자를 가리키는 것은 아니다. 따라서 자가 부와의 사이에 친생자관계 부존재확인의 소를 제기하는 경우는 그 부만이 피고가 될 뿐 모는 피고가 될 수 없고, 제3자가 부자 사이의 친생자관계 부존재확인을 소구하는 경우에도 그 부자만이 피고가 될 뿐 모는 상대방이 될 수 없다.[24]

24 실무상 자가 부모를 공동피고로 하여 그 친생자관계 부존재확인을 구하는 것을 자주 볼 수 있는데, 이는 부에 대한 부자관계의 부존재확인청구와 모에 대한 모자관계의 부존재확인청구가 단순히 주관적·객관적으로 병합된 것일 뿐 부모가 필수적 공동소송인이 되는 것은 아니다. 부나 모가 여러 명의 자를 공동피고로 하여 소를 제기한 경우도 같다.[25] 한편 제3자가 부모 및 자를 공동피고로 하여 소를 제기한 경우 부와 모는 필수적 공동소송인은 아니나, 공동피고로 된 부와 자 또는 모와 자는 각각 필수적 공동소송인으로 된다.[26]

25 친생자관계의 어느 한 쪽 당사자가 소를 제기한 경우 다른 쪽이 사망한 때에는 검사를 상대방으로 하고, 제3자가 소를 제기한 경우 친생자관계의 어느 한쪽 당사자가 사망한 때에는 생존한 다른 한쪽 당사자를 상대방으로 하고, 친생자관계의 당사자 양쪽이 모두 사망한 때에는 검사를 당사자로 한다(가사소송법 제24조 제3항). 따라서 검사는 피고적격을 가지는 자 전원이 사망한 경우에 한하여 보충적 피고적격을 가진다 할 것이다. 검사를 피고로 하는 경우에는 그 사망을 안 날로부터 2년 이내에 소를 제기하여야 하고, 이는 제척기간에 해당한다.

26 실종선고가 있으면 사망자로 간주되지만, 부재선고에 관한 특별조치법에 의해 군사분계선 이북 지역의 잔류자에 대한 실종선고는 상속 및 혼인에 관해서만 사망간주의 효과가 있는 것이므로 친생자관계 존부확인의 소에서는 사망간주될 수 없고, 따라서 검사가 피고로 될 수도 없다.[27]

24 법원실무제요, 가사[Ⅰ], 사법연수원(2021), 609.
25 법원실무제요, 가사[Ⅰ], 사법연수원(2021), 609.
26 대법원 1983. 9. 15. 자 83즈2 결정.
27 대법원 1981. 7. 28. 선고 80므19 판결.

2. 관할

가. 토지관할

27 친생자관계 존부확인의 소는 상대방의 보통재판적이 있는 곳의 가정법원의 전속관할로 하고, 상대방이 여러 명일 때에는 그중 1명의 보통재판적이 있는 곳의 가정법원의 전속관할로 한다(가사소송법 제26조 제2항). '상대방이 여러 명일 때'의 의미는, 제3자가 친생자관계에 있는 부자 양쪽 또는 모자 양쪽을 피고로 하는 경우와 같이 여러 명의 피고가 필수적 공동소송관계에 있는 것을 가리키고, 통상의 공동소송관계에 있는 여러 명에 대한 청구가 병합된 경우는 이에 해당하지 아니한다.

28 따라서, 부가 여러 명의 자를 피고로 하여 그들과의 친생자관계 부존재확인을 소구하는 경우, 여러 명의 자의 주소지를 관할하는 가정법원이 각각 다른 때에는 그 각 청구의 전속관할이 달라지게 되어 각 청구를 병합할 수 없게 된다. 그러나 이에 대하여는 반대설이 있다.[28] 전속관할이므로 관련재판적의 적용은 없다(민사소송법 제31조). 실무에서는 여러 명의 피고의 관할법원이 다를 때 전속관할 위반으로 이송결정을 하고 있다.

29 상대방이 모두 사망한 때, 즉 피고적격을 가진 자가 모두 사망하여 검사가 피고로 되어야 하는 경우에는 그중 1명의 마지막 주소지 가정법원의 전속관할로 한다(가사소송법 제26조 제2항).

나. 사물관할

30 친생자관계 존부확인의 소는 단독판사의 사물관할에 속한다(민사 및 가사소송의 사물관할에 관한 규칙 제3조).

3. 심리

가. 조정전치주의와의 관계

31 친생자관계 존부확인의 소는 가류 가사소송사건으로서 조정전치주의의 적용을 받지 않는다. 즉 친생자관계 존부확인의 소는 가류 가사소송사건에 해당하여 성질상 당사자가 임의로 처분할 수 없는 사항을 소송물로 하는 것으로서, 이에 관하여 조정이나 재판상 화해가 성립하더라도 효력이 없다.[29]

28 법원실무제요, 가사[I], 사법연수원(2021), 611.
29 대법원 1999. 10. 8. 선고 98므1698 판결.

나. 확인의 이익

32 친생자관계 존부확인의 소는 확인의 소로서 확인의 이익이 있어야 한다. 그런데 대법원은 민법 제777조에서 정한 친족이라는 사실만으로 당연히 친생자관계 존부확인의 소를 제기할 수 있다고 한 종전 판례를 변경하여 친족관계에 있는 제3자도 이해관계인에 해당하는 경우에 원고적격을 가진다고 판시하였으므로,[30] 친족관계에 있는 제3자가 소를 제기할 때에도 그 확인의 이익이 있음을 주장, 입증하여야 한다.

33 확인의 이익이란 다른 사람 사이의 친생자관계가 잘못됨으로써 자신의 법률상 신분관계 등에 직접적 영향을 받게 되는 것을 의미한다. 친생자관계 부존재확인의 소는 잘못된 가족관계등록부상의 신분관계를 바로잡기 위함이 일반적이므로 확인의 이익이 문제되는 경우는 드물지만, 친생자관계 존재확인의 경우에는 그 확정판결에 의하지 않더라도 출생신고나 인지 등에 의하여 당사자 스스로 친생자관계를 가족관계등록부상 등재함이 가능하므로, 그와 같은 조치가 불가능한 예외적인 경우에 한하여 확인의 이익이 인정될 수 있다. 따라서, 혼인외 출생자의 부가 사망한 경우에는 그 사망을 안 날로부터 2년 이내에 검사를 상대로 인지청구의 소를 제기하여야 하고, 생모가 혼인외 출생자를 상대로 그와 망부 사이의 친생자관계 존재 확인을 구하는 소는 허용될 수 없다.[31]

34 실무상 친족 외의 사람이 친생자관계 존부확인의 소를 제기하는 경우로는 생모가 자신의 친생자 및 그 가족관계등록부상의 모를 피고로 하여 피고들 사이의 친생자관계 부존재확인을 구하는 한편 자신과 친생자 사이의 친생자관계 존재확인을 구하는 경우를 들 수 있다.[32]

35 그런데 이 경우 생모와 자 사이의 친생자관계 존재확인을 구할 확인의 이익이 있는지 문제되는데, 종전 실무는 친생자관계 부존재확인청구가 인용되면 그 판결이유에 포함되어 있는 원고가 생모라는 취지를 소명자료로 하여 자의 가족관계등록부를 정정할 수 있으므로 확인의 이익이 없다고 보았으나, 2009. 7. 17. 제정된 가족관계등록예규 제302호는 친자관계의 확정판결문을 소명자

30 대법원 2020. 6. 18. 선고 2015므8351 전원합의체 판결.
31 대법원 1997. 2. 14. 선고 96므738 판결.
32 법원실무제요, 가사[I], 사법연수원(2021), 613.

료로 첨부하여야 한다고 규정하였기 때문에, 현재는 실무상 생모와 자 사이의 친생자관계 존재확인 청구에서 확인의 이익을 인정하는데 어려움이 없다.

36 당사자가 입양의 실질적 요건을 모두 갖춘 다음 양친자관계를 창설할 의사로 친생자 출생신고를 한 경우에는 그 형식에 불구하고 입양의 효력이 발생하여 법률적으로 친생자관계가 형성되므로, 파양에 의하여 그 양친자관계를 해소할 필요가 있는 등의 특별한 사정이 없는 한 당사자가 친생자관계 부존재확인을 구함은 확인의 이익이 없다.[33] 즉 파양에 의하여 그 양친자관계를 해소할 필요가 있는 등의 특별한 사정이 그 있는 경우에 한하여 친생자관계 부존재확인을 구할 확인의 이익이 있다.

다. 제소기간

37 친생자관계 존부확인의 소는 확인의 소로써 제소기간에는 명문규정에 의한 제한이 없다. 대법원은 부모 사망일부터 오랜 기간이 경과된 후 친족이 제기한 친생자관계 부존재확인의 소의 신의칙 위반과 관련하여, "법에서 친족에 의한 친생자관계 부존재확인의 소에 대하여는 특별히 제소기간에 제한을 두지 아니한 취지에 비추어 특별한 사정이 없는 한 친생자관계 부존재확인의 소가 소권의 남용이라는 명목으로 쉽게 배척되어서는 안될 것이다."라고 판시하였다.[34]

38 다만 당사자 일방이 사망한 때에는 그 사망을 안 날로부터 2년 내에 검사를 상대로 소를 제기할 수 있다. 이는 제척기간으로, 사망사실을 안다는 것은 사망이라는 객관적 사실을 아는 것을 뜻할 뿐 자신과 사망자 사이에 친생자관계가 존재하지 않는다는 것까지 알아야 하는 것은 아니다. 다만 사망사실을 안 때에 적어도 의사능력은 있어야 할 것이므로, 사망사실을 안 때에 의사능력이 없었던 경우에는 그 의사능력이 생긴 때부터 제척기간이 진행된다. 소송능력이 없는 경우에도 마찬가지로 볼 것이나, 법정대리인이 있는 경우에는 그 법정대리인이 사망사실을 안 때가 제척기간의 기산일이라 할 것이다.[35]

33 대법원 2001. 8. 21. 선고 99므2230 판결.
34 대법원 2004. 6. 24. 선고 2004므405 판결.
35 법원실무제요, 가사[I], 사법연수원(2021), 615.

39 제척기간은 검사를 피고로 하는 경우에 적용된다. 그러므로 제3자가 사망한 부와 생존중인 자 사이 또는 생존 중인 부와 사망한 자 사이의 친생자관계 존부확인을 구하는 경우와 같이 부모와 자 중 한쪽이 생존하고 있는 때에는 그 생존자가 피고적격을 가지고 검사는 피고로 될 수 없으므로 제척기간의 제한을 받지 아니한다.[36]

40 따라서, 부 사망 후 자가 그 사망사실을 안 날로부터 2년이 경과한 뒤 원고로서 검사를 피고로 하여 망부와의 친생자관계 부존재확인의 소를 제기함은 제척기간의 제한을 받아 허용될 수 없으나, 친족인 제3자가 그 자를 피고로 하여 소외 망부와의 친생자관계 부존재확인의 소를 제기함은 제척기간의 제한을 받지 않아 허용되고, 그 확정판결에는 대세효가 있으므로 자가 원고로써 소를 제기하는 것과 같은 효과가 있다.

라. 소송능력과 소송대리

41 모자관계를 대상으로 하는 친생자관계 존부확인의 소에서 흔히 미성년자의 법정대리가 문제된다. 즉 미성년자인 A의 생모라고 주장하는 B가 A 및 A의 가족관계등록부상의 부모인 C, D를 상대방으로 하여 그들 사이의 친생자관계 부존재확인의 소를 제기할 경우, 누가 A의 법정대리인이 되는가에 관하여 실무는 가족관계등록부상의 부모인 C, D가 법정대리인이기는 하나 이를 행사함에 법률상 및 사실상의 장애가 있는 경우에 해당하여 민사소송법 제62조에 의한 특별대리인을 선임해야 한다는 견해에 따르고 있다.[37] 따라서 미성년자인 자녀가 피고로 된 친생자관계 존부확인의 소에서 가족관계등록부상 부모 중 한쪽이 당사자로 된 경우에는 다른 쪽이 미성년자의 친권자로써 법정대리인이 되고, 부모 쌍방이 당사자로 된 경우에는 제62조에 의한 특별대리인을 선임하여야 한다.

마. 소송절차의 승계

42 이와 관련하여, 대법원 2014. 9. 4. 선고 2013므4201 판결은 "친생자관계 존부확인 소송은 그 소송물이 일신전속적인 것이지만, 당사자 일방이 사망한 때에는 일정한 기간 내에 검사를 상대로 하여 그 소를 제기할 수 있으므로

36 대법원 1983. 3. 8. 선고 81므77 판결.
37 법원실무제요, 가사[Ⅰ], 사법연수원(2021), 616.

(민법 제865조 제2항), 당초에는 원래의 피고적격자를 상대로 친생자관계 존부확인 소송을 제기하였으나 소송계속 중 피고가 사망한 경우 원고의 수계신청이 있으면 검사로 하여금 사망한 피고의 지위를 수계하게 하여야 한다. 그러나 그 경우에도 가사소송법 제16조 제2항을 유추적용하여 원고는 피고가 사망한 때로부터 6개월 이내에 수계신청을 하여야 하고, 그 기간 내에 수계신청을 하지 않으면 그 소송절차는 종료된다. 이와 같은 법리는 친생자관계 존부확인 소송계속 중 피고에 대하여 실종선고가 확정되어 피고가 사망한 것으로 간주되는 경우에도 마찬가지로 적용된다."라고 판시한 바 있다.

바. 혈액형 등의 수검명령

43 ☞ 민법 제863조 Ⅲ. 3. 마. 주석 참조.

4. 판단

44 친생자관계 존부확인의 소는 개별적인 부자관계 또는 모자관계의 존부확인을 심판대상으로 하는 것이고, 누가 누구와 누구 사이에서 출생하였다는 사실확인을 하거나 누구의 부모가 누구와 누구인지를 확인하는 것은 아니다.[38] 따라서 그 청구인용판결의 주문은 "원고는 피고들 사이에서 출생한 자가 아님을 확인한다."는 식이 되어서는 안되고,[39] 개별적인 법률관계를 명확히 하여 "A와 B 사이에는 친생자관계가 존재하지 아니함을 확인한다.", "A와 C 사이에는 친생자관계가 존재함을 확인한다."는 방식이 되어야 한다.

Ⅲ. 판결의 효과

1. 확정판결의 효력

45 친생자관계 존부확인의 소는 가류 가사소송사건으로서, 그 청구를 인용한 확정판결은 제3자에게도 효력이 있다(가사소송법 제21조 제1항). 그 청구를 배척한 판결이 확정된 경우에 다른 제소권자는 사실심의 변론종결 전에 참가하지 못한 데 대하여 정당한 사유가 있지 아니하면 다시 소를 제기할 수 없다(가사소송법 제21조 제2항).

38 법원실무제요, 가사[Ⅰ], 사법연수원(2021), 618.
39 대법원 1971. 7. 27. 선고 71므13 판결.

46 한편, 혼인외 출생자에 대한 친생자관계 부존재확인 판결이 확정된 후에도 그 기판력은 인지청구의 소에는 미치지 않는다.[40] 인지청구의 소는 법적으로 부존재하는 부자관계를 전제로 법적 부자관계의 창설을 구하는 형성의 소이기 때문이다.[41]

2. 판결에 의한 등록부의 정정

47 친생자관계 존부확인청구를 인용한 판결이 확정되면 가정법원의 법원사무관 등은 바로 그 뜻을 등록기준지의 가족관계등록사무를 처리하는 자에게 통지하여야 한다(가사소송규칙 제7조 제1항 제1호).

48 또한 이 경우 친생자관계 존부확인의 소를 제기한 사람은 판결확정일부터 1개월 이내에 판결의 등본 및 그 확정증명서를 첨부하여 등록부의 정정을 신청하여야 한다(가족관계의 등록 등에 관한 법률 제107조).

Ⅳ. 남북주민 사이의 친생자관계 존재확인의 소

49 '남북 주민 사이의 가족관계와 상속 등에 관한 특례법' 제8조(친생자관계 존재확인의 소에 관한 특례)에 의하면, 혼인 중의 자로 출생한 북한주민(북한주민이었던 사람을 포함한다)이 남한주민인 아버지 또는 어머니의 가족관계등록부에 기록되어 있지 아니한 경우에는 민법 제865조 제1항에 따라 소를 제기할 수 있는 사람이 친생자관계 존재확인의 소를 제기할 수 있고(남북 주민 사이의 가족관계와 상속 등에 관한 특례법 제8조 제1항), 제1항의 소는 민법 제864조에도 불구하고 분단의 종료, 자유로운 왕래, 그 밖의 사유로 인하여 소의 제기에 장애사유가 없어진 날부터 2년 내에 제기할 수 있으며(제8조 제2항), 혼인 중의 자로 출생한 남한주민이 자신의 가족관계등록부에 북한주민(북한주민이었던 사람을 포함한다)인 아버지 또는 어머니가 기록되어 있지 아니한 경우 그 친생자관계 존재확인의 소의 제기에 관하여는 제1항 및 제2항을 준용한다(제8조 제3항).

40 대법원 1982. 12. 14. 선고 82므46 판결.
41 주해친족법(제1권)(제1판), 박영사(2015), 671(권재문).

[후론 1] 인공임신과 친자관계

[참고문헌] 김주수/김상용, 주석 민법, 친족(3)(제5판), 한국사법행정학회(2016); 주해친족법(제1권)(제1판), 박영사(2015); 주해친족법(제1권)(제2판), 박영사(2025); 김주수/김상용, 친족·상속법(제20판), 법문사(2024); 방윤섭, "AID로 태어난 아이의 아빠는 누구인가", 가사재판연구Ⅲ, 서울가정법원 가사재판연구회(2018); 윤진수, "보조생식기술의 가족법적 쟁점에 대한 근래의 동향", 서울대학교 법학 제49권 제2호, 서울대학교 법학연구소(2008); 현소혜, "대리모를 둘러싼 쟁점과 해결방안 - 입법론을 중심으로", 가족법연구 제32권 제1호, 한국가족법학회(2018); 정구태, "2015년 친자법 관련 주요 판례 회고", 법학논총 제23권 제1호, 조선대학교 법학연구원(2016); 최성배, "대리모에 관한 법적 고찰", 사법논집 제32집, 법원도서관(1998); 김현진, "대리모 출생아, 어떻게 보호할 것인가", 법률신문사(2019)

Ⅰ. 인공임신의 의의

1 인공임신(Artificial Reproduction)[1]이란 남녀 간의 자연적인 성행위에 의하지 아니하고 인공적인 특수한 방법에 의하여 여성의 임신을 가능하게 하는 모든 의료적 방법을 통한 임신을 총칭하는 것으로,[2] (체내)인공수정, 체외수정, 대리모에 의한 임신을 포함한다.

2 (체내)인공수정(Artificial Insemination)에는 배우자의 정자에 의한 인공수정(Arti-ficial Insemination by Husband : AIH)과 정자제공자에 의한 인공수정(Artificial Insemination by Donor : AID)이 있다. 체외수정(In Vitro Fertilization : IVF)에는 배우자간 체외수정(Homologous IVF)과 비배우자간 체외수정(Heterologous IVF)가 있는데, 비배우자간 체외수정은 정자 또는 난자를 제공받았는지 여부에 따라 인공수정에 비하여 보다 세분된다. 비배우자간 체외수정 중 정자제공자의 정자와 처의 난자를 체외수정시켜 수정란을 시술하는 경우(In Vitro Fertilization

1 최근에는 보조생식(Assisted Reproduction)이라는 용어가 더 많이 쓰인다고 한다. 윤진수, "보조생식기술의 가족법적 쟁점에 대한 근래의 동향", 서울대학교 법학 제49권 제2호, 서울대학교 법학연구소(2008), 67.

2 방윤섭, "AID로 태어난 아이의 아빠는 누구인가", 가사재판연구Ⅲ, 서울가정법원 가사재판연구(2018), 146.

by Donor : IVF-D)는 체외에서 수정되었다는 점만 다를 뿐 법적효과는 AID의 경우와 같다.

3 배우자간 체외수정된 수정란을 제3자인 여성의 자궁에 착상시켜 출산할 경우[3] 또는 제3자인 여성이 인공수정으로 난자와 자궁을 모두 제공하여 출산할 경우 제3자인 여성을 '대리모'라 하는데, 출산 후 자녀가 의뢰모(전자의 경우 의뢰모와 혈연모가 일치하고, 후자의 경우 대리모와 혈연모가 일치한다)와 대리모 중 누구와 모자관계가 성립하는지 문제된다.[4]

Ⅱ. 인공수정자의 법적 지위

1. AIH에 의한 인공수정자

가. 남편 생존 중의 인공수정자

4 남편의 정자에 의하여 아내가 포태·출산한 인공수정자는 자연임신으로 출생한 자녀와 동일하게 다루어야 한다.[5] 따라서 출생 시기에 따라 친생추정을 받는 혼인 중의 출생자 또는 친생추정을 받지 않는 혼인 중의 출생자가 된다.

나. 사후포태 인공수정자

5 남편이 사망한 후 냉동보존된 남편의 정액을 사용하여 출생한 인공수정자의 법적 지위에 대해, 민법 제844조 제2항이 정한 기간 내에 출생한 자녀에 대해서는 사후포태된 경우라 하더라도 친생추정이 적용된다고 봄이 지배적인

3 김주수/김상용, 친족·상속법(제20판), 법문사(2024), 354.

4 그 외에 의뢰모나 대리모가 아닌 다른 여성의 난자를 사용한 수정란을 대리모의 자궁에 착상시켜 출산하는 형태의 대리모 계약이 있을 수 있으나, 이에 관하여는 논외로 하기로 한다.

5 서울가정법원 2011. 6. 22. 선고 2009드합13538 판결(항소심에서 조정 성립). AIH에 의하여 출생한 자의 친자관계는 자연적인 성결합 대신에 인공적인 기술이 사용되었을 뿐이어서 통상의 자와 마찬가지로서 민법 제844조에 의해 부의 친생자로 추정받는다고 할 것이고, 사실혼 부부 사이에 AIH에 의한 출생자가 있으면 그 출생자는 모의 혼인 외의 자가 되나, 그 후 부부가 혼인신고를 하게 되면 민법 제855조 제2항에 기해 준정에 의한 혼인 중의 자가 된다(갑과 사실혼관계에 있던 을이 갑에게 출산·양육 등과 관련한 일체의 책임을 묻지 않기로 하는 각서를 작성하고 갑에게서 정자를 공여받아 인공수정을 통하여 병, 정을 출산한 사안에서, 정자제공자가 갑으로 특정되어 있는 점, 갑이 배우자로서 선택유산 및 양수검사에도 동의한 점, 을이 만약 갑과 혼인신고를 하게 되면 병, 정은 민법 제855조 제2항에 기해 준정에 의한 혼인 중의 자가 되는 법률상의 지위에 있다는 점, 그럼에도 갑에게 병, 정의 부가 될 의사가 없었다는 이유만으로 병, 정의 인지청구를 허용하지 않는다면 이는 부의 일방적인 의사에 기해 사전에 자의 신분적 이익을 박탈하는 것은 물론 자의 인격의 독립성을 침해하는 것으로서 허용될 수 없다는 점 등을 종합하여 고려하면, 갑이 을에게 정자를 제공하면서 각서를 받은 사실만으로는 갑을 불특정다수를 위해 정자를 정자은행에 기증한 사람과 동일하게 보기 어렵다고 하며, 병, 정의 인지청구를 인정한 사례).

견해이다.[6]

6 남편의 사후 300일 이후에 출생한 인공수정자의 법적 지위에 대하여는, 자녀가 출생 후 이미 사망한 부(父)를 상대로 인지청구의 소를 제기할 수 있는지에 관해 견해가 나뉜다. 긍정설은 명문규정이 없는 한 사후포태 사안에 대해서도 민법 제864조의 적용을 배제할 이유가 없고,[7] 법적 부자관계의 성립이 자녀에게 심리적·사회적으로 이익이 될 수 있으며, 사후포태에 대해 아무런 책임이 없는 자녀를 포태방법을 이유로 차별하는 것은 혼인외의 출생자 차별과 다를 바 없다는 이유로[8] 부(父)의 사망을 안 날로부터 2년 내에 검사를 상대로 인지청구의 소를 제기할 수 있는 것으로 해석한다. 반면 부정설은 민법 제864조 제정 당시에는 사후 인공수정이 불가능하였기 때문에 이 조항을 근거로 사후포태 자녀의 인지청구를 인정할 수는 없다고 한다.[9]

7 한편, 서울가정법원은 이러한 경우 자녀의 인지청구를 인용하는 판결을 한 바 있다.[10] 그러나 이에 대해서는 인지청구를 긍정하기 위한 조건으로서 남편의 생전 동의가 필요하다고 보아야 하고, 단지 남편과 사후포태자 간에 혈연관계가 인정된다는 것만으로는 인지청구를 인정할 수 없다는 견해가 있다.[11] 다만 남편이 생전에 정액의 냉동보존에 동의하였고 사망 전 그 동의를 명시적으로 철회하지 않았다면, 사후 인공수정에 대해서도 남편의 동의의사가 유지된다고 봄이 타당하다.

8 사후포태자의 인지청구가 긍정된 경우 그 자녀가 사망한 부(父)의 상속인이 될 수 있는지 문제된다. 지배적인 견해는 인지의 소급효에 관한 규정(민법 제860조)과 태아의 상속능력에 관한 규정(제1000조 제3항)이 부(父)의 사망시에 이미 출생해 있었던 자녀나 태아로서 포태되어 있던 자녀에 대해서만 적용되는 것이므로, 父의 사망 당시 태아로서도 존재하지 않았던 자녀는 사망한

6 주해친족법(제1권)(제1판), 박영사(2015), 687(권재문).
7 주해친족법(제1권)(제1판), 박영사(2015), 687(권재문).
8 주해친족법(제1권)(제1판), 박영사(2015), 688(권재문).
9 주해친족법(제1권)(제1판), 박영사(2015), 687(권재문)[일본 최고재판소 2006(평성 18년) 9. 4. 선고 판결은 사후포태 자녀의 인지청구를 기각하면서 우리나라의 부정설과 비슷한 논거를 제시하고 있다].
10 서울가정법원 2015. 7. 3. 선고 2015드단21748 판결.
11 정구태, "2015년 친자법 관련 주요 판례 회고", 법학논총 제23권 제1호, 조선대학교 법학연구원(2016).

부(父)의 상속인이 될 수 없다고 본다.[12] 이에 대하여, 상속권을 인정하지 않는다면 자녀의 복리를 위하여 법적 부자관계를 인정하는 의미가 반감되어 버리므로, 절충안으로서 사후포태 자녀에게도 상속권을 인정하되 일정한 시기적 제한(예컨대 피상속인 사망 후 2년)을 두자는 견해가 있다.[13] 한편 현행법 하에서도 사후포태 전에 완결된 상속관계 보호라는 법적 안정성과 사후포태 자녀의 상속권 보장의 조화가 가능하며, 이는 상속재산 분할 후 사후포태 자녀가 민법 제1014조에 의해 가액지급청구권을 가지게 되는데, 판례[14]에 따르면 이 경우도 상속회복청구권의 행사기간에 관한 제999조가 적용되므로, 상속재산이 분할된 때로부터 10년이 경과한 후에는 사후포태 자녀가 인지되더라도 더 이상 상속관계에 영향을 미칠 수 없기 때문이라는 견해도 있다.[15] 그러나 동 견해는 헌법재판소가 2024. 6. 27. 선고 2021헌마1588 결정에서 "상속개시 후 인지 또는 재판확정에 의하여 공동상속인이 된 자가 다른 공동상속인에 대해 그 상속분에 상당한 가액의 지급에 관한 청구권(상속분가액지급청구권)을 행사하는 경우에도 상속회복청구권에 관한 10년의 제척기간을 적용하도록 한 민법 제999조 제2항의 '상속권의 침해행위가 있은 날부터 10년' 중 제1014조에 관한 부분은 재산권과 재판청구권을 침해한다."는 이유로 단순위헌 결정을 함으로써 유지될 수 없을 것으로 보인다.

9 한편 영국의 인간수정 및 배아발생에 관한 법률(Human Fertilisztion and Embr-yology Act) 제40조 (4)에서는 사후수정에 의한 법적 부자관계 성립 요건이 갖추어진 경우더라도 그 목적은 자녀의 출생등록에 부를 기재하는 것에 그친다는 취지를 명문으로 규정하고 있다.[16]

12 김주수/김상용, 주석 민법, 친족(3)(제5판), 한국사법행정학회(2016), 38.

13 윤진수, "보조생식기술의 가족법적 쟁점에 대한 근래의 동향", 서울대학교 법학 제49권 제2호, 서울대학교 법학연구소(2008), 95.

14 대법원 2007. 7. 26. 선고 2006므2757 판결(민법 제1014조에 의한 피인지자 등의 상속분상당 가액지급청구권은 그 성질상 상속회복청구권의 일종이므로 같은 법 제999조 제2항에 정한 제척기간이 적용되고, 같은 항에서 3년의 제척기간의 기산일로 규정한 '그 침해를 안 날'이라 함은 피인지자가 자신이 진정상속인인 사실과 자신이 상속에서 제외된 사실을 안 때를 가리키는 것으로 혼인외의 자가 법원의 인지판결 확정으로 공동상속인이 된 때에는 그 인지판결이 확정된 날에 상속권이 침해되었음을 알았다고 할 것이다).

15 주해친족법(제1권)(제1판), 박영사(2015), 688(권재문).

16 주해친족법(제1권)(제1판), 박영사(2015), 688(권재문).

2. AID에 의한 인공수정자

가. 남편의 동의가 있는 경우

10 남편의 동의를 얻은 AID 자녀의 경우에 친생추정을 받게 하고 남편에 의한 친생부인도 부정하여야 한다는 것이 일반적인 학설과 판례[17]의 추세이다.[18] 즉 시술에 동의한 남편이 나중에 변심하여 부인권을 행사하는 것은 금반언의 원칙(신의칙)에 반하기 때문에 이를 부정하여야 한다는 것이다.[19]

11 최근 대법원 2019. 10. 23. 선고 2016므2510 전원합의체 판결은, 남편이 무정자증으로 인한 생식불능인데 아내가 혼인 중 남편이 아닌 제3자의 정자를 제공받아 인공수정으로 임신하여 출산한 자녀의 친자관계가 문제된 사안에서, "친생자와 관련된 민법 규정, 특히 민법 제844조 제1항(이하 '친생추정 규정'이라 한다)의 문언과 체계, 민법이 혼인 중 출생한 자녀의 법적 지위에 관하여 친생추정 규정을 두고 있는 기본적인 입법 취지와 연혁, 헌법이 보장하고 있는 혼인과 가족제도 등에 비추어 보면, 아내가 혼인 중 남편이 아닌 제3자의 정자를 제공받아 인공수정으로 자녀를 출산한 경우에도 친생추정 규정을 적용하여 인공수정으로 출생한 자녀가 남편의 자녀로 추정된다고 보는 것이 타당하다."고 판시하여 인공임신의 경우에도 자연임신과 동일하게 친생추정 규정이 적용된다고 보았다.

12 또한 위 전원합의체 판결은, "정상적으로 혼인생활을 하고 있는 부부 사이에서 인공수정 자녀가 출생하는 경우 남편은 동의의 방법으로 자녀의 임신과 출산에 참여하게 되는데, 이것이 친생추정 규정이 적용되는 근거라고 할 수 있다. 남편이 인공수정에 동의하였다가 나중에 이를 번복하고 친생부인의 소를 제기하는 것은 허용되지 않는다. 나아가 인공수정 동의와 관련된 현행법상 제도의 미비, 인공수정이 이루어지는 의료 현실, 민법 제852조에서 친생

17 서울가정법원 1983. 7. 15. 선고 82드5110(본심), 83드1266(반심) 심판, 서울가정법원 1983. 7. 15. 선고 82드5134 심판(확정), 서울고등법원 1986. 6. 9. 선고 86르53 판결(확정), 서울가정법원 2000. 8. 18. 선고 2000드단7960 판결(확정), 서울가정법원 2002. 11. 19. 선고 2002드단53028 판결(확정), 대구지방법원 가정지원 2007. 8. 23. 선고 2006드단22397 판결(확정), 서울가정법원 2011. 6. 22. 선고 2009드합13538 판결(항소심 조정성립).

18 방윤섭, "AID로 태어난 아이의 아빠는 누구인가", 가사재판연구Ⅲ, 서울가정법원 가사재판연구회(2018), 160.

19 김주수/김상용, 주석 민법, 친족(3)(제5판), 한국사법행정학회(2016), 38.

자임을 승인한 자의 친생부인을 제한하고 있는 취지 등에 비추어 이러한 동의가 명백히 밝혀지지 않았던 사정이 있다고 해서 곧바로 친자관계가 부정된다거나 친생부인의 소를 제기할 수 있다고 볼 것은 아니다." 즉 "부부가 정상적인 혼인생활을 하고 있는 경우 출생한 인공수정 자녀에 대해서는 남편의 동의가 있었을 개연성이 높다. 따라서 혼인 중 출생한 인공수정 자녀에 대해서는 다른 명확한 사성에 관한 증명이 없는 한 남편의 동의가 있었던 것으로 볼 수 있다. 동의서 작성이나 그 보존 여부가 명백하지 않더라도 인공수정 자녀의 출생 이후 남편이 인공수정 자녀라는 사실을 알면서 출생신고를 하는 등 인공수정 자녀를 자신의 친자로 공시하는 행위를 하거나, 인공수정 자녀의 출생 이후 상당 기간 동안 실질적인 친자관계를 유지하면서 인공수정 자녀를 자신의 자녀로 알리는 등 사회적으로 보아 친자관계를 공시·용인해 왔다고 볼 수 있는 경우에는 동의가 있는 경우와 마찬가지로 취급하여야 한다."고 판시하여, 혼인 중인 부부 사이에서 인공수정의 방법으로 태어나 친생추정을 받는 자녀에 대한 친생부인의 소를 엄격히 제한하고 있다.

13 따라서, 인공수정으로 출생한 자녀가 후에 정자제공자에 대하여 인지청구를 하는 것도 허용되지 않는다.[20] 마찬가지로 정자제공자가 자신의 정자를 이용하여 출생한 인공수정자를 인지할 수 없다.

14 이에 대하여, 친생추정이 미치지 않는 자녀의 범위를 남편의 자를 포태할 수 없는 것이 객관적으로 명백한 별거상태(예컨대 해외체류, 장기격리, 생사불명, 사실상의 이혼 등)에 있는 경우 뿐 아니라 생식불능 등으로 수태가능성이 완전히 존재하지 않는 경우까지 포함시키는 견해[21]에 의하면, 인공수정자는 부의 자로 추정될 수 없다는 해석이 나올 수 있다. 따라서 이와 같이 해석할 때에는 이해관계인은 누구나 인공수정자에 대하여 친생자관계 부존재확인의 소를 제기할 수 있게 된다.[22]

15 오늘날 세계적으로 인공수정이 널리 실시되고 있고, 그 출생아도 상당수에 이르게 되어 여러 나라에서 법률적 정비가 이루어졌다. 혼인 중의 출생자와 혼인외의 출생자의 평등화를 꾀하는 입법이 미국통일친자법(Uniform Parentage

20 서울가정법원 2011. 6. 22. 선고 2009드합13538 판결(항소심 조정성립).
21 제한설 중 혈연설의 입장이다.
22 김주수/김상용, 주석 민법, 친족(3)(제5판), 한국사법행정학회(2016), 38. 이러한 태도를 취한 판결로는 서울가정법원 2002. 11. 19. 선고 2002드단53028 판결.

Act, 1973년)으로 제정되었는데, 그 법에서 부(夫)의 동의하에 처가 낳은 인공수정자는 부(夫)의 친생자와 동일하게 다루도록 되어 있고(같은 법 5), 정자제공자는 원칙적으로 자연의 부(父)로 취급되지 않으며, 시술기록이나 서류의 비밀유지를 규정하였다. 그리고 부모의 혼인관계는 법적 친자관계에 영향을 미치지 않도록 규정하였다. 이 법은 1975년 캘리포니아주에 의하여 계수된 이래 25개 주가 같은 취지의 입법을 하였다. 또한 1984년에 스웨덴인공수정법이 제정되어 1985년부터 시행되고 있다.[23]

16 우리나라에서도 부의 동의가 있는 경우 친생추정에 관한 민법 제844조가 적용되는지 여부, 부가 친생부인을 할 수 있는지 여부 등에 관하여 30여 년 전부터 상당한 논의가 전개되어 왔으며, 이러한 친자법적인 규정을 포함하는 내용에 관하여 제17대 국회(2004년~2008년)에 세 가지 법률안이 제출되었으나 모두 국회의 임기만료로 인하여 폐기되었다.[24] [25] 다만 앞서 본 바와 같이 대법원 2019. 10. 23. 선고 2016므2510 전원합의체 판결은 인공임신의 경우에도 자연임신과 동일하게 친생추정 규정이 적용된다고 판시하였다.

나. 남편의 동의가 없는 경우

17 생명윤리 및 안전에 관한 법률 제24조에서 배아의 생성 등에 관한 배우자의 서면동의를 규정하고 있으므로, 남편의 동의 없이 시술이 행하여지는 경우는 불법이지만, 만약 남편의 동의 없는 인공수정 시술로 자녀가 태어났다면 그 자녀는 사안에 따라 친생추정을 받는 혼인 중의 출생자, 친생추정을 받지 않는 혼인 중의 출생자, 추정이 미치지 않는 자가 될 것이다.[26] 부(夫)는 친생부인의 소를 제기할 수 있으며, 친생추정을 받지 않거나 추정이 미치지 않는 자일 경우에는 이해관계인이 친생자관계 부존재확인의 소를 제기할 수 있다고 해석하여야 할 것이다.[27]

23 김주수/김상용, 주석 민법, 친족(3)(제5판), 한국사법행정학회(2016), 36.
24 방윤섭, “AID로 태어난 아이의 아빠는 누구인가”, 가사재판연구Ⅲ, 서울가정법원 가사재판연구회(2018), 154.
25 제18대 국회에서는 2011. 12. 30. 생명윤리 및 안전에 관한 법률 전부개정법률안이 통과되었으나 이 법률은 인공수정에 대한 의료법적 규제만을 대상으로 하고 있으며, 친자법에 대해서는 명시적인 규정을 두고 있지 않다[주해친족법(제1권)(제1판), 박영사(2015), 674(권재문)].
26 김주수/김상용, 주석 민법, 친족(3)(제5판), 한국사법행정학회(2016), 40.
27 김주수/김상용, 주석 민법, 친족(3)(제5판), 한국사법행정학회(2016), 40.

18 그러나 처의 이러한 행위는 이혼원인으로서의 부정행위는 되지 않으며, 다만 민법 제840조 제6호의 한 요소가 될 수는 있을 것이다.[28]

다. 비혼여성이 AID에 의하여 인공수정자를 출산한 경우

19 비혼여성이 제3자의 정자를 제공받아 자녀를 출산한 경우, 그 자녀는 그 여성의 혼인외 출생자가 된다. 이 경우에도 인공수정자가 후에 정자제공자에 대하여 인지청구를 하는 것은 허용되지 않으며,[29] 마찬가지로 정자제공자가 자신의 정자를 이용하여 출생한 인공수정자를 인지할 수 없다 할 것이다.

3. 체외수정에서의 친자관계

20 체외수정은 아내의 난자와 남편의 정자를 체외(시험관)에서 수정시켜 아내의 자궁에 착상시킨 다음 출산하도록 하는 것을 말한다. 이러한 배우자간의 체외수정은 AIH와 같으므로 법률적으로는 큰 문제가 없다.

21 다만 체외수정 상태에서 아내의 자궁에 착상 전 부(父)가 사망하였을 경우, 이 수정란을 태아로 보아서 상속권을 인정할 것인가 하는 문제가 있으나,[30] 이는 AIH에서 사후포태자의 인지청구가 긍정된 경우 그 자녀가 사망한 부(父)의 상속인이 될 수 있는지와 같은 학설 대립이 발생할 수 있을 것으로 보인다.

4. 대리출산 자녀의 모자관계

가. 논의의 쟁점

22 대리출산에 관한 국내의 논의는 대리출산 계약의 유효 여부 및 이에 대한 의료법적 규제[31]라는 문제를 중심으로 하고 있었지만, 출산대리모 사안에서 의뢰모와 출산모 중 누가 법적인 모가 되어야 하는지가 문제된 미국의 Johnson

28 김주수/김상용, 주석 민법, 친족(3)(제5판), 한국사법행정학회(2016), 40.

29 서울가정법원 2011. 6. 22. 선고 2009드합13538 판결(항소심 조정성립).

30 김주수/김상용, 주석 민법, 친족(3)(제5판), 한국사법행정학회(2016), 40.

31 생명윤리 및 안전에 관한 법률 제23조 제3항은 "누구든지 금전, 재산상의 이익 또는 그 밖의 반대급부를 조건으로 배아나 난자 또는 정자를 제공 또는 이용하거나 이를 유인하거나 알선하여서는 아니된다."고 규정하여 영리 목적으로 자신의 난자와 자궁을 모두 의뢰모에게 제공하는 형태의 전통적 대리모 계약과 영리 목적으로 대리모 출산에 사용되는 정자 또는 난자를 제3자로부터 제공받는 형태의 자궁대리모 계약을 금지하고 있다. 이에 대해 비영리 목적의 전통적 대리모 계약 유형과 비영리 목적의 의뢰모 아닌 자의 난자를 사용하는 방식의 자궁대리모 계약이 유효한지 문제될 수 있으나, 전자의 경우 외국의 입법례에서도 금지되는 경우가 많으며, 후자의 경우도 이를 금지하는 것이 옳다고 한다[현소혜, "대리모를 둘러싼 쟁점과 해결방안 - 입법론을 중심으로", 가족법연구, 한국가족법학회(2018)].

v. Calvert 사건 판결이 소개되면서 모자관계 결정기준도 본격적으로 논의되기 시작하였다.[32]

나. 대리출산 자녀의 모자관계 결정 기준

23 배우자간 체외수정된 수정란을 제3자인 여성의 자궁에 착상시켜 자녀가 출생한 경우, 학설은 ① 모자관계의 중첩을 인정하여 혈연모와 출산모 모두에게 법적인 모의 지위가 인정됨을 전제로 민법 제909조 제4항을 유추적용하여 친권자인 모를 결정하자는 견해, ② 모자관계의 중첩을 부인하고 혈연기준설에 따르는 견해, ③ 모자관계의 중첩을 부인하고 출산기준설을 따르는 견해, ④ 자녀의 복리 심사에 따라 법적인 모를 결정하여야 한다는 자녀복리기준설 등이 주장되고 있다.[33] 그런데 모자관계의 중첩을 부인하고 출산기준설을 주장하는 견해들은 대부분 입양 또는 이에 준하는 절차를 거쳐 의뢰모에게 법적인 모의 지위가 귀속될 수 있음을 전제로 한다.[34] 즉 출산모에게는 친생모의 지위를 인정하고 혈연모에게는 별다른 절차 없이 양모의 지위를 각 인정하자고 하거나,[35] 출산모에게 원시적으로 모성을 귀속시키고 법원의 재판을 거쳐 혈연모에게 법적인 모의 지위를 인정하자고 주장한다.[36]

24 이에 대해 서울가정법원 2018. 5. 9. 자 2018브15 결정은, 모자관계는 친생자로 추정하거나 그 친생자관계를 부인하는 명시적인 규정이 없고, 다만 혼인 외의 출생자에 대하여 생모가 인지할 수 있으나(민법 제855조 제1항), 그 인지는 기아 등 모자관계가 불분명한 특수한 경우에 한하여 허용되고, 그 인지청구의 법적 성질도 생부에 의한 인지청구 소송이 형성소송인 것과는 달리 확인소송에 해당하며, 일반적인 혼인 외의 출생자와 생모 사이에는 생모의 인지가 없어도 '출산'으로 당연히 법률상 친족관계가 생긴다고 해석하는 것이 일관된 판례[37]라고 보았다. 따라서 민법상 부모를 결정하는 기준은 '모의 출산'이라는 자연적 사실이라고 할 것이고, 이에 대해 인공수정 등 과학기술의

32 주해친족법(제1권)(제1판), 박영사(2015), 674(권재문).
33 주해친족법(제1권)(제1판), 박영사(2015), 675(권재문).
34 주해친족법(제1권)(제1판), 박영사(2015), 675(권재문).
35 최성배, "대리모에 관한 법적 고찰", 사법논집 제32집, 법원도서관(1998), 29.
36 윤진수, "보조생식기술의 가족법적 쟁점에 대한 근래의 동향", 서울대학교 법학 제49권 제2호, 서울대학교 법학연구소(2008), 94.
37 대법원 1967. 10. 4. 선고 67다1791 판결 등 참조.

발전에 맞추어 법률상 부모를 '출산'이라는 자연적 사실이 아니라 유전적인 공통성 또는 수정체의 제공자와 출산모의 의사를 기준으로 결정하여야 한다는 의견이 있을 수 있으나, '출산'이라는 자연적 사실은 다른 기준에 비해 그 판단이 분명하고 쉬운 점, 모자관계는 단순히 법률관계에 그치는 것이 아니라, 수정, 약 40주의 임신기간, 출산의 고통과 수유 등 오랜 시간을 거쳐 형성된 정서적인 부분이 포함되어 있고, 그러한 정서적인 유대관계 역시 '모성'으로서 법률상 보호받는 것이 타당한 점, 그런데 유전적 공통성 또는 관계인들의 의사를 기준으로 부모를 결정할 경우 이러한 모성이 보호받지 못하게 되고, 이는 결과적으로 출생자의 복리에도 반할 수 있는 점, 또한 유전적인 공통성 또는 수정체의 제공자를 부모로 볼 경우 여성이 출산에만 봉사하게 되거나 형성된 모성을 억제하여야 하는 결과를 초래할 수 있고, 그러한 결과는 우리 사회의 가치와 정서에도 맞지 않는 점, 정자나 난자를 제공한 사람은 민법상 '입양', 특히 친양자입양을 통하여 출생자의 친생부모와 같은 지위를 가질 수 있는 점 등에 비추어 보면, 민법상 부모를 결정하는 기준은 그대로 유지되어야 한다고 판시하였다. 이는 즉 출산모에게 원시적으로 모성을 귀속시키되 친양자입양 허가심판 등 법원의 재판을 거쳐 혈연모에게 법적인 모의 지위를 인정하자는 입장을 취한 것으로 보여진다.[38]

다. 대리모 계약의 유효성 여부

1) 의뢰모와 혈연모가 일치하는 경우

25 배우자간 체외수정된 수정란을 제3자인 여성의 자궁에 착상시켜 출산하는 대리모 계약의 유효성 여부에 대해, 의뢰부모의 자격을 난임 부부로 한정하여 유효성을 인정하자는 견해도 있다.[39]

26 그러나 최근 앞서 본 서울가정법원 2018. 5. 9. 자 2018브15 결정[40]은 부부인 갑과 을이 갑과 을의 수정란을 대리모인 병에게 착상시켜 병이 정을 낳았는

38 한편 서울가정법원 2016. 8. 12. 자 2015느단31494 심판은 자궁대리모를 이용하여 자녀를 출산한 의뢰부모가 자녀와의 친자관계를 인정받기 위해 친양자입양 허가심판을 신청하자, 아직은 '출산'이라는 명확한 기준을 도외시하기 어려운 점, 출산이라는 모성의 고유한 작용을 보호하여야 하는 점 등에 비추어 청구인들이 사건본인의 친생부모라고 하기는 어려우므로, 이들에게 친양자 입양의 청구인 적격이 인정된다는 전제로 친양자입양 허가심판을 인용하였다.

39 현소혜, "대리모를 둘러싼 쟁점과 해결방안 - 입법론을 중심으로", 가족법연구 제32권 제1호, 한국가족법학회(2018).

40 재항고 취하로 확정되었다.

데, 갑이 정의 모를 '을'로 기재하여 출생신고를 하였으나, 가족관계등록공무원이 신고서에 기재한 모의 성명(을)과 출생증명서에 기재된 모의 성명(병)이 일치하지 않는다는 이유로 불수리처분을 한 사안에서, 출생신고서에 기재된 모(을)의 인적사항과 출생증명서에 기재된 모(병)의 인적사항이 일치하지 아니하므로 갑의 출생신고를 수리하지 아니한 처분은 적법하다고 보면서, 민법상 모자관계의 결정 기준이 '모의 출산사실'인 점, 가족관계등록법상 출생신고를 할 때에는 출생신고서에 첨부하는 출생증명서 등에 의하여 모의 출산사실을 증명하여야 하는 점, 인간의 존엄과 가치를 침해하는 것을 방지함으로써 생명윤리와 안전을 확보하고 국민의 건강과 삶의 질 향상에 이바지하고자 하는 생명윤리 및 안전에 관한 법률의 입법 목적 등을 종합하여 볼 때, 남편이 배우자 아닌 여성과의 성관계를 통하여 임신을 유발시키고 자녀를 낳게 하는 고전적인 대리모의 경우뿐만 아니라, 이 사안과 같이 부부의 정자와 난자로 만든 수정체를 다른 여성의 자궁에 착상시킨 후 출산케 하는 이른바 '자궁(출산)대리모'도 우리 법령의 해석상 허용되지 아니한다고 할 것이고, 이러한 대리모를 통한 출산을 내용으로 하는 계약은 선량한 풍속 기타 사회질서에 위반하는 것으로써 민법 제103조에 의하여 무효라고 판시함으로써 대리모 계약이 무효임을 명확히 하였다.

27 또한 최근 대법원 2025. 4. 24. 선고 2022므15371 판결은 아래 2)에서 보는 바와 같이 대리모와 혈연모가 일치하는 경우의 대리모계약도 무효라고 판시하였으므로, 의뢰모와 혈연모가 일치하는 형태의 대리모계약에서는 당연히 이를 무효로 볼 것이다.

28 이에 대하여는, 대리모계약이 공서양속에 반하여 무효라는 위 결정의 결론에는 동의하면서도, 다만 대리모계약이 공서양속에 반하여 효력을 인정할 수 없다 하더라도 이미 출생한 아이는 보호되어야 하고, 대리모 출산 사실이 아이의 출생신고에 장애가 되어서는 안된다는 입장에서, 일단 의뢰부의 출생신고에 부분적 효력을 부여하여 인지신고로 인정한 뒤 의뢰모가 배우자의 아이에 대해 친양자 입양을 하도록 함이 실체관계에 부합하고 절차적으로 효율적인 방안이라는 견해가 있다.[41]

41 김현진, "대리모 출생아, 어떻게 보호할 것인가", 법률신문사(2019).

2) 대리모와 혈연모가 일치하는 경우

29 대리모의 난자와 남편의 정자를 인공수정한 후 대리모의 자궁에 착상시켜 출산케 한 사안에서, 대법원 2025. 4. 24. 선고 2022므15371 판결은 "보조생식 시술을 통하여 임신·출산한 자녀를 타인에게 인도할 것을 내용으로 하는 이른바 대리모계약은 여성의 몸을 도구화하고, 출생한 자녀를 거래의 객체화하며, 임신과 출산 과정에서 형성된 모자간의 정서적 유대관계를 깨뜨려 인간으로서의 존엄성을 침해하므로, 민법 제103조에서 정한 선량한 풍속 기타 사회질서에 위반한 법률행위로서 무효이다. 대리모가 자신이 출산한 아이와 관련하여 친생모로서 가지는 권리 일체를 포기하기로 하는 합의는 대리모계약의 일부 혹은 그 연장선상에서 체결된 것이므로 역시 무효이고, 진실한 친자관계를 부정하고 모로서의 정당한 권리행사를 박탈하는 것이라는 점에서도 그 효력을 인정하기 어렵다."라고 보면서, "부자관계는 그 관계 확정을 위한 별도의 요건을 충족하는 경우에만 친자관계가 성립하는 법률적 친자관계이지만, 모자관계는 임신과 출산이라는 사실에 의하여 그 관계가 명확히 결정되는 자연적 친자관계라는 것이 우리 민법이 정하고 있는 바이고(대법원 2019. 10. 23. 선고 2016므2510 전원합의체 판결 등 참조), 출산한 모와 자녀 사이에 혈연관계도 존재한다면, 무효인 대리모계약에 의하여 출산이 이루어졌다고 하더라도 자녀를 출산한 대리모를 자녀의 모로 보는 것이 타당하다."라고 판시하여, 대리모계약이 무효임을 명확히 하였다.[42]

라. 그 외의 문제들

30 대리모가 임신 중 모체의 건강상의 이유로 임신중절을 하여야 할 경우 그 결정권에 대하여 난자제공자인 의뢰모와 경합이 생기는가의 여부, 대리모가 일방적으로 임신중절을 한 경우, 난자제공자인 의뢰모는 대리모에게 법적 책임을 물을 수 있는지 여부가 문제될 수 있다.[43] 그 밖에 출생한 체외수정자에

42 다만, 위 대법원 판결은 그럼에도 불구하고 자녀의 복리는 친자관계의 성립과 유지에서 가장 우선적으로 고려해야 할 사항이므로(대법원 2019. 10. 23. 선고 2016므2510 전원합의체 판결 참조), 친생자관계 존재확인의 소를 통해 진실한 신분관계를 귀속시키는 것이 오히려 자녀의 복리에 현저히 반하게 되는 특별한 사정이 있다면 친생자관계존재확인의 소도 예외적으로 소권남용에 해당하여 허용되지 않을 수 있다고 보아, 원고(대리모 겸 혈연모)의 피고(자녀)에 대한 친생자관계 존재확인 청구를 각하 취지로 파기환송 하였다.

43 앞서 본 서울가정법원 2018. 5. 9. 자 2018브15 결정에서와 같이 대리모 계약을 민법 제103조 위반으로 무효라고 볼 경우, 의뢰모는 대리모의 임신중절 결정권에 관여하거나 대리모에게 법적 책임을 물을 수 없을 것이다.

게 건강상의 문제가 있는 경우 자녀의 인수 거부를 둘러싸고 분쟁이 발생할 여지도 있다.[44]

5. 대리출산 자녀의 부자관계

31 대리모계약이 무효이고 대리모가 출산에 의해 법적인 모가 되므로, 의뢰부가 정자를 제공하였다 하더라도 의뢰부의 법률상 처가 출산한 것이 아니어서 의뢰부와 자녀 사이에는 민법 제844조에 따른 친생추정이 미치지 않는다. 대리모에게 법률상 남편이 없다면 자녀는 의뢰부의 혼인외 자녀로서 의뢰부가 자녀를 인지할 수 있다.[45] 만약 대리모에게 법률상 남편이 있다면 그가 그 자녀의 부라는 법률상 추정을 받을 수 있으므로, 친생추정이 번복되거나 친생추정이 미치지 않는 경우에만 의뢰부가 자녀를 인지할 수 있을 것이다.[46]

44 김주수/김상용, 주석 민법, 친족(3)(제5판), 한국사법행정학회(2016), 41.

45 김현진, "대리모 출생아, 어떻게 보호할 것인가", 법률신문사(2019); 주해친족법(제1권)(제2판), 박영사(2025), 768(이봉민).

46 주해친족법(제1권), 제2판, 박영사(2025), 768(이봉민).

제 2 절 양자

<개정 2012. 2. 10>

[총설]

[참고문헌] 주해친족법(제1권)(제2판), 박영사(2025); 김주수/김상용, 친족·상속법(제20판), 법문사(2024); 한봉희/백승흠, 가족법, 삼영사(2013); 2019 사법연감, 법원행정처; 2023 법원연감, 법원행정처; 김우덕, "양자법에 관한 입법론적 연구 - 완전양자법제의 도입을 위한 실증적 고찰을 중심으로-", 동아대학교 대학원 박사학위 논문(1986); 김주수, "개정 가족법의 개정경위와 과제", 가족법연구 제4호, 한국가족법학회(1990); 윤진수, "여성차별철폐협약과 한국가족법", 서울대학교 법학 제46권 제3호, 서울대학교 법학연구소(2005); 이정선, "한국 근대 '호적제도'의 변천 - '민적법'의 법제적 특징을 중심으로 -", 한국사론 제55권, 서울대학교 국사학과(2009); 정긍식, "조선민사령과 한국 근대 민사법", 동북아법연구 제11권 제1호, 전북대학교 동북아법연구소(2017); 정인섭, "대한민국의 수립과 구법령의 승계 : 제헌 헌법 제100조 관련 판례의 분석", 국제판례연구 제1집, 서울국제법연구원(2000); 한봉희, "한국의 가족법에 있어서 일제잔재", 가족법연구 제9호, 한국가족법학회(1995)

Ⅰ. 양자의 의의

1 민법이 정하고 있는 자(子)에는 친생자 외에도 양자가 있다.

2 친생자는 혈연을 기준으로 결정되는 자연혈족으로서, 친생자와 그 모 사이에는 출산이라는 자연적 사실에 의해 모자관계가 성립된다. 친생자와 그 부 사이에는 친생추정이라는 법률상 추정 또는 인지라는 법률행위에 의해 부자관계가 성립되므로 자연적 사실만으로 친자관계가 성립되는 모의 경우와는 차이가 있으나, 친생추정 또는 인지 역시도 혈연관계를 전제로 한다는 점에서 출산에 의한 모자관계의 성립과 본질은 동일하다. 다만 대리출산을 통해 출산한 경우 출산한 여성과 출생한 아동 사이에는 혈연관계가 존재하지 않는 반면 직접 출산을 하지 않고 난자를 제공하여 대리출산을 의뢰한 여성과 출생한 아동 사이에는 혈연관계가 존재하므로,[1] 출산과 혈연관계가 일치하지 않는

[1] 다만, 대리모가 자궁뿐만 아니라 난자도 제공하는 경우에는 대리모와 출생한 아동 사이에 혈연관계가 존재하게 된다. 이러한 사안을 다룬 판례로서 대법원 2025. 4. 24. 선고 2022므15371 판결 참조.

문제가 발생한다(☞ 대리출산 자녀의 모자관계에 관하여는 제4편 제4장 [후론] 참조).

3 양자는 혈연관계를 전제로 한 자연적 사실에 기초하여 성립하는 자연혈족과 대비되는 법정친자이다. 법정친자관계란 혈연에 의하지 않고 당사자의 의사에 기초하여 성립한 친자관계라고 보는 견해[2]와, 혈연관계가 존재하지 않음에도 불구하고 법률에 의해 친자관계가 존재하는 것과 같이 간주되는 관계라고 보는 견해[3]가 있다. 위 견해들 중 어느 것에 의하든, 법정친자관계인 양자는 혈연관계를 전제로 하지 않는다고 보는 것은 동일하다.

Ⅱ. 현행 양자 규정의 개관

4 민법은 제4장 '부모와 자'의 장에서 제1절에서는 친생자에 관한 규정, 제2절에서는 양자에 관한 규정, 제3절에서는 친권에 관한 규정을 둠으로써, 앞의 두 개 절에서는 부모와 자 관계를 창설하는 두 제도를 대별하고 있고, 뒤의 한 개 절에서는 친생자와 양자를 아울러 적용되는 부모 - 자녀 사이의 법적 관계에 관하여 정하고 있다.

5 양자의 절은 입양의 요건과 효력(제1관), 입양의 무효와 취소(제2관), 파양(제3관), 친양자(제4관)으로 구성되어 있다. 이는 제3장 '혼인'의 장이 약혼(제1절), 혼인의 성립(제2절), 혼인의 효력(제3절), 혼인의 무효와 취소(제4절), 이혼(제5절)의 순서로 규정을 두고 있는 것과 대응된다. 다만, 입양에 있어서는 혼인에서 약혼과 같은 제도가 없어 별도의 규정이 없고, 입양의 효력은 별도의 항목을 구성할 만한 규정을 가지지 않아 '입양의 요건과 효력'이라는 제목으로 하나의 항목으로 합쳐져 있는 점이 다를 뿐이다. 친양자 제도는 2005. 3. 31. 법률 제7427호로 개정된 민법에서 새로 도입됨으로써 관련 규정이 양자의 절에서 새로운 관으로 추가되게 되었다.

Ⅲ. 우리나라 입양제도의 변천

1. 민법 제정 전

가. 민법 제정 전의 법규범

6 1958. 2. 22. 법률 제471호로 제정되어 1960. 1. 1.부터 시행된 민법은 입양에

2 김주수/김상용, 친족·상속법(제20판), 법문사(2024), 289.
3 주해친족법(제1권)(제2판), 박영사(2025), 771(현소혜).

관한 규정을 두었다. 그런데 위 법률은 그 부칙에 따라 특별한 규정이 있는 경우 외에는 시행일 전의 사항에 대하여도 적용되지만, 구법[4]에 의하여 이미 생긴 효력에 영향을 미치지 아니하는 일반규정(부칙 제2조)을 두고 있는 외에, 입양의 무효 또는 취소, 파양에 관한 별도의 경과규정(부칙 제18조, 제19조)을 두고 있었다. 즉, 민법의 제정 전에도 입양제도가 있었음을 알 수 있다.

7 제헌 헌법 제100조는 "현행법령은 이 헌법에 위배되지 않는 한 계속 효력을 갖는다."고 규정하였는바, 이때의 '현행법령', 즉 헌법 시행 당시 국내법으로서 적용되던 법령이 민법 부칙이 말하는 구법에 해당한다. 이는 크게 미군정 법령, 일제의 법령, 대한제국의 법령의 세 가지로 구분될 수 있는데,[5] 민사에 관하여는 일제의 법령, 즉 1912년 일정이 제정·시행한 조선민사령(1912. 3. 18. 제정 제8호)을 의미한다.

나. 입양에 관한 조선의 관습

8 공포 당시 조선민사령은, 조선인의 민사에 관한 사항은 조선민사령이나 그 밖의 법령에 특별한 규정이 없는 한 일본민법을 의용하되(제1조), 민법 중 능력과 친족·상속에 관한 규정은 조선인에게 이를 적용하지 않고 당해 사항에 관하여는 전적으로 조선인의 관습에 의한다(제11조)고 규정하였다.

9 입양에 관한 조선인의 관습 중 하나는 이성양자(異姓養子)의 불허용, 즉 이성불양(異姓不養)이다. 다만, 조선의 법제 하에서도 환관가에게만은 예외적으로 이성양자가 인정되었다. 그런데 일제 시 1916. 11. 8. 총독부 사법부장 회답 이후 조선고등법원 1925. 5. 25. 자 판결은, 1915. 4. 1. 개정 민적법[6] 실시와 동시에 위 관습은 스스로 폐절되었고 그 후 환관가에 대하여도 이성양자가 인정되지 않는다고 판시하였다.[7] 그 후 대법원도 "우리나라의 종전의 관습에

4 민법에 의하여 폐지되는 법령 또는 법령중의 조항을 말한다. 제정 민법 부칙 제1조.

5 국회도서관 입법조사국 편, "헌법제정회의록(제헌의회)", 국회도서관(1967), 231. 정인섭, "대한민국의 수립과 구법령의 승계 : 제헌 헌법 제100조 관련 판례의 분석", 국제판례연구 제1집, 서울국제법연구원(2000), 263에서 재인용.

6 민적법(民籍法)은 대한제국 당시인 1909년 3월 법률 제8호로 공포되어 1909. 4. 1.부터 시행된 법률로서, 이는 민사에 관한 실체법이 아니라, 당시 일본 호적법의 원리를 모방해 가(家)와 그에 속한 호주와 가족의 신분관계와 그 변동을 기재하는 가(家)별 신분등록제도를 규정한 법률이었다. 이정선, "한국 근대 '호적제도'의 변천 – '민적법'의 법제적 특징을 중심으로 –", 한국사론 제55권, 서울대학교 국사학과(2009), 292.

7 조선고등법원요지류집, 사법협회(1943), 333; 정인섭, "대한민국의 수립과 구법령의 승계 : 제헌 헌법 제100조 관련 판례의 분석", 국제판례연구 제1집, 서울국제법연구원(2000), 298에서 재인용.

의하면 이성양자(異姓養子)제도는 원칙적으로 인정되지 아니하였고 다만 환관가(宦官家) 등에 한하여 이성양자가 허용되던 때가 있었으나, 1915. 4. 1. 개정 민적법이 시행됨에 따라 그 제도도 철폐되었으므로, 1915. 4. 1.부터는 이성의 자(者)를 양자로 하는 것이 법률상 허용되지 아니하였다."고 판시하였다.[8]

10 또한 위 대법원 전원합의체 판결은, "남자 자손이 없는 자만이 양자를 할 수 있고(서자가 있는 경우는 별론으로 한다), 양자가 될 자는 부모와 호주의 동의를 얻어야 하며, 이와 같은 요건을 갖추지 못한 입양은 무효로 하는 것이 민법 시행 전의 관습"이라고 하였다.

11 즉, 조선의 관습에 의한 입양제도는 남자 자손이 없는 사람이 자신과 같은 성(姓)의 사람을 양자로 들여 대를 잇게 하는 것으로서, 가(家)를 위한 입양에 해당한다.[9]

다. 일본 민법의 의용 확대

12 조선민사령 제11조는 해방 전까지 세 차례에 걸쳐 개정되어 일본 구 민법 중 친족·상속편 규정을 한국인에게 점차적으로 확대 적용하였다.[10] 그 중 제4차 개정(1922. 12. 7. 제령 제13호)에서는 제11조 제2항을 "분가·절가재흥·혼인·협의이혼·결연 및 협의이연은 부윤 또는 읍·면장에게 신고함으로써 그 효력을 발생한다."라고 하여 입양과 협의파양에 대하여 종래의 사실주의를 신고주의로 전환하였다. 그리고 제14차 개정(1939. 11. 10. 제령 제19호)에서는 제11조의2를 신설하여 "조선인의 양자결연에 있어서 양자는 양부모와 성을 같이하지 아니하여도 된다. 다만, 사후양자의 경우에 있어서는 그러하지 아니하다(제1항).", "서양자결연은 양자결연의 신고와 동시에 혼인신고를 함으로써 효력을 발생한다(제2항)."고 하여 이성양자(異姓養子)와 서양자(壻養子)[11]를 인정하게 되었으며, 제11조를 개정하여 파양에 관하여 일본 민법을 의용하게 되었다.[12]

8 대법원 1994. 5. 24. 선고 93므119 전원합의체 판결.

9 주해친족법(제1권)(제2판), 박영사(2025), 772(현소혜)는 구법 시절에는 가를 위한 입양이 입양의 원형(原型)으로서, 입양의 요건 역시 가계계승이라는 목적 달성에 적합하게 구성되어 있었다고 한다.

10 한봉희, "한국의 가족법에 있어서 일제잔재", 가족법연구 제9호, 한국가족법학회(1995), 32.

11 서양자는 사위를 삼을 목적으로 입양시키는 양자로서, 서양자도 양친의 가에 입적하는 점에서는 양자와 동일하나, 양친자관계의 발생 또는 소멸이 혼인관계의 발생이나 소멸에 따르는 점에서 양자와 다르다. 김우덕, "양자법에 관한 입법론적 연구 – 완전양자법제의 도입을 위한 실증적 고찰을 중심으로 –", 동아대학교 대학원 박사학위 논문(1986), 78.

12 조선민사령의 변천에 관하여, 정긍식, "조선민사령과 한국 근대 민사법", 동북아법연구 제11권 제1호, 전북대학교 동북아법연구소(2017), 104 이하.

13 판례는, 조선민사령 제11조의2가 시행된 1940. 2. 11.부터는 사후양자가 아닌 한 이성의 자도 양자로 할 수 있게 되었다고 판시하였다.[13]

14 이러한 이성양자 및 서양자 제도의 도입은 한국 고유의 이성불양의 원칙을 붕괴시키고 부자혈연의 순수성을 핵으로 한 한국가족제도의 해체에 연결되는 경악할 만한 대변혁[14]이라고 평가된다.

2. 민법 제정 후

가. 1958. 2. 22. 법률 제471호로 제정된 민법(1960. 1. 1. 시행)

15 제정 민법은 현행 민법과 동일한 위치에 '양자'라는 제목의 절을 두어 입양의 요건, 입양의 무효와 취소, 파양에 관하여 규정하였다. 현행 민법과 차이가 있는 부분은 다음과 같다.

1) 입양의 요건

16 사후양자가 허용되었다. 즉, 호주가 사망한 경우 그 직계비속이 없는 때에 한하여 그 배우자, 직계존속, 친족회의 순위로 사후양자를 선정할 수 있었다(제정 민법 제867조). 또한 유언에 의한 양자도 허용되었으며(제정 민법 제880조), 서양자도 허용되었다(제876조).

17 양자가 될 자는 일반적으로 양부와 동성동본일 필요는 없으나, 양부와 동성동본이 아닌 양자는 양가(養家)의 호주상속을 할 수 없었다(제정 민법 제877조 제2항). 또한 호주의 직계비속장남자는 본가의 계통을 계승하는 경우 외에는 양자가 되지 못하였다(제정 민법 제875조).

18 입양에는 원칙적으로 법원의 허가가 필요하지 않고, 당사자인 양친과 양자의 의사 합치에 의하여 성립하며(제정 민법 제883조 제1호의 반대해석), 호적법에 정한 바에 의해 신고함으로써 효력을 가졌다(제878조). 다만, 제3자의 동의가 필요한 경우가 있었다. 먼저, 양자가 될 사람은 부모 또는 직계존속의 동의를 얻어야 하고(제정 민법 제870조 제1항), 양자가 미성년자인데 부모 또는 직계존속이 없는 경우 후견인의 동의를 얻어야 했다(제871조). 다음으로, 후견인이 피후견인을 입양하는 경우에는 친족회의 동의를 얻어야 했다(제정 민법 제872조). 마지막으로, 금치산자가 양친이 되거나 양자가 되는 경우 후견인의 동의를

13 대법원 1994. 5. 24. 선고 93므119 전원합의체 판결.
14 한봉희, "한국의 가족법에 있어서 일제잔재", 가족법연구 제9호, 한국가족법학회(1995), 32.

얻어야 했다(제874조). 한편 입양에 관하여 법원의 허가가 필요한 경우도 있었는데, 이는 사후양자의 경우에 한정되었다. 즉, 호주가 사망했는데 배우자가 없거나 또는 사후양자를 선정하지 않는다는 의사표시를 하여 그의 직계존속 또는 친족회가 사후양자를 선정하는 경우에는 법원의 허가를 얻어야 했다(제정 민법 제868조).

19 양자가 될 사람이 15세 미만인 때에는 부모 또는 후견인(부모가 없는 경우)이 입양의 승낙을 하여야 했다(제정 민법 제869조). 이 때 승낙을 한 사람이 적모(嫡母), 계모(繼母) 또는 후견인인 경우에는 친족회의 동의를 얻어야 했다. 제정 민법 제773조, 제774조에 의하면 계자는 계모의, 서자는 적모의 출생 자녀와 동일한 것으로 보았으므로 계모와 적모는 양자의 부모로서 입양의 승낙을 하는 것이나, 그 승낙에 대해 친족회의 동의를 요구함으로써 계모와 적모의 승낙권한을 제한하였다. 반면 양자가 될 사람이 15세 이상이면 미성년자이더라도 독자적으로 입양 승낙을 할 수 있었다. 처가 있는 사람은 입양을 하거나 양자가 됨에 있어서 처와 공동으로 하여야 하는 것은 현행 민법과 동일하나, 처의 부재 등 사유로 인하여 공동으로 할 수 없는 때에는 부(夫) 일방이 부부쌍방의 명의로 입양을 하거나 양자가 될 수 있었다(제정 민법 제874조 제2항).

2) 입양의 무효와 취소

20 입양의 요건이나 인정되는 양자의 종류가 현행 민법과 상이함에 따라 그 위반으로 인한 무효 또는 취소의 원인, 취소청구권자 및 취소청구권의 소멸 규정이 현행 민법과 일부 다른 것 외에는 조문의 배열이나 내용이 현행 민법과 거의 같았다.

21 현행 민법상으로도 입양 당시 양자에게 악질이나 그 밖의 중대한 사유가 있음을 알지 못한 경우 입양 취소의 원인이 된다(민법 제884조 제1항 제2호). 그런데 제정 민법은 위 조항을 '입양 당시 양자에게 양가의 계통을 계승할 수 없는 악질 기타 중대한 사유 있음을 알지 못한 때'라고 규정하여(제정 민법 제884조 제2호), 현재와는 다른 입양제도상을 보여주고 있다.

3) 파양

22 협의상 파양과 재판상 파양으로 나누어 파양 제도를 인정하던 것은 현행 민법과 같다.

23 협의상 파양에서 현행 민법과 가장 차이가 나는 부분은 양자가 미성년자인 경우에도 협의상 파양이 가능하였다는 점이다. 양자가 미성년자인 때에는 입양 동의권자의 동의를 얻어 파양 협의를 할 수 있었다(제정 민법 제900조). 반면, 양자가 호주가 된 경우에는 파양을 하지 못하였다(제정 민법 제898조 제2항). 이는 협의상 파양뿐만 아니라 재판상 파양의 경우에도 마찬가지였다(제정 민법 제906조).

24 재판상 파양은 그 원인이 되는 사유로 '가문을 오독하거나 가산을 경도한 중대한 과실이 있을 때'가 규정(제정 민법 제905조 제1호)되어 있는 점이 현행 민법과의 가장 큰 차이점이다.

3. 입양 관련 규정의 개정

25 민법 중 입양 관련 규정은 현재까지 세 차례 개정되었다. 1990. 1. 13. 개정, 2005. 3. 31. 개정, 2012. 2. 10. 개정이 그것이다.

가. 1990. 1. 13. 개정 민법

26 1990. 1. 13. 법률 제4199호로 개정되어 1991. 1. 1.부터 시행된 개정 민법은 가족법 중 문제가 되는 규정을 전반적으로 개정하는 방대한 내용이었다.[15]

27 개정 민법에서는 사후양자, 서양자, 유언에 의한 양자 제도가 폐지되었다(개정 전 민법 제867조, 제867조, 제876조, 제880조 삭제). 호주의 직계비속장남자가 본가의 계통을 계승하는 경우 외에는 양자가 되지 못한다는 규정(개정 전 민법 제875조) 및 양부와 동성동본이 아닌 양자는 양가(養家)의 호주상속을 할 수 없다는 규정(제877조 제2항)도 삭제되었다.

28 입양에 대해 가정법원의 허가가 필요한 경우가 신설되었다. 즉, 후견인이 피후견인을 입양하는 경우에는 가정법원의 허가를 얻어야 하게 되었다(개정 민법 제872조). 이는 종래에는 친족회의 동의를 얻게 되어 있던 것인데, 가정법원의 허가를 받도록 개정한 것이다. 또한 양자가 될 사람이 미성년자인데 그의 부모나 다른 직계존속이 없어 후견인이 입양 동의를 할 경우 그 동의를 함에 있어 가정법원의 허가를 얻어야 하게 되었다(개정 민법 제871조). 다만, 일정한 경우 사후양자의 선정에 있어 법원의 허가를 요구하던 규정(개정 전 민법 제868조)은 사후양자 규정이 삭제되면서 함께 삭제되었다.

15 김주수, "개정 가족법의 개정경위와 과제", 가족법연구 제4호, 한국가족법학회(1990), 1.

29 양자가 될 사람이 15세 미만인 때에는 법정대리인이 그에 갈음하여 입양의 승낙을 한다(개정 민법 제869조). 종래에는 후견인이 15세 미만인 양자를 갈음하여 입양의 승낙을 할 때 친족회의 동의를 얻어야 하였으나(개정 전 민법 제869조 단서), 이 부분의 규정은 삭제되었다. 원래 민법 개정안을 작성할 당시에는 미성년자를 양자로 할 때 가정법원의 허가를 요하는 것으로 규정하였으므로 후견인의 입양 승낙에서 친족회의 동의를 요구하지 않는 것으로 구성하였으나, 입법 과정에서 원래의 개정안이 채택되지 않고 대안이 통과됨으로써 이러한 입법의 불비가 생기게 된 것이다.[16]

30 배우자 있는 사람이 입양을 할 때는 공동으로 하여야 하고, 배우자가 있는 사람이 양자가 될 때에는 배우자의 동의를 얻어야 하며(개정 민법 제874조 제1항·제2항), 이에 위반한 경우에는 배우자가 그 취소를 청구할 수 있도록(제888조) 개정되었다.

나. 2005. 3. 31. 개정 민법

31 2005. 3. 31. 법률 제7427호로 개정된 민법은 호주제 폐지 및 자녀의 성(姓) 결정 등에 관한 개정을 담고 있을 뿐만 아니라, 입양과 관련하여서는 친양자 제도를 도입하는 등 가족법 분야에 관하여 매우 중요한 변화를 가져왔다.[17] 위 개정 법률은 공포한 날인 2005. 3. 31.부터 시행되었으나, 친양자 제도의 도입 등 가족법 부분의 개정 규정은 2008. 1. 1.부터 시행되었다.

다. 2012. 2. 10. 개정 민법

32 2012. 2. 10. 법률 제11300호로 개정된 민법은 미성년자 입양에 대한 가정법원의 허가제를 도입하였다. 양부모가 보험금을 수령할 목적으로 입양한 영아를 살해하거나 입양한 아동을 성폭행하는 등의 범죄가 연이어 발생하는 등 부적격자에 의한 입양이 심각한 사회문제가 된 것이 그 배경이다.[18] 미성년자를 입양할 때에는 가정법원의 허가를 받도록 하고, 미성년자의 파양은 협의에 의하지 않고 재판에 의해서만 가능하도록 개정함으로써 미성년자의 입양과 파양에 있어서 국가의 후견적 개입을 강화하였다. 또한 위 개정에서 친

16 김주수, "개정 가족법의 개정경위와 과제", 가족법연구 제4호, 한국가족법학회(1990), 21~22.
17 윤진수, "여성차별철폐협약과 한국가족법", 서울대학교 법학 제46권 제3호, 서울대학교 법학연구소(2005), 99~100.
18 민법(2012. 2. 10. 법률 제11300호로 일부 개정된 것) 개정이유.

양자가 될 수 있는 사람의 범위를 종래의 15세 미만에서 미성년자로 확대하였다. 위 개정 법률은 2013. 7. 1.부터 시행되었다.

4. 그 밖의 법률

33 민법 외에 입양에 관하여 규정하는 법률로는 입양특례법이 있다.

34 입양특례법은 당초에는 고아입양특례법이라는 이름으로 1961. 9. 30. 법률 제731호로 제정 및 시행되었다. 고아입양특례법은 외국인이 대한민국 국민인 고아를 입양할 때 간이한 조치를 취함으로써 고아의 복리 증진을 도모하는 것을 목적으로 하였다(위 법 제1조 제1항). 고아입양특례법은 1976. 12. 31. 폐지되고 같은 날 입양특례법(법률 제2977호)이 제정되었다. 입양특례법의 목적은 보호시설에서 보호를 받고 있는 자의 입양을 촉진하고 양자로 되는 자의 안전과 복리증진을 도모하기 위하여 필요한 사항을 규정하는 것이었다(위 법 제1조). 입양특례법은 1995. 1. 5. 법률 제4913호로 전부개정되면서 입양촉진및절차에관한특례법으로 명칭이 변경되었다가, 2011. 8. 4. 법률 제11007호로 전부개정되면서 입양특례법으로 명칭이 다시 변경되어 현재에 이르고 있다. 현재 입양특례법은 요보호아동의 입양에 관한 요건 및 절차 등에 대한 특례와 지원에 필요한 사항을 정함으로써 양자가 되는 아동의 권익과 복지를 증진하는 것을 목적으로 하고(입양특례법 제1조), 입양을 촉진하는 것은 그 목적에서 삭제하였다.

35 입양특례법은 2023. 7. 18. 법률 제19555호로 국내입양에 관한 특별법으로 제명이 변경되어 전부 개정되었고, 2025. 7. 19. 시행을 앞두고 있다. 또한 2023. 7. 18. 법률 제19553호로 국제입양에 관한 법률이 제정되어 2025. 7. 19. 시행될 예정이다.

IV. 입양 관련 민법 규정의 위치 및 구성

36 입양 관련 민법 규정은 제4편(친족) 제4장(부모와 자) 중 친생자에 관한 제1절 다음에 '양자'라는 제목의 제2절로 규정되어 있다. 그 다음의 제3절은 친권에 관한 규정을 두고 있다. 이는 친권이 친생부모자 관계와 양부모자 관계 모두에 적용되는 것을 반영한 논리적 구조이다.

37 양자에 관한 절은 입양의 효력과 요건(제1관), 입양의 무효와 취소(제2관), 파양(제3관), 친양자(제4관)의 순으로 구성되어 있다. 친양자는 입양의 새로운 형

태로서 2005. 3. 31. 민법 개정으로 민법에 도입된 것이기 때문에 맨 마지막 관에 추가된 것이다. 친양자와 대비되는 개념으로서 종전부터 존재하던 유형의 입양을 통상적으로 '일반입양'으로 부른다.[19]

19 주해친족법(제1권)(제2판), 박영사(2025), 776(현소혜); 김주수/김상용, 친족·상속법(제20판), 법문사(2024), 359. 반면 '보통입양'이라고 부르는 경우로는 한봉희/백승흠, 가족법, 삼영사(2013), 268. 일반입양 중 양자가 될 사람이 미성년자인 경우에는 가정법원의 허가를 받아야 하므로 이는 라류 가사비송사건이 되는데, 가정법원의 사건명으로는 '미성년자입양허가'라는 표현을 사용한다. 반면 친양자 입양에 대한 허가를 구하는 사건의 사건명으로는 '친양자입양신청'이라는 표현을 사용한다. 2023 법원연감, 법원행정처, 1076. 미성년자입양허가 사건에 대해 종래에는 '보통입양'이라는 용어를 사용하였다. 2019 사법연감, 법원행정처, 1105.

제1관 입양의 요건과 효력

<개정 2012. 2. 10>

제 866 조 [입양을 할 능력]

성년이 된 사람은 입양을 할 수 있다.

[전문개정 2012. 2. 10.]

[관련조문] 민법 제4조(성년), 제800조(약혼의 자유), 제826조의2(성년의제), 제873조(피성년후견인의 입양), 제884조(입양 취소의 원인), 제908조의2(친양자 입양의 요건 등)

[참고문헌] 김용한, 친족상속법(보정판), 박영사(2003); 박동섭/양경승, 친족상속법(제5판), 박영사(2020); 양수산, 친족상속법(가족법), 한국외국어대학교 출판부(1998); 오시영, 친족상속법(제2판), 학현사(2011); 고정명/조은희, 친족·상속법, 제주대학교 출판부(2011); 김주수/김상용, 친족·상속법(제20판), 법문사(2024); 윤대성, 가족법강의, 한국학술정보(2010); 윤진수, 친족상속법 강의(제6판), 박영사(2025); 이경희/윤부찬, 가족법(11정판), 법원사(2024); 이희배, (판례·참고·정리)친족·상속법 요해 : 가족법, 제1법규(1995); 조승현, 친족·상속법, 신조사(2009); 한복룡, 가족법강의, 충남대학교출판문화원(2012); 권정희, "양자법의 정비를 위한 검토 : 친양자제도의 입법안을 중심으로", 가족법연구 제16권 제1호, 한국가족법학회(2002); 변진장, "신분행위의 무효와 취소", 사법논집 제25집, 법원도서관(1984); 우병창, "가족법상 입양에 관한 연구 : 양자법의 개선을 위한 현행법의 검토와 입법론 제안", 가족법연구 제16권 제2호, 한국가족법학회(2002)

Ⅰ. 개관

1 민법 제866조는 '입양을 할 능력'이라는 표제 하에 성년자는 양부모가 될 수 있다는 취지로 규정하고 있다. 민법 제866조는 2012. 2. 10. 법률 제11300호로 개정되기 전에는 '양자를 할 능력'이라는 표제 하에 "성년에 달한 자는 양자를 할 수 있다."고 규정되어, 내용은 현행과 동일하나 그 표현이 약간 달랐다.

2 가족법상 다른 법률행위인 혼인도 그 행위를 할 수 있는 하한선이 되는 연령을 정하고 있으나 이를 '능력'이라는 용어로 규정하고 있지는 않다(민법 제800조). 민법 제866조는 '입양을 할 능력'이라는 표현을 사용하고 있으나, 입양에 관하여 별도의 행위능력 등을 설정하는 규정은 아니다. 독일 민법(제1743조)이나 일본 민법(제792조)은 양부모의 연령에 관한 규정에 있어서 '능력'이라는 표현을 사용하고 있지 않다.

3 第866조는 일반입양에 관한 규정이고, 친양자 입양에 관하여는 양부모가 될 수 있는 사람에 관한 별도의 요건이 규정되어 있다(민법 제908조의2 제1항 제1호).

Ⅱ. 양부모가 될 수 있는 사람

4 민법 제866조에 의하면 성년에 이른 사람, 즉 만 19세 이상의 사람(민법 제4조)은 입양을 하여 양부모가 될 수 있다.

5 양부모가 될 사람은 의사능력은 가져야 한다고 이해된다. 즉, 의사무능력자가 한 입양은 당연히 무효가 된다.[1]

6 반면 양부모가 될 사람이 반드시 행위능력을 가져야 하는 것은 아니다. 피성년후견인이 양부모가 되는 경우의 요건에 관하여 민법 제873조가 규정하고 있다.

Ⅲ. 혼인 성년의제와 제866조의 관계

7 민법 제866조와 관련하여, 제826조의2에 의하여 성년자로 의제된 사람이 제866조의 '성년이 된 사람'에 해당하는지 문제된다. 민법 제정 당시에는 혼인으로 인한 성년의제 규정이 없었으므로 입양능력에 성년의제 규정이 적용되어야 하는지 의문의 여지가 없었으나, 1977. 12. 31. 법률 제3051호 개정으로 인하여 혼인 성년의제에 관한 민법 제826조의2가 신설되면서 이러한 문제가 발생하였다.

8 이 점에 관하여는 긍정설과 부정설이 대립한다. 긍정설은, 민법에는 양친될 자의 연령을 제한하는 명문의 규정이 없다는 점, 양부모나 양자를 위해 긍정하는 것이 도움이 된다는 점, 성년의제된 미성년자도 친생부모가 되는 데 아무런 제한이 없는 이상 양부모도 될 수 있다고 보아야 하는 점, 성년의제된 미성년자의 양육능력 여부는 가정법원이 입양 허가 여부를 결정함에 있어 고려할 사항일 뿐이라는 점 등을 근거로 하여, 혼인에 의해 성년자로 의제된 미성년자도 양부모가 될 수 있다고 본다.[2] 반면 부정설은, 성년의제된 미성

[1] 변진장, "신분행위의 무효와 취소", 사법논집 제25집, 법원도서관(1984), 23.

[2] 김용한, 친족상속법(보정판), 박영사(2003), 195; 박동섭/양경승, 친족상속법(제5판), 박영사(2020), 361; 양수산, 친족상속법(가족법), 한국외국어대학교 출판부(1998), 400; 오시영, 친족상속법(제2판), 학현사(2011), 256; 윤진수, 친족상속법 강의(제6판), 박영사(2025), 236; 우병창, "가족법상 입양에 관한 연구 : 양자법의 개선을 위한 현행법의 검토와 입법론 제안", 가족법연구 제16권 제2호, 한국가족법학회(2002), 174.

년자는 아직 부모로서의 책임과 의무를 감당할 만한 양육능력을 갖추고 있다고 보기 어려우므로 양자될 자의 복리를 위해 금지하는 것이 타당하다는 점, 성년의제는 혼인의 독립성과 부부의 실질적 평등을 보장하기 위한 제도라는 점 등을 근거로 하여, 미성년자는 비록 혼인하였다고 하더라도 양부모가 될 수 없다고 한다.[3] 이 점을 다루고 있는 대법원 판례나 하급심 재판례는 발견되지 않는다.

IV. 위반의 효과

9 민법 제866조를 위반하여 미성년자가 양부모가 된 경우에는 그 입양은 취소할 수 있다(민법 제884조 제1항 제1호).

3 고정명/조은희, 친족·상속법, 제주대학교 출판부(2011), 173; 김주수/김상용, 친족·상속법(제20판), 법문사(2024), 361; 윤대성, 가족법강의, 한국학술정보(2010), 181; 이경희/윤부찬, 가족법(11정판), 법원사(2024), 243; 이희배, (판례·참고·정리)친족·상속법 요해 : 가족법, 제1법규(1995), 202; 조승현, 친족·상속법, 신조사(2009), 226; 한복룡, 가족법강의, 충남대학교출판문화원(2012), 189; 권정희, "양자법의 정비를 위한 검토 : 친양자제도의 입법안을 중심으로", 가족법연구 제16권 제1호, 한국가족법학회(2002), 77.

제 867 조 [미성년자의 입양에 대한 가정법원의 허가]

① 미성년자를 입양하려는 사람은 가정법원의 허가를 받아야 한다.

② 가정법원은 양자가 될 미성년자의 복리를 위하여 그 양육 상황, 입양의 동기, 양부모의 양육능력, 그 밖의 사정을 고려하여 제1항에 따른 입양의 허가를 하지 아니할 수 있다.

[본조신설 2012. 2. 10.]

[관련조문] 민법 제4조(성년), 제869조(입양의 의사표시), 제870조(미성년자 입양에 대한 부모의 동의), 제874조(부부의 공동 입양 등), 제878조(입양의 성립), 제883조(입양 무효의 원인), 민사소송법 제67조(필수적 공동소송에 대한 특별규정), 비송사건절차법 제2조(관할법원), 제18조(재판의 고지), 제19조(재판의 취소·변경), 가사소송법 제2조(가정법원의 관장 사항), 제34조(준용 법률), 제36조(청구의 방식), 제38조(증거 조사), 제39조(재판의 방식), 제40조(심판의 효력발생 시기), 제41조(심판의 집행력), 제43조(불복), 제44조(관할 등), 제45조(심리 방법), 제45조의8(친생부인의 허가 및 인지의 허가 관련 심판에서의 진술 청취), 제45조의9(입양허가의 절차), 제67조의2(제출명령 위반에 대한 제재), 가사소송규칙 제20조(사건본인의 기재), 제25조(심판의 고지, 제27(청구기각심판에 대한 불복), 제31조(즉시항고 기간의 진행), 제62조의4(심판의 고지 등), 제62조의5(즉시항고), 제62조의8(준용규정), 제62조의9(미성년자 양육에 관한 교육 등)

[참고문헌] 주해친족법(제1권)(제2판), 박영사(2025); 법원실무제요, 가사[Ⅱ], 법원행정처(2010); 법원실무제요, 가사[Ⅱ], 사법연수원(2021); 김상용, "개정 양자법 해설", 법조 제61권 제5호, 법조협회(2012)

Ⅰ. 개관

1 민법 제867조는 2012. 2. 10. 법률 제11300호 개정에 의하여 신설되어 2013. 7. 1.부터 시행되었다.

2 그 이전에도 민법은 제정 당시부터도 특정한 경우에는 입양에 관하여 법원의 허가를 받아야 하는 규정을 두고 있었고(직계존속 또는 친족회가 사후양자를 선정함에 있어 법원의 허가를 얻도록 정한 제정 민법 제868조), 1990. 1. 13. 개정을 통하여는 후견인이 피후견인을 입양하는 경우 가정법원의 허가를 얻도록 하였으며(1990. 1. 13. 법률 제4199호로 개정된 민법 제872조), 2005. 3. 31. 개정을 통해 법원의 허가를 받아야 하는 친양자 제도를 도입하기도 하였으므로, 입양에 있어서 가정법원의 허가가 필요한 경우가 있었다. 그런데 민법 제867조의 개정을 통해 미성년자를 양자로 하는 일반입양에 있어서도 가정법원의 허가를 요구하게 됨으로써, 미성년자를 입양하게 되는 경우에는 어떤 경우에든, 민법상 입양(일반입양 및 친양자 입양)이든, 입양특례법상 입양이든 모두 가정법원의 허가를 받아야 하게 되었다. 이는 입양에 있어서 미성년자의 복리 보장이 가장 중요한 가치이고 국가는 그 실현을 위하여 후견적 역할을 수행하여야 한다는 원칙을 기반으로 하는 것으로서, 우리나라 입양제도의 이념을 '자녀를 위한 입양'으로 전환하는 중대한 변화라고 할 것이다.

3 개정 전 민법 제867조는 사후양자 규정이었으나 이는 사후양자 선정권자의 순위에 관한 제868조와 함께 1990. 1. 13. 삭제되었다.

Ⅱ. 가정법원의 허가와 입양의 성립방식에 따른 분류의 관계

4 종래에는 일반입양은 당사자의 의사의 합치에 따라 성립할 뿐이고 원칙적으로 법원의 허가를 필요로 하지 않았다. 즉, 민법상 입양은 계약형 입양에 해당한다는 데에 의문의 여지가 없었다. 그런데 민법 제867조가 도입됨으로써 양자가 되려는 사람이 미성년자인 경우에는 입양의 성립을 위하여 가정법원의 허가를 필요로 하게 되었다. 그에 따라, 우리나라 입양제도의 유형이 변화한 것으로 보는지에 관한 학설의 논의가 있다.

5 입양은 성립방법에 따라 계약형 입양, 선고형 입양, 기관입양으로 나누어 볼 수 있다. 계약형 입양이란 양부모될 자와 양자될 자 간의 의사의 합치에 의해 입양이 성립하는 구조이고, 선고형 입양이란 양부모될 자의 청구에 의해 국가기관이 입양을 허가하는 심판을 함으로써 입양이 성립하는 구조이며, 기관입양(Agency Adoption)이란 친생부모 또는 국가가 입양기관에 아동의 입양을 의뢰하고 입양기관이 당해 아동을 위해 양부모와의 입양을 알선함으로써

입양이 성립하도록 하는 구조이다.[1]

6 현행 민법상 미성년자 일반입양은 민법 제867조에 의해 법원의 허가를 필요로 한다는 점에서 선고형 입양으로 볼 여지도 있겠으나, 입양 당사자 사이의 의사 합치가 있을 것을 기본 전제로 하고 있는 점에서 미성년자 입양도 계약형 입양에 해당하고 다만 그 중에서 당사자의 의사합치 외에 법원의 허가 등 국가의 개입을 요구하는 개입형 입양에 해당한다고 보는 것이 유력한 견해이다.[2] 종래 입양특례법이 양자가 될 아동의 승낙에 관하여는 아무런 규정을 두고 있지 않았던 것과는 달리, 2023. 7. 18. 법률 제19555호로 전부 개정된 국내입양에 관한 특별법은 민법 제869조와 같이 양자가 될 아동이 입양의 승낙을 하여야 하도록 규정함으로써(국내입양에 관한 특별법 제15조), 우리의 입양제도가 계약형 입양을 원칙으로 하고 있음을 명확히 하였다.

Ⅲ. 입양허가의 성격

7 미성년자 입양의 성격을 계약형 입양 중 개입형 입양에 해당한다고 보므로, 제867조에 의한 가정법원의 입양허가는 당사자 사이 입양의사의 합치와 함께 성립요건 중 하나에 해당하게 된다. 따라서 입양허가심판만으로는 입양의 효력이 발생하지 않고, 당사자가 입양의 신고를 하여야 그 효력이 생긴다(민법 제878조). 또한 입양의 신고를 수리하는 가족관계등록사무 공무원은 가정법원의 허가가 있더라도 입양의 다른 요건이 갖추어지지 않았음을 이유로 입양신고서의 수리를 거부할 수 있다.[3] 따라서 입양허가는 강학상 '인가'에 해당한다.[4] 입양을 허가하는 심판이 있었더라도 후에 입양의 무효나 취소를 주장할 수도 있다.[5]

8 민법 제867조를 구성함에 있어 친양자 입양과 같이 법원의 허가심판에 의해서 입양이 성립하도록 하자는 논의가 있었으나, 입양을 하고자 하는 예비 양부모의 부담을 줄인다는 취지에서 가정법원의 허가심판으로 입양이 성립하는 것이 아니라 가정법원의 허가를 받아 신고함으로써 입양을 성립시키는

1 주해친족법(제1권)(제2판), 박영사(2025), 775(현소혜).

2 주해친족법(제1권)(제2판), 박영사(2025), 776(현소혜).

3 법원실무제요, 가사[Ⅱ], 법원행정처(2010), 293은 후견인이 피후견인을 양자로 입양하는 것에 대한 허가(개정 전 민법 제872조)에 관하여 위와 같이 설명하였다.

4 주해친족법(제1권)(제2판), 박영사(2025), 791~792(현소혜).

5 법원실무제요, 가사[Ⅱ], 법원행정처(2010), 293은 후견인이 피후견인을 양자로 입양하는 것에 대한 허가(개정 전 민법 제872조)에 관하여 위와 같이 설명하였다.

방식이 채택되었다고 한다.[6]

Ⅳ. 입양허가를 받아야 하는 경우('미성년자'의 입양)

9 미성년자, 즉 19세 미만의 사람(민법 제4조)을 입양하려는 사람은 가정법원의 허가를 받아야 한다.

10 미성년자인지 여부를 허가심판 청구 당시 기준으로 판단하여야 하는지 허가심판 고지 또는 확정 당시 기준으로 판단하여야 하는지 견해의 대립이 있을 수 있으나, 유력한 견해는 심판 확정시까지 미성년자여야 한다고 본다.[7] 가정법원의 실무례는 양자가 될 사람이 허가심판청구 당시에는 미성년자였더라도 사건 계속 중 성년자가 된 경우에는 더 이상 입양허가를 구할 필요가 없다고 보아 입양허가청구를 기각하는 경우[8]와 각하하는 경우[9]로 나뉜다. 한편 양자가 될 사람이 입양허가청구 당시 이미 성년자인 경우에는 그 청구가 부적법하다고 보아 각하하는 것이 실무례이다.[10]

11 양자가 될 사람이 혼인 성년의제를 받는 경우에 민법 제867조에 의하여 가정법원의 허가를 받아야 하는 대상에 포함되는지 문제될 수 있다. 이에 대해서는 입양허가제의 도입취지 및 성년의제 규정의 입법목적에 비추어 볼 때 혼인으로 인해 성년의제된 미성년자를 입양하고자 할 때에도 가정법원의 허가를 받아야 한다는 견해가 있다.[11] 가정법원의 허가를 받아야 한다고 볼 경우, 입양을 허가하기 위해서는 미성년자의 배우자의 동의가 필요하다(민법 제874조 제2항).[12]

Ⅴ. 입양허가의 기준

12 가정법원은 양자가 될 미성년자의 복리를 위하여 그 양육 상황, 입양의 동기, 양부모의 양육능력, 그 밖의 사정을 고려하여 입양의 허가를 하지 않을 수

6 김상용, "개정 양자법 해설", 법조 제61권 제5호, 법조협회(2012), 10.
7 주해친족법(제1권)(제2판), 박영사(2025), 785(현소혜).
8 서울가정법원 2017. 2. 6. 자 2016브30102 결정(재항고하지 않아 확정), 부산가정법원 2024. 8. 28. 자 2024느단200517 심판(항고하지 않아 확정) 등.
9 인천가정법원 2019. 4. 11. 자 2018브10082 결정(재항고하지 않아 확정) 등.
10 대전가정법원 천안지원 2015. 11. 27. 자 2015느단969 심판(항고하지 않아 확정) 등.
11 주해친족법(제1권)(제2판), 박영사(2025), 785(현소혜).
12 법원실무제요, 가사[Ⅱ], 사법연수원(2021), 944.

있다. 즉 입양허가의 기준은 양자가 될 미성년자의 복리인데, 그 판정을 위한 잉률적인 객관적 기준이 있는 것이 아니라 구체적 개별적 사안마다 당해 미성년자의 복리에 부합하는지 여부가 정해져야 할 것이다.

13 입양이 미성년자의 복리에 부합하는지 여부를 판단하기 위하여 고려하여야 할 사정으로 제시되어 있는 것들은 제한적 열거가 아니라 예시적 열거로서, 허가심판을 담당하는 가정법원은 양부모측 및 양자측과 관련된 모든 사정을 종합적으로 고려하여야 한다. 실무상 미성년자의 복리를 위하여 입양 허가를 불허하는 경우로는 미성년자에게 부모로서의 보호와 양육을 제공하기 위한 목적이 아니라 신분관계의 창설을 통해 다른 이익을 얻으려는 목적으로 입양하려는 경우,[13] 친족을 입양함으로써 가족내부 질서와 친족관계에 중대한 혼란을 초래할 우려가 있는 경우,[14] 아동복지법상 보호대상아동이어서 입양특례법에 따른 입양을 하여야 하나 실질적으로 그 요건을 갖추지 못한 채 입양특례법에 따르지 않고 민법상 입양허가를 구하는 경우[15] [16] 등이 있다.

VI. 조부모의 손자녀 입양 허가 여부

14 이미 친족관계에 있는 사람을 입양하는 경우, 특히 조부모가 손자녀를 입양하는 경우 가족 내부 질서에 혼란이 초래되는 문제가 있어 종래 하급심 실무는 이를 허용하는 것에 신중한 입장을 취하여 왔다. 미성년자 입양허가가 아닌 친양자 입양신청의 경우, 조부모가 손자녀를 친양자로 입양하려는 청구에 대해 가족내부 질서와 친족관계에 중대한 혼란이 초래되어 양자가 될 사람이 심각한 정서적 불안정을 겪게 될 가능성이 크다는 등의 이유로 그 청구를 기각한 원심결정을 수긍한 대법원 결정례가 있다.[17]

15 반면 조부모가 손자녀를 친양자 입양이 아니라 일반입양하려는 사건에 대해, 대법원은 그 가능성을 긍정하면서 조부모에 의한 미성년 손자녀 입양허가의 판단 기준과 고려요소에 관하여 설시한 바 있다.[18] 즉, 조부모가 자녀의 입양

13 서울가정법원 2016. 7. 20. 자 2016느단50087 심판(항고 기각으로 확정) 등.
14 인천가정법원 2017. 2. 23. 자 2016브44 결정(재항고하지 않아 확정) 등.
15 대법원 2022. 5. 31. 자 2020스514 결정.
16 위 사안은 친양자 입양신청 사건이나, 미성년자 입양허가 사건에서도 마찬가지로 볼 수 있다.
17 대법원 2010. 12. 24. 자 2010스151 결정, 대법원 2017. 3. 27. 자 2016스138 결정.
18 대법원 2021. 12. 23. 자 2018스5 전원합의체 결정.

허가를 청구하는 경우에 입양의 요건을 갖추고 입양이 자녀의 복리에 부합한다면 이를 허가할 수 있다. 다만 조부모가 자녀를 입양하는 경우에는 양부모가 될 사람과 자녀 사이에 이미 조손관계가 존재하고 있고 입양 후에도 양부모가 여전히 자녀의 친생부 또는 친생모에 대하여 부모의 지위에 있다는 특수성이 있으므로, 이러한 사정이 자녀의 복리에 미칠 영향에 관하여 세심하게 살필 필요가 있다. 법원은 조부모가 단순한 양육을 넘어 양친자로서 신분적 생활관계를 형성하려는 실질적인 의사를 가지고 있는지, 입양의 주된 목적이 부모로서 자녀를 안정적·영속적으로 양육·보호하기 위한 것인지, 친생부모의 재혼이나 국적 취득, 그 밖의 다른 혜택 등을 목적으로 한 것은 아닌지를 살펴보아야 한다. 또한 친생부모의 입양동의가 자녀 양육과 입양에 관한 충분한 정보를 제공받은 상태에서 자발적이고 확정적으로 이루어진 것인지를 확인하고 필요한 경우 가사조사, 상담 등을 통해 관련 정보를 제공할 필요가 있다. 그 밖에 조부모가 양육능력이나 양부모로서의 적합성과 같은 일반적인 요건을 갖추는 것 외에도, 자녀와 조부모의 나이, 현재까지의 양육 상황, 입양에 이르게 된 경위, 친생부모의 생존 여부나 교류 관계 등에 비추어 조부모와 자녀 사이에 양친자관계가 자연스럽게 형성될 것을 기대할 수 있는지를 살피고 조부모의 입양이 자녀에게 도움이 되는 사항과 우려되는 사항을 비교·형량하여, 개별적·구체적인 사안에서 입양이 자녀의 복리에 적합한지를 판단하여야 한다. 심리 과정에서는 입양되는 자녀가 13세 미만인 경우에도 자신의 의견을 형성할 능력이 있다면 자녀의 나이와 상황에 비추어 적절한 방법으로 자녀의 의견을 청취하는 것이 바람직하다(위 전원합의체 판결의 다수의견). 이에 대하여는, 2촌 직계혈족인 조부모가 미성년 손자녀를 입양하는 것은 법정 친자관계의 기본적인 의미에 자연스럽게 부합하지 않는데다가, 조부모가 입양 사실을 감추고 친생부모인 것처럼 양육하기 위하여 하는 비밀 입양은 향후 자녀의 정체성 혼란을 야기할 우려가 크고, 국제 규범이나 국내 법령은 원가정 양육의 원칙을 천명하고 이를 위한 후견 제도나 각종 사회보장제도가 정비되어 있는데, 친생부모의 가장 가까운 직계존속으로서 친생부모에 의한 원가정 양육을 지지하고 원조하여야 할 조부모가 오히려 사회적·경제적 지위가 열악한 친생부모의 양육능력이 부족하다는 이유로 부모의 지위를 대체하는 것은 바람직하지 않으므로, 미성년 손자녀의 친생부모가 생존하고 있는데도 조부모가 손자녀의 입양허가를 청구하는 경우 입양허가는 엄격하게 이루어져야 하고, 위의 우려가 모두 해소될 수 있음이 밝혀진 경우에 허가할 수 있다고 설시하면서, 조부모의 손자녀 입양허가청구를 기각한 원심의 판단이 정당하다고 본 반대의견이 있다.

Ⅶ. 입양허가가 없는 미성년자 입양의 효력

16 가정법원의 허가를 받지 않고 한 미성년자 입양은 무효이다(민법 제883조 제2호).

Ⅷ. 미성년자 입양허가 사건

17 민법 제866조가 미성년자 일반입양에 있어서 가정법원의 허가를 받도록 개정됨에 따라, 가사사건에 관한 절차법인 가사소송법은 제867조에 의한 미성년자 입양허가 사건을 라류 가사비송사건으로 규정하고[가사소송법 제2조 제1항 제2호 가목 8)] 입양허가의 절차에 관한 규정을 신설하였다(가사소송법 제45조의9). 위 가사소송법 개정 규정은 2013. 7. 30.부터 시행되고 있다.

1. 절차의 성격

18 미성년자 입양허가 사건은 가사소송법상 라류 가사비송사건으로 분류되어 있다[가사소송법 제2조 제1항 제2호 가목 8)]. 즉, 상대방의 존재가 전제되어 있지 아니하고 비쟁송적인 것으로서 당사자 한쪽의 청구에 의한 가정법원의 후견적 허가나 감독처분이 요구되는 사건[19]에 해당한다.

2. 당사자

19 미성년자 입양허가 사건은 라류 가사비송사건이므로, 양부모가 되려는 사람이 청구인이 되고 양자가 되려는 사람이 사건본인[20]이 되며, 청구의 상대방이라는 개념은 존재하지 않는다.

20 배우자가 있는 사람은 배우자와 공동으로 입양하여야 한다(민법 제874조 제1항). 따라서 양부모가 되려는 부부 두 명 모두가 입양허가 청구를 하여야 하고,

19 법원실무제요, 가사[Ⅱ], 사법연수원(2021), 806.

20 사건본인은 가사소송법이나 가사소송규칙에 그 정의규정은 없으나, 가사소송규칙의 규정에 비추어 보면, 가사비송사건의 심판이 그 비송심판청구의 당사자(청구인, 상대방) 외에 다른 사람의 신분관계 기타 권리, 의무에 관계된 것인 경우 그 다른 사람을 '사건본인'이라고 한다는 것을 알 수 있다. 가사소송법 제44조, 가사소송규칙 제20조.

대개는 한 사건에서 두 명 모두 청구인이 되어 청구하게 된다. 그러나 배우자 있는 사람의 입양허가 청구 사건이 필수적 공동소송(민사소송법 제67조)에는 해당하지 않으므로 각자 개별로 입양허가 청구를 할 수 있다. 각자 개별로 입양허가 청구를 하는 경우 부부 중 일방에 대해서만 입양허가 청구가 인용되고 다른 일방에 대해서는 기각되는 등의 사태가 발생하는 것을 방지하기 위해 사건을 병합하여 처리해야 한다는 견해가 있다.[21] 그러나 배우자 있는 사람이 자신의 배우자와 함께 입양허가 청구를 하지 않고 각자 개별적으로 입양허가 청구를 하였다고 하더라도 그 심판청구를 각하하여야 하는 것은 아니라고 본다.[22] 배우자가 있는 사람이 자신의 배우자의 자녀를 입양하려는 경우에는 양부모가 되려는 사람만이 청구인이 되고 그의 배우자, 즉 양자가 되려는 사람의 부모는 청구인이 되지 못한다.

21 양자가 되려는 사람의 부모가 청구인으로 청구한 경우에는 이는 청구인적격이 없는 사람이 한 청구여서 부적법하다고 본다.[23]

3. 관할

22 미성년자 입양허가 사건은 양자가 될 사람의 주소지의 가정법원이 관할한다(가사소송법 제44조 제1항 제4호).

23 양자가 될 사람이 외국인으로서 국외에 거주하고 있는 경우에는 대법원이 있는 곳을 관할하는 가정법원인 서울가정법원이 관할법원이 된다(가사소송법 제34조, 비송사건절차법 제2조 제3항). 양자가 될 사람이 외국인이지만 국내에 거소를 두고 있는 경우에는 양자가 될 사람의 거소지의 가정법원이 관할법원이 된다(가사소송법 제34조, 비송사건절차법 제2조 제1항).

4. 청구 시 명백히 할 사항

24 미성년자 입양의 청구에는 다음의 사항을 명백히 하여야 한다(가사소송규칙 제62조의7 제1항). 양자가 될 사람의 부모가 입양에 동의한 사실 또는 그 동의가 없는 경우에 민법 제870조 제1항 각 호 및 같은 조 제2항 각 호에 해당된다는 것을 나타내는 사정(민법 제62조의7 제1항 제1호), 양자가 될 사람에 대하

21 주해친족법(제1권)(제2판), 박영사(2025), 786(현소혜).
22 법원실무제요, 가사[II], 사법연수원(2021), 950.
23 서울가정법원 2019. 7. 29. 자 2019느단3323 심판(항고하지 않아 확정) 등.

여 친권을 행사하는 사람으로서 부모 이외의 사람의 이름과 주소와 양자가 될 사람의 부모의 후견인의 이름과 주소(제62조의7 제1항 제2호), 민법 제869조 제1항에 따른 법정대리인의 동의 또는 같은 조 제2항에 따른 법정대리인의 입양승낙, 그 동의 또는 승낙이 없는 경우에는 민법 제869조 제3항 각 호에 해당된다는 것을 나타내는 사정(제62조의7 제1항 제3호), 사회복지사업법에 의한 사회복지법인의 입양 알선에 의한 청구인 경우에는 해당 사회복지법인의 명칭 및 소재지와 양자가 될 사람이 보호되고 있는 보장시설의 명칭 및 소재지(제62조의7 제1항 제4호)가 그 사항들이다.

25 위 규정은 민법 제867조에서 규정하고 있는 각종 동의 등의 요건을 구비하였는지 여부를 심리할 수 있도록 하기 위한 것이다. 위 규정 제4호의 경우 입양특례법에 따른 복지에 관한 사업을 목적으로 하는 사회복지법인(사회복지사업법 제2조 제1호 차)이 보장시설에 보호의뢰된 자에 대하여 입양을 알선하는 경우 입양특례법에 의한 입양허가 청구를 하지 않고 미성년자 입양허가 청구를 하는 경우를 상정하여, 관계자의 의견청취 또는 조사의 촉탁을 위하여 해당 사회복지법인의 명칭 및 소재지 등을 제출하도록 한 것이다.

26 다만, 대법원은 아동복지법상 보호대상아동으로 모가 입양에 동의하여 보장시설에 보호의뢰된 아동에 대하여 민법상 친양자 입양을 청구한 사안에서, 그 아동에 대하여는 입양에 관한 민법의 특별법인 입양특례법이 적용되어 그에 따른 입양 청구만이 가능한데, 양부모가 될 사람이 입양특례법에서 정한 입양에 필요한 서류 등을 제출하지 않은 채 민법상 친양자 입양만을 청구하였으므로, 위 입양은 허가될 수 없다고 한 원심결정을 수긍한 예가 있다.[24] 그에 따르면, 입양기관이 보장시설에 보호의뢰된 자에 대하여 입양을 알선하는 경우 입양특례법에 의한 입양허가 청구를 하지 않고 미성년자 입양허가 청구를 하는 것은 받아들이기 어렵다고 할 것이다.

27 입양특례법이 2023. 7. 18. 국내입양에 관한 특별법으로 전부 개정됨으로써 종래 입양기관의 장이 담당하던 입양 알선(입양특례법 제21조 제2항)이 원칙적으로 보건복지부장관의 업무가 되고(국내입양에 관한 특별법 제19조 제1항, 제20조 등) 보건복지부장관은 그 업무를 대통령령으로 정하는 바에 따라 아동권리보

24 대법원 2022. 5. 31. 자 2020스514 결정.

장원이나 일정 범위의 사회복지법인 및 단체에 위탁할 수 있으므로(국내입양에 관한 특별법 제37조 제1항), 국내입양에 관한 특별법의 시행에 따라 위 규정 제4호의 개정 여부가 검토될 수 있다.

5. 심리

28 라류 가사비송사건의 심판은 원칙적으로 사건관계인을 심문하지 않고 할 수 있다(가사소송법 제45조).

29 그런데 미성년자 입양허가 심판을 함에 있어서는 가정법원은 일정한 사람들의 의견을 반드시 들어야 한다. 그러한 사람들로는 양자가 될 사람으로서 13세 이상인 사람, 양자가 될 사람의 법정대리인 및 후견인, 민법 제870조에 따라 부모의 동의가 필요한 경우 양자가 될 사람의 부모, 양자가 될 사람의 부모의 후견인, 양부모가 될 사람, 양부모가 될 사람의 성년후견인이 있다(가사소송법 제45조의9 제1항 본문 및 각 호). 이 때 가정법원이 위 사람들의 의견을 듣는 것은 반드시 심문의 방식으로 할 필요는 없고,[25] 조사나 서면조회의 방식으로 할 수 있다.[26]

30 반면, 일정한 사람을 반드시 심문하여야 하는 경우도 있다. 미성년자의 법정대리인이 미성년자의 입양 승낙에 대한 동의나 미성년자 입양에 대한 승낙을 정당한 이유 없이 거부하는 경우 그 법정대리인을 반드시 심문하여야 하고(민법 제869조 제4항·제3항 제1호), 미성년자의 부모가 입양에 대한 동의를 거부하더라도 입양허가를 하는 경우에 그 부모를 반드시 심문하여야 한다(제870조 제2항). 이는 필수적 심문이므로, 심문기일을 지정하여 법정에서 가정법원 법원사무관등의 참여 하에 말로 심문하고 조서를 작성하는 것이 일반적이다. 다만, 심문은 그 방식이 정하여져 있지 않고 선서를 요하지 않는다는 점에서 증인신문과는 구별된다.[27]

31 가정법원은 미성년자 입양허가 심판을 함에 있어 양자가 될 사람의 복리를 위하여 필요하다고 인정하는 경우 양부모에 관한 자료를 제공해 줄 것을 정부 또는 공공단체 등의 기관에 요청할 수 있다. 이 때 제공요청의 대상이 되

25 가사비송사건에 있어서 가정법원은 필요하다고 인정할 경우 당사자나 법정대리인 및 그 밖의 관계인을 당사자신문 또는 증인신문의 방식으로 심문할 수 있다. 가사소송법 제38조.

26 이 점에 관하여 입양허가 사건의 경우에는 명문 규정이 없으나, 친생부인 허가 및 인지 허가 관련 심판의 경우에는 명문 규정이 있다. 가사소송법 제45조의8 제2항.

27 법원실무제요, 가사[Ⅱ], 사법연수원(2021), 839.

는 자료는 양부모가 될 사람의 주민등록표 등본·초본(양부모가 될 사람의 주소지 및 가족관계 등을 확인하기 위한 범위), 근로소득자료 및 사업소득자료(양부모가 될 사람의 소득을 확인하기 위한 범위), 범죄경력자료(양부모가 될 사람의 범죄경력을 확인하기 위한 범위), 진료기록자료(양부모가 양육능력과 관련된 질병이나 심신장애를 가지고 있는지 여부와 관련된 범위)이다(가사소송법 제45조의9 제2항 각 호). 이는 자료제공요청이므로 자료제출명령과는 달리 이를 위반한다고 하여 과태료 등의 제재가 부과되는 것은 아니나(가사소송법 제67조의2), 자료제공요청을 받은 기관은 정당한 사유가 없으면 이에 따라야 한다(제45조의9 제2항 제2문).

6. 미성년자 양육에 관한 교육

32 가정법원은 미성년자 입양을 허가하는 심판을 함에 있어서 필요한 경우 양부모가 될 사람에 대하여 미성년자 양육에 관한 교육을 실시하거나 입양기관, 사회복지기관 등에서 실시하는 미성년자 양육을 위한 교육을 받을 것을 명할 수 있다(가사소송규칙 제62조의9). 그에 관한 가사소송규칙은 2016. 12. 29. 개정으로 신설되어 2017. 2. 1.부터 시행되고 있다. 그에 따라 2017. 10.부터 전국 가정법원에서 미성년자 입양허가의 청구인 및 그 배우자(미성년자 입양허가의 청구인이 아닌 경우를 말하는바, 양자가 될 사람의 친생부모인 경우가 이에 해당한다)를 대상으로 하여 '민법상 입양부모교육'이라는 명칭으로 집단교육을 실시하고 있다. 그에 관하여 가정법원은 '보정명령' 또는 '교육명령'의 형식을 이용하여, 당사자에게 미성년자 양육에 관한 교육을 받을 것과 교육받은 후 '입양부모교육 참석확인서'를 제출할 것을 명하고 있다.

33 가정법원이 미성년자 양육에 관한 교육을 실시하거나 교육을 받을 것을 명하는 대상은 미성년자 입양을 허가할 사건에 한정되지 않는다. 즉, 가사소송규칙 제62조의9에서 '미성년자 입양을 허가하는 심판을 함에 있어서'는 '미성년자 입양허가사건의 심판을 함에 있어서'로 해석하는 것이지, '미성년자 입양허가청구를 인용하는 심판을 함에 있어서'로 해석하는 것은 아니다. 따라서 가정법원은 미성년자 양육에 관한 교육을 명한 사건에 대하여 모두 그 입양허가청구를 인용하여야 하는 것은 아니다. 현재 가정법원이 실시하고 있는 '민법상 입양부모교육'은 미성년자 입양허가청구 사건이 접수된 후 청구인 전원에 대해 비교적 사건 초기 단계에서 교육을 받도록 하고 있다.

7. 심판

34 미성년자 입양허가는 가사비송사건이므로 심판으로써 제1심 종국재판을 한다(가사소송법 제39조 제1항 본문). 심판에는 당사자와 법정대리인, 주문(主文), 이유, 법원을 기재하게 되어 있으나(가사소송법 제39조 제2항), 라류 가사비송사건의 심판서에는 이유를 적지 아니할 수 있으므로(제39조 제3항), 실무상으로는 이유 기재를 생략하거나 간단하게만 기재하는 것이 통상적이다.

35 미성년자 입양을 허가하는 심판은 당사자,[28] 절차에 참가한 이해관계인, 양자가 될 사람의 친생부모, 양자가 될 사람의 법정대리인에게 고지하여야 한다(가사소송규칙 제25조, 제62조의8 제1항, 제62조의4 제1항). 미성년자 입양허가청구를 기각하거나 각하하는 심판에 대해서는 가사소송법에 특별한 규정이 없으므로, 그 재판을 받은 자 즉 청구인에게 고지한다(가사소송법 제34조, 비송사건절차법 제18조 제1항 참조).

36 고지는 법원이 적당하다고 인정하는 방법으로 하는데(가사소송법 제34조, 비송사건절차법 제18조 제2항 본문), 실무상으로는 대개 심판문 정본을 송달하는 방식으로 한다. 가정법원은 청구인 아닌 사람에게 심판문 정본을 송달하여 고지하는 경우 심판문 정본상의 청구인의 주민등록번호, 주소, 등록기준지 등 개인정보의 전부 또는 일부를 삭제하는 등의 조치를 하여 송달할 수 있다(가사소송규칙 제62조의4 제2항의 유추적용).

8. 주문례

37 미성년자 입양허가 청구를 인용하는 심판의 주문은 "청구인이 사건본인을 입양하는 것을 허가한다."로 한다. 이 때 청구인은 양부모가 될 사람이고 사건본인은 양자가 될 사람이다.

9. 즉시항고

38 미성년자 입양을 허가하는 심판에 대해서는 즉시항고를 할 수 있다(가사소송법 제43조 제1항, 가사소송규칙 제62조의8 제2항, 제62조의5). 즉시항고를 할 수 있는 사람은 가정법원이 미성년자 입양허가 심판을 함에 있어 의견을 들어야 하는 사람들 중에서 양부모가 될 사람을 제외한 사람들, 즉 양자가 될 사

28 가사소송법 제3편 제1장의 규정을 종합하여 볼 때, 이때의 '당사자'는 청구인만을 의미하고 사건본인은 포함되지 않는 것으로 해석된다.

람으로서 13세 이상인 사람, 양자가 될 사람의 법정대리인 및 후견인, 민법 제870조에 따라 부모의 동의가 필요한 경우 양자가 될 사람의 부모, 양자가 될 사람의 부모의 후견인, 양부모가 될 사람의 성년후견인이다(가사소송규칙 제62조의8 제2항, 제62조의5[29]).

39 미성년자 입양청구를 기각하는 심판에 대해서는 청구인만이 즉시항고를 할 수 있다(가사소송규칙 제27조).

40 즉시항고 기간은 14일이다(가사소송법 제43조 제5항). 입양허가청구를 인용하는 심판에 대한 즉시항고의 경우 즉시항고를 한 사람이 가사소송규칙 제62조의8 제1항, 제62조의4 제1항에 따라 심판을 고지받는 사람인 때에는 그가 심판을 고지받은 날로부터 즉시항고기간이 진행하고, 심판을 고지받는 사람이 아닌 때에는 청구인(청구인이 여러 명일 때에는 최후로 심판을 고지받은 청구인)이 심판을 고지받은 날로부터 즉시항고기간이 진행한다(가사소송규칙 제31조). 입양허가청구를 기각하는 심판의 경우 즉시항고권자는 청구인으로서 심판을 고지받는 사람에 해당하므로, 그 사람이 심판을 고지받은 날부터 즉시항고 기간이 진행한다(가사소송규칙 제31조). 이 경우에는 청구인이 여러 명인 경우더라도 각자 심판을 고지받은 날부터 즉시항고 기간이 진행하고, 최후에 심판을 고지받은 날을 기준으로 할 것은 아니다.

10. 심판의 효력

41 미성년자 입양허가 사건은 즉시항고를 할 수 있는 심판이므로, 확정되어야 효력이 생긴다(가사소송법 제40조 단서). 또한 즉시항고에 의한 불복이 허용되

29 가사소송규칙 제62조의8 제2항은 미성년자 입양을 허가하는 심판에 대해 제62조의5를 준용하여 즉시항고를 할 수 있다고 하면서(제1문), 제62조의5에서 친양자 입양 허가심판에 대한 즉시항고권자로 규정하고 있는 '제62조의3'에 정한 사람은 '법 제45조의8 제1항 각 호'에 정한 사람으로 본다고 규정하고 있다(제2문). 그런데 가사소송법 제45조의8 제1항은 친생부인의 허가 및 인지의 허가 심판에 있어서 어머니의 전 배우자와 그 성년후견인에게 의견 진술 기회를 줄 수 있다는 규정으로서 미성년자 입양과는 내용상 연관이 없고, 각 호는 심판의 종류를 규정하고 있을 뿐 사람의 범위를 규정하고 있는 것이 아니어서 가사소송규칙 제62조의8 제2항의 규정 문언과도 일치하지 않는다.
가사소송규칙 제62조의8 제2항 제2문이 개정된 것은 2016. 12. 29.로서, 당시 적용되던 가사소송법(2017. 10. 31. 법률 제14961호로 개정되기 전의 것) 제45조의8은 현행 가사소송법 제45조의9에 해당한다. 가사소송규칙 제62조의8 제2항 제2문이 개정된 후 가사소송법 개정으로 인해 제45조의8이 신설되었으므로 가사소송규칙 제62조의8 제2항 제2문은 그에 연동하여 '법 제45조의8'을 '법 제45조의9'로 개정되었어야 함에도 불구하고, 가사소송법의 개정을 간과하고 그대로 규정을 유지하고 있는 잘못이 있다.

는 심판이므로 그 심판을 한 가정법원이 그 심판이 위법 또는 부당하다고 인정하더라도 이를 스스로 취소 또는 변경할 수 없다(가사소송법 제34조, 비송사건절차법 제19조 제3항). 즉, 미성년자 입양허가 사건에 대한 심판은 형식적 확정력이 있다.

42 반면 심판의 기판력은 부정하는 것이 통설이므로[30] 미성년자 입양허가 사건에 대한 심판에는 기판력이 인정되지 않는다. 미성년자 입양허가 청구를 인용하는 심판은 금전의 지급 등과 같은 의무의 이행을 명하는 심판은 아니므로 집행력도 인정되지 않는다(가사소송법 제41조).

43 미성년자 입양을 허가하는 심판이 있다고 하더라도 그로 인하여 바로 미성년자 입양의 효력이 발생하는 것은 아니고, 허가를 받고도 신고를 하지 않으면 입양은 성립하지 않으므로, 형성력이 인정되지 않는다.[31] 따라서 미성년자 입양허가심판이 확정되더라도 가족관계등록사무를 처리하는 자에 대한 통지를 할 필요는 없다.

11. 사회복지법인 등에 대한 통지

44 미성년자 입양을 알선한 사회복지법인이 있는 경우에는, 미성년자 입양에 관한 심판이 확정된 때 법원사무관등이 지체 없이 그 사회복지법인에 대하여 그 내용을 통지하여야 한다. 해당 미성년자 입양에 대하여 가정법원으로부터 촉탁에 응하여 조사를 한 보장시설에 대하여도 마찬가지이다(가사소송규칙 제62조의8 제3항, 제62조의6).

30 법원실무제요, 가사[Ⅱ], 사법연수원(2021), 848.
31 법원실무제요, 가사[Ⅱ], 사법연수원(2021), 961.

제 868 조 [사후양자 선정권자의 순위] <1990. 1. 13. 삭제 조문>

전조 제1항의 경우에 배우자가 없거나 또는 사후양자를 선정하지 아니한다는 의사표시를 한 때에는 직계존속이 이를 선정하고 직계존속이 없으면 친족회가 이를 선정할 수 있다. 이 경우에 직계존속 또는 친족회가 사후양자를 선정함에는 법원의 허가를 얻어야 한다.

1 1990. 1. 13. 법률 제4199호로 개정되기 전의 민법은 제867조에서 사후양자에 관하여 규정하였고, 제868조에서 사후양자 선정권자의 순위에 관하여 규정하였다. 1990. 1. 13. 민법 개정에서 제867조와 제868조가 모두 삭제됨으로써 사후양자 제도가 폐지되었다. 그 후 2012. 2. 10. 민법 개정으로 제867조는 미성년자의 입양에 대한 가정법원의 허가 규정으로 신설되었다(☞ 민법 제867조 Ⅰ. 주석 참조).

제 869 조 [입양의 의사표시]

① 양자가 될 사람이 13세 이상의 미성년자인 경우에는 법정대리인의 동의를 받아 입양을 승낙한다.

② 양자가 될 사람이 13세 미만인 경우에는 법정대리인이 그를 갈음하여 입양을 승낙한다.

③ 가정법원은 다음 각 호의 어느 하나에 해당하는 경우에는 제1항에 따른 동의 또는 제2항에 따른 승낙이 없더라도 제867조 제1항에 따른 입양의 허가를 할 수 있다.

1. 법정대리인이 정당한 이유 없이 동의 또는 승낙을 거부하는 경우. 다만, 법정대리인이 친권자인 경우에는 제870조 제2항의 사유가 있어야 한다.
2. 법정대리인의 소재를 알 수 없는 등의 사유로 동의 또는 승낙을 받을 수 없는 경우

④ 제3항 제1호의 경우 가정법원은 법정대리인을 심문하여야 한다.

⑤ 제1항에 따른 동의 또는 제2항에 따른 승낙은 제867조 제1항에 따른 입양의 허가가 있기 전까지 철회할 수 있다.

[전문개정 2012. 2. 10.]

[관련조문] 민법 제807조(혼인적령), 제816조(혼인취소의 사유), 제824조(혼인취소의 효력), 제867조(미성년자의 입양에 대한 가정법원의 허가), 제870조(미성년자 입양에 대한 부모의 동의), 제873조(피성년후견인의 입양), 제874조(부부의 공동 입양 등), 제883조(입양 무효의 원인), 제884조(입양 취소의 원인), 제909조(친권자), 제910조(자의 친권의 대행), 제920조의2(공동친권자의 일방이 공동명의로 한 행위의 효력, 제921(친권자와 그 자간 또는 수인의 자간의 이해상반행위), 제928조(미성년자에 대한 후견의 개시), 비송사건절차법 제18조(재판의 고지), 가사소송법 제2조(가정법원의 관장 사항), 제34조(준용 법률), 제45조의9(입양허가의 절차), 가사소송규칙 제62조의7(입양의 청구), 보호시설에 있는 미성년자의 후견 직무에 관한 법률 제3조(후견인), 제6조(후견인의 직무), 입양특례법 제12조(입양의 동의)

[참고문헌] 주해친족법(제1권)(제2판), 박영사(2025); 김주수/김상용, 친족·상속법(제20판), 법문사(2024); 김상용, "개정 양자법 해설", 법조 제61권 제5호, 법조협회(2012)

Ⅰ. 개관

1 입양은 당사자, 즉 양부모가 될 사람과 양자가 될 사람 사이의 입양의사의 합치를 성립요건으로 한다. 민법은 양자가 될 사람의 입양의사의 표시를 '승낙'으로 구성하고 있다. 이는 양부모가 될 사람의 입양의사를 '청약'으로 전제한 것이다.

2 양자가 될 사람이 미성년자인 경우라도 입양의 승낙을 할 수 있다. 다만, 연령 13세를 기준으로 하여, 13세 이상인 경우라면 승낙을 할 수 있으나 이에 대해 법정대리인의 동의를 얻어야 하고(이를 민법 제870조에 정한 부모의 동의와 구별하기 위하여 '승낙동의'라고 한다), 13세 미만이면 양자가 될 사람이 승낙을 하는 것이 아니라 양자가 될 사람에 갈음하여 그의 법정대리인이 승낙하여야 한다[이를 '대락(代諾)'이라고 한다].

3 제정 당시 민법 제869조는 양자가 될 자가 15세 미만인 때에는 부모가 양자에 갈음하여 입양의 승낙을 하고, 부모가 없는 때에는 후견인이 양자에 갈음하여 입양의 승낙을 하되, 적모·계모·후견인이 승낙을 할 때에는 친족회의 동의를 얻어야 하는 것으로 규정하였다. 즉, 양자가 될 사람이 15세 미만인 때에는 그의 부모 등이 대락을 하고, 양자가 될 사람이 15세 이상인 때에는 별도의 조치 없이 양자 스스로 입양의 승낙을 할 수 있었다. 이 규정은 1990. 1. 13. 개정에서는 양자가 될 자가 15세 미만인 때에는 법정대리인이 그에 갈음하여 입양을 승낙하도록 개정되었다. 이는 적모나 계모가 친모와 동일한 것으로 보는 취지의 민법 제773조, 제774조가 삭제됨에 따른 것이다. 2005. 3. 31. 개정에서는 1990. 1. 13. 개정 시의 조문이 그대로 유지되는 한편, 법정대리인 중에서도 후견인이 입양을 승낙하는 경우에는 가정법원의 허가를 받아야 하는 것으로 단서조항이 추가되었다. 2011. 3. 7. 법률 제10429호 민법 개정으로 성년후견제도가 도입되는 등 후견제도가 대폭 개정되면서 위 조문의 '후견인'이 '미성년후견인'으로 개정되는 등 문언이 약간 수정되었으나 조문의 내용은 그대로 유지되었다. 2012. 2. 10. 개정으로 제869조가 현행과 같이 개정되었다.

Ⅱ. 입양의사

4 입양의사는 실제로 양친자로서의 신분적 생활관계를 형성한다는 의사를 말한다.[1] 따라서 실제로 양친자로서 신분적 생활관계를 형성하기를 의욕하지 않은 채 가족관계등록부상 양친자로 표시되기만을 원하는 것은 입양의사라고 할 수 없다.

1. 양부모의 입양의사 표시

5 양부모가 하는 입양의 의사표시에 관하여는 양부모가 피성년후견인인 때(민법 제873조), 양부모가 배우자 있는 사람인 때(제874조)를 제외하고는 별다른 규정을 두고 있지 않다. 따라서 이는 일반적인 가족법상 의사표시의 방법으로 할 수 있다.

6 양부모가 입양의 의사를 표시함에는 의사능력이 필요하다. 피성년후견인도 양부모가 될 수 있다는 점에서 반드시 행위능력이 필요한 것은 아니다.

7 입양의 의사는 입양이 성립될 때, 즉 입양신고를 마칠 때까지 유지되어야 한다.

2. 양자 측의 입양의사 표시(입양의 승낙)

8 양자 측의 입양의사 표시는 민법 제869조에서 규정하고 있는바, 이는 '입양의 승낙'으로 표현된다. 양자 측이라고 표현한 것은, 양자 본인이 승낙할 수 있는 경우도 있지만 양자 본인이 승낙할 수 없는 경우 그에 갈음하여 법정대리인이 승낙하는 경우도 있기 때문이다.

9 양자 측의 입양의사도 입양신고를 마칠 때까지 유지되어야 한다.

10 양자가 성년자인 경우에는 원칙적으로 그 스스로 입양의 승낙을 할 수 있으므로, 민법 제869조에서 별도로 규정을 두고 있지 않다. 다만, 성년자가 양자가 되는 경우라도 그가 피성년후견인이라면 입양을 승낙함에 있어 성년후견인의 동의가 필요하다(민법 제873조 제1항).

11 양자가 될 사람이 13세 이상의 미성년자인 경우에는 법정대리인의 승낙동의를 받아 양자가 입양을 승낙한다. 양자가 될 사람이 13세 미만의 미성년자인 경우에는 양자가 될 사람이 승낙을 하는 것이 아니라 그의 법정대리인이 입

1 대법원 1995. 9. 29. 선고 94므1553, 1560 판결.

양을 대락한다. 양자가 될 사람이 혼인으로 인한 성년의제를 받는 경우에는 그의 법정대리인이 존재하지 않으므로 법정대리인의 동의를 받을 필요가 없다고 볼 것이다.[2]

3. 승낙동의 또는 대락을 할 수 있는 사람

12 승낙동의 또는 대락을 할 수 있는 사람은 양자가 될 미성년자의 법정대리인이다.

13 미성년자의 법정대리인에는 친권을 행사하는 부 또는 모(민법 제910조)와 미성년후견인(친권자가 없거나, 친권자가 친권상실 또는 친권의 일시정지로 인해 친권을 전부 행사할 수 없거나, 친권자의 친권 중 입양에 관하여 동의 또는 대락할 권한이 제한된 경우이다. 민법 제928조)이 있다. 그 밖에 미성년자의 법정대리인이 될 수 있는 경우로는 보호시설에 있는 미성년자의 후견 직무에 관한 법률에 의한 후견인이 있다(보호시설에 있는 미성년자의 후견 직무에 관한 법 제3조, 제6조).

가. 친권자

14 양자가 될 사람의 부모가 혼인 중인 때에는 그들이 공동으로 친권을 행사하므로(민법 제909조 제2항) 부모 모두 승낙동의 또는 대락을 하여야 한다. 공동친권자인 부모가 입양의 승낙동의 또는 대락에 관하여 의견이 일치하지 않는 경우, 즉 한 명은 승낙동의 또는 대락에 찬성하고 다른 한 명은 그에 반대하는 경우, 이를 친권 행사에 관한 의견의 불일치로 보아 당사자의 청구에 의해 가정법원이 하는 친권 행사방법으로서(민법 제909조 제2항 단서) 승낙동의 또는 대락을 하는 심판을 할 수도 있을 것이나[제909조 제2항 단서에 따른 친권 행사방법의 결정은 라류 가사비송사건이다. 가사소송법 제2조 제1항 제2호 가목 13)], 공동친권자가 정당한 이유 없이 승낙동의 또는 대락을 거부하는 경우에 해당한다면 가정법원은 그의 승낙동의 또는 대락 없이도 입양을 허가할 수 있을 것이다(민법 제869조 제3항 제1호, 제870조 제2항). 친권자의 승낙동의 또는

2 법정대리인이 입양을 대락하여야 하는 경우는 양자가 될 사람이 13세 미만인 경우로서 혼인적령에 달하지 못한 연령이므로(민법 제807조), 혼인 성년의제에 의해 법정대리인의 입양 대락이 배제되는 경우는 원칙적으로는 상정할 수 없다. 다만, 혼인적령 규정에 위반한 혼인은 취소 사유가 있을 뿐이고(민법 제816조 제1호), 혼인의 취소는 소급효가 없으므로(제824조), 혼인적령에 달하지 아니한 사람이 혼인한 경우 그 혼인이 취소되기 전까지는 유효하고 그로 인하여 혼인 성년의제가 발생한다. 그렇다면 13세 미만인 사람이 혼인하여 그 혼인이 취소되지 않고 유지되고 있는 상태에서 양자가 되고자 할 경우에는 법정대리인의 대락 없이 양자가 단독으로 입양의 승낙을 할 수 있는 경우도 발생할 수 있다.

대락에는 민법 제920조의2가 적용되지 않으므로,[3] 공동친권자 중 한 명이 공동명의로 승낙동의 또는 대락을 한 경우 그것이 다른 공동친권자의 의사에 반하면 다른 공동친권자의 승낙동의 또는 대락으로서의 효력을 가지지 못한다.

15 양자가 될 사람의 친권자가 한 명뿐인 경우에는 그가 단독으로 승낙동의 또는 대락을 한다. 공동친권자 중 한 쪽의 친권이 상실되면 다른 쪽이 단독친권자로 되므로 단독친권자가 된 사람만이 승낙동의 또는 대락을 한다.

16 양자가 될 사람이 이미 다른 사람에게 입양된 사람인 경우, 그의 친부모가 아니라 양부모가 친권자가 되므로(민법 제909조 제1항 제2문) 양부모가 친권자로서 승낙동의 또는 대락을 한다.

나. 후견인

17 양자가 될 사람에게 친권자가 없거나 친권자의 친권이 상실되는 등 친권을 행사할 수 없는 경우에는 미성년후견이 개시되므로, 미성년후견인이 승낙동의 또는 대락을 한다.

18 양자가 될 사람이 국가 또는 지방자치단체가 설치·운영하는 보호시설에 있는 고아인 경우에는 그 보호시설의 장이 후견인이 된다(보호시설에 있는 미성년자의 후견 직무에 관한 법률 제3조). 그의 직무에 관하여는 민법의 후견인의 임무에 관한 규정이 준용되므로(보호시설에 있는 미성년자의 후견 직무에 관한 법률 제6조 본문), 그가 미성년자 입양에 대한 승낙동의 또는 대락을 할 수 있다. 다만, 법정대리인의 승낙동의 또는 대락은 민법상 일반입양의 요건이므로, 입양특례법이 적용되는 입양의 경우에는 보호시설의 장이 후견인으로서 승낙동의 또는 대락을 하는 것이 아니다(입양특례법에 의하면, 입양대상 아동을 양자로 하려면 친생부모의 동의를 받아야 하고, 친생부모가 친권상실의 선고를 받았거나 소재불명 등의 사유로 그의 동의를 받을 수 없어 친생부모의 입양동의가 면제되는 경우에는 후견인의 동의를 받아야 한다. 이 때 후견인은 입양특례법 제22조 제1항 본문에 따라 입양기관의 장인 경우가 대부분이다).

다. 특별대리인

19 미성년후견인이 피미성년후견인을 입양하는 경우에는 민법 제921조에 준하여

3 주해친족법(제1권)(제2판), 박영사(2025), 801(현소혜).

피미성년후견인의 특별대리인을 선임하고 그 특별대리인이 미성년후견인에 갈음하여 승낙동의 또는 대락을 하여야 한다.[4]

20 생부가 혼인외 출생자를 인지하지 않아 생모가 단독으로 친권을 행사하던 중 혼인을 하게 되어 배우자와 공동으로 혼인외 자를 입양하고자 하는 경우, 생모가 양모의 지위를 겸유하므로 양자를 위해 특별대리인을 선임하여 승낙동의 또는 대락을 하게 하여야 한다는 견해가 있으나,[5] 자신의 친자를 입양할 수는 없는 것이므로 위와 같은 경우에는 생모가 한 입양허가 청구는 부적법할 뿐이고(☞ 민법 제867조 Ⅶ. 2. 주석 참조) 생모가 양모의 지위를 겸유하는 것으로 볼 수는 없다. 따라서 생모가 승낙동의 또는 대락을 하여야 하고, 특별대리인을 선임할 필요는 없다.

4. 승낙동의 또는 대락이 없는 경우

21 승낙동의 또는 대락이 없는 경우 가정법원은 원칙적으로 입양의 허가를 할 수 없다(민법 제869조 제3항의 반대해석). 그러나 특정한 경우에는 법정대리인의 승낙동의 또는 대락이 없더라도 입양 허가를 할 수 있다. 그러한 사유로는 법정대리인이 정당한 이유 없이 승낙동의 또는 대락을 거부하는 경우(민법 제869조 제3항 제1호)와 법정대리인의 소재를 알 수 없는 등의 사유로 동의 또는 승낙을 받을 수 없는 경우(제869조 제3항 제2호)가 있다.

가. 법정대리인이 정당한 이유 없이 승낙동의 또는 대락을 거부하는 경우

22 법정대리인이 정당한 이유 없이 승낙동의 또는 대락을 거부하는 경우 가정법원은 승낙동의 또는 대락이 없더라도 미성년자 입양을 허가할 수 있다. 이 때 법정대리인이 친권자이기도 하다면, 민법 제870조 제2항의 사유가 있을 때, 즉 부모가 3년 이상 자녀에 대한 부양의무를 이행하지 아니한 경우이거나 부모가 자녀를 학대 또는 유기하거나 그 밖에 자녀의 복리를 현저히 해친 때에 해당하여야 승낙동의 또는 대락 없이도 입양을 허가할 수 있다. 법정대리인이 부모인 경우 그는 법정대리인의 지위에서는 승낙동의 또는 대락을 하여야 하고, 부모의 지위에서는 입양동의(민법 제870조)를 하여야 하는데, 그것이 없더라도 가정법원이 입양을 허가할 수 있는 경우를 동일하게 설정하기 위한 것이다.

4 주해친족법(제1권)(제2판), 박영사(2025), 803(현소혜).
5 주해친족법(제1권)(제2판), 박영사(2025), 803(현소혜).

23 승낙동의 또는 대락을 거부하는 데 정당한 이유가 없는 경우로는, 장기간 법정대리인으로서 마땅히 이행하여야 할 의무를 이행하지 않으면서 권리만을 주장하는 경우 등이 있을 수 있다.[6]

나. 법정대리인의 승낙동의 또는 대락을 받을 수 없는 경우

24 법정대리인의 소재를 알 수 없는 등의 사유로 승낙동의 또는 대락을 받을 수 없는 경우 가정법원은 승낙동의 또는 대락 없이도 미성년자의 입양을 허가할 수 있다.

25 법정대리인이 부모인 경우 민법 제869조에 의한 승낙동의 또는 대락 외에도 부모로서의 입양동의가 필요한데, 그의 소재를 알 수 없는 등의 사유가 있다면 법정대리인으로서의 승낙동의 또는 대락과 더불어 부모로서의 입양동의도 필요하지 않다(민법 제870조 제1항 제3호).

26 소재를 알 수 없는 등의 사유로 동의 또는 승낙을 받을 수 없는 경우에는 소재불명 외에도 사망, 생사불명, 장기간에 걸친 의식불명 또는 불치의 정신질환으로 인해 의사를 표시하는 것이 불가능한 경우 등이 널리 포함된다.[7]

다. 미성년자 입양허가 사건에서의 심리

1) 법정대리인에 대한 필요적 심문이 요구되는 경우

27 법정대리인이 정당한 이유 없이 승낙동의 또는 대락을 거부하는 경우 가정법원은 법정대리인의 승낙동의 또는 대락이 없더라도 미성년자 입양의 허가를 할 수 있는데, 이 경우 가정법원은 법정대리인을 심문하여야 한다(민법 제869조 제4항). 즉, 이 경우는 필요적 심문에 해당한다. 가정법원은 법정대리인의 승낙동의 또는 대락이 없는 사건에서 그 이유로 법정대리인이 정당한 이유 없이 승낙동의 또는 대락을 거부하였다고 주장되는 경우에는 반드시 법정대리인을 심문하여야 한다. 이 경우 가정법원은 법정대리인에 대한 심문 등을 통하여 법정대리인이 승낙동의 또는 대락을 거부하는 데 정당한 이유가 있는지 여부를 심리하여야 하고, 법정대리인이 친권자인 경우에는 그가 3년 이상 자녀에 대한 부양의무를 이행하지 않았거나, 자녀를 학대 또는 유기하거나 그 밖에 자녀의 복리를 현저히 해쳤는지 여부를 심리하여야 한다.

6 김상용, "개정 양자법 해설", 법조 제61권 제5호, 법조협회(2012), 20.
7 김주수/김상용, 친족·상속법(제20판), 법문사(2024), 367.

28 법정대리인의 소재를 알 수 없는 등의 사유가 있다고 주장되는 경우는 필요적 심문의 대상에는 해당하지 않으나(민법 제869조 제4항의 반대해석), 가정법원은 법정대리인의 소재를 알 수 없는 경우에 해당하는지 확인할 필요가 있을 것이다.

2) 승낙동의 또는 대락 요건의 구비 여부 심리를 위한 절차적 고려

29 미성년자 입양을 청구하는 사람은 법정대리인의 승낙동의 또는 대락이 있었음을 명백히 표시하여야 하고, 그 승낙동의 또는 대락이 없는 경우에는 민법 제869조 제3항 각 호, 즉 승낙동의 또는 대락 없이도 가정법원이 입양을 허가할 수 있는 경우에 해당한다는 사정을 명백히 표시하여야 한다(가사소송규칙 제62조의7 제1항 제3호).

30 가정법원은 입양의 허가 심판을 하는 경우에 양자가 될 사람의 법정대리인 및 후견인의 의견을 들어야 한다(가사소송법 제45조의9 제1항 제2호). 이는 승낙동의 또는 대락 요건과 반드시 연결되는 것은 아니지만, 법정대리인의 의견을 듣는 기회에 그의 진정한 승낙동의 또는 대락 여부를 다시 확인하는 것으로 실무례가 형성되어 있다. 미성년자 입양의 허가를 청구할 때에는 양자가 될 사람에 대하여 친권을 행사하는 사람으로서 부모 이외의 사람의 이름과 주소를 명백히 하여야 하는데(가사소송규칙 제62조의7 제1항 제2호), 이는 법정대리인의 의견을 듣는 절차에서 필요하기 때문으로 이해된다.

5. 승낙동의 또는 대락의 시점

31 미성년자 입양허가 사건의 심리 중에 양자가 될 사람이 13세 이상에 이르게 되면 그의 승낙 및 법정대리인의 승낙동의가 필요하고, 19세에 이르러 성년자가 되면 법정대리인의 승낙동의도 필요하지 않다고 본다. 후자의 경우에는 더 이상 가정법원의 허가 대상도 되지 않는다.

32 즉, 법정대리인의 승낙동의 또는 대락이 필요한지 여부는 입양허가 시를 기준으로 판단되어야 한다.

33 또한 법정대리인의 승낙동의 또는 대락은 입양허가 시까지 유지되어야 한다. 법정대리인은 입양허가가 있기 전까지 그의 승낙동의 또는 대락을 철회할 수 있는데(민법 제869조 제5항), 그 경우 처음부터 승낙동의 또는 대락이 없었던 것과 동일하게 된다.

6. 승낙동의 또는 대락의 철회

34 법정대리인의 승낙동의 또는 대락은 가정법원의 입양허가가 있기 전까지 철회할 수 있다(민법 제869조 제5항).

35 철회를 할 수 있는 당사자는 법문상 명확하게 규정되어 있지는 않으나, 당연히 그 승낙동의 또는 대락을 한 법정대리인이 철회를 할 수 있다고 해석할 것이다.

36 철회할 수 있는 시적 한계는 가정법원의 입양허가가 있기 전까지이다. 이 때 입양의 허가가 있다는 것은 가정법원에 의한 입양허가심판이 확정되어 효력이 발생한 때를 말한다고 본다.[8] 미성년자 입양허가는 비송재판이어서 판결과는 달리 지정된 선고일에 선고하지 않고 법원이 적당하다고 인정하는 방법으로 고지할 뿐이므로(가사소송법 제34조, 비송사건절차법 제18조 제1항 제2항), 법정대리인은 언제 심판이 있을지 알지 못한 상태에서 철회서를 법원에 우편으로 제출하게 되는 경우가 발생할 수 있다. 그리고 법원도 철회서가 우편으로 제출되어 법원에 도달하기 전에 그 사실을 알지 못한 채 입양을 허가하는 심판을 하게 될 가능성이 있다. 이런 경우 법정대리인의 철회서가 입양허가 심판의 즉시항고기간 도과 전에 법원에 도달한다면 그 철회는 유효하다고 볼 것이다. 그리고 법정대리인은 입양을 허가하는 심판에 대해 즉시항고를 하여 다툴 수 있을 것이다(입양허가 심판의 즉시항고권자에는 양자의 법정대리인이 포함된다. ☞ 민법 제867조 Ⅶ. 9. 주석 참조). 만약 법정대리인 또는 다른 즉시항고권자가 즉시항고를 제기하지 않아 입양허가심판이 확정되더라도, 그로 인한 입양은 무효(법정대리인이 철회한 것이 대락인 경우. 민법 제883조 제2호)가 되거나 취소될 수 있다(법정대리인이 철회한 것이 승낙동의인 경우. 민법 제884조 제1항 제1호).

7. 승낙동의 또는 대락이 없는 입양의 효력

37 대락이 필요한 경우 대락 없이 한 입양은 무효이다(민법 제883조 제2호).

38 승낙동의가 필요한 경우 승낙동의 없이 한 입양은 취소할 수 있다(민법 제884조 제1항 제1호).

39 법정대리인의 소재를 알 수 없는 등의 사유로 승낙동의나 대락을 받지 못한 경우가 아님에도 불구하고 그에 해당한다고 하여 가정법원이 입양을 허가하였다면, 그 입양을 취소할 수 있다(민법 제884조 제1항 제1호).

8 주해친족법(제1권)(제2판), 박영사(2025), 725(현소혜).

제 870 조 [미성년자 입양에 대한 부모의 동의]

① 양자가 될 미성년자는 부모의 동의를 받아야 한다. 다만, 다음 각 호의 어느 하나에 해당하는 경우에는 그러하지 아니하다.

1. 부모가 제869조 제1항에 따른 동의를 하거나 같은 조 제2항에 따른 승낙을 한 경우
2. 부모가 친권상실의 선고를 받은 경우
3. 부모의 소재를 알 수 없는 등의 사유로 동의를 받을 수 없는 경우

② 가정법원은 다음 각 호의 어느 하나에 해당하는 사유가 있는 경우에는 부모가 동의를 거부하더라도 제867조 제1항에 따른 입양의 허가를 할 수 있다. 이 경우 가정법원은 부모를 심문하여야 한다.

1. 부모가 3년 이상 자녀에 대한 부양의무를 이행하지 아니한 경우
2. 부모가 자녀를 학대 또는 유기하거나 그 밖에 자녀의 복리를 현저히 해친 경우

③ 제1항에 따른 동의는 제867조 제1항에 따른 입양의 허가가 있기 전까지 철회할 수 있다.

[전문개정 2012. 2. 10.]

[관련조문] 민법 제4조(성년), 제869조(입양의 의사표시), 제871조(성년자 입양에 대한 부모의 동의), 제884조(입양 취소의 원인), 제908조의2(친양자 입양의 요건 등), 제908조의3(친양자 입양의 효력), 가사소송규칙 제25조(심판의 고지), 제62조의4(심판의 고지 등), 제62조의8(준용규정), 아동복지법 제3조(정의)

[참고문헌] 주해친족법(제1권)(제2판), 박영사(2025); 김주수/김상용, 친족·상속법(제20판), 법문사(2024); 한복룡, 가족법강의, 충남대학교출판문화원(2012); 김상용, "양자법의 문제점과 개정방향 -민법상의 쟁점을 중심으로-", 법조 제58권 제5호, 법조협회(2009); 이승우/김유은, "대락입양 소고", 성균관법학 제19권 제2호, 성균관대학교 비교법연구소(2007); 이현재, "미국 입양법에 있어서 혼외부의 헌법적 권리에 관한 고찰", 민사법연구 제15집 제1호, 대한민사법학회(2007); 최진섭, "입양에 관한 판례의 쟁점 분석", 법학연구 제21권 제3호, 연세대학교 법학연구소(2011)

Ⅰ. 개관

1 양부모가 될 사람과 양자가 될 사람의 입양의사의 합치 외에도, 입양성립을 위한 추가적인 요건이 있는데, 양자가 될 사람의 부모의 동의가 그것이다. 양자가 될 사람이 성년자이든 미성년자이든 가리지 않고 그 부모의 동의가 필요하다. 민법 제870조에서는 미성년자 입양에 있어서 부모의 동의를 규정하고 있다. 이는 미성년자 입양에 있어서 법정대리인의 승낙동의(민법 제869조 제1항)와는 다른 개념이다. 민법 제870조의 동의를 승낙동의와 구별하여 입양동의로 부르기로 한다.

2 제정 민법 제870조는 양자가 될 자는 부모의 동의를 얻어야 하고 부모가 사망 기타 사유로 인하여 동의를 할 수 없는 경우 다른 직계존속이 있으면 그 동의를 얻어야 하는데(제1항), 직계존속이 여러 명인 때에는 남자를 선순위로 하고 남자 또는 여자가 여러 명인 때에는 최근존속을 선순위로 하여 그 동의를 얻어야 한다(제2항)는 취지로 규정하고 있었다. 1990. 1. 13. 개정 시에는 제1항 부분은 유지하고, 제2항에서 정한 직계존속 중 동의권자의 순위에 관하여 직계존속이 여러 명인 때에는 최근존속을 선순위로 하고 동순위가 수인인 때에는 연장자를 선순위로 한다고 개정함으로써 남녀의 차별을 없앴다.

> 제정 민법
>
> 제 867 조 [사후양자]
>
> ① 호주가 사망한 경우에는 그 직계비속이 없는 때에 한하여 그 배우자, 직계존속, 친족회의 순위로 사후양자를 선정할 수 있다.
>
> ② 폐가 또는 무후가를 부흥하기 위하여 전호주의 사후양자를 선정하는 경우에는 전호주의 직계존속, 친족회의 순위로 이를 선정한다.
>
> ③ 전 2 항의 경우에 직계존속이 수인인 때에는 남자를 선순위로 하고 남자 또는 여자가 수인인 때에는 최근존속을 선순위로 한다. 그러나 생가의 직계존속은 출계자의 사후양자를 선정하지 못한다.
>
> ④ 제 870 조의 규정은 배우자 또는 직계존속의 사후양자를 선정하는 경우에 준용한다.
>
> 제 870 조 [입양의 동의]
>
> ① 양자가 될 자는 부모의 동의를 얻어야 하며 부모가 사망 기타 사유로 인하여 동의를 할 수 없는 경우에 다른 직계존속이 있으면 그 동의를 얻어야 한다.
>
> ② 제 867 조 제 3 항의 규정은 전항의 직계존속의 동의에 준용한다.

3 현행법과 같이 개정되기 전 민법 제870조는 양자가 될 사람이 성년자인지 미성년자인지 여부를 가리지 않고 양자가 될 사람의 부모의 동의를 얻어야 하는 것으로 규정하고, 제870조 다음 조문인 제871조에서 양자가 될 사람이 미성년자인 경우에 부모 또는 다른 직계존속이 없으면 후견인의 동의를 얻어야 한다고 정하였다. 그에 따르면, 모든 입양에 양자가 될 사람의 부모(없으면 직계존속)의 동의가 필요한 것이 원칙이고, 미성년자 입양에 있어서는 부모도 없고 직계존속도 없어 그들의 동의를 얻을 수 없는 경우에는 그 대신 후견인의 동의를 얻도록 특칙을 둔 것으로 이해된다. 다만, 15세 미만의 사람을 입양할 경우 부모(없으면 후견인)가 입양의 승낙을 하여야 하므로(개정 전 민법 제869조), 개정 전 민법 제870조에 의한 부모의 동의는 양자가 될 사람이 15세 이상인 경우에만 적용될 뿐이고 양자가 될 사람이 15세 미만인 경우에는 별도로 부모의 동의를 받을 필요가 없다고 해석하는 견해가 있었다.[1]

4 현행 민법은 미성년자 일반입양에 대하여 가정법원의 허가를 받도록 개정함과 동시에 일반 입양에 관한 조문의 체계가 미성년자 입양과 성년자 입양으로 대별되도록 구성되었다. 그에 따라 민법 제870조는 미성년자 입양에 있어서 부모의 동의를 받을 것을 규정하고, 성년자 입양에 있어서 부모의 동의를 받을 것에 관한 규정은 제870조 다음인 제871조로 이동하였다.

Ⅱ. 적용범위

5 민법 제870조에 의하여 부모의 입양동의를 받아야 하는 것은 미성년자, 즉 19세 미만의 사람(민법 제4조)을 입양하는 경우이다.

6 혼인으로 성년의제된 미성년자가 민법 제870조의 미성년자에 해당하는지 문제될 수 있는데, 민법 제869조의 미성년자에서는 혼인으로 성년의제된 미성년자가 제외되는 것으로 보므로(☞ 민법 제869조 주석 참조), 제870조에서도 혼인으로 성년의제된 미성년자는 제외된다고 보는 것이 타당하다. 그 경우에는 제871조에 의하여 부모의 동의가 필요하다.

1 한복룡, 가족법강의(제2개정판), 충남대학교출판문화원(2012), 190; 이승우/김유은, "대락입양 소고", 성균관법학 제19권 제2호, 성균관대학교 비교법연구소(2007), 196.

Ⅲ. 입양동의권자

7 민법 제870조에 의하여 입양동의할 수 있는 사람은 양자가 될 사람의 부모이다. 이 때 부모는 친권자이거나 법정대리인일 필요는 없다. '부 또는 모'가 입양동의를 하면 족한 것이 아니라 '부와 모' 모두가 입양동의를 하여야 한다.

8 민법 제870조가 '부모'를 특별히 친생부모로 제한하고 있지 않으므로, 제870조에 의한 입양동의권자에는 친생부모 뿐만 아니라 양부모도 포함된다고 본다. 즉, 양자가 될 사람이 종전에 다른 사람에게 입양된 적이 있었다면 그의 친생부모와 현재 양부모 모두가 입양에 대해 동의하여야 한다.[2] 반면 양부모의 입양동의만으로 족하며 친생부모는 양부모가 모두 사망한 때에만 입양동의권을 갖는다는 견해도 있다.[3]

9 혼인외 출생자를 인지하지 않은 부는 아직 법률상 부가 아니므로 민법 제870조에 의한 입양동의권이 없다.[4] 반면 인지하지 않은 생부라도 혼인외 출생자와 사이에 실질적인 부자관계가 형성되어 있다면 입양동의권을 부여할 필요가 있다는 반대견해가 있다.[5]

10 혼인외 출생자와 생모 사이에는 생모의 인지나 출생신고를 기다리지 않고 자의 출생으로 당연히 법률상 친자관계가 생기는 것이므로,[6] 비록 가족관계 등록부상 모로 기재되어 있지 않다고 하더라도 생모는 제870조의 입양동의권자가 된다.

Ⅳ. 입양동의가 필요 없는 경우

11 다음의 경우에는 부모의 입양동의가 필요 없다(민법 제870조 제1항 단서). 따라

2 주해친족법(제1권)(제2판), 박영사(2025), 812~814(현소혜)은 양부모는 법정대리인으로서 대락권 또는 동의권(필자 주 : 민법 제869조에 의한 승낙동의 또는 대락의 권한을 말한다)을 행사하나 친생부모 역시 본조에 의하여 동의권을 행사할 수 있고, 친권자가 아닌 양부모(양부모가 이혼한 후 친권자로 지정받지 못한 일방)는 부모로서 동의권(필자 주 : 민법 제870조에 의한 입양동의권)을 행사할 수 있다고 본다.

3 최진섭, "입양에 관한 판례의 쟁점 분석", 법학연구 제21권 제3호, 연세대학교 법학연구소(2011), 214~215.

4 주해친족법(제1권)(제2판), 박영사(2025), 729(현소혜).

5 이현재, "미국 입양법에 있어서 혼외부의 헌법적 권리에 관한 고찰", 민사법연구 제15집 제1호, 대한민사법학회(2007), 150~151.

6 대법원 2018. 6. 19. 선고 2018다1049 판결.

서 그 경우에는 부모의 입양동의가 없더라도 가정법원은 미성년자의 일반입양을 허가할 수 있다.

1. 부모가 승낙동의 또는 대락을 한 경우

12 부모가 민법 제869조 제1항에 의한 승낙동의 또는 제869조 제2항에 의한 대락을 한 경우, 제870조에 의한 부모의 입양동의는 별도로 필요하지 않다(민법 제870조 제1항 제1호). 이에 대해 학설은 친생부모로서의 입양동의권은 원칙적으로 법정대리인으로서의 승낙동의권에 흡수된다고 설명한다.[7] 그러나, 친생부모로서의 입양동의권과 법정대리인으로서의 승낙동의 또는 대락권은 각자 개별로 존재하고 따라서 친생부모로서의 입양동의와 법정대리인으로서의 승낙동의 또는 대락은 별개의 의사표시이며, 다만 법정대리인으로서의 승낙동의 또는 대락권을 행사한 경우 그는 친생부모로서의 입양동의권도 행사할 것이라고 그 의사를 추정함으로서 명시적으로 입양동의의 표시를 하는 것을 면제한 것이라고 보는 것이 더욱 체계에 맞고 간명한 해석이라고 생각된다. 민법 제870조 제1항 제1호에 의하면 친생부모가 법정대리인으로서 제869조 제2항에 의한 대락을 한 경우에도 제870조의 입양동의가 필요하지 않다. 그런데 대락은 일종의 '대리'로서의 법적 성격을 갖고[8] 그 본질은 양부모의 입양 청약에 대한 양자의 입양 승낙이므로 결국 대락권은 양자될 사람의 권리를 대신 행사하는 것인데, 입양동의는 부모 본인의 권리이므로 서로 성질이 달라 후자가 전자에 흡수된다고 보는 것은 어색하기 때문이다. 그러나 어떻게 보든 실질적 차이는 발생하지 않는 것으로 보인다.

2. 부모가 친권상실의 선고를 받은 경우

13 부모가 친권상실의 선고를 받은 경우에는 부모의 입양동의를 받지 않아도 된다. 부모 중 친권상실의 선고를 받은 사람의 입양동의를 받지 않아도 된다는 것으로 해석할 것이므로, 친권상실의 선고를 받지 않은 나머지 부모의 입양동의는 여전히 필요하다. 만약 친권상실의 선고를 받지 않은 부모가 법정대리인으로서 민법 제869조에 의한 승낙동의 또는 대락을 하였다면 제870조 제1항 제1호에 의하여 그의 입양동의는 필요하지 않다.

7 주해친족법(제1권)(제2판), 박영사(2025), 805(현소혜).
8 주해친족법(제1권)(제2판), 박영사(2025), 800(현소혜).

3. 부모의 소재를 알 수 없는 등의 사유로 동의를 받을 수 없는 경우

14 부모의 소재를 알 수 없는 등의 사유로 동의를 받을 수 없는 경우에는 부모의 입양동의를 받지 않아도 된다. 이 경우도 위 제2호의 경우와 마찬가지로, 소재를 알 수 없는 부모의 입양동의만 받지 않아도 될 뿐, 소재를 알 수 있는 나머지 부모의 입양동의는 여전히 필요하다. 소재를 알 수 있는 부모가 법정대리인으로서 민법 제869조에 의한 승낙동의 또는 대락을 하였다면 제870조 제1항 제1호에 의하여 그의 입양동의는 필요하지 않다.

15 '소재를 알 수 없는 등의 사유로 동의를 받을 수 없는 경우'는 민법 제869조 제3항 제2호의 '소재를 알 수 없는 등의 사유로 동의 또는 승낙을 받을 수 없는 경우'와 동일하게 해석한다. 즉, 소재불명 외에도 사망, 생사불명, 장기간에 걸친 의식불명 또는 불치의 정신질환으로 인해 의사를 표시하는 것이 불가능한 경우 등이 널리 포함된다.[9]

V. 부모가 입양동의를 거부하는 경우

16 부모가 입양동의를 하지 않고 거부하는 경우 원칙적으로 가정법원은 미성년자의 입양을 허가할 수 없다(민법 제870조 제2항의 반대해석). 그러나 예외적인 사유가 있는 경우에는 부모가 입양동의를 거부하는 경우에도 가정법원은 미성년자의 입양을 허가할 수 있다. 이 경우 가정법원은 부모를 심문하여야 한다(민법 제870조 제2항).

1. 부모가 3년 이상 자녀에 대한 부양의무를 이행하지 아니한 경우

17 부모가 3년 이상 자녀에 대한 부양의무를 이행하지 않은 경우에는 그 부모가 입양동의를 거부하더라도 가정법원은 미성년자의 입양을 허가할 수 있다(민법 제870조 제2항 제1호). 부양의무를 이행하지 않았다고 하기 위해서는 스스로 자녀를 양육하지 않고 있는 것을 넘어서, 자녀를 대신 양육해주고 있는 배우자 또는 제3자에게 양육비도 전혀 지급하지 않을 정도에 이르러야 한다.[10] 양자가 될 사람을 부양하지 않은 경우를 말하고, 양자가 될 사람 외의 다른 자녀를 부양하지 않은 것은 해당하지 않는다.

9 김주수/김상용, 친족·상속법(제20판), 법문사(2024), 369.
10 주해친족법(제1권)(제2판), 박영사(2025), 816(현소혜).

18 친양자 입양에서는 친생부모가 자신에게 책임이 있는 사유로 3년 이상 자녀에 대한 부양의무를 이행하지 아니하고 면접교섭을 하지 아니한 경우 친생부모의 동의가 없더라도 친양자 입양 청구를 인용할 수 있다(민법 제908조의2 제2항 제2호). 위 규정과 비교해 볼 때 민법 제870조에서는 '책임이 있는 사유로' 부양의무를 이행하지 않을 것을 요구하지 않고, '면접교섭을 하지 아니한 경우'를 언급하지 않고 있다. 위와 같이 문언의 차이가 있는 점을 엄격하게 볼 때, 민법 제870조에서는 부모가 자신의 책임이 있는 사유에 의한 것이든 자신의 책임이 없는 사유에 의한 것이든 무관하게 3년 이상 자녀에 대한 부양의무를 이행하지 않았으면 그가 입양동의를 거부하더라도 법원은 미성년자 일반입양의 허가를 할 수 있다.[11] 문언의 차이를 중시하는 같은 취지에서 볼 때, 민법 제870조에서는 3년 이상 부양의무의 불이행만 있으면 족하고 그와 동시에 3년 이상 면접교섭의 불이행은 있을 필요가 없다. 즉, 3년 이상 부양의무를 불이행하면서 그 와중에 면접교섭은 하였더라도 가정법원은 미성년자 일반입양의 허가를 할 수 있다. 이에 대하여는 친생부모의 입양동의권을 박탈하는 것은 엄격한 요건 하에서만 허용되어야 하고 미성년자에 대한 부양의무에는 정서적 부양도 포함된다고 볼 수 있는 점에 비추어 면접교섭을 한 경우에는 동의면제사유에 해당하지 않는다고 보는 반대견해가 있다.[12] 그러나 입양 전의 친족관계가 종료되는 친양자 입양(민법 제908조의3 제2항)에서 친생부모의 동의권은 강하게 보장되어야 하는 반면, 일반입양은 입양 전의 친족관계가 종료되지 아니하므로 친양자 입양과 효력이 달라 입법자가 의도적으로 요건을 달리 설정한 것으로 보이므로, 위 반대견해에 찬동하지 않는다.

2. 부모가 자녀를 학대 또는 유기하거나 그 밖에 자녀의 복리를 현저히 해친 경우

19 부모가 자녀를 학대 또는 유기하거나 그 밖에 자녀의 복리를 현저히 해친 경우 그 부모가 입양동의를 거부하더라도 가정법원은 미성년자 일반입양을 허가할 수 있다(민법 제870조 제2항 제2호). 양자가 될 사람의 복리를 현저히 해

11 주해친족법(제1권)(제2판), 박영사(2025), 816(현소혜).
12 주해친족법(제1권)(제2판), 박영사(2025), 816(현소혜).

친 경우를 말하고, 양자가 될 사람 외의 다른 자녀의 복리를 현저히 해친 경우는 해당하지 않는 것은 위 제1호의 경우와 마찬가지이다.

20 '학대'는 건강 또는 복지를 해치거나 정상적 발달을 저해할 수 있는 신체적·정신적·성적 폭력이나 가혹행위를 하는 것 등을 말하는 것으로 볼 수 있다(아동복지법 제3조 제7호 참조). '유기'는 의식주를 포함한 기본적 보호·양육·치료·교육을 소홀히 하는 것을 말한다.[13] 방임도 본호의 '학대 또는 유기'에 포함된다(아동복지법 제3조 제7호 참조).

21 '그 밖에 자녀의 복리를 현저히 해친 경우'에는 부모가 자녀에게 범죄를 교사하거나 자녀를 이용하여 구걸하는 경우같이 부모로서의 의무 위반이 심각한 수준에 이르러 더 이상 그에게 자녀의 양육을 맡길 수 없다고 판단되는 경우, 부모가 마약·알코올 및 사행성 행위 등에 중독되어 있거나 반복적으로 범죄를 저질러 수시로 교도소에 수감되는 경우와 같이 자녀를 양육하기에 적당하지 않은 사정이 있는 경우 등이 포함될 수 있다.[14]

Ⅵ. 미성년자 입양허가 사건에서의 심리

22 부모의 입양동의가 필요 없는 경우는 필요적 심문의 대상이 아니다(민법 제870조 제1항). 반면 부모가 입양동의를 거부하더라도 입양을 허가할 수 있는 경우는 필요적 심문의 대상이다(민법 제870조 제2항). (☞ 미성년자 입양허가 사건에서의 심리에 관하여는 민법 제869조 Ⅶ. 5. 주석 참조)

Ⅶ. 입양동의의 철회

23 부모의 입양동의는 가정법원의 미성년자 입양허가가 있기 전까지 철회할 수 있다(민법 제870조 제3항).

24 입양동의를 철회할 수 있는 것은 입양허가심판이 확정되기 전까지로 보는 것은 민법 제869조 제5항의 경우와 마찬가지이다. 다만, 양자가 될 사람에게 친생부모와 양부모가 모두 있는 경우에 양자의 친생부모는 입양허가심판을 고지받지만 양부모는 법정대리인이 아닌 한 입양허가심판을 고지받지 못하

13 주해친족법(제1권)(제2판), 박영사(2025), 817(현소혜).
14 김상용, "양자법의 문제점과 개정방향 -민법상의 쟁점을 중심으로-", 법조 제58권 제5호, 법조협회(2009), 61~62.

므로(가사소송규칙 제25조, 제62조의8 제1항, 제62조의4 제1항), 법정대리인이 아닌 양부모는 자신의 입양동의를 언제까지 철회할 수 있는지 알지 못하는 문제가 있다.

Ⅷ. 입양동의가 없는 입양의 효력

25 부모의 입양동의 없이 한 입양은 취소를 청구할 수 있다(민법 제884조 제1항 제1호).

제 871 조 [성년자 입양에 대한 부모의 동의]

① 양자가 될 사람이 성년인 경우에는 부모의 동의를 받아야 한다. 다만, 부모의 소재를 알 수 없는 등의 사유로 동의를 받을 수 없는 경우에는 그러하지 아니하다.

② 가정법원은 부모가 정당한 이유 없이 동의를 거부하는 경우에 양부모가 될 사람이나 양자가 될 사람의 청구에 따라 부모의 동의를 갈음하는 심판을 할 수 있다. 이 경우 가정법원은 부모를 심문하여야 한다.

[전문개정 2012. 2. 10.]

[관련조문] 민법 제869조, 제870조, 제873조, 제883조, 제884조, 가사소송법 제2조, 제39조, 제44조, 가사소송규칙 제25조, 제27조

[참고문헌] 주해친족법(제1권)(제2판), 박영사(2025); 김주수/김상용, 친족·상속법(제20판), 법문사(2024); 김상용, "개정 양자법 해설", 법조 통권 제61권 제5호 제668호, 법조협회(2012)

Ⅰ. 개관

1 제정 민법 제871조는 양자가 될 사람이 미성년자인 경우 부모 또는 다른 직계존속이 없으면 후견인의 동의를 얻어야 한다는 규정으로서, 민법 제870조에 대한 특칙 역할을 하였다(민법 제870조는 입양에 대해 부모 또는 다른 직계존속의 동의를 얻어야 한다는 규정이었다). 1990. 1. 13. 개정 시에는 후견인이 동의를 함에 있어서는 가정법원의 허가를 얻어야 한다는 단서조항이 위 규정에 추가되었다. 2012. 2. 10. 개정으로 인한 현행 민법에서는 입양에 대한 부모의 동의를 미성년자 입양의 경우와 성년자 입양의 경우로 나누어 규정함으로써 민법 제871조는 성년자 입양에 대한 부모의 동의에 관한 조항이 되었다. 성년자의 입양에 대해서도 부모의 동의가 필요한지에 관하여 비판적 견해가 있으나, 우리 사회의 법감정에 비추어 2012. 2. 10. 개정 당시 성년자 입양에 대

한 부모의 동의가 유지되었다고 한다.[1]

Ⅱ. 적용범위

2 민법 제871조는 양자가 될 사람이 성년자, 즉 만 19세 이상의 사람인 경우에 적용된다.

3 혼인으로 인한 성년의제를 받는 미성년자도 민법 제871조의 성년자에 해당한다고 본다(☞ 민법 제870조 주석 참조).

4 양자가 될 사람이 피성년후견인인 경우에도 민법 제871조가 적용된다. 따라서 민법 제871조에 의한 부모의 동의와 함께, 민법 제873조 제1항에 의한 성년후견인의 동의도 필요하다.

Ⅲ. 동의권자

5 민법 제871조에 의하여 동의할 사람은 부모이다. 여기에는 친생부모와 양부모가 모두 포함된다(☞ 민법 제870조 주석 참조).

Ⅳ. 동의가 필요하지 않은 경우

6 부모의 소재를 알 수 없는 등의 사유로 동의를 받을 수 없는 경우에는 부모의 동의를 받지 않아도 된다(민법 제871조 제1항 단서). '소재를 알 수 없는 등의 사유로 동의를 받을 수 없는 경우'는 민법 제870조 제1항 제3호의 경우와 마찬가지로, 민법 제869조 제3항 제2호의 '소재를 알 수 없는 등의 사유로 동의 또는 승낙을 받을 수 없는 경우'와 동일하게 해석한다. 즉, 소재불명 외에도 사망, 생사불명, 장기간에 걸친 의식불명 또는 불치의 정신질환으로 인해 의사를 표시하는 것이 불가능한 경우 등이 널리 포함된다.

7 민법 제871조에는 민법 제870조 제1항 제1호, 제2호와 같은 사유가 규정되어 있지 않다. 따라서 양자가 될 사람이 미성년자일 때 그 부모가 법정대리인으로서 승낙동의 또는 대락을 한 경우이더라도 그 입양이 완성되기 전에 양자가 될 사람이 성년자가 되었다면 부모는 민법 제871조에 의한 입양동의를 다시 하여야 한다. 또한 양자가 될 사람이 미성년자일 때 그의 부모가 친권상

1 김상용, "개정 양자법 해설", 법조 제61호 제5권, 법조협회(2012), 28.

실의 선고를 받았다고 하더라도 양자가 될 사람이 성년자가 된 후에 그를 입양하고자 하면 종전에 친권상실되었던 그의 부모로부터도 민법 제871조에 의한 입양동의를 받아야 한다.[2] 친권상실되었던 부모가 입양동의를 하지 않는 데에 정당한 이유가 없다면 민법 제871조 제2항에 따라 가정법원은 부모의 동의를 갈음하는 심판을 할 수 있다.

V. 부모가 동의를 거부하는 경우

8 부모가 정당한 이유 없이 입양동의를 거부하는 경우 가정법원은 양부모가 될 사람이나 양자가 될 사람의 청구에 따라 부모의 동의를 갈음하는 심판을 할 수 있다(민법 제871조 제2항 제1문). 이 때 가정법원은 부모를 심문하여야 한다(민법 제871조 제2항 제2문).

9 정당한 이유 없이 동의를 거부하는 경우로는 입양동의의 대가로 금품을 요구하면서 이를 거부하고 있는 경우 또는 자녀가 미성년자일 때 양육의무를 장기간 이행하지 않았던 부모가 특별한 이유 없이 입양동의에 반대하는 경우 등이 있을 수 있다.[3] 실무에서 정당한 이유 없는 거부로 인정된 사례로는, 아이가 태어난 직후 그 친부와 친모가 이혼하고, 친부와 재혼한 여성이 아이가 어릴 때부터 성년이 될 때까지 그를 양육하며 동거해 오다가 아이가 성년에 이른 후 입양하려고 하자 친모가 입양에 동의하지 않은 경우,[4] 남매인 자녀들이 아동기에 친부와 친모가 이혼한 후 친부는 자녀들에 대한 양육의무를 충실히 이행하지 않다가 친모와 재혼한 남편이 자녀들이 성년에 이른 후 그들을 입양하려고 하자 "아들은 장남이고 종손이므로 입양에 동의할 수 없다."고 하면서 입양에 부동의하고 딸에 대한 입양은 동의한 경우[5]가 있었다.

2 반대 견해: 주해친족법(제1권)(제2판), 박영사(2025), 737(현소혜). 이 견해에 따르면, 부모가 친권상실 선고를 받은 경우에는 '부모의 소재를 알 수 없는 등의 사유로 동의를 받을 수 없는 때'(필자 주: 민법 제871조 제1항 단서상의 사유를 말한다)에 해당하는 것으로 보아야 한다고 한다.

3 김상용, "개정 양자법 해설", 법조 통권 제61권 제5호, 법조협회(2012), 28~29.

4 창원지방법원 2017. 5. 24. 자 2016브38 결정(재항고하지 않아 확정).

5 부산가정법원 2022. 7. 26. 자 2021느단202325 심판(항고하지 않아 확정).

Ⅵ. 부모의 동의를 갈음하는 심판

1. 절차의 성격

10 부모가 정당한 이유 없이 동의를 거부하는 경우 가정법원은 부모의 동의를 갈음하는 심판을 할 수 있다. 이는 라류 가사비송사건에 해당한다[가사소송법 제2조 제1항 제2호 가목 9)].

2. 당사자

11 청구인은 양부모가 될 사람이나 양자가 될 사람이다(민법 제871조 제2항). 양부모가 될 사람이 심판을 청구하는 경우에는 양부모가 될 사람이 청구인, 양자가 될 사람이 사건본인이 되고, 양자가 될 사람이 심판을 청구하는 경우에는 양자가 될 사람이 청구인 겸 사건본인이 된다. 라류 가사비송사건이므로 상대방은 존재하지 않는다.

3. 관할

12 민법 제871조에 의한 부모의 동의를 갈음하는 심판도 입양에 관한 사건이므로 양자가 될 사람의 주소지의 가정법원이 관할한다(가사소송법 제44조 제1항 제4호). (☞ 민법 제867조 주석 Ⅶ. 3. 참조)

4. 심리

13 부모의 동의를 갈음하는 심판을 함에 있어서 가정법원은 부모를 반드시 심문하여야 한다(민법 제871조 제2항 제2문). 심리의 대상은 부모가 정당한 이유 없이 입양동의를 거부하는지 여부가 된다.

5. 심판

14 부모의 동의를 갈음하는 청구에 대한 종국재판은 심판으로 한다(가사소송법 제39조 제1항 본문). 부모의 동의를 갈음하는 심판의 고지나 즉시항고에 관하여는 가사소송법이나 가사소송규칙에 특별한 규정이 없으므로, 당사자 즉 청구인 및 절차에 참가한 이해관계인에게 심판을 고지하고(가사소송규칙 제25조), 청구인만이 기각심판에 대해 즉시항고할 수 있다(제27조). 인용한 심판에 대하여는 불복할 수 없다.

6. 주문례

15 부모의 동의를 갈음하는 청구를 인용하는 심판의 주문례는 다음과 같다. 양부모가 될 사람이 청구인인 경우에는 "사건본인의 부(또는 모) 甲의 동의에 갈음하여, 청구인이 사건본인을 입양함에 동의한다."로 하고, 양자가 될 사람이 청구인인 경우에는 "청구인 겸 사건본인의 부(또는 모) 甲의 동의에 갈음하여, 乙이 청구인 겸 사건본인을 입양함에 동의한다."로 한다.

Ⅶ. 입양동의가 없는 입양의 효력

16 성년자 입양에 있어서도 양자될 사람의 부모의 동의가 없는 경우 그 입양은 취소사유가 있다(민법 제884조 제1항 제1호).

17 부모의 동의를 갈음하는 심판이 있은 경우 이는 부모의 동의가 있는 경우이므로, 비록 그 심판이 잘못되었다는 등의 사유가 있더라도 그로 인한 입양은 무효가 된다거나 취소할 수 있다고 볼 수 없다(민법 제883조, 제884조).

제 872 조 [후견인과 피후견인간의 입양] <2012. 2. 10. 삭제 조문>

후견인이 피후견인을 양자로 하는 경우에는 가정법원의 허가를 얻어야 한다. <개정 1990. 1. 13.>

1 위 규정은 2012. 2. 10. 민법 개정으로 삭제되었다. 현행 민법은 후견인이 피후견인을 양자로 하는 경우로 한정하지 않고 피성년후견인이 입양을 하거나 양자가 되는 경우에 가정법원의 허가를 얻도록 정하고 있다(민법 제873조 제2항, 제867조). (☞ 민법 제873조 주석 참조)

제 873 조 [피성년후견인의 입양]

① 피성년후견인은 성년후견인의 동의를 받아 입양을 할 수 있고 양자가 될 수 있다.
② 피성년후견인이 입양을 하거나 양자가 되는 경우에는 제867조를 준용한다.
③ 가정법원은 성년후견인이 정당한 이유 없이 제1항에 따른 동의를 거부하거나 피성년후견인의 부모가 정당한 이유 없이 제871조 제1항에 따른 동의를 거부하는 경우에 그 동의가 없어도 입양을 허가할 수 있다. 이 경우 가정법원은 성년후견인 또는 부모를 심문하여야 한다.

[전문개정 2012. 2. 10.]

[관련조문] 민법 제867조(미성년자의 입양에 대한 가정법원의 허가), 제869조(입양의 의사표시), 제870조(미성년자 입양에 대한 부모의 동의), 제871조(성년자 입양에 대한 부모의 동의), 제884조(입양 취소의 원인), 제938조(후견인의 대리권 등), 가사소송법 제2조(가정법원의 관장 사항), 제44조(관할 등), 제45조의9(입양허가의 절차), 가사소송규칙 제27조(청구기각심판에 대한 불복), 제62조의4(심판의 고지 등), 제62조의5(즉시항고), 제62조의8(준용규정)

[참고문헌] 주해친족법(제1권)(제2판), 박영사(2025); 법원실무제요, 가사[Ⅱ], 사법연수원(2021)

Ⅰ. 개관

1 민법 제873조는 피성년후견인이 양부모가 되거나 양자가 되는 경우에 관하여 규정하고 있다. 피성년후견인이 양부모가 되거나 양자가 되는 경우 모두 성년후견인의 동의를 받아야 하고(민법 제873조 제1항), 가정법원의 허가도 받아야 한다(제873조 제2항). 성년후견인이 정당한 이유 없이 제873조 제1항의 동의를 거부하거나 양자가 될 피성년후견인의 부모가 정당한 이유 없이 민법 제871조의 동의를 거부하는 경우 가정법원은 그 동의 없이도 입양을 허가할 수 있다(민법 제873조 제3항).

2 제정 당시 제873조는 금치산자는 후견인의 동의를 얻어 양자를 할 수 있고 양자가 될 수 있다고 정하였다. 위 규정은 2011. 3. 7. 개정으로 성년후견제도가 도입됨에 따라 금치산자가 피성년후견인으로, 후견인이 성년후견인으로 개정되었을 뿐 내용 자체는 그대로 유지되었다. 즉, 2012. 2. 10. 현행 민법으로의 개정 전까지 입양에 관하여 가정법원의 허가가 필요한 경우는 미성년자 입양에서 미성년후견인이 대락하는 경우 대락에 대한 허가(개정 전 민법 제869조), 미성년자 입양에서 미성년후견인이 입양동의하는 경우 입양동의에 대한 허가(제871조), 성년자 입양이든 미성년자 입양이든 후견인이 피후견인을 입양하는 경우 입양에 대한 허가(제872조)의 세 가지였다.

3 2012. 2. 10. 개정에 의하여 현재의 민법 제873조에서는 피성년후견인이 양부모가 되거나 양자가 되는 경우 성년후견인의 동의를 얻어야 하는 외에 가정법원의 허가도 필요한 것으로 되었다. 즉, 개정 전 민법에서 가정법원의 허가가 필요한 경우 중 양자가 될 사람이 미성년자인 경우(앞의 두 가지 경우 및 세 번째 경우 중에서 피후견인이 미성년자인 경우)는 미성년자 입양 전반에 있어서 가정법원의 허가가 필요한 것으로 편입되었고, 마지막 세 번째 경우 중 피후견인이 성년자인 경우는 민법 제873조로 이동함과 동시에 피후견인이 양자가 되는 경우뿐만 아니라 양부모가 되는 경우에도 제873조에서 가정법원의 허가가 필요한 것으로 확대됨으로써 피성년후견인의 보호를 강화하였다.

Ⅱ. 적용범위

4 민법 제873조는 피성년후견인이 양부모로서 입양하는 경우와 양자로서 입양되는 경우에 적용된다(민법 제873조 제1항·제2항).

5 피성년후견인이므로 성년자일 것이 전제된다. 미성년후견을 받는 자에 대하여는 민법 제867조 내지 제870조에서 정한 미성년자 입양에 관한 규정이 적용된다. 또한 피성년후견인보다 능력의 제한이 작은 피한정후견인, 피특정후견인, 피임의후견인에 대하여는 민법 제873조가 적용되지 않는다.[1]

6 민법상 입양의 본질은 계약이므로(☞ 민법 제867조 Ⅱ. 주석 참조), 민법 제873조에 의하여 피성년후견인이 양부모가 되거나 양자가 될 수 있으려면 의사능력은 있어야 한다.

[1] 같은 견해: 주해친족법(제1권)(제2판), 박영사(2025), 826(현소혜).

Ⅲ. 성년후견인의 동의

7 피성년후견인이 양부모가 되거나 양자가 되는 것에 대한 성년후견인의 동의가 있어야 한다(민법 제873조 제1항). 양부모가 되거나 양자가 될 피성년후견인의 입양의 청약이나 승낙을 성년후견인이 대리하는 것은 아니다.

1. 동의권자인 성년후견인

8 성년후견인은 민법 제938조 제3항에 따라 가정법원으로부터 입양동의에 관한 별도의 수권심판을 받은 때에만 입양동의권을 행사할 수 있다는 견해가 있다.[2] 그러나 민법 제873조에 의한 성년후견인의 동의는 피성년후견인의 법정대리인으로서의 대리행위가 아니고, 신분관계에 관한 피성년후견인의 의사에 대하여 성년후견인이 그 의사를 보충[3]하는 것일 뿐 성년후견인이 신상을 결정하는 것도 아니므로, 제938조 제3항에 의한 수권이 별도로 필요하지는 않다고 본다. 성년후견인의 동의 외에도 가정법원의 허가가 항상 필요하므로, 위와 같이 해석하더라도 피성년후견인의 보호에 부족함이 있다고 보기는 어렵다.

2. 동의가 없는 경우

9 성년후견인이 정당한 이유 없이 동의를 거부하는 경우 가정법원은 그 동의가 없어도 입양을 허가할 수 있다. 이 경우 가정법원은 성년후견인을 심문하여야 한다(민법 제873조 제3항).

10 성년후견인의 동의 없이 피성년후견인이 양부모가 되거나 양자가 된 입양은 이를 취소할 수 있다(민법 제884조 제1항 제1호). 성년후견인이 동의를 거부하였는데 그에 대해 정당한 이유가 없다고 보아 가정법원이 그 입양을 허가한 경우에도, 동의를 거부한 데 대해 정당한 이유가 없었던 것이 아니라면 결국 성년후견인의 동의 없이 입양을 한 것이 되므로 그 입양을 취소할 수 있다.

Ⅳ. 가정법원의 허가

11 피성년후견인이 양부모가 되거나 양자가 되는 경우에는 가정법원의 허가를 받아야 한다(민법 제873조 제2항, 제867조 제1항).

[2] 주해친족법(제1권)(제2판), 박영사(2025), 826현소혜).
[3] 주해친족법(제1권)(제2판), 박영사(2025), 825(현소혜).

12 피성년후견인이 양부모가 되는 경우 중에서 양자가 될 사람이 미성년자인 경우, 양자가 미성년자인 점에서도 민법 제867조 제1항에 의한 가정법원의 허가가 필요하다. 그렇다면 이 경우 전체적으로 하나의 허가심판이 필요한지 ("피성년후견인 A가 미성년자 B를 입양하는 것을 허가한다."는 심판) 아니면 두 개의 허가심판이 필요한지("피성년후견인 A가 입양을 하는 것을 허가한다."는 심판과 "A가 미성년자 B를 입양하는 것을 허가한다."는 심판) 문제가 될 수 있으나, 전체적으로 하나의 민법 제873조 제2항에 의한 허가심판만을 받으면 족한 것으로 생각된다.[4]

1. 절차의 성격

13 민법 제873조 제2항에 따라 준용되는 민법 제867조에 따른 피성년후견인이 입양을 하거나 양자가 되는 것에 대한 허가는 라류 가사비송사건에 해당한다[가사소송법 제2조 제1항 제2호 가목 8)의2].

2. 당사자

14 피성년후견인이 양부모가 되려는 경우 그가 청구인이 된다. 다만, 피성년후견인이 단독으로 재판청구를 할 수는 없고 성년후견인이 법정대리인으로서 (민법 제938조 제1항) 소송행위를 하여야 할 것이다. 양자가 되려는 사람은 사건본인이 된다.

15 피성년후견인이 양자가 되려는 경우 그를 입양하려는 양부모가 청구인이 된다. 양자가 되려는 피성년후견인은 사건본인이 된다.

3. 관할

16 입양에 관한 사건이므로 양자가 될 사람의 주소지의 가정법원이 관할법원이 된다(가사소송법 제44조 제1항 제4호).

4. 청구 시 명백히 할 사항

17 피성년후견인 입양의 청구에는 민법 제873조 제1항에 따른 성년후견인의 동의, 민법 제871조 제1항에 따른 부모의 동의 또는 그 동의가 없는 경우에는 민법 제873조 제3항에 해당된다는 것을 나타내는 사정을 명백히 하여야 한다(가사소송규칙 제62조의7 제2항).

4 같은 취지로 법원실무제요, 가사[Ⅱ], 사법연수원(2021), 963.

5. 심리

18 입양허가 심판이므로, 가정법원은 양자가 될 사람(13세 이상인 경우만 해당), 양자가 될 사람의 법정대리인 및 후견인, 양자가 될 사람의 부모(민법 제870조에 따라 미성년자 입양에 대한 부모의 입양동의가 필요한 경우만 해당), 양자가 될 사람의 부모의 후견인, 양부모가 될 사람, 양부모가 될 사람의 성년후견인의 의견을 들어야 한다(가사소송법 제45조의9 제1항). 또한 가정법원은 양자가 될 사람의 복리를 위하여 필요하다고 인정하는 경우 각종 자료의 제공을 요청할 수 있다(가사소송법 제45조의9 제2항).

19 가정법원은 성년후견인이 정당한 이유 없이 동의를 거부하거나 피성년후견인의 부모가 정당한 이유 없이 동의(민법 제871조 제1항에 따른 성년자 입양에 대한 양자의 부모의 입양동의)를 거부하는 경우 그 동의가 없어도 입양을 허가할 수 있다. 따라서 가정법원은 성년후견인의 동의가 있는지, 그리고 피성년후견인이 양자가 되는 경우라면 그 부모의 동의도 있는지를 심리하여야 하고, 만약 그 동의가 없다면 동의권자가 동의를 거부한 것이 정당한 이유가 있는지를 심리하여야 한다. 이 경우 가정법원은 성년후견인 또는 부모를 심문하여야 하므로(민법 제873조 제3항), 성년후견인이나 부모의 동의가 없다면 그 사람을 필요적으로 심문하여야 한다.

6. 허가 여부의 판단기준

20 피성년후견인이 입양을 하거나 양자가 되는 경우에는 민법 제867조를 준용한다(민법 제873조 제2항). 따라서 가정법원은 민법 제867조 제2항에 따라 입양의 허가를 하지 아니할 수 있다.

21 미성년자 입양에서 가정법원이 허가 여부를 위하여 고려하는 요소는 미성년자의 양육상황, 입양의 동기, 양부모의 양육능력, 그 밖의 사정이다. 이러한 요소를 고려하는 이유는 양자가 될 미성년자의 복리를 위해서이다. 이 규정을 준용한다면, 피성년후견인의 입양에서 허가 여부를 고려하는 판단기준은 피성년후견인의 복리가 되어야 할 것이고, 피성년후견인이 양부모가 되어 미성년자를 입양하는 경우에는 그에 더하여 양자가 될 미성년자의 복리도 아울러 판단기준이 되어야 한다. 피성년후견인의 복리를 위하여는 입양 후 피성년후견인이 적절한 부양을 받을 수 있는지 여부, 피성년후견인을 입양하는

동기가 주로 상속 등 경제적 이득을 누리고자 하는 데 있는지 여부, 성년후견인이 자신의 의무와 감독을 면하기 위해 입양에 동의하는 것은 아닌지 여부 등을 심리할 필요가 있다.[5]

7. 심판

22 피성년후견인이 양부모가 되거나 양자가 되는 것을 허가하는 심판은 당사자와 절차에 참가한 이해관계인 외에도 양자가 될 사람의 친생부모, 양자가 될 사람의 법정대리인에게도 고지하여야 한다(가사소송규칙 제62조의8 제1항, 제62조의4 제1항). 반면 기각하는 심판은 당사자 즉 청구인 및 절차에 참가한 이해관계인에게 고지한다(가사소송규칙 제25조).

23 피성년후견인이 양부모가 되거나 양자가 되는 것을 허가하는 심판에 대해서는 가정법원이 미성년자 입양허가 심판을 함에 있어 의견을 들어야 하는 사람들 중에서 양부모가 될 사람을 제외한 사람들, 즉 양자가 될 사람으로서 13세 이상인 사람, 양자가 될 사람의 법정대리인 및 후견인, 민법 제870조에 따라 부모의 동의가 필요한 경우 양자가 될 사람의 부모, 양자가 될 사람의 부모의 후견인, 양부모가 될 사람의 성년후견인이 즉시항고를 할 수 있다(가사소송규칙 제62조의8 제2항, 제62조의5. ☞ 다만 위 규정의 오류에 관하여는 민법 제867조 Ⅶ. 9. 주석 각주 29 참조). 반면 기각하는 심판은 청구인에 한하여 즉시항고를 할 수 있다(가사소송규칙 제27조).

8. 주문례

24 피성년후견인이 양부모가 되는 것을 허가하거나 피성년후견인이 양자가 되는 것을 허가하는 심판의 주문례는 모두 "청구인이 사건본인을 입양하는 것을 허가한다."가 될 것이다. 피성년후견인이 양부모가 되려는 경우에는 피성년후견인이 청구인으로 표시되고, 피성년후견인이 양자가 되려는 경우에는 피성년후견인이 사건본인으로 표시된다.

5 주해친족법(제1권)(제2판), 박영사(2025), 829(현소혜).

제 874 조 [부부의 공동 입양 등]

① 배우자가 있는 사람은 배우자와 공동으로 입양하여야 한다.

② 배우자가 있는 사람은 그 배우자의 동의를 받아야만 양자가 될 수 있다.

[전문개정 2012. 2. 10.]

[관련조문] 민법 제772조(양자와의 친계와 촌수), 제882조의2(입양의 효력), 제883조(입양 무효의 원인), 제884조(입양 취소의 원인)

[참고문헌] 김주수/김상용, 주석, 민법 친족(3)(제4판), 한국사법행정학회(2010); 주해친족법(제1권)(제2판), 박영사(2025); 김주수/김상용, 친족·상속법(제20판), 법문사(2024); 박동섭/양경승, 친족상속법(제5판), 박영사(2020); 양수산, 친족상속법(가족법), 한국외국어대학교 출판부(1998); 오시영, 친족상속법(제2판), 학현사(2011); 윤대성, 가족법강의, 한국학술정보(2010); 이희배, (판례·참고·정리)친족·상속법 요해 : 가족법, 제1법규(1995); 최금숙, 로스쿨 친족법(1), 제1법규(2010); 김승표, "부부공동입양의 원칙을 위반한 친생자출생신고에 의한 입양의 효력", 재판실무 제1집, 창원지방법원(1999); 박동섭, "부부공동입양 : 판례를 중심으로", 재판자료 제101집 : 가정법원사건의 제문제, 법원도서관(2003); 박병호, "개정양자제도 관견", 월간고시 194(1990); 안구환, "국제입양시 문제점", 사법논집 제40집, 법원행정처(2005); 이은희, "부부공동입양 -대법원 2001. 5. 24. 선고 2000므1493 판결-", Juris forum 제2호, 충북대학교(2002); 임혜원, "입양의 실질적 요건을 갖춘, 친생자 출생신고로 인한 입양의 효력", 대법원판례해설 제115호, 법원도서관(2018); 정광수, "민법상의 친자관계에 관한 연구 : 양자법과 친권법을 중심으로", 강원법학 제13권, 강원대학교 비교법학연구소(2001); 정주수, "호적 : 입양무효의 재판과 호적정리절차(상)", 사법행정 제45권 제12호, 한국사법행정학회(2004); 지원림, "부부공동입양에 관한 단상", 성균관법학 제21권 제3호, 성균관대학교 비교법연구소(2009); 최성배, "가사판결에 인한 호적정정과 이와 관련된 몇 가지 문제 : 호적의 신뢰보호와 관련하여", 사법논집 제33집, 법원행정처(2001); 최진섭, "배우자의 자(계자)를 입양하는 경우의 법적 문제점", 가족법연구 제12권, 한국가족법학회(1998); 최진섭, "혈연관계 없이 인지신고 또는 친생자출생신고를 한 경우의 법률관계", 민사법의 실천적 과제 : 한도정환담교수화갑기념, 한도정환담교수화갑기념논문집 간행위원회(2000)

Ⅰ. 개관

1 민법 제874조는 배우자가 있는 사람은 양부모가 되려는 경우에는 배우자와 공동으로 양부모가 되어야 하고(민법 제874조 제1항), 양자가 되려는 경우에는 배우자의 동의를 받아야 한다(제874조 제2항)고 규정하고 있다.

2 이러한 부부공동입양의 원칙은, 기혼자가 입양을 하는 경우에는 부부 쌍방이 양부모가 되어 양자를 양육하는 것이 양자의 건전한 성장과 복지를 위해 바람직하다는 점, 상대방 배우자의 의사에 반하여 입양을 하는 경우 배우자의 인격을 침해하고 가정의 평화가 깨질 수 있다는 점 등을 고려하여 도입되었다.[1]

3 제정 민법 제874조는 처가 있는 자는 공동으로 함이 아니면 양자를 할 수 없고 양자가 되지 못한다고 하면서, 처의 부재 기타 사유로 인하여 공동으로 할 수 없는 때에는 부(夫)일방이 부부쌍방의 명의로 양자를 할 수 있고 양자가 될 수 있다고 하였다. 이 규정은 1990. 1. 13. 개정에서 배우자 있는 자가 양자를 할 때에는 배우자와 공동으로 하여야 하고, 배우자 있는 자가 양자가 될 때에는 다른 일방의 동의를 얻어야 한다고 개정됨으로서 불평등하고 의미가 모호한 요소를 제거하였고, 2012. 2. 10. 개정에서 용어를 정비함으로서 현재에 이르고 있다.

Ⅱ. 배우자 있는 사람이 입양하는 경우

4 배우자가 있는 사람은 배우자와 공동으로 입양하여야 한다(민법 제874조 제1항). 즉, 배우자 있는 사람이 양부모가 되어 입양하려는 경우에는 자신의 배우자와 함께 양부모가 되어야 한다. 이를 부부공동입양의 원칙이라고 한다.

1. 적용범위

5 민법 제874조에서의 배우자는 법률상 배우자를 말한다.[2] 따라서 법률상 배우자가 없는 사람은 단독으로 입양할 수 있다.

6 부부공동입양의 원칙은 입양 성립 당시에 한하여 적용된다.[3] 즉, 입양 성립 당시 배우자가 있는 사람은 공동으로 입양하여야 하고, 배우자 없는 사람이 입양한 후에 입양관계가 유지되고 있는 중에 혼인하여 배우자가 생긴 경우에도 그 배우자가 반드시 입양을 하여야 하는 것은 아니다.

1 김승표, "부부공동입양의 원칙을 위반한 친생자출생신고에 의한 입양의 효력", 재판실무 제1집, 창원지방법원(1999), 281; 이은희, "부부공동입양 -대법원 2001. 5. 24. 선고 2000므1493 판결-", Juris forum 제2호, 충북대학교(2002), 217; 지원림, "부부공동입양에 관한 단상", 성균관법학 제21권 제3호, 성균관대학교 비교법연구소(2009), 308~309.

2 주해친족법(제1권)(제2판), 박영사(2025), 832(현소혜).

3 주해친족법(제1권)(제2판), 박영사(2025), 836(현소혜).

가. 법률상 부부가 아닌 사람이 공동으로 양부모가 될 수 있는가

7 법률상 부부가 아닌 사람이 공동으로 양부모가 될 수 있는가에 대해서는 견해가 대립한다.

1) 학설

8 긍정설은 혼인관계에 있지 않은 사람이 공동으로 입양하는 것도 허용되어야 한다고 본다. 부부공동입양의 원칙은 배우자 있는 사람이 배우자의 의사를 무시하고 단독으로 입양하는 것을 금지하는 데 그 주된 취지가 있는 것이지 부부가 아닌 사람이 함께 양친이 되는 것을 적극적으로 배제하는 것은 아니라고 한다.[4]

9 반면 부정설은 법률상 부부가 아닌 사람이 공동으로 양부모가 될 수 없다고 본다. 미성년의 양자는 법률상 정당한 부부 밑에서 성장할 필요가 있다는 점 등을 근거로 든다.[5]

2) 판례

10 대법원은, 친생자 아닌 자를 자신과 내연관계에 있는 남자의 호적에 자신을 생모로 하는 혼인외의 자로 출생신고를 하게 한 경우, 양친자관계의 성립을 인정할 수 없다고 하였다.[6] 이 사건에서 A 녀는 부모를 알 수 없는 유아 甲을 성명불상자로부터 인도받아 양자로 삼을 생각으로 양육하여 오다가 몇 년 후 B 남과 내연관계를 맺게 되었다. B 남은 甲을 입적시켜 달라는 A 녀의 부탁을 받고는 甲이 A 녀의 친자인 것으로 알고 자신의 호적에 아버지를 B 남, 어머니를 A 녀로 하여 출생신고를 함으로써 甲이 B 남의 호적에 A 녀의 자식으로 등재되게 되었다. 이러한 사실관계에 대하여 대법원은, 호적상 모로 기재되어 있는 자가 자신의 호적에 호적상의 자를 친생자로 출생신고를 한 것이 아니라 자신과 내연관계에 있는 남자로 하여금 그의 호적에 자신을 생모로 하는 혼인외의 자로 출생신고를 하게 한 때에는, 설사 호적상의 모와 호적상의 자 사이에 입양의 다른 실질적 요건이 구비되었다 하더라도 이로

4 최진섭, "혈연관계 없이 인지신고 또는 친생자출생신고를 한 경우의 법률관계", 민사법의 실천적 과제 : 한도정환담교수화갑기념, 한도정환담교수화갑기념논문집 간행위원회(2000), 555~557.

5 박동섭, "부부공동입양 : 판례를 중심으로", 재판자료 제101집 : 가정법원사건의 제문제, 법원도서관(2003), 2003; 이은희, "부부공동입양 -대법원 2001. 5. 24. 선고 2000므1493 판결 -", Juris forum 제2호, 충북대학교(2002), 224.

6 대법원 1995. 1. 24. 선고 93므1242 판결.

써 호적상의 모와 호적상의 자 사이에 양친자관계가 성립된 것이라고 볼 수는 없다고 하였다. 이러한 경우에는 호적상의 부(父)와 호적상의 자(子) 사이에 입양의 실질적 요건이 갖추어지지 않았다면 호적상 부가 호적상 자를 혼인외의 자로 출생신고를 한 것은 아무런 효력이 없는 것이어서 그 출생신고에 관한 호적상의 기재는 두 사람 사이에 친생자관계부존재를 확인하는 판결에 의하여 말소되어야 할 것이고, 이처럼 무효인 호적상 부의 출생신고에 기하여 호적상의 모와 호적상의 자 사이에서만 양친자관계를 인정할 수는 없으며, 호적상의 부와 호적상의 자 사이에 입양의 실질적 요건이 갖추어진 경우라 하더라도 우리 민법이 부부공동입양의 원칙을 채택하고 있는 점에 비추어 보면, 법률상 부부가 아닌 사람들이 공동으로 양부모가 되는 것은 허용될 수 없다고 보아야 한다는 것이 위 판단의 이유이다.

11 반면 최근 대법원 판결은, A남은 C녀와 법률상 혼인관계를 유지하고 있는 동안 B녀와 사실상 부부로서 생활하면서 부모를 알지 못하는 甲을 데려와 A남과 B녀 사이에 출생한 혼인외의 자인 것처럼 친생자로 출생신고한 후 키웠으며, 위 친생자출생신고가 이루어진 후 호적제도가 폐지되고 가족관계등록제도가 시행됨으로써 B녀의 가족관계등록부에는 甲이 자녀로 기록되고 甲의 가족관계증명서에도 B녀가 甲의 모로 기록된 사안에서, B녀와 甲 사이에 개별적인 입양의 실질적 요건이 모두 갖추어져 있고, B녀가 A남과 공동으로 양부모가 되는 것이 아니라면 단독으로는 양모도 되지 않았을 것이라는 의사, 즉 A남과 甲 사이의 입양이 불성립·무효·취소 혹은 파양되는 경우에는 B녀도 甲을 입양할 의사가 없었을 것이라고 볼 특별한 사정이 없으므로, 대법원 1995. 1. 24. 선고 93므1242 판결 등을 근거로 B녀와 甲 사이에 양친자관계가 성립할 수 없다고 본 원심의 판단에는 잘못이 있다고 보았다.[7] 즉, 입양은 기본적으로 입양 당사자 개인 간의 법률행위이므로, A남과 甲 사이의 입양과 B녀와 甲 사이의 입양을 별개로 보아 유효성을 판단하여야 한다는 것이다.

12 93므1242 판결과 2014므4963 판결의 차이는 법정 친자관계를 공시하는 방법의 차이에서 비롯된 것으로서, 후자가 전자에 저촉되는 것은 아니라는 견해

7 대법원 2018. 5. 15. 선고 2014므4963 판결.

가 있다.[8] 93므1242 판결은 민법상 호주를 기준으로 가(家) 단위로 가족관계를 편제하는 호적제도가 신분관계를 공시하는 기능을 하던 때에 나온 판례이다. 위 판결의 사안에서는 배우자 있는 남성 B남과 자 甲 사이에 입양의 실질적 요건이 갖추어졌는지가 불분명하지만, 그 요건 구비 여부와 무관하게 甲을 B남의 자녀로 등재한 호적 기재는 당연히 말소되어야 한다. B남과 甲 사이에 입양의 실질적 요건이 결여되었다면 그 호적 기재는 당연히 말소되어야 하는 것이고, B남과 甲 사이에 입양의 실질적 요건이 갖추어진 경우라 하더라도 이는 민법 제874조 제1항의 부부공동입양의 원칙에 반하여 무효이므로 그 호적 기재가 말소되어야 하기 때문이다. 이처럼 말소되어야 할 호적 기재에 근거하여 배우자 없는 여성 A녀와 자 甲 사이의 양친자관계만을 인정할 수는 없다는 것이 93므1242 판결의 판단이다. 반면 2014므4963 판결은 입양을 비롯한 법정 친자관계를 공시하는 방법이 호적에서 가족관계등록부로 변경된 이후에 나온 판례이다. 배우자 없는 여성 B녀와 자 甲 사이에는 개별적인 입양의 실질적 요건이 모두 갖추어져 있다. A남과 甲 사이의 양친자관계의 성립, 무효, 공시방법의 말소 여부와 관계없이 B녀와 甲 사이의 법률상 친자관계는 출생신고에 의한 가족관계등록부의 기재에 의하여 명확하고 온전하게 공시됨으로써 출생신고가 개별적인 입양신고의 기능을 하고 있다. 따라서 개별적인 입양의 실질적인 요건이 갖추어졌고, 가족관계등록부에 의하여 배우자 없는 양부모와 양자 사이의 법정친자관계가 개별적으로 공시된 이상, 배우자 없는 양부모와 양자의 양친자관계를 인정하는 것이 타당하다는 것이다.

나. 배우자의 자녀를 입양하는 경우에 배우자와 공동으로 입양하여야 하는가

13 배우자의 자녀를 입양하는 경우에도 부부공동입양의 원칙을 관철하여 배우자와 공동으로 입양하여야 하는지 문제될 수 있다. 이에 대하여 학설은 배우자의 자녀가 혼인 중 출생자인 경우와 혼인외 출생자인 경우로 나누어 설명하고 있다.

8 임혜원, "입양의 실질적 요건을 갖춘, 친생자 출생신고로 인한 입양의 효력", 대법원판례해설 제115호, 법원도서관(2018), 171~172.

1) 혼인 중 출생자인 경우

14 양자가 될 사람이 배우자의 전혼의 혼인 중 출생자인 경우에는 민법 제874조 제1항이 적용되지 않는다는 것이 통설이다.[9] 따라서 양부모가 될 사람은 단독으로 입양을 할 수 있다고 본다. 반면, 위와 같은 경우에도 부부가 공동으로 입양하여야 한다고 보는 소수견해가 있다.[10]

15 실무에서도 위와 같은 경우에는 친생부모가 자신의 친생자를 입양할 수 없다고 본다. 따라서 친생부모가 한 입양허가의 청구는 청구인적격이 없다고 하여 각하한다. 친생자 입양에 관한 사무처리지침(가족관계등록예규 제130호, 2007. 12. 10. 제정, 2008. 1. 1. 시행)도 배우자의 전혼중에 출생한 혼인 중의 자를 입양하고자 할 때에는 민법 제874조 제1항의 규정에도 불구하고 친생자 관계가 없는 배우자 일방이 단독으로 입양할 수 있다고 규정하고 있다(제6항).

2) 혼인외 출생자인 경우

16 양자가 될 사람의 배우자의 혼인외 출생자인 경우에는 민법 제874조 제1항이 적용되어 배우자가 공동으로 입양하여야 한다고 보는 것이 다수설이다.[11] 그 근거로는 배우자 일방이 단독으로 입양한다면 양자는 양부 또는 양모에 대해서는 혼인 중 출생자이고 친부 또는 친모에 대해서는 혼인외 출생자로 되는 불균형이 발생한다거나, 친양자 입양의 경우와는 달리 부부단독입양의 예외가 규정되어 있지 않으므로 부득이 부부가 공동으로 입양할 수밖에 없다는 점 등이 근거로 제시되고 있다.[12]

17 친생자 입양에 관한 사무처리지침(가족관계등록예규 제130호, 2007. 12. 10. 제정, 2008. 1. 1. 시행)은 혼인외 출생자인 친생자를 친생부모가 입양할 수 있다는 입장이다(친생자 입양에 관한 사무처리지침 제1항·제7항). 그 경우 양자의 가족관계등록부의 양모란에는 '생모 겸 양모'가 기재된다(제4항).

18 생각건대, 혼인외 출생자를 입양하는 경우에도 혼인 중 출생자를 입양하는 경

9 주해친족법(제1권)(제2판), 박영사(2025), 837(현소혜).

10 최진섭, "배우자의 자(계자)를 입양하는 경우의 법적 문제점", 가족법연구 제12권, 한국가족법학회(1998), 425~429.

11 김주수/김상용, 주석 민법, 친족(3)(제4판), 한국사법행정학회(2010), 233; 양수산, 친족상속법(가족법), 한국외국어대학교 출판부(1998), 408; 윤대성, 가족법강의, 한국학술정보(2010), 183; 이희배, (판례·참고·정리)친족·상속법 요해 : 가족법, 제1법규(1995), 203.

12 최금숙, 로스쿨 친족법(1), 제1법규(2010), 107.

우와 마찬가지로 부부공동입양의 원칙에 대한 예외로서 친생부모의 배우자가 단독으로 입양할 수 있다고 본다. 양자는 입양된 때부터 양부모의 친생자와 같은 지위를 가지는바(민법 제882조의2 제1항), 혼인외 출생자라고 하여 친생자가 아닌 것은 아니므로 친생자와 같은 지위를 주기 위하여 혼외자를 입양하는 것은 아무런 실익이 없을 뿐만 아니라 논리적으로도 모순이다. 양자와 양부모 및 그 혈족, 인척 사이의 친계와 촌수는 입양한 때로부터 혼인 중의 출생자와 동일한 것으로 보는 것(민법 제772조 제1항)은 혼인 중의 출생자를 호주상속에서 선순위로 보는 개정 전 민법(2005. 3. 31. 법률 제7427호로 개정되기 전의 것) 제985조와 관련하여서는 실질적 중요성이 있었을 수 있으나, 호주의 개념이 사라진 현행 민법 하에서는 혼인 중의 출생자로 보는 것이 호주를 중심으로 하는 한 가족 내에서의 혼인 중 출생자로서의 의미보다는 양부와 양모 각자를 중심으로 한 개별적인 혼인 중 출생자의 의미를 가지는 것이므로, 친생자이되 혼인 중 출생자는 아닌 사람을 혼인 중 출생자로 만들기 위해 굳이 입양을 강제할 필요가 없다. 모의 경우에는 출생과 동시에 모자관계가 발생하는 것이므로, 모가 혼인 외에서 자녀를 출산한 경우 그 배우자가 자녀를 입양하려고 할 때에는 제874조 제1항에도 불구하고 단독으로 입양할 수 있다고 보아야 한다. 다만 부가 자신의 혼인외 출생자를 인지하기 전에는 부자관계가 발생하지 아니하므로 그러한 경우 부는 자신의 혼인외 출생자를 입양할 수 있고, 만약 부에게 배우자가 있다면 배우자와 공동으로 입양하여야 할 것이다.

19 이러한 논의는 대리모를 통한 자녀 출산에 관하여도 의미가 있을 수 있다. 예컨대, 부부인 甲남과 乙녀가 그들 사이의 수정란을 대리모인 丙녀에게 착상시켜 丙녀가 丁을 출산한 경우, 난자를 제공한 乙녀가 아니라 자녀를 출산한 丙녀가 丁의 모가 된다고 보는 것이 실무의 태도이므로[13] 丁은 丙녀의 자

13 서울가정법원 2018. 5. 9. 자 2018브15 결정(재항고 취하로 확정). 한편 최근 대법원은 대리모가 난자와 자궁을 제공하여 자녀를 출산한 사안에서, 대리모계약은 민법 제103조 위반으로서 무효이지만, 출산한 대리모가 자녀의 모가 된다고 판시하였다. 대법원 2025. 4. 24. 선고 2022므15371 판결은, 부부인 甲남과 乙녀가 대리모인 丙녀에게 대리모 출산을 의뢰함에 따라 甲남의 정자와 丙녀의 난자를 체외 수정한 배아를 丙녀의 자궁에 착상시키는 시험관 시술을 하여 丙녀가 자녀를 임신하고 출산한 사안에서, "모자관계는 임신과 출산이라는 사실에 의하여 그 관계가 명확히 결정되는 자연적 친자관계이고, 출산한 모와 자녀 사이에 혈연관계도 존재한다면, 무효인 대리모계약에 의하여 출산이 이루어졌다고 하더라도 자녀를 출산한 대리모를 자녀의 모로 보는 것이 타당하다."고

녀가 되고, 丙녀가 만약 혼인 중인 사람이라면 乙녀의 법률상 배우자가 丁의 부(父)로 추정될 것이다. 그렇다면 유전학적으로는 丁의 부(父)에 해당하는 甲남은 자신의 혼인외 출생자라고 할 수 있는 丁을 인지할 수도 있겠으나, 절차의 번잡 등을 이유로 입양의 방법으로 丁과 사이에 부자관계를 창설할 수도 있을 것이다. 그리고 이 경우에는 부부공동입양의 원칙에 따라 甲남과 乙녀가 공동으로 丁을 입양하여야 한다.

3) 양자인 경우

20 부부 중 일방이 상대방 배우자의 양자를 입양하고자 하는 경우에는 부부공동입양의 원칙이 적용되지 않고 단독으로 입양할 수 있다. 상대방 배우자와 그 양자 사이에는 이미 양친자관계가 성립하여 있기 때문이다.[14]

2. '공동으로 입양'의 의미

가. 학설

21 민법 제874조에서 배우자와 공동으로 입양하여야 한다는 것의 의미에 관하여 개별설과 공동설의 대립이 있다.

22 개별설은 양부와 양자 사이, 양모와 양자 사이에 각각 입양이 별개로 성립한다는 것이다. 다수설은 개별설의 입장이다.[15]

23 공동설은 입양을 하는 부부의 입양의사를 일체로 취급하여 양부모와 양자 사이에 한 개의 입양만이 성립한다는 것이다. 그에 따르면 부부 중 일방과 양자 사이의 편면적 입양관계는 성립할 수 없고 부부 중 일방과 양자 사이에 존재하는 성립요건의 흠결 또는 하자는 부부 쌍방과 양자 사이에 성립하는 입양 전체의 효력에 영향을 미친다고 한다.[16]

나. 판례

판시하였다. 위 사안과는 달리 대리모가 자녀와 혈연관계가 없으면서 출산만 한 경우는 아직 대법원이 명시적으로 다룬 바 없다.

14 주해친족법(제1권)(제2판), 박영사(2025), 838(현소혜).

15 주해친족법(제1권)(제2판), 박영사(2025), 835(현소혜); 박동섭, "부부공동입양 : 판례를 중심으로", 재판자료 제101집; 가정법원사건의 제문제, 법원도서관(2003), 623~624; 안구환, "국제입양시 문제점", 사법논집 제40집, 법원행정처(2005), 683; 이은희, "부부공동입양 -대법원 2001. 5. 24. 선고 2000므1493 판결-", Juris forum 제2호, 충북대학교(2002), 222~223.

16 김승표, "부부공동입양의 원칙을 위반한 친생자출생신고에 의한 입양의 효력", 재판실무 제1집, 창원지방법원(1999), 281~284; 지원림, "부부공동입양에 관한 단상", 성균관법학 제21권 제3호, 성균관대학교 비교법연구소(2009), 317~318.

24 판례는 개별설을 취하고 있다.

25 대법원 1998. 5. 26. 선고 97므25 판결은, 입양이 개인 간의 법률행위임에 비추어 보면 부부의 공동입양이라고 하여도 부부 각자에 대하여 별개의 입양행위가 존재하여 부부 각자와 양자 사이에 각각 양친자관계가 성립한다고 할 것이므로, 처가 있는 자가 입양을 함에 있어서 혼자만의 의사로 부부 쌍방 명의의 입양신고를 하여 수리된 경우, 처의 부재 기타 사유로 인하여 공동으로 할 수 없는 때에 해당하는 경우를 제외하고는, 처와 양자가 될 자 사이에서는 입양의 일반요건 중 하나인 당사자 간의 입양합의가 없으므로 입양이 무효가 되고(민법 제883조 제1호), 한편 처가 있는 자와 양자가 될 자 사이에서는 입양의 일반 요건을 모두 갖추었어도 부부공동입양의 요건을 갖추지 못하였으므로 처가 그 입양의 취소를 청구할 수 있으나, 그 취소가 이루어지지 않는 한 그들 사이의 입양은 유효하게 존속한다고 하였다.

26 또한 대법원 2001. 8. 21. 선고 99므2230 판결은, 양부가 사망한 때에는 양모는 단독으로 양자와 협의상 또는 재판상 파양을 할 수 있으되 이는 양부와 양자 사이의 양친자관계에 영향을 미칠 수 없는 것이고, 또 양모가 사망한 양부에 갈음하거나 또는 양부를 위하여 파양을 할 수는 없다고 할 것이며, 이는 친생자부존재확인을 구하는 청구에 있어서 입양의 효력은 있으나 재판상 파양 사유가 있어 양친자관계를 해소할 필요성이 있는 이른바 재판상 파양에 갈음하는 친생자관계부존재확인청구에 관하여도 마찬가지라고 하였다.

Ⅲ. 배우자 있는 사람이 양자가 되는 경우

27 배우자 있는 사람은 그 배우자의 동의를 받아야만 양자가 될 수 있다(민법 제874조 제2항). 이 때 배우자는 법률상 배우자를 말한다.

28 민법 제874조 제2항과 관련하여, 배우자의 친생부모의 양자가 되는 경우에도 배우자의 동의를 얻어야 하는지에 대해 견해 대립이 있다고 하나,[17] 배우자의 친생부모의 양자가 되는 행위 자체가 허용될 수 없다고 보아야 한다.[18] 배우자의 친생부모 뿐만 아니라 배우자의 양부모의 양자가 되는 것도 마찬

17 주해친족법(제1권)(제2판), 박영사(2025), 839(현소혜).

18 주해친족법(제1권)(제2판), 박영사(2025), 840(현소혜); 박동섭/양경승, 친족상속법(제5판), 박영사(2020), 364.

가지이다.

Ⅳ. 배우자에게 부재 등의 사유가 있는 경우

29 배우자가 부재하는 등의 사유로 공동으로 양부모가 되거나 양자가 되는 데 대한 동의를 할 수 없는 경우에도 민법 제874조가 적용되는지 문제된다.

1. 학설

30 학설은 부정설과 긍정설, 절충설로 나뉜다.

31 부정설은 부부 중 일방에게 소재불명 등 사유가 있는 경우에는 입양이 불가능하다고 본다.[19]

32 긍정설은 부부 중 일방에게 소재불명 등 사유가 있다면 나머지 배우자가 단독으로 입양할 수 있다고 본다.[20]

33 절충설은 민법 제874조 제1항과 제2항을 달리 본다. 즉, 양부모가 되는 것은 단독으로 가능하지만, 양자가 되는 것은 배우자의 동의가 없이는 불가능하다고 한다.[21]

2. 판례

34 대법원 1998. 5. 26. 선고 97므25 판결에서는, 부부 공동입양에 있어서 부부 각자가 양자와의 사이에 민법이 규정한 입양의 일반요건을 갖추는 외에 부부공동입양의 요건도 갖추어야 하므로, 처의 부재 기타 사유로 인하여 공동으로 할 수 없는 때에 해당하는 경우를 제외하고는 처와 양자가 될 자 사이에 입양의 일반요건 중 하나인 당사자 간의 입양합의가 필요하고 그것이 없는 경우에는 처와 양자 사이의 입양이 무효가 되며, 그 경우 처가 있는 자와 양자가 될 자 사이에서는 부부공동입양의 요건을 갖추지 못한 것이므로 그 입양의 취소를 청구할 수 있다는 취지로 판시하였다. 즉, 처의 부재 기타 사

19 박병호, "개정양자제도 관견", 월간고시 194(1990), 181; 정광수, "민법상의 친자관계에 관한 연구 : 양자법과 친권법을 중심으로", 강원법학 제13권, 강원대학교 비교법학연구소(2001), 67; 지원림, "부부공동입양에 관한 단상", 성균관법학 제21권 제3호, 성균관대학교 비교법연구소(2009), 314.

20 김주수/김상용, 친족·상속법(제20판), 법문사(2024), 373; 오시영, 친족상속법(제2판), 학현사(2011), 260; 윤대성, 가족법강의, 한국학술정보(2010), 183; 정주수, "호적 : 입양무효의 재판과 호적정리 절차(상)", 사법행정 제45권 제12호, 한국사법행정학회(2004), 60; 최성배, "가사판결에 인한 호적 정정과 이와 관련된 몇 가지 문제 : 호적의 신뢰보호와 관련하여", 사법논집 제33집, 법원행정처 (2001), 385.

21 양수산, 친족상속법(가족법), 한국외국어대학교 출판부(1998), 407.

유로 인하여 공동으로 할 수 없는 때에는 부부공동입양 원칙의 예외가 된다는 것이다. 그러나 이 판례는 민법 제874조가 현행과 같이 개정되기 전에 "처의 부재 기타 사유로 인하여 공동으로 할 수 없는 때는 일방이 단독으로 할 수 있다."고 명시적으로 정하고 있는 제정 민법 제874조가 적용된 판례이므로, 민법 제874조가 현행과 같이 개정된 현재에도 그러한 판시가 유지될 것인지는 현재로서는 불명확하다.

V. 위반의 효과

35 민법 제874조를 위반한 입양은 취소할 수 있다(민법 제884조 제1항 제1호).

제 875 조 [직계장남자의 입양금지] <1990. 1. 13. 삭제 조문>

호주의 직계비속장남자는 본가의 계통을 계승하는 경우외에는 양자가 되지 못한다.

1 조선시대 입양제도는 남자 자손이 없는 사람이 자신과 같은 성의 사람 중 자신과 같은 항렬에 있는 남계 혈족의 아들을 양자로 들여 가문의 대를 잇게 하는 것으로서 가(家)를 위한 입양에 해당하였다. 민법이 제정됨으로써 근대적 입양제도가 도입되었지만 가(家)를 위한 입양제도로서의 성격을 탈피하지는 못하였는바, 그 중 하나가 위 규정이다. 위 규정은 1990. 1. 13. 민법 개정으로 삭제되었다.

제 876 조 [서양자] <1990. 1. 13. 삭제 조문>

① 여서로 하기 위하여 양자를 할 수 있다. 이 경우에는 여서인 양자는 양친의 가에 입적한다.

② 전항의 경우에 양친자관계의 발생, 소멸은 혼인관계의 발생, 소멸에 따른다. 그러나 입양의 무효, 취소 또는 파양은 혼인관계에 영향을 미치지 아니한다.

1 서양자는 여서(女壻), 즉 사위로 삼을 목적으로 입양시키는 양자이다. 이는 본래 조선의 관습에 의한 입양제도는 아니고 일제강점기 조선민사령에 의하여 도입된 일본의 양자제도 중 하나로서, 제정 민법에도 반영되어 가(家)를 위한 양자로서 기능하였다. 위 규정은 1990. 1. 13. 민법 개정으로 삭제되었다.

제 877 조 [입양의 금지]

존속이나 연장자를 입양할 수 없다.

[전문개정 2012. 2. 10.]

[관련조문] 민법 제874조(부부의 공동 입양 등), 제883조(입양 무효의 원인), 민법 부칙 제5조 (친양자에 관한 경과조치; 2005. 3. 31. 법률 제7427호로 개정된 것)

[참고문헌] 주해친족법(제1권)(제2판), 박영사(2025); 김주수/김상용, 친족·상속법(제20판), 법문사(2024); 박동섭/양경승, 친족상속법(제5판), 박영사(2020); 박동섭, 가사소송실무 : 가족법의 개정에 따른 이론실무 및 가족관계등록비송까지 해설(상)(4정판), 법률문화원(2009); 신영호 외 2인, 가족법강의(제4판), 세창출판사(2023); 윤대성, 가족법강의, 한국학술정보(2010); 한봉희/백승흠, 가족법, 삼영사(2013); 권정희, "양자법의 정비를 위한 검토 : 친양자제도의 입법안을 중심으로", 가족법연구 제16권 제1호, 한국가족법학회(2002); 우병창, "가족법상 입양에 관한 연구 : 양자법의 개선을 위한 현행법의 검토와 입법론 제안", 가족법연구 제16권 제2호, 한국가족법학회(2002); 이병화, "친양자제도의 도입에 따른 주요문제에 관한 고찰", 비교사법 제9권 제1호, 한국비교사법학회(2002); 최진섭, "배우자의 자(계자)를 입양하는 경우의 법적 문제점", 가족법연구 제12권, 한국가족법학회 (1998); 최진섭, "입양에 관한 판례의 쟁점 분석", 법학연구 제21권 제3호, 연세대학교 법학연구소(2011)

Ⅰ. 개관

1 민법 제877조는 양부모보다 존속이거나 연장자인 사람을 양자로 하여 입양할 수 없다고 정하고 있다. 이는 제정 민법에서부터 유지되고 있는 조문이다.

2 제정 민법 제877조는 민법 제877조와 동일한 규정(제1항)을 두고 있는 외에, 양자로서 양부와 동성동본이 아닌 자는 양가의 호주상속을 할 수 없다는 규정(제2항)도 두었다. 그 중 제2항은 1990. 1. 13. 개정에서 삭제되었다.

3 민법 제877조는 양자가 될 수 있는 사람의 자격 내지 조건에 관한 규정인데, 해당되는 조건을 적극적으로 설정하지 않고 소극적으로 배제하는 형식을 취하고 있다. 따라서 원칙적으로 민법 제877조에서 정하는 경우가 아닌 한 누구나 양자가 될 수 있고(다만, 입양의 성립을 위해서는 양부모와 양자 모두 의사능력이 있어야 함은 앞에서 설명한 바와 같다), 양자가 될 사람이 미성년자이거나 피성년후견인인 경우에는 특별한 성립요건이 추가될 뿐이다.

4 민법 제877조에서 정하고 있는 소극적 요건 외에 추가적으로 양자가 될 수 있는 사람의 조건이 있는지 문제된다. 이는 자신의 자녀(친생자 또는 양자)를 입양할 수 있는가의 문제이다.

Ⅱ. 존속 입양의 금지

5 자신의 존속을 양자로 하여 입양하는 것은 금지된다. 존속에는 직계존속과 방계존속이 포함된다. 존속이 아닐 것을 요구하므로, 동항렬의 사람은 양자로 할 수 있다. 존속은 혈족만을 의미하므로 인척은 이에 해당하지 않는다.[1]

6 민법 제877조에 관하여 판례는, "민법은 존속 또는 연장자를 양자로 하지 못하도록 규정하고 있을 뿐 소목지서[2]를 요구하고 있지 아니하므로, 재종손자를 사후양자로 선정한 것은 소목지시에 어긋나 종래의 관습에 어긋난다 하여도 그것이 공서양속에 위배되어 무효라고는 말할 수 없다."고 판시하였다.[3]

Ⅲ. 연장자 입양의 금지

7 자기보다 연장자인 사람을 양자로 하여 입양하는 것은 금지된다. 연장자가 아닐 것을 요구하므로, 연령이 같은 사람은 양자로 할 수 있다. 이 때 연령은 일로 계산한다.[4]

Ⅳ. 그밖의 양자의 조건

8 민법 제877조에서 정한 조건 외에도, 양자가 될 사람이 양부모 될 사람의 자녀(친생자 또는 양자)가 아닐 것이라는 조건이 필요한지 여부가 문제된다. 이는 민법 제874조 제1항의 부부공동입양의 원칙이 배우자의 자녀를 입양하는 경우에도 적용되는지와 관련된 문제이기도 하다.

9 이 문제는 양자가 될 사람이 친생자인 경우와 양자인 경우로 나누어 살펴볼 수 있다.

1 박동섭, 가사소송실무 : 가족법의 개정에 따른 이론실무 및 가족관계등록비송까지 해설(상)(4정판), 법률문화원(2009), 539.
2 "양자는 양부의 자(子)와 동일한 항렬에 있는 근친의 남자이어야 한다."는 원칙을 말한다.
3 대법원 1991. 5. 28. 선고 90므347 판결.
4 주해친족법(제1권)(제2판), 박영사(2025), 846(현소혜).

1. 양자가 될 사람이 친생자인 경우

가. 학설

10 자신의 친생자를 양자로 할 수 있는지에 관하여 학설은 긍정설, 부정설, 절충설로 나뉜다.

11 긍정설은 자신의 친생자를 양자로 할 수 있다고 본다.[5] 그 이유 중 하나로는 이미 입양보낸 자녀를 데려와 다시 자신의 자녀로 삼을 수 있도록 입양을 허용할 필요가 있다는 점이 제시된다.[6]

12 부정설은 자신의 친생자를 입양하는 것은 아무런 효력이 없다고 한다.[7] 혼인외 출생자에 대해서도 인지를 통해 친생자 관계를 성립시키는 것이 가능하므로 입양이 허용되지 않는다고 본다.

13 절충설은 혼인외 출생자와 혼인 중 출생자를 나누어, 혼인외 출생자에 대해서는 입양이 가능한 반면 혼인 중 출생자에 대해서는 입양이 허용되지 않는다고 본다.[8] 입양을 통해 혼인외 출생자에게 혼인 중 출생자와 같은 신분을 취득하게 할 수 있기 때문이라고 한다[☞ 필자의 사견에 관하여는 민법 제874조 Ⅱ. 1. 나. 2) 주석 참조].

나. 실무

14 자신의 친생자를 양자로 할 수 있는지에 관해서는 판례가 형성되어 있지 않다. 하급심은 대체로 자신의 친생자를 입양하는 것은 혼인외 출생자인지 혼인 중 출생자인지를 가리지 않고 허용되지 않는다는 입장을 취하고 있다. 입양허가 사건에서 친생부모가 청구인이 된 경우에는 청구인적격이 없다고 보아 이를 각하한다. 입양허가 제도가 도입되기 전에 자신의 혼인외 출생자를 입양한 사안에서 하급심 법원은 그러한 입양이 무효라고 판시한 바 있다.[9]

5 최진섭, "배우자의 자(계자)를 입양하는 경우의 법적 문제점", 가족법연구 제12권, 한국가족법학회(1998), 425~429.

6 최진섭, "입양에 관한 판례의 쟁점 분석", 법학연구 제21권 제3호, 연세대학교 법학연구소(2011), 198~200.

7 박동섭/양경승, 친족상속법(제5판), 박영사(2020), 364.

8 신영호 외 2인, 가족법강의(제4판), 세창출판사(2023), 183~184; 윤대성, 가족법강의, 한국학술정보(2010), 183; 한봉희/백승흠, 가족법, 삼영사(2013), 270; 권정희, "양자법의 정비를 위한 검토 : 친양자제도의 입법안을 중심으로", 가족법연구 제16권 제1호, 한국가족법학회(2002), 77; 우병창, "가족법상 입양에 관한 연구 : 양자법의 개선을 위한 현행법의 검토와 입법론 제안", 가족법연구 제16권 제2호, 한국가족법학회(2002), 77.

9 부산지방법원 동부지원 1990. 6. 29. 자 89드8501 심판(1990. 7. 25. 확정).

15 친생자 입양에 관한 사무처리지침(가족관계등록예규 제130)은 자신의 혼인외 출생자를 입양할 수 있다고 규정하고 있다.

2. 양자가 될 사람이 양자인 경우

16 자신의 친생자를 입양할 수 있는지에 관하여 절충설의 입장을 취하고 있는 학자 중에서는 자신의 양자를 다시 재입양하는 것은 혼인 중 출생자를 입양하는 것과 같으므로 허용될 수 없다고 보는 견해가 있다.[10] 그러나 위 견해에 의하더라도, 자신이 입양하고 있는 일반양자를 친양자 입양으로 전환하는 것은 가능하다고 한다.[11] 2005. 3. 31. 법률 제7427호로 개정된 민법 부칙 제5조(친양자에 관한 경과조치)도 이를 긍정하는 전제에 서 있다고 한다. 그러나 사견으로는, 위 부칙은 친양자의 요건을 갖추었으나 법 개정 전에 이미 입양을 하여 친양자 제도의 혜택을 받지 못한 사람들을 위한 한시적 구제책의 성격을 가지고 있으므로, 자신의 양자를 입양할 수 있다는 점에 관한 일반적인 근거는 될 수 없다고 생각한다. 현재는 미성년자 일반입양에 대해서도 법원의 허가가 필요하므로, 미성년자를 입양하기 위하여 법원의 허가를 받은 사람이 그 양자를 친양자로 하기 위하여 새로이 법원의 허가를 받으려 하는 경우는 현실적으로 발생하기 쉽지 않다.

V. 위반의 효과

17 민법 제877조에 위반하여 존속이나 연장자를 입양한 경우에 그 입양은 무효이다(민법 제883조).

10 주해친족법(제1권)(제2판), 박영사(2025), 850(현소혜).

11 주해친족법(제1권)(제2판), 박영사(2025), 850(현소혜); 김주수/김상용, 친족·상속법(제20판), 법문사(2024), 375; 이병화, "친양자제도의 도입에 따른 주요문제에 관한 고찰", 비교사법 제9권 제1호, 한국비교사법학회(2002), 244~246.

제 878 조 [입양의 성립]

입양은 가족관계의 등록 등에 관한 법률에서 정한 바에 따라 신고함으로써 그 효력이 생긴다.

[전문개정 2012. 2. 10.]

[관련조문] 민법 제869조, 가족관계의 등록 등에 관한 법률 제23조(신고방법), 제23조의2(전자문서를 이용한 신고), 제26조(신고하여야 할 사람이 미성년자 또는 피성년후견인인 경우), 제31조(말로 하는 신고 등), 제32조(동의, 승낙 또는 허가를 요하는 사건의 신고), 제61조(입양신고의 기재사항), 제62조(입양의 신고), 가족관계의 등록 등에 관한 규칙 제36조의2(전자문서를 이용한 신고)

[참고문헌] 김주수/김상용, 주석 민법, 친족(3)(제4판), 한국사법행정학회(2010); 주해친족법(제1권)(제2판), 박영사(2025); 백영엽, "입양신고에 갈음하여 친생자출생신고를 하였으나 그 후 친생자관계부존재확인의 판결이 확정된 경우 양친자관계의 해소 여부", 대법원판례해설 제19호, 법원도서관(1993); 김용한, "허위혼생자출생신고에 대한 입양으로서의 효력", 법조 제25권 제1호, 법조협회(1976); 김정원, "친생자관계존부확인청구사건의 소의 이익", 실무연구Ⅳ, 서울가정법원(1998); 김주수, "입양신고(1)", 사법행정 제5권 제8호, 한국사법행정학회(1964); 이병화, "입양아동의 국제적 보호", 국제법학회논총 제48권 제2호, 대한국제법학회(2003)

Ⅰ. 개관

1 민법 제878조는 입양의 성립요건로서 입양의 신고를 규정하고 있다. 구 조선민사령(1922. 7. 1.)이 공포 시행되기 이전에는 양자될 자의 실친과 양친될 자 및 그 호주가 있으면 그 호주의 합의를 보고 관례에 따라 근친자 회합하여 양가의 조선사당에 고함으로써 입양이 성립되는 것이 관습이라고 하였다.[1] 그러나 조선민사령은 입양은 조선호적령 제75조의 규정에 따라 당사자의 성명, 본관, 출생년월일, 본적, 양자의 실부모의 성명과 본적, 당사자가 가족인

[1] 대법원 1977. 6. 7. 선고 76다2878 판결.

때는 호주의 성명, 본적 및 호주와의 관계등을 기재하고 당사자 쌍방과 성년 증인 2인 이상이 연서한 신고를 함으로서 그 효력이 발생한다고 규정(제11조 제2항)함으로써 입양의 성립에 관하여 신고를 필요로 하였고, 민법은 이러한 태도를 이어받아 입양신고가 있어야 입양의 효력이 발생하는 것으로 규정하였다. 제정 민법 당시는 호적제도가 존재하였으므로 제정 민법 제878조는 호적법에 정한 바에 의하여 신고함으로써 입양의 효력이 생긴다고 규정하였으나, 2007. 5. 17. 가족관계의 등록 등에 관한 법률이 제정됨에 따라 위 법률에서 정한 바에 따른 신고로 민법 제878조가 개정되었다. 즉, 입양의 성립에 관한 신고주의는 그대로 유지되고 있다.

2 신고의 방법에 관하여는 당사자쌍방과 성년자인 증인 2인의 연서한 서면으로 하여야 한다는 규정이 있었으나(제정 민법 제878조 제2항), 2012. 2. 10. 개정에서 이는 삭제되었다.

Ⅱ. 입양신고의 성격

3 민법 제878조에 의한 입양신고는 창설적 신고이다. 즉 입양의 다른 성립요건을 갖춘 경우에도 입양신고가 있어야만 입양의 효력이 발생하고, 입양신고가 없으면 입양의 효력이 발생하지 않는다. 일반입양에 있어서 가정법원의 허가 심판을 받은 경우에도 마찬가지이다. 반면 친양자 입양이나 입양특례법상 입양은 가정법원의 허가로 그 효력이 발생하고, 입양신고는 보고적 신고에 불과하다.

4 입양신고는 신분행위의 성립을 목적으로 하는 것으로서 일신전속적 성격을 가지고, 입양의 예약이 있더라도 신고를 강제할 수 없다.[2]

Ⅲ. 입양신고의 방법

5 입양신고의 방법은 가족관계의 등록 등에 관한 법률에서 정한 바에 따른다.

1. 방식

6 입양신고는 서면으로 할 수도 있고 말로 할 수도 있다(가족관계의 등록 등에 관한 법률 제23조 제1항).

2 김주수, "입양신고(1)", 사법행정 제5권 제8호, 한국사법행정학회(1964), 78.

7 서면으로 입양신고를 할 때에는 신고서에 당사자의 성명·본·출생연월일·주민등록번호·등록기준지, 양자의 성별을 기재하여야 한다. 당사자가 외국인인 때에는 그 성명·출생연월일·국적 및 외국인등록번호를 기재한다(가족관계의 등록 등에 관한 법률 제61조 제1호). 그 외에도 양자의 친생부모의 성명·등록기준지·주민등록번호도 기재하여야 한다(가족관계의 등록 등에 관한 법률 제61조 제2호). 신고사건 본인이 출석하지 않는 경우에는 신고사건 본인의 신분증명서를 제시하거나 인감증명서를 첨부하여야 한다(가족관계의 등록 등에 관한 법률 제23조 제2항). 입양신고는 전산정보처리조직을 이용한 전자문서로 할 수는 없다(가족관계의 등록 등에 관한 법률 제23조의2, 가족관계의 등록 등에 관한 규칙 제36조의2 참조).

8 말로 입양신고를 할 때에는 신고인이 시·읍·면의 사무소에 출석하여 위 사항을 진술하여야 한다(가족관계의 등록 등에 관한 법률 제31조 제1항). 이 경우 대리인에 의한 신고는 허용되지 않는다(가족관계의 등록 등에 관한 법률 제31조 제3항).

2. 신고의무자

9 입양신고는 신고로 인하여 효력이 발생하기 때문에 신고사건 본인이 신고하여야 한다. 다만, 신고하여야 할 사람 즉 신고사건 본인이 미성년자 또는 피성년후견인인 경우에는 친권자, 미성년후견인 또는 성년후견인이 신고의무자가 된다(가족관계의 등록 등에 관한 법률 제26조 제1항 본문). 그러나 미성년자 또는 피성년후견인 본인이 신고를 하여도 된다(가족관계의 등록 등에 관한 법률 제26조 제1항 단서).

10 양자가 13세 미만인 때에는 대락(민법 제869조 제2항에 의한 승낙)을 한 법정대리인이 신고하여야 한다.

11 신고사건 본인은 입양의 당사자, 즉 양부모 또는 양자를 말한다. 양부모와 양자가 함께 신고하여야 한다[입양 및 파양신고에 관한 사무처리지침(가족관계등록예규 제415호) 제6조 제1항 본문]. 양자가 13세 미만인 때에는 대락을 한 법정대리인이 신고하여야 하므로, 대락을 한 법정대리인과 양부모가 신고하여야 한다(입양 및 파양신고에 관한 사무처리지침 제6조 제1항 단서). 다만, 가정법원이 법정대리인의 대락 없이 입양을 허가한 경우에는 그 사유를 소명하는 자료를 첨부하여 양부모가 신고할 수 있다(입양 및 파양신고에 관한 사무처리지침 제6조 제2항).

3. 제출서류

12 서면으로 신고할 경우 신고서를 제출한다. 반면 말로 신고할 경우에는 신고자가 신고서를 제출하는 것이 아니고, 신고자가 말로 신고한 내용을 시·읍·면의 장이 그 내용을 기록하여 신고인에게 읽어 들려주고 그 서면에 서명하거나 기명날인하게 한다(가족관계의 등록 등에 관한 법률 제31조 제2항).

13 부모 또는 다른 사람의 동의나 승낙이 필요한 경우에는 신고서에 그 동의나 승낙을 증명하는 서면을 첨부하여야 한다(가족관계의 등록 등에 관한 법률 제32조 제1항). 따라서 미성년자 입양에 대한 법정대리인의 승낙동의 또는 대락, 미성년자 입양 또는 성년자 입양에 대한 부모의 동의, 피성년후견인 입양(피성년후견인이 양자 또는 양부모가 되는 경우)에 대한 성년후견인의 동의, 배우자 있는 사람을 양자로 하는 입양에 대한 그 배우자의 동의가 있음을 증명하는 동의서 또는 승낙서를 신고서에 첨부하여 제출하여야 한다. 다만 성년자 입양에 대하여 부모의 소재를 알 수 없는 등의 사유로 동의를 받을 수 없는 경우에는 그 사유를 소명하는 자료를 첨부하여야 한다(입양 및 파양신고에 관한 사무처리지침 제3조 단서). 반면 미성년자 입양에 대해 법정대리인의 소재를 알 수 없는 등의 사유로 법정대리인의 승낙동의 또는 대락을 받을 수 없거나 부모의 소재를 알 수 없는 등의 사유로 입양동의를 받을 수 없는 경우에는 그 사유를 소명하는 자료를 첨부하여야 한다는 규정은 없다. 이 경우에는 그럼에도 불구하고 입양을 허가한 가정법원의 입양허가심판서가 있을 것이므로, 입양허가서를 첨부하는 것으로 족하다.

14 가정법원의 허가를 받아야 하는 입양, 즉 미성년자를 입양하는 경우이거나 피성년후견인이 입양하는 경우이거나 피성년후견인을 입양하는 경우에는 가정법원의 허가서를 첨부하여야 한다(가족관계의 등록 등에 관한 법률 제62조 제2항). 구체적으로는 그 허가서 등본 및 확정증명서를 첨부하여야 한다(입양 및 파양신고에 관한 사무처리지침 제2조, 제4조). 성년자 입양에 대하여 부모의 동의를 갈음하는 심판이 있는 경우에는 그 심판서를 첨부하여야 한다(가족관계의 등록 등에 관한 법률 제62조 제3항).

IV. 입양신고의 효력

15 입양은 신고함으로써 그 효력이 생긴다. 즉, 입양신고는 창설적 신고이다.

16 신고하면 효력이 발생하므로, 신고가 수리되면 족하고 신고내용이 등록부에 기재될 것은 요하지 않는다.

17 다만 입양이 무효이거나 취소 사유가 있는 경우에는 그 입양신고가 수리되었더라도 입양무효 또는 취소를 주장할 수 있다.

V. 허위의 출생신고가 입양신고의 효력을 가지는지 여부

18 민법은 제정 당시부터 입양신고를 함으로써 입양의 효력이 발생한다는 태도를 취하고 있었다. 따라서 입양신고가 없는 경우에는 원칙적으로 입양의 효력이 발생하지 않는다. 그런데 자신의 친생자가 아닌 사람을 자신의 자녀인 것처럼 양육할 의사를 가지고 있으면서도 입양의 방법을 따르지 않고 자신의 친생자인 것처럼 허위의 출생신고를 하는 경우가 현실적으로 존재한다. 이러한 방법은 입양사실을 숨기기 위한 수단으로 주로 사용된다. 이처럼 입양신고를 하지 않고 그 대신 허위의 출생신고를 한 경우에 입양의 효력을 인정할 수 있는지 문제된다.

1. 학설

19 허위의 출생신고에 대하여 입양신고로서의 효력을 인정하여 양친자관계의 성립을 인정할 수 있다는 긍정설과, 허위의 출생신고는 입양신고의 효력이 없으므로 양친자관계의 성립을 인정할 수 없다는 부정설이 대립된다.

20 긍정설은 허위의 출생신고를 하고 사실상 친자관계를 형성해온 경우에는 이를 존중하는 것이 자의 복리를 위해 바람직하다는 것 등을 근거로 든다.[3]

21 부정설은 입양은 요식행위라는 점, 허위의 출생신고에 대하여 입양신고로서의 효력을 인정하는 것은 호적의 공신력을 떨어뜨린다는 점 등을 근거로 든다.[4]

2. 판례

가. 원칙

22 대법원은, 당사자 사이에 양친자 관계를 창설하려는 명백한 의사가 있고 기타 입양의 성립요건이 모두 구비된 경우에는 요식성을 갖춘 입양신고 대신

3 김주수/김상용, 주석 민법, 친족(3)(제4판), 한국사법행정학회(2010), 242; 김용한, "허위혼생자출생신고에 대한 입양으로서의 효력", 법조 제25권 제1호, 법조협회(1976), 85~86.

4 이병화, "입양아동의 국제적 보호", 국제법학회논총 제48권 제2호, 대한국제법학회(2003), 156.

친생자출생신고가 있다 하더라도 입양의 효력이 있다고 하였다.[5] 즉, 양부모와 양자 사이에 입양의 합의 및 그 밖의 실질적 성립요건을 모두 갖추었으나 다만 이를 신고함에 있어서 입양신고 대신 허위의 친생자출생신고를 한 흠결만이 있는 경우에는 그 허위의 친생자출생신고를 입양신고로 보아 입양의 효력을 인정한 것이다.

23 이 경우 허위의 친생자출생신고는 법률상의 친자관계인 양친자관계를 공시하는 입양신고의 기능을 발휘하게 되는 것이다.[6]

나. 입양의 성립요건 구비

1) 원칙

24 당사자가 양친자관계를 창설할 의사로 친생자출생신고를 하고 거기에 입양의 실질적 요건이 모두 구비되어 있다면 그 형식에 다소 잘못이 있더라도 입양의 효력이 발생한다. 따라서 입양의 당사자인 양부모와 양자에게 양친자관계를 창설할 의사가 있어야 하고, 그 밖에 입양의 실질적 요건이 모두 구비되어 있어야 한다.

2) 양친자로서의 생활사실

25 입양의 실질적 요건이 구비되어 있다고 하기 위하여는 입양의 합의가 있을 것, 15세 미만자는 법정대리인의 대락이 있을 것,[7] 양자는 양부모의 존속 또는 연장자가 아닐 것 등 민법 제883조 각 호 소정의 입양의 무효사유가 없어야 함은 물론 감호·양육 등 양친자로서의 신분적 생활사실이 반드시 수반되어야 한다.[8]

3) 입양의 의사

26 허위의 친생자출생신고가 이루어진 경우 양자는 미성년자, 특히 의사능력조차 없는 영아인 경우가 많다. 따라서 출생신고 당시 양자가 입양의 의사를 가지기는 어려우므로, 법정대리인의 대락이 필요한 경우가 대부분이다. 그런데 양자에 대하여 허위의 출생신고가 가능하다는 것은 그 양자에게 법정대

5 대법원 1977. 7. 26. 선고 77다492 전원합의체 판결.

6 대법원 2001. 5. 24. 선고 2000므1493 전원합의체 판결.

7 해당 판례 선고 당시 시행되던 민법(2012. 2. 10 개정되기 전의 것) 제869조는 양자가 15세 미만인 때에는 법정대리인이 그게 갈음하여 입양을 승낙하도록 규정하였다.

8 대법원 2009. 10. 29. 선고 2009다4862 판결, 대법원 2010. 3. 11. 선고 2009므4099 판결.

리인이 없거나 누구인지 알 수 없다는 것을 의미하는 경우가 많다. 대리모계약을 통해 대리모가 낳은 자녀를 대리출산 의뢰 부부의 자녀로 출생신고를 한 사안에서, 자녀의 출생 과정에 비추어 보면 입양에 관하여 친생모인 대리모의 대락이 있었다고 본 하급심 판결례가 있다.[9]

27 허위의 출생신고 당시 양자가 15세 미만의 자로서 입양의 실질적 요건을 갖추기 위해서는 법정대리인의 대락 등이 필요한데, 대락권자가 존재하지 않거나 대락권자를 알 수 없다고 하여 대락권자인 법정대리인의 승낙이 있었다고 추정할 수도 없으므로, 양자에 대한 친생자 출생신고는 입양의 실질적 요건을 갖추지 못하여 효력이 없다.[10] 이는 제정 민법 적용 당시의 판례로서, 당시 민법에 의하면 양자가 15세 이상이면 독자적으로 입양의 승낙을 할 수 있고, 양자가 15세 미만이면 법정대리인이 대락하여야 하였다.

28 그러나 양자가 입양에 대해 승낙할 수 있는 연령이 된 후 양부모와 자신 사이에 친생관계가 없는 등의 사유로 입양이 무효임을 알면서도 아무런 이의를 하지 않았다면 양자가 적어도 묵시적으로라도 입양을 추인한 것으로 본다.[11] 이 사안은 제정 민법 적용 당시의 판례로서 제정 민법에 의하면 양자가 15세 이상이면 독자적으로 입양의 승낙을 할 수 있었는바, 양자가 15세가 된 후 입양이 무효임을 알고도 이의하지 않았으므로 양자가 묵시적으로 입양을 추인한 것으로 보았다.

4) 부부공동입양

29 호적상 모로 기재되어 있는 자가 자신의 호적에 호적상의 자를 친생자로 출생신고를 한 것이 아니라 자신과 내연관계에 있는 남자로 하여금 그의 호적

9 서울가정법원 2022. 2. 10. 선고 2021드단103641 판결. 위 부분의 판시는 자녀와 의뢰모 사이의 친생자관계부존재확인 청구 부분에 관한 것인데, 법원은 자녀와 의뢰모 사이에 양친자관계가 성립하였으므로 그들 사이의 친생자관계 부존재 확인을 구하는 소는 확인의 이익이 없다는 이유로 각하하였다. 위 판결 중 그 부분에 대하여는 당사자들이 항소하지 아니하여 확정되었다.
다만 위 판결의 상고심인 대법원 2025. 4. 24. 선고 2022므15371 판결은, 대리모계약은 민법 제103조에 위반한 법률행위로서 무효이고, 대리모가 자녀를 출산하여 의뢰모 부부에게 인도한 후 의뢰모 부부로부터 돈을 받으면서 자녀에 대한 입양의 효력을 인정하고 친권을 포기하는 등 모로서의 권리를 행사하지 않겠다는 내용의 합의를 한 것은 무효인 대리모계약 일부의 재확인이거나 그 연장선상에 있는 것으로서 우리 법질서상 가족제도에 반하여 효력을 인정할 수 없다고 판시하였으므로, 대리모계약 내용에 포함된 친생모의 입양 대락은 민법 제103조 위반으로 무효라고 보아야 할 여지가 있다.

10 대법원 2004. 11. 26. 선고 2004다40290 판결.

11 대법원 1990. 3. 9. 선고 89므389 판결.

에 자신을 생모로 하는 혼인외의 자로 출생신고를 하게 한 때에는, 설사 호적상의 모와 호적상의 자 사이에 다른 입양의 실질적 요건이 구비되었다 하더라도 이로써 호적상의 모와 호적상의 자 사이에 양친자관계가 성립된 것이라고는 볼 수 없다. 왜냐하면, 이러한 경우 호적상의 부와 호적상의 자 사이에 입양의 실질적 요건이 갖추어지지 않았다면 호적상 부가 호적상 자를 혼인외의 자로 출생신고를 한 것은 아무런 효력이 없는 것이어서 그 출생신고에 관한 호적상의 기재는 두 사람 사이의 친생자관계부존재를 확인하는 판결에 의하여 말소되어야 하므로, 이처럼 무효인 호적상 부의 출생신고에 기하여 호적상의 모와 호적상의 자 사이에서만 양친자관계를 인정할 수는 없고, 호적상의 부와 호적상의 자 사이에 입양의 실질적 요건이 갖추어진 경우라 하더라도 우리 민법이 부부공동입양의 원칙을 채택하고 있는 점에 비추어 보면, 법률상 부부가 아닌 사람들이 공동으로 양부모가 되는 것은 허용될 수 없다고 보아야 하기 때문이다.[12]

30 그러나 이는 호적제도가 유지되고 있던 당시의 판례이고, 호적제도가 폐지되고 가족관계등록제도로 대체된 지금은 대법원이 달리 보고 있는 것으로 보인다. 甲녀가 다른 여성과 혼인관계를 유지하고 있는 乙남과 함께 부모를 알 수 없는 丙을 데려와 함께 키우며 丙을 乙남의 호적에 입적시키고 출생신고를 하였는데, 乙남 등이 丙을 상대로 甲녀와 丙 사이에 친생자관계 부존재확인을 구한 사안에서, 甲녀와 丙 사이에는 개별적인 입양의 실질적 요건이 모두 갖추어져 있고, 甲녀에게 乙남과 공동으로 양부모가 되는 것이 아니라면 단독으로는 양모도 되지 않았을 것이란 의사, 즉 乙남과 丙 사이의 입양이 불성립, 무효, 취소, 혹은 파양되는 경우에는 甲녀도 丙을 입양할 의사가 없었을 것이라고 볼 특별한 사정도 찾아볼 수 없으며, 입양 신고 대신 丙에 대한 친생자출생신고가 이루어진 후 호적제도가 폐지되고 가족관계등록제도가 시행됨으로써 甲녀의 가족관계등록부에는 丙이 甲녀의 자녀로 기록되었고, 丙의 가족관계증명서에도 甲녀가 丙의 모로 기록되어 있는 점 등에 비추어, 甲녀와 丙 사이에는 양친자관계가 성립할 수 있다고 본 대법원 판례가 있다.[13] [☞ 민법 제874조 Ⅱ. 1. 가. 2) 주석 참조]

12 대법원 1995. 1. 24. 선고 93므1242 판결.
13 대법원 2018. 5. 15. 선고 2014므4963 판결.

5) 동성애가 입양무효 사유가 되는지 여부

31 2013. 7. 1. 민법 개정으로 입양허가제도가 도입되기 전에는 성년에 달한 사람은 성별, 혼인 여부 등을 불문하고 당사자들의 입양 합의와 부모의 동의 등만 있으면 입양을 할 수 있었으므로, 당시의 민법 규정에 따라 적법하게 입양신고를 마친 사람이 단지 동성애자로서 동성과 동거하면서 자신의 성과 다른 성 역할을 하는 사람이라는 이유만으로는 그 입양이 선량한 풍속에 반하여 무효라고 할 수 없고, 이는 그가 입양의 의사로 친생자 출생신고를 한 경우에도 마찬가지이다.[14] 따라서 양부모가 입양의 의사로 양자에 대해 허위의 친생자출생신고를 한 경우 양부모가 동성애자라는 이유만으로 그 입양이 무효라고 할 수 없다.

6) 입양 취소사유의 존재가 입양 성립에 미치는 영향

32 허위의 출생신고에 의한 입양에 취소사유가 있다고 하더라도 그것만으로는 그 입양이 무효가 되는 것은 아니다. 대법원은, 출생신고 당시의 구 민법(1990. 1. 13. 법률 제4199호로 개정되기 전의 것) 제875조에 의하면 호주의 직계비속장남자는 본가의 가통을 계승하기 위한 경우가 아니면 양자가 될 수 없다고 규정되어 있었으나, 그 금지규정을 위반하여 입양을 하였다 하더라도 이 입양은 당연무효가 아니고 단지 취소할 수 있음에 그치는 것이므로 그러한 사유가 있는 (허위의 출생신고에 의한) 입양이 무효라는 주장은 이유 없다고 하였다.[15]

다. 입양관계의 해소

1) 파양의 경우

33 진실에 부합하지 않는 친생자출생신고의 호적기재가 법률상의 친자관계인 양친자관계를 공시하는 것으로 그 효력을 인정하는 이상 파양에 의하여 양친자관계를 해소할 필요가 있는 등 특별한 사정이 없는 한 그 호적기재 자체를 말소하여 법률상 친자관계의 존재를 부정하게 되는 친생자관계부존재확인청구는 허용될 수 없다.[16] 즉, 위 판례에 따르면 파양의 필요가 있는 경우에는 친생자관계부존재확인을 통하여 그 입양관계를 해소할 수 있다. 반면,

14 대법원 2014. 7. 24. 선고 2012므806 판결.
15 대법원 1991. 12. 13. 선고 91므153 판결.
16 대법원 1988. 2. 23. 선고 85므86 판결, 대법원 2001. 5. 24. 선고 2000므1493 전원합의체 판결.

허위의 출생신고에 의해 입양의 효력이 생긴 사안에서, 당사자 간 협의상 파양의 신고가 있거나 재판상 파양의 판결이 있기 전에는 파양의 효력이 생길 수 없다고 설시한 판례도 존재한다.[17]

34 입양의 당사자 중 한 명이 사망한 경우에는 그 파양을 위하여 친생자관계부존재확인을 구할 수 없다. 즉, 양부가 사망한 때에는 양모는 단독으로 양자와 협의상 또는 재판상 파양을 할 수 있으되 이는 양부와 양자 사이의 양친자관계에 영향을 미칠 수 없는 것이고, 또 양모가 사망한 양부에 갈음하거나 또는 양부를 위하여 파양을 할 수는 없다고 할 것이며, 이는 친생자부존재확인을 구하는 청구에 있어서 입양의 효력은 있으나 재판상 파양사유가 있어 양친자관계를 해소할 필요성이 있는 이른바 재판상 파양에 갈음하는 친생자관계부존재확인청구에 관하여도 마찬가지라고 할 것이다.[18]

35 당사자 사이에 양친자관계를 창설하려는 명백한 의사가 있고, 나아가 기타 입양의 실질적 성립요건이 모두 구비되어 입양의 효력이 인정되는 경우에 있어서도 그 후 당사자 간에 친생자관계부존재확인의 확정판결이 있는 경우에는 그 확정일 이후부터는 양친자관계의 존재를 주장할 수 없다.[19] 따라서 입양의 의사로 허위의 출생신고를 한 사안에서 친생자관계부존재확인의 심판이 확정된 이상 그 심판의 효력을 받는 양자는 양부모와의 양친자관계 존재를 더 이상 주장할 수 없고, 양자가 양부모를 상대로 양친자관계존재확인의 소를 제기하더라도 그 사건에서 양부모와 양자 사이의 양친자관계 존재를 판단하는 것은 친생자관계부존재확인 심판에 어긋난다.[20]

2) 입양취소의 경우

36 부(父) 乙이 丙을 입양의 의사로 친생자출생신고를 한 것이 아니라는 취지로 자(子) 甲이 다툰 사안에서, 민법 제884조 제3호가 규정하는 '사기 또는 강박으로 인하여 입양의 의사표시를 한 때'의 입양취소는 그 성질상 그 입양의 의사를 표시한 자에 한하여 원고 적격이 있고, 사기를 안 날 또는 강박을 면한 날로부터 3월을 경과한 때에는 그 취소를 청구하지 못하며(민법 제897조,

17 대법원 1989. 10. 27. 선고 89므440 판결.
18 대법원 2009. 4. 23. 선고 2008므3600 판결.
19 대법원 1993. 2. 23. 선고 92다51969 판결.
20 대법원 2023. 9. 21. 선고 2021므13354 판결.

제823조), 입양의 취소의 효력은 기왕에 소급하지 않는바(제897조, 제824조), 그 원인 사유 및 효력 등에 있어서 친생자관계존부확인의 소와는 구별되는 것이므로, 甲이 입양의 취소를 구하는 의미에서 친생자관계부존재확인을 구할 수는 없다고 한 사례가 있다.[21]

37 그러나 이는 입양의 의사로 허위의 출생신고를 한 양부모 자신이 입양의 취소를 구하는 의미에서 친생자관계부존재확인을 구할 수 없다는 취지로는 해석되지 않는다. 학설상으로는 허위의 친생자출생신고에 의한 가족관계등록부상 기록을 입양으로 정정한 후 입양취소의 소를 제기하여야 한다는 견해[22]와, 가족관계등록부 정정 없이 바로 친생자관계부존재확인의 소를 제기할 수 있다는 견해[23]가 대립된다.

라. 입양관계의 성립시기

38 허위의 친생자출생신고 당시에는 입양의 실질적 요건을 갖추지 못하였더라도 그 후에 입양의 실질적 요건을 갖추게 된 경우에는 무효인 친생자출생신고는 소급적으로 입양신고로서의 효력을 갖게 된다.[24] 그 반대해석에 의하면, 허위의 친생자출생신고 당시 입양의 실질적 성립요건을 모두 갖추고 있는 경우에는 그 신고시점에 입양신고로서의 효력이 발생한다고 할 것이다.

마. 친생자관계부존재확인청구의 허용 여부

39 당사자가 양친자관계를 창설할 의사로 친생자출생신고를 하고 거기에 입양의 실질적 요건이 모두 구비되어 있다면 그 형식에 다소 잘못이 있더라도 입양의 효력이 발생하고, 양친자관계는 파양에 의하여 해소될 수 있는 점을 제외하고는 법률적으로 친생자관계와 똑같은 내용을 갖게 되므로 이 경우의 허위의 친생자출생신고는 법률상의 친자관계인 양친자관계를 공시하는 입양신고의 기능을 발휘하게 되는 것이며, 이와 같은 경우 파양에 의하여 그 양친자관계를 해소할 필요가 있는 등 특별한 사정이 없는 한 그 호적기재 자체

21 대법원 2010. 3. 11. 선고 2009므4099 판결.

22 주해친족법(제1권)(제2판), 박영사(2025), 868(현소혜).

23 김주수/김상용, 주석 민법, 친족(3)(제4판), 한국사법행정학회(2010), 253; 김정원, "친생자관계존부확인청구사건의 소의 이익", 실무연구Ⅳ, 서울가정법원(1998), 95; 백영엽, "입양신고에 갈음하여 친생자출생신고를 하였으나 그 후 친생자관계부존재확인의 판결이 확정된 경우 양친자관계의 해소 여부", 대법원판례해설 제19호, 법원도서관(1993), 408.

24 대법원 2009. 10. 29. 선고 2009다4862 판결, 대법원 2004. 11. 11. 선고 2004므1484 판결.

를 말소하여 법률상 친자관계의 존재를 부인하게 하는 친생자관계부존재확인청구는 허용될 수 없는 것이다.[25]

40 친생자로 출생신고를 한 것이 입양신고로서의 기능을 발휘하여 입양의 효력이 발생하였다면 파양에 의하여 양친자관계를 해소할 필요가 있는 등의 특별한 사정이 없는 한, 호적의 기재를 말소하여 법률상 친자관계의 존재를 부정하게 되는 친생자관계부존재확인의 소는 확인의 이익이 없는 것으로서 부적법하다.[26] 따라서 이 경우에는 소를 각하하게 된다.

Ⅵ. 입양신고가 없는 경우 사실상 입양의 인정 여부

41 입양 당사자 사이에 입양의 실질적 성립요건은 존재하지만 입양신고만을 하지 않은 경우 사실상 입양으로서 입양과 같은 효력을 부여할 수 있는지 문제된다. 이는 위에서 본 것처럼 입양신고의 기능을 하는 것으로 볼 수 있는 허위의 친생자출생신고도 없는 경우를 말한다.

1. 입양신고를 전제로 하는 효과

42 입양신고가 없는 이상 사실상 양친자 관계를 형성하고 있다고 하더라도 법적 양친자 관계의 효력을 인정할 수는 없다. 따라서 친족관계의 변동이나 친생자로서의 지위 취득 등의 효과는 인정되지 않는다. 사실상 양부모는 사실상 양자에 대한 친권을 갖지 못한다. 사실상 양부모와 사실상 양자 사이에는 서로간의 합의에 의한 것이 아닌 한 친족으로서의 부양의무가 존재하지 않고,[27] 상호간 상속인이 되지 못한다.

43 타가에 출계한 자는 생부의 선조를 시조로 하는 종중에는 속하지 않는다고 보는 것과는 반대로, 사실상 양자로 행세한 것만으로 생부의 선조를 시조로 하는 종중의 종원 자격을 상실한다고 할 수 없다.[28]

25 대법원 2001. 5. 24. 선고 2000므1493 전원합의체 판결.
26 대법원 1994. 5. 24. 선고 93므119 전원합의체 판결.
27 반대 견해로는 주해친족법(제1권)(제2판), 박영사(2025), 889(현소혜).
28 대법원 1994. 4. 26. 선고 93다32446 판결.

2. 입양신고를 전제로 하지 않는 효과

44 성폭력범죄의처벌및피해자보호등에관한법률 제7조 제4항[29]에서 규정하는 사실상의 관계에 의한 존속이라 함은, 자연혈족의 관계에 있으나 법정 절차의 미이행으로 인하여 법률상의 존속으로 인정되지 못하는 자(예컨대, 인지 전의 혼인 외의 출생자의 생부) 또는 법정혈족관계를 맺고자 하는 의사의 합치 등 법률이 정하는 실질관계는 모두 갖추었으나 신고 등 법정절차의 미이행으로 인하여 법률상의 존속으로 인정되지 못하는 자(예컨대, 사실상의 양자의 양부)를 말한다.[30] 이는 존속에 의한 성범죄를 가중처벌하는 규정에서 '사실상의 존속'도 포함한다고 법률에서 규정하고 있는 경우이다.

45 사실혼관계의 부당파기와 마찬가지로, 사실상 입양관계를 당사자 사이의 합의에 의하여 종료하지 않고 한쪽 당사자가 일방적으로 파기한 경우에는 그로 인한 손해배상을 청구할 수 있을 것이다. 그러나 사실혼관계의 부당파기로 인한 손해배상 청구는 가사소송법상 다류 가사소송사건으로 규정되어 있는 반면 사실상 입양관계의 부당파기로 인한 손해배상 청구에 관하여는 아무런 규정이 없으므로, 이러한 청구사건이 제기된 경우에는 민사사건으로 처리하여야 한다.

29 현행 성폭력범죄의 처벌 및 피해자보호 등에 관한 법률 제7조 제5항에 해당한다.
30 대법원 1996. 2. 23. 선고 95도2914 판결.

제 879 조 [사후양자의 신고] <1990. 1. 13. 삭제 조문>

사후양자를 선정한 때에는 그 선정권자가 전조의 규정에 의하여 신고하여야 한다.

1 1990. 1. 13. 법률 제4199호로 개정되기 전의 민법은 제867조에서 사후양자에 관하여 규정하고 있었는데, 1990. 1. 13. 민법 개정에서 사후양자 제도가 폐지되었다. 그에 따라 사후양자의 신고에 관한 위 규정도 함께 삭제되었다.

제 880 조 [유언에 의한 양자] <1990. 1. 13. 삭제 조문>

양자는 유언으로도 이를 할 수 있다. 이 경우에는 유언집행자가 제878조의 규정에 의하여 신고하여야 한다.

1 유언에 의한 양자는 사후양자와 함께 주로 가계의 계승을 위하여 인정된 제도로서 가(家)를 위한 양자제도에 해당한다. 1990. 1. 13. 민법 개정은 사후양자와 함께 유언에 의한 양자도 폐지함으로써 위 규정이 삭제되었다.

제 881 조 [입양 신고의 심사]

제866조, 제867조, 제869조부터 제871조까지, 제873조, 제874조, 제877조, 그 밖의 법령을 위반하지 아니한 입양 신고는 수리하여야 한다.

[전문개정 2012. 2. 10.]

[관련조문] 민법 제866조(입양을 할 능력), 제867조(미성년자의 입양에 대한 가정법원의 허가), 제869조(입양의 의사표시), 제870조(미성년자 입양에 대한 부모의 동의), 제871조(성년자 입양에 대한 부모의 동의), 제873조(피성년후견인의 입양), 제874조(부부의 공동 입양 등), 제878조(입양의 성립), 가족관계의 등록 등에 관한 규칙 제43조(수리 여부의 결정), 제45조(신고사건 수리 및 기록)

Ⅰ. 개관

1 민법 제881조는 입양의 요건에 관한 본관의 규정 등에 위반하지 않은 입양신고는 이를 수리하여야 한다고 규정하고 있다. 민법 제881조는 입양의 요건에 관한 규정이 개정됨에 따라 그 열거한 조문 번호를 수정하기 위하여 개정되었을 뿐, 그 취지는 제정 당시부터 유지되고 있다.

Ⅱ. 입양신고에 대한 심사

2 민법 제881조에 의하면 민법 제866조(입양의 할 능력), 제867조(미성년자 입양에 대한 가정법원의 허가), 제869조(입양의 의사표시), 제870조(미성년자 입양에 대한 부모의 동의), 제871조(성년자 입양에 대한 부모의 동의), 제873조(피성년후견인의 입양), 제874조(부부의 공동 입양 등) 및 그 밖의 법령을 위반하지 않은 입양신고는 수리하여야 한다. 제878조에 의한 입양의 신고가 있으면, 그 신고를 접수한 시·읍·면·동의 장이나 재외공관의 장은 지체 없이 그 수리 여부를 결정하여야 하는데(가족관계의 등록 등에 관한 규칙 제43조 제1항), 이를 결정함에 있어서는 그 입양신고가 위에서 열거된 법규정 및 그 밖의 법령을 위반하였는지 여부를 심사하여야 한다.

Ⅲ. 심사하여야 할 내용

3 민법 제881조에서 열거한 규정은 입양의 요건과 효력에 관한 관(款) 중에서 요건에 관한 규정 전부이다. 중간에 빠져 있는 조문은 삭제된 조문이다. 따라서 입양의 성립요건 전부가 구비되었는지를 심사하여야 한다.

4 즉, 양부모는 성년자여야 하고(민법 제866조), 양자가 미성년자인 경우 가정법원의 허가가 있어야 한다(제867조). 입양의 요건 규정에서 명시되어 있지는 않으나, 양부모와 양자의 입양의사의 합치가 있어야 함은 당연하다. 이는 양부모와 양자가 함께 입양신고를 하게 함으로써[입양 및 파양신고에 관한 사무처리지침(가족관계등록예규 제415호) 제6조 제1항 본문. ☞ 민법 제878조 Ⅲ. 주석 참조] 달성된다. 양자가 13세 이상의 미성년자인 경우에는 법정대리인의 승낙동의 및 양자의 승낙이 있어야 하고(민법 제869조 제1항), 양자가 13세 미만의 미성년자인 경우에는 법정대리인의 대락이 있어야 한다(제869조 제2항). 양자의 부모의 입양동의가 있어야 한다(제870조 제1항, 제870조 제1항). 성년자인 양자의 부모의 입양동의가 없으면 그 입양동의에 갈음하는 가정법원의 심판이 있어야 한다(민법 제870조 제2항). 피성년후견인이 양부모가 되거나 양자가 되는 경우에는 성년후견인의 동의가 있어야 하고(민법 제873조 제1항), 가정법원의 허가도 있어야 한다(제873조 제2항). 양부모가 배우자가 있는 사람이라면 그 배우자와 공동으로 입양하여야 하므로 부부 모두가 양부모가 되어야 하며(민법 제874조 제1항), 양자가 배우자가 있는 사람이라면 그 배우자의 동의가 있어야 한다(제874조 제2항). 양자는 양부모의 존속이거나 연장자가 아니어야 한다(민법 제877조).

Ⅳ. 심사의 방법

5 신고를 접수한 시·읍·면·동의 장이나 재외공관의 장이 입양신고에 법령 위반이 있는지 여부를 심사함에 있어서는 제출된 서류에 의하여만 심사를 한다. 즉, 형식적 심사권한만 가진다. 따라서 예컨대 민법 제870조 제1항 제3호에 의하여 미성년자인 양자의 부모의 소재를 알 수 없는 등의 사유로 동의를 얻지 못한 경우인지 여부에 관하여 별도로 심사하여야 하는 것은 아니고, 그 미성년자 입양을 허가한 가정법원의 심판이 있으면 그에 기속된다(☞ 민법 제

870조 주석 참조). 다만, 가정법원의 허가가 있다고 하여 그 입양신고가 반드시 수리되어야 하는 것은 아니고, 가정법원의 허가 외에 다른 입양의 성립요건이 구비되었는지 여부를 심사하여 흠결이 있는지 여부를 살펴야 한다.

V. 입양신고의 수리

6 입양신고에 입양의 요건 규정 위반이 없으면 그 신고는 수리되어야 한다. 신고가 수리되면 시·읍·면의 장은 이를 즉시 가족관계등록부에 기재하여야 한다(가족관계의 등록 등에 관한 규칙 제45조 제1항). 입양신고가 수리되면 입양의 효력이 발생하는 것이고, 가족관계등록부에 기재될 것까지 요구되는 것은 아니다(☞ 민법 제878조 IV. 주석 참조).

7 입양신고가 수리되었다고 하여 반드시 그 입양이 유효한 것은 아니다. 입양신고가 수리된 입양에 대하여도 민법이 정하고 있는 입양 무효 또는 취소의 사유가 존재한다면 입양무효 또는 취소의 소를 통해 이를 다툴 수 있다.

제 882 조 [외국에서의 입양 신고]

외국에서 입양 신고를 하는 경우에는 제814조를 준용한다.

[전문개정 2012. 2. 10.]

[관련조문] 민법 제814조(외국에서의 혼인신고), 제878조(입양의 성립), 제881조(입양 신고의 심사), 국제사법 제43조(근로계약의 관할), 가족관계의 등록 등에 관한 법률 제34조(외국에서 하는 신고), 제35조(외국의 방식에 따른 증서의 등본), 제36조(외국에서 수리한 서류의 송부)

[참고문헌] 주해친족법(제1권)(제2판), 박영사(2025)

Ⅰ. 개관

1 민법 제882조는 외국에서 입양신고를 하는 경우 외국에서의 혼인신고에 관한 규정을 준용하고 있다. 민법 제881조와 마찬가지로 민법 제882조도 제정 당시부터 그 취지가 유지되고 있으며, 2012. 2. 10. 개정 당시에는 표현을 명확히 하는 차원의 개정이 이루어졌다.

Ⅱ. 외국에서 입양 신고를 하는 경우

2 외국에서 입양 신고를 하는 경우에는 외국에서 우리나라 국민 사이의 입양에 관한 신고를 하는 경우와 우리나라 국민과 외국인 사이의 입양에 관한 신고를 하는 경우가 있다. 후자의 경우에는 양부모와 양자 3인의 국적이 모두 다른 경우가 발생할 수 있다.

3 우리나라 국민에게는 우리나라 법률이 적용되므로 비록 그들이 외국에서 입양을 한다고 하더라도 민법이 적용된다. 따라서 그 입양은 신고하여야 효력이 있다(민법 제878조). 그리고 그 입양 신고를 외국에서 하는 경우에 민법 제882조가 적용된다.

4 우리나라 국민과 외국인 사이의 입양에 관하여는 준거법으로 입양 당시 양부모의 본국법이 적용된다(국제사법 제70조). 양부모가 모두 우리나라 국민이면 양자가 외국인이더라도 그 입양에 관하여 민법이 적용될 것이나, 양부모

중 한 명만 우리나라 국민이고 다른 한 명은 외국인인 경우 우리나라 국민인 양부모와 양자 사이의 입양에 관하여는 민법이 적용되고 외국인인 양부모와 양자 사이의 입양에 관하여는 그 양부모의 본국법이 적용된다. 양부모는 외국인이고 양자가 우리나라 국민이라면 준거법은 민법이 아니라 양부모의 본국법이다. 준거법이 민법이 아니라 외국법인데 그 외국법에 의하면 입양 신고가 필수적이지는 않는 경우에도, 민법에 의한 입양 신고를 할 수 없는 것은 아니다.

Ⅲ. 입양 신고의 방법

1. 민법에 의한 입양의 경우

5 외국에서 입양 신고를 하는 경우에는 민법 제814조를 준용하여 그 외국에 주재하는 대사, 공사 또는 영사 등 그 지역을 관할하는 재외공관의 장에게 신고할 수 있다(가족관계의 등록 등에 관한 법률 제34조).

6 이 때 재외공관의 장은 가족관계등록공무원을 갈음하여 민법 제881조에 따른 심사권한을 행사한다.[1]

2. 외국법에 의한 입양의 경우

7 외국에서 우리나라 국민 사이에 또는 우리나라 국민과 외국인 사이에 그 나라의 방식에 따라 입양할 때에는 3개월 이내에 그 지역을 관할하는 재외공관의 장에게 그 나라의 방식에 따른 입양에 관한 증서의 등본을 제출하여야 한다(가족관계의 등록 등에 관한 법률 제35조 제1항). 그 지역이 재외공관의 관할에 속하지 않는 경우에는 3개월 이내에 등록기준지 시·읍·면의 장에게 입양 증서의 등본을 발송하여야 한다(가족관계의 등록 등에 관한 법률 제35조 제2항).

8 이 때 재외공관의 장 또는 등록기준지 시·읍·면의 장은 민법 제881조에 따른 심사권한을 행사할 수 없다. 이 경우의 입양 신고는 민법에 의한 일반입양에서의 신고가 창설적 신고인 것과는 달리 보고적 신고에 불과하기 때문이다.

3. 사후절차

9 외국에서 입양신고를 접수하여 이를 수리한 재외공관의 장은 신고를 수리한

1 주해친족법(제1권)(제2판), 박영사(2025), 879(현소혜).

때부터 1개월 이내에 외교부장관을 경유하여 재외국민 가족관계등록사무소의 가족관계등록관에게 송부하여야 한다(가족관계의 등록 등에 관한 법률 제36조 제1항).

제 882 조의 2 [입양의 효력]

① 양자는 입양된 때부터 양부모의 친생자와 같은 지위를 가진다.
② 양자의 입양 전의 친족관계는 존속한다.

[본조신설 2012. 2. 10.]

[관련조문] 민법 제776조(입양으로 인한 친족관계의 소멸), 제824조(혼인취소의 효력), 제897조(준용규정), 제909조(친권자)

[참고문헌] 주해친족법(제1권)(제2판), 박영사(2025); 고정명/조은희, 친족·상속법, 제주대학교 출판부(2011); 김용한, 친족상속법(보정판), 박영사(2003); 김주수/김상용, 친족·상속법(제20판), 법문사(2024); 박동섭/양경승, 친족상속법(제5판), 박영사(2020); 소성규, 가족법, 동방문화사(2010); 신영호 외 2인, 가족법강의(제4판), 세창출판사(2023); 양수산, 친족상속법(가족법), 한국외국어대학교 출판부(1998); 오시영, 친족상속법(제2판), 학현사(2011); 이경희/윤부찬, 가족법(11정판), 법원사(2024); 이희배, (판례·참고·정리)친속·상속법 요해 : 가족법, 제1법규(1995); 최금숙, 로스쿨 친족법(1), 제1법규(2010); 한봉희/백승흠, 가족법, 삼영사(2013); 김상용, "개정 양자법 해설", 법조 제61권 제5호, 법조협회(2012); 최성배, "가사판결에 인한 호적정정과 이와 관련된 몇 가지 문제 : 호적의 신뢰보호와 관련하여", 사법논집 제33집, 법원행정처(2001)

Ⅰ. 개관

1 민법 제882조의2는 일반입양으로 인해 양자는 양부모의 친생자와 같은 지위를 가지는 것과 동시에 입양 전의 친족관계도 그대로 유지됨을 정하고 있다. 이는 입양으로 인하여 친생부모와의 관계가 단절되지 않는 이른바 불완전입양에 해당한다.

2 민법 제882조의2는 2012. 2. 10. 개정에서 신설되었다. 민법 제882조의2가 신설되기 전에는 양자와 친생부모의 관계에 관하여 별도로 정하는 규정은 "양자의 친생부모는 출계자에 대하여 친권자가 되지 못한다."고 정하고 있는 민법(1990. 1. 13. 법률 제4199호로 개정되기 전의 것) 제909조 제4항만 존재하였고, 양자와 친생부모의 친족관계가 유지되는지 단절되는지에 관하여는 민법에서 정하고 있지 않았다. 그러나 민법 제882조의2의 신설 전에도 오랜 관행에 따

라 일반입양에는 불완전입양으로서의 효력이 있다고 인정되어 왔다.[1] 구 관습에 의하더라도 양자는 양자연조의 날로부터 양친의 적자인 신분을 취득하지만 실가의 부모 기타의 혈족과 사이에서 친족관계를 상실하지 아니하였던 것으로 본다.[2] 민법 제882조의2는 이러한 해석을 명시적으로 선언한 규정이다.

Ⅱ. 양자와 양부모의 사이에서의 효력

3 양자는 입양된 때부터 양부모의 친생자와 같은 지위를 가진다(민법 제882조의2 제1항).

1. 효력 발생 시기

4 양자와 양부모 사이에서의 효력은 입양된 때부터 발생한다. 이는 입양신고가 수리된 때를 말한다. 입양에 대하여 가정법원의 허가가 필요한 경우여서 가정법원의 입양을 허가하는 심판을 하여 그것이 확정되었다고 하더라도, 그에 관한 입양신고가 제출되어 수리되지 않은 이상은 양부모와 양자 사이에 입양의 효력이 발생하지 않는다.

5 입양의 효력은 양자의 출생 시로 소급하지 않는다. 따라서 양부모는 입양하기 전의 기간 동안 양자에 대한 양육 또는 부양의무를 부담하지 않는다.

2. 효력의 내용

가. 양부모의 친생자와 같은 지위

6 양자는 양부모의 친생자와 같은 지위를 가진다. 따라서 양부모가 미혼인 때에는 혼인외 출생자로서, 양부모가 기혼인 때에는 혼인 중 출생자로서의 지위를 취득한다.[3] 반면 민법 제772조 제1항은 "양자와 양부모 및 그 혈족, 인척사이의 친계와 촌수는 입양한 때로부터 혼인 중의 출생자와 동일한 것으로 본다."고 규정하고 있는데, 이 규정은 미혼인 양부모가 단독으로 입양하는 경우를 간과한 규정으로 보인다. 미혼인 자가 입양한 경우 양자는 그의 혼인외 출생자와 같은 지위를 가지다가, 그 양부모가 혼인하여 배우자가 양자를 그 자신 스스로도 입양한다면 그 입양, 즉 배우자의 입양 당시부터 양부모

1 주해친족법(제1권)(제2판), 박영사(2025), 882(현소혜).
2 서울고등법원 2009. 10. 1. 선고 2009나4000 판결(상고하지 않아 확정).
3 주해친족법(제1권)(제2판), 박영사(2025), 882(현소혜).

쌍방의 혼인 중 출생자와 같은 지위를 가지게 될 것이다.

7 양자와 양부모 사이에는 친생자와 그 부모 사이에서와 같은 효력이 발생하므로, 양자와 양부모는 서로에 대하여 부양의무를 부담하고, 서로에 대하여 직계존속 또는 직계비속으로서 상속인의 지위에 서게 된다.

8 양자와 양부모 사이에서뿐만 아니라 그들의 혈족이나 인척에 대해서도 입양이 성립된 때부터 혈족 또는 인척관계가 성립된다. 그러나 양자의 친족과 양부모의 친족 사이에 친족관계가 발생하는 것은 아니다.[4]

나. 친생자와 같은 지위의 내용

9 민법은 '부모와 자'의 장(章)에서 '친생자'의 절과 '양자'의 절 다음에 '친권'의 절을 두고 있다. 즉, 친생자 관계의 성립과 양자 관계의 성립에 관하여 규정한 다음, 그 두 가지 모두에 적용되는 부자관계의 효과로서 친권을 규정하고 있다.

10 양자가 양부모의 친생자와 같은 지위를 가진다는 것은, 양자가 미성년자인 경우 그 양부모가 양자의 친권자가 된다는 것을 의미한다. 따라서 미성년자인 양자에 대하여 양부모가 친권을 행사함에 있어서는 민법 제909조 이하가 모두 적용된다. 제정 민법에서는 양자의 친생부모가 출계자에 대하여 친권자가 되지 못한다고 규정하였다가(제정 민법 제909조 제4항) 그 후 1990. 1. 13. 개정에서 그 규정이 삭제되었으나, 현행 민법에서는 제909조 제1항에서 "양자의 경우에는 양부모가 친권자가 된다."고 규정하고 있어 결국 그 내용은 동일하다.

11 자의 성과 본의 결정에 관하여는 '부모와 자'의 장이 아니라 앞서 '가족의 범위와 자의 성과 본'의 장에 규정되어 있다. 여기에는 입양된 자의 성과 본에 관하여는 아무런 규정을 두고 있지 않다. 입양으로 인하여 양자의 성과 본이 양부모(대개는 양부)의 성과 본을 따라 변경되는가에 관하여는 긍정설과 부정설, 절충설의 대립이 있다. 긍정설은 입양의 성립과 동시에 양자가 양부의 성을 따른다는 입장이고,[5] 부정설은 입양이 성립되더라도 그것만으로 양자의

4 주해친족법(제1권)(제2판), 박영사(2025), 883(현소혜).

5 김용한, 친족상속법(보정판), 박영사(2003), 201; 최금숙, 로스쿨 친족법(1), 제1법규(2010), 127; 한봉희/백승흠, 가족법, 삼영사(2013), 273; 최성배, "가사판결에 인한 호적정정과 이와 관련된 몇 가지

성이 양부의 성으로 변경되는 것은 아니라는 입장이며,[6] 절충설은 원칙적으로는 양자의 성이 변경되지 않지만 당사자가 합의한 경우에는 양자가 양부의 성과 본을 따를 수 있다는 입장이다.[7] 그 중 다수설은 부정설이다. 이는 2012. 2. 10. 민법 개정으로 인해 제882조의2가 신설된 후에도 마찬가지로 보는 것이 타당하다.[8] 실무도 부정설을 취하고 있다. 따라서 양자가 양부의 성과 본을 따르기 위해서는 민법 제781조 제6항에 의한 성과 변경의 변경허가를 받아야 한다.

3. 효력 종료 시기

12 입양으로 인한 친족관계는 입양의 취소 또는 파양으로 인하여 종료한다(민법 제776조). 입양의 취소의 효력은 기왕에 소급하지 않고(민법 제897조, 제824조), 파양은 장래를 향하여 입양을 종결시키는 것이므로, 입양이 일단 성립한 이상 입양이 취소되거나 파양되더라도 그 사이에 양부모와 양자 사이에 발생하였던 친족관계가 소급하여 소멸하는 것은 아니다.

13 부부가 공동으로 입양하였다가 부부가 이혼하는 경우, 혼인의 해소는 입양의 효력에 영향을 미치지 않으므로 양부모가 이혼하더라도 그들 각자와 양자 사이의 양친자관계는 소멸하지 않는다.[9] 따라서 양자가 미성년자인 경우에는 양부모의 이혼에 따른 자의 양육에 관한 사항이 정해져야 한다.

Ⅲ. 양자와 친생부모의 사이에서의 효력

14 일반입양이 성립되더라도 양자의 입양 전의 친족관계는 존속한다(민법 제882조의2 제2항). 미성년자인 양자에 대해 친생부모가 친권을 행사할 수 없는 것(민법 제909조 제1항) 외에는, 양자와 그 친생부모 사이에는 여전히 부자관계가 존

문제 : 호적의 신뢰보호와 관련하여", 사법논집 제33집, 법원행정처(2001), 388.

6 주해친족법(제1권)(제2판), 박영사(2025), 884(현소혜); 고정명/조은희, 친족·상속법, 제주대학교 출판부(2011), 182; 김주수/김상용, 친족·상속법(제20판), 법문사(2024), 390; 박동섭/양경승, 친족상속법(제5판), 박영사(2020), 375; 신영호 외 2인, 가족법강의(제4판), 세창출판사(2023), 194; 양수산, 친족상속법(가족법), 한국외국어대학교 출판부(1998), 425; 오시영, 친족상속법(제2판), 학현사(2011), 270; 이경희/윤부찬, 가족법(11정판), 법원사(2024), 250; 이희배, (판례·참고·정리)친족·상속법 요해 : 가족법, 제1법규(1995), 270.

7 소성규, 가족법, 동방문화사(2010), 105, 136.

8 주해친족법(제1권)(제2판), 박영사(2025), 884(현소혜); 김상용, "개정 양자법 해설", 법조 제61권 제5호, 법조협회(2012), 35.

9 주해친족법(제1권)(제2판), 박영사(2025), 883(현소혜).

속하여 상호간에 부양의무를 부담할 뿐만 아니라 사망 시 서로 상속인이 되는 관계에 있다.[10]

15 양자가 생부의 선조를 시조로 하는 종중의 종중원이 되는가에 관하여 대법원은, 타가에 출계한 자는 생부의 선조를 시조로 하는 종중에는 속하지 않는다고 보는 한편,[11] 입양이 무효인 경우에는 그 입양에 의하여 생부의 선조를 시조로 하는 종중의 종원 자격을 상실하지 않는다고 할 것이고 사실상 양자로 행세한 것만으로 생부의 선조를 시조로 하는 종중의 종원 자격을 상실한다고 할 수 없다고 하였다.[12] 반면 최근의 하급심 판결에서는 타가에 출계한 자 및 그 후손들도 엄연히 '생가의 공동선조와 성과 본을 같이하는 후손'인 이상 성년이 되면 당연히 그 공동선조의 분묘수호와 제사 및 종원 상호간의 친목 등을 목적으로 하여 구성되는 자연발생적인 종족집단의 구성원이 된다고 보아야 하고, 이와 달리 타가에 출계한 자와 그 자손은 친가의 생부를 공동선조로 하는 종중에는 속하지 않는다는 종래의 관습 내지 관습법은 변화된 우리의 전체 법질서에 부합하지 아니하여 정당성과 합리성이 있다고 할 수 없으므로 더 이상 효력을 가질 수 없다고 본 사례가 있다.[13]

10 대법원 1995. 1. 20. 자 94마535 결정 참조.

11 대법원 1983. 2. 22. 선고 81다584 판결, 대법원 1987. 4. 14. 선고 84다카750 판결, 대법원 1999. 8. 24. 선고 99다14228 판결 등 참조.

12 대법원 1994. 4. 26. 선고 93다32446 판결.

13 서울고등법원 2009. 10. 1. 선고 2009나4000 판결(상고 취하로 확정).

제 2 관 입양의 무효와 취소

<개정 2012. 2. 10>

제 883 조 [입양 무효의 원인]

다음 각 호의 어느 하나에 해당하는 입양은 무효이다.

1. 당사자 사이에 입양의 합의가 없는 경우
2. 제867조 제1항(제873조 제2항에 따라 준용되는 경우를 포함한다), 제869조 제2항, 제877조를 위반한 경우

[전문개정 2012. 2. 10.]

[관련조문] 민법 제867조(미성년자의 입양에 대한 가정법원의 허가), 제869조(입양의 의사표시), 제873조(피성년후견인의 입양), 제877조(입양의 금지), 제878조(입양의 성립), 제884조(입양 취소의 원인), 민사소송법 제62조(제한능력자를 위한 특별대리인), 가사소송법 제2조(가정법원의 관장 사항), 제23조(혼인무효 및 이혼무효의 소의 제기권자), 제24조(혼인무효·취소 및 이혼무효·취소의 소의 상대방), 제30조(관할), 제31조(준용규정), 가사소송규칙 제2조(가정법원의 관장사항), 제7조(가족관계등록사무를 처리하는 자에 대한 통지), 가족관계의 등록 등에 관한 법률 제62조(입양의 신고)

[참고문헌] 주해친족법(제1권)(제2판), 박영사(2025); 고정명/조은희, 친족·상속법, 제주대학교 출판부(2011); 김용한, 친족상속법(보정판), 박영사(2003); 박동섭/양경승, 친족상속법(제5판), 박영사(2020); 신영호 외 2인, 가족법강의(제4판), 세창출판사(2023); 양수산, 친족상속법(가족법), 한국외국어대학교 출판부(1998); 오시영, 친족상속법(제2판), 학현사(2011); 윤대성, 가족법강의, 한국학술정보(2010); 윤진수/현소혜, 민법개정총서5:2013년 개정 민법 해설, 법무부(2013); 이경희/윤부찬, 가족법(11정판), 법원사(2024); 이희배, (판례·참고·정리)친족·상속법 요해 : 가족법, 제1법규(1995); 조승현, 친족·상속법, 신조사(2009); 법원실무제요, 가사[I], 사법연수원(2021); 김연: "양친자관계존부확인의 소의 적부", 가족법연구 제9호, 한국가족법학회(1995); 윤진수, "1990년대 친족상속법 판례의 동향", 서울대학교 법학 제40권 제3호, 서울대학교 법학연구소(1999)

Ⅰ. 개관

1 민법 제883조는 입양 무효 원인을 규정하고 있다.

2 제정 민법도 같은 조에서 입양의 무효 원인을 규정하고 있었다. 그에 따르면, 당사자 간 입양의 합의가 없는 경우, 양자가 될 사람이 15세 미만인데 그의 부모 또는 후견인의 대락이 없는 경우 또는 대락권자인 양자의 적모·계모·후견인이 대락을 함에 있어 친족회의 동의를 얻지 못한 경우, 양자가 양부모의 존속이거나 연장자인 경우 그 입양은 무효가 된다. 위 규정은 2012. 2. 10. 개정으로 인해 현행과 같이 되었는바, 변경된 부분은 입양에 있어서 가정법원의 허가가 필요한 경우에 가정법원의 허가가 없는 입양과, 양자가 될 사람이 13세 미만의 미성년자여서 법정대리인의 대락이 필요한 경우에 그 대락이 없는 입양이 무효가 된다는 부분이다. 2012년 개정에서 가정법원의 입양허가가 도입된 것과, 13세 미만 미성년자를 양자로 함에 있어서 그 법정대리인의 대락을 필요로 하는 것으로 개정된 것에 따라 민법 제883조가 개정된 것이다.

Ⅱ. 입양 무효의 원인

1. 당사자 사이에 입양의 합의가 없는 경우

3 당사자 사이에 입양의 합의가 없는 경우 그 입양은 무효이다(민법 제883조 제1호). 입양 당사자는 양부모와 양자를 말한다. 당사자 사이에 입양의 합의가 없는 경우란 당사자 일방 또는 쌍방에게 입양의사가 존재하지 않는 경우를 말한다. 입양의사는 입양의 성립 시, 즉 입양신고 시까지 유지되어야 하므로, 종전에 입양의사가 있었더라도 입양신고 시에는 그 의사가 철회된 경우에는 입양의 합의가 없는 경우에 해당한다.

가. 실질적 입양의사가 없는 경우

4 입양의사는 실질적으로 양친자관계를 형성할 의사를 말한다. 즉, 민법 제883조 제1호의 입양무효사유인 '당사자 간에 입양의 합의가 없는 때'라 함은 당사자 사이에 실제로 양친자로서의 신분적 생활관계를 형성할 의사를 가지고 있지

아니한 경우를 말한다.[1] 따라서 실질적인 양친자관계를 형성할 의사 없이 단지 형식적으로만 양친자관계에 있는 것과 같은 외관을 창출하려고 하는 경우에는 입양의 합의가 있다고 볼 수 없다.

5 판례에 의하면, 입양신고가 고소사건으로 인한 처벌 등을 모면하게 할 목적으로 호적상 형식적으로만 입양한 것처럼 가장하기로 하여 이루어진 것일 뿐 당사자 사이에 실제로 양친자로서의 신분적 생활관계를 형성한다는 의사의 합치는 없었던 것이라면, 이는 당사자간에 입양의 합의가 없는 때에 해당하여 무효라고 본다.[2]

6 A남과 B녀는 혼인하여 그 사이에 자녀로 甲을 두었다. 후에 A남은 B녀와 이혼하고 C녀와 재혼하였으며, B녀에게 甲을 B녀의 호적으로 옮기라고 요구하였다. B녀가 위 요구를 거절하자, A남은 일단 甲을 C녀의 부모인 D남 및 E녀에게 입양하는 것처럼 신고하는 방법으로 D남의 호적부에 옮겼다가 여건이 되면 협의파양을 시킨 후 B녀의 호적으로 다시 옮길 의도 아래 D남과 E녀의 승낙을 받아 입양신고를 하였다. 위와 같은 사안에서 대법원은, A남이 B녀(원고)에게 "甲(사건본인)을 일단 C녀의 부모에게 입양시키면 나중에 협의파양하기가 쉽고 甲의 호적을 B녀의 호적으로 옮기는 것도 쉬우니 甲을 C녀의 부모(피고 등)에게 잠정적으로 입양시키겠다."고 일방적으로 통보한 다음 B녀의 승낙을 받지 아니한 채 입양신고서를 작성하여 제출하였으므로 이 사건 입양은 B녀의 승낙이 없었다는 점에서 무효이고, 가사 그러한 승낙이 있었다 하더라도 그 승낙은 B녀가 甲의 호적을 자신의 호적부로 전적할 때까지 해제조건부 또는 기한부로 승낙한다는 것으로서 친족관계의 명확성을 중시하는 친족법상 무효일 뿐만 아니라, C녀의 부모는 진실로 甲을 양자로 입양할 의사가 없이 오로지 A남이 甲의 호적을 B녀의 호적부로 전적할 때까지 잠정적으로 甲의 호적만을 자신들의 호적부로 전적할 의사로 마치 甲을 입양하는 것처럼 가장하는 입양신고를 한 것이므로 이는 당사자 사이에 입양의 합의가 없는 때에 해당하여 당사자들의 진의를 중시하는 친족법상 무효라고 하였다.[3]

1 대법원 1995. 9. 29. 선고 94므1553, 1560 판결.
2 대법원 1995. 9. 29. 선고 94므1553, 1560 판결.
3 대법원 2004. 4. 9. 선고 2003므241 판결.

7 처가 있는 자가 입양을 함에 있어서 혼자만의 의사로 부부 쌍방 명의의 입양신고를 하여 수리된 경우, 처의 부재 기타 사유로 인하여 공동으로 할 수 없는 때에 해당하는 경우를 제외하고는, 처와 양자가 될 자 사이에서는 입양의 일반요건 중 하나인 당사자 간의 입양합의가 없으므로 입양이 무효가 된다.[4]

8 미성년자 입양에 있어서 가정법원은 미성년자의 복리를 위하여 입양의 동기 등을 고려하여 입양의 허가를 하지 않을 수 있으므로(민법 제867조 제2항), 실질적인 양친자관계를 설정할 의도 없이 체류자격이나 학자금혜택 등을 받을 목적으로 양친자관계가 있는 듯한 외관만을 창출하려는 의도로 미성년자를 입양하려는 경우에는 가정법원은 그 허가신청을 기각할 수 있다. 그러나 입양 당사자들의 그러한 의도를 간과하고 가정법원이 입양허가심판을 하더라도, 그 입양은 당사자 사이에 입양의 합의가 없어 무효라고 할 것이다.

나. 형식적 입양의사가 없는 경우

9 당사자 중 일방 또는 쌍방에게 양친자와 같은 실질적 생활관계를 창설할 의사가 있다고 하더라도 입양신고를 할 의사는 없는 경우, 즉 사실상 입양만을 하려는 의사만을 가지고 있음에 불과한 경우, 어떠한 경위에서든 입양신고가 이루어졌다고 하더라도 그 입양은 당사자 사이의 입양의 합의가 없어 무효이다.

다. 입양의사의 하자가 있는 경우

10 양부모가 의사무능력자인 경우 그 입양은 무효가 된다. 양자가 의사무능력자인 경우, 13세 미만의 미성년자라면 양자가 입양의 승낙을 하지 못하므로 그의 의사무능력은 입양 무효의 원인이 되지 않을 것이나, 그 밖에는 양자의 입양 승낙이 필요하므로 양자의 의사무능력은 입양무효의 원인이 된다.

11 입양의 의사표시가 비진의표시이거나 입양 상대방의 동일성에 관하여 착오가 있는 경우에도 입양이 무효가 된다고 본다.[5]

4 대법원 1998. 5. 26. 선고 97므25 판결.

5 주해친족법(제1권)(제2판), 박영사(2025), 892(현소혜); 고정명/조은희, 친족·상속법, 제주대학교 출판부(2011), 183; 신영호 외 2인, 가족법강의(제4판), 세창출판사(2023), 190; 양수산, 친족상속법(가족법), 한국외국어대학교 출판부(1998), 416; 오시영, 친족상속법(제2판), 학현사(2011), 264; 이경희/윤부찬, 가족법(11정판), 법원사(2024), 244.

2. 미성년자 입양에 있어서 가정법원의 허가가 없는 경우

12 미성년자를 입양하려는 사람은 가정법원의 허가를 받아야 하는바(민법 제867조 제1항), 그러한 허가가 없는 입양은 무효이다(제883조 제2호). 미성년자를 입양하는 경우 그 입양신고를 함에 있어서는 가정법원의 허가서를 첨부하여야 하나(가족관계의 등록 등에 관한 법률 제62조 제2항. ☞ 민법 제878조 Ⅲ. 주석 참조), 가정법원의 허가서를 첨부하지 않았음에도 이를 간과하고 수리된 입양이나, 위조된 가정법원의 허가서를 첨부하여 수리된 입양의 경우가 그러할 것이다.

13 입양신고 대신 허위의 친생자출생신고를 한 경우에 입양의 실질적 요건을 모두 구비하였다면 이를 입양신고로 보아 입양의 효력을 인정하는데(☞ 민법 제878조 Ⅴ. 주석 참조), 2012. 2. 10. 민법 개정으로 미성년자 입양에 대한 가정법원의 허가제도가 도입된 이후에는 그러한 입양의 경우에도 가정법원의 허가를 받아야 할 것이다. 따라서 허위의 친생자출생신고에 의한 미성년자 입양도 가정법원의 허가를 받지 않은 한 무효라고 할 것인바,[6] 이는 개정 민법 시행일인 2013. 7. 1. 이후에 허위의 친생자출생신고가 이루어진 경우에 그러하고, 그 전에 허위의 친생자출생신고가 이루어진 경우에는 그러하지 아니하다[부칙(2012. 2. 10.) 제3조 참조].

3. 피성년후견인이 입양하거나 피성년후견인을 입양함에 있어서 가정법원의 허가가 없는 경우

14 피성년후견인이 입양을 하거나 양자가 되는 경우에는 민법 제867조를 준용하여 가정법원의 허가를 받아야 하는바(민법 제873조 제2항), 그러한 가정법원의 허가가 없는 입양은 무효이다(제883조 제2호).

15 피성년후견인이 입양을 하거나 양자가 되는 경우 그 입양신고를 함에 있어서는 가정법원의 허가서를 첨부하여야 하나(가족관계의 등록 등에 관한 법률 제62조 제2항. ☞ 민법 제878조 Ⅲ. 주석 참조), 가정법원의 허가서를 첨부하지 않았음에도 이를 간과하고 수리된 입양이나, 위조된 가정법원의 허가서를 첨부하여 수리된 입양의 경우 그 입양은 무효가 된다.

16 2012. 2. 10. 민법 개정 전에는 피후견인 입양에 관하여 가정법원의 허가가 필요한 경우는, 미성년자 입양에서 미성년후견인이 대락하는 경우 대락에 대

6 윤진수/현소혜, 민법개정총서5: 2013년 개정 민법 해설, 법무부(2013), 216.

한 허가(개정 전 민법 제869조), 미성년자 입양에서 미성년후견인이 입양동의하는 경우 입양동의에 대한 허가(제871조), 성년자 입양이든 미성년자 입양이든 후견인이 피후견인을 입양하는 경우 입양에 대한 허가(제872조)의 세 가지였다(☞ 민법 제873조 주석 Ⅰ. 참조). 그 중에서 미성년후견인의 대락에 대한 가정법원의 허가가 없는 경우에는 그 입양이 무효였으나(개정 전 민법 제883조 제2호), 미성년후견인의 입양동의에 대한 가정법원의 허가가 없는 경우와 후견인이 피후견인을 입양하는 경우 입양에 대한 가정법원의 허가가 없는 경우에는 그 입양이 무효가 아니라 취소사유가 있는 것에 불과하였다(개정 전 민법 제884조 제1호).

4. 13세 미만 미성년자인 양자의 법정대리인의 대락이 없는 경우

17 양자가 될 사람이 13세 미만인 경우에는 법정대리인이 그를 갈음하여 입양을 승낙하여야 하는데(민법 제869조 제2항), 이에 위반한 경우 그 입양은 무효이다(제883조 제2호). 양자가 될 사람이 13세 미만인 경우에는 그가 입양의 승낙을 할 수 없으므로 법정대리인의 대락이 필요하다. 법정대리인의 대락이 없다는 것은 당사자 사이 입양의사의 합치가 없는 것의 한 가지 유형에 해당한다고 볼 수 있다. 따라서 법정대리인의 대락이 없는 것에는 당사자 사이에 입양의 합의가 없는 경우에서 설명한 것과 마찬가지로 실질적 입양의사가 없는 경우와 형식적 입양의사가 없는 경우 모두가 포함된다.

18 대락은 입양허가의 심판이 있기 전까지 철회할 수 있는데(민법 제869조 제5항), 법정대리인의 대락이 철회되었음에도 불구하고 그 철회를 간과하고 가정법원이 입양허가의 심판을 한 경우 그로 인한 입양은 무효이다.

19 친권자인 법정대리인이 공동으로 친권을 행사하는 경우여서 공동으로 대락하여야 하는 경우 이를 공동으로 하지 않고 친권자 중 한 명만이 대락한 경우도 법정대리인의 대락이 없는 것에 해당한다.[7] 대락을 한 사람이 진정한 법정대리인이 아닌 경우도 마찬가지이다.[8]

20 한편, 13세 미만 미성년자의 법정대리인의 대락이 없더라도, 법정대리인이 정당한 이유 없이 대락을 거부하는 경우이거나 법정대리인의 소재를 알 수 없

7 주해친족법(제1권)(제2판), 박영사(2025), 894(현소혜).
8 주해친족법(제1권)(제2판), 박영사(2025), 894(현소혜).

는 등의 사유로 대락을 받을 수 없는 경우에는 가정법원은 그 입양을 허가할 수 있다(민법 제869조 제3항 제1호·제2호). 따라서 대락이 없다고 하더라도 반드시 그 입양이 무효로 되는 것은 아니다. 법정대리인의 소재를 알 수 없는 경우가 아님에도 불구하고 가정법원이 그에 해당한다고 보아 법정대리인의 대락 없이 입양허가심판을 함에 따른 입양은 취소할 수 있다(민법 제884조 제1항 제1호, 제69조 제3항 제2호). 그러나 법정대리인이 정당한 이유 없이 대락을 거부하는 경우가 아님에도 불구하고 가정법원이 그에 해당한다고 보아 법정대리인의 대락 없이 입양허가심판을 함에 따른 입양은 이를 무효나 취소 원인으로 정하고 있는 규정이 없으므로, 무효도 아니고 취소할 수도 없다.[9] 이는 일단 가정법원의 허가재판절차를 거쳐 입양이 허가된 경우, 법정대리인이 대락을 거부한 데 정당한 이유가 있었다고 사후에 다시 주장하는 것이 허용되어 법정안정성이 흔들리는 것을 막기 위한 것이다.

5. 양자가 존속이거나 연장자인 경우

21 존속이나 연장자를 입양한 경우 그 입양은 무효이다(민법 제883조 제2호). (☞ 이에 대하여는 민법 제877조 주석 참조).

6. 그 밖의 입양 무효 원인

22 민법 제883조에서 입양의 무효원인으로 열거하고 있지 않으나 그 밖에 판례상 입양의 무효원인으로 다투어진 사안은 다음과 같다.

가. 양손입양

23 민법상 아무런 근거가 없는 양손입양[10]은 강행법규인 신분법 규정에 위반되어 무효이다.[11]

나. 부부공동입양

24 법률상 부부가 아닌 사람들이 공동으로 양부모가 되는 것은 허용될 수 없다.[12] 따라서 입양의 의사 없이 한 호적상 (父)의 출생신고가 입양신고로서의

9 다만, 양자가 될 사람의 법정대리인은 미성년자 입양허가 심판에 대한 즉시항고권자에 해당하므로(가사소송규칙 제62조의8 제2항, 제62조의5), 법정대리인이 정당한 이유 없이 대락을 거부하는 경우가 아님에도 불구하고 가정법원이 그에 해당한다고 보아 법정대리인의 대락 없이 입양허가심판을 하였다면 법정대리인이 그 입양허가심판에 대해 즉시항고를 하여 다툴 수 있다.

10 A와 B가 양조부모가 되어 C를 양손으로 입양한다는 취지의 입양신고가 된 사안이다.

11 대법원 1988. 3. 22. 선고 87므105 판결.

12 대법원 1995. 1. 24. 선고 93므1242 판결.

효력이 없는 사안에서, 호적상 부의 법률상 배우자 아닌 호적상 모와의 사이에서도 양친자관계를 인정할 수는 없다.

25 다만, 이는 호적제도가 유지되고 있던 당시의 판례이고, 호적제도가 폐지되고 가족관계등록제도로 대체된 지금은 대법원이 달리 보고 있는 것으로 보인다(☞ 민법 제878조 V. 주석 참조).[13]

다. 동성애자의 입양

26 양부모가 동성애자라는 것은 입양무효의 사유가 되지 않는다. 즉, 당시의 민법 규정에 따라 적법하게 입양신고를 마친 사람이 단지 동성애자로서 동성과 동거하면서 자신의 성과 다른 성 역할을 하는 사람이라는 이유만으로는 그 입양이 선량한 풍속에 반하여 무효라고 할 수 없다.[14] 다만 이 사안은 동성애자 커플 甲녀와 乙녀 중 甲녀가 丙을 입양의 의사로 허위의 친생자출생신고를 하고 乙녀는 丙에 대해 입양신고를 한 경우로서, 입양신고의 효력을 가지는 甲녀의 허위의 친생자출생신고에 의한 입양이 무효라고 할 수 없다는 판시이다. 만약 동성애자 커플 甲녀와 乙녀 또는 甲남과 乙남이 모두 양모 또는 양부가 되는 내용으로 입양신고를 하는 경우 그 입양신고가 수리될 수 있는지 또는 그 입양이 유효한지에 관하여는 다루어진 바가 없다.

Ⅲ. 무효인 입양의 추인

27 판례는 무효인 입양의 추인이 가능하다고 보고 있다. 기아인 양자를 입양할 의사로 허위의 친생자출생신고를 하고 양육한 사안에 대하여, 법원은 허위의 친생자출생신고에 대하여 양자가 15세가 된 후 양부모와 자신 사이에 친생자관계가 없는 등의 사유로 입양이 무효임을 알면서도 위 망인이 사망할 때까지 아무런 이의도 하지 않았다면 적어도 묵시적으로라도 입양을 추인한 것으로 보는 것이 상당하다고 하였다.[15] 또한 제정 민법에 의하여 남편의 혼인외 자와 남편의 배우자 사이에 법정친족관계가 존재하던 당시에 남편과 다른 여성 사이에 출생한 자녀를 남편과 처의 친생자로 출생신고하고 그 무렵부터 한 집에 살면서 친자녀처럼 감호·양육한 사안에서, 법원은 비록 자녀에

13 대법원 2018. 5. 15. 선고 2014므4963 판결.
14 대법원 2014. 7. 24. 선고 2012므806 판결.
15 대법원 1990. 3. 9. 선고 89므389 판결.

대한 친생자출생신고가 이루어질 당시에는 처에게 입양의 의사가 없었다고 하더라도 그 이후 입양의 실질적 요건을 갖추게 됨으로써 무효인 친생자출생신고는 소급적으로 입양신고로서의 효력을 갖게 되었다고 보았다.[16] 즉, 법원은 당사자 사이 입양의사의 합치가 없어서 무효인 입양에 대하여 입양의사를 가지고 있지 않던 당사자가 사후에 입양을 추인할 수 있다는 입장이다. 무효인 법률행위는 추인하려도 그 효력이 생기지 않는다고 규정하고 있는 민법 제139조 본문은 입양에 관하여는 적용되지 않는다고 보며, 나아가 그 추인은 소급적 효력이 인정된다고 본다.[17]

28 그러나 입양의사의 합치가 없어서 무효인 경우가 아닌 이상은 무효인 입양을 추인에 의하여 유효하게 할 수는 없다. 사후양자 제도를 인정한 제정 민법이 적용된 사안에서, 사망한 자가 호주가 아님에도 그를 위하여 사후양자를 선정하였다면 이러한 사후양자 선정은 무효이고, 그러한 무효인 사후양자의 신고가 추인될 수 있는 것이라고도 할 수 없다.[18]

29 친생자출생신고 당시 입양의 실질적 요건을 갖추지 못하여 입양신고로서의 효력이 생기지 않았더라도 그 후에 입양의 실질적 요건을 갖추게 된 경우에는 무효인 친생자출생신고는 소급적으로 입양신고로서의 효력을 갖게 된다고 할 것이나, 당사자 간에 무효인 신고행위에 상응하는 신분관계가 실질적으로 형성되어 있지 아니한 경우에는 무효인 신분행위에 대한 추인의 의사표시만으로 그 무효행위의 효력을 인정할 수 없다. 그리하여 구 민법(1990. 1. 13. 법률 제4199호로 개정되기 전의 것) 제869조 소정의 입양승낙 없이 친생자로서의 출생신고 방법으로 입양된 15세 미만의 자가 입양의 승낙능력이 생긴 15세 이후에도 계속하여 자신을 입양한 상대방을 부모로 여기고 생활하는 등 입양의 실질적인 요건을 갖춘 경우에는 친생자로 신고된 자가 15세가 된 이후에 상대방이 한 입양에 갈음하는 출생신고를 묵시적으로 추인하였다고 보아 무효인 친생자출생신고가 소급적으로 입양신고로서의 효력을 갖게 되는 것으로 볼 수 있지만, 이와 달리 감호·양육 등 양친자로서의 신분적 생활사실이 계속되지 아니하여 입양의 실질적인 요건을 갖추지 못한 경우에는 친생

16 대법원 2009. 10. 29. 선고 2009다4862 판결.
17 대법원 1991. 12. 27. 선고 91므30 판결.
18 대법원 2002. 6. 28. 선고 2000므1363 판결.

자로 신고된 자가 15세가 된 이후에 상대방이 한 입양에 갈음하는 출생신고를 묵시적으로 추인한 것으로 보기도 힘들 뿐만 아니라 설령 묵시적으로 추인한 것으로 볼 수 있는 경우라고 하더라도 무효인 친생자출생신고가 소급적으로 입양신고로서의 효력을 갖게 될 수는 없다.[19]

Ⅳ. 입양무효확인의 소

1. 법적 성질

30 입양무효가 재판상 무효의 선언 없이도 당연무효인지, 재판상 무효확인이 필요한지 여부에 관한 견해의 대립이 있다. 전자의 입장에서는 입양무효의 확인을 구하는 소를 확인소송으로 보고, 후자의 입장에서는 이를 형성소송으로 본다. 다수설은 당연무효설, 즉 확인소송설의 입장이다.[20] 실무도 입양의 무효를 다른 소송에서 선결문제로 주장할 수 있다는 태도를 취하고 있어[21] 확인소송으로 보는 입장에 서 있다. 즉 입양의 무효는 반드시 소에 의하지 아니하고도 주장할 수 있다.[22]

31 입양무효확인의 소는 가류 가사소송에 해당한다[가사소송법 제2조 제1항 제1호 가목 5)].

2. 관할

32 입양의 무효의 소는 양부모 중 1명의 보통재판적이 있는 곳의 가정법원의 전속관할로 하고, 양부모가 모두 사망한 경우에는 그 중 1명의 마지막 주소지의 가정법원의 전속관할로 한다(가사소송법 제30조 제1호).

3. 제기권자

33 당사자, 법정대리인 또는 4촌 이내의 친족은 입양무효의 소를 제기할 수 있다(가사소송법 제31조, 제23조). 이 때 당사자는 양부모 또는 양자를 말한다. 그

19 대법원 2020. 5. 14. 선고 2017므12484 판결.

20 고정명/조은희, 친족·상속법, 제주대학교 출판부(2011), 183; 김용한, 친족상속법(보정판), 박영사(2003), 198; 박동섭/양경승, 친족상속법(제5판), 박영사(2020), 377; 신영호 외 2인, 가족법강의(제4판), 세창출판사(2023), 190; 양수산, 친족상속법:가족법, 한국외국어대학교 출판부(1998), 417; 오시영, 친족상속법(제2판), 학현사(2011), 264; 윤대성, 가족법강의, 한국학술정보(2010), 186; 이희배, (판례·참고·정리)친족·상속법 요해 : 가족법, 제일법규(1995), 205; 조승현, 친족·상속법, 신조사(2009), 238.

21 대법원 2004. 11. 26. 선고 2004다40290 판결 등.

22 법원실무제요, 가사[Ⅰ], 사법연수원(2021), 623.

러나 이에 해당하지 않는 사람이라도 확인의 이익을 주장·입증하는 경우에는 입양무효의 소를 제기할 수 있다.[23]

34 제기권자의 자격은 입양무효확인청구의 소 제기 당시에 있으면 족하다. 판례에 의하면, 청구인이 입양무효확인심판 청구 당시에 피청구인의 계조모로서 피청구인이나 그 양부로 되어 있는 망 청구외 1에게 민법 제777조 소정의 친족에 해당한다면 청구인은 그 입양의 무효확인 심판을 청구할 수 있는 당사자 적격이 있다 할 것이고, 입양신고 당시에 피청구인 또는 그의 양부로 되어 있는 망 청구외 1과의 사이에 제777조 소정의 신분관계가 없었다 하여 이 사건 입양의 무효심판을 구할 이익이 없는 제3자에 불과하다고 볼 수 없다.[24] 이는 가사심판법에 의해 입양의 무효 사건이 가사심판에 해당하고, 그 처리절차에 대하여는 인사소송법이 준용되어 당사자, 법정대리인 또는 민법 제777조에 의한 친족이 제기권자가 되던 당시의 판례이나, 그 취지는 현재에도 유지될 수 있는 것으로 본다.

35 양자가 미성년자인 경우 특별한 사정이 없는 한 그 양부모가 친권자로서 법정대리인이 될 것인데, 양부모가 양자의 법정대리인으로서 제기권자가 되는 동시에 입양의 당사자로서 상대방이 되는 것은 허용될 수 없다. 이 경우는 법정대리인이 사실상 또는 법률상 장애로 대리권을 행사할 수 없는 경우로 보아 양자의 친족 등이 수소법원에게 양자를 위한 특별대리인을 선임하여 줄 것을 신청할 수 있다(민사소송법 제62조 제1항 제2호).[25]

36 제기권자인 4촌 이내의 친족은 양자 또는 양부모의 4촌 이내의 친족을 말한다. 이 때 양자의 4촌 이내의 친족에는 입양으로 인하여 생긴 4촌 이내의 친족과 친생관계로 인한 4촌 이내의 친족이 모두 포함된다.[26]

4. 상대방

37 입양의 당사자 중 어느 한쪽이 입양무효확인의 소를 제기할 때에는 다른 당사자를 상대방으로 한다(가사소송법 제31조, 제24조 제1항).

38 제3자가 입양무효확인의 소를 제기할 때에는 양부모와 양자 모두를 상대방

23 주해친족법(제1권)(제2판), 박영사(2025), 901(현소혜).
24 대법원 1985. 12. 10. 선고 85므28 판결.
25 같은 견해로 주해친족법(제1권)(제2판), 박영사(2025), 901(현소혜).
26 같은 견해로 주해친족법(제1권)(제2판), 박영사(2025), 901(현소혜).

으로 하고, 양부모와 양자 중 어느 한쪽이 사망한 경우에는 그 생존자를 상대방으로 한다(가사소송법 제31조, 제24조 제2항).

39 상대방이 될 사람이 사망한 경우에는 검사를 상대방으로 한다(가사소송법 제31조, 제24조 제3항).

5. 제소기간

40 제소기간에는 특별한 제한이 없다. 즉, 입양무효의 소는 언제든지 제기할 수 있다(가사소송법 제31조, 제23조).

6. 주문례

41 입양무효확인청구를 인용하는 판결은 "양부모와 양자 사이에 20○○. ○. ○. △△시·읍·면의 장에게 신고하여 한 입양은 무효임을 확인한다."라는 주문으로 선고된다. 양부모 또는 양자가 사건의 당사자로 된 경우에는 '원고' 또는 '피고'로 지칭되고, 그렇지 않은 경우에는 성명, 주민등록번호 및 등록기준지로 특정된다. 이러한 주문례는 입양무효확인의 소를 확인의 소로 보는 통설의 입장을 따른 것이다.[27]

7. 판결의 기판력

42 입양무효확인청구를 인용한 확정판결은 제3자에게도 효력이 있다(가사소송법 제21조 제1항).

43 입양무효확인청구를 기각 또는 각하한 판결이 확정된 경우에는 다른 제소권자는 사실심의 변론종결 전에 참가하지 못한 데 대하여 정당한 사유가 있지 아니하면 다시 소를 제기할 수 없다(가사소송법 제21조 제2항).

8. 가족관계등록사무를 처리하는 자에 대한 통지

44 입양무효확인청구를 인용한 판결이 확정된 경우 가정법원의 법원서기관, 법원사무관, 법원주사 또는 법원주사보는 지체없이 당사자 또는 사건본인의 등록기준지의 가족관계등록사무를 처리하는 자에게 그 뜻을 통지하여야 한다(가사소송규칙 제7조 제1항 제1호).

27 법원실무제요, 가사[I] 사법연수원(2021), 626.

V. 양친자관계존부확인의 소

1. 의의

45 입양무효확인의 소 외에 양친자관계존부확인의 소가 인정되는지 문제된다.

46 양친자관계존부확인의 소는 입양무효나 파양무효 외의 다른 사유를 원인으로 양친자관계의 존재 또는 부존재의 확인을 구하는 소이다.[28]

2. 인정 여부

47 가사사건의 종류를 규정하고 있는 가사소송법에는 가정법원의 관장사항으로 양친자관계존부확인의 소가 열거되어 있지 않다(가사소송법 제2조). 따라서 양친자관계존부확인의 소를 인정할 수 있는지가 문제된다.

가. 학설

48 학설로는 긍정설과 부정설이 주장된 바 있다. 긍정설은 가사소송법 제2조를 한정적·열거적 조항으로 보기 어렵다거나, 양친자관계와 친생자관계가 유사하므로 친생자관계존부확인의 소에 준하여 양친자관계존부확인의 소를 허용할 수 있다는 등을 논거로 들고,[29] 부정설은 가사소송법 제2조는 열거조항인 점, 양친자관계는 친생자관계와 달리 신고에 의해 성립하는 것이므로 친생자관계존부확인의 소에 준할 수 없다는 점 등을 논거로 든다.[30]

나. 판례

49 판례는 양친자관계존부확인의 소를 인정하였다.[31] 이 사안에서 양부는 1920년경 양자를 입양하기로 하고 당시의 관습에 따라 양친과 실친 사이의 합의를 거쳐 양가의 조선사당에 고함으로써 적법하게 입양절차를 마친 후 실제로 양자를 양육하였으나, 다만 위 입양 당시에는 아직 구 조선민사령이 공포시행되기 전이어서 그 입양신고를 하지 아니하여 호적에 양자로서 등재하지는 않았다. 양부가 사망한 후 양부의 친손녀가 원고와 양부 사이의 양친자관계를 다투자, 양자가 원고가 되어 검사를 상대로 하여 원고와 망 양친 사이

28 법원실무제요, 가사[I], 사법연수원(2021), 634.
29 윤진수, "1990년대 친족상속법 판례의 동향", 법학 40권 3호, 서울대학교 법학연구소(1999), 309.
30 김연, "양친자관계존부확인의 소의 적부", 가족법연구 제9호, 한국가족법학회(1995), 216~231.
31 대법원 1993. 7. 16. 선고 92므372 판결.

에 양친자관계가 존재함의 확인을 구하였다. 이에 대하여 대법원은, 실정법상 소송유형이 규정되어 있는 경우에 한하여 신분관계존부확인에 관한 소송을 제기할 수 있는 것으로 볼 것은 아니며, 소송유형이 따로 규정되어 있지 아니하더라도 법률관계인 신분관계의 존부를 즉시 확정할 이익이 있는 경우라면 일반 소송법의 법리에 따라 그 신분관계존부확인의 소송을 제기할 수 있다고 하였다. 그리고 양친자관계존재확인의 소의 당사자는 친생자관계존부확인소송의 경우에 준하여 결정한다고 하였다. 즉, 양친자 중 일방이 원고가 되는 경우에는 양친자 중 다른 일방을 피고로 하여야 하고, 피고가 되어야 할 다른 일방이 이미 사망한 경우에는 검사를 상대로 소를 제기할 수 있다는 것이다.

다. 입법화

50 1998. 12. 4. 대법원규칙 제1574호로 개정된 가사소송규칙은 가정법원의 관장사항으로 양친자관계존부확인을 추가하였다(가사소송규칙 제2조 제1항 제3호). 따라서 현재는 양친자관계부존재확인이 대법원규칙에서 가정법원의 권한으로 정한 사항으로서 가정법원의 관장사항에 해당한다(가사소송법 제2조 제2항).

3. 적용되는 경우

51 양친자관계존재확인은 허위의 친생자출생신고에 대하여 그것이 입양신고로서의 효력이 있다고 주장하는 경우에 제기되기도 하고,[32] 적법한 입양절차에 따라 이루어진 입양에 대해 입양 당사자 일방이 입양의 효력을 부정하는 반면 그 상대방은 입양의 효력이 있음을 주장하는 경우에 제기되기도 한다.[33]

52 양친자관계부존재확인은 허위의 출생신고를 한 경우 그에 의한 입양의 효력은 있으나 재판상 파양 사유가 있어 양친자관계를 해소할 필요성이 있는 이른바 재판상 파양에 갈음하여 제기될 수 있다.[34]

32 서울가정법원 2010. 3. 16. 선고 2009드단67484 판결.

33 서울고등법원 1989. 7. 24. 선고 88르1028 판결.

34 대법원 2001. 8. 21. 선고 99므2230 판결 참조. 이 판례는 친생자관계존부확인의 소에 관한 것이나, 판례의 설시와 동일한 취지에서 양친자관계부존재확인의 소를 제기할 수도 있다.

4. 법적 성질

53 양친자관계존부확인 사건은 가류 가사소송사건의 절차에 의하여 심리·재판한다(가사소송규칙 제2조 제2항).

5. 당사자

54 대법원은, 친생자관계존부확인의 소의 원고적격자는 민법 제865조 제1항에서 정한 제소권자로 한정된다고 봄이 타당하고, 민법 제777조에서 정한 친족이라는 사실만으로 당연히 친생자관계존부확인의 소를 제기할 수 있다고 한 종전 대법원 판례는 더 이상 유지될 수 없게 되었다고 판시하였다.[35] 양친자관계존부확인의 소의 원고적격자도 친생자관계존부확인의 소의 경우에 준하여 보아야 할 것이다.[36]

55 양친자 중 일방이 원고로 되어 양친자관계존재확인의 소를 제기하는 경우에는 친생자관계존부확인소송의 경우에 준하여 양친자 중 다른 일방을 피고로 하여야 할 것이고, 피고가 되어야 할 다른 일방이 이미 사망한 경우에는 역시 친생자관계존부확인소송의 경우를 유추하여 검사를 상대로 소를 제기할 수 있다.[37]

6. 주문례

56 양친자관계존재확인청구를 인용하는 판결의 주문은 "양부모와 양자 사이에 양친자관계가 존재함을 확인한다.", 양친자관계부존재확인청구를 인용하는 판결의 주문은 "양부모와 양자 사이에 양친자관계가 존재하지 아니함을 확인한다."가 된다. 양부모 또는 양자가 사건의 당사자로 된 경우에는 '원고' 또는 '피고'로 지칭되고, 그렇지 않은 경우에는 성명, 주민등록번호 및 등록기준지로 특정된다.

35 대법원 2020. 6. 18. 선고 2015므8351 전원합의체 판결.
36 법원실무제요, 가사[I], 사법연수원(2021), 635.
37 대법원 1993. 7. 16. 선고 92므372 판결.

제 884 조 [입양 취소의 원인]

① 입양이 다음 각 호의 어느 하나에 해당하는 경우에는 가정법원에 그 취소를 청구할 수 있다.

1. 제866조, 제869조 제1항, 같은 조 제3항 제2호, 제870조 제1항, 제871조 제1항, 제873조 제1항, 제874조를 위반한 경우
2. 입양 당시 양부모와 양자 중 어느 한쪽에게 악질이나 그 밖에 중대한 사유가 있음을 알지 못한 경우
3. 사기 또는 강박으로 인하여 입양의 의사표시를 한 경우

② 입양 취소에 관하여는 제867조 제2항을 준용한다.

[전문개정 2012. 2. 10.]

[관련조문] 민법 제110조(사기, 강박에 의한 의사표시), 제816조(혼인취소의 사유), 제823조(사기, 강박으로 인한 혼인취소청구권의 소멸), 제824조(혼인취소의 효력), 제826조(부부간의 의무), 제866조(입양을 할 능력) , 제867조(미성년자의 입양에 대한 가정법원의 허가), 제869조(입양의 의사표시), 제870조(미성년자 입양에 대한 부모의 동의), 제871조(성년자 입양에 대한 부모의 동의), 제873조(피성년후견인의 입양), 제874조(부부의 공동 입양 등), 제883조(입양 무효의 원인), 제885조(입양 취소 청구권자), 제886조(입양 취소 청구권자), 제887조(입양 취소 청구권자), 제889조(입양 취소 청구권의 소멸), 제891조(입양 취소 청구권의 소멸), 제893조(입양 취소 청구권의 소멸), 제894조(입양 취소 청구권의 소멸), 제896조(입양 취소 청구권의 소멸), 제897조(준용규정), 가사소송법 제2조(가정법원의 관장 사항), 제16조(소송 절차의 승계), 제21조(기판력의 주관적 범위에 관한 특칙), 제24조(혼인무효·취소 및 이혼무효·취소의 소의 상대방), 제30조(관할), 제31조(준용규정), 제50조(조정 전치주의), 가사소송규칙 제7조(가족관계등록사무를 처리하는 자에 대한 통지), 제16조(소송절차의 승계신청), 제17조(승계신청에 대한 재판등)

[참고문헌] 주해친족법(제1권)(제2판), 박영사(2025); 고정명/조은희, 친족·상속법, 제주대학교 출판부(2011); 김주수/김상용, 친족·상속법(제20판), 법문사(2024); 박동섭/양경승, 친족상속법(제5판), 박영사(2020); 박동섭, 가사소송실무 : 가족법의 개정에 따른 이론실무 및 가족관계등록비송까지 해설(상)(4정판), 법률문화원(2009); 양수산, 친족상속법(가족법), 한국외국어대학교 출판부(1998); 최금숙, 로스쿨 친족법(1), 제1법규(2010); 법원실무제요, 가사[I], 사법연수원(2021); 김승표, "부부공동입양의 원칙을 위반한 친생자출생신고에 의한 입양의 효력", 재판실무 제1집, 창원지방법원(1999)

Ⅰ. 개관

1 민법 제884조 제1항은 입양취소의 원인을 정하고 있다. 입양취소의 원인은 크게 세 가지로 나뉘어 규정되는데, 첫 번째는 입양의 실질적 성립요건을 갖추지 못한 경우 중에서 그 흠결의 정도가 입양을 무효로 할 사유보다는 가벼운 것으로 법이 정한 것이다. 두 번째는 입양 당시 양부모와 양자 중 어느 한쪽에게 악질이나 그밖에 중대한 사유가 있음을 알지 못한 경우, 세 번째는 사기 또는 강박으로 인하여 입양의 의사표시를 한 경우이다. 두 번째와 세 번째의 입양취소원인은 혼인취소의 사유와 대응된다(민법 제816조 제2호·제3호). 그런데 이상의 입양취소 원인은 입양의 성립에 있어서 가정법원의 허가심판이 있는 경우와 없는 경우 모두에 적용된다. 즉, 성립에 있어서 가정법원의 허가심판이 있었던 입양에 대해서도 그 취소가 인정될 수 있다. 혼인의 성립에 있어서는 법원의 허가가 필요하지 않으므로, 이 점이 혼인의 취소와 다른 점이다.

2 민법 제884조 제2항은 입양 취소에 관하여, 미성년자 입양 허가에 있어서 미성년자의 복리를 위하여 가정법원이 그 허가를 하지 않을 수 있다고 규정한 민법 제867조 제2항을 준용한다고 정하고 있다. 따라서 가정법원은 미성년자의 복리를 위하여 입양의 취소를 허가하지 않을 수 있다. 이를 입양취소에서의 사정판결(事情判決)이라고 한다.

Ⅱ. 입양 취소의 원인

1. 양부모가 미성년자인 경우

3 성년이 된 사람은 입양을 할 수 있는데(민법 제866조), 이에 위반한 경우의 입양은 그 취소를 청구할 수 있다(제884조 제1항 제1호). 즉, 양부모가 미성년자인 입양은 취소할 수 있다.

4 양부모가 배우자 있는 사람인 경우 그가 미성년자임을 이유로 그 입양을 취소할 수 있는지 문제된다. 이는 민법 제866조에 혼인 성년의제 규정이 적용되는지의 문제이다(☞ 민법 제866조 Ⅲ. 주석 참조). 민법 제866조에 혼인 성년의제가 적용된다고 볼 경우, 미성년자인 양부모는 혼인으로 성년의제가 되었으므로 그가 한 입양은 제866조 위반을 이유로 취소할 수 없다. 반면 민법 제866조에 혼인 성년의제가 적용되지 않는다고 볼 경우, 부부가 한 입양은 각자 별개의 것이므로 다음과 같이 처리될 것이다. 즉, 미성년자인 양부모는 혼인하여 배우자가 있는 사람이더라도 입양할 수 없고, 그가 한 입양은 민법 제866조 위반을 이유로 하여 제884조 제1호에 의하여 취소 원인이 있다. 미성년자인 양부모가 한 입양이 취소되면, 그의 배우자가 한 입양은 부부공동입양(민법 제874조 제1항) 위반으로서 역시 취소할 수 있다(제884조 제1호).

5 양부모가 미성년자임을 원인으로 한 입양 취소의 청구권자는 민법 제885조가 규정하고, 그 입양취소청구권의 소멸은 제889조가 규정한다.

2. 13세 이상 미성년자인 양자의 법정대리인의 승낙동의가 없는 경우

6 양자가 될 사람이 13세 이상의 미성년자인 경우에는 법정대리인의 동의를 받아 입양을 승낙하여야 하는데(민법 제869조 제1항), 이에 위반한 입양은 이를 취소할 수 있다(제884조 제1항 제1호). 즉, 13세 이상 미성년자인 양자가 입양을 승낙함에 있어서 법정대리인의 승낙동의가 없었던 경우는 입양취소의 사유가 된다. 반면 13세 이상 미성년자인 양자가 입양을 승낙하지 않은 경우에는 당사자 사이에 입양의 합의가 없는 경우이므로 그 입양은 무효이다(민법 제883조 제1호).

7 13세 이상 미성년자인 양자의 법정대리인이 정당한 이유 없이 동의 또는 승낙을 거부하는 경우에는 그 승낙동의가 없더라도 가정법원은 입양을 허가할 수 있다(민법 제869조 제3항 제1호). 이를 위반한 경우는 입양취소의 원인으로 규정되어 있지 않으므로, 13세 이상 미성년자인 양자의 법정대리인이 정당한

이유 없이 승낙동의를 거부함으로 인하여 승낙동의가 없는 경우에는 그 입양은 취소할 수 없다.

8 13세 이상 미성년자인 양자의 법정대리인의 승낙동의가 없음을 원인으로 한 입양 취소의 청구권자는 민법 제886조가 규정하고, 그 입양취소청구권의 소멸은 제891조 제1항이 규정한다.

3. 미성년자인 양자의 법정대리인의 소재를 알 수 없는 등의 사유가 아닌데도 법정대리인의 승낙동의 또는 대락 없이 입양허가의 심판을 한 경우

9 가정법원은 미성년자인 양자의 법정대리인의 소재를 알 수 없는 등의 사유로 승낙동의 또는 대락을 받을 수 없는 경우에는 법정대리인의 승낙동의 또는 대락 없이도 입양의 허가를 할 수 있는데(민법 제869조 제3항 제2호), 이에 위반한 입양은 이를 취소할 수 있다(제884조 제1항 제1호).

10 13세 미만 미성년자인 양자의 법정대리인의 대락이 없는 것은 입양무효의 사유이고(민법 제883조 제2호), 13세 이상 미성년자인 양자의 법정대리인의 승낙동의가 없는 것은 입양취소의 사유이다(제884조 제1항 제1호). 그런데 법정대리인의 대락이나 승낙동의가 없는 경우에 가정법원이 법정대리인의 소재를 알 수 없는 등의 사유로 대락 또는 승낙동의를 받을 수 없는 경우라고 인정하면 입양허가의 심판을 할 수 있다(민법 제869조 제3항 제2호). 그러나 사실은 법정대리인의 소재를 알 수 없는 등의 사유가 있었던 것이 아니라면, 그의 대락 또는 승낙동의를 얻지 않고 한 입양은 취소할 수 있게 된다. 반면 미성년자인 양자의 법정대리인이 정당한 이유 없이 대락 또는 승낙동의를 거부함으로 인하여 대락 또는 승낙동의가 없는 경우에는 그 입양은 무효도 아니고 취소할 수도 없다.

11 미성년자인 양자의 법정대리인의 소재를 알 수 없는 등의 사유가 아님에도 불구하고 그의 대락 또는 승낙동의 없이 입양을 허가하였음을 원인으로 한 입양 취소의 청구권자는 민법 제886조가 규정하고, 그 입양취소청구권의 소멸은 제891조 제1항이 규정한다.

4. 미성년자인 양자의 부모의 입양동의가 없는 경우

12 민법 제870조 제1항에 위반한 입양은 이를 취소할 수 있다(민법 제884조 제1항 제1호).

13 양자가 될 미성년자는 부모의 동의를 받아야 한다(민법 제870조 제1항 본문). 따라서 부모의 입양동의가 없는 경우에는 그 입양은 취소할 수 있다.

14 그런데 부모가 이미 승낙동의 또는 대락을 한 경우이거나, 부모가 친권상실의 선고를 받은 경우이거나, 부모의 소재를 알 수 없는 등의 사유로 입양동의를 받을 수 없는 경우에는 부모의 입양동의를 받을 필요가 없다(민법 제870조 제1항 단서 및 제1호 내지 제3호). 따라서 위 각 사유에 해당하여 부모의 입양동의가 없는 경우에는 제870조 제1항에 위반하였다고 할 수 없으므로, 그 때의 입양은 취소할 수 없다.

15 결국 민법 제870조 제1항에 위반하여 취소할 수 있는 입양이란, 부모의 입양동의가 없으면서 동시에 부모가 이미 승낙동의 또는 대락을 한 경우가 아니고, 부모가 친권상실의 선고를 받은 경우도 아니며, 부모의 소재를 알 수 없는 등으로 그의 입양동의를 받을 수 없는 경우도 아니었어야 한다. 한편 부모가 법정대리인인데 그의 소재를 알 수 없는 등의 사유가 있는 경우가 아니었음에도 불구하고 그러하다고 보아 그의 승낙동의 또는 대락도 없이 입양을 허가하였다면, 이는 민법 제869조 제3항 제2호 위반으로서 취소사유는 된다.

16 반면 민법 제870조 제2항 위반은 입양취소의 원인으로 규정되어 있지 않다. 따라서 부모가 입양동의를 거부한 경우에, 3년 이상 자녀에 대한 부양의무를 이행하지 않거나, 부모가 자녀를 학대 또는 유기하거나 그 밖에 자녀의 복리를 현저히 해친 경우에 해당한다고 보아 가정법원이 부모의 입양동의 없이도 입양을 허가한 경우 그 입양은 취소할 수 없다. 이는 일단 가정법원의 허가재판절차를 거쳐 입양이 허가된 경우, 양자의 부모가 입양취소청구의 소를 통해 입양동의 거부의 정당성을 사후에 다시 주장하는 것을 허용함으로써 법정안정성이 흔들리는 것을 막기 위한 것이다.

17 부모의 입양동의는 입양 허가가 있기 전까지 철회할 수 있는바(민법 제870조 제3항), 입양동의가 철회되었음에도 이를 간과하고 가정법원이 입양허가의 심판을 한 경우 그 입양은 취소사유가 있다.

18 미성년자인 양자의 부모의 입양동의가 없음을 원인으로 한 입양 취소의 청구권자는 민법 제886조가 규정하고, 그 입양취소청구권의 소멸은 제891조 제1항이 규정한다.

5. 성년자인 양자의 부모의 입양동의가 없는 경우

19 양자가 될 사람이 성년인 경우에는 부모의 동의를 받아야 한다. 다만, 부모의 소재를 알 수 없는 등의 사유로 동의를 받을 수 없는 경우에는 그러하지 아니하다(민법 제871조 제1항). 이에 위반한 입양은 취소할 수 있다(제884조 제1항 제1호). 즉, 성년자인 양자의 부모의 입양동의가 없으면서 동시에 부모의 소재를 알 수 없는 등의 사유로 동의를 받을 수 없는 경우가 아닌 때, 그 입양은 취소할 수 있다.

20 성년자인 양자의 부모가 정당한 이유 없이 동의를 거부하는 경우 가정법원은 부모의 동의를 갈음하는 심판을 할 수 있다(민법 제871조 제2항). 그 위반은 입양취소의 사유로 규정되어 있지 않으므로, 부모가 정당한 이유 없이 동의를 거부하는 것이 아님에도 불구하고 가정법원이 부모의 동의를 갈음하는 심판을 한 경우 그로 인한 입양은 취소할 수 없다. 반면 부모의 동의를 갈음하는 가정법원의 심판 없이 한 입양은 결국 부모의 동의를 받지 않고 한 입양에 해당하므로, 이는 제871조 제1항 위반으로서 취소할 수 있다.

21 성년자인 양자의 부모의 입양동의가 없음을 원인으로 한 입양 취소의 청구권자는 민법 제886조가 규정하고, 그 입양취소청구권의 소멸은 제891조 제2항이 규정한다.

6. 피성년후견인이 입양하거나 양자가 되는 데 있어 성년후견인의 동의가 없는 경우

22 피성년후견인은 성년후견인의 동의를 받아 입양을 할 수 있고 양자가 될 수 있는데(민법 제873조 제1항), 이에 위반한 입양은 취소할 수 있다(제884조 제1항 제1호).

23 성년후견인의 동의가 없음을 원인으로 한 입양 취소의 청구권자는 민법 제887조가 규정하고, 그 입양취소청구권의 소멸은 제893조가 규정한다.

7. 배우자 있는 사람이 배우자와 공동으로 입양하지 않거나, 배우자 있는 사람이 배우자의 동의 없이 양자가 된 경우

24 배우자 있는 사람은 배우자와 공동으로 입양하여야 하고(민법 제874조 제1항), 배우자 있는 사람이 양자가 되기 위해서는 그 배우자의 동의를 받아야 하는데(제874조 제2항), 이를 위반한 입양은 취소할 수 있다(제884조 제1항 제1호).

즉 배우자 있는 사람이 배우자는 양부모가 되지 않고 자신만이 양부모가 되어 한 입양은 취소할 수 있고, 배우자 있는 사람이 양자가 됨에 있어서 배우자의 동의를 얻지 않은 경우 그 입양은 취소할 수 있다. 다만, 전자의 경우 그 입양이 취소되지 않고 취소청구권의 소멸기간을 도과하여 입양이 유효한 것으로 확정된다면 부부 공동입양의 원칙에 반하는 편면적 양친자관계를 인정하는 결과가 발생하므로, 부부가 사실상 파탄되어 별거하고 있는 등의 특별한 사정이 있는 때에만 이를 취소사유로 보고, 그 밖의 경우에는 무효사유로 보아야 한다는 견해가 있다.[1]

25 배우자 있는 사람이 입양을 함에 있어서 자신만이 양부모가 되는 경우 외에, 그 배우자의 의사에 기하지 않고 자신과 배우자 모두를 양부모로 하여 입양한 경우 민법 제884조에 의하여 취소되는 입양의 범위는 어디까지인지 문제된다. 대법원은, 입양이 개인간의 법률행위임에 비추어 보면 부부의 공동입양이라고 하여도 부부 각자에 대하여 별개의 입양행위가 존재하여 부부 각자와 양자 사이에 각각 양친자관계가 성립한다고 할 것이므로, 부부의 공동입양에 있어서도 부부 각자가 양자와의 사이에 민법이 규정한 입양의 일반요건을 갖추는 외에 나아가 위와 같은 부부 공동입양의 요건을 갖추어야 하는 것으로 풀이함이 상당하므로, 처가 있는 자가 입양을 함에 있어서 혼자만의 의사로 부부 쌍방 명의의 입양신고를 하여 수리된 경우, 처의 부재 기타 사유로 인하여 공동으로 할 수 없는 때에 해당하는 경우를 제외하고는, 처와 양자가 될 자 사이에서는 입양의 일반요건 중 하나인 당사자 간의 입양합의가 없으므로 입양이 무효가 되고, 한편 처가 있는 자와 양자가 될 자 사이에서는 입양의 일반 요건을 모두 갖추었어도 부부공동입양의 요건을 갖추지 못하였으므로 처가 그 입양의 취소를 청구할 수 있으나, 그 취소가 이루어지지 않는 한 그들 사이의 입양은 유효하게 존속한다고 한다.[2] 즉, 자신의 의사에 기하지 않고 양부모가 된 사람과 양자 사이의 입양은 당사자 사이 입양의사의 합의가 없어 무효이고(민법 제883조 제1호), 그 배우자와 양자 사이의 입양은 부부공동입양의 원칙 위반으로 취소할 수 있되 취소되지 않으면 편면

1 김승표, "부부공동입양의 원칙을 위반한 친생자출생신고에 의한 입양의 효력", 재판실무 제1집, 창원지방법원(1999), 283.

2 대법원 1998. 5. 26. 선고 97므25 판결.

적 입양으로서 유효하게 존속하는 것으로 보고 있다.

26 민법 제874조에 위반한 입양 취소의 청구권자는 제888조가 규정하고, 그 입양 취소청구권의 소멸은 제894조가 규정한다.

8. 입양 당시 양부모와 양자 중 어느 한쪽에게 악질이나 그 밖에 중대한 사유 있음을 알지 못한 경우

27 입양 당시 양부모와 양자 중 어느 한쪽에게 악질이나 그 밖에 중대한 사유가 있음을 알지 못한 때에는 그 입양을 취소할 수 있다(민법 제884조 제1항 제2호). 민법 제884조 제1항 제2호는 제정 당시 민법에는 '입양당시 양자에게 양가의 계통을 계승할 수 없는 악질 기타 중대한 사유 있음을 알지 못한 때' 입양을 취소할 수 있다고 규정되어 있었으나, 그 후 1990. 1. 13. 개정으로 현행과 같은 취지로 개정되었다.

28 혼인취소의 사유로는 '부부생활을 계속할 수 없는 악질 기타 중대사유'가 규정되어 있으나(민법 제816조 제2호), 민법 제884조 제1항 제2호에서는 '부모자 생활을 계속할 수 없는' 등과 같은 문언이 없다. 부부는 원칙적으로 상호 대등한 관계이고 동거·부양·협조의 의무가 있는 반면(민법 제826조 제1항), 부모와 자녀 관계에서는 자녀가 미성년자인 동안은 부모가 자녀에 대해 친권을 행사하는 등 상호 대등한 관계로 보기 어려운 동시에 기간의 경과에 따라 부모와 자녀 사이의 부양관계가 반전될 가능성이 예정되어 있다. 따라서 입양 취소의 사유가 되는 악질이나 그 밖에 중대한 사유는 혼인취소의 사유에서와는 달리 볼 여지가 있다.

29 '악질'은 성병·불치의 정신병 등과 같이 치유불가능한 질병이나 비행의 습벽·성도착 증상 등 정상적인 양친자관계를 형성, 유지하기 곤란한 성향이 있는 경우를 말한다.[3] '중대한 사유'는 일반적인 사회생활관계에 비추어 볼 때 입양 당시 이를 알았더라면 입양하거나 입양되지 않았을 것이라고 인정될 수 있을 정도의 사유를 말한다.[4] 다만 양자에게 신체적 장애 또는 발달장애 등이 있다거나 양부모에게 생각보다 재산이 많지 않다는 등의 사유는 악질

3 주해친족법(제1권)(제2판), 박영사(2025), 913~914(현소혜); 박동섭/양경승, 친족상속법(제5판), 박영사(2020), 384; 양수산, 친족상속법(가족법), 한국외국어대학교 출판부(1998), 420; 최금숙, 로스쿨 친족법(1), 제1법규(2010), 122.

4 주해친족법(제1권)(제2판), 박영사(2025), 913(현소혜); 고정명/조은희, 친족·상속법, 제주대학교 출판부(2011), 185; 김주수/김상용, 친족·상속법(제20판), 법문사(2024), 386.

이나 중대한 사유에 해당하지 않는다.[5]

30 악질 그 밖에 중대한 사유가 있음을 입양 당시, 즉 입양신고 당시 알지 못하였어야 한다. 따라서 입양 당시 그러한 사유에 대해서 알고 있었다면 이는 입양취소의 원인이 되지 못한다. 그리고 입양 당시에는 그러한 사유가 존재하지 않았다가 입양 이후에 그러한 사유가 후발적으로 발생한 경우에도 입양취소의 원인이 되지 못한다.

31 악질 그 밖에 중대한 사유가 있음을 알지 못함으로 인한 입양 취소의 청구권자는 민법에서 별도로 규정하고 있지 않으나, 민법 제896조의 규정에 비추어 양친자 중 다른 쪽이 청구권자가 된다고 본다.[6] 즉, 양친자 중 악질이나 그 밖에 중대한 사유를 가진 사람의 상대방이 입양취소를 청구할 수 있다. 입양취소청구권의 소멸에 관하여는 제896조가 규정한다.

9. 사기 또는 강박으로 입양의 의사표시를 한 경우

32 사기 또는 강박으로 인하여 입양의 의사표시를 한 경우 그 입양은 취소할 수 있다(민법 제884조 제1항 제3호).

33 '사기'란 위법한 수단을 사용하여 상대방을 꾀어 착오에 빠뜨리는 행위를 말하고, '강박'이란 상대방에게 위협을 가하여 공포심에 빠지도록 하는 행위를 말한다.[7] 사기 또는 강박을 행한 사람이 반드시 입양의 당사자 중 일방이어야 하는 것은 아니고, 제3자가 사기 또는 강박을 행하였다면 입양의 상대방이 이를 알거나 알 수 있었던 경우(민법 제110조 제2항 참조)가 아니더라도 그 입양을 취소할 수 있다.[8]

34 입양의 의사표시는 양부모의 입양의사 및 양자의 입양승낙을 의미한다. 양자가 입양승낙을 하지 못하고 그 법정대리인이 대락하여야 하는 경우 즉 양자가 13세 미만의 미성년자인 경우에는 그 법정대리인의 대락도 입양의 의사표시에 해당한다. 다만 법정대리인의 승낙동의(민법 제869조 제1항)나 부모의 입양동의(제870조 제1항, 제871조 제1항), 성년후견인의 입양동의(제873조 제1항)를

5 주해친족법(제1권)(제2판), 박영사(2025), 914(현소혜).
6 법원실무제요, 가사[Ⅰ], 사법연수원(2021), 734~735.
7 주해친족법(제1권)(제2판), 박영사(2025), 914(현소혜).
8 박동섭, 가사소송실무 : 가족법의 개정에 따른 이론실무 및 가족관계등록비송까지 해설(상)(4정판), 법률문화원(2009), 548.

사기 또는 강박에 의하여 한 경우 그 동의는 입양의 성립요건에는 해당하지만 '입양의 의사표시'에는 해당하지 않으므로, 본호의 취소사유에 해당되지 않는다.

35 사기 또는 강박으로 입양의 의사표시를 함에 따른 입양 취소의 청구권자는 민법에서 별도로 규정하고 있지 않으나, 민법 제897조의 규정에 비추어 사기 또는 강박으로 입양의 의사표시를 한 사람이 청구권자가 된다고 본다.[9] 입양취소청구권의 소멸에 관하여는 제897조에서 제823조를 준용하도록 규정하고 있다.

Ⅲ. 입양취소의 효과

36 민법 제884조 제1항에서 정한 입양취소의 사유가 있더라도 그 존재만으로는 입양의 효과가 부정되는 것은 아니고, 입양취소청구권을 행사하여 가정법원에 그 취소를 청구할 수 있을 뿐이다. 그에 따라 입양취소의 판결이 확정되어야 입양취소의 효과가 발생한다.

37 입양취소의 효력은 기왕에 소급하지 않는다(민법 제884조, 제897조, 제824조).

Ⅳ. 사정판결

38 입양 취소에 관하여는 민법 제867조 제2항을 준용한다(민법 제884조 제2항). 따라서 입양의 취소 사유가 있어도 가정법원은 양자인 미성년자의 복리를 위해 입양 취소를 하지 않을 수 있다. 이를 사정판결(事情判決)이라고 한다.

39 민법 제884조 제2항에 따라 입양취소의 소를 기각할 경우로는, 양부모와 양자 사이에 이미 장기간에 걸쳐 사실상의 친자관계가 형성되어 이를 강제로 해소시키는 것이 양자의 정서적 안정에 해악을 미칠 우려가 있는 경우, 또는 입양을 취소하더라도 양친자관계가 해소된 미성년 아동의 양육을 담당할 자가 마땅치 않아 자의 복리를 해할 우려가 있는 경우 등이 있을 수 있다.[10]

9 법원실무제요, 가사[Ⅰ], 사법연수원(2021), 734~735.
10 주해친족법(제1권)(제2판), 박영사(2025), 919(현소혜).

V. 입양 취소의 소

1. 법적 성질

40 민법 제884조 제1항에서 정한 입양취소의 사유가 있더라도 그 존재만으로는 입양의 효과가 부정되는 것은 아니고, 입양취소청구권을 행사하여 입양취소의 판결이 확정되어야 입양취소의 효과가 발생한다. 즉 입양취소의 소는 형성소송이다.

41 입양 취소의 소는 나류 가사소송사건이다[가사소송법 제2조 제1항 제1호 나목 10)].

2. 관할

42 입양 취소의 소는 양부모 중 1명의 보통재판적이 있는 곳의 가정법원의 전속관할로 하고, 양부모가 모두 사망한 경우에는 그 중 1명의 마지막 주소지의 가정법원의 전속관할로 한다(가사소송법 제30조 제2호).

3. 제기권자

43 입양취소의 소의 제기권자는 가사소송법이 아니라 실체법인 민법에 대부분 규정되어 있다.

44 민법 제866조 위반의 경우, 즉 양부모가 미성년자여서 입양취소의 사유가 되는 경우, 양부모, 양자, 양부모 또는 양자의 법정대리인, 양부모 또는 양자의 직계혈족이 그 취소청구의 소를 제기할 수 있다(민법 제885조).

45 민법 제869조 제1항 위반의 경우, 즉 13세 이상 미성년자인 양자의 법정대리인의 승낙동의가 없는 경우, 양자 또는 승낙동의권자가 그 취소청구의 소를 제기할 수 있다(민법 제886조).

46 민법 제869조 제3항 제2호 위반의 경우, 즉 미성년자인 양자의 법정대리인의 소재를 알 수 없는 등의 사유가 아닌데도 법정대리인의 승낙동의 또는 대락 없이 입양허가의 심판을 한 경우, 양자 또는 승낙동의권자가 그 취소청구의 소를 제기할 수 있다(민법 제886조).

47 민법 제870조 제1항 위반의 경우, 즉 미성년자인 양자의 부모의 입양동의가 없는 경우, 양자 또는 입양동의권자가 그 취소청구의 소를 제기할 수 있다(민법 제886조).

48 민법 제871조 제1항 위반의 경우, 즉 성년자인 양자의 부모의 입양동의가 없는 경우, 입양동의권자가 그 취소청구의 소를 제기할 수 있다(민법 제886조).

49 민법 제873조 제1항 위반의 경우, 즉 피성년후견인이 입양하거나 양자가 되는 데 있어 성년후견인의 동의가 없는 경우, 피성년후견인이나 성년후견인이 그 취소청구의 소를 제기할 수 있다(민법 제887조).

50 민법 제874조 위반의 경우, 배우자 있는 사람이 배우자와 공동으로 입양하지 않거나, 배우자 있는 사람이 배우자의 동의 없이 양자가 된 경우, 배우자가 그 입양의 취소를 청구할 수 있다(민법 제888조).

51 양부모와 양자 중 어느 한쪽에게 악질이나 그 밖에 중대한 사유가 있음을 알지 못한 경우, 이를 알지 못하고 입양의 의사표시를 한 사람이 그 취소청구의 소를 제기할 수 있다.

52 사기 또는 강박으로 인하여 입양의 의사표시를 한 경우, 그 사기 또는 강박으로 인하여 입양의 의사표시를 한 사람이 그 취소청구의 소를 제기할 수 있다.

4. 상대방

53 입양 당사자, 즉 양부모나 양자 중 어느 한쪽이 입양취소의 소를 제기할 때에는 상대방 당사자를 상대방으로 한다(가사소송법 제31조, 제24조 제1항).

54 입양 당사자가 아닌 제3자가 입양취소의 소를 제기할 때에는 양부모와 양자 모두를 상대방으로 하고, 그 중 어느 한쪽이 사망한 경우에는 생존자를 상대방으로 한다(가사소송법 제31조, 제24조 제2항). 따라서 제3자가 소를 제기할 때에는 양부모와 양자 3명이 피고로서 필수적 공동소송인으로 된다.[11]

55 위의 경우 상대방이 될 사람이 사망한 경우에는 검사를 상대방으로 한다(가사소송법 제31조, 제24조 제3항). 이는 상대방 될 사람이 모두 사망한 경우를 말한다(가사소송법 제24조 제2항의 반대해석).

5. 소송절차의 승계

56 입양취소의 소에서 원고가 사망이나 그 밖의 사유(소송능력을 상실한 경우는 제외한다)로 소송절차를 계속하여 진행할 수 없게 된 때에는 다른 제소권자가 소송절차를 승계할 수 있다(가사소송법 제16조 제1항). 가사소송법은 '승계'라는 용어를 사용하고 있음에도 불구하고 그 성질은 민사소송법상 수계의

11 법원실무제요, 가사[I], 사법연수원(2021), 735.

특별규정이다.

57 입양취소의 소에서 각 취소의 사유별로 제소권자가 규정되어 있으므로, 원고가 사망이나 그 밖의 사유로 소송절차를 계속하여 진행할 수 없게 되면 다른 제소권자가 소송절차를 승계할 수 있다. 소송절차를 승계하려는 제소권자는 승계사유가 생긴 때부터 6개월 이내에 승계신청을 하여야 한다(가사소송법 제16조 제2항). 그 승계신청은 서면으로 하여야 한다(가사소송규칙 제16조 제1항).

58 승계신청을 하여야 하는 기간 내에 승계신청이 없는 때에는 소가 취하된 것으로 본다(가사소송법 제16조 제3항).

59 승계신청이 있더라도 그것이 부적법하거나 이유없다고 인정한 때에는 가정법원은 결정으로 이를 기각하여야 한다. 승계신청이 이유있다고 인정한 때에는 가정법원은 소송절차를 속행하여야 한다(가사소송규칙 제17조).

6. 제척기간

60 민법은 입양취소청구권의 소멸에 관하여 규정하고 있다. 이는 제척기간이므로, 제척기간을 도과한 때에는 입양의 취소를 청구하지 못한다.[12] 일단 제척기간을 준수하여 입양취소청구의 소가 제기되었다면, 그 소송계속 중 각 조문에서 정한 기간이 경과하거나 각 조문에서 정한 사유가 발생하였다고 하여 소 제기가 소급하여 부적법해지는 것은 아니다.

61 민법 제866조 위반의 경우, 즉 양부모가 미성년자여서 입양취소의 사유가 되는 경우, 양부모가 성년이 되면 취소청구의 소를 제기할 수 없다(민법 제889조).

62 민법 제869조 제1항 위반의 경우, 즉 13세 이상 미성년자인 양자의 법정대리인의 승낙동의가 없는 경우, 양자가 성년이 된 후 3개월이 지나거나 사망하면 그 취소청구의 소를 제기할 수 없다(민법 제891조 제1항). 그 사유가 있음을 안 날부터 6개월, 그 사유가 있었던 날부터 1년이 지나도 그 취소를 청구하지 못한다(민법 제894조).

63 민법 제869조 제3항 제2호 위반의 경우, 즉 미성년자인 양자의 법정대리인의 소재를 알 수 없는 등의 사유가 아닌데도 법정대리인의 승낙동의 또는 대락 없이 입양허가의 심판을 한 경우, 양자가 성년이 된 후 3개월이 지나거나 사망하면 그 취소청구의 소를 제기할 수 없다(민법 제891조 제1항). 그 사유가

12 법원실무제요, 가사[I], 사법연수원(2021), 736.

있음을 안 날부터 6개월, 그 사유가 있었던 날부터 1년이 지나도 그 취소를 청구하지 못한다(민법 제894조).

64 민법 제870조 제1항 위반의 경우, 즉 미성년자인 양자의 부모의 입양동의가 없는 경우, 양자가 성년이 된 후 3개월이 지나거나 사망하면 그 취소청구의 소를 제기할 수 없다(민법 제891조 제1항). 그 사유가 있음을 안 날부터 6개월, 그 사유가 있었던 날부터 1년이 지나도 그 취소를 청구하지 못한다(민법 제894조).

65 민법 제871조 제1항 위반의 경우, 즉 성년자인 양자의 부모의 입양동의가 없는 경우, 양자가 사망하면 그 취소청구의 소를 제기할 수 없다(민법 제891조 제2항). 그 사유가 있음을 안 날부터 6개월, 그 사유가 있었던 날부터 1년이 지나도 그 취소를 청구하지 못한다(민법 제894조).

66 민법 제873조 제1항 위반의 경우, 즉 피성년후견인이 입양하거나 양자가 되는 데 있어 성년후견인의 동의가 없는 경우, 성년후견개시의 심판이 취소된 후 3개월이 지나면 그 취소청구의 소를 제기할 수 없다(민법 제893조). 그 사유가 있음을 안 날부터 6개월, 그 사유가 있었던 날부터 1년이 지나도 그 취소를 청구하지 못한다(민법 제894조).

67 민법 제874조 위반의 경우, 즉 배우자 있는 사람이 배우자와 공동으로 입양하지 않거나, 배우자 있는 사람이 배우자의 동의 없이 양자가 된 경우, 사유가 있음을 안 날부터 6개월, 그 사유가 있었던 날부터 1년이 지나면 그 취소청구의 소를 제기하지 못한다(민법 제894조).

68 양부모와 양자 중 어느 한쪽에게 악질이나 그 밖에 중대한 사유가 있음을 알지 못한 경우, 양부모와 양자 중 어느 한 쪽이 그 사유가 있음을 안 날부터 6개월이 지나면 그 취소청구의 소를 제기하지 못한다(민법 제896조).

69 사기 또는 강박으로 인하여 입양의 의사표시를 한 경우, 사기를 안 날 또는 강박을 면한 날로부터 3월을 경과한 때에는 그 취소청구의 소를 제기하지 못한다(민법 제897조, 제824조).

7. 심리

70 입양취소의 소는 나류 가사소송사건이므로, 가정법원에 소를 제기하기 전에 먼저 조정을 신청하여야 한다(가사소송법 제50조 제1항). 당사자가 조정을 신청하지 않고 소를 제기한 경우에는 가정법원은 그 사건을 조정에 회부하여야 한다(가사소송법 제50조 제2항).

71 그러나 입양취소의 소의 소송물 그 자체는 당사자의 임의처분이 허용되지 않으므로, 조정에서는 인간관계의 조정을 중심으로 하여 당사자의 한쪽이 입양취소청구를 포기하고 상대방을 부양하기로 한다든지 입양을 유효한 것으로 하되 협의상 파양을 하기로 한다는 식의 간접적이고 우회적인 조정이 이루어진다.[13]

8. 주문례

72 입양취소청구를 인용하는 판결의 주문은 "양부모와 양자 사이에 20○○. ○. ○. △△시·읍·면의 장에게 신고하여 한 입양을 취소한다."로 한다. 양부모 또는 양자가 사건의 당사자로 된 경우에는 '원고' 또는 '피고'로 지칭되고, 그렇지 않은 경우에는 성명, 주민등록번호 및 등록기준지로 특정된다.

9. 판결의 기판력

73 입양취소청구를 인용한 확정판결은 제3자에게도 효력이 있다(가사소송법 제21조 제1항).

74 입양취소청구를 기각 또는 각하한 판결이 확정된 경우에는 다른 제소권자는 사실심의 변론종결 전에 참가하지 못한 데 대하여 정당한 사유가 있지 아니하면 다시 소를 제기할 수 없다(가사소송법 제21조 제2항).

75 입양취소사유마다 별개의 소송물이 성립하므로, 입양취소사유 중 하나를 주장하여 소를 제기하였다가 청구기각의 확정판결을 받았더라도 다른 사유를 주장하여 다시 소를 제기할 수 있다.[14]

10. 가족관계등록사무를 처리하는 자에 대한 통지

76 입양취소청구를 인용한 판결이 확정된 경우 가정법원의 법원서기관, 법원사무관, 법원주사 또는 법원주사보는 지체없이 당사자 또는 사건본인의 등록기준지의 가족관계등록사무를 처리하는 자에게 그 뜻을 통지하여야 한다(가사소송규칙 제7조 제1항 제1호).

11. 재판 확정 후의 입양취소 신고

77 입양취소의 재판이 확정된 경우 소를 제기한 사람은 재판의 확정일부터 1개

13 법원실무제요, 가사[Ⅰ], 사법연수원(2021), 736.
14 법원실무제요, 가사[Ⅰ], 사법연수원(2021), 738.

월 이내에 재판서의 등본 및 확정증명서를 첨부하여 입양취소의 신고를 하여야 한다(가족관계의 등록 등에 관한 법률 제65조 제2항, 제58조 제1항). 그 소의 상대방도 재판서의 등본 및 확정증명서를 첨부하여 입양취소의 재판이 확정된 취지를 신고할 수 있다(가족관계의 등록 등에 관한 법률 제65조 제2항, 제58조 제3항).

제 885 조 [입양 취소 청구권자]

양부모, 양자와 그 법정대리인 또는 직계혈족은 제866조를 위반한 입양의 취소를 청구할 수 있다.

[전문개정 2012. 2. 10.]

[관련조문] 민법 제768조(혈족의 정의), 제817조(나이위반 혼인 등의 취소청구권자), 제824조(혼인취소의 효력), 제866조(입양을 할 능력), 제897조(준용규정), 민사소송법 제2조(보통재판적), 제55조(제한능력자의 소송능력)

[참고문헌] 김주수/김상용, 주석 민법, 친족(3)(제4판), 한국사법행정학회(2010)

Ⅰ. 개관

1 민법 제885조는 민법 제866조 위반의 경우, 즉 양부모가 미성년자여서 입양취소의 사유가 되는 경우 입양취소청구권자를 규정하고 있다.

Ⅱ. 양부모

2 미성년자인 당해 양부모는 그 입양을 취소청구 할 수 있다. 양부모 중 한 명이 미성년자여서 취소사유가 있고 다른 한 명은 성년자인 경우, 성년자인 양부모가 미성년자인 양부모의 입양을 취소청구 할 수 있는 것은 아니다.

3 당해 양부모는 미성년자이므로 그의 법정대리인에 의해서만 소송행위를 할 수 있다(민사소송법 제55조 제1항).

Ⅲ. 양자

4 양자는 그 입양을 취소청구 할 수 있다. 양자가 미성년자인 경우 입양이 취소되기 전에는 양부모가 양자의 친권자로서 법정대리인이 될 것인데, 양자가 그의 법정대리인인 양부모를 통해 바로 그 양부모를 상대로 입양취소의 소를 제기하는 것은 허용될 수 없다. 이 경우 소송상 특별대리인을 선임하여야 한다(민사소송법 제62조 제1항 제2호). 만약 양부모 중 한 명은 미성년자이고 다른 한 명은 성년자인 경우, 미성년자가 양부모가 된 입양만을 취소하더라도

성년자가 양부모가 된 입양도 부부공동입양의 원칙 위반으로서 취소할 수 있는 입양이 되므로, 민법 제885조의 경우 성년자인 양부모가 단독으로 양자의 법정대리인으로서 입양취소청구의 소 제기를 대리할 수 있다고 보기도 어렵다.

Ⅳ. 법정대리인

5 양부모의 법정대리인 또는 양자의 법정대리인은 입양 취소를 청구할 수 있다. 이 때 법정대리인은 양부모 또는 양자의 대리인으로서가 아니라 독자적인 제소권자에 해당한다.

Ⅴ. 직계혈족

6 양부모의 직계혈족 또는 양자의 직계혈족은 입양 취소를 청구할 수 있다. 입양취소에는 소급효가 없어(민법 제897조, 제824조) 취소되기 전까지는 그 입양으로 인한 효력이 있으므로, 양자의 직계혈족에는 입양으로 생긴 직계혈족도 포함된다.

7 직계혈족은 직계존속과 직계비속을 말한다(민법 제768조). 연령위반혼인에 대한 취소청구권자를 직계존속으로 정하고 있는 것(민법 제817조)과 차이가 있다. 이에 대해, 민법 제885조에 의한 입양취소의 경우 양부모와 양자가 모두 미성년자일 것인데 그의 직계비속이 입양취소의 소를 제기하는 것은 상정하기 어려우므로 이 때의 직계혈족은 직계존속에 국한된다고 보는 견해가 있다.[1]

1 김주수/김상용, 주석 민법, 친족(3)(제4판), 한국사법행정학회(2010), 299.

제 886 조 [입양 취소 청구권자]

양자나 동의권자는 제869조 제1항, 같은 조 제3항 제2호, 제870조 제1항을 위반한 입양의 취소를 청구할 수 있고, 동의권자는 제871조 제1항을 위반한 입양의 취소를 청구할 수 있다.

[전문개정 2012. 2. 10.]

[관련조문] 민법 제869조(입양의 의사표시), 제870조(미성년자 입양에 대한 부모의 동의), 제871조(성년자 입양에 대한 부모의 동의)

Ⅰ. 개관

1 민법 제886조는 승낙동의 또는 입양동의의 흠결을 이유로 한 입양취소의 소 제소권자를 규정하고 있다.

Ⅱ. 양자 또는 동의권자가 제소권자인 경우

2 민법 제869조 제1항, 제869조 제3항 제2호, 제870조 제1항을 위반한 입양의 취소소송 제소권자는 양자나 동의권자이다. 이는 모두 미성년자 입양에 있어서 승낙동의 또는 입양동의가 없는 경우이다.

3 이 때 동의권자는 동의를 하여야 하는데 그 동의권을 침해당한 사람을 말한다. 따라서 동의권자가 여러 명인 경우에 동의를 한 사람은 민법 제886조의 제소권자에 포함되지 않고, 동의를 하지 않은 사람이 제소권자가 된다.

1. 제869조 제1항 위반의 경우

4 13세 이상 미성년자인 양자의 법정대리인의 승낙동의가 없는 경우, 양자 또는 승낙동의권자가 그 취소청구의 소를 제기할 수 있다.

2. 제869조 제3항 제2호 위반의 경우

5 미성년자인 양자의 법정대리인의 소재를 알 수 없는 등의 사유가 아닌데도 법정대리인의 승낙동의 또는 대락 없이 입양허가의 심판을 한 경우, 양자 또

는 승낙동의권자가 그 취소청구의 소를 제기할 수 있다. 다만, 민법 제869조 제3항 제2호 위반의 경우에는 대락권자의 대락이 없는 경우도 포함되는데, 제886조의 문언에 의하면 이 경우 대락권자는 입양취소청구의 제소권자가 되지 못하고, 동의권자는 별도로 없으므로(즉, 대락이 필요한 경우는 양자가 13세 미만의 미성년자인 경우이므로, 법정대리인이 승낙동의를 할 수 있는 경우가 아니어서), 결국 양자만이 제소권자가 된다.

3. 제870조 제1항 위반의 경우

6 미성년자인 양자의 부모의 입양동의가 없는 경우, 양자 또는 입양동의권자가 그 취소청구의 소를 제기할 수 있다.

7 민법 제870조에 의한 동의권자인 부모에는 친생부모 뿐만 아니라 양부모도 포함된다고 보므로(☞ 민법 제870조 Ⅲ. 주석 참조), 다른 사람에게 입양되었던 사람을 다시 입양하려는 경우에는 그 사람의 친생부모 및 양부모가 모두 입양동의권자에 포함된다. 따라서 그들 중 동의권을 행사하지 못한 사람은 민법 제886조에 의한 제소권자가 된다.

Ⅲ. 동의권자가 제소권자인 경우

8 민법 제871조 제1항 위반의 경우, 즉 성년자인 양자의 부모의 입양동의가 없는 경우, 입양동의권자만이 제소권자이다. 입양동의를 할 수 있음에도 불구하고 그 동의권이 침해된 부모가 입양취소청구의 소를 제기할 수 있다. 성년자인 양자는 이를 이유로 하여 입양취소청구의 소를 제기할 수 없다.

9 민법 제871조에 의한 동의권자인 부모에는 친생부모 뿐만 아니라 양부모도 포함된다고 보므로(☞ 민법 제871조 Ⅲ. 주석 참조), 다른 사람에게 입양되었던 사람을 다시 입양하려는 경우에는 그 사람의 친생부모 및 양부모가 모두 입양동의권자에 포함된다. 따라서 그들 중 동의권을 행사하지 못한 사람은 민법 제886조에 의한 제소권자가 된다.

제 887 조 [입양 취소 청구권자]

피성년후견인이나 성년후견인은 제873조 제1항을 위반한 입양의 취소를 청구할 수 있다.

[전문개정 2012. 2. 10.]

[관련조문] 민법 제938조(후견인의 대리권 등), 제950조(후견감독인의 동의를 필요로 하는 행위), 민사소송법 제55조(제한능력자의 소송능력)

[참고문헌] 주해친족법(제1권)(제2판), 박영사(2025)

Ⅰ. 개관

1 민법 제887조는 피성년후견인이 입양하거나 양자가 되는 데 있어 성년후견인의 동의가 없는 경우, 피성년후견인이나 성년후견인이 그 취소청구의 소를 제기할 수 있다고 규정하고 있다.

Ⅱ. 피성년후견인

2 성년후견인의 동의를 얻지 않고 양부모가 되거나 양자가 된 피성년후견인은 입양취소청구의 소를 제기할 수 있다. 피성년후견인은 법정대리인에 의해서만 소송행위를 할 수 있으므로(민사소송법 제55조 제1항), 그의 법정대리인인 성년후견인이(민법 제938조 제1항) 피성년후견인을 대리하여 입양취소의 소를 제기하여야 한다. 이 때 후견감독인이 있으면 그의 동의를 받아야 한다(민법 제950조 제1항 제5호).

Ⅲ. 성년후견인

3 성년후견인의 동의를 얻지 않고 양부모가 되거나 양자가 된 피성년후견인의 성년후견인은 입양취소청구의 소를 제기할 수 있다. 이 때 제소권자인 성년후견인에는, 동의권자인 성년후견인뿐만 아니라, 입양 당시 동의권자가 아니었던 성년후견인도 포함된다.[1]

1 주해친족법(제1권)(제2판), 박영사(2025), 925(현소혜).

제 888 조 [입양 취소 청구권자]

배우자는 제874조를 위반한 입양의 취소를 청구할 수 있다.

[전문개정 2012. 2. 10.]

[관련조문] 민법 제874조(부부의 공동 입양 등)

1 배우자 있는 사람이 배우자와 공동으로 입양하지 않거나, 배우자 있는 사람이 배우자의 동의 없이 양자가 됨으로서 민법 제874조를 위반한 경우, 배우자는 그 입양의 취소를 청구할 수 있다.

2 민법 제874조는 입양의 성립 당시 배우자가 있는 양부모 또는 양자에 대하여 적용되므로(☞ 민법 제874조 Ⅱ. 1. 주석 참조), 입양의 성립 당시 배우자가 아니었던 사람은 그 후에 배우자가 되었다고 하더라도 민법 제888조의 제소권자에 해당하지 않는다.

제 889 조 [입양 취소 청구권의 소멸]

양부모가 성년이 되면 제866조를 위반한 입양의 취소를 청구하지 못한다.
[전문개정 2012. 2. 10.]

[관련조문] 민법 제866조(입양을 할 능력), 제885조(입양 취소 청구권자)

1 민법 제866조 위반의 경우, 즉 양부모가 미성년자여서 입양취소의 사유가 되는 경우, 양부모가 성년이 되면 취소청구의 소를 제기할 수 없다. 따라서 양부모가 만 19세가 되면 그 이후부터는 그 입양에 대하여 취소를 청구할 수 없으므로 입양은 확정적으로 유효하게 된다.

2 민법 제889조는 민법 제866조 위반에 대한 모든 제소권자에게 적용된다. 따라서 양부모, 양자, 양부모 또는 양자의 법정대리인, 양부모 또는 양자의 직계혈족 모두(☞ 민법 제885조 주석 참조) 양부모가 성년이 되면 더 이상 입양취소청구의 소를 제기하지 못한다.

제 890 조 [동전] <1990. 1. 13. 삭제 조문>

제867조, 제868조의 규정에 위반한 입양은 그 사유있음을 안 날로부터 6월, 그 사유있은 날로부터 1년을 경과하면 그 취소를 청구하지 못한다.

사후양자에 관한 규정을 위반한 입양에 대한 취소청구권의 소멸에 관한 규정이다. 이는 1990. 1. 13. 사후양자에 관한 규정과 함께 삭제되었다.

제 891 조 [입양 취소 청구권의 소멸]

① 양자가 성년이 된 후 3개월이 지나거나 사망하면 제869조 제1항, 같은 조 제3항 제2호, 제870조 제1항을 위반한 입양의 취소를 청구하지 못한다.
② 양자가 사망하면 제871조 제1항을 위반한 입양의 취소를 청구하지 못한다.
[전문개정 2012. 2. 10.]

[관련조문] 민법 제824조(혼인취소의 효력), 제869조(입양의 의사표시), 제870조(미성년자 입양에 대한 부모의 동의), 제871조(성년자 입양에 대한 부모의 동의), 제886조(입양 취소 청구권자), 제897조(준용규정), 가사소송법 제16조(소송 절차의 승계), 제24조(혼인무효·취소 및 이혼무효·취소의 소의 상대방), 제31조(준용규정)

[참고문헌] 주해친족법(제1권)(제2판), 박영사(2025)

Ⅰ. 개관

1 민법 제891조는 입양에 대한 승낙동의 또는 입양동의 등이 흠결됨으로 인한 입양취소의 제척기간에 대해 규정하고 있다. 제1항은 미성년자 입양에서 승낙동의 또는 입양동의 등이 흠결된 경우에 대하여 규정하고, 제2항은 성년자 입양에서 입양동의가 흠결된 경우에 대하여 규정한다.

2 민법 제891조는 모든 제소권자에게 적용된다. 따라서 제1항의 경우 양자 또는 동의권자 모두(민법 제886조) 더 이상 입양취소청구의 소를 제기하지 못한다.

Ⅱ. 미성년자 입양의 경우

3 미성년자 입양에 있어서 법정대리인의 승낙동의 또는 부모의 입양동의가 흠결된 경우, 양자가 성년이 된 후 3개월이 지나면 입양취소청구권이 소멸한다. 양자가 사망한 경우에도 마찬가지로 입양취소청구권이 소멸한다(민법 제891조 제1항).

4 민법 제891조 제1항이 적용되는 경우는 민법 제869조 제1항, 제869조 제3항 제2호, 제870조 제1항 위반의 경우이다. 즉, 13세 이상 미성년자인 양자의 법정대리인의 승낙동의가 없는 경우, 미성년자인 양자의 법정대리인의 소재를 알 수 없는 등의 사유가 아닌데도 법정대리인의 승낙동의 또는 대락 없이 입양허가

의 심판을 한 경우, 미성년자인 양자의 부모의 입양동의가 없는 경우이다.

5 위 경우 양자는 취소청구권자에 포함되나(민법 제886조), 그가 미성년자인 동안에는 직접 입양취소청구의 소를 제기하지 못하고 법정대리인을 통하여 소를 제기하여야 한다. 양자가 성년자가 되어 독자적으로 입양취소청구의 소를 제기할 수 있음에도 불구하고 일정한 기간 내에 취소소송을 제기하지 않으면, 취소청구권이 소멸된 것으로 한다.

6 양자가 사망한 경우에는 입양을 취소할 실익이 없으므로 취소청구권이 소멸한다고 설명된다.[1] 입양 취소에는 장래효만 있고 소급효가 없는데(민법 제897조, 제824조), 양자가 사망하였다면 그의 입양으로 인하여 장래를 향하여 소멸시킬 법률관계가 없기 때문이다. 그러나 양자의 자녀가 있어 입양으로 인해 양부모와 사이에 손자녀 관계가 생긴 후 양자가 사망하였다면, 그 후 양부모가 사망함으로써 상속이 개시될 때 양자의 자녀는 대습상속인이 되므로, 양자가 사망한 후에도 입양관계를 소멸시킬 필요가 있는 경우가 존재할 수 있다. 어쨌든, 민법 제891조는 양자가 사망하면 입양의 취소를 청구할 수 없다고 규정하고 있다.

7 양자가 사망한 후 입양취소청구의 소를 제기하면 이는 제척기간을 도과한 소 제기이므로 부적법하여 각하하여야 한다. 그런데 입양취소청구의 소가 제기되어 소송계속중 양자가 사망한 경우, 양자가 제소권자로서 제기한 입양취소청구의 소는 다른 제소권자인 동의권자가 그 소송절차를 승계할 수 있다(가사소송법 제16조 제1항). 반면 동의권자가 제기한 입양취소청구의 소송계속 중 양자가 사망한 경우에는 양자와 양부모가 함께 그 소송의 피고로 되어 있을 것이므로(가사소송법 제31조, 제24조 제2항), 양자에 대한 소는 소송종료선언으로 종결되고 양부모만을 피고로 하여 소송절차가 계속된다.

Ⅲ. 성년자 입양의 경우

8 성년자 입양에서 부모의 입양동의가 없는 경우, 즉 민법 제871조 제1항 위반의 경우, 양자가 사망하면 그 취소청구의 소를 제기할 수 없다(민법 제891조 제2항). 이는 제1항의 경우와 마찬가지로, 양자가 사망한 경우에는 입양을 취

1 주해친족법(제1권)(제2판), 박영사(2025), 930(현소혜).

소할 실익이 없기 때문이다.

9 민법 제871조 제1항 위반의 경우에는 동의권자만이 취소청구권자이다(민법 제886조). 동의권자가 제기한 입양취소청구의 소송계속중 양자가 사망한 경우에는 양자와 양부모가 함께 그 소송의 피고로 되어 있을 것이므로(가사소송법 제31조, 제24조 제2항), 양자에 대한 소는 소송종료선언으로 종결되고 양부모만을 피고로 하여 소송절차가 계속된다.

제 892 조 [동전] <2012. 2. 10. 삭제 조문>

제872조의 규정에 위반한 입양은 후견의 종료로 인한 관리계산의 종료후 6월을 경과하면 그 취소를 청구하지 못한다.

이는 후견인이 피후견인을 양자로 하는 경우 가정법원의 허가를 얻어야 한다는 규정 위반으로 인한 입양취소청구권의 소멸에 관한 규정이다. 2012. 2. 10. 개정시 제872조와 함께 삭제되었다.

제 893 조 [입양 취소 청구권의 소멸]

성년후견개시의 심판이 취소된 후 3개월이 지나면 제873조 제1항을 위반한 입양의 취소를 청구하지 못한다.

[전문개정 2012. 2. 10.]

[관련조문] 민법 제9조(성년후견개시의 심판), 제11조(성년후견종료의 심판), 제873조(피성년후견인의 입양), 제887조(입양 취소 청구권자)

[참고문헌] 주해친족법(제1권)(제2판), 박영사(2025)

1 민법 제873조 제1항 위반의 경우, 즉 피성년후견인이 입양하거나 양자가 되는 데 있어 성년후견인의 동의가 없는 경우, 성년후견개시의 심판이 취소된 후 3개월이 지나면 그 취소청구의 소를 제기할 수 없다. 이 때 성년후견개시 심판의 취소는 민법 제11조에 의한 성년후견종료의 심판을 말한다.[1] 즉, 성년후견개시의 원인(질병, 장애, 노령, 그 밖의 사유로 인한 정신적 제약으로 사무를 처리한 능력이 지속적으로 결여됨. 민법 제9조 제1항)이 소멸된 경우를 말한다.

2 민법 제873조 제1항 위반으로 인한 입양취소소송의 제소권자는 피성년후견인이나 성년후견인이다(제887조). 그 제소권자 모두 민법 제893조의 적용을 받으므로, 민법 제893조에서 정한 기간이 지나면 더 이상 제873조 제1항 위반을 원인으로 한 입양취소의 소를 제기하지 못한다.

1 주해친족법(제1권)(제2판), 박영사(2025), 932(현소혜).

제 894 조 [입양 취소 청구권의 소멸]

제869조 제1항, 같은 조 제3항 제2호, 제870조 제1항, 제871조 제1항, 제873조 제1항, 제874조를 위반한 입양은 그 사유가 있음을 안 날부터 6개월, 그 사유가 있었던 날부터 1년이 지나면 그 취소를 청구하지 못한다.

[전문개정 2012. 2. 10.]

[관련조문] 민법 제869조(입양의 의사표시), 제870조(미성년자 입양에 대한 부모의 동의), 제871조(성년자 입양에 대한 부모의 동의), 제873조(피성년후견인의 입양), 제874조(부부의 공동 입양 등), 제886조(입양 취소 청구권자), 제887조(입양 취소 청구권자), 제888조(입양 취소 청구권자), 제891조(입양 취소 청구권의 소멸), 제893조(입양 취소 청구권의 소멸)

Ⅰ. 승낙동의 또는 입양동의 등이 흠결된 입양

1 승낙동의 또는 입양동의 등이 흠결된 입양은 앞서 민법 제891조, 제893조에서 제척기간을 정한 외에도 민법 제894조의 제척기간의 적용을 중복해서 받는다.

2 민법 제891조, 제893조에서 정한 기간은 성질상 반드시 도래하는 것도 있지만(미성년자인 양자가 성년자가 되는 것. 민법 제891조 제1항) 그 도래 여부가 불분명한 것도 있으므로(양자가 사망하거나 성년후견개시의 심판이 취소되는 것. 제891조, 제893조), 그 입양은 불확정한 기간 동안 취소할 수 있는 상태에 놓인다. 이러한 신분관계의 불안정성을 해소하기 위하여, 민법 제894조에서는 추가로 제척기간을 둠으로써 그 기간이 지나면 더 이상 입양취소를 구하지 못하게 하여 입양을 확정적으로 유효하게 한다.

3 13세 이상 미성년자인 양자의 법정대리인의 승낙동의가 없는 경우(민법 제869조 제1항 위반), 미성년자인 양자의 법정대리인의 소재를 알 수 없는 등의 사유가 아닌데도 법정대리인의 승낙동의 또는 대락 없이 입양허가의 심판을 한 경우(제869조 제3항 제2호 위반), 미성년자인 양자의 부모의 입양동의가 없는 경우(제870조 제1항 위반)에는 양자가 성년자가 된 후 3개월이 도과하거나 양자가 사망한 이후에는 입양취소청구를 제기할 수 없을 뿐만 아니라(제891조 제1항), 취소청구권자인 양자 또는 동의권자(제886조)가 그 취소사유 있음을 안 날부

터 6개월이 지난 경우 또는 그 사유가 있었던 날부터 1년이 지난 경우에도 입양취소청구를 제기할 수 없다.

4 성년자인 양자의 부모의 입양동의가 없는 경우(민법 제871조 제1항 위반)의 경우 양자가 사망한 이후에는 입양취소청구를 할 수 없을 뿐만 아니라(제891조 제2항), 취소청구권자인 동의권자(제886조)가 그 취소사유 있음을 안 날부터 6개월이 지난 경우 또는 그 사유가 있었던 날부터 1년이 지난 경우에도 입양취소청구를 제기할 수 없다.

5 피성년후견인이 입양하거나 양자가 됨에 있어서 성년후견인의 동의가 없는 경우(민법 제873조 제1항), 성년후견의 사유가 종료된 후, 즉 성년후견개시의 심판이 취소된 후 3개월이 지나면 입양취소청구를 할 수 없을 뿐만 아니라(제893조), 취소청구권자인 피성년후견인이나 성년후견인(제887조)이 그 취소사유 있음을 안 날부터 6개월이 지난 경우 또는 그 사유가 있었던 날부터 1년이 지난 경우에도 입양취소청구를 제기할 수 없다.

Ⅱ. 배우자와 공동으로 입양하지 않거나 양자의 배우자의 동의를 얻지 않은 입양

6 민법 제874조를 위반한 입양의 취소청구의 제척기간은 민법 제894조에서만 규정하고 있다. 즉, 배우자 있는 사람이 배우자와 공동으로 입양하지 않거나, 배우자 있는 사람이 배우자의 동의 없이 양자가 된 경우, 취소청구권자인 배우자(민법 제888조)가 그 사유가 있음을 안 날부터 6개월이 지나거나, 그 사유가 있었던 날부터 1년이 지난 경우에는, 그 입양의 취소를 청구하지 못한다.

제 895 조 [동전] <1990. 1. 13. 삭제 조문>

제875조의 규정에 위반한 입양은 그 사유있음을 안 날로부터 1년, 그 사유있은 날로부터 3년을 경과하면 그 취소를 청구하지 못한다.

1 호주의 직계비속장남자는 본가의 계통을 계승한다는 제875조를 위반한 입양의 취소청구권의 소멸에 관하여 정한 규정이다. 이는 1990. 1. 13. 개정 당시 제875조와 함께 삭제되었다.

제 896 조 [입양 취소 청구권의 소멸]

제884조 제1항 제2호에 해당하는 사유가 있는 입양은 양부모와 양자 중 어느 한 쪽이 그 사유가 있음을 안 날부터 6개월이 지나면 그 취소를 청구하지 못한다.

[전문개정 2012. 2. 10.]

[관련조문] 민법 제884조(입양 취소의 원인)

1 입양 당시 양부모와 양자 중 어느 한 쪽에 악질이나 그 밖에 중대한 사유가 있음을 알지 못한 경우, 그 사유 있음을 안 날부터 6개월이 지나면 더 이상 입양의 취소를 청구하지 못한다. 따라서 그 기간이 도과하기 전까지 입양취소의 청구가 없으면 그 입양은 확정적으로 유효해진다.

2 양부모와 양자 쌍방에게 악질이나 그 밖에 중대한 사유가 있고 서로 그 사실을 알지 못한 경우, 민법 제896조에 의한 제소기간은 각자 적용된다. 즉, 양자에게 있는 악질이나 그 밖에 중대한 사유로 인하여 입양을 취소하려는 경우는 양부모가 안 날부터 6개월 내에 그 취소청구를 하여야 하고, 양부모에게 있는 악질이나 그 밖에 중대한 사유로 인하여 입양을 취소하려는 경우는 양자가 안 날부터 6개월 내에 그 취소청구를 하여야 한다. 전자와 후자는 입양취소의 청구권자도 서로 다르고 입양취소의 원인이 되는 사실도 서로 달라 별개의 소송이기 때문이다.

제 897 조 [준용규정]

입양의 무효 또는 취소에 따른 손해배상책임에 관하여는 제806조를 준용하고, 사기 또는 강박으로 인한 입양 취소 청구권의 소멸에 관하여는 제823조를 준용하며, 입양 취소의 효력에 관하여는 제824조를 준용한다.

[전문개정 2012. 2. 10.]

[관련조문] 민법 제806조(약혼해제와 손해배상청구권), 제823조(사기, 강박으로 인한 혼인취소청구권의 소멸), 제824조(혼인취소의 효력), 가사소송법 제2조(가정법원의 관장 사항)

Ⅰ. 입양의 무효 또는 취소에 따른 손해배상책임

1 입양의 무효 또는 취소에 따른 손해배상책임에 관하여는 약혼 해제로 인한 손해배상청구에 관한 민법 제806조가 준용된다. 따라서 입양이 무효이거나 취소된 경우에는 당사자 일방은 과실있는 상대방에 대하여 이로 인한 손해의 배상을 청구할 수 있다(민법 제806조 제1항). 이 때 과실있는 상대방은 재산상 손해 외에 정신상 고통에 대하여 손해배상의 책임이 있다(민법 제806조 제2항). 정신상 고통에 대한 배상청구권은 양도 또는 승계하지 못하지만, 당사자간에 이미 그 배상에 관하여 계약이 성립되거나 소를 제기한 후에는 그러하지 아니하다(민법 제806조 제3항).

2 입양의 무효 또는 취소에 따른 손해배상 사건은 약혼 해제로 인한 손해배상 사건[가사소송법 제2조 제1항 제1호 다목 1)]과 마찬가지로 다류 가사소송사건에 해당한다[가사소송법 제2조 제1항 제1호 다목 3)].

Ⅱ. 사기 또는 강박으로 인한 입양 취소 청구권의 소멸

3 사기 또는 강박으로 인한 입양 취소 청구권의 소멸에 관하여는 사기 또는 강박으로 인한 혼인 취소 청구권에 관한 민법 제823조가 준용된다. 따라서 사기 또는 강박으로 인해 입양의 의사표시를 한 경우 그 사기를 안 날 또는 강박을 면한 날로부터 3월을 경과한 때에는 더 이상 그 입양의 취소를 청구할

수 없다. 제척기간의 기산점인 '사기를 안 날 또는 강박을 면한 날'은 사기 또는 강박에 의하여 입양의 의사표시를 한 당사자를 기준으로 하여 결정한다.

Ⅲ. 입양 취소의 효력

4 입양 취소의 효력에 관하여는 혼인 취소의 효력에 관한 민법 제824조가 준용된다. 따라서 입양 취소의 효력은 기왕에 소급하지 아니한다. 입양을 취소하는 판결이 있더라도, 그것이 확정되기 전까지 발생한 법률효과는 영향을 받지 않고 유효하게 존속한다.

제 3 관 파양
<개정 2012. 2. 10>

제 1 항 협의상 파양
<개정 2012. 2. 10>

제 898 조 [협의상 파양]

양부모와 양자는 협의하여 파양할 수 있다. 다만, 양자가 미성년자 또는 피성년후견인인 경우에는 그러하지 아니하다.

[전문개정 2012. 2. 10.]

[관련조문] 민법 제871조(성년자 입양에 대한 부모의 동의), 제874조(부부의 공동 입양 등), 제878조(입양의 성립), 제882조의2(입양의 효력), 제898조(협의상 파양), 제902조(피성년후견인의 협의상 파양), 제903조(파양 신고의 심사), 제904조(준용규정), 제909조의2(친권자의 지정 등)

[참고문헌] 주해친족법(제1권)(제2판), 박영사(2025); 고정명/조은희, 친족·상속법, 제주대학교 출판부(2011); 김주수/김상용, 친족·상속법(제20판), 법문사(2024); 박동섭/양경승, 친족상속법(제5판), 박영사(2020); 신영호 외 2인, 가족법강의(제4판), 세창출판사(2023); 윤대성, 가족법강의, 한국학술정보(2010); 이경희/윤부찬, 가족법(11정판), 법원사(2024); 이희배, (판례·참고·정리)친족·상속법 요해 : 가족법, 제1법규(1995); 조승현, 친족·상속법, 신조사(2009); 한복룡, 가족법강의(제2개정판), 충남대학교 출판부(2012); 한봉희/백승흠, 가족법, 삼영사(2013); 박동섭, "부부공동입양 : 판례를 중심으로", 재판자료 101집 : 가정법원사건의 제문제, 법원도서관(2003)

Ⅰ. 개관

1 민법 제898조는 입양의 당사자인 양부모와 양자가 협의하여 파양할 수 있음을 정하고 있다. 협의상 파양은 양부모와 양자의 합의에 의해 입양관계를 장래를 향하여 해소하는 것을 말한다.

2 제정 민법은 양친자는 협의에 의하여 파양할 수 있으나(민법 제898조 제1항),

호주가 된 양자는 파양하지 못한다(제898조 제2항)고 규정하고 있었다. 양자가 미성년자이거나 금치산자인 경우에도 협의상 파양이 가능했다. 양자가 15세 미만의 미성년자인 경우는 입양을 승낙한 자가 미성년자에 갈음하여 파양의 협의를 하고(민법 제899조), 15세 이상의 미성년자인 경우에는 입양에 대한 동의권자의 동의를 얻어 파양의 협의를 하며(제900조), 양친 또는 양자가 금치산자인 경우에는 후견인의 동의를 얻어 파양협의를 한다(제902조)고 정하고 있었다.

3 1990. 1. 13. 개정에서는 호주제가 폐지됨에 따라 호주가 된 양자를 파양하지 못한다는 제898조 제2항이 삭제되었다. 또한 2012. 2. 10 개정에서는 양자가 미성년자 또는 피성년후견인인 경우에는 협의하여 파양할 수 없다는 단서를 추가하여 민법 제898조를 개정하였고, 그에 맞추어 제899조, 제900조는 삭제하고 제902조는 파양협의를 할 수 있는 금치산자에서 양자를 삭제하는 것으로 수정하였다. 이는 미성년자 또는 피성년후견인인 양자의 보호를 위한 것이다.

Ⅱ. 협의상 파양의 당사자

4 양부모와 양자는 협의하여 파양할 수 있다. 즉, 입양에 대한 각종 동의권자, 대락권자는 파양협의의 당사자가 아니다.

5 양부모와 양자 본인이 파양을 협의하여야 하고, 법정대리인이 대리하거나 대신하여 협의할 수는 없다. 양부모가 피성년후견인인 경우 파양 협의는 양부모가 하되, 성년후견인의 동의를 얻어야 한다(민법 제902조). 민법 제898조에 의해 협의상 파양을 할 수 있는 양자는 미성년자이거나 피성년후견인이어서는 안 되므로, 성년자이면서 피성년후견인이 아닌 양자만 협의상 파양을 할 수 있다. 따라서 양자 본인이 파양 협의를 하여야 한다.

Ⅲ. 양부모가 공동으로 파양하여야 하는지 여부

6 양부모가 배우자 있는 사람이어서 부부가 공동으로 입양한 경우(민법 제874조 제1항), 협의상 파양을 하고자 할 때 부부가 공동으로 파양하여야 하는지 문제된다.

1. 양부모의 혼인생활이 유지되고 있는 경우

7 양부모가 혼인생활을 지속하고 있는 경우에는 공동으로 협의상 파양을 해야 한다고 보는 견해가 다수설이다.[1] 반면 양부모 중 일방과의 사이에서만 파양을 하는 것이 가능하다고 보는 견해도 있다.[2]

8 판례는, 파양에 관하여는 별도의 규정을 두고 있지는 않으나 부부의 공동입양원칙의 규정 취지에 비추어 보면 양친이 부부인 경우 파양을 할 때에도 부부가 공동으로 하여야 한다고 해석할 여지가 없지 아니하고, 양자가 미성년자인 경우에는 양자제도를 둔 취지에 비추어 그와 같이 해석하여야 할 필요성이 크다고 하였다.[3] 그러나 판례의 해당 사안은 양부모 중 한 명이 사망함으로써 혼인생활이 유지되고 있지 않은 경우이므로, 양부모의 혼인생활이 유지되고 있는 경우에 어떻게 처리할 것인지에 관하여는 판례가 명시적으로 판단하지 않았다.

9 그러나, 민법 제903조에 의하면 제898조, 제902조 및 그 밖의 법령을 위반하지 아니한 파양 신고는 수리하여야 하는데, 배우자 있는 양부모는 공동으로 파양하여야 한다는 법령의 규정이 없으므로, 양부모의 혼인생활이 유지되고 있는 경우에 양부모 일방이 단독으로 양자와 파양협의를 하여 그 신고를 한 경우 이를 수리하지 아니할 수는 없다. 따라서 부부가 공동으로 입양한 경우 공동으로 파양하여야 한다면 이는 입법적으로 해결되어야 한다고 본다.

2. 양부모의 혼인생활이 유지되고 있지 않은 경우

10 양부모가 이혼하거나 일방이 사망함으로써 그 혼인생활이 유지되고 있지 않은 경우, 양부모 일방이 단독으로 파양할 수 있다고 보는 것이 다수설이다.[4]

11 판례도, 양친 부부 중 일방이 사망하거나 또는 양친이 이혼한 때에는 부부의 공동파양의 원칙이 적용될 여지가 없고, 따라서 양부가 사망한 때에는 양모

[1] 고정명/조은희, 친족·상속법, 제주대학교 출판부(2011), 189; 박동섭/양경승, 친족상속법(제5판), 박영사(2020), 389; 신영호 외 2인, 가족법강의(제4판), 세창출판사(2023), 194; 윤대성, 가족법강의, 한국학술정보(2010), 189; 이희배, (판례·참고·정리)친족·상속법 요해 : 가족법, 제1법규(1995), 208; 조승현, 친족·상속법, 신조사(2009), 240; 한복룡, 가족법강의(제2개정판), 충남대학교 출판부(2012), 198; 한봉희/백승흠, 가족법, 삼영사(2013), 278.

[2] 김주수/김상용, 친족·상속법(제20판), 법문사(2024), 394; 이경희/윤부찬, 가족법(11정판), 법원사(2024), 251~252.

[3] 대법원 2001. 8. 21. 선고 99므2230 판결.

[4] 주해친족법(제1권)(제2판), 박영사(2025), 942(현소혜).

는 단독으로 양자와 협의상 또는 재판상 파양을 할 수 있다고 하였다.[5] 이 경우 양모가 단독으로 양자와 협의상 파양을 하더라도 이는 양부와 양자 사이의 양친자관계에 영향을 미칠 수는 없다.

IV. 그 밖의 요건

12 민법 제898조는 협의상 파양에 관하여 그 밖의 요건을 규정하고 있지 않다. 따라서 입양의 성립을 위하여 양자의 부모나 배우자의 동의가 필요하였던 것(민법 제871조 제1항, 제874조 제2항)과는 달리, 협의상 파양에 있어서는 양자의 부모나 배우자의 동의가 필요하지 않다. 다만, 제874조 제2항을 유추적용하여 파양 시에도 양자는 그 배우자의 동의를 받아야 한다는 견해가 있다.[6]

V. 파양의사

13 양부모와 양자 사이에 파양의사의 합치가 있으면 협의상 파양이 성립한다.

14 파양의사의 의미에 관하여는 실질적 의사설과 형식적 의사설이 대립된다. 실질적 의사설은 파양의사를 양친자로서의 신분적 생활관계를 실질적으로 해소하려는 의사로 본다. 형식적 의사설은 파양의사를 파양신고의 의사로 본다. 실질적 의사설의 입장에서는 양친자관계를 실질적으로 해소할 의사 없이 파양신고만을 하여 파양한 것 같은 외관을 만드는 가장파양은 무효라고 본다.[7] 반면 형식적 의사설에서는 가장파양도 유효하다고 본다. 법원이 파양의사의 의미나 가장파양의 효력에 관하여 다룬 예는 발견되지 않는다.

VI. 협의상 파양의 효과

15 협의상 파양이 성립하면 양부모와 양자 사이의 양친자관계는 장래를 향하여 소멸한다. 협의상 파양은 신고함으로써 성립하므로(민법 제904조, 제878조), 파양신고가 수리된 이후부터는 양자는 더 이상 양부모의 친생자와 같은 지위를 가지지 않다.

5 대법원 2001. 8. 21. 선고 99므2230 판결.

6 김주수/김상용, 친족·상속법(제20판), 법문사(2024), 395; 박동섭, "부부공동입양 : 판례를 중심으로", 재판자료 101집 : 가정법원사건의 제문제, 법원도서관(2003), 627.

7 주해친족법(제1권)(제2판), 박영사(2025), 942~943(현소혜); 김주수/김상용, 친족·상속법(제20판), 법문사(2024), 394~395.

16 입양으로 인하여 양자의 입양 전의 친속관계가 종료되지는 않고 존속하므로(민법 제882조의2 제2항), 양자와 친생부모 사이의 친생자관계는 입양 및 파양과 무관하게 그대로 유지된다. 다만, 양자가 미성년자인 때에는 파양되더라도 친생부모의 친권이 당연히 회복되는 것이 아니고 친생부모의 일방 또는 쌍방이 가정법원에 친권자 지정청구를 할 수 있을 뿐이나(민법 제909조의2 제2항), 양자가 미성년자인 때에는 협의상 파양을 하지 못하므로 협의상 파양으로 인한 친권자 지정의 문제는 발생하지 않는다. 따라서 민법 제909조의2 제2항이 규정한 친권자 지정청구는 파양 중에서도 재판상 파양을 전제로 한 조문으로 보아야 한다.

제 899 조 [15 세미만자의 협의상 파양] <2012. 2. 10. 삭제 조문>

① 양자가 15세미만인 경우에는 제869조에 따라 입양을 승낙한 사람이 양자를 갈음하여 파양의 협의를 하여야 한다. 다만, 입양을 승낙한 사람이 사망하거나 그 밖의 사유로 협의를 할 수 없는 때에는 생가의 다른 직계존속이 이를 하여야 한다.

② 제1항에 따른 의한 협의를 미성년후견인이나 또는 다른 직계존속이 하는 경우에는 가정법원의 허가를 받아야 한다.

1 제정 민법은 양부모와 양자가 협의로 파양할 수 있도록 규정하면서(민법 제898조), 양자가 15세 미만인 때에는 그를 갈음하여 입양의 승낙을 한 부모 또는 후견인이 양자를 갈음하여 파양의 협의를 하여야 한다고 규정하였다(제899조). 2005. 3. 31. 민법 개정에서는 15세 미만인 양자를 갈음하여 파양의 협의를 하는 사람이 후견인 또는 생가(生家)의 다른 직계존속인 때에는 가정법원의 허가를 받아야 한다는 규정이 추가되었다. 2012. 2. 10. 민법 개정에서는 위 조항이 삭제되는 한편, 제898조 단서가 추가됨으로써 미성년자에 대해서는 협의상 파양이 불가능하게 개정되었다.

제 900 조 [미성년자의 협의상 파양] <2012. 2. 10. 삭제 조문>

양자가 미성년자인 때에는 제871조의 규정에 의한 동의권자의 동의를 얻어 파양의 협의를 할 수 있다.

1 2012. 2. 10. 민법 개정에서 미성년자에 대해서는 협의상 파양이 불가능하고 재판으로만 파양할 수 있도록 함에 따라 위 조항이 삭제되었다.

제 901 조 [준용규정] <2012. 2. 10. 삭제 조문>

제899조 및 제900조의 경우 직계존속이 수인인 때에는 제870조 제2항을 준용한다.

1 2012. 2. 10. 민법 개정에서 미성년자에 대해서는 협의상 파양이 불가능하고 재판으로만 파양할 수 있도록 함에 따라 위 조항이 삭제되었다.

제 902 조 [피성년후견인의 협의상 파양]

피성년후견인인 양부모는 성년후견인의 동의를 받아 파양을 협의할 수 있다.

[전문개정 2012. 2. 10.]

[관련조문] 민법 제898조(협의상 파양)

[참고문헌] 박동섭, 친족상속법(제4판), 박영사(2013); 법원실무제요, 가사[Ⅱ], 법원행정처(2010)

1 민법 제902조는 양부모가 피성년후견인인 경우 협의상 파양을 하기 위해서는 성년후견인의 동의를 받아야 한다고 규정하고 있다. 제정 민법 제902조는 양친이나 양자가 금치산자인 때에는 후견인의 동의를 얻어 파양의 협의를 할 수 있다고 규정하였고, 2011. 3. 7. 개정 당시 '금치산자'는 '피성년후견인'으로, '후견인'은 '성년후견인'으로 개정되었을 뿐 그 취지는 그대로 유지되었으나, 2012. 2. 10. 개정으로 양자가 피성년후견인인 경우 협의상 파양이 불가능하게 됨에 따라(민법 제898조), 민법 제902조에서도 양자가 피성년후견인인 경우를 삭제하는 것으로 개정되었다.

2 피성년후견인인 양부모가 협의상 파양을 함에 있어 성년후견인의 동의를 받지 않은 경우 그 협의상 파양의 효력에 관하여는 이를 취소할 수 없다는 견해가 있다.[1] 법원이 성년후견인의 동의 없는 협의상 파양의 효력에 관하여 다룬 예는 발견되지 않는다.

[1] 박동섭, 친족상속법(제4판), 박영사(2013), 340; 법원실무제요, 가사[Ⅱ], 법원행정처(2010), 88. 다만 이들 견해는 개정 전 민법(2011. 3. 7. 법률 제10429호로 개정되기 전의 것) 제902조("양친이나 양자가 금치산자인 때에는 후견인의 동의를 얻어 파양의 협의를 할 수 있다.")에 관한 것이다.

제 903 조 [파양 신고의 심사]

제898조, 제902조, 그 밖의 법령을 위반하지 아니한 파양 신고는 수리하여야 한다.

[전문개정 2012. 2. 10.]

[관련조문] 민법 제878조(입양의 성립), 제881조(입양 신고의 심사), 제904조(준용규정)

1 민법 제903조는 파양 신고에 대한 심사를 규정하고 있다.

2 협의상 파양에는 입양의 성립에 관한 민법 제878조가 준용되므로(민법 제904조), 협의상 파양은 신고함으로써 그 효력이 생긴다. 입양의 성립요건에 위반하지 않은 입양신고는 수리하여야 하는 것(민법 제881조)과 마찬가지로, 협의상 파양의 성립요건에 위반하지 않은 협의상 파양의 신고는 이를 수리하여야 한다. 따라서 협의상 파양 신고를 접수한 가족관계등록공무원은 그 요건 구비 여부를 심사하여야 한다.

3 제정 민법 제903조는 파양 신고가 제898조, 제902조 외에도 제878조 제2항을 위반하지 않을 것을 요구하고 있었다. 제878조 제2항은 입양신고를 당사자쌍방과 성년자인 증인 2인의 연서한 서면으로 하여야 하는 규정이다. 그러나 현재는 파양신고의 방식에 관하여는 가족관계의 등록 등에 관한 법률이 규정하고 있다.

제 904 조 [준용규정]

사기 또는 강박으로 인한 파양 취소 청구권의 소멸에 관하여는 제823조를 준용하고, 협의상 파양의 성립에 관하여는 제878조를 준용한다.

[전문개정 2012. 2. 10.]

[관련조문] 민법 제823조(사기, 강박으로 인한 혼인취소청구권의 소멸), 제824조(혼인취소의 효력), 제878조(입양의 성립), 제883조(입양 무효의 원인), 제884조(입양 취소의 원인), 제898조(협의상 파양), 제902조(피성년후견인의 협의상 파양), 가사소송법 제2조(가정법원의 관장 사항), 제21조(기판력의 주관적 범위에 관한 특칙), 제23조(혼인무효 및 이혼무효의 소의 제기권자), 제24조(혼인무효·취소 및 이혼무효·취소의 소의 상대방), 제30조(관할), 제31조(준용규정), 제50조(조정 전치주의), 가사소송규칙 제7조(가족관계등록사무를 처리하는 자에 대한 통지), 가족관계의 등록 등에 관한 법률 제31조(말로 하는 신고 등), 제32조(동의, 승낙 또는 허가를 요하는 사건의 신고), 제63조(파양신고의 기재사항)

[참고문헌] 박동섭, 가사소송실무 : 가족법의 개정에 따른 이론실무 및 가족관계등록비송까지 해설(상)(4정판), 법률문화원(2009); 법원실무제요, 가사[I], 사법연수원(2021); 가족관계등록실무[I], 법원행정처(2018)

Ⅰ. 개관

1 민법 제904조는 준용규정으로서, 협의상 파양의 취소에 관하여 민법 제823조를 준용하고, 협의상 파양의 성립에 관하여 제878조를 준용하고 있다.

Ⅱ. 협의상 파양의 취소

2 협의상 파양의 취소에 관하여는 사기 또는 강박으로 인한 취소청구권의 소멸에 관한 민법 제823조를 준용한다. 따라서 사기 또는 강박으로 파양의 의사표시를 한 경우 그 협의상 파양은 취소할 수 있다고 해석된다.

3 취소청구권자는 민법 제904조에 의하여 준용하는 민법 제823조의 취지에 비추어 사기 또는 강박에 의하여 파양의 의사표시를 한 사람으로 본다. 사기 또는 강박으로 인한 협의상 파양은 사기를 안 날 또는 강박을 면한 날로부터 3개월을 경과한 때에는 그 취소를 청구하지 못한다.

4 민법 제904조는 혼인취소나 입양취소에 관한 그 밖의 규정들을 파양취소에 준용하지는 않는다. 즉, 입양취소와는 달리 파양취소에서는 그 효력에 관하여 민법 제824조를 준용하지 않으므로, 파양취소는 소급효가 있다. 따라서 파양이 취소되면 처음부터 파양하지 않고 입양관계가 유지되는 것으로 된다.

Ⅲ. 협의상 파양의 성립

5 협의상 파양의 성립에 관하여는 민법 제878조를 준용한다. 따라서 협의상 파양은 가족관계의 등록 등에 관한 법률에서 정한 바에 따라 신고함으로써 그 효력이 생긴다.

1. 협의상 파양 신고의 성질

6 민법 제904조에 의한 협의상 파양의 신고는 민법 제878조에 의한 입양신고와 마찬가지로 창설적 신고이다. 즉 양부모와 양자가 파양의 협의를 하였더라도 파양신고를 하지 않으면 파양의 효력이 발생하지 않는다.

2. 파양신고의 방법

7 협의상 파양신고의 방법은 가족관계의 등록 등에 관한 법률에서 정한 바에 따른다.

8 협의상 파양신고의 신고적격자는 파양당사자인 양부모 및 양자이다. 본인의 의사가 절대적으로 존중되어야 하므로 대리인에 의한 신고는 할 수 없다(가족관계의 등록 등에 관한 법률 제31조 제3항 단서).[1]

1 가족관계등록실무[Ⅰ], 법원행정처(2018), 591.

9 파양신고서에는 당사자의 성명·본·출생연월일·주민등록번호·등록기준지(당사자가 외국인인 때에는 그 성명·출생연월일·국적 및 외국인등록번호), 양자의 친생부모의 성명·등록기준지 및 주민등록번호를 기재하여야 한다(가족관계의 등록 등에 관한 법률 제63조).

3. 제출서류

10 양부모가 피성년후견인인 경우 피성년후견인의 동의를 증명하는 서면을 첨부하여야 한다. 이 경우 피성년후견인으로 하여금 신고서에 그 사유를 적고 서명 또는 기명날인하게 함으로서 그 서면의 첨부를 갈음할 수 있다(가족관계의 등록 등에 관한 법률 제32조 제1항).

4. 협의상 파양 신고의 효력

11 협의상 파양은 신고함으로써 그 효력이 생긴다. 즉, 협의상 파양 신고는 창설적 신고이다.

12 신고하면 효력이 발생하므로, 신고가 수리되면 족하고 신고내용이 등록부에 기재될 것은 요하지 않는다.

13 다만 협의상 파양이 무효이거나 취소 사유가 있는 경우에는 그 신고가 수리되었더라도 입양무효 또는 취소를 주장할 수 있다.

Ⅳ. 협의상 파양의 무효확인의 소

1. 파양 무효의 사유

14 파양이 성립하였으나 그 성립요건의 흠으로 인하여 효력을 발생하지 못하는 것을 파양의 무효라고 한다.

15 재판상 파양은 그 재판이 확정되면 재심에 의하지 아니하고는 그 효력을 다툴 수 없는 반면,[2] 협의상 파양은 그 신고가 수리되더라도 성립요건에 흠결이 있어 무효인 경우 그 무효확인을 구할 수 있다.

가. 파양의사의 합치가 없는 경우

16 협의상 파양의 당사자, 즉 양부모와 양자 사이에 파양의사의 합치가 없는 경우 그 협의상 파양은 무효이다. 여기에는 파양의 협의 자체가 없는 경우, 양

2 법원실무제요, 가사[I], 사법연수원(2021), 626.

부모 또는 양자가 의사능력이 없는 경우, 파양의사가 그 신고 전에 철회된 경우 등이 있다.

17 당사자들이 양친자관계의 실질을 해소할 의사 없이 다만 파양신고만을 할 의사를 가진 이른바 가장파양의 경우, 파양의사를 실질적 의사로 보는 입장에서는 이를 파양의사가 없는 경우로 보아 협의상 파양이 무효라고 볼 것이나, 파양의사를 형식적 의사로 보는 입장에서는 이를 파양의사가 있는 경우로 보아 협의상 파양이 여전히 유효하다고 본다(☞ 민법 제898조 V. 주석 참조).

18 부부공동입양에서 양부모의 어느 한쪽에게 파양의사가 없었던 경우에 양부모 모두의 파양 전체가 무효가 된다는 공동설[3]과 파양의사를 가진 양부모의 파양은 유효하다는 개별설이 있다(☞ 민법 제898조 Ⅲ. 주석 참조).

나. 양자가 미성년자이거나 피성년후견인인 경우

19 협의상 파양의 당사자인 양자가 미성년자이거나 피성년후견인인 경우 그 협의상 파양은 무효이다.

다. 무효인 입양에 대한 파양이 무효인지 여부

20 대법원은, 파양무효확인의 본소에 대하여 그 전제가 된 입양의 무효확인의 반소가 제기된 경우, 그 입양은 원·피고 간 모든 분쟁의 근원이 되는 것이어서 이의 효력유무에 대한 판단결과는 당사자 간의 분쟁을 발본적으로 해결하거나 예방하여 주는 효과가 있으므로 반소에 확인의 이익이 있고, 반소를 먼저 판단한 결과 입양이 무효로 확인되므로 그 무효인 입양에 터잡은 파양의 무효확인을 구하는 것은 당사자적격이 없어 부적법하다고 하였다.[4]

21 하급심 판결에서는, 양자가 양부와 사이에 진정한 입양의 합의를 한 바 없이 단독으로 입양신고를 한 후 그 입양에 대하여 양부모와 파양협의를 한 바 없이 파양신고를 하였다가 그 파양의 효력을 다투는 파양무효확인의 소를 제기한 경우, 파양의 전제가 되는 입양이 무효이므로, 입양의 유효를 전제로 하는 파양무효확인청구는 이유 없다고 판시한 예가 있다.[5]

3 박동섭, 가사소송실무 : 가족법의 개정에 따른 이론실무 및 가족관계등록비송까지 해설(상)(4정판), 법률문화원(2009), 374.

4 대법원 1995. 9. 29. 선고 94므1553 판결.

5 전주지방법원 2009. 4. 30. 선고 2008르345 판결(원고가 상고하였다가 소 취하).

22 위 판례 및 판결례를 종합하면, 입양이 무효인 이상 이를 전제로 한 파양은 그 유·무효를 따지기 전에 아예 존재하지 않는 것이 된다.

2. 법적 성질

23 파양무효확인의 소는 가류 가사소송사건에 해당한다[가사소송법 제2조 제1항 제1호 가목 6)].

24 파양무효의 소의 성질은 형성소송설과 확인소송설의 대립이 있으나, 통설은 확인소송설을 취하고 있다.[6]

3. 관할

25 입양의 무효의 소는 양부모 중 1명의 보통재판적이 있는 곳의 가정법원의 전속관할로 하고, 양부모가 모두 사망한 경우에는 그 중 1명의 마지막 주소지의 가정법원의 전속관할로 한다(가사소송법 제30조 제5호).

4. 제기권자

26 당사자, 법정대리인 또는 4촌 이내의 친족은 파양무효의 소를 제기할 수 있다(가사소송법 제31조, 제23조). 이 때 당사자는 양부모 또는 양자를 말한다. 그러나 이에 해당하지 않는 사람이라도 확인의 이익을 주장·입증하는 경우에는 입양무효의 소에서와 마찬가지로 파양무효의 소를 제기할 수 있다(☞ 민법 제883조 Ⅳ. 3. 주석 참조).

5. 상대방

27 파양의 당사자 중 어느 한쪽이 파양무효확인의 소를 제기할 때에는 다른 당사자를 상대방으로 한다(가사소송법 제31조, 제24조 제1항).

28 제3자가 파양무효확인의 소를 제기할 때에는 양부모와 양자 모두를 상대방으로 하고, 양부모와 양자 중 어느 한쪽이 사망한 경우에는 그 생존자를 상대방으로 한다(가사소송법 제31조, 제24조 제2항).

29 상대방이 될 사람이 사망한 경우에는 검사를 상대방으로 한다(가사소송법 제31조, 제24조 제3항).

6 법원실무제요, 가사[I], 사법연수원(2021), 628.

6. 제소기간

30 제소기간에는 특별한 제한이 없다. 즉, 파양무효의 소는 언제든지 제기할 수 있다(가사소송법 제31조, 제23조).

7. 주문례

31 파양무효확인청구를 인용하는 판결의 주문은 "양부모와 양자 사이에 20○○. ○. ○. △△시·읍·면의 장에게 신고하여 한 파양은 무효임을 확인한다."와 같은 방식으로 한다. 양부모 또는 양자가 사건의 당사자로 된 경우에는 '원고' 또는 '피고'로 지칭되고, 그렇지 않은 경우에는 성명, 주민등록번호 및 등록기준지로 특정된다.

8. 판결의 기판력

32 파양무효확인청구를 인용한 확정판결은 제3자에게도 효력이 있다(가사소송법 제21조 제1항).

33 파양무효확인청구를 기각 또는 각하한 판결이 확정된 경우에는 다른 제소권자는 사실심의 변론종결 전에 참가하지 못한 데 대하여 정당한 사유가 있지 아니하면 다시 소를 제기할 수 없다(가사소송법 제21조 제2항).

9. 가족관계등록사무를 처리하는 자에 대한 통지

34 파양무효확인청구를 인용한 판결이 확정된 경우 가정법원의 법원서기관, 법원사무관, 법원주사 또는 법원주사보는 지체없이 당사자 또는 사건본인의 등록기준지의 가족관계등록사무를 처리하는 자에게 그 뜻을 통지하여야 한다(가사소송규칙 제7조 제1항 제1호).

Ⅴ. 협의상 파양 취소의 소

1. 파양 취소의 사유

35 사기 또는 강박에 의하여 협의상 파양의 의사표시를 한 경우 이는 취소할 수 있다.

36 협의상 파양의 취소에 관하여는 민법 제823조를 준용하고 있는 외에 그 밖의 취소원인 등을 별도로 규정하고 있는 바가 없다. 따라서 협의상 파양의 성립요건 중 하나로 규정되어 있는 민법 제902조 위반의 경우 협의상 파양

의 취소사유가 되는지 문제된다. 확립된 학설이나 판례는 없으나, 취소사유로 규정되어 있지 않은 이상, 피성년후견인인 양부모가 협의상 파양을 함에 있어 성년후견인의 동의를 받지 않았다 하더라도 그 협의상 파양은 취소할 수 없다고 본다(☞ 민법 제902조 주석 참조).

2. 법적 성질

37 파양취소의 소는 형성소송으로서, 파양취소청구권을 행사하여 파양취소의 판결이 확정되어야 파양취소의 효과가 발생한다.

38 파양취소의 소는 나류 가사소송사건이다[가사소송법 제2조 제1항 제1호 나목 11)].

3. 관할

39 파양취소의 소는 양부모 중 1명의 보통재판적이 있는 곳의 가정법원의 전속관할로 하고, 양부모가 모두 사망한 경우에는 그 중 1명의 마지막 주소지의 가정법원의 전속관할로 한다(가사소송법 제30조 제5호).

4. 제기권자

40 파양취소의 소의 제기권자는 사기 또는 강박에 의하여 파양의 의사를 표시한 사람이다.

5. 상대방

41 파양취소의 소의 제기권자는 항상 협의상 파양의 당사자일 것이므로, 그 파양의 상대방 당사자가 파양취소의 소의 상대방이 된다(가사소송법 제31조, 제24조 제1항). 즉, 파양취소의 소의 경우에는 가사소송법 제31조에서 준용되는 제24조 중 제2항은 준용될 여지가 없다. 다만, 상대방이 될 사람이 사망한 경우에는 검사를 상대방으로 한다(가사소송법 제31조, 제24조 제3항).

6. 제척기간

42 사기 또는 강박으로 인한 파양은 사기를 안 날 또는 강박을 면한 날로부터 3월을 경과한 때에는 그 취소청구의 소를 제기하지 못한다.

7. 심리

43 파양취소의 소는 나류 가사소송사건이므로, 가정법원에 소를 제기하기 전에 먼저 조정을 신청하여야 한다(가사소송법 제50조 제1항). 당사자가 조정을 신청

하지 않고 소를 제기한 경우에는 가정법원은 그 사건을 조정에 회부하여야 한다(제50조 제2항). 그러나 파양취소의 소의 소송물은 당사자의 임의처분이 허용되지 않으므로, 간접적이고 우회적인 조정만이 가능한 점은 입양취소의 소에서와 같다(☞ 민법 제884조 V. 7. 주석 참조).

8. 주문례

44 파양취소청구를 인용하는 주문은 "양부모와 양자 사이에 20○○. ○. ○. △△ 시·읍·면의 장에게 신고하여 한 파양을 취소한다."가 된다. 양부모 또는 양자가 사건의 당사자로 된 경우에는 '원고' 또는 '피고'로 지칭되고, 그렇지 않은 경우에는 성명, 주민등록번호 및 등록기준지로 특정된다.

9. 판결의 기판력

45 파양취소청구를 인용한 확정판결은 제3자에게도 효력이 있다(가사소송법 제21조 제1항).

10. 가족관계등록사무를 처리하는 자에 대한 통지

46 파양취소청구를 인용한 판결이 확정된 경우 가정법원의 법원서기관, 법원사무관, 법원주사 또는 법원주사보는 지체없이 당사자 또는 사건본인의 등록기준지의 가족관계등록사무를 처리하는 자에게 그 뜻을 통지하여야 한다(가사소송규칙 제7조 제1항 제1호).

제 2 항 재판상 파양

<개정 2012. 2 .10>

제 905 조 [재판상 파양의 원인]

양부모, 양자 또는 제906조에 따른 청구권자는 다음 각 호의 어느 하나에 해당하는 경우에는 가정법원에 파양을 청구할 수 있다.

1. 양부모가 양자를 학대 또는 유기하거나 그 밖에 양자의 복리를 현저히 해친 경우

2. 양부모가 양자로부터 심히 부당한 대우를 받은 경우

3. 양부모나 양자의 생사가 3년 이상 분명하지 아니한 경우

4. 그 밖에 양친자관계를 계속하기 어려운 중대한 사유가 있는 경우

[전문개정 2012. 2. 10.]

[관련조문] 민법 제840조(재판상 이혼원인), 제869조(입양의 의사표시), 제874조(부부의 공동 입양 등), 제898조(협의상 파양), 제906조(파양 청구권자), 가사소송법 제2조(가정법원의 관장 사항), 제30조(관할), 제50조(조정 전치주의), 가사소송규칙 제7조(가족관계등록사무를 처리하는 자에 대한 통지)

[참고문헌] 주해친족법(제1권)(제2판), 박영사(2025); 김주수/김상용, 친족·상속법(제20판), 법문사(2024); 법원실무제요, 가사[Ⅱ], 법원행정처(2010); 법원실무제요, 가사[Ⅱ], 사법연수원(2021); 조은희, "자의 복리를 위한 친양자제도", 서울법학 제21권 제2호, 서울시립대학교(2013)

Ⅰ. 개관

1 재판상 파양은 입양 당사자 쌍방의 의사 합치에 의하지 않고 가정법원의 재판을 통하여 입양관계를 장래를 향하여 종료시키는 것을 말한다. 재판상 파양을

청구하기 위해서는 민법 제905조에서 정한 재판상 파양의 사유가 있어야 한다.

2 제정 민법 제905조는 재판상 파양의 원인으로 가문을 오독하거나 가산을 경도한 중대한 과실이 있을 때(민법 제905조 제1호), 다른 일방 또는 그 직계존속으로부터 심히 부당한 대우를 받았을 때(제2호), 자기의 직계존속이 다른 일방으로부터 심히 부당한 대우를 받았을 때(제3호), 양자의 생사가 3년이상 분명하지 아니한 때(제4호), 기타 양친자관계를 계속하기 어려운 중대한 사유가 있을 때(제5호)를 규정하고 있었다. 이는 1990. 1. 13. 개정 당시 표현이 약간 수정되었을 뿐 그대로 유지되다가, 2012. 2. 10. 입양제도의 대대적인 개편과 함께 현행과 같이 개정되었다. 현행법상 재판상 파양사유는 입양제도가 양가의 계승을 위한 것이 아니라 양자의 복리를 위한 것임을 반영하고 있다.

Ⅱ. 재판상 파양 사유

1. 양부모가 양자를 학대 또는 유기하거나 그 밖에 양자의 복리를 현저히 해친 경우

3 양부모가 양자를 학대 또는 유기하거나 그 밖에 양자의 복리를 현저히 해친 경우 재판상 파양 사유에 해당한다. 이러한 경우에는 양부모가 양자에 대해 성폭력·가정폭력 등을 행사하는 행위, 범죄행위나 추업·구걸 등을 강요하는 행위, 지속적인 모욕을 가하는 행위, 방임, 유기 등이 포함된다.[1] 양부모의 고의 또는 과실을 요하지 않고,[2] 양자가 미성년자인 경우에 한정되지 않는다.

2. 양부모가 양자로부터 심히 부당한 대우를 받은 경우

4 양부모가 양자로부터 심히 부당한 대우를 받은 경우 재판상 파양 사유에 해당한다. 신체적·정신적 학대, 방임, 중대한 모욕, 장기간에 걸친 부양의무의 악의적 불이행 등과 같은 패륜적 행위로 말미암아 양친자관계를 계속 유지하는 것이 당사자에게 가혹한 결과를 가져올 수 있는 경우가 이에 해당한다.[3]

5 하급심 판결례 중에는, 양자가 양모를 모시기로 하였으나 양모가 양자의 처와 갈등을 빚어 그 과정에서 양모를 모시지 않게 된 것을 민법 제905조 제2호

1 주해친족법(제1권)(제2판), 박영사(2025), 959(현소혜); 김주수/김상용, 친족·상속법(제20판), 법문사(2024), 400.
2 주해친족법(제1권)(제2판), 박영사(2025), 959(현소혜); 조은희, "자의 복리를 위한 친양자제도", 서울법학 제21권 제2호, 서울시립대학교(2013), 28.
3 주해친족법(제1권)(제2판), 박영사(2025), 959(현소혜).

의 재판상 파양사유로 인정하지 않은 예가 있다.[4] 한편, 양부가 사망한 후 양모가 양자를 재산상속에서 배제하자 양자가 형사소송법상 자신의 직계존속인 양모를 고소할 수 없음에도 불구하고 양모를 사문서위조 및 위조사문서행사 혐의로 고소한 것에 대해 양모가 민법 제905조 제2호의 재판상 파양사유로 주장한 경우가 있었는데, 제1심 판결은 이를 본호의 재판상 파양사유로 인정하지 않았으나,[5] 항소심 판결은 이를 민법 제905조 제2호의 재판상 파양사유로 인정하였다.[6]

6 민법 제905조 제2호에서는 '양부모가 양자로부터 심히 부당한 대우를 받은 경우'를 파양 사유로 규정하고 있으므로, 양부모가 양자의 배우자로터 심히 부당한 대우를 받은 경우는 본호의 파양 사유에 해당하지 않는다고 본 하급심 판결례가 있다.[7]

3. 양부모나 양자의 생사가 3년 이상 분명하지 아니한 경우

7 개정 전 민법 제905조 제4호는 양자의 생사가 3년 이상 분명하지 아니한 경우만을 재판상 파양사유로 규정하였으나, 현행법에서는 양부모의 생사가 3년 이상 분명하지 아니한 경우도 재판상 파양사유에 포함시켰다. 이혼의 경우에도 배우자의 생사가 3년 이상 분명하지 아니한 때 재판상 이혼사유가 된다(민법 제840조 제5호).

8 장기간 소식이 두절되기는 하였으나 생사불명 상태는 아닌 경우, 제3호의 재판상 파양사유에는 해당하지 않으나, 제4호의 재판상 파양사유에는 해당한다.[8]

4. 그 밖에 양친자관계를 계속하기 어려운 중대한 사유가 있는 경우

9 앞의 세 가지 사유 외에도, 그 밖에 양친자관계를 계속하기 어려운 중대한 사유가 있는 경우 재판상 파양을 청구할 수 있다.

10 개정 전 제905조가 재판상 파양사유로 규정하고 있던 '상대방의 직계존속으로부터 심히 부당한 대우를 받았을 때' 또는 '자기의 직계존속이 상대방으로

4 서울가정법원 2008. 3. 26. 선고 2006드단75859 판결(항소하지 않아 확정).
5 서울가정법원 2006. 1. 25. 선고 2004드단32568 판결.
6 서울가정법원 2006. 11. 24. 선고 2006르266 판결(상고기각으로 확정).
7 서울고등법원 2011. 10. 6. 선고 2011르337 판결(상고 기각으로 확정); 서울가정법원 2023. 12. 8. 선고 2022드단110820 판결(항소하지 않아 확정).
8 주해친족법(제1권)(제2판), 박영사(2025), 960(현소혜).

부터 심히 부당한 대우를 받았을 때'는 2012. 2. 10. 개정으로 인하여 독립된 재판상 파양사유에서는 제외되었지만, 본호의 '양친자관계를 계속하기 어려운 중대한 사유'로서 재판상 파양사유에 해당할 수 있다.

11 하급심 판결례에 따르면, '그 밖에 양친자관계를 계속하기 어려운 중대한 사유가 있는 경우'란 일반적인 사회생활 관계에 비추어 양친자관계를 유지하기 어렵다고 판단되는 경우를 말하는 것으로서, 당사자의 의사, 양친자관계의 존속 기간, 파탄의 원인에 관한 당사자의 책임유무, 당사자의 연령, 파양 후의 생활보장 등 여러 사정을 종합하여 판단하여야 한다.

12 배우자의 전혼 자녀를 입양하였다가 배우자와 이혼하게 되는 것만으로는 양친자관계를 계속하기 어려운 중대한 사유가 있다고 할 수 없다. 양자가 자기 소유의 부동산을 등기명의만 양모 앞으로 해 두었다가 이를 되찾는 방법으로 양모를 상대로 민·형사사건을 제기하다가 갈등관계가 심화된 것은 양자의 귀책사유로 양친자관계를 계속하기 어려운 경우로 보기 어려워 본호의 재판상 파양사유에 해당하지 않는다.[9] 양자가 청소년기에 접어들어 양부모로부터 충분한 사랑과 배려를 받지 못하고 방치되는 와중에 학교생활에 잘 적응하지 못하고 비행을 저지른 것만으로는 본호의 재판상 파양사유에 해당하지 않는다.[10] 양모가 양자를 양육하면서 생계를 유지할 능력이 없다는 것만으로는 본호의 재판상 파양사유에 해당하지 않는다.[11]

5. 각 호 사이의 관계

13 재판상 파양사유에 관한 제905조는 각 호 사유마다 각 별개의 독립된 파양사유를 구성하는 것이므로, 원고가 파양청구를 하면서 위 각 호 소정의 수개의 사유를 주장하는 경우에는 법원은 그 중 어느 하나를 받아들여 원고의 청구를 인용할 수 있다.[12]

9 서울고등법원 2002. 5. 23. 선고 2001르451 판결(그 부분에 대해서는 상고기각으로 확정).
10 수원지방법원 2002. 10. 23. 선고 2002드단16757 판결(원고는 항소하였다가 소 취하).
11 춘천지방법원 강릉지원 2000. 3. 10. 선고 99드단2505 판결(항소하지 않아 확정).
12 재판상 이혼사유에 관한 민법 제840조의 각 호 사유에 관한 판례로서, 대법원 2000. 9. 5. 선고 99므1886 판결.

Ⅲ. 재판상 파양의 청구권자

14 양부모, 양자, 민법 제906조에 따른 청구권자는 재판상 파양을 청구할 수 있다.

Ⅳ. 재판상 파양 청구

1. 절차의 성격

15 재판상 파양은 나류 가사소송사건이다[가사소송법 제2조 제1항 제1호 나목 12)].

2. 당사자

가. 청구인

16 양부모 또는 양자는 재판상 파양의 청구를 할 수 있다.

1) 부부공동입양과 재판상 파양의 원고

17 양부모가 배우자 있는 사람이어서 부부가 공동으로 입양한 경우(민법 제874조 제1항), 재판상 파양도 부부가 공동으로 하여야 하는지 문제된다.

18 이는 협의상 파양을 부부인 양부모가 공동으로 하여야 하는지와 동일하게 볼 수 있다. 즉, 양부모의 혼인생활이 유지되고 있는 경우에는 양부모가 공동으로 재판상 파양을 청구하여야 하나, 양부모가 이혼하거나 일방이 사망함으로써 그 혼인생활이 유지되고 있지 않은 경우에는 파양을 원하는 양부모 일방이 단독으로 재판상 파양을 청구할 수 있다고 볼 것이다(☞ 민법 제898조 Ⅲ. 주석 참조). 판례는, 양친 부부 중 일방이 사망하거나 또는 양친이 이혼한 때에는 부부의 공동파양의 원칙이 적용될 여지가 없고, 따라서 양부가 사망한 때에는 양모는 단독으로 양자와 협의상 또는 재판상 파양을 할 수 있다고 하였다.[13]

19 A와 B가 공동으로 C를 입양하였다가 B 사망 후 A가 "A, B와 C는 파양한다."는 내용의 재판상 파양의 소를 제기한 데 대하여, 양부모 중 일방이 사망한 때에는 부부 공동파양의 원칙이 적용될 여지가 없고 양부모 중 생존자인 A가 사망한 양부모 B에 갈음하거나 또는 B를 위하여 파양을 할 수는 없으므로 B와 C의 파양청구 부분의 소는 당사자적격이 없어 부적법하다고

13 대법원 2001. 8. 21. 선고 99므2230 판결.

판단한 하급심 판결례가 있다.[14]

20 A와 B가 공동으로 C를 입양하였다가 A가 C에 대해 성폭력 범죄를 저지르자 검사가 A를 기소하면서 A를 상대로 C와의 파양을 청구한 사건에 대하여, 위 소송계속중 A와 B가 협의이혼 신고를 마쳤으므로 검사가 B를 제외하고 A만을 상대방으로 삼아 제기한 재판상 파양청구는 부부 공동입양의 원칙에도 불구하고 정당한 피고적격자를 상대로 하여 적법하다고 판시한 하급심 판결례가 있다.[15]

2) 미성년자나 피성년후견인인 양자를 위한 재판상 파양의 원고

21 양자가 13세 미만의 미성년자인 경우, 민법 제869조 제2항에 따라 대락을 한 사람이 양자에 갈음하여 재판상 파양의 청구를 할 수 있다. 그 사람이 없는 경우에는 양자의 친족이나 이해관계인이 가정법원의 허가를 받아 파양을 청구할 수 있다(민법 제906조 제1항). 즉, 13세 미만 미성년자인 양자의 대락자, 양자의 친족이나 이해관계인 중 재판상 파양청구에 관하여 가정법원의 허가를 받은 사람도 청구인이 될 수 있다.

22 종전에는 재판상 파양청구의 소에서 대락권자의 소송상 지위에 관하여 대락권자 스스로의 이름으로 당사자가 될 수도 있고 당사자인 양자의 대리인으로서 소송에 관여하는 것도 가능하다는 견해와, 대락권자 자신이 당사자가 되는 것이 아니라 양자의 소송대리인으로서 소송에 관여할 뿐이라는 견해가 대립하였다.[16] 그러나 이런 견해 대립은 민법 제906조가 2012. 2. 10. 법률 제11300호로 현행과 같이 개정되기 전의 것인바, 현재는 민법 제906조가 '파양청구권자'라는 제목 하에 대락자, 양자의 친족, 이해관계인을 열거하고 있으므로 그들이 재판상 파양의 청구인으로서 당사자가 된다는 점에 의문의 여지가 없다.

23 검사는 미성년자나 피후견인인 양자를 위하여 파양을 청구할 수 있다(민법 제906조 제4항). 따라서 양자가 미성년자나 피후견인인 경우 검사도 청구인이 될 수 있다.

14 서울가정법원 2017. 6. 14. 선고 2016드단331114 판결(항소 취하로 확정).
15 창원지방법원 2022. 3. 22. 선고 2021드단1555 판결(항소하지 않아 확정).
16 법원실무제요, 가사[Ⅱ], 법원행정처(2010), 93.

나. 상대방

24 재판상 파양은 양친자만이 당사자적격을 가지는 것이 원칙이고 제3자에게는 당사자적격이 없다.[17] [18] 따라서 양부모가 원고가 되면 양자가 피고가 되고, 양자가 원고가 되면 양부모가 피고가 된다. 양자가 아니라 양자의 대락권자를 피고로 하여 양부모가 파양을 구하는 소를 제기하는 경우가 실무상 발견되나, 민법 제906조는 양자의 대락자를 파양 청구권자로 규정하고 있을 뿐 파양청구의 상대방으로 규정하고 있지는 않으므로, 위와 같은 경우 피고가 될 사람은 양자의 대락권자가 아니라 양자이다. 다만 실무상으로는 양자의 대락권자를 피고, 양자를 사건본인으로 표시하는 경우가 많다.[19]

25 양부모나 양자가 아닌 제3자(대락자, 양자의 친족이나 이해관계인, 검사)가 청구인이 되는 경우 가사소송법 제24조의 유추적용에 의해 양부모와 양자 모두를 상대방으로 한다는 견해가 있다.[20] 그러나 실무상으로는 대락자가 재판상 파양의 원고가 된 경우에는 양부모를 피고로 하고 양자는 사건본인으로 표시한다.[21] 이 때 원고는 '사건본인의 대락권자 ○○○' 또는 '○○○, 사건본인의 대락권자'와 같이 그 지위를 명시한다.[22] 양자의 친족이나 이해관계인, 검사가 청구인이 되는 경우도 대락자가 청구인이 되는 경우와 마찬가지일 것이다.

26 상대방이 될 사람, 즉 양부모 또는 양자가 사망한 경우에는 재판상 파양이 허용되지 않으므로, 가사소송법 제24조 제3항에서 정한 바와 같이 검사를 상대방으로 하는 경우는 발생하지 않는다. 소급효가 없이 장래효만을 가지는 파양의 특성상 사망자를 상대로 재판상 파양 판결을 받더라도 실익이 없기

17 대법원 1970. 5. 26. 선고 68므31 판결 참조.

18 당시 적용된 규정은 민법(1990. 1. 13. 법률 제4199호로 개정되기 전의 것) 제899조, 제905조, 제906조이다. 그에 따르면 양친자의 일방은 법원에 파양을 청구할 수 있고(제905조), 양자가 15세 미만인 경우에는 입양을 승낙한 사람이 양자를 갈음하여 파양의 협의를 하여야 하고 입양을 승낙한 사람이 사망하거나 그 밖의 사유로 협의를 할 수 없는 때에는 생가의 다른 직계존속이 이를 하여야 하는데(제899조), 이는 재판상 파양의 청구에 준용되었다(제906조). 위 판례는 인사소송법(1990. 12. 31. 법률 제4300호로 폐지되기 전의 것) 제37조에 의하여 준용되는 제26조(혼인무효의 소의 제기권자), 제27조(혼인의 무효와 취소의 소의 상대방)는 입양의 무효 취소에 관한 소에는 준용할 수 있으나 이와 성질을 달리하는 파양의 소에는 준용할 수 없다고 판시하였다.

19 법원실무제요, 가사[I], 사법연수원(2021), 743.

20 주해친족법(제1권)(제2판), 박영사(2025), 970(현소혜).

21 법원실무제요, 가사[I], 사법연수원(2021), 743.

22 법원실무제요, 가사[I], 사법연수원(2021), 743.

때문이다.[23] 부부가 공동으로 입양하였다가 양부가 사망한 때에는 양모는 단독으로 양자와 협의상 또는 재판상 파양을 할 수는 있으되 이는 양부와 양자 사이의 양친자관계에 영향을 미칠 수 없고, 양모가 사망한 양부에 갈음하거나 양부를 위하여 파양을 할 수는 없다.[24] 양자가 검사를 상대로 하여 자신과 망인인 양부 사이의 파양을 청구한 사건에 대하여, 재판상 파양의 경우 친양자 파양과 달리 그 일방이 사망한 경우에 검사를 상대로 소를 제기할 수 있도록 허용하는 규정이 없으므로 소가 부적법하다고 보아 각하한 하급심 판결례가 있다.[25]

3. 관할

27 재판상 파양청구의 소는 양부모 중 1명의 보통재판적이 있는 곳의 가정법원의 전속관할로 한다. 양부모가 모두 사망하였거나 양자가 사망한 경우에는 재판상 파양의 소를 제기할 여지가 없으므로, 가사소송법 제30조 제3호의 규정에도 불구하고 사망한 양부모 중 1명의 마지막 주소지가 재판상 파양청구의 소의 관할의 표준으로 되는 경우는 발생할 수 없다.[26]

4. 심리

28 재판상 파양의 소는 나류 가사소송사건이므로, 가정법원에 소를 제기하기 전에 먼저 조정을 신청하여야 한다(가사소송법 제50조 제1항). 당사자가 조정을 신청하지 않고 소를 제기한 경우에는 가정법원은 그 사건을 조정에 회부하여야 한다(가사소송법 제50조 제2항). 재판상 파양의 소송물은 당사자의 임의처분이 가능하므로,[27] 조정절차에서 “원고와 피고는 파양한다.”라는 형식으로 조정이 이루어질 수 있다.

5. 주문례

29 재판상 파양청구를 인용하는 판결의 주문은 “양부모와 양자는 파양한다.”로 한다. 양부모와 양자 중 파양을 원하는 사람이 원고가 되고 나머지 사람이 피고가 되는 경우가 원칙이므로, 대부분의 사건에서는 “원고와 피고는 파양

23 주해친족법(제1권)(제2판), 박영사(2025), 956(현소혜).
24 대법원 2001. 8. 21. 선고 99므2230 판결.
25 수원지방법원 안산지원 2016. 1. 15. 선고 2015드단5270 판결(항소하지 않아 확정).
26 법원실무제요, 가사[Ⅰ], 사법연수원(2021), 745.
27 법원실무제요, 가사[Ⅰ], 사법연수원(2021), 745~746.

한다.”가 주문이 된다. 그러나 양부모나 양자가 아닌 제3자, 즉 대락자, 양자의 친족이나 이해관계인, 검사가 청구인이 되는 경우 양부모가 피고가 되고 양자는 사건본인이 되므로, 그 경우의 주문은 “피고(들)와 사건본인은 파양한다.”가 된다.

6. 가족관계등록사무를 처리하는 자에 대한 통지

30 재판상 파양청구를 인용한 판결이 확정된 경우 가정법원의 법원서기관, 법원사무관, 법원주사 또는 법원주사보는 지체없이 당사자 또는 사건본인의 등록기준지의 가족관계등록사무를 처리하는 자에게 그 뜻을 통지하여야 한다(가사소송규칙 제7조 제1항 제1호).

7. 재판 확정 후의 파양 신고

31 파양의 재판이 확정된 경우 소를 제기한 사람은 재판의 확정일부터 1개월 이내에 재판서의 등본 및 확정증명서를 첨부하여 파양의 신고를 하여야 한다(가족관계의 등록 등에 관한 법률 제66조, 제58조 제1항). 그 소의 상대방도 재판서의 등본 및 확정증명서를 첨부하여 파양의 재판이 확정된 취지를 신고할 수 있다(가족관계의 등록 등에 관한 법률 제66조, 제58조 제3항).

제 906 조 [파양 청구권자]

① 양자가 13세 미만인 경우에는 제869조 제2항에 따른 승낙을 한 사람이 양자를 갈음하여 파양을 청구할 수 있다. 다만, 파양을 청구할 수 있는 사람이 없는 경우에는 제777조에 따른 양자의 친족이나 이해관계인이 가정법원의 허가를 받아 파양을 청구할 수 있다.
② 양자가 13세 이상의 미성년자인 경우에는 제870조 제1항에 따른 동의를 한 부모의 동의를 받아 파양을 청구할 수 있다. 다만, 부모가 사망하거나 그 밖의 사유로 동의할 수 없는 경우에는 동의 없이 파양을 청구할 수 있다.
③ 양부모나 양자가 피성년후견인인 경우에는 성년후견인의 동의를 받아 파양을 청구할 수 있다.
④ 검사는 미성년자나 피성년후견인인 양자를 위하여 파양을 청구할 수 있다.
[전문개정 2012. 2. 10.]

[관련조문] 민법 제777조(친족의 범위), 제869조(입양의 의사표시), 제870조(미성년자 입양에 대한 부모의 동의), 제905조(재판상 파양의 원인), 제909조(친권자), 민사소송법 제55조(제한능력자의 소송능력), 제62조(제한능력자를 위한 특별대리인), 가사소송법 제2조(가정법원의 관장 사항), 가족관계의 등록 등에 관한 법률 제32조(동의, 승낙 또는 허가를 요하는 사건의 신고)

[참고문헌] 주해친족법(제1권)(제2판), 박영사(2025); 김상용, "개정 양자법 해설", 법조 제61권 제5호, 법조협회(2012); 장병주, "개정 입양제도의 문제점과 개선방향 : 개정 민법과 입양특례법을 중심으로", 법학논고 제41집, 경북대학교 출판부(2013)

Ⅰ. 개관

1 재판상 파양은 민법 제905조에 의하여 양부모, 양자, 민법 제906조에서 정한 청구권자가 이를 청구할 수 있다. 그에 따라 민법 제906조는 양부모와 양자 이외의 재판상 파양 청구권자를 규정하고 있으며, 제3자가 재판상 파양을 청구하는 경우뿐만 아니라 제3자가 파양에 대한 동의를 하여야 하는 경우도 규성하고 있다. 민법 제906조는 양자가 미성년자인 경우나 양부모 또는 양자

가 피성년후견인에 적용되는바, 의사능력이 부족한 양부모 또는 양자를 보호하기 위한 규정이다.

2 제정 민법 제906조는 협의상 파양에 관한 제898조 제2항, 제899조 내지 제902조를 재판상 파양의 청구에 준용함으로써 양자가 15세 미만의 미성년자인 때에는 입양을 승낙한 사람이 양자에 갈음하여 재판상 파양의 청구를 하고(민법 제899조의 준용), 양자가 15세 이상의 미성년자인 때에는 동의권자의 동의를 얻어 재판상 파양의 청구를 하며(제900조의 준용), 양친이나 양자가 금치산자인 때에는 후견인의 동의를 얻어 재판상 파양의 청구를 할 수 있다(제902조의 준용)고 하였다. 1990. 1. 13. 개정 시에도 그러한 취지는 유지되었다. 2012. 2. 10. 개정 시에는 위와 같이 준용된 협의상 파양 관련 규정을 모두 삭제하는 한편, 민법 제906조를 '파양 청구권자'라는 제목의 규정으로 재구성하여 기존에는 준용되던 내용을 재판상 파양에 관한 별도의 규정으로 두게 되었다. 그에 더하여, 검사가 미성년자나 피성년후견인인 양자를 위하여 파양을 청구할 수 있다는 민법 제906조 제4항이 2012. 2. 10. 개정 당시 도입되었다.

Ⅱ. 양자가 미성년자이거나, 양부모 또는 양자가 피성년후견인인 경우의 원칙

3 양자가 미성년자이거나, 양부모 또는 양자가 피성년후견인이더라도, 원칙적으로 양부모 또는 양자 본인이 재판상 파양의 청구를 할 수 있다(민법 제905조). 그러나 재판상 파양의 청구는 소송행위이므로 소송능력이 필요하고, 미성년자이거나 피성년후견인인 사람은 법정대리인에 의해서만 소송행위인 재판상 파양의 청구를 할 수 있다(민사소송법 제55조 제1항). 다만 양자가 미성년자인 경우 통상 양부모가 친권자로서 법정대리인이므로(민법 제909조 제1항), 그 경우에는 특별대리인(민사소송법 제62조)을 선임하여야 한다.

Ⅲ. 양자가 미성년자인 경우의 예외

1. 검사

4 검사는 미성년자인 양자를 위하여 파양을 청구할 수 있다(민법 제906조 제4항). 양자가 미성년자인 한 그 연령을 불문하고, 민법 제906조 제1항·제2항에 의

한 파양청구권자가 없을 것을 요건으로 하지 않는다. 따라서 검사는 양자를 위하여 파양이 필요한 경우 공익의 대표자로서 자신이 청구인이 되어 재판상 파양을 청구할 수 있다. 이 경우 상대방은 양부모가 되고, 양자는 사건본인이 된다(☞ 민법 제905조 Ⅳ. 2. 주석 참조).

2. 13세 미만 미성년자인 양자의 입양 대락자, 친족, 이해관계인

5 양자가 13세 미만인 경우에는 민법 제869조 제2항에 따른 승낙을 한 사람이 양자를 갈음하여 파양을 청구할 수 있다. 다만 파양을 청구할 수 있는 사람이 없는 경우에는 민법 제777조에 따른 양자의 친족이나 이해관계인이 가정법원의 허가를 받아 파양을 청구할 수 있다(민법 제906조 제1항).

6 민법 제906조 제1항이 적용되는 것은 파양 당시 양자가 13세 미만인 경우이다. 따라서 입양 당시에는 양자가 13세 미만의 미성년자였으나 그 후 파양 당시에는 13세 이상이 된 경우, 입양 성립 당시에 대락을 한 사람이더라도 양자에 갈음하여 재판상 파양의 청구를 할 수 있는 것은 아니다.

가. 대락을 한 사람

7 민법 제906조 제1항에 의하여 양자를 갈음하여 파양을 청구할 수 있는 사람은 민법 제869조 제2항에 따른 승낙, 즉 대락을 실제로 한 사람을 말한다. 따라서 대락을 하여야 할 지위에 있었더라도 실제로 대락을 하지 않은 사람은 재판상 파양을 청구할 수 없다.[1] 대락자가 한 명이 아니라 여러 명인 경우(예컨대, 양자의 친생부모가 공동친권자여서 두 명 모두의 대락이 필요한 경우) 민법 제906조 제1항이 대락자 전원이 함께 재판상 파양청구를 할 것을 요구하고 있지는 않으므로 대락자 중 한 명이 단독으로 재판상 파양청구를 할 수 있다.

8 입양의 성립에 있어서 대락이 필요한 경우에는 입양신고서에 그 동의나 승낙을 증명하는 서면을 첨부하거나, 대락자가 신고서가 그 사유를 적고 서명 또는 기명날인함으로써 서면의 첨부를 갈음할 수 있으므로(가족관계의 등록 등에 관한 법률 제32조 제1항), 13세 미만 미성년자에 대한 입양 성립 시에 대락자가 누구였는지, 또는 대락 없이 입양이 가능한 예외적인 경우여서 대락을 한 사람이 없었는지 등은 입양신고서를 기준으로 결정할 수 있다.

1 주해친족법(제1권)(제2판), 박영사(2025), 965(현소혜).

나. 친족 또는 이해관계인

9 파양을 청구할 수 있는 사람이 없는 경우에는 양자의 친족이나 이해관계인이 파양을 청구할 수 있다. 파양을 청구할 수 있는 사람이 없는 경우는 민법 제906조 제1항 본문에 의해 파양을 청구할 수 있는 사람이 없는 경우를 말하므로, 대락자가 없는 경우를 의미한다. 입양에 대해 대락을 한 사람 자체가 없는 경우뿐만 아니라 대락자가 존재하였다가 사망한 경우를 포함한다. 대락자가 있지만 그가 스스로 파양을 청구하지 않는 경우에는 민법 제906조 제1항 단서의 적용을 받지 않으므로 양자의 친족이나 이해관계인이 파양을 청구할 수 없다.

10 양자의 친족에는 생가의 친족과 양가의 친족 모두 포함된다. 친족의 범위는 민법 제777조에 따른다.

11 이해관계인에는 주로 입양기관의 장, 아동보호전문기관의 장 등이 포함된다.[2] 이는 실무상 대락자가 재판상 파양청구를 하지 않을 경우 입양기관의 장 등이 양자를 위한 특별대리인으로서 재판상 파양청구를 대신해왔던 관행을 법제화함에 따라 2012. 2. 10. 개정으로 현행법에 추가된 것이라고 한다.[3] 그러나 반드시 위에 열거한 사람에 한정되는 것은 아니고, 이해관계를 가진 사람이라면 이에 포함될 수 있다. 제1항을 포함한 민법 제906조가 미성년자 또는 피성년후견인인 당사자의 의사능력을 보충하기 위해 청구권자에 관한 특별규정을 두고 있는 점, 제1항 중 이해관계인에 관한 규정은 미성년자 입양에 대한 대락권자가 없을 경우 후순위의 파양 청구권자를 두는 내용인 점에 비추어, 이해관계인은 양자를 위한 이해관계를 가진 사람으로 본다.

12 친족 또는 이해관계인이 대락자 대신 재판상 파양을 청구하는 경우에는 가정법원의 허가를 받아야 한다. 양자의 친족 또는 이해관계인의 파양청구에 대한 허가 사건은 라류 가사비송사건에 해당한다[가사소송법 제2조 제1항 제2호 가목 11)]. 즉 친족 또는 이해관계인은 가정법원의 허가심판을 받은 다음 다시 재판상 파양청구의 소를 제기하여야 한다. 이처럼 가정법원의 허가를 요구하는 것은 불필요한 절차의 중복이라는 이유로 이를 비판하는 견해가 있다.[4]

2 주해친족법(제1권)(제2판), 박영사(2025), 966(현소혜); 김상용, "개정 양자법 해설", 법조 제61권 제5호, 법조협회(2012), 14, 42.

3 주해친족법(제1권)(제2판), 박영사(2025), 966(현소혜).

4 장병주, "개정 입양제도의 문제점과 개선방향 : 개정 민법과 입양특례법을 중심으로", 법학논고 제41집, 경북대학교 출판부(2013), 511.

3. 13세 이상 미성년자인 양자

13 양자가 13세 이상의 미성년자인 경우에는 민법 제870조 제1항에 따른 동의를 한 부모의 동의를 받아 파양을 청구할 수 있다. 다만, 부모가 사망하거나 그 밖의 사유로 동의할 수 없는 경우에는 동의 없이 파양을 청구할 수 있다(민법 제906조 제2항).

14 양자는 민법 제905조에 의해 재판상 파양을 청구할 수 있는 사람에 해당한다. 따라서 민법 제906조 제2항은 13세 이상 미성년자인 양자가 재판상 파양을 하려는 경우 별도의 청구권자를 규정한 것이 아니고, 양자의 의사능력을 보충하고 양자를 보호하는 차원에서 일정한 사람의 동의를 얻도록 한 것이다.

15 민법 제906조 제2항이 적용되는 것은 파양 당시 양자가 13세 이상 미성년자인 경우이다. 따라서 입양 성립 당시에는 양자가 13세 미만 미성년자였더라도 파양 당시에 13세 이상에 이르면 양자는 입양동의를 한 부모의 동의를 받아 파양을 청구할 수 있다.

16 13세 이상 미성년자인 양자가 파양을 청구함에 있어서 동의를 할 부모는 미성년자 입양에 있어서 민법 제870조 제1항에 의한 입양동의를 한 부모이다. 즉, 민법 제869조 제1항 소정의 승낙동의를 한 부모를 말하는 것이 아니다. 다만 입양 성립 당시 부모가 법정대리인으로서 민법 제869조 제1항에 의한 승낙동의를 하였으나, 제870조 제1항 제1호에 따라 제870조 제1항 본문 소정의 입양동의는 별도로 하지 않은 경우, 사실상 법정대리인으로서의 동의에 부모로서의 동의의 의사표시가 포함되어 있으므로, 양자가 재판상 파양청구를 할 때 그 부모의 동의를 얻어야 한다.[5]

17 재판상 파양에 동의해야 할 부모가 사망하거나 그 밖의 사유로 동의할 수 없는 경우에는 그 동의 없이 파양을 청구할 수 있다. 사망 외의 사유로 부모가 동의할 수 없는 경우에는 생사불명, 소재불명, 의식불명 등으로 인해 부모가 동의의 의사표시를 할 수 없는 경우가 있다.[6] 다만, 부모가 정당한 이유 없이 파양에 동의하지 않는 경우는 이에 해당하지 아니한다.[7]

5 주해친족법(제1권)(제2판), 박영사(2025), 967(현소혜).
6 주해친족법(제1권)(제2판), 박영사(2025), 968(현소혜).
7 주해친족법(제1권)(제2판), 박영사(2025), 968(현소혜).

Ⅳ. 양부모 또는 양자가 피성년후견인인 경우의 예외

18 양부모나 양자가 피성년후견인인 경우에는 성년후견인의 동의를 받아 파양을 청구할 수 있다(민법 제906조 제3항).

19 양부모나 양자는 원래 민법 제905조에 의해 재판상 파양을 청구할 수 있는 사람에 해당하나, 양부모나 양자가 피성년후견인인 경우에는 그들의 의사능력을 보충하는 차원에서 그들이 재판상 파양청구를 함에 있어 성년후견인의 동의를 얻도록 하였다.

20 민법 제906조 제3항이 적용되는 것은 양부모나 양자가 파양 당시에 피성년후견인인 경우이다. 따라서 입양 당시에는 피성년후견인이 아니었더라도 파양시에는 피성년후견인으로 되었다면 그 성년후견인의 동의를 얻어야 한다.

21 성년후견인은 파양 당시의 성년후견인을 말한다. 양부모나 양자를 위한 성년후견인이 입양 성립 당시에도 있었으나 그 이후 다른 사람으로 바뀌었다면, 과거의 성년후견인이 아니라 현재의 성년후견인의 동의를 얻어야 한다.

제 907 조 [파양 청구권의 소멸]

파양 청구권자는 제905조 제1호·제2호·제4호의 사유가 있음을 안 날부터 6개월, 그 사유가 있었던 날부터 3년이 지나면 파양을 청구할 수 없다.

[전문개정 2012. 2. 10.]

[관련조문] 민법 제841조(부정으로 인한 이혼청구권의 소멸), 제842조(기타 원인으로 인한 이혼청구권의 소멸), 제905조(재판상 파양의 원인), 제906조(파양 청구권자)

[참고문헌] 주해친족법(제1권)(제2판), 박영사(2025)

Ⅰ. 개관

1 민법 제907조는 재판상 파양청구권을 행사할 수 있는 기간에 대하여 정하고 있다. 이는 재판상 이혼청구의 경우(민법 제841조, 제842조)와 마찬가지로 제척기간이다.

Ⅱ. 적용범위

2 재판상 파양청구에 대해 제척기간이 적용되는 것은 민법 제905조 제1호, 제2호, 제4호의 사유로 파양을 청구하는 경우이다. 즉, 양부모가 양자를 학대 또는 유기하거나 그 밖에 양자의 복리를 현저히 해친 경우(민법 제907조 제1호), 양부모가 양자로부터 심히 부당한 대우를 받은 경우(제907조 제2호), 그 밖에 양친자관계를 계속하기 어려운 중대한 사유가 있는 경우(제907조 제4호)를 원인으로 한 재판상 파양청구에 있어서 제척기간의 적용이 있다. 반면, 제905조 제3호의 사유, 즉 양부모나 양자의 생사가 3년 이상 분명하지 아니한 경우를 원인으로 하는 재판상 파양청구에는 제척기간의 적용이 없다.

Ⅲ. 파양청구권을 행사할 수 있는 기간

3 파양청구권을 행사할 수 있는 기간, 즉 제척기간은 해당 사유가 있음을 안 날부터 6개월 또는 그 사유가 있었던 날부터 3년이다. 둘 중 어느 하나가 먼저 도과하면 파양청구권은 소멸한다.

4 제척기간 6개월의 기산점은 해당 사유가 있음을 안 날이다. 이는 당해 파양청구권을 행사한 사람이 안 것을 의미한다. 따라서 입양의 당사자 외의 사람이 재판상 파양을 청구하는 경우(☞ 민법 제906조 Ⅲ. 2. 주석 참조), 입양의 당사자인 양부모나 양자가 아니라 재판상 파양의 청구인이 파양사유를 안 날부터 6개월의 제척기간을 기산한다. 그러나 민법 제906조 제4항에 의해 검사가 재판상 파양의 청구를 하는 때에는 6개월의 제척기간이 적용되지 않고, 검사가 파양원인을 안 날과는 무관하게 언제나 그 사유가 있었던 날부터 3년 내에 재판상 파양의 청구를 할 수 있다.[1]

1 주해친족법(제1권)(제2판), 박영사(2025), 972(현소혜).

제 908 조 [준용규정]

재판상 파양에 따른 손해배상책임에 관하여는 제806조를 준용한다.

[전문개정 2012. 2. 10.]

[관련조문] 민법 제806조(약혼해제와 손해배상청구권), 가사소송법 제2조(가정법원의 관장 사항)

1 재판상 파양에 따른 손해배상책임에 관하여는 약혼해제에 따른 손해배상에 관한 민법 제806조가 준용된다.

2 파양을 원인으로 하는 손해배상청구는 다류 가사소송사건이다[가사소송법 제2조 제1항 제1호 다목 3)].

제 4 관 친양자

<신설 2005. 3. 31>

제 908 조의 2 [친양자 입양의 요건 등]

① 친양자를 입양하려는 사람은 다음 각 호의 요건을 갖추어 가정법원에 친양자 입양을 청구하여야 한다.

1. 3년 이상 혼인 중인 부부로서 공동으로 입양할 것. 다만, 1년 이상 혼인 중인 부부의 한쪽이 그 배우자의 친생자를 친양자로 하는 경우에는 그러하지 아니하다.
2. 친양자가 될 사람이 미성년자일 것
3. 친양자가 될 사람의 친생부모가 친양자 입양에 동의할 것. 다만, 부모가 친권상실의 선고를 받거나 소재를 알 수 없거나 그 밖의 사유로 동의할 수 없는 경우에는 그러하지 아니하다.
4. 친양자가 될 사람이 13세 이상인 경우에는 법정대리인의 동의를 받아 입양을 승낙할 것
5. 친양자가 될 사람이 13세 미만인 경우에는 법정대리인이 그를 갈음하여 입양을 승낙할 것

② 가정법원은 다음 각 호의 어느 하나에 해당하는 경우에는 제1항 제3호·제4호에 따른 동의 또는 같은 항 제5호에 따른 승낙이 없어도 제1항의 청구를 인용할 수 있다. 이 경우 가정법원은 동의권자 또는 승낙권자를 심문하여야 한다.

1. 법정대리인이 정당한 이유 없이 동의 또는 승낙을 거부하는 경우. 다만, 법정대리인이 친권자인 경우에는 제2호 또는 제3호의 사유가 있어야 한다.
2. 친생부모가 자신에게 책임이 있는 사유로 3년 이상 자녀에 대한 부양의무를 이행하지 아니하고 면접교섭을 하지 아니한 경우
3. 친생부모가 자녀를 학대 또는 유기하거나 그 밖에 자녀의 복리를 현저히 해친 경우

③ 가정법원은 친양자가 될 사람의 복리를 위하여 그 양육상황, 친양자 입양의 동기, 양부모의 양육능력, 그 밖의 사정을 고려하여 친양자 입양이 적당하지 아니하다고 인정하는 경우에는 제1항의 청구를 기각할 수 있다.

[전문개정 2012. 2. 10.]

[관련조문] 민법 제807조(혼인적령), 제866조(입양을 할 능력), 제867조(미성년자의 입양에 대한 가정법원의 허가), 제869조(입양의 의사표시), 제873조(피성년후견인의 입양), 제874조(부부의 공동 입양 등), 제877조(입양의 금지), 제908조의2(친양자 입양의 요건 등), 제908조의3(친양자 입양의 효력), 제908조의8(준용규정), 제910조(자의 친권의 대행), 제928조(미성년자에 대한 후견의 개시), 비송사건절차법 제18조(재판의 고지), 제19조(재판의 취소·변경), 가사소송법 제2조(가정법원의 관장 사항), 제34조(준용 법률), 제39조(재판의 방식), 제40조(심판의 효력발생 시기), 제43조(불복), 제44조(관할 등), 제45조(심리 방법), 제45조의9(입양허가의 절차), 가사소송규칙 제7조(가족관계등록사무를 처리하는 자에 대한 통지), 제25조(심판의 고지), 제27조(청구기각심판에 대한 불복), 제31조(즉시항고 기간의 진행), 제62조의2(친양자 입양의 청구), 제62조의3(관계자의 의견의 청취), 제62조의4(심판의 고지 등), 제62조의5(즉시항고), 제62조의6제62조의6(사회복지법인 등에 대한 통지), 제62조의9(미성년자 양육에 관한 교육 등), 가족관계의 등록 등에 관한 법률 제61조(입양신고의 기재사항), 제67조(친양자의 입양신고), 보호시설에 있는 미성년자의 후견 직무에 관한 법률 제3조(후견인), 제6조(후견인의 직무), 사회복지사업법 제2조(정의)

[참고문헌] 주해친족법(제1권)(제2판), 박영사(2025); 김주수/김상용, 친족·상속법(제20판), 법문사(2024); 한봉희/백승흠, 가족법, 삼영사(2013); 이승우, "친양자제도 소고", 아세아여성법학 제2호, 아세아여성법학연구소(1999); 이해일, "민법 개정안상 친양자제도에 관한 연구", 연세법학연구 제7집 제1권, 연세법학연구회(2000); 이회규, "친양자법(안)에 관한 고찰", 가족법연구 제15권 제2호, 한국가족법학회(2001); 최명수, "친양자 제도에 관한 일고찰", 경성법학 제16집 제2호, 경성대학교 법학연구소(2007); 최진섭, "배우자의 자(계자)를 입양하는 경우의 법적 문제점", 가족법연구 제12권, 한국가족법학회(1998); 최진섭, "입양에 관한 판례의 쟁점 분석", 법학연구 제21권 제3호, 연세대학교 법학연구소(2011); 법원실무제요, 가사[Ⅱ], 법원행정처(2010); 법원실무제요, 가사[Ⅱ], 사법연수원(2021)

Ⅰ. 개관

1 민법 제908조의2부터 제908조의8까지는 친양자에 관한 제4관(款)을 구성한다. 제4관은 2005. 3. 31. 개정으로 신설되었다.

2 친양자 입양은 입양 전의 친족관계를 종료시키는 입양이다. 친양자 입양이 도입되기 전 민법은 양자가 입양되더라도 입양 전 생가와의 친족관계는 여전히 존속하는 입양(☞ 민법 제882조의2 주석 참조)만을 두고 있었다. 입양촉진

및 절차에 관한 특례법(2005. 3. 31. 법률 제7448호로 일부개정되기 전의 것)에 의한 입양이 성립되면 양자로 하여금 양친의 성과 본을 따르게 할 수 있었으나(입양촉진 및 절차에 관한 특례법 제8조 제1항), 위 법률에서도 양자의 생가와의 친족관계가 종료되는지에 관하여는 특별한 규정은 두지 않았으므로, 결국 위 특례법에 의한 입양도 민법상 입양과 마찬가지로 양자와 그 생가와의 친족관계는 존속하는 입양이었다.

3 이에 대하여 양자와 생가와의 친족관계가 종료되는 완전입양에 대한 요구가 높아, 2005. 3. 31. 개정에서는 민법 제908조의2 내지 제908조의8의 일곱 개 조문을 신설하여 친양자 제도를 도입하였다. 친양자는 입양 전 친족관계가 단절되는 입양으로서(민법 제908조의3 제2항 본문), 협의에 의한 파양은 인정되지 않고, 일정한 요건 하에 가정법원의 재판을 받아야 한다(제908조의2). 친양자 아닌 민법상 입양, 즉 소위 일반입양에서는 가정법원의 허가를 받아야 하는 경우가 예외적으로만 있었는데, 친양자 입양은 그 성립을 위하여 일반적으로 가정법원의 재판이 필요하도록 한 것이다. 친양자 제도가 도입된 후 2012. 2. 10. 민법 개정에 의하여 현행법률로는 일반입양에 있어서도 양자가 미성년자인 경우에는 가정법원의 허가를 받도록 하고 있으므로(민법 제867조 제1항), 현재는 미성년자를 양자로 하는 경우에는 일반입양의 경우이든 친양자 입양의 경우이든 모두 가정법원의 재판을 필요로 한다.

Ⅱ. 친양자 입양의 요건

4 친양자를 입양하려는 사람은 민법 제908조의2 제1항 각 호의 요건을 갖추어야 한다. 그 요건은 양부모에 관한 요건과 양자에 관한 요건으로 나눌 수 있다.

1. 양부모가 될 수 있는 사람

가. 3년 이상 부부 공동입양의 원칙

5 친양자를 입양하려는 사람은 3년 이상 혼인 중인 부부로서 공동으로 입양하여야 한다(민법 제908조의2 제1항 제1호 본문).

6 친양자 입양을 하려는 사람은 혼인 중인 부부일 것을 요구하므로, 배우자가 없는 사람은 친양자 입양을 할 수 없다.

1) 3년 이상 혼인 중인 부부

7 혼인은 법률상 혼인을 말한다. 따라서 사실혼은 여기의 혼인에 포함되지 않는다. 또한 사실혼 관계에 있다가 법률혼으로 전환된 경우라 하더라도, 혼인기간은 법률혼이 성립한 이후의 기간만으로 산정하여야 한다.

8 3년 이상의 혼인기간은 친양자 입양 시, 즉 가정법원의 친양자 입양심판 당시 충족되어야 한다. 따라서 3년 미만 혼인 중인 부부가 친양자 입양의 청구를 하면 가정법원은 그 심판청구가 부적법하다는 이유로 각하할 수 있으나, 각하심판을 하지 아니하고 있는 동안 청구인들의 혼인기간이 3년 이상이 되면 더 이상 그 심판청구를 각하할 수 없다. 반면 3년 이상 혼인 중인 배우자인 청구인들이 친양자 입양의 청구를 하였으나 그 심판 전에 이혼이 성립되었다면, 그들의 심판청구는 부적법하다.

2) 공동으로 입양

9 3년 이상 혼인 중인 배우자는 공동으로 입양하여야 한다. 일반입양에 관한 민법 제874조 제1항은 배우자 있는 사람은 배우자와 공동으로 입양하여야 한다고 규정하고 있는데, 그 의미에 관하여는 개별설과 공동설의 대립이 있고, 판례는 개별설을 취하고 있다(☞ 민법 제874조 Ⅱ. 2. 주석 참조). 친양자 입양에 있어서도 그에 준하는 논의가 가능할 것으로 보이나, 다만 이를 명시적으로 다루고 있는 판례는 발견되지 않는다.

10 부부 중 일방이 소재불명 또는 의식불명 등으로 인해 친양자 입양의 의사표시를 할 수 없는 경우에도 부부 공동입양의 원칙이 적용되는지에 관해서는, 위와 같은 경우 친양자 입양이 불가능하다는 견해[1]와, 입양의사를 표시할 수 있는 사람이 단독으로 친양자 입양을 하는 것을 허용할 필요가 있다는 견해,[2] 일단 불가능한 것으로 보지만 법원이 구체적 사정을 고려하여 결정하는 것이 합리적이라는 견해[3]가 대립한다.

나. 배우자의 친생자를 친양자로 하는 경우의 예외

11 1년 이상 혼인 중인 부부의 한쪽이 그 배우자의 친생자를 친양자로 하는 경

1 법원실무제요, 가사[Ⅱ], 법원행정처(2010), 297. 현행 법원실무제요,는 이 부분에 관하여 아무런 서술을 하지 않고 있다.
2 최명수, "친양자 제도에 관한 일고찰", 경성법학 제16집 제2호, 경성대학교 법학연구소(2007), 34.
3 김주수/김상용, 친족·상속법(제20판), 법문사(2024), 405.

우에는 그러하지 아니하다(민법 제908조의2 제1항 제1호). 즉, 혼인 중인 부부의 한쪽이 그 배우자의 친생자를 친양자로 하는 경우에는 3년 이상의 혼인기간을 요하지 아니하고 1년 이상의 혼인이면 족하며, 부부가 공동으로 입양하지 않고 단독으로 입양할 수 있다.

1) 배우자

12 배우자는 법률상 배우자를 말하고, 사실혼의 배우자는 포함하지 않는다. 1년 이상의 혼인기간은 그 혼인이 법률상 성립한 때, 즉 혼인신고를 마친 때부터 산정하여야 하며, 친양자 입양 시, 즉 가정법원의 친양자 입양심판 당시 충족되어야 한다. 따라서 배우자와의 혼인기간이 1년 미만인 사람이 친양자입양의 청구를 하면 가정법원은 그 심판청구가 부적법하다는 이유로 각하할 수 있으나, 각하심판을 하지 아니하고 있는 동안 청구인과 배우자의 혼인기간이 1년 이상이 되면 더 이상 그 심판청구를 각하할 수 없다.

2) 배우자의 친생자

13 양자가 될 사람이 배우자의 친생자여야 한다. 따라서 배우자의 혼인 중 출생자인지 혼인외 출생자인지 여부는 묻지 않는다. 다만, 이에 대하여 혼인 중 출생자에 대해서만 단독입양이 가능하고 혼인외 출생자는 공동입양해야 한다는 반대설이 있다.[4] 배우자가 그 친생자에 대하여 친권이나 양육권을 갖고 있거나 그와 생활공동체를 형성하고 있어야 하는 것도 아니다.[5] 배우자의 친생자를 입양하려는 경우이므로, 배우자의 양자를 친양자 입양하려는 경우에는 본호 단서에서 정한 예외에 해당하지 않는 것으로 해석된다. 즉, 이 경우에는 혼인기간이 3년 이상인 부부가 공동으로 입양하여야 한다는 본호 본문이 적용되어야 한다.

다. 일반입양에서의 요건

14 친양자 입양에 대하여는 성질에 반하지 않는 범위 안에서 일반양자에 관한 규정을 준용한다(민법 제908조의8). 따라서 일반입양에서의 요건도 충족되어야 한다.

4 이해일, "민법 개정안상 친양자제도에 관한 연구", 연세법학연구 제7집 제1권, 연세법학연구회(2000), 161; 최진섭, "배우자의 자(계자)를 입양하는 경우의 법적 문제점", 가족법연구 제12권, 한국가족법학회(1998), 429~430.

5 주해친족법(제1권)(제2판), 박영사(2025), 979(현소혜).

15 양부모는 성년자여야 한다(민법 제866조의 준용). 양부모가 혼인으로 성년의제된 미성년자인 경우에 친양자 입양을 할 수 있는지 문제될 수 있으나, 양부모가 친양자 입양을 하기 위해서는 최소한 1년 이상의 혼인생활을 할 것이 요구되므로, 혼인적령(제807조)을 고려하였을 때 성년 의제된 미성년자가 친양자 입양을 하려는 경우는 발생하지 않을 것이라고 본다.[6]

16 양부모가 피성년후견인인 경우에는 성년후견인의 동의를 받아야 한다(민법 제873조 제1항의 준용). 양부모 두 명 모두 피성년후견인인 경우에는 각자 자신의 성년후견인의 동의를 받아야 한다.

2. 양자가 될 수 있는 사람

가. 미성년자

17 친양자가 될 사람은 미성년자여야 한다(민법 제908조의2 제1항 제2호). 2005. 3. 31. 민법 제908조의2 신설 당시에는 친양자가 될 사람을 15세 미만인 사람으로 정하였으나, 2012. 2. 10. 개정으로 인하여 미성년자로 변경되었다.

18 미성년자는 19세 미만의 사람을 말한다. 혼인으로 인하여 성년으로 의제된 사람은 친양자로 입양될 수 없다.[7]

19 친양자가 미성년자인지 여부는 친양자 입양청구 당시를 기준으로 판단하여야 한다는 것이 통설 및 실무의 태도이다.[8] 친양자 입양청구 당시 양자가 될 사람이 성년자이면 그 청구는 요건을 흠결하여 부적법하므로 각하하나, 청구 당시에는 미성년자였다면 심판 당시에는 성년자가 되었더라도 그 심판청구를 각하하지 않고 친양자 입양의 당부를 판단한다.

나. 일반입양에서의 요건

20 친양자 입양에 대하여는 성질에 반하지 않는 범위 안에서 일반양자에 관한 규정을 준용한다(민법 제908조의8). 따라서 일반입양에서의 요건도 충족되어야 한다.

21 친양자가 될 사람은 양부모보다 존속이어서는 안 된다(민법 제877조의 준용). 민법 제877조의 준용에 의하여 친양자가 될 사람은 양부모보다 연장자여서

6 같은 견해로 주해친족법(제1권)(제2판), 박영사(2025), 981(현소혜).
7 주해친족법(제1권)(제2판), 박영사(2025), 983(현소혜).
8 주해친족법(제1권)(제2판), 박영사(2025), 982(현소혜); 법원실무제요, 가사[Ⅱ], 사법연수원(2021), 978~979.

도 안 되나, 제908조의2에 의하여 친양자가 될 사람은 미성년자여야 하고 양부모가 될 사람은 최소한 1년의 혼인생활을 한 사람이어야 하므로, 친양자가 될 사람이 양부모보다 연장자인 경우는 발생할 여지가 없다.

3. 양자의 친생부모의 동의

22 친양자가 될 사람의 친생부모가 친양자 입양에 동의하여야 한다. 다만, 부모가 친권상실의 선고를 받거나 소재를 알 수 없거나 그 밖의 사유로 동의할 수 없는 경우에는 그러하지 아니하다(민법 제908조의2 제1항 제3호). 이를 친양자의 승낙에 대한 법정대리인의 동의(민법 제908조의2 제1항 제4호)와 구별하기 위하여 '입양동의'라고 부르기로 한다.

가. 동의할 사람

23 친양자 될 사람의 친생부모가 동의하여야 한다. 친생부모이기만 하면 족하며, 친권·양육권 등을 행사하고 있을 필요는 없다. 또한 친생부모 중 한 명이 아니라 친생부모 두 명 모두가 동의하여야 한다.

24 혼인외 출생자와 생모 사이에는 생모의 인지나 출생신고를 기다리지 않고 자의 출생으로 당연히 법률상 친자관계가 생기는 것이므로,[9] 친생모는 비록 가족관계등록부상 모로 기재되어 있지 않다고 하더라도 동의권자에 포함된다. 반면 혼인외 출생자를 인지하지 않은 부는 아직 법률상 부가 아니므로[10] 그는 동의권자에 포함되지 않는다고 보아야 한다.[11] 비록 본호가 '부모'가 아니라 '친생부모'라고 규정하고 있더라도 이는 어쨌든 법률상 부자관계로 있을 것을 전제로 하고 있기 때문이다. 그러나 이에 대하여는 아직 인지하지 않은 생부라도 생모와 사실혼관계에 있었던 한 친양자 입양에 대한 동의권을 인정할 필요가 있다는 반대견해가 있다.[12]

나. 입양된 자녀에 대한 친생부모의 동의 필요 여부

25 자녀가 입양되었다가 다시 친양자 입양되는 경우에도 친생부모의 동의가 필요한지에 관하여는 종전의 입양이 일반입양인지 친양자 입양인지에 따라 논

9 대법원 2018. 6. 19. 선고 2018다1049 판결.

10 대법원 2022. 1. 27. 선고 2018므11273 판결, 대법원 2024. 11. 28. 선고 2022도10272 판결.

11 같은 견해로 주해친족법(제1권)(제2판), 박영사(2025), 984(현소혜).

12 이승우, "친양자제도 소고", 아세아여성법학 제2호, 아세아여성법학연구소(1999), 107; 이희규, "친양자법(안)에 관한 고찰", 가족법연구 제15권 제2호, 한국가족법학회(2001), 282.

의가 달라진다.

26 종전 입양이 일반입양인 경우 그 양자가 다시 친양자 입양될 때에는 친생부모가 본호에 의한 동의를 하여야 한다는 것이 통설이고,[13] 하급심 판결례도 그러한 입장을 취하고 있다.[14] 친양자 입양을 하는 양부모가 기존 일반입양의 양부모와 같은 사람이든 다른 사람이든 마찬가지이다.[15]

27 종전 입양이 친양자 입양인 경우에는, 종전 친양자 입양으로 인하여 친생부모가 이미 양자와의 모든 법적 관계가 단절되고 친양자 입양의 양부모가 친생부모로서의 지위를 취득하였다는 이유로 두 번째 친양자 입양에 대하여는 친생부모의 동의를 요하지 않는다는 견해가 있고,[16] 재입양이 시도되는 상황이라면 친생부모에게 양육의 기회를 제공하는 것이 자의 복리에 부합한다는 점 등에서 두 번째 친양자 입양에 대하여도 친생부모의 동의를 받아야 한다는 견해가 있다.[17]

다. 동의의 내용

28 친생부모의 동의는 친양자 입양에 대한 동의여야 한다. 즉, 일반입양과는 달리 입양 전 친족관계가 종료된다는 점(민법 제908조의3 제2항 참조)에 대해서도 동의하는 취지여야 한다. 그 점에 대한 인식과 인용이 없는 상태에서의 동의는 친양자 입양에 대한 동의가 없는 것으로 보아야 한다. 양부모될 사람이 특정되지 않은 상태에서 포괄적으로 친양자 입양에 동의하는 '백지식 동의'는 무효이다.[18]

라. 동의가 필요한 경우의 예외

29 부모가 친권상실의 선고를 받거나 소재를 알 수 없거나 그 밖의 사유로 동의할 수 없는 경우에는 친생부모의 동의를 받지 아니할 수 있다.

1) 친권상실의 선고를 받은 경우

30 부모가 친권상실의 선고를 받은 경우 그 동의를 받지 아니할 수 있으므로,

13 주해친족법(제1권)(제2판), 박영사(2025), 985(현소혜); 김주수/김상용, 친족·상속법(제20판), 법문사(2024), 409는 친생부모와 양부모 모두 동의권을 갖는다고 본다.

14 대구지방법원 가정지원 2009. 12. 4. 자 2009느단496 심판(항소하지 않아 확정).

15 주해친족법(제1권)(제2판), 박영사(2025), 985(현소혜).

16 주해친족법(제1권)(제2판), 박영사(2025), 985(현소혜).

17 최진섭, "입양에 관한 판례의 생점 분석", 법학연구 제21권 제3호, 연세대학교 법학연구소(2011), 214.

18 주해친족법(제1권)(제2판), 박영사(2025), 984(현소혜).

부모가 단지 친권자로 지정되지 않은 경우에는 여전히 그의 동의를 받아야 한다. 친권상실이 아니라 친권제한의 경우, 제한된 친권의 범위에 따라 그의 동의 필요 여부가 결정되어야 한다. 예컨대 친권 중 거소지정권 등이 제한된 부모의 경우에는 여전히 친양자 입양에 대해 그의 동의가 필요하지만, 친권 중 각종 동의권 등이 제한된 부모의 경우에는 그의 동의가 필요하지 않다고 본다. 친양자가 될 사람의 부모가 이혼하면서 그 중 한 명이 친권자로 지정되는 경우 상대방 부모에 대하여는 민법 제908조의2 제1항 제3호 단서에서 정한 '친권상실'과 같은 사유가 있다고 볼 수 없다.[19]

2) 소재를 알 수 없는 등 동의할 수 없는 경우

31 소재를 알 수 없거나 그 밖의 사유로 동의할 수 없는 경우는 일반입양에서의 동의에 관한 규정에서와 마찬가지로 소재불명 외에도 사망, 생사불명, 장기간에 걸친 의식불명 또는 불치의 정신질환으로 인해 의사를 표시하는 것이 불가능한 경우 등이 널리 포함된다(☞ 민법 제870조 Ⅳ. 3. 주석 참조).

3) 부모의 동의권 남용이 예외사유에 해당하는지 여부

32 2005. 3. 31. 민법 제908조의2 신설 당시에는 본호의 단서가 "다만, 부모의 친권이 상실되거나 사망 그 밖의 사유로 동의할 수 없는 경우에는 그러하지 아니하다."라고 규정되어 있었다. 그와 관련하여, 친생부모가 정당하지 않은 이유로 동의하지 않음으로써 소위 동의권을 남용하는 경우도 친생부모가 동의할 수 없는 경우에 해당하여 그의 동의 없이 친양자 입양을 할 수 있는지 문제되었다.

33 양자가 될 사람의 부(父)가 이미 이혼으로 인한 재산분할청구권이 소멸하였음에도 불구하고 재산분할금을 받을 것을 조건으로 친양자 입양에 동의하겠다고 주장한 사안에서, 그가 친양자 입양에 동의하지 않은 것은 민법 제908조의2 제1항 제3호가 정한 '사망 그 밖의 사유로 동의할 수 없는 경우'에 해당한다고 본 하급심 판결례가 있다.[20] 이 사안에서 자녀 甲은 혼인하지 않은 A남과 B녀 사이에서 태어난 사람인데, 관련자들의 동의 하에 A남의 누나 C녀와 그 남편 D남 사이에서 태어난 친생자인 것처럼 출생신고되어 C녀

[19] 서울가정법원 2009. 6. 19. 선고 2008드단97686 판결(원고가 항소하였다가 소 취하).
[20] 대구지방법원 가정지원 2009. 12. 4. 자 2009느단496 심판(항소하지 않아 확정).

로부터 양육되어 왔다. C 녀는 D 남과 이혼하고 甲의 친권자 및 양육자로 지정되었다. C 녀는 E 남과 재혼하였고, C 녀와 E 남은 甲을 친양자로 하는 친양자 입양의 청구를 하였다. 甲의 친모 B 녀는 행방불명이고, 친부 A 남은 친양자 입양에 동의하였다. 그런데 D 남은 C 녀로부터 이혼을 원인으로 한 재산분할금을 받을 것을 조건으로 친양자 입양에 동의하겠다고 주장하였다. 이에 대해 법원은 먼저, C 녀와 D 남이 甲에 내하여 허위의 출생신고를 한 것은 입양신고에 해당하므로 C 녀와 D 남은 甲과 양친자 관계에 있다고 보았다. 다음으로, 어떤 부부의 친생자가 다른 부부에게 양자로 입양된 후 다시 다른 부부에게 친양자로 입양되려면 친생부모의 동의와 양부모의 동의가 모두 필요하다고 전제하고, 친생부모 중 모 B 녀는 행방불명 상태이므로 '사망 그 밖의 사유로 동의할 수 없는 경우'에 해당한다고 보았다. 양부모 중 부 D 남은 친양자 입양에 동의하지 않는 것인데, 기록에 나타난 사정에 비추어 보면 D 남은 甲을 양육할 의사가 없고 앞으로도 그러한 상태가 계속될 것으로 예견되므로, 사건본인의 복리라는 관점에서 보면 이는 '사망 그 밖의 사유로 동의할 수 없는 경우'에 해당한다고 보았다. 결론적으로 법원은 이 사건에서 甲을 C 녀와 E 남의 친양자로 하는 심판을 하여, 확정되었다.

34 이에 대하여는 이와 같은 동의권 남용도 부모가 동의할 수 없는 경우로 보아 그 동의 없이 친양자 입양을 할 수 있는지 논란이 있었다. 위 심판에 적용된 민법 제908조의2(2012. 2. 10. 법률 제11300호로 개정되기 전)에는 동의권자인 친생부모의 동의 없이 친양자 입양을 할 수 있는 규정이 없었으나, 현행 민법 제908조의2에는 동의권자 또는 승낙 없이도 친양자 입양의 청구를 인용할 수 있는 규정을 두고 있으므로(민법 제908조의2 제2항), 현재는 입법적으로 해결되었다.

4. 친양자 입양 의사의 합치

35 입양이 성립하기 위해서는 입양의사의 합치가 있어야 함은 당연하다. 따라서 친양자 입양의 성립을 위해서도 양부모와 양자 사이에 친양자 입양에 관한 의사의 합치가 있어야 한다. 양자의 입양의사는 승낙으로 표시된다. 다만, 친양자가 될 사람은 미성년자이므로, 그가 친양자 입양의 승낙을 함에 있어서는 다음과 같이 법정대리인의 관여가 필요하다.

36 친양자가 될 사람의 법정대리인에는 친권을 행사하는 부 또는 모(민법 제910조)

와 미성년후견인(친권자가 없거나, 친권자가 친권상실 또는 친권의 일시정지로 인해 친권을 전부 행사할 수 없거나, 친권자의 친권 중 입양에 관하여 동의 또는 대락할 권한이 제한된 경우이다. 제928조)이 있다. 그 밖에 법정대리인이 될 수 있는 경우로는 보호시설에 있는 미성년자의 후견 직무에 관한 법률에 의한 후견인이 있다(위 법률 제3조, 제6조) (☞ 민법 제869조 Ⅱ. 3. 주석 참조).

가. 양자의 법정대리인의 승낙동의

37 친양자가 될 사람이 13세 이상인 경우에는 법정대리인의 동의를 받아 입양을 승낙하여야 한다(민법 제908조의2 제1항 제4호). 이를 친생부모의 동의(민법 제908조의2 제1항 제3호), 즉 입양동의와 구별하기 위하여 '승낙동의'라고 부르기로 한다.

나. 양자의 법정대리인의 대락

38 친양자가 될 사람이 13세 미만인 경우에는 법정대리인이 그를 갈음하여 입양을 승낙하여야 한다(민법 제908조의2 제1항 제5호).

39 친양자가 될 수 있는 사람은 미성년자뿐이고 미성년자의 법정대리인은 친생부모이므로 친생부모의 동의 요건과 별개로 법정대리인의 승낙 요건을 둔 것은 무의미하다는 견해도 있으나,[21] 친권자로 지정되지 않은 친생부모의 경우나 이미 다른 사람에게 입양된 사람을 친양자 입양하는 경우 등 친생부모가 법정대리인이 아닌 경우가 존재할 수 있으므로, 친생부모의 동의와는 별개로 법정대리인의 승낙은 필요하다.

5. 동의(입양동의, 승낙동의) 또는 대락이 없어도 친양자 입양을 할 수 있는 경우

40 가정법원은 다음 중 어느 하나에 해당하는 경우에는 민법 제908조의2 제1항 제3호에 의한 동의(입양동의), 제4호에 의한 동의(승낙동의), 제5호에 의한 승낙(대락)이 없어도 친양자 입양의 청구를 인용할 수 있다. 그에 해당하는 경우에는 법정대리인이 정당한 이유 없이 동의 또는 승낙을 거부하는 경우(제1호), 친생부모가 자신에게 책임이 있는 사유로 3년 이상 자녀에 대한 부양의무를 이행하지 아니하고 면접교섭을 하지 아니한 경우(제2호), 친생부모가 자녀를 학대 또는 유기하거나 그 밖에 자녀의 복리를 현저히 해친 경우(제3호)가 있다. 이는 법정대리인이나 친생부모의 권리보다 자녀의 복리를 우선하여야 할 사정이 있는 경우에 해당한다.

21 한봉희/백승흠, 가족법, 삼영사(2013), 284~285.

41 또한, 법정대리인의 소재를 알 수 없는 등의 사유로 동의(승낙동의를 말한다) 또는 승낙을 받을 수 없는 경우에도 친양자 입양을 할 수 있다. 이는 미성년자 일반입양에 관한 민법 제869조 제3항 제2호가 친양자 입양에도 준용되기 때문이다(민법 제908조의8).

42 이 경우 가정법원은 동의권자 또는 승낙권자를 심문하여야 한다(민법 제908조의2 제2항).

가. 법정대리인이 정당한 이유 없이 동의 또는 승낙을 거부하는 경우(제1호)

43 법정대리인이 정당한 이유 없이 동의 또는 승낙을 거부하는 경우에는 그의 동의 또는 승낙 없이도 친양자 입양을 할 수 있다. 이 때 법정대리인이 친권자인 경우에는 아래 제2호 또는 제3호의 사유가 있어야 한다. 즉, 본호는 친권자가 아닌 법정대리인에게 적용되므로, 친생부모로서 하는 입양동의가 아니라 법정대리인으로서의 승낙동의가 없는 경우 또는 법정대리인의 대락이 없는 경우에 적용된다.

44 승낙동의 또는 대락을 거부하는 데 정당한 이유가 없는 경우로는, 장기간 법정대리인으로서 마땅히 이행하여야 할 의무를 이행하지 않으면서 권리만을 주장하는 경우 등이 있을 수 있다(☞ 민법 제869조 Ⅱ. 4. 가. 주석 참조).

나. 친생부모가 자신에게 책임 있는 사유로 3년 이상 자녀에 대한 부양의무를 이행하지 않거나 면접교섭을 하지 않은 경우(제2호), 친생부모가 자녀를 학대·유기하는 등으로 자녀의 복리를 현저히 해친 경우(제3호)

45 친생부모가 자신에게 책임 있는 사유로 3년 이상 자녀에 대한 부양의무를 이행하지 않거나 면접교섭을 하지 않은 경우, 친생부모가 자녀를 학대 또는 유기하거나 그 밖에 자녀의 복리를 현저히 해친 경우에는 그의 동의 또는 승낙 없이도 친양자 입양을 할 수 있다.

46 법정대리인에 관한 제1호에 비하여 친생부모에 관한 제2호 및 제3호는 그 동의 또는 승낙 없이도 친양자 입양을 하기 위해서는 가중된 요건을 규정하고 있다. 이는 친양자 입양으로 인하여 자녀와의 관계가 종료되는 친생부모의 동의권 또는 승낙권을 보호하기 위한 것이다. 다시 말해, 친양자 입양은 친생부모와 그 자녀 사이의 친족관계를 완전히 단절시키는 등 친생부모의 지위에 중대한 영향을 미치는 점, 친생부모 역시 헌법 제10조 및 제36조 제1항에 근거한 가족생활에 관한 기본권을 보유하고 있는 점 등에 비추어 볼

때,[22] 친양자 입양에 있어서 친생부모의 동의권을 배제하는 규정인 민법 제908조의2 제2항을 해석함에 있어서는 자녀의 복리를 최우선으로 고려하는 친양자 입양 제도의 입법 목적과 취지를 존중하는 한편 친생부모의 기본권이 부당하게 침해되지 않도록 규범조화적인 해석이 요구된다(실무의 태도).

6. 가정법원의 인용재판

가. 인용재판의 성질

47 친양자 입양을 하려는 사람은 가정법원에 친양자 입양을 청구하여야 한다(민법 제908조의2 제1항 본문). 그 청구를 받아들이는 가정법원의 재판을 민법은 '허가'라고 표현하고 있지는 않으나, 가사소송법은 '민법 제908조의2에 따른 친양자 입양의 허가'라고 표현하고 있으며[가사소송법 제2조 제1항 제2호 가목 12)], 학계에서는 친양자 입양 청구에 대하여 가정법원이 이를 인용하는 재판을 허가로 보고 있다.[23] 그러나 친양자 입양 청구에 대하여 가정법원이 이를 인용하는 재판은 그 재판이 확정됨으로써 바로 친양자 입양의 효과가 발생하는 형성력이 있으므로 미성년자 일반입양에서의 허가심판과는 성격이 다르다.[24]

48 실무에서는 민법의 법문에 충실하게 미성년자 일반입양에서는 인용하는 주문을 "양부모가 양자를 입양하는 것을 허가한다."라고 하는 반면, 친양자 입양에서는 인용하는 주문을 "양자를 양부모의 친양자로 한다."라고 한다.[25]

나. 친양자 입양 인용의 기준

49 가정법원은 친양자가 될 사람의 복리를 위하여 그 양육상황, 친양자 입양의 동기, 양부모의 양육능력, 그 밖의 사정을 고려하여 친양자 입양이 적당하지 아니하다고 인정하는 경우에는 친양자 입양의 청구를 기각할 수 있다(민법 제908조의2 제3항). 즉, 친양자 입양에 있어서도 미성년자 일반입양과 마찬가지로 양자가 될 미성년자의 복리가 판단 기준이 된다(☞ 민법 제867조 V. 주석 참조).

22 헌법재판소 2012. 5. 31. 선고 2010헌바87 전원재판부 결정.
23 주해친족법(제1권)(제2판), 박영사(2025), 991(현소혜).
24 법원실무제요, 가사[Ⅱ], 사법연수원(2021), 978.
25 법원실무제요, 가사[Ⅱ], 사법연수원(2021), 992.

7. 친양자 입양 사건

가. 절차의 성격

50 친양자 입양 사건은 가사소송법상 라류 가사비송사건이다[가사소송법 제2조 제1항 제2호 가목 12)].

나. 당사자

51 양부모가 되려는 사람이 청구인이 되고 친양자가 되려는 사람이 사건본인이 된다.

52 친양자 입양은 원칙적으로 3년 이상 혼인 중인 부부가 공동으로 하여야 하므로(민법 제908조의2 제1항 제1호 본문), 양부모가 되려는 부부 두 명 모두가 청구인이 된다. 다만, 배우자의 친생자를 친양자 입양하는 경우에는 단독으로 친양자 입양을 할 수 있으므로 그 사람이 단독으로 청구인이 된다.

다. 관할

53 친양자 입양 사건은 친양자가 될 사람의 주소지의 가정법원이 관할한다(가사소송법 제44조 제1항 제4호). (☞ 친양자가 될 사람이 외국인인 경우에 관하여는 민법 제867조 Ⅶ. 3. 주석 참조)

라. 청구 시 명백히 할 사항

54 친양자 입양의 청구에는 다음의 사항을 명백히 하여야 한다(가사소송규칙 제62조의2). 친양자가 될 사람의 친생부모가 친양자 입양에 동의한 사실 또는 그 동의가 없는 경우에 민법 제908조의2 제1항 제3호 단서 및 같은 조 제2항 각 호에 해당된다는 것을 나타내는 사정(제1호), 친양자가 될 사람에 대하여 친권을 행사하는 사람으로서 부모 이외의 사람의 이름과 주소와 친양자가 될 사람의 부모의 후견인의 이름과 주소(제2호), 민법 제908조의2 제1항 제4호에 따른 법정대리인의 동의 또는 같은 항 제5호에 따른 법정대리인의 입양승낙, 그 동의 또는 승낙이 없는 경우에는 민법 제908조의2 제2항 각 호에 해당된다는 것을 나타내는 사정(제3호), 사회복지사업법에 의한 사회복지법인의 입양 알선에 의한 청구인 경우에는 해당 사회복지법인의 명칭 및 소재지와 친양자가 될 사람이 보호되고 있는 보장시설의 명칭 및 소재지(제4호)가 그 사항들이다.

55 위 규정은 민법 제908조의2에서 규정하고 있는 각종 동의 등의 요건을 구비하였는지 여부를 심리할 수 있도록 하기 위한 것이다. 위 규정 제4호의 경우

입양특례법에 따른 복지에 관한 사업을 목적으로 하는 사회복지법인(사회복지사업법 제2조 제1호 차.)이 보장시설에 보호의뢰된 자에 대하여 입양을 알선하는 경우 입양특례법에 의한 입양허가 청구를 하지 않고 친양자 입양의 청구를 하는 경우를 상정하여, 관계자의 의견청취 또는 조사의 촉탁을 위하여 해당 사회복지법인의 명칭 및 소재지 등을 제출하도록 한 것이다.

56 다만, 대법원은 아동복지법상 보호대상아동으로 모가 입양에 동의하여 보장시설에 보호의뢰된 아동에 대하여 민법상 친양자 입양을 청구한 사안에서, 그 아동에 대하여는 입양에 관한 민법의 특별법인 입양특례법이 적용되어 그에 따른 입양 청구만이 가능한데, 양부모가 될 사람이 입양특례법에서 정한 입양에 필요한 서류 등을 제출하지 않은 채 민법상 친양자 입양만을 청구하였으므로, 위 입양은 허가될 수 없다고 한 원심결정을 수긍한 예가 있다.[26] 그에 따르면, 입양기관이 보장시설에 보호의뢰된 자에 대하여 입양을 알선하는 경우 입양특례법에 의한 입양허가 청구를 하지 않고 친양자 입양청구를 하는 것은 받아들이기 어렵다고 할 것이다.

57 입양특례법이 2023. 7. 18. 국내입양에 관한 특별법으로 전부 개정됨으로써 종래 입양기관의 장이 담당하던 입양 알선(입양특례법 제21조 제2항)이 원칙적으로 보건복지부장관의 업무가 되고(국내입양에 관한 특별법 제19조 제1항, 제20조 등) 보건복지부장관은 그 업무를 대통령령으로 정하는 바에 따라 아동권리보장원이나 일정 범위의 사회복지법인 및 단체에 위탁할 수 있으므로(국내입양에 관한 특별법 제37조 제1항), 국내입양에 관한 특별법의 시행에 따라 위 규정 제4호의 개정 여부가 검토될 수 있다.

마. 심리

58 친양자 입양 사건은 라류 가사비송사건이므로 원칙적으로 사건관계인을 심문하지 않고 할 수 있다(가사소송법 제45조).

59 그러나 동의권자 또는 승낙권자의 동의 또는 승낙 없이도 친양자 입양의 청구를 인용하는 경우에 가정법원은 동의권자 또는 승낙권자를 심문하여야 하므로(민법 제908조의2 제2항), 이 경우에는 필요적으로 심문기일을 열어야 한다.

26 대법원 2022. 5. 31. 자 2020스514 결정.

바. 자료제공

60 가정법원은 양자가 될 사람의 복리를 위하여 필요하다고 인정하는 경우 양부모에 관한 자료를 제공해 줄 것을 정부 또는 공공단체 등의 기관에 요청할 수 있다. 이 때 제공요청의 대상이 되는 자료는 양부모가 될 사람의 주민등록표 등본·초본(양부모가 될 사람의 주소지 및 가족관계 등을 확인하기 위한 범위), 근로소득자료 및 사업소득자료(양부모가 될 사람의 소득을 확인하기 위한 범위), 범죄경력자료(양부모가 될 사람의 범죄경력을 확인하기 위한 범위), 진료기록자료(양부모가 양육능력과 관련된 질병이나 심신장애를 가지고 있는지 여부와 관련된 범위)이다(가사소송법 제45조의9 제2항 각호). 이 규정은 '입양허가의 절차'라는 표제를 가지고 있으나, 가사소송법은 친양자 입양에 대해서도 '허가'라는 용어를 사용하고 있으므로, 이 규정은 일반입양뿐만 아니라 친양자 입양에도 적용되는 규정이다.[27]

사. 관계자의 의견 청취

61 가정법원은 친양자 입양에 관한 심판을 하기 전에, 친양자가 될 사람이 13세 이상인 경우에는 친양자가 될 사람, 양부모가 될 사람, 친양자가 될 사람의 친생부모, 친양자가 될 사람의 후견인, 친양자가 될 사람에 대하여 친권을 행사하는 사람으로서 부모 이외의 사람, 친양자가 될 사람의 부모의 후견인의 의견을 들어야 한다(가사소송규칙 제62조의3 제1항). 위 경우에 친양자가 될 사람의 친생부모의 사망 그 밖의 사유로 의견을 들을 수 없는 경우에는 최근친 직계존속(동순위가 수인일 때에는 연장자)의 의견을 들어야 한다(가사소송규칙 제62조의3 제2항).

62 의견을 듣는 방식에는 제한이 없다. 즉, 당사자나 참고인으로 심문할 수도 있고, 증인으로 신문할 수도 있으며, 가사조사관으로 하여금 조사하여 보고하게 할 수도 있고, 의견청취서를 발송하여 그 회신을 받거나 진술서를 제출받는 방식으로도 가능하다.[28]

63 가정법원은 위와 같은 사람의 의견을 청취하여야 하나, 그 의견에 구속되는 것은 아니다.[29]

27 같은 취지로, 법원실무제요, 가사[Ⅱ], 사법연수원(2021), 990.
28 법원실무제요, 가사[Ⅱ], 사법연수원(2021), 989.
29 법원실무제요, 가사[Ⅱ], 사법연수원(2021), 989.

아. 미성년자 양육에 관한 교육

64 가정법원은 친양자 입양에 관한 심판을 함에 있어서 필요한 경우 양부모가 될 사람에 대하여 미성년자 양육에 관한 교육을 실시하거나 입양기관, 사회복지기관 등에서 실시하는 미성년자 양육을 위한 교육을 받을 것을 명할 수 있다(가사소송규칙 제62조의9). 그에 관한 가사소송규칙은 2016. 12. 29. 개정으로 신설되어 2017. 2. 1.부터 시행되고 있다. 그에 따라 2017. 10.부터 전국 법원에서 친양자 입양의 청구인 및 그 배우자(친양자 입양의 청구인이 아닌 경우를 말하는바, 친양자 될 사람의 친생부모인 경우가 이에 해당한다)를 대상으로 하여 '민법상 입양부모교육'이라는 명칭으로 집단교육을 실시하고 있다. 그에 관하여 법원은 '보정명령' 또는 '교육명령'의 형식을 이용하여, 당사자에게 미성년자 양육에 관한 교육을 받을 것과 교육받은 후 '입양부모교육 참석확인서'를 제출할 것을 명하고 있다.

자. 심판

65 친양자 입양 청구에 대하여는 심판으로써 제1심 종국재판을 한다(가사소송법 제39조 제1항 본문). 심판에는 당사자와 법정대리인, 주문(主文), 이유, 법원을 기재하게 되어 있으나(가사소송법 제39조 제2항), 라류 가사비송사건의 심판서에는 이유를 적지 아니할 수 있으므로(제39조 제3항), 실무상으로는 이유 기재를 생략하거나 간단하게만 기재하는 것이 통상적이다.

66 친양자 입양을 허가하는 심판은 당사자, 절차에 참가한 이해관계인, 친양자가 될 사람의 친생부모, 친양자가 될 사람의 법정대리인에게 고지하여야 한다(가사소송규칙 제25조, 제62조의4 제1항).

67 고지는 법원이 적당하다고 인정하는 방법으로 하는데(가사소송법 제34조, 비송사건절차법 제18조 제2항 본문), 실무상으로는 대개 심판문 정본을 송달하는 방식으로 한다.

68 가정법원이 청구인 아닌 사람에게 심판문 정본을 송달하여 고지하는 경우 심판문 정본상의 청구인의 주민등록번호, 주소, 등록기준지 등 개인정보의 전부 또는 일부를 삭제하는 등의 조치를 하여 송달할 수 있다(가사소송규칙 제62조의4 제2항).

69 친양자 입양 청구를 기각하거나 각하하는 심판에 대해서는 가사소송법에 특별한 규정이 없으므로, 그 재판을 받은 자 즉 청구인에게 고지한다(가사소송

법 제34조, 비송사건절차법 제18조 제1항 참조).

차. 주문례

70 친양자 입양청구를 인용하는 심판의 주문은 "사건본인을 청구인(들)의 친양자로 한다."로 한다. 이 때 청구인은 양부모가 될 사람이고 사건본인은 친양자가 될 사람이다.

카. 즉시항고

71 친양자 입양을 허가하는 심판에 대하여는 친양자 입양에 관한 심판을 하기 전에 가정법원이 의견을 청취하여야 하는 관계자 중에서 양부모가 될 사람을 제외한 사람이 즉시항고를 할 수 있다. 즉, 친양자가 될 사람으로서 13세 이상인 사람, 친양자가 될 사람의 친생부모, 친양자가 될 사람의 후견인, 친양자가 될 사람에 대하여 친권을 행사하는 사람으로서 부모 이외의 사람, 친양자가 될 사람의 부모의 후견인, 친양자의 친생부모의 사망 등으로 그의 의견을 듣지 못할 경우에는 친양자의 최근친 직계존속(동순위가 수인일 때에는 연장자)이 친양자 입양을 허가하는 심판에 대해 즉시항고를 할 수 있다(가사소송규칙 제62조의5, 제62조의3).

72 친양자 입양 청구를 기각하는 심판에 대해서는 청구인만이 즉시항고를 할 수 있다(가사소송규칙 제27조).

73 즉시항고 기간은 14일로서(가사소송법 제43조 제5항), 청구인이 심판을 고지받은 날부터 즉시항고 기간이 진행한다. 친양자 입양을 허가하는 심판의 경우 즉시항고를 한 사람이 가사소송규칙 제62조의4 제1항에 따라 심판을 고지받는 사람인 경우에는 그가 심판을 고지받은 날로부터 즉시항고기간이 진행하고, 심판을 고지받는 사람이 아닌 경우에는 청구인(청구인이 여러 명일 때에는 최후로 심판을 고지받은 청구인)이 심판을 고지받은 날로부터 즉시항고기간이 진행한다(가사소송규칙 제31조). 친양자 입양 청구를 기각하는 결정의 경우 즉시항고권자는 청구인으로서 심판을 고지받는 사람에 해당하므로, 그 사람이 심판을 고지받은 날부터 즉시항고 기간이 진행한다(가사소송규칙 제31조). 이 경우에는 청구인이 여러 명인 경우더라도 각자 심판을 고지받은 날부터 즉시항고 기간이 진행하고, 최후에 심판을 고지받은 날을 기준으로 할 것은 아니다.

타. 심판의 효력

74 친양자 입양 심판은 즉시항고를 할 수 있는 심판이므로, 확정되어야 효력이 생긴다(가사소송법 제40조 단서). 또한 즉시항고에 의한 불복이 허용되는 심판이므로 그 심판을 한 가정법원이 그 심판이 위법 또는 부당하다고 인정하더라도 이를 스스로 취소 또는 변경할 수 없다(가사소송법 제34조, 비송사건절차법 제19조 제3항). 즉, 친양자 입양 사건에 대한 심판은 형식적 확정력이 있다.

75 친양자 입양 사건에 대한 심판은 기판력이나 집행력이 인정되지 않는 것은 일반입양 사건에 대한 심판과 마찬가지이다(☞ 민법 제867조 Ⅶ. 10. 주석 참조).

76 다만, 일반입양 사건과는 달리 친양자 입양 사건에서는 인용하는 심판은 형성력을 가진다.[30] 즉, 친양자 입양은 가정법원의 인용심판이 확정됨으로써 바로 친양자 입양의 효과를 발생한다.[31]

파. 가족관계등록사무를 처리하는 자에 대한 통지

77 친양자 입양 허가의 심판이 효력을 발생한 때에는 가정법원의 법원서기관, 법원사무관, 법원주사 또는 법원주사보(이들을 합쳐 '법원사무관등'이라고 한다)는 지체없이 당사자 또는 사건본인의 등록기준지의 가족관계등록사무를 처리하는 자에게 그 뜻을 통지하여야 한다(가사소송규칙 제7조 제1항 제3호의2). 일반입양은 그 허가심판이 있더라도 당사자의 입양신고가 있어야 효력을 발생하는 반면, 친양자 입양은 심판이 확정되면 효력을 발생하기 때문에 가족관계등록사무를 처리하는 자에 대한 통지가 필요하다.

하. 사회복지법인 등에 대한 통지

78 친양자 입양에 관한 심판이 확정된 때에는 법원사무관등은 지체 없이 해당 친양자 입양을 알선한 사회복지법인에 대하여 그 내용을 통지하여야 한다. 해당 친양자 입양에 대해서 가정법원으로부터의 촉탁에 응하여 조사를 한 보장시설에 대하여도 마찬가지이다(가사소송규칙 제62조의6). 이는 가족관계등록사무를 처리하는 자에 대한 통지와는 달리, 친양자 입양 청구를 인용하는 심판이나 기각하는 심판 모두를 대상으로 한다.

30 주해친족법(제1권)(제2판), 박영사(2025), 995(현소혜).

31 법원실무제요, 가사[Ⅱ], 사법연수원(2021), 993.

거. 친양자 입양의 신고

79 친양자 입양청구를 인용하는 심판이 확정되면 친양자를 입양하고자 하는 사람은 심판확정일부터 1개월 이내에 재판서의 등본 및 확정증명서를 첨부하여 친양자 입양의 신고를 하여야 한다(가족관계의 등록 등에 관한 법률 제67조, 제61조). 이는 보고적 신고이다.

제 908 조의 3 [친양자 입양의 효력]

① 친양자는 부부의 혼인중 출생자로 본다.

② 친양자의 입양 전의 친족관계는 제908조의2 제1항의 청구에 의한 친양자 입양이 확정된 때에 종료한다. 다만, 부부의 일방이 그 배우자의 친생자를 단독으로 입양한 경우에 있어서의 배우자 및 그 친족과 친생자간의 친족관계는 그러하지 아니하다.

[본조신설 2005. 3. 31.]

[관련조문] 민법 제809조(근친혼 등의 금지), 제877조(입양의 금지), 제882조의2(입양의 효력), 제908조의2(친양자 입양의 요건 등), 제908조의7(친양자 입양의 취소·파양의 효력), 제909조의2(친권자의 지정 등)

[참고문헌] 주해친족법(제1권)(제2판), 박영사(2025); 법원실무제요, 가사[Ⅱ], 사법연수원(2021); 이해일, "민법 개정안상 친양자제도에 관한 연구", 연세법학연구 제7집 제1권, 연세법학연구회(2000)

Ⅰ. 개관

1 민법 제908조의3는 친양자 입양으로 인한 친족관계에 대한 효력을 규정한다.

Ⅱ. 양부모와 친양자의 관계

2 친양자는 부부의 혼인 중 출생자로 본다(민법 제908조의3 제1항). 일반입양은 입양된 때부터 양부모의 친생자와 같은 지위를 가지는 것(민법 제882조의2 제1항)과 차이가 있다. 일반입양과 친양자 입양은 양부모와 양자(친양자) 사이의 관계에 효력상 차이가 있으므로, 일반입양한 자신의 양자를 친양자 입양하는 것을 허용할 수 있다고 보는 견해가 있다(☞ 자세한 사항은 민법 제877조 Ⅳ. 2. 주석 참조).

3 친양자는 양부모의 혼인 중 출생자와 동일한 지위를 가지므로, 친양자 입양 성립과 동시에 양부의 성과 본을 따른다.[1] 친양자 입양신고가 있으면 시(구)·읍·면의 장은 친양자의 가족관계등록부를 폐쇄하고 친양자에 대하여 가족관

[1] 주해친족법(제1권)(제2판), 박영사(2025), 997(현소혜).

계등록부를 재작성하여야 하는데[친양자 입양재판에 따른 사무처리지침(개정 2013. 6. 7. 가족관계등록예규 제373호) 제3조 제1항], 그에 따라 친양자의 가족관계등록부를 재작성함에 있어서 친양자는 양부의 성과 본을 따른다. 다만, 양부모가 혼인신고시 자녀가 모의 성과 본을 따르기로 협의한 경우에는 모의 성과 본을 따른다(위 예규 제4조).

Ⅲ. 입양 전 친족과 친양자의 관계

1. 원칙

4 친양자의 입양 전의 친족관계는 친양자 입양이 확정된 때에 종료한다(민법 제908조의3 제2항 본문). 일반입양은 양자의 입양 전의 친족관계는 존속하는(민법 제882조의2 제2항) 불완전입양에 해당하는 점과 비교하여, 친양자 입양은 입양 전의 친족관계가 종료하는 완전입양에 해당한다. 친양자 입양신고가 있으면 시(구)·읍·면의 장은 친양자의 가족관계등록부를 폐쇄하여야 한다(친양자 입양재판에 따른 사무처리지침 제3조 제1항).

5 일반입양의 경우 입양이 취소되거나 파양되거나 양부모가 모두 사망한 경우 친생부모 일방 또는 쌍방 등은 친생부모 일방 또는 쌍방을 친권자로 지정할 것을 청구할 수 있으나(민법 제909조의2 제2항 본문), 친양자의 양부모가 사망한 경우에는 그러하지 아니하다(제909조의2 제2항 단서). 이는 친양자 입양으로 인하여 입양 전의 친족관계가 종료하기 때문이다. 다만, 친양자 입양이 취소되거나 파양된 때에는 입양 전의 친족관계는 부활하므로(민법 제908조의7 제1항), 그 경우에는 친생부모의 일방 또는 쌍방 등은 친생부모 일방 또는 쌍방을 친권자로 지정할 것을 청구할 수 있다. 즉, 민법 제909조의2 제2항 본문은 친양자 입양의 취소 또는 파양의 경우에도 적용된다.

6 친족관계 종료의 효과는 친양자 입양이 확정된 때부터 장래를 향하여 생기며, 출생시로 소급하지는 않는다.[2] 따라서 입양 전에 존재하던 부양이나 상속 등의 권리의무관계가 소급적으로 변경되는 것은 아니다. 친양자 입양으로 인하여 종료되는 입양 전의 친족관계는 법률상의 친자관계에 한정되고, 자연적·생물학적 혈연관계 자체가 단절되는 것은 아니므로, 근친혼 금지에 관한

2 법원실무제요, 가사[Ⅱ], 사법연수원(2021), 994.

민법 제809조는 여전히 적용된다.[3]

2. 예외

7 부부의 일방이 그 배우자의 친생자를 단독으로 입양한 경우에 있어서 배우자 및 그 친족과 친생자간의 관계는 친양자 입양으로 인하여 종료하지 아니한다(민법 제908조의3 제2항 단서). 이는 입양 전 친족관계가 종료되는 예외를 규정한 것으로 볼 수도 있고, 입양 전 친족관계가 종료되는 범위를 규정한 것으로 볼 수도 있다. 부부의 일방이 그 배우자의 친생자를 친양자로 하고자 하는 경우에는 단독으로 할 수 있으므로(민법 제908조의2 제1항 제1호 단서), 그 배우자와 자녀의 사이에서는 친생부모와 자녀만이 존재하고 양부모가 존재하지 않는다. 따라서 그 관계는 친양자 입양으로 인하여 종료될 친족관계에 해당하지 않는다. 이 경우에는 단독으로 친양자 입양한 양부모에 대응하는 친생부모와 양자가 된 그 친생자 사이의 친족관계만이 종료한다.

3. 인지

8 친양자 입양된 자녀의 생부는 그 자녀의 친양자 입양 후에는 자녀를 인지하지 못하고, 자녀도 생부를 상대로 인지청구를 할 수 없다고 보는 것이 다수설이다.[4] 그러나 이에 대해서는, 생부가 자녀를 인지하기 전에는 부자관계 자체가 성립되지 않으므로 친양자 입양으로 단절될 친족관계가 없다고 하여, 다른 사람에게 친양자 입양된 자녀를 인지하는 것을 부정할 이유가 없다고 보는 견해가 있다.[5] 반면 친양자 입양이 아니라 일반입양된 자녀에 대한 인지는 가능하다. 친생자가 아닌 자에 대한 인지에 입양의 효력이 있는 경우에도 그 자녀는 곧바로 생부모를 상대로 인지청구를 할 수 있고, 인지청구를 하기 전에 먼저 허위의 인지신고로 기록된 가족관계등록부상 친생자관계를 양친자관계로 정정하여야 하는 것은 아니라고 본 판례가 있다.[6]

3 주해친족법(제1권)(제2판), 박영사(2025), 998(현소혜).
4 법원실무제요, 가사[Ⅱ], 사법연수원(2021), 995.
5 주해친족법(제1권)(제2판), 박영사(2025), 999(현소혜).
6 대법원 2022. 7. 28. 선고 2022므11621 판결.

4. 면접교섭

9 친양자 입양이 성립한 후 친생부모가 자녀와 면접교섭을 할 수 있는지에 관하여, 친양자 제도의 입법취지에 비추어 원칙적으로 부정하는 것이 타당하다고 본다.[7] 다만, 자녀가 친생부모와 만나기를 원하는 등 자녀의 복리를 위하여 면접교섭권을 인정할 특별한 사정이 있는 경우에는 예외적으로 면접교섭을 허용할 수도 있다.[8]

5. 친생부인 또는 친생자관계부존재확인

10 친양자 입양 전의 친자관계에 대하여 친양자 입양 성립 후에 친생부인 또는 친생자관계부존재확인으로 다툴 수 있는지에 관하여 견해가 대립된다. 친생부인과 친생자관계부존재확인 모두 다른 소송요건을 갖추는 한 허용된다는 견해,[9] 친생부인의 소는 허용될 수 없으나 친생자관계부존재확인의 소는 확인의 이익이 있는 한 허용된다는 견해,[10] 친생부인과 친생자관계부존재확인 모두 허용될 수 없다는 견해[11]가 있다.

7 같은 견해로 주해친족법(제1권)(제2판), 박영사(2025), 1000(현소혜).
8 법원실무제요, 가사[Ⅱ], 사법연수원(2021), 994~995.
9 주해친족법(제1권)(제2판), 박영사(2025), 999~1000(현소혜).
10 법원실무제요, 가사[Ⅱ], 사법연수원(2021), 995.
11 이해일, "민법 개정안상 친양자제도에 관한 연구", 연세법학연구 제7집 제1권, 연세법학연구회(2000), 168.

제 908 조의 4 [친양자 입양의 취소 등]

① 친양자로 될 사람의 친생의 아버지 또는 어머니는 자신에게 책임이 없는 사유로 인하여 제908조의2 제1항 제3호 단서에 따른 동의를 할 수 없었던 경우에 친양자 입양의 사실을 안 날부터 6개월 안에 가정법원에 친양자 입양의 취소를 청구할 수 있다.

② 친양자 입양에 관하여는 제883조, 제884조를 적용하지 아니한다.

[전문개정 2012. 2. 10.]

[관련조문] 민법 제883조(입양 무효의 원인), 제884조(입양 취소의 원인), 제908조의2(친양자 입양의 요건 등), 제908조의6(준용규정), 제908조의7(친양자 입양의 취소·파양의 효력), 가사소송법 제2조(가정법원의 관장 사항), 제21조(기판력의 주관적 범위에 관한 특칙), 제24조(혼인무효·취소 및 이혼무효·취소의 소의 상대방), 제30조(관할), 제31조(준용규정), 제50조(조정 전치주의), 가사소송규칙 제7조(가족관계등록사무를 처리하는 자에 대한 통지)

[참고문헌] 주해친족법(제1권)(제2판), 박영사(2025); 박동섭/양경승, 친족상속법(제5판), 박영사(2020); 법원실무제요, 가사[I], 사법연수원(2021); 이해일, "민법 개정안상 친양자제도에 관한 연구", 연세법학연구 제7집 제1권, 연세법학연구회(2000); 현소혜, "개정 민법상 입양과 입양특례법상 입양 : 체계정합성의 관점에서", 가족법연구 제27권 제1호, 한국가족법학회(2013)

Ⅰ. 개관

1 민법 제908조의4 제1항은 친양자 입양을 취소할 수 있는 경우를 규정하고 있다. 그에 따르면 친양자 입양을 취소할 수 있는 경우는 친양자로 될 사람의 친생부모가 자신에게 책임이 없는 사유로 인하여 입양동의를 하지 못한 경우이다.

2 민법 제908조의4 제2항은 입양 무효의 원인에 관한 민법 제883조 및 입양 취소의 원인에 관한 제884조를 친양자 입양에는 적용하지 않는다고 정하고 있다. 따라서 민법 제908조의4 제1항에 의한 것 외에는 친양자 입양을 무효로 하거나 취소할 수 없다.

Ⅱ. 친양자 입양 취소의 원인

3 친양자로 될 사람의 친생의 아버지 또는 어머니는 자신에게 책임이 없는 사유로 인하여 민법 제908조의2 제1항 제3호 단서에 따른 동의를 할 수 없었던 경우에 친양자 입양의 취소를 청구할 수 있다(민법 제908조의4 제1항).

4 민법 제908조의2 제1항 제3호는 친양자가 될 사람의 친생부모가 친양자 입양에 동의할 것을 친양자 입양의 요건으로 규정하면서, 그 단서에서 부모가 친권상실의 선고를 받거나 소재를 알 수 없거나 그 밖의 사유로 동의할 수 없는 경우에는 그러하지 아니하다고 하고 있다. 따라서 민법 제908조의2 제1항 제3호 단서에 따른 동의를 할 수 없었던 경우란, 친양자 될 사람의 친생부모가 친권상실의 선고를 받거나 소재를 알 수 없거나 그 밖의 사유로 친양자 입양에 대해 동의할 수 없었던 경우를 말한다. 그 밖의 사유에는 친생부모의 생사불명이나 소재불명도 포함된다고 본 판결례가 있다.[1]

5 친생부모가 동의할 수 없었던 것이 자신에게 책임이 없는 사유로 인한 것이어야 한다. 그러한 경우의 예로는 자녀가 제3자에 의하여 유괴되거나 미아가 됨으로써 그 친생부모가 자녀의 소재를 알지 못하여 친양자 입양에 대해 동의하지 못한 경우 또는 친생부모가 심신상실의 상태에 있었을 경우 등을 들 수 있다.[2] 친생부모가 친권상실선고를 받아 친양자 입양의 동의를 할 수 없었을 때, 친생부모가 스스로 아동을 유기하고 장기간 소재를 감춘 결과 그의 동의를 받을 수 없었던 때는 그의 책임 없는 사유에 해당한다고 볼 수 없다.[3]

Ⅲ. 그 밖의 사유로 인한 친양자 입양의 무효 또는 취소 가능성

6 친양자 입양에 관하여는 민법 제883조, 제884조를 적용하지 아니한다(민법

1 서울가정법원 2009. 6. 19. 선고 2008드단97686 판결(원고가 항소하였다가 소 취하).
2 법원실무제요, 가사[Ⅰ], 사법연수원(2021), 749.
3 주해친족법(제1권)(제2판), 박영사(2025), 1006(현소혜).

제908조의4 제2항). 즉, 일반입양에서의 무효사유 및 취소사유의 규정은 친양자 입양에는 적용되지 않는다. 따라서 민법 제908조의4 제1항에 의하여 친양자의 친생부모가 자신에게 책임 없는 사유로 동의하지 못하였음을 주장하는 경우 외에는 친양자 입양에 대하여 무효 또는 취소를 주장할 수 없다.

7 친양자 입양을 인용하는 가정법원의 심판 없이 친양자 입양을 한 경우 이를 무효로 보아야 한다는 견해가 있는 반면,[4] 친양자 입양이 불성립한 것으로 보아야 한다는 견해가 있다.[5] 친양자 입양에 대한 가정법원의 심판은 형성력을 가지는 심판이므로(☞ 민법 제908조의2 Ⅱ. 6. 주석 참조), 후자의 견해가 타당하다.

8 사기나 강박에 의한 친양자 입양의 경우에는 취소할 수 있다는 견해가 있으나,[6] 이를 취소 원인으로 규정하고 있는 민법 제884조를 친양자 입양에는 적용하지 않는다는 명시적인 규정이 있는 이상 그와 같이 해석할 수는 없다고 보아야 한다.

Ⅳ. 친양자 입양 취소의 효과

9 친양자 입양이 취소된 때에는 친양자관계는 소멸하고 입양 전의 친족관계가 부활한다(민법 제908조의7 제1항). 친양자 입양 취소의 효력은 소급하지 아니한다(제908조의7 제2항).

Ⅴ. 친양자 입양 취소의 소

1. 법적 성질

10 친양자 입양 취소의 소는 나류 가사소송사건이다[가사소송법 제2조 제1항 제1호 나목 13)]. 친양자 입양 취소의 사유가 있더라도 그 존재만으로 친양자 입양의 효과가 부정되는 것은 아니고, 친양자 입양 취소청구권을 행사하여 그 판결이 확정되어야 친양자 입양 취소의 효과가 발생한다. 즉, 친양자 입양 취소의 소는 형성소송이다.

4 박동섭/양경승, 친족상속법(제5판), 박영사(2020), 378.
5 주해친족법(제1권)(제2판), 박영사(2025), 1007(현소혜).
6 이해일, "민법 개정안상 친양자제도에 관한 연구", 연세법학연구 제7집 제1권, 연세법학연구회(2000), 165.

2. 관할

11 친양자 입양 취소의 소는 양부모 중 1명의 보통재판적이 있는 곳의 가정법원의 전속관할로 하고, 양부모가 모두 사망한 경우에는 그 중 1명의 마지막 주소지의 가정법원의 전속관할로 한다(가사소송법 제30조 제2호).

3. 제기권자

12 친양자 입양을 취소할 수 있는 사람은 자신에게 책임 없는 사유로 입양 동의를 할 수 없었던 친생의 아버지 또는 어머니이다(민법 제908조의4 제1항).

13 혼외자를 인지하지 않은 친생부는 친양자 입양 성립 당시에는 동의권을 갖지 못하나, 친양자 입양의 성립 후 인지를 하게 되면 친양자 입양 성립 당시 동의권을 행사할 수 있었던 친생부모에 해당하여 친양자 입양 취소 청구를 할 수 있다고 보는 견해가 있다.[7] 그러나 친양자 입양 후에는 생부는 자녀를 인지하지 못한다고 보는 것이 다수설이므로(☞ 민법 제908조의3 Ⅲ. 3. 주석 참조), 위와 같은 경우를 상정하기는 어렵다고 보인다.

4. 상대방

14 친양자 입양의 당사자가 아닌 제3자가 그 취소의 소를 제기하는 경우이므로, 양부모와 친양자 모두를 상대방으로 하여야 하고, 그 중 어느 한쪽이 사망한 경우에는 생존자를 상대방으로 한다(가사소송법 제31조, 제24조 제2항). 양부모와 친양자 모두가 생존해 있어서 그들 모두를 상대방으로 하여야 하는 경우에는 그들 모두가 피고로서 필수적 공동소송인이 된다.[8] 상대방으로 될 사람이 모두 사망한 경우에는 검사를 상대방으로 한다(가사소송법 제31조, 제24조 제3항).

5. 제척기간

15 친양자 입양 취소의 청구권자는 친양자 입양의 사실을 안 날부터 6개월 안에 그 취소 청구를 할 수 있다. 이는 제척기간에 해당한다. 그 기산점이 되는 '친양자 입양의 사실을 안 날'에 관하여는, 청구권자가 친양자 입양 사실을

7 현소혜, "개정 민법상 입양과 입양특례법상 입양 : 체계정합성의 관점에서", 가족법연구 제27권 제1호, 한국가족법학회(2013), 109~110.

8 법원실무제요, 가사[Ⅰ], 사법연수원(2021), 751.

알면 족하고, 입양 전의 친족관계가 소멸한다는 등의 친양자 입양의 법률효과까지 알아야 하는 것은 아니다.[9]

6. 심리

16 친양자 입양 취소의 소는 나류 가사소송사건이므로 조정 전치주의의 적용을 받는다(가사소송법 제50조 제1항).

17 그러나 친양자 입양에 대해서는 협의상 파양이 허용되지 않기 때문에, 당사자의 합의에 의하여 친양자 입양을 해소할 수는 없다. 따라서 친양자 입양 취소사건에서 조정은 친양자 입양관계를 해소하는 방향으로는 이루어질 수 없고, 친생부모가 친양자 입양에 동의하고 소를 취하하는 방식 등의 조정만이 가능할 것이다.[10]

7. 사정판결

18 민법 제908조의2 제3항은 친양자 입양의 취소에 관하여 이를 준용한다(민법 제908조의6). 따라서 친양자 입양의 취소 사유가 있더라도 그 친양자 입양을 취소하는 것이 친양자의 복리를 위하여 적당하지 않다고 인정하는 때에는 가정법원은 친양자 입양의 취소 청구를 기각할 수 있다.

8. 주문례

19 친양자 입양 취소 청구를 인용하는 판결의 주문은 "○○법원 ○○(사건번호) 친양자 입양 청구사건에 관하여 위 법원이 ○○(심판일) 한 심판에 의하여 양부모와 친양자 사이에 성립한 친양자 입양을 취소한다."로 한다. 양부모와 친양자 모두를 피고로 한 경우에는 위 주문례 중 '양부모와 친양자 사이에' 부분을 '피고들 사이에'로 표시하고, 그들 중 전부 또는 일부가 사망한 경우에는 사망한 사람을 성명, 주민등록번호 및 등록기준지로 특정한다.

9. 판결의 기판력

20 친양자 입양 취소 청구를 인용한 확정판결은 제3자에게도 효력이 있다(가사소송법 제21조 제1항).

21 친양자 입양 취소 청구를 기각 또는 각하한 판결이 확정된 경우에는 다른 제

9 법원실무제요, 가사[I], 사법연수원(2021), 753.
10 법원실무제요, 가사[I], 사법연수원(2021), 752.

소권자는 사실심의 변론종결 전에 참가하지 못한 데 대하여 정당한 사유가 있지 아니하면 다시 소를 제기할 수 없다(가사소송법 제21조 제2항). 따라서 친양자 입양에 대해 친생부모 모두의 동의가 없었다고 주장하는 경우 친생부모 중 한 명이 친양자 입양 취소의 소를 제기하였다면 다른 한 명은 그 소송에 참가하지 못한 데 대하여 정당한 사유가 있지 아니하면 친양자 입양의 소를 다시 제기할 수 없다.

10. 가족관계등록사무를 처리하는 자에 대한 통지

22 친양자 입양 취소청구를 인용한 판결이 확정된 경우 가정법원의 법원서기관, 법원사무관, 법원주사 또는 법원주사보는 지체없이 당사자 또는 사건본인의 등록기준지의 가족관계등록사무를 처리하는 자에게 그 뜻을 통지하여야 한다(가사소송규칙 제7조 제1항 제1호).

11. 재판 확정 후의 친양자 입양취소 신고

23 친양자 입양취소의 재판이 확정된 경우 소를 제기한 사람은 재판의 확정일부터 1개월 이내에 재판서의 등본 및 확정증명서를 첨부하여 친양자 입양취소의 신고를 하여야 한다(가족관계의 등록 등에 관한 법률 제70조, 제69조 제1항). 그 소의 상대방도 재판서의 등본 및 확정증명서를 첨부하여 친양자 입양취소의 재판이 확정된 취지를 신고할 수 있다(가족관계의 등록 등에 관한 법률 제70조, 제69조 제3항).

제 908 조의 5 [친양자의 파양]

① 양친, 친양자, 친생의 부 또는 모나 검사는 다음 각호의 어느 하나의 사유가 있는 경우에는 가정법원에 친양자의 파양을 청구할 수 있다.

1. 양친이 친양자를 학대 또는 유기하거나 그 밖에 친양자의 복리를 현저히 해하는 때
2. 친양자의 양친에 대한 패륜행위로 인하여 친양자관계를 유지시킬 수 없게 된 때

② 제898조 및 제905조의 규정은 친양자의 파양에 관하여 이를 적용하지 아니한다.

[본조신설 2005. 3. 31.]

[관련조문] 민법 제905조(재판상 파양의 원인), 제906조(파양 청구권자), 제907조(파양 청구권의 소멸), 제908조의8(준용규정) , 가사소송법 제2조(관장), 제21조(출생·사망의 동 경유 신고 등), 제24조(신고서 양식), 제30조(법령 규정사항 이외의 기재사항), 제31조(말로 하는 신고 등), 제50조(공공시설에서의 출생)

[참고문헌] 주해친족법(제1권)(제2판), 박영사(2025); 김주수/김상용, 친족·상속법(제20판), 법문사(2024); 법원실무제요, 가사[Ⅰ], 사법연수원(2021); 이해일, "민법 개정안상 친양자제도에 관한 연구", 연세법학연구 7집 1권, 연세법학연구회(2000); 이회규, "친양자법(안)에 관한 고찰", 가족법연구 제15권 제2호, 한국가족법학회(2001); 정광수, "민법상의 친자관계에 관한 연구 : 양자법과 친권법을 중심으로", 강원법학 제13권, 강원대학교 비교법학연구소(2001); 최진섭, "입양에 관한 판례의 쟁점 분석", 법학연구 제21권 제3호, 연세대학교 법학연구소(2011)

Ⅰ. 개관

1 민법 제908조의5는 친양자의 파양에 관하여 규정하고 있다.

2 민법 제908조의5 제1항은 친양자 파양을 청구할 수 있는 경우 및 그 청구권자에 관하여 규정하고 있다. 파양 사유 및 파양 청구권자는 일반입양에서 재판상 파양의 경우와 차이가 있다.

3 민법 제908조의5 제2항은 일반입양에 대한 협의상 파양 및 재판상 파양에 관한 규정이 친양자 입양에는 적용되지 않는다고 밝히고 있다. 따라서 친양자 입양에 있어서는 협의상 파양이 허용되지 않는다.

4 이처럼 친양자 입양에 대하여 협의상 파양을 허용하지 않고 재판상 파양 사유도 일반입양에서보다 제한적으로 규정하고 있는 것은 친양자가 된 양자의 복리를 위한 것이다. 그럼에도 불구하고 민법 제908조의5와 같이 친양자 입양에 대해 재판상 파양을 허용하고 있는 것은 친양자 제도의 입법취지에 부합하지 않으므로 친양자에 대한 재판상 파양제도 자체를 폐지하여야 한다는 비판이 있다.[1]

Ⅱ. 친양자 파양 사유

1. 양친이 친양자를 학대 또는 유기하거나 그 밖에 친양자의 복리를 현저히 해하는 때

5 양친이 친양자를 학대 또는 유기하거나 그 밖에 친양자의 복리를 현저히 해하는 때는 친양자 파양 사유가 된다(민법 제908조의5 제1항 제1호). 이는 일반입양에서도 재판상 파양 사유로 규정되어 있다(민법 제905조 제1호).

6 위 사유에 해당하는 경우로는 양자에 대해 성폭력·가정폭력 등으로 신체적·정신적으로 고통을 가하는 행위, 범죄행위나 추업·구걸 등을 강요하는 행위, 지속적인 모욕을 가하는 행위, 방임, 유기 등이 널리 포함된다(☞ 민법 제905조 Ⅱ. 1. 주석 참조).

7 양친이 이혼하였다거나 경제적 상황이 악화되었다는 사정만으로는 원칙적으

1 정광수, "민법상의 친자관계에 관한 연구 : 양자법과 친권법을 중심으로", 강원법학 제13권, 강원대학교 비교법학연구소(2001), 69.

로 이에 해당한다고 볼 수 없을 것이다.[2] 그러나 배우자의 친생자를 친양자로 입양하였던 양부모가 그 배우자와 이혼하고 친양자와는 아무런 교류 없이 생활하고 있으며 이에 양부모와 친양자 모두 파양을 원하고 있는 등의 사정이 있는 경우에는 친양자 관계를 유지하는 것이 본호에서 정한 친양자의 복리를 현저히 해하는 때에 해당한다고 볼 수 있는 경우도 있다.

8 친양자의 복리를 현저히 해하는 사유가 양부모 중 한쪽에게만 있더라도 다른 한쪽이 그것을 저지할 수 없다면 양쪽 모두에게 파양사유가 있다고 볼 수 있다.[3]

2. 친양자의 양친에 대한 패륜행위로 인하여 친양자관계를 유지시킬 수 없게 된 때

9 친양자의 양친에 대한 패륜행위로 인하여 친양자관계를 유지시킬 수 없게 된 때는 친양자 파양 사유가 된다(민법 제908조의5 제1항 제2호). 일반입양에서는 양자의 행위에 의한 파양사유를 '양부모가 양자로부터 심히 부당한 대우를 받은 경우'로 규정하고 있는 데 반해(민법 제905조 제2호), 양부모의 혼인 중 친생자와 동일한 지위를 가지고 친생부모와의 관계는 단절시킴으로써 안정적인 양친자 관계를 만들고자 하는 친양자 제도의 입법취지상 양자의 행위로 인한 파양을 제한적으로만 인정하는 규정이다. 따라서 본호의 파양사유에 해당하기 위해서는 양자의 패륜행위의 정도가 매우 심각하여야 하고, 일반입양에서의 파양 사유인 양자로부터 심히 부당한 대우를 받은 것만으로는 이에 해당한다고 볼 수 없다.[4] 즉, 본호의 파양사유로 규정된 패륜행위라 함은 친양자가 양친에 대하여 친양자 관계를 유지시킬 수 없을 정도로 모욕, 학대 또는 유기하는 등의 행위를 한 경우를 의미한다.[5]

Ⅲ. 친양자 파양의 청구권자

10 양친, 친양자, 친생의 부 또는 모, 검사는 가정법원에 친양자의 파양을 청구할 수 있다(민법 제908조의5 제1항). 즉, 양친, 친양자, 친생부 또는 친생모, 검사가 재판상 파양의 청구권자이다.

2 주해친족법(제1권)(제2판), 박영사(2025), 1014(현소혜).
3 법원실무제요, 가사[Ⅰ], 사법연수원(2021), 749.
4 주해친족법(제1권)(제2판), 박영사(2025), 1015(현소혜).
5 법원실무제요, 가사[Ⅰ], 사법연수원(2021), 749.

1. 양친

11 양친은 친양자 파양을 청구할 수 있다. 양친이 피성년후견인인 경우에는 민법 제908조의8에 의하여 제906조 제3항이 준용되어 성년후견인의 동의를 얻어 친양자 파양을 청구할 수 있다.[6]

12 부부가 공동으로 친양자 입양을 한 경우 파양도 부부가 공동으로 하여야 하는지 파양을 원하는 사람이 단독으로 할 수 있는지 문제된다. 양부모 중 파양사유가 없는 일방이 친양자를 양육하는 데 문제가 없고 실질적인 친자관계가 형성되어 있다면 파양사유 있는 다른 일방과의 사이에서만 파양청구를 하는 것도 가능하다는 견해[7]와 부부가 반드시 공동으로 파양하여야 한다는 견해[8]가 대립한다. 양부모 일방에게만 파양사유가 있는 경우에는 친권상실선고를 받는 등의 방법으로 친양자의 복리를 실현할 수 있다는 견해도 있다.[9]

2. 친양자

13 친양자는 친양자 파양을 청구할 수 있다.

14 친양자가 13세 미만인 경우 민법 제908조의8에 의하여 제906조 제1항이 준용되어 친양자에 갈음하여 친양자 입양을 승낙하였던 법정대리인이 친양자를 갈음하여 재판상 파양의 청구를 할 수 있다.[10] 친양자가 13세 이상의 미성년자인 경우 제906조 제2항이 준용되어 친양자 입양에 동의한 부모의 동의를 받아 재판상 파양을 청구할 수 있다고 볼 것인지 문제되나, 제906조 제2항은 준용되지 않고 13세 이상 미성년자인 친양자가 단독으로 재판상 파양을 청구할 수 있다고 보는 것이 타당하다.[11] 이미 친족관계가 소멸한 친생부모의 동의를 받아야만 친양자가 파양을 청구할 수 있다고 보는 것은 친양자의 보호에 역행하기 때문이다.

6 주해친족법(제1권)(제2판), 박영사(2025), 1012(현소혜).

7 김주수/김상용, 친족·상속법(제20판), 법문사(2024), 420.

8 이해일, "민법 개정안상 친양자제도에 관한 연구", 연세법학연구 제7집 제1권, 연세법학연구회(2000), 170; 이희규, "친양자법(안)에 관한 고찰", 가족법연구 제15권 제2호, 한국가족법학회(2001), 288; 최진섭, "입양에 관한 판례의 쟁점 분석", 법학연구 제21권 제3호, 연세대학교 법학연구소(2011), 218.

9 주해친족법(제1권)(제2판), 박영사(2025), 1014(현소혜).

10 같은 취지로 법원실무제요, 가사[Ⅰ], 사법연수원(2021), 750~751; 친양자 파양에는 민법 제906조 제1항이 준용되지 않는다고 보아 반대하는 견해로 주해친족법(제1권)(제2판), 박영사(2025), 1012(현소혜).

11 주해친족법(제1권)(제2판), 박영사(2025), 1012(현소혜).

15 친양자가 피성년후견인인 경우에는 민법 제908조의8에 의하여 제906조 제3항이 준용되어 성년후견인의 동의를 받아 파양을 청구할 수 있다.

3. 친생의 부 또는 모

16 친생의 부 또는 모는 친양자 파양을 청구할 수 있다.

17 인지하지 않은 친생부는 친양자 파양을 청구할 수 없다.[12]

4. 검사

18 검사는 친양자 파양을 청구할 수 있다.

19 일반입양에서 검사는 미성년자나 피성년후견인인 양자를 위하여 파양을 청구할 수 있으나(민법 제906조 제4항), 친양자 입양에서 검사가 재판상 파양의 청구인이 될 수 있는 민법 제908조의5의 규정에는 일반입양에서와 같은 제한이 없으므로, 검사는 친양자를 위한 파양뿐만 아니라 양부모를 위한 파양도 청구할 수 있다.

Ⅳ. 친양자 파양 청구권의 소멸

20 친양자 파양 청구권의 소멸에 관하여는 별도의 규정이 없으나, 민법 제908조의8에 의하여 일반입양에 대한 재판상 파양청구권의 소멸에 관한 제907조가 준용된다고 본다.[13] 따라서 친양자 파양 청구권자는 민법 제908조의5 제1항 각 호의 사유가 있음을 안 날부터 6개월, 그 사유가 있었던 날부터 3년이 지나면 파양을 청구할 수 없다.

Ⅴ. 친양자 파양청구

1. 절차의 성격

21 친양자의 파양은 나류 가사소송사건이다[가사소송법 제2조 제1항 제1호 나목 14)].

2. 당사자

가. 청구인

22 청구인은 양부모, 친양자, 친양자의 친생부모, 검사이다.

12 주해친족법(제1권)(제2판), 박영사(2025), 1012~1013(현소혜).
13 주해친족법(제1권)(제2판), 박영사(2025), 1017(현소혜).

나. 상대방

23 양부모 또는 친양자 중 어느 한쪽이 청구인이 되는 경우에는 나머지 당사자를 상대방으로 하고, 양부모나 친양자가 아닌 제3자(친양자의 친생부모, 검사)가 청구인이 되는 경우에는 양부모와 친양자 모두를 상대방으로 한다. 상대방이 될 사람이 사망한 경우에는 검사를 상대방으로 한다(가사소송법 제31조, 제24조).

24 파양은 소급효가 없으므로 양부모 또는 양자가 사망한 경우 재판상 파양이 허용되지 않는다고 보나(☞ 민법 제905조 Ⅳ. 2. 나. 주석 참조), 친양자 파양에서는 위와 같이 상대방이 될 사람이 사망한 경우 검사를 상대방으로 한다는 규정을 두고 있으므로 양부모 또는 친양자가 사망한 경우에도 친양자 파양이 허용된다고 본다. 양부모 A, B가 입양특례법에 따라 양자 C를 입양하였다가 그를 학대하여 사망에 이르게 한 사건이 발생하자 검사가 A, B를 상대로 하여 A, B의 망 C에 대한 친양자 입양의 파양을 청구한 사건에 대하여, 검사가 친양자 파양의 소를 제기할 때에는 양부모와 친양자 모두를 상대방으로 하고 친양자가 사망한 경우에는 양부모를 상대방으로 한다고 설시하면서 검사의 청구를 받아들여 "피고 A, B와 망 C는 친양자관계를 파양한다."고 선고한 하급심 판결례가 있다.[14]

3. 관할

25 친양자 파양의 소는 양부모 중 1명의 보통재판적이 있는 곳의 가정법원의 전속관할로 하고, 양부모가 모두 사망한 경우에는 그 중 1명의 마지막 주소지의 가정법원의 전속관할로 한다(가사소송법 제30조 제4호).

4. 심리

26 친양자 파양의 소는 나류 가사소송사건이므로 조정 전치주의의 적용을 받는다(가사소송법 제50조 제1항).

27 그러나 친양자 입양에 대해서는 협의상 파양이 허용되지 않기 때문에, 당사자의 합의에 의하여 친양자 입양을 해소할 수는 없다. 따라서 친양자 파양사건에서 조정은 친양자 입양관계를 해소하는 방향으로는 이루어질 수 없고,

14 대구가정법원 2017. 4. 28. 선고 2016드단10317 판결(항소하지 않아 확정).

양부모가 친양자의 패륜행위를 용서하고 파양의 소를 취하하는 경우 등을 생각해 볼 수 있을 것이다.[15]

5. 주문례

28 친양자 파양청구를 인용하는 판결의 주문은 "양부모와 양자는 친양자를 파양한다."로 한다. 양부모 또는 친양자가 사건의 당사자로 된 경우에는 '원고' 또는 '피고'로 지칭되고, 그렇지 않은 경우에는 성명, 주민등록번호 및 등록기준지로 특정된다.

6. 판결의 기판력

29 친양자 파양 청구를 인용한 확정판결은 제3자에게도 효력이 있다(가사소송법 제21조 제1항).

30 친양자 파양 청구를 기각 또는 각하한 판결이 확정된 경우에는 다른 제소권자는 사실심의 변론종결 전에 참가하지 못한 데 대하여 정당한 사유가 있지 아니하면 다시 소를 제기할 수 없다(가사소송법 제21조 제2항). 그러나 친양자 파양 청구가 기각 또는 각하한 판결이 확정된 후 다시 파양 사유가 발생하면 제소권자는 다시 소를 제기할 수 있다.

7. 가족관계등록사무를 처리하는 자에 대한 통지

31 친양자 파양청구를 인용한 판결이 확정된 경우 가정법원의 법원서기관, 법원사무관, 법원주사 또는 법원주사보는 지체없이 당사자 또는 사건본인의 등록기준지의 가족관계등록사무를 처리하는 자에게 그 뜻을 통지하여야 한다(가사소송규칙 제7조 제1항 제1호).

8. 재판 확정 후의 친양자 파양 신고

32 친양자 파양의 재판이 확정된 경우 소를 제기한 사람은 재판의 확정일부터 1개월 이내에 재판서의 등본 및 확정증명서를 첨부하여 파양의 신고를 하여야 한다(가족관계의 등록 등에 관한 법률 제69조 제1항). 그 소의 상대방도 재판서의 등본 및 확정증명서를 첨부하여 친양자 파양의 재판이 확정된 취지를 신고할 수 있다(가족관계의 등록 등에 관한 법률 제69조 제3항).

15 법원실무제요, 가사[I], 사법연수원(2021), 752~753.

제 908 조의 6 [준용규정]

제908조의2 제3항은 친양자 입양의 취소 또는 제908조의5 제1항 제2호에 따른 파양의 청구에 관하여 이를 준용한다. <개정 2012. 2. 10>

[본조신설 2005. 3. 31.]

[관련조문] 민법 제908조의2(친양자 입양의 요건 등), 제908조의4(친양자 입양의 취소 등), 제908조의5 (친양자의 파양)

[참고문헌] 주해친족법(제1권)(제2판), 박영사(2025); 권순한, "친양자제도와 남북한 양자법의 통합", 아세아여성법학 재2호, 아세아여성법학연구소(1999)

1 친양자 입양청구에 대해 친양자가 될 사람의 복리를 위하여 그 청구를 기각할 수 있다는 내용의 민법 제908조의2 제3항은 친양자 입양의 취소 또는 친양자의 패륜행위를 원인으로 한 파양의 청구에 준용된다. 따라서 제908조의4 제1항에서 정한 친양자 입양의 취소사유가 있거나 제908조의5 제1항 제2호에서 정한 친양자 파양의 사유가 있는 경우에도, 가정법원이 친양자가 될 사람의 복리를 위하여 여러 사정을 고려하여 친양자 입양의 취소 또는 친양자 파양이 적당하지 아니하다고 인정하는 경우에는 친양자 입양의 취소 또는 친양자 파양의 청구를 기각할 수 있다. 이는 친생부모 또는 양부모의 이익보다 친양자 본인의 이익을 최우선으로 고려하기 위한 조문이다.[1]

[1] 주해친족법(제1권)(제2판), 박영사(2025), 1018(현소혜); 권순한, "친양자제도와 남북한 양자법의 통합", 아세아여성법학 제2호, 아세아여성법학연구소(1999), 185.

제 908 조의 7 [친양자 입양의 취소·파양의 효력]

① 친양자 입양이 취소되거나 파양된 때에는 친양자관계는 소멸하고 입양 전의 친족관계는 부활한다.

② 제1항의 경우에 친양자 입양의 취소의 효력은 소급하지 아니한다.

[본조신설 2005. 3. 31.]

[관련조문] 민법 제824조(혼인취소의 효력), 제897조(준용규정), 제909조의2(친권자의 지정 등)

[참고문헌] 주해친족법(제1권)(제2판), 박영사(2025)

1 민법 제908조의7는 친양자 입양이 취소되거나 파양된 때의 효력에 관하여 규정한다. 제1항은 친양자 입양에 의한 친족관계와 입양 전 친족관계의 변동에 관하여 규정하고, 제2항은 친양자 입양 취소 효력의 시간적 범위를 규정한다.

Ⅰ. 친양자 입양 취소 또는 파양의 효력

1. 친양자관계의 소멸

2 친양자 입양이 취소되거나 파양된 때에는 친양자관계는 소멸한다.

2. 입양 전 친족관계의 부활

3 친양자 입양이 취소되거나 파양된 때에는, 친양자 입양으로 인하여 종료되었던 친양자의 입양 전의 친족관계가 부활한다. 그러나 입양 전 부모의 친권이 자동적으로 부활하는 것은 아니고, 친생부모의 일방 또는 쌍방, 미성년자, 미성년자의 친족이 일정 기간 내에 가정법원에 친생부모의 일방 또는 쌍방을 친권자로 지정할 것을 청구하여야 하고(민법 제909조의2 제2항 본문), 그러한 친권자 지정 청구가 없으면 가정법원이 직권 또는 일정한 사람의 청구에 의해 미성년후견인을 선임할 수 있다(제909조의2 제3항).

4 종전 일반입양이 된 상태에서 친양자 입양이 이루어졌다가 친양자 입양이 파양된 경우에는 일반입양이 부활하게 된다.[1] 따라서 그 경우에는 파양한 친양자의 가족관계등록부의 양부모란에 일반입양의 양부모의 성명 등 특정등록사항을 부활 기록하여야 하고, 일반입양의 양부모의 가족관계등록부의 양자란에도 파양한 친양자의 성명 등 특정등록사항을 기록하여야 한다[친양자 입양재판에 따른 사무처리지침(개정 2013. 6. 7. 가족관계등록예규 제373호) 제13조 제1항·제2항]. 그러나 위 사무처리지침에 따르면, 일반입양이 부활하는 것은 일반입양의 양부모와 친양자 입양의 양부모가 다른 경우를 말한다. 만약 친양자 입양 전의 양부모와 친양자 입양의 양부모가 동일인인 경우에는 친생부모와의 친족관계만을 부활기록하고 일반입양관계는 부활기록하지 않는다(친양자 입양재판에 따른 사무처리지침 제13조 제3항).

5 친양자 입양이 취소되거나 파양되면 친양자의 성과 본은 원래의 성과 본으로 정정된다. 가족관계등록예규상으로도 친양자 입양이 취소되거나 파양되면 친양자의 성과 본을 원래의 성과 본으로 정정하여 기록하도록 규정되어 있다(친양자 입양재판에 따른 사무처리지침 제10조, 제14조).

Ⅱ. 친양자 입양 취소 효력의 시간적 범위

6 친양자 입양 취소의 효력은 소급하지 아니한다. 일반입양 취소의 효력도 소급하지 않는 것(민법 제897조, 824조)과 동일하다.

1 주해친족법(제1권)(제2판), 박영사(2025), 1020(현소혜).

제 908 조의 8 [준용규정]

친양자에 관하여 이 관에 특별한 규정이 있는 경우를 제외하고는 그 성질에 반하지 아니하는 범위 안에서 양자에 관한 규정을 준용한다.

[본조신설 2005. 3. 31.]

[관련조문] 민법 제806조(약혼해제와 손해배상청구권), 제866조(입양을 할 능력), 제867조(미성년자의 입양에 대한 가정법원의 허가), 제869조(입양의 의사표시), 제870조(미성년자 입양에 대한 부모의 동의), 제871조(성년자 입양에 대한 부모의 동의), 제873조(피성년후견인의 입양), 제874조(부부의 공동 입양 등), 제877조(입양의 금지), 제878조(입양의 성립), 제881조(입양 신고의 심사), 제882조(외국에서의 입양 신고), 제882조의2입양의 효력), 제883조(입양 무효의 원인), 제908조(준용규정), 제908조의2(친양자 입양의 요건 등), 제908조의3(친양자 입양의 효력), 제908조의4(친양자 입양의 취소 등), 제908조의5(친양자의 파양)

Ⅰ. 개관

1 친양자 입양은 일반입양의 특별규정에 해당하므로, 친양자에 관하여 특별히 달리 정한 경우 외에는 일반입양에 관한 규정이 준용된다.

Ⅱ. 양자에 관한 규정이 준용되지 않는 경우

2 친양자에 관하여 일반입양에 관한 규정이 준용되는 경우는, 친양자에 관한 특별한 규정이 없는 동시에 일반입양에 관한 규정이 친양자의 성질에 반하지 않는 경우이다. 따라서, 일반입양에 관한 규정 중에서 친양자에 준용되지 않는 것은 친양자에 관하여 특별한 규정이 있거나, 친양자의 성질에 반하는 경우이다.

1. 친양자에 관하여 특별한 규정이 있는 경우

3 민법 제867조, 제869조 제1항·제2항·제3항 제1호·제4항, 제870조는 준용되지 않는다. 친양자 입양의 요건 및 그 청구에 대한 가정법원의 재판에 관하여 제908조의2가 따로 규정하고 있기 때문이다.

4 민법 제873조 제2항은 준용되지 않는다. 친양자 입양 청구에 대한 가정법원의 재판이 제908조의2에 따로 규정되어 있기 때문이다.

5 민법 제874조 제1항은 준용되지 않는다. 제908조의2 제1항 제1호에 규정이 있기 때문이다.

6 민법 제882조의2는 준용되지 않는다. 제908조의3에 규정이 있기 때문이다.

7 입양의 무효 및 취소에 관한 민법 제883조 내지 제897조는 준용되지 않는다. 친양자 입양에서는 제908조의4에서 그 취소에 관한 규정을 두고 있고, 제883조 및 제884조의 적용은 배제하고 있기 때문이다. 다만, 제897조 중에서 입양의 취소에 따른 손해배상책임에 관하여 제806조를 준용하는 부분은 제외된다.

8 협의상 파양에 관한 민법 제898조 내지 제904조는 준용되지 않는다. 친양자 입양에서는 제908조의5에서 제898조의 적용을 배제하고 있기 때문이다.

9 재판상 파양에 관한 민법 제905조는 준용되지 않는다. 친양자 입양에서는 제908조의5에서 제905조의 적용을 배제하고 있기 때문이다.

10 재판상 파양의 청구권자에 관한 민법 제906조 중 제2항·제4항은 준용되지 않는다. 제908조의5에서 별도로 규정하고 있기 때문이다.

2. 친양자의 성질에 반하는 경우

11 민법 제871조는 준용되지 않는다. 친양자가 될 사람은 미성년자여야 하기 때문이다.

12 민법 제873조 중 피성년후견인이 양자가 되는 경우는 친양자 입양에 준용되지 않는다. 친양자가 될 사람이 피성년후견인인 경우는 없기 때문이다.

13 민법 제874조 제2항은 준용되지 않는다. 배우자가 있는 사람은 성년으로 의제되므로 친양자가 될 수 없기 때문이다.

14 민법 제878조, 제881조, 제882조는 친양자 입양에 준용되지 않는다. 친양자 입양은 친양자 입양청구를 인용하는 심판이 확정됨으로써 그 효력을 발생하므로, 친양자 입양의 신고는 일반입양의 신고와 그 성질을 달리 하기 때문이다.

Ⅲ. 양자에 관한 규정이 준용되는 경우

15 준용되지 않는 규정을 뺀 나머지 규정은 친양자에도 준용된다.

16 민법 제866조, 제869조 제3항 제2호, 제869조 제5항, 제870조 제3항, 제873조 (피성년후견인이 양자가 되는 경우는 제외하고, 피성년후견인이 양부모가 되는 경우

만 포함된다), 제877조, 제897조 중에서 입양의 취소에 따른 손해배상책임에 관하여 제806조를 준용하는 부분, 제906조 제1항 본문, 제907조, 제908조는 친양자 입양에 준용된다.

[후론 2] 입양에 관한 특별법

Ⅰ. 입양특례법

1 입양에 관하여 규율하는 법으로 민법 외에도 입양특례법이 있다(☞ 입양특례법의 간략한 연혁에 관하여는 제2절 양자 [총설] 주석 참조.).

2 입양특례법은 요보호아동의 입양에 관한 요건 및 절차에 대한 특례와 지원에 필요한 사항을 정함으로써 양자가 되는 아동의 권익과 복지를 증진하는 것을 목적으로 한다(입양특례법 제1조).

3 입양특례법에 따라 양자가 될 사람은 요보호아동, 즉 18세 미만의 사람으로서 아동복지법 제3조 제4호에 따른 보호대상아동(입양특례법 제2조 제1호·제2호) 중에서 일정한 경우에 해당하여 보장시설이나 입양기관에 보호의뢰된 사람이다(제9조). 위와 같은 아동을 입양하여 양친이 되기 위하여는 일정한 자격을 갖추어야 한다(입양특례법 제10조). 입양특례법 제9조에서 정한 아동을 양자로 하려면 친생부모의 동의를 받아야 하는데(입양특례법 제12조), 그 동의는 아동의 출생일부터 1주일이 지난 후에 이루어져야 하고, 입양동의의 대가로 금전 또는 재산상의 이익 등을 주고받거나 주고받을 것을 약속하여서는 아니 된다(제13조).

4 입양특례법 제9조에서 정한 아동을 입양하려는 경우에는 가정법원의 허가를 받아야 하는데(입양특례법 제11조 제1항), 가정법원은 양자가 될 사람의 복리를 위하여 양친이 될 사람의 입양의 동기와 양육능력, 그 밖의 사정을 고려하여 그 허가를 하지 아니할 수 있다(제11조 제2항). 국내에서 입양특례법 제9조에서 정한 아동을 양자로 하려는 외국인은 가정법원에 입양허가를 신청하여야 한다(입양특례법 제18조). 국외에 거주하는 외국인이 국내에 거주하는 아동을 입양하기 위하여는 입양기관을 통하여 입양절차를 진행하여야 하고(입양특례법 제19조 제2항), 외국인으로부터 입양알선을 의뢰받은 입양기관의 장은 보건복지부장관이 발행한 해외이주허가서를 첨부하여 가정법원에 입양허가를 신청하여야 한다(제19조 제1항).

5 입양특례법에 따른 입양은 가정법원의 인용심판 확정으로 효력이 발생한다(입양특례법 제15조). 입양특례법에 따라 입양된 아동은 민법상 친양자와 동일한 지위를 가진다(입양특례법 제14조).

6 입양아동의 친생의 부 또는 모는 자신에게 책임이 없는 사유로 인하여 입양의 동의를 할 수 없었던 경우에는 입양의 사실을 안 날부터 6개월 안에 가정법원에 입양의 취소를 청구할 수 있다(입양특례법 제16조).

7 양친이 양자를 학대 또는 유기하거나 그 밖에 양자의 복리를 현저히 해하는 경우 또는 양자의 양친에 대한 패륜행위로 인하여 양자관계를 유지시킬 수 없게 된 경우, 양친, 양자, 검사는 가정법원에 파양을 청구할 수 있다(입양특례법 제17조).

Ⅱ. 법률의 개정

8 위에서 본 것과 같이 입양특례법은 요보호아동에 대한 국내입양과 국외입양 전부를 대상으로 하고 있다. 그런데 입양특례법이 2023. 7. 18. 법률 제19555호로 국내입양에 관한 특별법으로 전부개정되면서 보호대상아동[1]의 국내입양[2]만을 규율 대상으로 하게 되었고, 같은 날 법률 제19553호로 국제입양에 관한 법률이 제정되어 국제입양[3]은 별도의 법률로 규율하게 되었다. 국내입양에 관한 특별법과 국제입양에 관한 법률은 모두 2025. 7. 19. 시행 예정이다.

1 입양특례법이 '요보호아동'이라는 용어를 사용하는 반면(입양특례법 제2조 제2호) 국내입양에 관한 특별법은 '보호대상아동'이라는 용어를 사용한다(국내입양에 관한 특별법 제2조 제2호).

2 양부모가 되려는 사람의 일상거소와 아동의 일상거소가 모두 대한민국에 있어, 입양의 결과로 아동의 일상거소가 다른 국가로 이동하지 아니하는 경우의 입양을 말한다(국내입양에 관한 특별법 제2조 제4호).

3 입양특례법이 '국외입양'이라는 용어를 사용하는 반면(입양특례법 제18조, 제19조 등) 국제입양에 관한 법률은 '국제입양'이라는 용어를 사용한다(국제입양에 관한 법률 제2조 제6호). 입양특례법은 '국외입양'에 관한 정의 규정을 두고 있지 않는 반면, 국제입양에 관한 법률은 '국제입양'을 ① 외국으로의 입양(양부모가 되려는 사람의 쌍방 또는 일방의 일상거소가 외국에 있고, 아동이 입양되기 위하여 또는 입양의 결과로 일상거소를 대한민국에서 외국으로 이동하는 경우의 입양) 또는 ② 국내로의 입양(양부모가 되려는 사람의 쌍방 또는 일방의 일상거소가 대한민국에 있고, 아동이 입양되기 위하여 또는 입양의 결과로 일상거소를 외국에서 대한민국으로 이동하는 경우의 입양)으로 정의한다(국제입양에 관한 법률 제2조 제6호).

Ⅲ. 국내입양에 관한 특별법

9 국내입양에 관한 특별법은 보호대상아동의 국내입양에 관한 요건 및 절차 등에 대한 특례와 그 지원에 필요한 사항을 정함으로써 양자가 되는 사람과 입양가정의 권익과 복지를 증진하고, 아동 최선의 이익 원칙에 따라 보호대상아동의 국내입양을 활성화하는 것을 목적으로 한다(국내입양에 관한 특별법 제1조).

10 양자가 될 아동은 아동복지법 제3조 제4호에 따른 보호대상아동으로서 시·도지사 또는 시장·군수·구청장(자치구의 구청장을 말한다. 이하 시·도지사 또는 시장·군수·구청장은 "시·도지사 등"이라 한다)이 아동복지법 제15조 제1항 제6호에 따른 보호조치로서 입양이 해당 아동에게 최선이 이익이 된다고 결정한 아동이어야 한다(국내입양에 관한 특별법 제13조 제1항, 제2조 제2호).

11 양부모가 되려는 사람은 보건복지부장관에게 신청하여야 한다(국내입양에 관한 특별법 제19조 제1항). 위 신청을 받은 보건복지부장관은 양부모가 되려는 사람이 양부모가 될 자격을 갖추었는지를 확인하기 위하여 상담 및 가정환경 조사 등을 실시하고 그에 대한 보고서를 작성하여야 한다(국내입양에 관한 특별법 제19조 제2항). 보건복지부장관은 입양정책위원회의 심의·의결을 거쳐 양부모가 될 사람과 양자가 될 아동을 결연한다(국내입양에 관한 특별법 제20조). 그 후 양부모가 되려는 사람이 양자가 될 아동의 주소지를 관할하는 가정법원의 입양허가를 받아야 한다(국내입양에 관한 특별법 제21조).

12 이처럼 국내입양에 관한 특별법은 종래 요보호아동에 대한 입양과 입양절차 동안의 보호가 입양기관의 주도 하에 이루어지던 것을 보건복지부장관이 입양절차를 주도하는 한편 입양절차 중 양자가 될 아동의 보호는 시·도지사등이 맡는 것으로 개편함으로써 보호대상아동의 입양에 대한 국가와 지방자치단체의 공적 책임을 강화하였다.

13 입양의 요건 및 절차 등을 중심으로 입양특례법과 국내입양에 관한 특별법을 간략히 비교하면 다음과 같다.

	입양특례법	국내입양에 관한 특별법
법의 적용대상	요보호아동의 입양 (제 1 조)	보호대상아동(=요보호아동)의 국내입양(양부모와 양자의 일상거소가 모두 국내에 있는 입양) (제 1 조)
민법과의 관계	입양에 관해 본법에 특별히 규정한 사항 외는 민법에 따름 (제 42 조)	보호대상아동의 국내입양에 관해 본법에 특별히 규정한 사항 외는 민법에 따름 (제 9 조)
입양절차 관여자	입양기관의 장 - 입양 알선(아동에 대한 입양 의뢰, 양친에 대한 조사 포함), 아동에 대한 후견, 사후서비스 제공 등 (제 21 조 내지 제 25 조 등)	◎ 보건복지부장관 - 양부모가 될 사람의 자격 조사, 결연, 사후서비스 제공, 외국 국적 양부모 또는 양자의 본국법상의 요건 구비 확인을 위한 본국에 대한 협조 요청 등 (제 19 조, 제 20 조, 제 30 조 제 3 항, 제 31 조) ◎ 시·도지사 등 - 양자가 될 아동의 결정 및 입양허가 전까지의 보호(양육상황 점검), 아동에 대한 후견 (제 13 조, 제 14 조)
양자가 될 자격	요보호아동으로서 ① 시·도지사 등이 보장시설에 보호의뢰한 사람 ② 부모 등이 입양에 동의하여 입양기관 등에 보호의뢰한 사람 (제 9 조)	보호대상아동으로서 시·도지사 등이 보호조치로서 입양이 해당 아동에게 최선의 이익이 된다고 결정한 아동 (제 13 조 제 1 항)
양부모가 될 자격	부양능력 등의 요건을 갖추어야 하는 등의 요건 구비 필요 (제 10 조)	◎ 안정적 양육 환경을 제공할 수 있는 등의 요건 구비 필요 (제 18 조) ◎ 외국인인 경우 본국법에 따른 요건도 구비해야 함 (제 30 조 제 1 항)
입양에 대한 양자의 의사표시	입양될 아동이 13 세 이상인 경우 동의 필요 (제 12 조 제 4 항)	◎ 양자가 될 아동(13 세 이상)이 법정대리인의 동의를 받아 승낙하거나, 법정대리인이 아동(13 세 미만)

		을 대신하여 입양을 승낙 (제 15 조 제 1 항) ◎ 아동의 본국법에 따른 동의 및 승낙 (제 30 조 제 2 항)
입양에 대한 친생부모의 동의	◎ 친생부모의 동의를 받아야 함 ◎ 친생부모가 친권상실되거나 소재불명 등이면 후견인의 동의를 받아야 함 ◎ 입양기관에 보호의뢰된 경우 보호의뢰 시의 입양동의로 갈음할 수 있음 (제 12 조 제 1 항 내지 제 3 항)	◎ 친생부모의 동의를 받아야 함 ◎ 친생부모가 승낙에 대한 동의를 하거나 대락한 경우, 친권상실된 경우, 소재불명 등인 경우 친생부모의 동의 필요 없음 ◎ 친생부모가 부양의무 이행 않거나 학대한 경우 등에는 친생부모가 동의 거부하더라도 입양 허가할 수 있음 (제 16 조)
아동의 의견 청취 보장	규정 없음	아동의 연령과 성숙 정도를 고려하여 아동의 의견을 청취하여야 함 (제 4 조)
입양 절차	양부모가 되려는 사람이 가정법원에 허가를 청구 (제 11 조)→가정법원의 입양허가 (제 11 조)	양부모가 되려는 사람이 보건복지부장관에게 신청 (제 19 조)→보건복지부장관이 결연 (제 20 조)→양부모가 되려는 사람이 결연확인서 등을 갖추어 가정법원에 허가를 청구 (제 21 조)→가정법원의 (직권 또는 신청에 따른 임의적) 임시양육결정 (제 22 조)→가정법원의 입양허가 결정(제 21 조)
임시양육결정	규정 없음	◎ 가정법원은 입양허가에 대한 청구가 있는 경우 입양허가를 청구한 양부모가 되려는 사람의 신청 또는 직권으로 임시양육결정을 할 수 있음 (제 22 조) ◎ 양부모가 되려는 사람이 양자가 될 아동을 양육하기에 저절하

		지 아니한 경우 등의 사유가 있는 경우 가정법원은 입양허가의 청구인, 시·도지사 등, 보건복지부장관의 신청 또는 직권으로 임시양육결정을 취소할 수 있음 (제 23 조)
입양의 효력	민법상 친양자와 동일한 지위 (제 14 조)	민법상 친양자와 동일한 지위 (제 25 조)
입양의 효력 발생	가정법원의 인용심판 확정으로 효력 발생 (제 15 조)	◎ 가정법원의 인용심판 확정으로 효력 발생 (제 26 조 제 1 항) ◎ 가정법원은 보건복지부장관 및 시장·군수·구청장에게 심판 확정 통지 (제 26 조 제 2 항)
아동의 인도	입양기관 또는 부모가 입양허가 결정 후 인도 (제 31 조 제 1 항)	친생부모 등이 입양허가 결정의 확정 또는 임시양육결정 후 직접 인도 (제 27 조)
입양의 취소	◎ 친생부모는 입양 취소청구 할 수 있음 ◎ 가정법원은 입양 취소청구에 대한 판결 확정되면 가정법원 소재지 지방자치단체에 통보 (제 16 조)	◎ 친생부모는 입양 취소청구 할 수 있음 ◎ 가정법원은 양자 의견 청취하여야 함 ◎ 가정법원은 입양 취소 인용판결 확정되면 보건복지부장관 및 양자 주소지 관할 시장·군수·구청장에 통지 (제 28 조)
파양	◎ 양친, 양자, 검사가 파양청구 할 수 있음 ◎ 가정법원은 13 세 이상인 양자의 의견 청취해야 함 ◎ 가정법원은 파양 청구에 대한 판결 확정되면 가정법원 소재지 지방자치단체에 통보(제 17 조)	별도 규정 없음 (민법의 친양자 파양 규정에 따르게 될 것임)

Ⅳ. 국제입양에 관한 법률

14 국제입양에 관한 법률은 국제입양의 요건과 절차에 관한 사항을 정함으로써 국제입양에서 아동의 보호 및 협력에 관한 협약을 이행하고 양자가 되는 사람과 입양가정의 권익과 복지를 증진하는 것을 목적으로 한다(국제입양에 관한 법률 제1조).

15 국제입양에서 아동의 보호 및 협력에 관한 협약(Convention on Protection of Children and Co-operation in Respect of Intercountry Adoption)은 헤이그 국제사법회의가 1993. 5. 29. 채택한 다자간 협약으로서, 우리나라는 2013. 5. 24. 위 협약에 서명하였다. 국제입양에 관한 법률은 위 협약의 국내 발효를 대비하여 제정된 이행법률인 동시에, 위 협약이 적용되지 않는 비체약국으로의 입양 및 비체약국으로부터의 입양도 모두 그 대상으로 삼고 있다.

16 국제입양은 아동이 입양되기 위하여 또는 입양의 결과로 일상거소를 대한민국에서 외국으로 또는 외국에서 대한민국으로 이동하는 입양을 말한다. 국제입양에는 외국으로의 입양(아동의 일상거소가 대한민국에서 외국으로 이동하는 입양)과 국내로의 입양(아동의 일상거소가 외국에서 대한민국으로 이동하는 입양)이 있다(국제입양에 관한 법률 제2조 제6호).

1. 외국으로의 입양

17 외국으로의 입양에서 양자가 될 아동은 보건복지부장관이 국제입양대상아동으로 결정한 아동이거나 부부의 일방이 배우자를 단독으로 국제입양하려는 경우의 그 친생자여야 한다(국제입양에 관한 법률 제7조 제1항).

18 보건복지부장관이 국제입양대상으로 결정한 아동이란 국내입양에 관한 특별법에 따라 양자가 될 아동으로 결정된 아동 중 국제입양이 해당 아동에게 최선의 이익이 된다고 판단되어 입양정책위원회의 심의·의결을 거쳐 결정된 아동을 말한다. 즉 아동복지법의 보호대상아동을 전제로 한다. 보건복지부장관이 국제입양대상아동으로 결정한 아동에 대한 절차는 다음과 같다. 양부모가 되려는 사람은 자신의 일상거소가 있는 국가, 즉 입양국의 중앙당국에 입양신청을 하여야 한다. 보건복지부장관은 입양국(양부모가 될 사람의 일상거소가 있는 국가)의 중앙당국으로부터 양부모가 되려는 사람에 대한 보고서를 수령하면 입양정책위원회의 심의·의결을 거쳐 양부모가 될 자격을 갖추었는지 여부

를 확인하고(국제입양에 관한 법률 제9조 제2항 본문), 그 자격을 갖추었다고 판단한 사람과 양자가 될 아동을 결연하여(제10조 제1항 본문), 국제입양아동보고서, 양자가 될 아동의 승낙 및 친생부모의 동의에 관한 정보, 결연에 관한 정보를 입양국 중앙당국에 송부한 후(제11조 제1항 본문), 상당한 기간 내에 입양국 중앙당국을 통하여 양부모가 될 사람의 해당 아동에 대한 입양 동의 의사를 확인하여야 한다(국제입양에 관한 법률 제11조 제2항). 양부모가 될 사람이 입양에 동의하면 보건복지부장관은 국제입양절차 진행 협의서를 작성하여 입양국 중앙당국에 송부한다(제11조 제3항). 양부모가 될 사람은 이 국제입양절차 진행 협의서 및 그 밖의 서류를 갖추어 양자가 될 아동의 주소지를 관할하는 가정법원의 입양허가를 받아야 한다(국제입양에 관한 법률 제12조 제1항).

19 부부의 일방이 배우자의 친생자를 단독으로 국제입양하는 경우, 즉 이른바 계자입양의 경우에도 양부모가 되려는 사람이 먼저 입양국 중앙당국에 입양신청을 하는 것은 마찬가지이다. 보건복지부장관은 입양국 중앙당국으로부터 그러한 아동의 양부모가 되려는 사람에 대한 보고서를 수령한 경우 해당 아동에 대한 정보를 아동통합정보시스템에 입력·관리하여야 한다(국제입양에 관한 법률 제7조 제3항). 계자입양에 있어서는 입양정책위원회의 심의·의결 및 보건복지부장관의 결연을 생략할 수 있다(국제입양에 관한 법률 제9조 제2항 단서, 제10조 제1항 단서). 보건복지부장관은 양자가 될 아동의 승낙 및 친생부모의 동의에 관한 정보를 입양국 중앙당국에 송부하고(국제입양에 관한 법률 제11조 제1항 단서), 상당한 기간 내에 입양국 중앙당국을 통하여 양부모가 될 사람의 해당 아동에 대한 입양 동의 의사를 확인하여(제11조 제2항). 양부모가 될 사람이 입양에 동의하면 국제입양절차 진행 협의서를 작성하여 입양국 중앙당국에 송부한다(국제입양에 관한 법률 제11조 제3항). 양부모가 될 사람은 이 국제입양절차 진행 협의서 및 그 밖의 서류를 갖추어 양자가 될 아동의 주소지를 관할하는 가정법원의 입양허가를 받아야 한다(국제입양에 관한 법률 제12조 제1항). 요컨대, 계자입양도 국제입양대상아동의 입양과 같은 절차를 따르되, 결연 등의 일부 절차를 생략할 수 있다.

20 종래 입양특례법은 요보호아동의 국외입양, 즉 외국으로의 입양만을 규율하면서, 국외에 거주하는 외국인이 국내에 거주하는 아동을 입양하기 위하여는 입양기관을 통하여 입양절차를 진행하여야 하고, 입양기관이 외국인으로부터

입양알선을 의뢰받아 가정법원에 입양허가를 신청하도록 하였으나, 국제입양에 관한 법률은 국제입양에서 아동의 보호 및 협력에 관한 협약에 따라 출신국의 중앙당국이 될 보건복지부장관이 입양국의 중앙당국과 협의를 거치고 그에 따라 양부모가 될 사람이 가정법원에 입양허가청구를 하도록 규정하고 있다. 한편 계자입양은 종래 입양특례법의 규율 대상에 포함되지 아니하였고 따라서 민법상 미성년자 입양 또는 친양자 입양의 절차에 따랐으나, 국제입양에 관한 법률은 계자를 외국으로 입양하는 경우도 규율 대상에 포함시키면서 일부 절차를 생략할 수 있도록 정하고 있다.

2. 국내로의 입양

21 국내로의 입양에서 양자가 될 아동은 출신국 중앙당국으로부터 양자가 될 자격이 있다고 인정받은 아동이어야 한다(국제입양에 관한 법률 제18조). 외국으로의 입양과는 달리, 양자가 될 자격을 보호대상아동과 배우자의 친생자(계자)의 두 가지로 규정하지 않고 '출신국 중앙당국으로부터 양자가 될 자격이 있다고 인정받은 아동'으로 일원적으로 규정하고 있다. 그에 따라 외국으로의 입양과는 달리 국내로의 입양은 보호대상아동의 입양과 계자입양에 관하여 별도의 절차를 예정하고 있지 않다. 즉, 외국으로의 입양과는 달리 국내로의 입양에서는 계자입양이라고 하여 보호대상아동의 입양보다 절차가 생략 내지 간소화되는 것이 없다.

22 국내로의 입양에서 양부모가 되려는 사람은 보건복지부장관에게 신청을 하여야 한다(국제입양에 관한 법률 제20조 제1항). 그 신청을 받은 보건복지부장관은 양부모가 되려는 사람이 국내입양에 관한 특별법에 따른 양부모가 될 자격을 갖추었는지 확인하기 위하여 상담 및 가정환경 조사 등을 실시하여 보고서를 작성하고(국제입양에 관한 법률 제20조 제2항), 양부모가 될 자격을 갖추었다고 판단되면 그 정보를 출신국 중앙당국에 송부하고(제20조 제4항), 출신국 중앙당국으로부터 양자가 될 아동에 관한 보고서 등을 수령한 때에는 양부모가 되려는 사람에게 해당 아동에 대한 입양 동의 의사를 확인하여 그 사실을 출신국 중앙당국에 전달한다(제21조 제1항). 즉, 국내로의 입양 절차는 외국으로의 입양 절차의 반전으로서, 우리나라가 출신국이 아니라 입양국의 역할을 수행하는 것이 된다.

23 협약 체약국인 출신국의 입양재판 또는 그 밖에 권한 있는 당국의 승인에 의하여 국내로의 입양이 성립하면 우리나라에서도 출신국 법률에 따른 효력이 발생한다(국제입양에 관한 법률 제22조 제1항 본문). 따라서 우리나라에서 별도의 입양허가재판은 필요하지 않다. 다만, 출신국에서 성립한 입양이 기존의 친자관계를 종료시키는 효과를 가지지 아니하는 경우 친생부모가 입양에 의하여 기존의 친자관계를 종료시키는 데 동의하면 양부모의 주소지를 관할하는 가정법원은 양부모의 친양자 입양으로의 효력 변경 청구에 따라 출신국에서 성립한 입양을 친양자 입양으로 전환하는 재판을 할 수 있다(국제입양에 관한 법률 제22조 제1항 단서). 이러한 전환 재판은 입양특례법이나 민법에는 존재하지 않던 제도로서, 국제입양에서 아동의 보호 및 협력에 관한 협약 제27조에 따라 도입된 것이다.

24 협약 비체약국인 출신국의 입양재판에 의하여 국내로의 입양이 성립하면 민사소송법 제217조에 따른 요건, 즉 외국재판의 승인 요건을 갖춘 경우 우리나라에서도 출신국 법률에 따른 효력이 발생한다(국제입양에 관한 법률 제22조 제2항). 따라서 이 경우에도 우리나라에서 별도의 입양허가 재판은 필요하지 않다.

25 협약 비체약국인 출신국에서 입양재판 외의 방법으로 입양이 성립하면 양부모의 주소지를 관할하는 가정법원으로부터 입양 또는 친양자 입양 허가를 받음과 동시에 각각의 허가에 따른 효력이 발생한다(국제입양에 관한 법률 제22조 제3항). 즉 이 경우 우리나라에서 입양허가 재판을 받아야 한다. 이를 위해서는 제20조, 제21조의 절차, 즉 양부모가 될 사람이 보건복지부장관에게 신청을 하여 보건복지부장관이 출신국 중앙당국과 사이에 협의를 거치는 절차를 밟아야 한다. 위 조항에 따라 입양허가 재판을 받은 경우에는 그 재판은 형성력이 없지만 친양자 입양 허가 재판을 받은 경우에는 그 재판은 형성력이 있다고 새겨야 할 것이다.

26 국내로의 입양 절차에 따라 양자가 될 아동이 입양을 위하여 입국하여 가정법원으로부터 입양 또는 친양자 입양 허가를 받은 경우에는 각각의 허가에 따른 효력이 발생한다(국제입양에 관한 법률 제23조 제1문). 즉, 출신국이 협약 체약국인 경우에는 출신국에서 입양재판이나 그 밖에 권한 있는 당국의 승인에 의해 입양이 성립하면 우리나라에서도 효력이 발생하는 것이 원칙이고, 출신국이 협약 비체약국인 경우에도 그 나라가 입양재판에 의하여 입양이

성립하는 제도를 가지고 있다면 그 나라에서 입양재판에 의해 입양이 성립하면 그것이 외국재판의 승인 요건을 갖춘 이상 우리나라에서도 효력을 발생하는 것이 원칙이다. 그러나 출신국에서 입양재판 등으로 입양을 성립시키지 않은 상태에서 아동이 입양을 위하여 입국하면 우리나라 가정법원에서 입양허가를 받을 수 있도록 한 것이 국제입양에 관한 법률 제23조의 취지이다. 국제입양에 관한 법률 제23조의 재판 절차 및 심리에 관하여는 별도로 대법원규칙에 위임하는 규정이 없으므로, 제22조 제3항의 재판(협약 비체약국인 출신국에서 입양재판 외의 방법으로 입양이 성립한 경우에 대한 입양허가 재판)의 절차 및 심리를 준용한다고 보아야 할 것이다.

제 3 절 친권

[총설]

Ⅰ. 친권의 의의

1 민법은 친권의 의의를 직접 규정하지 않지만, 여러 규정(민법 제913조~제920조)을 종합하면, 친권이란 부모가 어버이라는 신분에 의하여 미성년자인 자녀에 대하여 보호하고 교양할 권리와 의무의 총체를 말한다.

2 친권은 법문상 권리의 형식으로 규정되어 있으나, 그 기본적인 본질은 권리의 성격과 의무의 성격이 동전의 양면처럼 병존하고 있으며, 특히 현대에서는 의무로서의 성격이 더 강조되고 있다. 즉 자녀에 대한 지배권이나 부모의 개인적인 이익을 위한 권리가 아니라, 부모가 부모로서의 역할을 성실히 이행함에 있어서 어떠한 방해도 배제할 수 있는 권리이면서도 자녀를 건전하게 양육하여야 하는 의무가 강조되는 '의무성을 지니는 권리'라고 할 수 있다. 우리 대법원 판례[1]에서도 '친권은 미성년인 자의 양육과 감호 및 재산관리를 적절히 함으로써 그의 복리를 확보하도록 하기 위한 부모의 권리이자 의무의 성격을 갖는 것'이라고 정의하고 있다.

Ⅱ. 친권의 내용

3 민법은 친권의 효력으로 신분에 관한 권리·의무로서 자를 보호하고 교양할 권리의무, 거소지정권을 규정하고 있고, 친권자는 자를 부양할 의무를 부담한다. 한편 자를 직접 양육하지 않는 부모의 일방과 자는 상호 면접할 수 있는 권리를 가지는데(민법 제837조의2), 이러한 면접교섭권도 자녀의 성장과 발달을 위하여 필요한 친권의 일종이다.

4 또한 친권자에게는 재산상의 법률행위에 대한 대리권 및 동의권이 있고, 부모의 지위에서 인정되는 일정한 신분상의 법률행위에 대한 동의권도 있다.

5 결국 친권의 본질적 내용은 자를 신체적·정신적으로 건강하게 양육해야 할 의무와 권리이며, 그 구체적인 내용과 범위에 대하여는 친권자의 재량에 맡겨져 있다고 이해된다.

1 대법원 1993. 3. 4. 자 93스3 결정.

제1관 총칙

[총설]

Ⅰ. 친권의 본질과 법적 성격

1. 천부적 자연권성

1 친권은 자연적 혈연관계를 기초로 하여 부모에게 미성년자에 대한 보호 및 교양의 의무를 인정하는 것으로, 천부적 자연권의 성격을 갖는다.

2 따라서 친권은 스스로 포기할 수 없고, 영구적으로 박탈할 수도 없으며, 단지 일정한 경우에는 친권의 상실 또는 일시 정지를 하거나 친권의 일부를 제한하는 선고를 할 수 있고(민법 제924조, 제924조의2), 경우에 따라서는 친권의 내용 중 일부분에 대한 권능을 상실시키는 선고를 하는 것이 가능할 뿐이다(제925조). 그러므로 혼인의 취소나 이혼 또는 부의 인지 등으로 인해 어느 일방을 단독 친권자로 정하는 경우라 할지라도 다른 일방의 친권은 완전히 소멸되는 것이 아니라 단순히 그 행사가 정지될 뿐이라고 해석하여야 할 것이다.

2. 양면성: 권리적 성격과 의무적 성격의 혼합

3 오늘날에 있어서 친권에 관한 법규범의 이념은 '자의 복리'로서, 종래 대가족 제도의 가장권에서 비롯된 친권의 지배적·권리적 요소는 퇴색되고 자를 보호하고 교양할 의무적 측면이 한층 강조되고 있다. 즉 미성년 자녀에 대한 지배권이나 친권자 자신의 이득을 위한 권리가 아닌, 권리적 성격과 의무적 성격의 양면을 동시에 지니고 있는 특수성에 중점을 둔다.

4 우리 민법도 2005. 3. 31. 자 개정으로 "친권을 행사함에 있어서는 자의 복리를 우선적으로 고려해야 한다."는 규정(민법 제912조)을 신설함으로써, 더 이상 친권이 자녀에 대한 지배권이 아니며 자녀의 복리실현을 위하여 부모에게 인정된 의무인 동시에 권리라는 점을 분명히 하고 있다. 또한 친권자의 징계권을 인정하고 있던 민법 제915조 규정을 삭제하는 2021년 민법 개정은 자녀의 복리를 위한 친권으로서의 현대적 경향을 반영하고 있다.

Ⅱ. 친권의 행사 목적: 자녀의 복리

5 '아동의 최선의 이익(The Best Interest of the Child)'의 원칙은 유엔 아동의 권리에 관한 협약[1](Convention on the Rights of the Child, 이하 유엔 아동권리협약이라고 한다)의 기본적 가치를 선언한 일반원칙으로서 아동에 관한 모든 활동에 있어서 아동의 이익이 최우선적으로 고려되어야 함을 의미한다. 유엔 아동권리협약은 1991년부터 국내법으로서의 효력도 인정되고 있기 때문에 위 원칙은 국내법상의 규정 유무를 불문하고 법적 구속력이 인정된다.

6 우리나라에서도 친권을 행사함에 있어 자녀의 복리 원칙은 민법 제912조 제1항에 명문으로 규정되기 전부터 학설·판례에 의하여 널리 인정되어 왔다. 특히 대법원 1985. 2. 26. 선고 84므86 판결에서는 민법에 자의 복리가 규정되어 있지 않음에도 '자의 복리'를 기준으로 제시하고 있으며, 자의 복리를 위해 친권자 개개의 기본권도 경우에 따라서는 제한할 수 있다고 판시하였다.

7 관련하여 대법원 2011. 9. 2. 자 2009스117 전원합의체 결정은 '성전환자의 성별정정을 허가함에 있어 현재 혼인 중에 있거나 성전환자에게 미성년 자녀가 있는 경우에는 성별정정이 허용되지 않는다'고 한 바 있으나, 대법원 2022. 11. 24. 자 2020스616 전원합의체 결정에서 '미성년 자녀를 둔 성전환자도 부모로서 자녀를 보호하고 교양하며(민법 제913조), 친권을 행사할 때에도 자녀의 복리를 우선해야 할 의무가 있으므로(제912조), 미성년 자녀가 있는 성전환자의 성별정정 허가 여부를 판단할 때에는 성전환자의 기본권의 보호와 미성년 자녀의 보호 및 복리와의 조화를 이룰 수 있도록 법익의 균형을 위한 여러 사정들을 종합적으로 고려하여 실질적으로 판단하여야 한다. 따라서 위와 같은 사정들을 고려하여 실질적으로 판단하지 아니한 채 단지 성전환자에게 미성년 자녀가 있다는 사정만을 이유로 성별정정을 불허하여서는 아니 된다'라고 판시하면서 위 대법원 2011. 9. 2. 자 2009스117 전원합의체 결정을 비롯하여 그와 같은 취지의 결정들은 이 결정의 견해에 배치되는 범위에서 모두 변경하였다.

1 유엔 아동권리협약은 아동의 해 10주년이 되는 1989년 11월 20일 총회에서 채택되었으며, 소요 비준 국가수인 20개국이 비준한 1990년 9월 2일에 발효되었다. 우리나라는 1991년 10월 9일 제49회 국무회의의 심의를 거쳐 같은 해 11월 20일 비준서를 유엔사무총장에게 기탁하였으므로, 아동권리 협약 제49조에 따라 '그 날로부터 30일이 경과한' 1991년 12월 20일부터 발효하게 되었다. 정부는 아동권리 협약을 같은 해 12월 23일에 조약 제1072호로서 공포하였으므로, 협약의 국제법적 효력 발효일은 1991년 12월 20일이고, 국내법적 효력발생은 12월 23일이라 할 수 있다.

제 909 조 [친권자]

① 부모는 미성년자인 자의 친권자가 된다. 양자의 경우에는 양부모가 친권자가 된다. <개정 2005. 3. 31.>

② 친권은 부모가 혼인중인 때에는 부모가 공동으로 이를 행사한다. 그러나 부모의 의견이 일치하지 아니하는 경우에는 당사자의 청구에 의하여 가정법원이 이를 정한다.

③ 부모의 일방이 친권을 행사할 수 없을 때에는 다른 일방이 이를 행사한다.

④ 혼인외의 자가 인지된 경우와 부모가 이혼하는 경우에는 부모의 협의로 친권자를 정하여야 하고, 협의할 수 없거나 협의가 이루어지지 아니하는 경우에는 가정법원은 직권으로 또는 당사자의 청구에 따라 친권자를 지정하여야 한다. 다만, 부모의 협의가 자의 복리에 반하는 경우에는 가정법원은 보정을 명하거나 직권으로 친권자를 정한다. <개정 2005. 3. 31., 2007. 12. 21.>

⑤ 가정법원은 혼인의 취소, 재판상 이혼 또는 인지청구의 소의 경우에는 직권으로 친권자를 정한다. <개정 2005. 3. 31>

⑥ 가정법원은 자의 복리를 위하여 필요하다고 인정되는 경우에는 자의 4촌 이내의 친족의 청구에 의하여 정하여진 친권자를 다른 일방으로 변경할 수 있다. <신설 2005. 3. 31.>

[전문개정 1990. 1. 13.]

[관련조문] 민법 제4조(성년), 제772조(양자와의 친계와 촌수), 제781조(자의 성과 본) 제2항, 제826조(부부간의 의무) 제3항, 제826의2(성년의제), 제844조(남편의 친생자의 추정), 제855조(인지), 제911조(미성년자인 자의 법정대리인), 제912조(친권 행사와 친권자 지정의 기준), 제924조(친권의 상실 또는 일시 정지의 선고), 제925조(대리권, 재산관리권 상실의 선고), 제927조(대리권, 관리권의 사퇴와 회복), 제928조(미성년자에 대한 후견의 개시)

[참고문헌] 김주수/김상용, 주석 민법, 친족(3)(제5판), 한국사법행정학회(2016); 김주수/김상용, 친족·상속법(제20판), 법문사(2024); 윤진수, 친족상속법 강의(제5판), 박영사(2023); 지원림, 민법강의(제21판), 홍문사(2024); 이경희/윤부찬, 가족법(11정판), 법원사(2024); 송덕수, 친족상속법(제7판), 박영사(2024); 박동섭·양경승, 친족상속법(제5판), 박영사(2020); 오병철, 친족상속법, 법문사(2024); 신동훈, "가사소송에서의 특별대리인", 재판자료 102집 가정법원사건의 제문제, 법원도서관(2003); 권재문, "친권자의 공백 상황에 대처하기 위한 법정대리인의 결정", 가족법연구 제27권 제1호, 한국가족법학회(2013); 김은아, "친권의 본질과 행사상의 문제", 법학논총 제26권 제2호, 한양대학교(2009); 교수논문집; 엄경천, "이혼시 친권자 공동지정과 친권 일부 제한-친권자 공동지정에 따른 공시방법에 관한 실무상 검토", 가족법연구 제30권 제2호, 한국가족법학회(2016); 이호철, "이혼과 자녀양육에

관한 문제", 판례연구 제30집, (2018); 이수진, "우리 민법에서의 이혼과 공동양육 논의의 재고", 가족법연구 제37권 제1호, 한국가족법학회(2023); 최진섭, "친권자 규정(민법 제909조)의 구조 분석", 아세아여성법전 제5호, 아세아여성법학연구소(2002); 정진아, "이혼 후 양육자 지정 및 그 참작요소 : 공동양육(Joint Custody) 논의를 중심으로 : 대법원 2012. 4. 13. 선고 2011므4665 판결, 대법원 2013. 12. 26. 선고 2013므3383, 3390 판결에 관한 평석", 청연논총 제13집, 사법연수원(2016)

Ⅰ. 의의

1 기본적으로 친권관계의 당사자는 부모와 자녀이다.

2 그러나 경우에 따라서는 부모라 하더라도 자녀를 양육하기에 적합하지 않을 때에는 친권자가 될 수 없는 경우도 있다.

3 이러한 사정을 반영하여 민법 제909조는 '미성년자인 자'가 친권관계의 당사자임을 명시하는 한편(제1항), 친권자의 결정기준 또는 방법(제1항·제4항·제6항)과 친권자가 여러 명인 경우에 이들이 친권을 행사하기 위한 방법(제2항·제3항)을 규정하고 있다.

Ⅱ. 친권관계의 당사자(제1항)

1. 미성년자인 자

4 친권에 따르는 사람은 미성년자인 자(子)이다.

5 미성년자인 자가 친생자인 경우에는 혼인 중의 출생자인지 혼인 외의 출생자인지 묻지 아니한다.

6 친자관계는 기본적으로 혈연을 기초로 하나, 항상 혈연관계와 일치하는 것은 아니어서 생물학적 혈연관계가 있음에도 법률상 친자관계는 없는 경우, 즉 혼

인 외의 출생자로서 인지되지 않은 자는 제외한다. 반면에 생물학적 혈연관계는 없음에도 법률상 친자관계가 형성된 경우, 즉 양자 및 친양자는 포함된다.

7 미성년자인 자이더라도 일정한 경우 친권에 따르지 아니할 수 있는데 민법 제826조의2에서는 미성년자가 혼인[1]한 때에는 성년자로 의제하는 규정을 두어, 혼인한 미성년 자녀는 친권에 따르지 아니한다.

8 한편 성년의제된 자가 미성년의 상태에서 이혼이나 사망 등으로 혼인이 해소되더라도 거래의 안전보호 및 혼인 중의 출생한 자녀의 친권행사 등을 이유로 성년의제의 효과는 유지되는 것으로 보아야 한다.

2. 친권자

가. 원칙: 친생부모(제1항 본문)

9 미성년인 자의 친권자는 친생부모이다. 부모가 혼인 중이든 혼인상태가 아니든 간에 친생의 부모가 자녀의 친권자가 된되며, 부모가 이혼을 하는 경우라 하더라도 친권자임에는 변함이 없다.

10 여기서의 부모는 법적인 의미의 부모로, 모는 출산이라는 사실에 의하여 당연히 법적인 부모가 될 수 있지만, 부는 친생추정 또는 인지의 요건을 갖추어야만 법적인 부모가 될 수 있다.

나. 양자의 친권자(제1항 후단)

11 양자는 양부모가 혼인 중에는 양부모의 공동친권에 따른다. 입양이 성립하면 친생부모는 더 이상 친권을 행사할 수 없게 되는데, 양부모에 의한 자녀 양육은 입양의 본질을 이루는 실질적 요건[2]이기 때문이다.

12 부부의 일방이 배우자의 자녀를 입양한 경우와 같이 부모의 일방은 양친이

1 여기서 혼인은 법률혼만을 의미하고 사실혼은 해당되지 않는다. 신동훈, "가사소송에서의 특별대리인", 재판자료 102집 가정법원사건의 제문제, 법원도서관(2003), 382.

2 대법원 2011. 9. 8. 선고 2009므2321 판결. "당사자가 입양의 의사로 친생자출생신고를 하고 거기에 '입양의 실질적 요건'이 모두 구비되어 있다면 그 형식에 다소 잘못이 있더라도 입양의 효력이 발생하고, 양친자관계는 파양에 의하여 해소될 수 있는 점을 제외하고는 법률적으로 친생자관계와 똑같은 내용을 갖게 되므로, 이 경우 허위의 친생자출생신고는 법률상의 친자관계인 양친자관계를 공시하는 입양신고의 기능을 발휘한다. 그리고 '입양의 실질적 요건'이 구비되어 있다고 하기 위해서는 입양의 합의가 있을 것, 15세 미만자는 법정대리인의 대낙이 있을 것, 양자는 양부모의 존속 또는 연장자가 아닐 것 등 민법 제883조 각 호 소정의 입양 무효사유가 없어야 함은 물론 감호·양육 등 양친자로서의 신분적 생활사실이 반드시 수반되어야 한다(대법원 2001. 5. 24. 선고 2000므1493 전원합의체 판결, 대법원 2010. 3. 11. 선고 2009므4099 판결 등 참조)."

고 다른 일방은 친생친인 경우에 누가 친권자가 되는가의 문제되는데, 이 경우 친생친과 양친이 공동친권자가 된다.[3]

13 다음으로 양친과 친생친이 공동친권자가 된 후에 양친과 친생친이 이혼하였을 경우에 친권자는 누가 될 것인가의 문제가 있다. 민법규정을 문리적으로 해석한다면, 양친과 친생친이 공동으로 친권을 행사한 것은 두 사람이 혼인하고 있었기 때문이며, 혼인이 해소되면 양친의 친권이 친생친의 친권에 우선한다는 민법 제909조 제1항 후단의 원칙에 의하여 당연히 양친이 단독친권자가 된다고 볼 수도 있을 것이다. 그러나 혼인하여 공동친권자가 된 이상은 친권자의 지위에서 양친과 친생친 사이에 우열을 인정해서는 안 되므로, 일반적인 이혼의 경우와 마찬가지로 민법 제909조 제4항과 제5항에 의하여 친권자를 정하는 것이 타당할 것이다.

14 양친과 친생친이 공동친권자가 된 후에 어느 한쪽이 사망한 때에는 다른 일방이 단독친권자가 된다고 해석하여야 할 것[4]이다(민법 제909조 제3항).

Ⅲ. 친권의 행사

1. 친권공동행사의 원칙

가. 공동행사

1) 의미

15 부모가 혼인 중인 때에는 부모가 공동으로 친권을 행사한다.

16 이때 "부모가 친권을 공동으로 행사해야 한다."는 의미에 대하여는 다음과 같이 학설이 나뉜다.

17 친권의 행사가 '부모 공동의 의사'에 기인해야 한다는 뜻이며, 행위 자체가

3 생모의 부의 양자로 입양된 미성년자에 대한 친권행사 제정 1986. 1. 8. (호적선례 제1-226호, 시행). 일본인 부모 사이에서 출생한 미성년자가, 그 부모가 이혼하고 친권자인 생모가 한국인 남자와 재혼한 후, 그 한국인 남자의 양자로 입적된 경우에는, 한국인 양부와 생모가 그 미성년자에 대한 친권을 공동으로 행사한다.

4 호적선례 제200301-2호: 갑남과 이혼한 을녀가 병남과 재혼하여 병남이 을녀의 전혼중 자(子)인 정을 입양하였고, 다시 을녀가 병남과 이혼하면서 자신이 미성년자 정의 친권행사자로 되었으나 그 후 을녀가 사망한 경우 누가 법정대리인이 되는지 여부. 친권행사자로 지정된 친모가 사망한 경우에는 대법원 호적예규 제449-1호의 규정에 의하여 친부가 미성년자인 자(子)에 대하여 친권행사자로 될 것이나, 그 자가 타인의 양자인 경우에는 친부의 친권이 소멸되었다고 볼 것이므로, 사례에서는 양친자관계가 해소되지 않는 한 양부인 병남이 정에 대한 친권자가 될 것이다(2003. 1. 17. 호적 3202-18).

반드시 부모 쌍방의 명의로 되어야 한다는 의미는 아니라는 견해[5]는, 미성년자인 자녀에 대한 친권은 일상생활에서 흔히 발생할 수 있는 것(예금개좌개설, 여권발급 등)이고, 특별한 경우가 아닌 한 다른 일방에게 친권행사에 대한 추정적 승낙이 있거나 묵시적 동의가 있는 경우가 많은데, 이러한 경우까지 무조건 공동행사를 요구하는 것은 현실 일상생활에 맞지 않다는 취지이다.

18 이에 대하여 부모가 의사결정도 공동으로 하고 나아가 표시행위까지 공동으로 해야 한다는 견해[6]는, 미성년의 자의 보호를 크게 고려하여야 한다는 점, 현실적으로 공동명의를 요하지 않는다고 하면 부가 독단적으로 친권을 행사하더라도 모가 이의를 제기하지 못하는 점, 친권의 행사가 과연 부모의 공동의사에 기한 것인지를 확정하기 어려운 점 등을 이유로 공동명의가 필요하다는 입장이다.

19 실제 법률행위에서는 거래안전이 그다지 문제되지 않고 오히려 과도한 규제로 민원이 제기될 우려가 있을 때에는 첫 번째 견해에 따라 실무가 운영되는 경우가 많다. 즉 미성년자의 예금계좌를 개설하거나, 여권발급[7]을 하는 경우에는 일방의 행사만으로도 충분하다. 반대로 친권자의 의무성이 강조될 때에는 '행위의 공동'까지 필요로 하는 경우도 적지 않다. 거래 실무상 은행에서 미성년 자녀의 예금이나 적금 통장을 해약하는 경우에는 부모 모두가 출석하거나 부모 일방이 타방으로부터 위임받았다는 것을 소명해야 하고, 사전에 일방에 의한 여권발급을 부동의하는 서면이 제출되었을 때에는 일방에 의한 미성년자 자녀의 여권 발급이 제한된다.[8]

5 김주수/김상용, 주석 민법, 친족(3)(제5판), 한국사법행정학회(2016), 451; 김주수/김상용, 친족·상속법 제20판, 법문사(2024), 428; 박동섭/·양경승, 친족상속법(제5판), 박영사(2020), 412; 오병철, 친족상속법, 법문사(2024), 203; 지원림, 민법강의(제21판), 홍문사(2024), 1532; 이경희/윤부찬, 가족법(11정판), 법원사(2024), 266.

6 송덕수, 친족상속법(제7판), 박영사(2024), 214; 윤진수, 친족상속법 강의(제5판), 박영사(2023), 252.

7 여권의 경우 발급신청 및 분실신고시에는 법정대리인의 동의가 필요한데 부모가 공동친권을 행사하는 경우에는 부모 모두의 동의를 요하고 있다. 다만 공동친권자 각각의 동의의사표시를 의무화할 경우에는 공동친권자 모두가 민원 창구에 방문하거나 인감증명서 등 추가 증빙서류를 제출하는 등 불편이 야기될 수 있어, 실무적으로는 '법정대리인 동의서'에 공동친권자 모두가 동의하는 것을 전제로 대표자 1명이 서명하여 제출한다(여권법 시행규칙 제4조 제5항 및 부칙 서식 1의2 참조).

8 종전에는 법정대리인의 동의서로 여권발급이 가능하기 때문에 공동친권자 중 일방이 타방 동의 없이 여권을 발급받아 자녀를 출국시키는 것을 완전히 막기 어려웠다. 이에 외교부에서는 2016. 6. 17. '18세 미만 자녀의 여권 발급 등에 대한 공동친권자 부동의 의사표시 관리 업무처리 지침'을 마련하여, 공동친권자가 사전에 일방에 의한 여권발급을 부동의하는 서면을 제출시에는, 외교부가 이 정보를 여권정보통합관리시스템(PICAS)를 통하여 관리하면서, 이후 해당 자녀의 여권 (재)

2) 공동행사의 원칙을 위반한 경우

20 친권공동행사의 원칙에 반하여 공동의 의사가 없이 친권행사를 한 경우, 즉 다른 일방의 동의를 얻지 않고 친권을 행사한 경우에는 일방이 단독명의로 행사하였는지, 아니면 공동명의로 행사하였는지에 따라 달리 해석된다.

가) 일방이 단독명의로 친권을 행사한 경우

21 (1) 우선, 공동친권자인 부모 중 일방이 공동의 의사 없이 '단독명의'로 한 행위는 공동행사의 원칙에 반하는 것이므로 법률효과가 생기지 않는다.

22 즉 부모의 일방이 '단독명의'로 친권자에 대한 대리행위를 하였다면 무권대리행위로서 적법한 추인이 없는 이상 효력이 생기지 않는다.

23 부모의 일방이 미성년자의 법정대리인으로서 미성년자의 법률행위에 단독으로 동의 또는 추인한 경우에도 그 역시 효력을 인정할 수 없으며, 이러한 경우 자녀의 행위는 민법 제5조에 의하여 취소할 수 있다.

24 (2) 이 경우 상대방이 선의 또는 무과실이라면 표현대리가 성립하므로 민법 제126조의 규정에 의하여 상대방은 보호될 수 있는지에 관하여 견해가 나뉘는데, 표현대리가 성립한다는 견해[9]와 부모 중 1인이 공동의 의사결정에 참여하지 않으면 적법한 대리행위가 성립하지 않은 것으로 보아야 한다는 견해[10]도 있다.

나) 일방이 공동명의로 대리하거나 동의한 경우

25 (1) 공동친권자인 부모 중 일방이 '공동명의'로 친권을 행사한 경우에는 원칙적으로 그 효력이 없다.

26 (2) 다만, 제3자는 친권자들이 공동의 의사로 행사한 것으로 신뢰하는 경우가 많으므로, 민법 제920조의2에서 거래의 상대방을 보호하기 위하여 이에 대한 예외를 인정하고 있다. 즉, 부모의 일방이 부모공동명의로 미성년 자녀를 대리하거나 자녀의 법률행위에 동의한 때에는 다른 일방의 의사에 반하는

발급 신청이나 분실신고가 접수되면 위 시스템을 통하여 접수담당자에게 공동친권자 중 한명이 동의하지 않고 있음을 알림으로써, 일방에 의한 여권의 신규(재)발급을 막을 수 있도록 제도를 마련하였다. 그러나 위 제도는 이미 발급된 여권을 실효시키거나 출금을 금지하는 효력은 없어, 공동친권자 중 일방이 임의로 이미 발급한 여권을 이용하여 아이를 데리고 출국하는 것은 막을 수 없다. 따라서 이를 방지하기 위하여 제도개선(가정법원이 당사자의 신청에 따라 자녀의 출국을 금지하는 명령을 하고, 그 결정 내용을 관계기관에 통지하는 방법 등)이 필요하다는 비판이 있다. 이호철, "이혼과 자녀양육에 관한 문제", 판례연구 제30집(2018), 149.

9 김주수/김상용, 친족상속법(제20판), 법문사(2024), 429.

10 이경희/윤부찬, 가족법(11정판), 법원사(2024), 267.

때에도 효력이 있다.

27 그러나 이 경우에도 상대방이 '악의'인 때에는 효력이 생기지 않는다. 이 규정의 목적은 거래의 안전을 보호하는 데 있으므로, 상대방의 선의뿐만 아니라 무과실도 요구된다고 해석하는 견해가 있다.[11] 상대방의 악의·과실은 행위의 무효를 주장하는 자가 입증하여야 한다.[12]

2. 친권행사방법의 결정: 공동친권자 사이의 의견이 일치하지 않는 경우(제2항 단서)

가. 친권행사방법의 심판 청구[가사소송법 제2조 제1항 제2호 가목 13)]

28 공동친권자 사이의 부모의 의견이 일치하지 아니할 경우에는 당사자의 청구에 의하여 '가정법원'이 친권행사의 구체적인 방법을 정한다. 자녀의 복리를 위하여 친권행사의 불가능 상태를 방치할 수 없으므로 가정법원이 후견적으로 개입하여 친권의 행사방법을 결정하도록 한 것이다.

29 이 조문은 공동친권자를 전제로 한 경우이므로, 마류 비송사건인 혼인 외의 자가 인지되거나 부모가 이혼하거나 혼인이 취소된 경우에서의 친권자의 지정(민법 제909조 제4항·제5항)과는 구별된다.

1) 관할

30 라류 비송사건으로 심리와 재판은 가정법원의 전속관할로 하고, 단독판사의 사물관할에 속한다. 토지관할은 부모가 같은 가정법원의 관할구역 내에 보통재판적이 있을 때에는 그 가정법원이, 부모가 마지막으로 같은 주소지를 가졌던 가정법원의 관할구역 내에 부모 중 어느 한쪽의 보통재판적이 있을 때에는 그 가정법원이, 위의 어느 경우에도 해당하지 않는 경우에는 청구인이 아닌 다른 한쪽의 보통재판적이 있는 곳의 가정법원이 관할한다(가사소송법 제44조 제3호, 제22조 제1호·제2호·제3호).

2) 청구권자

31 친권자인 부모 중 어느 한쪽이 청구인이다. 부모가 법률상 혼인관계는 유지되고 있어야 한다.

11 김주수/김상용, 주석 민법, 친족(3)(제5판), 한국사법행정학회(2016), 451; 윤진수, 친족상속법 강의(제5판), 박영사(2023), 252. 이에 대하여 법률이 명백히 악의인 때라고 규정하였으므로 선의이지만 과실이 있는 때를 포함시켜서 해석할 수는 없다는 반대의견이 있다. 송덕수, 친족상속법(제7판), 박영사(2024), 216

12 대법원 2018. 4. 26. 선고 2016다3201 판결.

3) 참가인

32 라류 비송사건이므로 '상대방'이 없다. 따라서 가사소송규칙 제64조에 의하여 청구인이 아닌 친권자를 '참가인'으로 절차에 참가하도록 하여야 한다.

4) 심리와 심판

33 가) 심판청구서에는 어떤 사항에 대하여 친권 행사 방법의 결정을 구하는지를 특정하면 족하고, 당사자가 희망하는 내용은 특정하지 아니하여도 무방하다. 다만 청구원인에는 부모의 의견이 일치하지 아니하게 된 사정이나 원인을 구체적으로 기재한다.

34 나) 구체적인 친권행사 방법의 결정에 관하여는 가정법원의 재량에 맡겨져 있으나, 자녀의 복리를 최우선적으로 고려하여 결정하여야 한다. 가정법원은 당사자가 청구한 특정한 개별 사안에 대하여 구체적으로 친권행사방법을 결정할 수 있을 뿐이고, 전반적인 영역에 대하여 포괄적인 결정을 할 수는 없다.[13]

다) 심판의 고지

35 심판은 당사자와 절차에 참가한 이해관계인에게 고지하여야 하고(가사소송규칙 제25조), 심판을 받을 사람이 심판을 고지 받으면서 효력이 발생한다.

라) 불복

36 청구를 기각한 심판에 대하여는 청구인이 즉시항고를 할 수 있으나(가사소송규칙 제27조), 청구를 인용한 심판에 대하여는 불복이 허용되지 아니한다.[14]

13 윤진수, 친족상속법 강의(제5판), 박영사(2023), 252.

14 인천지방법원 2004. 6. 29. 자 2004브4 결정. 위 사건은 청구인의 청구를 인용한 원심에 대한 상대방의 항고에 대하여 다음의 이유로 각하결정을 하였다.
"청구인과 상대방이 사건본인에 대한 친권을 행사함에 있어서 의견이 일치하지 아니하자 청구인이 인천지방법원 부천지원에 민법 제909조 제2항 단서의 규정에 의한 친권행사방법의 결정을 청구하였고, 위 법원은 2003. 7. 18. 청구인의 청구를 인용하여 청구취지와 같은 내용의 심판을 한 사실은 이 법원에 현저하다.
민법 제909조 제2항 단서의 규정에 의한 친권행사방법의 결정은 라류 가사비송사건에 해당되고(가사소송법 제2조), 가사비송사건에 대한 제1심 종국재판은 심판으로써 하며(같은 법 제39조 본문), 심판에 대하여는 대법원규칙이 따로 정하는 경우에 한하여 즉시항고만을 할 수 있는데(같은 법 제43조), 가사소송규칙은 청구에 의하여서만 심판하여야 할 경우에 그 청구를 기각한 심판에 대하여는 특별한 규정이 있는 경우를 제외하고는 청구인에 한하여 즉시항고를 할 수 없다고 규정하고 있을 뿐(가사소송규칙 제27조), 민법 제909조 제2항 단서의 규정에 의한 친권행사방법의 결정에 관한 심판이 인용된 경우의 상대방의 즉시항고에 관한 아무런 규정이 없으므로 결국 청구를 인용한 원심판에 대하여는 불복이 허용되지 않는다고 할 것이다. 그렇다면 이 사건 항고는 부적법하므로 이를 각하하기로 하여, 주문과 같이 결정한다."

참가인이 불복할 수 있는지에 대하여 보면, 가사소송규칙 제67조에서는 친권행사방법의 결정심판과 관련한 규정이 없어서 참가인은 원칙적으로 항고할 수 없는 것으로 해석된다.

[각급 법원 판결례]

37 [판례] 친권행사자 및 양육자 지정 심판[15]

주문: 1. 참가인은 사건본인들이 캐나다에 거주하고 있는 동안 다음과 같은 사항을 허락한다.

가. 사건본인들이 미국 등 캐나다 이외의 국가로 여행하는 것.

나. 사건본인들이 청구인과 동반하여 미국 등 캐나다 이외의 국가로 여행하는 것.

사실관계 및 법원의 판단: 청구인은 배우자인 상대방[16]과 별거 중 2002. 9. 24.경 사건본인들과 함께 캐나다로 이주하였는데, 사건본인들은 캐나다 소재 학교에 재학 중 수학여행, 운동경기, 클럽활동을 이유로 청구인을 동반하지 않거나 또는 청구인과 동반하여 국경을 넘어 미국 등의 다른 나라로 여행하는 경우가 종종 발생하였다. 그 경우 캐나다, 미국 등의 출입국관리사무소는 ① 미성년자가 부모와 동행하지 않을 경우, ② 미성년자가 부모 중 어느 일방과 동행할 경우에, 동행하지 않는 부모의 동의서 또는 그 미성년자에 대한 양육권을 동행하는 부모에게 부여한 법원의 결정문을 관행적으로 요구한다.

청구인은 한국에 있는 상대방에게 사건본인들이 캐나다에서 원만하게 학교생활을 하고 적절한 교육을 받을 수 있도록 주문례와 같은 동의를 하여 줄 것을 요청하였지만, 상대방은 청구인이 상대방의 친권행사를 방해하고 있다는 이유로 응하지 아니하였다.

위 인정사실에 사건본인들의 연령, 성별, 현재까지의 양육상황, 교육환경, 청구인과 상대방의 혼인생활 그 과정, 직업, 가족관계 등 여러 사정을 종합하여 법원은 주문과 같이 친권행사방법을 정하였다.

38 [판례] 친권행사방법의 결정[17]

주문: 청구인과 참가인은 사건본인(미성년자)이 ○○시 △△아파트 □동 ◇호에서 거주하는 것을 허락한다.

당사자의 주장: 청구인(사건본인의 부)은, 사건본인의 복리를 위하여 청구인의 부

15 대전지방법원 천안지원 2003느단203.

16 위 심판절차에서 친권행사에 동의하지 않는 친권자 일방은 '참가인'이 아닌 '상대방'으로 절차에 참여하였다.

17 청주지방법원 2017. 12. 26. 자 2016느단30095 결정.

모(사건본인의 조부모)의 주거지에서 사건본인이 거주하는 것이 바람직하다고 주장하고, 이에 대하여 참가인(사건본인의 모)은 사건본인이 자신과 거주하는 것이 복리에 부합한다고 다툰다.

법원의 판단: 청구인과 참가인 모두 사건본인에 대한 애정을 가지고 있고, 친권의 행사방법을 정함에 있어 어느 일방의 주장이 반드시 옳다고 단정할 수는 없다.

하지만 기록 및 심문 전체의 취지를 종합하여 알 수 있는 사건본인의 의사, 사건본인인과 조부모와의 정서적 유대관계 및 미성년자인 사건본인을 청구인과 참가인 사이의 분쟁 한가운데 놓기 보다는 그 분쟁에서 다소 떨어져 있는 상태로 조부모와 거주하도록 하는 것이 사건본인의 정서에 도움이 될 것으로 보이는 점(청구인과 참가인이 명확하게 알고 있듯이 갈등관계가 없는 부모의 양육환경에서 사건본인이 성장하는 것이 가장 바람직하고, 이 사건을 통해 청구인과 참가인이 적정한 양육환경을 만들기 위해 노력하는 기회가 되길 바란다), 사건본인이 조부모와 거주하기 시작한지 상당한 시간이 경과하였으므로 이제와 다시 거주환경을 바꾸는 것은 사건본인의 정서에 부정적인 영향이 될 것으로 보이는 점 등을 종합하면, 조부모의 주거지에서 사건본인이 거주하는 것이 사건본인의 복리에 부합한다고 판단된다.

39 [판례] 인천지방법원 부천지원 2003. 7. 18. 자 2003느단220 결정[18]

청구인과 상대방은 사건본인이 이○○(생년월일, 주소지)에 대하여 손해배상 청구의 소를 제기하고 채권보전처분을 함에 있어 청구인이 친권을 행사한다.

다. 평가

위에서 살펴본 바와 같이 하급심 판결례가 있기는 하나, 실제로 이 규정에 의한 청구는 실무적으로는 드문 사례이다. 이 규정에 대하여 친권을 행사하는 것이 자녀의 최선에 부합하는 것인가는 부모 스스로가 정하여야 할 문제이며, 법원에서 관여할 일이 아니므로, 가정 내부에서 해결할 문제를 가정 밖에서 해결을 구한다는 측면에서 오히려 여러 가지 부작용만 생길 수 있다는 비판적인 견해[19]가 있다. 이 견해에 따르면 입법론적으로 부모 공동의 친권의 원칙에서도 친권의 행사는 각자가 단독으로 할 수 있는 것으로 하여, 단독 행사시 발생하는 문제는 대리권 남용이론의 문제로 해결하거나 또는 다른 일방이 취소할 수 있도록 규정을 두어 해결하고, 동의권을 행사한 때에는 부모 일방의 동의만 있으면 완전히 유효한 것으로 입법화하자는 취지이다.

18 이 사건의 항고심(인천지방법원 2004. 6. 29. 자 2004브4 결정)은 상대방의 항고에 대하여 각하 결정을 하였다.

19 최진섭, "친권자 규정(민법 제909조)의 구조 분석", 아세아여성법전 제5호, 아세아여성법학연구소 (2002), 180~181.

그러나 실무적으로 드문 사례이기는 하나, 공동친권자끼리 의사가 상충되는 경우뿐 아니라 미성년자이더라도 10대 중후반으로서 어느 정도 스스로 판단할 수 있는 능력을 가진 경우 그 미성년 자녀의 의사도 존중될 필요가 있는 경우에는 자녀의 복리를 위해서라도 일정 부분 국가의 관여가 필요할 수 있다. 특히 각급 법원 판결례를 보면 공동친권자가 혼인 중이기는 하나 별거 등으로 사실상 혼인이 파탄 상태에 이르렀거나, 감정적인 대립이 심하여 의사합치를 보기 힘든 경우에 이 규정에 의한 청구가 이루어지고 있으므로, 사례가 드물다고 해서 청구의 필요성이 적다고 보기는 어려울 것이다.

3. 친권의 단독행사(제3항)

가. 의의

40 민법 제909조 제3항에서는 친권을 단독으로 행사하는 경우를 규정하고 있는데, 여기서 '부모의 일방이 친권을 행사할 수 없을 때'란 사실상 행사할 수 없는 경우와 법률상 행사할 수 없는 경우를 모두 포함하는 의미로 해석된다.

41 부모의 일방이 사실상 친권을 행사할 수 없는 경우로서는 장기부재, 중환자실 입원, 교도소 수감 등을 생각할 수 있다. 법률상 친권을 행사할 수 없는 경우로는 친권상실선고를 받은 경우(민법 제924조),[20] 친권의 일시정지 선고를 받은 경우(제924), 친권의 일부 제한의 선고를 받은 경우(제924조의2. 이 경우에는 친권이 제한된 범위 내에서는 친권을 행사할 수 없다), 친권행사금지가처분결정을 받은 경우와 성년후견개시 심판(제9조 제1항)을 받은 경우를 포함한다.[21]

나. 효과

42 본항의 효과는 친권 자체를 제한 또는 상실시키는 것이 아니라 그 공동행사에 대한 예외로서 타방에게 단독행사를 할 권한을 부여하는 것이다. 따라서 부모 중 일방에게 친권을 행사할 수 없게 하였던 사유가 해소되면 공동친권자인 부모는 특별한 절차를 거치지 않아도 다시 친권을 공동으로 행사할 수 있다.

20 친권상실은 친권 전부가 완전히 소멸되는 것이므로 친권자의 지위 자체가 박탈되는 것이고 단순히 행사만을 못하는 것은 아니며, 친권상실 후 실권이 회복되어도 자동으로 친권행사가 가능해지는 것이 아니라 법원에 의해 다시 친권자로 지정되는 절차가 필요하다(민법 제927조의2 제2항)는 점에서 친권상실은 여기에 해당되지 않는다고 해석하는 견해가 있다. 오병철, 친족상속법, 법문사(2024), 204.

21 김주수/김상용, 친족상속법(제20판), 법문사(2024), 429.

Ⅳ. 친권자의 지정(제4항·제5항)

1. 혼인 외의 출생자에 대한 친권자의 지정

가. 부가 인지한 경우

43 1) 임의인지의 경우, 즉 부가 스스로 인지하는 경우에는 인지한 부와 생모의 협의로 친권자를 정하여야 한다. 이 경우 단독친권으로 하든 공동친권으로 하든 자유로이 정할 수 있다고 보아야 할 것이다. 그러나 부모가 협의를 할 수 없거나, 협의가 이루어지지 않은 경우에는 가정법원은 직권 또는 당사자의 청구에 의하여 친권자를 지정하여야 한다. 임의인지의 경우에 친권자를 정하는 방법은 협의이혼의 경우와 동일하다.

44 2) 재판상 인지의 경우에는 가정법원이 직권으로 친권자를 정한다(제5항).

45 3) 인지의 경우, 단독의 친권자로 반드시 지정하도록 하는 규정은 존재하지 않고 있다. 즉 생모와 인지한 부가 공동으로 친권을 행사하거나, 한 사람만이 단독으로 행사하는지에 대하여 법률적 제한은 없으므로, 당사자의 협의 또는 가정법원의 직권으로 공동친권으로 정하는 것은 충분히 가능하다.

나. 부의 인지가 없는 경우

46 인지되지 않은 혼인 외의 자에 대해서는 모가 단독친권자가 된다. 생모는 분만이라는 사실관계에 의하여 명백히 친생의 확인이 가능하기 때문에 혼인 외의 출생자라 할지라도 별도의 인지와 같은 절차가 요구되는 것이 아니어서,[22] 생모는 자연적 혈연에 의하여 부가 인지하지 않는 한 당연히 단독친권자가 된다.

47 대법원 2018. 6. 19. 선고 2018다1049 판결도 "혼인 외의 출생자와 생모 사이에는 생모의 인지나 출생신고를 기다리지 아니하고 자의 출생으로 당연히 법률상의 친자관계가 생기고, 가족관계등록부의 기재나 법원의 친생자관계존재확인판결이 있어야만 이를 인정할 수 있는 것이 아니다."라고 하여 같은

22 대법원 1997. 2. 14. 선고 96므738 판결(친생자관계존재확인, "혼인외 출생자의 경우에 있어서 모자관계는 인지를 요하지 아니하고 법률상의 친자관계가 인정될 수 있지만, 부자관계는 부의 인지에 의하여서만 발생하는 것이므로, 부가 사망한 경우에는 그 사망을 안 날로부터 1년 이내에 검사를 상대로 인지청구의 소를 제기하여야 하고, 생모가 혼인외 출생자를 상대로 혼인외 출생자와 사망한 부 사이의 친생자관계존재확인을 구하는 소는 허용될 수 없다.").

태도를 취하고 있다.

2. 부모가 이혼한 경우의 친권자의 지정

[이혼 및 친권의 상관관계]

	협의이혼의 경우	재판상 이혼의 경우
친권자 지정	① 원칙: 협의에 의하여 친권자 지정 (제 836 조의 2 제 4 항, 제 909 조 제 4 항) ② 예외: 협의가 자의 복리에 반하는 경우 가정법원이 보정을 명하거나 직권으로 정함 (제 909 조 제 4 항)	① 원칙: 가정법원이 직권으로 정함 (제 909 조 제 5 항) ② 보충: 당사자의 참여기회 보장 ㉮ 법원의 직권지정시 부모에게 협의권고(가사소송법 제 25 조) ㉯ 당사자에게 친권자 지정 심판청구권부여(가사소송규칙 제 99 조 제 1 항)

가. 협의이혼인 경우

1) 협의에 의한 지정

48 협의이혼을 하려는 부모는 협의에 의해서 친권자를 정할 수 있다. 이혼 후에 누가 자녀의 친권자가 될 것인가는 당사자인 부모가 협의하여 정하는 것이 가장 바람직하지만, 협의에 의한 결정이 자녀의 복리에 반하는 경우도 있을 수 있으므로, 법원이 당사자의 협의를 실질적으로 심리하여 필요한 경우에는 보정을 명할 수 있다.

49 민법 제836조의2 제4항 규정에 의하면 협의이혼을 하려는 부부는 협의이혼 의사확인 전에 친권자결정에 관한 당사자의 협의서 또는 가정법원의 심판정본을 제출해야만 하므로, 이러한 요건이 충족되지 않으면 법원은 이혼의사의 확인을 거부할 것이며, 따라서 협의이혼은 성립될 수 없다.

2) 가정법원의 지정

50 ① 부모가 협의로 친권자를 정하지 못한 때 가정법원이 직권으로 또는 당사자의 청구에 따라 친권자를 지정하여야 하고, ② 협의가 자녀의 복리에 반하는 경우에도 법원은 보정을 명하거나 직권으로 친권자를 정한다(민법 제909조 제4항).

나. 재판상 이혼의 경우: 가정법원의 지정

51 재판상 이혼의 경우에는 가정법원이 직권으로 친권자를 정한다(민법 제909조

제5항). 의무조항이며, 당사자 청구가 없다 하더라도 법원은 직권으로 미성년자인 자녀에 대한 친권자 및 양육자를 정하여야 한다.

52 [판례] 대법원 2015. 6. 23. 선고 2013므2397 판결[23]

이혼 과정에서 친권자 및 자녀의 양육책임에 관한 사항을 의무적으로 정하도록 한 민법 제837조 제1항·제2항·제4항 전문, 제843조, 제909조 제5항의 문언 내용 및 이혼 과정에서 자녀의 복리를 보장하기 위한 위 규정들의 취지와 아울러, 이혼 시 친권자 지정 및 양육에 관한 사항의 결정에 관한 민법 규정의 개정 경위와 변천 과정, 친권과 양육권의 관계 등을 종합하면, 재판상 이혼의 경우에 당사자의 청구가 없다 하더라도 법원은 직권으로 미성년자인 자녀에 대한 친권자 및 양육자를 정하여야 하며, 따라서 법원이 이혼 판결을 선고하면서 미성년자인 자녀에 대한 친권자 및 양육자를 정하지 아니하였다면 재판의 누락이 있다.

53 위 판결은 이혼시 미성년 자녀의 친권자 지정과 관련하여 재판상 이혼과 협의상 이혼을 불문하고 미성년자인 자의 친권자가 지정되지 않음으로써 발생할 수 있는 미성년 자녀의 보호에 공백이나 흠결이 발생하지 않도록 가정법원이 이혼시 친권자를 직권으로 정하여야 한다는 의무를 강조한 데 의의가 있다.

54 한편 가정법원은 미성년 자녀가 있는 부부의 재판상 이혼의 청구를 심리할 때에는 그 청구가 인용될 경우를 대비하여 부모에게 미성년자인 자녀의 친권자로 지정될 사람에 관하여 미리 협의하도록 권고하여야 하고(가사소송법 제25조 제1항 제1호), 협의권고에 따라 부모 사이에 자녀의 친권자로 지정될 자에 대한 협의가 성립하거나 가정법원이 직권으로 이를 정한 때에는 이를 판결주문에 기재한다.

55 다만 협의가 자녀의 복리에 반하는 경우에는 가정법원은 보정을 명하거나 직권으로 해당사항을 정하여 판결주문에 기재하여야 한다.

3. 혼인의 취소·무효인 경우

가. 혼인이 취소된 경우

56 재판상 이혼의 경우와 같이 가정법원이 직권으로 친권자를 정한다.

23 미성년 자녀를 둔 부부가 이혼 후 다시 혼인신고를 하였다가 남편이 처를 상대로 주위적으로 혼인무효를 구하면서 예비적으로 이혼을 구한 사안에서 원심은 주위적 혼인 무효 청구를 기각하고 예비적 청구를 인용하면서도 미성년 자녀의 친권자와 양육자를 정하지 아니하였다.

나. 혼인이 무효가 되는 경우

57 혼인이 무효인 경우에는 민법상 바로 적용되는 규정 없으나, 부가 미성년자인 자녀를 인지하거나 출생신고를 한 때에는 임의인지 경우인 민법 제909조 제4항을 적용할 수 있다. 부모의 혼인이 무효가 되면 그 출생자는 혼인 외의 출생자로 보는데, 부가 인지함으로써 친자관계가 성립하는 것이 원칙이므로 이때에는 혼인 외의 자녀가 임의인지되는 경우에 해당한다.

4. 친권자 지정의 기준

58 친권자를 정함에 있어서는 부모의 양육적합성, 자녀와의 유대관계(친밀도), 자녀의 의사, 양육의 안정성(계속성) 등을 종합적으로 고려하여 자녀의 복리에 가장 적합한 결정을 하여야 한다. 대법원 2008. 5. 8. 선고 2008므380 판결에서도 "자의 양육을 포함한 친권은 부모의 권리이자 의무로서 미성년인 자의 복지에 직접적인 영향을 미치는 것이므로 부모가 이혼하는 경우에 부모 중 누구를 미성년인 자의 친권을 행사할 자 및 양육자로 지정할 것인가를 정함에 있어서는, 미성년인 자의 성별과 연령, 그에 대한 부모의 애정과 양육의사의 유무는 물론, 양육에 필요한 경제적 능력의 유무, 부 또는 모와 미성년인 자 사이의 친밀도, 미성년인 자의 의사 등의 모든 요소를 종합적으로 고려하여 미성년인 자의 성장과 복지에 가장 도움이 되고 적합한 방향으로 판단하여야 한다."라고 밝힌 바 있다. 다만 한국어 소통능력이 부족하다는 것이 친권자·양육자 지정의 제외요건이라고 볼 수 없다.[24]

5. 공동친권 지정문제

가. 이혼시 공동친권 지정의 필요성 증대

59 당사자의 협의나 법원의 심판에 의해서 친권자가 정해지는 경우, 부모의 일방이 단독친권자로 정해지는 것이 일반적이지만, 이론상 공동친권도 가능하며, 최근에는 실무상으로도 공동친권을 인정하는 경향이 늘고 있다.[25] [26]

24 대법원 2021. 9. 30. 2021므12320, 12337 판결.

25 대법원 2012. 4. 13. 선고 2011므4719 판결(이혼 후 부모를 공동친권자로, 모를 양육자로 지정한 사례).

26 사안은 원고(모)가 만 4세인 자녀(딸)를 데리고 나와 남편과 별거하면서, 남편을 상대로 이혼 및 친권자, 양육자 지정 청구를 한 경우로 항소심 법원(수원지방법원 2011. 11. 29. 선고 2011르677 판결)은 원고의 이혼 청구를 인용하면서, 자녀의 친권자로 부와 모를 공동으로, 양육자로 모를

60 이혼 후의 공동친권은 대부분의 유럽 국가들과 미국 등지에서 바람직한 제도로 평가되어, 그 활용도가 계속 증가하는 추세에 있다. 부모의 이혼으로 인하여 자녀가 겪는 정서의 불안과 심리적 갈등을 최소화시킬 수 있는 가장 좋은 방법은 이혼 후에도 자녀에게 양쪽 부모와의 관계를 계속 유지·발전시킬 수 있는 기회를 제공하는 것이라고 보기 때문이다.[27] 공동친권자가 될 경우 이혼 후 양육자가 되지 못하는 부 또는 모가 받을 정서적 박탈감도 최소화할 수 있고, 양육비 지급과 같은 부양의무의 적극적 이행도 기대할 수 있다.

61 자녀의 복리에 대한 이와 같은 새로운 이해는 입법뿐만 아니라 법적용에도 영향을 미쳐, 서구사회에서 이혼 후의 공동친권이 하나의 대안으로서 자리잡는 데 크게 기여하였다. 이혼 후의 공동친권은 성공적으로 실행될 경우, 자녀에게 유익할 뿐만 아니라, 부모에게도 단독양육에서 오는 과중한 부담을 덜어주고 심리적인 상실감을 해소시켜 주는 등의 많은 장점을 가지고 있는 제도이다.

62 그러나 이혼 후의 공동친권이 가지는 이러한 장점이 곧 이 제도가 모든 이혼가족에게 적합한 친권형식이라는 사실을 의미하지는 않는다. 이혼 후의 공동친권이 성공적으로 실행되기 위해서는 무엇보다도 이혼 후에도 자녀의 문제와 관련하여 서로 의사를 교환하고 협력할 수 있는 부모의 의지와 성숙한 이성적 판단능력이 요구된다. 즉 배우자 차원에서의 갈등을 부모로서의 역할 수행과 분리하여 사고할 수 있는 높은 수준의 자세를 갖추는 것이 필수적이다.[28]

63 [판례] 대법원 2012. 4. 13. 선고 2011므4719 판결

자의 양육을 포함한 친권은 부모의 권리이자 의무로서 미성년인 자의 복지에 직접적인 영향을 미친다. 그러므로 부모가 이혼하는 경우에 부모 중에서 미성년인

각 지정하였고, 부에게는 월 2회의 면접교섭권을 인정하였다.
그 외에도 수원지방법원 2014. 6. 12. 선고 2013르2738(본소) 위자료 등, 2013르2745(반소) 위자료 등 판결에서도 “사건본인들은 여아들로서 부친인 피고의 일방적인 친권 아래 두기보다는 원고와 피고가 공동으로 친권을 행사하게 하여 사건본인들을 균형적으로 성장할 수 있게 함이 바람직하다고 보이는 점 등을 종합하여 보면, 사건본인들의 친권자로 원고와 피고를 공동으로 지정하고 양육자로 피고를 지정함이 사건본인의 원만한 성장과 복리를 위하여 타당하다.”고 이유를 설시하였다.

27 이혼시 미성년 자녀의 친권자로 지정되지 못하는 것은 사실상 친권상실 선고를 받은 것과 다름없다는 견해(엄경천, “이혼시 친권자 공동지정과 친권 일부 제한-친권자 공동지정에 따른 공시방법에 관한 실무상 검토-”, 가족법연구 제30권 제2호, 한국가족법학회(2016), 159)도 이런 측면에서 비롯된 것이다.

28 김주수/김상용, 친족·상속법(제20판), 법문사(2024), 432.

자의 친권을 가지는 사람 및 양육자를 정함에 있어서는, 미성년인 자의 성별과 연령, 그에 대한 부모의 애정과 양육의사의 유무는 물론, 양육에 필요한 경제적 능력의 유무, 부 또는 모와 미성년인 자 사이의 친밀도, 미성년인 자의 의사 등의 모든 요소를 종합적으로 고려하여 미성년인 자의 성장과 복지에 가장 도움이 되고 적합한 방향으로 판단하여야 한다.[29]

한편 민법 제837조, 제909조 제4항, 가사소송법 제2조 제1항 제2호 나목의 3) 및 5) 등이 부부의 이혼 후 그 자의 친권자와 그 양육에 관한 사항을 각기 다른 조항에서 규정하고 있는 점 등에 비추어 보면, 법 해석상 친권이 부모 중 일방에게, 양육권은 상대방에 귀속되어 친권자와 양육자가 완전히 분리되는 것은 법률상으로는 가능하다[30] 판례도 친권자와 양육자가 분리되는 것이 허용된다는 전제인바, 그 예로 대법원 2012. 4. 13. 선고 2011므4719 판결에서도 이혼 후 부모와 사녀의 관계에 있어서 친권과 양육권이 항상 같은 사람에게 돌아가야 하는 것은 아니다라는 취지로 판시한 바 있다.

64 다만, 공동친권 지정시 친권을 공동으로 하고, 양육자를 부모 중 일방으로 정하는 것은 큰 문제가 없을 것으로 보이나, 친권자와 양육자를 완전히 분리하여 부모 일방에게 각각 귀속시키거나,[31] 친권을 부모 일방에게 귀속시키고 양육을 제3자에게 귀속시키는 형태[32]는 법적으로나 사실적으로 가능하더라도 신중히 결정할 필요가 있다. 친권자와 양육자가 완전히 분리되었는데, 현실적으로 양자 사이에 협조가 제대로 이루어지지 않아 미성년 자녀의 양육이나 교육 등과 관련하여 충돌이나 혼란이 발생할 우려가 있으며, 친권 없는 양육으로 인해 양육자가 미성년 자녀를 즉시 보호하여야 하는 순간에도 제때 개입하지 못하고 지체함으로써 오히려 자의 복리를 해치는 결과를 낳기도 한다. 그러므로 가급적이면 공동친권자 중 1인이 양육을 담당하는 방식으로 정하여야 하고, 조부모·외조부모 등 제3자가 사실상 양육하더라도 그와 친족관계가 있는 부 또는 모가 친권자로는 지정되어야 할 것이다.

29 대법원 2010. 5. 13. 선고 2009므1458, 1465 판결 등 참조.
30 이수진, "우리 민법에서의 이혼과 공동양육 논의의 재고", 가족법연구 제37권 제1호, 한국가족법학회(2023), 135.
31 부가 친권자, 모가 양육자인 경우.
32 부가 친권자, 조모 등 친족이 양육자인 경우.

나. 공동친권 지정시 친권행사 방법

65 혼인 중에는 친권자인 부모가 공동으로 친권을 행사하여도 불편함이 크지 않다. 특별한 사정이 없는 한 부모가 동거하고 있고, 동거하지 않더라도 수시로 의논하거나 긴밀하게 협조하는 데 무리가 없다.

66 반면 부모가 이혼하는 경우 대부분의 경우 동거하지 않고 상호간 의사소통이 원활하지 않을 뿐 아니라 부모가 경제적 공동체가 아니어서 친권행사나 미성년 자녀 보호에 협조가 어려울 가능성이 높아진다. 이 경우 공동친권자 중 1인의 친권을 일부 제한함으로써 '공동친권 지정'과 '자녀의 복리'가 양립 가능하게 운용할 수 있고, 실무상으로도 이와 같은 방법으로 해결한 경우가 드물지 않게 있다.[33]

V. 친권자의 변경

1. 의의

67 친권자의 변경이란 민법 제909조 제4항 및 제5항에 의하여 일단 정해진 친권자를 조정 또는 심판에 의하여 다른 일방으로 변경하는 것을 말한다. 부모 사이의 협의나 가정법원의 직권에 의하여 친권자가 정해졌지만, 그 후 자의 복리에 비추어 부적당하다고 인정되는 경우에는, 가정법원은 4촌 이내의 친족의 청구에 의하여 친권자를 다른 일방으로 변경할 수 있다.

68 1990년에 개정된 규정에 의하면 자의 이익과 복리를 위하여 필요하다고 인정될 경우에는 부모가 협의하여 친권자를 변경할 수 있으며, 또 협의할 수

33 서울가정법원 2015너310045(본소) 이혼 및 양육자 지정, 2015너310540(반소) 이혼 및 양육자 지정에서 조정된 사항 중 친권관련 부분은 다음과 같다.
3. 가. 사건본인의 친권자로 원고와 피고를 공동으로 지정한다.
(다만, 아래와 같이 양육자가 변경됨에 따라 친권을 일부 제한하기로 한다)
나. 사건본인의 양육자로 다음과 같이 지정한다.
(1) 2015. 12. 1.부터 사건본인이 초등학교를 졸업할 때까지: 원고
(이 기간 동안 피고의 친권 중 거소지정, 출입국, 의료에 관한 결정 등에 관한 피고의 친권은 제한된다)
(2) 사건본인이 중학교를 입학한 이후 성년이 될 때까지: 피고
(이 기간 동안 원고의 친권 중 거소지정, 출입국, 의료에 관한 결정 등에 관한 원고의 친권은 제한된다)
다. 다만, 추후에도 사건본인이 충분히 자신의 의사를 독립적으로 표현할 수 있는 연령이 된 이후에는 사건본인의 의사를 최우선적으로 존중하여 친권자 및 양육자를 정하기로 한다.
라. 사건본인에게 질병 또는 추후에도 사고발생, 해외유학 또는 해외 장기체류 등의 특별한 사정이 발생하였을 경우에는 양육자는 비양육자에게 반드시 알려주어야 하며, 사건본인의 친양자입양 또는 성본변경 등에 관하여는 반드시 상대방의 동의를 받아야 한다.

없거나 협의가 이루어지지 않을 경우에는 당사자의 청구에 의하여 가정법원이 친권자를 변경할 수 있었는데, 2005년의 민법 일부개정에 의하여 부모의 협의에 의한 친권자 변경은 인정하지 않게 되었다. 친권자의 변경은 자녀에게 많은 영향을 미치는 사안이므로, 부모의 협의만으로는 충분하지 않으며 국가(법원)가 개입하여 친권자의 변경이 자녀의 복리에 미칠 영향을 검토한 후 결정하겠다는 취지로 이해된다. 다만 친권자 변경의 경우에도 당사자의 합의는 존중되는 것이 바람직하므로, 부모가 협의할 수 있는 때에는 협의된 내용을 가정법원에 제출할 수 있도록 하고, 법원이 이를 충분히 고려하여 판단할 필요는 있을 것이다.

69 당사자 간 협의에 따른 친권자 변경이 인정되지 않으므로, 친권자변경신고를 할 때에는 민법 제909조 제6항에 따른 가정법원의 친권자변경심판서의 등본과 확정증명서를 첨부하여 신고하여야 수리가 될 것이다.[34]

2. 친권자 지정 및 변경심판 청구[가사소송법 제2조 제1항 제2호 나목 5)]

가. 관할

70 친권자 지정·변경사건은 마류 가사비송사건으로서 이에 대한 심리와 재판은 가정법원의 전속관할로 한다. 토지관할은 상대방의 보통재판적이 있는 곳의 가정법원이며(가사소송법 제46조), 가정법원 단독판사의 사물관할에 속한다(민사 및 가사소송의 사물관할에 관한 규칙 제3조).

나. 청구권자 및 상대방

71 친권자의 변경에 관한 심판은 부모 중 일방이 다른 일방으로 상대방으로 하여 청구하거나(가사소송규칙 제99조 제1항), 자녀의 4촌 이내의 친족이 부모 중 친권자로 정해진 일방을 상대로 청구하여야 한다. 다만 미성년 자녀 스스로는 친권자변경청구를 할 수 없다.

72 친권자 변경의 심판을 청구함에 있어 부모 아닌 제3자가 자녀를 양육하고 있을 때에는 제3자를 공동상대방으로 하여 자녀의 인도를 청구할 수 있다(가사소송규칙 제99조 제2항).

34 친권자의 지정 또는 변경에 관한 가족관계등록사무 처리지침(가족관계등록예규 제286호) 제12조.

다. 심리와 심판

1) 심리

가) 조정전치주의

73 친권자 변경을 구하는 사건은 마류 비송사건으로 당사자가 임의로 처분할 수 있는 사항이므로 조정전치주의가 적용된다. 법원 외에서 당사자들끼리 협의에 의한 친권자 변경은 허용되지는 않으나, 조정과정에서 협의를 통한 변경은 가능하다.

74 다만 "향후 친권자 변경의 청구를 하지 않는다."는 합의는 강행법규에 반하기 때문에 무효이며, 설사 그러한 합의가 있었더라도 그 합의에 구속되지 아니하고 친권자 변경 청구가 가능하다.[35]

나) 심리의 대상

75 가정법원은 친권자의 변경이 미성년 자녀의 복리를 위하여 필요한가의 여부를 구체적, 종합적으로 판단하여 결정하여야 한다. 그러므로 자녀의 복리가 최우선적 기준이 되어야 하되, 구체적으로 양육환경, 양육의 계속성, 부모의 양육의사, 자녀의 희망, 자녀의 연령, 친권자의 재혼, 친권자에 대한 합의, 친권과 양육권의 분리에 의한 불편, 친권자의 소재 불명, 양육의 포기 등이 고려사항이 될 것이다. 단독친권자를 공동친권자로 변경하거나, 그 반대의 경우도 가능하다.

다) 자녀의 의견청취

76 친권자 변경의 청구가 있는 경우에는 그 자녀가 13세 이상인 때에는 자녀의 의견을 들을 수 없거나 자녀의 의견을 듣는 것이 오히려 자녀의 복지를 해할 만한 특별한 사정이 있다고 인정되는 때를 제외하고, 가정법원은 심판에 앞서 그 자녀의 의견을 들어야 한다(가사소송규칙 제100조, 제18조의2).

77 이와 같은 13세 이상인 자녀에 대한 의견청취는 필수적인 것이므로, 자녀의 의견을 청취하고 조서에 기재하거나 가사조사관으로 하여금 조사하여 조사

35 대법원 2019. 11. 28. 선고 2015다225776 판결("친권자가 정하여졌더라도 자의 복리를 위하여 필요하다고 인정되는 경우 가정법원은 자의 4촌 이내 친족의 청구에 의하여 친권자를 변경할 수 있다(민법 제909조 제6항 참조). 그와 같이 자의 4촌 이내 친족이 가정법원에 친권자 변경을 청구하는 것은 미성년인 자의 복리를 위한 것이므로, 그러한 청구권을 포기하거나 제한하는 내용의 약정은 민법 제103조의 선량한 풍속 기타 사회질서에 반하는 것이어서 사법상 효력을 인정할 수 없다.").

보고서를 작성, 제출하게 하는 등의 방법으로 기록에 현출시키는 것을 원칙으로 하되, 자녀가 자유롭게 의견을 내기 위하여 경우에 따라서는 자녀의 의견을 기록화하지 아니하거나, 기록화된 경우에는 당사자의 열람권을 제한할 필요도 있다.

2) 심판

78 친권자를 부모의 어느 일방에서 다른 일방으로 변경[주문례] 사건본인의 친권자를 상대방에서 청구인으로 변경한다]하거나, 당초 일방으로만 지정되어 있던 친권자에 다른 부 또는 모도 추가로 지정하여 공동친권자로 변경하는 형식[주문례] 사건본인의 친권자를 청구인에서 청구인과 상대방이 공동친권자로 되는 것으로 변경한다] 등이 가능하다.

79 친권자의 변경은 그 횟수에 제한이 없으나 친권자를 자주 변경하는 것은 양육의 안정성을 흔들리게 할 수 있으므로, 불가피한 사정이 없는 한 피하는 것이 바람직하다.

제 909 조의 2 [친권자의 지정 등]

① 제909조 제4항부터 제6항까지의 규정에 따라 단독 친권자로 정하여진 부모의 일방이 사망한 경우 생존하는 부 또는 모, 미성년자, 미성년자의 친족은 그 사실을 안 날부터 1개월, 사망한 날부터 6개월 내에 가정법원에 생존하는 부 또는 모를 친권자로 지정할 것을 청구할 수 있다.

② 입양이 취소되거나 파양된 경우 또는 양부모가 모두 사망한 경우 친생부모 일방 또는 쌍방, 미성년자, 미성년자의 친족은 그 사실을 안 날부터 1개월, 입양이 취소되거나 파양된 날 또는 양부모가 모두 사망한 날부터 6개월 내에 가정법원에 친생부모 일방 또는 쌍방을 친권자로 지정할 것을 청구할 수 있다. 다만, 친양자의 양부모가 사망한 경우에는 그러하지 아니하다.

③ 제1항 또는 제2항의 기간 내에 친권자 지정의 청구가 없을 때에는 가정법원은 직권으로 또는 미성년자, 미성년자의 친족, 이해관계인, 검사, 지방자치단체의 장의 청구에 의하여 미성년후견인을 선임할 수 있다. 이 경우 생존하는 부 또는 모, 친생부모 일방 또는 쌍방의 소재를 모르거나 그가 정당한 사유 없이 소환에 응하지 아니하는 경우를 제외하고 그에게 의견을 진술할 기회를 주어야 한다.

④ 가정법원은 제1항 또는 제2항에 따른 친권자 지정 청구나 제3항에 따른 후견인 선임 청구가 생존하는 부 또는 모, 친생부모 일방 또는 쌍방의 양육의사 및 양육능력, 청구 동기, 미성년자의 의사, 그 밖의 사정을 고려하여 미성년자의 복리를 위하여 적절하지 아니하다고 인정하면 청구를 기각할 수 있다. 이 경우 가정법원은 직권으로 미성년후견인을 선임하거나 생존하는 부 또는 모, 친생부모 일방 또는 쌍방을 친권자로 지정하여야 한다.

⑤ 가정법원은 다음 각 호의 어느 하나에 해당하는 경우에 직권으로 또는 미성년자, 미성년자의 친족, 이해관계인, 검사, 지방자치단체의 장의 청구에 의하여 제1항부터 제4항까지의 규정에 따라 친권자가 지정되거나 미성년후견인이 선임될 때까지 그 임무를 대행할 사람을 선임할 수 있다. 이 경우 그 임무를 대행할 사람에 대하여는 제25조 및 제954조를 준용한다.

1. 단독 친권자가 사망한 경우
2. 입양이 취소되거나 파양된 경우
3. 양부모가 모두 사망한 경우

⑥ 가정법원은 제3항 또는 제4항에 따라 미성년후견인이 선임된 경우라도

미성년후견인 선임 후 양육상황이나 양육능력의 변동, 미성년자의 의사, 그 밖의 사정을 고려하여 미성년자의 복리를 위하여 필요하면 생존하는 부 또는 모, 친생부모 일방 또는 쌍방, 미성년자의 청구에 의하여 후견을 종료하고 생존하는 부 또는 모, 친생부모 일방 또는 쌍방을 친권자로 지정할 수 있다.
[본조신설 2011. 5. 19.]

[참고문헌] 김주수/김상용, 친족·상속(제20판), 법문사(2024); 이경희/윤부찬, 가족법(11정판), 법원사(2024); 오병철, 친족상속법, 법문사(2024); 오영두, "미성년자에 대한 개정 민법상의 친권자 지정과 후견인 선임 제도", 부산가정법원 2014년 6월 가사소년재판실무연구회; 김상용, "소위 친권행사자론에 대한 비판적 고찰", 가족법연구 제11호, 한국가족법학회(1997); 양수산, "친권자와 친권행사자", 가족법연구 제10호, 한국가족법학회(1996), 2019 가사비송사건 실무편람, 부상가정법원(2019)

Ⅰ. 의의

1. 종전 민법의 태도

1 2011년 개정 민법(2013. 7. 1. 시행) 이전에는 이혼시 단독친권자로 정하여진 부모 중 일방이 사망한 때에는 누가 친권자로 되는지에 대하여 민법상 규정을 두지 아니하였다. 이와 관련하여 종래 다음과 같은 학설 대립이 있었다.

가. 당연부활 긍정설[1]

2 단독 친권자에게 귀속되는 것은 친권의 '행사자'로서의 지위 뿐이기 때문에 타방에게도 친권의 '보유자'로서의 지위는 유지된다. 따라서 친권의 단독 행

1 양수산, "친권자와 친권행사자", 가족법연구 제10호, 한국가족법학회(1996), 231.

사자인 부모 일방이 사망하면 친권 보유자인 생존친의 친권 행사에 대한 제한이 없어지기 때문에 생존친은 당연히 다시 친권을 행사할 수 있게 된다. 친권은 자연권이기 때문에 어떠한 경우에도 제한될 수 없고, 다만 친권행사자로서의 지위만이 제한 또는 소멸될 수 있음을 전제한다.

나. 당연부활 부정설[2]

3 친생부모 중 단독 친권자를 지정하는 것은 친권 '행사자'가 아닌 '친권자'라는 지위 자체를 귀속시키는 것이라고 파악한다. 단독 친권자로 지정되지 못한 생존친은 이미 친권자로서의 지위 자체를 상실하였기 때문에 단독 친권자가 사망하면 '친권자의 공백' 상태가 발생하여 후견이 개시되어야 한다고 하면서, 자녀를 충실하게 보호하기 위하여 반드시 법원의 자녀복리 심사를 거쳐 후견인이 선임되어야 한다고 주장한다.

다. 실무의 태도

4 개정 전 민법에서는 당연부활 긍정설이 실무의 태도였다. 대법원 예규인 '친권자의 지정 또는 변경에 관한 가족관계등록사무 처리지침'(제286호) 제10조에서는 "친권자로 지정된 사람이 사망, 실종선고, 대리권과 관리권의 상실(사퇴)로 인하여 친권을 행사할 수 없는 경우에도 다른 부 또는 모가 있는 때에는 후견이 개시되지 않으므로 후견개시신고를 할 수 없다."고 규정하고 있었고, 대법원 판례[3]도 후견이 개시되지 않고, 생존 부모가 친권자가 되는 것으로 판시하였다.

라. 비판 및 입법의 필요성

5 종전 실무례 및 주류적 입장인 당연부활 긍정설에 의하면 생존친이 부적격자일지라도 친권을 곧바로 행사할 수 있게 되어 친권의 남용에 대한 우려가 커지거나, 반대로 생존친이 친권자가 되는 것을 원치 않거나 의무를 해태하는 경우에는 오히려 친권의 공백이 발생하는 등 자녀의 복리가 심히 저해되는 결과가 발생하는 경우가 없지 않았다. 그리하여 2011. 5. 19. 민법을 개정하여 위와 같은 불합리함을 제거할 수 있도록 하였고, 이 개정법률은 2013. 7. 1.부터 시행되었다.

[2] 김상용, "소위 친권행사자론에 대한 비판적 고찰", 가족법연구 제11호, 한국가족법학회(1997), 253.
[3] 대법원 1994. 4. 29. 선고 94다1302 판결.

2. 개정 민법의 의미[4]

가. 당연귀속의 폐지

6 종래의 실무가 단독 친권자로 지정된 친생부모의 일방이 사망하면 친권자로 지정되지 못하였던 생존친이 있으면 그가 당연히 친권자가 되는 것으로 해석했던 것에 비해 개정 민법은 생존친은 친생부모라는 이유만으로 당연히 친권자가 되는 것은 아니고 반드시 법원의 자녀복리 심사를 거쳐야만 친권자가 될 수 있게 하였다.

나. 자녀의 복리 우선의 원칙

7 개정 민법은 이러한 규율을 '단독 친권자로 지정되었던 친생부모 일방이 사망한 경우'뿐 아니라 친권의 공백이 발생하는 모든 경우[입양취소·파양, 양부모 모두 사망(친양자의 양부모 사망은 예외)한 경우], 친권상실 등 단독 친권자가 친권행사를 할 수 없는 경우에 대해서 공통적으로 적용하고 있다. 또한 이에 그치지 않고 후견이 개시되는 경우에도 종래의 법정후견인 제도를 폐지하고 항상 법원이 적당한 사람을 후견인으로 선임함으로써 혈연 대신 자녀의 복리라는 기준이 적용되도록 하였다.

다. 후발적 변경 가능성 개방

8 개정 민법은 자녀의 복리에 영향을 미치는 사정이 후발적으로 변경된 경우에 이러한 사정변경을 반영할 수 있게 하기 위하여 법원의 선임에 의하여 후견인이 정해진 후에도 생존친이 친권자로 지정될 수 있는 가능성을 열어두고 있다. 그리고 단독 친권자였던 자가 친권을 회복하거나 소재발견 등으로 친권행사를 할 수 있게 된 경우에는 그를 친권자를 새로 지정할 수 있도록 하였다.

라. 자녀 보호의 공백 발생 방지

9 자녀의 복리 기준을 적용하려면 공적 심사절차를 거치는 것이 부득이하다는 점을 감안하여 이를 위하여 필요한 내용들을 규정하고 이러한 절차가 진행되는 동안에 보호의 공백이 발생하는 것을 방지하기 위하여 자녀에 대해 보호자로서 임무를 대행할 임시 보호자를 선임하도록 하고 있다.

4 우영두, "미성년자에 대한 개정 민법상의 친권자 지정과 후견인 선임 제도", 부산가정법원 2014년 6월 가사소년재판실무연구회, 5~6.

Ⅱ. 친권자의 지정 청구

1. 단독친권자의 사망 등에 따른 지정 경우(제1항)

가. 의의

10 이혼시 단독친권자로 정하여진 부모의 일방이 사망한 경우 일정한 자(생존친, 미성년자, 미성년자의 친족)가 가정법원에 생존친을 친권자로 지정할 것을 청구할 수 있다. 따라서 생존친이라도 친권이 자동으로 부활하지 아니하므로 반드시 친권자 지정의 심판을 거쳐야만 친권자가 될 수 있다.[5]

11 위 규정은 단독친권자의 사망 이외에도 친생부모가 생존한 상태에서 친권의 공백이 발생하는 모든 경우(입양취소·파양, 양부모 모두의 사망, 친권의 상실·일시정지·일부제한, 대리권·재산관리권의 상실·사퇴, 소재불명 등)에도 마찬가지로 적용된다(민법 제927조의1 제1항에서 준용).[6]

12 한편 이혼시 부모가 '공동친권자'로 정한 경우에는, 그 중 일방이 사망하더라도 생존친이 단독친권자가 될 뿐이고 민법 제909조의2가 적용되지는 않는다.

나. 가정법원의 심판청구[가사소송법 제2조 제1항 제2호 가목 13)의2]

1) 관할

13 라류 가사비송사건으로 이에 대한 심리와 재판은 가정법원의 전속관할로 한다(가사소송규칙 제2조 제1항 제9호). 토지관할은 미성년자의 주소지 가정법원이며(가사소송법 제44조), 단독판사의 사물관할에 속한다.

2) 청구권자 및 청구기간

14 가정법원에 친권자 지정을 청구할 수 있는 자는 생존친(양자의 경우 친생부모), 미성년자 본인, 미성년자의 친족이다. 청구할 수 있는 기간은 사유를 안 날로부터 1개월, 사망한 날(입양이 취소되거나 파양된 날 또는 양부모 모두가 사망한

5 다만 실무상으로는 단독친권자의 사망 등이 개정 민법 시행일(2013. 7. 1.) 이전인 경우에는 종전 민법에 따라 생존한 부 또는 모의 친권자 지위가 당연히 부활되기 때문에, 해당 법원에서는 청구권자에게 취하 여부를 검토하라는 내용의 보정명령을 보내는 방식으로 취하를 권유하고 있다. 2019 가사비송사건 실무편람, 부산가정법원(2019), 152.

6 이에 대하여 혼인외의 출생자가 모의 사망 후에 인지된 경우에 대하여는 민법 규정이 없어 공백이 있으므로, 친권자가 없는 상태에서 이미 후견이 개시된 경우에도 인지한 부에 대해서도 친권자 지정을 청구할 수 있는 기회가 부여될 수 있도록 하는 입법이 필요하다고 보는 견해가 있다. 이경희/윤부찬, 가족법(11정판), 법원사(2024), 269

날)로부터 6개월 이내이다.

15 기간이 도과되어도 생존친이 친권자 지정청구를 할 수 있는지가 문제되는데, 대법원 2017. 5. 2. 자 2016스107 결정에서는 “민법 제909조의2는 이혼 등을 이유로 미성년자인 자의 단독친권자로 정해진 부모의 일방이 사망한 경우 가정법원의 심리를 거쳐 친권자를 지정하거나 후견이 개시되도록 함으로써 부적격의 부 또는 모가 당연히 친권자가 되어 미성년자의 복리에 부정적인 영향을 미치는 것을 방지하고, 미성년자에게 친권자나 후견인이 존재하지 않는 공백을 최소화하기 위해서 신속하게 친권자를 지정하거나 후견이 개시되도록 하는 절차를 규정한 것으로서 궁극적으로 미성년자의 복리를 증진하기 위해 마련된 규정이다. 또한 친권자의 지정 청구가 없어 미성년후견인 선임 청구가 있는 경우(민법 제909조의2 제3항) 또는 이미 미성년후견인이 선임된 경우(민법 제909조의2 제6항)라도 가정법원이 미성년자의 복지를 위하여 필요하다고 판단하면 직권 또는 청구권자의 청구에 의하여 생존하는 부 또는 모를 친권자로 지정할 수 있다(민법 제909조의2 제4항·제6항). 따라서 민법 제909조의2 제1항에서 정한 1개월 또는 6개월의 기간이 지난 다음 친권자의 지정 청구가 있는 경우에도 가정법원은 미성년자의 복리를 위하여 필요하다면 생존하는 부 또는 모를 친권자로 지정할 수 있다.”고 하여, 기간 준수가 강행요건은 아님을 밝히고 있다.

3) 청구서 기재사항

16 심판청구서에는 ① 당사자(사건본인 포함)의 등록기준지, 주소, 성명, 생년월일, 대리인이 청구할 때에는 대리인의 주소와 성명, ② 청구취지와 청구원인, ③ 청구연월일, ④ 가정법원의 표시를 적고 청구인이나 대리인이 기명날인하여야 한다(가사소송법 제36조 제3항, 가사소송규칙 제20조).

다. 심리와 심판

17 가정법원이 친권자를 지정함에 있어서는 ‘자녀의 복리’를 우선적으로 고려하여야 하며, 이를 위하여 가정법원은 관련 분야의 전문가나 사회복지기관으로부터 자문을 받을 수 있다(민법 제912조 제2항).

18 가정법원이 친권자의 지정에 관한 심판을 하는 경우 그 미성년자가 13세 이상인 때에는, 미성년자의 의견을 들을 수 없거나 미성년자의 의견을 듣는 것이 오히려 미성년자의 복지를 해할만한 특별한 사정이 있다고 인정되는 경

우를 제외하고는 그 미성년자의 의견을 들어야 한다(가사소송규칙 제65조의2, 제65조 제4항).

19 심리한 결과 가정법원이 생존친을 친권자로 지정하는 것이 양육의사 및 양육능력, 청구동기, 미성년자의 의사, 그 밖의 사정 등을 고려하여 미성년자의 복리를 위하여 적절하지 아니하다고 인정되면 청구를 기각하면서 직권으로 미성년후견인을 선임하여야 한다(민법 제909조 제4항). 이 경우 미성년자 후견이 개시될 것이다(민법 제928조 이하 참조). 이와 같이 법원의 판단을 통함으로써 단독친권자가 사망한 뒤 부적격자인 다른 일방이 당연히 친권자가 되는 것을 막을 수 있게 되었다.

라. 임무대행자의 선임

20 가정법원은 미성년자에게 법정대리인이 없는 공백기간이 생기지 않도록 직권으로 또는 미성년자, 미성년자의 친족, 이해관계인, 검사, 지방자치단체장의 장의 청구에 의하여 친권자가 지정되거나 미성년후견인이 선임될 때까지 그 임무를 대행할 사람을 선임할 수 있다(민법 제909조의2 제5항).

마. 심판의 고지 및 항고

21 심판은 당사자와 절차에 참가한 이해관계인에게 고지하여야 하고(가사소송규칙 제25조), 심판의 효력은 심판을 받을 사람이 심판을 고지받음으로써 발생한다. 다만, 즉시항고를 할 수 있는 심판은 확정되어야 효력이 있다(가사소송법 제40조).

22 청구를 기각한 심판에 대해서는 청구인이 즉시항고 할 수 있고(가사소송규칙 제27조), 청구를 인용한 심판에 대해서는 미성년자, 미성년자의 부모와 친족이 즉시항고 할 수 있다(제67조 제1항 제4호).

23 즉시항고기간은 심판을 고지받은 날로부터 14일 이내이다.

바. 심판 확정 후의 절차

1) 친권자 지정의 신고

24 친권자를 지정하는 심판이 확정된 경우에는 그 심판을 청구하는 사람이나 그 심판에 따라 친권자로 정하여진 사람은 1개월 이내에 심판서등본 및 확정증명서를 첨구하여 시(구)·읍·면의 장에게 그 내용을 신고하여야 한다.

2) 가족관계등록부 기록의 촉탁

25 친권자 지정의 심판이 확정된 경우에는 가정법원의 법원사무관 등은 재판장의

명을 받아 가족관계등록 사무를 처리하는 사람에게 가족관계등록부에 등록할 것을 촉탁하여야 한다(가사소송법 제9조, 가사소송규칙 제5조 제1항 제2호, 제6조).

3) 가족관계등록부의 기록

26 가정법원이 친권 지정에 관한 가족관계등록부기록을 촉탁한 경우에는 그 촉탁서에 의하여 가족관계등록부에 기록을 하여야 한다. 가정법원으로부터 친권에 관한 사항의 가족관계등록부 기록촉탁이 있는 경우에는 그 촉탁서를 신고서류로 보아 접수하여 처리하고 해당 미성년자의 가족관계등록부의 일반등록사항란에 기록하여야 한다.

2. 입양취소, 파양 또는 양부모 모두 사망한 경우 – 공동친권이 모두 소멸된 경우(제2항)

가. 의의

27 이 경우에도 당연히 친생부모의 친권이 자동으로 부활하는 것으로 하지 않고 청구에 의하여 가정법원이 친생부모의 일방 또는 쌍방을 친권자로 지정할 수 있도록 규정하고 있다.

나. 예외: 친양자의 경우

28 다만, 친양자의 경우에는 보통 양자의 경우와 달리 친생부모와의 친족관계가 소멸하므로(민법 제908조의3 제2항), 그 양부모가 모두 사망하며 부모가 사망한 경우와 동일하게 미성년후견이 개시된다. 따라서 친양자 입양을 한 양부모가 모두 사망한 경우에는 친권자 지정을 할 수 없다(민법 제909조의2 제2항 단서).

29 반면에, 친양자 입양이 취소되거나 파양된 때에는 친양자관계는 소멸하고 입양 전의 친족관계는 부활하므로(민법 제908조의7 제1항), 이때에는 친생부모가 친권자 지정청구절차를 거쳐 친권자가 될 수 있다.

3. 친권자 지정 청구기간이 경과한 경우(제3항, 미성년후견인 선임 청구)

30 친권자 지정을 청구할 수 있는 기간 내에 친권자 지정의 청구가 없으면 가정법원은 직권으로 친권자를 지정할 수 없으므로, 위 청구기간이 경과함으로써 미성년인 자녀에게는 친권자가 없는 상태가 된다. 이러한 경우에 미성년인 자녀의 보호에 공백이 없도록 하기 위하여 가정법원이 직권으로 또는 일정한 자(미성년자, 미성년자의 친족, 이해관계인, 검사, 지방자치단체의 장)의 청구에 의하여 미성년후견인을 선임할 수 있도록 규정되어 있다(민법 제909조의2 제3항 전문).

31 가정법원이 미성년후견인을 선임할 때에는 생존친에게 의견을 진술할 기회를 주어야 한다. 이는 미성년자인 자녀의 복리를 위한 미성년후견인 선임 결정에 신중을 기하도록 함과 아울러 그 부모의 의사가 반영될 수 있는 절차를 마련한 것이다.

4. 친권자 지정 청구 또는 후견인 선임 청구의 기각(제4항)

32 가정법원은 친권자 지정 청구나 후견인 선임 청구가 생존친(또는 친생부모의 일방 또는 쌍방)의 양육의사, 양육능력, 청구 동기, 미성년자의 의사, 그 밖의 사정 등을 종합적으로 고려하여 생존친이나 친생부모를 친권자로 지정하는 것이 자녀의 복리에 반한다고 판단되는 때에는 청구를 기각할 수 있다. 이 경우 가정법원은 직권으로 미성년후견인을 선임하거나, 생존친(또는 친생부모 일방 또는 쌍방)을 친권자로 지정하여야 한다.

33 친권자 지정의 청구 기간 내에 청구가 없어서 미성년후견인의 선임이 청구된 경우에도 가정법원은 자녀의 복리를 고려하여 미성년후견인의 선임청구를 기각할 수 있다. 이 경우에 가정법원은 직권으로 생존친이나 친생부모의 일방 또는 쌍방을 친권자로 지정하여야 한다.

Ⅲ. 임시로 법정대리인의 임무를 수행할 대행자의 선임(제5항)

1. 의의

34 단독친권자가 사망하거나 양부모가 사망한 경우(또는 입양이 취소되거나 파양된 경우)에는 일단 친권자가 없는 상태가 되지만, 그렇다고 하여 '당연히' 후견이 개시되어 법정후견인이 정해지는 것은 아니다. 법원이 친권자를 지정하거나 미성년후견인을 선임할 때까지는 자녀에게 법정대리인이 없는 공백상태가 발생하게 되는데 비록 그 기간이 비교적 단기간이라고 할지라도 미성년자녀에게 법정대리인이 없는 상태가 계속되면 자녀의 복리가 침해될 우려가 있다(예컨대, 미성년자를 위하여 상속재산인 예금을 인출하거나 의료행위에 동의해야 하는 경우가 생길 수 있는데, 법정대리인이 없다면 이러한 행위가 어려울 수 있다). 이러한 점을 고려하여 법원에 의하여 친권자가 지정되거나 미성년후견인이 선임되기 전까지의 기간 동안 임시로 법정대리인의 임무를 대행할 사람을 선임할 수 있다.

35 임시로 법정대리인의 임무를 수행할 대행자로 선임된 사람에 대해서는 민법 제25조(부재자 재산관리인의 권한에 관한 규정)와 제954조(법원의 후견사무에 관한 처분)의 규정이 준용된다. 그러므로 대행자로 선임된 사람은 미성년자의 재산을 관리하는 행위만을 할 수 있을 뿐이며, 처분권을 갖지 못한다. 대행자로 선임된 사람이 미성년자의 재산을 처분하려면 법원의 허가를 받아야 한다[민법 제25조의 준용, 가사소송법 제2조 제1항 제2호 가목 2)]. 법원은 미성년자녀, 후견감독인 또는 민법 제777조의 규정에 의한 친족 기타 이해관계인, 검사, 지방자치단체의 장의 청구에 의하여 대행자가 관리하는 미성년자녀의 재산상황을 조사하고, 재산관리나 그 밖에 대행자가 법정대리인으로서 임무를 수행하는데 필요한 처분을 명할 수 있다[민법 제954조의 준용, 가사소송법 제2조 제1항 제2호 가목 22)].

2. 친권자의 임무대행자 선임 심판청구[가사소송법 제2조 제1항 제2호 가목 13)의2]

가. 심판청구

1) 관할

36 라류 가사비송사건으로 이에 대한 심리와 재판은 가정법원의 전속관할로 한다(가사소송규칙 제2조 제1항 제9호). 토지관할은 미성년자의 주소지 가정법원이며(가사소송법 제44조), 단독판사의 사물관할에 속한다.

2) 청구권자 및 청구기간

37 가정법원에 친권자 지정을 청구할 수 있는 자는 미성년자, 미성년자의 친족, 이해관계인, 검사, 지방자치단체의 장이다. 이해관계인으로는 미성년자인 자녀를 실제 보호하는 아동보호시설의 장을 들 수 있다.

나. 심리와 심판

38 심리를 거쳐 필요가 있다고 판단되면 친권자가 지정되거나 미성년후견인이 선임될 때까지 그 임무를 대행할 사람을 선임하는 심판을 한다. 심판은 당사자와 절차에 참가한 이해관계인에게 고지하여야 한다(가사소송규칙 제25조).

39 심판의 효력은 심판을 받을 사람이 심판을 고지받음으로써 발생한다. 다만, 즉시항고를 할 수 있는 심판은 확정되어야 효력이 있다.

다. 주문례[7]

1. 사건본인들에 대한 친권자가 지정되거나 미성년후견인이 선임될 때까지 그 임무대행자로 청구인을 선임한다.
2. 사건본인들은 신상과 재산상의 행위에 관하여 임무대행자의 후견을 받아야 한다.
3. 임무대행자는 사건본인들의 신상보호와 재산관리에 관하여 다음과 같은 권한을 행사할 수 있다.
   가. 사건본인들의 거소 지정 및 변경, 학교 입학, 전학절차 등 신상에 관련한 행위 일체
   나. 사건본인들의 재산관리와 관련하여 민법 제 118 조에 정한 보존, 이용 또는 개량행위
4. 임무대행자가 위 권한범위를 초과하는 행위를 할 경우 이 법원의 허가를 받아야 한다.

IV. 미성년후견인이 선임된 후의 친권자 지정(제6항)

1. 의의

40 단독친권자의 사망이나 양부모의 사망(또는 입양의 취소, 파양) 후 친권자 지정 청구가 없었거나 청구가 있었으나 가정법원이 청구를 기각한 때에는 미성년후견인이 선임되는데, 미성년후견인이 선임된 경우에도 일정한 요건(예컨대, 미성년후견인의 선임 후 사정이 변경되어 부모가 자녀를 양육할 수 있게 되었고, 자녀도 부모가 친권자가 되는 것을 원하는 때)이 충족되는 때에는 청구에 의하여 가정법원이 생존친(이혼 시 단독친권자로 정해진 부모의 일방이 사망한 경우) 또는 친생부모의 일방 또는 쌍방(양부모가 사망한 경우, 입양이 취소되거나 파양된 경우)을 친권자로 지정할 수 있다[가사소송법 제2조 제1항 제3호 라목 13)의3].

41 이 규정은 자녀의 양육, 보호에 대한 1차적 책임이 부모에게 있다는 전제하에, 일단 미성년후견인이 선임된 경우에도 부모를 친권자로 지정하는 것이 자녀의 복리에 유리하다고 판단되는 때에는 부모에게 다시 한 번 친권자가 될 수 있는 기회를 부여하겠다는 취지로 풀이된다.

2. 효과

42 이 경우 친권자 지정의 심판이 확정되면 후견은 종료하고, 생존친이 친권자로 지정된다.

7 수원지방법원 안산지원 2015. 11. 3. 자 2015느단1310 결정(친권자의 임무대행자 선임).

43 한편 민법 제909조의2 제6항은 제909조의2 제1항·제2항에 의하여 친권자가 지정된 경우에는 적용되지 아니하며, 같은 취지에서 제909조의2 제3항·제4항에 의하여 선임된 후견인을 다른 후견인으로 변경하는 경우에는 본항이 아닌 후견인 변경에 관한 민법 제940조가 적용된다.

제 910 조 [자의 친권의 대행]

친권자는 그 친권에 따르는 자에 갈음하여 그 자에 대한 친권을 행사한다.
<개정 2005. 3. 31.>

[관련조문] 민법 제826조의2(성년의제), 제909조(친권자), 제912조(친권 행사와 친권자 지정의 기준), 제913조(보호, 교양의 권리의무), 제914조(거소지정권), 제916조(자의 특유재산과 그 관리), 제918조(제삼자가 무상으로 자에게 수여한 재산의 관리), 제919조(위임에 관한 규정의 준용), 제920조(자의 재산에 관한 친권자의 대리권), 제920조의2(공동친권자의 일방이 공동명의로 한 행위의 효력), 제921조(친권자와 그 자간 또는 수인의 자간의 이해상반행위), 제922조(친권자의 주의의무), 제922조의2(친권자의 동의를 갈음하는 재판), 제923조(재산관리의 계산), 제948조(미성년자의 친권의 대행)

[참고문헌] 주해친족법(제1판)(제2권), 박영사(2015)

Ⅰ. 의의

1 이 규정이 적용될 수 있는 경우는 미성년자가 혼인하지 않은 상태에서 혼인 외의 출생자를 낳은 경우로, 즉 미성년자의 친권자(부모가 공동친권을 행사하고 있을 경우에는 그 부모가 공동으로)는 그 친권에 따르는 미성년 자녀에 갈음하여 '미성년 자녀가 낳은 혼인 외의 출생자'에 대한 친권을 행사한다. 미성년자도 혼인한 경우에는 성년자로 의제되므로(민법 제826조의2), 스스로 친권을 행사할 수 있으므로 친권의 대행은 불필요하다.

Ⅱ. 요건

1. 부모 모두 미성년자일 것

2 민법 제910조는 부모 모두가 행위능력이 인정되지 않는 미성년자임을 전제로 한다. 따라서 부모 중 한 명이라도 성년자이면 제910조가 적용되지 않고, 민법 제909조 제1항·제2항에 의하여 성년자의 일방이 단독으로 친권을 행사한다.

3 한편 민법 제910조에 의한 친권 대행은 미성년자인 부모의 친권자만이 행사할 수 있다. 그러므로 미성년자인 부모에게 친권자가 없는 경우에는 부모에

대해 이미 미성년후견이 개시되었을 것이기 때문에 민법 제948조에 의하여 미성년 부모에 대한 미성년후견인이 친권을 대행하게 된다.

2. 혼인외의 출생자일 것

4 부모 모두 미성년자이더라도 혼인으로서 성년의제되기 때문에 혼인외의 출생자에 한정된다.

5 혼인외 출생자가 인지되기 전에는 미성년 모의 친권자만이 친권을 대행할 수 있다. 그 이후 인지에 의하여 부자관계가 성립하였다면 민법 제909조 제3항을 유추적용하여 모의 친권자와 부의 친권자가 미성년 부와 미성년 모를 각각 대리하여 협의를 하거나, 가정법원의 재판으로 친권대행자를 정하여야 한다고 본다.[1]

Ⅲ. 대행의 형식과 효과

6 대행의 형식은 친권에 따르는 자(친권자인 미성년자)의 이름으로 하여야 할 것이다. 한편 친권이 대행되고 있는 미성년자인 부모가 스스로 친권자로서 그 자의 대리행위를 하였을 때에는 무권대리가 되며, 경우에 따라서는 표현대리가 될 수 있다.

Ⅳ. 대행의 종료, 상실

1. 당사자의 사망

7 친권대행자가 사망하면 미성년 자녀를 위해서 후견이 개시되고, 미성년후견인이 친권을 대행하게 된다(민법 제948조 제1항). 친권자 자신(친권자인 미성년 자녀)이 사망하면 친권이 소멸하므로, 대행도 종료하고, '미성년자가 낳은 혼인 외의 출생자'에 대하여 후견이 개시된다.

2. 친권대행자의 친권남용으로 인한 상실, 일부정지, 일부 제한

8 친권대행자가 친권을 남용하여 자의 복리를 현저히 해치거나 해칠 우려가 있을 때 또는 부적당한 관리로 인하여 자의 재산을 위태롭게 한 경우에는 친권상실규정(민법 제924조, 제925조)을 준용하여 대행권의 상실 또는 대리권·관

1 주해친족법(제1판)(제2권), 박영사(2015), 1031(권재문).

리권의 상실선고를 청구할 수 있다고 해석되며, 자의 복리를 위하여 필요하다고 인정되는 경우에는 대행권의 일시 정지나 일부 제한의 선고도 청구할 수 있을 것이다(제924조, 제924조의2의 유추적용).

제 911 조 [미성년자인 자의 법정대리인]

친권을 행사하는 부 또는 모는 미성년자인 자의 법정대리인이 된다.

[관련조문] 민법 제912조(친권 행사와 친권자 지정의 기준), 제913조(보호, 교양의 권리의무), 제914조(거소지정권), 제916조(자의 특유재산과 그 관리), 제918조(제삼자가 무상으로 자에게 수여한 재산의 관리), 제919조(위임에 관한 규정의 준용), 제920조(자의 재산에 관한 친권자의 대리권), 제920조의2(공동친권자의 일방이 공동명의로 한 행위의 효력), 제921조(친권자와 그 자간 또는 수인의 자간의 이해상반행위), 제922조(친권자의 주의의무), 제922조의2(친권자의 동의를 갈음하는 재판), 제923조(재산관리의 계산), 제928조(미성년자에 대한 후견의 개시), 제938조(후견인의 대리권 등)

Ⅰ. 의의

1 친권을 행사하는 부모는 미성년자인 자의 법정대리인으로서 자의 법률행위에 대하여 동의권과 대리권을 가진다.

Ⅱ. 신분상 행위의 대리권과 동의권

2 자녀의 신분상의 행위에 대해서는 원칙적으로 친권자라도 대리권이 없으나, 법률에 특별한 규정이 있는 경우에는 대리권이나 동의권이 인정된다. 법률이 정하는 예외는 다음과 같다.

1. 부 또는 모가 친생부인의 소의 피고가 되는 것(제847조)

2. 인지청구의 소(제863조)

3 혼인 외의 출생자 또는 그의 직계비속이 미성년자인 경우에는 그 법정대리인이 부 또는 모를 상대로 하여 인지청구의 소를 제기할 수 있다.

3. 미성년자가 양부모가 되는 입양의 취소 청구(제885조)

4 입양이 성립되기 위해서는 양친은 성년자이어야 하므로, 이를 위반하여 미성년자가 양친이 되는 입양은 양부모, 양자와 그 법정대리인 또는 직계혈족이 그 취소를 청구할 수 있다.

4. 미성년자가 동의권자의 동의를 얻지 않고 양자가 되었을 때의 취소 청구(제886조)

5 양자가 될 사람이 13세 이상의 미성년자인 경우에는 법정대리인의 동의를 받아 입양을 승낙하고, 양자가 될 미성년자는 일정한 예외를 제외하고는 원칙적으로 부모의 동의를 받아야 하는데, 미성년자가 동의권자의 동의를 얻지 않고 양자가 되었을 때에는 양자나 동의권자가 입양의 취소를 청구할 수 있다.

5. 13세 미만자의 입양대락(제869조 제2항, 제908조의2 제1항) 및 파양청구(제906조)

6 양자(친양자 포함)가 될 사람이 13세 미만인 경우에는 스스로 입양의 의사를 표시하기 어렵기 때문에 법정대리인이 그를 갈음하여 입양을 승낙하고, 양자가 13세 미만인 경우에는 그를 갈음하여 입양을 승낙을 한 사람이 양자를 갈음하여 파양을 청구할 수 있다.

6. 상속의 승인·포기(제1019조, 제1020조)

7 상속인이 미성년자인 경우에는 그의 친권자 또는 후견인이 상속이 개시된 것을 안 날로부터 3월 이내에 단순승인이나 한정승인 또는 포기를 할 수 있다.

7. 혼인적령 미달과 부모 등의 동의를 얻지 않은 혼인의 취소 청구(제816조 제1호, 제817조)

8 만 18세가 된 사람은 혼인할 수 있고, 미성년자인 경우 혼인시 부모의 동의를 받아야 하는데, 혼인적령에 미달한 혼인과 부모의 동의를 받지 않은 미성년자의 혼인은 당사자 또는 그 법정대리인(혼인 당시의 친권자였던 부모)이 그 취소를 청구할 수 있다.

8. 가사소송법에 따른 각종 무효의 소 제기

9 그 밖에도 가사소송법의 규정에 의하여 친권자는 법정대리인으로서 다음의 소를 제기할 수 있다.

10 **가.** 혼인무효 및 이혼무효의 소(가사소송법 제23조)

11 **나.** 인지무효의 소(가사소송법 제28조, 제23조)

12 **다.** 입양무효 및 파양무효의 소(가사소송법 제31조, 제23조)

Ⅲ. 재산상 행위의 대리권과 동의권

13 ☞ 자의 재산에 대한 행위의 대리권과 동의권에 대해서는 민법 제916조 내지 민법 제927조 주석 참조.

14 그 외 민법 규정으로는 ① 자녀의 법률행위에 대한 동의권(민법 제5조 제1항), ② 동의 없는 법률행위 취소권(제5조 제2항), ③ 동의 없는 법률행위 추인권(제144조), ④ 범위를 정한 재산처분 허락권(제6조), ⑤ 영업허락권(제8조) 등이 있다.

제 912 조 [친권 행사와 친권자 지정의 기준]

① 친권을 행사함에 있어서는 자의 복리를 우선적으로 고려하여야 한다. <개정 2011. 5. 19>

② 가정법원이 친권자를 지정함에 있어서는 자의 복리를 우선적으로 고려하여야 한다. 이를 위하여 가정법원은 관련 분야의 전문가나 사회복지기관으로부터 자문을 받을 수 있다. <신설 2011. 5. 19>

[본조신설 2005. 3. 31.]

[제목개정 2011. 5. 19.]

[관련조문] 민법 제913조(보호, 교양의 권리의무), 제914조(거소지정권), 제916조(자의 특유재산과 그 관리), 제920조(자의 재산에 관한 친권자의 대리권), 제922조(친권자의 주의의무), 제925조(대리권, 재산관리권 상실의 선고)

Ⅰ. 자의 복리를 위한 친권행사

1 친권은 부모의 절대권이 아니라, 자녀의 복리실현을 위하여 법률에 의하여 부모에게 인정된 실정법상의 의무인 동시에 권리이다.

2 따라서 부모는 자의 복리에 적합하도록 친권을 행사할 의무를 부담하며, 위와 같은 의무에 위반하는 때에는 아동보호의 의무를 지고 있는 국가가 개입하여, 경우에 따라서는 친권을 상실(정지 또는 일부 제한)시킴으로써 자녀를 보호하고 있다.

3 현대친권법의 이와 같은 발전방향에 발맞추어, 2005년 개정 민법에서 제910조를 "친권을 행사함에 있어서는 子의 복리를 우선적으로 고려하여야 한다."는 규정을 신설하였다. 이는 이른바 아동의 최선의 이익(the best interest of child) 원칙을 반영한 것이다.

Ⅱ. 친권자 지정의 기준

4 2011년 개정 민법은 민법 제912조에 제2항을 추가하여 법원이 친권자를 지정함에 있어서 우선적으로 고려해야 할 기준으로 '자녀의 복리'를 규정하는 한편 이를 위하여 가정법원은 관련분야의 전문가나 사회복지기관으로부터 자문을 받을 수 있도록 규정하고 있다.

5 친권행사에 있어서는 물론 친권자 지정에 있어서도 '자의 복리'가 우선적으로 고려하여야 할 기준이라는 원칙을 선언하였다는 점에서 의미가 있다.

제 2 관 친권의 효력

[총설]

1 친권은 미성년 자녀를 보호·교양하기 위하여 부모에게 인정되는 총체적인 권리이자 의무이다. 따라서 친권자는 자녀에게 효과가 귀속되는 모든 법률행위, 즉 자의 양육(신분)과 재산에 관한 사항을 대리하거나 동의할 수 있고, 그 외에도 미성년자 양육을 위해 필요한 모든 사실행위를 할 권한이 있다.

2 친권의 내용 중 '자의 양육(신분)과 관련된 사항'으로는 보호·교양의 권리의무(민법 제913조) 및 여기서 파생되는 거소지정권(제914조), 징계권(제915조), 미성년 자녀의 인도청구권 등이 있고, 자의 재산에 관한 것으로는 자의 재산관리권, 법정대리권 및 동의권 등이 있다(제916조, 제920조).

3 이와 같은 친권의 효력은 자의 건강한 성장과 재산의 보호를 위하여 인정되는 것이므로, 친권자인 부모는 그러한 목적의 범위 내에서 친권을 행사하여야 한다. 그러나 친권의 행사와 관련해서는 원칙적으로는 제3자 또는 법원의 감독을 받지 않는 자율성이 있으며, 단지 법률에 의한 제한만 받을 뿐이다.

제 913 조 [보호, 교양의 권리의무]

친권자는 자를 보호하고 교양할 권리의무가 있다.

[관련조문] 민법 제2조(신의성실) 제2항, 제753조(미성년자의 책임능력), 제755조(감독자의 책임), 제837조(이혼과 자의 양육책임), 제843조(준용규정) 제909조(친권자), 제910조(자의 친권의 대행), 제911조(미성년자인 자의 법정대리인), 제912조(친권 행사와 친권자 지정의 기준), 제924조(친권의 상실 또는 일시 정지의 선고), 제945조(미성년자의 신분에 관한 후견인의 권리·의무), 아동학대범죄의 처벌 등에 관한 특례법 제47조(가정법원의 피해아동에 대한 보호명령), 헤이그 국제아동탈취협약 이행에 관한 법률 제4조(중앙당국의 지정), 제12조(청구권자 등)

[참고문헌] 주해친족법(제1판)(제2권), 박영사(2015); 주해친족법(제2판)(제2권), 박영사(2025); 김주수/김상용, 친족·상속법(제20판), 법문사(2024); 송덕수, 친족상속법(제7판), 박영사(2024); 윤진수, 친족상속법 강의(제5판), 박영사(2023); 이경희/윤부찬, 가족법(11정판), 법원사(2024); 김일연, "미성년 자녀의 부모 일방에 대하여 자녀 약취죄가 성립하기 위한 요건", 양승태 대법원장 재임 3년 주요 판례평석, 사법발전재단(2015); 김명숙, "자의 복리와 친권", 자의 권리 안암법학 제28호, 무지개출판사(2009); 석광현, "국제아동탈취의 민사적 측면에 관한 헤이그협약과 한국의 가입", 법학 제54권 제2호, 서울대학교 법학연구소(2013); 이호철, "이혼과 자녀양육에 관한 문제", 판례연구 제30집(2018); 곽민희, "헤이그 국제아동탈취협약상 청구요건 검토-아동의 상거소 및 양육권 침해의 불법성을 중심으로-" 가족법연구 제37권 제1호, 한국가족법학회(2023)

Ⅰ. 의의

1 민법 제913조는 신분에 관한 권리·의무 중 가장 대표적인 보호·교양의 권리·의무를 규정하고 있다.

2 기본적으로 친권자에게 자를 보호하고 교양할 권리와 의무가 있다는 것은 그에 관한 의사결정을 하여야 할 경우에, 의사결정권이 미성년 자녀가 아닌 부모에게 있다는 뜻이다. 그 내용 내지 범위도 구체적으로 정해진 것은 아니다.

3 다만 미성년 자녀 역시 인격의 주체로서 스스로의 인생을 설계할 수 있는 권리가 있는데, 미성년자라는 이유만으로 부모에게'만' 전적으로 의사결정권이 있다고 보는 것이 현대 사회에서 과연 타당한지 의문이다. 미성년 자녀에게 영향을 미칠 결정을 함에 있어서는 미성년 자녀의 의사결정 참여가 반드시 필요하다.

Ⅱ. 자녀의 신분에 관한 권리·의무

1. 자녀의 보호·교양에 관한 권리·의무

가. 보호·교양의 의미

4 자녀를 보호·교양한다는 것은 실제로 양육, 감호, 교육하는 것인데, 그 중 보호는 신체적, 정신적 발달을 감독하고 그에 대한 위해나 불이익에 대하여 방위하는 소극적 행위이고, 교양은 자녀의 신체적, 정신적 발달 위해 노력하는 적극적 행위이다. 양자는 하나의 행위의 표리를 이루며 미성년 자녀의 정신과 신체 모두를 건전하게 성장시키는 데 목표를 두고 있다. 대표적으로 친권자는 자녀들이 의무교육[초등(6년)·중등(3년) 교육]을 받게 할 책임과 의무가 있다(교육기본법 제8조, 제13조, 초·중등교육법 제12조, 제13조).

5 보호·교양의 정도와 방법은 친권자의 자유재량으로 판단할 것이고, 사회통념상 자녀의 사회화에 적합한 것이면 충분하며 또 친권자의 자력의 한도 내에서 하면 족하다.[1]

6 이러한 보호·교양의 권리의무는 친권에서 본질적인 내용으로 일차적으로 자녀를 건강하게 양육해야 할 부모의 의무이자 책임이 강조되나, 이차적으로는 부모가 이러한 의무를 이행하는 데 있어서 외부로부터 방해받지 않을 권리가 있다는 점에서 권리라는 성질도 갖는다. 그러므로 부모는 자신의 의무인 친권을 포기하거나 사퇴할 수 없다(법률행위 대리권·재산관리권은 친권자의 자의에 의한 사퇴가 가능한 점과 대비가 된다). 반대로 부모의 친권행사가 자녀의 복리를 침해하거나 안전에 위해를 가하는 경우에는 국가에 의한 친권의 상실, 일시정지 또는 일부제한이 이루어진다.

나. 미성년자의 감독의무

7 미성년 자녀가 제3자에게 불법행위를 하였는데 책임능력이 없다면 친권자는 감독의무자로서 손해배상의 책임을 진다(민법 제755조, 제753조). 한편 불법행위를 한 미성년 자녀가 책임능력이 있는 경우에는 친권자는 감독의무위반과 손해의 발생 사이에 상당인과관계가 있는 경우에 한하여 일반불법행위자로

1 이경희/윤부찬, 가족법(11정판), 법원사(2024), 274.

서 손해배상의 책임을 진다. 다만 미성년 자녀를 보호·교양하여야 할 의무는 '친권자'에게 있으므로, 친권자가 아닌 비양육친의 경우 비양육친의 감독의무를 인정할 수 있는 특별한 사정이 없는 한 미성년자의 불법행위에 대하여 감독의무 위반으로 인한 손해배상책임을 지지 않는다.[2] [3]

2. 보호·교양권이 침해된 경우

가. 형사상 책임

8 미성년자를 보호·감독하는 사람이라고 하더라도 다른 보호감독자의 보호·양육권을 침해하거나 자신의 보호·양육권을 남용하여 미성년자 본인의 이익을 침해하는 때에는 미성년자에 대한 약취죄의 주체가 될 수 있다.

9 대법원 2008. 1. 31. 선고 2007도8011 판결에서도 "피해자의 아버지인 피고인 2가 피해자의 어머니이자 피고인의 처인 공소외 1이 교통사고로 사망하자 피해자의 외조부인 공소외 2에게 피해자의 양육을 맡겨 왔으나, 교통사고 배상금 등을 둘러싸고 공소외 2 등과 사이에 분쟁이 발생하자 자신이 직접 피해자를 양육하기로 마음먹고, 피고인 1과 공모하여 학교에서 귀가하는 피해자를 본인의 의사에 반하여 강제로 차에 태우고 할아버지에게 간다는 등의 거짓말로 속인 후 고아원에 데려가 피해자의 수용문제를 상담하고, 개사육장에서 잠을 재운 후 다른 아동복지상담소에 데리고 가는 등으로 사실상 지배함으로써 미성년자인 피해자를 약취하였다고 인정하였는바, 이러한 원심의 사실인정 및 법리판단은 앞서 본 법리 및 기록에 비추어 정당하여 수긍할 수 있고, 거기에 채증법칙을 위반하거나 미성년자 약취·유인죄에 관한 법리를 오해한 위법이 없다."고 판시하면서 외조부가 맡아서 양육해 오던 미성년인 자를 자의 의사에 반하여 사실상 자신의 지배하에 옮긴 친권자에 대하여 미성년자 약취·유인죄를 인정하였다.

10 다만 형사상 책임은 죄형법정주의의 원칙에 따라 엄격히 해석하여 적용하여야 하므로, 부부가 공동생활을 하던 중 부모 일방이 다른 상대방의 동의없이 미성년 자녀를 주거지에서 데리고 나와 이어 베트남으로 함께 떠난 사안에

2 대법원 2022. 4. 14. 선고 2020다240021 판결.

3 위 판결에서 비양육친은 이혼 후에도 자녀의 양육비용을 분담할 의무는 있는 것으로 보면서도, 이것만으로 비양육친이 일반적, 일상적으로 자녀를 지도하고 조언하는 등 보호·감독할 의무를 진다고 할 수 없다라고 판시하였다.

서, 대법원 2013. 6. 20. 선고 2010도14328 전원합의체 판결은 “부모가 이혼하였거나 별거하는 상황에서 미성년의 자녀를 부모의 일방이 평온하게 보호·양육하고 있는데, 상대방 부모가 폭행, 협박 또는 불법적인 사실상의 힘을 행사하여 그 보호·양육 상태를 깨뜨리고 자녀를 탈취하여 자기 또는 제3자의 사실상 지배하에 옮긴 경우, 그와 같은 행위는 특별한 사정이 없는 한 미성년자에 대한 약취죄를 구성한다고 볼 수 있다.”라고 판시하면서도, “미성년의 자녀를 부모가 함께 동거하면서 보호·양육하여 오던 중 부모의 일방이 상대방 부모나 그 자녀에게 어떠한 폭행, 협박이나 불법적인 사실상의 힘을 행사함이 없이 그 자녀를 데리고 종전의 거소를 벗어나 다른 곳으로 옮겨 자녀에 대한 보호·양육을 계속하였다면, 그 행위가 보호·양육권의 남용에 해당한다는 등 특별한 사정이 없는 한 설령 이에 관하여 법원의 결정이나 상대방 부모의 동의를 얻지 아니하였다고 하더라도 그러한 행위에 대하여 곧바로 형법상 미성년자에 대한 약취죄의 성립을 인정할 수는 없다고 할 것이다.”라고 판시하였다. 한편 대법원 2021. 9. 9. 선고 2019도16421 판결은 “부모가 이혼하였거나 별거하는 상황에서 미성년의 자녀를 부모의 일방이 평온하게 보호·양육하고 있는데, 상대방 부모가 폭행, 협박 또는 불법적인 사실상의 힘을 행사하여 그 보호·양육 상태를 깨뜨리고 자녀를 자기 또는 제3자의 사실상 지배하에 옮긴 행위가 미성년자에 대한 약취죄를 구성한다고 하면서, 피고인과 갑은 각각 한국과 프랑스에서 따로 살며 이혼소송 중인 부부로서 자녀인 피해아동(만 5세)은 프랑스에서 갑과 함께 생활하였는데, 피고인이 을을 면접교섭하기 위하여 그를 보호·양육하던 갑으로부터 을을 인계받아 국내로 데려온 후 면접교섭 기간이 종료하였음에도 을을 데려다주지 아니한 채 갑과 연락을 두절한 후 법원의 유아인도명령 등에도 불응한 사안에서, 피고인의 행위가 미성년자약취죄의 약취행위에 해당한다.”고 판시하여 면접교섭 기회를 이용하여 인도받았더라도 기간 종료 후 연락두절하는 등의 행위로 나아갔다면 약취행위에 해당한다고 보았다.

나. 미성년 자녀의 인도청구권

1) 의의

11 친권자가 자녀를 양육할 권리를 행사하고 의무를 이행하려면 자녀를 자신의 보호하에 두어야 한다. 따라서 제3자가 자녀를 사실상 양육하는 등의 방법으

로 친권자의 보호·교양을 방해하는 때에는 민법 제913조를 근거로 자녀를 돌려달라고 청구할 수 있다.[4]

12 자의 인도청구권에 관하여 명문의 규정을 둔 입법례(독일 민법 제1632조)도 있지만, 우리 민법은 이에 관한 명문규정을 두고 있지 않으나 제913조에서 방해배제청구권이 도출된다고 해석되고 있다.

13 그런데 이 경우의 인도청구의 상대방은 부모가 아닌 제3자이므로 가사소송 또는 가사비송사건이 아니고 민사소송에 의하여야 한다는 것이 대체적인 견해[5]이다.

2) 자의 인도청구권의 요건

14 친권자의 보호·교양의 권리가 위법하게 방해되고 있어야 한다.

15 다만 제3자가 정당한 권한에 의하여 미성년 자녀를 보호하고 있는 때에는 친권자는 미성년 자녀의 인도를 청구할 수 없다고 해석하여야 할 것인데, 아동학대범죄의 처벌 등에 관한 특례법에 의하여 학대받는 아동을 아동학대행위자인 부 또는 모로부터 격리, 보호하는 경우가 대표적인 경우이다.[6] 이 경우에는 친권자라는 이유로 아동학대행위자가 미성년 자녀의 인도청구권을 행사하는 것은 친권의 남용에 해당된다.

16 한편 자녀가 자신의 자유로운 의사에 따라 제3자의 거주지에 머물고 있는 경우에는 자녀의 복리를 기준으로 하여 인도청구의 허용여부를 결정해야 할 것이다. 미성년 자녀 스스로 선택한 결정이라고 해도 장·단기적으로 보아서 자녀의 성장·발달에 부정적인 영향을 미칠 것이라고 판단되는 경우에는 친권자의 인도청구를 허용해야 할 것이다.

3) 인도청구의 방법

가) 이행명령, 과태료, 감치 등

17 유아인도의 조정이 성립되거나 심판이 확정된 경우 어떤 방법으로 이행을 확보할 수 있을 것인가의 문제가 있다. 인도의무자가 정당한 이유 없이 인도

4 주해친족법(제1판)(제2권), 박영사(2015), 1042(권재문).
5 주해친족법(제2판)(제2권), 박영사(2025), 1205(이봉민); 송덕수, 친족상속법(제7판), 박영사(2024), 222.
6 따라서 이런 경우에 아동보호전문기관은 가정법원에 대하여 피해아동보호명령을 청구할 수 있으며(아동학대범죄의 처벌 등에 관한 특례법 제47조), 가정법원은 친권자의 부당한 인도청구로부터 자녀를 보호하기 위하여 친권행사의 정지, 제한 등 필요한 조치를 취할 수 있다.

의무를 이행하지 않는 경우에는 가정법원이 당사자의 신청에 의하여 그 의무를 이행할 것을 명할 수 있고(가사소송법 제64조), 이에 위반한 경우에는 직권 또는 권리자의 신청에 의하여 결정으로 1000만 원 이하의 과태료에 처할 수 있다(제67조). 나아가 유아의 인도를 명령받은 자가 이러한 제재를 받고도 30일 이내에 정당한 이유없이 그 의무를 이행하지 아니한 때에는 권리자의 신청에 의하여 결정으로 30일의 범위에서 그 의무를 이행할 때까지 의무자를 감치에 처할 수 있다(가사소송법 제68조).

나) 직접강제

18 한편 유아인도를 명하는 재판(화해, 조정 등의 조서, 결정 등을 포함)이 있는 경우 집행관이 유아의 인도를 집행하는 직접강제가 가능하다. 이 때 직접강제 집행절차에 관해서는 민사집행법 제257조(유체동산인도청구권의 집행절차)를 준용한다. 집행관 및 집행보조자는 유아의 인도를 집행할 때 유아의 연령, 발달정도 기타 사정을 고려하여 인도집행이 유아의 심신에 유해한 영향을 미치지 않도록 배려하여야 하고, 유아의 복리를 위하여 세심한 주의를 기울이며, 유아의 자유와 안전에 유의하여야 한다. 그리고 집행보조자로 참여하는 유아 관련 전문가는 집행관이 유아의 인도를 집행할 때 유아의 연령, 의사능력 유무 등을 고려하여 유아의 심리적 안정을 위한 조치, 유아의 이해를 돕는 설명 등 필요한 조력을 할 수 있다[유아인도를 명하는 재판의 집행절차(재특 82-1) 전부개정예규 대법원재판예규 제1894호 시행 2025. 2. 1.].[7] (☞ 헤이그 국제아동탈취협약에 따른 아동반환 청구의 경우 아래 다.항 주석 참조)

4) 인도청구의 대상

19 미성년 자녀라 하더라도 민법상의 책임능력이 있는 정도의 연령에 달한 때에는 독립한 인격의 주체로서 그 신체의 자유가 보장되어야 할 것이지 인도청구의 대상으로 삼을 수 없을 것이고, 인도 청구의 대상으로 문제가 되는 것은 그와 같은 연령에 달하지 아니한 비교적 어린 나이의 미성년인 자에 한정할 것이다. 이와 같은 취지에서 부산가정법원 2014. 10. 29. 선고 2013드단11535

7 종전 예규(재판예규 제917-2호)에서는 "그 유아가 의사능력이 있는 경우에 그 유아 자신이 인도를 거부하는 때에는 집행을 할 수 없다."라는 조항이 있어 자녀가 인도를 거부하는 경우에는 집행불능으로 처리되었는데, 위 조항이 삭제됨으로써 자녀의 의사에 반하는 강제집행이 가능하게 되었다. 다만 아동의 복지를 위하여 개정된 재판예규에서는 집행관의 주의의무, 집행보조자(아동전문가)의 참여 및 조력 등이 포함되었다.

판결은 "사건본인은 1999. 10. 12.생으로 현재 중학교 3학년에 재학 중인 학생인바, 독립한 인격의 주체로서 그 신체의 자유가 보장되어야 할 것이지, 유아인도청구나 강제집행의 대상으로 삼을 수는 없다."는 이유로 원고의 사건본인 인도 청구를 받아들이지 아니하였다.

20 한편 가사소송규칙 제100조에서도 가정법원은 자가 13세 이상인 때에는 심판에 앞서 그 자의 의견을 들어야 한다고 규정하고 있으므로, 법원은 자의 의사를 가장 먼저 고려하여야 한다.

다. '국제적 아동탈취의 민사적 측면에 관한 협약'(일명 헤이그 국제아동탈취협약)[8]의 보호

1) 헤이그 국제아동탈취협약의 기본 내용

21 가) 부모 쌍방이 공동감호권을 가지는 경우에 부모 일방에 의하여 행하여진 아동의 국외 이송 역시 상대방 부모의 보호·양육권을 침해하는 행위로서 위 협약에 따라 불법한 것으로 인정하고 있다. 이 협약은 16세 미만 아동의 일방 부모, 후견인, 기타 가까운 가족이 양육권이나 면접교섭을 가진 사람의 권리를 침해하여 아동을 다른 나라로 탈취한 경우에, 그 반환을 확보하는 것을 목적으로 하고 있다. 양육권이 침해되었다고 주장하는 사람은 아동의 상거소의 중앙당국 또는 그 밖의 모든 체약국의 중앙당국에 대하여 아동의 반환을 확보하기 위한 지원을 신청할 수 있다(협약 제8조). 우리나라의 중앙당국은 법무부장관이다(이행법률 제4조).

22 아동소재국의 중앙당국은 아동의 자발적 반환을 실현하기 위하여 모든 적절한 조치를 하거나 그러한 조치가 이루어질 수 있도록 하여야 한다(협약 제10조).

23 나) 실제의 반환 요구는 양육권 침해를 주장하는 사람이 아동의 소재국에 반환을 요청하는 소송을 제기함으로써 이루어진다. 이행법률은 협약에 따른 아동반환사건을 서울가정법원의 전속관할로 하고 있다(이행법률 제11조). 반환요청에 대하여는 양육권 자체가 없다는 등의 이유로 반환을 거부할 수

8 국제적으로 불법 이동, 유치된 아동의 신속한 반환을 확보하고 면접, 교섭권을 보호하려는 협약으로서, 1980년 헤이그국제사법회의에서 채택되어 1983년부터 발효되었다. 우리나라 정부는 2012. 12. 13. 가입서를 네덜란드 외교부에 기탁함으로써 89번째 체약국이 되었고 그에 따라 탈취협약은 조약 제2128호로서 2013. 3. 1. 우리나라에서 발효되었고, 국회는 탈취협약 가입을 위하여 2012. 12. 11. 법률 제11529호로 "헤이그 국제아동탈취협약 이행에 관한 법률"(이하 "이행법률"이라 한다)을 제정하였다.

없으나, 협약은 아동이 새로운 환경에 적응하였다든지, 아동의 반환으로 인하여 아동이 육체적 또는 정신적 위해에 노출되거나 그밖에 견디기 힘든 상황에 처하게 될 중대한 위험이 있다는 등 일정한 사유가 있는 경우에는 반환을 명할 의무가 없다고 규정한다(협약 제12조, 제13조, 제20조 및 이행법률 제12조).

다) 주문례

24 청구를 인용하는 심판의 주문례는 다음과 같다.[9]

1. 상대방은 청구인에게 사건본인들을 반환하라.

25 라) 다만 위 협약은 탈취 아동의 반환 등에 관한 민사적 측면에 대해서만 규정하고 있을 뿐 아동을 탈취한 사람에 대한 형사적 제재에 대해서는 규율하고 있지 않다.

26 [판례] 대법원 2018. 4. 17. 자 2017스630 결정

'국제적 아동탈취의 민사적 측면에 관한 협약'(이하 '협약'이라 한다)과 그 이행 법률인 헤이그 국제아동탈취협약 이행에 관한 법률(이하 '법'이라 한다)에 의하면, 아동의 대한민국으로의 불법적인 이동 또는 유치로 인하여 협약에 따른 양육권이 침해된 경우 법원에 아동의 반환을 구할 수 있고(법 제12조 제1항), 법원은 아동의 복리를 최우선으로 고려하여 신속하게 처리하여야 한다(법 제3조).

한편 법원은 아동의 불법적인 이동 등으로 양육권이 침해된 경우에도 법 제12조 제4항 제3호에서 정한 "아동의 반환으로 인하여 아동이 육체적 또는 정신적 위해에 노출되거나 그 밖에 견디기 힘든 상황에 처하게 될 중대한 위험이 있는 사실"이 있을 경우에는 반환청구를 기각할 수 있다(법 제12조 제4항).

법 제12조 제4항 제3호의 반환예외사유는 아동의 신속한 반환으로 인하여 오히려 아동의 구체적이고, 개별적인 복리가 침해되어 발생할 위해를 방지하기 위한 것으로, 그 해석에 있어서는 아동의 권익이 일방 부모의 양육권이나 절차의 신속성 등보다 우선하여 고려되어야 한다.

따라서 중대한 위험에는 청구인의 아동에 대한 직접적인 폭력이나 학대 등으로 아동의 심신에 유해한 영향을 미칠 우려가 있는 경우뿐만 아니라 상대방인 일방 부모에 대한 잦은 폭력 등으로 인하여 아동에게 정신적 위해가 발생하는 경우와 상거소국에 반환될 경우 오히려 적절한 보호나 양육을 받을 수 없게 되어 극심한

9 서울가정법원 2016. 4. 22. 선고 2016느단50118 판결 등.

고통을 겪게 되는 경우를 포함한다.
반환청구를 받은 법원은 위와 같은 사정 이외에도 그 위험의 정도와 반복될 우려가 있는지 여부, 아동의 반환 전후 양육에 관한 구체적 환경, 반환이 아동에게 미칠 심리적, 육체적 영향 등 기타 일체의 사정을 종합적으로 검토하되 청구인과 상대방의 양육권 등을 고려하여 아동에 대한 최선의 이익이 무엇인지와 반환이 오히려 아동의 복리에 심각한 침해가 되는지 여부를 판단하여야 한다.[10]

2) 국제아동반환청구 사건의 집행

27 대법원은 '헤이그 국제아동탈취협약에 따른 아동반환청구사건의 집행에 관한 예규(재특 2024-1) 제정 2024. 1. 10.[재판예규 1869호, 시행 2024. 4. 1.]'를 제정하였는데, 위 예규에 따르면 자녀의 의사에 반하는 강제집행도 가능하다(제2조 제2항).

Ⅲ. 보호·교양에 필요한 비용

1. 혼인 중 비용부담

28 미성년 자녀의 보호·교양은 친권자의 의무이자 권리이지만, 보호·교양에 필요한 비용의 부담은 친권의 귀속과 관계없이 부모의 몫이자 가정의 공동생

10 이 사건은 청구인(재일교포 3세, 일본 거주)이 사건본인들을 데리고 한국으로 입국한 처인 상대방을 상대로 아동반환 청구한 경우로, 청구인의 반환 청구를 기각한 제1심에 대하여 원심인 서울가정법원 2017. 10. 18. 자 2017브30068 결정은 "아동탈취협약 및 헤이그아동탈취법의 목적이 아동의 신속한 반환절차를 규율함으로써 아동의 탈취를 억지한다는 데에 있는 점에 비추어, 위와 같은 '중대한 위험'에 대한 고려는 가능한 엄격하게 해석되어야 하나, 가정폭력 피해자의 아동탈취의 경우와 같이 엄격한 해석이 결과적으로 아동의 실체적 복리에 악영향을 끼칠 위험이 있는 경우에는 이를 완화해서 해석하여야 할 것인바, 기록 및 심문 전체에 의하여 인정되는 다음과 같은 사정 즉, 청구인은 혼인기간 중 상대방과 여러 차례 격렬한 다툼을 벌였고, 그 과정에서 상대방에게 폭언을 하고 폭력을 행사한 적도 있는데, 사건본인 1은 위와 같은 폭행현장을 수차례 목격하였던 점(단, 상대방이 제출한 자료만으로는 청구인이 사건본인들을 폭행한 사실을 인정하기 부족하고, 달리 인정할 증거가 없다), 이러한 사정으로 사건본인 1은 정신적인 고통을 겪고, 청구인에 대하여도 부정적인 감정을 가지게 된 것으로 보이는 점, 상대방으로서는 의지할 사람이 없고 가정폭력 가해자인 청구인이 거주하는 일본으로 돌아가기가 쉽지 않을 것인데, 이 경우 사건본인들만 일본으로 돌아간다면 가정폭력의 간접 피해자이자 청구인에 대하여 부정적인 감정을 가지고 있는 사건본인 1의 양육은 오롯이 청구인이 담당하게 되는 점, 상대방이 사건본인들과 일본으로 돌아간다 하더라도 상대방이 청구인으로부터 재차 폭행당할 가능성을 배제할 수 없고, 그 결과 사건본인들 역시 정신적 고통을 겪을 수도 있는 점, 반면 사건본인들은 한국 생활에 잘 적응하고 있고, 이를 일본에서의 생활보다 선호하고 있는 점 등을 종합하면, 사건본인 1을 일본으로 반환할 경우 그의 실체적 복리에 악영향을 끼칠 우려가 있고, 이러한 상황에서 사건본인 2를 사건본인 1과 분리시켜 일본으로 반환하는 것 역시 마찬가지의 우려가 있다고 할 것인바, 이는 사건본인들을 육체적 또는 정신적 위해에 노출시키거나 그 밖에 견디기 힘든 상황에 처하게 하는 경우에 해당한다. 아울러 이러한 위험을 무릅쓰면서까지 사건본인들을 일본으로 인도하여야 할 만한 사정도 보이지 않는다."고 하면서 항고기각결정을 하였다.

활 유지에 기초가 되는 부분이다. 그러므로 보호·교양에 필요한 비용은 부부의 공동생활에 필요한 비용으로서 당사자 사이에 특별한 약정이 없으면 부모가 공동으로 부담한다(민법 제833조).

2. 이혼 후 친권자와 친권 아닌 자 사이의 비용부담

29 이혼 후 친권자로 지정되지 않은 부모의 일방도 보호·교양에 필요한 비용은 당연히 분담해야 한다.[11] 부모는 미성년 자녀의 출생과 더불어 자녀에 대한 부양의무를 지게 되고, 보호·교양에 필요한 비용의 부담은 부양의무에서 비롯되는 것이기 때문이다.

30 보호·교양에 필요한 비용은 부모 각자의 수입과 자력, 기타 사정을 고려하여 적절히 분담하여야 한다. 이혼 후 부모의 친권자로 지정된 당사자가 미성년 자녀 양육도 담당하고 있는 경우에는, 양육친이 자녀를 보호, 교양하기 위하여 들이는 수고까지 고려하는 것이 타당하므로 비양육친인 다른 일방의 부담부분을 높일 필요성이 있다.

3. 친족적 부양과의 차이

31 미성년인 자녀에 대한 부모의 부양의무는 일반적인 친족적 부양과는 차원이 다른 것이므로, 민법 제974조 이하 규정을 적용하는 것은 타당하지 않고, 미성년인 자녀에 대하여 부모가 부담하는 부양의무의 법적 근거를 민법에서 굳이 찾는다면 바로 민법 제913조가 될 것이다. 다만 부모에게 모두 자력이 없는 경우에는 다른 부양의무자가 보호·교양에 필요한 비용을 부담하여야 한다(☞ 민법 제974조 주석 참조).

4. 양자에 대한 부양의무

32 입양제도의 취지에 비추어 볼 때 양자에 대한 부양의무는 일차적으로 양부모에게 있다.

11 대법원 1994. 5. 13. 자 92스21 전원합의체 결정, 대법원 2022. 4. 14. 선고 2020다240021 판결.

제 914 조 [거소지정권]

자는 친권자의 지정한 장소에 거주하여야 한다.

[관련조문] 민법 제2조(신의성실) 제2항, 제19조(거소), 제20조(거소), 제909조(친권자) 제1항 내지 제3항, 제912조(친권 행사와 친권자 지정의 기준), 제913조(보호, 교양의 권리의무), 제924조(친권의 상실 또는 일시 정지의 선고), 제945조(미성년자의 신분에 관한 후견인의 권리·의무), 제974조(부양의무) 제1항

[참고문헌] 송덕수, 친족상속법(제7판), 박영사(2024); 한봉희/백승흠, 가족법, 삼영사(2013)

Ⅰ. 의의

1 친권의 내용 중 미성년 자녀의 신분에 관한 권리·의무의 한 내용이자, 친권자의 보호·교양에 관한 권리·의무에 부수하는 권리이다.

Ⅱ. 거소지정권의 내용

1. 본질

2 친권자가 미성년자녀를 적절하게 보호·교양하기 위해서는 자녀에게 적당한 거소를 지정, 제공하여야 하는 등 필요한 범위 내에서 행사하여야 하고, 자녀는 친권자가 지정한 장소에 거주하여야 한다. 만일 그 범위를 넘어서서 부적당한 장소를 거소로 지정하면, 친권상실·일시정지·일부제한 사유 또는 친권자 변경사유로 될 수 있다.

2. 거소지정권자

3 거소지정권은 친권의 일부이므로 부모가 혼인 중인 때에는 부모가 공동으로 행사하여야 한다(민법 제909조 제2항). 따라서 부모가 협의하여 자녀의 거소를 정하고, 협의가 되지 않는 때에는 당사자의 청구에 의하여 가정법원이 정한다(민법 제909조 제2항 단서).

Ⅲ. 거소지정권의 행사

1. 의의

4 거소지정은 미성년 자녀에게 장소를 지정하여 거기에 거주하라고 명하는 것이므로, 자녀가 스스로 거소를 선택할 수 있을 정도의 자유의사와 능력이 있음을 전제로 한다. 의사능력이 없는 자녀에게 거소지정을 한다는 것은 의미가 없고, 이는 자녀에 대한 감호권의 범위에 포함될 것이다.[1]

2. 지정의 방법

5 친권자의 거소지정권은 구체적으로 부모의 집이나 기숙사 등을 지정하는 방식으로 행사될 것이며, 그 거소는 보호·교양의 목적을 달성하는 데 적당한 곳이어야 한다. 거소지정권을 남용하여 미성년 자녀의 복리를 해치는 곳에 거소를 지정하는 경우에는 친권상실·친권의 일부제한 등의 원인이 될 수 있다.

3. 지정의 효과

6 거소지정의 효과로서 자는 친권자가 지정한 장소에서 거주하여야 한다.

7 다만 자녀가 친권자의 거소지정에 따르지 않더라도 친권자가 물리적 강제력을 동원하여 지정된 거소로 이전시키거나 징계하는 것은 허용되지 아니한다 (용돈을 줄이는 등 사회통념상 허용되는 간접적인 방법을 사용할 수 있을 뿐이다[2]). 는 경우 친권자는 친권의 남용이 되지 않는 범위 내에서 적당한 강제와 징계 수단 등을 사용하여 자녀를 거소에 데려올 수 있다.

8 지정한 장소에 거주를 명하는 판결을 구하는 소를 제기할 수 있는가, 또한 이 판결에 의하여 강제집행을 할 수 있는가라는 문제와 관련하여서는 의사능력이 있는 자녀가 친권자의 거소지정권에 따르지 않는 경우에 대하여 뚜렷한 제재수단이나 방법이 없고, 인격에 대한 강제집행이 허용되지 않는다. 그러므로 자녀의 자기결정권을 고려하여 거소지정권을 강제하기보다는 거소지정에 대한 자율적인 협의를 함이 상당하다.

1 한봉희/백승흠, 가족법, 삼영사(2013), 316~317.
2 송덕수, 친족상속법(제7판), 박영사(2024), 223.

제 915 조 [징계권] <2021. 1. 26. 삭제 조문>

친권자는 그 자를 보호 또는 교양하기 위하여 필요한 징계를 할 수 있고 법원의 허가를 얻어 감화 또는 교정기관에 위탁할 수 있다.

1 친권자의 징계권 규정은 아동학대 가해자인 친권자의 항변사유로 이용되는 등 아동학대를 정당화하는 데 악용될 소지가 있는바, 징계권 규정을 삭제함으로써 이를 방지하고 아동의 권리와 인권을 보호하려는 것임.

제 916 조 [자의 특유재산과 그 관리]

자가 자기의 명의로 취득한 재산은 그 특유재산으로 하고 법정대리인인 친권자가 이를 관리한다.

[관련조문] 민법 제6조(처분을 허락한 재산), 제691조(위임종료시의 긴급처리), 제692조(위임종료의 대항요건), 제830조(특유재산과 귀속불명재산), 제910조(자의 친권의 대행), 제911조(미성년자인 자의 법정대리인), 제912조(친권 행사와 친권자 지정의 기준), 제918조(제삼자가 무상으로 자에게 수여한 재산의 관리), 제919조(위임에 관한 규정의 준용), 제920조(자의 재산에 관한 친권자의 대리권), 제922조(친권자의 주의의무), 제923조(재산관리의 계산), 제925조(대리권, 재산관리권 상실의 선고), 제925조의2(친권 상실 선고 등의 판단 기준), 제925조의3(부모의 권리와 의무), 제926조(실권 회복의 선고), 제927조(대리권, 관리권의 사퇴와 회복), 제946조(친권 중 일부에 한정된 후견), 제948조(미성년자의 친권의 대행), 제949조(재산관리권과 대리권)

[참고문헌] 이경희/윤부찬, 가족법(11정판), 법원사(2024)

Ⅰ. 의의

1 친권의 내용 중 미성년 자녀의 재산에 관하여 규정한 조문으로, 법정대리권과 재산관리권의 일반적 근거조항이라 할 것이다.

Ⅱ. 재산관리권의 범위

1. 내용

2 미성년 자녀도 상속·유증·증여 등에 의해서 재산을 취득하는 경우가 있으며, 자신이 제공한 근로의 대가로 재산을 취득하는 경우도 있다. 이와 같이 미성년 자녀가 자기의 명의로 취득한 재산은 '특유재산'으로 하되, 법정대리인인 친권자가 이를 관리한다.

3 여기서 재산의 관리란 재산의 보존·이용·개량을 목적으로 하는 행위(민법 제118조)이나, 관리의 목적을 달성하기 위한 범위 내에서는 처분행위도 할 수 있다. 예를 들어 친권자는 미성년 자녀가 소유하는 가옥을 임대하여 차임을 받을 수 있으며, 재산가치가 하락할 우려가 있는 물건이나 주식 등을 매각하거나,

부패·변질의 우려가 있는 물건의 매각[1]하는 것은 가능하다.

4 미성년 자녀의 채권을 추심할 수도 있으나, 미성년 자녀의 임금은 대리하여 받을 수 없다고 해석된다(근로기준법 제68조 참조).

5 재산관리권이 제3자에 의해서 침해되었을 때에는 친권의 침해가 있는 것이 되므로, 친권자는 침해자에 대하여 방해배제청구를 할 수 있다. 또한 예를 들어 제3자가 권한 없이 미성년 자녀의 소유물을 점유하고 있는 경우와 같이 미성년 자녀의 물권이 침해되고 있는 때에는 친권자는 미성년 자녀를 대리하여 물권적 청구권을 행사할 수도 있다.

2. 재산관리권의 제한

6 다음의 재산에 대해서는 관리권을 행사할 수 없다.

ㄱ. 범위를 정하여 처분을 허락한 재산(민법 제6조)

7 예를 들어 미성년자는 자신의 용돈을 자유로이 처분할 수 있으며, 친권자는 이러한 재산에 대하여 관리권을 행사하지 못한다.

ㄴ. 미성년자에게 영업이 허락된 경우 그 영업에 관한 재산(민법 제8조)

ㄷ. 제3자가 친권자의 재산관리에 반대하는 의사를 표시하고 자에게 무상으로 증여한 재산(민법 제918조)

8 이 경우 제3자가 관리인을 지정하면 그 관리인이 재산을 관리하고, 관리인의 지정이 없는 때에는 재산을 수여받은 자 또는 민법 제777조의 규정에 의한 친족의 청구에 의하여 가정법원이 관리인을 선임한다[민법 제918조 제2항, 가사소송법 제2조 제1항 라목 15)]. (☞ 그 관리자의 권한의 소멸, 개임에 관해서는 민법 제918조 제3항 주석 참조)

ㄹ. 친권자가 재산관리권의 상실선고를 받은 경우(민법 제925조)**와 관리권을 사퇴한 경우**(제927조).

3. 재산관리권의 행사

9 친권자의 재산관리권은 권리이면서도 의무이기 때문에, 친권자가 자녀의 재산을 적절하게 관리하지 않은 경우에는 재산관리권 상실(민법 제925조) 또는 친권상실(제924조)의 원인이 된다.

1 이경희/윤부찬, 가족법(11정판), 법원사(2024), 279.

10 이 경우의 친권자의 주의의무의 정도는 자기의 재산에 관한 행위와 동일한 주의(민법 제922조)이며, 선량한 관리자의 주의보다 낮은 정도이다. 후견인의 경우 선관주의의무인 점과는 대비가 된다. 만일 친권자가 주의의무를 해태하여 자에게 손해가 발생한 때에는 과실로 인한 손해배상의 책임이 인정될 수 있고, 부적절한 관리가 계속될 경우에는 대리권과 재산관리권의 상실원인도 된다.

제 917 조 [미성년자의 처의 재산관리] <1990. 1. 13. 삭제 조문>

(미성년자의 처의 재산관리) 미성년인 자가 그 처의 재산을 관리하는 경우에는 법정대리인인 친권자가 자에 가름하여 그 재산을 관리한다.

1 민법의 가족관계규정중 불합리한 사항을 정리하려는 취지에서 1990년 민법 개정으로 동 조항이 삭제됨.

제 918 조 [제삼자가 무상으로 자에게 수여한 재산의 관리]

① 무상으로 자에게 재산을 수여한 제삼자가 친권자의 관리에 반대하는 의사를 표시한 때에는 친권자는 그 재산을 관리하지 못한다.
② 전항의 경우에 제삼자가 그 재산관리인을 지정하지 아니한 때에는 법원은 재산의 수여를 받은 자 또는 제777조의 규정에 의한 친족의 청구에 의하여 관리인을 선임한다.
③ 제삼자의 지정한 관리인의 권한이 소멸하거나 관리인을 개임할 필요있는 경우에 제삼자가 다시 관리인을 지정하지 아니한 때에도 전항과 같다.
④ 제24조 제1항, 제2항, 제4항, 제25조 전단 및 제26조 제1항, 제2항의 규정은 전2항의 경우에 준용한다.

[관련조문] 민법 제554조(증여의 의의), 제562조(사인증여), 제911조(미성년자인 자의 법정대리인), 제916조(자의 특유재산과 그 관리), 제919조(위임에 관한 규정의 준용), 제920조(자의 재산에 관한 친권자의 대리권), 제922조(친권자의 주의의무), 제923조(재산관리의 계산) 제2항 단서, 제925조(대리권, 재산관리권 상실의 선고), 제956조(위임과 친권의 규정의 준용), 제1074조(유증의 승인, 포기), 가사소송법 제2조 제1항 제2호 라목 10)

[참고문헌] 김주수/김상용, 주석 민법, 친족(3)(제5판), 한국사법행정학회(2016); 주해친족법(제1판)(제2권), 박영사(2015); 주해친족법(제2판)(제2권), 박영사(2025); 오병철, 친족상속법, 법문사(2024); 이명환, "우리 가족법상의 친권제도에 관한 고찰", 계명법학, 계명대학교사회과학연구소법학연구실(2000)

Ⅰ. 의의

1 친권은 헌법상 보장된 부모의 권리이기 때문에 친권자의 재산권리권을 제한하는 것은 예외적으로만 인정될 수 있다. 따라서 친권자가 추상적 평균인의 수준만큼 재산을 관리하지 못하더라도 의무를 준수한 것으로 인정되어 재산관리권을 유지할 수 있으며(민법 제922조), 의무 불이행의 정도가 심하여 부

적당한 관리로 인하여 자녀의 재산을 위태롭게 하는 정도에 이르러야만 재산관리권을 상실하도록 하는 것(제925조)도 같은 맥락에서 이해할 수 있다.[1]

2 따라서 이 조문은 제3자가 미성년자에게 재산을 '무상으로' 취득하게 하는 경우(권리만을 얻거나 의무만을 면하는 경우)로 제3자의 의사를 존중함으로써 자녀에게도 이익이 되고, 다른 한편 친권자로 인하여 미성년자가 무상으로 재산을 취득하는 기회를 잃어버리는 것을 방지하기 위해서 예외적으로 친권자의 재산관리권을 제한하는 것으로 해석된다. 제3자가 무상으로 자녀에게 재산을 수여한 것이기 때문에, 설령 친권자의 의사에 반하는 관리로 인하여 재산을 전부 잃는다고 하더라도 미성년자녀에게는 처음부터 재산을 얻지 않은 것 이상의 손해가 발생하는 것은 아니므로 친권자의 개입을 제한하는 것은 수긍할 수 있다.

Ⅱ. 요건

1. 제3자

3 제3자란 친권자와 미성년인 자녀 이외의 사람이다.

4 다만 공동친권자 중 한 명이 자녀에게 재산을 무상으로 수여하면서 타방의 관리를 배제하는 의사표시를 한 경우에도 민법 제918조가 적용되는지에 대해서는 견해가 대립한다.

5 긍정설[2]은 무상수여자의 의사를 존중함으로써 자녀에게 재산적 이익이 무상으로 귀속하려는 입법취지에 비추면 공동친권자도 제3자에 포함된다. 모가 자신의 사망을 예견하고 자녀에게 재산을 증여하면서, 친권자인 다른 일방인 부의 관리권을 배제하는 것은 가능하다고 본다.

6 이에 반대하는 입장[3]은 이와 같은 경우 민법 제918조를 적용하여 무상수여자의 의사를 그대로 반영할 것이 아니라 오히려 공동친권자들 사이에 친권 행사에 관한 다툼이 있는 경우(민법 제909조 단서)로 파악하여 법원의 재판에 의하여 재산관리의 방법을 정할 것이며, 민법 제918조를 적용할 것은 아니라고 본다.

1 주해친족법(제1판)(제2권), 박영사(2015), 1060(권재문).
2 김주수/김상용, 주석 민법, 친족(3)(제5판), 한국사법행정학회(2016), 509.
3 주해친족법(제1판)(제2권), 박영사(2015), 1061(권재문).

2. 재산의 무상 수여

7 무상의 수여는 증여(민법 제554조)와 유증(제1074조 이하)을 의미하나, 자녀에게 재산적 이익이 귀속되나 반대급부를 부담하여야 하는 경우는 포함하지 아니한다.

8 재산은 동산, 부동산 기타 권리의 종류가 무엇인가를 묻지 않으며, 재산적 가치가 있는 권리면 된다.

3. 무상수여자의 의사표시와 상대방

9 제3자가 미성년 자녀에게 재산을 증여하겠다는 의사표시를 하는 경우 그 재산에 대해서는 친권자의 관리를 배제한다는 의사를 표시하여야 한다. 이러한 의사를 반드시 친권자에 대해서 표시할 필요는 없고, 미성년 자녀에게 표시할 수도 있다.[4] 이러한 의사표시에는 기한은 붙일 수 있다. 즉 무상수여자가 일정한 기간 동안만 친권자의 재산관리권을 제한하고자 한다면 이러한 의사를 존중하여 기한 붙이는 것은 가능하다.

10 한편 친권자의 재산관리에 반대하는 제3자의 의사표시는 무상 수여행위와 동시에 행하여져야 하는지에 대해서는 견해가 대립한다. 긍정설[5]은 제3자가 친권자의 재산관리금지의 의사표시를 하지 않고 자에게 재산을 증여한 경우에는 친권자는 이미 그 재산에 대한 관리권을 취득하였기 때문에 차후에 제3자의 일방적 의사표시로 친권자의 재산관리권을 배제하기 어렵다고 본다.

11 그러나 이를 제한적으로 해석할 필요가 없다고 보는 반대견해[6]도 있는데, 민법 제918조 제1항은 '재산을 수여한 제3자'로 되어 있기 때문에 재산을 수여하고 나서도 친권자의 관리에 반대하는 의사를 표시할 수 있는 것으로 어문상 해석이 되고, 법원의 재산관리인 선임 절차를 거치기 때문에 거래안전에도 큰 문제가 생기지 않으며, 오히려 친권자의 독단적인 재산관리를 사후에라도 견제할 수 있기 때문이다.

4 주해친족법(제2판)(제2권), 박영사(2025), 1224(이봉민).

5 이명환, "우리 가족법상의 친권제도에 관한 고찰", 계명법학, 계명대학교사회과학연구소법학연구실(2000), 44.

6 주해친족법(제1판)(제2권), 박영사(2015), 1063(권재문); 주해친족법(제2판)(제2권), 박영사(2025), 1225(이봉민).

12 서울고등법원 2012. 5. 10. 선고 2011나47214 판결에서는 "친권자의 재산관리권을 배제하고자 하는 의사표시는 제3자가 미성년자에게 재산을 증여할 때 그 증여행위 속에서 하여야 할 것이다."고 하여 긍정설의 입장에서 판시한 바 있다.

Ⅲ. 효과

1. 친권자의 재산관리권 배제

13 민법 제918조의 의사표시는 형성적 효력을 가지므로, 제3자가 친권자의 관리권을 제한하는 의사표시가 유효하게 성립하면, 친권자는 그 재산에 대하여 관리권(민법 제916조)과 법률행위 대리권·동의권(제920조) 및 처분권을 갖지 못한다.

14 이 경우에 친권자가 미성년 자녀를 대리하여 처분행위를 하더라도 무권대리가 되므로, 미성년 자녀 본인에게 효력이 생기지 않는다.

2. 재산관리인의 지정

15 친권자의 재산관리권이 배제되더라도 미성년 자녀가 스스로 재산을 관리할 수 없기 때문에 친권자 대신 재산을 관리할 사람이 정해져야 하는데, 원칙적으로 제3자가 지정하되, 지정하지 아니하거나 권한의 소멸, 개임 등으로 새로운 지정이 필요한 경우에는 가정법원에 재산관리인 선임 심판청구를 할 수 있다.

가. 제3자가 지정한 관리자

16 1차적으로는 미성년 자녀에게 재산을 증여하면서 친권자의 관리를 배제하는 의사를 표시한 제3자는 그 재산을 관리할 관리인을 지정할 수 있다. 자기 자신을 관리인으로 지정하는 것도 가능하다.

17 관리인의 지정은 계약으로도 할 수 있으나, 단독행위일 수도 있다. 단독행위의 경우에는 지체 없이 거절하는 것을 해제조건으로 관리권을 그 자에게 발생시키는 것으로 해석하여야 한다. 이 지정은 수여행위와 별도로 해도 무방할 것이다. 관리인의 관리가 부적당한 경우에는 해제하고 다른 사람을 관리인으로 지정할 수 있다. 지정된 관리인은 그 재산의 관리에 관하여 법정대리인으로서, 외부관계에 있어서 재판상·재판외의 모든 행위를 할 권한을 가진다.

18 관리인에 대하여는 민법 제922조가 적용되지 않으므로, 관리인은 선량한 관리자의 주의의무를 진다고 해석된다. 제3자가 지정한 관리인의 권한이 소멸하거나 관리인의 관리가 부적당하여 이를 개임할 필요가 있을 때에는 제3자는 다시 이를 지정할 수 있다(민법 제918조 제3항).

나. 가정법원이 선임하는 관리인

19 2차적으로 제3자가 친권자의 관리권을 배제하면서 관리인을 지정하지 않은 경우, 제3자가 지정한 관리인의 권한이 소멸하였거나 관리인을 개임할 필요가 있는데 제3자가 다시 관리인을 지정하지 않은 경우에는, 재산의 수여를 받은 자 또는 민법 제777조의 규정에 의한 친족의 청구에 의하여 가정법원이 관리인을 선임한다. 선임 절차 등과 관련해서는 아래 Ⅳ.에서 별도로 살펴보기로 한다.

Ⅳ. 제3자가 무상 수여한 재산의 관리인 선임 또는 개임과 재산관리에 관한 심판 청구

1. 의의

20 가정법원은, ① 제3자가 수여재산의 관리인을 지정하였는데, 그 관리인의 권한이 소멸하거나 개임할 필요가 있는 경우에 제3자가 다시 재산관리인을 지정하지 아니한 경우, ② 당초부터 제3자가 재산관리인을 지정하지 않은 경우에, 재산관리인을 선임하거나 개임한다.

2. 심판청구[가사소송법 제2조 제1항 제2호 가목 15)]

가. 관할

21 라류 가사비송사건으로서 이에 대한 심리와 재판은 가정법원의 전속관할이다. 토지관할은 미성년자인 자녀의 주소지 가정법원(가사소송법 제44조 제1항 제5호)이며, 단독판사의 사물관할에 속한다.

나. 청구권자

22 청구권자는 무상으로 재산을 수여받은 미성년자인 자녀 또는 그의 친족(민법 제777조)이다. 미성년자인 자녀 본인도 의사능력이 있는 경우라면 스스로 청구권자가 될 수 있다. 재산관리권이 배제되는 친권자라도 자녀의 친족인 이상 청구인 적격을 가진다.

다. 심리와 심판

1) 심리

23 재산관리인 선임에 관하여는 부재지 재산관리에 관한 규정이 준용된다(민법 제918조 제4항, 가사소송규칙 제69조).

24 심리의 대상은 사건본인이 미성년자인지 여부, 청구인의 당사자 적격 유무, 미성년자의 재산상태 및 재산관리인 선임의 필요성, 재산관리인의 적절성 등이다. 가정법원이 재산관리인을 선임할 경우에는 이해관계인의 의견을 들을 수 있다(가사소송규칙 제41조 제1항).

2) 심판

25 선임은 심판으로써 한다. 가정법원은 재산관리인 선임시 청구인의 희망에 구속되는 것은 아니나, 재산관리인을 선임할 때 재산을 수여한 제3자가 친권자 또는 후견인의 재산관리에 반대하는 이유를 고려하여 재산관리인이 배제되는 친권자 또는 후견인과 이해관계를 같이 하는 자가 선임되지 않도록 유의하여야 할 것이다.

26 법원이 선임한 재산관리인은 관리할 재산목록을 작성하여야 하고(민법 제24조 제1항), 법원은 그 선임한 재산관리인에 대하여 재산을 보존하기 위한 필요한 처분을 명할 수 있으므로(제24조 제2항), 재산관리인은 선임하는 심판에는 부수처분으로 위 사항들이 함께 명하여지는 것이 보통인데, 이 경우 주문례는 다음과 같다.

> 1. 사건본인의 재산관리인으로 ○○○(주민등록번호, 주소)를 선임한다.
> 2. 재산관리인은 이 심판정본 송달일로부터 1개월 이내에 사건본인의 재산목록과 그 점유자 및 관리자의 이름 및 수익상황에 관하여 보고서를 제출하여야 한다.
> 3. 재산관리인은 매년 1회 그 재산관리상황을 보고하여야 한다.

27 한편 재산관리인은 그 직에서 언제든지 사임할 수 있으나 사임은 반드시 가정법원에 그 사유를 신고함으로써 하여야 하고(가사소송규칙 제42조 제2항), 가정법원이 이를 수리함으로써 효력이 발생하여 재산관리인은 그 지위를 면하게 된다.

라. 심판의 고지

28 재산관리인의 선임 심판은 당사자 및 절차에 참가한 이해관계인 외에 그 재산관리인에게도 고지하여야 한다(가사소송규칙 제43조). 개임은 종전 재산관리인의 해임과 새로운 재산관리인의 선임으로서의 성질을 가지는 것이므로 해임되는 종전의 재산관리인과 선임되는 재산관리인 모두에게 그 심판을 고지하여야 한다. 심판의 효력은 심판을 받을 사람이 심판을 고지받음으로써 발생한다.

마. 불복

29 선임 청구를 기각한 심판에 대하여는 청구인이 즉시항고를 할 수 있으나(가사소송규칙 제27조), 청구를 인용한 심판에 대하여는 즉시항고로써 불복할 수 없고, 보통항고(비송사건절차법 제20조 제1항)도 허용되지 않으며, 특별항고(민사소송법 제449조)를 할 수 있을 뿐이다.[7]

30 한편 즉시항고 기간은 심판을 고지받은 날부터 14일 이내이다(가사소송법 제43조 제5항, 가사소송규칙 제31조).

31 [판례] 제 3 자가 수여한 재산에 대한 재산관리인 선임[8]

주문: 사건본인1. 소유의 별지 목록 1, 2 부동산, 사건본인 2 및 3 공유인 별지 목록 3 부동산에 관한 각 관리인으로 청구인을 선임한다.

사실관계: 청구인은 사건본인들의 조부이자 참가인1의 부이고, 참가인들은 사건본인들의 부모인데, 청구인이 1996년경 참가인1에게 토지를 증여하였으나, 참가인 1이 8회에 걸쳐 위 부동산에 채권최고액 합계 51억5천만 원에 이르는 근저당권을 설정하였다. 그러자 청구인은 당초 참가인1에게 증여하였던 별지 목록 각 부동산 중 1, 2부동산을 사건본인1.에게, 3부동산을 사건본인 2, 3에게 증여하였다.
청구인은 증여 이후에도 임대수입은 청구인이 관리하였고, 특히 별지 목록 3부동산 지상에는 청구인 소유의 건물도 존재하고 있다.
참가인들은 그동안 청구인의 임대수입관리에 이의를 제기하지 않다가, 청구인이 이 사건 청구를 하자 별지 목록 1, 2부동산에 관하여 거액의 근저당권설정등기를 마치고, 매매계약도 체결하였다.

법원의 판단: 가. 앞서 본 사실에 의하면, 청구인이 위 증여 후에도 계속 별지목록

[7] 대법원 2011. 10. 31. 자 2011으19 결정에서는 청구인의 청구를 인용한 원심(서울가정법원 2011. 2. 14. 자 2010느단8181 결정)에 대하여 참가인이 제기한 특별항고를 기각하였다.
[8] 서울가정법원 2011. 2. 14. 자 2010느단8181 결정.

기재 1, 2 부동산을 임대, 관리하여 온 사실이 인정되고, 또한 이 사건 각 부동산을 사건본인들에게 직접 증여하게 된 연유 등을 종합하여 보면, 청구인이 이 사건 각 부동산을 증여하면서 이 사건 각 부동산에 관하여 친권자인 참가인들의 재산관리에 반대하는 의사표명을 한 사실을 추인할 수 있다. 더 나아가 이 사건 각 부동산의 재산관리인으로는 이 사건 각 부동산의 증여자이자, 사건본인들의 조부(祖父)인 청구인을 선임함이 상당하다고 판단된다.

나. (1) 참가인들은 이에 대하여 청구인이 현재 76세의 고령으로 고혈압 등으로 정상적인 생활을 할 수 없을 정도로 건강이 나쁜 상태이며 우울증까지 앓고 있어 정상적인 판단능력이 없으므로 재산관리를 한다는 것이 거의 불가능한 일이라고 주장하나, 제출한 자료만으로는 이를 인정하기 어렵고, 이 사건 심문기일에 출석한 청구인의 행동과 발언 등에 특별히 재산의 관리능력에 문제가 있다고 보이지는 않는 점 등을 고려한다면, 참가인들의 위 주장은 받아들이지 아니한다.

(2) 또한 참가인들은, 청구인이 재산관리인으로 선임될 경우 임의로 이 사건 각 부동산을 청구외 A에게 처분할 가능성이 있으므로 부당하다고 주장하나, 민법 제918조에 의해 선임된 재산관리인에게는 동조 제4항에 의하여 부재자의 재산관리에 관한 규정(특히 민법 제25조 전단)이 준용되어, 매매 등의 처분행위에는 법원의 허가를 요하므로, 위 주장 또한 받아들이지 아니한다.

3. 재산관리인의 권한 및 임무

32 가정법원은 재산보존에 필요한 처분의 명령으로서 재산관리인에게 ① 관리의 계산을 명할 수 있고(가사소송규칙 제44조 제1항), ② 재산을 매각하여 대금을 보관하게 할 수도 있으며, ③ 선임한 재산관리인으로 하여금 재산의 관리 및 반환에 관하여 상당한 담보를 제공하게 할 수 있고(민법 제26조 제1항), ④ 미성년자녀의 재산으로 재산관리인에게 상당한 보수를 지급할 수 있다(제26조 제2항).

33 한편 가정법원의 허가 없이 한 재산관리인의 행위는 원칙적으로 무효이고, 법원의 허가를 얻었다 하더라도 객관적으로 허용된 권한을 넘는 경우라면 무효의 처분이다.[9]

9 대법원 1976. 12. 21. 자 75마551 결정에서 "부재자 재산관리인이 법원의 매각처분허가를 얻었다 하더라도 부재자와 아무런 관계가 없는 남의 채무의 담보만을 위하여 부재자 재산에 근저당권을 설정하는 행위는 통상의 경우 객관적으로 부재자를 위한 처분행위로서 당연하다고는 경험칙상 볼 수 없다."라고 판시하였다.

V. 친권자의 재산관리권 회복

34 민법 제918조에 의한 친권자의 재산관리권 배제의 취지가 무상수여자의 의사를 존중하는 것이라고 한다면, 무상수여자는 언제든지 친권자의 재산관리를 배제하는 의사를 철회함으로써 친권자의 재산관리권을 회복할 수 있다.

35 무상수여자 자신이 재산관리인을 지정하였을 때에는 언제든지 위임계약을 해지할 수 있고(민법 제689조), 법원이 재산관리인을 선임하였을 때에는 민법 제22조 제2항을 유추적용하여 법원이 재산관리인의 선임을 취소하여야 할 것이다.

제 919 조 [위임에 관한 규정의 준용]

제691조, 제692조의 규정은 전3조의 재산관리에 준용한다.

[관련조문] 민법 제691조(위임종료시의 긴급처리), 제692조(위임종료의 대항요건)

[참고문헌] 주해친족법(제1판)(제2권), 박영사(2015); 이진기, "원인된 법률관계의 종료와 대리권의 소멸", 비교사법 제22권 제1호, 한국비교사법학회(2015); 지원림, "친권자의 대리권행사와 미성년자의 보호", 김욱곤 교수 정년기념 계약법의 과제와 전망(2005)

Ⅰ. 의의

1 미성년자는 재산을 관리할 수 있을 정도의 능력을 갖추지 못하였기에 미성년자에게 특유재산이 있을 경우 원칙적으로는 친권자가, 예외적으로 제3자가 무상으로 수여하면서 친권자의 재산관리에 반대하는 의사를 표시하였을 때는 친권자 이외의 재산관리인이 이를 관리한다.

2 이러한 재산관리는 미성년자녀가 성년에 이를 때까지 유지되어야 하나, 재산관리인의 사정이나, 그 밖의 법률상·사실상의 사유로 도중에 그 권한이 소멸될 수 있다. 이 경우 새로운 재산관리인 선임까지 시간이 소요될 수 있어 그 사이의 공백을 막기 위해 민법 제919조는 민법 제691조, 제692조의 준용규정을 마련하고 있다.

3 이 조문의 입법취지는 자녀의 재산관리 보호 뿐 아니라 제3자의 거래안전까지 보호하기 위함이라 할 것이다.

Ⅱ. 응급처리의무(제691조의 준용)

1. 요건

4 ① 재산관리인의 재산관리의 임무가 종료한 경우로, ② 급박한 사정이 있는 때에는 친권자 또는 재산관리인, 이들의 상속인이나 법정대리인은 자(子), 그 상속인 또는 법정대리인이 재산관리사무를 처리할 수 있을 때까지 그 사무의 처리를 계속하여야 한다.

5 여기에서의 '급박한 사정'은 관리의 계속이 이루어지지 않으면 관리 대상 재산에 회복할 수 없는 손해가 발생할 우려 있는 경우로 해석된다.[1]

2. 효과

6 응급처리의무는 친권자 또는 미성년 자녀의 재산관리인이었던 자가 부담한다. 이들이 사망하거나 의사능력을 상실한 경우에는 그 상속인 또는 법정대리인이 응급처리의무를 부담한다.

7 응급처리를 해야 하는 기간은 경우에 따라 다를 수 있다. 미성년 자녀가 성년에 달한 경우에는 미성년 자녀가 관리를 할 수 있을 때까지이며, 미성년 자녀가 사망한 경우에는 그 상속인이 관리를 할 수 있을 때까지의 기간이다. 자녀가 미성년자인데 친권자가 관리권을 사퇴한 경우 등에는 법정대리인(예컨대 재산관리에 관한 미성년후견인)이 관리를 할 수 있을 때까지의 기간이 된다. 따라서 응급처리의 범위 내에서는 친권자 또는 미성년 자녀의 재산관리인이었던 사람은 여전히 대리권과 동의권을 가지고 있다고 보아야 한다.

Ⅲ. 관리권 종료의 대항요건(제692조)

8 재산관리의 임무가 종료한 경우에는 그 종료의 사유가 누구에게 있든지 간에 이를 상대방에게 고지하거나 상대방이 이를 안 때가 아니면 이로써 상대방에게 대항하지 못한다.

9 민법 제919조의 적용 대상에 대하여는 견해가 대립하는데, 제1설[2]은 일반적인 해석론을 반영하여 제919조에서 준용되는 민법 제692조는 재산관리라는 법률관계의 당사자들에게 대하여 적용된다고 본다. 즉 여기서의 '상대방'이란 재산관리인 입장에서는 자녀, 자녀 입장에서는 재산관리인이다. 따라서 친권자나 재산관리인이 관리권을 상실한 경우에는 미성년 자녀나 그 법정대리인에게 이를 고지하여야 하고, 미성년 자녀나 그 법정대리인이 이를 안 때가 아니면 관리권의 소멸을 미성년 자녀에게 대항할 수 없는 것으로 해석한다.

1 주해친족법(제1판)(제2권), 박영사(2015), 1068(권재문).

2 이진기, "원인된 법률관계의 종료와 대리권의 소멸", 비교사법 제22권 제1호, 한국비교사법학회(2015), 66.

10 제2설[3]은 관리대상인 재산에 관한 법률관계에 대해 적용된다고 보아, 민법 제919조의 '상대방'을 재산관리인과 자녀의 특유재산에 관한 법률행위를 한 사람을 의미한다. 그렇다면 민법 제919조에 의하여 민법 제129조 단서의 적용을 배제하는 특칙이 된다. '상대방에게 통지하거나 상대방이 안 때'에만 재산관리권 소멸을 상대방에게 대항할 수 있기 때문에 상대방의 과실이 있더라도 대항하지 못한다.

3 지원림, "친권자의 대리권행사와 미성년자의 보호", 김욱곤 교수 정년기념 계약법의 과제와 전망(2005), 268; 이진기, "원인된 법률관계의 종료와 대리권의 소멸", 비교사법 제22권 제1호, 한국비교사법학회(2015), 67; 대법원 1963. 9. 5. 선고 63다233 판결에서도 이미 "주식회사 대표취체역 사망과 같은 사유는 회사의 기관구성원으로서의 자연인의 절대적인 권리능력 소멸사유에 해당할 뿐 아니라 사망자가 상대방과 법률행위를 한다 함은 전혀 있을 수 없는 일이고 따라서 선의의 상대방 보호라는 문제도 발생할 여지조차 없는 것이니 주식회사 대표취체역의 사망사실과 같은 사유는 상대방에게 통고하지 않으면 아니 될 사유에 해당하지 않는다고 보는 것이 정당하고 상대방에 통고를 요하는 사유는 사망 이외의 권한소멸 사유라고 해석하는 것이 타당하다."고 판시함으로써, 민법 제692조의 상대방을 '수임인의 법률행위의 상대방'으로 구성하였다.

제 920 조 [자의 재산에 관한 친권자의 대리권]

법정대리인인 친권자는 자의 재산에 관한 법률행위에 대하여 그 자를 대리한다. 그러나 그 자의 행위를 목적으로 하는 채무를 부담할 경우에는 본인의 동의를 얻어야 한다.

[관련조문] 민법 제5조(미성년자의 능력), 제808조(동의가 필요한 혼인) 제1항 내지 제3항, 제817조(나이위반 혼인 등의 취소청구권자) 전단, 제835조(성년후견과 협의상 이혼) 제1항, 제910조(자의 친권의 대행), 제912조(친권 행사와 친권자 지정의 기준), 제916조(자의 특유재산과 그 관리), 제918조(제삼자가 무상으로 자에게 수여한 재산의 관리), 제919조(위임에 관한 규정의 준용), 제921조(친권자와 그 자간 또는 수인의 자간의 이해상반행위), 제922조(친권자의 주의의무), 제925조(대리권, 재산관리권 상실의 선고), 제927조(대리권, 관리권의 사퇴와 회복), 제949조(재산관리권과 대리권)

Ⅰ. 의의

1 친권의 내용에는 자녀의 재산적 이익을 보호하여야 할 권리·의무인 재산관리권이 포함되어 있고, 원칙적으로는 친권자에게 귀속되어 있다. 재산을 관리하기 위하여 필요한 행위는 사실행위인 경우도 있지만, 법률행위도 있는데 이 경우 친권자는 미성년자녀의 재산에 관한 법률행위(이 때의 재산에 관한 법률행위란 현재 그 자녀에 속하는 재산에 대하여 하는 직접적인 법률행위뿐만 아니라 널리 자녀의 재산에 영향을 미치는 재산상의 법률행위를 포함하는 것으로 해석된다)에 대하여 그 자를 대리한다. 한편 신분상의 행위는 대리할 수 있는 행위에 원칙적으로 포함되지 않는다.

2 대리행위이기 때문에 그 효과는 친권자 자신이 아니라 재산의 주체인 미성년자녀에게 귀속되며, 자녀의 의사와는 무관하게 인정되므로 법정대리라 할 것이다.

Ⅱ. 법률행위 대리권

1. 대리행위의 대상

3 민법 제920조는 명백히 재산에 관한 법률행위라고 하고 있으므로, 친권자의 법정대리는 재산행위에 국한되며, 신분상의 행위는 원칙적으로 포함하지 않는다. 재산행위라도 친권자가 관리권을 갖지 않는 재산, 즉 친권자가 자에게 처분을 허락한 재산(민법 제6조), 영업을 허락한 경우의 영업재산(제8조), 제3자가 무상으로 자에게 수여하여 친권자의 관리를 배제한 재산(제918조 제1항) 등에 대해서는 친권자의 대리권이 인정되지 않는다.

2. 친권자의 대리행사 범위 및 주의의무

4 친권자가 자녀의 재산에 대해서 가지는 법정대리권은 그 범위가 포괄적일 뿐 아니라 구체적인 내용 결정도 친권자의 재량에 맡겨져 있다.

5 [판례] 대법원 2009. 1. 30. 선고 2008다73731 판결
친권자가 자(子)를 대리하는 법률행위는 친권자와 자(子) 사이의 이해상반행위에 해당하지 않는 한, 그것을 할 것인가 아닌가는 자를 위하여 친권을 행사하는 친권자가 자(子)를 둘러싼 여러 사정을 고려하여 행할 수 있는 재량에 맡겨진 것으로 보아야 하므로, 이와 같이 친권자가 자(子)를 대리하여 행한 자(子) 소유의 재산에 대한 처분행위에 대해서는 그것이 사실상 자(子)의 이익을 무시하고 친권자 본인 혹은 제3자의 이익을 도모하는 것만을 목적으로 하여 이루어졌다고 하는 등 친권자에게 자(子)를 대리할 권한을 수여한 법의 취지에 현저히 반한다고 인정되는 사정이 존재하지 않는 한 친권자에 의한 대리권의 남용에 해당한다고 쉽게 단정할 수 없다.
한편 친권자가 대리권을 행사하는 때에도 재산관리의 경우와 마찬가지로 자기의 재산에 관한 행위와 동일한 주의를 하여야 한다(민법 제922조).

3. 한계

6 친권자의 대리권 행사가 재량에 맡겨져 있다 하더라도, 자녀의 복리에 위반되는 경우에는 대리권의 남용이며, 그로 인한 처분행위도 무효이다. 또한 친권상실의 사유가 된다.

7 한편 친권남용인지에 관하여 판례[1]는 "미성년인 자의 재산에 대한 친권자의

1 대법원 2009. 1. 30. 선고 2008다73731 판결.

처분행위가 친권의 남용에 해당하는지 여부는 처분재산의 상실이라고 하는 객관적·편면적 관점에서만 판단할 것은 아니고, 그 처분을 둘러싼 친권자와 자(子) 사이의 이해상반 여부, 위 처분과 관련한 이해당사자들 사이의 이해관계의 조율 기타 그 처분에 이르기까지의 경위와 관련 이해당사자들의 입장과 의사 등 주관적, 객관적 사정들을 합하여 종합적인 관점에서 예외적으로 친권의 남용에 해당한다고 볼 만한 사정이 적극적으로 입증되어야 한다."고 함으로써 일응의 기준을 제시하고 있다.

Ⅲ. 법률행위 대리권의 제한(미성년 자녀의 동의)

8 친권자의 대리행위가 자의 행위를 목적으로 하는 채무를 부담할 경우에는 미성년자녀 자신의 동의를 얻어야 한다. 이것은 자녀의 자유를 지키기 위하여 친권자의 대리권에 가해진 제한이므로, 만약 동의를 얻지 않고 친권자가 법률행위를 하면 그것은 무권대리가 되며, 상대방이 동의를 얻은 것으로 믿을 만한 정당한 이유가 있을 때에는 권한을 넘은 표현대리가 성립한다(민법 제126조). 그렇지 않은 경우에는 단순한 무권대리가 된다.

9 미성년자녀의 행위를 목적으로 하는 채무는 주로 근로를 제공하는 채무인데 근로기준법은 이와 관련하여 몇 가지 제한규정을 두고 있다. 즉 친권자는 미성년자인 자를 대리하여 근로계약을 맺을 수 없다(근로기준법 제67조 제1항). 그리고 미성년자는 독자적으로 임금을 청구할 수 있으므로(근로기준법 제68조) 친권자는 자를 대리하여 임금을 받을 수 없다. 친권자가 미성년자를 대리하여 체결한 계약은 무효라고 보기보다는 미성년자녀나 친권자가 해지할 수 있다고 해석하는 것이 미성년 자녀의 이익에 부합할 것이다.

제 920 조의 2 [공동친권자의 일방이 공동명의로 한 행위의 효력]

부모가 공동으로 친권을 행사하는 경우 부모의 일방이 공동명의로 자를 대리하거나 자의 법률행위에 동의한 때에는 다른 일방의 의사에 반하는 때에도 그 효력이 있다. 그러나 상대방이 악의인 때에는 그러하지 아니한다.

[본조신설 1990. 1. 13.]

[관련조문] 민법 제5조(미성년자의 능력), 제6조(처분을 허락한 재산), 제8조(영업의 허락), 제909조(친권자), 제911조(미성년자인 자의 법정대리인), 제920조(자의 재산에 관한 친권자의 대리권)

Ⅰ. 의의

1 부모가 공동친권자인 경우에는 미성년 자녀를 대리하거나 미성년 자녀의 법률행위에 동의할 때 원칙적으로 공동으로 하여야 한다. 그러므로 부모의 일방이 다른 일방의 의사에 반하여 공동명의로 미성년자녀를 대리하거나 미성년자녀의 법률행위에 동의를 한 경우에는 무효가 된다고 보는 것이 논리적으로 타당할 것이다. 그러나 이렇게 해석하는 경우 부모가 공동으로 친권을 행사한다고 믿고 거래한 상대방은 예상하지 못한 손해를 입을 수 있다. 이러한 결과를 막기 위해서 공동친권자의 일방이 공동명의로 자를 대리하거나 자의 법률행위에 동의한 경우에도 상대방이 선의라면 다른 일방의 의사에 반하는 때에도 효력이 있는 것으로 규정하였다. 따라서 이 규정은 공동친권의 원칙과 거래의 안전을 조화시키기 위한 목적으로 도입되었다고 볼 수 있다. 이것은 표현대리제도와 취지가 같으나, 상대방의 악의를 증명할 책임이 본인에게 있으므로 그만큼 상대방의 보호가 두텁게 되어 있다.

Ⅱ. 요건

1. 공동친권

2 '부모가 공동으로 친권을 행사하는 경우'로 규정되어 있으므로, 공동친권자가

모두 친권을 행사할 수 있는 경우에만 적용된다. 따라서 부모 중 일방이 단독 친권자로 지정된 경우(민법 제909조 제4항·제5항·제6항) 및 공동친권자 중 한 명이 친권을 행사할 수 없는 경우(제909조 제2항 단서, 제3항)는 민법 제920조의2의 적용 대상이 아니다.

2. 타방의 의사에 반할 것

3 친권의 공동행사는 친권 행사에 해당하는 행위 자체를 함께 하여야 함을 의미하는 것이 아니라 그 내용을 협의로 결정하여야 함을 의미한다. 따라서 공동친권자 중 일방이 내용이 협의가 이루어지지 않은 상태에서 법률행위를 하였는데 다른 타방의 사후 승낙이나 추인을 얻지 못한 경우도 타방의 의사에 반한 경우라 할 것이다.

3. 공동명의로 행사할 것

4 친권자의 일방이 공동명의로 자의 법률행위를 대리하거나 자의 법률행위에 동의한 경우이어야 한다. 친권자의 일방이 '단독명의'로 이와 같은 행위를 한 경우에는 상대방은 민법 제920조의2에 의해서 보호받을 수 없다.

5 친권자의 일방이 다른 일방의 허락을 받지 않고 공동명의로 자를 대리하거나 자의 법률행위에 동의한 경우이어야 한다. '다른 일방의 의사에 반하는 때에도'란 '다른 일방의 허락을 얻지 않은 때에도'라는 의미로 해석하여야 할 것이다.

6 친권자 일방의 대리행위나 자(子)가 친권자 일방의 동의를 얻어서 한 법률행위가 상대방 있는 법률행위이어야 한다. 상대방 없는 단독행위(예컨대 상속의 포기)에는 민법 제920조의2가 적용될 여지가 없다.

7 민법 제920조의2는 신분행위에는 적용되지 않는다. 친권자 일방이 다른 일방의 의사에 반하여 자녀의 신분행위를 대리하였거나 자녀의 신분행위에 동의하였다면 그 행위는 무효이다. 예를 들어 친권자의 일방이 다른 일방의 의사에 반하여 입양의 대락을 하였다면 그 입양은 무효이다(☞ 민법 제869조 주석 참조).

8 법률행위의 상대방이 악의가 아니어야 한다(민법 제920조의2 단서). 이와 관련하여 상대방이 선의인 한 과실 유무는 문제되지 않는다는 견해, 거래의 안전을 보호하는 규정이므로 상대방의 선의·무과실을 요구하는 견해 및 중과실 있는 선의의 상대방도 악의로 다루어져야 한다는 견해가 대립한다.

9 상대방의 악의에 관한 증명책임은 행위의 무효를 주장하는 자가 부담한다. 다만 상대방의 '무과실'까지 필요하다는 견해에 의하면 과실까지 입증하여야 하고, 법문에 충실하여 상대방의 '무과실'까지 필요하지 않다는 견해에 의하면 상대방의 악의만 입증하면 될 것이다.

Ⅲ. 효과

10 친권자의 일방이 다른 일방의 허락없이 공동명의로 자를 대리하거나 자의 법률행위에 동의하였을 때에는 상대방이 선의·무과실인 경우에 한하여 유효하다. 따라서 상대방이 친권자 일방의 허락이 없는 것을 알고 있었던 경우(행위의 상대방이 악의인 경우)에는 그 행위는 효력이 생기지 않는다. 그 행위가 대리행위라면 무권대리가 되므로, 대리행위에 관여하지 않은 친권자가 이를 추인하면 유효로 된다고 해석된다.

Ⅳ. 단독명의의 대리 또는 동의

11 친권자의 일방이 단독명의로 자를 대리하거나 자의 법률행위에 동의하였을 때에는 민법 제920조의2는 적용되지 않으나, 친권자의 다른 일방이 허락을 한 사실이 있을 때에는 실질적으로 친권의 공동행사가 있었다고 보아야 할 것이다.

12 이에 반하여 친권자의 다른 일방의 허락이 없었을 때에는 대리행위의 경우에는 통상의 무권대리로서 허락을 하지 않은 친권자의 적법한 추인이 없는 한, 효력이 생기지 않는다. 다만 상대방이 선의·무과실이면 표현대리의 보호를 받을 수 있다고 본다(민법 제126조). 자의 법률행위에 대한 동의의 경우에는 그 법률행위는 법정대리인의 동의가 없는 것이 되어 이를 취소할 수도 있고(민법 제5조 제2항), 추인할 수도 있다(제143조). 이 경우의 취소는 동의를 하지 않은 친권자가 단독으로 할 수 있다. 상대방이 선의·무과실인 때에는 민법 제126조를 유추하여 동의행위가 처음부터 유효하다고 해석하여야 할 것이다.

제 921 조 [친권자와 그 자간 또는 수인의 자간의 이해상반행위]

① 법정대리인인 친권자와 그 자사이에 이해상반되는 행위를 함에는 친권자는 법원에 그 자의 특별대리인의 선임을 청구하여야 한다.

② 법정대리인인 친권자가 그 친권에 따르는 수인의 자 사이에 이해상반되는 행위를 함에는 법원에 그 자 일방의 특별대리인의 선임을 청구하여야 한다.

<개정 2005. 3. 31.>

[관련조문] 민법 제124조(자기계약, 쌍방대리), 제130조(무권대리), 제909조(친권자), 제911조(미성년자인 자의 법정대리인), 제912조(친권 행사와 친권자 지정의 기준), 제916조(자의 특유재산과 그 관리), 제918조(제삼자가 무상으로 자에게 수여한 재산의 관리), 제919조(위임에 관한 규정의 준용), 제920조(자의 재산에 관한 친권자의 대리권), 제922조(친권자의 주의의무), 제924조(친권의 상실 또는 일시 정지의 선고), 제925조(대리권, 재산관리권 상실의 선고), 제925조의2(친권 상실 선고 등의 판단 기준), 제925조의3(부모의 권리와 의무), 제926조(실권 회복의 선고), 제927조(대리권, 관리권의 사퇴와 회복), 제930조(후견인의 수와 자격), 제931조(유언에 의한 미성년후견인의 지정 등), 제932조(미성년후견인의 선임), 제936조(성년후견인의 선임), 제937조(후견인의 결격사유), 가사소송법 제2조(가정법원의 관장 사항)

[참고문헌] 주해친족법(제1판)(제2권), 박영사(2015); 주해친족법(제2판)(제2권), 박영사(2025); 김주수/김상용, 친족·상속법(제20판), 법문사(2024); 박동섭, 가사소송실무(1)(6정판), 법률문화원(2022); 박동섭, 가사소송실무(Ⅱ)(6정판), 법률문화원(2022); 오병철, 친족상속법, 법문사(2024); 지원림, 민법강의(제21판), 홍문사(2024); 윤진수, 민법기본판례(제3판), 홍문사(2024); 신영호 외 2인, 가족법강의(제4판), 세창출판사(2023); 가사비송재판실무편람, 법원행정처(2008); 법원실무제요, 가사[Ⅱ], 법원행정처(2021); 류봉근, "친권자의 이해상반행위의 범위에 관하여: 대법원 2002. 1. 11. 선고 2001다65960 판결과 관련", 재판실무연구, 광주지방법원(2014); 윤장원, "민법 제921조 소정의 이해상반행위 해당여부", 부산판례연구회 판례연구 제14집, 부산고등법원(2003); 윤진수, "친권자와 자녀 사이의 이해상반행위 및 친권자의 대리권 남용", 민사재판의 제문제 11권, 민사실무연구회(2002); 김성수, "자의 공유재산의 담보제공과 이해상반행위", 가족법연구 제17권 제2호, 한국가족법학회(2003); 김유미, "민법 제921조의 이행상반행위에 관한 몇 가지 문제", 박병호교수환갑기념 가족법학논총(1991); 민유숙, "2011년 친족·상속법 중요 판례", 인권과 정의 제424호, 대한변호사협회(2011); 배성호, "이해상반행위와 대리권남용", 저스티스 제77호, 한국법학원(2004); 엄경천, "친권자가 상속개시 전에 미성년 자녀를 대리하여 한 상속재산분할협의의 효력", 2016년 가족법 주요판례 10선, 세창출판사(2017); 지원림, "상속재산의 협의분할과 이해상반", 민사판례연구 제34권, 박영사(2012)

Ⅰ. 의의

1 친권자와 친권에 따르는 자녀 사이에 이해가 충돌하는 경우 또는 친권을 따르는 자녀들 사이에 이해가 대립하는 경우에는 친권자에게 공정한 친권행사를 기대하기 어렵다. 친권자가 자신의 이익이나 특정한 자녀의 이익을 위하여 다른 자녀의 이익을 희생시킬 가능성이 있기 때문이다. 그러므로 민법은 이러한 경우에 자녀의 이익을 보호하기 위하여 친권자의 법정대리권을 제한하고 친권자가 가정법원에 특별대리인의 선임을 청구하도록 하는 절차를 마련하고 있다.

2 [판례] 대법원 1996. 4. 9. 선고 96다1139 판결
민법 제921조의 특별대리인 제도는 친권자와 그 친권에 복종하는 자 사이 또는 친권에 복종하는 자들 사이에 서로 이해가 충돌하는 경우에는 친권자에게 친권이 공정한 행사를 기대하기 어려우므로 친권자의 대리권 및 동의권을 제한하여 법원이 선임한 특별대리인으로 하여금 이들 권리를 행사하게 함으로써 친권의 남용을 방지하고 미성년인 자의 이익을 보호하려는 데 그 취지가 있으므로, 특별대리인은 이해가 상반되는 특정의 법률행위에 관하여 개별적으로 선임되어야 한다. 따라서 특별대리인선임신청서에는 선임되는 특별대리인이 처리할 법률행위를 특정하여 적시하여야 하고 법원도 그 선임 심판시에 특별대리인이 처리할 법률행위를 특정하여 이를 심판의 주문에 표시하는 것이 원칙이며, 특별대리인에게 미성년자가 하여야 할 법률행위를 무엇이든지 처리할 수 있도록 포괄적으로 권한을 수여하는 심판을 할 수는 없다.

Ⅱ. 요건

1. 친권자의 대리행위

가. 당사자

1) 친권자와 친권에 따르는 미성년 자녀 사이의 이해상반

3 법정대리인인 친권자와 미성년자 자녀가 각각 당사자의 일방이 되어서 하는 법률행위뿐만 아니라 '친권자를 위해서 이익이 되고, 미성년자를 위해서 불이익한 행위'가 여기에 해당된다. 반대로 이해는 상반하더라도 친권자에게 불이익하고 미성년 자녀에게는 이익이 되는 경우는 포함하지 않으며, 또한 친권자와 자녀 모두에게 불리한 행위도 포함되지 않는다.

2) 친권에 따르는 자녀 상호간에 이해상반

4 친권에 따르는 자녀들이 각각 당사자의 일방이 되어서 하는 법률행위 뿐 아니라 '친권에 따르는 자의 일방을 위해서는 이익이 되고 다른 일방에 대해서는 불이익한 행위'가 여기에 해당된다.

5 이 경우 이해상반행위의 당사자는 모두 친권에 따르는 미성년 자녀이어야 한다. 이미 성년이 된 자녀와 친권에 따르는 미성년 자녀 사이에 이해가 상반되는 경우에는 친권자는 대리권에 제한을 받지 않고 미성년 자녀를 대리하여 법률행위를 할 수 있다(그러므로 위의 사례에서 친권자가 성년자인 자녀를 위하여 그 자녀의 명의로 타인으로부터 금전을 차용하면서 미성년 자녀의 법정대리인으로서 그의 소유부동산에 저당권을 설정하였다면 이 경우는 이해상반행위에 해당하지 않는다).[1]

3) 공동친권자 중의 한 사람만이 이해가 상반되는 경우

6 공동친권자 모두가 미성년 자녀와 이해상반이 될 경우에는 두 사람 모두가 법정대리권이 제한되고, 각각에 대해 특별대리인이 선임되어야 할 것이다.

7 그런데 공동친권자 중 한 사람에 대해서만 이해상반이 될 경우에는 제한된 법정대리를 누가 하는지에 관하여 견해가 나뉜다.[2] 제1설[3](타방친권자 단독대리설)은 이해상반되지 않은 다른 친권자가 단독으로 친권을 행사하면 되므로 민법 제921조를 적용하여 특별대리인을 선임할 필요가 없다고 본다. 이 견해는 민법 제909조 제3항은 사실상의 사유뿐 아니라 법률상의 사유로 인하여 친권자 일방이 친권을 행사할 수 없는 경우도 해당된다고 보아 이해가 상반

1 대법원 1976. 3. 9. 선고 75다2340 판결("민법 제921조 제2항의 이해상반행위라 함은 친권에 복종하는 미성년인 자들 상호간에 있어서 각각 당사자 일방이 되어 하는 법률행위뿐 아니라 친권자가 미성년자 일방을 위하여 차금함에 있어서 다른 미성년자인 자 소유 부동산에 저당권을 설정하는 행위와 같이 미성년자 일방을 위하여서는 이익이 되고 다른 미성년자에 대하여는 불이익이 되는 경우도 포함하나 그 어느 경우에 있어서도 이해상반행위의 당사자는 모두가 친권자의 친권에 복종하는 미성년자인 자(子)들이어야 하고 가령 성년이 되어 친권자의 친권에 복종하지 아니하는 자와 친권에 복종하는 미성년자인 자 사이에 이해상반되는 경우에는 친권자는 미성년자인 자(子)를 위한 법정대리인으로서 그 고유의 권리를 행사할 수 있을 것이므로 그러한 친권자의 법률행위는 위 법조 소정의 이해상반행위에 해당 한다고 할 수 없다.").

2 주해친족법(제1판)(제2권), 박영사(2015), 1084~1085(권재문)

3 이러한 경우까지 법원에 특별대리인의 선임을 청구하는 것은 친생부모를 지나치게 불신하고 경계하는 것일 뿐 아니라, 특별대리인 제도가 형식적이라 실제로 미성년자녀의 이익을 보호하는데 미흡하다는 지적을 고려한 의견이다. 오병철, 친족상속법, 법문사(2024), 212; 같은 의견으로 이로 인하여 생길 수 있는 폐해는 남용법리로 해결할 것이다. 지원림, 민법강의(제21판), 홍문사(2024), 1541.

되지 않은 일방이 자녀의 법정대리권을 단독으로 행사한다. 제2설(특별대리인 단독대리설)은 특별대리인을 선임하여 그 특별대리인이 단독으로 대리한다고 본다. 부모 중 일방에 대해서만 이해상반성이 인정되더라도 부부간의 협조의무, 부부공동생활의 실체 등에 비추어 볼 때 실질적으로는 다른 친권자도 자녀의 이익만을 대변하기 어렵다는 점을 논거로 든다. 제3설(특별대리인, 타방친권자 공동대리설)은 이해상반되는 친권자를 대신하여 특별대리인을 선임하되 그 특별대리인과 나머지 친권자가 공동으로 대리해야 한다는 견해[4]이다. 부부관계의 본질에 비추어 공동친권자인 부모는 서로 영향을 미칠 가능성이 있기 때문에 자녀 보호를 위하여 특별대리인을 선임할 필요가 있으나, 그렇다 하더라도 이해상반되지 않은 다른 친권자의 친권을 제한할 근거가 없어 특별대리인과 타방친권자가 공동으로 자녀를 대리한다고 본다.

8 실무는 부가 자녀를 상대로 한 친생자관계 존부 확인소송에서 이해관계가 상반되지 않는 친권자 모가 미성년자의 단독대리인으로 소송행위를 하는 경우 제1설의 견해에 따르고 있으나, 한편 이해상반의 실체법상 법률행위를 하려는 친권자가 민법 제921조에 다른 특별대리인선임청구를 하는 경우에는 제2설의 견해에 따라 청구를 받아들이고 있다.

나. 대리행위의 유형

1) 신분행위

9 친족법·상속법상의 법률효과를 내용으로 하는 법률행위인 신분행위에 대해서도 적용되는지 논의가 있는데, 지배적인 견해[5]는 친족법, ·상속법상의 권리변동도 민법 제921조에서 말하는 이해관계라고 보아 신분행위도 적용된다고 주장한다.

10 이에 대해서는 일률적으로 포함한다고 보기 어렵고, 모든 신분행위에 대해 항상 민법 제921조가 적용된다고 볼 수 없다는 견해[6]도 있다. 신분행위에 대해서도 민법 제921조를 적용하여 친권자의 법정대리권을 배제한다면 민법이

4 주해친족법(제1판)(제2권), 박영사(2015), 1085(권재문, 다른 일방이 법정대리권을 상실할 이유가 없으므로, 특별대리인을 선임하여 다른 일방의 친권자와 공동으로 대리하게 하는 것이 타당할 것이다); 김주수/김상용, 친족·상속법(제20판), 법문사(2024), 463; 신영호 외 2인, 가족법강의(제4판), 세창출판사(2023), 220.

5 김주수/김상용, 친족·상속법(제20판), 법문사(2024), 459.

6 주해친족법(제1판)(제2권), 박영사(2015), 1086(권재문).

미성년자가 당사자인 신분행위에 대해 친권자(또는 부모 등의 일정한 친족)의 동의 또는 대리를 받도록 하는 것과는 모순되기 때문이라는 점을 근거로 든다. 다만 이 견해도 상속법상의 법률행위는 대체로 재산의 증감을 의미하는 것이기 때문에 이해상반성이 인정될 수 있다고 본다.

2) 단독행위

11 상대방이 있는 단독행위는 물론 상대방 없는 단독행위라 하더라도 그 효과로서 자녀에게는 불이익이, 친권자에게는 이익이 각각 귀속된다면 민법 제921조의 적용대상이 될 수 있다(예를 들어 친권자인 모와 미성년인 자가 공동상속인인 경우, 모 자신은 상속을 승인하면서 미성년 자녀를 대리하여서는 상속을 포기하는 행위).

3) 소송행위

12 소송행위라 하더라도 자녀와 친권자 사이에 이해상반성이 없는 실체법적 효과를 구하는 경우에는 친권자의 법정대리권이 인정되나, 실체법상 이해상반성이 인정되는 사안에 기초한 소송행위에 대해서는 친권자의 실체법상 법정대리권과 함께 소송대리권도 제한된다.

13 [판례] 대법원 2024. 7. 11. 선고 2023다301941 판결

민법 제921조의 이해상반행위란 행위의 객관적 성질상 친권자와 그 자(子) 사이 또는 친권에 복종하는 수인의 자 사이에 이해의 대립이 생길 우려가 있는 행위를 가리키고, 친권자의 의도나 그 행위의 결과 실제로 이해의 대립이 생겼는지의 여부는 묻지 않는다. 공유물분할에 관한 절차는 그 절차의 객관적 성질상 공유자들 사이에 이해의 대립이 생길 우려가 있다. 따라서 수인의 미성년자와 그 친권자가 공유물분할의 소의 당사자가 된 경우에는 미성년자마다 특별대리인을 선임하여 그 특별대리인이 미성년자를 대리하여 소송행위를 하여야 한다. 만약 친권자가 수인의 미성년자의 법정대리인으로서 소송행위를 하였다면 이는 민법 제921조에 위반되어 미성년자들의 적법한 추인이 없는 한 무효라고 할 것이다.

4) 미성년자의 법률행위에 대한 친권자의 동의

14 이해상반성이 인정되는 법률행위를 자녀가 스스로 하도록 하면서 이에 대하여 친권자가 동의권을 행사하는 경우에도 자녀의 복리를 위하여 민법 제921조를 유추적용할 필요가 있다. 친권자의 법정대리권과 동의권은 모두 자녀의 재산에 대한 친권을 구성하고 있는 것으로서 자녀의 복리에 적합하게 행사하여야 한다는 제한을 받기 때문에 달리 볼 필요가 없다.

2. 이해상반

가. 이해상반행위의 판단기준[7]

1) 형식적 판단설

15 형식적 판단설(외형적 판단설, 객관적 판단설 내지 추상적 판단설이라고도 한다)은 이해상반되는 행위이냐의 여부는 전적으로 그 행위 자체를 객관적으로 관찰하여 판단하여야 하며, 그 행위를 한 친권자의 의도, 동기나 연유 등을 고려하여서는 안 된다고 본다.

16 대법원 판례[8]의 주류적 입장도 이 견해를 반영하여 "이해상반행위란 행위의 객관적 성질상 친권자와 그 子 사이 또는 친권에 복종하는 수인의 子 사이에 이해의 대립이 생길 우려가 있는 행위를 가리키는 것으로서 친권자의 의도나 그 행위의 결과 실제로 이해의 대립이 생겼는가의 여부는 묻지 아니한다."고 하고 있다.

17 이 기준에 따르면 친권자가 미성년자 자녀의 대학입학금을 마련하기 위하여 친권자인 본인 명의로 금전을 차용하는 계약을 체결하면서 자녀의 부동산에 저당권을 설정하였다면, 이는 이해상반행위에 해당된다. 반면에 친권자가 자기의 사업자금을 마련하기 위하여 미성년자 자녀의 명의로 금전을 차용하는 계약을 체결하면서 자녀의 부동산에 저당권을 설정하였다면, 이는 이해상반행위가 되지 않는다(또한 친권자가 자기의 사업자금을 마련하기 위하여 미성년자인 자를 대리하여 자녀 소유의 부동산을 매각한 경우에도, 이는 이해상반행위에 해당하지 않는다).

18 형식적 판단설이 실질적으로 이해가 상반되는가를 묻지 않고, 단지 행위의 객관적 성질에 따라 이해상반여부를 판단하는 이유는, 사정을 알지 못하는 상대방이 예측하지 못한 손해를 입지 않도록 하기 위한 것이다.

2) 실질적 판단설

19 이와 달리, 친권자의 대리행위의 형식 여하를 불문하고 친권자가 그 행위를 한 의도, 동기, 결과 등을 고려하여 실질적으로 이해상반행위를 판단하여야

7 주해친족법(제1판)(제2권), 박영사(2015), 1088~1090(권재문); 주해친족법(제2판)(제2권), 박영사(2025), 1240~1242(이봉민); 김주수/김상용, 친족·상속법(제20판), 법문사(2024), 458~463.

8 대법원 1994. 9. 9. 선고 94다6680 판결 등.

한다는 견해[9]가 있는데, 이를 학설상 실질적 판단설(구체적 판단설이라고도 한다)이라고 한다.

20 이 견해에 의하면 친권자가 자기의 사업자금을 마련하기 위하여 미성년 자녀를 대리하여 자녀 소유의 부동산을 매각한 경우도 이해상반행위에 해당한다. 반대로 공동상속인인 친권자가 자녀와 상속재산분할을 하면서 자녀에게 법정상속분 이상의 비율로 분할하는 합의를 자녀를 대리해서 하였다면, 자녀에게 더 유리하므로 이해상반행위에 해당하지 않는다. 간단히 말하면, 형식적 판단설은 거래의 안전을 중요시하는 반면, 실질적 판단설은 미성년자녀의 이익을 보호하는 데 중점을 둔 견해라고 볼 수 있다.

3) 실질관계를 고려한 형식적 판단설

21 기본적으로 형식적 판단설의 입장에 서면서도 실질적 관계를 어느 정도 고려하여 이해상반여부를 판단해야 한다는 견해가 있다(이를 '실질관계를 고려한 형식적 판단설' 또는 '실질관계 객관적 고려설'이라고 한다). 즉 친권자의 법정대리권은 미성년의 자의 이익을 위하여 행사되어야 하는 것이고, 민법 제921조의 규정은 친권자에 의한 자의적인 친권행사로 인하여 미성년의 자가 입게 될 불이익을 방지하고자 하는데 그 목적이 있으므로, 어떠한 법률행위가 이해상반행위인가 여부는 그 행위의 형식 여하에 불구하고 그 행위의 동기, 연유, 결과 등을 고려하여 그 행위로 인하여 미성년의 자에게 불이익이 되고 친권자에게는 이익이 되는가 여부를 실질적으로 판단하여야 한다는 견해이다. 만일 그렇지 않으면, 미성년의 자의 재산에 근저당권을 설정한다는 동일행위에 관하여 주채무자를 자로 하는가(이해상반으로 되지 않는다) 또는 친권자로 하는가(이해상반으로 된다)의 형식적 차이만으로 결론에 차이가 발생하게 되어 형평을 잃을 뿐만 아니라, 이런 사정을 잘 알고 있는 친권자가 자신의 사업자금을 마련하기 위하여 그 자를 대리하여 자 소유의 부동산을 제삼자에게 매각하거나 자의 이름으로 채무를 부담하는 방법으로 용이하게 민법 제921조의 제한을 잠탈할 수 있어 부당하다고 한다.

9 김유미, "민법 제921조의 이행상반행위에 관한 몇 가지 문제", 박병호 교수 환갑기념 가족법학논총 (1991), 515.

22 대법원 판례[10]에서도 이해상반행위의 판단에 있어 기존의 형식적 판단설을 취하면서도 실질관계를 고려한 논리를 따른 것으로 보이는 것이 있다. 즉 친권자인 모가 제3자를 위하여 연대보증인이 됨과 동시에 미성년자인 원고의 재산에 위 제3자를 위한 근저당권을 설정한 것이 이해상반행위가 되는가에 관하여, "위 채권의 만족을 얻기 위하여 피고(채권자)가 이 사건 토지 중 원고의 공유지분에 관한 저당권의 실행을 선택한 때에는, 그 경매대금이 변제에 충당되는 한도에 있어서 친권자의 책임이 경감되고, 또한 피고가 친권자에 대한 연대보증책임의 추구를 선택하여 변제를 받을 때에는, 친권자는 피고를 대위하여 이 사건 토지 중 원고의 공유지분에 대한 저당권을 실행할 수 있는 것으로 되는바, 위와 같이 친권자와 자인 원고 사이에 이해의 충돌이 발생할 수 있는 것이, 친권자가 한 행위 자체의 외형상 객관적으로 당연히 예상되는 것이어서, 친권자가 원고를 대리하여 이 사건 토지 중 원고의 공유지분에 관하여 위 근저당권설정계약을 체결한 행위는 이해상반행위로서 무효"라고 판시하였다.

4) 대리권 남용론을 통한 형식적 판단설의 보완

23 기본적으로 형식적 판단설에 따라 이해상반행위 여부를 결정하되, 형식적 판단설만으로는 미성년자의 이익 보호를 위하여 충분하지 않기 때문에 이해상반행위에 해당하지 않는다고 판단되는 경우에도 미성년자를 보호할 수 있는 방법을 모색할 필요가 있고, 이를 위하여 고려될 수 있는 것이 대리권 남용론이라는 견해이다.[11]

24 즉 일반적으로는 이해상반행위에 해당되지 않아서 특별대리인을 선임할 필요가 없이 친권자가 미성년자를 대리할 수 있는 경우라고 하더라도, 그 대리행위가 미성년자 자신의 이익을 위한 것이 아니라 친권자나 다른 제3자의 이익을 위한 것으로서 미성년자 본인에게는 손해를 가져오는 경우에는, 일정한 요건의 제한하에 그 대리행위의 효력을 부정할 수 있다.

25 대법원 판례 중에서도 친권의 남용으로 대리행위의 효과를 부정한 예가 있는데, 대법원 1981. 10. 13. 선고 81다649 판결에서는 "법정대리인인 친권자가

10 대법원 2002. 1. 11. 선고 2001다65960 판결.

11 윤진수, 민법기본판례(제3판), 홍문사(2024), 791; 윤신수, "친권자와 자녀 사이의 이해상반행위 및 친권자의 대리권 남용" 민사재판의 제문제 제11권, 민사실무연구회(2002).

그 자인 원고(미성년자)소유의 이 건 부동산을 그 장남인 피고에게 증여할 당시 원고는 이미 19년 5월 남짓하여 수개월이 지나면 성년이 될 나이에 있었고, 원고가 위 처분행위를 강력히 반대하였으며, 위 처분행위도 원고를 위한 것이 아니라 그 장남인 피고만을 위한 것으로서 위 처분행위로 원고는 아무런 대가도 지급받지 못한 점 등이 인정되므로, 원고의 법정대리인인 친권자가 이 건 부동산을 피고에게 증여한 행위는, 당시 피고가 이미 성년에 달하여 소위 이해상반행위에는 해당하지 않으나, 친권의 남용에 의한 것이라 할 것이므로 위 행위의 효과는 원고에게 미치지 아니한다."고 판시한 바가 있고, 대법원 1997. 1. 24. 선고 96다43928 판결도 조부가 손자인 원고에게 증여한 유일한 재산을 그 친권자가 이러한 사정을 잘 아는 원고의 삼촌에게 증여한 것은 친권 남용이라 한 바 있다.

26 그러나 대법원 2009. 1. 30. 선고 2008다73731 판결은 "친권자가 자를 대리하여 행한 자 소유의 재산에 대한 처분행위에 대해서는 그것이 사실상 자의 이익을 무시하고 친권자 본인 혹은 제3자의 이익을 도모하는 것만을 목적으로 하여 이루어졌다고 하는 등 친권자에게 자를 대리할 권한을 수여한 법의 취지에 현저히 반한다고 인정되는 사정이 존재하지 않는 한, 친권자에 의한 대리권의 남용에 해당한다고 쉽게 단정할 수 없다."고 하면서 "미성년인 자의 재산에 대한 친권자의 처분행위가 친권의 남용에 해당하는지 여부는 상고이유의 주장처럼 처분재산의 상실이라고 하는 객관적·편면적 관점에서만 판단할 것은 아니고, 그 처분을 둘러싼 친권자와 자 사이의 이해상반 여부, 위 처분과 관련한 이해당사자들 사이의 이해관계의 조율 기타 그 처분에 이르기까지의 경위와 관련 이해당사자들의 입장과 의사 등 주관적, 객관적 사정들을 합하여 종합적인 관점에서 예외적으로 친권의 남용에 해당한다고 볼 만한 사정이 적극적으로 입증되어야 할 것인바, 기록에 의하면, 원심이 그 판단의 전제로 든 바와 같이 이 사건 각 토지의 증여는 당시 원고 2와 경제적, 신분적 이해관계를 같이 하던 원고 1이 위 각 토지가 피고측의 주장처럼 망인에게 명의신탁된 것일 가능성까지 고려하여 같은 상황에 놓여 있던 위 토지를 원고들 몫으로 남기는 조건으로 상호 협의하에 이루어진 것으로 보기에 충분한 사정이 존재함을 알 수 있으므로, 이러한 사정들을 들어 위 증여행위가 친권의 남용에 해당하지 않는다고 본 원심의 판단은 정당하다."고

보았다. 위 판결은 친권자의 대리권 남용이 인정되는 범위를 좁게 보면서 상대방의 악의 또는 과실이라는 일반적 요건 뿐 아니라 친권자의 목적이라는 요건도 충족된 경우에만 대리권의 남용을 인정하는 것으로 평가할 수 있다.[12]

나. 구체적 사례

1) 이해가 상반되는 것으로 인정되는 경우

가) 친권자가 미성년자를 대리하여 부동산에 관한 등기신청하는 경우 이해상반으로 인정되는 예[13]

27 ① 미성년자인 자가 그 소유 부동산을 친권자에게 매매 또는 증여하는 경우

28 ② 상속재산협의분할서를 작성하는데 있어서 친권자와 미성년자인 자 1인이 공동상속인인 경우[14](친권자가 당해 부동산에 관하여 권리를 취득하지 않는 경우를 포함한다).

29 ③ 친권자와 미성년자인 자의 공유부동산을 친권자의 채무에 대한 담보로 제공하고 그에 따른 근저당권설정등기를 신청하는 경우[15]

30 ④ 미성년자인 자 2인의 공유부동산에 관하여 공유물분할계약을 하는 경우 (미성년자인 자 1인에 관한 특별대리인의 선임이 필요하다)

나) 판례에서 이해상반으로 인정된 사례

31 ① 친권자인 모가 자신이 연대보증한 채무의 담보로 자신과 미성년 자녀의 공유인 토지 중 자신의 공유지분에 관하여는 공유지분권자로서, 미성년 자녀의 공유지분에 관하여는 그 법정대리인의 자격으로 각각 근저당권설

12 주해친족법(제1판)(제2권), 박영사(2015), 1098(권재문); 윤진수, 친족상속법 강의(제5판), 박영사(2023), 272.

13 미성년자의 대리인에 의한 등기신청에 관한 업무처리지침[등기예규 제1088호].

14 대법원 1993. 4. 13. 선고 92다54524 판결: 공동상속재산분할협의는 행위의 객관적 성질상 상속인 상호간에 이해의 대립이 생길 우려가 있는 행위라고 할 것이므로 공동상속인인 친권자와 미성년인 수인의 자 사이에 상속재산분할협의를 하게 되는 경우에는 미성년자 각자마다 특별대리인을 선임하여 각 특별대리인이 각 미성년자인 자를 대리하여 상속재산분할의 협의를 하여야 한다.

15 대법원 1971. 7. 27. 선고 71다1113 판결("민법 제921조 제1항 소정의 이해상반되는 행위라 함은 친권자인 자와 미성년자인 자가 각각 당사자의 일방이 되어서 하는 법률행위 뿐만 아니라 친권자가 자기를 위하여 타인으로 부터 금전을 차입함에 있어 미성년자인 자의 소유부동산에 저당권을 설정하는 행위와 같이 친권자를 위해서는 이익이 되고 미성년자를 위해서는 불이익되는 경우도 이에 포함된다고 해석함이 상당할 것으로서 본건과 같이 친권자가 자기의 영업자금을 마련하기 위하여 미성년자인 자를 대리하여 그 소유부동산을 담보로 제공 저당권을 설정한 행위는 바로 위의 이해상반된 행위에 포함된다 할 것이므로 이와 같은 법리에 의한 원판결 판단에 소론 위법이 있을 수 없다.").

정계약을 체결한 경우[16]

32 ② 양모가 미성년의 양자를 상대로 한 소유권이전등기청구소송을 제기하는 행위[17]

33 ③ 친권자인 모가 미성년자인 子를 대리하여 子의 토지(父로부터 상속받은 토지)를 자신의 동생에게 명의신탁하여 이전등기를 마쳤다가 명의회복을 하는 과정에서 모 자신의 명의로 소유권이전등기를 마친 행위(이는 결국 미성년자의 법정대리인이 그 미성년자의 재산을 자신에게 처분한 행위에 해당하므로, 친권자와 그 子 사이에 이해가 상반되는 행위이다.[18])

34 ④ 친권자가 자기의 채무에 관하여 미성년자인 子를 대리하여 중첩적(병존적) 채무인수계약을 한 행위

35 ⑤ 친권자의 채무에 관하여 미성년자인 子를 연대채무자로 한 행위

36 ⑥ 친권자가 자기의 채무를 子에게 전가하기 위하여 子를 대리하여 한 경개(更改)계약

37 ⑦ 합명회사사원이 자기의 친권에 따르는 미성년자를 그 회사에 새로 입사시키는 행위에 대하여 동의를 한 행위

38 ⑧ 子를 대리하여 子의 대금채권을 포기하고 그 채무자의 친권자에 대한 채권을 면제시킨 행위 등

39 [판례] 대법원 2016. 2. 18. 선고 2015 다 51920 판결

상속재산에 대하여 그 소유의 범위를 정하는 내용의 공동상속재산 분할협의는 그 행위의 객관적 성질상 상속인 상호간의 이해의 대립이 생길 우려가 없다고 볼만한 특별한 사정이 없는 한 민법 제921조 소정의 이해상반 되는 행위에 해당한다. 그리고 피상속인의 사망으로 인하여 1차 상속이 개시되고 그 1차 상속인 중 1인이 다시 사망하여 2차 상속이 개시된 후 1차 상속의 상속인들과 2차 상속의 상속인

16 대법원 2002. 1. 11. 선고 2001다65960 판결("채권자가 채권의 만족을 얻기 위하여 이 사건 토지 중 자의 공유지분에 관한 저당권의 실행을 선택한 때에는 그 경매대금이 변제에 충당되는 한도에 있어서 친권자인 모의 책임이 경감되고, 채권자가 모에게 연대보증책임을 물어서 변제를 받은 때에는, 모는 채권자를 대위하여 위 토지 중 자의 공유지분에 대한 저당권을 실행할 수 있는 것으로 되므로, 친권자인 모와 자 사이에 이해의 충돌이 행위 자체의 외형상 객관적으로 당연히 예상된다. 그러므로 친권자인 모가 자를 대리하여 이 사건 토지 중 자의 공유지분에 관하여 근저당권설정계약을 체결한 행위는 이해상반행위로서 무효라고 보아야 한다."). 이 판결은 '실질관계를 고려한 형식적 판단설'에 따라 판단하고 있다.

17 대법원 1991. 4. 12. 선고 90다17491 판결("이 경우 양자의 친생부모는 양자의 친권자가 되지 못하므로 특별대리인을 선임하여 소송을 수행하게 하여야 한다.")

18 대법원 2013. 1. 24. 선고 2010두27189 판결.

들이 1차 상속의 상속재산에 관하여 분할협의를 하는 경우에 있어서 2차 상속인 중에 미성년자가 있다면 그에 대하여 특별대리인을 선임하여 그 특별대리인이 미성년자를 대리하여 상속재산 분할협의를 하여야 하고, 만약 2차 상속의 공동상속인인 친권자가 그 미성년자의 법정대리인으로서 상속재산 분할협의를 한다면 이는 민법 제921조에 위배되는 것이며, 이러한 대리행위에 의하여 성립된 상속재산 분할협의는 피대리자에 의한 추인이 없는 한 그 전체가 무효라고 할 것이다.

2) 이해가 상반되는 것으로 인정되지 않은 경우

가) 친권자가 미성년자를 대리하여 부동산에 관한 등기신청하는 경우 이해상반되지 않는 예[19]

40 ① 친권자가 그 소유 부동산을 미성년자인 자에게 증여하는 경우

41 ② 친권자가 미성년자인 자 소유의 부동산을 제3자에게 증여하는 경우

42 ③ 친권자가 미성년자인 자 소유의 부동산을 채무자인 그 미성년자를 위하여 담보로 제공[20]하거나 제3자에게 처분하는 경우

43 ④ 친권자와 미성년자인 자의 공유부동산에 관하여 친권자와 그 미성년자를 공동채무자로 하거나 그 미성년자만을 채무자로 하여 저당권설정등기를 신청하는 경우

44 ⑤ 친권자와 미성년자인 자가 근저당권을 준공유하는 관계로서 근저당권설정등기의 말소를 신청하는 경우

45 ⑥ 미성년자인 자 1인의 친권자가 민법 제1041조의 규정에 의하여 상속포기를 하고 그 미성년자를 위하여 상속재산분할협의를 하는 경우[21]

46 ⑦ 이혼하여 상속권이 없는 피상속인의 전처가 자기가 낳은 미성년자 1인을

19 미성년자의 대리인에 의한 등기신청에 관한 업무처리지침(등기예규 제1088호).

20 대법원 1976. 3. 9. 선고 75다2340 판결("민법 제921조 제2항의 이해상반행위라 함은 친권에 복종하는 미성년인 자들 상호간에 있어서 각각 당사자 일방이 되어 하는 법률행위뿐 아니라 친권자가 미성년자 일방을 위하여 차금함에 있어서 다른 미성년자인 자(子) 소유 부동산에 저당권을 설정하는 행위와 같이 미성년자 일방을 위하여서는 이익이 되고 다른 미성년자에 대하여는 불이익이 되는 경우도 포함하나 그 어느 경우에 있어서도 이해상반행위의 당사자는 모두가 친권자의 친권에 복종하는 미성년자인 자(子)들이어야 하고 가령 성년이 되어 친권자의 친권에 복종하지 아니하는 자와 친권에 복종하는 미성년자인 자 사이에 이해상반되는 경우에는 친권자는 미성년자인 자(子)를 위한 법정대리인으로서 그 고유의 권리를 행사할 수 있을 것이므로 그러한 친권자의 법률행위는 위 법조 소정의 이해상반행위에 해당 한다고 할 수 없다.")

21 부(夫)가 사망하여 친권자인 모가 미성년자인 자 및 성년자인 자와 함께 공동상속인이 된 후 친권자 자신이 상속을 포기하면서 미성년자인 자를 대리하여 상속을 포기함으로써 성년자인 자가 단독으로 상속을 받게 한 행위(대법원 1989. 9. 12. 선고 88다카28044 판결).

대리하여 상속재산분할협의를 하는 경우

나) 판례에서 이해상반하지 않은 것으로 본 사례

47 ① 친권자인 모가 제3자(자신의 형제자매)에 대한 채무의 담보로 미성년자인 자녀의 부동산에 근저당권을 설정한 행위

대법원 1991. 11. 26. 선고 91다32466 판결은 "미성년자의 친권자인 모가 자기 오빠의 제3자에 대한 채무의 담보로 미성년자 소유의 부동산에 근저당권을 설정하는 행위가, 채무자를 위한 것으로서 미성년자에게는 불이익만을 주는 것이라고 하더라도, 민법 제921조 제1항에 규정된 '법정대리인인 친권자와 그 자 사이에 이해상반되는 행위'라고 볼 수는 없다."고 판시하였다. 이는 형식적 판단설을 반영한 태도라 할 것이다.[22]

48 ② 친권자인 모가 자신이 대표이사로 있는 주식회사의 채무보증을 위하여 자신과 미성년자인 자녀의 공유재산을 담보로 제공한 행위

대법원 1996. 11. 22. 선고 96다10270 판결은 "친권자인 모가 자신이 대표이사로 있는 주식회사의 채무 담보를 위하여 자신과 미성년인 자(子)의 공유재산에 대하여 자의 법정대리인 겸 본인의 자격으로 근저당권을 설정한 행위는, 친권자가 채무자 회사의 대표이사로서 그 주식의 66%를 소유하는 대주주이고 미성년인 자에게는 불이익만을 주는 것이라는 점을 감안하더라도, 그 행위의 객관적 성질상 채무자 회사의 채무를 담보하기 위한 것에 불과하므로 친권자와 그 자 사이에 이해의 대립이 생길 우려가 있는 이해상반행위라고 볼 수 없다."라고 판시하였다.

다만 앞서 본 '제3자의 채무를 담보하기 위하여 일방이 연대보증하고, 다른 일방이 근저당의 담보를 제공한 경우'에 이해상반성을 인정한 대법원 2002. 1. 11. 선고 2001다65960 판결 이후에도 위와 같이 3자의 채무를 담보하기 위하여 공동으로 담보 제공한 경우의 이해상반성을 부정하는 입장(형식적 판단설)이 그대로 유지될 지는 검토될 여지가 있다.

22 위 판결은 "미성년자의 친권자인 모가 미성년자에게는 오로지 불이익만을 주는데도 자기 오빠의 사업을 위하여 미성년자 소유의 부동산을 제3자에게 담보로 제공하였고, 제3자도 그와 같은 사정을 잘 알고 있었다고 하더라도, 그와 같은 사실만으로 모의 근저당권 설정행위가 바로 '친권을 남용한 경우'에 해당한다고는 볼 수 없다."고 판시함으로써 친권의 남용을 통한 미성년자 보호도 적용하지 아니하였다.

49 ③ 친권자가 미성년인 자에게 부동산을 명의신탁하는 경우

대법원 1998. 4. 10. 선고 97다4005 판결은 "법정대리인인 친권자가 부동산을 미성년자인 자(子)에게 명의신탁하는 행위는 친권자와 자 사이에 이해상반되는 행위에 속한다고 볼 수 없으므로, 이를 특별대리인에 의하여 하지 아니하였다고 하여 무효라고 볼 수는 없다."고 하였다.

50 ④ 이해상반성은 없지만 자녀에게 불리한 대리행위

대법원 2018. 4. 26. 선고 2016다3201 판결은 "법정대리인인 친권자의 대리행위가 객관적으로 볼 때 미성년자 본인에게는 경제적인 손실만을 초래하는 반면, 친권자나 제3자에게는 경제적인 이익을 가져오는 행위이고 그 행위의 상대방이 이러한 사실을 알았거나 알 수 있었을 때에는 민법 제107조 제1항 단서의 규정을 유추적용하여 행위의 효과가 자에게는 미치지 않는다고 해석함이 상당하나,[23] 그에 따라 외형상 형성된 법률관계를 기초로 하여 새로운 법률상 이해관계를 맺은 선의의 제3자에 대하여는 같은 조 제2항의 규정을 유추적용하여 누구도 그와 같은 사정을 들어 대항할 수 없으며, 제3자가 악의라는 사실에 관한 주장·증명책임은 그 무효를 주장하는 자에게 있다."고 하면서 기본적으로 유권대리임을 전제로 하고 있다(민법 제921조를 적용하지 아니함)

다. 그 외 문제되는 사안

1) 상속의 승인·포기

51 상속의 승인·포기는 상속재산과 상속채무의 귀속이라는 재산법적 효과를 발생시키지만 이에 그치지 않고 인격적 결단의 성질도 가지기 때문에[24] 일신전속성이 강하다고 할 수 있다.

52 따라서 대리할 수 있는지의 여부가 문제될 수 있지만 법정대리인이 상속개시의 사실을 알게 된 날을 고려기간의 기산점으로 고려한 민법 제1020조의

23 대법원 2011. 12. 22. 선고 2011다64669 판결 참조.

24 대법원 2011. 6. 9. 선고 2011다29307 판결("상속의 포기는 비록 포기자의 재산에 영향을 미치는 바가 없지 아니하나(그러한 측면과 관련하여서는 채무자 회생 및 파산에 관한 법률 제386조도 참조) 상속인으로서의 지위 자체를 소멸하게 하는 행위로서 순전한 재산법적 행위와 같이 볼 것이 아니다. 오히려 상속의 포기는 1차적으로 피상속인 또는 후순위상속인을 포함하여 다른 상속인 등과의 인격적 관계를 전체적으로 판단하여 행하여지는 '인적 결단'으로서의 성질을 가진다.")

취지에 비추어 법정대리의 대상이라고 보아야 한다.[25] 또한 상속의 승인·포기는 당사자 뿐 아니라 다른 공동상속인들에게도 상속분의 증감이라는 영향을 미치기 때문에 이해상반성이 인정된다고 할 것이다.

53 다만 친권자가 상속을 포기한 후 미성년 자녀 전원을 대리하여 상속포기를 하는 경우에는 민법 제921조가 적용되지 않는다. 민법 제921조는 친권자와 자녀 사이에 또는 미성년 자녀들 사이에 이해관계가 대립할 때에 적용되는데, 상속포기가 손해를 초래하는 것은 명백하나 미성년 자녀 전원이 동시에 상속을 포기하는 경우에는 이로 인한 이익이 후순위 상속인 등 제3자에게 귀속되므로 미성년 자녀들 상호간에는 이해상반성이 없기 때문이다.[26]

2) 소송행위

54 실무상 친권자와 그 자 사이에 제기되는 가사소송은 친생자관계부존재확인의 소가 주류를 이루고 있는데, 그 중 대부분은 이른바 가족관계등록부를 정리하기 위한 목적으로 제기된 것으로서 당사자 사이에 아무런 다툼이 없어 실질적으로 볼 때 이해가 상반되기 보다는 오히려 일치한다고 할 수 있으므로, 실질적 판단설에 의하면 이해상반행위에 해당되지 않는다고 볼 여지가 많다. 그러나 소송행위의 경우에는 소송의 동기, 연유, 결과와 상관없이 친권자 또는 미성년자녀가 그 자체로 대립하는 지위에 놓이게 되는 것이므로 소송행위는 이해상반행위에 해당한다고 볼 것이다. 따라서 이해상반성 있는 행위가 소송행위인 경우에도 원칙적으로 민법 제921조에 의한 특별대리인의 선임은 가능하다.

55 다만 소송행위의 경우 민법 제921조에 의한 특별대리인 선임 이외에도 민사소송법 제62조에서 '법정대리인이 대리권을 행사할 수 없는 경우'에는 특별대리인을 선임할 수 있기 때문에 위 규정에 의하여 소송상 특별대리인 선임절차를 진행하는 것도 가능한데, 결국 두 제도의 목적이 서로 다르기 때문에 양자의 요건이 모두 충족되는 이상 어느 쪽으로든 미성년 자녀의 보호에 충실한 방향으로 대응하면 될 것이다.

56 실무상 소송행위의 경우 소송 자체의 관할법원과 특별대리인 선임사건의 관할법원을 일치시킬 수 있다는 점, 절차가 번잡해지고 중복되는 것을 방지하

25 주해친족법(제1판)(제2권), 박영사(2015), 1091(권재문).
26 주해친족법(제1판)(제2권), 박영사(2015), 1092(권재문).

고 소송의 본안 재판부가 특별대리인의 선임과 개임 등의 절차에 관여할 수 있다는 점, 소송절차 진행의 원활을 도모할 수 있다는 점 등의 이유로 민사소송법 제62조에 의한 소송상 특별대리인의 선임으로 미성년 자녀를 보호하는 쪽으로 보다 많이 운용되고 있다.

Ⅲ. 효과

1. 특별대리인 선임

가. 절차

57 친권자와 미성년의 자녀 사이 또는 친권에 따르는 미성년자인 자녀들간에 이해가 상반되는 경우에는 친권자의 청구에 의하여 가정법원이 특별대리인을 선임한다[가사소송법 제2조 제1항 제2호 가목 16)]. 가정법원에서 직권으로 선임할 수는 없다.[27]

58 한편 민법 제921조의 이해상반행위에 따른 특별대리인과 민사소송법 제62조에 따른 특별대리인의 구별이 분명한 것은 아닌데, 실무상으로는 대리할 행위가 소송행위인 경우에는 민사소송법 제62조의 특별대리인 선임 청구로 보통 이루어지고 있다. 예를 들면 당사자들끼리 합의에 의한 상속재산분할협의를 하고자 할 경우에는 민법 제921조에 따른 특별대리인 선임[28]을 하고, 법원에 상속재산분할심판청구를 하는 경우에는 민사소송법 제62조에 따른 특별대리인 선임[29]을 하고 있다.

나. 심판청구

1) 관할

59 특별대리인 선임 심판사건은 라류 가사비송사건으로 가정법원의 전속관할이다. 보통 미성년자인 자녀의 주소지 가정법원이 토지관할이나, 여러 명의 자녀 사이의 이해상반행위를 위한 특별대리인의 선임인 경우에는 그 특별대리

27 박동섭, 가사소송실무(Ⅱ)(6정판), 법률문화원(2022). 253.

28 가사소송법 제2조 제1항 제2호 가목 16)에 따라 '느단'으로 접수하고 선임하는 특별대리인이다. 보통 상속포기, 상속재산분할협의 또는 공유재산에 대한 근저당권설정계약 등을 위한 특별대리인 선임시에 민법 등 실체법상 특별대리인이 선임된다.

29 본안이 가사사건이면 '즈기', 민사이면 '카기', 민사집행사건이면 '타기' 신청사건으로 접수하고, 본안재판부가 특별대리인을 선임한다.

인이 대리할 미성년자의 주소지 가정법원이 관할 법원이 된다.

2) 청구권자

60 청구권자는 친권자 또는 후견인이고 미성년자인 본인은 청구적격이 없다. 부모가 공동으로 친권을 행사하는 경우라도 그 중 일방이 단독으로 특별대리인 선임청구를 할 수 있다.

61 문제는 친권자가 그 청구를 하지 않는 경우, 친족이나 그 밖의 이해관계인도 특별대리인 선임을 청구할 수 있는가인데, 명문의 규정에 반하며 친족은 후견인 같은 법정대리인의 선임을 청구할 수 있을 뿐이고 특별대리인 선임청구는 법정대리인만 할 수 있다고 보아 부정하는 견해[30]도 있으나 지배적인 견해[31]는 자녀의 재산보호를 위하여 긍정하고 있다. 이해관계인이 신청하는 경우에는 법원은 직권으로 친권자나 후견인을 절차에 참가시켜야 할 것이다(가사소송법 제37조).

3) 심리의 대상

62 심판청구시 법원이 심리하여야 할 대상은 ① 이해상반행위에 해당하는지 여부와 ② 특별대리인 선임의 자격 및 적임자인지 여부이다.

63 ① 이해상반행위에 해당하는지에 대해서는 위에서 살펴본 바와 같이 견해 대립이 있다. 이해상반행위인지 불분명한 경우에는 가정법원은 가능한 한 특별대리인을 선임하는 쪽으로 심판하여야 한다. 나중에 이해상반행위가 아니었다는 사실이 드러나더라도 그 특별대리인의 대리행위는 무권대리행위가 되지 아니할 것이다.[32]

64 다음으로 ③ 특별대리인의 자격에 관해서는 후견인의 결격사유와 같은 명시적인 제한은 없으므로 누구를 특별대리인으로 선임할 것인지는 원칙적으로 가정법원의 재량에 맡겨져 있으며, 청구인의 희망에 구속되는 것은 아니다. 일반적으로 미성년자인 자녀의 재산상황, 가정환경, 친권자와의 관계 등에 관하여 잘 알고 있는 자로서 미성년 자녀의 이익을 위해 행위를 할 것으로 기대되는 사람을 특별대리인으로 선임하여야 할 것이다. 그러나 실무에서는 청구인이 희망하거나 추천하는 사람을 주로 특별대리인으로 선임하고 있어

30 박동섭, 가사소송실무(Ⅱ)(6정판), 법률문화원(2022). 254.
31 법원실무제요, 가사[Ⅱ], 법원행정처(2021), 1032; 가사비송재판실무편람, 법원행정처(2008), 70.
32 박동섭, 가사소송실무(Ⅱ)(6정판), 법률문화원(2022). 256.

대부분 청구인과 입장을 같이하는 청구인쪽 친족인 경우가 많으나, 특별히 중립적인 특별대리인이 필요한 경우에는 청구인의 의사에 구속되지 않고 변호사 등 제3자를 특별대리인으로 선임하는 등 신중을 기할 필요도 있다.[33]

다. 심판

65 심리한 결과 미성년 자녀가 심리 중 성년이 된 경우, 미성년 자녀 본인이 청구한 경우 등과 같이 청구적격이 흠결된 경우에는 각하한다.

66 이해상반행위에 해당하지 않는 경우에는 청구기각을 하고, 이해상반행위이고, 특별대리인 선임이 필요하면 특별대리인 선임심판을 한다. 미성년 자녀가 수인인 경우에는 각자마다 특별대리인을 선임하여야 한다.[34]

[주문례] 심판주문에는 특별대리인이 대리할 내용이 구체적으로 특정됨

- 상속재산협의분할

청구인과 사건본인들이 망○○○의 별지 목록 기재 상속재산을 협의분할함에 있어 사건본인 A의 특별대리인으로 □□□(주민등록번호, 주소), 사건본인 B의 특별대리인으로 △△△(주민등록번호, 주소)를 각 선임한다.

- 부동산매도

청구인이 사건본인으로부터 그 소유인 별지 목록 기재 부동산을 매수함에 있어 특별대리인으로 ○○○(주민등록번호, 주소)를 선임한다.

- 근저당권설정등기

청구인과 사건본인의 공유인 별지 목록 기재 부동산에 관하여 채무자 청구인, 채권자 ○○은행, 채권최고액 5,000만 원으로 하는 근저당권설정계약을 체결하고 그 등기를 마침에 있어 특별대리인으로 □□□(주민등록번호, 주소)를 선임한다.

라. 특별대리인의 권한과 의무

67 특별대리인은 처리하여야 할 특정의 법률행위에 대하여 개별적으로 선임되어야 한다.

33 실무상으로는 친권자 부가 사망하여 공동상속인인 친권자 모가 미성년 자녀와 함께 상속재산분할협의를 하고자 할 경우에는 원칙적으로 부계 친족 중에서 특별대리인을 선임하고, 그 반대의 경우에는 모계 친족 중에서 특별대리인을 선임하고 있다. 또한 상속인 A, B, C 중 A가 사망하고 A의 배우자 및 자녀가 그 지분을 다시 상속한 상태에서 상속재산분할협의를 할 경우에는 A의 자녀를 위한 특별대리인으로 B 또는 C를 선임하지 않는 것이 실무례이다[법원실무제요, 가사[Ⅱ], 법원행정처(2021), 1033].

34 대법원 1993. 4. 13. 선고 92다54524 판결.

68 [판례] 대법원 1996. 4. 9. 선고 96 다 1139 판결
특별대리인은 이해가 상반되는 특정의 법률행위에 관하여 개별적으로 선임되어야 하는바, 따라서 특별대리인선임신청서에는 선임되는 특별대리인이 처리할 법률행위를 특정하여 적시하여야 하고, 법원도 그 선임 심판시에 특별대리인이 처리할 법률행위를 특정하여 이를 심판의 주문에 표시하는 것이 원칙이며, 특별대리인에게 미성년자가 하여야 할 법률행위를 무엇이든지 처리할 수 있도록 포괄적으로 권한을 수여하는 심판을 할 수는 없다.

69 특별대리인은 해당 이해상반행위에 관하여 미성년 자녀를 대리하거나 동의를 하는 권한을 가지는데 그 권한은 그 선임심판의 취지에 따라 정하여지며, 가정법원이 특별대리인의 대리권행사에 관하여 필요한 제한을 가할 수 있다(가사소송규칙 제68조). 직무의 성질상 후견인에 관한 민법 제956조가 적용되므로 선량한 관리자의 주의로서 사무처리를 해야 한다.

70 또한 가정법원의 심판에 의하여 특정된 행위가 완료되면 특별대리인의 임무는 당연히 종료되고, 사무처리에 필요한 비용은 위임의 경우에 준하여 상환받을 수 있다.

71 한편 특별대리인과 미성년자 사이에는 이해상반 문제가 생기지 않는다. 어디까지나 미성년자의 권리를 보호하기 위하여 선임된 사람이기 때문이다[35].

마. 선임심판에 대한 불복

72 특별대리인의 선임심판에 대하여 이의가 있는 경우, 이해관계인은 항고를 할 수 있다. 선임청구각하심판에 대하여는 청구인만이 항고할 수 있다. 그러나 선임된 특별대리인이 미성년자를 위하여 그를 대리하여 어떤 법률행위를 한 뒤에는 항고할 이익이 없을 것이다.

2. 특별대리인을 선임하지 아니한 경우: 제921조 위반의 효력

가. 원칙: 무권대리

73 1) 친권자와 미성년 자녀 사이에 이해가 상반되는 행위를 특별대리인에 의하지 않고 친권자가 스스로 대리한 경우에는 무권대리행위로서 무효가 된다.[36]

35 박동섭, 가사소송실무(Ⅱ)(6정판), 법률문화원(2022). 257.
36 대법원 1994. 9. 9. 선고 94다6680 판결, 대법원 2001. 6. 29. 선고 2001다28299 판결. 대법원 2013. 1. 24. 선고 2010두27189 판결.

74 민법 제921조는 미성년인 자를 보호하기 위한 강행규정으로서 이에 위반된 결과를 그대로 실현시키는 것은 선불리 용인되어서는 아니된다. 따라서 친권자가 스스로 이해상반행위라는 이유로 무효를 주장하더라도 신의칙에 위반되는 권리의 행사라는 이유로 그 주장을 바로 배척할 수는 없다. 신의칙 위반으로 권리의 행사를 부정한다면 오히려 강행법규에 의하여 배제하려는 결과를 실현시키는 셈이 되어 입법취지를 몰각하는 결과를 가져오기 때문이다.

75 판례[37]에서도 신의성실의 원칙에 위배된다는 이유로 그 권리의 행사를 부정하기 위해서는 상대방에게 신의를 공여하였다거나 객관적으로 보아 상대방이 신의를 가짐이 정당한 상태에 있어야 하며, 이러한 상대방의 신의에 반하여 권리를 행사하는 것이 정의관념에 비추어 용인될 수 없는 정도의 상태에 이르러야 한다[38]고 하면서, 공동상속인인 친권자가 미성년자의 법정대리인으로서 상속재산분할협의를 한 것과 관련하여 강행법규를 위반한 자가 스스로 그 약정의 무효를 주장하는 것이 원칙적으로 신의칙에 반하지 않는다고 보고 있다.

76 2) 무권대리에 대한 최고, 추인 등에 관하여 민법 제130조 이하가 적용되어서 본인의 추인이 있으면 유효로 된다고 보는 견해[39]가 일반적인데, 무능력자 보호라는 제도의 목적에 비추어 추인은 '성년에 달한 자녀 본인'이 하여야 할 것이다. 본인이 아직 미성년자인 상태라면, 적법하게 선임된 특별대리인에 의하여 추인이 이루어져야 할 것이다.[40] 추인은 무권대리행위를 한 친권자 또는 상대방에 대하여 하여야 하지만, 그 방식에는 제한이 없다.

37 대법원 2011. 3. 10. 선고 2007다17482 판결.

38 대법원 2007. 11. 29. 선고 2005다64552 판결, 대법원 2011. 3. 10. 선고 2007다17482 판결.

39 친권자가 수인의 미성년자의 법정대리인으로서 상속재산분할협의를 한 것이라면 이는 민법 제921조에 위반된 것으로서 이러한 대리행위에 의하여 성립된 상속재산분할협의는 피대리자 전원에 의한 추인이 없는 한 무효이다(대법원 1993. 4. 13. 선고 92다54524 판결). 상속재산에 대하여 그 소유의 범위를 정하는 내용의 공동상속재산 분할협의는 그 행위의 객관적 성질상 상속인 상호간의 이해의 대립이 생길 우려가 있는 민법 제921조 소정의 이해상반되는 행위에 해당하므로 공동상속인인 친권자와 미성년인 수인의 자 사이에 상속재산 분할협의를 하게 되는 경우에는 미성년자 각자마다 특별대리인을 선임하여 그 각 특별대리인이 각 미성년자인 자를 대리하여 상속재산분할의 협의를 하여야 하고, 만약 친권자가 수인의 미성년자의 법정대리인으로서 상속재산 분할협의를 한 것이라면 이는 민법 제921조에 위반된 것으로서 이러한 대리행위에 의하여 성립된 상속재산 분할협의는 적법한 추인이 없는 한 무효라고 할 것이다(대법원 2001. 6. 29. 선고 2001다28299 판결).

40 다만 특별대리인에 의한 추인권에 대하여 특별대리인에 대한 신뢰가 높지 않은 우리 사회의 현실을 고려할 때 부정적으로 해석해야 한다는 견해도 있다. 김주수/김상용, 친족·상속법(제20판), 법문사(2024), 463.

77 한편 미성년의 자녀가 이해상반되는 친권자의 동의를 얻어서 스스로 행한 법률행위는 동의를 얻지 않은 행위와 마찬가지이므로, 민법 제5조, 제15조 등이 적용되어서 취소, 추인, 최고 등을 할 수 있다고 해석된다.

78 [판례] 대법원 2011. 3. 10. 선고 2007다17482 판결
상속재산에 대하여 소유의 범위를 정하는 내용의 공동상속재산 분할협의는 그 행위의 객관적 성질상 상속인 상호간 이해의 대립이 생길 우려가 없다고 볼만한 특별한 사정이 없는 한 민법 제921조의 이해상반되는 행위에 해당한다. 그리고 피상속인의 사망으로 인하여 1차 상속이 개시되고 그 1차 상속인 중 1인이 다시 사망하여 2차 상속이 개시된 후 1차 상속의 상속인들과 2차 상속의 상속인들이 1차 상속의 상속재산에 관하여 분할협의를 하는 경우에 2차 상속인 중에 수인의 미성년자가 있다면 이들 미성년자 각자마다 특별대리인을 선임하여 각 특별대리인이 각 미성년자를 대리하여 상속재산 분할협의를 하여야 하고, 만약 2차 상속의 공동상속인인 친권자가 수인의 미성년자 법정대리인으로서 상속재산 분할협의를 한다면 이는 민법 제921조에 위배되는 것이며, 이러한 대리행위에 의하여 성립된 상속재산 분할협의는 피대리자 전원에 의한 추인이 없는 한 전체가 무효이다.

나. 표현대리의 인정 여부

79 표현대리도 성립할 수 있는지가 문제되나 이를 부정적으로 보는 견해가 있다.[41] 표현대리를 인정하는 것은 미성년자 보호라는 민법 제921조의 취지와 상반되기 때문이며, 거래 안전은 대리권남용론을 원용하여 어느 정도 보호할 수 있을 것이기 때문이다. 다만 실질적 판단설에 따른다면 거래의 안전을 보호하기 위하여 표현대리 인정의 필요가 있을 수 있다.

다. 소송행위 중 법정대리권 흠결이 밝혀진 경우

80 수인의 미성년자와 그 친권자가 소송의 당사자가 된 경우에는 미성년자마다 특별대리인을 선임하여 그 특별대리인이 미성년자를 대리하여 소송행위를 하여야 한다. 만약 친권자가 수인의 미성년자의 법정대리인으로서 소송행위를 하였다면 이는 민법 제921조에 위반되어 미성년자들의 적법한 추인이 없는 한 무효라 할 것이다.

81 다만 민사소송법 제59조 전단과 제60조는 소송능력·법정대리권 또는 소송행위에 필요한 권한의 수여에 흠이 있는 경우에는 법원은 기간을 정하여 이를

41 주해친족법(제1판)(제2권), 박영사(2015), 1105(권재문)

보정하도록 명하여야 하고, 소송능력·법정대리권 또는 소송행위에 필요한 권한의 수여에 흠이 있는 사람이 소송행위를 한 뒤에 보정된 당사자나 법정대리인이 이를 추인한 경우에는 그 소송행위는 이를 한 때에 소급하여 효력이 생긴다고 규정하고 있다. 그러므로 미성년자의 법정대리인에게 법정대리권이 흠결된 경우 법원은 그 흠을 보정할 수 없음이 명백한 때가 아닌 한 기간을 정하여 보정을 명하여야 할 의무가 있고, 법정대리권의 보정은 항소심에서도 가능하다.[42]

82 그러므로 만일 미성년자의 법정대리인 선임이 없이 소송이 제기되었다면, 재판부는 당사자들에게 보정을 명하여 미성년자의 특별대리인을 선임하게 하고, 그 특별대리인들에게 소장 부본을 송달하고 이들로 하여금 위 피고들을 대리하여 소송행위를 하도록 하여야 할 것이다.

42 대법원 2024. 7. 11. 선고 2023다301941 판결.

제 922 조 [친권자의 주의의무]

친권자가 그 자에 대한 법률행위의 대리권 또는 재산관리권을 행사함에는 자기의 재산에 관한 행위와 동일한 주의를 하여야 한다.

[관련조문] 민법 제681조(수임인의 선관의무), 제695조,(무상수치인의 주의의무) 제924조(친권의 상실 또는 일시 정지의 선고), 제925조(대리권, 재산관리권 상실의 선고), 제956조(위임과 친권의 규정의 준용), 제1022조(상속재산의 관리), 제1044조(포기한 상속재산의 관리계속의무), 제1048조(분리후의 상속인의 관리의무)

[참고문헌] 이경희/윤부찬, 가족법(11정판), 법원사(2024)

Ⅰ. 의의

1 친권자가 미성년자인 자(子)의 재산을 관리하고 자(子)의 법률행위를 대리하거나 자(子)의 행위에 동의하는 때에는 '자기의 재산에 관한 행위와 동일한 주의'로 하면 된다. 이 주의의무는 선량한 관리자의 주의의무보다 낮은데, 이는 부모와 미성년 자녀 사이라는 긴밀한 인적 관계를 근거로 친권자의 주의의무를 경감시킨 것으로 민법 제681조의 유추적용을 배제하는 특칙이라 할 수 있다.

2 한편 친권자가 후견인에 비하여 주의의무가 가벼운 이유는, 일반적으로 후견인보다는 부모를 더 신뢰할 수 있으며, 자연적인 애정이 더 크고 부모에게는 보수청구권이 없는 점 등이 감안된 것이라 보아야 한다.[1]

Ⅱ. 적용의 범위

3 이 조항은 친권자(민법 제910조의 친권대행자 포함)와 친권에 따르는 자와의 관계에서 친권자의 주의의무를 규정한 것이므로, 친권자가 친권을 행사할 때에 제3자에게 가한 불법행위의 과실을 정한 주의의무와는 다르다. 그 주의의무는 일반규정에 의한다(민법 제750조 내지 제753조, 제755조).

[1] 이경희/윤부찬, 가족법(11정판), 법원사(2024), 279.

4 친권자이어야 하므로 민법 제921조에 의한 선임된 특별대리인이나 미성년 자녀의 후견인에는 적용되지 않아서 이 경우에는 '선량한 관리자의 주의'로서 관리할 의무가 있다(민법 제956조, 제681조).

Ⅲ. 위반의 효과

1. 손해배상책임

5 친권자가 민법 제922조의 주의의무를 위반하여 자녀에게 손해가 생긴 경우에는 손해배상의 책임을 진다. 이 책임의 성격은 불법행위상의 책임이라고 보는 견해와 친권관계로부터 발생하는 의무 불이행으로 인한 책임이라 보는 견해가 대립한다. 친권의 의무성은 양육에 관한 사항 뿐 아니라 재산관리에 대해서도 인정됨에 비추어 볼 때 재산관리를 제대로 하지 못한 것은 민법 제916조에 의하여 인정되는 법정채무의 불이행이라고 보아야 할 것이다. 물론 이 경우에 채무불이행 책임 뿐 아니라 불법행위 책임도 성립할 수 있다.

6 한편 친권자로서 주의의무를 다하였다는 사실은 친권자가 입증해야 할 것이다. 왜냐하면, 관리가 적절하게 되었는가의 여부를 입증할 자료의 대부분은 친권자의 손에 있는 것이 보통이기 때문이다.

2. 대리권·재산관리권 상실사유

7 그 외에도 친권자의 부적당한 관리로 자녀의 재산을 위태롭게 한 경우에는 법률행위의 대리권과 재산관리권 상실 선고의 원인이 될 수 있다.

제 922 조의 2 [친권자의 동의를 갈음하는 재판]

가정법원은 친권자의 동의가 필요한 행위에 대하여 친권자가 정당한 이유 없이 동의하지 아니함으로써 자녀의 생명, 신체 또는 재산에 중대한 손해가 발생할 위험이 있는 경우에는 자녀, 자녀의 친족, 검사 또는 지방자치단체의 장의 청구에 의하여 친권자의 동의를 갈음하는 재판을 할 수 있다.

[본조신설 2014. 10. 15.]

[참고문헌] 주해친족법(제1판)(제2권), 박영사(2015); 김주수/김상용, 친족·상속법(제20판), 법문사(2024); 이은정, "피해아동의 분리보호와 친권의 제한", 가족법연구 제33권 제2호, 한국가족법학회(2019. 7.)

Ⅰ. 의의

1　민법 제922조의2는 자녀의 생명, 신체 또는 재산 등을 보호하기 위하여 특정한 경우에는 법원의 재판으로 친권자의 동의를 갈음할 수 있도록 2014년 개정 민법에서 새로 도입한 제도이다(2015. 10. 16. 시행).

2　개정 이유는, 부모의 학대나 개인적 신념 등으로 자녀의 생명·신체 등에 위해가 발생하는 경우 구체적 사안별로 자녀의 생명 등을 보호하기 위하여 필요 최소한도의 친권 제한 조치가 가능하도록 하기 위해서이다.[1]

3　개정 이전에는 자녀의 보호를 위하여 친권 상실 선고 외에는 활용할 수 있는 제도가 없어 친권을 일부 제한할 사안임에도 친권 전부를 박탈하여 오히려 자녀의 복리에 어긋나는 결과를 가져오거나, 친권 상실 선고 자체를 주저하여 미성년 자녀 보호시기가 늦어지게 되어 회복하기 어려운 위해가 발생할 우려가 있었는데, 이 규정을 포함하여 친권의 일시 정지(민법 제924조), 친권의 일부 제한(제924조의2)의 도입으로 단계적인 친권 제한을 통하여 아동을 보호할 수 있게 되었다.

1 국가법령정보센터(http://www.law.go.kr) 개정이유서 참조.

4 그 중에서도 친권자의 동의를 갈음하는 재판에 관한 민법 제922조의2는 아동학대처벌법에 규정되어 있는 피해아동보호명령의 하나로서 '친권자의 의사표시를 갈음하는 결정'(아동학대범죄의 처벌 등에 관한 특례법 제47조 제1항 제9호)과 취지가 같은데, 다만 피해아동보호명령의 경우에는 아동학대범죄의 피해아동을 보호하는 목적에 한정되므로 생명 및 건강보호, 아동의 건전한 성장과 교육 등이 주된 목적이나, 민법상 제922조의2는 '자녀의 재산에 중대한 손해가 발생할 위험이 있는 경우'에도 가정법원이 친권자의 동의를 갈음하는 재판을 할 수 있다.

5 다만 실무상으로는 친권의 상실 등을 청구하면서 사전처분으로 친권자의 동의를 갈음하는 처분을 신청하는 경우는 종종 있으나, 민법 제922조의2에 의하여 독립된 청구로 이루어지는 경우는 그리 많지 않다.[2]

Ⅱ. 요건

1. 친권자의 동의가 필요한 행위

6 자녀에 대한 의료행위시 친권자의 동의가 필요함(의료법 제24조의2)에도 친권자의 종교적 신념 등으로 거부하는 경우와 같이 친권자의 동의를 얻지 못하여 자녀에게 불리한 결과가 초래되는 사안이어야 한다. 다만 친족행위에 대한 동의(예를 들어 민법 제808조의 혼인동의, 제870조의 입양동의 등)는 민법 제922조의2의 적용대상이라고 하기는 어렵다. 이러한 법률행위에 대한 동의는 친권의 일환이라 보기 어려울 것이기 때문이다.[3]

2. 정당한 이유 없는 동의 거부

7 민법 제922조의2에서 말하는 '정당한 이유'의 존부는 비록 규정에서 직접적인 언급이 되고 있지 않으나 '자녀의 복리'가 최우선적 기준이 되어야 한다.

8 한편 친권자가 '정당한 이유 없이 동의하지 아니하는 경우'의 의미와 관련하여 친권자가 적극적으로 동의를 거부하는 경우 뿐 아니라 친권자의 소재불명이나 연락두절로 인하여 필요한 동의를 받을 수 없는 경우도 포함된다고 해석되어야 할 것이다.[4] 친권자의 소재불명이나 연락두절은 민법 제924의2의

2 이은정, "피해아동의 분리보호와 친권의 제한", 가족법연구 제33권 제2호, 한국가족법학회(2019), 292.
3 주해친족법(제1판)(제2권), 박영사(2015), 1113(권재문).
4 주해친족법(제1판)(제2권), 박영사(2015), 1114(권재문).

경우에 해당되어 친권의 일부를 제한하는 것이 가능한 이상, 제922조의2에 의할 경우 더 정도가 낮고 가벼운 개입 정도인 제922조의2에 의한 친권자의 동의를 갈음하는 경우도 당연히 허용될 것이다.

3. 자녀의 생명·신체·재산에 대한 중대한 손해의 발생의 위험

9 친권자에게 자녀가 당사자이거나 대상인 법률행위에 대한 동의권을 부여한 취지를 최대한 존중하려면 이러한 동의 거부에 대한 공적개입은 필요최소한으로만 인정되어야 한다.

10 다만 민법 제922조의2의 목적이 자녀의 복리 원칙을 구현하기 위한 것이기 때문에 중대한 손해 발생의 위험이 있는지를 판단할 때도 자녀의 복리를 최우선적으로 고려하여야 할 것이다.

Ⅲ. 친권자의 동의를 갈음하는 재판 청구[가사소송법 제2조 제1항 제2호 나목 6)]

1. 관할

11 마류 가사비송사건으로 이에 대한 심리와 재판은 가정법원의 전속관할이다.

2. 청구권자 및 상대방

12 자녀, 자녀의 친족, 검사 또는 지방자치단체의 장이 동의를 하지 않고 있는 현재의 친권자를 상대방으로 하여 청구하여야 한다. 만일 부모가 공동으로 친권을 행사하는 경우에는 각각에 대해 동의를 갈음하는 재판을 제기하여야 하므로 두 개의 사건을 병합하여 진행한다.

3. 조사 및 심리

가. 사전처분

13 친권자의 동의를 갈음하는 행위가 신속히 이루어져야 할 필요가 있는 경우(예: 긴급수술 등)에는 직권으로 필요한 사전처분을 바로 하여야 하고, 심문기일의 지정도 조속히 이루어져야 한다.

14 사전처분은 법원이 직권으로 또는 당사자의 신청에 의하여 가능한데(가사소송법 제62조 제1항), 사전처분에 따라 친권을 행사할 자가 없게 되는 경우에는 자녀의 보호에 공백이 발생하지 않도록 심판의 확정시까지 그 권한을 행사할 대행자를 사전처분에서 동시에 지정하여야 한다(가사소송규칙 제102조 제1항).

나. 심리의 대상

15 청구인적격이 있는지, 친권자가 동의를 하지 아니하는 정당한 이유가 있는지, 자녀의 생명·신체 또는 재산에 중대한 손해가 발생할 위험이 있는지 여부 등이 주된 심리의 대상이다. 예를 들면 수술에 대한 동의 등을 들 수 있다.

4. 심판

가. 심판

16 심리를 거쳐 필요가 있다고 판단되면 친권자가 동의하는 것으로 갈음하는 재판을 하고, 그렇지 않을 경우에는 기각한다.

> [주문례]
> 친권자 ○○○은 사건본인에 대하여 별지 기재와 같은 내용의 의료행위(수혈)를 함에 있어 이에 동의하는 것으로 갈음한다.

17 한편 법원의 인용재판이 '동의'로 간주되기 때문에 미성년 후견인을 선임하지 않고 곧바로 친권자의 동의가 필요한 조치를 취할 수 있되, 특정 사안에 대한 동의 간주 이외의 친권자의 권리·의무에는 아무런 영향이 없다.

18 다만 이러한 잠정적, 불확정적인 상태 때문에 친권자가 그 이후의 친권 행사로 인해 무력해질 수도 있음을 유의하여야 하는데, 예를 들어 수혈 등의 특정한 치료행위에 대한 친권자의 동의가 간주되더라도, 그 후 친권자가 거소지정권을 행사하여 자녀를 데리고 가거나 의료계약 해지 의사표시를 법정대리함으로써 더 이상 치료 자체가 진행할 수 없게 할 수 있다. 그러므로 이러한 상황에 대처하려면 민법 제924조, 제924조의2에 의한 친권 자체의 일시정지나 일부 제한을 활용하여야 할 것이다.

나. 불복

19 청구를 인용한 심판에 대하여는 상대방(동의하지 않고 있는 친권자)이 즉시항고를 할 수 있고(가사소송규칙 제94조 제1항), 청구를 기각한 심판에 대하여는 청구인이 즉시항고를 할 수 있다(제27조).

제 923 조 [재산관리의 계산]

① 법정대리인인 친권자의 권한이 소멸한 때에는 그 자의 재산에 대한 관리의 계산을 하여야 한다.

② 전항의 경우에 그 자의 재산으로부터 수취한 과실은 그 자의 양육, 재산관리의 비용과 상계한 것으로 본다. 그러나 무상으로 자에게 재산을 수여한 제삼자가 반대의 의사를 표시한 때에는 그 재산에 관하여는 그러하지 아니하다.

[관련조문] 민법 제180조(재산관리자에 대한 제한능력자의 권리, 부부 사이의 권리와 시효정지), 제492조(상계의 요건), 제909조(친권자), 제916조(자의 특유재산과 그 관리),제920조(자의 재산에 관한 친권자의 대리권), 제924조(친권의 상실 또는 일시 정지의 선고), 제925조(대리권, 재산관리권 상실의 선고), 제927조(대리권, 관리권의 사퇴와 회복), 제955조(후견인에 대한 보수)

[참고문헌] 김주수/김상용, 친족·상속법(제20판), 법문사(2024); 송덕수, 친족상속법(제7판), 박영사(2024); 윤진수, 친족상속법 강의(제5판), 박영사(2023); 이경희/윤부찬, 가족법(11정판), 법원사(2024); 최준규, "자녀의 친권자에 대한 특유재산반환청구권과 정산청구권-미성년자녀에게 보험금이 잘못 지급된 사례를 중심으로-", 가족법연구 제37권 제3호, 한국가족법학회(2023)

Ⅰ. 재산관리의 계산

1 일반적으로 타인이 재산을 관리하는 경우에는 적정한 관리를 보장하기 위하여 상당한 감독이 요구되며, 관리의 계산을 명백히 하도록 하고 있다(민법 제25조, 제26조).

2 그러나 친권자가 자녀의 재산을 관리하는 것은 친자관계에 기초한 것이므로, 다른 경우와 달리 재산관리의 계산을 엄격하게 요구하지 않는다. 그러므로 재산관리하는 동안에는 감독을 하지 아니하고 '권한이 소멸한 때'에 '관리의 계산'을 하는 것으로 충분한 것으로 규정하여 민법 제923조는 친권자의 책임을 경감시킨 것이라 할 수 있다.

Ⅱ. 요건: 친권자의 권한 소멸(제1항)

1. 친권자

3 민법 제923조에 의한 관리계산을 할 의무는 친권자가 부담한다. 공동친권자의 경우 쌍방 모두 관리계산 의무를 지지만 일방이 성실히 이행하면 타방의 의무도 목적달성했다고 볼 것이다.

2. 권한 소멸

4 친권자의 권한이 소멸한 때(자녀가 성년자가 된 때, 친권자가 친권상실선고를 받은 때 등)에는 그 동안 자녀의 재산을 관리하면서 생긴 수입과 지출 등을 정확하게 계산하고, 현재의 재산상황을 확정하여 보고하여야 한다(민법 제923조 제1항).

5 이 규정을 반대로 해석하면, 친권자가 친권을 행사하는 동안에는 관리계산을 하거나 이를 보고할 필요는 없다고 할 것이다.

Ⅲ. 관리계산 의무

1. 계산의 대상 및 시기

6 친권자의 권한이 소멸한 경우 친권자는 지체없이 관리계산을 하여야 한다. 친권자의 경우 기간의 제한은 없지만 후견인이 1개월 내에 관리계산하여야 함을 감안한다면(민법 제957조 제1항), 마찬가지로 동일한 기간 내에 관리계산을 마무리할 필요가 있다.

7 여기에서 '관리의 계산'이란 자녀의 재산을 관리하던 기간의 그 재산에 관한 수입과 지출을 명확히 결산하여 자녀에게 귀속되어야 할 재산과 그 액수를 확정하는 것을 말한다. 친권자의 위와 같은 재산관리 권한이 소멸한 때에는 위임에 관한 민법 제683조, 684조가 유추적용되므로, 친권자는 자녀 또는 그 법정대리인에게 위와 같은 계산 결과를 보고하고, 자녀에게 귀속되어 할 재산을 인도하거나 이전할 의무가 있고, 이에 대응하는 자녀의 친권자에 대한 위와 같은 반환청구권은 재산적 권리로서 일신전속적인 권리라고 볼 수 없으므로, 자녀의 채권자가 그 반환청구권을 압류할 수 있다.[1]

[1] 대법원 2022. 11. 17. 선고 2018다294179 판결.

2. 상계간주(제2항 단서)

가. 원칙

8 자녀의 재산으로부터 수취한 과실은 자녀의 양육, 재산관리비용과 상계한 것으로 본다(민법 제923조 제2항 본문). 자녀의 재산에서 생긴 수익과 양육비용 등을 정확하게 계산하여 비교하는 것은 일반적인 친자관계에서 실제로 기대하기 어려우므로, 양자를 상계한 것으로 보아서 친자관계의 실정에 부합하도록 한 것이다. 계산의 정확을 기하기 위한 수단 또는 이를 게을리 한 경우의 제재에 대해서는 규정하는 바 없다. 그러므로 이 규정은 상세한 계산의무를 지지 않는다는 뜻으로 해석되며, 원본만 반환하면 충분하다는 취지이다.[2] 다만 자녀의 재산이 막대하고 명확한 잉여재산이 있으면 친권자가 이를 미성년 자녀에게 반환하여야 한다고 보는 견해[3] [4]도 있다.

9 한편 친권자가 미성년자의 재산을 양육·관리비용으로 사용할 수 있는가도 문제이다. 보통의 양육비용은 친권자의 자력으로 하는 것이 원칙이나, 입원을 하였다든가 대학교육을 시키기 위한 것과 같은 특별한 양육·교육비를 위해서는 자녀의 재산 자체를 처분해도 무방하다고 보아야 할 것이다. 그리고 친권자가 곤궁하여 자기자력이 없는 경우에는, 위와 같은 사정이 없어도 자녀의 재산을 처분할 수 있다고 보아야 할 것이다.

나. 예외

10 무상으로 자녀에게 재산을 수여한 제3자가 친권자의 관리에 반대하는 의사표시를 하지 않은 경우에는 친권자가 그 재산을 관리할 수 있다.

11 그러나 제3자는 친권자의 수익권을 부정할 수 있으며, 그 때에는 친권자는 그 재산으로부터 수취한 과실과 자의 양육·재산관리비용과 상계할 수 없다(민법 제923조 제2항 단서. 수익을 양육·재산관리비용에 충당하는 것을 금지하는 것은 아니다).

2 송덕수, 친족상속법(제7판), 박영사(2024), 226.
3 이경희/윤부찬, 가족법(11정판), 법원사(2024), 280; 윤진수, 친족상속법 강의(제5판), 박영사(2023), 270.
4 다만, 기본적으로 반환하여야 한다고 보면서도, 수익과 비용을 명확하게 계산하는 것은 실제로 불가능에 가까우므로 그 불균형이 현저하지 않는 한 상계한 것으로 보아도 무방하다는 견해도 있다. 김주수/김상용, 친족·상속법(제20판), 법문사(2024), 452.

12 따라서 양자를 정확하게 계산하여야 한다. 그리고 친권자가 제3자로부터 무상으로 수여받은 자녀의 재산을 관리하는 경우에는 선량한 관리자의 주의로써 하여야 한다고 해석된다.

13 민법 제923조 단서의 의사표시는 재산을 수여할 때에 하여야 한다. 의사표시는 특별한 방식을 필요로 하지 않으며, 그 의사가 명확하게 표시되면 족하다.

제 3 관 친권의 상실, 일시 정지 및 일부 제한

<개정 2014. 10. 15>

[총설]

1 민법상의 친권은 자녀의 복리실현을 위하여 법률에 의해서 부모에게 인정된 실정법상의 권리인 동시에 의무로서 이해된다. 따라서 부모는 자녀의 복리에 적합하게 친권을 행사할 의무를 부담하는데, 이러한 의무에 위반하여 자녀의 복리가 위태롭게 될 때에는 아동보호의 의무를 지고 있는 국가가 개입하여 자녀를 보호하는 조치를 취할 것이 요구된다. 민법 제924조 이하에 규정되어 있는 친권의 상실, 일시 정지 및 일부 제한 제도는 바로 이러한 국가의 의무를 명문으로 표현한 것이다.

2 이 규정들에 따라 국가(법원)는 자녀의 복리를 위하여 부모의 친권을 전부 상실시킬 수도 있으며, 필요에 따라서는 친권의 일시 정지나 일부 제한 등의 조치를 취할 수 있다.

제 924 조 [친권의 상실 또는 일시 정지의 선고]

① 가정법원은 부 또는 모가 친권을 남용하여 자녀의 복리를 현저히 해치거나 해칠 우려가 있는 경우에는 자녀, 자녀의 친족, 검사 또는 지방자치단체의 장의 청구에 의하여 그 친권의 상실 또는 일시 정지를 선고할 수 있다.

② 가정법원은 친권의 일시 정지를 선고할 때에는 자녀의 상태, 양육상황, 그 밖의 사정을 고려하여 그 기간을 정하여야 한다. 이 경우 그 기간은 2년을 넘을 수 없다.

③ 가정법원은 자녀의 복리를 위하여 친권의 일시 정지 기간의 연장이 필요하다고 인정하는 경우에는 자녀, 자녀의 친족, 검사, 지방자치단체의 장, 미성년후견인 또는 미성년후견감독인의 청구에 의하여 2년의 범위에서 그 기간을 한 차례만 연장할 수 있다.

[전문개정 2014. 10. 15.]

[관련조문] 민법 제2조(신의성실), 제180조(재산관리자에 대한 제한능력자의 권리, 부부 사이의 권리와 시효정지), 제909조(친권자), 제919조(위임에 관한 규정의 준용), 제922조(친권자의 주의의무), 제923조(재산관리의 계산), 제925조(대리권, 재산관리권 상실의 선고), 제928조(미성년자에 대한 후견의 개시), 제936조(성년후견인의 선임), 제937조(후견인의 결격사유), 가족관계의 등록 등에 관한 법률 제58조(재판에 의한 인지), 제79조(친권자 지정 및 변경 신고 등), 아동복지법 제18조(친권상실 선고의 청구 등), 아동·청소년의 성보호에 관한 법률 제23조(친권상실청구 등), 아동학대범죄의 처벌 등에 관한 특례법 제9조(친권상실청구 등)

[참고문헌] 김주수/김상용, 주석 민법, 친족(3)(제5판), 한국사법행정학회(2016); 주해친족법(제1판)(제2권), 박영사(2015); 김주수/김상용, 친족·상속법(제20판), 법문사(2024); 송덕수, 친족상속법(제7판), 박영사(2024); 오병철, 친족상속법, 법문사(2024); 이경희/윤부찬, 가족법(11정판), 법원사(2024); 법원실무제요, 가사[Ⅱ], 법원행정처(2021); 김유미, "현행 친권상실선고제도의 문제점과 대응책", 가족법연구 제11호, 한국가족법학(1997); 이봉민, "자녀에 대한 의료행위에 관한 친권남용 통제", 법조 제61권 제5호, 법조협회(2012); 이은정, "피해아동의 분리보호와 친권의 제한", 가족법연구 제33권 제2호, 한국가족법학회(2019)

Ⅰ. 의의

1 민법상의 친권은 자녀의 복리실현을 위하여 법률에 의해서 부모에게 인정된 실정법상의 의무인 동시에 권리이다. 따라서 부모는 자녀의 복리에 적합하게 친권을 행사할 의무를 부담하는데 만일 부모가 이러한 의무에 위반하여 자녀의 복리를 위태롭게 할 때에는, 아동의 보호의무를 지고 있는 국가가 개입하여 부모로부터 친권 그 자체를 박탈하거나 정지시키는 조치를 취할 필요가 있다.

2 부 또는 모가 친권을 남용하여 자녀의 복리를 현저하게 해치거나 해칠 우려가 있는 경우에는 청구권자(자녀, 자녀의 친족, 검사 또는 지방자치단체의 장)의 청구에 의하여 가정법원이 "친권상실선고"를 하거나 "친권의 일시정지 선고"를 한다. 이러한 친권상실 등의 제한은 당사자의 협의에 따른 처리는 허용되지 않고 반드시 가정법원의 심판을 따라야 한다. 또한 이 경우 친권자인 부모의 의사에 구속되지 않는다.

3 친권상실과 일시정지는 친권의 상대적 소멸 사유로, ① 미성년자인 자녀가 사망하거나, ② 만 19세로 성년이 되거나, ③ 혼인으로 성년의제가 된 경우와 같이 절대적 친권 소멸 사유와는 대비된다.

Ⅱ. 친권의 상실

1. 의의

4 부모로부터 친권을 박탈하는 친권상실선고는 국가가 취할 수 있는 조치 가운데 가장 강력한 수단이다. 부모의 친권을 상실시키는 경우에는 후견이 개시되어 미성년후견인이 미성년 자녀의 보호와 교양을 맡게 되는데, 미성년 자녀의 보호와 양육에 적합한 능력과 자질을 갖춘 미성년후견인을 찾기란 쉬운 일이 아니다. 따라서 부모의 친권을 상실시키고 후견이 개시되는 것이 자녀의 성장과 발달에 더 유리한가, 아니면 부모의 친권을 유지하는 것이 자녀의 복리 실현에 도움이 되는가의 여부를 비교, 형량하여 친권상실 여부를 신중하게 결정할 필요가 있다.

5 [판례] 친권상실[1]

친권은 미성년인 자의 양육과 감호 및 재산관리를 적절히 함으로써 그의 복리를 확보하도록 하기 위한 부모의 권리이자 의무의 성격을 갖는 것으로서, 민법 제924조에 의한 친권상실선고사유의 해당 여부를 판단함에 있어서도 이와 같이 친권의 목적이 결국 자녀의 복리보호에 있다는 점이 판단의 기초가 되어야 할 것이고, 따라서 설사 친권자에게 간통 등 어떠한 비행이 있어 그것이 자녀들의 정서나 교육 등에 악영향을 줄 여지가 있다 하더라도 친권의 대상인 자녀의 나이나 건강상태를 비롯하여 관계인들이 처해 있는 여러 구체적 사정을 고려하여 비행을 저지른 친권자를 대신하여 다른 사람으로 하여금 친권을 행사하거나 후견을 하게 하는 것이 자녀의 복리를 위하여 보다 낫다고 인정되는 경우가 아니라면 섣불리 친권상실을 인정하여서는 안될 것이다.

2. 친권상실의 원인

가. 민법에 따른 친권상실 선고의 원인

6 민법 제924조 제1항은 가정법원은 부 또는 모가 친권을 남용하여 자녀의 복리를 현저히 해치거나 해칠 우려가 있는 경우에 친권의 상실을 선고할 수 있다고 규정함으로써, 친권상실의 원인을 친권의 남용과 그로 인한 자녀의 복리침해로 들고 있다. 이 규정은 2014년에 개정되었는데(2015년 10월 16일 시행), 개정 전 제924조는 '부 또는 모가 친권을 남용하거나 현저한 비행 기타 친권을 행사시킬 수 없는 중대한 사유'를 친권상실의 원인으로 규정하고 있어 친권의 남용, 현저한 비행, 기타 친권을 행사시킬 수 없는 중대한 사유가 각각 독립적인 친권상실사유를 구성하여 이 중 어느 하나에 해당하면 친권상실이 가능하였다.[2] (물론 이러한 각각의 사유로 인하여 자녀의 복리가 침해되었을 때 친권상실의 사유가 되는 것으로 이해된다), 그에 비하면 개정법에 따르면 친권의 남용과 그로 인한 자녀의 복리침해라는 두 가지 요건이 충족되는 경우에 친권상실선고를 할 수 있다.

7 한편 종전 민법에서 규정한 현저한 비행, 기타 친권을 행사시킬 수 없는 중대한 사유는 삭제되었으나, 여전히 이 경우에도 민법이 아닌 아동복지법 제18조

1 대법원 1993. 3. 4. 자 93스3 결정.

2 다만 개정전 민법 당시에도 친권자가 친권을 남용하지 않았으나 경제적으로 극빈하거나 현저한 비행으로 자녀의 정서나 교육에 악영향을 준다고 해도 그 이유만으로 친권을 상실시킬 수는 없다(대법원 1993. 3. 4. 선고 93스3 결정 참조)라고 하여, 친권 상실의 사유를 엄격히 보았다.

제1항(아동의 친권자가 그 '친권을 남용하거나 현저한 비행이나 아동학대, 그 밖에 친권을 행사할 수 없는 중대한 사유가 있는 경우'에 친권상실선고를 할 수 있다)에 따라 친권의 남용이 없어도 친권상실이 가능하므로 개정으로 인한 공백은 발생하지 않을 것이다.

1) 친권의 남용

8 친권의 남용이란 친권 본래의 목적인 자녀의 복리실현에 현저히 반하는 방식으로 친권을 행사하는 것(적극적 남용)은 물론, 의도적으로 친권을 행사하지 않아서 자녀의 복리를 해치는 것(소극적 남용, 예컨대 방임)까지를 포괄하는 개념이다.

9 적극적 남용의 예로는 신체적·정신적 학대, 필요한 의료행위에 대한 동의거부, 자녀의 취학 거부, 자녀를 범죄나 성매매 등으로 유도하는 것, 자녀의 재산을 친권자의 이익만을 위하여 처분하는 것, 사회통념상 허용되는 범위를 넘어 미성년 자녀에게 가혹한 징계를 가하는 것, 부적당한 거소를 지정하는 것 등이 해당되고, 소극적 남용의 예로는 친권자로서의 의무를 게을리하여 자녀에게 기본적인 보호로서의 의식주를 제공하지 아니하거나 양육.[3] 치료나 교육 등을 소홀히 하는 방임, 아동의 정신건강 및 발달에 해를 끼치는 정서적 학대[4] 등을 들 수 있다.

10 친권의 남용으로 인정되기 위해서는 친권자의 고의 또는 과실이 요구되는지

3 대법원 2020. 9. 3. 선고 2020도7625 판결("아동 갑(당시 1세)의 친아버지인 피고인이 갑을 양육하면서 집안 내부에 먹다 남은 음식물 쓰레기, 소주병, 담배꽁초가 방치된 상태로 청소를 하지 않아 악취가 나는 비위생적인 환경에서 갑에게 제대로 세탁하지 않아 음식물이 묻어있는 옷을 입히고, 목욕을 주기적으로 시키지 않아 몸에서 악취를 풍기게 하는 등으로 방임한 것은 친권자인 피고인이 갑에 대하여 의식주를 포함한 기본적인 보호·양육·치료 및 교육을 소홀히 하는 방임행위를 한 것이다.").

4 헌법재판소 2015. 10. 21. 선고 2014헌바266 전원재판부 결정(아동복지법 제17조 제5호등위헌소원, "아동복지법의 입법목적과 기본이념, 장기간 지속될 경우 아동의 인격 발달에 치명적인 영향을 미칠 수 있는 정서적 학대행위의 특수성, 학대의 유형을 구별하되 신체적·정서적 학대행위와 유기 및 방임행위를 동일한 법정형으로 처벌하도록 규정한 아동복지법의 입법체계, 관련 판례 및 학계의 논의 등을 종합할 때, 이 사건 법률조항이 규정하는 "아동의 정신건강 및 발달에 해를 끼치는 정서적 학대행위"란, '아동이 사물을 느끼고 생각하여 판단하는 마음의 자세나 태도가 정상적으로 유지되고 성장하는 것을 저해하거나 이에 대하여 현저한 위험을 초래할 수 있는 행위로서, 아동의 신체에 손상을 주거나 유기 또는 방임하는 것과 같은 정도의 행위'를 의미한다고 볼 수 있다. 이러한 해석은 다소 추상적이고 광범위하게 보일 수 있으나, 이는 다양한 형태의 정서적 학대행위로부터 아동을 보호함으로써 아동의 건강과 행복, 안전과 복지를 보장하고자 하는 아동복지법 전체의 입법취지를 실현하고자 하는 것으로서, 어떠한 행위가 정서적 학대행위에 해당하는지에 관하여는 아동에게 가해진 유형력의 정도, 행위에 이르게 된 동기와 경위, 피해아동의 연령 및 건강 상태, 가해자의 평소 성향이나 행위 당시의 태도, 행위의 반복성이나 기간 등에 비추어 법관의 해석과 조리에 의하여 구체화될 수 있다.").

에 관하여, 부모로서의 의무를 게을리하여 미성년 자녀의 복리를 위태롭게 한 때에는 최소한 과실이 인정되므로 고의 또는 과실이 요구된다고 보는 견해[5]가 있는 반면 과실책임주의가 적용될 영역이 아니며 남용이라는 개념에 불가항력에 의한 사유는 당연히 포함되지 않을 것이므로 귀책사유를 요건을 할 필요가 없다라는 반대 견해[6]도 있다.

[친권의 남용이리고 본 판례 사례]

11 [판례] 소유권이전등기말소[7]

친권자인 모(母)가 미성년자인 자(子)의 법정대리인으로서 자의 유일한 재산을 아무런 대가도 받지 않고 증여하였고 상대방이 그 사실을 알고 있었던 경우, 그 증여행위는 친권의 남용에 의한 것이므로 그 효과는 자에게 미치지 않는다.

12 [판례] 유아인도[8]

부와 생모 사이에 유아가 출생된 후 부가 생모와 유아를 유기하여 생모가 부를 상대로 혼인빙자간음죄로 고소를 제기하자 그 부가 생모와 혼인하기로 약속하였음에도 불구하고 생모가 고소를 취소한 후에는 유아만 혼인외 자로 입적시키고 다른 여자와 혼인신고를 하여, 계속 생모와 유아를 유기하면서 그 처와 미국으로 이민을 가려고 하다가 생모의 진정으로 인하여 이주허가신청이 보류되고, 생모가 부를 상대로 위자료 및 양육비 청구를 하자 이에 대항하기 위하여 부가 유아인도 청구를 하는 경우에는 친권남용이라고 볼 수 있다.

2) 자녀의 복리를 현저히 해치거나 해칠 우려가 있는 경우

13 부 또는 모가 친권을 남용하는 것만으로는 친권상실의 사유가 되지 않으며, 그 정도가 심각하여 자녀의 복리를 현저히 해치거나 해칠 우려[9]가 있어야 한다.

5 김주수/김상용, 주석 민법, 친족(3)(제5판), 한국사법행정학회(2016), 571. 이에 대하여 친권남용의 경우에는 친권남용에 의하여 자녀는 이미 복리의 침해를 받고 있는 것이므로 자녀의 관점에서는 유책성의 여부에 따라 차이가 생기는 것은 아닌바, 친권남용에 해당하는가의 여부는 사회의 통념에 따라 객관적으로 판단되어야 하며 주관적 요소를 고려할 필요가 없다는 반대 견해가 있다. 최진섭, "친권상실에 관한 비교법적 연구", 가족법연구 제10호, 한국가족법학회(1996), 386.

6 오병철, 친족상속법, 법문사(2024), 217.

7 대법원 1997. 1. 24. 선고 96다43928 판결.

8 대법원 1979. 7. 10. 선고 79므5 판결.

9 대전가정법원 2018. 10. 10. 자 2018느단10074 심판("위 법 규정이 말하는 '우려'는 행위자의 과거 행태나 현재 성향 등에 비추어 객관적으로 예측되는 우려를 말하는 것이지, 그가 장래에 친권을 제대로 행사하지 않을 주관적인 의사를 표명하였다고 하여 이러한 우려가 있다고 볼 수는 없다. 만일 이러한 주관적인 사정에 기한 우려를 친권상실사유로 볼 경우 친권의 포기가 사실상 가능해지는 탈법적 결과를 초래하게 될 것이다.").

14 대표적으로 재산관리권을 남용한 경우가 문제인데, 자녀의 부동산을 시가보다 헐값에 매각한 경우라도 자신과 자녀의 생존을 위해 부득이한 결정이라면 재산의 처분이 자녀의 복리를 현저히 해한다고 보기 어려워 친권상실의 사유에 포함되지 않는다.[10] 외관상으로는 친권의 부당한 행사에 해당하는 행위라 하더라도 그 동기나 목적이 자녀의 복리를 향상시키는 데 있고 결과 또한 그러할 때에는 친권의 남용에 해당하지 않는다고 보아야 할 것이다. 대법원 판례도 자녀 소유 재산에 대한 친권자의 처분행위에 관하여 친권남용 여부를 상당히 엄격하게 적용하고 있다.

15 [판례] 대법원 2009. 1. 30. 선고 2008다73731 판결
친권자가 자를 대리하는 법률행위는 친권자와 자(子) 사이의 이해상반행위에 해당하지 않는 한, 그것을 할 것인가 아닌가는 자를 위하여 친권을 행사하는 친권자가 자를 둘러싼 여러 사정을 고려하여 행할 수 있는 재량에 맡겨진 것으로 보아야 하므로, 이와 같이 친권자가 자(子)를 대리하여 행한 자 소유의 재산에 대한 처분행위에 대해서는 그것이 사실상 자(子)의 이익을 무시하고 친권자 본인 혹은 제3자의 이익을 도모하는 것만을 목적으로 하여 이루어졌다고 하는 등 친권자에게 자(子)를 대리할 권한을 수여한 법의 취지에 현저히 반한다고 인정되는 사정이 존재하지 않는 한 친권자에 의한 대리권의 남용에 해당한다고 쉽게 단정할 수 없다.

나. 특별법에 따른 친권상실 청구

16 민법뿐만 아니라 아동·청소년의 성보호에 관한 법률·아동복지법·아동학대범죄의 처벌 등에 관한 특례법 등 특별법에서도 친권상실청구 등을 규정하고 있다.

1) 아동·청소년의 성보호에 관한 법률 제23조

17 친권자 또는 후견인이 친권에 복종하는 미성년 자녀 또는 후견인의 관리 감독 하에 있는 미성년 피후견인을 상대로 '아동·청소년 대상 성범죄'를 한 경우, 친권상실의 사유가 된다.

18 다만 이 경우에도 친권상실이나 후견인 변경결정을 하여서는 아니 될 특별한 사정이 있는 경우에는 예외로 하는데, 범죄의 죄질, 피해자와의 관계 등

10 대법원 1963. 8. 31. 선고 63다363 판결(친권상실, "시부모의 친권자 모에 대한 학대가 심하고 시부모와 시동생으로부터 폭행을 당하는 끝에 쫓겨 나가게 되었고, 친권자 모의 장남 소유의 이 사건 대지 및 가옥을 시동생이 강점하여 매매를 반대하고 명도를 불응하므로, 친권자 모는 자신과 자녀의 생존을 위하여 부득이 위 부동산을 시가보다 할한 겁으로 팔아 버리게 되었다면, 피고가 궁박한 상태에 있었음을 넉넉히 짐작할 수 있으므로 이 사건 매각행위는 그 자녀에 대한 감호 교육의 필요에 의한 것이라고 할 것이다.").

에 비추어 볼 때 특별한 사정을 극히 예외적인 경우에만 엄격하게 인정하여야 한다. 또한 특별한 사정을 판단함에 있어 피해자(미성년자녀 또는 미성년 피후견인)의 의사(처벌을 원하지 않거나 친권자로 유지되기를 원한다는 의사)에 구속되어서는 아니된다.

2) 아동복지법 제18조

19 친권자가 그 친권을 남용하거나 현저한 비행이나 아동학대, 그 밖에 친권을 행사할 수 없는 중대한 사유가 있는 것을 발견한 경우로 아동의 복지를 위하여 필요하다고 인정될 때에는 친권상실 사유가 된다.

20 [판례] 서울가정법원 2013. 2. 22. 자 2012느합356 심판
주문: 1. 상대방의 사건본인에 대한 친권을 상실한다.
2. 사건본인의 후견인으로 소외 1(주민등록번호 생략, 주소생략)을 선임한다.
사실관계: 갑이 미혼모자가족복지시설에 입소한 후 입양관계자 등을 통해 출생 전인 을의 입양을 추진하여 을은 출생 후 곧바로 미국 국적의 부부 병 등에게 인도되었는데, 병 등이 입양 목적의 이민비자 없이 비자면제프로그램을 이용하여 을을 미국으로 입국시키려다 미국 출입국관리소에 의해 을의 입국이 불허되었고, 이에 '서울특별시장'이 아동복지법에 근거하여 갑을 상대로 갑의 을에 대한 친권 상실 및 을의 후견인 선임을 청구한 사안에서, 국제사법이 입양은 입양 당시 양친의 본국법에 의하고(제43조), 입양에 의한 친자관계의 성립에 관하여 자의 본국법이 자 또는 제3자의 승낙이나 동의 등을 요건으로 할 때에는 그 요건도 갖추어야 한다(제44조)고 규정하고 있으므로, 아동복지법상 보호대상아동으로서 어머니인 갑이 입양에 동의하여 국민기초생활보장법에 의한 보장시설인 미혼모자가족복지시설에 보호의뢰된 을의 입양에 관한 절차는 구 입양촉진 및 절차에 관한 특례법(2011. 8. 4. 법률 제11007호 입양특례법으로 전부 개정되기 전의 것)에 따라야 하는데도, 외국인으로서 45세가 넘은 병 등이 위 특례법에 따른 해외입양기관 허가를 받지 않은 시설을 통하여 보건복지부장관에게서 을의 해외이주에 관한 허가도 받지 아니한 채 입양관계자에게 금전을 지급하면서 입양을 시도하고 비자면제프로그램을 이용하여 을을 미국에 입국시키는 방법으로 을을 입양하려고 한 점, 갑은 위 특례법상 요건·절차 등을 위반하여 입양을 시도하는 병 등에게 협조하고 금전을 받았으며, 현재도 을을 양육할 능력이 없다고 진술하면서 병 등이 을을 양육하는 것에 대하여 아무런 이의를 제기하지 아니하는 점 등에 비추어, 갑에게 친권을 행사할 수 없는 중대한 사유가 있고 갑의 을에 대한 친권을 상실시키는 것이 을의 복지를 위하여 필요하다.

나아가 아동복지법상 친권자가 없는 보호대상아동에 대하여는 후견인을 선임할 수 있고(아동복지법 제19조 제1항), 후견인 선임의 경우 민법상 법정후견인 순위를 적용하지 아니하고 해당 아동의 후견에 적합한 사람을 후견인으로 선임할 수 있는바(아동복지법 제20조 제1항), 앞서 본 바와 같이 청구인이 후견인으로 선임되기를 희망하는 소외 1은 서울시 공무원으로서 서울시 내 아동들에 대한 부모상담과 아동 일시 위탁, 아동학대 조사업무 등을 맡고 있는 서울특별시 아동복지센터의 소장직을 맡고 있으므로, 사건본인의 후견 업무를 수행하기에 적합하다고 보이므로, 사건본인의 후견인으로 소외 1을 선임하는 것이 타당하다.

3) 아동학대범죄의 처벌 등에 관한 특례법 제9조

21 친권자 또는 후견인이 아동학대 범죄 중 상해와 폭행, 유기와 학대, 체포와 감금, 협박 등의 죄를 범하면서 아동의 생명에 대한 위험을 발생하게 하거나 불구 또는 난치의 질병에 이르게 한 경우, 즉 아동학대중상해 범죄를 저지른 경우(아동학대범죄의 처벌 등에 관한 특례법 제5조), 상습적으로 아동학대범죄를 저지른 경우에는 친권상실 사유가 된다. 아동학대범죄행위자가 모두 친권상실 사유가 되는 것은 아니고, 아동학대중상해나 상습범인 경우에만 한정된다. 이 경우에도 친권상실이나 후견인 변경결정을 하여서는 아니 될 특별한 사정이 있는 경우에는 예외로 상실하지 않을 수 있는데, 아동·청소년 대상 성범죄의 경우와 마찬가지로 극히 예외적으로 엄격하게 인정하여야 할 것이다.

22 아동학대범죄의 처벌 등에 관한 특례법에 따르면 아동학대중상해나 상습범으로 한정되기 때문에 그 외 아동학대 범죄인 경우 친권이 유지될 여지도 있으나, 아동학대범죄의 처벌 등에 관한 특례법 제9조는 검사가 반드시 친권상실 청구를 하여야만 하는 의무조항에 해당하는 경우이므로 그 범위가 한정되는 것일 뿐이다. 따라서 친권자가 아동학대 범죄를 행하였고(친권의 남용), 그로 인해 자녀의 복리를 현저히 해치거나 해칠 우려가 있는 경우에는 민법에 따라 친권상실 선고가 가능하다.

3. 친권상실선고의 청구

가. 관할

23 상대방의 보통재판적이 있는 곳의 가정법원이 관할하고(가사소송법 제46조), 가정법원의 단독판사의 사물관할에 속한다(민사 및 가사소송의 사물관할에 관한 규칙 제3조 제2호). 부모 모두의 친권상실 등을 청구하는 경우에는 가사비송사

건의 주관적 병합청구로서 민사소송법 중 공동소송에 관한 규정이 준용되어 상대방이 되는 부모의 보통재판적이 다를 때에는 관련재판적(민사소송법 제25조)의 규정에 따라 그 중 1명의 보통재판적이 있는 곳의 가정법원에 심판청구를 할 수 있다.

나. 청구권자 및 상대방

1) 청구권자

24 가) 민법상 친권상실 선고의 청구권자는 자녀, 자녀의 친족, 검사 또는 지방자치단체의 장이다.

25 이에 대하여 민법이 친권 상실 및 제한과 관련하여서는 기본법이기 때문에 아래에서 인정하는 특별법상의 청구권자도 추가하는 것으로 확대하여, 민법상의 절차를 적극적으로 활용할 필요가 있다는 견해[11]도 있다.

26 나) 특별법상 청구권자에 관하여 살펴보면, ① 아동·청소년의 성보호에 관한 법률에 의한 친권상실 선고의 제1차 청구권자는 원칙적으로 검사이고, 보충적·예비적으로 검사의 처리결과에 이의가 있을 경우에는 아동복지법상의 아동권리보장원 및 아동보호전문기관(아동·청소년의 성보호에 관한 법률 제10조 제2항, 제45조), 성폭력피해상담소 및 성폭력피해자보호시설(성폭력방지 및 피해자보호 등에 관한 법률 제10조, 제12조), 청소년상담복지센터 및 청소년쉼터(청소년복지 지원법 제29조 제1항, 제31조 제1호)의 장이 청구권을 가지며, ② 아동복지법에 의한 친권상실 선고의 제1차 청구권자는 시·도지사, 시장·군수·구청장 또는 검사이되, 보충적·예비적으로 제1차 청구권자의 처리결과에 이의 있을 경우에는 아동복지시설의 장 및 초·중등교육법에 따른 학교의 장이 청구할 수 있으며, ③ 아동학대범죄의 처벌 등에 관한 특례법에 의한 친권상실 선고의 제1차 청구권자는 검사이고, 보충적·예비적 청구권자는 아동보호전문기관의 장이다.

27 위 각 특별법의 경우 제1차 청구권자는 친권상실 선고의 청구를 할 법률적 의무가 부과된 경우인데, 경우에 따라 제1차 청구권자가 청구를 하지 아니할 경우에는 피해아동의 복리를 위하여 보충적·예비적으로 피해아동의 보호, 상담, 교육 등에 밀접하게 관련 있는 각 기관의 장도 친권상실 선고 청구를 법

11 이은정, "피해아동의 분리보호와 친권의 제한", 가족법연구 제33권 제2호, 한국가족법학회(2019), 310.

원에 직접적으로 할 수 있도록 보완하는 규정을 두고 있다.

28 이에 대하여 업무의 특성상 아동의 복리가 위기에 처해있다는 사실을 먼저 접하게 될 가능성이 높은 아동보호전문기관이나 가정위탁지원센터 등이 적극적으로 법원에 그 사실을 알리고 개입을 요청할 수 있도록, 각 기관의 장에게도 제1차적인 친권상실 선고의 청구권을 부여하여야 한다는 견해[12]도 있다.

다. 상대방

29 청구의 상대방은 친권자이다(가사소송규칙 제101조). 부모가 공동으로 친권을 행사하는 경우에도 친권상실 여부는 개별적으로 판단하여야 한다. 따라서 부모 모두에 대한 친권상실 청구는 두 개의 사건이 병합된 것이다.

라. 조사 및 심리

1) 조정전치주의

30 청구권자의 친권상실선고의 청구권을 포기하는 계약은 무효이므로, 친권(또는 친권 중 법률행위의 대리권 및 재산관리권)의 상실선고는 당사자가 임의로 처분할 수 없는 사항에 해당하므로 친권상실선고 청구권의 포기를 내용으로 하는 조정은 허용되지 아니한다.[13]

31 즉 조정으로 협의될 여지가 없는 경우가 많으므로, 조정은 미성년 자녀의 복리를 위하여 친권자의 친권 행사가 전부 또는 일부 제한되는 방향과 같이 간접적이고 우회적인 것이 되어야 한다.[14]

32 [판례] 대법원 1977. 6. 7. 선고 76 므 34 판결
원심은, 청구외 소외 1, 2는 망 소외 3과 청구인 사이에서 혼인외자로 출생한 자들인데, 처음에는 청구인의 친가호적에 사생아로 입적되었다가 그 뒤 검사를 상대로 한 인지심판에 의하여 1973. 1. 9. 위 망 소외 3의 호주상속인의 호적에 위 망인의 자로 입적하게된 사실, 따라서 위 망인의 유처인 피청구인은 위 소외 1, 2의 친권자인 적모가 되었으나 피청구인은 계속 그들과의 신분관계를 부인하면서, 다른 한편으로는 위 망 소외 3이 남겨논 막대한 상속재산을 위 소외 1과 소외 2를 제외한 자기와 자기의 소생 자녀들만이 공동 상속하려는 의도에서, 생모인 청구인의 위 소외 1, 2를 양육하느라 궁핍한 처지를 이용하여 금 12,000,000원 상당의

12 김유미, "현행 친권상실선고제도의 문제점과 대응책", 가족법연구 제11호, 한국가족법학회(1997), 338.
13 주해친족법(제1판)(제2권), 박영사(2015), 1131(권재문).
14 법원실무제요, 가사[Ⅱ], 법원행정처(2021), 1530.

부동산을 청구인 명의로 해주는 것을 조건으로, 위 소외 1, 2의 양육책임은 청구인에게 있고 또한 위상속재산에 대한 위 소외 1, 2들의 상속지분권을 포기한다 등의 내용의 확약서(을제1호증)를 작성토록 청구인에게 강요하여 청구인으로부터 이를 작성교부받은 사실 및 피청구인은 상속재산인 조선맥주주식회사 주식을 자기와 자기의 친생자녀들 끼리만 상속하여 이를 매각처분 함으로써 위 소외 1, 2의 법정상속분을 침해한 사실을 각 인정한 뒤, 원판결은 위와 같은 사실에 비추어 피청구인은 부적당한 관리로 인하여 자인 위 소외 1, 2의 재산을 위태롭게 하였다고 판단하고, 민법 제925조 에 의하여 피청구인의 위 청구외 소외 1, 2 들에 대한 법률행위대리권 및 재산관리권상실을 선고한 제1심 심판을 인용하고 있는 바, 기록에 비추어 보아도 거기에 채증법칙위배로 인한 사실오인이나 소론과 같은 법리오해 또는 심리미진으로 인한 이유불비의 위법이 없다. 그리고, 원판결이, 을제1호증의 기재만으로는 청구인이 1973. 7. 19.(이때는 이미 위 인지가 있은 후이다) 피청구인의 위 소외 1, 2에 대한 친권 또는 그 일부를 상실케하는 청구인의 청구권을 포기한 것이라는 피청구인의 주장사실을 인정하는 증거로 삼기에 미흡하다고 판시한 원판결판단에 가사 논지주장과 같은 채증상의 위법이 있다하더라도 민법 제924조나 제925조의 규정에 의한 친권상실이나 대리권, 관리권의 상실을 청구할 수 있는 자가 그런 청구권을 포기하는 것을 내용으로 하는 계약은 공서양속에 위배하여 무효라고 할 것이니, 원판결에는 결국 판결결과에 영향을 미친 위법이 있다고 할 수 없다.

2) 사전처분

33 친권(또는 친권 중 법률행위의 대리권 및 재산관리권)상실에 관한 심판청구 또는 조정의 신청이 있는 경우에 가정법원·조정위원회 또는 조정담당판사는 사건의 해결을 위하여 특히 필요하다고 인정한 때에는 직권 또는 당사자의 신청에 의하여 상대방 기타 관계인에 대하여 현상을 변경하거나 물건을 처분하는 행위의 금지를 명할 수 있고, 사건에 관련된 재산의 보존을 위한 처분, 관계인의 감호와 양육을 위한 처분 등 적당하다고 인정되는 처분을 할 수 있다(가사소송법 제62조 제1항). 가정법원이 할 수 있는 사전처분에는 친권행사의 정지가 포함된다.

34 가정법원이 사전처분으로 친권행사를 정지시키는 때에는 심판의 확정시까지 친권을 행사할 대행자를 지정하여야 한다.[15] 이 경우 상대방이 행방불명이어

15 친권대행자의 지정은 대외적으로 공시할 필요가 있으므로 가족관계등록부에 기록할 것을 촉탁하여야 한다(가사소송규칙 제5조 제1항 제4호 2).

서 공시송달로 사건이 진행되거나 상대방이 친권을 사실상 포기하여 실질적으로 다툼이 없는 사건의 경우에는 청구인을 대행자로 선임하여도 무방하나, 그렇지 않은 경우에는 청구인과 친권자에 대해 중립적인 위치에 있는 자를 대행자로 선임하는 것이 바람직하다. 친권대행자는 법원의 허가가 없는 한 친권자의 통상적인 업무범위를 넘는 행위나 관리의 범위를 넘는 처분행위를 할 수 없다.

35 친권대행자에 대하여는 미성년자의 재산 중에서 상당한 보수를 지급할 것을 명할 수 있다(가사소송규칙 제102조 제2항).

36 그러나 이러한 처분은 집행력을 갖지 않으며(가사소송법 제62조 제5항), 이에 위반할 경우 과태료의 제재를 받게 될 뿐이다(제67조 제1항). 이 처분에 대해서는 즉시항고할 수 있다(가사소송법 제62조 제3항).

마. 친권상실선고의 심판

37 친권상실선고의 심판은 형성적이며, 심판의 확정에 의하여 친권박탈의 효과가 생긴다. 친권상실선고는 친권의 일시 정지(민법 제924조), 친권의 일부 제한(제924의2), 법률행위의 대리권·재산관리권의 상실선고(제925조) 등과 같은 조치에 의해서는 자녀의 복리를 충분히 보호할 수 없는 경우에만 할 수 있다(보충성).

38 친권상실선고를 청구하였는데, 친권의 일시 정지나 일부 제한으로 자녀를 보호할 수 있다고 판단되는 때에는 법원은 친권상실선고 대신 친권의 일시 정지나 일부 제한을 선고할 수 있다. 이와 마찬가지로 친권상실선고를 청구하였는데, 대리권·재산관리권 상실의 사유만이 인정되는 경우에는 친권상실선고 대신 법률행위의 대리권·재산관리권의 상실선고를 할 수 있다.

39 [판례] 대법원 2018. 5. 25. 자 2018 스 520 결정

민법은 친권 남용 등의 중대한 사유가 있는 때 법원이 친권 상실을 선고할 수 있다는 규정만을 두고 있었으나(제924조), 2014. 10. 15. 법률 제12777호로 민법을 개정할 당시 친권 상실 선고 외에도 친권의 일시 정지(제924조)와 친권의 일부 제한(제924조의2)을 선고할 수 있다는 규정을 신설하고 친권 상실 선고 등의 판단 기준도 신설하였다(제925조의2).

가사소송규칙 제93조는 (마)류 가사비송사건에 대하여 가정법원이 가장 합리적인 방법으로 청구의 목적이 된 법률관계를 조정할 수 있는 내용의 심판을 하도록 하

고 있고(제1항), 금전의 지급이나 물건의 인도, 기타 재산상의 의무이행을 구하는 청구에 대하여는 청구취지를 초과하여 의무의 이행을 명할 수 없다고 하면서도 자녀의 복리를 위하여 양육에 관한 사항을 정하는 경우를 제외하고 있다(제2항). 위와 같은 규정 내용과 체계 등에 비추어 친권 상실이나 제한의 경우에도 자녀의 복리를 위한 양육과 마찬가지로 가정법원이 후견적 입장에서 폭넓은 재량으로 당사자의 법률관계를 형성하고 그 이행을 명하는 것이 허용되며 당사자의 청구취지에 엄격하게 구속되지 않는다고 보아야 한다. 따라서 민법 제924조 제1항에 따른 친권 상실 청구가 있으면 가정법원은 민법 제925조의2의 판단 기준을 참작하여 친권 상실사유에는 해당하지 않지만 자녀의 복리를 위하여 친권의 일부 제한이 필요하다고 볼 경우 청구취지에 구속되지 않고 친권의 일부 제한을 선고할 수 있다. 반대로 친권의 일시 정지 또는 친권의 일부 제한을 청구한 경우나 법률행위의 대리권·재산관리권의 상실선고를 청구한 경우에 법원이 친권상실선고의 사유가 있다고 판단하여 친권상실선고를 할 수는 있는지에 관하여 보면, 위 대법원 결정의 취지에 따르면 가능하다고 보아야 할 것이다. 실무적으로도 연락두절된 친권자 모에 대한 친권 일시 정지 청구사건에서 법원은 친권상실을 선고한 예가 있다.

40 [판례] 미성년후견[16]

이 사건 기록 및 심문 전체의 취지를 종합하면, ① 상대방은 김○○과 사이에 사건본인들을 낳은 사실, ② 2013년경까지 김○○과 상대방은 중국에서 사건본인들과 함께 살다가 2013년경 김○○이 사건본인들을 데리고 한국으로 돌아와 사건본인들을 키웠고, 그 때부터 상대방은 김○○이나 사건본인들에게 별다른 연락을 하지 않은 사실, ③ 김○○은 2017. 3.경 사망하였고, 청구인이 연락이 닿은 상대방에게 사건본인들을 양육할 것을 권유하였으나 상대방이 이를 거절하였으며, 그 후 다시 연락이 두절된 사실, ④ 그 무렵부터 현재까지 청구인이 사건본인들을 양육하고 있는 사실을 인정할 있다.

위 인정사실에 의하면, 상대방은 사건본인들의 친권자이나 사건본인들의 건전한 성장을 위한 적절한 친권 행사를 기대할 수 없고, 오히려 이러한 상태를 방치한다면 사건본인들의 복리를 현저히 해칠 우려가 있으므로, 민법 제924조 제1항에 따라 상대방의 사건본인들에 대한 친권을 상실하기로 한다.

41 한편 자녀가 2인 이상 있는데, 그 중 1인의 자녀에 대해서만 친권상실사유가 있는 경우에는 그 자녀에 대한 친권에 한하여 상실선고를 청구할 수 있다.

16 수원지방법원 2018. 12. 7. 자 2017느단2719 친권일시 정지, 2017느단 1648(병합).

[주문례]
1. 상대방의 사건본인들에 대한 친권을 상실한다.
2. 사건본인들의 미성년후견인으로 청구인을 선임한다.
3. 미성년후견인이 사건본인들을 대리하여 사건본인들 명의의 부동산 또는 중요한 재산에 관한 권리의 득실변경을 목적으로 하는 행위를 하는 경우에는 이 법원의 허가를 받아야 한다.
4. 미성년후견인은 이 심판 확정일로부터 2 월 이내에 사건본인들의 재산목록을 작성하여 이를 이 법원에 제출하여야 한다.
5. 미성년후견인은 이 심판 확정일로부터 1 년이 경과한 날을 시작으로 매년 후견사무보고서(기준일: 매년 이 심판 확정일과 같은 월, 일)를 작성하여 이 법원에 제출하여야 한다.
6. 미성년후견인은 이 심판 확정일로부터 2 월 이내에 미성년후견인교육을 이수한 후 교육이수확인서를 이 법원에 제출하여야 한다.
7. 미성년후견인은 이 심판 확정일 이후 주소의 변동이 있거나 연락처의 변경이 있는 경우 이를 즉시 법원에 보고하여야 한다.

바. 친권상실선고 심판의 효과

1) 친권상실

가) 친권의 박탈

42 친권상실을 선고한 심판이 확정되면, 당해 친권자의 친권은 소멸한다.

나) 친권 이외의 권리의 존속

43 친권자가 친권상실선고를 받아도 부모 내지 직계혈족의 자격으로 가지는 권리에는 아무런 영향이 없다. 따라서 친권을 상실한 부모도 부양의 권리의무(민법 제974조 제1호), 상속에 관한 권리의무(제100조, 제1001조, 제112조)는 가진다. 혼인동의권(제808조 제1항)에 대하여는 자녀 보호에 목적이 있으므로 실질적으로 친권의 일부인 혼인동의권은 인정하지 않는 것이 바람직하다는 견해[17]와 입법적으로 해결하여야 한다는 견해[18]로 나뉘고 있다.

2) 단독친권자 또는 후견인의 선임

44 공동친권자인 부모의 일방이 친권상실선고를 받은 때에는 다른 일방이 단독

17 김주수/김상용, 주석 민법, 친족(3)(제5판), 한국사법행정학회(2016), 575; 김주수/김상용, 친족·상속법(제20판), 법문사(2024), 475.
18 이경희/윤부찬, 가족법(11정판), 법원사(2024), 294.

친권자가 되고, 공동친권자인 부모 쌍방이 모두 친권상실선고를 받으면 후견이 개시된다. 이 경우 법원은 직권으로 미성년후견인을 선임하여 자녀의 보호에 공백이 생기지 않도록 한다(민법 제932조 제2항).

3) 단독친권자가 친권상실선고 받은 경우

45 이혼, 혼인취소 등을 이유로 단독친권자로 지정된 부모의 일방이 친권상실선고를 받은 경우, 이혼, 혼인취소시 친권자로 지정되지 않은 부 또는 모, 미성년자, 미성년자의 친족은 그 사실을 안 날로부터 1개월, 단독친권자가 친권상실선고를 받은 날로부터 6개월 내에 가정법원에 이혼, 혼인취소시 친권자로 지정되지 않은 부 또는 모를 친권자로 지정할 것을 청구할 수 있다(민법 제927조의2 제1항, 제909조의2 제1항). 이 기간 동안 친권자 지정의 청구가 없는 경우에는 가정법원은 직권으로 또는 청구에 의하여 미성년후견인을 선임할 수 있다(민법 제927조의2 제1항, 제909조의2 제3항).

Ⅲ. 친권의 일시 정지

1. 아동학대범죄의 처벌 등에 관한 특례법에 의한 친권행사의 정지

가. 의의

46 친권의 일시 정지란 친권자가 친권을 보유하고 있으나 그 행사를 일시적으로 정지시키는 것을 말한다. 2013년에 국회에서 통과되어 2014년 9월 29일부터 시행되고 있는 아동학대범죄의 처벌 등에 관한 특례법에 의해서 가정법원이 친권행사를 일시적으로 정지시킬 수 있는 제도가 최초로 도입되었다(피해아동보호명령, 아동학대범죄의 처벌 등에 관한 특례법 제47조 제1항 제7호).

나. 내용

1) 보호처분에 의한 친권행사의 제한 또는 정지

47 아동학대 행위자에 대한 보호처분으로서 필요하다고 인정되는 경우에는 행위자에 대하여 피해아동에 대한 친권 또는 후견인 권한 행사의 제한 또는 정지를 보호처분으로 할 수 있다. 그 중 친권행사의 정지는 친권을 전면적으로 정지시키는 것인데 반하여 친권행사의 제한은 친권의 일부를 정지시킨다는 점에서 차이가 있다.

48 위 보호처분은 다른 보호처분들과 병과가 가능하고, 처분시 피해아동을 아동학대행위자가 아닌 다른 친권자나 친족 또는 아동복지시설 등으로 인도할 수 있다(아동학대범죄의 처벌 등에 관한 특례법 제36조).

2) 피해아동보호명령에 의한 친권행사의 제한 또는 정지

49 아동학대 행위자로부터 피해아동을 보호하기 위하여, 판사는 직권 또는 피해아동, 그 법정대리인, 변호사, 아동보호전문기관의 장의 청구에 따라 친권행사의 정지 명령을 할 수 있다. 민법과 달리 법원의 직권개입이 가능하다.

50 피해아동보호명령에 의한 친권행사의 정지 기간은 1년을 초과할 수 없으며, 피해아동의 보호를 위하여 그 기간의 연장이 필요하다고 인정하는 경우에는 63개월 단위로 그 기간을 연장할 수 있으나 연장된 기간은 피해아동이 성년에 도달하는 때를 초과할 수 없다.(아동학대범죄의 처벌 등에 관한 특례법 제51조).

51 실무상 피해아동보호명령 청구로서 친권의 제한 또는 정지를 구한 사안으로는 구속 상태에 있는 단독친권자를 대신하여 피해아동의 출생신고를 하려한 경우, 피해아동을 장기간 보호가 가능한 다른 보호시설로 인도하기 위한 경우, 친권자의 피해아동 인도청구에 관한 의견 충돌로 피해아동을 보호시설에서 계속하여 보호하기 위한 경우 등이 있다.

다. 효과

1) 친권행사의 제한 또는 정지

52 친권자가 친권을 보유하고 있으나 그 행사가 '일시적'으로 정지된다는 점, 법원이 정한 기간 동안만 친권을 행사할 수 없고 기간 종료와 동시에 친권행사가 바로 가능하므로 실권회복이 필요없다는 점에서 친권 자체를 박탈하는 친권상실과 구별된다.

2) 임시후견인의 선임

53 공동친권자 중 부모 일방의 친권행사가 정지되면 다른 일방이 단독으로 친권을 행사한다. 공동친권자인 부모 쌍방의 친권행사가 모두 정지되거나 단독친권자의 친권행사가 정지되어 친권을 행사할 사람이 없게 되는 때에는 가정법원은 친권행사가 정지되는 기간 동안 특별시장·광역시장·특별자치시장·도지사·특별자치도지사·시장·군수·구청장 및 아동복지전담기관의 장으로 하여금 임시로 후견인의 임무를 수행하게 하거나 그 임무를 수행할 사람을 선

임하여야 한다(아동학대범죄의 처벌 등에 관한 특례법 제23조).

54 임시후견인의 권한은 피해아동 소유재산의 보존과 피해아동의 보호를 위한 범위로 제한된다.

2. 민법에 의한 친권의 일시 정지

가. 의의

55 아동학대범죄의 처벌 등에 관한 특례법에 이어서 2014년 개정 민법(시행일 2015년 10월 16일)도 친권의 일시 정지에 관한 규정을 도입하였다.

56 위 조문은 친권자의 동의를 갈음하는 재판으로 미성년 자녀의 보호가 이루어지지 않은 경우를 대비하여 규정한 것이다. 가령 법원이 친권자의 동의를 갈음하는 재판을 하여 자녀의 치료를 강제하는 조치를 취하더라도 부모가 법정대리인으로서 의료계약을 해지하거나 거소지정권 또는 자녀의 인도청구권을 주장하여 법원의 조치가 적절히 이루어지지 못하도록 방해할 수 있다. 이를 방지하기 위하여 친권자의 친권을 영원히 박탈할 필요는 없고 일시적으로 친권을 행사할 수 없게 하면 충분한 경우에, 친권의 일시 정지가 그 해결책이 될 것이다.

57 가정법원은 친권의 일시 정지를 선고할 때 자녀의 상태, 양육상황 등을 고려하여 2년을 초과하지 않는 범위에서 그 기간을 정하여야 한다(이 기간은 2년의 범위 내에서 1회 연장할 수 있다). 이 기간이 경과하면 친권자는 다시 친권을 행사할 수 있게 되며, 이와 별도로 실권회복의 선고를 청구할 필요가 없다.

58 아동학대사건에 대해서는 위에서 본 아동학대범죄의 처벌 등에 관한 특례법(아동학대처벌법)이 우선 적용되므로(아동학대범죄의 처벌 등에 관한 특례법 제3조), 민법에 따라 친권의 일시 정지를 선고하는 경우는 상대적으로 적을 것으로 예상된다.

나. 요건

59 친권자가 ① 친권을 남용하여 ② 자녀의 복리를 해치거나 해칠 우려가 있는 경우이다. 그러므로 자녀의 복리보호가 판단의 기초가 되어야 하므로, 친권의 대상인 자녀의 나이나 건강상태를 비롯하여 관계인들이 처해 있는 여러 구체적 사정을 고려하여 비행을 저지른 친권자를 대신하여 다른 사람으로 하여금 친권을 행사하거나 후견을 하게 하는 것이 자녀의 복리를 위하여 보

다 낫다고 인정되는 경우가 아니라면 섣불리 이를 인정하여서는 안 된다.[19]

다. 청구권자

60 자녀, 자녀의 친족, 검사 또는 지방자치단체의 장의 청구가 있어야 한다.

라. 친권의 정지기간 및 연장

61 가정법원은 친권의 일시 정지를 선고할 때에는 자녀의 상태, 양육상황, 그 밖의 사정을 고려하여 그 기간을 정하여야 한다. 이 경우 그 기간은 '2년'을 넘을 수 없다. 한편 자녀의 복리를 위하여 기간 연장이 필요하다고 인정하는 경우에는 청구권자의 청구에 의하여 2년의 범위에서 그 기간을 한 차례만 연장할 수 있다. 결론적으로 친권정지의 기간은 최장 4년까지만 가능하도록 하고 있는데, 친권 정지의 기간이 지나치게 길어질 경우 사실상 친권 상실과 다름없는 결과를 초래하여 친권에 대한 과도한 제한이 될 수 있다는 점에서 친권 정지 기간 연장에 대하여는 신중하게 접근한 것이다.

62 다만 4년이 지난 후에도 친권 일시 정지 사유가 여전히 존재할 경우에는 청구권자가 새로이 친권의 일시 정지를 청구하는 것은 가능할 것이다. 이 경우에도 연장이 필요하면 다시 연장도 가능할 것이다.

마. 주문례[20]

1. 상대방에게 이 심판 확정일부터 2 년간 사건본인들에 대한 친권 행사의 정지를 명한다.
2. 이 심판 확정일부터 2 년간 사건본인들의 미성년후견인으로 청구인을 선임한다.
3. 미성년후견인은 이 심판 확정일로부터 2 월 이내에 사건본인들의 재산목록을 작성하여 이 법원에 제출하여야 한다.
4. 미성년후견인은 이 심판확정일로부터 1 년이 경과한 날일 시작으로 매년 후견 사무

19 이와 같은 취지에서 대전가정법원 2019. 4. 2. 자 2018느단1980 심판에서는 "비록 상대방들에 의한 친권의 부적절한 행사 내지 사건본인들에 대한 학대행위가 있었던 것은 사실이나, 상대방들은 그로 인하여 이 법원 2018동버○○○, ○○○사건에서 보호처분을 받았고 그 처분내용 등에 비추어 개선의 여지가 있어 보이는 점, 상대방들을 아동학대로 신고하였던 ○○○(상대방1의 모친이자 사건본인들의 조모)이나 관할 지방자치단체 담당자도 친권정지에 부정적 견해를 보이고 있는 점, 현재 사건본인들은 상대방들이 양육하고 있고 조부모 등 일가친척 중 적합한 친족후견인이 발견되지 않는 점, 현 상태에서 사건본인들을 시설로 보내 지내게 하는 것보다는 상대방들을 법원 및 관할 지방자체단체가 지속적으로 관리·감독하면서 친권을 행사하도록 하는 것이 사건본인들의 복리에 적합해 보이는 점 등 제반 사정을 종합하면, 위와 같은 사유만으로 상대방들에 대하여 친권정지를 선고하기는 어렵다."는 이유로 검사의 친권정지 청구를 기각하였다.

20 대구가정법원 2019. 10. 16. 자 2019느단10035 심판.

보고서(기준일: 매년 이 심판 확정일과 같은 월 일)를 작성하여 이 법원에 제출하여야 한다.
5. 미성년후견인이 사건본인들을 대리하여 사건본인들 명의의 부동산 또는 중요한 재산에 관한 권리의 득실변경을 목적으로 하는 행위 및 상속의 포기, 상속의 단순 승인 또는 상속재산의 분할에 관한 협의를 하는 경우에는 가정법원의 허가를 받아야 한다.

바. 친권 일시 정지의 효과

1) 친권의 일시 정지

63 민법에 의해서 친권의 일시 정지를 선고한 심판이 확정되는 경우에는 당해 친권자는 법원이 정한 기간 동안 친권을 행사할 수 없게 된다.

64 원칙적으로 친권 모두 포괄적으로 정지되는데, 문제는 친권의 일부에 한하여 일시 정지가 가능한가(일부 제한과 일부 정지가 중첩적인 경우)이다. 이에 대해서는 필요성이 있으므로 그러한 선고가 가능하다고 보는 견해[21](다만 보다 명확히 하기 위해서는 입법적으로 해결해야 한다고 본다)와 민법상 친권의 상실과 일시 정지에 관한 규정이 동일한 내용으로 되어 있는 이상 규정의 해석상 친권의 일부의 일시 정지까지 확대해석할 수 없다는 견해[22]로 나뉜다.

2) 단독친권행사 또는 후견의 개시

65 공동친권자인 부모의 일방이 친권의 일시 정지 선고를 받은 때에는 다른 일방이 단독으로 친권을 행사한다. 공동친권자인 부모 쌍방이 모두 친권의 일시 정지 선고를 받으면, 후견이 개시된다(민법 제928조). 이 경우 법원은 직권으로 미성년후견인을 선임하여 자녀의 보호에 공백이 생기지 않도록 한다(민법 제932조 제2항). 미성년후견인을 선임할 때까지 자녀의 보호에 공백이 발생하는 것을 막기 위하여 사전처분으로 친권행사를 대행할 사람을 선임할 수 있다(가사소송법 제62조 제2항).

3) 단독친권자가 일시 정지 선고 받은 경우

66 이혼 시 단독친권자로 지정된 부 또는 모가 친권의 일시 정지 선고를 받은 경우에는, 이혼 시 친권자로 지정되지 않은 부 또는 모, 미성년자, 미성년자의 친족은 그 사실을 안 날로부터 1개월, 단독친권자가 친권의 일시 정지 선

21 이경희/윤부찬, 가족법(11정판), 법원사(2024), 298; 송덕수, 친족상속법(제7판), 박영사(2024), 241.
22 김주수/김상용, 친족·상속법(제20판), 법문사(2024), 481.

고를 받은 날로부터 6개월 내에 가정법원에 이혼 시 친권자로 지정되지 않은 부 또는 모를 친권자로 지정할 것을 청구할 수 있다(민법 제927조의2 제1항, 제909조의2 제1항). 이 기간 동안 친권자 지정의 청구가 없는 경우에는 가정법원은 직권으로 또는 청구에 의하여 미성년후견인을 선임할 수 있다(민법 제927조의2 제1항, 제909조의2 제3항). 그리고 친권자가 지정되거나 미성년후견인이 선임될 때까지 자녀의 보호에 공백이 생기는 것을 막기 위하여 가정법원은 그 임무를 대행할 사람을 선임할 수 있다(민법 제927조의2 제1항, 제909조의2 제5항).

67 한편 단독친권자가 친권의 일시 정지 선고를 받은 경우에 다른 부 또는 모가 없다면(예컨대 부가 사망하여 모가 단독친권자가 되었는데, 모가 친권의 일시 정지 선고를 받은 경우), 법원은 직권으로 미성년후견인을 선임하여야 한다(민법 제928조, 제932조 제2항).

사. 신고

68 친권의 상실, 일시 정지에 관한 재판이 확정된 경우에는 재판을 청구한 사람이나 그 재판으로 친권자 또는 그 임무를 대행할 사람으로 정하여진 사람이 재판의 확정일로부터 1개월 이내에 재판서의 등본 및 확정증명서를 첨부하여 그 내용을 신고하여야 한다(가족관계의 등록 등에 관한 법률 제79조, 제58조). 위 신고는 보고적 신고이다.

제 924 조의 2 [친권의 일부 제한의 선고]

가정법원은 거소의 지정이나 그 밖의 신상에 관한 결정 등 특정한 사항에 관하여 친권자가 친권을 행사하는 것이 곤란하거나 부적당한 사유가 있어 자녀의 복리를 해치거나 해칠 우려가 있는 경우에는 자녀, 자녀의 친족, 검사 또는 지방자치단체의 장의 청구에 의하여 구체적인 범위를 정하여 친권의 일부 제한을 선고할 수 있다. <개정 2021. 1. 26.>

[본조신설 2014. 10. 15.]

[관련조문] 민법 제925조(대리권, 재산관리권 상실의 선고), 가정폭력범죄의 처벌 등에 관한 특례법 제40조(보호처분의 변경), 가정보호심판규칙 제47조(친권 행사의 제한), 초·중등교육법 시행령 제21조(초등학교의 전학절차), 아동복지법 제29조(피해아동 및 그 가족 등에 대한 지원), 가사소송법 제2조(가정법원의 관장 사항), 제48조(심리 방법), 제50조(조정 전치주의), 가족관계의 등록 등에 관한 법률 제79조(친권자 지정 및 변경 신고 등), 제58조(재판에 의한 인지)

[참고문헌] 김주수/김상용, 친족·상속법(제20판), 법문사(2024); 법원실무제요, 가사[Ⅱ], 법원행정처(2021), 오병철, 친족상속법, 법문사(2024); 엄경천, "이혼시 친권자 공동지정과 친권 일부 제한-친권자 공동지정에 따른 공시방법에 관한 실무상 검토-", 가족법연구 제30권 제2호, 한국가족법학회(2016)

Ⅰ. 의의

1 가정법원은 거소의 지정이나 그 밖의 신상에 관한 결정 등 특정한 사항에 관하여 친권자가 친권을 행사하는 것이 곤란하거나 부적당한 사유가 있어 자녀의 복리를 해치거나 해칠 우려가 있는 경우에는 일정한 청구권자(자녀, 자녀의 친족, 검사 또는 지방자치단체의 장)의 청구에 의하여 구체적인 범위를 정하여 친권의 제한을 선고할 수 있다.

2 민법 제924조의2는 친권자의 동의를 갈음하는 재판으로는 해결할 수 없는 사안이지만, 그렇다고 친권의 전부를 상실시킬 필요까지는 없는 경우에 자녀의 보호를 위하여 필요 최소한도의 친권 제한 조치로서 친권 중 일부를 제한하기 위해 입법화되었다. 예를 들면 부모가 다른 부분에서는 문제가 없는데 교육에 관하여만 학교교육에 반대하여 취학연령이 된 자녀를 학교에 보내지 않는 경우, 또는 자녀의 치료에는 동의하나 수혈만은 반대하는 경우 등에는 친권을 전부 상실하기보다 해당하는 사항에 관하여만 친권을 제한하는 것이 자녀의 복리에 더 부합하기 때문이다.

3 한편 현행법에서는 민법상 친권의 제한 절차를 적용하지 않으면서 개별 규정을 통하여 친권을 실제로 제한하고 있는 경우가 있다. 가정폭력범죄의 처벌 등에 관한 특례법 제40조 제1항 제3호에 의하면, 가정폭력행위자가 친권자인 경우 피해자에 대한 친권 행사의 제한을 보호처분으로 할 수 있는데, 친권 행사의 제한 결정을 할 때에는 친권, 법률행위대리권 또는 재산관리권의 전부 또는 일부의 행사를 정지할 수 있다(가정보호심판규칙 제47조). 그 외에도 초등학교 취학아동이 전학을 할 때는 친권자의 부모가 주소지 이전을 고지하거나, 경우에 따라서는 동의가 필요한데(초·중등교육법 시행령 제21조 제1항·제6항), 보호자(친권자 포함)가 아동을 학대한 경우에는 학대행위자의 동의 없이도 전학이 가능하고(아동복지법 제29조 제5항·제6항, 아동복지법시행령 제26조의4), 학대행위자의 피해아동의 취학에 관한 정보 제공의 요청이 있더라도 공개하지 아니한다(아동복지법시행령 제26조의4 제4항). 친권자에게 자를 보호하고 교양할 권리의무가 있더라도 자를 학대한 경우에는 학교 전학 및 취학과 관련하여서는 친권을 일부 제한시킴으로써, 피해아동이 건강하고 안전하게 교육받을 수 있도록 보호하고자 하는 것이다.

Ⅱ. 친권 일부 제한의 요건

1. 거소의 지정이나 그 밖의 신상에 관한 결정 등 특정한 사항에 관한 것일 것

4 신상에 관한 결정 중 특정한 사항으로 해석될 수 있으며, 재산관리와 관련하여 이러한 사정이 있는 경우에는 민법 제924조의2가 아닌 제925조가 적용된다.

2. 친권자가 친권을 행사하는 것이 곤란하거나 부적당한 사유가 있을 것

5 '친권을 행사하기 곤란한 경우'란 객관적으로 볼 때 친권을 행사할 수 없는 사정이 있는 때라고 해석되므로, 친권자의 고의나 과실은 요구되지 않는다.[1]

6 '친권을 행사하는 것이 부적당한 사유'로 대표적으로는 친권자가 자녀의 치료를 위하여 필요한 의료행위를 거부할 의도를 가지고 의료계약을 해지하거나, 거소지정권 또는 자녀의 인도청구권을 주장하는 경우를 들 수 있다.

3. 자녀의 복리를 해치거나 해칠 우려가 있을 것

7 실무상 이혼 후에 부모 쌍방이 공동친권자로 지정되는 사례가 증가하고 있는데, 이런 경우에 공동친권자인 부모 쌍방이 각각 친권을 행사할 수 있는 범위가 문제될 수 있다. 부모가 혼인 중과 마찬가지로 자녀와 관련된 모든 사안에 있어서 공동으로 친권을 행사하는 것은 사실상 불가능에 가깝기 때문이다. 따라서 이혼 후에 부모 쌍방이 공동친권자로 남는 경우에도 구체적인 친권의 행사 범위에 대해서는 별도로 정할 필요가 있을 수 있다.

8 이런 경우에 친권 일부 제한의 규정에 근거하여 공동친권자 중 일방의 친권행사의 범위를 제한할 수 있는가의 문제가 제기될 수 있다. 즉 이혼 후 자녀를 직접 양육하지 않는 친권자에게 친권을 행사하는 것이 곤란하거나 부적당한 사유가 있다고 볼 수 있는지, 양육하지 않는 공동친권자가 제한 없이 친권을 행사하면 자녀의 복리를 해치거나 해칠 우려가 있다고 볼 수 있는지 등이 주로 문제가 되는데, 자녀를 양육하지 않는 친권자의 친권행사를 제한하지 않으면 자녀의 복리를 해치거나 해칠 우려가 있는가의 여부를 판단하는 것은 쉽지 않은 문제이다. 당사자 사이에 자녀를 직접 양육하지 않는 친권자의 친권 일부를 제한하는 것이 자녀의 복리에 도움이 된다면 조정 또는 심판에 의해서 친권의 일부(예컨대 거소지정권, 미성년 자녀의 여권관리 및 출입국 관련 신상결정권 등)를 제한하는 것은 가능하다.

1 김주수/김상용, 친족·상속법(제20판), 법문사(2024), 481.

Ⅲ. 친권의 일부제한 선고의 심판 청구[가사소송법 제2조 제1항 제2호 나목 7)]

1. 관할

9 마류사건으로 이에 대한 심리와 심판은 가정법원의 전속관할이고, 단독판사의 사물관할에 속한다(민사 및 가사소송의 사물관할에 관한 규칙 제3조 제2호).

2. 청구권자 및 상대방

10 친권의 일부 제한 선고 심판은 사건본인인 자녀, 자녀의 친족, 검사 또는 지방자치단체의 장이 청구할 수 있다. 친권의 일부제한 선고의 심판은 문제가 된 해당 친권자를 상대방으로 하여 청구하여야 하므로(가사소송규칙 제101조 제1항), 청구의 상대방은 현재의 친권자이다.

3. 심리와 심판

가. 심리

1) 조정전치

11 가정법원에 친권의 일부 제한 선고의 심판을 청구하려는 사람은 먼저 조정을 신청하여야 하고(가사소송법 제50조 제1항), 조정을 신청하지 아니하고 심판을 청구한 경우에는 가정법원은 그 사건을 조정에 회부하여야 함이 원칙이다(제50조 제2항 본문).

12 친권의 일부제한이 조정의 대상이 되는지에 대해서는 견해가 나뉜다. 부정설은 당사자 간에 조정이 성립되었다고 해서 친권의 일부정지의 효과가 발생하지는 않으므로, 조정의 목적은 현재의 친권자에게 자녀의 복리를 위하여 바람직한 방향으로 친권을 행사하도록 설득하고 유도하는 데 있을 뿐이라고 본다. 이에 대하여 긍정설[2]은 친권상실과 달리 당사자가 임의로 처분할 수 없는 사항에 속하지 아니하여 조정이 성립된 경우 또는 조정을 갈음하는 결정이 확정된 경우 재판상 화해와 동일한 효력이 있다는 입장이다. 이는 친권의 일부 제한은 친권의 상실 또는 일시정지와 같이 친권남용(비행)에 대한 제재가 아니고, 이혼시 친권자를 부 또는 모 단독으로 정하는 것[3]과 유사한 구

2 엄경천, "이혼시 친권자 공동지정과 친권 일부 제한-친권자 공동지정에 따른 공시방법에 관한 실무상 검토-", 가족법연구 제30권 제2호, 한국가족법학회(2016), 164.

3 친권자의 지정 또는 변경을 구하는 사건은 마류 비송사건 중 당사자가 처분할 수 있는 사항이므로 조정전치주의가 적용된다. 법원실무제요, 가사[Ⅱ], 법원행정처(2021), 1514, 1518.

조인데, 조정의 대상으로 보지 않는다면 이혼시 친권자지정을 조정의 대상으로 보는 실무례와 배치된다는 취지이다.[4]

13 이에 대해 조정절차가 당사자 사이의 순수히 자율적인 협의로만 종국되는 것은 아니고, 법원 및 조정위원회의 개입을 통하여 자녀의 복리를 극대화하는 방향으로 진행되고 있는 현재의 실무태도에 비추어 본다면, 친권의 일부 제한도 조정의 대상이 된다고 보아야 할 것이다.

2) 심리의 대상

14 심리의 주된 대상은 청구인적격이 있는지, 친권 일부제한 선고의 사유가 있는지, 자녀의 복리에 적합하지 여부 등이다.

3) 관계인의 심문

15 마류 가사비송사건이므로 특별한 사정이 없으면 사건관계인을 심문하여야 한다(가사소송법 제48조).

나. 심판

1) 심판의 원칙

16 가정법원은 가정의 평화와 사회정의를 위하여 가장 합리적인 방법으로 청구의 목적이 된 법률관계를 조정할 수 있는 내용의 심판을 하여야 한다(가사소송규칙 제93조 제1항).

2) 친권 일부제한 선고의 보충성

17 친권의 일부제한 선고는 친권자의 동의를 갈음하는 재판 또는 그 밖의 다른 조치에 의해서는 자녀의 복리를 충분히 보호할 수 없는 경우에만 할 수 있다(민법 제925조 제2항).

3) 친권 일부제한의 범위 결정

18 친권의 일부 제한을 선고할 때에는 거소의 지정이나 그 밖의 신상에 관한 결정 등 특정한 사항에 관하여 친권이 일부 제한되는 범위를 구체적으로 정하여야 한다. 민법은 거소의 지정이나 신상에 관한 결정을 예시하고 있으나, 그 외에 다른 사항이라도 제한의 필요성이 있으면 구체적인 범위를 정하여

4 엄경천, “이혼시 친권자 공동지정과 친권 일부 제한-친권자 공동지정에 따른 공시방법에 관한 실무상 검토-”, 가족법연구 제30권 제2호, 한국가족법학회(2016), 164.

일부 제한할 수 있다.

> [주문례]
> - 상대방의 사건본인에 대한 친권 중 거소지정권을 제한한다.[5]
> - 상대방의 사건본인에 대한 친권 중 의료행위에 관한 동의권 행사를 제한한다.[6]

4. 심판확정 후의 절차

19 친권의 일부 제한에 관한 심판이 확정된 경우에는 재판을 청구한 사람이나 그 재판으로 친권자 또는 그 임무를 대행할 사람으로 정하여진 사람이 재판의 확정일로부터 1개월 이내에 재판서의 등본 및 확정증명서를 첨부하여 그 내용을 신고하여야 한다(가족관계의 등록 등에 관한 법률 제79조, 제58조).[7]

[가족관계등록부 등재례]

> 기 본 증 명 서
>
> 친 권
>
> 【부모의재판상이혼에따른친권자지정조정성립일】2015 년 11 월 30 일
>
> 【조정법원】서울가정법원
>
> 【친권자부】○○○
>
> 【친권자부의주민등록번호】○○○○○○-○○○○○○○
>
> 【친권자모】○○○
>
> 【친권자모의주민등록번호】○○○○○○-○○○○○○○
>
> 【친권제한된자】부 ○○○
>
> 【친권제한사항】거소지정, 출입국, 의료에 관한 결정 제한
>
> 【신고일】2015 년 12 월 07 일

5 서울가정법원 2019. 4. 9. 자 2019브68 결정.

6 춘천지방법원 원주지원 2016. 9. 23. 자 2016느합5002 심판.

7 친권의 일부 제한에 관하여 당사자간 '조정'이 성립한 경우(부 및 모가 공동친권자로 지정되면서, 중국에 거주하는 공동친권자가 사건본인을 탈취하지 못하도록 거소지정, 출입국, 의료에 관한 결정 등에 관한 일부 친권은 제한하는 내용의 조정이 성립됨)에 가족관계등록부에 등재가 가능한지 실무상 문제가 되었다. 위 사안에서 관할관청은 당초 심판에 의하여 정해진 친권의 일부 제한이 아니라는 이유로 가족관계등록부에 친권 제한사유를 등재하는 것을 거부하였으나, 차후에 법원의 허가에 의하여 친권 일부 제한사유도 가족관계등록부의 등재가 완료되었다(서울가정법원 2015. 11. 30. 자 2015너310045 결정 사건).

【신고인】모
【처리관서】서울특별시 서초구
정 정
직권기록서작성일 2016 년 03 월 02 일
직권기록일 2016 년 03 월 02 일
직권기록내용 일반등록사항란의 친권사유 중 일부 제한 사항 기록
처리관서 서울특별시 서초구

Ⅳ. 친권 일부 제한의 효과

1. 친권의 유지

20 민법 제924조의2는 특정한 사항에 대한 친권만을 제한하기 때문에 친권 제한 청구가 인용되더라도 친권자의 지위 자체에는 영향을 미치지 않는다. 따라서 제한된 사항에 대하여 친권자가 하는 행위는 위법행위이지만 그 외의 사항에 대해서는 여전히 적법하게 친권행사를 할 수 있다.

21 그러므로 친권의 일부제한이 선고된 경우에도 부모의 자녀에 대한 그 밖의 권리와 의무는 변경되지 아니한다(민법 제925조의3). 결국 친권 행사에 제한이 있더라도 친권자로서의 나머지 의무를 다하여야 한다는 것을 주의적으로 규정한 것이다.

2. 특정 사항에 대한 단독친권행사 또는 후견개시

22 친권의 일부 제한을 선고한 심판이 확정되면 해당 친권자는 거소의 지정이나 징계, 그 밖의 신상에 관한 결정 등 '특정한 사항'에 관하여 친권을 행사할 수 없게 된다.

23 그러므로 공동친권자인 부모의 일방이 친권의 일부 제한 선고를 받은 때에는 친권이 제한된 범위에서는 다른 일방이 단독으로 친권을 행사한다. 공동친권자인 부모 쌍방이 모두 동일한 범위에서 친권의 일부 제한 선고를 받으면, 친권이 제한된 범위에 한정하여 후견이 개시된다(민법 제928조). 이 경우 법원은 직권으로 미성년후견인을 선임하여 자녀의 보호에 공백이 생기지 않도록 한다(제932조 제2항). 미성년후견인을 선임할 때까지 자녀의 보호에 공백이 발생하는 것을 막기 위하여 사전처분으로 친권행사를 대행할 사람을 선임할 수 있다(가사소송법 제62조 제2항).

3. 단독친권자의 친권 일부제한선고 시 친권자 지정

24 이혼 시 단독친권자로 지정된 부 또는 모가 친권의 일부 제한 선고를 받은 경우에는, 이혼 시 친권자로 지정되지 않은 부 또는 모, 미성년자, 미성년자의 친족은 그 사실을 안 날로부터 1개월, 단독친권자가 친권의 일부 제한 선고를 받은 날로부터 6개월 내에 가정법원에 이혼 시 친권자로 지정되지 않은 부 또는 모를 친권자로 지정할 것을 청구할 수 있다(민법 제927조의2 제1항, 제909조의2 제1항). 이 경우 새로 지정된 친권자는 기존의 친권자의 친권이 제한된 범위에서만 친권을 행사할 수 있다(민법 제927조의2 제1항 단서). 이 기간 동안 친권자 지정의 청구가 없는 경우에는 가정법원은 직권으로 또는 청구에 의하여 미성년후견인을 선임할 수 있다(민법 제927조의2 제1항, 제909조의2 제3항). 이 경우 새로 선임된 미성년후견인은 친권이 제한되어 있는 범위에서만 임무를 수행할 수 있다(민법 제927조의2 제1항 단서). 한편 대법원 2021. 5. 27. 자 2019스621 결정은, 가정법원이 민법 제924조의2에 따라 부모의 친권 중 양육권만을 제한하여 미성년후견인으로 하여금 자녀에 대한 양육권을 행사하도록 결정한 경우에 민법 제837조를 유추적영하여 미성년후견인은 비양육친을 상대로 양육비심판을 청구할 수 있다고 판시한 바 있다.

25 친권자가 지정되거나 미성년후견인이 선임될 때까지 자녀의 보호에 공백이 생기는 것을 막기 위하여 가정법원은 그 임무를 대행할 사람을 선임할 수 있다(민법 제927조의2 제1항, 제909조의2 제5항). 이 경우에 선임된 대행자는 친권이 제한된 범위에서만 임무를 수행할 수 있다.

26 단독친권자가 친권의 일부 제한 선고를 받은 경우에 다른 부 또는 모가 없다면(예컨대 부의 사망으로 모가 단독친권자가 된 경우), 법원은 직권으로 미성년후견인을 선임하여야 한다(민법 제928조, 제932조 제2항). 이 경우에 선임된 미성년후견인은 친권이 제한된 범위에서만 임무를 수행할 수 있다.

제 925 조 [대리권, 재산관리권 상실의 선고]

가정법원은 법정대리인인 친권자가 부적당한 관리로 인하여 자녀의 재산을 위태롭게 한 경우에는 자녀의 친족, 검사 또는 지방자치단체의 장의 청구에 의하여 그 법률행위의 대리권과 재산관리권의 상실을 선고할 수 있다. <개정 2014. 10. 15>

[전문개정 2012. 2. 10.]

[관련조문] 민법 제2조(신의성실), 제909조(친권자), 제911조(미성년자인 자의 법정대리인), 제916조(자의 특유재산과 그 관리), 제920조(자의 재산에 관한 친권자의 대리권), 제922조(친권자의 주의의무), 제924조(친권의 상실 또는 일시 정지의 선고), 가족관계의 등록 등에 관한 법률 제79조(친권자 지정 및 변경 신고 등), 제58조(재판에 의한 인지)

[참고문헌] 김주수/김상용, 주석 민법, 친족(3)(제5판), 한국사법행정학회(2016); 김주수/김상용, 친족·상속법(제20판), 법문사(2024); 오병철, 친족상속법, 법문사(2024)

Ⅰ. 의의

1 법정대리인인 친권자가 부적당한 관리로 인하여 자녀의 재산을 위태롭게 한 때에는 자녀의 친족, 검사 또는 지방자치단체의 장의 청구에 의하여 가정법원이 법률행위의 대리권과 재산관리권의 상실을 선고할 수 있다. 친권의 일부 상실이 법률행위의 대리권과 재산관리권에 한하여 예외적으로 허용되는 경우이다.

2 친권의 보호·교양에 관한 부분과 재산관리에 관한 부분 중 후자의 제한이 더 쉽게 된다는 것을 의미하는 규정이다. 보호·교양에 관한 친권은 그대로 유지하면서 재산관리에 대해서만 상실시킴으로써 친권자와 자녀가 완전히 단절되는 것은 막을 수 있다.

Ⅱ. 대리권·재산관리권 상실의 요건

1. 친권자의 부적당한 관리로 자녀의 재산을 위태롭게 한 경우

3 법률행위의 대리권과 재산관리권만을 상실시키려면 객관적으로 보아 친권자가 자녀의 재산을 제대로 관리하지 못하여 위태롭게 만든 사실이 있거나 그럴 우려가 있어야 한다. 예를 들어 친권자가 자기의 이익을 위하여 미성년자녀의 재산을 소비하거나, 미성년 자녀의 재산으로 투기를 하는 경우 등을 들 수 있다. 다만 다소의 손실 위험이 수반되는 주식투자나 일시적으로 손해가 발생하였다는 사정만으로는 부적당한 관리라 보기 어려울 것이다.

4 적극적으로 부당한 행위를 한 경우는 물론 소극적으로 필요한 조치를 취하지 않음으로써 자녀의 재산을 멸실 또는 감소시켰거나 그러한 위험이 있는 경우도 포함한다.

5 친권자가 자녀를 보호·교양하는 데에는 문제가 없더라도 재산관리능력이 부족하여 자녀의 재산을 위태롭게 할 가능성이 있는 때에도, 대리권 및 관리권을 상실시키고 그에 한하여는 후견인의 지도, 감독에 따르게 할 수 있다.

6 다만 생활능력이 없는 친권자가 자신과 자녀의 생활에 필요한 비용을 마련하기 위하여 자녀의 재산을 처분하였다면 대리권·관리권 상실의 원인이 된다고 보기는 어려울 것이다.[1] 한편 예전 판례 중 친권자가 행방불명이더라도 그것만으로는 직접 자녀의 재산의 멸실이나 감소가 초래되는 것은 아니므로 부적당한 관리에 해당한다고 보기 어렵다는 입장도 있으나, 미성년자녀의 재산관리에 공백이 발생하는 경우이므로 민법 제927조의2에 따라 미성년후견이 개시되는 사유는 충분히 될 수 있다.

2. 대리권·재산관리권 상실선고의 보충성

7 법률행위의 대리권과 재산관리권의 상실선고는 친권자의 동의를 갈음하는 재판 또는 그 밖의 다른 조치에 의해서는 자녀의 복리를 충분히 보호할 수 없는 경우에만 할 수 있다(민법 제925조 제2항).

1 대법원 1962. 9. 20. 선고 62다287 판결.

Ⅲ. 대리권·재산관리권 상실선고의 청구

1. 의의

8 기본적으로 법률행위 대리권·재산관리권의 상실선고 사건은 친권자의 지정·변경이나 양육자의 지정과 마찬가지로 부모의 친권을 둘러싼 분쟁이기는 하나, 이 제도는 부모 이외에 친족이나 검사 등 제3자의 개입이 가능한 점, 부모의 혼인이 계속 중인지는 문제되지 않는다는 점, 당사자만의 협의에 따른 처리가 어려운 점의 점에서 특색을 가진다.

2. 심판청구[가사소송법 제2조 제1항 제2호 마목 7)]

가. 관할

9 마류 비송사건으로 가정법원의 전속관할이며 사물관할은 단독판사 관할이다.

나. 당사자

1) 청구권자

10 '자녀의 친족, 검사 또는 지방자치단체의 장'에 한정되고 사건본인인 자녀 자신은 청구권자가 될 수 없다. 자녀가 친권의 전부 상실, 일시 정지 및 일부 제한을 청구할 수 있는 반면(민법 제924조, 제924조의2), 친권의 일부 상실에 해당하는 대리권과 재산관리권의 상실은 청구할 수 없는데, 이러한 양 조문의 체계가 균형이 맞지 않는 것으로 보인다.

2) 상대방

11 상대방은 현재 문제가 되는 친권자이다.

12 만일 부모 모두 대리권·재산관리권을 제대로 행사하지 아니할 경우에는 부모 모두에 대하여 각각 개별적으로 청구하여야 한다.

다. 심리 및 심판

1) 심리

가) 조정전치주의

13 대리권·재산관리권 상실선고를 청구하려면, 우선 가정법원에 조정을 신청하여야 하고(가사소송법 제50조), 조정신청하지 아니하고 심판을 청구한 경우에는 가정법원은 그 사건을 조정에 회부하여야 한다.

14 조정의 대상이 되는지에 대하여 친권의 일부 제한과 같이 견해가 나뉠 수 있다. 부정설은 법률행위 대리권·재산관리권의 상실 여부는 당사자가 임의로 처분할 수 있는 성질의 것이 아니므로, 조정은 친권자의 친권 행사의 적정성을 확보하기 위한 수단 마련을 중심으로 한 간접적이고 우회적인 것이 되어야 한다고 본다. 이에 반하여 긍정설은 조정절차가 당사자의 협의에만 의존하는 것이 아니라 법원의 후견, 복지적 차원에서의 적극적 개입이 가능하므로 조정의 대상이 된다고 본다.

나) 심리의 대상

15 청구인적격이 있는지, 대리권·재산관리권 상실의 사유에 해당하는지, 자녀의 복리에 접합한지 여부 등이 심리의 주된 대상이 될 것이다.

다) 사전처분

16 청구인이 미리 자녀의 재산에 대한 관리·처분권을 확보하기를 원하는 경우에는 법률행위 대리권·재산관리권의 행사 정지 및 그 대행자 지정과 같은 사전처분을 활용할 수 있다.

2) 심판

[주문례][2]

1. 상대방의 사건본인에 대한 친권 중 법률행위대리권 및 재산관리권을 상실한다.
2. 사건본인에 대한 법률행위대리권 및 재산관리권에 관하여 청구인을 사건본인의 미성년 후견인으로 선임한다.
3. 미성년후견인은 다음과 같은 의무를 부담한다.
   가. 이 사건 심판확정일로부터 2 월 이내에 사건본인의 재산목록(기준일 20 . . . 상속재산 포함)을 작성하여 이 법원에 제출하여야 한다.
   나. 이 사건 심판확정일로부터 1 년이 경과한 날을 기준으로 하여 매년 후견사무에 관한 보고서를 이 법원에 제출하여야 한다.
   다. 사건본인을 대리하여 사건본인 명의의 부동산 또는 중요한 재산에 관한 권리의 득실변경을 목적으로 하는 행위를 하는 경우에는 미리 이 법원의 허가를 받아야 한다.
   라. 상대방과 사건본인의 면접교섭이 진행될 수 있도록 적극 협조한다.

2 서울가정법원 2019. 4. 12. 자 2018브30116 결정.

IV. 대리권·재산관리권 상실선고의 효력

1. 법률행위 대리권·재산관리권의 상실

17 대리권·재산관리권 상실심판의 확정에 의해서 친권자는 법률행위대리권과 재산관리권을 상실한다. 그러나 자녀의 신분에 관한 사항에 대해서는 계속해서 친권자의 신분을 유지하므로, 미성년 자녀를 보호·교양할 의무와 권리가 있다(친권의 일부상실).

2. 법률행위 대리권·재산관리권의 행사 및 지정

종전의 친권자	상실선고의 대상자	상실의 효과	
공동친권인 경우	일방이 상실한 경우	신분사항	친권자들이 공동으로 친권행사
		재산사항	상실되지 않은 다른 일방이 단독행사
	쌍방 모두 상실한 경우	신분사항	친권자들이 공동으로 친권행사
		재산사항	법원이 직권으로 미성년후견인 선임
단독친권인 경우	단독친권자 외 다른 부 또는 모가 있는 경우	신분사항	기존의 단독친권자가 행사
		재산사항	① 단독친권자 외 다른 부 또는 모의 청구에 의하여 법원이 대리권·재산관리권 한도 내에서 청구권자를 친권자로 지정 ② ①항의 청구가 없거나 부적당한 경우에는 대리권·재산관리권 한도 내에서 법원이 직권으로 미성년후견인 선임
	단독친권자 이외 다른 부 또는 모가 없는 경우	신분사항	기존의 단독친권자가 행사
		재산사항	대리권·재산관리권 한도 내에서 미성년후견인을 법원이 직권으로 선임

18 **가.** 공동친권자인 부모의 일방이 대리권·재산관리권을 상실한 경우에는 신분에 관한 사항에 대해서는 부모가 공동으로 친권을 행사하고, 재산에 관한 사항에 대해서는 다른 일방이 단독으로 친권을 행사하게 될 것이다.

19 **나.** 공동친권자인 부모 쌍방이 모두 대리권·재산관리권을 상실한 경우에는 법원은 직권으로 미성년후견인을 선임하여야 한다(민법 제928조, 제932조 제2항). 이 경우에 선임된 미성년후견인은 대리권·재산관리권의 범위에 한정하여 임무를 수행할 수 있다.

20 **다.** 단독친권자가 대리권·재산관리권을 상실한 경우, 즉 이혼 시 단독친권자로 지정된 부 또는 모가 대리권·재산관리권을 상실한 경우, 친권자로 지정되지 않은 부 또는 모, 미성년자, 미성년자의 친족은 그 사실을 안 날로부터 1개월, 단독친권자가 대리권·재산관리권의 상실선고를 받은 날로부터 6개월 내에 가정법원에 친권자로 지정되지 않은 부 또는 모를 대리권·재산관리권의 범위에 한정하여 친권자로 지정할 것을 청구할 수 있다(민법 제927조의2 제1항, 제909조의2 제1항). 이 기간 동안 친권자 지정의 청구가 없는 경우에는 가정법원은 직권으로 또는 청구에 의하여 미성년후견인을 선임할 수 있다(민법 제927조의2 제1항, 제909조의2 제3항). 그리고 친권자가 지정되거나 미성년후견인이 선임될 때까지 자녀의 보호에 공백이 생기는 것을 막기 위하여 가정법원은 그 임무를 대행할 사람을 선임할 수 있다(민법 제927조의2 제1항, 제909조의2 제5항). 이 경우에 선임된 대행자는 대리권·재산관리권의 범위에 한정하여 임무를 수행할 수 있다.

21 **라.** 단독친권자가 대리권·재산관리권의 상실선고를 받은 경우에 다른 부 또는 모가 없다면(예컨대 부의 사망으로 모가 단독친권자가 되었는데, 모가 대리권·재산관리권의 상실선고를 받은 경우), 법원은 직권으로 미성년후견인을 선임하여야 한다(민법 제928조, 제932조 제2항). 이 경우에 선임된 미성년후견인은 대리권·재산관리권의 범위에 한정하여 임무를 수행할 수 있다.

V. 심판확정 후의 절차

22 대리권·재산관리권의 일부 제한에 관한 심판이 확정된 경우에는 재판을 청구한 사람이나 그 재판으로 친권자 또는 그 임무를 대행할 사람으로 정하여진 사람이 재판의 확정일로부터 1개월 이내에 재판서의 등본 및 확정증명서를 첨부하여 그 내용을 신고하여야 한다(가족관계의 등록 등에 관한 법률 제79조, 제58조).

제 925 조의 2 [친권 상실 선고 등의 판단 기준]

① 제924조에 따른 친권 상실의 선고는 같은 조에 따른 친권의 일시 정지, 제924조의2에 따른 친권의 일부 제한, 제925조에 따른 대리권·재산관리권의 상실 선고 또는 그 밖의 다른 조치에 의해서는 자녀의 복리를 충분히 보호할 수 없는 경우에만 할 수 있다.

② 제924조에 따른 친권의 일시 정지, 제924조의2에 따른 친권의 일부 제한 또는 제925조에 따른 대리권·재산관리권의 상실 선고는 제922조의2에 따른 동의를 갈음하는 재판 또는 그 밖의 다른 조치에 의해서는 자녀의 복리를 충분히 보호할 수 없는 경우에만 할 수 있다.

[본조신설 2014. 10. 15.]

[관련조문] 민법 제922조의2(친권자의 동의를 갈음하는 재판), 제924조(친권의 상실 또는 일시 정지의 선고), 제924조의2(친권의 일부 제한의 선고), 제925조(대리권, 재산관리권 상실의 선고), 아동학대범죄의 처벌 등에 관한 특례법 제47조(가정법원의 피해아동에 대한 보호명령)

[참고문헌] 송덕수, 친족상속법(제7판), 박영사(2024)

Ⅰ. 의의

1. 친권에 대한 개입의 최소화

1 민법 제925조의2는 국가(법원)가 자녀의 복리를 위하여 친권에 개입하는 경우에도 그 정도는 필요한 최소한에 그쳐야 한다는 원칙을 선언하고 있다. 가정법원은 친권의 일시 정지나 일부 제한 또는 대리권, 재산관리권의 상실선고 등만으로는 자녀의 복리를 충분히 보호할 수 없는 경우에만 친권상실의 선고를 할 수 있다. 즉 친권상실선고는 자녀의 복리를 보호하기 위한 최후의 수단이라는 성격을 갖는다.

2 친권은 부모의 의무일 뿐 아니라 권리이기도 하므로, 자녀의 복리를 위해서 필요한 정도를 넘어서 친권에 대한 조치를 취하는 것은 부모의 권리를 침해하는 것이 된다. 또한 필요 이상으로 부모의 친권을 상실, 정지, 제한하는 것

은 자녀의 복리에도 반할 수 있다(자녀는 가능한 한 부모의 보호와 양육을 받으며 성장하는 것이 바람직하다고 보기 때문이다).

3 이와 같은 취지에서 친권의 일시 정지, 친권의 일부 제한, 대리권·재산관리권의 상실 선고[1]는 동의를 갈음하는 재판 또는 그 밖의 다른 조치에 의해서는 자녀의 복리를 충분히 보호할 수 없는 경우에만 할 수 있다. 동의를 갈음하는 재판은 친권 자체를 지속적으로 정지, 제한, 상실시키는 조치가 아니므로(법원이 친권자를 갈음하여 1회의 동의를 하는 것으로 그 목적을 달성한다), 친권의 일시 정지 등과 비교하여 볼 때 친권에 대한 침해의 정도가 가장 약하기 때문이다.

2. 가정법원의 후견·복지적 기능 유지

4 그러나 가정법원이 항상 먼저 친권에 대한 개입의 정도가 약한 조치를 취하고 나서, 자녀의 보호를 위하여 효과가 없다고 판단되는 경우에 비로소 다음 단계로서 보다 강한 조치를 위하여야 하는 것은 아니다. 이런 점에서 민법 제925조의2는 다분히 이념적이고 선언적인 의미의 규정이라고 볼 수 있다. 법원은 구체적인 사정을 고려하여 친권에 대한 개입의 정도가 필요하다고 보이는 경우에는 자녀의 복리를 위하여 바로 곧바로 친권자에 대한 강한 제재가 가능하다. 민법 제925조의2가 보충적 성격을 지닌다고 해서 가정법원의 후견·복지적 기능이 퇴색되어서는 안 될 것이다.

1 친권의 일부제한과 일시정지, 대리권과 재산관리권의 상실 제도 사이는 필요에 따라 선택적으로 사용할 수 있다. 위 제도들은 어느 것이 다른 것에 우선하거나 보충하는 관계에 있지 않고 선택적 관계에 있다. 송덕수, 친족상속법(제7판), 박영사(2024), 241.

Ⅱ. 적용범위 및 순서

1. 순서

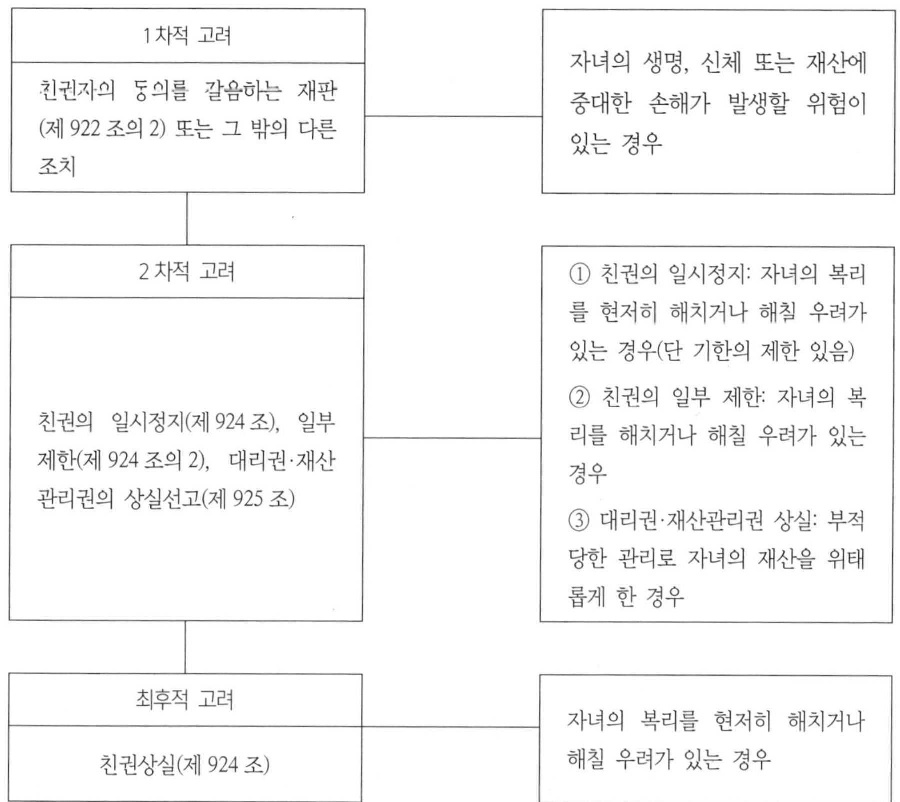

2. 1차적 고려 중 '그 밖의 다른 조치'의 의미

5 민법 제925조의2에서 규정하는 '그 밖의 다른 조치'가 무엇을 의미하는지는 명확하지 않다. 다만 민법 제925조의2에 열거되어 있는 조치들 이외에 자녀의 복리를 보호하기 위하여 취해질 수 있는 조치라는 점만을 알 수 있을 뿐이다. 예를 들면, 아동학대범죄의 처벌 등에 관한 특례법에 규정되어 있는 '아동학대행위자를 피해아동의 주거지 또는 점유하는 방실로부터의 퇴거 등 격리' 또는 '아동학대행위자가 피해아동 또는 가정구성원에게 접근하는 행위의 제한'(아동학대범죄의 처벌 등에 관한 특례법 제47조 제1항 제1호·제2호) 등을

들 수 있을 것이다.

6 그러나 피해아동보호명령의 경우 병과될 수 있으므로 이러한 조치들은 친권 행사의 정지나 제한 등의 조치와 동시에 취해질 가능성이 높다(아동학대범죄의 처벌 등에 관한 특례법 제47조 제3항). 그러므로 반드시 이러한 조치를 취하고 나서 효과가 미흡한 경우에 비로소 다음 단계의 조치를 취하여야 하는 것은 아니다.

7 중요한 것은 구체적 사정 하에서 자녀의 보호를 위하여 가장 효과적인 조치가 신속하게 취해져야 한다는 점이며, 민법 제925조의2의 해석론을 전개함에 있어서도 항상 이 점을 유의할 필요가 있다.

Ⅲ. 판례[2]

8 1. 민법은 친권 남용 등의 중대한 사유가 있는 때 법원이 친권 상실을 선고할 수 있다는 규정만을 두고 있었으나(민법 제924조), 2014. 10. 15. 법률 제12777호로 민법을 개정할 당시 친권 상실 선고 외에도 친권의 일시 정지(제924조)와 친권의 일부 제한(제924조의2)을 선고할 수 있다는 규정을 신설하고 친권 상실 선고 등의 판단 기준도 신설하였다(제925조의2).

9 가사소송규칙 제93조는 (마)류 가사비송사건에 대하여 가정법원이 가장 합리적인 방법으로 청구의 목적이 된 법률관계를 조정할 수 있는 내용의 심판을 하도록 하고 있고(제1항), 금전의 지급이나 물건의 인도, 기타 재산상의 의무 이행을 구하는 청구에 대하여는 청구취지를 초과하여 의무의 이행을 명할 수 없다고 하면서도 자녀의 복리를 위하여 양육에 관한 사항을 정하는 경우를 제외하고 있다(제2항).

10 위와 같은 규정 내용과 체계 등에 비추어 친권 상실이나 제한의 경우에도 자녀의 복리를 위한 양육과 마찬가지로 가정법원이 후견적 입장에서 폭넓은 재량으로 당사자의 법률관계를 형성하고 그 이행을 명하는 것이 허용되며 당사자의 청구취지에 엄격하게 구속되지 않는다고 보아야 한다. 따라서 민법 제924조 제1항에 따른 친권 상실 청구가 있으면 가정법원은 민법 제925조의2의 판단 기준을 참작하여 친권 상실사유에는 해당하지 않지만 자녀의 복리

2 대법원 2018. 5. 25. 자 2018스520 결정.

를 위하여 친권의 일부 제한이 필요하다고 볼 경우 청구취지에 구속되지 않고 친권의 일부 제한을 선고할 수 있다.

11 2. 원심은 청구인(사건본인의 외조부이다)이 친권자인 상대방의 친권 상실을 청구한 이 사건에서 다음과 같은 이유로 상대방의 친권 중 양육과 관련된 권한을 제한하는 결정을 하였다.

12 **가.** 친권자가 친권을 행사하는 것이 곤란하거나 부적당한 사유가 있지만 친권 상실사유에 해당한다고 보기 어려울 경우 친권 상실 대신 친권의 일부 제한 등을 선고할 수 있다.

13 **나.** 상대방이 사건본인을 보호 없는 상태로 둔 적이 없고 사건본인에 대한 친권자로서 권한과 의무를 포기하지 않고 일관되게 양육의사를 밝혀 왔으며 친권을 행사하는 데 장애가 될 만한 개인적 소질이 있어 보이지 않는 등 친권 상실사유가 있다고 보기 어렵다.

14 **다.** 현재 사건본인이 상대방에 대하여 심한 거부감을 보이고 있고 이러한 상태가 상당 기간 지속될 것으로 보여, 상대방이 실제로 친권을 전면적으로 행사하여 직접 사건본인을 양육하는 것은 사건본인의 복리를 심히 해칠 우려가 있으므로 상대방의 친권 중 양육과 관련된 권한을 제한하는 것이 적당하다.

15 2.에서 본 법리에 비추어 원심의 판단은 수긍할 수 있다. 원심의 판단[3]에 청구인과 상대방이 주장하는 바와 같이 민법 제924조의2, 제925조의2 등 규정에 반하는 등의 잘못이 없다.

3 아내가 이혼소송 중 사망하여 남편이 자녀에 대한 단독친권자가 된 사건으로서, 아내의 부모가 남편을 상대로 자녀에 대한 친권상실을 구하였는데, 원심(대전고등법원 2018. 1. 17. 자 2017브306 결정)은 친권상실의 사유에는 해당하지 않으나 친권 중 양육과 관련된 권한은 제한하는 것이 상당하다고 판단하였다.
[주문] 1. 상대방의 사건본인에 대한 친권 중 보호·교양권, 거소지정권, 징계권, 기타 양육과 관련된 권한을 제한한다.
2. 사건본인에 대한 보호·교양권, 거소지정권, 징계권, 기타 양육과 관련된 권한에 관하여 청구인을 미성년후견인으로 선임한다.
3. 미성년후견인은 다음과 같은 의무를 부담한다.
1) 2018. 10. 31.부터 매년 10. 31. 기준으로 같은 해 12. 31.까지 후견사무에 관한 보고서를 대전가정법원에 제출하여야 한다.
2) 상대방과 사건본인의 면접교섭이 진행될 수 있도록 적극 협조하되, 다만 면접교섭 여부 및 그 진행방식에 관하여 사건본인의 의사를 존중하여 이를 진행한다.

제 925 조의 3 [부모의 권리와 의무]

제924조와 제924조의2, 제925조에 따라 친권의 상실, 일시 정지, 일부 제한 또는 대리권과 재산관리권의 상실이 선고된 경우에도 부모의 자녀에 대한 그 밖의 권리와 의무는 변경되지 아니한다.

[본조신설 2014. 10. 15.]

[관련조문] 민법 제808조(동의가 필요한 혼인), 제870조(미성년자 입양에 대한 부모의 동의), 제913조(보호, 교양의 권리의무), 제924조(친권의 상실 또는 일시 정지의 선고), 제924조의2(친권의 일부 제한의 선고), 제925조(대리권, 재산관리권 상실의 선고), 제974조(부양의무)

[참고문헌] 주해친족법(제1판)(제2권), 박영사(2015)

Ⅰ. 의의

1 친권이 상실, 일시 정지, 일부 제한되거나 대리권·재산관리권이 상실된 경우에도 부모의 자녀에 대한 그 밖의 권리와 의무는 변경되지 않는다. 부모가 친권을 상실한 경우에도 부모와 자녀의 친자관계 그 자체는 변함없이 존속하는 것이므로, 친자관계에서 발생하는 권리의무는 영향을 받지 않는다.

2 이 규정은 친권 행사가 제한된 부모이더라도 의무이행은 거부할 수 없음을 명시하여 불필요한 분쟁을 방지하는 한편 부모로서의 권리·의무 유지를 자각하도록 함으로써 장래의 친자관계의 회복을 돕기 위해서이다.

Ⅱ. 적용범위

3 민법 제925조의3에 의하면, 친권 상실 등이 된 부모라도 자녀에 대한 부양의무를 면할 수 없고, 부모와 자녀의 상속관계도 영향을 받지 않는다. 친권의 일부(예컨대 거소지정권)가 제한된 경우에는 부모는 그 외의 범위에서는 친권을 행사할 수 있다. 대리권·재산관리권의 상실선고를 받은 부모도 자녀의 신분(민법 제808조 혼인동의권, 제870조 입양동의권 등)에 관해서는 친권을 보유하고 있으므로, 그 행사에 제한을 받지 않는다.

Ⅲ. 효과

4 민법 제925조의3은 이미 해석론에 의해서 해결되어 있는 당연한 법리를 명문으로 규정했다는 의미를 가지며, 주의적 규정이다. 예를 들어 친권자가 자녀의 치료를 위해 필요한 동의를 거부한 경우, 부모의 동의를 갈음하거나 치료에 대한 친권을 제한하거나 치료징료시까지 친권을 정시하는 재판이 확정될 경우, 친권자가 자녀의 양육비 지급이나 부양의무의 이행을 거절하는 사안에서 민법 제925조의3가 적용될 수 있다. 다만 이 경우에도 민법 제913조나 제974조에 의하여 양육비나 부양료 지급의무가 바로 인정될 수 있기 때문에 민법 제925조의3를 주의적 규정이라 본다.[1]

1 주해친족법(제1판)(제2권), 박영사(2015), 1154(권재문).

제 926 조 [실권 회복의 선고]

가정법원은 제924조, 제924조의2 또는 제925조에 따른 선고의 원인이 소멸된 경우에는 본인, 자녀, 자녀의 친족, 검사 또는 지방자치단체의 장의 청구에 의하여 실권의 회복을 선고할 수 있다.

[전문개정 2014. 10. 15.]

[관련조문] 민법 제777조(친족의 범위), 제924조(친권의 상실 또는 일시 정지의 선고), 제924조의2(친권의 일부 제한의 선고), 제925조(대리권, 재산관리권 상실의 선고), 가사소송법 제2조(가정법원의 관장 사항), 제46조(관할), 제50조(조정 전치주의), 가족관계의 등록 등에 관한 법률 제58조(재판에 의한 인지), 제79조(친권자 지정 및 변경 신고 등)

[참고문헌] 김주수/김상용, 주석 민법, 친족(3)(제5판), 한국사법행정학회(2016); 주해친족법(제1판)(제2권), 박영사(2015); 주해친족법(제2판)(제2권), 박영사(2025)

Ⅰ. 의의

1 친권의 상실, 일시 정지(민법 제924조), 친권의 일부 제한(제924조의2), 대리권·관리권의 상실(제925조) 등의 원인이 소멸하면 친권자 본인, 자녀, 자녀의 친족, 검사 또는 지방자치단체의 장이 실권회복의 심판을 청구할 수 있다.

2 위 상실사유는 종국적인 것이 아니어서 그 사유가 소멸하면 친권이 회복될 수 있다. 따라서 부모에게 제3자보다 우선적으로 자녀의 보호자가 될 수 있는 잠재적인 가능성은 여전히 남겨 둔 것을 의미한다.[1]

1 주해친족법(제1판)(제2권), 박영사(2015), 1155(권재문).

Ⅱ. 요건

1. 친권 등의 상실 사유의 소멸

3 당해 심판을 선고하게 된 원인이 소멸되었을 것을 요건으로 하는 데, 여기서 그 원인이 소멸하였다는 것은 단순히 현재의 사정만을 가리키는 것이 아니라, 다시 친권 등을 행사하게 하더라도 향후에는 상실 선고의 원인이 발생하지 않을 것으로 인정되는 경우를 말한다.

4 친권이 일시 정지된 경우에는 정지 기간이 경과하기 전이라도 할 경우에는 친권의 정지 사유가 소멸한 때에는 실권회복청구를 하여 다시 친권을 행사할 수 있다(기간이 경과하는 경우에는 실권회복의 선고 심판을 기다리지 아니하고 자동으로 친권을 행사할 수 있다).

2. 자녀의 복리 원칙

5 자녀의 복리의 원칙은 민법 제926조에 대해서도 적용된다. 따라서 구체적인 사정을 고려하여 종래의 친권자 등이 다시 그 권한을 행사할 수 있게 하는 것이 자녀의 복리에 부합함이 인정되어야 민법 제926조의 실권회복선고가 가능하다.

6 그러므로 친권 등의 상실사유가 소멸하였음에도 친권을 회복시킬 필요가 없거나 오히려 자녀의 복리에 저해될 경우에는 실권회복선고를 할 수 없다. 같은 맥락에서 이미 자녀가 성년이 된 경우에는 회복될 친권 등이 이미 소멸하였기 때문에 민법 제926조의 회복선고를 할 수 없다.[2]

Ⅲ. 실권회복의 선고 심판 청구(가사소송법 제2조 제1항 제2호 나목)

1. 관할

7 마류 가사비송사건으로 이에 대한 심리와 재판은 가정법원의 전속관할로 한다. 토지관할은 상대방의 주소지(보통재판적이 있는 곳)의 가정법원(지방법원, 지원)이고(가사소송법 제46조), 가정법원의 단독판사의 사물관할에 속한다(민사 및 가사소송의 사물관할에 관한 규칙 제3조).

2 주해친족법(제1판)(제2권), 박영사(2015), 1156(권재문); 주해친족법(제2판)(제2권), 박영사(2025), 1288(이봉민).

2. 청구권자 및 상대방

8 실권회복선고 심판의 청구권자는 친권 등이 상실·정지·제한된 본인, 자녀, 자녀의 친족, 검사 또는 지방자치단체의 장이다.

9 상대방은 그 청구 당시 친권이나 법률행위대리권·재산관리권을 행사하거나 이를 대행하고 있는 자를 상대방으로 하여야 한다(가사소송규칙 제101조 제2항). 만일 상대방으로 되어야 할 자가 없는 경우에는 검사를 상대방으로 하여 실권회복의 심판청구를 할 수 있다.

10 부모가 공동으로 친권을 행사하다가 일방의 친권이나 법률행위 대리권·재산관리권이 상실되어 다른 일방이 그 권한을 행사하고 있는 때에는 그 다른 일방이 상대방이 되고, 친권자의 친권상실에 따라 후견이 개시된 경우에는 그 후견인이 상대방이 된다.

3. 심리 및 판단

가. 조정전치주의

11 마류 가사비송사건이므로 가정법원에 심판을 청구하려는 사람은 먼저 조정을 신청하여야 함이 원칙이나(가사소송법 제50조 제1항), 실권회복의 선고는 당사자가 임의로 처분할 수 없는 사항에 해당하므로 당사자 합의에 의한 임의조정은 적합하지 않은 해결방법이라 할 것이다.

나. 심리의 대상

12 당사자적격이 있는지, 친권 등의 상실·일시정지·일부제한의 원인이 소멸하였는지 여부, 자녀의 복리에 적합한지 여부 등이 심리의 대상이다.

13 실권선고의 원인이 소멸하였는가의 여부는 가정법원이 구체적인 사정을 종합적으로 고려하여 판정한다.

다. 심판

1) 원칙

14 가정법원이 가정의 평화와 사회정의를 위하여 가장 합리적인 방법으로 청구의 목적이 된 법률관계를 조정할 수 있는 내용의 심판을 하여야 한다(가사소송규칙 제93조 제1항).

15 법원은 위 원칙에 따라 심리결과 실권선고의 원인이 소멸하였다고 인정하면 실권선고의 회복을 선고하고, 그렇지 않다고 판단하면 그 청구를 기각한다.

2) 일부 인용 가능 여부

16 법원은 심리 결과 자녀의 복리를 위하여 청구취지에서 한정하여 심판할 수 있다. 즉 친권회복 선고의 심판청구에 대하여 법률행위대리권·재산관리권만의 회복을 선고할 수 있다. 반대로 친권 전부의 회복을 청구한 것에 대하여 심리한 결과 법률행위대리권·재산관리권을 제외한 나머지 친권만을 회복시킬 수도 있다.

3) 주문례

가) 친권회복선고 청구를 전부 인용하는 경우

17 청구인의 사건본인에 대한 친권을 회복한다.

나) 법률행위대리권·재산관리권의 회복선고 청구를 전부 인용하는 경우

18 정구인의 사건본인에 대한 법률행위 대리권과 재산관리권을 회복한다.

다) 친권회복선고 청구에 대하여 법률행위대리권·재산관리권의 회복만을 선고하는 경우

19 (1) 청구인의 사건본인에 대한 법률행위 대리권과 재산관리권을 회복한다.

20 (2) 청구인의 나머지 청구를 기각한다.

라) 친권회복선고 청구에 대하여 법률행위대리권·재산관리권을 제외한 나머지 친권만의 회복을 선고하는 경우

21 (1) 청구인의 사건본인에 대한 친권을 회복한다. 다만 법률행위 대리권과 재산관리권은 회복하지 아니한다.

22 (2) 청구인의 나머지 청구를 기각한다.

4. 각급 법원 판례

23 [판례] 부산지방법원 가정지원 2011. 1. 7. 자 2010느합27 심판

주문: 청구인의 사건본인에 대한 법률행위대리권 및 재산관리권을 회복한다.

이유: 이 사건 기록에 심문 전체의 취지를 종합하면, 청구인은 1986. 12. 2. 망 김○○과 혼인하여 슬하에 사건본인 및 성년자녀 2명을 둔 사실, 청구인은 1998. 11. 1. 망 김○○과 재판상 이혼을 하였는데 당시 자녀들의 친권자 및 양육자로 망 김○○이 지정된 사실, 자녀들을 양육하던 망 김○○이 2004. 6. 14. 사망하자 망 김○○의 동생인 김△△의 청구에 따라 청구인에 대하여 2004. 9. 16. 창원지방법원 통영지원 2004느합2호로 사건본인을 비롯한 자녀들에 대한 법률행위대리권 및

재산관리권상실 선고가 이루어진 사실, 위 선고 당시 청구인과 김△△은 청구인이 사건본인을 비롯한 자녀들을 양육하되 자녀들 양육에 망 김○○의 형제자매 등 친가의 의견이 반영되도록 하는 취지에서 청구인에 대한 법률행위대리권 및 재산관리권을 상실하는 데에 의사가 합치하였던 사실, 이에 따라 청구인은 현재까지 자녀들을 양육하여 왔고 망 김○○의 누나인 상대방이 후견인이 되어 망 김○○의 상속재산을 관리하면서 청구인에게 매월 자녀들의 양육비 등을 지급하여 왔으며 그 사이 2명의 자녀는 성년이 되어 상대방의 후견이 종료된 사실을 인정할 수 있다.

이와 같이 청구인에 대한 법률행위대리권 및 재산관리권의 상실선고가 망 김○○의 사망 이후 청구인이 사건본인을 비롯한 자녀들을 양육하되 다만 그 과정에서 친가 쪽의 의견이 반영되도록 하는 취지에서 청구인과 상대방의 합의 아래 이루어졌다면, 그러한 경위에 상대방이 이 사건 심문기일에 출석하여 이 사건 청구에 동의하는 의사를 표시하고 있으며 상대방 역시 이 사건 청구를 인용하여 달라는 의사를 서면으로 표시하고 있는 사정을 보태어 보면, 청구인이 사건본인 재산의 부적당한 관리로 인하여 이를 위태하게 할 염려가 있다고 보이지 아니하므로 청구인에게 법률행위대리권 및 재산관리권상실 선고의 원인이 소멸되었다 할 것이다.

Ⅳ. 실권회복의 효과

1. 친권 등의 회복

24 심판은 확정되어야 효력이 발생하는데(가사소송법 제40조 단서), 심판확정시부터 친권자는 심판의 내용에 따라 친권 또는 법률행위대리권·재산관리권이 회복된다.

25 실권회복선고를 받았다는 것은 친권자의 지위를 회복하였다는 뜻이므로, 이 경우에는 가정법원이 친권자를 새로 지정할 필요는 없을 것이나, 경우에 따라서는 친권자의 지정이 필요할 수 있다. 부모의 다른 일방이 친권자로 지정되어 있었던 경우에는 민법 제927조의2 제2항에 따라 실권회복선고를 받은 부 또는 모를 새로 단독친권자로 지정하는 것도 가능하고(이 경우 실권회복선고를 받은 부모의 일방이 자녀의 단독친권자가 되고 기존의 친권자의 친권은 소멸한다), 기존의 친권자를 그대로 유지하면서 추가로 친권자를 지정하는 것도 가능할 것이다(이 경우 부모는 공동친권자가 된다. 친권이 일부 제한되어 있었던 경우에는 그 부분에 한정하여 공동친권이 성립할 것이다). 공동친권이 성립하는 경우

에는 부모 쌍방이 친권행사와 관련하여 협력할 수 있는 의사와 능력을 갖추고 있는가에 대하여 면밀한 검토가 이루어져야 할 것이다.

2. 후견의 종료

26 단독친권자가 친권상실선고를 받아서 미성년후견인이 선임되어 있는 경우에 실권회복의 선고를 받았다면, 그 부 또는 모는 당연히 친권자가 되고, 후견은 종료한다. 친권의 일지 정지 선고, 친권의 일부 제한 선고를 받은 경우도 마찬가지이다. 친권의 일부 제한 선고를 받은 경우에는 친권이 제한된 범위에 한정하여 미성년후견이 개시되는데, 친권자가 실권회복선고를 받으면 그 부분에 대해서도 친권을 행사할 수 있게 된다.

27 단독친권자가 친권 중 법률행위의 대리권과 재산관리권의 상실하여 그 부분에 대하여 미성년후견인이 선임되어 있는 경우에 실권회복의 신고를 받았다면, 그 부 또는 모는 당연히 법률행위의 대리권과 재산관리권 부분에 대해서도 친권자가 되고, 후견은 종료한다.

V. 심판확정 후의 절차

1. 가족관계등록부 기록의 촉탁

28 실권회복선고의 심판이 확정된 때에는 가정법원은 지체 없이 子의 등록기준지의 가족관계등록공무원에게 등록부의 기록을 촉탁하여야 한다(가사소송법 제9조, 가사소송규칙 제5조 제1항 제1호).

2. 실권회복의 신고

29 실권회복선고의 심판을 청구한 자는 재판의 확정일로부터 1개월 이내에 재판서의 등본 및 확정증명서를 첨부하여 취지를 신고하여야 한다(가족관계의 등록 등에 관한 법률 제79조, 제58조).

3. 가족관계등록부의 기록

30 친권 등의 실권이 회복된 경우에는 신고 또는 가정법원의 촉탁에 따라 가족관계등록부에 기록을 한다. 친권에 관한 사항은 미성년자의 등록부의 일반등록사항란에 기록한다(가족관계의 등록 등에 관한 규칙 제53조).

제 927 조 [대리권, 관리권의 사퇴와 회복]

① 법정대리인인 친권자는 정당한 사유가 있는 때에는 법원의 허가를 얻어 그 법률행위의 대리권과 재산관리권을 사퇴할 수 있다.

② 전항의 사유가 소멸한 때에는 그 친권자는 법원의 허가를 얻어 사퇴한 권리를 회복할 수 있다.

[관련조문] 민법 제180조(재산관리자에 대한 제한능력자의 권리, 부부 사이의 권리와 시효정지), 제909조(친권자), 제911조(미성년자인 자의 법정대리인), 제919조(위임에 관한 규정의 준용), 제923조(재산관리의 계산), 제928조(미성년자에 대한 후견의 개시), 제936조(성년후견인의 선임), 제920조(자의 재산에 관한 친권자의 대리권)

[참고문헌] 주해친족법(제1판)(제2권), 박영사(2015)

Ⅰ. 의의

1 친권은 미성년자인 자녀에 대한 부모의 권리이자 의무이기 때문에 당사자가 임의로 포기할 수 있는 성질의 것이 아니다. 이는 친권자가 함부로 사퇴하여 친권자로서의 의무를 태만히 할 경우에는 미성년인 자녀의 복리에 위해가 될 수 있기 때문이다.

2 그럼에도 친권은 부모의 권리인 측면도 있기 때문에 정당한 사유가 있는 경우 법률행위 대리권과 재산관리권 부분에 한하여[1] 친권자의 자유로운 의사에 기하여 자발적으로 가정법원의 허가를 통한 사퇴가 가능할 수 있다. 한편 그

1 연혁에 비추어 볼 때 민법 제927조는 친권 중 보호·교양에 대한 권리·의무는 사퇴의 대상이 되지 않음을 규정한 것이다. 1947년에 개정된 일본 민법은 부모가 친권 또는 재산관리권을 가정법원의 허가를 얻어 스스로 사퇴할 수 있도록 제도를 신설하였는데, 우리 민법은 이러한 내용을 참조하면서도 대리권·재산관리권의 사퇴만 가능하도록 규정하였기 때문이다. 주해친족법(제1판)(제2권), 박영사(2015), 1158~1159(권재문).

사유가 소멸한 때에는 권리의 회복도 가능하도록 규정하고 있다.

Ⅱ. 법률행위의 대리권 및 재산관리권 사퇴

1. 요건

가. 정당한 사유

3 친권자의 장기간에 걸친 국외 체류, 전지요양, 중병, 재산관리능력의 상실, 교도소의 장기 수용 등 친권자가 자녀의 재산을 적절하게 관리할 수 없는 경우를 예로 들 수 있다.

4 특히 친권자가 자신의 재산도 관리할 수 없는 경우에는 친권자에 대한 성년후견이 개시되는데(민법 제9조) 현행법의 해석상 성년후견인이 친권을 대행할 수 없다. 그러므로 이 경우 민법 제927조의 사퇴를 통하여 신속하게 후견인이 자녀의 재산을 적절하게 관리할 수 있다.

나. 법원의 허가

5 사퇴에 가정법원의 허가를 요하도록 한 것은 친권자가 의무이기도 한 법률행위 대리권과 재산관리권을 함부로 면하거나, 친권자의 진의에 의하지 않고 사퇴하는 것을 방지하기 위함이다.

6 그러므로 법원은 사퇴허가의 심판에서 법률행위 대리권과 재산관리권을 사퇴할 정당한 사유가 있는지, 청구권자의 진의에 기한 청구인지 여부를 중심으로 심리하여야 할 것이다.

2. 사퇴의 범위

7 친권자가 가정법원의 허가를 얻어 사퇴할 수 있는 부분은 법률행위의 대리권과 재산관리권에 한정된다. 그러므로 친권 중 신분사항에 대한 권리의무, 대표적으로 보호·교양에 관한 의무에 관하여는 사퇴가 허용되지 아니한다.

3. 친권자의 법률행위 대리권·재산관리권 사퇴허가 심판청구[가사소송법 제2조 제1항 제2호 가목 17)]

가. 관할

8 라류 가사비송사건으로서 이에 대한 심리와 재판은 가정법원의 전속관할이다. 토지관할은 사퇴하고자 하는 친권에 따르는 미성년자의 주소지 관할 가

정법원이다(가사소송법 제44조 제5호).

나. 청구권자

9 법률행위의 대리권 및 재산관리권의 사퇴는 '친권자'만이 청구권자이다. 이는 친권·법률행위 대리권·재산관리권의 상실선고는 친권자인 부모의 의사와 관계없이 이루어지므로 제3자도 청구할 수 있는 점과 대비된다.

다. 심판의 효력

10 사퇴허가의 심판이 있으면 그 친권자의 법률행위 대리권·재산관리권은 상실된다. 따라서 공동친권자 중 일방이 법률행위 대리권·재산관리권을 사퇴한 경우에는 다른 일방이 단독으로 대리권·재산관리권을 행사한다.

11 부모의 이혼 등으로 친권자로 지정된 단독친권자가 법률행위 대리권·재산관리권을 사퇴한 경우에는, 친권자로 지정되지 않은 부 또는 모, 미성년자, 미성년자의 친족은 그 사실을 안 날로부터 1개월, 단독친권자가 대리권·재산관리권을 사퇴한 날로부터 6개월 내에 가정법원에 친권자로 지정되지 않은 부 또는 모를 대리권·재산관리권의 범위에 한정하여 친권자로 지정할 것을 청구할 수 있고(민법 제927조의2 제1항, 제909조의2 제1항), 이 기간 동안 친권자 지정의 청구가 없는 경우에는 가정법원은 직권으로 또는 청구에 의하여 미성년후견인을 선임할 수 있다(제927조의2 제1항, 제909조의2 제3항). 이 경우에 선임된 미성년후견인은 대리권·재산관리권의 범위에 한정하여 임무를 수행할 수 있다. 그리고 친권자가 지정되거나 미성년후견인이 선임될 때까지 자녀의 보호에 공백이 생기는 것을 막기 위하여 가정법원은 그 임무를 대행할 사람을 선임할 수 있다(민법 제927조의2 제1항, 제909조의2 제5항). 이 경우에 선임된 대행자는 대리권·재산관리권의 범위에 한정하여 임무를 수행할 수 있다.

12 [판례] 미성년자 법률행위대리권 및 재산관리권 사퇴[2]

주문: 1. 청구인이 사건본인에 대한 법률행위대리권 및 재산관리권을 각 사퇴함을 허가한다.

2. 사건본인의 후견인으로 조○○(생년월일, 주소)을 선임한다.

사실관계: 청구인은 남△△과 혼인하여 사건본인을 두었는데, 2005년경 사업 부도로 가출한 후 현재까지 가족들과 별다른 왕래 없이 지내고 있다. 남△△은 청구

2 부산가정법원 2016. 9. 29. 선고 2016느합200020 판결.

인이 가출한 이후 병을 얻어 투병생활을 하던 중 2016. 3. 7. 사망하였다. 사건본인의 외할머니인 조○○은 아픈 남△△을 대신하여 현재까지 사건본인을 양육하고 있고, 청구인도 조○○이 사건본인의 후견인이 되길 희망하고 있다.

법원의 판단. 위 인정사실을 종합적으로 고려하면, 청구인은 사건본인의 아버지이긴 하나, 2005년경 가출한 이후 친권자로서 책임을 다하지 못하였고 현재 사건본인에 대한 친권사퇴를 희망하고 있는 등 사건본인의 건전한 성장을 위하여 적정하게 친권을 행사할 것으로 기대할 수 없으므로, 사건본인에 대한 법률행위대리권 및 재산관리권을 사퇴함이 상당하다.
민법은 친권상실의 선고나 대리권 및 재산관리권 상실의 선고에 따라 미성년후견인을 선임할 필요가 있는 경우에는 직권으로 미성년후견인을 선임하여야 하고, 친권자가 대리권 및 재산관리권을 사퇴한 경우에는 법원에 미성년후견인의 선임을 청구하도록 정하고 있는바(민법 제932조 제2항·제3항), 사건본인의 공동친권자이던 남△△은 2016. 3. 7. 사망하였고, 제2항의 판단과 같이 청구인의 사건본인에 대한 법률행위대리권 및 재산관리권의 사퇴가 허가된 점, 조○○은 10년 이상 사건본인을 직접 양육하여 왔고, 앞으로도 양육하겠다는 의지를 보이고 있는 점 등 제반 사정을 고려하면, 사건본인의 원만한 성장과 복리를 위해 조○○을 사건본인의 후견인으로 선임함이 상당하다.

4. 심판 확정 후의 절차

가. 가족관계등록부 기록을 위한 통지

13 친권자의 법률행위대리권, 재산관리권 사퇴 허가의 심판이 효력을 발생한 때에는 법원사무관 등은 지체없이 당사자 또는 사건본인의 등록기준지의 가족관계등록사무를 처리하는 자에게 그 뜻을 통지하여야 한다(가사소송규칙 제7조 제1항 제4호).

나. 가족관계등록부 기록을 위한 신고

14 법률행위의 대리권과 재산관리권의 사퇴에 관한 재판이 확정된 때에는 재판을 청구한 자는 심판의 확정일로부터 1개월 이내에 재판서의 등본과 확정증명서를 첨부하여 그 취지를 신고하여야 한다(가족관계의 등록 등에 관한 법률 제79조, 제58조). 이때의 신고는 보고적 신고이다.

다. 가족관계등록부의 기록

15 법률행위 대리권 및 재산관리권을 사퇴한 경우에는 신고 또는 가정법원의 통지에 따라 가족관계등록부에 기록하는데, 친권에 관한 사항이므로 미성년자

등록부 중 일반등록사항란에 기록한다(가족관계의 등록 등에 관한 규칙 제53조).

Ⅲ. 법률행위의 대리권 및 재산관리권의 회복

1. 서설

16 친권자가 정당한 사유로 법률행위의 대리권과 재산관리권을 사퇴하였더라도 그 사퇴의 사유가 소멸한 경우에는 가정법원의 허가를 받아 사퇴한 권리를 회복할 수 있다(민법 제927조 제2항). 이 역시 친권자 부모의 자유로운 의사에 기하여 가능하다는 점에서 친권·법률행위 대리권·재산관리권의 회복선고 사건(마류 사건)과 차이가 있다.

2. 친권자의 법률행위 대리권·재산관리권 회복허가 심판청구[가사소송법 제2조 제1항 제2호 가목 17)]

가. 관할

17 라류 가사비송사건이고, 토지관할은 사퇴하고자 하는 친권에 따르는 미성년자의 주소지 관할 가정법원이다(가사소송법 제44조 제5호).

나. 청구권자

18 회복허가의 심판을 청구할 수 있는 자는 법률행위 대리권 및 재산관리권을 사퇴하였던 친권자이다.

다. 심리와 심판

19 가정법원의 심리 대상은 법률행위 대리권 및 재산관리권 사퇴의 원인이 된 정당한 사유가 소멸하였는지, 친권자가 이러한 권리를 회복하여 행사하는 것이 자녀의 복지에 적합한지 등이 주된 대상이 될 것이고, 심리 결과 소멸하였다고 인정되고 자녀의 복리에 적합한 경우 회복허가 심판을 한다.

20 [판례] 광주가정법원 2015. 12. 14. 선고 2015 느합 6 판결

주문: 청구인의 사건본인에 대한 법률행위 대리권 및 재산관리권의 회복을 허가한다.

이유: 이 사건 기록 및 심문 전체의 취지에 의하면, 청구인은 김○○과 혼인하여 슬하에 사건본인을 두었으나 2004. 8. 17. 협의이혼 하였고 사건본인에 대한 친권자 및 양육자를 김○○으로 지정하기로 협의한 사실, 그 후 김○○은 2009. 8. 25. 사망하였고 김○○의 모인 홍△△이 사건본인을 양육한 사실, 청구인에 대하여

2010. 2. 19. 사건본인에 대한 법률행위 대리권 및 재산관리권을 상실하는 심판이 확정된 사실, 2010. 4. 2. 사건본인의 후견인을 백◎◎에서 홍△△으로 변경하는 심판이 내려진 사실, 청구인은 홍△△에게 사건본인의 과거 양육비로 2013. 12. 31. 17,400,000원을 지급하고, 2013. 12. 31.부터 2014. 12. 30.까지 사건본인의 양육비로 매월 60만 원 가량을 지급한 사실, 그러던 중 홍△△이 2014. 3. 2. 사망하였고, 그 후 사건본인의 고모인 김□□이 사건본인을 돌보다 김□□의 요청에 따라 청구인이 2015. 1. 11.경부터 사건본인을 청구인의 집으로 데려와 돌보고 있는 사실, 청구인 및 청구인의 남편 모두 사건본인의 양육을 희망하고 있고, 사건본인 또한 청구인의 양육을 희망하고 있는 사실, 청구인은 특수학교 교사로 근무하고 있는 사실, 후견인 홍△△이 사망한 이후 현재까지 후임 후견인이 선임되어 있지 않은 사실이 인정된다.
위 인정사실에 비추어 보면, 사건본인의 친권자인 청구인이 부적당한 관리로 인하여 사건본인의 재산을 위태롭게 할 것이라고 보이지 아니한다.
그렇다면 청구인에게 법률행위 대리권 및 재산관리권 상실 선고의 원인이 소멸되었다 할 것이다.

3. 심판의 효력

21 심판이 확정되면 친권자는 법률행위의 대리권·재산관리권을 행사할 수 있게 되는데, 단독친권자가 친권 중 법률행위의 대리권과 재산관리권을 사퇴하여 그 부분에 대하여 미성년후견인이 선임되어 있는 경우에는 후견은 종료하게 된다. 부모의 다른 일방이 법률행위의 대리권과 재산관리권 부분에 대하여 친권자로 지정되어 있었던 경우에는 민법 제927조의2 제2항에 따라 대리권과 재산관리권을 회복한 부 또는 모를 새로 이 부분에 대하여 단독친권자로 지정할 수도 있고(이 경우 대리권과 재산관리권을 회복한 부모의 일방이 자녀의 단독친권자가 되며, 부모의 다른 일방이 법률행위의 대리권과 재산관리권 부분에 대해서 가지고 있던 친권은 소멸한다), 기존의 친권자를 그대로 유지하면서 추가로 친권자를 지정하는 것도 가능할 것이다(이 경우 부모는 법률행위의 대리권과 재산관리권 부분에 한하여 공동친권자가 된다).

4. 심판확정 후의 절차

가. 가족관계등록부 기록을 위한 통지

22 친권자의 법률행위대리권, 재산관리권 사퇴 허가의 심판이 효력을 발생한 때에는 법원사무관 등은 지체없이 당사자 또는 사건본인의 등록기준지의 가족

관계등록사무를 처리하는 자에게 그 뜻을 통지하여야 한다(가사소송규칙 제7조 제1항 제4호).

나. 가족관계등록부 기록을 위한 신고

23 법률행위의 대리권과 재산관리권의 사퇴에 관한 재판이 확정된 때에는 재판을 청구한 자는 심판의 확정일로부터 1개월 이내에 재판서의 등본과 확정증명서를 첨부하여 그 취지를 신고하여야 한다(가족관계의 등록 등에 관한 법률 제79조, 제58조). 이때의 신고는 보고적 신고이다.

다. 가족관계등록부의 기록

24 법률행위 대리권 및 재산관리권을 사퇴한 경우에는 신고 또는 가정법원의 통지에 따라 가족관계등록부에 기록하는데, 친권에 관한 사항이므로 미성년자 등록부 중 일반등록사항란에 기록한다(가족관계의 등록 등에 관한 규칙 제53조).

제 927 조의 2 [친권의 상실, 일시 정지 또는 일부 제한과 친권자의 지정 등]

① 제909조 제4항부터 제6항까지의 규정에 따라 단독 친권자가 된 부 또는 모, 양부모(친양자의 양부모를 제외한다) 쌍방에게 다음 각 호의 어느 하나에 해당하는 사유가 있는 경우에는 제909조의2 제1항 및 제3항부터 제5항까지의 규정을 준용한다. 다만, 제1호의3·제2호 및 제3호의 경우 새로 정하여진 친권자 또는 미성년후견인의 임무는 제한된 친권의 범위에 속하는 행위에 한정된다. <개정 2014. 10. 15.>

1. 제924조에 따른 친권상실의 선고가 있는 경우

1의2. 제924조에 따른 친권 일시 정지의 선고가 있는 경우

1의3. 제924조의2에 따른 친권 일부 제한의 선고가 있는 경우

2. 제925조에 따른 대리권과 재산관리권 상실의 선고가 있는 경우

3. 제927조 제1항에 따라 대리권과 재산관리권을 사퇴한 경우

4. 소재불명 등 친권을 행사할 수 없는 중대한 사유가 있는 경우

② 가정법원은 제1항에 따라 친권자가 지정되거나 미성년후견인이 선임된 후 단독 친권자이었던 부 또는 모, 양부모 일방 또는 쌍방에게 다음 각 호의 어느 하나에 해당하는 사유가 있는 경우에는 그 부모 일방 또는 쌍방, 미성년자, 미성년자의 친족의 청구에 의하여 친권자를 새로 지정할 수 있다.

1. 제926조에 따라 실권의 회복이 선고된 경우

2. 제927조 제2항에 따라 사퇴한 권리를 회복한 경우

3. 소재불명이던 부 또는 모가 발견되는 등 친권을 행사할 수 있게 된 경우

[본조신설 2011. 5. 19.]

[제목개정 2014. 10. 15.]

[관련조문] 민법 제24조(관리인의 직무), 제909조(친권자), 제909조의2(친권자의 지정 등), 제924조(친권의 상실 또는 일시 정지의 선고), 제924조의2(친권의 일부 제한의 선고), 제925조(대리권, 재산관리권 상실의 선고, 제926(실권 회복의 선고), 제927조(대리권, 관리권의 사퇴와 회복), 제928조(미성년자에 대한 후견의 개시), 제954조(가정법원의 후견사무에 관한 처분), 가사소송법 제2조(가정법원의 관장 사항), 아동학대범죄의 처벌 등에 관한 특례법 제23조(임시로 후견인의 임무를 수행할 사람), 제47조(가정법원의 피해아동에 대한 보호명령)

[참고문헌] 김주수/김상용, 주석 민법, 친족(3)(제5판), 한국사법행정학회(2016); 주해친족법(제1판)(제2권), 박영사(2015); 주해친족법(제2판)(제2권), 박영사(2025); 김주수/김상용, 친족·상속법(제20판),

법문사(2024); 권재문, "친권자의 공백 상황에 대처하기 위한 법정대리인의 결정", 가족법연구 제27권 제1호(2012); 김상용, "위탁아동의 친권과 후견-보호의 공백에 처한 아이들-", 중앙법학 제19집 제4호, 중앙법학회(2018)

Ⅰ. 의의

1 공동친권자 중 1인에게 친권을 행사할 수 없는 법률상, 사실상의 장애가 있을 경우 다른 일방이 친권을 행사한다(민법 제909조 제3항). 그러므로 미성년 자녀의 보호에 공백이 발생하지 않는다.

2 그런데 단독친권자에게 친권을 행사할 수 없는 법률상, 사실상의 장애가 발생하면, 자녀의 법적인 보호자가 없게 되는 문제가 발생한다. 종래의 실무는 부모 중 단독친권자가 아닌 사람이 단독친권자의 친권행사 장애를 계기로 친권의 당연부활을 긍정하였으나, 2011년 개정법에 의하여 이 부분은 입법적으로 해결되었다.

[친권자 지정에 관한 민법규정]

<table>
<tr><th colspan="2">친권자의 수</th><th>친권행사의 장애 사유</th><th>친권자의 지정 방법</th><th>민법 규정</th></tr>
<tr><td colspan="2">공동친권자인 경우</td><td>사망 등 사실상 장애 및 그 외 법률상 장애 사유 모두 포함 (친권상실 등)</td><td>다른 일방이 친권 행사</td><td>민법 제909조 제3항</td></tr>
<tr><td rowspan="3">단독 친권자 인경우</td><td rowspan="2">친권자가 아닌 부 또는 모가 친권을 행사할 수 있는 경우</td><td>단독친권자의 사망</td><td>① 생존하는 부 또는 모, 미성년자, 미성년자의 친족은 생존하는 부 또는 모를 친권자로 지정할 것을 청구
② 청구 없을 시에는 법원은 직권으로 또는 미성년자, 미성년자의 친족, 이해관계인, 검사, 지방자치단체의 장의 청구에 의하여 미성년 후견인 선임</td><td>민법 제909조의2</td></tr>
<tr><td>단독친권자의 친권상실, 친권일시정지, 일부제한, 대리권과 재산관리권 상실 선고, 대리권과 재산관리권 사퇴, 소재불명 등 친권을 행사할 수 없는 중대한 사유 있는 경우</td><td>① 생존하는 부 또는 모, 미성년자, 미성년자의 친족은 생존하는 부 또는 모를 친권자로 지정할 것을 청구
② 청구 없을 시에는 법원은 직권으로 또는 미성년자, 미성년자의 친족, 이해관계인, 검사, 지방자치단체의 장의 청구에 의하여 미성년 후견인 선임</td><td>민법 제927조의2 (민법 제909조의2 제1항, 제3항 내지 제5항 준용)</td></tr>
<tr><td>친권자가 아닌 부 또는 모가 친권을 행사 할 수 없는 경우</td><td>사망 및 그 외 법률상 장애 사유 모두 포함(친권상실 등)</td><td>후견의 개시 및 미성년후견인 선임</td><td>민법 제928조</td></tr>
</table>

Ⅱ. 단독친권자가 친권을 행사할 수 없게 된 경우

1. 단독친권자가 친권을 상실한 경우(제927조의2 제1항 제1호)

가. 의의

3 2011년 친권법 개정(시행일 2013. 7. 1.) 전에 실무가 취했던 태도에 의하면, 이혼·혼인취소 등으로 인하여 단독친권자로 정해진 부모의 일방이 사망한 경우뿐만 아니라 친권상실선고를 받은 경우에도 다른 일방의 친권이 자동으로 부활하는 것으로 되어 있었다.

4 그러나 단독친권자가 친권상실선고를 받은 경우에 다른 부모의 일방이 자동으로 친권자가 된다면, 자녀의 복리라는 관점에서 볼 때 단독친권자가 사망한 경우와 동일한 문제가 발생할 수 있다. 이혼 시 친권자로 지정되지 않은 부모의 일방이 언제나 친권자로서 적합하다고 볼 수 없기 때문이다. 즉, 이혼 시 단독친권자로 정해진 부모의 일방이 사망한 경우이든 친권상실선고를 받은 경우이든 구체적인 사정에 대한 고려 없이 다른 부모의 일방이 자동으로 친권자가 되게 하는 것은 자녀의 복리를 위태롭게 할 수 있다는 점에서 본질적으로 차이가 없다. 그러므로 개정법은 이혼 시 단독친권자로 정해진 부모의 일방이 친권상실선고를 받은 경우에도 다른 일방의 친권이 자동적으로 부활하는 것으로 하지 않고, 청구에 의하여 법원이 새로 친권자를 지정하도록 하였다(민법 제927조의2, 제909조의2 제1항·제3항 내지 제5항의 준용).

나. 친권자의 지정

1) 친권자 지정 청구

5 이혼 등으로 단독친권자로 지정된 부 또는 모가 친권상실선고를 받은 경우, 친권자로 지정되지 않은 부 또는 모, 미성년자 및 그 친족은 친권상실선고의 심판이 확정된 것을 안 날로부터 1개월, 심판의 확정일부터 6개월 내에 가정법원에 친권자로 지정되지 않은 부 또는 모를 친권자로 지정할 것을 청구할 수 있다(민법 제927조의2 제1항, 제909조의2 제1항).

6 가정법원은 친권자 지정 청구가 있은 경우에도 자녀의 복리를 위하여 필요하다고 판단하는 때(즉 이혼 시 친권자로 지정되지 않은 부 또는 모를 친권자로 지정하는 것이 자녀의 복리를 위하여 적절하지 않다고 인정하지 않은 경우)에는 그

청구를 기각할 수 있으며, 이때에는 직권으로 미성년후견인을 선임하여야 한다(민법 제927조의2 제1항, 제909조의2 제4항).

2) 미성년후견인의 선임

7 위의 기간 내에 친권자 지정 청구가 없으면, 가정법원은 직권 또는 청구(청구권자는 미성년자녀, 미성년자녀의 친족, 이해관계인, 검사, 지방자치단체의 장이다)에 의하여 미성년후견인을 선임할 수 있다. 이 경우에는 이혼 시 친권자로 지정되지 않은 부 또는 모에게 의견을 진술할 기회를 주어야 한다(민법 제927조의2 제1항, 제909조의2 제3항).

8 친권자 지정 청구가 없어서 미성년후견인의 선임 청구가 있은 경우에도 가정법원은 자녀의 복리를 고려하여 적당하지 않다고 판단되는 때에는 그 청구를 기각할 수 있으며, 이 경우에는 이혼 시 친권자로 지정되지 않은 부 또는 모를 친권자로 지정하여야 한다(민법 제927조의2 제1항, 제909조의2 제4항).

9 예컨대, 이혼시 친권자로 지정되지 않은 부 또는 모가 단독친권자의 친권상실을 알지 못하여 청구기간 내에 친권자 지정 청구를 하지 못하였기 때문에 그 기간이 경과한 후 후견인 선임 청구가 있었으나, 가정법원이 이혼시 친권자로 지정되지 않은 부 또는 모를 친권자로 지정하는 것이 자녀의 복리를 위하여 유리하다고 판단할 때에는 후견인 선임 천구를 기각하고 부 또는 모를 친권자로 지정할 수 있다.

다. 임무 대행자의 선임

10 단독친권자가 친권을 상실한 후 새로 친권자가 지정되거나 미성년후견인이 선임될 때까지의 기간 동안에는 자녀에게 법정대리인이 없는 상태가 발생하여 불이익이 생길 우려가 있으므로, 가정법원은 임시로 법정대리인의 임무를 수행할 사람을 선임할 수 있다(민법 제927조의2 제1항, 제909조의2 제5항). 이 경우 법정대리인의 임무를 대행하는 사람(대행자)에 대해서는 민법 제25조와 제954조가 준용된다. 따라서 대행자는 원칙적으로 미성년자녀의 재산을 관리하는 행위(구체적으로는 보존행위, 이용행위, 개량행위)만을 할 수 있을 뿐이며, 미성년자녀의 재산을 처분하려면 법원의 허가를 받아야 한다[제25조의 준용, 가사소송법 제2조 제1항 라목 13)의2]. 법원은 미성년자녀, 후견감독인 또는 민법 제777조의 규정에 의한 친족 기타 이해관계인 등의 청구에 의하여 대행자가 관리하는 미성년자녀의 재산상황을 조사하고, 재산관리나 그 밖에 대행자가 법정대리인

으로서 임무를 수행하는 데 필요한 처분을 명할 수 있다(민법 제954조의 준용).

2. 단독친권자의 친권이 일시 정지된 경우(제1항 제1의2호)

11 친권의 일시 정지란 친권자가 친권을 보유하고 있으나 일정한 기간 동안 친권 전부를 행사할 수 없는 상태를 말한다. 친권자가 친권을 전면적으로 행사할 수 없다는 점에서는 친권상실과 차이가 없으므로, 단독친권자의 친권이 일시 정지되면 그 기간 동안에는 자녀의 법정대리인이 없는 것과 같은 상태가 된다(엄밀하게 말하면 법정대리인이 존재하나 임무를 수행할 수 없는 상태가 된다).

12 따라서 이 경우에도 단독친권자가 친권을 상실한 경우와 같은 규정이 적용된다(민법 제927조의2 제1항, 제909조의2 제1항·제3항 내지 제5항). 즉, 단독친권자가 친권의 일시 정지를 선고받는 경우, 이혼 시 친권자로 지정되지 않은 부 또는 모 등의 청구권자는 친권의 일시 정지 심판이 확정된 것을 안 날로부터 1개월, 심판의 확정일로부터 6개월 내에 친권자 지정 청구를 할 수 있다. 위의 기간 내에 친권자 지정 청구가 없으면 가정법원은 직권 또는 청구에 의하여 미성년후견인을 선임할 수 있다. 또한 가정법원은 친권자가 새로 지정되거나 미성년후견인이 선임될 때까지 임시로 법정대리인의 임무를 수행할 사람을 선임할 수 있다.

13 아동학대범죄의 처벌 등에 관한 특례법에 의하여 부모의 친권행사를 정지시키는 경우에는 법원이 임시로 후견인의 임무를 수행할 사람을 선임할 수 있다(아동학대범죄의 처벌 등에 관한 특례법 제23조, 제47조 제5항).

3. 단독친권자의 친권 일부가 제한된 경우(제1항 제1의3호)

14 민법상 친권의 일부 제한은 친권의 일부 상실을 의미한다.[1]

15 단독친권자의 친권이 일부 제한되면 그 범위에서는 자녀에게 법정대리인이 없는 것과 같은 상태가 되므로, 이 경우에도 민법 제909조의2 제1항 및 제3항부터 제5항까지의 규정이 준용된다.

16 따라서 단독친권자가 친권 일부 제한의 선고를 받는 경우, 이혼 시 친권자로 지정되지 않은 부 또는 모 등의 청구권자는 친권의 일부 제한 심판이 확정된 것을 안 날로부터 1개월, 심판의 확정일로부터 6개월 내에 친권이 제한된 범

1 반면에 아동학대범죄의 처벌 등에 관한 특례법에 의한 친권행사의 제한이란 친권자가 친권을 보유하고 있으나 그 중 일부의 행사를 정지시키는 것을 말한다.

위에 한정하여 친권자 지정 청구를 할 수 있다. 위의 기간 내에 친권자 지정 청구가 없으면 가정법원은 직권 또는 청구에 따라 친권이 제한된 범위에 한정하여 미성년후견인을 선임할 수 있다. 또한 가정법원은 친권자가 새로 지정되거나 미성년후견인이 선임될 때까지 친권이 제한된 범위에 한정하여 임시로 법정대리인의 임무를 수행할 사람을 선임할 수 있다.

17 그런데 가정법원이 단독친권자의 친권이 제한된 범위에 한정하여 다른 부 또는 모를 새로 친권자로 지정하는 경우에는 친권이 부모에게 각각 나누어져 귀속하는 결과가 된다. 즉, 일종의 공동친권이 성립하는데, 부모가 친권행사와 관련하여 협력할 수 있는 능력과 자세를 갖추고 있지 않은 경우에는 분쟁이 발생할 가능성이 높을 것이다. 단독친권자의 친권이 일부 제한된 경우에 그 범위에 한정하여 친권자를 새로 지정할 때에는 이러한 점을 감안하여야 할 것으로 생각된다(예컨대, 친권의 공동행사가 어려울 것으로 예상되는 경우에는 친권자 지정 청구를 기각하고 적당한 미성년후견인을 선임하는 것도 방법이 될 수 있을 것이다).

4. 단독친권자가 법률행위의 대리권과 재산관리권만을 상실(사퇴)한 경우 (제1항 제2호·제3호)

가. 친권자의 지정

18 이혼 등으로 인하여 단독친권자로 정해진 부모의 일방이 민법 제925조에 따라 친권 중 법률행위의 대리권과 재산관리권만을 상실한 경우나 제927조 제1항에 의하여 법률행위의 대리권과 재산관리권을 사퇴한 경우에는 그 부분에 대해서만 친권자가 새로 지정되거나 또는 후견이 개시되어 미성년후견인이 선임된다(민법 제927조의2 제1항 단서).

19 이 경우에도 민법 제909조의2 제1항 및 제3항부터 제5항까지의 규정이 준용되는 결과, 우선 가정법원은 법률행위의 대리권과 재산관리권 부분에 대해서 이혼 시 친권자로 지정되지 않은 부 또는 모를 친권자로 지정할 수 있다(민법 제909조의2 제1항, 즉, 이혼 시 친권자로 지정되지 않은 부 또는 모, 미성년자, 미성년자의 친족은 단독친권자가 법률행위의 대리권과 재산관리권을 상실하거나 스스로 사퇴한 것을 안 날로부터 1개월, 상실 또는 사퇴의 날로부터 6개월 내에 가정법원에 이혼 시 친권자로 지정되지 않은 부 또는 모를 대리권·관리권 부분에 관한 친권자로 지정할 것을 청구할 수 있다).

20 그러므로 이 경우에는 친권이 분속되어 법률행위(재산행위)의 대리권과 재산관리권 부분은 새로 친권자로 지정된 부 또는 모에게 귀속하고, 양육(신분)에 관한 부분(보호·교양의 권리의무, 거소지정권 등)은 이혼 시 친권자로 지정되었던 부 또는 모에게 귀속한다. 이는 이혼 시 부모의 일방을 양육자로, 다른 일방을 친권자로 정한 것과 유사한 결과가 된다. 따라서 법률행위의 대리권과 재산관리권 부분에 대해서 친권을 갖는 부모의 일방은 자녀의 양육에 관한 사항에 대해서는 친권을 행사할 수 없다(예컨대 거소지정권 등은 양육사항에 관한 친권을 갖는 부 또는 모가 결정한다).

21 민법 제909조의2 제1항이 정하는 기간 내에 법률행위의 대리권과 재산관리권 부분에 관한 친권자 지정 청구가 있었던 때에도 가정법원은 자녀의 복리를 고려하여 청구를 기각할 수 있으며, 이 경우에는 직권으로 이 부분에 관한 미성년후견인을 선임하여야 한다(민법 제909조의2 제1항, 제909조의2 제4항). 예컨대 이혼 시 친권자로 지정되지 않은 부 또는 모에게 재산관리능력이 없다고 판단되는 경우(신용불량, 개인파산 등)에는 친권자 지정 청구를 기각하여야 할 것이다.

나. 미성년후견인의 선임

22 만약 민법 제909조의2 제1항이 정하는 기간 내(여기서는 단독친권자가 법률행위의 대리권과 재산관리권을 상실하거나 스스로 사퇴한 것을 안 날로부터 1개월, 상실 또는 사퇴의 날로부터 6개월)에 법률행위의 대리권과 재산관리권 부분에 관하여 친권자를 새로 지정해 달라는 청구가 없으면, 가정법원은 직권 또는 청구에 의하여 미성년후견인을 선임할 수 있다. 이 경우에는 이혼 시 친권자로 지정되지 않은 부 또는 모에게 의견을 진술할 기회를 주어야 한다(민법 제909조의2 제1항, 제909조의2 제3항).

23 민법 제909조의2 제1항이 정한 기간 내에 법률행위의 대리권과 재산관리권 부분에 관한 친권자 지정 청구가 없어서 미성년후견인의 선임청구가 있은 경우에도 가정법원은 자녀의 복리를 고려하여 그 청구를 기각하고 이혼 시 친권자로 지정되지 않은 부 또는 모를 그 부분에 대한 친권자로 지정할 수 있다(민법 제909조의2 제1항, 제909조의2 제4항). 예컨대 이혼 시 친권자로 지정되지 않은 부 또는 모가 어떤 사정(장기간의 해외 근무 등)으로 청구기간 내에 친권자 지정 청구를 하지 못하였으나, 미성년후견인을 선임하는 것보다는 부

또는 모를 친권자로 지정하여 재산을 관리하게 하는 편이 낫다고 판단되는 경우이다.

다. 임무 대행자의 선임

24 단독친권자가 친권 중 법률행위 대리권과 재산관리권을 상실하거나 사퇴한 경우에는 이 부분에 대하여 새로 친권자가 지정되거나 미성년후견인이 선임될 때까지의 기간 동안에는 자녀의 법률행위를 대리하고 재산을 관리할 사람이 없는 상태가 발생하여 불이익이 생길 우려가 있다. 그러므로 가정법원은 직권으로 또는 미성년자녀, 그 친족, 이해관계인, 검사, 지방자치단체의 장의 청구에 의하여 임시로 이 부분에 관하여 법정대리인의 임무를 대행할 사람을 선임할 수 있다(민법 제909조의2 제1항, 제909조의2 제5항). 이 경우 법정대리인의 임무를 대행하는 사람(대행자)에 대해서는 제25조와 제954조가 준용된다.

5. 단독친권자에게 소재불명 등 친권을 행사할 수 없는 중대한 사유가 있는 경우(제1항 제4호)

가. 의의

25 2011년 개정 민법은 단독친권자의 소재가 불명한 경우 등 친권을 행사할 수 없는 중대한 사유가 있는 때(예컨대, 장기간 의식불명 상태인 때 등)에는 친권이 소멸한 것으로 의제하여 새로 친권자를 지정하거나 미성년후견인을 선임할 수 있도록 규정하고 있다.

26 개정 전에는 친권자의 소재불명 등 친권을 행사할 수 없는 중대한 사유가 있는 경우에 친권이 소멸하는 것으로 보는 규정이 없었으며, 다만 학설과 판례상으로만 친권이 소멸한다고 해석되고 있었을 뿐인데, 2011년 개정 민법은 이 점을 명문화하여 친권자가 '사실상 친권을 행사할 수 없는 경우'를 친권소멸의 원인으로 규정하였다.

나. 요건

1) '단독친권자'에게 소재불명 등 친권을 행사할 수 없는 중대한 사유가 있는 경우

27 이혼시 단독친권자로 지정된 부모의 일방에게 그 사유가 발생할 경우, 친권자가 없는 상태와 마찬가지이므로 일정한 기간 내에 부모의 다른 일방을 친권자

로 새로 지정해달라는 친권자 지정 청구를 하거나, 또는 청구가 없거나 기각되는 경우에는 법원이 직권으로 또는 청구에 의하여 후견인을 선임하게 된다.

28 그런데 위 규정이 소재불명된 단독 친권자 이외 다른 부 또는 모가 이미 사망한 경우에도 적용될 수 있는지가 문제된다.

29 이 경우에는 친권자의 지정 문제가 아니라 소재불명된 단독친권자에게 여전히 친권이 있으므로 민법 제924조를 통하여 단독친권자의 친권상실의 선고부터 거쳐야하고, 제927조의2 제1항 제4호에 의한 절차를 적용할 것은 아니라는 입장이 있다. 대법원 판례[2]도 이와 같은 입장으로, "민법 제927조의2 제1항 제4호는 친권자 아닌 부 또는 모가 친권자로 지정될 수 있는 것을 전제로 한 것이고, 미성년자의 부 또는 모가 사망 등의 사유로 없고, 다른 부 또는 모가 미성년자의 유일한 친권자인 경우까지 위 규정을 유추적용하면 후견과 친권이 충돌할 염려가 있으므로, 친권상실 등의 절차를 거치지 아니하고 바로 미성년후견을 개시할 수 없다. 나아가 청구인이 제출한 자료만으로는 특별히 시간이 촉박하거나 친권상실이 가혹하다는 등의 사정으로 위 규정을 유추적용하여 친권상실 등의 절차를 거치지 않고 미성년후견을 개시할 만한 필요성을 인정하기도 어렵다. 따라서 사건본인의 친권자 A가 있고, A에 대한 친권상실 등의 절차를 거치지 아니한 이상 사건본인에 대한 후견을 개시할 수 없다."[3]고 판시한 바 있다.

30 이에 대하여 단독친권자에게 소재불명 등 친권을 행사할 수 없는 중대한 사유가 발생하였음에도 부모의 다른 일방의 생존 여부라는 우연한 사정에 따라 각각 다른 절차를 거쳐야 하는 것은 입법 취지에 맞지 않는다는 점, 위 해석에 따르면 생존부모가 있는 경우는 미성년후견인선임이 가능하여 친권의 공백을 막을 수 있는데, 생존부모가 없는 경우에는 오히려 친권상실 등의 절차를 거쳐야 하여 절차상 더 불합리하다는 점, 민법 제927조의2 제1항에 의하면 양부모의 쌍방에게 "소재불명 등 친권을 행사할 수 없는 중대한 사유가 있는 경우"에는 이 규정이 적용되는데, 단독친권자가 소재불명이고, 다른 부 또는 모는 사망한 경우에도 동일한 취지로 적용될 수 있다는 점, 보호시설에 있는 미성년자의 후견 직무에 관한 법률 제3조에서는 보호시설에 있는

2 대법원 2017. 9. 26. 자 2017스561 결정.

3 대구가정법원 2017. 5. 29. 자 2016브1037 결정(위 대법원 결정의 원심).

'고아 아닌 미성년자'에 대하여 후견인 지정이 가능하다고 규정되어 있는데, 위 법률은 이와 같은 경우 친권상실 선고를 거치지 않아도 법원의 허가 등 일정한 절차를 거쳐 후견이 개시될 수 있도록 허용하고 있다는 점 등을 이유로 단독친권자에게 소재불명 등 친권을 행사할 수 없는 중대한 사유가 있는 경우에, 새로 친권자로 지정될 수 있는 다른 일방이 사망하더라도 친권상실 선고를 거치지 않더라도 본 규정을 곧바로 적용하여야 한다는 견해[4]가 있다.

31 이 견해와 같은 취지로 제주지방법원 2015. 6. 3. 자 2014느단513 심판에서도 "갑이 을과 협의이혼신고를 하면서 자녀인 병에 대한 친권자로 어머니인 을을, 정에 대한 친권자로 아버지인 갑을 각 지정하였는데, 갑이 사망하자 병·정의 조부인 무가 자신을 병·정의 미성년후견인으로 선임하여 달라고 청구한 사안에서, 무를 포함한 병·정의 조부모가 갑과 을의 협의이혼 이전 및 이후 적지 않은 기간 동안 병·정을 양육하였는데, 오랜 기간 안정적으로 형성된 양육환경을 변경하는 것은 미성년자의 복리 측면에서 바람직하지 않은 점, 병은 을에게 애착을 보이고는 있으나 현재의 양육상황이 변경되는 것을 원하지 않고 있고, 정은 을과 애착 관계가 형성되어 있지 않은 점, 을도 갑과 이혼한 이후 병·정과 연락을 하거나 만나지 않았고 이미 재혼하여 그 사이에 자녀를 양육하고 있는 점 등에 비추어, 정의 경우 복리를 위하여 무를 미성년후견인으로 선임하는 것이 옳고, 병의 경우 제반 사정들을 종합하면 을에게 병의 적절한 보호와 교양을 기대할 수 없어 친권을 행사할 수 없는 중대한 사유가 있으므로 무를 미성년후견인으로 선임하는 것이 타당하다."고 하여 단독친권자인 모에게 소재불명과 같이 물리적으로 친권행사가 불가능한 사유는 없지만, 모에게 적극적인 양육의지가 보이지 않는 점, 모가 재혼하여 다른 어린 자녀를 양육하고 있어 양육능력에 한계가 있는 점 등을 종합할 때, 친권자인 모에게 미성년 자녀의 적절한 보호와 교양을 기대할 수 없다고 판시한 바 있다.

32 2) 한편 친권을 행사할 수 없는 '중대한 사유'란 객관적, 물리적으로 친권행사가 불가능한 경우로 한정되지 않고, 사실적인 사정으로 인하여 친권을 행사할 수 없는 모든 경우를 의미한다. 그러나 그 인정범위를 지나치게 넓게

4 김상용, "위탁아동의 친권과 후견-보호의 공백에 처한 아이들-", 중앙법학 제19집 제4호, 중앙법학회(2018).

인정하여 단독친권자의 친권의 적절한 행사를 방기하는 경우를 곧바로 '중대한 사유'로 인정하면 엄격한 요건 하에서만 친권을 박탈하는 현행법상의 친권상실 제도가 무의미하게 되어 버릴 우려가 있기 때문에 바람직하지 않다는 견해[5]가 있다.

다. 친권자의 지정

33 위 사유가 발생하면 다른 부모의 일방, 미성년자녀, 미성년자녀의 친족은 그 사유를 안 날로부터 1개월, 그 사유가 발생한 날로부터 6개월 내에 이혼 시 친권자로 지정되지 않은 부 또는 모를 친권자로 지정해 줄 것을 청구할 수 있다(민법 제927조의2 제1항, 제909조의2 제1항).

34 가정법원은 자녀의 복리를 고려하여 이혼 시 친권자로 지정되지 않은 부 또는 모를 친권자로 지정해 달라는 청구를 기각할 수 있으며, 이 경우에는 직권으로 미성년후견인을 선임하여야 한다(민법 제927조의2 제1항, 제909조의2 제4항).

라. 미성년후견인의 선임

35 민법 제909조의2 제1항이 정한 청구기간 내에 친권자 지정 청구가 없는 때에는 가정법원은 직권으로 또는 미성년자녀, 그 친족, 이해관계인, 검사, 지방자치단체의 장의 청구에 의하여 미성년후견인을 선임할 수 있다. 이 경우 이혼 시 친권자로 지정되지 않은 부 또는 모에게 의견을 진술할 수 있는 기회를 주어야 한다(민법 제927조의2 제1항, 제909조의2 제3항).

36 또한 민법 제909조의2 제1항이 정한 친권자 지정의 청구기간 내에 청구가 없어서 미성년후견인의 선임청구가 있은 경우에도 가정법원은 자녀의 복리를 고려하여 그 청구를 기각하고 이혼 시 친권자로 지정되지 않은 부 또는 모를 친권자로 지정할 수 있다(민법 제927조의2 제1항, 제909조의2 제4항).

마. 임무 대행자의 선임

37 단독친권자가 소재불명 등으로 친권을 행사할 수 없게 된 경우에 새로 친권자가 지정되거나 미성년후견인이 선임될 때까지의 기간 동안에는 자녀에게 법정대리인이 없는 상태가 발생하여 불이익이 생길 우려가 있으므로, 가정법원은 직권으로 또는 청구에 의하여 임시로 법정대리인의 임무를 대행할 사람

5 권재문, "친권자의 공백 상황에 대처하기 위한 법정대리인의 결정", 가족법연구 제27권 제1호 (2012), 122.

을 선임할 수 있다(민법 제927조의2 제1항, 제909조의2 제5항). 이 경우 법정대리인의 임무를 대행하는 사람(대행자)에 대해서는 제25조와 제954조가 준용된다.

Ⅲ. 양부모 쌍방이 친권을 행사할 수 없게 된 경우(제927조의2 제1항 제1호 내지 제4호)

1. 친권상실, 친권의 일시 정지 또는 친권의 일부 제한 선고를 받은 경우(제1항 제1호·제2호·제3호)

가. 미성년후견인의 선임

38 양부모 쌍방이 친권상실 등 선고를 받은 경우는 후견개시의 사유가 되므로, 친생부모가 친권자 지정 청구를 할 수 있는 여지가 없다(따라서 양부모가 모두 친권상실선고를 받은 경우에는 민법 제909조의2 제2항이 준용되지 않는다). 이 경우 가정법원은 직권으로 또는 미성년 자녀, 미성년 자녀의 친족, 이해관계인, 검사, 지방자치단체의 장의 청구에 의하여 미성년후견인을 선임한다(민법 제932조 제1항). 가정법원이 미성년후견인을 선임할 때에는 친생부모에게 의견을 진술할 기회를 주어야 한다(민법 제927조의2 제1항, 제909조의2 제3항).

나. 친생부모의 친권자 지정 가능 여부

39 양부모가 모두 친권상실선고를 받은 경우에 민법 제909조의2 제4항을 준용할 수 있는가에 대해서는 의견이 갈릴 수 있다.

40 긍정설[6]은 민법 제909조의2 제4항을 그대로 준용하면, 가정법원은 미성년자녀의 복리를 고려하여 미성년후견인의 선임청구를 기각할 수 있으며, 이 경우에는 직권으로 친생부모의 일방 또는 쌍방을 친권자로 지정하여야 한다. 즉, 가정법원은 친생부모의 양육의사, 양육능력, 자녀의 의사, 미성년후견인으로 선임될 사람의 자질과 능력 등을 종합적으로 고려하여 친생부모를 친권자로 지정하는 것이 미성년후견인을 선임하는 것보다 자녀의 복리에 유리하다고 판단되는 때에는 후견인 선임 청구를 기각하고 친생부모의 일방 또는 쌍방을 친권자로 지정할 수 있다[7]고 해석된다.

41 이는 입양이 취소되거나 파양된 경우 또는 양부모가 모두 사망한 경우에는

6 주해친족법(제1판)(제2권), 박영사(2015), 1165(권재문).
7 주해친족법(제2판, 제2권), 박영사(2025), 1300(이봉민)

친생부모가 친권자로 지정될 수 있는데(민법 제909조의2 제2항), 친권상실의 경우만 미성년후견으로 반드시 되어야 할 이유가 없다고 본다. 그러므로 바로 친생부모가 친권자로 지정될 수는 없더라도(제909조의2 제2항을 준용하지 않음), 최소한 법원이 자녀의 복리에 유리하다고 판단되는 때에는 친생부모가 친권자로 지정될 수 있으며, 그러하기 때문에 민법 제927조의2에서 준용하는 제909조의 제3항에서도 절차상 친생부모에게 의견을 진술할 기회도 부여하고 있는 것이다.

42 이에 대하여 양자의 경우에는 양부모가 친권자가 된다는 민법규정(민법 제909조 제1항 후단)과 모순되므로, 양부모가 모두 친권상실선고를 받은 경우에는 제909조의2 제4항이 준용되지 않는다고 해석하는 것이 타당하다고 보는 견해[8]가 있는데, 이에 따르면 양자의 친권자로 친생부모를 지정해야 할 사정이 있다면 파양을 한 후에 친생부모를 친권자로 지정하는 쪽으로 해결하는 것이 합리적이라고 본다. 이에 대하여 양부모 쌍방이 친권상실선고를 받은 경우에 곧바로 친생부모를 친권자로 지정할 수 있다는 반대 견해[9]도 있다.

다. 임시 후견 대행자의 선임

43 가정법원은 양부모가 모두 친권상실선고를 받은 경우에 바로 미성년후견인을 선임하기 어려운 사정이 있다면, 임시로 미성년후견인의 임무를 대행할 사람을 선임할 수 있다(민법 제927조의2 제1항, 제909조의2 제5항). 미성년후견인의 임무를 대행하는 사람에 대해서는 제25조와 제954조가 준용되므로, 미성년자녀의 재산을 처분할 때에는 법원의 허가를 받아야 하며, 그 밖에 후견사무와 관련하여 법원의 감독을 받아야 한다.

2. 양부모가 친권 중 법률행위의 대리권과 재산관리권 부분만을 상실하거나 사퇴한 경우(제1항 제2호·제3호)

44 양부모가 친권 중 법률행위의 대리권과 재산관리권 부분만을 상실하거나 사퇴한 때에는 가정법원은 직권으로 또는 청구에 의하여 그 부분에 관한 미성년후견인을 선임할 수 있다(민법 제927조의2 제1항, 제909조의2 제3항).

45 이 경우에도 위에서 본 것과 같이 민법 제909조의2 제4항의 적용여부가 문

8 김주수/김상용, 주석 민법, 친족(3)(제5판), 한국사법행정학회(2016), 632; 김주수/김상용, 친족·상속법(제20판), 법문사(2024), 498.
9 주해친족법(제1판)(제2권), 박영사(2015), 1165(권재문).

제 될 수 있다. 긍정설은 제909조의2 제4항의 준용을 긍정하여 가정법원은 자녀의 복리를 위하여 미성년후견인의 선임청구를 기각하고, 친생부모의 일방 또는 쌍방을 법률행위의 대리권과 재산관리권에 관한 친권자로 지정할 수 있다고 본다. 이에 대하여 지배적인 견해는 양부모와 친생부모에게 친권이 분할하여 귀속되는 것은 자녀의 복리라는 관점에서 볼 때 문제의 소지가 있다고 생각되므로(친생부모와 양부모 사이에 친권행사를 둘러싼 다툼이 발생할 수 있기 때문이다. 또한 친생부모의 일방 또는 쌍방이 법률행위의 대리권과 재산관리권에 관한 친권자로 지정되는 것은 양자의 경우 양부모가 친권자가 된다는 규정과도 맞지 않는다), 제909조의2 제4항은 준용되지 않는다고 해석한다.[10]

3. 양부모의 소재불명 등(제1항 제4호)

46 양부모에게 소재불명 등 친권을 행사할 수 없는 중대한 사유가 있는 경우에는 친권이 소멸된 것으로 의제되므로, 가정법원은 직권으로 또는 청구에 의하여 미성년후견인을 선임할 수 있다(민법 제927조의2 제1항, 제909조의2 제3항).

47 이 경우에도 민법 제909조의2 제4항의 준용여부가 문제될 수 있는데, 긍정설은 양부모 모두의 소재불명의 경우 미성년 자녀의 안전이나 거소지정에 상당히 심한 공백이 발생할 수 있으므로 이 경우에는 혈연관계로 가장 가까운 친생부모가 자녀를 보호할 필요성이 증대되므로 필요한 경우에는 자녀의 복리를 위하여 친생부모로 지정되어야 한다고 본다. 이에 대하여 지배적인 견해는 위에서 본 바와 같은 이유에서 부정적으로 해석하여 가정법원은 친생부모를 친권자로 지정할 수 없다는 입장이다.[11]

IV. 친권행사의 장애사유가 해소된 경우(제2항)

1. 의의

48 위 규정은 민법 제927조의2 제1항에 따라 친권자가 지정되거나 미성년후견인이 선임된 후에 절차의 계기가 되었던 친권행사에 대한 장애사유가 해소된 경우(실권회복, 사퇴한 권리 회복, 소재불명이던 부 또는 모의 발견) 친권자를 다시 지정하도록 규정하고 있다.

10 김주수/김상용, 친족·상속법(제20판), 법문사(2024), 499.
11 김주수/김상용, 친족·상속법(제20판), 법문사(2024), 499.

2. 요건

가. 장애사유가 해소될 것

49 민법 제927조의2 제2항 제1호, 제2호는 기본적으로 법률상 장애사유의 해소가 되는 경우이다. 실권회복의 선고 및 사퇴한 대리권·재산관리권의 회복은 모두 법원의 선고나 허가가 필요하다. 이미 장애사유 해소여부와 관련하여 법원이 자녀의 복리 기준에 따른 심사를 하였으므로 친권자로 새로 지정되는 것이 적합한지에 대해서는 다시 판단할 필요가 있다.

50 반면에 민법 제927조의2 제2항 제3호는 소재불명인 부 또는 모가 발견되는 경우로 사실상의 장애사유의 해소이며, 법원의 확인이 별도로 있었던 것은 아니다. 그러므로 제3호에 의하여 친권자를 새로 지정할 경우, 법원은 소재불명인 부 또는 모가 친권자로 지정될 수 있는지에 대하여 보다 엄격한 자녀의 복리 심사를 하여야 할 것이다.

나. 자녀의 복리 기준

51 위 규정에 의한 친권자 지정 절차에 대해서는 별도의 규정이 없으며 준용 조항도 없지만 자녀의 복리를 최우선적으로 고려하여야 한다. 고려 단계 및 정도에 대해서는 위에서 본 바와 같다.

3. 단독친권자이었던 부 또는 모에게 친권장애사유가 해소된 경우

가. 친권상실 등에 관하여 실권회복 선고가 있는 경우

1) 미성년후견인이 선임되어 있었던 경우

52 단독친권자로 지정된 부 또는 모가 친권상실선고를 받아서 미성년후견인이 선임되어 있는 경우에 실권회복의 선고를 받았다면, 그 부 또는 모는 당연히 친권자가 되고, 후견은 종료한다고 해석하여야 할 것이다(친권의 일시 정지 선고, 친권의 일부 제한 선고를 받은 경우도 마찬가지이다. 친권의 일부 제한 선고를 받은 경우에는 친권이 제한된 범위에 한정하여 미성년후견이 개시되는데, 친권자가 실권회복선고를 받으면 그 부분에 대해서도 친권을 행사할 수 있게 된다). 실권회복선고를 받았다는 것은 친권자의 지위를 회복하였다는 뜻이므로, 이 경우에는 가정법원이 친권자를 새로 지정할 여지가 없다고 본다(민법 제927조의2 제2항을 문리해석하면 이 경우에도 가정법원은 실권회복선고를 받은 부 또는 모를 새로 친권자로 지정할 수 있는 것으로 되지만, 이는 실권회복선고의 효력과 모순되는 해석이다).

2) 부모의 다른 일방이 친권자로 지정되어 있었던 경우

53 부모의 다른 일방이 친권자로 지정되어 있었던 경우에는 실권회복선고를 받은 부 또는 모를 새로 단독친권자로 지정하는 것도 가능하고(이 경우 기존의 친권자의 친권은 소멸한다). 기존의 친권자를 그대로 유지하면서 추가로 친권자로 지정하는 것도 가능할 것이다(이 경우 부모는 공동친권자가 된다. 친권이 일부 제한되어 있었던 경우에는 그 부분에 한정하여 공동친권이 성립할 것이다). 공동친권이 성립하는 경우에는 부모 쌍방이 친권행사와 관련하여 협력할 수 있는 의사와 능력을 갖추고 있는가에 대하여 면밀한 검토가 이루어져야 할 것이다.

나. 법률행위의 대리권과 재산관리권 상실, 사퇴 등에 관하여 실권회복 선고가 있는 경우

1) 미성년후견인이 선임되어 있었던 경우

54 단독친권자로 지정된 부 또는 모가 친권 중 법률행위의 대리권과 재산관리권의 상실선고를 받아서(법률행위의 대리권과 재산관리권을 사퇴한 경우를 포함한다) 그 부분에 대하여 미성년후견인이 선임되어 있는 경우에 실권회복의 선고를 받았다면, 그 부 또는 모는 당연히 법률행위의 대리권과 재산관리권 부분에 대해서도 친권자가 되고, 후견은 종료한다고 해석하여야 할 것이다.

2) 부모의 다른 일방이 친권자로 지정되어 있었던 경우

55 부모의 다른 일방이 법률행위의 대리권과 재산관리권 부분에 대하여 친권자로 지정되어 있었던 경우에는 실권회복선고를 받은 부 또는 모를 새로 이 부분에 대하여 단독친권자로 지정할 수도 있고(이 경우 실권회복선고를 받은 부모의 일방이 자녀의 단독친권자가 되며, 부모의 다른 일방이 법률행위의 대리권과 재산관리권 부분에 대해서 가지고 있던 친권은 소멸한다), 기존의 친권자를 그대로 유지하면서 추가로 친권자로 지정하는 것도 가능할 것이다(이 경우 부모는 법률행위 대리권과 재산관리권 부분에 한하여 공동친권자가 된다).

다. 소재불명이었던 부 또는 모가 나타난 경우

1) 미성년후견인이 선임되어 있었던 경우

56 단독친권자에게 소재불명 등 친권을 행사할 수 없는 중대한 사유가 있어서 미성년후견인이 선임되었는데, 그 후 다시 친권을 행사할 수 있게 된 경우(소재불명이었던 부 또는 모가 나타난 경우 등)에는 가정법원은 청구에 의하여 친권

자를 새로 지정할 수 있다.

57 소재불명이었던 부 또는 모가 나타나 친권을 다시 행사할 수 있게 되었다고 해도, 이로써 당연히 후견이 종료되는 것은 아니므로, 이 경우에는 법원이 친권자를 새로 지정할 필요가 있다. 또한 소재불명이었던 부 또는 모가 다시 친권을 행사하는 것이 자녀의 복리의 관점에서 문제가 없는가의 여부도 판단되어야 한다. 이 경우에는 친권자 지정의 심판이 확정되면 후견은 종료한다.

2) 부모의 다른 일방이 친권자로 지정되어 있었던 경우

58 이 경우에 부모의 다른 일방이 친권자로 지정되어 있었다면, 법원은 다시 친권을 행사할 수 있게 된 부 또는 모를 새로 단독친권자로 지정할 수도 있고(이 경우 기존의 친권자의 친권은 소멸한다), 기존의 친권자를 그대로 유지하면서 추가로 친권자를 지정할 수도 있다(공동친권). 자녀의 복리를 위하여 필요하다고 판단되는 경우에는 친권자 지정 청구를 기각하여 기존의 단독친권을 그대로 유지하는 것도 가능할 것이다.

4. 양부모에게 친권장애사유가 해소된 경우

가. 친권상실선고를 받아서 미성년후견인이 선임되어 있었던 경우

59 양부모 쌍방이 친권상실선고를 받아서 미성년후견인이 선임되어 있는 경우에 양부모의 일방 또는 쌍방이 실권회복의 선고를 받았다면, 실권회복선고를 받은 양부모는 당연히 친권자가 되고, 후견은 종료한다고 해석하여야 할 것이다.

나. 대리권·관리권 상실선고를 받아서 미성년후견인이 선임되어 있었던 경우

60 양부모 쌍방이 법률행위 대리권과 재산관리권의 상실선고를 받아서(법률행위의 대리권과 재산관리권을 사퇴한 경우를 포함한다), 그 부분에 대하여 미성년후견인이 선임되어 있는 경우에 양부모의 일방 또는 쌍방이 실권회복의 선고를 받았다면, 실권회복선고를 받은 양부모는 당연히 법률행위의 대리권과 재산관리권 부분에 대해서도 친권자가 되고, 후견은 종료한다고 해석하여야 할 것이다.

다. 소재불명 등의 사유로 미성년후견인이 선임되어 있었던 경우

61 양부모 쌍방에게 소재불명 등 친권을 행사할 수 없는 중대한 사유가 있어서 미성년후견인이 선임되었는데, 그 후 양부모의 일방 또는 쌍방이 다시 친권

을 행사할 수 있게 된 경우에는 가정법원은 청구에 의하여 양부모의 일방 또는 쌍방을 새로 친권자로 지정할 수 있다. 이 경우에는 친권자 지정의 심판이 확정되면 후견은 종료한다.

제 5 장 후견

[총설]

[참고문헌] 주해친족법(제1권)(제1판), 박영사(2015); 김주수/김상용, 친족·상속법(제20판), 법문사(2024); 신영호 외 2인, 가족법강의(제4판), 세창출판사(2023); 한봉희/백승흠, 가족법, 정독(2024); 김성우, 성년후견실무, 박영사(2018); 성년후견제도 해설, 법원행정처(2013); 김성우, "한국 후견재판에서의 의사결정지원", 가족법연구 제32권 제3호, 한국가족법학회(2018); 박인환, "UN장애인권리협약과 성년후견 패러다임의 전환", 가족법연구 제28권 제3호, 한국가족법학회(2014); 박인환, "의사결정지원을 위한 성년후견제도의 평가와 모색", 비교사법 제22권 제2호, 한국비교사법학회(2015); 박인환, "한국의 의사결정능력 장애인 권익보호의 새로운 흐름(대체의사결정에서 의사결정지원으로의 모색)", 정신장애인의 사회통합을 위한 국제포럼 자료집(2017); 박인환, "고령자·장애인을 위한 권익옹호·의사결정지원서비스 전달체계 구축의 필요성(후견지원과 후견감도그이 기능적 역할 분담의 관점에서)", 아주법학 제17권 제2호, 아주대학교 법학연구소(2023); 제철웅, "유엔 장애인권리협약의 관점에서 본 한국성년후견제도의 현재와 미래", 가족법연구 제28권 제2호, 한국가족법학회(2014); 제철웅, "성년후견제도 시행 10년과 새로운 입법적 과제", 가족법연구 제37권 제2호, 한국가족법학회(2023)

Ⅰ. 후견제도 개관

1. 후견제도의 의의

1 후견(後見)제도는 친권의 보호를 받지 못하는 미성년자나 정신적 장애가 있는 성년자와 같이 스스로 합리적인 의사를 결정하고 실현하는데 미숙하거나 어려움을 겪는 사람을 보호하고 지원하기 위하여 마련된 제도이다.

2 미성년자를 위한 후견은 미성년자에게 친권자가 없거나 있더라도 친권 행사가 제한되는 경우 개시되고, 미성년자를 성년이 될 때까지 보호하고 건강하게 양육하는 것을 목적으로 한다. 성년자를 위한 후견은 정신적 제약으로 인하여 사무를 처리할 능력이 결여되거나 부족한 성년자에 대하여 개시되고,

필요한 영역의 의사결정을 대행 또는 지원하는 것을 목적으로 한다.

2. 후견제도의 연혁

3 우리의 과거 관습에는 미성년자 또는 정신병자를 위하여 보호자를 붙이기도 하였는데, 민사·형사소송에서는 "호후인(護後人)"이라는 용어를 사용하였다.[1] 근대적 의미의 후견제도는 1921. 12. 1. 조선민사령의 개정으로 구 일본 민법이 의용됨으로써 도입되었는데, 미성년자와 금치산자를 위한 후견제도와 준(準)금치산자를 위한 보좌(保佐)제도가 시초이다. 이후 제정된 우리 민법에서는 준금치산자를 한정치산자로 대체하고, 보좌제도를 폐지하였다.

4 2011. 3. 7. 개정(2013. 7. 1. 시행)되기 전 민법의 금치산·한정치산제도는 정신적 제약을 가진 사람의 개인적인 능력의 차이를 고려하지 않는 일률적인 행위무능력을 전제로 하였다. 또한 행위능력을 포괄적·전면적으로 박탈하거나 제한하는 등 피후견인이 자유롭게 재산을 처분하지 못하게 하는 것에만 관심을 두었을 뿐, 치료나 주거 안정, 복지서비스 제공과 같은 피후견인의 신상에 관한 문제에는 무관심하였다. 후견인은 피후견인의 의사와 복리, 후견인의 의지와 능력, 친소관계 등을 고려함 없이 법률의 규정에 따라 일률적으로 결정되었는데,[2] 그와 같이 정해진 법정후견인에게 후견사무의 적정한 수행을 기대하기는 어려웠다. 즉 후견제도가 피후견인의 의사 실현을 돕고 그의 인권과 복리를 보호하기 위하여 존재하는 것이 아니라, 피후견인이 속한 일가(一家)의 가산을 보전하거나 거래의 안전을 보호하는 데 주된 관심이 있었다. 이처럼 비판을 받던 금치산·한정치산제도의 폐단을 줄이고 정신적 제약을 가진 사람들이 존엄한 인격체로서 살아갈 수 있도록 하기 위하여 성년후견제도가 새롭게 도입되었다.[3]

1 한봉희/백승흠, 가족법, 정독(2024), 324.

2 2011년 개정 전 민법은 금치산·한정치산 선고가 있으면, 기혼자의 경우에는 배우자가, 미혼자의 경우에는 선고받은 자의 직계혈족, 3촌 이내의 방계혈족 중 최근친 연장자 순서로 법정후견인이 되고, 이러한 사람이 없는 경우에만 법원이 후견인을 선임하도록 규정하고 있었다(개정 전 민법 제933조 내지 제935조).

3 김성우, 성년후견실무, 박영사(2018). 1~2.

Ⅱ. 미성년자를 위한 후견제도 개관

1. 미성년후견제도의 의의

5 미성년자는 혼인을 함으로써 성년으로 의제되지 않는 한 원칙적으로 부모의 친권에 따라야 한다. 친권은 미성년 자녀의 보호와 교양을 위한 부모 모두의 권리인 동시에 의무이다.[4] 그런데 미성년자에게 친권자가 없거나 친권자가 있더라도 친권의 전부 또는 일부를 행사할 수 없는 경우에는 미성년자의 보호에 공백이 있을 수 있다. 이를 방지하고 성년이 될 때까지 미성년자를 건강하게 보호하고 양육하기 위하여 개시되는 후견이 미성년후견이다.

2. 2011년 개정 민법의 미성년후견제도의 특징

가. 법정후견인 제도 폐지

6 2011년 개정 전 민법에서는 유언으로 지정된 후견인이 없으면 미성년자의 친족 중 최근친 연장자가 후견인이 되었다. 법정후견인은 미성년자의 의사, 그 친족과의 친밀도나 애착 관계, 그 친족의 후견 의사나 능력, 미성년자의 보호·교양과 관련한 후견인으로서의 적합성, 양육 환경이나 능력 등에 대한 고려 없이 일률적이고 기계적으로 선임되었기 때문에 미성년자의 보호에 미흡하였다. 개정 민법은 법정후견인 제도를 폐지하고 미성년자의 복리를 고려하여 가정법원이 직권으로 미성년후견인을 선임하도록 하였다.

나. 친족회의 폐지와 후견감독인 제도

7 2011년 개정 전 민법이 후견감독기관으로 정하고 있던 친족회는 후견인과 가까운 친족이 회원으로 선임되는 것이 일반적이어서, 미성년자의 보호와 후견인의 견제라는 본래의 기능을 담당하기보다는 가족 재산의 보전이나 후견인의 직무수행에 대한 정당성 부여수단으로 기능하는 경우가 적지 않았다. 개정 민법은 친족회를 폐지하고 미성년후견감독인 제도를 신설하였으며, 가정법원이 미성년후견에 대하여 최종적으로 감독하게 함으로써 미성년자를 두텁게 보호하게 되었다.

4 김주수/김상용, 친족·상속법(제20판), 법문사(2024), 427.

다. 단독 친권자 사망 등의 경우 친권자 지정과 후견인 선임

8 2011년 개정 전 민법에서는 단독 친권자로 지정된 한쪽 부 또는 모가 사망하면, 다른 쪽 부 또는 모의 친권이 당연히 부활하였다. 그런데 이처럼 구체적인 사정을 고려하지 않은 채 생존 친권자의 친권이 당연히 부활하게 되면, 미성년자의 의사와 복리에 반하는 결과가 생길 수도 있었다. 이에 따라 개정 민법은 가정법원이 잔존 친권자나 미성년후견인 후보자의 양육 의사, 능력과 환경, 현재까지의 양육 상황, 청구의 동기, 미성년자의 의사 등 미성년자의 복리에 관한 여러 사정을 심리한 후, 생존한 부 또는 모를 친권자로 지정할 수도 있고, 친권자를 지정하지 않고 바로 미성년후견을 개시할 수도 있도록 하였다.

3. 미성년후견 개시 사유 개관[5]

<table>
<tr><th>개시
사유</th><th>공동
친권
여부</th><th colspan="2">친생부모/양부모</th><th>친권자 유고 사유</th><th>친권자 지정
절차</th><th>미성년후견
개시 및 범위</th><th>적용법조
(민법)</th></tr>
<tr><td rowspan="5">친권자
부존재</td><td rowspan="5">공동
친권자</td><td colspan="2">친생부모 모두
부존재</td><td>사망(실종선고)
친권상실 선고
사실상 친권행사 불가</td><td>없음</td><td>바로 미성년
후견개시</td><td>제 928 조</td></tr>
<tr><td rowspan="4">양부모
모두
부존재</td><td rowspan="2">일반
입양</td><td>사망(실종선고)
입양취소 파양</td><td>친생부모로
의 친권자
지정 청구</td><td>(친권자지정
청구 없거나
기각) 미성년
후견 개시</td><td>제 909 조의 2
제 2 항 본문,
제 3 항·제 4 항</td></tr>
<tr><td>친권상실 선고
사실상 친권행사
불가</td><td>없음</td><td>바로 미성년
후견 개시</td><td>제 927 의 2 제1항
제1호· 제 4 호,
제 909 조의 2
제 2 항 불준용</td></tr>
<tr><td rowspan="2">친양자
입양</td><td>사망(실종선고)
친권상실 선고
사실상 친권행사
불가</td><td>없음</td><td>바로 미성년
후견</td><td>제 909 조의 2
제 2 항 단서,
제 927 조의 2
제 1 항 괄호</td></tr>
<tr><td>입양취소 파양</td><td>친생부모로
의 친권자
지정 청구</td><td>(친권자지정
청구 없거나
기각)미성년</td><td>제 909 조의 2
제 2 항·제 3 항·
제 4 항</td></tr>
</table>

5 김성우, 성년후견실무, 박영사(2018), 204~205.

					후견 개시	
	단독 친권자	친생부모 중 단독 친권자의 부존재	사망(실종선고) 친권상실선고 사실상 친권행사 불가	생존친으로의 친권자 지정 청구	(친권자지정 청구 없거나 기각)미성년 후견 개시	제 909 조의 2 제 1 항·제 3 항·제 4 항, 제 927 의 2 제 1 항 제 1 호·제 4 호
친권자의 친권행사 제한	공동 친권자	친생부모, 양부모 모두 친권 제한	① 친권의 일시 정지 선고 ② 친권 일부 제한 ③ 대리권과 재산 관리권의 상실 선고 ④ 대리권과 재산 관리권의 사퇴	없음	바로 미성년 후견개시 (단 ②, ③, ④의 경우에 미성년후견인의 임무는 제한된 친권 부분에 한정)	제 927 의 2 제 1 항 제 1 의 2·제 1 의 3·제 2 호·제 3 호, 제 909 조의 2 제 2 항 불준용
	단독 친권자	친생부모 중 단독 친권자의 친권 제한	상동	생존친으로의 친권자 지정 청구	(친권자지정 청구 없거나 기각) 미성년 후견개시	제 927 의 2 제 1 항 제 1 의 2·제 1 의 3·제 2 호·제 3 호, 제 909 조의 2 제 1 항·제 3 항·제 4 항

Ⅲ. 성년자를 위한 후견제도 개관

1. 성년후견제도의 이념

9 성년후견제도는 피후견인의 잔존능력의 활용과 자기결정권의 존중, 정상화의 원칙 등을 기본 원리로 하고, 필요성과 보충성의 원칙을 핵심으로 한다. 이러한 이념은 성년후견제도를 일찍 도입하여 발전시켜온 독일이나 미국 등 여러 국가의 개혁 방향이기도 하고, 우리나라가 2008년에 가입한 UN 장애인권리협약(UN Convention on the Rights of Persons with Disabilities) 제12조가 정하는 "장애인의 법적 능력(legal capacity) 향유에 있어서의 차별 금지"[6]와도

6 UN장애인권리협약(UN Convention on the Rights of Persons with Disabilities)은 "당사국은 장애인이 모든 생활 영역에서 비장애인과 동등한 법적능력(legal capacity)을 향유함을 인정하고(제12조 제2항), 장애인이 법적능력을 행사하는데 필요한 지원(support)을 받을 수 있도록 적절한 조치를 하여야 한다(같은 조 제3항)."고 규정하고 있다. UN장애인권리협약 제12조 제2항이 정한 "법적능력(legal capacity)"에 관하여, UN장애인권리위원회(UN Committee on the Rights of Persons with Disabilities)는 2014년 일반평석(General Comment, 2014)을 통하여, 장애인이 비장애인과

그 목적과 취지가 맞닿아 있다.

10 한 개인이 인간으로서 존엄과 가치를 지킬 수 있는 절대적인 전제조건은 자신의 삶을 자신의 뜻대로 형성하고 실현해 나갈 수 있어야 한다는 것이다. 그것은 법률관계나 가족관계의 형성, 신상에 관한 결정 등 모든 생활관계에 있어서, 잔존능력의 활용에 기초한 자기결정이 철저히 보장되고 존중되어야 한다는 의미이다.[7]

11 또한 후견제도는 피후견인의 필요(needs)에 의하여 필요최소한의 영역에서 사용되어야 하고, 후견 없이도 충분한 보호를 받을 수 있다면 후견은 개시되어서는 안 된다(필요성의 원칙). 후견을 받을 사람의 의사와 자기결정이 우선적으로 존중되어야 하므로, 법정후견보다 임의후견이, 피후견인의 의사결정 대행(substituted decision-making)보다는 의사결정지원(supported decision-making)[8]이 우선적으로 활용되어야 한다(보충성의 원칙). 그리고 정신적 장애가 있는 사람이라고 하더라도 자신이 속한 사회의 다른 구성원들과 대등하고 조화롭게 살 수 있어야 하고 격리되거나 배제되어서는 안 된다[정상화(normalization)의 원칙].

12 이러한 성년후견제도의 이념은 후견의 개시부터 종료에 이르기까지 모든 시점에 있어서, 제도의 운용이나 법령 해석, 재판 등 모든 영역에 있어서 항상

동등하게 누리게 되는 "법적능력"은 사실로서의 정신능력과는 별개의 것으로서 권리능력과 행위능력은 물론 사회활동에 완전하고도 의미있는 참여를 가능하게 하는 자격을 포함하는 의미라고 밝혔다[제철웅, "유엔 장애인권리협약의 관점에서 본 한국성년후견제도의 현재와 미래", 가족법연구 제28권 제2호, 한국가족법학회(2014), 211; 박인환, "UN장애인권리협약과 성년후견 패러다임의 전환", 가족법연구 제28권 제3호, 한국가족법학회(2014), 184].

7 박인환, "의사결정지원을 위한 성년후견제도의 평가와 모색", 비교사법 제22권 제2호, 한국비교사법학회(2015), 742.

8 의사결정지원은 ① 의사결정 지원자가 의사결정에 필요한 정보를 수집, 분석, 평가하고 이를 의사결정 장애인에게 설명하고 조언함으로써 의사결정 장애인 스스로 자신의 이익과 선호에 따라 결정하는 방식(협의의 supported decision making), ② 의사결정 장애인이 위와 같은 조력을 받아도 스스로 결정할 수 없는 경우에는 의사결정지원자가 의사결정 장애인의 의사결정 과정에 적극적으로 개입하되 의사결정의 주도권(initiative)을 공유하면서 공동으로 의사결정을 하는 방식(shared decision making), ③ 위와 같은 모든 노력에도 불구하고 의사결정 장애인이 자신의 의사를 형성할 수 없는 경우, 지원자가 장애인의 의사결정을 대행하는 방식[다만, 대리인이나 대행권자가 객관적, 독자적으로 판단하는 것이 아니라 장애인의 권리, 의사, 선호에 대한 최선의 해석(best interpretation)을 거친 후에 행하여진다는 점에서 전통적인 대리나 대행(substitute decision making)과는 다르다]의 단계로 수행될 수 있다고 한다[박인환, "한국의 의사결정능력 장애인 권익보호의 새로운 흐름(대체의사결정에서 의사결정지원으로의 모색)", 정신장애인의 사회통합을 위한 국제포럼 자료집(2017), 68~71].

존중되어야 한다. 즉 후견제도를 이용하고자 하는 수요자가 후견의 개시 여부와 유형을 선택할 때, 법원이 후견개시재판과 후견감독사무를 수행할 때는 물론, 후견인이나 후견감독인이 후견사무를 할 때, 정부나 지방자치단체 등 관련 기관이 후견 관련 정책이나 사업을 입안하고 시행할 때에도 위와 같은 성년후견제도의 이념이 가장 근본적이고 중요한 목표와 기준이 되어야 한다.[9]

2. 성년자를 위한 후견제도의 유형

13 2011년 개정 민법은 성년자를 위한 후견제도로서, 후견인과 후견개시의 시기, 후견인에게 위탁할 사무의 범위 등이, 후견을 받을 사람의 의사에 따라 계약으로 정해지는 임의후견제도와 가정법원의 재판을 통하여 정해지는 법정후견제도를 마련하였다.

	성년후견	한정후견	특정후견	임의후견
대상	정신적 제약으로 사무처리 능력이 지속적 결여된 성인	정신적 제약으로 사무처리 능력이 부족한 성인	정신적 제약으로 일시적 후견 또는 특정 사무에 대한 후견이 필요한 성인	정신적 제약으로 사무처리 능력이 부족한 상황 또는 이를 대비하여 계약을 체결한 성인
피후견인의 행위능력	피성년후견인의 행위능력은 원칙적으로 없음	피한정후견인의 행위능력은 원칙적으로 있음	피특정후견인의 행위능력은 제한되지 않으므로, 피특정후견인은 모든 사무에서 단독으로 유효한 법률행위를 할 수 있음	피임의후견인의 행위능력은 제한되지 않으므로, 피임의후견인은 모든 사무에서 단독으로 유효한 법률행위를 할 수 있음
후견인의 재산에 관한 권한 (동의권과 취소권, 대리권)	① 성년후견인은 포괄적인 법정대리권과 취소권을 가짐. 다만 법원은 취소할 수 없는 법률행위의 범위를 정할 수 있음 ② 일용품의 구입 등 일상생활에 필요하고 대가가 과도하지 아니한 법률	① 한정후견인은 법원이 피한정후견인이 한정후견인의 동의를 받아야 하는 것으로 정한 행위에 대하여 취소할 수 있음 ② 한정후견인은 심판에 의하여 정하여진 범위 내에서만	특정후견인은 기간이나 범위를 정한 특정한 사무의 후원을 위하여 심판에서 정한 범위에서 대리권을 가짐	임의후견인은 후견계약에서 정한 범위 내에서 대리권을 가짐

9 김성우, 성년후견실무, 박영사(2018), 4.

	행위는 취소할 수 없음	대리권을 가짐·일용품의 구입 등 일상생활에 필요하고 대가가 과도하지 아니한 법률행위는 취소할 수 없음		
후견인의 신상결정 대행권한	① 법원은 성년후견인이 피성년후견인의 신상에 관해 결정할 수 있는 권한의 범위를 정할 수 있음 ② 피성년후견인의 시설 격리, 신체를 침해하는 의료행위 등은 법원 허가를 받아야 함	성년후견의 경우와 같음	① 특정후견인은 신상에 대한 결정 대행권한 없음(의견 대립) ② 법원은 피특정후견인의 후원을 위하여 신상에 관한 처분을 명할 수 있음	임의후견인은 후견계약에서 정한 범위 내에서 신상결정대행권을 가질 수 있음

가. 법정후견제도 개관

(1) 법정후견의 종류

14 법정후견제도는 정신적 제약으로 인하여 사무를 처리할 능력이 지속적으로 결여된 사람을 대상으로 하는 성년후견, 그 능력이 부족한 사람을 대상으로 하는 한정후견, 일시적이거나 특정한 사무에 관하여 후원이 필요한 사람을 대상으로 하는 특정후견으로 나누어진다.

15 2011년 개정 민법은 피후견인의 능력이나 후견인 및 그 권한을 법원이 정하는 법정후견의 경우에도, 후견을 받을 사람의 상태, 의사, 필요에 따라 다양한 유형의 후견제도를 이용할 수 있게 하고, 피후견인에 따라 제한이 되는 능력이나 동의 유보 사항, 대리권의 범위 등에 관하여 개별적, 탄력적으로 정할 수 있도록 함으로써, 후견을 받을 사람의 인권과 자기결정권을 보호하고, 후견을 받을 사람이 필요 이상으로 행위능력을 제한받지 않도록 하였다. 예컨대 ① 취소할 수 없는 피성년후견인의 법률행위의 범위를 가정법원이 정할 수 있도록 하고(민법 제10조 제2항), ② 피한정후견인은 원칙적으로 완전한 행위능력을 가지되 피한정후견인이 한정후견인의 동의를 받아야 하는 행위의 범위를 가정법원이 정할 수 있도록 하거나(민법 제13조 제1항), ③ 일용품의 구입 등 일상생활에 필요하고 그 대가가 과도하지 아니한 피성년후견인

과 피한정후견인의 법률행위는 취소할 수 없도록 하며(민법 제10조 제4항, 제13조 제4항 단서), ④ 피특정후견인에게 대해서는 능력의 제한이나 동의 유보가 허용되지 않고 일정 기간 특정한 사무에 대하여만 후원하도록 정하고 있고(민법 제14조의2 제3항), ⑤ 피한정후견인과 피특정후견인은 물론 피성년후견인도 자신의 신상에 관하여는 단독으로 결정할 수 있는 것을 원칙으로 하고(민법 제947조의2 제1항), 피후견인 본인이 스스로 결정할 상태가 아닌 경우에만 법원으로부터 부여받은 범위 내에서 후견인이 보충적으로 신상결정에 관한 권한을 행사하도록 하였다.[10]

(2) 법정후견의 절차

(가) 후견개시

16 가정법원은 후견사건을 심리하고 후견개시심판을 한다. 후견개시를 위한 재판은 정신감정, 가사조사, 심문 등의 절차를 거친다. 정신감정과 가사조사는 필요한 경우에만 실시되지만, 심문은 특별한 경우가 아닌 한 생략되지 않는 것이 일반적인 실무례이다.

17 가정법원은 후견개시심판을 하는 경우 직권으로 후견인을 선임한다. 가정법원은 피후견인의 의사와 건강, 생활관계와 감호상황, 재산상황과 경제형편, 피후견인의 가족 등 이해관계인의 의견, 후견인이 될 사람의 직업과 경험, 피후견인과의 이해관계의 유무 등을 고려하여 후견인을 선정한다(민법 제936조 제4항, 제959조의3 제2항, 제959조의9 제2항 참조). 후견인으로는 피후견인의 친족 또는 제3자인 전문가가 선임되는데, 피후견인의 재산을 둘러싸고 친족 등 이해관계인 사이에 분쟁이 있는 경우, 피후견인을 돌볼 가까운 친족이 없거나 사건본인에 대한 학대가 의심되는 경우 등에는 변호사, 법무사, 사회복지사 등의 전문가 후견인이 선임된다. 후견사무를 담당할 마땅한 친족이 없는 저소득층에 대하여 사회보장급부의 일환으로 후견사무 비용을 국가가 부담하는 공공후견인도 있다. 자연인뿐만 아니라 법인도 후견인이 될 수 있다.

(나) 피후견인의 능력과 후견인의 권한

18 후견개시심판이 확정되면 개시된 후견의 유형에 따라 피후견인의 재산에 대한 행위능력 등이 정해지고, 법률과 심판에서 정해진 바에 따라 선임된 후견

10 김성우, "한국 후견재판에서의 의사결정지원", 가족법연구 제32권 제3호, 한국가족법학회(2018). 307.

인의 권한과 의무가 발생한다.

19 후견인은 주어진 권한과 의무의 범위 내에서 피후견인의 신상을 보호하고 재산을 관리하는 사무를 수행한다. 후견인이 후견사무를 함에 있어서는 전문성, 창의성과 적극성이 요청됨은 물론이고, 피후견인의 의사를 존중하고 피후견인의 복리에 부합하는 방법으로 하여야 한다.

20 가정법원은 후견인의 권한 범위를 정하거나 이를 변경하기도 하고, 후견인이 피후견인을 정신병원에 격리하는 등 피후견인의 복리에 관한 중요한 사항에 대해서는 그 허가 여부를 결정함으로써 후견인의 권한 행사를 통제한다.

(다) 후견감독[11]

21 후견은 정신적으로 어려움을 겪고 있는 피후견인의 의사를 살펴 그 필요를 제때 채워주는 것이라고 할 수 있다. 그런데 선임된 후견인이 기대했던 역할을 충실히 수행하지 못하기도 하고, 때로는 후견인이 피후견인의 복리와 안전을 해치는 비행을 저지르기도 한다. 따라서 피후견인의 신상과 재산을 보호하기 위해서는 후견인에 대한 적절한 견제와 개입, 피후견인에 대한 지원이 필요한데, 그러한 기능을 하는 것이 후견감독이다.

22 후견감독사무는 후견감독인과 가정법원이 담당하는데, 양자가 담당하는 감독사무의 목적, 기능과 방법에는 차이가 있다. 후견감독인은 임의후견의 경우를 제외하고는 임의기관일 뿐 아니라 보수 등 비용 문제로 모든 사건에 선임될 수 있는 것이 아니다. 나아가 후견감독인의 사무수행에 대해서도 적절한 견제와 감독이 필요하다. 따라서 피후견인에 대한 최종적인 감독기관인 가정법원의 역할이 중요하다.

23 가정법원의 후견감독은 일반적으로 ① 감독사건 직권 개시, ② 후견인 교육, ③ 재산목록 검토, ④ 정기 후견감독(후견사무보고서 검토), ⑤ 심층 감독(현장조사 등), ⑥ 후견인 변경 또는 경고나 고발, ⑦ 후견감독 부수사건 처리, ⑧ 후견감독 종료의 순서로 이루어진다.

나. 임의후견제도 개관

(1) 임의후견의 의의

24 성년후견제도는 피후견인의 자기결정권을 존중하고, 잔존능력을 최대한 발휘

11 후견감독절차는 임의후견과 미성년후견의 경우도 거의 비슷하다.

하게 하며, 피후견인의 필요(needs)에 따른 후원을 함으로써 피후견인의 의사와 권리를 실현하는 것을 목표로 한다. 그러나 법정후견제도는 정신적 제약이 발생한 후 법률이 정한 바에 따라 가정법원이 직권으로 후견의 종류와 범위 및 후견인을 정한다는 점에서 피후견인의 의사가 반영될 여지가 상대적으로 적다. 이와 달리 후견을 받을 사람 스스로 사무를 처리할 능력이 결여되거나 부족하게 될 상황에 대비하여 자신의 사무를 대신해 줄 사람과 처리할 사무의 범위를 미리 정해두는 임의후견제도는 성년후견 영역에서 사적자치와 자기결정 존중의 이념을 가장 충실하게 실현할 수 있는 제도로 평가받는다.

(2) 임의후견의 절차

25 먼저 피후견인으로 될 사람과 임의후견인으로 선임될 사람 사이에, 재산관리 및 신상보호에 관한 사무의 전부 또는 일부를 임의후견인이 될 사람에게 위탁하고 그 위탁사무에 관하여 대리권을 수여하는 것을 내용으로 하는 후견계약이 체결되어야 한다. 후견계약은 공정증서로 체결되어야 하고, 체결된 계약은 등기되어야 한다.

26 이후 피후견인으로 될 사람이 정신적 제약으로 인하여 사무를 처리할 능력이 부족한 상태에 이르게 되면, 가정법원이 일정한 사람의 청구로 후견인의 후견사무를 감독할 임의후견감독인을 선임하게 되는데, 임의후견감독인이 선임된 때부터 후견계약은 효력이 발생한다.

IV. 후견에 관한 민법의 규정 체계

27 2011년 개정 민법은 후견제도를 미성년자를 위한 후견제도와 성년자를 위한 후견제도로 나누고, 제1편 총칙 중 사람의 행위능력 부분과 제4편 친족 중 친권 다음 장에서 규정하고 있다. 민법은 기본적으로 후견제도를 사람의 행위능력에 대한 제도로 파악하여 총칙편 사람의 능력 부분에서 후견개시 등에 관하여 규정하고 있기는 하지만, 과거 일률적인 행위무능력의 개념에서 벗어나 미성년자나 요보호 성년자를 "제한능력자"로 파악하고 있는 것은 진일보한 것으로 평가된다.[12] 한편 후견제도의 운용에 필요한 자세한 사항은 친족편에서 규율하고 있는데, 이는 종래 친족이 하여 온 미성년자나 요보호

12 단 피특정후견인, 피임의후견인은 제한능력자가 아니다.

성년자에 대한 보호와 지원, 울타리의 역할을 후견인이 해야 함을 의미한다.

28 후견에 관한 민법 제4편 제5장은 3개의 절 58개 조문으로 구성되어 있는데, 제1절 "미성년후견과 성년후견"에서는 후견인과 후견감독인의 선임이나 임무, 후견의 종료 등에 관하여 공통되는 규정을 두고, 이를 제2절 "한정후견과 특정후견"에 준용하는 규정방식을 택하고 있다. 한편 임의후견에 대하여는 제959조의14 이하 7개 조문을 제3절 "후견계약"이라는 독립된 절로 규정하고 있다.[13]

29 한편 2011년 개정 민법 시행일인 2013. 7. 1. 당시 이미 금치산 또는 한정치산 선고를 받은 사람에 대해서는 종전 민법을 적용하되[민법 부칙(법률 제10429호, 2011. 3. 7.) 제2조 제1항], 그 금치산자 또는 한정치산자에 대하여 개정 민법에 따라 성년후견, 한정후견, 특정후견이 개시되거나 임의후견감독인이 선임된 경우 또는 개정 민법 시행일로부터 5년이 경과한 때에는 그 금치산 또는 한정치산의 선고는 장래를 향하여 그 효력을 잃도록 하였다[민법 부칙(법률 제10429호, 2011. 3. 7.) 제2조 제1항].

13 "임의후견"은 후견이 개시되는 근거와 시기에 관한 용어로서 법정후견에 대비되는 개념이고, "후견계약"은 임의후견개시의 근거가 되는 일종의 위임계약을 의미한다. 민법에서는 두 용어 다 사용되고 있고, 학계나 실무에서도 같은 의미로 쓰이거나 혼용되고 있다.

제 1 절 미성년후견과 성년후견

<개정 2011. 3. 7>

[총설]

[관련조문] 민법 제928조(미성년자에 대한 후견의 개시), 제930조(후견인의 수와 자격), 제936조(성년후견인의 선임), 제937조(후견인의 결격사유), 제938조(후견인의 대리권), 제939조(후견인의 사임), 제940조(후견인의 변경), 제940조의2(미성년후견감독인의 지정), 제940조의5(후견감독인의 결격사유), 제940조의6(후견감독인의 직무), 제940조의7(후견감독인에 대한 위임 및 후견인 규정의 준용), 제941조(재산조사와 목록작성), 제942조(후견인의 채권·채무의 제시), 제943조(목록작성 전의 권한), 제944조(피후견인이 취득한 포괄적 재산의 조사 등), 제949조(재산관리권과 대리권), 제949조의3(이해상반행위), 제950조(후견감독인의 동의를 필요로 하는 행위), 제951조(피후견인의 재산 등의 양수에 대한 취소), 제952조(상대방의 추인 여부 최고), 제953조(후견감독인의 후견사무의 감독), 제954조(가정법원의 후견사무에 관한 처분), 제955조(후견인에 대한 보수), 제955조의2(지출금액의 예정과 사무비용), 제956조(후견인에 대한 위임과 친권의 규정의 준용), 제957조(후견사무의 종료와 관리의 계산), 제958조(이자의 부가와 금전소비에 대한 책임), 제959조(후견종료시 위임규정의 준용)

[참고문헌] 법원실무제요, 가사[Ⅱ], 사법연수원(2021)

1 미성년후견은 미성년자에게 친권자가 없거나 친권자가 있더라도 그 친권행사가 제한된 경우에 개시되고, 성년후견은 정신적 제약으로 인하여 사무를 처리할 능력이 지속적으로 결여된 경우에 가정법원 심판에 의하여 개시된다.

2 미성년후견인은 미성년자의 법정대리인이 되고(민법 제938조 제1항), 원칙적으로 미성년자의 신분에 관한 사항에 대하여 친권자와 동일한 권리·의무가 있는바(제945조 본문), 미성년후견은 친권의 연장 또는 보충으로서의 성격을 갖는다고 볼 수 있다. 한편, 성년후견은 한정후견과 특정후견이 보호를 필요로 하는 특정 범위 내에서 개시되는 것과 달리 피성년후견인을 위한 포괄적 보호를 원칙으로 한다. 피성년후견인은 원칙적으로 행위능력이 없으며, 성년후견인이 미성년후견인과 마찬가지로 피성년후견인의 법정대리인이 된다(민법 제938조 제1항).

3 민법은 포괄적 보호제도인 미성년후견과 성년후견에 관한 규정을 제1절로 묶고, 이를 후견인(민법 제928조 내지 제940조), 후견감독인(제940조의2 내지 제940조의7), 후견인의 임무(제941조 내지 제956조), 후견의 종료(제957조 내지 제959조)

등 4개의 관으로 나누어 규정하고 있다.

4 후견인의 결격사유(민법 제937조), 후견인의 대리권(제938조 제1항), 후견인의 사임(제939조), 후견인의 변경(제940조), 후견감독인의 결격사유(제940조의5), 후견감독인의 직무(제940조의6), 후견감독인에 대한 위임 및 후견인 규정의 준용(제940조의7), 재산조사와 목록작성(제941조), 후견인의 채권·채무의 제시(제942조), 목록작성 전의 권한(제943조), 피후견인이 취득한 포괄적 재산의 조사 등(제944조), 재산관리권과 대리권(제949조), 이해상반행위(제949조의3), 후견감독인의 동의를 필요로 하는 행위(제950조), 피후견인의 재산 등의 양수에 대한 취소(제951조), 상대방의 추인 여부 최고(제952조), 후견감독인의 후견사무의 감독(제953조), 가정법원의 후견사무에 관한 처분(제954조), 후견인에 대한 보수(제955조), 지출금액의 예정과 사무비용(제955조의2), 후견인에 대한 위임과 친권의 규정의 준용(제956조), 후견사무의 종료와 관리의 계산(제957조), 이자의 부가와 금전소비에 대한 책임(제958조), 후견종료시 위임규정의 준용(제959조)은 미성년후견과 성년후견에 공통으로 적용된다.

5 성년후견인에게 적용되는 규정 중 피후견인에 대한 포괄적 보호를 전제로 하지 않는 후견에 관한 일반 규정인 후견인의 수와 자격(민법 제930조 제2항·제3항), 성년후견인의 선임 관련 조항(제936조 제2항 내지 제4항), 후견인의 결격사유(제937조), 후견인의 사임(제939조), 후견인의 변경(제940조)은 한정후견인이나 특정후견인에 준용된다. 그 외 후견인의 임무나 후견의 종료에 관한 규정 중 상당수가 한정후견이나 특정후견에도 준용되고 있다.

6 한편, 2011년 개정 민법으로 친족회가 폐지되면서 신설된 후견감독인의 경우 후견인의 사무 감독이라는 기본적 역할은 미성년후견이나 성년후견, 한정후견, 특정후견에 동일하므로, 후견감독인에게 적용되는 규정은 후견 종류를 불문하고 거의 차이가 없다. 다만 미성년후견감독인의 경우 다른 종류의 후견감독인과는 달리 유언으로 지정이 가능하고(민법 제940조의2), 특정후견감독인에게는 피후견인의 신상결정에 관한 규정인 민법 제947조의2 제3항 내지 제5항이 준용되지 않는다.

7 2011년 개정 민법의 시행으로 금치산자, 한정치산자 및 법정후견인 제도가 폐지되면서 후견인 순위에 관한 제933조 내지 제935조는 삭제되었다.

제1관 후견인

<신설 2011. 3. 7>

제 928 조 [미성년자에 대한 후견의 개시]

미성년자에게 친권자가 없거나 친권자가 제924조, 제924조의2, 제925조 또는 제927조 제1항에 따라 친권의 전부 또는 일부를 행사할 수 없는 경우에는 미성년후견인을 두어야 한다. <개정 2014. 10. 15.>

[전문개정 2011. 3. 7.]

[관련조문] 민법 제908조의3(친양자 입양의 효력), 제908조의7(친양자 입양의 취소·파양의 효력), 제909조(친권자), 제909조의2(친권자의 지정 등), 제910조(자의 친권의 대행), 제924조(친권의 상실 또는 일시 정지의 선고), 제924조의2(친권의 일부 제한의 선고), 제925조(대리권, 재산관리권 상실의 선고), 제927조(대리권, 관리권의 사퇴와 회복), 제927조의2(친권의 상실, 일시 정지 또는 일부 제한과 친권자의 지정 등), 제931조(유언에 의한 미성년후견인의 지정 등), 제932조(미성년후견인의 선임), 제946조(친권 중 일부에 한정된 후견), 제948조(미성년자의 친권의 대행)

[참고문헌] 주해친족법(제2권)(제2판), 박영사(2025); 김주수/김상용, 친족·상속법(제20판), 법문사(2024); 곽윤직/김재형, 민법총칙(제9판), 박영사(2013); 박동섭/양경승, 친족상속법(제5판), 박영사(2020); 송덕수, 친족상속법(제7판), 박영사(2024); 신영호 외 2인, 가족법강의(제4판), 세창출판사(2023); 윤진수, 친족상속법 강의(제5판), 박영사(2023); 이경희/윤부찬, 가족법(11정판), 법원사(2024); 송덕수, 민법총칙(제7판), 박영사(2024); 김성우, 성년후견실무, 박영사(2018); 법원실무제요, 가사[Ⅱ], 사법연수원(2021); 김상용, "부모가 장기간 소재불명인 경우 미성년자녀에 대한 후견개시 여부에 대한 고찰", 중앙법학 제18집 제4호, 중앙법학회(2016); 김형석, "성년후견·한정후견의 개시 심판과 특정후견의 심판", 서울대학교 법학 제55권 제1호, 서울대학교 법학연구소(2014)

Ⅰ. 의의

1 친권자는 미성년자인 자에 대하여 포괄적인 보호·교양 의무가 있고, 친권자의 지위에서 재산관리권과 법정대리권 등을 행사한다. 그런데 미성년자에게 친권자가 없거나 친권자가 있더라도 친권의 전부 또는 일부를 행사할 수 없는 경우 미성년후견이 개시됨으로써 미성년자를 보호하게 된다. 미성년후견은 친권의 연장 또는 보충의 성격을 갖는 것으로서 그 개시 원인과 관련한

규정은 민법 제928조 이외에도 친권에 관한 민법 조문 곳곳에 산재해 있고, 미성년자에 대한 충실한 보호를 위하여 미성년후견 개시 사유가 있으면 반드시 미성년후견인을 두도록 하였다.

2 민법은 미성년후견에 대하여 성년후견의 경우와 달리 후견개시심판에 관한 규정을 두고 있지 않으므로, 후견인 지정의 유언이 효력을 발생한 때(민법 제931조) 또는 가정법원이 미성년후견인을 선임한 때(제932조 참조) 후견이 개시된다고 본다. 따라서 유언에 의해 지정된 미성년후견인이 없어 가정법원이 미성년후견인을 선임해야 하는 경우에는 미성년후견개시 사유 발생과 미성년후견개시 사이에 시차가 발생하게 된다.

Ⅱ. 미성년후견 개시 원인

1. 친권자가 없는 경우

3 친권자가 모두 존재하지 않으면 미성년후견이 개시된다. 먼저 친권자 부존재의 구체적 사유를 보고, 이런 사유가 공동친권자인 친생부모, 양부모에게 발생한 경우, 생존친이 있는 단독친권자에게 발생한 경우로 나누어 미성년후견 개시 원인을 살핀다.

가. 친권자 부존재의 구체적 사유

4 친권자가 모두 사망(실종선고로 사망 간주되는 경우 포함) 또는 친권상실선고를 받거나, 입양의 취소 또는 파양으로 인해 입양된 미성년자에 대한 양부모의 친권이 소멸하면, 법적으로 친권자가 존재하지 않게 된다. 그 외에 친권자가 성년후견 또는 한정후견 개시심판을 받은 경우와 사실상 친권을 행사할 수 없는 경우도 친권자 부존재 사유로 볼 수 있는지 문제된다.

1) 친권자가 성년후견 또는 한정후견 개시심판을 받은 경우

5 친권자가 성년후견 개시심판을 받은 경우는 친권자가 없는 때에 해당되어 미성년후견이 개시된다는 것이 다수의 견해이고,[1] 친권자가 한정후견 개시심판을 받은 경우에는 친권자가 없는 때로 보아 미성년후견이 개시된다는 견

1 김주수/김상용, 친족·상속법(제20판), 법문사(2024), 506; 박동섭/양경승, 친족상속법(제5판), 박영사(2020), 447; 송덕수, 친족상속법(제7판), 박영사(2024), 247; 신영호 외 2인, 가족법강의(제4판), 세창출판사(2023), 234.

해,[2] 재산상의 법률행위 능력이 제한되는 범위 내에서만 친권 중 대리권과 재산관리권이 소멸하고 미성년후견이 개시되나, 미성년자의 신분에 관한 사항에 있어서는 여전히 피한정후견인이 친권을 행사할 수 있다는 견해[3]가 있다. 한편, 친권자가 성년후견이나 한정후견 개시심판을 받았다는 사정을 일률적으로 후견개시 사유로 보지 않고, 이로 인하여 사실상 친권행사가 불가능한지, 미성년자의 보호와 복리를 해칠 우려가 있는지 등을 종합하여 미성년후견 개시 여부를 판단하여야 한다는 견해[4]가 있으며, 친권자가 받은 성년후견 또는 한정후견 개시심판의 내용에 따라 대리권과 재산관리권을 행사할 수 없는 경우 미성년후견 개시사유가 된다는 견해[5]도 있다.

6 실무에서는 친권자가 성년후견 개시심판을 받은 경우 친권상실 및 미성년후견인 선임심판 청구를 하고 있고, 이에 따라 친권자에 대한 친권상실선고 및 미성년후견인(또는 친권자가 지정되거나 미성년후견인이 선임될 때까지의 임무대행자) 선임심판을 한 각급 법원의 심판이 다수 있다.[6]

2) 친권자가 사실상 친권을 행사할 수 없는 경우

7 민법 제927조의2 제1항 제4호에 따르면 협의 이혼, 재판상 이혼, 혼인의 취소, 임의인지 또는 재판상 인지로 인해 단독친권자로 지정된 부 또는 모, 양부모(친양자의 양부모를 제외한다) 쌍방에게 소재불명 등 친권을 행사할 수 없는 중대한 사유가 있으면 친권자가 없는 경우와 동일하게 취급하여 후견개시 원인으로 삼고 있다.

8 "소재불명 등 친권을 행사할 수 없는 중대한 사유"란 사실상 친권을 행사할 수 없는 경우로서, 친권자에게 장기간에 걸친 소재불명, 연락두절, 의식불명 등으로 인해 친권을 행사할 수 없는 경우를 말한다.[7] 위의 사유로 단독친권자로 지정된 부 또는 모에게 소재불명 등 친권을 행사할 수 없는 중대한 사

2 박동섭/양경승, 친족상속법(제5판), 박영사(2020), 447.
3 김주수/김상용, 친족·상속법(제20판), 법문사(2024), 465.
4 김성우, 성년후견실무, 박영사(2018), 207.
5 윤진수, 친족상속법 강의(제5판), 박영사(2023), 288.
6 전주지방법원 군산지원 2015. 8. 10. 자 2015느합6 심판(항고, 재항고 기각 확정), 대구가정법원 2018. 2. 19. 자 2017느단2154 심판(확정), 부산가정법원 2018. 11. 1. 자 2018느단1202 심판(확정), 부산가정법원 2023. 3. 9. 자 2022느단202711 심판(확정), 대전가정법원 2024. 6. 14. 자 2023느단1151 심판(확정) 등.
7 김성우, 성년후견실무, 박영사(2018), 207.

유가 있는 경우에는 일정한 기간 내에 다른 부 또는 모로의 친권자 지정청구가 없거나 그 청구가 기각될 때 미성년후견이 개시되고, 미성년자 입양의 양부모 쌍방이 위와 같이 사실상 친권을 행사할 수 없는 경우 바로 미성년후견이 개시된다(민법 제927조의2 제1항 제4호, 제909조의2 제1항·제3항·제5항).

9 그런데 민법은 위의 경우 외에 공동친권자에게 모두 소재불명 등 친권을 행사할 수 없는 중대한 사유가 있는 경우나 이혼, 혼인 취소, 인지가 아닌 다른 원인으로 단독친권자가 된 사람(예를 들어 공동친권자 중 1인이 사망하여 단독친권자가 된 경우, 이혼 당시 지정된 공동친권자 중 1인이 사망하여 단독친권자가 된 경우, 미혼모와 같이 원래부터 단독친권자였던 경우 등)에게 위와 같이 사실상 친권을 행사할 수 없는 사유가 발생한 경우에 대해 명시적인 규정을 두고 있지 않아 학설 및 실무상 견해의 대립이 있다.

10 위와 같은 경우에도 미성년후견이 필요함은 민법 제927조의2 제1항 제4호의 경우와 다름이 없으므로 위 규정을 유추적용 내지 준용하여 친권상실선고 등의 절차를 거치지 않고 미성년후견을 개시하여야 한다는 것이 학설의 다수 견해인데,[8] 현행법 하에서는 미성년후견 개시사유가 존재한다고 해석하기 어렵다는 반대의 견해도 있다.[9] 실무는 ① 후견과 친권의 충돌 우려 등을 이유로 친권상실선고 등의 절차를 먼저 거치도록 하는 예가 다수이나[10] ② 공동친권자 모두에게 친권을 행사할 수 없는 중대한 사유가 있음이 명백한 경우 등에서 친권상실선고 등의 절차 없이 미성년후견을 개시한 예도 있다.[11]

나. 공동친권자가 모두 없는 경우

1) 친생부모가 모두 없는 경우

11 공동친권자인 부모가 모두 없는 경우 미성년후견이 개시된다. 친권은 부모가 혼인 중인 때에는 부모가 공동으로 행사하고(민법 제909조 제2항), 이혼 등에

8 주해친족법(제2권)(제2판), 박영사(2025), 1319(현소혜, 김수정).

9 신영호 외 2인, 가족법강의(제4판), 세창출판사(2023), 234; 윤진수, 친족상속법 강의(제5판), 박영사(2023), 288; 이경희/윤부찬, 가족법(11정판), 법원사(2024), 306; 김상용, "부모가 장기간 소재불명인 경우 미성년자녀에 대한 후견개시 여부에 대한 고찰", 중앙법학 제18집 제4호, 중앙법학회(2016), 220~221.

10 대구가정법원 2017. 5. 29. 자 2016브1037 결정(재항고 기각 확정), 울산가정법원 2018. 3. 26. 자 2017느단690 심판(확정), 대전가정법원 천안지원 2018. 8. 28. 자 2018느단337 심판(확정), 창원지방법원 거창지원 2019. 2. 1. 자 2018느단153 심판(확정)

11 서울가정법원 2017. 9. 25. 자 2014느단30849 심판(확정), 청주지방법원 영동지원 2024. 7. 5. 자 2024후개1002심판(확정).

따라 부모가 공동친권자로 지정된 경우에도 공동으로 행사하는데, 공동친권자 중 일방이 존재하지 않게 되면 다른 일방이 친권을 행사하므로 후견은 개시되지 않고, 이후 다른 일방에게도 위 사유가 발생하면 그 때 미성년후견이 개시된다.

2) 양부모가 모두 없는 경우

가) 미성년자 입양의 경우

12 미성년자에 대한 입양이 취소되거나 파양된 경우 또는 공동친권자인 양부모 모두가 사망(실종선고 포함)한 경우, 일정한 기간 내에 친생부모 등으로부터 친생부모 일방 또는 쌍방을 친권자로 지정할 것을 청구하는 친권자 지정 청구가 없거나 그 청구가 기각될 때 미성년후견이 개시된다(민법 제909조의2 제2항·제3항·제4항).

13 미성년자 입양에서 공동친권자인 양부모 모두 친권상실선고(민법 제927조의2 제1항 제1호)를 받거나 소재불명 등 친권을 행사할 수 없는 중대한 사유가 발생한 경우(제927조의2 제1항 제4호)에도 미성년 후견이 개시된다. 이 경우 제927조의2 제1항이 제909조의2 제2항을 준용하고 있지 않으므로 친생부모 등으로부터의 친권자 지정 청구를 기다릴 필요 없이 후견이 개시된다.

나) 친양자 입양의 경우

14 친양자 입양이 확정되면 친양자의 입양 전의 친족관계는 종료하나(민법 제908조의3 제2항), 친양자 입양이 취소되거나 파양된 때에는 친양자관계는 소멸하고 입양 전의 친족관계가 부활한다(제908조의7 제1항). 따라서 친양자 입양이 취소되거나 파양된 경우 미성년자 입양의 경우와 마찬가지로 친생부모 등으로부터의 친권자 지정 청구 절차를 기다려야 한다(민법 제909조의2 제2항·제3항·제4항).

15 반면 친양자의 양부모 모두가 사망(실종선고 포함)하거나 또는 친권상실 선고를 받거나, 소재불명 등 친권을 행사할 수 없는 중대한 사유가 있는 경우에는 입양 전의 친족관계가 부활하지 않으므로, 친생부모 등으로부터의 친권자 지정 청구 절차 없이 미성년후견이 개시된다(민법 제909조의2 제2항 단서와 민법 제927조의2 제1항 괄호 부분에서 친양자의 양부모를 제외하고 있음).

다. 지정된 단독친권자가 부존재하고 생존친이 있는 경우

16 협의 이혼, 재판상 이혼, 혼인의 취소, 임의인지 또는 재판상 인지의 경우 단독친권자로 지정된 부모의 일방에게 친권자 부존재 사유(사망, 실종선고, 친권상실선고, 소재불명 등 사실상 친권행사불가)가 발생한 때에는 일정한 기간 내에 생존하는 부 또는 모 등으로부터 생존하는 부 또는 모를 친권자로 지정할 것을 청구하는 친권자 지정 청구가 없거나 그 청구가 기각될 때 미성년후견이 개시된다(민법 제909조의2 제1항·제3항·제4항, 제927조의2 제1항).

2. 친권 행사에 제한을 받는 경우

가. 공동친권자 모두 친권 행사에 제한을 받는 경우

17 공동친권자가 모두 친권의 일시 정지 선고(민법 제924조), 친권의 일부 제한 선고(제924조의2), 대리권·재산관리권의 상실 선고(제925조), 대리권·재산관리권의 사퇴(제927조 제1항)에 따라 친권의 전부 또는 일부를 행사할 수 없는 경우 미성년후견이 개시된다.

나. 단독친권자가 친권 행사에 제한을 받고, 생존친이 있는 경우

18 협의 이혼, 재판상 이혼, 혼인의 취소, 임의인지 또는 재판상 인지의 경우 단독친권자로 지정된 부모의 일방에게 친권의 일시 정지 선고, 친권의 일부 제한 선고, 대리권·재산관리권의 상실 선고, 대리권·재산관리권의 사퇴와 같은 친권 행사 제한 사유가 발생하는 경우에는 일정한 기간 내에 생존하는 부 또는 모 등로부터 생존하는 부 또는 모를 친권자로 지정할 것을 청구하는 친권자 지정 청구가 없거나 그 청구가 기각될 때 미성년후견이 개시된다(민법 제927조의2 제1항 제1의2호·제1의3호·제2호·제3호, 제909조의2 제1항·제3항·제4항).

다. 친권 중 일부에 한정된 후견

19 친권의 일부 제한 선고가 있는 경우, 대리권·재산관리권 상실의 선고가 있는 경우, 대리권·재산관리권을 사퇴한 경우에 미성년후견인의 임무는 제한된 친권의 범위에 속하는 행위에 한정된다(민법 제946조).

Ⅲ. 미성년후견인의 유형

20 미성년후견 개시사유가 있으면 반드시 미성년후견인을 두어야 한다. 미성년후견인의 유형으로는 부모의 유언에 따라 지정되는 미성년후견인, 지정후견

인이 없는 경우 가정법원에서 선임하는 미성년후견인, 특별법에서 정하는 미성년후견인이 있다(☞ 상세한 내용은 민법 제931조, 제932조 주석 참조).

Ⅳ. 미성년후견과 성년후견

21 성년후견 사유가 있는 미성년자에게 성년후견 개시가 가능한지 여부에 관하여는 견해의 대립이 있다.

22 ① 긍정하는 견해는, 민법이 성년후견개시의 청구권자로 미성년후견인과 미성년후견감독인을 명시적으로 포함하고 있고(민법 제9조 제1항), 피성년후견인의 능력이 미성년자의 능력보다 좁으므로 미성년자 보호를 위하여 피성년후견인으로 할 필요가 있다는 등의 이유를 들고 있고,[12] ② 부정하는 견해는, 성년후견인에게는 민법 제913조, 제914조, 제945조의 신상감호 권한이 인정되지 않으므로 미성년자에 대하여 성년후견을 개시하면 미성년자의 복리에 문제가 생길 수 있고, 성년후견이라는 용어 자체가 그 보호의 대상에서 미성년자는 제외하고 있는 것을 예정하고 있으며, 미성년자에 대해서는 굳이 성년후견을 개시하지 않아도 충분히 보호할 수 있는 제도적 장치가 마련되어 있다는 등의 이유를 들고 있다.[13]

23 긍정하는 견해에서는 미성년자에 대한 성년후견이 개시된 경우 위 신상감호에 대한 규정을 성년후견에 유추적용하는 것이 바람직하다고 보고 있고,[14] 부정하는 견해에서는 미성년후견인과 미성년후견감독인이 성년후견개시심판의 청구권자에 포함되어 있는 것은 정신적 제약으로 사무를 처리할 능력이 지속적으로 결여되어 있는 미성년자가 아무런 보호조치 없이 성년자가 되면 보호의 공백상태에 처하게 되므로 미성년자가 성년에 이르기 전에 성년후견개시의 심판을 청구하여 성년기에 도달하였을 때 성년후견이 개시되도록 할 수 있도록 하려는 것이라고 본다.[15]

24 실무에서는 친권자 또는 미성년후견인과 성년후견인 사이의 권한 중복 등

12 곽윤직/김재형, 민법총칙(제9판), 박영사(2013), 123; 송덕수, 민법총칙(제7판), 박영사(2024), 204.
13 김주수/김상용, 친족·상속법(제20판), 법문사(2024), 535; 윤진수, 친족상속법 강의(제5판), 박영사(2023), 288; 김형석, "성년후견·한정후견의 개시심판과 특정후견의 심판", 서울대학교 법학 제55권 제1호, 서울대학교 법학연구소(2014), 449.
14 송덕수, 민법총칙(제7판), 박영사(2024), 204.
15 김주수/김상용, 친족·상속법(제20판), 법문사(2024), 535.

복잡한 법률관계가 발생할 우려가 있으므로 미성년자를 성년후견의 대상으로 삼는 것은 신중할 필요가 있다는 것이 일반적인 입장이고, 실제로 정신적 제약이 있는 미성년자에 대하여 미성년후견인 선임 청구가 아닌 성년후견의 개시를 청구하는 예는 찾아보기 어려우며(미성년자가 성년자가 되어 더 이상 친권자 또는 미성년후견인으로서의 역할을 할 수 없게 되면 그때 성년후견 개시를 청구하는 것이 일반적이다), 보호의 공백을 막기 위해 미성년자에 대하여 성년이 될 것이 임박할 무렵 미리 성년후견개시 청구를 한 경우 미성년자가 성년이 된 이후에 성년후견개시의 심판을 하고 있다.[16]

16 법원실무제요, 가사[Ⅱ], 사법연수원(2021), 1191.

제 929 조 [성년후견심판에 의한 후견의 개시]

가정법원의 성년후견개시심판이 있는 경우에는 그 심판을 받은 사람의 성년후견인을 두어야 한다.

[전문개정 2011. 3. 7.]

[관련조문] 민법 제9조(성년후견개시의 심판), 제10조(피성년후견인의 행위와 취소), 제127조(대리권의 소멸사유), 제135조(상대방에 대한 무권대리인의 책임), 제140조(법률행위의 취소권자), 제141조(취소의 효과), 제690조(사망·파산 등과 위임의 종료), 제717조(비임의 탈퇴), 제938조(후견인의 대리권 등), 제947조의2(피성년후견인의 신상결정 등), 제959조의20(후견계약과 성년후견·한정후견·특정후견의 관계), 가사소송법 제2조(가정법원의 관장 사항), 제9조(가족관계등록부 기록 등의 촉탁), 제37조(이해관계인의 참가), 제37조의2(절차의 구조), 제43조(불복), 제45조(심리 방법), 제45조의2(정신상태의 감정 등), 제45조의3(성년후견·한정후견·특정후견 관련 심판에서의 진술 청취), 국제사법 제61조(후견에 관한 사건의 특별관할), 제75조(후견), 민사소송법 제55조(제한능력자의 소송능력), 제217조(외국재판의 승인), 제449조(특별항고), 법원조직법 제40조(합의부의 심판권), 비송사건절차법 제23조(항고의 절차), 후견등기에 관한 법률 제1조(목적), 발달장애인 권리보장 및 지원에 관한 법률 제9조(성년후견제 이용지원) 제1항, 치매관리법 제12조의3(성년후견제 이용지원), 가사소송규칙 제5조의2(후견등기부기록을 촉탁하여야 할 심판등), 제21조(이해관계인의 참가신청), 제22조(참가신청에 대한 재판등), 제25조(심판의 고지), 제27조(청구기각심판에 대한 불복), 제31조(즉시항고 기간의 진행), 제35조(심판의 고지등), 제36조(즉시항고), 민사 및 가사소송의 사물관할에 관한 규칙 제3조(가정법원 및 그 지원 합의부의 심판범위)

[참고문헌] 주석 민법, 총칙(제1권)(제5판), 한국사법행정학회(2019); 김주수/김상용, 주석 민법, 친족(4)(제5판), 한국사법행정학회(2016); 곽윤직/김재형, 민법총칙(제9판), 박영사(2013); 김주수/김상용, 친족·상속법(제20판), 법문사(2024); 지원림, 민법강의(제21판), 홍문사(2024); 안춘수, 국제사법(제2판), 법문사(2023); 윤진수, 친족상속법 강의(제5판), 박영사(2023); 송덕수, 민법총칙(제7판), 박영사(2024); 정동윤 외 2인, 민사소송법(제10판), 법문사(2023); 김성우, 성년후견실무, 박영사(2018); 성년후견제도 해설, 법원행정처(2013); 후견사건 처리 실무, 법원행정처(2015); 법원실무제요, 가사[Ⅱ], 사법연수원(2021); 김원태, "외국가사재판의 승인·집행에 관한 문제의 재검토", 국제사법연구 제6호, 한국국제사법학회(2001); 김형석, "성년후견·한정후견의 개시심판과 특정후견의 심판", 서울대학교 법학 제55권 제1호, 서울대학교 법학연구소(2014); 문정일, "외국 재판의 승인과 집행에 관한 약간의 고찰", 신영철 대법관 퇴임기념 논문집 (2015); 석광현, "국제친권·후견법의 동향과 우리의 입법과제", 서울대학교 법학 제55권 제4호, 서울대학교 법학연구소(2014)

Ⅰ. 의의

1 성년후견은 질병, 장애, 노령, 그 밖의 사유로 인한 정신적 제약으로 사무를 처리할 능력이 지속적으로 결여된 사람을 대상으로 한다. 가정법원은 위와 같은 사람에 대하여 일정한 자의 청구에 따라 성년후견개시의 심판을 하고(민법 제9조 제1항), 성년후견이 개시된 때에는 그를 위해 반드시 성년후견인을 두도록 하였다.

2 성년후견을 개시함에 있어서 성년후견제도의 이념인 피성년후견인의 잔존능력의 활용과 자기결정권의 존중, 정상화의 원칙 등이 구현되도록 해야 하고, 필요성의 원칙, 보충성의 원칙에 따라 성년후견개시 여부를 판단하여야 한다.

Ⅱ. 성년후견개시의 요건

3 ☞ 상세한 내용은 민법 제9조 주석 참조.

1. 실질적 요건

4 피성년후견인이 될 사람이 질병, 장애, 노령, 그 밖의 사유로 인한 '정신적 제약'으로 '사무를 처리할 능력이 지속적으로 결여'되어 있어야 한다.

5 정신적 제약의 원인은 묻지 않고, 실무에서 문제되는 정신적 제약의 주요 원인은 뇌병변, 치매, 발달장애, 정신장애 등이 있다. 신체적 장애로 사무처리능력이 결여된 경우에도 의사결정능력이나 판단능력 등에 있어 정신적 제약이 없다면 임의대리 등의 방법으로 사무를 처리할 수 있으므로 자기결정권을 보장하기 위해 성년후견을 개시할 수 없다고 보는 것이 다수설과 실무의 입장이다[1].

6 정신적 제약의 정도는 사무를 처리할 능력이 지속적으로 결여된 정도에 이

1 주석 민법, 총칙(제1권)(제5판), 한국사법행정학회(2019), 314(신숙희); 곽윤직/김재형, 민법총칙(제9판), 박영사(2013), 123; 김주수/김상용, 친족·상속법(제20판), 법문사(2024), 534; 지원림, 민법강의(제21판), 홍문사(2024), 121; 법원실무제요, 가사[Ⅱ], 사법연수원(2021), 1191; 김형석, "성년후견·한정후견의 개시심판과 특정후견의 심판", 서울대학교 법학 제55권 제1호, 서울대학교 법학연구소(통권 170호)(2014), 445

르러야 한다. 사무처리 능력의 유무는 사건본인이 일상생활에서 통상적으로 처리하는 사무를 기준으로 판단하여야 하고, 사무를 처리할 능력이 일시적으로 결여된 경우에는 성년후견을 개시할 수 없다. 사무를 처리할 능력이 일시적으로 회복된 경우라도 그 회복이 단속적이고 불규칙적인 경우에는 사무를 처리할 능력이 지속적으로 결여된 것으로 보아야 한다.

2. 형식적 요건

7 성년후견은 오로지 성년후견개시심판이 있는 경우에만 개시될 수 있다. 성년후견의 실체적 요건을 갖춘 경우라도 실제로 심판을 받지 않은 때에는 성년후견이 개시될 수 없다. 또한 청구권자의 심판청구에 의해서만 개시될 수 있고, 법원이 직권으로 절차를 개시할 수 없다.

Ⅲ. 성년후견개시 심판

1. 청구권자

8 본인, 배우자, 4촌 이내의 친족, 미성년후견인, 미성년후견감독인, 한정후견인, 한정후견감독인, 특정후견인, 특정후견감독인, 검사 또는 지방자치단체의 장이 청구권자가 된다(민법 제9조 제1항).

9 본인이 직접 성년후견개시의 심판을 청구하려면 적어도 의사능력이 있어야 한다. 그러므로 정신적 제약이 있더라도 의사무능력에 이르지 않은 상태이거나 청구 당시 의사능력이 일시적으로 회복된 예외적인 경우에는 청구가 가능하다. 배우자는 법률상 배우자를 의미하고 사실상 배우자는 포함되지 않는다.

10 검사와 지방자치단체의 장은 성년후견이 필요함에도 청구할 친족 등이 없는 경우에 사건본인의 보호 공백을 막는 등 사회복지 기능을 수행하고, 특히 지방자치단체의 장은 특별법에 따라 발달장애인과 치매 환자, 정신질환자에 대하여 성년후견개시, 한정후견개시, 특정후견의 심판을 청구할 수 있다(발달장애인 권리보장 및 지원에 관한 법률 제9조 제1항, 치매관리법 제12조의3 제1항, 정신건강증진 및 정신질환자 복지서비스 지원에 관한 법률 제38조의3 제1항).

11 민법 제9조 제1항에는 열거되어 있지 않지만, 후견계약이 등기되어 있는 경우에는 임의후견인 또는 임의후견감독인도 성년후견개시의 심판을 청구할 수 있다. 이 경우 가정법원은 본인의 이익을 위하여 특별히 필요할 때에만

성년후견개시의 심판을 할 수 있다(민법 제959조의20 제1항). 본인의 이익을 위하여 특별히 필요한 때란 후견계약의 내용, 후견계약에서 정한 임의후견인이 임무에 적합하지 아니한 사유가 있는지, 본인의 정신적 제약의 정도, 기타 후견계약과 본인을 둘러싼 제반 사정 등을 종합하여, 후견계약에 따른 후견이 본인의 보호에 충분하지 아니하여 법정후견에 의한 보호가 필요하다고 인정되는 경우를 말한다.[2]

2. 관할

가. 토지관할과 사물관할

12 성년후견개시 청구를 비롯한 후견에 관한 사건은 가사비송사건 중 라류 사건으로 가정법원의 전속관할이고(가사소송법 제2조 제1항 제2호 가목), 피후견인(피후견인이 될 사람 포함)의 주소지 가정법원 관할이며(제44조 제1항 제1호의2 본문), 단독판사가 담당한다(법원조직법 제40조 제1항 제1호, 민사 및 가사소송의 사물관할에 관한 규칙 제3조 참조).

나. 관할의 항정[3]

13 성년후견 개시의 심판(한정후견 개시의 심판, 특정후견의 심판, 미성년후견인·임의후견감독인 선임심판)이 확정된 이후의 후견에 관한 사건은 피후견인의 주소지가 변경되더라도 후견개시 등의 심판을 한 가정법원(항고법원이 후견개시 등의 심판을 한 경우에는 그 제1심 법원인 가정법원)이 관할한다(가사소송법 제44조 제1항 제1호의2 단서). 후견개시 후에도 가정법원의 후견감독이 계속되므로 일관되고 지속적인 후견감독을 위해 후견개시 등의 심판이 확정된 이후의 후견에 관한 사건(후견 종료의 심판, 등등 예시 기재 예정)의 관할을 후견개시 심판을 한 가정법원에 항정시킨 것이다.

14 그러나 가정법원은 피후견인의 이익을 위하여 필요한 경우에는 직권 또는 후견인, 후견감독인, 피후견인, 피후견인의 배우자·4촌 이내의 친족, 검사, 지방자치단체의 장의 신청에 따른 결정으로 관할 가정법원을 피후견인의 주소지의 가정법원으로 변경할 수 있다(가사소송법 제44조 제2항).

2 대법원 2017. 6. 1. 자 2017스515 결정.

3 가사소송법 개정(2017. 10. 31. 법률 제14961호, 2018. 5. 1. 시행)으로 관할항정 규정이 신설되었다. 이 규정은 시행 당시 가정법원에 계속 중인 사건에 대하여도 적용되고, 다만 종전의 규정에 따라 발생한 효력에는 영향을 미치지 아니한다(부칙 제2조).

15 관할변경 신청을 기각하는 결정에 대하여는 신청인이, 변경결정에 대하여는 후견인, 후견감독인, 피후견인이 즉시항고를 할 수 있다. 변경결정의 즉시항고의 경우에는 집행정지의 효력이 있다(가사소송법 제44조 제3항).

16 가정법원의 법원사무관등은 관할변경결정이 확정되면 바로 그 결정정본과 후견사무의 감독에 관한 소송기록을 변경된 관할법원에 보내야 한다(가사소송규칙 제31조의2 제2항).

다. 국제후견법

1) 국제재판관할과 준거법

17 국제사법(2022. 1. 4. 법률 제18670호로 전부개정된 것)은 제61조에서 후견에 관한 사건의 특별관할로, ① 성년인 사람의 후견에 관한 사건에 대해서는 '1. 피후견인의 일상거소가 대한민국에 있는 경우, 2. 피후견인이 대한민국 국민인 경우, 3. 피후견인의 재산이 대한민국에 있고 피후견인을 보호하여야 할 필요가 있는 경우', ② 미성년자의 후견에 관한 사건에 대해서는 '1. 미성년자의 일상거소가 대한민국에 있는 경우, 2. 미성년자의 재산이 대한민국에 있고 미성년자를 보호하여야 할 필요가 있는 경우'에 우리 법원에 국제재판관할이 있다고 규정하고 있어 대한민국에 일상거소가 있거나 재산이 대한민국에 있고 보호 필요성이 있는 외국인에 대하여도 성년후견개시심판 등이 가능하다.

18 국제사법은 후견의 준거법은 피후견인의 본국법에 따르도록 정함으로써 속인법주의를 따르고 있고(국제사법 제75조 제1항), 이 원칙은 성년후견과 미성년후견 모두에 적용된다. 그러므로 미성년자에 있어서는 친권 문제(제72조, 동일한 부모와 자녀의 본국법 또는 자녀의 일상거소지법)와 후견 문제의 준거법에 대하여 각각 다른 연결원리가 적용되고 준거법도 다를 수 있는데, 친자관계의 준거법에 의할 때 친권을 갖는 자가 없거나 또는 있더라도 미성년자를 보조할 수 없는 경우 후견 문제가 제기되는 것으로 이해해야 할 것이다.[4]

19 다만, 외국인의 후견사건에 관한 재판을 할 때에도 '1. 피후견인의 본국법에 따른 후견개시의 원인이 있더라도 그 후견사무를 수행할 사람이 없거나, 후견사무를 수행할 사람이 있더라도 후견사무를 수행할 수 없는 경우, 2. 대한민국에서 후견개시의 심판(임의후견감독인선임 심판을 포함한다)을 하였거나 하

4 안춘수, 국제사법(제2판), 법문사(2023), 334.

는 경우, 3. 피후견인의 재산이 대한민국에 있고 피후견인을 보호하여야 할 필요가 있는 경우'에는 대한민국 법에 따른다(국제사법 제75조 제2항).

20 서울가정법원 2018. 1. 17. 자 2017브30016 결정(재항고 기각 확정)은 사건본인에 대한 한정후견 개시 및 한정후견인 선임을 구하는 사건인데 "대한민국 국적을 상실한 이후에도 대한민국에 거주하고 있는 사건본인에 대하여 최소한 대한민국에 거소가 있고, 대한민국 내에 재산을 소유하고 있으며, 아버지의 사망으로 그 상속과 관련된 법률적 분쟁의 당사자가 될 가능성이 높아 피후견인을 보호하여야 할 긴급한 필요가 있는 경우에 해당하므로 구 국제사법 제48조 제2항 제3호[5]에 의해 대한민국 법원이 국제재판관할권을 가지고, 대한민국 민법이 준거법으로 적용된다."고 판시하였다. 반면, 서울가정법원 2016. 6. 27. 자 2015느단11891 심판(확정)은 "중화인민공화국 국적의 청구인이 중화인민공화국 국적 및 주소를 가지고 중화인민공화국에 거주 중인 사건본인에 대하여 사건본인 부의 사망에 따른 국민연금 유족연금을 수령해야 한다는 사유로 미성년후견 청구를 한 사안에서 사건본인이 대한민국에 상거소 또는 거소가 있는 외국인에 해당하지 않음이 분명한 이상, 사건본인의 부의 사망에 따른 국민연금 유족연금을 수령해야 한다는 사유만으로 미성년후견개시 청구에 대한 국제재판관할권이 있다고 보기 어렵다."며 그 청구를 각하하였다.

21 한편 대법원 2021. 7. 21. 선고 2021다201306 판결은 미합중국 시민권자인 갑에 대해 미국법원에서 후견심판을 하여 갑의 아들 을이 후견인으로 선임되었는데, 후견기간 중에 갑의 동생 병이 갑의 대리인임을 주장하면서 갑 소유의 부동산에 관하여 매매계약 등을 체결하여 등기를 마쳤고, 이에 을이 위 매매계약 등은 을의 동의 없이 이루어진 것으로써 무효이므로 위 등기의 말소를 구한 사안에서, 국제사법에 의하면 행위능력은 그 본국법에 의하고, 후견은 피후견인의 본국법에 의하도록 각 규정되어 있는바 미합중국인인 갑의 행위능력과 후견은 미합중국의 법률에 따라야 하므로 재산권에 관한 계약을 체결할 권리에 대해 행위무능력자가 된 갑의 재산에 관해 그 후견인인 을의 동의 없이 체결된 계약은 모두 무효라고 판시하였다.

5 후견사건에 관하여 규정한 구 국제사법(2022. 1. 4. 법률 제18670호로 전부개정되기 전의 것) 제48조 제2항은 준거법과 국제재판관할을 함께 규정한 것이라고 보는 것이 다수설이었다.

2) 외국 후견재판의 승인 요건

22 비송사건도 민사소송법 제217조를 적용[6] 또는 유추 적용하여[7] 외국재판에 대한 승인이 가능하다고 보는 것이 다수설이다. 그런데 후견사건은 라류 비송사건으로서 대심적 소송이 아니므로, 제217조의 요건, 즉 ① 대한민국의 법령 또는 조약에 따른 국제재판관할의 원칙상 그 외국법원의 국제재판관할권이 인정될 것, ② 패소한 피고가 소장 또는 이에 준하는 서면 및 기일통지서나 명령을 적법한 방식에 따라 방어에 필요한 시간 여유를 두고 송달받았거나(공시송달이나 이와 비슷한 송달에 의한 경우를 제외한다) 송달받지 아니하였더라도 소송에 응하였을 것, ③ 그 판결의 승인이 대한민국의 선량한 풍속이나 그 밖의 사회질서에 어긋나지 아니할 것, ④ 상호보증이 있거나 대한민국과 그 외국법원이 속하는 국가에 있어 확정재판 등의 승인요건이 현저히 균형을 상실하지 아니하고 중요한 점에서 실질적으로 차이가 없을 것이라는 요건 중 ②송달요건은 사건본인을 심문하는 등 사건본인의 방어권 보장에 필요한 조치를 하였다면 이를 충족한 것으로 봄이 타당하다. 한편, 외국 후견재판 승인에 있어서 ④상호보증 요건은 필요하지 않다는 견해가 있다.[8]

23 서울고등법원 2013. 5. 30. 선고 2011나60096 판결(확정)은 미국법원의 후견인 지정 재판을 승인한 사례인데, 그 승인을 위하여 위 ① 내지 ④요건을 충족시키는 것이 필요하나, 다만 ②송달 요건은 사건본인의 방어권 보장에 필요한 조치를 다한 이상 문제되지 않는다는 취지로 판시하였다.

3) 외국재판에 의한 후견인의 권한 및 등기 가능 여부

24 외국에서의 후견재판이 승인된다면, 외국재판에 의해 선임된 후견인의 권한은 한국 내 재산 및 후견사무에도 미친다. 그러나 후견등기에 관한 법률이 민법에서 규정한 성년후견 등의 등기에 관한 사항을 규정함을 목적으로 하고 있고(후견등기에 관한 법률 제1조), 후견개시심판은 가사소송법 제9조, 가사

6 문정일, "외국 재판의 승인과 집행에 관한 약간의 고찰", 신영철 대법관 퇴임기념 논문집 (2015), 531은 비송사건에 관한 재판도 승인대상인 외국재판에 포함된다는 입장이다.

7 김원태, "외국가사재판의 승인·집행에 관한 문제의 재검토", 국제사법연구 제6호, 한국국제사법학회(2001), 66, 82; 석광현, "국제친권·후견법의 동향과 우리의 입법과제", 서울대학교 법학 제55권 제4호, 서울대학교 법학연구소(2014), 491.

8 김원태, "외국가사재판의 승인·집행에 관한 문제의 재검토", 국제사법연구 제6호, 한국국제사법학회(2001), 69; 석광현, "국제친권·후견법의 동향과 우리의 입법과제", 서울대학교 법학 제55권 제4호, 서울대학교 법학연구소(2014), 492.

소송규칙 제5조의2에 따라 촉탁에 의한 등기만이 허용되고 있어서, 외국법원에서 받은 후견재판을 등기할 수 있는 근거가 없다.[9] 따라서 현재 실무례는 외국재판에 의해 선임된 후견인의 후견등기와 실질적인 권한행사를 위해 별도로 우리 민법에 따라 가정법원에서 후견재판을 받도록 하고 있다. 이때 각 국가에서 한 후견재판은 종료재판이 없는 한 유효하고, 그 국가에서의 법률관계에 우선하여 적용된다고 보는 것이 타당하다.[10]

3. 성년후견개시 심판청구 사건의 첨부 서류 및 가정법원의 직권 조회

25 피후견인에 대한 성년후견개시심판을 할 때 성년후견인 선임, 권한범위 등에 관한 심판도 동시에 하게 되므로, 성년후견개시 심판청구 사건에서 성년후견개시를 위한 본인의 판단 능력 정도뿐만 아니라, 적절한 성년후견인의 선임, 성년후견인의 권한범위, 그 밖에 후견감독을 효과적으로 하기 위한 정보를 수집하는 것이 필요하다. 이를 위하여 성년후견개시심판 청구 시 ① 사전현황설명서[사건본인의 현재 심신상태 및 치료 상황, 사건본인의 현재 주거지 및 동거인, 재산상황, 사건본인의 법정 출석 가능 여부, 치료받은 병원 이름 및 기간, 후견심판 청구의 동기와 목적(현재 시급히 해결하여야 할 후견업무 및 향후 처리하여야 할 후견업무의 내용과 후견계획), 사건본인의 추정 선순위 상속인들의 의견(추정 선순위 상속인들 명단, 이들의 후견심판청구 동의 여부) 등을 기재하게 되어 있다], ② 재산목록과 재산에 대한 소명자료[간혹 후견제도를 사건본인의 재산을 파악할 의도로 이용하려는 당사자가 있고, 성년후견개시 심판청구는 확정되기 전에는 언제든지 취하가 가능하여 재산 조회 목적으로 악용될 가능성이 있으므로, 성년후견개시 심판청구 사건에서 사건본인의 재산에 관한 금융자료제출명령 신청 등을 하는 경우 받아들이지 않는 것이 실무의 입장이다. 따라서 성년후견개시 심판청구 시에 첨부서류로 제출하는 재산목록에는 청구인이 파악하고 있는 재산을 기재하면 충분하고, 성년후견인이 선임된 이후에 성년후견인이 제출하는 재산목록에 안심상속(후견인) 원스톱 서비스 조회 결과 또는 상속인(후견인) 금융거래조회서비스 조회 결과를 첨부하여야 하는 것과 차이가 있다], ③ 성년후견인의 권한 범위(취소할 수 없는 피성년후견인의 법률행위의 범위 및 성년후견인의 대리권의 범위)에 관한 의견서, ④ 후견인 후보자의 후견인 결격사유에 대한 진술서(민법 제937조가 정하는 후견인 결격사유

9 후견사건 처리 실무, 법원행정처(2015), 10~11.
10 김성우, 성년후견실무, 박영사(2018), 30.

여부를 체크), ⑤ 사건본인의 추정 선순위 상속인의 동의서(청구인이 성년후견개시 청구를 남용하는 것을 막고 이해관계인의 절차 참여를 보장하기 위함이다. 동의서를 제출하지 못하는 경우 가정법원은 그 친족에 대하여 의견조회를 하고 있다), ⑥ 가족관계서류[사건본인의 기본증명서(상세), 가족관계증명서(상세), 주민등록표(등)초본, 청구인 및 후견인 후보자의 가족관계증명서(상세), 주민등록표(등)초본, 청구인 및 후견인 후보자와 사건본인과의 관계를 밝혀 자료(가족관계증명(상세), 제적등본 등)], ⑦ 사건본인과 후견인후보자의 후견등기사항부존재증명서(전부) 또는 후견등기사항전부증명서(말소 및 폐쇄사항 포함), ⑧ 사건본인의 진단서 및 진료기록지 등, ⑨ 후견인 후보자의 신용조회서(당사자가 제출하지 않은 경우 가정법원이 직권으로 한국신용정보원에 조회하고 있음) 등을 첨부하도록 하고 있다.[11]

26 또한 가정법원은 직권으로 지방경찰청에 후견인 후보자에 대한 범죄경력조회를 실시하고, 사건본인의 주소지를 관할하는 지방자치단체에 사건본인의 부동산 소유 현황에 대한 사실조회를 실시한다[당사자가 신용조회서를 제출하지 않은 경우에는 직권으로 한국신용정보원에 제출명령(신용정보)을 실시함].

4. 심리

가. 사건본인의 의사 존중과 진술청취

1) 사건본인의 의사 존중

27 가정법원은 성년후견개시의 심판을 할 때 본인의 의사를 고려하여야 한다(민법 제9조 제2항). 본인의 의사를 존중하여 성년후견개시 여부에 대한 사건본인의 의견을 청취하고 사건본인의 복리에 부합하는 한도에서 그 의견을 반영하여야 한다는 취지이다. 그러나 가정법원이 사건본인의 의사에 전적으로 구속되는 것은 아니고, 사건본인의 복리를 위하여 필요한 때에는 사건본인의 의사에 반하더라도 성년후견개시 심판을 할 수 있다.

2) 사건본인의 진술청취

28 성년후견 개시의 심판을 하는 경우 피성년후견인이 될 사람의 진술을 들어야 한다. 이에 따라 가정법원이 진술을 들을 경우에는 피성년후견인이 될 사

11 성년후견개시심판청구서 양식은 대한민국법원(www.scourt.go.kr) 홈페이지/대국민서비스/양식모음/가사 경로 및 서울가정법원(slfamily.scourt.go.kr) 홈페이지/소송안내마당/양식/가사 경로를 통해 내려 받을 수 있고, 위 청구서 양식에 필요한 첨부서류 목록이 포함되어 있다.

람을 심문하여야 한다(가사소송법 제45조의3 제1항 제1호·제2항 본문). 심문을 위하여 검증이 필요한 경우에는 민사소송법 규정을 준용하여 검증을 실시할 수 있다(제45조의3 제3항). 다만, 피성년후견인이 될 사람이 의식불명, 그 밖의 사유로 자신의 의사를 표명할 수 없는 경우에는 진술의 청취를 생략할 수 있고(제45조의3 제1항 단서), 피성년후견인이 될 사람이 자신의 의사를 밝힐 수 없거나 출석을 거부하는 등 심문할 수 없는 특별한 사정이 있는 때에는 심문을 생략할 수 있다(제45조의3 제2항 단서). 심문을 생략할 만한 특별한 사정이 있는지 여부는 청구인 등의 주관적 진술에 의존하기보다는 의료기관의 진단서 등 객관적 자료를 토대로 판단하고, 필요한 경우 가사조사관의 출장조사 등을 통해 확인하는 것이 바람직하다.

나. 이해관계인의 의견조회

29 라류 가사비송사건인 후견사건에 있어서 사건관계인의 심문이 필수적인 것은 아니다(가사소송법 제45조). 그러나 실무상 가정법원은 추정 선순위 상속인을 포함하여 사건본인의 친족이나 이해관계인의 의견을 폭넓게 듣고 있다. 이를 통해 사건본인에게 가장 적절한 후견 형태와 후견인을 정하기 위한 자료를 얻을 수 있고, 이해관계인에게 절차 참가 내지 의견진술의 기회를 줌으로써 일부 친족에 의한 후견재판의 남용을 막을 수 있다.

30 가정법원은 추정 선순위 상속인이나 친족 등 이해관계인의 의견진술 기회를 보장하기 위해 성년후견개시사건 청구 시 추정 선순위 상속인의 동의서(본인이 직접 발급받은 인감증명서 또는 본인서명사실확인서 첨부)를 제출하게 하고 있다. 동의서를 제출하지 못하는 경우 사전현황설명서에 그 이유를 기재하도록 하고, 법원이 직권으로 추정 선순위 상속인에게 의견조회를 하여 그들의 성년후견개시와 후견인 선임에 대한 의사를 확인한다.

31 또한 실무에서는 추정 선순위 상속인이 미성년자이거나 고령인 경우, 의견을 제대로 표시하기 어려운 경우, 청구인 이외의 다른 추정 선순위 상속인이 없는 경우에는 사건본인의 부모의 제적등본 또는 가족관계증명서 등을 제출하도록 하여 사건본인의 부모나 형제자매, 4촌 이내의 친족, 생활을 함께하는 친족이나 이해관계인 등의 의사를 확인하기도 한다.[12]

12 법원실무제요, 가사[Ⅱ], 사법연수원(2021), 1197.

32 실무상 청구서의 청구원인에 이미 친족들 사이에 다툼이 있다고 밝히고 있는 경우, 반드시 의사 확인이 필요한 추정 선순위 상속인에게 의견조회서를 송달하였으나 송달이 불능되거나 송달받고도 의견조회서를 제출하지 않는 경우 등에는 가사조사를 실시하기도 한다.[13]

33 친족 등 이해관계가 있는 자는 재판장의 허가를 받아 성년후견개시 사건의 절차에 참가할 수 있고(가사소송법 제37조 제1항), 가정법원은 직권으로 이해관계가 있는 자를 절차에 참가하게 할 수 있다(제37조 제2항).

34 가정법원은 모든 성년후견개시 사건에 대하여 심문기일을 지정하여 청구인, 사건본인, 후견인후보자, 절차에 참가한 이해관계인 등을 소환하여 의견을 청취하고 있다.

다. 정신감정

1) 원칙적 실시

35 가정법원은 성년후견개시의 심판을 할 경우에는 피성년후견인이 될 사람의 정신상태에 관하여 의사에게 감정을 시켜야 한다(가사소송법 제45조의2 제1항 본문). 이해관계인들 사이에 대립이 있는 경우, 진료기록이 없거나 지나치게 오래된 경우, 제출된 진료기록만으로 상태를 판단하기 곤란한 경우에는 대체적으로 정신감정을 실시한다.

36 다만, 피성년후견인이 될 사람의 정신상태를 판단할 만한 다른 충분한 자료가 있는 경우에는 예외적으로 정신감정을 생략할 수 있다(제45조의2 제1항 단서). 이해관계인들 사이에 대립이 없고, 사건본인의 의식이 완전히 없어 의사소통이 전혀 되지 않는 상태라는 것을 진단서 등 진료기록을 통해 명확히 확인할 수 있는 경우에는 감정을 생략할 수 있다.[14] 정신상태를 판단할 만한 충분한 자료란 공신력 있는 의료기관에서 작성한 진단서에, "식물인간 상태"에 있다거나 "사건본인의 증상이 고정되어 인지결핍 또는 정신적 제약 상태에서 회복될 가능성이 거의 없다."는 취지가 기재되어 있는 경우가 대표적인 예이다.[15]

37 대법원 2021. 6. 10. 자 2020스596 결정은 가사소송법 제45조의2 제1항의 의미에 관하여 "의사의 감정에 따라 정신적 제약으로 사무를 처리할 능력이 부족

13 법원실무제요, 가사[Ⅱ], 사법연수원(2021), 1198.
14 법원실무제요, 가사[Ⅱ], 사법연수원(2021), 1198.
15 김성우, 성년후견실무, 박영사(2018), 40.

하거나 지속적으로 결여되었는지를 결정하라는 것이 아니라, 의학상으로 본 정신능력을 기초로 하여 성년후견이나 한정후견의 개시 요건이 충족되었는지 여부를 결정하라는 것이다. 따라서 피성년후견인이나 피한정후견인이 될 사람의 정신상태를 판단할 만한 다른 충분한 자료가 있는 경우 가정법원은 의사의 감정이 없더라도 성년후견이나 한정후견을 개시할 수 있다."라고 판시하였다.

2) 감정방법 및 절차구조

38 감정방법으로는 제출된 진료기록만으로 하는 '진료기록감정'과 사건본인의 신체를 직접 감정하는 '신체감정'이 있고, 신체감정에는 감정병원에 외래로 방문하여 감정을 실시하는 '외래감정'과 사건본인을 입원시켜 감정하는 '입원감정'이 있다. 신체감정이 원칙적인 감정방법이지만 성년후견개시 사건의 실무에서는 감정비용, 신속성, 이해관계의 대립이 없는 경우가 많은 점 등의 이유로 진료기록감정이 많이 활용된다(실무상 감정을 촉탁함에 있어 감정촉탁서에 청구의 목적, 이해관계인들 사이에 대립이 있는지 등을 표시하여 감정인에게 미리 그에 관한 정보를 전달하고 있고, 입원감정이 꼭 필요한 경우가 아니라면 감정방법을 미리 정하지 않고 감정의가 진료기록 등을 살펴본 후 감정방법을 결정하도록 하고 있다).[16]

39 가정법원은 가사비송사건의 절차에 소요되는 비용을 지출할 자금능력이 없거나 그 비용을 지출하면 생활에 현저한 지장이 있는 사람에 대하여 그 사람의 신청에 따라 또는 직권으로 감정비용을 포함한 성년후견개시사건에 소요되는 비용에 대하여 절차구조를 할 수 있다(가사소송법 제37조의2 참조).

3) 감정거부의 경우

40 후견개시 등에 관하여 친족들 사이에 다툼이 있는 경우, 사건본인의 신병을 확보하고 있는 친족 쪽에서 사건본인의 정신 상태에 문제가 없으므로 감정도 받을 필요가 없다고 주장하고, 사건본인 또한 정신감정을 거부하는 경우가 있다. 이 경우 가정법원은 심문기일에 사건본인과 친족을 소환하여 사건본인의 상태를 확인한 후 감정을 받도록 권고하기도 하고, 가사조사관의 출장조사 등을 통하여 사건본인의 정신 상태나 진정한 의사, 사건본인의 복리가 침해되고 있는지 여부를 조사하기도 한다.[17] 또한 현장검증기일을 지정하여 법관과 감정의가 함께 사건본인이 거주하는 곳을 방문하여 감정하는 방

16 법원실무제요, 가사[Ⅱ], 사법연수원(2021), 1119~1120.
17 김성우, 성년후견실무, 박영사(2018), 45.

법 등을 활용할 수도 있고, 임시후견인을 선임하여 임시후견인에게 필요한 조치의 하나로 사건본인의 감정을 명할 수도 있다.[18]

41 진단서 등으로 보아 사건본인의 정신적 제약을 의심할 만한 충분한 정황이 있음에도 사건본인 쪽에서 끝까지 감정에 응하지 않는 경우 조사관 조사, 사건본인에 대한 심문 등 다양한 방법으로 사건본인의 정신상태를 판단할 만한 자료를 충분히 확보한 후 감정절차 없이 후견개시심판 여부를 결정할 수 있다.

42 서울가정법원 2021. 12. 30. 자 2019느단54966 심판은 사건본인과 그를 보호하고 있던 관계인들의 감정 불응으로 사건본인에 대한 정신감정절차를 밟지 못하였으나 과거의 진료기록과 가사조사절차에 나타난 여러 정황 등을 통하여 사건본인이 정신적 제약으로 인하여 사무를 처리할 능력이 부족하다고 판단하여 사건본인에 대한 한정후견개시 심판을 하였다[이 사건은 항고심에서 정신감정이 이루어졌고, 그 결과 서울가정법원 2023. 3. 29. 자 2022브30007 결정(확정)에서 성년후견을 개시하는 것으로 변경되었다].

4) 감정결과에의 기속 여부

43 가사소송법 제45조의2 제1항의 의미는 의사의 감정에 따라 정신적 제약으로 사무를 처리할 능력이 부족하거나 지속적으로 결여되었는지를 결정하라는 것이 아니라 의학상으로 본 정신능력을 기초로 하여 성년후견이나 한정후견의 개시 요건이 충족되었는지 여부를 결정하라는 것이다.[19] 따라서 정신감정절차를 거치더라도 가정법원이 감정인의 감정결과에 반드시 기속되는 것은 아니고, 감정결과 외에 가사조사결과, 심문 전체의 취지 등을 종합하여 법률적 관점에서 후견의 필요성과 그 범위를 판단할 수 있다.[20]

라. 가사조사

1) 의의

44 가정법원은 성년후견개시 사건에서 가사조사를 실시하여 사건본인의 후견에 대한 의사 또는 추정적 의사를 확인하고, 사건본인의 정신상태, 개호상황, 후견개시의 필요성, 후견인후보자와 친족 등 이해관계인에 관한 정보를 얻는다. 가사조사는 사전에 후견인후보자에게 후견에 대한 이해와 교육을 실시하

18 법원실무제요, 가사[Ⅱ], 사법연수원(2021), 1199.
19 대법원 2021. 6. 10. 자 2020스596 결정.
20 김성우, 성년후견실무, 박영사(2018), 45.

고, 사건본인 및 후견인후보자와의 신뢰관계를 형성하는 등 후견감독을 수월하게 하는 기능도 있다.[21]

2) 가사조사의 실시 여부

45 모든 성년후견개시 사건에 관하여 가사조사를 실시하는 것이 바람직하겠지만, 현실적인 인적·물적 제약으로 인하여 모든 사건에 대하여 가사조사를 실시할 수는 없다. 실무에서는 사건본인의 정신적 제약 여부에 대한 조사가 필요한 경우, 사건본인의 의사를 확인할 필요가 있는 경우, 청구인과 친족 등 이해관계인들 사이에 후견개시 여부 및 후견임 선임과 관련하여 다툼이 있는 경우, 후견인후보자에 대한 심층조사가 필요한 경우 등에 가사조사를 실시할 수 있다.[22]

5. 청구의 취하

46 후견개시 청구의 취하나 그 취하 시기에 관한 아무런 제한이 없기 때문에 청구인은 후견사건이 확정되기 전이면 상고심 계속 중에도 청구를 취하할 수 있다. 그러나 후견개시청구의 취하가 사건본인의 복리에 반하는 경우는 이를 제한하여야 한다는 비판이 있다.

6. 청구인 사망 시 절차의 승계

47 후견개시 사건의 청구인이 사망한 경우 가사소송법 제16조를 유추 적용하여 절차의 승계를 인정할 수 있는지가 문제된다. 절차의 목적이 일신전속적인 것으로 상속의 대상이 아니고 청구권자의 사망으로 사건 자체가 해결되었다고 볼 수 없는 경우에 청구인으로서의 당사자적격을 가지는 자가 여러 사람이라면, 그 중 1인이 청구하였다가 사망하더라도 다른 청구인적격자가 종전의 절차에 가입하여 이미 이루어진 조사 결과 등을 이용하는 것을 막을 이유는 없으므로, 가사소송법 제16조를 유추 적용하여 절차의 승계를 인정함이 타당하다.[23]

7. 심판

가. 성년후견의 개시 심판

48 가정법원은 심리한 결과 사건본인에게 정신적 제약이 있고 이로 인하여 사

21 법원실무제요, 가사[Ⅱ], 사법연수원(2021), 1200~1201.
22 법원실무제요, 가사[Ⅱ], 사법연수원(2021), 1201.
23 서울가정법원 2018. 1. 17. 자 2017브30016 결정(재항고 기각 확정).

무를 처리할 능력이 지속적으로 결여되어 있다고 판단하면, 사건본인에 대하여 성년후견을 개시하는 심판을 한다.

49 청구인이 성년후견개시 심판을 청구하였으나 심리결과 성년후견개시의 요건에는 미달하나 한정후견개시의 요건은 충족할 정도라고 판단한 경우, 또는 청구인이 한정후견개시 심판을 청구하였으나 심리결과 성년후견이 필요할 정도라고 판단한 경우, 청구취지에 구애받지 않고 다른 종류의 후견을 개시하는 심판을 할 수 있는지 여부가 문제될 수 있다. 성년후견과 한정후견의 차이는 사무처리 능력이 지속적으로 결여되었는지 아니면 부족한 정도에 그치는지 하는 정도의 차이에 지나지 않고, 비송사건의 특성상 심판 내용에 처분권주의가 적용되지 않는다고 보아 이를 긍정하는 견해가 다수설이고,[24] 판례의 입장도 같다.[25]

50 성년후견이나 한정후견 개시의 청구가 있는 경우 가정법원은 청구 취지와 원인, 본인의 의사, 성년후견 제도와 한정후견 제도의 목적 등을 고려하여 어느 쪽의 보호를 주는 것이 적절한지를 결정하고, 그에 따라 필요하다고 판단하는 절차를 결정해야 한다. 따라서 성년후견 개시의 심판을 청구하였으나 심리결과 사건본인의 정신적 제약의 정도가 한정후견의 요건을 충족하는 경우 또는 그 반대의 경우 청구취지와 다른 종류의 후견개시의 심판을 할 수 있다.[26]

51 그러나 성년후견 개시의 청구에 대하여 청구취지의 변경 없이 특정후견의 심판을 할 수는 없고, 그 반대의 경우도 동일하다.

나. 심판문

1) 주문

가) 주문 기재사항

52 실무에서는 성년후견개시 심판을 하는 경우에 다음 사항 등을 주문에 기재하고 있다.

53 ① 성년후견개시 선언(민법 제9조 제1항)

24 곽윤직/김재형, 민법총칙(제9판), 박영사(2013), 127~128; 윤진수, 친족상속법강의(제5판), 박영사(2023), 299~300; 송덕수, 민법총칙(제7판), 박영사(2024), 203; 김형석, "성년후견·한정후견의 개시심판과 특정후견의 심판", 서울대학교 법학 제55권 제1호, 서울대학교 법학연구소(2014), 457~458.

25 대법원 2021. 6. 10. 자 2020스596 결정.

26 대법원 2021. 6. 10. 자 2020스596 결정.

54 ② 성년후견인의 선임(민법 제929조, 제936조 제1항)

55 ③ 취소할 수 없는 피성년후견인의 법률행위의 범위 결정(민법 제10조 제2항)

56 ④ 성년후견인의 법정대리권의 범위 결정(민법 제938조 제2항)

57 ⑤ 성년후견인이 피성년후견인의 신상에 관하여 결정할 수 있는 권한의 범위 결정(민법 제938조 제3항)

58 ⑥ 재산목록 작성 및 제출의무(민법 제941조 제1항)

59 ⑦ 후견사무보고서 작성 및 제출의무(민법 제954조, 가사소송규칙 제38조의2)

60 ⑧ 성년후견감독인의 선임(민법 제940조의4 제1항)

61 ⑨ 후견감독보고서 작성 및 제출의무(가사소송규칙 제38조의2)

62 ⑩ 종전의 한정후견 또는 특정후견의 종료(민법 제14조의3 제1항)

63 그 밖에 성년후견인의 후견인 교육에 관한 사항, 전문가 후견인의 보수에 관한 사항, 신상에 관한 보고서 제출의무를 부과하는 주문을 기재하는 실무도 있다.

나) 주문례

<청구인을 성년후견인으로 선임한 예>

1. 사건본인에 대하여 성년후견을 개시한다.
2. 사건본인의 성년후견인으로 청구인을 선임한다.
3. 가. 사건본인의 법률행위는 성년후견인이 취소할 수 있다. 취소할 수 없는 사건본인의 법률행위의 범위는 별지 기재와 같다.
   나. 성년후견인은 사건본인의 법정대리인이 된다. 성년후견인의 법정대리권의 범위는 별지 기재와 같다.
   다. 성년후견인이 사건본인의 신상에 관하여 결정할 수 있는 권한의 범위는 별지 기재와 같다.
4. 성년후견인은 2025. 3. 31.까지(실무에서는 성년후견 개시 및 후견인 선임에 대하여 이해관계인들 사이에 아무런 다툼이 없어 심판 후 즉시항고 없이 확정될 것이 예상되는 경우에 심판 확정이 예상되는 날로부터 2개월 정도 경과한 특정한 날을 재산목록 작성 및 제출일로 정하여 표시하고 있다. 이 경우 후견사무보고서 작성 및 제출일도 특정한 날로 표시한다) 사건본인의 재산목록[기준일: 2024. 12. 31., 안심상속(후견인) 원스톱 서비스 조회 결과 또는 상속인(후견인) 금융거래조회서비스 조회 결과를 첨부할 것]을 작성하여 이 법원에 제출하여야 한다.
5. 성년후견인은 2026. 1. 31.을 시작으로 매년 1. 31. 후견사무보고서(기준일: 매년 12. 31.)를 작성하여 이 법원에 제출하여야 한다.

<성년후견인으로 피후견인의 친족과 전문가후견인을 복수로 선임하여 업무를 분장한 예>

1. 사건본인에 대하여 성년후견을 개시한다.
2. 사건본인의 성년후견인으로 ○○○(주민등록번호, 주소)과 변호사 △△△(주민등록번호, 사무소 소재지)을 선임한다.
3. 가. 사건본인의 법률행위는 성년후견인 변호사 △△△이 취소할 수 있다. 취소할 수 없는 사건본인의 법률행위의 범위는 별지 기재와 같다.
   나. 성년후견인 변호사 △△△은 사건본인의 법정대리인이 된다. 성년후견인 변호사 △△△의 법정대리권의 범위는 별지 기재와 같다.
   다. 성년후견인 ○○○이 사건본인의 신상에 관하여 결정할 수 있는 권한의 범위는 별지 기재와 같다.
   라. 성년후견인들 사이의 권한분장에 관한 사항은 별지와 같다.
4. 성년후견인 변호사 △△△은 이 심판 확정일로부터 2개월 이내에 사건본인의 재산목록[기준일: 이 심판 확정일, 안심상속(후견인) 원스톱 서비스 조회 결과 또는 상속인(후견인) 금융거래조회서비스 조회 결과를 첨부할 것]을 작성하여 이 법원에 제출하여야 한다.
5. 성년후견인들은 이 심판 확정일로부터 1년이 경과한 날을 시작으로 매년 후견사무보고서(기준일: 매년 이 심판 확정일과 같은 월, 일)를 작성하여 이 법원에 제출하여야 한다.

<성년후견감독인을 선임한 예>

1. 사건본인에 대하여 성년후견을 개시한다.
2. 사건본인의 성년후견인으로 청구인을 선임한다.
3. 가. 사건본인의 법률행위는 성년후견인이 취소할 수 있다. 취소할 수 없는 사건본인의 법률행위의 범위는 별지 기재와 같다.
   나. 성년후견인은 사건본인의 법정대리인이 된다. 성년후견인의 법정대리권의 범위는 별지 기재와 같다.
   다. 성년후견인이 사건본인의 신상에 관하여 결정할 수 있는 권한의 범위는 별지 기재와 같다.
4. 사건본인의 성년후견감독인으로 법무법인 ○○○(법인등록번호, 사무소 소재지, 대표자)을 임한다.
5. 성년후견인은 이 심판 확정일로부터 2개월 이내에 사건본인의 재산목록[기준일: 이 심판 확정일, 안심상속(후견인) 원스톱 서비스 조회 결과 또는 상속인(후견인) 금융거래

조회서비스 조회 결과를 첨부할 것]을 작성하여 성년후견감독인에게 제출하여야 하고, 성년후견감독인은 성년후견인으로부터 재산목록을 제출받은 때로부터 1개월 이내에 위 재산목록에 의견서를 첨부하여 이 법원에 제출하여야 한다.

6. 성년후견인은 이 심판 확정일로부터 1년이 경과한 날을 시작으로 매년 후견사무보고서(기준일: 매년 이 심판 확정일과 같은 월, 일)를 작성하여 성년후견감독인에게 제출하여야 하고, 성년후견감독인은 매년 성년후견인으로부터 후견사무보고서를 제출받은 때로부터 1개월 이내에 후견감독사무보고서를 작성하여 위 후견사무보고서와 함께 이 법원에 제출하여야 한다.

2) 후견목록

가) 후견목록의 작성 및 내용

64 가정법원의 후견 심판문은 심판 본문(당사자, 주문, 이유)과 후견목록으로 작성되고, 후견목록은 후견등기부에 그대로 기입된다.[27] 성년후견목록에는 취소할 수 없는 피성년후견인의 법률행위의 범위(민법 제10조 제2항), 성년후견인의 법정대리권의 범위(제938조 제2항), 성년후견인이 피성년후견인의 신상에 관하여 결정할 수 있는 권한의 범위(938조 제3항), 수인의 성년후견인이 선임된 경우 권한분장에 관한 사항(제949조의2 제1항) 등이 기재된다.

65 실무에서 취소할 수 없는 피성년후견인의 법률행위의 범위를 정하는 경우는 거의 없다. 이는 피성년후견인을 실질적으로 보호하려는 목적과 일용품의 구입 등 일상생활에 필요하고 그 대가가 과도하지 아니한 법률행위는 취소할 수 없어(민법 제10조 제4항) 그 필요성이 많지 않기 때문이다.[28]

66 성년후견인의 법정대리권의 범위는 사건본인의 상태, 재산상황, 성년후견인과 사건본인의 관계 등 사건에 따라 그 범위를 개별적으로 정하는데, 실무상 성년후견인이 일정한 행위를 함에 있어 법원의 허가를 받도록 하는 방법으로 법정대리권을 제한하는 것이 일반적이다. 통상 금전을 빌리거나 빌려주는 행위, 의무만을 부담하는 행위, 부동산의 처분 또는 담보제공행위, 상속의 단순승인, 포기 및 상속재산의 분할에 관한 협의, 소송행위 및 이를 위한 변호사 선임행위에 법원의 허가가 필요한 것으로 정하고 있고, 여러 사정에 비추

27 후견사건 심판문 작성시 후견목록은 이미지 파일로 저장되어 그대로 후견등기부에 기입되기 때문에 피후견인의 능력이나 후견인의 권한에 관계되는 사항은 반드시 후견목록을 작성하여야 한다.
28 법원실무제요, 가사[Ⅱ], 사법연수원(2021), 1213~1214.

어 보다 엄격한 감독이 필요하다고 판단되는 경우에는 사건본인의 금융계좌에서 매월 일정 금액을 초과하여 인출하는 행위 등에 대해서도 법원의 허가를 받도록 하고 있다.

67 성년후견인이 피성년후견인의 신상에 관하여 결정할 수 있는 권한의 범위로는 의료행위의 동의, 거주·이전에 관한 결정, 면접교섭에 관한 결정, 우편·통신에 관한 결정, 사회복지서비스의 선택 또는 결정 등을 들 수 있는데, 실무에서는 사안에 따라 성년후견인에게 위 5가지 권한 전부 또는 그 중 일부 권한을 부여하고 있다.

68 후견목록에 별도로 기재되지 않더라도 피성년후견인이 거주하는 건물 또는 대지에 대한 매도나 피성년후견인을 정신병원에 격리하는 등 민법 제947조의2 제2항 내지 5항이 규정하고 있는 사항은 법률에 규정에 의하여 후견인이 법원의 허가를 받아서 그 권한을 행사할 수 있다. 일부 실무례에서는 성년후견인의 주의를 환기하거나 거래상대방을 포함한 일반인에게 정보를 제공하는 목적 등으로 후견목록에 위 사항에 관한 법원 허가가 필요함을 기재하기도 한다. 또한 성년후견감독인이 선임된 경우 같은 목적으로 민법 제950조 제1항의 사항(후견감독인의 동의를 필요로 하는 행위)은 성년후견인의 대리권 행사에 성년후견감독인의 동의를 필요로 함을 성년후견인의 법정대리권의 범위에 기재하기도 한다.

나) 후견목록 기재례(성년후견인을 1인만 선임한 경우 이 별지 중 Ⅳ항을 제외한 내용을 심판문의 별지로 첨부)

Ⅰ. 취소할 수 없는 피성년후견인의 법률행위의 범위
취소권 제한 없음

Ⅱ. 성년후견인의 법정대리권의 범위
법정대리권 제한 있음
아래 사항은 성년후견인의 대리권 행사에 법원의 허가를 필요로 함
1. 금전을 빌리거나 빌려주는 행위
2. 의무만을 부담하는 행위
3. 부동산의 처분 또는 담보제공행위
4. 상속의 단순승인, 포기 및 상속재산의 분할에 관한 협의

5. 소송행위 및 이를 위한 변호사 선임행위

[모든 금융계좌의 인출을 제한하는 경우]

6. 은행, 보험회사, 증권회사 등 피성년후견인 명의의 금융계좌에서 매월 1 일부터 말일까지 사이에 한 계좌당 500 만 원을 초과하여 인출하거나 이를 타인 명의 계좌로 이체(양도, 질권 설정 등 포함)하는 행위(다만 보험금을 수령하거나 예금, 보험 등을 해지할 때 그 수령액/해지금액을 바로 피성년후견인 명의의 계좌로 이체하는 경우에는 금액과 상관없이 허가를 받을 필요 없음)

[특정 계좌만 사용하도록 하고 다른 금융계좌의 인출을 제한하는 경우]

6. 피성년후견인 명의의 ○○은행 계좌(000-00-000000)에서 매월 1 일부터 말일까지 사이에 합계 500 만 원을 초과하여 인출하는 행위
7. 은행, 보험회사, 증권회사 등 일체의 금융기관에서 6.항 기재 피성년후견인 명의의 계좌로 금원을 이체하는 경우를 제외하고, 금원을 인출하거나 계좌이체(양도, 질권설정 등 포함)하는 행위

Ⅲ. 성년후견인이 피성년후견인의 신상에 관하여 결정할 수 있는 권한의 범위

아래 사항에 관하여 피성년후견인이 스스로 결정할 수 없는 경우 성년후견인이 결정권을 가짐

1. 의료행위의 동의
2. 거주·이전에 관한 결정
3. 우편·통신에 관한 결정
4. 사회복지서비스 선택 또는 결정
5. 기타사항

   성년후견인이 피성년후견인을 치료 등의 목적으로 정신병원이나 그 밖의 다른 장소에 격리하려는 경우에는 가정법원의 허가를 받아야 함(민법 제 947 조의 2 제 2 항)

Ⅳ. 권한분장에 관한 사항

[재산관리 사무에 관한 후견인과 신상보호 사무에 관한 후견인을 별도로 정한 경우]

법률행위에 대한 취소권, 재산과 관련한 대리권은 성년후견인 변호사 △△△이 행사하고, 피성년후견인의 신상에 관한 결정권은 성년후견인 ○○○이 행사한다.

[성년후견인들이 공동으로 권한을 행사하도록 정한 경우]

위 각 권한은 성년후견인들이 공동으로 행사함

> [성년후견인들이 각자 권한을 행사하도록 정한 경우]
> 위 각 권한은 성년후견인들이 각자 행사할 수 있음

8. 심판의 고지와 통지

69 가사비송사건의 심판은 특별한 규정이 있는 경우를 제외하고는 당사자와 절차에 참가한 이해관계인에게 고지하여야 한다(가사소송규칙 제25조). 성년후견 등에 관한 심판은 가사소송규칙 제25조에서 정한 자 이외에 후견인(그 심판 및 법률에 의하여 임무가 개시되거나 종료될 자를 포함) 및 후견감독인(그 심판 및 법률에 의하여 임무가 개시되거나 종료될 자를 포함)에게도 고지하여야 한다(가사소송규칙 제35조 제1항).

70 고지대상으로서 "절차에 참가한 이해관계인"은 참가명령이나 참가허가결정에 의하여 참가인이 된 이해관계인(가사소송법 제37조, 가사소송규칙 제21조, 제22조)이라고 할 것이지만, 실무에서는 항고권 보장을 위하여 심문기일에 출석한 친족, 성년후견에 대하여 청구인과 다른 의견을 제시하였거나 가사조사의 대상이 된 이해관계인, 사건본인의 추정 선순위 상속인 중 의견조회서를 송달받고도 의견을 제시하지 않고 절차에도 참여하지 않은 친족 중 즉시항고권자에 해당하는 자에게 심판문을 송달하기도 한다.[29]

71 또한 가정법원의 법원사무관등은 성년후견개시의 심판이 있는 때에는 지체 없이 사건본인에게 그 뜻을 통지하여야 한다(가사소송규칙 제35조 제2항). 사건본인을 심판 고지의 대상이 아닌 통지의 대상으로 한 것은 사건본인이 의사능력이 없는 경우 고지가 불가능하게 되어 심판 확정이 지연되는 것을 방지하기 위해서다. 법원사무관등은 기록상 나타난 사건본인의 주거지나 거소로 심판문을 송달하는 등의 방법으로 통지하고, 사건본인이 심판문을 통지받았는지 여부와 무관하게 심판의 고지 대상자에 대한 즉시항고기간이 만료되면 성년후견개시의 심판은 확정된다.[30]

29 법원실무제요, 가사[Ⅱ], 사법연수원(2021), 1217.
30 법원실무제요, 가사[Ⅱ], 사법연수원(2021), 1218.

9. 즉시항고

72 가사비송사건의 제1심 심판에 대해서는 대법원규칙으로 따로 정하는 경우에 한정하여 즉시항고만을 할 수 있다(가사소송법 제43조 제1항). 따라서 즉시항고가 허용되지 아니하는 심판에 대하여는 보통항고도 허용되지 않고, 불복할 수 없는 결정이나 명령에 대하여 재판에 영향을 미친 헌법위반이 있거나, 재판의 전제가 된 명령·규칙·처분의 헌법 또는 법률의 위반여부에 대한 판단이 부당하다는 것을 이유로 할 때 가능한 특별항고만 허용된다(비송사건절차법 제23조, 민사소송법 제449조 제1항).

73 성년후견개시 심판에 대하여는 개시 심판청구권자인 본인, 배우자, 4촌 이내의 친족, 미성년후견인, 미성년후견감독인, 한정후견인, 한정후견감독인, 특정후견인, 특정후견감독인, 검사 또는 지방자치단체의 장이 즉시항고할 수 있다. 후견계약이 등기되어 있는 피임의후견인에 대하여 성년후견개시 심판이 이루어진 경우에는 그 임의후견인, 임의후견감독인 또한 즉시항고권자가 된다(가사소송규칙 제36조 제1항 제1호 가목). 성년후견개시 청구의 기각 심판에 대하여는 청구인이 즉시항고할 수 있다(가사소송규칙 제27조).

74 성년후견의 개시와 함께 이루어진 성년후견인 또는 성년후견감독인 선임심판이나 성년후견인의 권한범위를 정한 심판에 대해서는 독립하여 불복하는 것이 허용되지 않고, 특별항고만이 가능하다.[31] 일단 성년후견이 개시되면 후견사무에 공백이 발생하여서는 안 되기 때문에 성년후견인 선임 등에 대한 불복은 변경심판을 통해서만 가능하도록 한 것이다. 다만 성년후견개시 심판에 대하여 즉시항고를 하였다면 그와 동시에 이루어진 성년후견인 또는 성년후견감독인 선임, 성년후견인의 권한범위에 관한 심판 등은 항고심의 판단범위에 포함된다.

75 실무에서는 항고장에 성년후견인 선임심판 부분만 불복하는 것으로 항고취지가 기재되어 있는 경우에는 보정명령을 통해 성년후견개시의 심판도 불복하는 것인지 명확히 하도록 하여, 항고인의 의사가 성년후견개시의 심판도 불복하는 것이라면 즉시항고로 처리하고, 항고인의 의사가 성년후견인 선임

31 성년후견 개시 심판 부분에 대하여는 불복하지 않고, 독립하여 불복할 수 없는 성년후견인 선임심판 부분 등에 대해서만 불복하여 즉시항고를 한 경우는 이를 특별항고로 보아 대법원으로 이송한다(대법원 2014. 12. 30. 자 2014으32 결정 참조).

심판 부분만 불복하는 것이 명확하다면 특별항고로 보아 대법원에 기록을 송부한다.[32] 실무상 성년후견개시 심판에 대해 불복하는 대부분의 사건은 실제로는 성년후견 개시 여부에 대해서는 다툼이 없으면서 성년후견인 선임 부분(누구를 후견인으로 선임할 것인지의 문제)만 다투는 것인데, 위와 같은 법리에 따라 형식적으로 성년후견개시의 심판까지 불복하는 취지로 항고를 제기하는 경우가 많아 이에 대한 보완이 필요하다고 보인다.

76 즉시항고는 항고를 할 수 있는 사람이 심판을 고지받은 경우에는 그 고지를 받은 날부터, 심판을 고지받지 아니하는 경우에는 청구인(청구인이 수인인 때에는 최후로 심판을 고지받은 청구인)이 심판을 고지받은 날부터 14일 이내에 하여야 한다(가사소송법 제43조 제5항, 가사소송규칙 제31조).

10. 후견등기부기록의 촉탁

77 성년후견개시 심판이 확정된 경우 후견등기부에 이를 등기하여야 하므로, 가정법원은 지체 없이 후견등기 사무를 처리하는 사람에게 등기할 것을 촉탁하여야 한다(가사소송법 제9조, 가사소송규칙 제5조의2 제1항 제1호 가목). 성년후견 개시와 함께 이루어지는 성년후견인 또는 성년후견감독인 선임, 성년후견인의 권한범위를 정한 심판 등도 후견등기부기록을 촉탁하여야 할 사항이다(가사소송규칙 제5조의2 제1항 제1호). 그밖에 성년후견에 관한 심판 중 후견등기부기록을 촉탁하여야 할 심판 등에 관하여는 가사소송규칙 제5조의2에서 정하고 있다.

11. 성년후견개시 심판의 효과

가. 피성년후견인의 행위능력

1) 원칙

78 피성년후견인은 성년후견개시의 심판이 확정되면 행위능력이 제한된다. 성년후견인은 피성년후견인의 법정대리인이 되고(민법 제938조 제1항), 피성년후견인이 행한 법률행위를 취소할 수 있으므로(제10조 제1항), 성년후견이 개시되면 피성년후견인은 원칙적으로 성년후견인의 대리를 통해서 법률행위를 해야 하며 단독으로 행한 법률행위는 취소의 대상이 된다. 법률행위를 취소할 수

32 법원실무제요, 가사[Ⅱ], 사법연수원(2021), 1219.

있는 자는 피성년후견인 자신과 그의 법정대리인인 성년후견인이다(제140조).

2) 취소권의 제한

가) 가정법원이 취소할 수 없도록 정한 행위

79 가정법원은 취소할 수 없는 피성년후견인의 법률행위의 범위를 정할 수 있다(민법 제10조 제2항). 일상적 법률행위와 별도로 가정법원은 취소할 수 없는 피성년후견인의 법률행위를 정할 수 있는데 그 범위 내에서 피성년후견인은 유효한 법률행위를 할 수 있다. 그러나 실무에서 성년후견인이 취소할 수 없는 법률행위의 범위를 정한 예는 찾아보기 어렵다.

나) 일상적 법률행위

80 일용품의 구입 등 일상생활에 필요하고 그 대가가 과도하지 아니한 법률행위는 성년후견인이 취소할 수 없다(민법 제10조 제4항). 피성년후견인의 자기결정권과 잔존능력을 존중하기 위해 일상적 법률행위에 대하여는 행위능력을 인정한 것이다. 식료품 구입이나 식당, 대중교통의 이용, 간단한 공과금 납부 등이 이에 해당할 것으로 보인다.[33]

나. 신상에 관한 효과

81 피성년후견인은 자신의 신상에 관하여 그의 상태가 허락하는 범위에서 단독으로 결정한다(민법 제947조의2 제1항). 민법은 피성년후견인이 스스로 신상결정을 할 수 없는 상태에 있는 경우에만 성년후견인이 법원으로부터 신상결정 대행권을 부여받아 피성년후견인의 신상에 관하여 결정할 수 있도록 하였다(제938조 제3항).

82 한편, 유언(민법 제1063조)이나 약혼(제802조), 혼인(제808조 제2항), 협의상 이혼(제835조), 인지(제856조), 입양(제873조 제1항), 협의상 파양(제902조) 등 일부 가족법상 행위는 일정한 요건 하에 단독으로 또는 성년후견인의 동의를 얻어 독자적으로 할 수 있다.

83 유언과 관련하여 대법원 2022. 12. 1. 선고 2022다261237 판결은 후견심판 사건에서 가사소송법 제62조 제1항에 따른 사전처분으로 후견심판이 확정될 때까지 임시후견인이 선임된 경우, 사건본인은 의사능력이 있는 한 임시후견인의 동의가 없이도 유언을 할 수 있다고 보아야 하고, 아직 성년후견이 개시되

33 성년후견제도 해설, 법원행정처(2013), 21.

기 전이라면 의사가 유언서에 심신 회복 상태를 부기하고 서명날인하도록 요구한 민법 제1063조 제2항은 적용되지 않는다고 보아야 한다고 판시하였다.

다. 피성년후견인의 소송능력

84 원칙적으로 피성년후견인은 법정대리인에 의해서만 소송행위를 할 수 있다(민사소송법 제55조 제1항). 예외적으로, 2016. 2. 3. 법률 제13952호로 민사소송법이 개정되어 민법 제10조 제2항에 따라 가정법원이 취소할 수 없는 법률행위로 정한 행위는 피성년후견인이 소송능력을 갖는다(민사소송법 제55조 제1항 제2호).

85 민법 제10조 제4항의 일상적 법률행위의 경우도 피성년후견인이 소송능력을 갖는지 여부가 문제되나, 제10조 제2항의 경우에만 피성년후견인이 소송능력을 갖는 것으로 민사소송법이 개정됨으로써 제10조 제4항의 경우는 이를 배제하는 입법적 결단이 있었다고 볼 수 있고, 제10조 제2항과는 달리 후견등기부에 공시할 수도 없으므로, 이를 부정하는 것이 타당하다.[34]

라. 기타

1) 대리권의 소멸 등

86 대리인에게 성년후견이 개시되면 대리권이 소멸하고(민법 제127조 제2호), 위임계약에서 수임인이 성년후견개시의 심판을 받은 경우 위임계약은 종료되며(제690조), 조합원에 대하여 성년후견이 개시되면 그 조합원은 조합에서 탈퇴된다(제717조 제3호).

2) 책임 제한

87 성년후견개시 이후 피성년후견인이 한 법률행위는 예외적으로 취소할 수 없는 경우를 제외하고는 취소할 수 있다(민법 제10조 제1항). 법률행위가 취소되면 처음부터 무효인 것으로 보지만, 피성년후견인은 그 행위로 인하여 받은 이익이 현존하는 한도에서만 상환할 책임이 있다(민법 제141조).

88 무권대리인이 제한능력자일 때에는 무권대리로 인한 책임(계약이행책임 또는 손해배상책임)이 면제된다(민법 제135조 제2항).

34 김주수/김상용, 주석 민법, 친족(4)(제5판), 한국사법행정학회(2016), 92; 정동윤 외 2인, 민사소송법(제10판), 법문사(2023), 225; 김성우, 성년후견실무, 박영사(2018), 86.

3) 소멸시효

89 소멸시효의 기간만료 전 6개월 내에 피성년후견인에게 법정대리인이 없는 경우에는 피성년후견인이 능력자가 되거나 법정대리인이 취임한 때부터 6개월 내에는 시효가 완성되지 아니한다(민법 제179조). 성년후견인에 대한 피성년후견인의 권리도 피성년후견인이 능력자가 되거나 후임 법정대리인이 취임한 때로부터 6개월 내에는 소멸시효가 완성되지 아니한다(민법 제180조 제1항).

제 930 조 [후견인의 수와 자격]

① 미성년후견인의 수는 한 명으로 한다.

② 성년후견인은 피성년후견인의 신상과 재산에 관한 모든 사정을 고려하여 여러명을 둘 수 있다.

③ 법인도 성년후견인이 될 수 있다.

[전문개정 2011. 3. 7.]

[관련조문] 민법 제936조(성년후견인의 선임), 제949조의2(성년후견인이 여러 명인 경우 권한의 행사 등)

[참고문헌] 김주수/김상용, 주석 민법, 친족(4)(제5판), 한국사법행정학회(2016); 주해친족법(제2권)(제2판), 박영사(2025); 김성우, 성년후견실무, 박영사(2018); 법원실무제요, 가사[Ⅱ], 사법연수원(2021)

[민법 제930조 제2항, 제3항은 한정후견인(민법 제959조의3 제2항), 특정후견인(민법 제959조의9 제2항), 미성년·성년후견감독인(민법 제940조의7), 한정후견감독인(민법 제959조의5 제2항), 특정후견감독인(민법 제959조의10 제2항)에 준용]

Ⅰ. 의의

1 2011. 3. 7. 법률 제10429호로 개정되기 전의 민법(종전 민법)에서는 자연인 1인만 후견인이 될 수 있었으나, 성년후견제도를 도입하면서 성년후견인에 한하여 복수 후견인을 허용하는 한편, 법인에게도 성년후견인 자격을 부여하였다.

Ⅱ. 미성년후견인의 수와 자격

2 미성년후견인은 1명만 선임될 수 있고, 민법 제930조 제3항의 반대해석 상 법인은 미성년후견인이 될 수 없다.

Ⅲ. 성년후견인의 수와 자격

1. 성년후견인의 수

3 성년후견인은 피성년후견인의 신상과 재산에 관한 모든 사정을 고려하여 여러 명을 둘 수 있다(민법 제930조 제2항). 후견개시심판 때부터 여러 명의 후

견인이 선임될 수도 있고, 이미 후견인이 선임된 경우라도 가정법원의 직권이나 청구권자의 청구에 의하여 후견인이 추가로 선임될 수 있다(민법 제936조 제3항).

4 여러 명의 성년후견인이 선임된 경우 권한행사 방법에 대해서는 특별한 규정이 없으므로 원칙적으로 각 성년후견인은 각자 대리의 원칙에 따라 독립하여 권한을 행사할 수 있다(민법 제119조). 가정법원은 직권으로 여러 명의 성년후견인이 공동으로 또는 사무를 분장하여 그 권한을 행사하도록 정할 수 있으므로(민법 제949조의2 제1항) 실무에서는 성년후견개시 또는 성년후견인 추가선임 심판에서 주문 및 별지 후견목록을 통하여 성년후견인들 사이의 권한분장을 정하고 있다.

5 실무에서는 피성년후견인의 재산과 관련하여 친족 등 이해관계인 사이에 다툼이 있는 경우에 재산관리 사무를 위한 성년후견인으로 전문가를, 신상보호 사무를 위한 성년후견인으로 친족을 선임하는 형태로 복수의 성년후견인을 선임하는 경우가 종종 있다(이 경우에는 각 후견인이 해당 사무에 대하여 단독으로 권한을 행사하도록 하는 것이 일반적임). 한편 친족 사이에 후견인 선정을 두고 대립이 있어 서로 견제할 목적으로 친족 2명을 공동후견인으로 선임하여 달라고 청구하는 경우가 있으나, 복수의 후견인이 선임되면 오히려 후견인 사이의 다툼으로 사건본인 보호에 소홀해질 우려가 있고 객관적인 지위에 있는 제3자의 중재가 필요한 경우가 많으므로 실무상 전문가 후견인을 선임하는 경우가 대부분이다(☞ 성년후견인이 복수로 선임된 경우 권한행사 방법에 대해서는 민법 제949조의2 주석 참조).

2. 성년후견인의 자격

가. 자연인

6 자연인이라면 후견인 결격사유(민법 제937조)에 해당하지 않는 한 누구든지 성년후견인이 될 자격이 있다. 따라서 친족 이외에도 후견사무와 관련하여 변호사, 법무사, 공인회계사, 세무사, 사회복지사와 같은 전문직 종사자나 나아가 일반 시민 중에서 사회공헌을 목적으로 활동하는 자원봉사자들도 후견인으로 선임될 수 있다. 실무에서는 친족이 아닌 제3자를 후견인으로 선임하는 경우에 각 법원별로 사전에 선정절차를 거쳐 선정된 전문가 후견인 후보자 중에서 선임하는 것이 일반적이다.

나. 법인후견인

7 민법은 법인후견인의 요건이나 자격에 관한 특별한 규정을 두고 있지 않다. 따라서 공익법인뿐만 아니라 영리법인도 성년후견인이 되는데 아무런 제약이 없다. 실무에서도 법인의 종류나 형태에 관계없이 사단법인, 법무법인, 회계법인, 사회복지법인 등을 법인후견인으로 선임하고 있다.

8 법인후견인은 후견인의 건강 악화나 사망 등의 사정과 관계없이 지속적인 후견업무 수행이 가능하고, 법인 구성원의 분업화, 전문화, 체계화된 후견활동이 가능하며, 피후견인의 재산이 많고 전국에 흩어져 있는 경우, 피후견인이 대규모 회사를 경영하고 있는 경우,· 피후견인의 친족 사이에 다툼이 극심한 경우 등에 있어 효율적인 후견활동이 가능하다는 장점이 있다. 반면 단점으로는 피성년후견인과의 친밀감 또는 신뢰관계 형성에 어려움을 겪을 수 있고, 법인 사무담당자의 교체가 잦으면 지속적이고 일정한 후견서비스를 제공하지 못할 수도 있다는 점, 높은 후견인 보수가 필요할 수 있는 점 등이 있다.[1]

9 자연인을 법인에 우선하여 후견인으로 선임하도록 하는 명문의 규정이 없는 이상 법인후견인의 장점이 필요한 사안이라면 적절한 자연인 후견인의 존재여부를 심리할 필요 없이 법인을 후견인으로 선임할 수 있고,[2] 실무도 그렇게 운용되고 있다.

1 법원실무제요, 가사[Ⅱ], 사법연수원(2021), 1208.

2 주해친족법(제2권)(제2판), 박영사(2025), 1339(현소혜, 김수정); 김주수/김상용, 주석 민법, 친족(4)(제5판), 한국사법행정학회(2016), 56; 김성우, 성년후견실무, 박영사(2018), 60.

제 931 조 [유언에 의한 미성년후견인의 지정 등]

① 미성년자에게 친권을 행사하는 부모는 유언으로 미성년후견인을 지정할 수 있다. 다만, 법률행위의 대리권과 재산관리권이 없는 친권자는 그러하지 아니하다.

② 가정법원은 제1항에 따라 미성년후견인이 지정된 경우라도 미성년자의 복리를 위하여 필요하면 생존하는 부 또는 모, 미성년자의 청구에 의하여 후견을 종료하고 생존하는 부 또는 모를 친권자로 지정할 수 있다.

[전문개정 2011. 5. 19.]

[관련조문] 가족관계의 등록 등에 관한 법률 제80조(미성년후견 개시신고의 기재사항), 제82조(유언 또는 재판에 따른 미성년후견인의 선정)

[참고문헌] 김주수/김상용, 주석 민법, 친족(4)(제5판), 한국사법행정학회(2016); 주해친족법(제2권)(제2판), 박영사(2025); 김성우, 성년후견실무, 박영사(2018); 법원실무제요, 가사[Ⅱ], 사법연수원(2021)

Ⅰ. 의의

1 미성년후견이 개시될 경우 친권자의 의사를 최우선적으로 존중하여 친권자에게 미리 유언으로 미성년후견인을 지정할 수 있도록 하되, 미성년자의 복리를 위해 필요한 경우 가정법원이 그 후견을 종료시키고 생존하는 부 또는 모를 친권자로 지정할 수 있다. 이러한 지정후견인이 없을 경우 비로소 가정법원이 미성년후견인을 선임하게 된다.

Ⅱ. 유언에 의한 미성년후견인의 지정

1. 지정권자

2 유언으로 미성년후견인을 지정할 수 있는 자는 친권을 행사할 수 있는 부모이다(민법 제931조 제1항 본문). 따라서 부모라도 친권상실선고를 받은 사람은 미성년후견인을 지정할 수 없다. 제931조 제1항 단서에 따라 법률행위 대리권과 재산관리권이 없는 친권자도 유언으로 미성년후견인을 지정할 수 없는

데, 그 외 친권의 전부 또는 일부제한을 받은 친권자도 마찬가지라고 보아야 한다.[1] 제한된 친권 부분에 관하여 후견이 개시된 상황이기 때문이다. 결국 민법 제931조 제1항의 친권을 행사할 수 있는 부모란 친권 전부를 행사할 수 있는 부모를 의미한다.

3 유언에 의한 미성년후견인의 지정은 친권을 행사하는 부모만을 의미하므로 친권대행자와 같이 친권을 행사하고 있더라도 부모가 아니라면 유언에 의한 미성년후견인을 지정할 수 없다.

4 단독친권자는 당연히 유언으로 후견인을 지정할 수 있다. 공동친권자의 경우 공동친권자 각자가 유언으로 미성년후견인을 지정하였다면 동일인을 지정한 경우에만 두 개의 유언 모두 유효하고, 공동친권자 중 1인만이 유언을 하였다면 유언자가 사망한 때 유언을 한 친권자가 단독친권자인 경우에만 지정행위가 유효하다고 봄이 타당하다.[2]

2. 지정방법 및 효력발생시기

5 미성년후견인의 지정은 유언으로 하여야 하며, 민법이 정한 유언의 방식에 따라야 한다. 지정의 효력은 유언의 효력이 발생한 때, 즉 유언자가 사망한 때 발생한다.

6 유언에 의하여 지정된 미성년후견인은 취임일로부터 1개월 이내에 가족관계등록사무처리관서에 미성년후견개시 신고를 하여야 하는데, 신고서에는 유언서 등본 또는 유언녹음을 기재한 서면을 첨부하여야 한다(가족관계의 등록 등에 관한 법률 제80조 제1항, 제82조 제1항).

Ⅲ. 유언에 의한 미성년후견인의 지정 후의 친권자 지정

7 유언에 의하여 미성년후견인이 지정된 경우라도 가정법원은 미성년자의 복리를 위하여 필요하면 생존하는 부 또는 모, 미성년자의 청구에 의하여 후견을 종료하고 생존하는 부 또는 모를 친권자로 지정할 수 있다(민법 제931조 제2항).

8 친권자의 유언에 의한 미성년후견인의 지정은 일단 유효하고 다만, 미성년자의 복리를 위해 생존친이 친권자가 될 수 있는 가능성을 열어 둔 것이다.

1 김주수/김상용, 주석 민법, 친족(4)(제5판), 한국사법행정학회(2016), 59; 김성우, 성년후견실무, 박영사(2018), 208~209.

2 주해친족법(제2권)(제2판), 박영사(2025), 1343(현소혜, 김수정); 김성우, 성년후견실무, 박영사(2018), 209.

제 932 조 [미성년후견인의 선임]

① 가정법원은 제931조에 따라 지정된 미성년후견인이 없는 경우에는 직권으로 또는 미성년자, 친족, 이해관계인, 검사, 지방자치단체의 장의 청구에 의하여 미성년후견인을 선임한다. 미성년후견인이 없게 된 경우에도 또한 같다.

② 가정법원은 제924조, 제924조의2 및 제925조에 따른 친권의 상실, 일시 정지, 일부 제한의 선고 또는 법률행위의 대리권이나 재산관리권 상실의 선고에 따라 미성년후견인을 선임할 필요가 있는 경우에는 직권으로 미성년후견인을 선임한다. <개정 2014. 10. 15.>

③ 친권자가 대리권 및 재산관리권을 사퇴한 경우에는 지체 없이 가정법원에 미성년후견인의 선임을 청구하여야 한다.

[전문개정 2011. 3. 7.]

[관련조문] 민법 제909조의2(친권자의 지정 등), 제927조의2(친권의 상실, 일시 정지 또는 일부 제한과 친권자의 지정 등), 제930조(후견인의 수와 자격), 제940조의6(후견감독인의 직무), 가사소송법 제2조(가정법원의 관장 사항), 제9조(가족관계등록부 기록 등의 촉탁), 제44조(관할 등), 가족관계의 등록 등에 관한 법률 제80조(미성년후견 개시신고의 기재사항), 법원조직법 제40조(합의부의 심판권), 보호소년 등의 처우에 관한 법률 제23조(친권 또는 후견), 보호시설에 있는 미성년자의 후견직무에 관한 법률 제3조(후견인), 제7조(후견인의 지정취소 등), 아동복지법 제19조(아동의 후견인의 선임 청구 등), 제20조(아동의 후견인 선임), 입양특례법 제22조(입양기관의 장의 후견직무, 가사소송규칙 제5조(가족관계등록부기록을 촉탁하여야 할 판결등), 제5조의2(후견등기부기록을 촉탁하여야 할 심판등), 제27조(청구기각심판에 대한 불복), 제65조(미성년후견인, 미성년후견감독인의 선임·변경), 제67조(즉시항고), 민사 및 가사소송의 사물관할에 관한 규칙 제3조(가정법원 및 그 지원 합의부의 심판범위)

[참고문헌] 주해친족법(제2권)(제2판), 박영사(2025); 김성우, 성년후견실무, 박영사(2018); 법원실무제요, 가사[Ⅱ], 사법연수원(2021); 후견사건 처리 실무, 법원행정처(2015)

Ⅰ. 의의

1 종전 민법에서는 유언에 의한 후견인 지정이 없는 때에는 일정한 범위 내의 친족에게 획일적으로 후견인으로서의 지위를 부여하는 법정후견인제도를 유지하고 있었으나, 2011. 3. 7. 개정된 민법(2011년 개정 민법)에서는 이를 폐지하고, 선임후견인제도를 채택하였다. 친권자가 유언에 의해 지정한 미성년후견인이 없을 경우 가정법원이 미성년후견인을 선임하게 된다.

Ⅱ. 미성년후견인 선임 사유

2 미성년후견개시 사유가 발생하였으나, 친권자의 유언에 따라 지정된 미성년후견인이 없거나 지정 또는 선임된 미성년후견인이 없게 된 경우, 가정법원은 직권 또는 미성년자, 친족, 이해관계인, 검사, 지방자치단체의 장의 청구에 의하여 미성년후견인을 선임한다(민법 제932조 제1항). 또한 가정법원은 친권의 상실, 일시 정지, 일부 제한의 선고 또는 법률행위의 대리권이나 재산관리권의 상실의 선고에 따라 미성년후견인을 선임할 필요가 있는 경우에는 직권으로 미성년후견인을 선임한다(민법 제932조 제2항). 또한 가정법원은 친권자가 대리권 및 재산관리권을 사퇴한 경우에는 즉시 그 친권자의 청구에 의하여 미성년후견인을 선임한다(민법 제932조 제3항).

3 미성년자 보호의 공백을 막기 위해 미성년후견인은 청구권자의 청구에 의해서도 선임되지만, 가정법원이 후견적 지위에서 직권으로 선임할 수 있도록 하였다.

Ⅲ. 미성년후견인 선임 심판

1. 청구

가. 청구권자

4 미성년후견인 선임 청구권자는 미성년자, 친족, 이해관계인, 검사, 지방자치단체의 장이다(민법 제932조 제1항, 제909조의2 제3항, 제927조의2 제1항). 미성년후견인이 없게 된 경우에는 미성년후견감독인도 미성년후견인의 선임을 청구할 수 있다(민법 제940조의6 제1항).

5 민법 제932조 제1항의 이해관계인은 미성년자의 재산관리에 관해 법률상 이해관계를 가지는 자, 예를 들어 미성년자의 채권자나 채무자를 의미한다는 점에는 이론이 없다. 미성년자의 신상보호와 관련하여 사실상 이해관계를 갖는 자, 예를 들어 교회나 사찰 등에서 미성년자를 보호하고 있는 자나 위탁부모도 이에 해당하는지 문제가 될 수 있으나, 후견제도의 본질이 피후견인의 보호에 있는 점에 고려하면, 사실상 이해관계인에게도 청구인적격을 인정하는 것이 타당하다. 실무에서도 미성년자를 보호하고 있는 위탁부모가 자신을 미성년자의 미성년후견인으로 선임하여 달라고 청구하는 경우 청구인적격을 인정한 하급심 판단이 있다.[1]

6 한편, 시·도지사, 시장·군수·구청장, 아동복지시설의 장 및 학교의 장은 친권자 또는 후견인이 없는 아동을 발견한 경우 그 복지를 위하여 필요하다고 인정할 때에는 법원에 후견인의 선임을 청구하여야 한다(아동복지법 제19조 제1항). 이 경우 법원은 후견인이 없는 아동에 대하여 후견인을 선임하기 전까지 시·도지사, 시장·군수·구청장, 아동보호전문기관의 장, 가정위탁지원센터의 장 및 아동권리보장원의 장으로 하여금 임시로 그 아동의 후견인 역할을 하게 할 수 있다(아동복지법 제20조 제2항).

나. 관할

7 미성년후견에 관한 사건은 가사비송사건 중 라류 사건으로서 가정법원의 전속관할이고(가사소송법 제2조 제1항 제2호 가목), 미성년자 주소지의 가정법원 관할이며(제44조 제1항 제1호의2 본문), 단독판사가 담당한다(법원조직법 제40조 제1항 제1호, 민사 및 가사소송의 사물관할에 관한 규칙 제3조 참조). 다만, 미성년후견 선임 심판이 확정된 이후의 후견에 관한 사건은 미성년자의 주소가 변경된 경우에도 미성년후견 선임 심판을 한 가정법원(항고법원이 후견개시 등의 심판을 한 경우에는 제1심 법원인 가정법원)이 관할한다(가사소송법 제44조 제1항 제1의2호 단서). 미성년후견인 선임을 구하는 라류 가사비송사건의 사건부호는 '후개'를 사용한다.

8 한편 친권의 상실, 일시 정지, 일부 제한, 법률행위의 대리권과 재산관리권의 상실 청구(민법 제924조, 제924조의2, 제925조)는 마류 가사비송사건(사건부호

[1] 서울가정법원 2023. 6. 22. 자 23후개10100 심판(확정), 서울가정법원 2024. 11. 15. 자 24후개10321 심판(확정)

'느단')으로서 친권자인 상대방의 주소지 가정법원이 관할한다.

9 실무상 친권자인 상대방의 친권의 상실, 일시 정지, 일부 제한의 선고 또는 법률행위의 대리권이나 재산관리권 상실의 선고를 청구하면서 하나의 사건으로 함께 청구하는 것이 보통이고, 친권자인 상대방의 주소지 관할과 미성년자의 주소지 관할이 일치하지 않는 경우에도 미성년자 보호의 공백을 방지하기 위해 민법 제932조 제2항 등을 고려하여 친권의 상실 등 사건에 미성년후견인 선임 청구취지를 추가하거나 미성년후견인 선임에 대한 의견을 밝힘으로써 친권의 상실 등 심판이 내려질 때 미성년후견인 선임심판도 함께 이루어질 수 있도록 조치함이 바람직하다.

다. 제소기간

10 일정한 경우의 친권자 지정청구(민법 제909조의2 제1항·제2항, 제927조의2 제1항)는 사망 등의 사유를 안 날부터 1개월, 사유가 있는 날부터 6개월 내에 청구하여야 하고, 위 기간 내에 친권자 지정청구가 없을 때 미성년후견인을 선임할 수 있다(제909조의2 제3항, 제927조의2 제1항).

11 친권자 지정청구 기간이 경과하기 전에 미성년후견인 선임청구가 제기된 경우의 처리가 문제된다. 민법 제909조의2는 미성년자에게 친권자나 후견인이 존재하지 않는 공백을 최소화하기 위해서 신속하게 친권자를 지정하거나 후견이 개시되도록 하는 절차를 규정한 것으로서 궁극적으로 미성년자의 복리를 증진하기 위해 마련된 규정이고, 미성년후견인 선임청구가 제기된 경우에도 생존하는 부 또는 모, 친생부모의 의견 등을 조회하는 절차를 필수적으로 거치고 있으며, 미성년자 보호의 공백상태를 방지하기 위해 신속히 임시후견인 등을 지정할 필요가 있을 뿐 아니라, 위와 같은 절차를 진행하다 보면 6개월이 경과하는 경우가 대부분이므로, 친권자 지정청구 기간이 경과하기 전에 접수된 경우에도 그대로 절차를 진행하는 것이 실무이다.[2]

2. 심리

가. 사건본인 등의 의견 청취

12 가정법원은 미성년후견인 선임심판을 할 때 미성년후견인이 될 사람의 의견을 들어야 한다(가사소송규칙 제65조 제1항). 또한 미성년자가 13세 이상인 경우

2 법원실무제요, 가사[Ⅱ], 사법연수원(2021), 1333~1334.

원칙적으로 그 의견을 들어야 하고(가사소송규칙 제65조 제4항 본문), 다만 그 의견을 들을 수 없거나 의견을 듣는 것이 오히려 미성년자의 복지를 해할만한 특별한 사정이 있다고 인정되면 의견을 듣지 않을 수 있다(제65조 제4항 단서).

13 실무에서는 제출된 13세 이상 미성년자의 자필 동의서나 의견서만으로 사건본인의 의사 확인에 미흡한 부분이 있는 경우, 미성년자를 기일에 출석시켜 심문하거나 가사조사를 통해 그 의사를 심층적으로 파악하기도 한다.[3]

나. 생존하는 부 또는 모 등의 의견 조회

14 이혼 등에 따라 정하여진 단독친권자가 사망하거나 친권의 전부 또는 일부를 행사할 수 없는 경우, 입양이 취소되거나 파양된 경우 또는 양부모 모두가 사망한 경우의 친권자 지정 또는 미성년후견인 선임에 있어서, 생존하는 부 또는 모, 친생부모 일방 또는 쌍방의 소재를 모르거나 그가 정당한 사유 없이 소환에 응하지 아니하는 경우를 제외하고는 그에게 의견을 진술할 기회를 주어야 한다(민법 제909조의2 제3항, 제927조의2 제1항).

15 실무에서는 위의 경우뿐만 아니라 미성년후견인 선임 여부가 문제되는 모든 사안에서, 미성년자의 양육에 관여하였거나 관여하고 있는 친족, 사실상의 보호자 등 가능한 많은 사람들의 의견을 폭넓게 청취하고 있다.[4]

3. 심판

16 가정법원은 심판에 의하여 미성년후견인을 선임한다. 미성년자 의견 존중 외에 미성년후견인 선임기준에 관하여 별다른 규정은 없다. 특정인을 미성년후견인으로 선임하여 달라는 청구취지에 구애받을 필요도 없고, 종전 민법과 같이 미성년자의 최근친 연장자를 우선 고려해야 할 필요도 없다. 미성년자의 의사, 연령, 재산상태, 현재까지의 양육 상황, 생존하는 부나 모, 미성년후견인 후보자의 양육의사, 능력, 미성년자와 미성년후견인 후보자의 관계 등 미성년자의 복리에 관한 사항을 두루 고려하여 미성년자를 보호·교양하기에 가장 적절한 사람을 선임하면 된다. 다만, 민법 제937조의 후견인 결격사유가 없어야 한다. 미성년후견인은 성년후견인과는 달리 한 명만 선임될 수 있고(민법 제930조 제1항), 법인은 미성년후견인이 될 수 없다(민법 제930조 제3항의 반대 해석).

3 법원실무제요, 가사[Ⅱ], 사법연수원(2021), 1334.
4 법원실무제요, 가사[Ⅱ], 사법연수원(2021), 1335.

17 미성년자의 친족이나 추천된 후보자 중에서 후견인으로서 적절한 사람을 발견할 수 없는 경우, 친족 사이에 다툼이 있어 중립적인 후견인이 필요한 경우, 상속재산을 포함한 미성년자의 재산이 많거나 미성년자에 대한 성적 접촉 또는 학대 등이 의심되어 특별한 보호를 할 필요가 있는 경우에는 전문가후견인을 선임할 수 있다.[5] 한편 미성년후견인은 재산관리권과 대리권뿐만 아니라 미성년자의 신분에 관해서도 친권자와 동일한 권리의무를 갖는데, 미성년자에 대한 보호와 교양에 있어서 친권자를 대신할 만한 의사와 능력을 갖춘 전문가후견인을 찾기는 쉽지 않으므로 미성년자와 함께 생활하면서 실질적인 보호와 교양을 할 수 있는 친족이나 보호자 중에서 미성년후견인을 선임하되, 전문가를 미성년후견감독인으로 선임하는 방법도 실무상 많이 활용되고 있다.[6]

18 가정법원은 미성년후견인 선임심판과 함께 미성년후견인에 대하여 후견사무에 관하여 필요하다고 인정하는 사항을 지시할 수 있다(가사소송규칙 제65조 제3항).

4. 주문례

19 실무에서는 미성년후견인선임 심판을 하는 경우 미성년후견인선임 주문 외에 사건본인의 재산목록 작성 및 제출의무, 후견사무보고서 작성 및 제출의무를 부과하고 있고, 중요한 법률행위를 함에 있어 법원의 허가를 받게 하는 등 법정대리권 행사를 제한하기도 하며, 필요한 경우 미성년후견교육 이수의무 등을 부과하기도 한다. 또한 미성년후견감독인을 선임하는 경우 후견감독인에게 정기적으로 가정법원에 후견감독보고서를 제출하도록 하고 있다. 한편, 친권자 지정청구를 기각하면서 미성년후견인을 선임하는 경우나 친권을 제한하면서 후견인선임을 하는 경우 미성년후견인에게 면접교섭 협조의무를 부과하는 경우도 있다.

5 김성우, 성년후견실무, 박영사(2018), 219.
6 법원실무제요, 가사[Ⅱ], 사법연수원(2021), 1337.

<청구인을 후견인으로 선임하고 후견감독인을 선임하지 않은 예>

1. 사건본인의 미성년후견인으로 청구인을 선임한다.
2. 미성년후견인은 2025. 3. 31.까지 사건본인의 재산목록(기준일: 2024. 12. 31., 상속재산 포함)을 작성하여 이 법원에 제출하여야 한다.
3. 미성년후견인은 2026. 1. 31.을 시작으로 사건본인이 성년에 이를 때까지 매년 1. 31. 후견사무보고서(기준일: 매년 12. 31.)를 작성하여 이 법원에 제출하여야 한다.
4. 미성년후견인이 사건본인을 대리하여 사건본인 명의의 부동산 또는 중요한 재산에 관한 권리의 득실변경을 목적으로 하는 행위 및 상속의 포기, 단순 승인 또는 상속재산

<후견감독인을 선임하는 경우>

1. 사건본인의 미성년후견인으로 ○○○(주민등록번호, 주소)을 선임한다.
2. 사건본인의 미성년후견감독인으로 사회복지사 ○○○(주민등록번호, 주소)을 선임한다.
3. 미성년후견인은 2025. 3. 31.까지 사건본인의 재산목록(기준일: 2024. 12. 31., 상속재산 포함)을 작성하여 미성년후견감독인에게 제출하여야 하고, 미성년후견감독인은 2025. 4. 30.까지 위 재산목록에 의견서를 첨부하여 이 법원에 제출하여야 한다.
4. 미성년후견인은 2026. 1. 31.을 시작으로 매년 1. 31. 후견사무보고서(기준일: 매년 12. 31.)를 작성하여 미성년후견감독인에게 제출하여야 하고, 미성년후견감독인은 2026. 2. 28.을 시작으로 매년 2. 28. 후견감독사무보고서(기준일: 매년 12. 31.)]를 작성하여 위 후견사무보고서와 함께 이 법원에 제출하여야 한다.
5. 미성년후견인이 별지 기재 행위에 관하여 사건본인을 대리하거나 사건본인의 별지 기재 행위에 관하여 동의를 하는 경우 미성년후견감독인의 동의를 받아야 한다.
6. 미성년후견인은 2025. 2. 28.까지 ○○가정법원에서 실시하는 미성년후견인 교육을 받은 후 교육참석확인서를 이 법원에 제출하여야 한다.

<별지>

미성년후견감독인의 동의를 필요로 하는 행위

1. 영업에 관한 행위
2. 금전을 빌리는 행위
3. 의무만을 부담하는 행위
4. 부동산 또는 중요한 재산에 관한 권리의 득실 변경을 목적으로 하는 행위
5. 소송행위
6. 상속의 승인, 한정승인 또는 포기 및 상속재산의 분할에 관한 협의

<친권자 지정청구를 기각하며 후견인을 선임하는 경우>

1. 청구인의 친권자 지정 청구를 기각한다.
2. 사건본인들의 미성년후견인으로 OOO(주민등록번호, 주소)을 선임한다.
3. 미성년후견인이 사건본인들을 대리하여 사건본인들 명의의 부동산 또는 중요한 재산에 관한 권리의 득실변경을 목적으로 하는 행위 및 상속의 포기, 단순 승인 또는 상속재산의 분할에 관한 협의를 하는 경우에는 가정법원의 허가를 받아야 한다.
4. 미성년후견인은 2026. 1. 31.을 시작으로 매년 1. 31. 후견사무보고서(기준일: 매년 12. 31.)를 작성하여 이 법원에 제출하여야 한다.
5. 청구인은 사건본인들이 성년에 이를 때까지 다음과 같이 사건본인들을 면접교섭 할 수 있고, 미성년후견인은 면접교섭이 원만히 이루어지도록 적극 협조하고 이를 방해하여서는 아니 된다.
   가. 면접교섭의 일정: 매월 둘째, 넷째 토요일 11 시부터 15 시까지
   나. 면접교섭의 장소: 청구인이 책임질 수 있는 장소
   다. 인도방법: 청구인이 사건본인들의 주거지로 사건본인들을 데리러 가고, 면접교섭이 끝난 후 다시 사건본인들의 주거지로 데려다 주는 방법
   라. 청구인과 미성년후견인은 면접교섭 일시, 장소를 변경하여야 할 사정이 있는 경우에는 그러한 사정이 발생한 즉시 상대방에게 연락하여 협의하여 조율한다.
   마. 위 내용은 사건본인들이 성장함에 따라 추후 협의하여 변경할 수 있다.

5. 즉시항고

20 미성년후견인 선임청구를 기각한 심판에 대해서는 청구인이 즉시항고할 수 있다(가사소송규칙 제27조).

21 미성년후견인 선임심판에 대하여는 미성년자, 미성년자의 부모와 친족, 이해관계인, 검사, 지방자치단체의 장이 즉시항고할 수 있다(가사소송규칙 제67조 제1항 제1호).

6. 가족관계등록 촉탁, 후견개시 신고

22 미성년후견인 선임심판이 확정된 경우에는, 가정법원은 지체 없이 가족관계등록사무를 처리하는 사람에게 가족관계등록부에 등록할 것을 촉탁하여야 한다(가사소송법 제9조, 가사소송규칙 제5조 제1항 제3호). 그 밖에 미성년후견에 관한 심판 중 가족관계등록부기록을 촉탁하여야 할 심판 등에 관하여는 가사소송규칙 제5조에서 정하고 있다. 성년후견에 관한 재판은 후견등기부에

등기하는데 반해 미성년후견에 관한 재판은 가족관계등록부에 등록하고 있는데, 성년후견과는 달리 미성년후견인의 권한 행사 제한이나 임시미성년후견인선임 사전처분 재판 등은 가족관계등록부기록 촉탁사항이 아니어서 이를 공시할 방법이 없어 입법적 보완이 필요하다고 보인다.

23 한편 가정법원이 가족관계등록부기록을 촉탁하는 것과 별도로, 미성년후견인은 그 취임일로부터 1개월 이내에 미성년후견개시의 신고를 하여야 한다(가족관계의 등록 등에 관한 법률 제80조 제1항).

7. 임시후견인 선임 사전처분

가. 개요

24 미성년후견인 선임청구가 제기된 경우 직권 또는 당사자의 신청에 의하여 가사소송법 제62조를 근거로 임시후견인 선임을 내용으로 하는 사전처분이 가능하다. 사전처분 결정 주문에서 임시후견인의 권한범위를 정하는 것이 일반적이나, 임시후견인의 권임범위를 특별히 정하지 않은 경우 임시후견인의 권한범위는 미성년후견인에 관한 규정이 준용된다고 보아야 한다.[7]

나. 주문례

주문

1. 이 법원 2024 느단 000 미성년후견인 선임 사건의 심판이 확정될 때까지 사건본인의 임시후견인으로 ○○○(주민등록번호, 주소)을 선임한다.
2. 임시후견인의 권한범위는 별지 기재와 같다.
3. 임시후견인은 이 법원의 사전허가를 받아 위 권한범위를 넘는 행위를 대리할 수 있다.

<별지>

임시후견인의 권한범위

1. 사건본인의 거소지정, 변경과 입학, 전학절차 등 신상에 관련한 행위
2. 사건본인의 재산관리와 관련하여 민법 제 118 조에 정한 보존, 이용 또는 개량행위에 관한 대리행위
3. 사건본인이 망 ○○○의 상속인으로서, 상속 포기 또는 한정승인 심판청구에 대한 대리행위

7 같은 취지: 주해친족법(제2권)(제2판), 박영사(2025), 1353(현소혜, 김수정).

Ⅳ. 특별법에 의한 미성년후견인

25 미성년후견 선임 사유가 있음에도 가정법원에 의한 선임 없이 특별법에 의하여 미성년후견인이 정해지는 경우가 있다.

1. 보호시설에 있는 미성년자

가. 고아인 미성년자

26 국가나 지방자치단체가 설치·운영하는 보호시설에 있는 미성년자인 고아에 대하여는 그 보호시설의 장이 후견인이 되고, 국가 또는 지방자치단체 외의 자가 설치·운영하는 보호시설에 있는 미성년자인 고아에 대하여는 대통령령으로 정하는 바에 따라 그 보호시설의 소재지를 관할하는 특별자치시장·시장·군수·구청장이 후견인을 지정한다(보호시설에 있는 미성년자의 후견직무에 관한 법률 제3조 제1항·제2항).

나. 고아 아닌 미성년자

27 1) 고아가 아닌 미성년자가 국가나 지방자치단체가 설치·운영하는 보호시설에 있는 경우 그 보호시설의 장이 후견인이 되는 것은 고아인 미성년자의 경우와 같지만, 대통령령으로 정하는 바에 따라 가정법원의 허가를 받아야 한다(보호시설에 있는 미성년자의 후견 직무에 관한 법률 제3조 제3항). 그러나 실무상 공설(公設)의 보호시설의 장이 가정법원에 후견인 취임허가를 청구하는 사건은 찾아보기 어렵다.

28 2) 고아가 아닌 미성년자가 국가 또는 지방자치단체 외의 자가 설치·운영하는 보호시설에 있는 경우에는 지방자치단체의 장이 후견인을 지정하되, 그 지정에 보호시설의 소재지를 관할하는 가정법원의 허가가 필요하다(보호시설에 있는 미성년자의 후견 직무에 관한 법률 제3조 제3항, 같은 법 시행령 제3조 제3항).

29 허가 청구권자는 후견인이 되고자 하는 자, 즉 그 보호시설의 소재지를 관할하는 특별자치시장·시장·군수·구청장이 후견인으로 지정하는 자이다. 후견인이 되고자 하는 자는 미리 특별자치시장·시장·군수·구청에게 후견인 지정신청을 하여 그 지정을 받은 후 가정법원에 허가를 청구하여야 하고, 이 때 특별자치시장·시장·군수·구청장으로부터 받은 후견인 지정 통보서를 제출하여야 한다(보호시설에 있는 미성년자의 후견 직무에 관한 법률 시행령 제3조 제1항·제2항).

30 보호시설에 있는 미성년자가 다른 보호시설로 옮긴 경우, 직권이나 청구에 의한 미성년후견인 변경은 허용되지 않고, 새로운 보호시설의 장이 지방자치단체의 장으로부터 후견인 지정을 받은 후 가정법원에 그 지정에 대한 허가청구를 하여야 한다.[8] 또한 종전 보호시설의 소재지를 관할하는 지방자치단체의 장은 이전 후견인에 대한 지정을 취소하거나 해당 법원에 그 허가의 취소를 청구할 수 있다(보호시설에 있는 미성년자의 후견직무에 관한 법률 제7조 참조).

2. 입양기관 아동

31 입양기관의 장은 입양을 알선하기 위하여 보장시설의 장, 부모 등으로부터 양자될 아동을 인도받았을 때에는 그 인도받은 날부터 입양의 완료될 때까지 그 아동의 후견인이 된다. 다만, 양자가 될 아동에 대하여 법원이 이미 후견인을 둔 경우에는 그러하지 아니하다(입양특례법 제22조 제1항). 그 경우 양자로 될 아동을 인도한 친권자의 친권행사는 정지된다(입양특례법 제22조 제2항 본문).

3. 보호소년

32 소년원장은 미성년자인 보호소년 등이 친권자나 후견인이 없거나 있어도 그 권리를 행사할 수 없을 때에는 법원의 허가를 받아 그 보호소년 등을 위하여 친권자나 후견인의 직무를 행사할 수 있다(보호소년 등의 처우에 관한 법률 제23조).

8 김성우, 성년후견실무, 박영사(2018), 210~211.

제 933 조 [금치산자 등의 후견인의 순위] <2011. 3. 7. 삭제 조문>

금치산 또는 한정치산의 선고가 있는 때에는 그 선고를 받은 자의 직계혈족, 3촌 이내의 방계혈족의 순위로 후견인이 된다.

1 2011년 개정 민법의 시행으로 금치산자, 한정치산자 및 법정후견인 제도가 폐지되면서 금치산자, 한정치산자에 대한 후견인의 순위에 관한 규정이 모두 삭제되었다.

제 934 조 [기혼자의 후견인의 순위] <2011. 3. 7. 삭제 조문>

기혼자가 금치산 또는 한정치산의 선고를 받은 때에는 배우자가 후견인이 된다. 그러나 배우자도 금치산 또는 한정치산의 선고를 받은 때에는 제933조의 순위에 따른다.

1 2011년 개정 민법의 시행으로 금치산자, 한정치산자 및 법정후견인 제도가 폐지되면서 금치산자, 한정치산자에 대한 후견인의 순위에 관한 규정이 모두 삭제되었다.

제 935 조 [후견인의 순위] <2011. 3. 7. 삭제 조문>

① 제932조 내지 제934조의 규정에 의한 직계혈족 또는 방계혈족이 수인인 때에는 최근친을 선순위로 하고, 동순위자가 수인인 때에는 연장자를 선순위로 한다. (본항 개정 1990. 1. 13.)

② 제1항의 규정에 불구하고 양자의 친생부모와 양부모가 구존한 때에는 양부모를 선순위로, 기타 생가혈족과 양가혈족의 촌수가 동순위인 때에는 양가혈족을 선순위로 한다.

1 2011년 개정 민법의 시행으로 금치산자, 한정치산자 및 법정후견인 제도가 폐지되면서 금치산자, 한정치산자에 대한 후견인의 순위에 관한 규정이 모두 삭제되었다.

제 936 조 [성년후견인의 선임]

① 제929조에 따른 성년후견인은 가정법원이 직권으로 선임한다.

② 가정법원은 성년후견인이 사망, 결격, 그 밖의 사유로 없게 된 경우에도 직권으로 또는 피성년후견인, 친족, 이해관계인, 검사, 지방자치단체의 장의 청구에 의하여 성년후견인을 선임한다.

③ 가정법원은 성년후견인이 선임된 경우에도 필요하다고 인정하면 직권으로 또는 제2항의 청구권자나 성년후견인의 청구에 의하여 추가로 성년후견인을 선임할 수 있다.

④ 가정법원이 성년후견인을 선임할 때에는 피성년후견인의 의사를 존중하여야 하며, 그 밖에 피성년후견인의 건강, 생활관계, 재산상황, 성년후견인이 될 사람의 직업과 경험, 피성년후견인과의 이해관계의 유무(법인이 성년후견인이 될 때에는 사업의 종류와 내용, 법인이나 그 대표자와 피성년후견인 사이의 이해관계의 유무를 말한다) 등의 사정도 고려하여야 한다.

[전문개정 2011. 3. 7.]

[관련조문] 민법 제929조(성년후견심판에 의한 후견의 개시), 제940조(후견인의 변경), 제940조의6(후견감독인의 직무), 가사소송법 제9조(가족관계등록부 기록 등의 촉탁), 제44조(관할 등), 제45조의3(성년후견·한정후견·특정후견 관련 심판에서의 진술 청취), 제62조(사전처분), 가사소송규칙 제5조의2(후견등기부기록을 촉탁하여야 할 심판등), 제25조(심판의 고지), 제32조(사전처분), 제35조(심판의 고지등)

[참고문헌] 김주수/김상용, 주석 민법, 친족(4)(제5판), 한국사법행정학회(2016); 주해친족법(제2권)(제2판), 박영사(2025); 성년후견제도 해설, 법원행정처(2013); 김성우, 성년후견실무, 박영사(2018); 법원실무제요, 가사[Ⅱ], 사법연수원(2021)

[민법 제936조 제2항 내지 제4항은 한정후견인(민법 제959조의3 제2항), 특정후견인(제959조의9 제2항)에 준용, 제936조 제3항, 제4항은 미성년·성년후견감독인(제940조의7), 한정후견감독인(제959조의5 제2항), 특정후견감독인(제959조의10 제2항)에 준용]

Ⅰ. 의의

1 종전 민법의 금치산, 한정치산 제도에서는 후견인 순위가 법정되어 있었고, 그에 해당하는 법정후견인이 없는 경우에만 가정법원이 후견인을 선임 하였으나, 2011년 개정 민법에서는 법정후견제도를 폐지하고 어느 경우에나 가정법원이 직권으로 성년후견인을 선임하도록 하였다. 이로써 기존의 형식적인 법정후견인 제도에서 문제된 사실상의 후견 공백상태를 막고, 법원의 심리를 거쳐 적정하게 선임된 후견인에 의한 실질적인 후견이 가능하게 되었다.

Ⅱ. 성년후견인의 선임사유 및 절차

1. 성년후견개시심판에 따른 직권 선임

2 민법 제929조에 따라 성년후견개시심판이 있는 경우 가정법원은 직권으로 성년후견인을 선임하여야 한다(민법 제936조 제1항). 성년후견의 개시를 위해서는 일정한 자의 청구가 필요하나, 성년후견인의 선임은 별도의 청구를 요하지 않는다. 가정법원은 당사자나 이해관계인 등의 청구나 추천에 구애됨이 없이 직권에 의하여 가장 적합한 자를 성년후견인으로 선임할 수 있다. 그러나 법원에 의한 후견인 직권 선임이 당사자나 이해관계인의 의사를 완전히 배제한다는 취지는 아니다.

3 가정법원은 피성년후견인과 성년후견인이 될 사람의 진술을 들어야 하고(가사소송법 제45조의3 제1항 제3호), 성년후견인선임심판은 당사자와 절차에 참가한 이해관계인(가사소송규칙 제25조) 및 성년후견인과 성년후견감독인에게 고지하며, 사건본인에게 통지하여야 한다(가사소송규칙 제35조 제1항·제2항).

4 성년후견개시심판과 동시에 성년후견인이 선임된 경우 성년후견인 선임심판에 대해서는 독립적으로 불복할 수 없다. 그러나 성년후견개시심판에 대하여 즉시항고를 한 경우에는 그와 함께 이루어진 성년후견인 선임 심판 등도 모두 항고심의 판단 범위에 들어간다.

5 성년후견개시 및 성년후견인 선임 심판이 확정되면 가정법원은 지체 없이 후견등기 사무를 처리하는 사람에게 후견등기부에 등기할 것을 촉탁하여야 한다(가사소송법 제9조, 가사소송규칙 제5조의2 제1항 제1호 나목).

2. 성년후견인이 없게 된 경우의 재선임

가. 재선임 사유

6 성년후견인 선임 후 성년후견인이 사망, 결격, 그 밖의 사유로 없게 된 경우에 가정법원은 직권으로 또는 피성년후견인, 친족, 이해관계인, 검사, 지방자치단체의 장의 청구에 의하여 성년후견인을 선임한다(민법 제936조 제2항). 성년후견인 선임 후 사망 등의 사유로 성년후견인이 부존재하게 되면 피성년후견인 보호의 공백이 발생하므로 성년후견인을 재선임하도록 한 것이다. 이때 성년후견인 재선임 사유는 법적으로 더 이상 그 직무를 수행할 수 없게 된 경우를 말하고, 사실상 직무를 수행할 수 없는 경우, 예를 들어 질병이나 고령, 장기외유 등은 성년후견인 재선임 사유가 아니다.

나. 재선임 절차

7 성년후견인이 없게 된 경우 가정법원은 직권 또는 피성년후견인, 친족, 이해관계인, 검사, 지방자치단체의 장의 청구에 의하여 성년후견인을 선임한다(민법 제936조 제2항). 한편, 성년후견감독인은 후견인이 없는 경우 지체 없이 가정법원에 후견인의 선임을 청구하여야 한다(민법 제940조의6의 제1항). 다른 청구권자와 달리 성년후견감독인의 성년후견인 재선임 청구는 의무이다.

8 재선임 사유가 있는 때에는 반드시 성년후견인을 선임하여야 한다. 성년후견인 재선임 사유로 제936조 제2항은 '성년후견인이 결격으로 없게 된 경우'를 포함시키고 있으나, 후견인결격사유에 해당한다고 하여 기존 후견인에 대한 아무런 결정 없이 새로운 후견인을 선임하게 되면 성년후견인 중복의 문제가 발생할 수 있으므로, 종전 후견인을 새로운 성년후견인으로 변경하는 심판이 필요하고, 실무에서도 이러한 경우 후견인변경심판을 하고 있다.[1]

9 성년후견인 재선임 청구 사건은 성년후견개시심판이 확정된 이후 후견에 관한 사건이므로, 후견개시 등의 심판을 한 가정법원(항고법원이 후견개시 등의 심판을 한 경우에는 그 제1심법원인 가정법원)의 전속관할이다(가사소송법 제44조 제1항 제1호의2 단서). 그 밖에 성년후견인 재선임을 위한 심리절차에서 피성년후견인과 성년후견인이 될 사람의 진술 청취, 심판의 고지 및 피성년후견인에 대한 통지는 민법 제936조 제1항의 선임절차와 같다. 성년후견인을 재선임한 심

1 법원실무제요, 가사[Ⅱ], 사법연수원(2021), 1238.

판에 대해서는 즉시항고가 허용되지 않는다. 가정법원은 심판의 효력 발생과 동시에 지체 없이 후견등기 사무를 처리하는 사람에게 후견등기부에 등기할 것을 촉탁하여야 한다(가사소송법 제9조, 가사소송규칙 제5조의2 제1항 제1호 나목).

3. 성년후견인 추가선임

가. 추가선임 사유

10 가정법원은 이미 성년후견인이 선임되어 있는 경우에도 필요하다고 인정하면 직권으로 또는 민법 제936조 제2항의 청구권자나 성년후견인의 청구에 의하여 추가로 성년후견인을 선임할 수 있다(민법 제936조 제3항).

나. 추가선임 절차

11 가정법원은 직권 또는 피성년후견인, 친족, 이해관계인, 검사, 지방자치단체의 장, 성년후견인의 청구에 의하여 성년후견인을 선임한다(민법 제936조 제3항). 추가선임 여부는 재선임과 달리 가정법원의 재량사항이다. 그 밖의 절차는 재선임의 경우와 같다.

Ⅲ. 성년후견인의 선임 기준

1. 의의

12 가정법원이 성년후견인을 선임할 때에는 피성년후견인의 의사를 존중하여야 하며, 그 밖에 피성년후견인의 건강, 생활관계, 재산상황, 성년후견인이 될 사람의 직업과 경험, 피성년후견인과의 이해관계의 유무(법인이 성년후견인이 될 때에는 사업의 종류와 내용, 법인이나 그 대표자와 피성년후견인 사이의 이해관계의 유무를 말한다) 등의 사정도 고려하여야 한다(민법 제936조 제4항). 따라서 성년후견인 선임의 가장 중요한 기준은 피성년후견인의 의사이고(피성년후견인의 의사 존중이란 자율성과 자기결정권의 보장을 의미한다), 나머지의 사정은 추가적인 고려대상이다.

2. 피성년후견인의 의사

13 가정법원은 성년후견인 선임 심판을 하는 경우 원칙적으로 피성년후견인(피성년후견인이 될 사람 포함)의 진술을 들어야 한다(가사소송법 제45조의3 제1항 제3호). 그런데 실제로 피성년후견인의 의사를 파악하는 일은 그리 쉬운 일이

아니다. 피성년후견인이 의식불명 등의 이유로 의사표시를 할 수 없는 경우에는 피성년후견인이 과거에 작성한 문서나 휴대전화 메시지 등의 자료를 고려하여 피성년후견인의 의사 파악이 가능할 수 있고, 피성년후견인이 심문기일에 출석하여 의사를 표시하는 경우에도 그 의사가 주변 환경으로부터 쉽게 영향을 받을 수 있고 번복 가능성도 높은 점을 고려하여 그 의사가 진실하고 과거로부터 지속적으로 유지되어 왔는지 여부를 객관적인 자료를 통해 확인하여야 할 필요가 있다. 피성년후견인의 의사가 진실하다면 특정인을 성년후견인으로 선임하지 말아 달라는 소극적인 의사도 존중되어야 한다.

3. 그 밖의 고려사항

가. 피성년후견인의 건강, 생활관계, 재산상황[2]

14 피성년후견인의 건강과 관련하여 피성년후견인의 기대여명, 장애 정도와 일상 활동의 가능성, 시설 입소의 필요성 등을 고려할 필요가 있다.

15 피성년후견인의 생활관계와 관련해서는 기존의 실질적 부양관계나 생활관계에 별다른 문제가 없다면 이를 최대한 존중해줄 필요가 있다. 성년후견인이 선임되더라도 그가 피성년후견인의 부양의무자가 되는 것은 아니기 때문이다. 다만 피성년후견인이 학대받거나 방임당하고 있는 정황이 발견된다면 이를 개선할 수 있는 성년후견인 선임이 필요하다.

16 피성년후견인의 재산상황과 관련해서는 피성년후견인의 재산규모, 재산보유 형태, 재산관리 상황, 향후 재산의 변동 가능성 등을 고려할 필요가 있다. 피성년후견인의 재산 규모 등은 보수 지급이 필요한 전문가 후견인을 선임할지, 나아가 어떤 영역의 전문가 후견인을 선임할지를 결정하는 중요한 요소가 된다.

나. 성년후견인의 직업과 경험

17 성년후견인이 될 사람의 직업과 경험은 관련 자격증 유무, 관련 분야의 교육 정도나 업무수행능력 뿐만 아니라, 성년후견인 양성교육 이수 여부, 양성교육의 내용, 후견업무의 경험 등도 함께 고려되어야 한다.[3] 가정법원은 그 밖에 성년후견인 후보자의 동기나 성품, 후견사무 수행에 필요한 시간적 여유

2 성년후견제도 해설, 법원행정처(2013), 43.
3 성년후견제도 해설, 법원행정처(2013), 43.

등 후견사무 수행과 관련한 주관적 사정도 가능한 한 파악하여 성년후견인으로서의 적합성 여부를 판단해야 할 것이다.[4]

다. 성년후견인과 피성년후견인과의 이해관계 유무

18 피성년후견인의 신상관리 또는 재산처분에 관해 가족 내부에서 분쟁이 있는 경우 그 가족 중에서 성년후견인을 선임하게 되면 피성년후견인의 이익을 해할 우려가 있으므로, 이러한 경우에는 분쟁의 소지가 없는 제3자를 성년후견인으로 선임할 필요가 있다.[5] 제3자를 성년후견인으로 선임할 때 보통은 전문가후견인을 선임하는데 피성년후견인의 재산으로 보수 지급이 어려운 경우 일부 법원에서 시행하고 있는 국선후견인제도 등을 이용하기도 한다.

19 피성년후견인이 수용되어 있거나 시설에 거주하는 경우 그 시설이나 단체의 장을 성년후견인으로 선임하는 것은 이해충돌 가능성이 있어 부적절한 경우가 많을 것이다.[6] 그러나 시설이나 단체의 장 이외에 다른 적합한 후견인후보자가 없고, 피성년후견인의 복리를 해할 우려가 없는 경우에는 예외적으로 시설이나 단체의 장을 성년후견인으로 선임할 수 있고, 이러한 경우에는 대리권을 적절히 제한하거나 성년후견감독인을 선임하여 성년후견인을 감독·견재할 필요가 있다.[7]

4. 가정법원의 실무[8]

20 사건본인의 신상보호와 재산관리에 대하여 친족이나 이해관계인들 사이에 다툼이 없는 경우에는 청구인이 추천한 후견인후보자를 선임하는 것이 일반적이나 사건본인의 건강, 생활관계 등을 가장 잘 파악하고 있는 다른 친족이나 이해관계인이 있다면 그를 성년후견인으로 선임하기도 한다.

21 사건본인의 재산과 관련하여 친족 등 이해관계인 사이에 다툼이 있는 경우에는 변호사, 법무사, 회계사, 세무사 등의 전문가를, 사건본인을 돌볼 가까운 친족이 없는 경우, 사건본인에 대한 학대가 의심되는 경우, 사건본인의 신상 문제에 대하여 친족 등 이해관계인 사이에 의견 대립이 있는 경우에는

4 김주수/김상용, 주석 민법, 친족(4)(제5판), 한국사법행정학회(2016), 79.
5 성년후견제도 해설, 법원행정처(2013), 44.
6 김주수/김상용, 주석 민법, 친족(4)(제5판), 한국사법행정학회(2016), 79.
7 법원실무제요, 가사[Ⅱ], 사법연수원(2021), 1206.
8 법원실무제요, 가사[Ⅱ], 사법연수원(2021), 1205.

사회복지사 등의 전문가를 성년후견인으로 선임할 수 있고, 경우에 따라 재산관리 사무를 위한 성년후견인으로 전문가를, 신상보호 사무를 위한 성년후견인으로 친족을 선임하는 형태로 복수의 성년후견인을 선임하기도 한다.

22 각 가정법원에서는 내규에 따라 변호사, 법무사, 회계사, 세무사, 사회복지사 등 전문가와 법인을 후견인후보자로 선발하여 관리하고 있다.

Ⅳ. 임시후견인 선임 사전처분

1. 개요

23 가정법원은 성년후견심판의 확정에 따라 형성 또는 변경될 가정법원은 성년후견심판의 확정에 따라 형성 또는 변경될 법률관계의 실현을 위해 필요한 보전적 조치를 미리 취하거나, 임시로 사건 해결에 필요한 법률관계를 형성할 필요가 있는 경우, 가사소송법 제62조를 근거로 사전처분을 하고 있다.[9] 사전처분은 후견사건이 계속되고 있는 가정법원 관할이지만, 본안이 재항고심에 계속 중일 때에는 제1심 가정법원이 관할법원이 된다.[10]

24 성년후견개시, 성년후견인 선임 청구 사건에서 그 심판이 확정될 때까지 심리에 상당한 시간이 소요되는 경우가 적지 않고, 그 사이 사건본인의 신상보호나 재산보전을 위하여 필요한 경우 직권 또는 당사자의 신청에 의해 임시후견인을 선임하는 사전처분을 한다. 성년후견에 관한 사건에서 임시후견인이 선임된 경우, 그 임시후견인에 대해서는 한정후견인에 관한 규정을 준용한다(가사소송규칙 제32조 제4항). 가정법원은 상당하다고 인정할 때에는 언제든지 임시후견인에게 사건본인의 신상보호 또는 재산관리에 필요한 명령을 할 수 있고, 임시후견인을 해임하거나 개임할 수 있다(가사소송규칙 제32조 제5항·제3항). 임시후견인 선임 사전처분은 그 선임된 자 등에게 고지하여야 하고, 사건본인에게 그 뜻을 통지하여야 한다(가사소송규칙 제32조 제5항·제2항).

25 사전처분을 한 재판에 대해서는 즉시항고할 수 있고(가사소송법 제62조 제4항), 사전처분 신청을 기각하거나 각하한 결정에 대해서는 불복할 수 없으며, 이에 대한 불복은 특별항고로 처리한다. 사전처분은 확정되어야 효력이 발생하

9 김성우, 성년후견실무, 박영사(2018), 89.
10 대법원 2002. 4. 24. 자 2002즈합4 결정.

므로 사전처분에 대하여 즉시항고가 제기되면 효력이 발생하지 않는다.

26 임시후견인 선임 사전처분이 확정되면 가정법원은 직권으로 후견등기부에 기록할 것을 촉탁하여야 한다(가사소송법 제9조, 가사소송규칙 제5조의2 제1항 제5호 나목). 한편, 임시후견인에 대하여는 청구인 또는 사건본인의 재산 중에서 각 상당한 보수를 지급할 것을 명할 수 있다(가사소송규칙 제32조 제6항).

27 사전처분의 재판이 본안심판의 확정, 심판청구의 취하 기타의 사유로 효력을 상실하게 된 때에는 가정법원의 법원사무관 등은 재판장의 명을 받아 지체 없이 후견등기관에게 후견등기부에 기록할 것을 촉탁하여야 한다(가사소송법 제9조, 가사소송규칙 제5조의2 제2항).

2. 주문례

주문

1. 이 법원 2024후개○○○ 성년후견 개시 청구사건의 심판이 확정될 때까지 사건본인의 임시후견인으로 ○○○(주민등록번호, 주소)을 선임한다.
2. 사건본인은 임시후견인의 동의 없이 별지 기재 행위 중 임시후견인에게 동의권이 부여된 행위를 할 수 없다.
3. 임시후견인의 권한 범위는 별지 기재와 같다.
4. 임시후견인은 이 법원의 사전허가를 받아 위 권한 범위를 넘는 행위를 대리할 수 있다.

<별지>

임시후견인 권한 범위

1. 동의권의 범위
   가. 재산의 처분, 채무의 부담(단, 법원의 허가를 받아야 함)
   나. 예금의 인출행위(단, 사건본인의 의료비, 개호비, 생활비 지출 목적 이외의 것은 법원의 허가를 받아야 함)
   다. 금전의 대여행위
   라. 증여행위(사인증여, 유증 포함. 단, 법원의 허가를 받아야 함)
2. 대리권의 범위
   가. 재산의 보존행위, 그 성질이 변하지 않는 범위 내에서의 이용, 개량행위
   나. 소송행위(단, 법원의 허가를 받아야 함)
   다. 사건본인에 대한 재산조회권한

3. 신상결정권
 가. 의료행위의 동의, 의료계약의 체결, 변경, 종료 및 비용의 지급
 나. 개호서비스 이용계약 체결, 변경, 종료 및 비용이 지급
 다. 사회복지서비스의 신청 및 이와 관련된 일체의 행위

제 937 조 [후견인의 결격사유]

다음 각 호의 어느 하나에 해당한 자는 후견인이 되지 못한다. <개정 2016. 12. 20.>

1. 미성년자
2. 피성년후견인, 피한정후견인, 피특정후견인, 피임의후견인
3. 회생절차개시결정 또는 파산선고를 받은 자
4. 자격정지 이상의 형의 선고를 받고 그 형기 중에 있는 사람
5. 법원에서 해임된 법정대리인
6. 법원에서 해임된 성년후견인, 한정후견인, 특정후견인, 임의후견인과 그 감독인
7. 행방이 불분명한 사람
8. 피후견인을 상대로 소송을 하였거나 하고 있는 사람
9. 제8호에 정한 사람의 배우자와 직계혈족. 다만, 피후견인의 직계비속은 제외한다.

[전문개정 2011. 3. 7.]

[관련조문] 민법 제924조(친권의 상실 또는 일시 정지의 선고), 제924조의2(친권의 일부 제한의 선고), 제925조(대리권, 재산관리권 상실의 선고), 제959조의17(임의후견개시의 제한 등), 채무자회생 및 파산에 관한 법률 제49조(회생절차개시의 결정), 제305조(보통파산원인), 제306조(법인의 파산원인), 제596조(개인회생절차의 개시결정)

[참고문헌] 김주수/김상용, 주석 민법, 친족(4)(제5판), 한국사법행정학회(2016); 주해친족법(제2권)(제2판), 박영사(2025); 김주수/김상용, 친족·상속법(제20판), 법문사(2024); 박동섭/양경승, 친족상속법(제5판), 박영사(2020); 이경희/윤부찬, 가족법(11정판), 법원사(2024); 신영호 외 2인, 가족법강의(제4판), 세창출판사(2023); 윤진수, 친족상속법 강의(제5판), 박영사(2023); 성년후견제도 해설, 법원행정처(2013); 김성우, 성년후견실무, 박영사(2018); 법원실무제요, 가사[Ⅱ], 사법연수원(2021)

[민법 제937조는 한정후견인(민법 제959조의3 제2항), 특정후견인(민법 제959조의9 제2항), 미성년·성년후견감독인(민법 제940조의7), 한정후견감독인(민법 제959조의5 제2항), 특정후견감독인(민법 제959조의10 제2항)에 준용]

Ⅰ. 의의

1 민법 제937조는 후견인 결격사유를 정하고 있는데, 후견인이 될 만한 능력이 없거나 후견인의 이익과 상반될 우려가 있는 등 객관적으로 후견인에게 요구되는 조건을 갖추지 못한 자에 대해 일률적으로 후견인 자격을 부정하고 있다.

Ⅱ. 결격사유

1. 미성년자

2 미성년자, 즉 만 19세에 달하지 않은 자는 다른 사람의 후견인이 될 수 없다(민법 제937조 제1호). 그러나 미성년자가 혼인을 한 때에는 성년자로 의제되므로(제826조의2), 이 경우는 후견인이 될 수 있다.

2. 피성년후견인, 피한정후견인, 피특정후견인, 피임의후견인

3 피성년후견인, 피한정후견인, 피특정후견인, 피임의후견인은 다른 사람의 후견인이 될 수 없다(민법 제937조 제2호). 위 사람들은 질병, 장애, 노령 그 밖의 사유로 인한 정신적 제약으로 사무를 처리할 능력이 결여되거나 부족한 상태여서 타인의 후견사무를 처리하는 것은 적절하지 않기 때문이다.

3. 회생절차개시결정 또는 파산선고를 받은 자

4 민법 제937조 제3호는 자연인뿐만 아니라 법인에게도 적용된다. 채무자회생 및 파산에 관한 법률 제49조, 제596조에 의한 회생절차 또는 개인회생절차 개시결정 및 같은 법 제305조, 제306조에 따른 파산선고를 받은 경우 후견인 결격사유가 된다.

4. 자격정지 이상의 형의 선고를 받고 그 형기 중에 있는 사람

5 자격정지 이상의 형을 선고 받고 그 형기 중에 있는 사람은 후견인이 될 수

없다(민법 제937조 제4호). 이는 자연인을 전제로 하는 개념이므로 법인의 대표자가 그에 해당하더라도 그 법인이 후견인 결격사유에 해당한다고 보기 어렵다.[1] 형 집행이 이미 종료된 경우에는 더 이상 후견인 결격사유에 해당하지 않는다.

5. 법원에서 해임된 법정대리인

가. 법정대리인의 범위

6 민법 제937조 제5호에 해당하는 법정대리인으로는 미성년자의 친권자, 미성년자의 후견인, 유언집행자 등을 들 수 있다. 성년후견인, 법원으로부터 대리권을 수여받은 한정후견인 및 특정후견인도 피후견인의 법정대리인이나 제937조 제6호의 적용을 받는다.

7 여기서 법정대리인은 자연인뿐만 아니라 법인도 포함된다. 또한 후견인 선임이 문제되고 있는 당해 피후견인이 될 사람의 법정대리인일 필요도 없다.[2]

나. 해임

8 후견인결격 사유에 해당하기 위해서는 법원에서 해임되어야 한다. 민법 제1106조에 의하여 해임된 유언집행자가 여기에 해당한다.

9 친권자의 경우에 별도의 해임절차가 마련되어 있지 않다. 그러나 친권을 남용하여 자녀의 복리를 현저히 해치거나 해칠 우려가 있는 경우에 이루어지는 친권상실선고나(민법 제924조), 친권자가 부적당한 관리로 인하여 자녀의 재산을 위태롭게 한 경우에 이루어지는 법률행위 대리권과 재산관리권 상실선고(제925조)는 법원의 해임과 다를 것이 없으므로, 후견인 결격사유에 해당한다.[3] 친권의 일부 제한(민법 제924조의2)이나 친권의 일시 정지(제924조)도 후견인 결격사유에 해당한다는 견해가 있다.[4]

10 미성년후견인의 경우도 별도로 해임절차가 없고 변경에 대해서만 규정하고 있으므로 미성년후견인의 변경을 법정대리인의 해임에 해당한다고 볼 수 있

1 주해친족법(제2권)(제2판), 박영사(2025), 1366(현소혜, 김수정); 김주수/김상용, 주석 민법, 친족(4)(제5판), 한국사법행정학회(2016), 82; 유보적 태도로는 성년후견제도 해설, 법원행정처(2013), 49.

2 김주수/김상용, 주석 민법, 친족(4)(제5판), 한국사법행정학회(2016), 83; 주해친족법(제2권)(제2판), 박영사(2025), 1366(현소혜, 김수정); 성년후견제도 해설, 법원행정처(2013), 49.

3 김주수/김상용. 주석 민법, 친족(4)(제5판), 한국사법행정학회(2016), 83; 주해친족법(제2권)(제2판), 박영사(2025), 1366(현소혜, 김수정).

4 김주수/김상용. 주석 민법, 친족(4)(제5판), 한국사법행정학회(2016), 83.

는지가 문제되는데, 아래 제6호의 성년후견인 등의 변경의 경우와 마찬가지라고 할 것이다.

6. 법원에서 해임된 성년후견인, 한정후견인, 특정후견인, 임의후견인과 그 감독인

11 민법 제937조 제6호에서는 법정대리인이라는 요건이 없으므로, 가정법원으로부터 대리권을 수여받지 않은 한정후견인 및 특정후견인이 해임된 경우도 제6호의 결격사유에 해당한다. 미성년후견감독인에 대하여는 별도로 규정이 없으나 이를 유추적용하여 법원에 의해 해임된 경우 후견인이 될 수 없다고 봄이 타당하다.[5] 이때 해임된 후견(감독)인은 자연인뿐만 아니라 법인도 포함되고, 후견사건에서 문제가 되고 있는 당해 피후견인이 될 사람의 후견(감독)인일 필요도 없다.[6]

12 그런데 민법은 임의후견인에 대해서만 해임에 관한 규정을 두고 있고(민법 제959조의17 제2항), 성년후견인, 한정후견인, 특정후견인과 그 감독인, 임의후견감독인에 대해서는 변경만 규정하고 있을 뿐이므로 성년후견인 등의 변경을 해임에 해당한다고 볼 수 있는지가 문제되는데, 성년후견인 등이 변경심판에 따라 변경된 경우에 결격사유에 해당되지 않는다는 견해, 현저한 비행을 하거나 그 밖에 임무에 적합하지 아니한 사유로 변경된 경우만 결격사유에 해당된다는 견해,[7] 변경사유와 관계없이 결격사유에 해당된다는 견해 등이 있다.

13 대법원 2021. 2. 4. 자 2020스647 결정은 민법 제940조에서 성년후견인 변경요건으로 정한 '피성년후견인의 복리를 위하여 후견인을 변경할 필요가 있다고 인정되는 경우'의 의미에 관하여 "성년후견제도의 도입 취지 및 목적, 성년후견인의 임무와 범위, 가정법원의 감독권한 등을 종합하면 성년후견인의 변경사유인 '피성년후견인의 복리를 위하여 후견인을 변경할 필요가 있다고 인정되는 경우'는 가정법원이 성년후견인의 임무수행을 전체적으로 살펴보았을 때 선량한 관리자로서의 주의의무를 게을리하여 후견인으로서 그 임무를 수행하는 데 적당하지 않은 사유가 있는 경우로서 그 부적당한 점으로 피후

5 김주수/김상용, 주석 민법, 친족(4)(제5판), 한국사법행정학회(2016), 85; 주해친족법(제2권)(제2판), 박영사(2025), 1367(현소혜, 김수정).

6 주해친족법(제2권)(제2판), 박영사(2025), 1367(현소혜, 김수정)

7 김주수/김상용, 주석 민법, 친족(4)(제5판), 한국사법행정학회(2016), 85; 주해친족법(제2권)(제2판), 박영사(2025), 1368(현소혜, 김수정).

견인의 복리에 영향이 있는 경우라고 봄이 상당하다."라고 판시하여 성년후견인 변경을 종전 성년후견인의 해임 및 새로운 성년후견인의 선임의 법적 성격을 가진다고 보고 있으므로, 후견(감독)인 변경의 경우에도 제6호에 의하여 후견인 결격사유에 해당된다고 보아야 할 것이다.

7. 행방이 불분명한 사람

14 행방이 불분명한 사람이란 종래의 주소 또는 거소를 떠나서 그 소재를 파악할 수 없는 사람이다. 이러한 사람은 피후견인을 위하여 정상적으로 후견사무를 수행할 수 없으므로, 후견인 결격사유에 해당한다. 법인의 경우에는 해당될 여지가 없으므로, 법인의 대표자가 행방불명인 사실은 당해 법인의 후견인 결격사유에 해당하지 않는다.[8]

8. 피후견인을 상대로 소송을 하였거나 하고 있는 사람

15 피후견인에 대하여 소송을 하였거나 하고 있는 사람이란 피후견인을 상대방으로 하여 과거에 소송을 한 일이 있거나 현재 소송을 하고 있는 사람을 말한다. 피후견인을 상대로 소송을 한다는 것은 피후견인을 상대로 소송을 제기한 것이든, 피후견인이 소를 제기한 것이든 모두 해당한다. 재산 및 신분에 관한 소송, 본안 및 보전, 집행 소송 등 대심적 구조를 갖는 소송은 모두 포함된다.[9] 반면, 라류 가사비송사건처럼 대심적 구조가 아닌 쟁송은 해당하지 않는다.[10] 또한, 형식적으로 소송에서 반대 당사자의 관계에 있다는 이유만으로 결격이 되는 것은 아니고, 실질적으로 이해관계가 대립하는 경우에만 결격사유가 된다고 보는 견해도 있고,[11] 이와 같은 취지로 해석한 하급심 판단이 있다.[12]

8 주해친족법(제2권)(제2판), 박영사(2025), 1368(현소혜, 김수정).

9 주해친족법(제2권)(제2판), 박영사(2025), 1368~1369(현소혜, 김수정); 김주수/김상용, 친족·상속법(제20판), 법문사(2024), 514; 김성우, 성년후견실무, 박영사(2018), 37.

10 주해친족법(제2권)(제2판), 박영사(2025), 1369(현소혜, 김수정).

11 김주수/김상용, 주석 민법, 친족(4)(제5판), 한국사법행정학회(2016), 86; 주해친족법(제2권)(제2판), 박영사(2025), 1369(현소혜, 김수정); 김주수/김상용, 친족·상속법(제20판), 법문사(2024), 514; 김성우, 성년후견실무, 박영사(2018), 37.

12 서울가정법원 2019. 5. 3. 자 2018느단50215 심판(항고심 청구 취하), 서울가정법원 2020. 1. 21. 자 2019브30066, 2019브30067(병합) 결정(재항고 기각 확정).

9. 제8호에 정한 사람의 배우자와 직계혈족. 다만, 피후견인의 직계비속은 제외한다.

16 2016. 12. 20. 법률 제14409호로 개정되기 전의 민법 제937조 제8호는 "피후견인을 상대로 소송을 하였거나 하고 있는 자 또는 그 배우자와 직계혈족"을 후견인 결격사유로 규정하고 있었다. 그런데 이에 따르면 피후견인의 배우자가 피후견인을 상대로 이혼 청구 소송 등을 하였거나 하고 있다는 이유만으로 피후견인의 직계비속은 후견인이 될 수 없게 되어 사안에 따라 구체적 타당성에 맞지 않는 측면이 있어 제8호를 현행과 같이 개정하면서 제9호를 신설하여 피후견인의 직계비속을 제외하였으므로,[13] 사건본인의 배우자가 사건본인과 소송을 하였거나 하고 있더라도 사건본인의 자녀들은 후견인이 될 수 있다.

Ⅲ. 결격사유에 대한 심리

17 실무에서는 결격사유 심리를 위하여 후견인이 되려는 자로부터 후견등기사항부존재증명서, 후견인 결격사유에 대한 진술서, 신용조회서를 제출받고 있고(신용조회서를 제출하지 않는 경우 직권으로 한국신용정보원에 신용조회를 함), 직권으로 지방경찰청에 범죄경력조회를 하고 있다.

Ⅳ. 결격사유 있는 후견인 선임의 효력

18 결격사유가 있는 자를 후견인으로 선임한 법원의 심판이나 결격자를 후견인으로 지정한 유언이 무효가 되는지, 결격사유가 없는 사람이 후견인으로 선임 또는 지정된 후에 결격사유가 발생하면, 결격사유의 발생과 함께 별도의 심판 없이 당연히 후견인의 지위를 잃게 되는지 문제된다.

19 모두 긍정하는 견해가 다수설이다.[14] 반면, "회생절차개시나 파산선고를 받은 것과 같은 일정한 결격사유에 있어서는, 결격사유가 있다는 사유만으로 일률적으로 후보자에서 배제되는 것으로 볼 것은 아니고, 결격사유가 후견사무의

13 법제처 제공 민법 개정이유 참조.

14 김주수/김상용, 주석 민법, 친족(4)(제5판), 한국사법행정학회(2016), 81; 주해친족법(제2권)(제2판), 박영사(2025), 1370(현소혜, 김수정); 김주수/김상용, 친족·상속법(제20판), 법문사(2024), 513; 박동섭/양경승, 친족상속법(제5판), 박영사(2020), 454; 신영호 외 2인, 가족법강의(제4판), 세창출판사(2023), 237; 이경희/윤부찬, 가족법(11정판), 법원사(2024), 310.

수행에 지장을 주거나 피후견인의 복리 보호를 저해하지 않는다면, 결격사유가 있는 자도 후견인으로 선임될 수 있으며, 같은 취지에서 후견인으로 선임된 자에게 후발적으로 결격사유가 발생하거나 심판 후 결격사유가 있음이 밝혀진 경우에도, 그것만으로 후견인 선임이 무효가 되거나 후견인으로서의 자격을 잃는 것은 아니고, 이를 이유로 한 후견인변경 등의 심판이 있어야만 후견인으로서의 자격과 권한을 잃게 된다."는 견해도 있다.[15]

20 실무에서는 후견인후보자에게 결격사유가 존재하더라도 제반 사정에 비추어 그 결격사유가 사건본인의 복리에 저해되지 않는다고 판단되는 경우에는 예외적으로 결격사유가 있는 자를 후견인으로 선임하기도 한다.[16]

21 서울고등법원 2017. 6. 30. 자 2015브358 결정(확정)은 회생절차개시결정을 받은 자를 미성년자의 후견인으로 선임하면서 "가정법원은 미성년후견인 선임이 필요하게 된 이유, 미성년자녀의 나이, 재산상태, 선임가능한 후견인 후보자, 그 후보자와 미성년자녀의 관계 등 여러 사정을 종합하여 미성년후견인의 임무수행과 필수불가결한 사항에 관한 것이 아닌 한 후견인 후보자에게 존재하는 결격사유로 인하여 미성년자녀의 복지에 저해될 경우에만 미성년후견인에서 배제할 수 있다고 보아야 할 것이다."라고 판시하였다.

15 윤진수, 친족상속법 강의(제5판), 박영사(2023), 290; 김성우, 성년후견실무, 박영사(2018), 56~57.
16 법원실무제요, 가사[Ⅱ], 사법연수원(2021), 1206.

제 938 조 [후견인의 대리권 등]

① 후견인은 피후견인의 법정대리인이 된다.

② 가정법원은 성년후견인이 제1항에 따라 가지는 법정대리권의 범위를 정할 수 있다.

③ 가정법원은 성년후견인이 피성년후견인의 신상에 관하여 결정할 수 있는 권한의 범위를 정할 수 있다.

④ 제2항 및 제3항에 따른 법정대리인의 권한의 범위가 적절하지 아니하게 된 경우에 가정법원은 본인, 배우자, 4촌 이내의 친족, 성년후견인, 성년후견감독인, 검사 또는 지방자치단체의 장의 청구에 의하여 그 범위를 변경할 수 있다.

[전문개정 2011. 3. 7.]

[관련조문] 민법 제5조(미성년자의 능력), 제10조(피성년후견인의 행위와 취소), 제126조(권한을 넘은 표현대리), 제129조(대리권소멸후의 표현대리), 제802조(성년후견과 약혼), 제808조(동의가 필요한 혼인) 제2항, 제835조(성년후견과 협의상 이혼), 제856조(피성년후견인의 인지), 제873조(피성년후견인의 입양), 제902조(피성년후견인의 협의상 파양), 제918조(제삼자가 무상으로 자에게 수여한 재산의 관리), 제920조(자의 재산에 관한 친권자의 대리권), 제940조의6(후견감독인의 직무), 제945조(미성년자의 신분에 관한 후견인의 권리·의무), 제946조(친권 중 일부에 한정된 후견), 제947조의2(피성년후견인의 신상결정 등), 제949조(재산관리권과 대리권), 제949조의3(이해상반행위), 제950조(후견감독인의 동의를 필요로 하는 행위), 제956조(위임과 친권의 규정의 준용), 가사소송법 제2조(가정법원의 관장 사항), 제9조(가족관계등록부 기록 등의 촉탁), 제12조(적용 법률), 제44조(관할 등), 제45조의3(성년후견·한정후견·특정후견 관련 심판에서의 진술 청취), 민사소송법 제51조(당사자능력·소송능력 등에 대한 원칙), 제55조(제한능력자의 소송능력), 제56조(법정대리인의 소송행위에 관한 특별규정), 아동학대범죄의 처벌 등에 관한 특례법 제19조(아동학대행위자에 대한 임시조치), 제36조(보호처분의 결정 등), 제47조(가정법원의 피해아동에 대한 보호명령), 가사소송규칙 제5조의2(후견등기부기록을 촉탁하여야 할 심판등), 제25조(심판의 고지), 제35조(심판의 고지등)

[참고문헌] 김주수/김상용, 주석 민법, 친족(4)(제5판), 한국사법행정학회(2016); 주해친족법(제2권)(제2판), 박영사(2025); 윤진수, 친족상속법 강의(제5판), 박영사(2023); 김성우, 성년후견실무, 박영사(2018); 법원실무제요, 가사[Ⅱ], 사법연수원(2021); 김형석, "피성년후견인과 피한정후견인의 소송능력", 가족법연구 제27권 제1호, 한국가족법학회(2013)

[민법 제938조 제3항, 제4항은 한정후견인의 대리권 등에 관하여 준용(민법 제959조의4 제2항)]

Ⅰ. 의의

1 민법 제938조는 미성년후견인과 성년후견인의 권한 중 대리권과 그 범위를 정하기 위한 조문이다. 종전 민법 제938조는 "후견인은 피후견인의 법정대리인이 된다."라고만 규정하고 있었으나, 성년후견제도의 도입과 함께 피성년후견인의 자기결정권을 최대한 존중하기 위해 가정법원이 성년후견인의 법정대리권의 범위 및 피성년후견인의 신상에 관하여 결정할 수 있는 권한의 범위를 정할 수 있게 하였으며(제938조 제2항·제3항), 제938조 제2항과 제3항에 따라 정해진 법정대리인의 권한의 범위가 적절하지 않게 된 경우에는 가정법원이 일정한 자의 청구에 따라 그 범위를 변경할 수 있게 하였다(제938조 제4항)

Ⅱ. 미성년후견인의 권한

1. 재산관리에 관한 권한

가. 포괄적 재산관리권, 법정대리권 및 동의권

2 미성년후견인은 미성년자의 법정대리인으로서(민법 제938조 제1항) 미성년자의 재산을 관리하고 그 재산에 관한 법률행위에 관하여 포괄적 대리권(제949조)과 동의권을 갖는다(제5조). 다만, 친권의 일부 제한, 대리권·재산관리권의 상실 또는 사퇴 심판이 있으면, 이에 따라 선임된 미성년후견인의 임무는 제한된 친권의 범위에 속하는 행위에 한정된다(민법 제946조).

나. 법정대리권의 제한

3 미성년후견인의 포괄적 대리권은 권한남용 방지를 위해 법령에 의해 아래와 같은 제한이 있다. ① 미성년후견인과 미성년자 사이에 이해가 상반되는 행위를 하는 경우에는 미성년후견감독인이 미성년자를 대리하고, 미성년후견감독인이 없으면 특별대리인을 선임하여 미성년자를 대리하게 하여야 한다(민법 제940조의6 제3항, 제949조의3). ② 일정한 중요한 재산상의 법률행위에 대해서 대리하거나 동의하는 경우에 미성년후견감독인이 있으면 그의 동의를 받아야 한다(민법 제950조). ③ 미성년자의 행위를 목적으로 하는 채무부담행위를 대리할 때에는 반드시 본인의 동의를 받아야 한다(민법 제949조 제2항,

제920조 단서). ④ 무상으로 미성년자에게 재산을 수여한 제3자가 미성년후견인의 관리에 반대하는 의사를 표시한 때에는 미성년후견인은 그 재산을 관리하지 못하므로(민법 제956조, 제918조 제1항), 그 재산과 관련된 법률행위 대리권이 제한된다. ⑤ 미성년후견인이 미성년자를 대리하여 미성년자가 거주하고 있는 건물 또는 대지에 대하여 매도, 임대, 전세권 설정, 저당권 설정, 임대차의 해지, 전세권의 소멸, 그 밖에 이에 준하는 행위를 하는 경우에는 가정법원의 허가를 받아야 한다(☞ 민법 제947조의2 제5항, 제945조 주석 참조). ⑥ 미성년후견인이 아동학대행위자인 경우 가정법원은 미성년후견인의 권한 행사를 제한하거나 정지시킬 수 있다(아동학대범죄의 처벌 등에 관한 법률 제19조 제1항 제4호, 제36조 제1항 제3호, 제47조 제1항 제8호).

4 성년후견과 달리 법원은 미성년후견인의 법정대리권을 제한할 수 없다. 다만 가정법원은 직권으로 또는 미성년자, 미성년후견감독인, 친족, 그 밖의 이해관계인, 검사, 지방자치단체의 장의 청구에 의하여 미성년후견인에게 재산관리 등 임무수행에 관하여 필요한 처분을 명할 수 있다(제954조). 실무에서는 위 조문에 근거하여 미성년후견인 선임 심판을 하면서 미성년후견인에게 후견사무보고서를 제출하도록 명하고, 일정한 행위(금전을 빌리는 행위, 의무만을 부담하는 행위, 부동산 등에 관한 권리의 득실변경을 목적으로 하는 행위 등)를 함에 있어 법원의 허가를 받도록 심판 주문에 포함시키는 경우가 많다.[1]

5 미성년후견의 경우 성년후견과 달리 가정법원의 심판에 의해 후견인의 대리권의 법정대리권의 범위를 따로 정할 수는 없다. 다만 가정법원은 직권으로 또는 미성년자, 미성년후견감독인, 친족, 그 밖의 이해관계인, 검사, 지방자치단체의 장의 청구에 의하여 미성년후견인에게 재산관리 등 임무수행에 관하여 필요한 처분을 명할 수 있는데(민법 제954조). 실무에서는 위 조문에 근거하여 미성년후견인 선임 심판을 하면서 미성년후견인에게 후견사무보고서를 제출하도록 명하고, 일정한 행위(금전을 빌리는 행위, 의무만을 부담하는 행위, 부동산 등에 관한 권리의 득실변경을 목적으로 하는 행위 등)를 함에 있어 법원의 허가를 받도록 심판 주문에 포함시키는 경우가 많다.[2] 그 범위 내에서 미성년후견인의 대리권은 제한되나 이러한 대리권 제한은 가족관계등록부기록

1 법원실무제요, 가사[Ⅱ], 사법연수원(2021), 1344.
2 법원실무제요, 가사[Ⅱ], 사법연수원(2021), 1344.

촉탁사항(가사소송규칙 제5조)이 아니어서 이를 공시할 방법은 없다.

2. 소송행위에 관한 권한

6 미성년자는 소송행위능력이 없고 법정대리인만이 소송행위를 할 수 있다(민사소송법 제55조 제1항 본문). 가사소송에서도 마찬가지이다(가사소송법 제12조, 민사소송법 제55조 제1항 본문). 다만, 미성년자가 독립하여 법률행위를 할 수 있는 경우에는 미성년자에게 소송능력이 인정된다(민사소송법 제55조 제1항 단서 제1호).

7 한편, 미성년후견감독인이 있는 경우에는 미성년후견인의 소송행위에 후견감독인의 동의가 필요하다(민법 제950조 제1항 제5호). 나아가, 후견인이 소의 취하, 화해, 청구의 포기·인낙 또는 민사소송법 제80조에 따른 탈퇴를 하기 위해서는 후견감독인으로부터 특별한 권한을 받아야 하고, 후견감독인이 없는 경우에는 가정법원으로부터 특별한 권한을 받아야 한다(민사소송법 제56조 제2항).

3. 신상보호권한

8 ☞ 미성년후견인의 미성년자에 대한 신상보호 권한에 관해서는 민법 제945조 주석 참조.

Ⅲ. 성년후견인의 권한

1. 재산관리에 관한 권한

가. 포괄적 재산관리권, 법정대리권 및 취소권

9 성년후견인은 피성년후견인의 법정대리인이 되고(민법 제936조 제1항), 피성년후견인이 행한 법률행위를 취소할 수 있다(제10조 제1항). 성년후견이 개시되면 피성년후견인은 원칙적으로 성년후견인의 대리를 통해서 법률행위를 해야 하고 단독으로 행한 법률행위는 취소의 대상이 된다.

10 성년후견인은 피성년후견인의 법정대리인으로서, 피성년후견인의 재산을 관리하고 그 재산에 관한 법률행위에 대하여 포괄적 대리권을 갖는다(민법 제949조 제1항). 성년후견인은 신분행위에 관하여 원칙적으로 대리하지 못하나 법률 규정이 있는 친생부인의 소(민법 제848조 제1항), 인지청구의 소(제863조), 상속의 승인, 포기(제1020조) 등의 경우에는 피성년후견인을 대리할 수 있다.

1) 법정대리권의 제한

가) 법령에 의한 제한

11 성년후견인은 피성년후견인의 법정대리인으로서 포괄적 법정대리권을 갖지만, 다음과 같은 법령상의 제한이 있다. ① 성년후견인과 피성년후견인 사이에 이해가 상반되는 행위를 하는 경우에는 성년후견감독인이 피성년후견인을 대리하고, 성년후견감독인이 없으면 특별대리인을 선임하여 피성년후견인을 대리하게 하여야 한다(민법 제940조의6 제3항, 제949조의3). ② 일정한 중요한 재산상의 법률행위에 대해서 대리하는 경우에 성년후견감독인이 있으면 그의 동의를 받아야 한다(민법 제950조). ③ 피성년후견인의 행위를 목적으로 하는 채무부담행위를 대리할 때에는 반드시 본인의 동의를 받아야 한다(민법 제949조 제2항, 제920조 단서). ④ 성년후견인이 피성년후견인을 대리하여 피성년후견인이 거주하고 있는 건물 또는 대지에 대하여 매도, 임대, 전세권 설정, 저당권 설정, 임대차의 해지, 전세권의 소멸, 그 밖에 이에 준하는 행위를 하는 경우에는 가정법원의 허가를 받아야 한다(민법 제947조의2 제5항). ⑤ 무상으로 피성년후견인에게 재산을 수여한 제3자가 성년후견인의 관리에 반대하는 의사를 표시한 때에는 성년후견인은 그 재산을 관리하지 못하므로(민법 제956조, 제918조 제1항), 그 재산과 관련된 법률행위 대리권이 제한된다.

나) 가정법원의 심판에 의한 제한

12 가정법원은 성년후견인이 가지는 법정대리권의 범위를 따로 정할 수 있다(민법 제938조 제2항). 성년후견인의 대리권의 범위를 결정하는 심판은 가정법원의 직권에 의해 성년후견개시심판과 동시에 이루어진다.

13 실무에서는 성년후견인이 일정한 행위를 함에 있어 법원의 허가를 받도록 하는 방법으로 법정대리권을 제한하고 있다. 법원의 허가를 받아야 하는 행위의 대표적인 예로는 금전을 빌리거나 빌려주는 행위, 의무만을 부담하는 행위, 부동산의 처분 또는 담보제공행위, 상속의 단순 승인, 포기 및 상속재산의 분할에 관한 협의 등이다.

14 성년후견인이 가정법원의 허가를 받아야 하는 것으로 법정대리권의 범위가 제한된 행위를 함에 있어서 후견임무 수행에 관하여 필요한 처분명령[가사소송법 제2조 제1항 제2호 가목 22)] 등 별개의 심판으로 법원에 허가청구를 하여야 한다.

15 성년후견인의 대리권의 범위를 결정하는 심판을 다투고자 하는 사람은 성년후견개시심판에 대해 즉시항고를 할 수 있을 뿐이며, 성년후견인의 대리권

범위를 결정하는 심판 자체에 대해서는 별도로 즉시항고를 할 수 없다.

16 성년후견인의 법정대리권의 범위를 정하는 심판이 확정된 때에는 가정법원은 지체없이 후견등기 사무를 처리하는 사람에게 후견등기부에 등기할 것을 촉탁하여야 한다(가사소송법 제9조, 가사소송규칙 제5조의2 제1항 제1호 마목).

다) 취소할 수 없는 법률행위의 경우

17 피성년후견인이 단독으로 유효한 법률행위를 할 수 있는 경우, 즉 가정법원이 취소할 수 없는 피성년후견인의 법률행위로 정한 사항이나 일용품의 구입 등 일상생활에 필요하고 그 대가가 과도하지 아니한 법률행위의 경우 성년후견인이 대리권을 행사할 수 있는지 문제된다. 이에 대해서 민법에 명확한 규정이 없고, 성년후견인이 포괄적 대리권을 가지므로 가정법원이 피성년후견인의 보호를 위하여 심판에 의하여 특별히 위 법률행위의 대리권을 제한하지 않는 한 피성년후견인이 단독으로 할 수 있는 행위에 대해서도 여전히 대리권을 갖는다고 봄이 타당하다.[3]

2) 무권대리행위

18 성년후견인이 심판 등에서 정해진 권한 범위를 초과한 대리행위를 한 경우 민법 제126조의 권한을 넘는 표현대리의 법리가, 성년후견인의 변경이나 종료 후에 대리행위를 한 경우 민법 제129조의 대리권 소멸 후의 표현대리 법리가, 자기 또는 제3자의 이익을 도모하기 위하여 권한범위 내의 행위를 한 경우 대리권남용의 법리가 각각 적용된다.[4]

나. 동의권의 부존재

19 피성년후견인은 대가가 과도하지 않은 일용품의 거래, 가정법원이 정한 취소할 수 없는 피성년후견인의 법률행위의 범위 내에서만 유효한 법률행위를 할 수 있고, 그 외에는 성년후견인의 동의를 받아도 유효한 법률행위를 할 수 없다. 따라서 성년후견인은 피성년후견인의 법률행위에 대한 동의권은 없고,[5] 다만, 아래 2.에서 보는 바와 같이 법률의 규정에 의해 피성년후견인의 가족법상 행위에 대한 동의권을 갖는다.

3 주해친족법(제2권)(제2판), 박영사(2025), 1374(현소혜, 김수정); 김성우, 성년후견실무, 박영사(2018), 103.
4 김성우, 성년후견실무, 박영사(2018), 103~104.
5 김주수/김상용, 주석 민법, 친족(4)(제5판), 한국사법행정학회(2016), 91; 주해친족법(제2권)(제2판), 박영사(2025), 1382(현소혜, 김수정).

2. 가족법상 행위에 대한 동의권

20 성년후견인은 피성년후견인이 행하는 ① 약혼(민법 제802조), ② 혼인(제808조 제2항), ③ 협의이혼(제835조), ④ 인지(제856조), ⑤ 입양(873조 제1항), ⑥ 협의파양(제902조) 등 일부 가족법상 행위에 대하여 법률의 규정에 따라 동의권을 갖는다.

3. 소송대리권

21 피성년후견인은 소송능력이 없으므로 원칙적으로 법정대리인인 성년후견인이 피성년후견인의 소송행위를 대리한다(민사소송법 제55조 제1항 본문). 다만 피성년후견인이 민법 제10조 제2항에 의하여 취소할 수 없는 법률행위를 할 수 있는 경우에는 그 범위 내에서 소송능력이 인정된다(민사사송법 제55조 제1항 단서 제2호). 이 경우 성년후견인의 소송행위 대리권이 배제되는지에 관하여 이를 긍정하는 견해[6]도 있으나 부정하는 견해[7]가 다수이다.

22 또한, 실무에서는 성년후견인의 소송행위에 대한 대리권의 행사가 법원의 허가사항으로 되어 있는 경우가 일반적인데 이 경우 성년후견인이 소송행위를 함에 있어서 후견임무 수행에 관하여 필요한 처분명령 등 별개의 심판으로 법원에 허가청구를 해야 한다. 한편, 성년후견감독인이 있는 경우 후견인의 소송행위에 성년후견감독인의 동의가 필요하다(민법 제950조 제1항 제5호). 나아가 미성년후견인과 마찬가지로 성년후견인이 소의 취하, 화해, 청구의 포기·인낙 또는 민사소송법 제80조에 따른 탈퇴를 하기 위해서는 후견감독인으로부터 특별한 권한을 받아야 하고, 후견감독인이 없는 경우에는 가정법원으로부터 특별한 권한을 받아야 한다(민사소송법 제56조 제2항).

23 남편이나 아내가 피성년후견인인 경우에는 그의 성년후견인이 성년후견감독인의 동의나 가정법원의 동의에 갈음하는 허가를 받아 친생부인의 소를 제기할 수 있고(민법 제848조 제1항), 또한 성년후견인은 법정대리인으로서 인지청구의 소(제863조), 혼인무효 및 이혼무효의 소(가사소송법 제23조), 인지무효의 소(제28조), 입양무효 및 파양무효의 소(제31조)를 제기할 수 있다. 위와 같은 명문 규정이 없는 한 원칙적으로 성년후견인은 신분행위에 관하여 피성

6 김주수/김상용, 주석 민법, 친족(4)(제5판), 한국사법행정학회(2016), 92.
7 김성우, 성년후견실무, 박영사(2018), 86; 김형석, "피성년후견인과 피한정후견인의 소송능력", 가족법연구 제27권 제1호, 한국가족법학회(2013), 66.

년후견인을 대리해 소송행위를 할 수 없지만, 피성년후견인의 의사를 확인하거나 객관적으로 추정할 수 있고, 이혼이나 파양사유가 존재하거나 혼인이나 입양에 취소사유가 존재하는 경우에는 피성년후견인을 대리하여 위와 같은 신분행위와 관련된 소송을 할 수 있다.[8] [9]

24 소 제기 이후 성년후견이 개시되어 피성년후견인이 소송능력을 상실한 경우 소송절차는 중단되나, 소송절차에서 당사자는 여전히 피성년후견인이고, 성년후견인은 피성년후견인의 법정대리인으로서 소송절차를 수계하는 것이지 당사자적격을 가지게 되는 것은 아니라고 할 것이다.[10]

4. 신상결정대행권한

가. 의의

25 피성년후견인은 자신의 신상에 관하여 그의 상태가 허락하는 범위에서 단독으로 결정하는 것이 원칙이나(민법 제947조의2 제1항), 피성년후견인 스스로가 결정할 수 있는 상태가 아닌 경우 성년후견인은 가정법원으로부터 신상결정대행권을 부여받아 피성년후견인을 갈음하여 신상에 관한 결정을 할 수 있다. 신상에 관한 사항이란 인간의 존엄이나 자기결정권이 중요시되는 신체적·정신적 복리에 관한 사항으로, 신체·행동의 자유, 주거 이전, 치료 여부의 결정, 우편·통신에 관한 사항, 면접교섭, 사회복지서비스에 관한 사항 등이 이에 해당한다.[11] 다만, 성년후견인이 신상결정대행권한을 가진다고 하더라도, 치료 목적 격리, 중대한 의학적 침습행위, 거주건물 처분 등 중요한 사항에 대하여는 가정법원의 허가를 받아야 한다(민법 제947조의2 제2항·제4항·제5항).

26 한편 성년후견인은 피성년후견인의 신상에 관한 법률행위를 대리할 수도 있는데, 신상에 관한 사항에 대하여 계약을 체결·변경하는 등의 법률행위를 의미하고, 해다아 서비스가 피성년후견인에게 제대로 제공되고 있는지를 확인하는 등의 사실행위도 성년후견인의 권한에 포함된다.[12]

8 대법원 2010. 4. 29. 선고 2009므639 판결 참조.
9 법원실무제요, 가사[Ⅱ], 사법연수원(2021), 1226.
10 대법원 2017. 6. 19. 선고 2017다212569 판결.
11 윤진수, 친족상속법 강의(제5판), 박영사(2023), 302; 법원실무제요, 가사[Ⅱ], 사법연수원(2021), 1227.
12 법원실무제요, 가사[Ⅱ], 사법연수원(2021), 1227.

나. 신상결정대행권한에 관한 심판의 절차

27 가정법원은 성년후견인의 신상에 관하여 결정할 수 있는 권한의 범위를 정할 수 있는데(민법 제938조 제3항), 의료행위에 대한 동의, 거주·이전에 관한 결정, 면접교섭에 관한 결정, 우편·통신에 관한 결정, 사회복지서비스의 선택 또는 결정 등에 관한 사항이 대표적인 예이다. 성년후견인의 신상결정대행권한의 범위를 결정하는 심판은 가정법원의 직권에 의해 성년후견개시심판과 동시에 이루어진다.

28 성년후견인의 신상결정대행권한의 범위를 결정하는 심판을 다투고자 하는 사람은 성년후견개시심판에 대해 즉시항고를 할 수 있을 뿐이며, 신상결정대행권한의 범위를 결정한 심판 자체에 대해서는 별도로 즉시항고를 할 수 없다. 성년후견인의 신상결정대행권한의 범위를 결정한 심판이 확정된 때에는 가정법원은 지체없이 후견등기 사무를 처리하는 사람에게 후견등기부에 등기할 것을 촉탁하여야 한다(가사소송법 제9조, 가사소송규칙 제5조의2 제1항 제1호 바목).

29 한편, 가정법원이 성년후견인에게 신상결정대행권한을 부여한 경우라도 피성년후견인 스스로가 결정할 수 있는 상태라면 피성년후견인의 결정에 따라야 하고, 성년후견인이 결정할 수 없다.[13]

5. 권한의 변경

30 민법 제938조 제2항·제3항에 의하여 결정된 성년후견인의 법정대리권의 범위나 신상결정권한의 범위가 적절하지 않게 된 경우에는 가정법원은 본인, 배우자, 4촌 이내의 친족, 성년후견인, 성년후견감독인, 검사 또는 지방자치단체의 장의 청구에 의하여 그 범위를 변경할 수 있다(민법 제938조 제4항). 피성년후견인에 대한 즉각적인 보호와 개입 등을 위하여 직권으로 권한범위를 변경할 필요성도 있으나, 현행 규정으로는 가정법원이 직권으로 그 범위를 변경할 수는 없다. 실무에서는 후견감독사건에 제출된 후견인의 후견사무보고서, 후견감독담당관의 후견감독조사보고서 및 심문 등을 통하여 권한범위 변경의 필요성과 적정성 등을 판단한다.[14]

13 김성우, 성년후견실무, 박영사(2018) 105.
14 법원실무제요, 가사[Ⅱ], 사법연수원(2021), 1386.

31 성년후견인의 권한범위 변경심판은 후견개시 이후의 후견에 관한 사건이므로 후견개시 심판을 한 가정법원(항고법원이 후견개시 등의 심판을 한 경우는 그 제1심 법원인 가정법원) 전속관할이다(가사소송법 제44조 제1항 제1의2호 단서). 가정법원은 권한변경 심판을 할 때 피성년후견인의 진술을 들어야 한다(가사소송법 제45의3 제1항 제7호·제8호). 권한범위 변경심판은 당사자와 절차에 참가한 이해관계인 및 성년후견인, 성년후견감독인에게 이를 고지하고(가사소송규칙 제25조, 제35조 제1항) 사건본인에게는 그 뜻을 통지하여야 한다(제35조 제2항). 권한변경심판에 대해서는 불복할 수 없고, 가정법원은 권한변경심판의 효력이 발생하는 경우 지체 없이 후견등기의 촉탁을 하여야 한다(가사소송법 제9조, 가사소송규칙 제5의2 제1항 제1호 마목·바목).

제 939 조 [후견인의 사임]

후견인은 정당한 사유가 있는 경우에는 가정법원의 허가를 받아 사임할 수 있다. 이 경우 그 후견인은 사임청구와 동시에 가정법원에 새로운 후견인의 선임을 청구하여야 한다.

[전문개정 2011. 3. 7.]

[관련조문] 가사소송법 제9조(가족관계등록부 기록 등의 촉탁), 제44조(관할 등), 가사소송규칙 제5조(가족관계등록부기록을 촉탁하여야 할 판결등), 제5조의2(후견등기부기록을 촉탁하여야 할 심판등)

[참고문헌] 김주수/김상용, 주석 민법, 친족(4)(제5판), 한국사법행정학회(2016); 법원실무제요, 가사[Ⅱ], 사법연수원(2021); 성년후견제도 해설, 법원행정처(2013)

[민법 제939조는 한정후견인(민법 제959조의3 제2항), 특정후견인(민법 제959조의9 제2항), 미성년·성년후견감독인(민법 제940조의7), 한정후견감독인(민법 제959조의5 제2항), 특정후견감독인(민법 제959조의10 제2항)에 준용]

Ⅰ. 의의

1 성년후견인의 업무는 공익적 성격을 가지므로 임의로 사퇴할 수 없고, 정당한 사유가 있는 경우 법원의 허가를 받아 사임할 수 있다. 성년후견인은 피성년후견인 보호의 공백을 막기 위해 사임 청구와 동시에 새로운 성년후견인 선임을 청구하여야 한다. 성년후견인의 지위 자체를 사임하는 것으로 성년후견인의 권한 중 일부만을 사퇴하는 것과 구별된다. 성년후견인의 권한 중 일부만 사퇴하는 것은 성년후견인의 법정대리권의 범위 변경에 해당한다(민법 제938조 제4항).

Ⅱ. 후견인 사임

1. 사임사유

2 성년후견인이 사임할 수 있는 정당한 사유란 객관적으로 성년후견인의 임무를 수행할 수 없는 경우를 말한다. 성년후견인의 질병, 노령, 정신적 장애, 이

사 등의 사정으로 성년후견 업무를 효율적으로 수행할 수 없는 경우, 피성년후견인이나 그의 친족 또는 이해관계인과 성년후견인 사이에 갈등이 있는 경우, 성년후견인이 본래 가지고 있는 직업상의 이유로 성년후견 업무를 충실히 수행할 수 없는 경우, 성년후견 기간의 장기화 등이 사임사유에 해당될 수 있다.[1]

3 또한 특별한 사유가 없으나 성년후견인이 사임을 원하고, 다른 사람이 그 임무를 수행해도 별다른 문제가 없는 경우에는 성년후견인의 사임을 허가해도 무방하다.[2] 더욱이 판례는 성년후견인 변경을 종전 성년후견인의 해임 및 새로운 성년후견인의 선임의 법적 성격을 가진다고 보고 있어,[3] 후견인이 변경되면 결격사유에 해당하여 다시 후견인이 되지 못하는 불이익을 받게 되므로 실무상 객관적으로 성년후견인의 임무를 수행할 수 없는 경우에 이르지 않은 경우에도 사임 허가가 필요한 경우가 있다.

2. 절차

4 후견인의 사임은 가정법원의 허가를 얻어야 한다. 사임허가심판은 후견개시 이후의 후견에 관한 사건이므로 후견개시 심판을 한 가정법원(항고법원이 후견개시 등의 심판을 한 경우는 그 제1심 법원인 가정법원) 전속관할이다(가사소송법 제44조 제1항 제1의2호 단서). 사임허가 심판에 대해서는 불복이 허용되지 않고, 특별항고만이 가능하다. 후견인의 사임에 대한 허가심판의 효력이 발생한 때에는 가정법원은 지체 없이 미성년후견인 사임의 경우는 가족관계등록부에 등록할 것을 촉탁하고(가사소송법 제9조, 가사소송규칙 제5조 제1항 제3호), 성년후견인 사임의 경우는 후견등기부에 등기할 것을 촉탁하여야 한다(가사소송법 제9조, 가사소송규칙 제5조의2 제1항 제1호 다목).

Ⅲ. 새로운 후견인의 선임 청구

5 후견인이 사임청구를 하는 경우에는 이와 동시에 가정법원에 새로운 후견인의 선임을 청구하여야 한다(민법 제939조 후단). 후견인이 사임하였음에도 새로운 후견인 선임이 이루어지지 않으면 피후견인 보호에 공백이 발생할 수

1 법원실무제요, 가사[Ⅱ], 사법연수원(2021), 1244.
2 김주수/김상용, 주석 민법, 친족(4)(제5판), 한국사법행정학회(2016), 102.
3 대법원 2021. 2. 4. 자 2020스647 결정.

있기 때문이다.

6 다만, 성년후견인이 복수로 선임되어 있는 경우에는 사임을 허가하더라도 남은 성년후견인이 성년후견인의 직무를 수행함에 별다른 문제가 없고, 피성년후견인을 충분히 보호할 수 있다면 새로운 성년후견인을 선임하지 않고 사임 허가만 하는 것도 가능하다. 이 경우에는 성년후견인의 권한분장에 관한 사항이 변경되므로 실무상 후견목록을 다시 작성한다.[4]

IV. 주문례

<사임허가와 후견인 선임이 동시에 이루어진 예>

1. 청구인이 사건본인의 성년후견인을 사임하는 것을 허가한다.
2. 사건본인의 성년후견인으로 ○○○(주민등록번호, 주소)을 선임한다.
3. 성년후견인이 취소할 수 없는 사건본인의 법률행위의 범위, 성년후견인의 법정대리권의 범위 및 성년후견인이 사건본인의 신상에 관하여 결정할 수 있는 권한의 범위는 이 법원 2023후개○○○ 성년후견개시 사건에서 정한 것과 같다.
4. 성년후견인은 2025. 10. 31.을 시작으로 매년 10. 31. 후견사무보고서(기준일: 매년 9. 31.)를 작성하여 이 법원 2023후감○○○ 성년후견감독(기본) 사건에 제출하여야 한다.

<사임허가만 이루어진 예>

1. 청구인이 사건본인의 성년후견인을 사임하는 것을 허가한다.
2. 이 심판 확정일로부터 사건본인에 대한 성년후견인 업무는 성년후견인 ○○○이 단독으로 수행한다. 성년후견인이 취소할 수 없는 사건본인의 법률행위의 범위, 성년후견인의 법정대리권의 범위, 성년후견인이 사건본인의 신상에 관하여 결정할 수 있는 권한의 범위는 이 법원 2023후개○○○ 성년후견개시 사건에서 정한 것을 이 심판의 별지와 같이 변경한다.

4 법원실무제요, 가사[Ⅱ], 사법연수원(2021), 1244~1245.

제 940 조 [후견인의 변경]

가정법원은 피후견인의 복리를 위하여 후견인을 변경할 필요가 있다고 인정하면 직권으로 또는 피후견인, 친족, 후견감독인, 검사, 지방자치단체의 장의 청구에 의하여 후견인을 변경할 수 있다.

[전문개정 2011. 3. 7.]

[관련조문] 가사소송법 제9조(가족관계등록부 기록 등의 촉탁), 제44조(관할 등), 제45조의3(성년후견·한정후견·특정후견 관련 심판에서의 진술 청취), 제62조(사전처분), 아동복지법 제19조(아동의 후견인의 선임 청구 등), 아동·청소년의 성보호에 관한 법률 제23조(친권상실청구 등), 아동학대범죄의 처벌 등에 관한 특례법 제9조(친권상실청구 등), 가사소송규칙 제5조(가족관계등록부기록을 촉탁하여야 할 판결등), 제5조의2(후견등기부기록을 촉탁하여야 할 심판등), 제25조(심판의 고지), 제32조(사전처분), 제35조(심판의 고지등), 제36조(즉시항고), 제65조(미성년후견인, 미성년후견감독인의 선임·변경), 제67조(즉시항고)

[참고문헌] 법원실무제요, 가사[Ⅱ], 사법연수원(2021); 성년후견제도 해설, 법원행정처(2013)

[민법 제940조는 한정후견인(민법 제959조의3 제2항), 특정후견인(제959조의9 제2항), 미성년·성년후견감독인(제940조의7), 한정후견감독인(제959조의5 제2항), 특정후견감독인(제959조의10 제2항)에 준용]

Ⅰ. 의의

1 가정법원은 피후견인의 복리를 위하여 후견인을 변경할 필요가 있다고 인정하면 후견인을 변경할 수 있다.

2 2005. 3. 31. 개정 전 민법에서는 후견인에게 현저한 비행이나 부정행위 기타 후견인의 임무를 감당할 수 없는 사유가 있는 경우 후견인을 해임만 할 수 있었다. 그 후 2005. 3. 31. 자 개정으로 후견인 해임제도가 피후견인의 복리를 위하여 필요한 경우 후견인을 교체할 수 있는 후견인 변경제도로 대체되었다.

3 2011년 개정 민법에서는 후견인변경제도를 그대로 유지하면서 후견인변경 청

구권자로 피후견인, 후견감독인, 지방자치단체의 장이 추가되었다.

Ⅱ. 변경사유

4 성년후견인 변경사유는 피성년후견인의 복리를 위하여 성년후견인을 변경할 필요가 있다고 인정되는 경우이다.

5 성년후견인에게 현저한 비행이 있거나 그 임무 수행에 관하여 부정행위를 하는 등 더 이상 성년후견인의 직무를 수행하게 하는 것이 부적당한 경우는 물론 성년후견개시 이후 성년후견인이 질병, 노령, 경제적 사정, 장기간의 해외 거주 등의 사정변경으로 인해 더 이상 성년후견인의 직무를 수행하는 것이 곤란한 경우, 성년후견인과 피성년후견인 사이에 형성된 신뢰관계가 무너진 경우 등도 변경사유에 해당된다.[1]

6 판례는 가정법원이 성년후견인의 임무수행을 전체적으로 살펴보았을 때 선량한 관리자로서의 주의의무를 게을리하여 후견인으로서 그 임무를 수행하는 데 적당하지 않은 사유가 있는 경우로서 그 부적당한 점으로 피후견인의 복리에 영향이 있는 경우를 변경사유로 보고 있다. 또한 특별한 사정이 없는 한 성년후견인 변경사유를 판단함에 있어서는 재산관리와 신상보호의 양 업무의 측면을 모두 고려하여야 한다.[2]

7 한편, 성년후견인 변경심판을 하면서 따로 후견인의 권한범위를 지정하지 않은 경우에는 종전 후견인의 권한범위에 따른다고 볼 것이나,[3] 실무에서는 권한범위가 동일한 경우나 변경된 경우 모두 그 내용을 주문에 기재해 주는 것이 일반적이고, 변경된 성년후견인의 권한의 범위가 종전 성년후견인의 권한의 범위와 동일하더라도 후견등기부 기록 등의 편의를 위해 후견목록을 다시 작성하기도 한다.

Ⅲ. 변경절차

1. 직권 또는 일정한 자에 의한 청구

8 후견인변경은 가정법원이 직권으로 또는 피후견인, 친족, 후견감독인, 검사,

1 법원실무제요, 가사[Ⅱ], 사법연수원(2021), 1239.
2 대법원 2021. 2. 4. 자 2020스647 결정.
3 성년후견제도 해설, 법원행정처(2013), 47~48.

지방자치단체의 장의 청구에 의해 가능하다. 청구권자에는 피후견인의 친족 외에 검사가 포함되었으며, 가정법원의 직권으로도 성년후견인을 변경할 수 있다.

9 후견인변경심판은 후견개시 이후의 후견에 관한 사건이므로 후견개시 심판을 한 가정법원(항고법원이 후견개시 등의 심판을 한 경우는 그 제1심 법원인 가정법원) 전속관할이다(가사소송법 제44조 제1항 제1의2호 단서).

2. 의견청취

10 미성년후견인을 변경할 때에는 그 변경이 청구된 미성년후견인을 절차에 참가하게 하여야 하고(가사소송규칙 제65조 제2항), 미성년후견인이 될 사람의 의견도 들어야 한다(제65조 제1항). 또한 가정법원은 미성년후견인 변경심판에 있어서 미성년자가 13세 이상인 때에는 그 미성년자의 의견을 들어야 하되, 미성년자의 의견을 들을 수 없거나 미성년자의 의견을 듣는 것이 오히려 미성년자의 복지를 해할만한 특별한 사정이 있다고 인정되는 때에는 듣지 않을 수 있다(가사소송규칙 제65조 제4항).

11 성년후견인의 변경심판에 있어서는 피성년후견인과 그 변경이 청구된 성년후견인 및 성년후견인이 될 사람의 진술을 들어야 한다(가사소송법 제45조의3 제1항 제5호). 다만, 피성년후견인이 의식불명, 그 밖의 사유로 자신의 의사를 표명할 수 없는 경우에는 그러하지 아니하다(가사소송법 제45조의3 제1항 단서).

3. 후견인변경심판

12 후견인변경심판은 청구인과 이해관계인 외에 당해 심판에 의해 변경의 대상이 되는 후견인과 새롭게 선임될 후견인, 후견감독인에게 고지하고, 사건본인에게 통지하여야 한다(가사소송규칙 제35조, 제25조).

13 후견인변경심판에 대해서는 그 변경 대상이 되는 후견인만이 즉시항고를 할 수 있고(가사소송규칙 제36조 제1항 제1호 나목, 제67조 제1항 제2호), 변경청구를 기각한 심판에 대해서는 청구인 외에 민법 제940조에서 정하고 있는 청구권자 모두 즉시항고를 할 수 있다(가사소송규칙 제36조 제2항 제2호, 제67조 제2항).

14 미성년후견인 변경심판이 확정된 경우에는 가정법원은 지체 없이 가족관계등록사무를 처리하는 사람에게 그 변경에 관한 사항을 가족관계등록부에 등록할 것을 촉탁하여야 한다(가사소송법 제9조, 가사소송규칙 제5조 제1항 제3호).

성년후견인 변경심판이 확정된 경우에는 가정법원은 지체 없이 후견등기사무를 처리하는 사람에게 그 변경에 관한 사항을 후견등기부에 등기할 것을 촉탁하여야 한다(가사소송법 제9조, 가사소송규칙 제5조의2 제1항 제1호 나목).

4. 주문례

> 1. 사건본인의 성년후견인을 ○○○(주민등록번호, 주소)에서 △△△(주민등록번호, 주소)으로 변경한다.
> 2. 성년후견인이 취소할 수 없는 사건본인의 법률행위의 범위, 성년후견인의 법정대리권의 범위, 성년후견인이 사건본인의 신상에 관하여 결정할 수 있는 권한의 범위는 이 법원 2023후개○○○ 성년후견개시 사건에서 정한 것을 이 심판의 별지와 같이 변경한다.
> 3. 성년후견인은 2025. 10. 31.을 시작으로 매년 10. 31. 후견사무보고서(기준일: 매년 9. 31.)를 작성하여 이 법원 2023후감○○○ 성년후견감독(기본) 사건에 제출하여야 한다.

Ⅳ. 직무집행정지 및 직무대행자 선임 사전처분

1. 개요

가. 성년후견인 변경 사건의 사전처분

후견인 변경사건에서 후견인 직무집행정지 및 그 직무대행자 선임 사전처분이 활용되는 경우가 있다. 이 경우 직무대행자에 대해서는 특별한 규정이 있는 경우를 제외하고 해당 후견인에 관한 규정을 준용한다(가사소송규칙 제32조 제1항). 따라서 성년후견인 직무대행자에 대해서는 성년후견인에 관한 규정을, 한정후견인 직무대행자에 대해서는 한정후견인에 관한 규정을 준용하게 된다. 가정법원은 상당하다고 인정할 때에는 직무대행자에게 사건본인의 신상보호 및 재산관리에 필요한 명령을 할 수 있고, 그 선임한 직무대행자를 해임하거나 개임할 수 있다(가사소송규칙 제32조 제3항). 직무대행자 선임 사전처분은 그 선임된 자 및 해당 후견인에게 고지하여야 하고, 사건본인에게는 그 뜻을 통지하여야 한다(가사소송규칙 제32조 제2항). 사전처분을 한 재판에 대해서는 즉시항고할 수 있고(가사소송법 제62조 제4항), 사전처분 신청을 기각하거나 각하한 결정에 대해서는 불복할 수 없다. 직무집행정지 및 직무대행자 선임 사전처분이 확정되면 가정법원은 직권으로 후견등기부에 기록할 것을 촉탁하여야 한다(가사소송법 제9조, 가사소송규칙 제5조의2 제1항 제5호 다목). 사전처분의 재판이 본안심판의 확정, 심판청구의 취하 기타의 사유로 효력을 상실하게 된 때에는 가정법원의 법원사무관 등은 재판장의 명을 받아 지체없이 후견등기관에게 후견등기부에 기록할 것을 촉탁하여야 한다(가사소송법 제9조, 가사소송규칙 제5조의2 제2항). 한편, 직무대행자의 보수는 피후견인의 재산 중에서 지급할 수 있다(가사소송규칙 제32조 제6항).

나. 미성년후견인 변경 사건의 사전처분

16 미성년후견인 변경심판에서도 후견인 직무집행정지 및 직무대행자선임을 내용으로 하는 사전처분이 인정되고, 사전처분이 확정되면 가정법원은 직권으로 가족관계등록부기록을 촉탁하여야 한다(가사소송법 제9조, 가사소송규칙 제5조 제1항 제4호). 사전처분의 재판이 본안심판의 확정, 심판청구의 취하 기타의 사유로 효력을 상실하게 된 때에는 가정법원의 법원사무관 등은 재판장의 명을 받아 지체없이 가족관계등록 사무를 처리하는 사람에게 가족관계등록부에 등록할 것을 촉탁하여야 한다(가사소송법 제9조, 가사소송규칙 제5조 제2항).

2. 주문례

> 1. 이 법원 2024 후기○○○ 성년후견인변경사건의 심판이 확정될 때까지 성년후견인의 사건본인에 대한 성년후견인으로서의 직무집행을 정지한다.
> 2. 사건본인의 성년후견인 직무대행자로 ○○○(주민등록번호, 주소)을 선임한다.
> 3. 성년후견인 직무대행자의 직무범위는 별지 기재와 같다.

V. 특별법에 따른 후견인의 변경

17 특별법에서 미성년후견인이 아동학대, 아동·청소년 대상 성범죄 등을 저지른 경우 일정한 사람에게 미성년후견인 변경청구를 의무로 부과하고 있다. 즉, ① 시·도지사, 시장·군수·구청장, 아동복지시설의 장, 학교의 장 또는 검사는 후견인이 해당 아동을 학대하는 등 현저한 비행을 저지른 경우에는 후견인 변경을 법원에 청구하여야 하고(아동복지법 제19조 제2항), ② 아동·청소년대상 성범죄 사건을 수사하는 검사는 그 사건의 가해자가 피해아동·청소년의 후견인인 경우에 특별한 사정이 없는 한 법원에 민법 제940조의 후견인 변경

결정을 청구하여야 하며(아동·청소년의 성보호에 관한 법률 제23조 제1항), ③ 아동학대행위자가 아동학대범죄의 처벌 등에 관한 특례법 제5조 또는 제6조의 범죄를 저지르고, 그 아동학대자가 피해아동의 후견인인 때에는 검사는 특별한 사정이 없는 한 민법 제940조의 후견인의 변경 심판을 청구하여야 하며, 검사가 이에 따른 청구를 하지 아니한 때에는 시·도지사 또는 시장·군수·구청장이 검사에게 위 청구를 하도록 요청하거나 일정한 요건 하에 직접 법원에 후견인변경 청구를 할 수 있다(아동학대범죄의 처벌 등에 관한 특례법 제9조 제1항 내지 3항).

제 2 관 후견감독인
<신설 2011. 3. 7>

제 940 조의 2 [미성년후견감독인의 지정]

미성년후견인을 지정할 수 있는 사람은 유언으로 미성년후견감독인을 지정할 수 있다. [본조 신설 2011. 3. 7.]

[관련조문] 민법 제930조(후견인의 수와 자격), 제931조(유언에 의한 미성년후견인의 지정 등), 제940조의3(미성년후견감독인의 선임), 제940조의7(위임 및 후견인 규정의 준용), 가족관계의 등록 등에 관한 법률 제82조(유언 또는 재판에 따른 미성년후견인의 선정), 제83조의2(미성년후견감독 개시신고), 제83조의4(유언 또는 재판에 따른 미성년후견감독인의 선정)

[참고문헌] 김주수/김상용, 주석 민법, 친족(4)(제5판), 한국사법행정학회(2016); 주해친족법(제2권)(제2판), 박영사(2025); 법원실무제요, 가사[Ⅱ], 사법연수원(2021)

Ⅰ. 의의

1 종전 민법에서는 후견업무에 대한 감독을 친족회가 담당하였으나, 2011년 개정 민법은 친족회를 폐지하고 후견감독인으로 하여금 감독업무를 담당하게 하였다. 미성년후견감독인의 경우 성년후견감독인과는 달리 유언으로 지정될 수 있다. 친권자의 의사를 최대한 존중하려는 취지이다. 유언으로 지정된 미성년후견감독인이 없는 경우 가정법원이 미성년후견감독인을 선임할 수 있다(민법 제940조의3 제1항). 미성년후견감독인은 임의기관이므로, 모든 미성년후견사건에서 선임되는 것은 아니다.

Ⅱ. 미성년후견감독인의 지정

2 미성년후견인을 지정할 수 있는 사람은 유언으로 미성년후견감독인을 지정할 수 있다. "미성년후견인을 지정할 수 있는 사람"은 친권을 행사하는 부모(친권행사가 일부 제한된 경우는 제외)를 말한다(민법 제931조).

3 미성년후견감독인을 지정하는 유언의 효력은 유언자의 사망 시에 발생하므로, 후견감독인으로 지정된 자는 이 때 미성년후견감독인에 취임한다. 미성

년지정후견감독인은 취임일로부터 1개월 이내에 지정에 관한 유언서, 그 등본 또는 유언녹음을 기재한 서면을 첨부하여 미성년후견감독개시의 신고를 하여야 한다(가족관계의 등록 등에 관한 법률 제83조의2 제1항, 제83조의4, 제82조).

Ⅲ. 미성년후견감독인의 수와 자격

4 민법 제940조의7은 미성년후견감독인과 성년후견감독인에게 공통적으로 적용되는 규정으로서, 후견감독인에 대하여 민법 제930조 제2항·제3항을 준용하고 있으므로, 미성년후견감독인도 성년후견감독인과 마찬가지로 여러 명을 둘 수 있고, 법인도 미성년후견감독인이 될 수 있다고 해석된다.[1]

1 김주수/김상용, 주석 민법, 친족(4)(제5판), 한국사법행정학회(2016), 118, 119; 주해친족법(제2권)(제2판), 박영사(2025), 1414(현소혜, 김수정).

제 940 조의 3 [미성년후견감독인의 선임]

① 가정법원은 제940조의2에 따라 지정된 미성년후견감독인이 없는 경우에 필요하다고 인정하면 직권으로 또는 미성년자, 친족, 미성년후견인, 검사, 지방자치단체의 장의 청구에 의하여 미성년후견감독인을 선임할 수 있다.
② 가정법원은 미성년후견감독인이 사망, 결격, 그 밖의 사유로 없게 된 경우에는 직권으로 또는 미성년자, 친족, 미성년후견인, 검사, 지방자치단체의 장의 청구에 의하여 미성년후견감독인을 선임한다.
[본조신설 2011. 3. 7.]

[관련조문] 민법 제779조(가족의 범위), 제937조(후견인의 결격사유), 제940조의2(미성년후견감독인의 지정), 제940조의5(후견감독인의 결격사유), 제940조의7(위임 및 후견인 규정의 준용), 가사소송법 제9조(가족관계등록부 기록 등의 촉탁) , 가사소송규칙 제5조(가족관계등록부기록을 촉탁하여야 할 판결등), 제25조(심판의 고지), 제27조(청구기각심판에 대한 불복), 제65조(미성년후견인, 미성년후견감독인의 선임·변경)

[참고문헌] 주해친족법(제2권)(제2판), 박영사(2025); 김성우, 성년후견실무, 박영사(2018); 법원실무제요, 가사[Ⅱ], 사법연수원(2021)

Ⅰ. 미성년후견감독인 선임 사유

1 미성년후견감독인은 유언에 의하여 지정된 미성년후견감독인이 없는 경우, 미성년후견감독인이 사망, 결격, 그 밖의 사유로 없게 된 경우에 선임될 수 있다.

2 그런데 민법 제940조의2 제2항에서 예정하고 있는 미성년후견감독인이 "사망, 결격, 그 밖의 사유로 없게 된 경우" 가정법원은 반드시 미성년후견감독인을 선임하여야 하는지, 아니면 제1항과 마찬가지로 후견감독인 선임의 필요성 여부를 심사하여 필요하다고 인정하는 경우에만 선임하면 되는 것인지에 대해서는 의견이 갈릴 수 있으나, 후견인과 달리 후견감독인은 임의기관이므로 피후견인의 복리나 보호를 위하여 재선임의 필요성이 있는 경우에만 선임한다고 봄이 타당하다.[1]

[1] 김성우, 성년후견실무, 박영사(2018), 61; 법원실무제요, 가사[Ⅱ], 사법연수원(2021), 1341.

3 미성년후견감독인이 임의기관이라고 하더라도 2011년 개정 민법은 친족회를 대체하는 미성년후견감독인에게 많은 권한을 부여하고 있으므로, 미성년자의 복리를 충실히 보호하기 위해 미성년후견감독인의 선임을 보다 적극적으로 검토할 필요가 있고,[2] 실무에서도 미성년후견감독인을 선임하는 경우가 점차 늘어나고 있다.

Ⅱ. 미성년후견감독인 선임 심판

1. 직권 또는 청구에 의한 선임

4 미성년후견감독인은 가정법원이 직권으로 또는 미성년자, 친족, 미성년후견인, 검사, 지방자치단체의 장의 청구에 의하여 선임된다(민법 제940조의3 제1항). 가정법원은 미성년후견감독인 선임심판과 함께 미성년후견감독인에 대하여 후견감독사무에 관하여 필요하다고 인정되는 사항을 지시할 수도 있다(가사소송규칙 제65조 제3항).

5 실무에서 미성년후견감독인이 선임되는 대표적인 예는 미성년자에게 상속포기, 한정승인 등과 관련된 법률적 도움을 줄 필요가 있거나 사회복지서비스와의 연계가 필요한데 후견인이 미성년자의 친족으로서 이에 대한 이해나 전문성이 부족할 때 혹은 친족인 후견인을 견제하거나 집중적으로 감독할 필요가 있는 때에 전문가후견인 후보자 명부에 등재된 변호사·법무사나 사회복지사 등을 미성년후견감독인으로 선임하는 경우이다.

2. 의견청취

6 가정법원은 미성년후견감독인이 될 사람의 의견을 들어야 한다(가사소송규칙 제65조 제1항). 후견의 대상이 되는 미성년자가 13세 이상일 때에는 그 미성년자의 의견도 들어야 함이 원칙이나, 미성년자의 의견을 들을 수 없거나 미성년자의 의견을 듣는 것이 오히려 미성년자의 복리를 해할 만한 특별한 사정이 있다고 인정되는 때에는 듣지 않아도 된다(가사소송규칙 제65조 제4항).

2 법원실무제요, 가사[Ⅱ], 사법연수원(2021), 1340.

3. 심판

7 민법 제937조에 따라 후견인이 될 수 없는 자와 민법 제779조에 따른 후견인의 가족은 후견감독인이 될 수 없다(민법 제940조의7, 제937조, 제940조의5, 제779조).

8 미성년후견감독인 선임심판은 당사자 및 절차에 참가한 이해관계인에게 고지해야 한다(가사소송규칙 제25조). 미성년후견감독인 선임청구를 기각한 심판에 대해서는 청구인이 즉시항고할 수 있으나(가사소송규칙 제27조), 미성년후견감독인 선임심판에 대해서는 즉시항고가 허용되지 않는다.

9 미성년후견감독인의 선임심판이 확정된 경우에는, 가정법원은 지체 없이 가족관계등록사무를 처리하는 사람에게 가족관계등록부에 등록할 것을 촉탁하여야 한다(가사소송법 제9조, 가사소송규칙 제5조 제1항 제3호).

Ⅲ. 미성년후견감독인의 수와 자격

10 민법 제940조의7은 미성년후견감독인과 성년후견감독인에게 공통적으로 적용되는 규정으로서, 후견감독인에 대하여 제930조 제2항·제3항을 준용하고 있으므로, 미성년후견인의 경우와 달리 법인도 미성년후견감독인이 될 수 있고, 복수의 미성년후견감독인을 선임하는 것도 가능하다.[3]

3 김주수/김상용, 주석 민법, 친족(4)(제5판), 한국사법행정학회(2016), 118~119; 법원실무제요, 가사[Ⅱ], 사법연수원(2021) 1341; 주해친족법(제2권)(제2판), 박영사(2025), 1414(현소혜, 김수정).

제 940 조의 4 [성년후견감독인의 선임]

① 가정법원은 필요하다고 인정하면 직권으로 또는 피성년후견인, 친족, 성년후견인, 검사, 지방자치단체의 장의 청구에 의하여 성년후견감독인을 선임할 수 있다.

② 가정법원은 성년후견감독인이 사망, 결격, 그 밖의 사유로 없게 된 경우에는 직권으로 또는 피성년후견인, 친족, 성년후견인, 검사, 지방자치단체의 장의 청구에 의하여 성년후견감독인을 선임한다. [본조신설 2011. 3. 7.]

[관련조문] 민법 제779조(가족의 범위), 제930조(후견인의 수와 자격), 제936조(성년후견인의 선임), 제937조(후견인의 결격사유), 제940조의5(후견감독인의 결격사유), 제940조의7(위임 및 후견인 규정의 준용), 가사소송법 제9조(가족관계등록부 기록 등의 촉탁) , 제45조의3(성년후견·한정후견·특정후견 관련 심판에서의 진술 청취), 가사소송규칙 제5조의2(후견등기부기록을 촉탁하여야 할 심판등), 제25조(심판의 고지), 제27조(청구기각심판에 대한 불복), 제35조(심판의 고지등), 제38조의2(후견사무등에 관한 지시)

[참고문헌] 김성우, 성년후견실무, 박영사(2018); 법원실무제요, 가사[Ⅱ], 사법연수원(2021)

Ⅰ. 의의

1 2011년 개정 민법은 미성년후견과 마찬가지로 성년후견의 경우도 친족회를 폐지하고 성년후견감독인으로 하여금 감독업무를 담당하게 하였다. 가정법원은 필요하다고 인정하는 경우 성년후견감독인을 선임할 수 있다. 성년후견을 개시하면서 선임할 수도 있고, 성년후견이 개시된 이후에 선임할 수도 있다. 성년후견인은 반드시 선임하여야 하지만 전문적 소양을 갖춘 후견인이 선임될 수 있는 점, 성년후견감독인의 보수가 피성년후견인의 재산에서 지출되므로 피성년후견인의 부담이 커질 수 있는 점 등을 감안하여 민법에서는 성년후견감독인의 선임을 임의적인 것으로 규정하고 있다.[1] 한편 미성년후견감독인과는 달리 유언으로 성년후견감독인을 지정할 수 없다.

1 법원실무제요, 가사[Ⅱ], 사법연수원(2021), 1248.

Ⅱ. 성년후견감독인 선임사유

2 가정법원은 필요하다고 인정되면 직권 또는 청구권자의 청구에 의하여 성년후견감독인을 선임할 수 있다. 이미 선임되어 있던 성년후견감독인이 사망, 결격, 그 밖의 사유로 없게 된 경우의 재선임에 대해 민법은 법문상 "선임한다."는 표현을 사용하고 있으나, 후견인과 달리 후견감독인은 임의기관이므로 피후견인의 복리나 보호를 위하여 재선임 필요성이 있는 경우에만 선임한다고 봄이 타당함은 미성년후견감독인의 경우와 같다.

3 실무에서 성년후견감독인이 선임되는 대표적인 예는, 피성년후견인의 재산이 많거나 변동이 잦아 적정한 관리가 필요한 경우, 친족들 사이에 피성년후견인의 재산과 관련한 분쟁이 발생할 우려가 있는 경우, 성년후견인에 대한 견제가 필요한 경우, 성년후견인이 후견사무에 대한 이해나 전문성이 부족한 경우, 성년후견인과 피성년후견인 사이에 이해상반행위가 예상되는 경우, 피성년후견인에 대한 지속적인 보호와 즉각적인 개입이 필요한데 법원의 정기적인 후견감독만으로 이를 충족시킬 수 없는 경우 등이다.[2]

4 성년후견감독인은 법원의 후견감독에 비해 지속적이고 적시에 감독을 할 수 있다는 장점이 있지만, 주로 전문가가 선임되고 있어서 보수로 인한 비용이 발생한다.[3]

Ⅲ. 성년후견감독인 선임 심판

1. 직권 또는 청구에 의한 선임

5 성년후견감독인은 가정법원이 직권으로 또는 피성년후견인, 친족, 성년후견인, 검사 또는 지방자치단체의 장의 청구에 의하여 선임된다(민법 제940조의4 제1항). 가정법원이 성년후견감독인을 선임한 때에는 성년후견감독인에 대하여 후견감독사무에 관하여 필요하다고 인정되는 사항을 지시할 수 있다(가사소송규칙 제38조의2).

2 법원실무제요, 가사[Ⅱ], 사법연수원(2021), 1248~1249.
3 김성우, 성년후견실무, 박영사(2018), 62.

2. 의견청취

6 성년후견감독인의 선임심판을 하는 경우에는 피성년후견인(피성년후견인이 될 사람을 포함한다)과 성년후견감독인이 될 사람의 진술을 들어야 한다(가사소송법 제45조의3 제1항 제4호).

3. 심판

7 성년후견감독인의 선임 기준과 결격사유, 후견인의 수 및 법인 후견감독인의 선임에 관하여는 성년후견인 선임에 관한 규정이 그대로 적용된다(민법 제940조의7, 제936조 제4항, 제937조, 제930조 제2항·제3항). 여기에 후견감독인 결격사유로 후견인의 가족이 추가된다(민법 제940조의5, 제779조).

8 실무에서는 피성년후견인의 친족을 성년후견감독인으로 선임하는 사례는 드물고 대체로 변호사, 법무사, 회계사, 세무사, 사회복지사, 법인 등 전문가 후견인후보자 중에서 적합하다고 판단되는 자를 성년후견감독인으로 선임하고 있다.[4] 다만 지방자치단체의 장이 공공후견사업을 통하여 특정후견심판을 청구하는 경우에는 그 지방자치단체가 후견감독인으로 선임되고 있다.

9 성년후견감독인 선임심판은 당사자와 절차에 참가한 이해관계인(가사소송규칙 제25조), 성년후견인 및 성년후견감독인이 될 자에게 고지하여야 하고, 사건본인에게도 그 뜻을 통지하여야 한다(제35조). 성년후견감독인 선임청구를 기각한 심판에 대해서는 청구인이 즉시항고할 수 있다(가사소송규칙 제27조). 그러나 성년후견감독인 선임심판에 대해서는 즉시항고가 허용되지 않는다.

10 성년후견감독인의 선임심판이 확정된 경우에는, 가정법원은 지체 없이 후견등기사무를 처리하는 사람에게 그 선임에 관한 사항을 후견등기부에 등기할 것을 촉탁하여야 한다(가사소송법 제9조, 가사소송규칙 제5조의2 제1항 제1호 나목).

4 법원실무제요, 가사[Ⅱ], 사법연수원(2021), 1249.

제 940 조의 5 [후견감독인의 결격사유]

제779조에 따른 후견인의 가족은 후견감독인이 될 수 없다.

[본조신설 2011. 3. 7.]

[관련조문] 민법 제779조(가족의 범위)

[참고문헌] 김주수/김상용, 주석 민법, 친족(4)(제5판), 한국사법행정학회(2016); 신영호 외 2인, 가족법강의(제4판), 세창출판사(2023)

[민법 제940조의5는 한정후견감독인(민법 제959조의5 제2항), 특정후견감독인(민법 제959조의10 제2항), 임의후견감독인에 준용(민법 제959조의15 제5항)]

Ⅰ. 의의

1 후견감독인에 대해서는 후견인 결격 사유에 관한 민법 제937조가 준용되기 때문에 민법 제940조의5는 후견인 결격 사유에 더하여 후견감독인의 결격사유로 후견인의 가족을 추가하였다. 후견사무의 감독을 담당하는 후견감독인은 중립적이고 객관적일 필요가 있는데 후견인의 가족은 공정한 감독업무를 기대하기 어렵다고 보아 이를 후견감독인에서 배제한 것이다.

Ⅱ. 제779조에 따른 후견인의 가족

2 민법 제779조는 가족의 범위를 ① 배우자, 직계혈족 및 형제자매, ② 직계혈족의 배우자, 배우자의 직계혈족 및 배우자의 형제자매(생계를 같이하는 경우에 한한다)로 정하고 있다(☞ 상세한 내용은 민법 제779조 주석 참조).

3 이들이 후견감독인으로 선임되더라도 무효이고,[1] 후견감독인으로 선임될 당시 후견인의 가족이 아니었으나 선임 후 혼인, 인지, 입양 등에 의해 후견인의 가족이 된 경우에 그 사유 발생시부터 즉시 후견감독인으로서의 지위를 상실한다는 견해가 다수설이다.[2]

1 신영호 외 2인, 가족법강의(제4판), 세창출판사(2023), 243.
2 김주수/김상용, 주석 민법, 친족(4)(제5판), 한국사법행정학회(2016), 126.

제 940 조의 6 [후견감독인의 직무]

① 후견감독인은 후견인의 사무를 감독하며, 후견인이 없는 경우 지체 없이 가정법원에 후견인 선임을 청구하여야 한다.

② 후견감독인은 피후견인의 신상이나 재산에 대하여 급박한 사정이 있는 경우 그의 보호를 위하여 필요한 행위 또는 처분을 할 수 있다.

③ 후견인과 피후견인 사이에 이해가 상반되는 행위에 관하여는 후견감독인이 피후견인을 대리한다.

[본조신설 2011. 3. 7.]

[관련조문] 민법 제921조(친권자와 그 자간 또는 수인의 자간의 이해상반행위), 제932조(미성년후견인의 선임), 제936조(성년후견인의 선임), 제937조(후견인의 결격사유), 제939조(후견인의 사임), 제940조의6(후견감독인의 직무), 제940조의7(위임 및 후견인 규정의 준용), 제941조(재산조사와 목록작성), 제942조(후견인의 채권·채무의 제시), 제944조(피후견인이 취득한 포괄적 재산의 조사 등), 제945조(미성년자의 신분에 관한 후견인의 권리·의무), 제947조의2(피성년후견인의 신상결정 등), 제949조의3(이해상반행위), 제950조(후견감독인의 동의를 필요로 하는 행위), 제951조(피후견인의 재산 등의 양수에 대한 취소), 제953조(후견감독인의 후견사무의 감독), 제957조(후견사무의 종료와 관리의 계산)

[참고문헌] 김주수/김상용, 주석 민법, 친족(4)(제5판), 한국사법행정학회(2016); 주해친족법(제2권)(제2판), 박영사(2025); 김성우, 성년후견실무, 박영사(2018); 성년후견제도 해설, 법원행정처(2013); 법원실무제요, 가사[Ⅱ], 사법연수원(2021)

[민법 제940조의6은 한정후견감독인(민법 제959조의5 제2항), 특정후견감독인(민법 제959조의10 제2항)에 준용, 민법 제940조의6 제2항·제3항은 임의후견감독인에 준용(민법 제959조의16 제3항)]

Ⅰ. 의의

1 민법 제940조의6은 후견감독인의 일반적 직무범위, 즉 후견사무 감독, 후견인 선임청구, 긴급한 경우 후견사무 처리, 후견인과 피후견인 사이 이해상반행위 시 피후견인 대리에 관해 정하고 있다. 후견감독인의 직무는 권한인 동시에 의무이다. 민법 제940조의6은 후견감독인의 일반적 직무를 규정한 것이고, 그 외 후견감독인의 권한에 관한 다수의 개별 규정들이 존재한다.

Ⅱ. 후견사무의 감독

2 후견감독인은 후견인의 사무를 감독한다(민법 제940조의6 제1항 전단). 후견감독인의 가장 일반적인 직무로서 후견인의 재산관리, 신상보호를 포함한 포괄적인 후견사무 전반에 대하여 감독한다. 후견감독인은 언제든지 후견인에게 그의 임무 수행에 관한 보고와 재산목록의 제출을 요구할 수 있고 피후견인의 재산상황을 조사할 수 있으며(민법 제953조), 후견사무 수행에 관하여 적절한 지시를 할 수 있다.

3 민법 제940조의6의 일반적 감독권한 외에 민법이 구체적으로 열거하고 있는 후견감독인의 개별사무별 감독권한은 다음과 같다. ① 후견인의 재산조사와 재산목록 작성에 대한 참여(민법 제941조 제2항, 제944조), ② 후견인과 피후견인 사이의 채권·채무관계를 제시받는 것(제942조 제1항), ③ 후견인이 친권자가 정한 교육방법 등을 변경하거나, 미성년자를 감화기관이나 교정기관에 위탁하거나, 친권자가 허락한 영업을 취소하거나 제한하는 경우 이에 대한 동의(제945조 단서), ④ 후견인이 피후견인을 대리하여 영업에 관한 행위, 금전을 빌리는 행위, 의무만을 부담하는 행위, 부동산 또는 중요한 재산에 관한 권리의 득실변경을 목적으로 하는 행위, 소송행위, 상속의 승인, 한정승인 또는 포기 및 상속재산의 분할에 관한 협의를 하는 경우 이에 대한 동의(제950조 제1항), ⑤ 후견인이 피후견인에 대한 제3자의 권리를 양수하는 경우의 동의(제951조 제2항), ⑥ 후견사무 종료시 관리계산에 대한 참여(제957조 제2항) 등이다.

Ⅲ. 후견인 선임청구 의무

4 후견감독인은 후견인이 없는 경우 지체 없이 가정법원에 후견인의 선임을 청구하여야 한다(민법 제940조의6 제1항 후단). 후견인이 없는 경우 가정법원은 직권으로 또는 일정한 자의 청구에 의하여 후견인을 선임할 수 있으나(민법 제932조, 제936조), 후견감독인에게 후견인선임청구 의무를 부여함으로써 피후견인 보호에 공백이 발생하지 않도록 하려는 취지이다.

5 후견인이 없는 경우란 후견이 개시되었으나 후견인이 선임되지 않았거나, 후견인 선임 후 후견인의 사망, 결격(민법 제937조) 등에 의하여 후견인이 존재하지 않게 된 때를 말한다. 후견인이 사임하는 경우도 여기에 해당되는지에

관하여 이를 긍정하는 견해[1]와, 후견인이 사임하는 경우는 후견인이 새로운 후견인 선임을 청구하도록 되어 있으므로(민법 제939조) 후견감독인에게 후견인 선임의무가 없다는 견해[2]가 있다.

Ⅳ. 급박한 경우의 필요한 처분 권한

6 후견감독인은 피후견인의 신상이나 재산에 대하여 급박한 사정이 있는 경우 그의 보호를 위하여 필요한 행위 또는 처분을 할 수 있다(민법 제940조의6 제2항).

7 '피후견인의 신상이나 재산에 대하여 급박한 사정이 있는 경우'란 당장 필요한 행위나 처분을 하지 않으면 피후견인의 재산이나 신상에 회복할 수 없는 손해가 발생할 개연성이 높은데 후견인이 그 필요한 조치를 취할 수 없는 상황을 말한다.[3] 다만, 이러한 후견감독인의 조치는 후견인의 권한 범위를 넘지 말아야 하고, 권한 범위 내라고 하더라도 이는 임시적 조치에 불과하므로 적극적인 처분이나 개량 행위보다는 보전처분, 응급수선, 시효 중단 등 피해를 막거나 현상을 보존하는 행위나 처분이 바람직하다.[4] 이러한 긴급처분을 통하여 후견감독인이 피후견인의 신상결정에 관한 권한을 행사할 수도 있다(민법 제940조의7, 제947조의2 제3항 내지 제5항).

8 후견감독인의 처분 기타 법률행위가 위 요건을 갖추지 못한 상태에서 이루어진 경우 당해 법률행위는 무권대리가 될 여지가 있다.[5]

Ⅴ. 이해상반행위에 있어서의 피후견인의 대리

9 후견인과 피후견인 사이에 이해가 상반되는 행위에 관해서는 후견감독인이 피후견인을 대리한다(민법 제940조의6 제3항). 이해상반행위의 경우 후견인을 대신하여 행위를 할 수 있는 특별대리인을 선임하는 것이 원칙이나(제949조의3 본문, 제921조), 후견감독인이 선임되어 있는 경우는 후견감독인이 특별대리인 역할을 한다(☞ 이해상반행위의 개념과 범위에 대해서는 친권자에 관한 민법 제921조와 같으므로, 상세한 내용은 민법 제921조 주석 참조).

1 김주수/김상용, 주석 민법, 친족(4)(제5판), 한국사법행정학회(2016), 134.
2 주해친족법(제2권)(제2판), 박영사(2025), 1410(현소혜, 김수정); 김성우, 성년후견실무, 박영사(2018), 149.
3 주해친족법(제2권)(제2판), 박영사(2025), 1410(현소혜, 김수정).
4 성년후견제도 해설, 법원행정처(2013), 67.
5 김주수/김상용, 주석 민법, 친족(4)(제5판), 한국사법행정학회(2016), 134.

제 940 조의 7 [위임 및 후견인 규정의 준용]

후견감독인에 대하여는 제681조, 제691조, 제692조, 제930조 제2항·제3항, 제936조 제3항·제4항, 제937조, 제939조, 제940조, 제947조의2 제3항부터 제5항까지, 제949조의2, 제955조 및 제955조의2를 준용한다.

[본조신설 2011. 3. 7.]

[관련조문] 민법 제681조(수임인의 선관의무), 제691조(위임종료시의 긴급처리), 제692조(위임종료의 대항요건), 제930조(후견인의 수와 자격), 제936조(성년후견인의 선임), 제937조(후견인의 결격사유), 제939조(후견인의 사임), 제940조(후견인의 변경), 제947조의2(피성년후견인의 신상결정 등), 제949조의2(성년후견인이 여러 명인 경우 권한의 행사 등), 제955조(후견인에 대한 보수), 제955조의2(지출금액의 예정과 사무비용), 제959조의5(한정후견감독인), 제959조의10(특정후견감독인), 제959조의16(임의후견감독인의 직무 등)

[참고문헌] 김주수/김상용, 친족·상속법(제20판), 법문사(2024); 주해친족법(제2권)(제2판), 박영사(2025); 법원실무제요, 가사[Ⅱ], 사법연수원(2021); 김형석, "성년후견감독인", 성년후견 제2호, 한국성년후견학회(2014)

[민법 제940조의7는 임의후견감독인에 준용(민법 제959조의16 제3항), 한정후견감독인의 경우 제681조, 제691조, 제692조, 제930조 제2항·제3항, 제936조 제3항·제4항, 제937조, 제939조, 제940조, 제940조의3 제2항, 제940조의5, 제940조의6, 제947조의2제3항부터 제5항까지, 제949조의2, 제955조 및 제955조의2를 준용(민법 제959조의5 제2항), 특정후견감독인의 경우 제681조, 제691조, 제692조, 제930조 제2항·제3항, 제936조 제3항·제4항, 제937조, 제939조, 제940조, 제940조의5, 제940조의6, 제949조의2, 제955조 및 제955조의2를 준용(민법 제959조의10 제2항)]

Ⅰ. 의의

1 수임인의 선관의무(민법 제681조), 위임종료 시의 긴급처리(제691조), 위임종료의 대항요건(제692조), 성년후견인의 수와 자격(제930조 제2항·제3항), 성년후견인 추가 선임 및 선임 기준(제936조 제3항·제4항), 후견인의 결격사유(제937조), 후견인의 사임(제939조), 후견인 변경(제940조), 피성년후견인의 신상결정 등(제947의2 제3항·제5항), 성년후견인이 여러 명인 경우의 권한행사 등(제949조

의2), 보수(제955조), 지출금액의 예정과 사무비용(제955조의2) 등의 규정은 후견감독인에게 준용된다(☞ 상세한 내용은 각 해당 주석 참조).

Ⅱ. 위임 관련 규정 준용

2 후견감독인은 그 감독업무의 본지에 따라 선량한 관리자의 주의로써 후견감독업무를 처리하여야 하고(민법 제681조 준용), 후견감독이 종료된 경우라도 급박한 사정이 있는 때에는 피후견인, 그 상속인이나 법정대리인이 위임사무를 처리할 수 있을 때까지 그 사무의 처리를 계속하여야 하며(제691조 준용), 후견감독이 종료되었다는 사유는 이를 상대방에게 통지하거나 상대방이 이를 안 때가 아니면 이로써 상대방에게 대항하지 못한다(제692조 준용).

Ⅲ. 후견감독인의 수와 자격, 후견감독인이 여러 명인 경우의 권한 관계

3 후견감독인은 여러 명을 둘 수 있으며, 법인도 후견감독인이 될 수 있다(민법 제930조 제2항·제3항 준용). 후견감독인이 여러 명인 경우에 성년후견인이 여러 명인 경우 권한의 행사 등에 관한 민법 제949조의2가 준용되는데, 실무상 여러 명의 후견감독인이 선임되는 경우는 찾아보기 어렵다.

Ⅳ. 후견감독인의 추가 선임 및 선임 기준

4 가정법원은 필요하다고 인정하는 경우 직권으로 또는 청구에 의하여 후견감독인을 추가로 선임할 수 있고, 가정법원이 후견감독인을 선임할 때에는 피후견인의 의사를 존중하여야 하며, 그 밖에 피후견인의 건강, 생활관계, 재산상황, 후견감독인이 될 사람의 직업과 경험, 피후견인과의 이해관계의 유무(법인이 후견감독인이 될 때에는 사업의 종류와 내용, 법인이나 그 대표자와 피후견인 사이의 이해관계의 유무를 말한다) 등의 사정도 고려하여야 한다(민법 제936조 제3항·제4항 준용).

Ⅴ. 후견감독인의 결격사유

5 1. 미성년자, 2. 피성년후견인, 피한정후견인, 피특정후견인, 피임의후견인, 3. 회생절차개시결정 또는 파산선고를 받은 자, 4. 자격정지 이상의 형의 선고를 받고 그 형기(刑期) 중에 있는 사람, 5. 법원에서 해임된 법정대리인, 6. 법

원에서 해임된 성년후견인, 한정후견인, 특정후견인, 임의후견인과 그 감독인, 7. 행방이 불분명한 사람, 8. 피후견인을 상대로 소송을 하였거나 하고 있는 사람, 9. 제8호에서 정한 사람의 배우자와 직계혈족(다만, 피후견인의 직계비속은 제외)은 후견감독인이 될 수 없다(민법 제937조 준용).

Ⅵ. 후견감독인의 사임, 변경

1. 사임

6 후견감독인은 정당한 사유가 있는 경우에는 가정법원의 허가를 받아 사임할 수 있다. 이 경우 그 후견감독인은 사임청구와 동시에 가정법원에 새로운 후견감독인의 선임을 청구하여야 한다(민법 제939조 준용).

2. 변경

7 피후견인의 복리를 위하여 후견감독인을 변경할 필요가 있다고 인정하면 직권으로 또는 피후견인, 친족, 검사, 지방자치단체의 장의 청구에 의하여 후견감독인을 변경할 수 있다(민법 제940조 준용). 민법 제940조는 후견인 변경 청구권자로 후견감독인을 들고 있으나, 이 규정이 후견감독인 변경에 준용되는 경우에는 후견감독인이 아닌 후견인이 후견감독인 변경을 청구할 수 있는 것으로 해석해야 한다는 견해[1]와 민법 제940조는 후견감독인을 후견인 변경 청구권자로 열거하고 있는바, 복수의 후견감독인이 선임되어 있는 경우 후견감독인이 청구권자가 될 수 있고, 후견인은 청구권자로 열거되고 있지 않은 이상 후견감독인 변경청구를 할 수 없으며, 이로써 후견감독기관의 우위를 담보할 수 있다는 견해[2]가 있다.

Ⅶ. 후견감독인의 신상 결정 대행 권한 제한

8 후견감독인은 피후견인의 신상이나 재산에 대하여 급박한 사정이 있는 경우 그의 보호를 위하여 필요한 행위 또는 처분을 할 수 있다(민법 제940조의6 제2항) 그런데 민법 제940조의7은 후견감독인에게 "피성년후견인의 신체를 침해하는 의료행위에 대하여 피성년후견인이 동의할 수 없는 경우에는 성년후

1 김주수/김상용, 친족·상속법(제20판), 법문사(2024), 567.
2 김형석, "성년후견감독인", 성년후견 제2호, 한국성년후견학회(2014), 97.

견인이 그를 대신하여 동의할 수 있다."고 규정한 민법 제947조의2 제3항을 준용하고 있어 성년후견감독인에게도 성년후견인과 마찬가지로 일반적인 의료행위 동의권이 부여된 것인지가 문제가 될 수 있다. 그러나 그렇게 해석한다면 민법 제940조의6 제2항을 무력화시키는 것으로 성년후견감독인의 의료행위 동의권은 민법 제940조의6 제2항의 요건을 충족하는 경우 행사할 수 있다고 봄이 타당하다.[3]

9 성년후견감독인이 의료행위 동의권을 행사함에 있어, 피성년후견인이 의료행위의 직접적인 결과로 사망하거나 상당한 장애를 입을 위험이 있을 때에는 가정법원의 허가를 받아야 한다. 다만, 허가절차로 의료행위가 지체되어 피성년후견인의 생명에 위험을 초래하거나 심신상의 중대한 장애를 초래할 때에는 사후에 허가를 청구할 수 있다(민법 제947조의2 제4항 준용). 또한 성년후견감독인은 피성년후견인을 대리하여 피성년후견인이 거주하고 있는 건물 또는 그 대지에 대하여 매도, 임대, 전세권 설정, 저당권 설정, 임대차의 해지, 전세권의 소멸, 그 밖에 이에 준하는 행위를 하는 경우에는 가정법원의 허가를 받아야 한다(민법 제947조의2 제5항 준용).

Ⅷ. 후견감독인의 보수와 비용

10 가정법원은 후견감독인의 청구에 의해 피후견인의 재산상태 기타 사정을 참작하여 피후견인의 재산 중에서 상당한 보수를 후견감독인에게 수여할 수 있고(민법 제955조 준용), 후견감독인이 그 감독사무를 수행하는 데 필요한 비용 역시 피후견인의 재산 중에서 지출한다(제955조의2 준용).

3 주해친족법(제2권)(제2판), 박영사(2025) 1418(현소혜, 김수정).

제 3 관 후견인의 임무

<신설 2011. 3. 7>

제 941 조 [재산조사와 목록작성]

① 후견인은 지체 없이 피후견인의 재산을 조사하여 2개월 내에 그 목록을 작성하여야 한다. 다만, 정당한 사유가 있는 경우에는 법원의 허가를 받아 그 기간을 연장할 수 있다.

② 후견감독인이 있는 경우 제1항에 따른 재산조사와 목록작성은 후견감독인의 참여가 없으면 효력이 없다.

[전문개정 2011. 3. 7.]

[관련조문] 민법 제943조(목록작성전의 권한), 제954조(가정법원의 후견사무에 관한 처분), 가사소송규칙 제27조(청구기각심판에 대한 불복)

[참고문헌] 김주수/김상용, 주석 민법, 친족(4)(제5판), 한국사법행정학회(2016); 주해친족법(제2권)(제2판), 박영사(2025); 김성우, 성년후견실무, 박영사(2018); 성년후견제도 해설, 법원행정처(2013); 법원실무제요, 가사[Ⅱ], 사법연수원(2021); 백승흠, "성년후견의 감독에 관한 고찰 - 독일과 일본의 제도를 비교하여", 가족법연구 제20권 제2호, 한국가족법학회(2006)

Ⅰ. 의의

1 후견인은 취임 후 지체 없이 피후견인의 재산을 조사하여 2개월 이내에 재산목록을 작성하여야 한다. 후견사무를 개시하면서 피후견인의 재산 내역을 명확히 조사하고 목록을 작성함으로써 이를 기초로 구체적인 후견계획을 세울 수 있을 뿐만 아니라 피후견인과 후견인 재산의 혼동을 방지하게 된다. 또한 이 때 작성한 재산목록을 기초로 재산변동 판단의 기준으로 삼을 수 있고, 후견사무보고서와 후견종료시 제출하는 재산에 관한 계산보고서 작성의 기초가 된다.

2 후견감독인이 선임된 경우는 재산조사와 재산목록 작성의 적정성을 담보하기 위하여 후견감독인의 참여를 요구하고 있다.

Ⅱ. 피후견인의 재산조사와 재산목록 작성

1. 재산조사 및 재산목록 작성, 제출의무

3 민법 제941조 제1항 본문은 미성년후견인과 성년후견인에게 함께 적용되는 규정인데 재산조사와 재산목록 작성의무만 부과할 뿐 재산목록 제출의무를 부과하고 있지 않다. 또한, 한정후견인에게 재산조사와 재산목록 작성의무를 부과하는 명시적인 규정은 없다.

4 그러나 실무에서는 민법 제954조 등을 근거로 성년후견인 및 한정후견인, 법률행위대리권 및 재산관리권이 있는 미성년후견인에게 재산목록 작성과 작성된 재산목록을 가정법원에 제출할 것을 명하고 있다.

2. 재산목록 작성 기간

5 민법 제941조 제1항 본문은 "후견인은 지체 없이 2개월 내에 재산목록을 작성하여야 한다."고 정하고 있는데 후견인선임심판을 고지받은 날이 기산점이라고 보는 견해가 있다.[1]

6 실무에서는 재산목록 작성 기준일을 후견개시심판 확정일로 하여 심판확정일로부터 2개월 이내에 재산목록을 제출하도록 하거나, 재산목록 작성 기준일과 재산목록 제출일을 특정일로 정하고 있다.

7 제941조 제1항 단서는 정당한 사유가 있는 경우에는 법원의 허가를 받아 그 기간을 연장할 수 있도록 하고 있다. 정당한 사유란 피후견의 재산이 너무 많거나 복잡한 경우, 재산이 여러 곳에 산재되어 있는 등의 사정으로 2개월 내에 작성이 불가능한 때를 의미한다. 피후견인의 재산의 종류, 수량, 내용 및 소재지, 권리귀속관계의 명확성, 후견인의 건강상태, 재산목록 작성에 참여할 후견감독인의 사정 등을 종합적으로 고려하여 허가 여부를 결정한다.[2]

8 후견인의 재산목록 작성을 위한 기간 연장 허가 청구를 기각한 심판에 대하여는 청구인이 즉시항고를 할 수 있으나(가사소송규칙 제27조), 청구를 인용한 심판에 대하여는 불복할 수 없다.

1 주해친족법(제2권)(제2판), 박영사(2025) 1421(현소혜, 김수정).

2 법원실무제요, 가사[Ⅱ], 사법연수원(2021), 1230.

3. 재산조사와 재산목록 작성 방법

9 재산목록에는 부동산, 예·적금, 보험, 증권 등, 보증금반환채권, 현금, 차량, 귀금속 등 유체동산(귀금속, 골동품, 예술품 등), 기타 재산권(회원권, 저작권, 상표권 등), 대여금 채권, 기타 채권 등 적극재산과 부동산 담보 채무, 임대차보증금반환채무, 기타 채무[신용대출, 보험대출(약관), 차용금] 등 소극재산, 임대소득, 연금 및 사회보장수급권, 보험금, 이자소득, 근로소득 등의 수입내역과 주거비, 의료비, 식비, 공과금, 피복비, 용돈 등의 정기지출과 비정기지출 내역을 기재한다.[3] 미성년후견인의 경우 미성년자 명의로 되어 있지 않더라도 상속이 예상되는 재산까지 재산목록에 포함하여야 한다.

10 실무에서는 성년 및 한정후견개시 심판시 후견인에게 재산목록 제출의무를 부과하면서 안심상속(후견인) 원스톱 서비스 조회 결과[4] 또는 상속인(후견인) 금융거래조회서비스[5] 조회 결과를 첨부할 것을 요구하고 있는데, 위 조회를 통해 피후견인의 금융재산 등을 객관적으로 확인할 수 있다.

11 그 외 후견인은 피후견인의 부동산 보유현황에 관하여 부동산등기부등본과 토지·건축물대장, 국토정보시스템의 개인별 토지소유현황조회를 통하여 조사하고,[6] 그 밖의 재산에 대해서도 관련 소명자료를 첨부하여 재산목록을 제출하여야 한다.

4. 후견감독인의 참여

12 후견감독인이 선임되어 있는 경우, 후견인의 재산조사와 재산목록 작성에 후견감독인의 참여가 없으면 효력이 없다(민법 제941조 제2항). 피후견인 재산에

3 재산목록 양식은 대한민국 법원(www.scourt.go.kr) 홈페이지/대국민서비스/양식모음/가사/재산목록보고서(성년후견등)에 비치되어 있다.

4 행정안전부에서 제공하는 서비스로서 상속인 또는 후견인에 대한 6종의 재산조회(금융재산, 토지, 자동차, 국민연금, 국세, 지방세)를 한 번의 통합신청으로 확인할 수 있는 서비스이다. 신청은 전국 시·구/ 읍·면·동 주민센터를 방문하여 신청하는 방법과 인터넷(정부24, http://www.gov.kr)으로 신청하는 방법이 있으나, 후견인의 경우 방문신청만 가능하고, 온라인 신청은 허용되지 않는다. 조회를 위해 후견등기사항전부증명서 또는 성년(한정)후견개시 심판문 및 확정증명원, 후견인의 신분증 등을 구비하여야 한다(법인의 경우 법인양식의 위임장, 법인인감증명서, 고유번호증, 담당자 신분증 등이 추가로 필요하다).

5 상속인 또는 후견인(성년후견, 한정후견만 해당)에게 피후견인의 금융자산을 일괄적으로 조회할 수 있는 서비스이다. 구비서류는 안심상속(후견인) 원스톱 서비스의 경우와 같다. 금융감독원이나 은행, 우체국, 보험회사 등을 방문하여 신청하여야 한다. 조회결과 금융회사의 계좌존재 유무와 예금 및 채무액만이 문자 메시지 등으로 신청인에게 통보되거나 홈페이지에 게시된다.

6 김성우, 성년후견실무, 박영사(2018), 122.

대한 엄정한 조사와 정확한 재산목록 작성을 위해 후견감독인에 의한 견제 장치를 마련한 것이다.

13 후견감독인의 참여와 관련하여, 사전적 참여 형태로 이루어져야 하며, 사후에 승인 내지 추인하는 방식으로 이루어질 수 없다는 견해[7]와 조사 대상이 되는 재산의 유형에 따라, 예를 들어 전국에 산재해 있는 부동산 조사와 같은 경우 사후 승인 내지 추인을 인정해도 무방하다는 견해[8]가 있다.

14 후견감독인 참여규정은 강행규정이므로, 피후견인, 후견인과 후견감독인 간의 합의에 의해서도 이를 배제할 수 없다.[9]

15 한편, 후견감독인이 선임되어 있음에도 그의 참여 없이 한 재산조사와 재산목록 작성은 효력이 없다(민법 제941조 제2항). 따라서 이 경우 후견인이 재산조사와 목록작성을 완료하지 못한 것이 되어 원칙적으로 그 재산에 관한 권한을 행사하지 못한다(민법 제943조).

7 주해친족법(제2권)(제2판), 박영사(2025), 1421(현소혜, 김수정); 백승흠, "성년후견의 감독에 관한 고찰 - 독일과 일본의 제도를 비교하여", 가족법연구 제20권 제2호(2006), 79.

8 김주수/김상용, 주석 민법, 친족(4)(제5판), 한국사법행정학회(2016), 149.

9 김주수/김상용, 주석 민법, 친족(4)(제5판), 한국사법행정학회(2016), 149; 주해친족법(제2권)(제2판), 박영사(2025), 1421(현소혜, 김수정); 백승흠, "성년후견의 감독에 관한 고찰 - 독일과 일본의 제도를 비교하여", 가족법연구 제20권 제2호(2006), 79.

제 942 조 [후견인의 채권, 채무의 제시]

① 후견인과 피후견인 사이에 채권·채무의 관계가 있고 후견감독인이 있는 경우에는 후견인은 재산목록의 작성을 완료하기 전에 그 내용을 후견감독인에게 제시하여야 한다.

② 후견인이 피후견인에 대한 채권이 있음을 알고도 제1항에 따른 제시를 게을리 한 경우에는 그 채권을 포기한 것으로 본다.

[전문개정 2011. 3. 7.]

[참고문헌] 김주수/김상용, 주석 민법, 친족(4)(제5판), 한국사법행정학회(2016); 김성우, 성년후견실무, 박영사(2018)

Ⅰ. 후견인과 피후견인 사이의 채권·채무의 제시

1 후견인과 피후견인 사이에 채권·채무관계가 있고 후견감독인이 있는 경우에 후견인은 재산목록 작성을 완료하기 전에 후견감독인에게 이를 제시하여야 한다(민법 제942조 제1항).

2 여기서 말하는 채권과 채무는 그 종류를 불문하나, 재산목록의 작성을 완료하기 전에 성립한 것이어야 하므로, 재산목록 작성 후에 취득하거나 부담한 채권·채무에는 적용이 없다.[1]

3 다만 이 규정은 후견감독인이 있는 경우를 전제로 한 것이므로, 후견감독인이 선임되지 않은 경우에는 채권·채무에 관한 제시의무가 없으나, 재산목록에는 기재하여야 한다. 채권을 재산목록에 기재하지 않더라도 채권 포기의 효과는 발생하지 않는다.

Ⅱ. 위반의 제재

4 후견인이 피후견인에 대하여 채권이 있음을 알고도 제시하지 않은 경우에는 그 채권을 포기한 것으로 본다(민법 제942조 제2항). 후견인이 재산목록을 작

1 김주수/김상용, 주석 민법, 친족(4)(제5판), 한국사법행정학회(2016), 151; 김성우, 성년후견실무, 박영사(2018), 123.

성할 때 채권·채무의 존재를 알지 못하였다면 채권포기의 효과는 발생하지 않는다. 그러나 후견인이 재산목록 작성 완료 후 피후견인에 대한 채권, 채무의 존재를 알게 되었다면 지체 없이 후견감독인에게 이를 알려야 하고, 그러한 의무를 게을리 한 때에는 민법 제942조를 유추적용하여 후견인이 그 채권을 포기한 것으로 보아야 할 것이다.[2]

2 김주수/김상용, 주석 민법, 친족(4)(제5판), 한국사법행정학회(2016), 151~152; 김성우, 성년후견실무, 박영사(2018), 123.

제 943 조 [목록작성전의 권한]

후견인은 재산조사와 목록작성을 완료하기까지는 긴급 필요한 경우가 아니면 그 재산에 관한 권한을 행사하지 못한다. 그러나 이로써 선의의 제3자에게 대항하지 못한다.

[참고문헌] 김주수/김상용, 주석 민법, 친족(4)(제5판), 한국사법행정학회(2016)

Ⅰ. 재산목록작성 전의 후견인의 권한 제한

1 후견인은 원칙적으로 재산조사와 재산목록의 작성이 완료되기 전까지는 피후견인의 재산에 대한 권한을 행사하지 못한다(민법 제943조 본문). 후견사무의 적정성 확보와 피후견인의 이익 보호를 위한 것이다.

2 예외적으로 피후견인의 이익을 위하여 긴급 필요한 경우에는 그 권한을 행사할 수 있는데(민법 제943조 단서), '긴급 필요한 경우'란 재산목록의 작성 전에 이를 하지 않으면 피후견인의 신상 또는 재산에 관하여 후일 이를 회복하기 어려운 불이익을 가져오게 할 경우를 말한다.[1] 긴급을 요하는 가옥의 수리, 시효의 중단, 제척기간의 준수, 긴급 의료행위에 대한 비용의 지출 등이 이에 해당한다고 볼 수 있다.[2]

Ⅱ. 후견인의 권한제한의 효과

3 재산목록 작성 전에 후견인이 한 재산에 관한 권한행사가 긴급 필요한 것이 아니라면 후견인의 행위는 무권대리에 해당하여 무효라는 것이 판례의 태도이다.[3] 그러나 이로써 선의의 제3자에게 대항하지 못한다(민법 제943조 단서). 거래의 상대방을 보호하기 위해서 일반적인 무권대리의 효과와 달리 규정한 것이다.

1 대법원 1997. 11. 28. 선고 97도1368 판결.
2 김주수/김상용, 주석 민법, 친족(4)(제5판), 한국사법행정학회(2016), 152.
3 대법원 1997. 11. 28. 선고 97도1368 판결.

제 944 조 [피후견인이 취득한 포괄적 재산의 조사 등]

전3조의 규정은 후견인의 취임후에 피후견인이 포괄적 재산을 취득한 경우에 준용한다.

[관련조문] 민법 제941조(재산조사와 목록작성), 제943조(목록작성전의 권한)

[참고문헌] 김주수/김상용, 주석 민법, 친족(4)(제5판), 한국사법행정학회(2016)

1 후견인이 취임한 후 피후견인이 포괄적인 재산을 취득한 경우에 민법 제941조 내지 제943조가 준용된다(민법 제944조). 포괄적 재산의 취득이란 개개의 권리 취득이나 의무부담이 아니라, 상속, 포괄적 유증, 또는 영업 양수와 같이 수개의 권리의무의 집합을 포괄적으로 승계하는 것을 말한다.[1]

2 이 경우 민법 제941조 내지 제943조가 준용되므로, 후견인은 취임할 때와 마찬가지로 재산조사와 목록작성(민법 제941조 제1항), 채권·채무제시(제942조) 의무를 부담하고, 성년후견감독인이 있으면 재산조사와 목록작성에 참여하여야 하며(제941조 제2항) 재산조사와 재산목록을 완료하기까지는 긴급 필요한 경우가 아니면 포괄적으로 취득한 재산에 관한 권한을 행사하지 못한다(제943조).

[1] 김주수/김상용, 주석 민법, 친족(4)(제5판), 한국사법행정학회(2016), 157.

제 945 조 [미성년자의 신분에 관한 후견인의 권리·의무]

미성년후견인은 제913조 및 제914조에서 규정한 사항에 관하여는 친권자와 동일한 권리와 의무가 있다. 다만, 다음 각 호의 어느 하나에 해당하는 경우에는 미성년후견감독인이 있으면 그의 동의를 받아야 한다. <개정 2021. 1. 26.>

1. 친권자가 정한 교육방법, 양육방법 또는 거소를 변경하는 경우
2. 삭제 <2021. 1. 26.>
3. 친권자가 허락한 영업을 취소하거나 제한하는 경우

[전문개정 2011. 3. 7.]

[관련조문] 민법 제913조(보호, 교양의 권리의무), 제914조(거소지정권), 제946조(친권 중 일부에 한정된 후견), 제947조의2(피성년후견인의 신상결정 등), 가사소송법 제45조의3(성년후견·한정후견·특정후견 관련 심판에서의 진술 청취) , 가사소송규칙 제66조(교정기관에의 위탁등의 허가와 지시), 제67조(즉시항고)

[참고문헌] 김주수/김상용, 주석 민법, 친족(4)(제5판), 한국사법행정학회(2016); 주해친족법(제2권)(제2판), 박영사(2025); 법원실무제요, 가사[Ⅱ], 사법연수원(2021)

Ⅰ. 의의

1 미성년후견인은 친권 중 일부로 한정된 후견(민법 제946조)이 아닌 한 원칙적으로 미성년자의 신분에 관한 사항에 대하여 친권자와 동일한 권리·의무를 갖는다(제945조 본문). 다만, ① 친권자가 정한 교육방법, 양육방법 또는 거소를 변경하는 경우, ② 친권자가 허락한 영업을 취소하거나 제한하는 경우는 후견감독인이 있으면 그의 동의를 받아야 한다(민법 제945조 단서). 친권자와는 달리 후견인에 대해서 일정한 감독 내지 견제 장치를 둔 것이다. 2021. 1. 26. 민법 개정으로 친권자의 징계권에 관한 민법 제915조가 삭제되었고, 그에 따라 미성년후견감독인의 동의를 받아야 하는 사항 중 '미성년자를 감화기관이나 교정기관에 위탁하는 경우'도 삭제되었다(민법 제945조 단서 제2호).

Ⅱ. 미성년자의 신상에 관한 권리·의무

1. 친권자와 동일한 권리

2 미성년후견인은 친권자와 동일하게 미성년자를 보호하고 교양할 권리의무가 있고(민법 제913조), 미성년자에 대한 거소지정권이 있다(제914조).

2. 신분행위

3 미성년자도 의사능력만 있으면 일정한 신분의 득실을 목적으로 하는 신분행위를 할 수 있으므로, 원칙적으로 미성년후견인에게 신분행위에 대한 대리권이 없다. 다만, 법률의 규정에 따라 ① 미성년자의 약혼(민법 제801조), ② 미성년자의 혼인(제808조 제1항)에 대해 동의권을, ③ 미성년자의 입양(제869조 제1항·제2항) 또는 친양자입양(제908조의2 제1항 제4호·제5호)에 대한 동의 또는 승낙권을 갖는다. 반면, 미성년후견인은 성년후견인과 달리 미성년자의 임의인지 또는 협의이혼에 대한 동의권이 없다.

Ⅲ. 후견감독인의 동의가 필요한 경우

4 미성년후견인이 ① 친권자가 정한 교육방법, 양육방법 또는 거소를 변경하는 경우, ② 친권자가 허락한 영업을 취소하거나 제한하는 경우에 미성년후견감독인이 선임되어 있으면 그의 동의를 받아야 한다(민법 제945조 단서). 후견감독인은 임의기관에 불과하므로 후견감독인이 선임되지 않는 경우에는 동의를 요하지 않는다.

Ⅳ. 기타 미성년후견인의 권한 제한

5 미성년후견인도 성년후견인과 마찬가지로 미성년자의 중대한 의료행위에 대하여 동의를 하는 경우(민법 제947조의2 제4항), 미성년자가 거주하는 건물이나 그 대지에 대한 매도 등을 하는 경우(제947조의2 제5항)에 가정법원의 허가를 받아야 하는지가 문제된다.

6 민법에 명문의 규정은 없으나, 가사소송법은 가정법원의 허가가 필요하다는 것을 전제로 위와 같은 심판을 하는 경우 피미성년후견인의 진술 청취 의무를 부과하고 있고(가사소송법 제45조의3 제1항 제9호·제12호), 미성년후견인·미

성년후견감독인에 대하여 미성년자의 교육과 신상보호 및 재산관리에 관하여 필요하다고 인정되는 사항을 지시할 수 있다고 정하고 있다(가사소송규칙 제66조 제1항 제2호·제3호). 또한 미성년자, 미성년자의 부모와 친족, 미성년후견인, 미성년후견감독인, 검사, 자치단체의 장을 피미성년후견인에 대한 의료행위의 동의에 대한 허가 및 피미성년후견인이 거주하는 건물 또는 그 대지에 대한 매도 등에 대한 허가 심판의 즉시항고권자로 규정하고 있다(가사소송규칙 제67조 제1항 제3호).

7 위와 같은 가사소송법 및 가사소송규칙의 태도, 미성년후견인이 민법 제947조의2 제4항·제5항의 행위를 하는 경우 성년후견인과 마찬가지로 법원에 의한 감독 장치가 필요하다는 점에 비추어 보면, 미성년후견인이 미성년자의 중대한 의료행위에 대하여 동의를 하거나 미성년자가 거주하는 건물이나 그 대지에 대한 매도 등을 하는 경우 가정법원의 허가가 필요하다고 해석된다.[1] 한편 실무에서는 미성년후견 심판문에 미성년후견인이 사건본인을 대리하여 사건본인 명의의 부동산 또는 중요한 재산에 관한 권리의 득실변경을 목적으로 하는 행위를 하는 경우에는 가정법원의 허가를 받아야 한다고 정하는 것이 일반적이므로, 건물 또는 대지의 매도 등의 경우에는 어느 모로 보더라도 가정법원의 허가가 필요하다.

1 김주수/김상용, 주석 민법, 친족(4)(제5판), 한국사법행정학회(2016), 165~166; 주해친족법(제2권)(제2판), 박영사(2025), 1427~1428(현소혜, 김수정).

제 946 조 [친권 중 일부에 한정된 후견]

미성년자의 친권자가 제924조의2, 제925조 또는 제927조 제1항에 따라 친권 중 일부에 한정하여 행사할 수 없는 경우에 미성년후견인의 임무는 제한된 친권의 범위에 속하는 행위에 한정된다.

[전문개정 2014. 10. 15.]

[관련조문] 민법 제924조의2(친권의 일부 제한의 선고), 제925조(대리권, 재산관리권 상실의 선고), 제927조(대리권, 관리권의 사퇴와 회복), 제940조(후견인의 변경)

[참고문헌] 김주수/김상용, 주석 민법, 친족(4)(제5판), 한국사법행정학회(2016); 주해친족법(제2권)(제2판), 박영사(2025); 김주수/김상용, 친족·상속법(제20판), 법문사(2024); 법원실무제요, 가사[Ⅱ], 사법연수원(2021)

Ⅰ. 친권 중 일부에 한정된 후견

1 친권자가 법률행위의 대리권과 재산관리권의 상실선고를 받거나(민법 제925조), 법원의 허가를 얻어 법률행위의 대리권과 재산관리권을 사퇴한 경우(제927조 제1항) 미성년후견인의 임무는 법률행위의 대리권과 재산관리권에 한정된다. 또한, 가정법원이 친권의 일부 제한을 선고한 경우(민법 제924조의2) 미성년후견인은 친권이 제한된 범위에서만 후견인으로서의 임무를 수행한다. 친권이 제한되지 않은 나머지 부분에 대해서는 친권자가 계속해서 친권을 행사하게 된다.

2 가정법원이 민법 제924조의2에 따라 부모의 친권 중 양육권만을 제한하여 미성년후견인으로 하여금 미성년자에 대한 양육권을 행사하도록 결정한 경우에 민법 제837조를 유추적용하여 미성년후견인은 비양육친을 상대로 가사소송법 제2조 제1항 제2호 나목 3)에 따른 양육비심판 청구를 할 수 있다.[1]

3 친권자가 양육을 조부모 등 제3자에게 맡기고 사건본인을 실질적으로 돌보지 않았으나 친권상실까지 할 필요는 없는 경우, 친권 중 보호·교양권, 거소지정권, 기타 양육에 관한 권한 등을 제한하고, 법률행위대리권 및 재산관리

[1] 대법원 2021. 5. 27. 자 2019스621 결정.

권을 상실시킨 뒤, 위 각 권한을 행사할 미성년후견인을 선임한 각급법원심판이 다수 있다.[2]

Ⅱ. 친권자 부존재 사유가 생긴 경우 미성년후견인의 권한 범위

4 민법 제946조와 같이 친권자와 후견인이 병존하는 상황에서 친권자 부존재 사유가 발생한 경우 미성년후견인의 권한이 친권자의 잔존 친권 부분까지 확대되는지가 문제된다.

5 현행 민법상 미성년후견인을 복수로 선임하는 것이 가능하지 않고, 미성년후견인의 권한을 확대할 수 있는 절차도 없다는 이유로 이를 긍정하는 견해가 있고,[3] 법정후견인제도를 전제로 한 종전 민법에서는 그와 같은 견해가 타당하지만, 2011년 개정 민법에서도 이러한 해석이 유지될 수 있는지에 대하여 의문을 표시하는 견해[4]가 있다. 긍정설에 따르더라도 법률행위대리권과 재산관리권을 염두에 두고 선임된 미성년후견인이 신상에 관한 임무를 수행하는데 적절하지 않다면, 후견인 변경사유가 된다고 볼 수 있다(민법 제940조).[5]

2 수원가정법원 2024. 10. 18. 자 2023느단51817 심판(확정), 대전가정법원 2024. 12. 2. 자 2024브5015 결정(확정), 대구가정법원 2024. 12. 27. 자 2024느단11834 심판(미확정), 수원가정법원 여주지원 2025. 1. 9. 자 2024느단20214 심판(확정)

3 김주수/김상용, 주석 민법, 친족(4)(제5판), 한국사법행정학회(2016), 166~167; 김주수/김상용, 친족·상속법(제20판), 법문사(2024), 526~527.

4 주해친족법(제2권)(제2판), 박영사(2025), 1429(현소혜, 김수정).

5 김주수/김상용, 주석 민법, 친족(4)(제5판), 한국사법행정학회(2016), 167; 김주수/김상용, 친족·상속법(제20판), 법문사(2024), 527.

제 947 조 [피성년후견인의 복리와 의사존중]

성년후견인은 피성년후견인의 재산관리와 신상보호를 할 때 여러 사정을 고려하여 그의 복리에 부합하는 방법으로 사무를 처리하여야 한다. 이 경우 성년후견인은 피성년후견인의 복리에 반하지 아니하면 피성년후견인의 의사를 존중하여야 한다.

[전문개정 2011. 3. 7.]

[관련조문] 민법 제691조(위임종료시의 긴급처리), 제940조(후견인의 변경), 제956조(위임과 친권의 규정의 준용)

[참고문헌] 김주수/김상용, 주석 민법, 친족(4)(제5판), 한국사법행정학회(2016); 김성우, 성년후견실무, 박영사(2018)

[민법 제947조는 한정후견사무(민법 제959조의6), 특정후견사무(민법 제959조의12)에 준용]

Ⅰ. 의의

1 성년후견인의 사무처리에 관한 기본원칙으로 피성년후견인의 복리배려와 의사존중을 들고 있다. 성년후견인에게 인정되는 수임인의 선량한 관리자의 주의의무(민법 제956조, 제691조)에 더하여 인정된 의무이다. 또한, 금치산자·한정치산자의 후견인과 달리 성년후견인의 사무에 재산관리뿐만 아니라 신상보호가 포함됨을 명백히 하였다.

Ⅱ. 복리배려의무와 의사존중의무의 관계

2 성년후견인은 후견사무를 수행함에 있어 피성년후견인의 복리에 반하지 않는 한 피성년후견인의 의사를 존중하여야 한다(민법 제947조 후문). 피성년후견인의 자기결정권을 보장하기 위한 것이다. 이를 위해 후견인은 피후견인에게 필요한 정보를 충분히 제공하여 피후견인이 독립적으로 의사결정을 할 수 있도록 지원하여야 한다.

3 제947조의 문언은 복리배려의무를 의사존중의무보다 우위에 둔 것으로 읽힌다. 그러나 피성년후견인의 복리는 주관적인 의사, 가치관, 희망, 선호, 감정

등이 종합적으로 고려되어 결정되는 것이기에 복리와 의사를 별개로 보기는 어렵다. 따라서 피후견인의 의사나 추정적 의사가 비합리적이더라도 이를 존중하는 것이 원칙이고, 다만 그러한 의사를 존중하는 것이 피성년후견인의 건강과 안전, 재산보호에 돌이킬 수 없는 위험이나 손해를 초래할 개연성이 있다면 피후견인의 복리를 우선할 수밖에 없다고 할 것이다.[1]

4 한편, 성년후견인은 피후견인의 의사와 피후견인의 복리가 모순되거나 충돌되는 상황에서 후견사무 수행에 관한 판단이 어렵다면 가정법원에 권한초과행위나 후견사무에 관한 처분명령 등의 청구를 하여 법원의 판단을 받아 후견사무를 처리하는 것이 바람직하다.[2]

Ⅲ. 위반의 효과

5 성년후견인이 민법 제947조의 복리배려의무와 의사존중의무를 위반하여 후견사무를 수행하면 후견인 변경사유가 될 수 있다(민법 제940조). 또한 성년후견인이 제947조에 위반한 후견사무처리로 피성년후견인에게 정신적, 재산적 손해를 입힌 때에는 불법행위를 원인으로 한 손해배상의무를 부담할 수 있을 것이다.[3]

1 김성우, 성년후견실무, 박영사(2018), 116.
2 김성우, 성년후견실무, 박영사(2018), 117.
3 김주수/김상용, 주석 민법, 친족(4)(제5판), 한국사법행정학회(2016), 171.

제 947 조의 2 [피성년후견인의 신상결정 등]

① 피성년후견인은 자신의 신상에 관하여 그의 상태가 허락하는 범위에서 단독으로 결정한다.

② 성년후견인이 피성년후견인을 치료 등의 목적으로 정신병원이나 그 밖의 다른 장소에 격리하는 경우에는 가정법원의 허가를 받아야 한다.

③ 피성년후견인의 신체를 침해하는 의료행위에 대하여 피성년후견인이 동의할 수 없는 경우에는 성년후견인이 그를 대신하여 동의할 수 있다.

④ 제3항의 경우 피성년후견인이 의료행위의 직접적인 결과로서 사망하거나 상당한 장애를 입을 위험이 있을 때에는 가정법원의 허가를 받아야 한다. 다만, 허가절차로 의료행위가 지체되어 피성년후견인의 생명에 위험을 초래하거나 심신상의 중대한 장애를 초래할 때에는 사후에 허가를 청구할 수 있다.

⑤ 성년후견인이 피성년후견인을 대리하여 피성년후견인이 거주하고 있는 건물 또는 그 대지에 대하여 매도, 임대, 전세권 설정, 임대차의 해지, 전세권의 소멸, 그 밖에 이에 준하는 행위를 하는 경우에는 가정법원의 허가를 받아야 한다.

[본조신설 2011. 3. 7.]

[관련조문] 민법 제938조(후견인의 대리권 등), 제940조의6(후견감독인의 직무), 제950조(후견감독인의 동의를 필요로 하는 행위), 가사소송법 제45조의3(성년후견·한정후견·특정후견 관련 심판에서의 진술 청취), 모자보건법 제14조(인공임신중절수술의 허용한계), 생명윤리 및 안전에 관한 법률 제16조(인간대상연구의 동의), 응급의료에 관한 법률 제9조(응급의료의 설명·동의), 장기등 이식에 관한 법률 제11조(장기등의 적출·이식의 금지 등), 제22조(장기등의 적출 요건), 정신건강증진 및 정신질환자 복지서비스 지원에 관한 법률 제3조(정의), 제39조(보호의무자), 제42조(동의입원등), 제43조(보호의무자에 의한 입원등), 제44조(특별자치시장·특별자치도지사·시장·군수·구청장에 의한 입원), 제50조(응급입원), 호스피스·완화의료 및 임종과정에 있는 환자의 연명의료결정에 관한 법률 제17조(환자의 의사 확인), 제18조(환자의 의사를 확인할 수 없는 경우의 연명의료중단등결정), 가사소송규칙 제25조(심판의 고지), 제35조(심판의 고지등), 제36조(즉시항고), 제38조의3(격리치료등의 허가와 지시), 응급의료에 관한 법률 시행규칙 제3조(응급의료에 관한 설명·동의의 내용 및 절차)

[참고문헌] 김주수/김상용, 주석 민법, 친족(4)(제5판), 한국사법행정학회(2016); 주해친족법(제2권)(제2판), 박영사(2025); 윤진수, 친족상속법 강의(제5판), 박영사(2023); 한봉희/백승흠, 가족법, 정독(2024); 성년후견제도해설, 법원행정처(2013); 후견민원상담 매뉴얼, 서울가정법원(2022); 법원실무제요, 가사[Ⅱ], 사법연수원(2021); 김형석, "피후견인의 신상결정과 그 대행", 가족법연구 제28권 제2호, 한국가족법학회(2014); 이재경, "정신의료의 법률관계와 손해배상에 관한 연구", 성균관대학교 박사

학위 논문(2009); 이재경, "성년후견제도에 있어서 정신질환자에 대한 의료행위와 후견인의 동의권에 관한 연구", 가족법연구 제26권 제3호, 한국가족법학회(2012)

[민법 제947조의2는 한정후견사무(민법 제959조의6)에 준용, 제947조의2 제3항 내지 제5항은 미성년·성년후견감독인(민법 제940조의7) 및 한정후견감독인(민법 제959조의5)에 준용]

Ⅰ. 의의

1 과거 금치산자, 한정치산자 제도는 무능력자의 신상보호에 관해 충분한 배려를 하지 못했고 후견인이 피후견인의 신체·주거이전의 자유 등 사생활의 영역을 지나치게 침해하였다는 반성적인 고려에 의하여, 민법 제947조의2는 신상에 관한 피성년후견인 자기결정 우선의 원칙을 선언하면서 성년후견인의 신상결정대행권의 보충성을 명백히 하였고, 다만 성년후견인이 신상에 관한 결정을 대행하는 경우 피성년후견인의 복리에 심각한 영향을 미칠 우려가 있는 때에는 가정법원의 허가를 받도록 규정하였다.

Ⅱ. 피성년후견인의 자기결정 우선의 원칙

1. 신상의 개념

2 2011년 개정 민법은 후견인이 피후견인의 재산뿐만 아니라 신상을 보호할 의무도 있다는 점을 규정하면서 법률에 의하여 구체적으로 신상의 개념을 정의하지 않았다. 다만 2011년 개정 민법은 후견인이 피후견인에 대한 법률적, 재산적 보호를 넘어 비법률적, 비재산적 행위 영역까지 후견의 대상을 확대할 수 있도록 신상이라는 개념을 사용한 것으로 보이고, 따라서 신상이란 법률적, 재산적 관리 사항과 대비되는 영역으로서 피후견인의 프라이버시와 자기결정권에 중점을 두는 신체적, 정신적 복리에 관한 사항이라고 할 수 있다.

3 실무에서 주로 문제되는 것은 정신병원 또는 요양시설의 입소, 질병치료나 불임시술과 같은 의료행위, 거주하고 있는 부동산의 처분 등이다.

2. 피성년후견인의 단독결정과 후견인의 결정대행의 관계

4 피성년후견인은 자신의 신상에 관하여 단독으로 결정할 수 있다. 신상에 관한 사항은 일신전속적인 성격을 가지므로 성년후견인이 피성년후견인의 법정대리인이라고 해서 당연히 신상에 관한 결정권을 가진다고 볼 수 없다. 장애인의 권리에 관한 협약(Convention on the Rights of Persons with Disabilities) 제12조는 후견인이 가능한 한 피후견인 스스로 자신의 사무에 관하여 결정할 수 있도록 지원하여야 한다고 규정함으로써 민법 제947조의2와 같은 취지를 선언하고 있다.

5 다만 피성년후견인은 '그의 상태가 허락하는 범위' 내에서 단독으로 결정할 수 있을 뿐인데, '그의 상태가 허락하는 범위' 내인지 여부를 의사능력 또는 행위능력 유무를 기준으로 판단하여야만 하는 것은 아니고,[1] 자신이 희망하는 것이 무엇인지를 결정하고 이를 표현할 수 있는 정도의 능력, 즉 의사결정 및 의사표현능력이라고 말할 수 있으며, 나아가 의사결정에 관련된 정보를 이해, 기억 또는 비교할 수 있는 능력까지도 포함하는 개념이다.

6 피성년후견인에게 신상결정의 능력이 없는 경우를 대비하여 가정법원은 성년후견개시심판 시 또는 성년후견개시 후에 별도로 성년후견인이 피성년후견인의 신상에 관하여 결정할 권한의 범위를 정할 수 있고(민법 제938조 제3항), 그 범위를 변경할 수도 있다(제938조 제4항). 따라서 피성년후견인의 신상에 관한 결정 권한을 부여받은 성년후견인은 피성년후견인이 스스로 자신의 신상에 관하여 결정할 수 없는 경우 보충적으로 피성년후견인의 신상에 관한 결정을 대행할 수 있는데, 성년후견인은 신상결정을 대행하기 전에 피성년후견인이 단독으로 결정할 수 있도록 필요한 조력을 다하여야 하고, 나아가 신상에 관한 결정을 대행하는 경우 피성년후견인의 의사와 복리에 합치하는 결정을 하여야 할 의무가 있다.

Ⅲ. 성년후견인의 의사결정대행에 가정법원의 허가가 필요한 경우

1. 치료목적의 격리

가. 의의

7 성년후견인이 피성년후견인을 치료 등의 목적으로 정신병원이나 그 밖의 다

1 주해친족법(제2권)(제2판), 박영사(2025), 1441(현소혜, 김수정).

른 장소에 격리하는 경우에는 가정법원의 허가를 받아야 한다(민법 제947조의2 제2항). 성년후견인이 제938조 제3항에 의해 거소지정권 또는 그에 관한 의사결정대행권한 등을 부여받더라도 마찬가지이다.[2] 치료의 목적을 가지고 있더라도 본인의 의사에 의하지 아니하고 정신병원 등에 강제 입원시키는 것은 사실상 인신구속으로 볼 수 있으므로 피후견인의 인권보호를 위해 가정법원의 허가를 요구한 것이다.

나. 요건

1) 치료 등의 목적

8 민법 제947조의2 제2항은 성년후견인이 '치료 등의 목적'으로 피성년후견인을 격리하고자 할 때만 적용된다. '치료 등의 목적'이란 피성년후견인을 격리하여 치료하지 않으면 피성년후견인의 생명 또는 건강에 대한 구체적인 위험이 발생할 우려가 있거나 피성년후견인에게 자살이나 자해의 위험이 있는 경우를 말한다.

9 피성년후견인이 타인을 공격하여 손해를 가할 위험이 있거나 공공의 안녕과 질서를 침해하는 등 사회적 위험성이 있는 경우에는 정신건강증진 및 정신질환자 복지서비스 지원에 관한 법률 제44조에 따른 특별자치시장·특별자치도지사·시장·군수·구청장에 의한 입원 또는 같은 법 제50조에 따른 응급입원제도를 이용하여야 할 것이다.

2) 정신병원이나 그 밖의 다른 장소

10 정신건강증진 및 정신질환자 복지서비스 지원에 관한 법률 제3조 제4호에서 열거하고 있는 정신의료기관, 정신요양시설 및 정신재활시설뿐만 아니라 장애인거주시설, 노인복지법상의 노인요양시설, 의료법상의 요양병원 등도 격리수용시설이 될 수 있으나, 상당수의 후견사건에서 피후견인이 요양병원 등에 있는 점을 고려할 때 요양병원 등에 대하여는 자유로운 출입이 허용되는지 여부 등 구체적인 사정을 고려하여 선별적으로 격리허가의 대상이 되는지 여부를 판단하여야 할 것인데,[3] 실무상 요양병원 등 입원에 대해 격리 허가를 청구하는 사례는 찾아보기 어렵다.

2 주해친족법(제2권)(제2판), 박영사(2025), 1442(현소혜, 김수정).

3 법원실무제요, 가사[Ⅱ], 사법연수원(2021), 1367.

11 한편 종전 민법 제947조 제2항은 '사택에 감금'하는 경우를 정신병원과 나란히 열거하고 있었으나 2011년 민법 개정에 의하여 삭제되었다. 이에 대하여 '그 밖의 다른 장소'에 여전히 사택이 포함된다는 견해[4]와 관할 감독기관의 감시가 미치지 않아 인권 침해의 위험이 높다는 이유로 사택에 피성년후견인을 수용하는 것은 금지된다는 견해[5]가 있다.

3) 격리

12 피성년후견인을 격리한다는 것은 일반적으로 피성년후견인을 일정한 장소에 머물도록 하면서 자유로운 의사에 의한 출입을 제한하는 것을 의미한다. 피성년후견인이 체류하고 있는 시설이 반드시 폐쇄구조일 필요는 없고 개방되어 있는 공간이라고 하더라도 관리인이 있거나 교통수단이 없어 사실상 피성년후견인의 자유로운 출입이 불가능한 경우도 포함된다.

다. 가정법원의 허가

1) 사전허가의 원칙

13 종전 민법 제947조 제2항은 긴급을 요할 상태인 때에는 사후에 허가를 청구할 수 있다고 규정하고 있었으나, 2011년 개정 민법에서는 사후허가에 관한 부분이 삭제되었다. 성년후견인이 피성년후견인을 우선 정신병원 등에 격리를 하고 나서 사후허가를 청구하는 경우에는 허용하지 말아야 한다는 견해가 있으나(이에 따르면 가정법원의 허가가 있기 전에 피성년후견인의 상태가 격리하지 않고서는 감당하기 어려운 경우에는 정신건강증진 및 정신질환자 복지서비스 지원에 관한 법률 제50조에 의한 응급입원의 방법을 이용할 수 있다고 본다), 응급입원의 요건(정신질환자로 추정되는 사람으로서 자신의 건강 또는 안전이나 다른 사람에게 해를 끼칠 위험이 크고, 그 상황이 매우 급박하여 다른 형태의 입원을 시킬 시간적 여유가 없을 것을 요하며, 의사와 경찰관의 동의를 요하는 등 그 요건이 상당히 까다롭다)까지 갖추지 못하였더라도 피성년후견인의 상태가 격리하지 않고서는 감당하기 어려운 정도인 경우가 있을 수 있고, 이러한 경우에 친족후견인에게 사전허가만을 요구하는 것은 어려움이 있어 실무상 예외적인 경우에 사후허가를 허용하는 경우도 있다.

4 주해친족법(제2권)(제2판), 박영사(2025), 1443(현소혜, 김수성).
5 김주수/김상용, 주석 민법, 친족(4)(제5판), 한국사법행정학회(2016), 180.

14 한편 이미 정신병원 등에 격리되어 있는 사람에 대하여 성년후견개시심판이 내려진 경우 성년후견인이 그 격리상태를 유지하기 위해 가정법원의 허가를 받아야 한다는 견해[6]가 있고, 현재 실무상 후견감독담당관이 후견감독을 실시하는 과정에서 피성년후견인의 정신병원 입원 사실이 확인되는 경우 성년후견인에게 가정법원의 허가를 받을 것을 요구하기도 한다.

2) 청구권자

15 민법 제947조의2 제2항의 허가를 청구할 수 있는 사람은 제938조에 따라 가정법원으로부터 피성년후견인의 치료 목적의 격리, 의료행위의 동의 또는 거소지정에 관한 신상결정 권한을 부여받은 성년후견인이다. 성년후견감독인의 경우 제940조의7에서 제947조의2 제3항부터 제5항까지만 준용하는 것을 근거로 청구권자가 될 수 없다는 견해와 제940조의6 제2항을 근거로 성년후견인이 소재불명 등으로 권한을 행사할 수 없고 이로 인해 피성년후견인의 신상에 급박한 사정이 있다면 성년후견감독인이 청구권자가 될 수 있다는 견해가 있는데,[7] 실무에서는 성년후견감독인이 청구한 피성년후견인에 대한 정신병원 격리 허가 청구를 인용한 하급심 판단이 있다.[8]

3) 심판

16 가정법원은 피성년후견인의 격리수용에 대하여 허가심판을 하는 경우에 성년후견인 또는 성년후견감독인에 대하여 신상보호 또는 재산관리에 관하여 필요하다고 인정되는 사항을 지시할 수 있고(가사소송규칙 제38조의3 제1항 제1호), 언제든지 그 허가 기타 지시를 취소하거나 변경할 수 있다(제38조의3 제2항).

17 피성년후견인의 격리에 대한 허가심판을 하는 경우에는 피성년후견인(또는 피성년후견인이 될 사람)의 진술을 들어야 한다(가사소송법 제45조의3 제1항 제8호). 허가심판은 당사자, 절차에 참가한 이해관계인(가사소송규칙 제25조), 성년후견인 및 성년후견감독인에게 고지하여야 하고, 사건본인에게는 그 뜻을 통지하여야 한다(제35조). 허가심판에 대해서는 피성년후견인, 성년후견인, 성년후견감독인, 친족, 검사 및 지방자치단체의 장이 즉시항고할 수 있다(가사소송규칙

6 김형석, "피후견인의 신상결정과 그 대행", 가족법연구 제28권 제2호, 한국가족법학회(2014), 254.
7 법원실무제요, 가사[Ⅱ], 사법연수원(2021), 1366.
8 서울가정법원 2023. 3. 10. 자 2023후기44 심판(확정), 서울가정법원 2024. 7. 5. 자 2024후기10348 심판(확정) 등.

제36조 제1항 제1호 다목). 기각 심판에 대해서는 허가를 청구한 성년후견인이 즉시항고할 수 있다.

라. 정신건강증진 및 정신질환자 복지서비스 지원에 관한 법률과의 관계

18 정신건강증진 및 정신질환자 복지서비스 지원에 관한 법률 제43조 제1항은 정신의료기관등의 장은 정신질환자의 보호의무자 2명 이상(보호의무자가 1명만 있는 경우에는 1명으로 한다)이 신청한 경우로서 정신건강의학과전문의가 입원등이 필요하다고 진단한 경우에만 정신질환자를 입원시킬 수 있도록 규정하고 있고, 이 때 보호의무자는 민법에 따른 후견인 또는 부양의무자로 규정하고 있다(정신건강증진 및 정신질환자 복지서비스 지원에 관한 법률 제39조). 따라서 후견인이 정신건강증진 및 정신질환자 복지서비스 지원에 관한 법률 제43조(보호의무자에 의한 입원 등)에 따라 피후견인을 정신병원에 입원시키려는 경우에는 민법 제947조의2 제2항에 의하여 가정법원의 허가를 받아야 할 것이다.[9]

19 한편, 건강증진 및 정신질환자 복지서비스 지원에 관한 법률 제42조(동의입원 등)는 정신질환자는 보호의무자의 동의를 받아 보건복지부령으로 정하는 입원등 신청서를 정신의료기관등의 장에게 제출함으로써 그 정신의료기관등에 입원등을 할 수 있다고 규정하고 있는데, 후견인이 피후견인의 임의성을 가장하여 강제수용하려고 하는 등 이를 악용할 위험이 있으므로 실무에서는 건강증진 및 정신질환자 복지서비스 지원에 관한 법률 제42조에 따른 입원의 경우에도 가정법원의 허가를 받을 것을 요구하고 있다.[10]

2. 의료행위

가. 의의

20 피성년후견인이 신체를 침해하는 의료행위에 대하여 스스로 동의하기 어려운 상태에 있는 경우 적절한 시기에 필요한 치료를 받지 못하여 생명 또는 건강에 위험이 초래될 수 있다. 이를 위하여 2011년 개정 민법에서는 성년후견인에게 피성년후견인의 신체에 대한 의료행위 동의권을 부여할 수 있는 근거 규정을 마련하였다.

9 법원실무제요, 가사[Ⅱ], 사법연수원(2021), 1367.
10 후견민원상담 매뉴얼, 서울가정법원(2022), 83.

나. 의료행위 동의의 대행 요건

1) 신체를 침해하는 의료행위일 것

21 의료행위란 의료인이 의학의 전문적 지식을 기초로 하여 경험과 기능으로 진료, 검안, 처방, 투약 또는 외과적 시술을 시행하여 하는 질병의 예방 또는 치료행위 및 그 밖에 의료인이 행하지 아니하면 보건위생상 위해가 생길 우려가 있는 행위를 말한다.[11]

22 민법 제947조의2는 의료행위 중 특히 '신체를 침해하는 의료행위', 즉 침습적 의료행위만을 적용대상으로 삼고 있다. 따라서 촉진·문진·혈압측정 등 진단행위는 여기에 해당하지 않으나 의약품의 투여는 그 독성으로 인해 환자의 신체에 침해를 가할 수도 있으므로 사안에 따라 여기의 의료행위에 해당할 수 있다.[12]

23 나아가 성년후견인이 피성년후견인을 대신하여 동의할 수 있는 의료행위는 환자의 건강상태의 개선을 목적으로 하는 의료행위에 한하므로 연명치료의 중단이나 장기적출, 불임시술 등에 대해서는 성년후견인이 대신하여 동의할 수 없다고 보는 것이 다수의 견해이고, 실무도 같은 입장이다.[13]

2) 피성년후견인이 동의할 수 없는 경우일 것

가) 의의

24 피성년후견인은 자신의 신상에 관하여 그의 상태가 허락하는 범위에서 단독으로 결정하므로(민법 제947조의2 제1항), 성년후견인은 피성년후견인이 자신의 신체를 침해하는 의료행위에 대하여 스스로 동의할 수 없는 경우에만 그 의료행위에 대해 동의할 수 있다. 예를 들어 피성년후견인이 의식불명 등으로 의료행위에 동의할만한 의사결정능력을 갖추고 있지 못하고 있는 경우를 의미하고, 이것은 의사능력이나 행위능력과는 다른 개념이다. 의료행위에 대한 동의능력이란 구체적인 의료행위의 과정과 결과를 인식하고 의료행위 여부를 결정할 수 있는 능력을 의미하고, 동의능력이 있는지에 대한 판단권한

11 대법원 2009. 10. 29. 선고 2009도4783 판결.

12 주해친족법(제2권)(제2판), 박영사(2025), 1448(현소혜, 김수정); 이재경, "정신의료의 법률관계와 손해배상에 관한 연구", 성균관대학교 박사학위 논문(2009), 264~265.

13 윤진수, 친족상속법 강의(제5판), 박영사(2023), 302; 한봉희/백승흠, 가족법, 정독(2024), 353; 법원실무제요, 가사[Ⅱ], 사법연수원(2021), 1370.

은 일차적으로 의사에게 있다고 보아야 할 것이다.[14]

나) 사전의료의향서의 효력

25 의료행위에 대하여 동의를 하여야 하는 시점에서 피성년후견인에게 동의능력이 없으나 피성년후견인 본인이 과거에 당해 의료행위와 관련한 사전의료의향서를 작성하여 둔 경우에는 사전의료의향서가 당해 의료행위가 임박한 시점에서 작성되었는지 여부, 당해 의료행위에 대한 충분한 설명을 듣고 작성되었는지 여부 및 사전의료의향서가 당해 의료행위를 특정적으로 염두에 두고 작성되었는지 여부 등에 따라 그 구속력을 달리 보아야 할 것이고, 구속력이 있는 경우에는 피성년후견인이 그 의료행위에 동의한 것으로 볼 수 있어 성년후견인에 의한 동의권의 대행이 필요 없다.

다. 성년후견인에 의한 동의권의 대행

1) 의의

26 의료행위에 대한 동의를 포함하는 신상결정 권한을 부여받은 성년후견인은 피성년후견인의 의료행위에 대하여 동의권을 대행할 수 있다. 성년후견인에게 의료행위의 동의를 포함하는 신상결정 권한이 부여되어 있지 않은 경우 성년후견인은 가정법원으로부터 의료행위에 대한 동의 권한을 부여받아야 한다(민법 제938조 제3항·제4항). 성년후견인에게 의료행위에 대한 동의권이 있으나 연락두절 등으로 즉시 동의권을 행사할 수 없고, 피성년후견인의 생명이나 건강에 대하여 급박한 사정이 있는 경우 성년후견감독인이 선임되어 있는 경우에는 성년후견감독인이 피성년후견인의 의료행위에 대하여 동의할 수 있다(민법 제940의6 제2항).

27 성년후견인이 선임되어 있지 않은 경우 다른 가족이 있으면 그 가족에 의하여 의료행위에 대한 동의가 행해질 수 있다는 견해와 민법이 예정하고 있는 바에 따라 새롭게 성년후견인을 선임하여 동의권을 대행하도록 하여야 한다는 견해 등이 있으나 응급상황에서는 응급환자가 의사결정능력이 없는 경우 그 자리에 동행한 법정대리인 또는 법정대리인이 동행하지 아니한 경우 동행한 사람에게 설명한 후 응급처치를 할 수 있다(응급의료에 관한 법률 제9조 제2항).

14 주해친족법(제2권)(제2판), 박영사(2025), 1451(현소혜, 김수정).

28 특히 응급의료종사자가 의사결정능력이 없는 응급환자의 법정대리인으로부터 동의를 얻지 못하였으나, 응급환자에게 반드시 응급의료가 필요하다고 판단되는 때에는 의료인 1명 이상의 동의를 얻어 응급의료를 할 수 있고(응급의료에 관한 법률 시행규칙 제3조 제3항), 이러한 경우 민법 제947조의2 제4항 단서에 따라 가정법원의 사후 허가를 받는 것도 필요하지 않다는 견해가 있다.[15]

2) 치료거부 또는 치료중단의 의사결정 대행 가부

29 성년후견인이 피성년후견인의 치료를 거부하거나 진행 중인 치료를 중단하는 의사결정을 대행할 수 있는지 여부에 관해, 임종과정에 있는 환자에 대해서는 호스피스·완화의료 및 임종과정에 있는 환자의 연명의료결정에 관한 법률이 적용되어야 할 것이고, 임종과정에 있지 않은 경우 치료거부 또는 중단의 의사결정은 피성년후견인의 복리와 의사에 부합한다는 전제 하에(민법 제947조) 성년후견인의 동의 권한의 범위 내에 포함된다고 보아야 할 것이다(예를 들어 피성년후견인의 체력이 약화되어 수술이나 치료로 인해 더 큰 건강상 위험이 발생하는 경우 등).[16]

라. 의료행위 동의에 대한 가정법원의 허가

1) 의의

30 민법 제947조의2 제4항은 제3항에 따라 성년후견인이 피성년후견인의 신체를 침해하는 의료행위에 대하여 그를 대신하여 동의하는 경우 피성년후견인이 의료행위의 직접적인 결과로 사망하거나 상당한 장애를 입을 위험이 있을 때에는 가정법원의 허가를 받도록 하면서, 다만 허가절차로 의료행위가 지체되어 피성년후견인의 생명에 위험을 초래하거나 심신상의 중대한 장애를 초래할 때에는 사후에 허가를 청구할 수 있도록 규정하고 있다.

2) 허가대상

31 의료행위의 직접적인 결과로 사망하거나 상당한 장애를 입을 위험이 있는 경우에 가정법원의 허가를 받아야 한다. 사망이나 상당한 장애를 입을 위험성은 피성년후견인의 건강상태와 체질, 의료행위의 내용과 그에 따라 수반되는 예상 가능한 위험성 등을 고려하여 개별적으로 판단될 수밖에 없다.

15 김형석, "피후견인의 신상결정과 그 대행", 가족법연구 제28권 제2호, 한국가족법학회(2014), 261.
16 주해친족법(제2권)(제2판), 박영사(2025), 1454(현소혜, 김수정).

3) 가정법원의 허가

가) 청구권자

32 민법 제947조의2 제3항·제4항은 청구권자로 성년후견인만을 규정하고 있다. 이에 대해 청구권자의 범위를 확대해야 한다는 견해가 있으나, 현재로서는 피성년후견인이 사망 또는 상당한 장애가 발생한 가능성이 있는 의료행위를 앞두고 있음에도 성년후견인이 가정법원의 허가심판청구를 하지 않는 경우 성년후견감독인이 민법 제940조의6 제2항에 따라 허가청구를 하거나, 피성년후견인의 가족 등이 성년후견인 변경심판을 청구하면서 사전처분으로 임시후견인 선임신청을 하는 방법을 강구해야 할 것이다.

나) 허가청구의 시기

33 민법 제947조의2 제4항 단서는 허가절차로 의료행위가 지체되어 피성년후견인의 생명에 위험을 초래하거나 심신상의 중대한 장애를 초래할 때에는 사후에 허가를 청구할 수 있다고 규정하고 있다. 치료행위의 경우 사전허가를 엄격하게 요구하는 것은 허가절차에 따른 시간과 비용을 고려할 때 현실적이지 못하기 때문이다.

34 사후 허가의 실익에 대해 의문을 제기하는 견해가 있으나 사후허가 청구를 기각함으로써 적어도 지속적 또는 반복적인 의료행위를 중단시킬 수 있고, 이후에 이루어지는 의료동의권 대행의 기준을 제시할 수 있다는 점에서 실익이 있다고 할 것이다.

다) 허가심판

35 가정법원은 허가에 앞서 피성년후견인(피성년후견인이 될 사람을 포함한다)의 진술을 들어야 한다(가사소송법 제45의3 제1항 제9호). 다만, 피성년후견인이 의식불명, 그 밖의 사유로 자신의 의사를 표명할 수 없는 경우에는 그러하지 아니하다(가사소송법 제45조의3 제1항 단서). 허가심판을 한 후에는 당사자와 절차참가인(가사소송규칙 제25조) 그리고 성년후견인, 성년후견감독인에게 고지하고 사건본인에게 통지하여야 한다(제35조). 가정법원은 성년후견인의 의료행위의 동의에 대한 허가 심판을 하는 때에는 성년후견인 또는 성년후견감독인에게 피성년후견인의 신상보호 또는 재산관리에 관하여 필요하다고 인정되는 사항을 지시할 수 있고(가사소송규칙 제38조의3 제1항 제2호), 필요하다고 인정되는 때에는 그 허가 기타 지시를 언제든지 취소하거나 변경할 수 있

다(제38조의3 제2항). 허가심판에 대해서는 피성년후견인, 친족, 성년후견인, 성년후견감독인, 검사 및 지방자치단체의 장이 즉시항고할 수 있다(제36조 제1항 제1호 다목).

라) 허가를 받지 않고 한 동의의 효과

36 가정법원의 허가 없이 의료행위 동의가 이루어져 피성년후견인에게 손해가 발생한 경우 고의 또는 과실이 있는 성년후견인은 민법상 불법행위책임 또는 채무불이행책임을 부담하게 될 수 있을 것이다.

3. 거주용 부동산의 처분

가. 의의

37 성년후견인이 피성년후견인을 대리하여 피성년후견인이 거주하고 있는 건물 또는 그 대지에 대하여 매도, 임대, 전세권 설정, 저당권 설정, 임대차의 해지, 전세권의 소멸, 그 밖에 이에 준하는 행위를 하는 경우에는 가정법원의 허가를 받아야 한다(민법 제947조의2 제5항). 위 행위들은 신상에 관한 직접적인 사항은 아니지만 피성년후견인의 주거생활에 중대한 영향을 미치게 되므로 성년후견인이 위 행위를 할 때 가정법원의 허가를 받도록 규정하였다.

나. 요건

1) 거주용 건물 또는 대지

38 피성년후견인이 거주하고 있는 건물 또는 그 대지란 처분 당시 피성년후견인이 거주 목적으로 사용하는 건물과 대지를 말하므로 일시 체류를 위하여 사용하는 별장과 같은 주택 등은 여기에 포함되지 않는다. 한편 피성년후견인이 요양원 등 시설에 입수하여 거주하고 있는 주택 등을 장기간 비우게 될 경우에도 피성년후견인이 거주하고 있는 건물로 해석하는 것이 일반적이다.

2) 처분행위

39 허가대상이 되는 처분행위는 매도, 증여, 교환, 증여, 임대차계약의 체결과 해지, 저당권의 설정 기타 이에 준하는 행위이다. 임대차계약의 갱신과 관련하여 계약 내용이 변경되는 경우(임대차보증금이나 차임이 증감하는 경우 등)에는 법원의 허가가 필요하나 계약 내용의 변경 없이 기간만 연장되는 경우에는 법원의 허가가 필요 없다.[17]

17 법원실무제요, 가사[Ⅱ], 사법연수원(2021), 1373.

다. 가정법원의 허가

1) 시기

40 성년후견인이 위와 같은 행위를 하는 경우에는 가정법원으로부터 사전에 허가를 받아야 한다. 이 규정은 강행규정이므로, 성년후견인이 가정법원으로부터 허가를 받지 않고 피성년후견인의 거주용 부동산을 처분할 경우 그 처분은 무효이고, 피성년후견인이 추인하더라도 그 처분행위가 유효로 되지 않는다.

41 성년후견인이 피성년후견인의 거주용 부동산을 처분한 후에 가정법원의 허가를 받은 경우 가정법원의 허가를 받은 때로부터 유효하게 본다는 견해[18]와 사후허가가 허용되지 않는다는 견해[19]가 있다. 실무적으로 성년후견인이 거주용 부동산을 처분할 경우 가정법원의 허가를 받아야 한다는 사실을 모른 채 부동산을 처분한 후 가정법원으로부터 사후적으로 허가를 받는 경우가 종종 있고, 이 경우 가정법원으로서는 사후허가청구라는 이유만으로 각하 또는 기각하는 것이 아니라 실질적인 요건을 심리한 후 사후적으로라도 허가 여부를 심판하고 있다. 다만 처분행위의 효력은 가정법원의 허가를 받은 때로부터 유효하다고 보는 것이 타당할 것이다.

42 한편 거주용 부동산을 처분하고 사후 허가를 받지 못한 경우 피성년후견인으로부터 부동산을 매수한 제3자는 피성년후견인에 대하여 성년후견이 개시되어 후견인이 선임되었다는 사실이 등기되는 이상 선의 여부를 불문하고 보호받을 수 없고, 다만 가정법원의 허가를 받지 않은 채 피성년후견인을 대리하여 부동산을 매도한 성년후견인에게 손해배상청구를 할 수 있을 뿐이다.

2) 허가심판의 기준

43 실무에서는 성년후견인의 재산목록 및 후견사무보고서의 제출 여부, 허가를 구하는 행위의 적정성, 매각 이후의 새로운 거주지의 마련 여부, 피성년후견인의 추정 선순위 상속인의 동의 여부 등을 심리하여 허가 여부를 결정하고, 허가 심판과 동시에 허가한 행위의 이행결과 등을 일정 기간 내에 가정법원에 보고할 것을 명한다.[20]

18 김형석, "피후견인의 신상결정과 그 대행", 가족법연구 제28권 제2호, 한국가족법학회(2014), 266.
19 주해친족법(제2권)(제2판), 박영사(2025), 1458(현소혜, 김수정).
20 법원실무제요, 가사[Ⅱ], 사법연수원(2021), 1373.

3) 허가심판의 절차

44 가정법원으로부터 피성년후견인의 거주에 관한 신상결정 대행권한을 부여받은 성년후견인만이 허가심판청구를 할 수 있다는 견해[21]가 있으나, 거주용 부동산의 처분은 피성년후견인의 재산에 관한 법률행위이므로 재산관리에 관한 법정대리권을 가진 성년후견인이라면 가정법원의 허가를 받을 수 있다고 보는 것이 실무이다.

45 가정법원은 허가심판에 앞서 피성년후견인(피성년후견인이 될 사람을 포함)의 진술을 들어야 하며(가사소송법 제45의3 제1항 제12호), 허가심판을 한 후에는 당사자와 절차참가인(가사소송규칙 제25조) 그리고 성년후견인, 성년후견감독인에게 고지하고 사건본인에게 통지하여야 한다(가사소송규칙 제35조). 가정법원은 피성년후견인이 거주하는 건물 또는 그 대지의 매도 등에 대한 허가심판을 하는 때에 성년후견인 또는 성년후견감독인에게 피성년후견인의 신상보호 또는 재산관리에 관하여 필요하다고 인정되는 사항을 지시할 수 있고(가사소송규칙 제38조의3 제1항 제3호), 필요하다고 인정되는 때에는 그 허가 기타 지시를 언제든지 취소하거나 변경할 수 있다(제38조의3 제2항). 허가심판에 대해서는 피성년후견인, 친족, 성년후견인, 성년후견감독인, 검사 및 지방자치단체의 장이 즉시항고할 수 있다(가사소송규칙 제36조 제1항 제1호 다목).

라. 성년후견감독인의 동의 필요 여부

46 피성년후견인의 거주용 부동산의 처분은 민법 제950조 제1항 제4호에서 규정하고 있는 "부동산 또는 중요한 재산에 관한 권리의 득실변경을 목적으로 하는 행위"에도 해당하므로 가정법원의 허가뿐만 아니라 후견감독인의 동의도 받아야 한다. 만일 성년후견감독인이 피성년후견인의 거주용 부동산의 처분을 명시적으로 반대할 경우 성년후견인은 거주용 건물의 처분에 대하여 가정법원의 허가를 구함과 동시에 후견감독인의 동의를 갈음하는 허가 심판(민법 제950조 제2항)을 청구함으로써 동일한 목적을 달성할 수 있을 것이다.

4. 그 밖에 중대한 침해를 수반하는 신상 결정에의 유추적용 가능성

47 당초 민법 개정안 제947조의2는 "피성년후견인이 자신의 신상에 대하여 결정할 수 없는 경우 성년후견인의 신상에 관한 결정이 피성년후견인의 신체

21 김형석, "피후견인의 신상결정과 그 대행", 가족법연구 제28권 제2호, 한국가족법학회(2014), 265.

의 완전성, 거주 이전의 자유, 통신의 자유, 주거의 자유 및 사생활에 중대한 침해를 수반할 때에는 성년후견인은 가정법원의 허가를 얻어야 한다. 다만, 긴급할 때에는 사후에 허가를 청구할 수 있다."는 내용을 제5항으로 포함하고 있었는데, 이 규정은 최종적으로 개정 민법에 포함되지 않았다.

48 위 규정이 개정 민법에 포함되지 않았음에도 성년후견인의 신상에 관한 결정이 피성년후견인의 신체의 완전성, 거주 이전, 통신, 주거의 자유, 사생활의 중대한 침해를 초래하는 경우 제947조의2가 유추적용될 수 있는지 여부에 관해 논의가 있으나, 실무상 성년후견인이 제947조의2에 열거되지 않은 사항에 관한 신상결정에 앞서 법원의 허가를 구하는 경우는 드물고, 성년후견인이 신상결정을 한 이후 이에 대한 후견감독 과정에서 민법 제947조의2에서 허가사항으로 규정하고 있는 것과 동등하게 볼만한 신상결정(예를 들어 가족과의 면접교섭 또는 통신 제한, 해외로의 거주지 이전 등)에 관하여 법원에 사후허가를 받도록 하는 경우가 있다.

제 948 조 [미성년자의 친권의 대행]

① 미성년후견인은 미성년자를 갈음하여 미성년자의 자녀에 대한 친권을 행사한다.

② 제1항의 친권행사에는 미성년후견인의 임무에 관한 규정을 준용한다.

[전문개정 2011. 3. 7.]

[관련조문] 민법 제681조(수임인의 선관의무), 제910조(자의 친권의 대행), 제921조(친권자와 그 자간 또는 수인의 자간의 이해상반행위), 제922조(친권자의 주의의무), 제924조(친권의 상실 또는 일시 정지의 선고), 제924조의2(친권의 일부 제한의 선고), 제925조(대리권, 재산관리권 상실의 선고), 제927조(대리권, 관리권의 사퇴와 회복), 제927조의2(친권의 상실, 일시 정지 또는 일부 제한과 친권자의 지정 등)

[참고문헌] 김주수/김상용, 주석 민법, 친족(4)(제5판), 한국사법행정학회(2016); 주해친족법(제2권)(제2판), 박영사(2025)

Ⅰ. 의의

1 미성년자는 원칙적으로 본인의 자녀에 대하여 스스로 친권을 행사할 수 없다. 따라서 미성년자에게 자녀가 있을 때 그 자녀에 대한 친권은 미성년자의 친권자가 대신 행사하게 된다. 이를 친권의 대행이라 한다(민법 제910조). 그런데 미성년자에게 친권자가 없거나 친권자의 친권 행사가 제한된 경우(민법 제924조, 제924조의2, 제925조, 제927조 제1항)에는 미성년후견이 개시되므로, 민법 제948조는 미성년후견인이 친권자를 갈음하여 친권을 대행하도록 한 규정이다.

Ⅱ. 친권이 대행되는 경우

2 미성년후견인은 미성년자를 갈음하여 미성년자의 자녀에 대한 친권을 행사한다(민법 제948조 제1항). 한편 미성년자라도 혼인을 하면 성년으로 의제되어 스스로 친권을 행사하게 되므로, 민법 제948조에 의한 친권 대행이 문제되는 경우는 피후견인인 미성년자가 혼인하지 않은 상태에서 혼인외의 자를 출산하거나(미혼모가 미성년자인 경우) 인지한 경우(생부가 미성년자인 경우)로 한정된다. 부모인 미성년자가 혼인하여 성년으로 의제된 경우에는 미성년후견이

종료되므로, 친권대행도 종료된다.[1]

3 2014년 민법 개정으로 친권의 일시 정지(민법 제924조)나 일부 제한(제924조의2)의 경우에도 미성년후견이 개시될 수 있게 되었다. 친권이 일시 정지(제924조)되어 미성년후견인이 선임된 경우 정지된 기간 동안에는 미성년후견인이 피후견인의 자녀에 대한 친권의 대행자가 된다고 보아야 할 것이다.

4 친권의 일부가 제한된 경우에 선임된 미성년후견인의 임무는 제한된 친권의 범위에 속하는 행위에 한정되는데(민법 제927조의2 제1항 단서), 이런 경우에 친권자와 미성년후견인 중 누가 친권을 대행할 것인지가 문제될 수 있다. 예컨대 친권자가 자녀의 생명이나 건강을 위하여 필요한 의료행위에 대한 동의를 거부하는 경우, 가정법원은 자녀, 자녀의 친족, 검사 또는 지방자치단체의 장의 청구에 의하여 친권 중에서 의료행위의 동의권을 제한하고, 이 부분에 대해서 미성년후견인을 선임할 수 있다.

5 이런 경우에 의료행위에 대한 동의로 제한된 범위에서만 결정 권한을 갖는 미성년후견인에게 피후견인인 미성년자의 자녀에 대한 포괄적 권한인 친권의 대행까지 인정하는 것은 부적절하다는 견해[2]가 있다. 위 견해에 따르면, 미성년후견인에 의한 친권의 대행은 친권의 전부 또는 적어도 재산관리권·법정대리권이나 신상에 관한 포괄적 권한을 부여받은 경우에만 적용되는 것으로 축소 해석하는 것이 합리적이라고 한다.

6 미성년후견인의 수는 한 명으로 하고(민법 제930조 제1항), 한 명의 미성년후견인이 여러 명의 미성년자를 후견하는 것은 가능하다. 따라서 피후견인의 자녀가 여러 명인 경우 한 명의 미성년후견인이 위 자녀들 모두의 친권을 대행하는 것이 원칙이라 할 것이다.

7 다만 미성년후견인이 친권을 대행하는 여러 명의 자녀들 사이에 이해가 상반되는 행위를 하는 경우에는 한 쪽의 자녀는 미성년후견감독인이 대리하고, 후견감독인이 없는 경우에는 가정법원에 특별대리인의 선임을 청구하여야 할 것이다(민법 제948조 제2항, 제949조의3, 제921조).

1 김주수/김상용, 주석 민법, 친족(4)(제5판), 한국사법행정학회(2016), 207.
2 김주수/김상용, 주석 민법, 친족(4)(제5판), 한국사법행정학회(2016), 208.

Ⅲ. 친권대행에 따르는 제한과 감독

8 미성년후견인이 미성년자의 친권을 대행할 때에는 사실상 미성년자의 자녀에 대해서도 미성년후견을 하는 것과 마찬가지이기 때문에, 미성년후견인의 임무에 관한 규정이 준용된다(민법 제948조 제2항).[3] 따라서 미성년후견인이 친권대행을 개시할 때에는 대행되는 친권에 따른 자녀의 재산을 조사하고 재산목록을 작성하여야 하고(민법 제941조), 피후견인의 자녀와의 사이의 채권·채무를 제시하여야 하며(제942조), 이는 피후견인의 자녀가 포괄적 재산을 취득한 경우에도 같다(제944조).

9 신상보호에 있어서는 미성년후견인의 취임 전에 피후견인의 친권자가 친권을 대행할 때에 정한 교양방법 또는 거소를 변경하는 경우, 그 자녀를 감화 또는 교정기관에 위탁하는 경우, 피후견인의 친권자가 친권을 대행할 때에 허락한 영업을 취소 또는 제한하는 경우에는 미성년후견감독인이 있으면 그의 동의를 받아야 한다(민법 제945조 단서).

10 그 자녀의 재산상의 행위의 대리와 동의에 대하여 미성년후견감독인의 동의를 받아야 할 경우가 있으며(민법 제950조), 그 자녀에 대한 제3자의 권리를 양수하는 경우에도 역시 미성년후견감독인의 동의를 받아야 한다(제951조 제1항). 또한 미성년후견감독인은 그 대행사무에 대해서도 임무수행에 대한 보고와 재산목록의 제출을 요구할 수 있고, 그 자녀의 재산상황을 조사할 수 있다(민법 제953조). 또 미성년후견인은 그 대행사무에 대해서 보수를 받을 수 있다(민법 제955조).

11 다만 친권자가 그 자녀에 대한 법률행위의 대리권 또는 재산관리권을 행사함에는 자기의 재산에 관한 행위와 동일한 주의를 하여야 하지만(민법 제922조), 미성년후견인이 이를 대행하는 경우에는 선량한 관리자의 주의로써 하여야 한다(제956조에 의한 제681조의 준용).

3 주해친족법(제2권)(제2판), 박영사(2025), 1461(현소혜),

제 949 조 [재산관리권과 대리권]

① 후견인은 피후견인의 재산을 관리하고 그 재산에 관한 법률행위에 대하여 피후견인을 대리한다.

② 제920조 단서의 규정은 전항의 법률행위에 준용한다.

[관련조문] 민법 제6조(처분을 허락한 재산), 제8조(영업의 허락), 제130조(무권대리), 제918조(제삼자가 무상으로 자에게 수여한 재산의 관리), 제920조(자의 재산에 관한 친권자의 대리권), 제938조(후견인의 대리권 등), 제950조(후견감독인의 동의를 필요로 하는 행위), 근로기준법 제67조(근로계약), 제68조(임금의 청구), 민사소송법 제55조(제한능력자의 소송능력)

[참고문헌] 김주수/김상용, 주석 민법, 친족(4)(제5판), 한국사법행정학회(2016); 주해친족법(제2권)(제2판), 박영사(2025); 김성우, 성년후견실무, 박영사(2018); 후견사건 처리실무, 법원행정처(2015); 김형석, "민법 개정안에 따른 성년후견법제", 가족법연구 제24권 제2호, 한국가족법학회(2010)

[민법 제949조는 한정후견사무(민법 제959조의6)에 관하여 준용]

Ⅰ. 의의

1 민법 제949조는 피후견인의 재산관리와 관련한 후견인의 임무에 관한 규정으로서, 여기서 후견인에는 미성년후견인과 성년후견인이 모두 포함된다.

Ⅱ. 피후견인의 재산관리

1. 관리권

2 후견인은 미성년자, 피성년후견인 및 피한정후견인을 갈음하여 그 재산을 관리한다(민법 제949조 제1항 참조). 여기서 '재산관리'라 함은 재산의 보존, 이용, 개량을 목적으로 하는 모든 사실상·법률상의 행위를 말한다.[1]

3 성년후견인이 갖는 재산관리권에는 법률행위와 사실행위, 그와 관련된 소송

[1] 대법원 1965. 7. 6. 선고 65다919 판결. 한편, 민법에서 '재산관리'를 보존행위 및 처분행위와 구분하여 사용하는 경우가 있는데, 이 경우는 재산의 성질을 변하지 아니하는 범위에서 이용 또는 개량하는 행위를 의미한다(민법 제118조).

행위가 모두 포함되고, 보존행위에 그치지 않고 처분행위도 포함된다.[2]

4 미성년후견인의 재산관리권에 대해서는, 미성년후견인은 친권자에 준하는 포괄적 권한을 갖기 때문에 이를 보다 확대하여 처분행위까지 포함하는 것으로 보아야 한다는 견해가 있다.[3] 그러나 후견인의 재산관리가 처분행위와 구별되는 의미에서의 관리행위(예컨대 민법 제265조에 의한 공유물의 관리)만을 의미하는 것은 아니므로, 재산관리의 목적범위 내에서는 처분행위도 당연히 포함될 수 있다고 해석된다.[4]

5 따라서 피후견인의 치료·요양 비용을 마련하기 위해서 부동산을 매각하거나 임대하여 임대료를 수령하는 행위 또는 피후견인의 채권을 추심하고 채무를 변제하는 행위 등도 재산관리의 목적 범위 내에 들어갈 수 있다. 반면에 후견인에게 피후견인의 재산을 증식하여야 할 의무까지 있는 것은 아니므로, 피후견인의 재산을 처분하여 위험도가 높은 금융상품에 투자한다든지 합리적 이유 없이 임의로 재산의 구성을 변경하는 행위(예컨대 예금으로 불필요한 부동산을 구입하는 것)는 허용되지 않는다고 보아야 한다.[5]

6 다만, 재산관리의 목적에서 벗어난 행위라 할지라도 가정법원이 특별히 대리권의 범위를 제한한 경우(민법 제938조 제2항)가 아니라면 그 행위 자체는 유효하다고 보아야 할 것이나, 경우에 따라서 후견인 변경 사유가 되거나 후견인의 권한 남용이 문제될 수 있다.[6]

2. 관리할 재산

7 관리할 재산에는 피후견인에 속한 모든 재산이 포함된다. 재산목록의 유무나 취임할 때에 현존하였는지 여부 등을 묻지 않는다. 다만 미성년후견인과 성년후견인의 재임 중에 피후견인의 상속, 포괄적 유증, 영업양도와 같은 포괄적 취득이 있었을 경우에는 재산조사 및 재산목록작성의 의무가 있다(민법 제944조).

8 후견인의 관리 재산에서 제외되는 것으로는, ① 미성년자가 법정대리인으로

2 김성우, 성년후견실무, 박영사(2018), 100.
3 주해친족법(제2권)(제2판), 박영사(2025), 1462(현소혜, 김수정).
4 김주수/김상용, 주석 민법, 친족(4)(제5판), 한국사법행정학회(2016), 210; 후견사건 처리실무, 법원행정처(2015), 55.
5 김주수/김상용, 주석 민법, 친족(4)(제5판), 한국사법행정학회(2016), 210~211.
6 김주수/김상용, 주석 민법, 친족(4)(제5판), 한국사법행정학회(2016), 211.

Ⅰ. 의의

1 2011년 개정 민법은 친족회를 폐지하고 그 대신 후견감독인 제도를 도입하면서, 후견인이 피후견인을 대리하여 일정한 행위를 하거나 미성년자(또는 피한정후견인)의 그러한 행위에 동의를 할 때에는 후견감독인의 동의를 받도록 하고, 그러한 동의를 받지 못한 행위는 피후견인 또는 후견감독인이 취소할 수 있도록 하였다(민법 제950조 제1항·제3항).

2 후견인에 의한 의사결정은 피후견인의 재산관계 등에 지대한 영향을 미칠 수 있으며, 후견인의 부적절한 의사결정을 인해 일단 손해가 발생한 후에는 이를 회복하기가 쉽지 않다. 따라서 후견인이 피후견인을 위해 하는 행위 중 피후견인에게 심각한 손해를 끼칠 위험이 있는 행위를 할 때에는 후견감독인으로부터 사전에 동의를 받도록 함으로써 후견인의 권한남용을 방지하고자 하는 데 민법 제950조의 의의가 있다.[1]

3 후견감독인의 동의를 받아야 하는 행위인지 여부는 당해 행위가 민법 제950조 제1항 제1호 내지 제6호에 열거된 각 행위인지를 형식적으로 판단하는 것으로 그치며, 그 행위에 의해 실제로 피후견인에게 어떠한 불이익이 발생하거나, 후견인과 피후견인 사이에 이해가 상반되어야 하는 것은 아니다.

4 아울러 후견감독인이 동의를 해태하는 경우에 대한 대처방안으로서, 후견감독인의 동의가 필요한 행위에 대하여 후견감독인이 피후견인의 이익이 침해될 우려가 있음에도 동의를 하지 아니하는 경우에는 가정법원은 후견인의 청구에 의하여 후견인의 동의를 갈음하는 허가를 할 수 있도록 하였다(민법 제950조 제2항).

5 성년후견개시심판과 동시에 성년후견감독인을 선임하는 경우에는 실무상 후견감독인의 동의를 받아야 하는 사항을 후견목록에 기재하기도 한다.[2]

1 주해친족법(제2권)(제2판), 박영사(2025), 1472(현소혜, 김수정).
2 김성우, 성년후견실무, 박영사(2018), 71.

Ⅱ. 적용 범위

6 후견감독인은 반드시 있어야 하는 기관은 아니므로, 민법 제950조는 후견감독인이 있는 경우에만 적용되는 규정이다. 따라서 후견감독인이 없는 경우에는 후견인은 법정대리권과 동의권을 행사함에 있어서 위와 같은 제한을 받지 않는다.[3] 대리권에 대한 제한은 미성년후견인, 성년후견인 및 한정후견인에 대해서 적용되고, 동의권에 대한 제한은 미성년후견인 또는 한정후견인(민법 제959조의6에 의한 준용)에게 적용된다.

Ⅲ. 후견감독인의 동의를 받아야 하는 행위

1. 영업에 관한 행위

7 후견인이 피후견인을 대리하여 영업에 관한 행위를 하는 경우에는 후견감독인의 동의를 받아야 한다. 여기서 영업이란 널리 영리를 목적으로 하는 독립적·계속적 업무를 말하는 것으로서 '영업에 관한 행위'란 이러한 영업과 직접적으로 관련 있는 또는 영업에 수반되는 법률행위를 말한다. 민법 제8조의 "영업에 관하여"와 동일하게 해석하여야 한다는 견해[4]도 있다.

8 후견인이 피후견인을 대리하여 영업에 관한 행위를 하는데 후견감독인의 동의한 경우에는, 후견인은 그 영업에 관하여는, 민법 제950조 제1항 제2호 내지 제5호에 해당하는 행위를 대리하는 경우에도 더 이상 후견감독인의 동의를 받을 필요가 없다고 해석할 수도 있다. 그러나 피후견인의 복리를 고려한다면, 후견인이 후견감독인으로부터 영업에 관한 동의를 받았다고 해도, 그 영업에 관해서 민법 제950조 제1항 제2호 내지 제5호에 해당하는 행위(예컨대 피후견인의 명의로 자금을 차용하거나 피후견인 소유의 부동산을 매도하는 행위)를 하는 경우에는 이에 대하여 별도로 후견감독인의 동의를 받도록 하는 것이 타당하다고 할 것이다.[5]

3 다만, 이러한 경우에도 가정법원은 후견인이 가지는 법정대리권의 범위를 제한하거나 후견인에게 재산관리 등 후견임무 수행에 관하여 필요한 처분을 명하는 방법으로 피후견인의 실질적인 보호를 위한 감독기능을 수행할 수 있다(민법 제938조, 제954조).

4 주해친족법(제2권)(제2판), 박영사(2025), 1473(현소혜, 김수정).

5 김주수/김상용, 주석 민법, 친족(4)(제5판), 한국사법행정학회(2016), 225.

9 후견인이 미성년자의 영업을 허락하는 경우에도 후견감독인의 동의가 필요하다. 영업을 허락받은 미성년자는 그 영업에 관하여는 성년자와 같은 행위능력을 가지므로(민법 제8조 제1항), 영업에 관한 행위를 할 때에는 후견인의 동의가 필요하지 않으며, 따라서 민법 제950조에 의한 후견감독인이 동의해야 하는 경우에 해당하지 않는다.[6]

2. 금전을 빌리는 행위

10 후견인이 피후견인을 위해 금전을 빌리는 행위를 대리하거나 이에 동의하고자 하는 경우에는 후견감독인의 동의를 받아야 한다. 2011년 개정 민법은 종전의 '차재 또는 보증을 하는 일(종전 민법 제950조 제1항 제2호)'을 '금전을 빌리는 행(민법 제950조 제1항 제2호)'와 '의무만을 부담하는 행위(제950조 제1항 제3호)'로 나누어 규정하였다. 차재의 경우는 현실적으로 가장 중요하고 빈번한 사례인 금전차용행위로 한정한 것이다.[7]

11 그러나 금전소비대차에 대한 후견감독인의 동의를 회피하기 위하여 사실상 금전소비대차와 같은 결과를 초래하는 탈법행위를 할 가능성도 있으므로, 이러한 행위(준소비대차나 약속어음의 발행·배서 등)에 대해서는 금전을 빌리는 행위에 준하여 해석할 필요가 있다는 견해[8]가 있다.

3. 의무만을 부담하는 행위

12 후견인이 피후견인을 위해 의무만을 부담하는 행위를 대리하거나 이에 동의하고자 하는 경우에는 후견감독인의 동의를 받아야 한다. 종전의 '보증'의 경우를 '의무만을 부담하는 행위'로 확장하여 기타 담보제공계약이나 증여 등을 포괄할 수 있도록 한 것이다.[9] 이 때 의무만을 부담하는 행위란 채무인수, 연대채무의 부담, 보증, 담보의 제공, 증여 등과 같이 채무를 부담하면서 그 대가로 어떠한 권리도 취득하지 못하는 경우를 의미한다.

4. 부동산 또는 중요한 재산에 관한 권리의 득실변경을 목적으로 하는 행위

13 후견인이 피후견인을 위해 부동산 또는 중요한 재산에 관한 권리의 득실변

6 김주수/김상용, 주석 민법, 친족(4)(제5판), 한국사법행정학회(2016), 225.
7 김형석, "민법 개정안에 따른 성년후견법제", 가족법연구 제24권 제2호, 한국가족법학회(2010), 135.
8 김주수/김상용, 주석 민법, 친족(4)(제5판), 한국사법행정학회(2016), 226.
9 김형석, "민법 개정안에 따른 성년후견법제", 가족법연구 제24권 제2호, 한국가족법학회(2010), 135.

경을 목적으로 하는 행위를 대리하거나 이에 동의하고자 하는 경우에는 후견감독인의 동의를 받아야 한다. 부동산에 대해서는 일률적으로 이러한 제한이 가해지는데 반하여, 동산 등 기타 재산(채권, 저작권, 특허권, 상표권 등 무체재산권을 포함한다)의 경우에는 중요한 재산에 한하여 이러한 제한이 가해진다.

14 중요한 재산인가의 여부를 결정하는 기준은 정해져 있지 않으며, 법원이 구체적인 사정을 고려하여 결정할 수밖에 없을 것이다.[10] 부동산 또는 중요한 재산에 관한 '권리의 득실변경을 목적으로 하는 행위'에는 증여, 매매, 교환과 같이 직접적으로 당해 재산의 취득 또는 상실을 목적으로 하는 행위뿐만 아니라, 소비대차, 담보제공 등과 같이 간접적으로 권리를 상실할 가능성이 있는 경우도 모두 포함된다.[11]

15 또한 당해 행위에 의해 직접적으로 권리의 득실변경이 발생하는 처분행위에 한정되는 것은 아니며, 장래 득실변경이 발생할 것을 목적으로 하는 의무부담행위 내지 채권행위인 것으로 족하다. 특정 부동산에 관하여 장래 일체의 민·형사상 이의를 제기하지 않기로 하는 부제소합의를 하는 경우도 이에 포함된다.[12]

16 또한 가정법원의 허가가 필요한 일정한 사안 유형(예를 들면, 피후견인이 주거용 부동산을 처분하는 경우)에서는 후견감독인의 동의 외에 가정법원의 허가도 받아야 한다(민법 제947조의2 제5항).[13]

5. 소송행위

17 후견인이 피후견인을 대리하여 소송행위를 하는 경우에는 후견감독인의 동의가 필요하다. 여기서의 소송행위는 피후견인이 민사소송이나 가사소송의 원고가 되어 하는 소송행위만을 의미한다는 것이 다수의 견해[14]이다. 따라서 증인·감정인으로 출석하여 진술하는 것은 물론 형사소송행위나 행정소송행위, 비송사건의 신청 등은 포함되지 않는다.[15] 이러한 견해에 따르면 피후견

10 김주수/김상용, 주석 민법, 친족(4)(제5판), 한국사법행정학회(2016), 226.

11 주해친족법(제2권)(제2판), 박영사(2025), 1473(현소혜, 김수정).

12 대법원 1989. 10. 10. 선고 89다카1602 판결.

13 김형석, "성년후견감독인", 성년후견 제2호, 한국성년후견학회(2014), 102.

14 주해친족법(제2권)(제2판), 박영사(2025), 1474(현소혜, 김수정); 김주수/김상용, 친족·상속법(제14판), 법문사((2017), 504; 한봉희/백승흠, 가족법, 삼영사(2013), 352.

15 김주수/김상용, 주석 민법, 친족(4)(제5판), 한국사법행정학회(2016), 227.

인이 민사소송이나 가사소송의 피고가 된 때에는 후견인은 후견감독인의 동의 없이 바로 응소할 수 있다.

18 민사소송법도 후견인이 상대방의 소 제기 또는 상소에 관하여 소송행위를 하는 경우에는 그 후견감독인으로부터 특별한 권한을 받을 필요가 없다고 정하고 있다(민사소송법 제56조 제1항). 다만, 후견인이 소송계속 중에 판결에 기하지 않고 소송을 종료시키는 행위, 즉 소의 취하, 화해, 청구의 포기·인낙 또는 소송탈퇴를 하기 위해서는 후견감독인으로부터 특별한 권한을 받아야 한다(민사소송법 제56조 제2항).

19 후견인이 피후견인을 대리하여 소송행위를 하는 경우에 후견감독인의 동의를 받지 않았다면, 민법 제950조 제3항에 의하여 취소할 수 있는 것이 아니라 무효가 된다.[16] 그러나 사실심 변론종결 시까지 후견감독인이 추인하면, 소송행위는 소급하여 유효로 된다(민사소송법 제60조). 또한 피후견인이 능력자가 된 후 추인을 한 때에도 소송은 소급하여 유효가 된다고 보아야 할 것이다. 후견감독인의 동의는 심급별로 받을 필요는 없고 제1심에서 받으면 족하다.[17]

6. 상속의 승인, 한정승인 또는 포기 및 상속재산의 분할에 관한 협의

20 후견인이 피후견인을 위해 상속의 승인, 한정승인 또는 포기 및 상속재산분할에 관한 협의를 대리하거나 이에 동의하고자 하는 경우에는 후견감독인의 동의를 받아야 한다. 실무상 자주 문제될 뿐만 아니라 이행상반의 가능성이 높아 피후견인에게 상당한 영향을 미칠 수 있는 행위이기 때문에 2011년 개정 민법에서 후견감독인의 동의를 받아야 하는 행위로 추가·신설되었다.[18]

21 예를 들어 후견인이 피후견인 이외의 공동상속인과의 통모 하에 피후견인을 대리하여 상속포기신고를 하거나 상속재산분할협의 과정에서 사실상 상속을 포기함으로써 피후견인의 상속분이 다른 공동상속인에게 귀속되도록 하여 재산을 상속받지 못하게 될 우려가 있으므로, 사전에 후견감독인의 동의를 받도록 한 것이다. 여기의 한정승인에는 민법 제1019조 제3항에 따른 특별한정승인도 포함된다고 해석된다.[19]

16 대법원 2001. 7. 27. 선고 2001다5937 판결.
17 김주수/김상용, 친족·상속법(제14판), 법문사((2017), 504.
18 김형석, "민법 개정안에 따른 성년후견법제", 가족법연구 제24권 제2호, 한국가족법학회(2010), 134.
19 주해친족법(제2권)(제2판), 박영사(2025), 1475(현소혜, 김수정).

Ⅳ. 후견감독인의 동의가 없는 행위의 효력

1. 위반의 효과

22 후견인이 후견감독인의 동의가 필요한 행위를 대리하거나 이에 동의하면서도 후견감독인의 동의를 받지 않은 경우 그 행위는 취소할 수 있다(민법 제950조 제3항). 이 경우 취소는 재판 외의 의사표시로도 할 수 있다.

23 대법원도 "미성년자 또는 친족회가 종전 민법 제950조 제2항에 따라 제1항에 규정에 위반한 법률행위를 취소할 수 있는 권리는 형성권으로서 민법 제146조에 규정된 취소권의 존속기간은 제척기간이라고 보아야 할 것이지만, 그 제척기간 내에 소를 제기하는 방법으로 권리를 재판상 행사하여야만 되는 것은 아니고, 재판외에서 의사표시를 하는 방법으로도 권리를 행사할 수 있다고 보아야 할 것이다."라고 판시하였다.[20]

2. 적용범위

24 민법 제950조 제3항은 '후견감독인의 동의가 필요한 법률행위'에 모두 적용된다고 규정하고 있으나, 실제 적용범위는 그 중 제950조 제1항 제1호 내지 제4호 및 제6호에 한정된다. 민법 제950조 제1항 제5호의 소송행위는 절차적 안정이 요구되므로, 후견감독인의 동의를 받지 않은 경우에는 무효가 되며, 취소할 수 있는 행위에 불과하다고 할 수 없다.[21] 다만, 소송 중에 후견감독인에 의한 추인이 있으면 소급하여 효력이 발생한다(민사소송법 제60조). (☞ 민법 제950조 제1항에 해당하는 행위가 민법 제949조의3의 이해상반행위에도 해당하는 경우 양 조문의 관계에 대해서는 제949조의3 주석 참조.)

3. 취소권자

25 민법 제950조 제3항에 따른 취소권은 피후견인 또는 후견감독인이 행사할 수 있다(민법 제950조 제3항). 이에 대해서는 후견인이 복수로 선임된 경우에 대비하여 공동후견인에게도 취소권한을 부여할 필요가 있다는 비판이 있다.[22] 취소권은 민법 제146조의 규정에 의하여 추인할 수 있는 날로부터 3년, 법률행위를 한 날로부터 10년 내에 행사하여야 하는데, 피후견인 스스로 법

20 대법원 1993. 7. 27. 선고 92다52795 판결.
21 주해친족법(제2권)(제2판), 박영사(2025), 1477(현소혜, 김수정).
22 주해친족법(제2권)(제2판), 박영사(2025), 1477(현소혜, 김수정).

률행위를 취소하는 경우에는 피후견인이 능력자가 된 날로부터 3년 내에 취소권을 행사하여야 한다.

26 다만 취소기간의 기산점에 관하여는 취소권자에 따라 차이가 있는데, 피성년후견인이나 피한정후견인의 경우 의사능력이 있는 한 능력자가 되기 전에도 취소권을 행사할 수 있다. 이 경우 피후견인이 추인을 함에 있어서는 후견인의 동의가 필요하고, 후견인이 피후견인의 추인에 동의를 하는 때에는 다시 후견감독인의 동의가 필요하다는 견해[23]가 있다.

27 판례는 미성년자 본인이 취소를 함에 있어서는 성년자가 되기 전에는 추인을 할 수 없으므로, 성년이 되어야만 비로소 위 3년의 기간이 진행한다고 하였다.[24]

28 후견감독인의 경우 후견감독인이 취소 대상이 되는 행위가 있음을 알았으면 그때부터 취소기간이 진행될 것이다.[25] 민법 제950조 제3항에 따른 피후견인 또는 후견감독인의 취소권은 행사상의 일신전속권이므로 채권자대위권의 목적이 될 수 없다는 것이 판례의 태도이다.[26]

29 민법 제950조에 의한 취소권이 행사상의 일신전속권임에 비추어 상속에 의하여 승계되는 것은 물론이고, 피후견인의 보호라는 취지에서 승계인이나 임의대리인(민법 제140조 참조)에게도 취소권이 있다고 해석하는 것이 타당하다는 견해[27]가 있다.

4. 취소의 효과

30 후견인이 피후견인의 동의를 받지 않고 한 행위가 취소되면 그 행위는 처음부터 무효가 되지만, 피후견인은 그 행위로 인하여 받은 이익이 현존하는 한도에서 상환할 책임이 있다(민법 제141조). 피후견인, 후견감독인, 후견인(후견인이 추인을 하려면 민법 제950조 제1항의 규정에 의하여 후견감독인의 동의가 필요하다)이 취소할 수 있는 행위를 추인하면 취소권은 소멸한다(제143조). 판례도 같은 취지이다.[28] 취소권은 또한 법정추인의 사유가 있거나(민법 제145조) 제

23 김주수/김상용, 주석 민법, 친족(4)(제5판), 한국사법행정학회(2016), 230.
24 대법원 1989. 10. 10. 선고 89다카1602, 1619 판결.
25 윤진수, 친족상속법강의, 박영사(2016), 247.
26 대법원 1996. 5. 31. 94다35985 판결.
27 김주수/김상용, 주석 민법, 친족(4)(제5판), 한국사법행정학회(2016), 229.
28 대법원 1994. 4. 29. 선고 94다1302 판결.

척기간의 경과로도 소멸한다.[29]

5. 표현대리의 성립 여부

31 후견인이 후견감독인의 동의를 요하는 행위를 동의 없이 한 경우에 민법 제126조의 표현대리가 성립할 수 있는지 여부에 관하여, 이를 긍정하는 견해[30]와 부정하는 견해[31]가 있다.

32 대법원은 과거 한정치산자가 친족회의 동의를 얻지 않고 부동산을 처분한 사례에서, "민법 제126조의 표현대리 규정은 거래의 안전을 도모하여 거래 상대방의 이익을 보호하려는 데에 있으므로 법정대리라고 하여 임의대리와는 달리 그 적용이 없다고 할 수 없고, 따라서 한정치산자의 후견인이 친족회의 동의를 얻지 않고 피후견인의 부동산을 처분하는 행위를 한 경우에도 상대방이 친족회의 동의가 있다고 믿은 데에 정당한 사유가 있는 때에는 본인인 한정치산자에게 그 효력이 미친다."고 판시하여 긍정설의 입장을 취하였다.[32]

33 부정설은 현행법상 제한능력자의 보호는 표현대리제도가 목적으로 하는 거래 안전의 보호보다 우월한 이념이고, 이러한 경우 피후견인에게 책임을 돌릴 근거가 부족하다는 점을 주된 근거로 한다.[33]

34 후견감독인의 동의가 없었다는 사실은 행위의 취소를 주장하는 자가 입증하여야 할 것이다.[34]

V. 후견감독인의 동의를 갈음하는 허가

35 후견감독인이 선임되어 있으나, 피후견인의 이익이 침해될 우려가 있음에도 불구하고 그가 동의를 하지 아니하는 경우 가정법원은 후견인의 청구에 의하여 후견감독인의 동의를 갈음하는 허가를 할 수 있다[민법 제950조 제2항, 가사소송법 제2조 제1항 제2호 가목 21)의4].

36 후견감독인의 동의 권한 남용으로부터 피후견인을 보호하기 위한 규정으로

29 대법원 1996. 9. 20. 선고 96다35371 판결.
30 김주수/김상용, 친족·상속법(제14판), 법문사((2017), 505; 김성우, 성년후견실무, 박영사(2018), 71.
31 송덕수, 친족상속법(제4판), 박영사(2018), 248; 윤진수, 친족상속법강의, 박영사(2016), 247.
32 대법원 1997. 6. 27. 선고 97다3828 판결.
33 윤진수, 친족상속법강의, 박영사(2016), 247.
34 김주수/김상용, 주석 민법, 친족(4)(제5판), 한국사법행정학회(2016), 231.

서, 이 때 허가 청구권자를 후견인으로 한정한 것에 대해 비판적인 입장을 취하면서 피후견인에게도 청구권한을 부여해야 한다는 견해가 있다.[35] 또 피후견인 또는 후견감독인의 진술을 듣도록 강제하는 규정은 없으나, 한정후견인의 동의를 갈음하는 심판을 할 때 피한정후견인과 한정후견인의 진술을 듣도록 한 규정을 유추적용하는 것이 바람직하다는 견해[36]가 있다.

35 윤진수/현소혜, 2013년 개정 민법 해설, 법무부(2013), 123.
36 주해친족법(제2권)(제2판), 박영사(2025), 1476(현소혜, 김수정).

제 951 조 [피후견인의 재산 등의 양수에 대한 취소]

① 후견인이 피후견인에 대한 제3자의 권리를 양수하는 경우에는 피후견인은 이를 취소할 수 있다.

② 제1항에 따른 권리의 양수의 경우 후견감독인이 있으면 후견인은 후견감독인의 동의를 받아야 하고, 후견감독인의 동의가 없는 경우에는 피후견인 또는 후견감독인이 이를 취소할 수 있다.

[전문개정 2011. 3. 7.]

[관련조문] 민법 제921조(친권자와 그 자간 또는 수인의 자간의 이해상반행위), 제940조의6(후견감독인의 직무)

[참고문헌] 김주수/김상용, 주석 민법, 친족(4)(제5판), 한국사법행정학회(2016); 주해친족법(제2권)(제2판), 박영사(2025); 윤진수, 친족상속법 강의, 박영사(2016); 신영호, 로스쿨 가족법강의(제2판), 세창출판사(2013); 송덕수, 친족상속법(제4판), 박영사(2018); 김성우, 성년후견실무, 박영사(2018)

[민법 제951조는 한정후견사무(민법 제959조의6)에 관하여 준용]

Ⅰ. 의의

1 제3자가 피후견인에 대하여 가지는 권리를 후견인이 양수하는 것은 그 자체로서 이해상반행위라고 할 수 없으나, 결과적으로 후견인과 피후견인 사이에 이해의 대립관계가 발생하여 피후견인의 이익을 해칠 염려가 있다. 민법 제951조는 위와 같은 위험을 고려하여 후견인이 피후견인에 대한 제3자의 권리를 양수하는 것을 원칙적으로 금지하고자 하는데 목적이 있다.[1] 민법 제951조의 의미는 후견감독인이 없는 경우에는 후견인의 권리 양수를 항상 피후견인이 취소할 수 있고, 후견감독인이 있는 경우에는 후견감독인의 동의가 없는 때에 한하여 취소할 수 있다는 것으로 이해된다.[2]

2 민법 제951조의 결과를 후견인이 피후견인에 대한 제3자의 권리를 양수하는 경우뿐만 아니라 피후견인의 재산을 양수하는 경우에도 마찬가지로 인정해

1 주해친족법(제2권)(제2판), 박영사(2025), 1479(현소혜, 김수정).
2 윤진수, 친족상속법 강의, 박영사(2016), 246.

야 한다는 견해[3]가 있으나, 후견인이 피후견인의 재산을 양수하는 경우는 바로 이해상반행위가 되어 특별대리인을 선임하여야 할 것이고, 민법 제951조를 적용(또는 유추적용)할 것은 아니다.[4]

Ⅱ. 피후견인에게 후견감독인이 없는 경우

3 후견인이 피후견인에 대한 제3자의 권리를 양수하는 경우에는 피후견인은 이를 취소할 수 있다(민법 제951조 제1항). 피후견인에게 후견감독인이 없는 경우 후견인이 피후견인에 대한 제3자의 권리를 양수하더라도 이를 사전에 견제할 아무런 장치가 없기 때문에, 피후견인은 후견인과 제3자 사이의 권리 양도 계약을 취소할 수 있도록 한 것이다. 여기서의 후견인은 성년후견인과 미성년후견인을 포함한다. 또 권리의 양수란 권리의 양도를 목적으로 하는 법률행위에 의한 재산이나 권리의 이전을 의미하며, 유·무상을 묻지 아니한다.

4 따라서 상속이나 유증, 저당권의 실행에 의한 재산이나 권리의 이전은 포함하지 않는다. 취소의 의사표시에 법정대리인에 의한 대리 또는 동의가 필요한 것은 아니나, 취소 당시 의사능력은 있어야 할 것이다. 이에 대하여, 미성년자인 피후견인은 일정한 연령에 이르면 대개 의사능력을 가지므로 취소권을 행사하는데 별 문제가 없으나, 의사능력이 없는 피성년후견인의 보호에는 한계가 있을 수밖에 없다는 비판론[5]이 있다.

Ⅲ. 피후견인에게 후견감독인이 있는 경우

5 후견감독인이 선임되어 있다면 후견인은 피후견인에 대한 제3자의 권리를 양수하는 경우 후견감독인의 동의를 받아야 하고, 후견감독인의 동의가 없는 경우에는 피후견인 또는 후견감독인이 이를 취소할 수 있다(민법 제951조 제2항). 제1항에서와는 달리 제2항의 취소권은 피후견인뿐만 아니라 후견감독인도 행사할 수 있다. 그러나 후견감독인의 동의를 얻은 경우에는 민법 제951조 제2항의 반대 해석상 이를 취소할 수 없다.[6]

3 신영호, 로스쿨 가족법강의(제2판), 세창출판사(2013), 246.
4 송덕수, 친족상속법(제4판), 박영사(2018), 250.
5 김주수/김상용, 주석 민법, 친족(4)(제5판), 한국사법행정학회(2016), 247.
6 김주수/김상용, 주석 민법, 친족(4)(제5판), 한국사법행정학회(2016), 248.

제 952 조 [상대방의 추인 여부 최고]

제950조 및 제951조의 경우에는 제15조를 준용한다.

[전문개정 2011. 3. 7.]

[관련조문] 민법 제15조(제한능력자의 상대방의 확답을 촉구할 권리), 제950조(후견감독인의 동의를 필요로 하는 행위), 제951조(피후견인의 재산 등의 양수에 대한 취소)

[참고문헌] 김주수/김상용, 주석 민법, 친족(4)(제5판), 한국사법행정학회(2016); 주해친족법(제2권)(제2판), 박영사(2025); 송덕수, 친족상속법(제4판), 박영사(2018)

[민법 제952조는 한정후견사무(제959조의6)에 관하여 준용]

Ⅰ. 의의

1 후견감독인의 동의를 받아야 하는 행위의 거래 상대방인 제3자를 보호하기 위한 규정이다. 후견감독인의 동의 없이 민법 제950조 제1항 각호에서 정한 행위를 한 경우 또는 후견감독인의 동의 없이 후견인이 피후견인에 대한 제3자의 권리를 양수한 경우에 이를 취소한다면 후견인과 거래한 상대방에게 불측의 손해를 미칠 수 있기 때문이다. 제한능력자나 후견인에 대하여는 민법 제15조가 직접 적용되므로 제952조에 의하여 제15조를 준용할 필요는 없다.[1]

Ⅱ. 제950조의 경우

2 후견인이 후견감독인의 동의를 받지 않고 피후견인을 대리하여 민법 제950조 제1항 제1호 내지 제6호에 해당하는 행위를 하거나 미성년자(또는 피한정후견인)가 그와 같은 행위를 하는 데 동의한 경우에는 피후견인 또는 후견감독인이 이를 취소할 수 있다(민법 제950조). 이러한 경우 행위의 상대방은 피후견인이 능력자가 된 후에는 피후견인이었던 자에 대하여 1개월 이상의 기간을 정하여 그 행위의 추인 여부의 확답을 최고할 수 있고, 그 기간 내에 확답하지 않은 때에는 그 행위를 추인한 것으로 본다.

1 송덕수, 친족상속법(제4판), 박영사(2018), 250.

3 피후견인이 아직 능력자가 되지 못한 때에 확답을 촉구할 상대방과 관련하여, 민법 제15조의 문언 그대로 법정대리인, 즉 후견인이라는 견해2가 있다(그에 따르면, 후견인은 정해진 기간 내에 후견감독인의 동의를 받아 추인의 의사를 표시할 수 있고, 후견인이 그 기간 내에 후견감독인의 동의를 받은 확답을 발송하지 않은 때에는 당해 법률행위를 취소한 것으로 본다고 한다).

4 이에 반하여 민법 제950조 및 제951조에서 후견인은 취소의 대상이 되는 법률행위의 당사자에 지나지 않아 추인 여부의 확답을 할 지위에 있지 않으므로, 민법 제15조를 제950조 및 제951조에 준용하는 경우에는 그 상황에 적합하게 후견감독인을 확답을 촉구할 상대방으로 보아야 한다는 견해3가 있다.

Ⅲ. 제951조의 경우

5 후견인이 피후견인의 동의를 받지 않고 피후견인에 대한 제3자의 권리를 양수한 경우에는 피후견인 또는 후견감독인은 그 행위를 취소할 수 있다(민법 제951조). 이 경우 제3자는 피후견인이 능력자가 된 후에는 피후견인이었던 자에 대하여 1개월 이상의 기간을 정하여 그 행위의 추인 여부의 확답을 최고할 수 있고, 그 기간 내에 확답하지 않은 때에는 그 행위를 추인한 것으로 본다.

6 피후견인이 능력자가 되기 전의 확답을 촉구할 상대방에 대하여는 앞서 본 바와 같이 후견인이라는 견해와 후견감독인이라는 견해의 대립이 있다(전자의 견해는 위에서 본 바와 같이 민법 제15조 제3항의'특별한 절차를 밟은 확답'을 '후견감독인의 동의를 받은 확답'으로 해석한다).

2 주해친족법(제2권)(제2판), 박영사(2025), 1481(현소혜, 김수정).
3 김주수/김상용, 주석 민법, 친족(4)(제5판), 한국사법행정학회(2016), 249.

제 953 조 [후견감독인의 후견사무의 감독]

후견감독인은 언제든지 후견인에게 그의 임무 수행에 관한 보고와 재산목록의 제출을 요구할 수 있고, 피후견인의 재산상황을 조사할 수 있다.

[전문개정 2011. 3. 7.]

[관련조문] 민법 제940조의6(후견감독인의 직무), 제941조(재산조사와 목록작성), 제944조(피후견인이 취득한 포괄적 재산의 조사 등)

[참고문헌] 김주수/김상용, 주석 민법, 친족(4)(제5판), 한국사법행정학회(2016); 김성우, 성년후견실무, 박영사(2018)

[민법 제953조는 한정후견사무(민법 제959조의6), 특정후견사무(민법 제959조의12)에 관하여 준용]

Ⅰ. 의의

1 후견감독인은 후견인의 후견사무 수행에 대한 포괄적인 감독권한을 가지고(민법 제940조의6 제1항 전단), 이에 근거하여 후견사무와 관련된 일반적인 지시권한을 갖는다.[1] 민법 제953조는 이와 같은 후견감독인의 감독권한에 근거하여 후견인에 대한 구체적인 후견사무 감독방법을 정하는 조문이다. 민법 제953조는 미성년후견인과 성년후견인에 모두 적용된다.

Ⅱ. 후견사무의 보고

2 후견감독인은 후견인에 대하여 언제든지 임무수행에 관한 보고를 요구할 수 있다. 보고를 요구할 수 있는 후견인의 임무에는 피후견인의 재산에 관한 사무와 신상에 관한 사무가 모두 포함되며, 필요에 따라 특정의 사무에 관한 보고만을 요구할 수 있다.[2] 따라서 후견감독인은 수시로 후견인으로부터 피후견인의 신상과 재산 상황을 구두 또는 유선으로 보고받고, 필요한 경우 후견인 또는 피후견인을 직접 면접할 수 있다.

3 후견감독인은 피후견인의 예금계좌 등을 확인하여 지출이 피후견인을 위하

1 김성우, 성년후견실무, 박영사(2018), 147.
2 김주수/김상용, 주석 민법, 친족(4)(제5판), 한국사법행정학회(2016), 249.

여 이루어졌는지 여부와 불필요하거나 과다한 지출은 없는지, 피후견인의 재산 중 처분되거나 변동된 재산은 없는지, 처분된 재산이 있다면 처분의 목적과 대가가 적절한지와 대금을 적정하게 보관하고 사용하였는지, 연금이나 부동산 수익 등의 금액에 변화는 없는지, 후견인이 보고한 수익 현황에 누락된 것은 없는지, 피후견인의 건강이나 치료 상황에 변화가 없는지, 피후견인이 요양원 등 시설에 입소하고 있는 경우에는 후견인이 시설에 정기적으로 방문하고 있는지와 간병인 등 개호담당자 등과 정보를 교환하고 있는지, 거주하는 시설이 피후견인의 생활이나 치료에 부족하거나 불편함이 없는지와 피후견인의 희망에 부합하는지 여부 등을 확인하여야 한다.[3]

4 또한 후견감독인은 정기적으로 후견감독사무보고서를 작성하여 가정법원에 제출하여야 하는데,[4] 이를 위하여 후견인으로부터 후견사무보고서 및 후견업무일지 등을 제출받아야 한다.

Ⅲ. 재산목록의 제출

5 후견감독인은 언제든지 후견인에 대하여 재산목록의 제출을 요구할 수 있다. 여기서 말하는 재산목록은 후견인이 취임할 때에 작성하는 재산목록(민법 제941조)과 후견인의 취임 후에 피후견인이 포괄적 재산을 취득한 경우에 작성되는 재산목록(민법 제944조)을 말한다.[5] 후견감독인이 선임되어 있는 경우 후견감독인의 참여가 없는 재산조사나 재산목록의 작성은 효력이 없다(민법 제941조 제2항).

Ⅳ. 재산상황의 조사

6 후견감독인은 언제든지 직접 피후견인의 재산상황을 조사할 수 있다. 재산상황의 조사를 통하여 재산목록의 내용과 실제 재산상황을 비교할 수 있고, 피후견인의 재산변동 상황이나 관리상태 등을 조사할 수 있다.

3 김성우, 성년후견실무, 박영사(2018), 148.
4 김성우, 성년후견실무, 박영사(2018), 150.
5 김주수/김상용, 주석 민법, 친족(4)(제5판), 한국사법행정학회(2016), 250.

제 954 조 [가정법원의 후견사무에 관한 처분]

가정법원은 직권으로 또는 피후견인, 후견감독인, 제777조에 따른 친족, 그 밖의 이해관계인, 검사, 지방자치단체의 장의 청구에 의하여 피후견인의 재산상황을 조사하고, 후견인에게 재산관리 등 후견임무 수행에 관하여 필요한 처분을 명할 수 있다.

[전문개정 2011. 3. 7.]

[관련조문] 민법 제936조(성년후견인의 선임), 제938조(후견인의 대리권 등), 제939조(후견인의 사임), 제940조(후견인의 변경), 제940조의3(미성년후견감독인의 선임), 제940조의4(성년후견감독인의 선임), 제941조(재산조사와 목록작성), 제942조(후견인의 채권·채무의 제시), 제947조의2(피성년후견인의 신상결정 등), 제953조(후견감독인의 후견사무의 감독), 제955조(후견인에 대한 보수), 가사소송법 제2조(가정법원의 관장 사항), 제9조(가족관계등록부 기록 등의 촉탁), 제45조의4(후견사무의 감독), 후견등기에 관한 법률 제29조(종료등기의 신청), 가사소송규칙 제5조의2(후견등기부기록을 촉탁하여야 할 심판등), 제32조(사전처분), 제38조의2(후견사무등에 관한 지시), 제38조의6(후견사무등의 감독)

[참고문헌] 김주수/김상용, 주석 민법, 친족(4)(제5판), 한국사법행정학회(2016); 김성우, 성년후견실무, 박영사(2018); 성년후견제도해설, 법원행정처(2013)

[민법 제954조는 한정후견사무(제959조의6), 특정후견사무(제959조의12)에 관하여 준용]

Ⅰ. 의의

1 가정법원은 피후견인의 재산상황을 조사하고, 후견인에게 재산관리 등 후견임무 수행에 관하여 필요한 처분을 명할 수 있다[민법 제954조, 가사소송법 제2조 제1항 제2호 가목 22)]. 민법 제954조는 가정법원의 후견사무 감독에 관한 일반적인 근거 규정이다. 종래의 금치산·한정치산제도 아래에서의 감독 기관인 친족회는 그 구성이나 기능 면에서 실질적인 감독 기능을 기대할 수 없다는 비판을 받아 폐지되었고, 2011년 개정 민법에는 후견감독인 제도가 신설되었다.

2 후견감독인은 주로 피후견인을 둘러싸고 이해가 대립되는 상황에서 피후견인을 지속적이고 전문적으로 보호하는 데 장점을 가지고 있다.[1] 그러나 후견

[1] 김성우, 성년후견실무, 박영사(2018), 153.

감독인은 임의기관일 뿐 아니라 후견감독인 보수 등 비용 문제로 인한 제약으로 모든 사건에 선임될 수 있는 것은 아니다. 나아가 후견감독인의 사무수행에 대하여도 적절한 견제와 감독이 필요하다. 따라서 후견제도의 성공적인 정착과 피후견인의 실질적인 보호를 위해서는 피후견인에 대한 최종적인 감독기관인 가정법원의 역할이 중요하다.

3 가정법원의 후견감독에 관한 일반적인 근거 규정은 민법 제954조와 후견사무의 감독을 규정한 가사소송법 제45조의4, 후견사무 등에 관한 지시와 감독을 규정한 가사소송규칙 제38조의2, 제38조의6 등이다. 즉, 민법 제954조에 근거하여 가정법원은 일정한 자의 청구 또는 직권으로 피후견인의 재산관리는 물론 신상보호에 관하여 제한 없이 거의 모든 종류의 처분을 명할 수 있다.[2]

4 가정법원은 민법 제954조에 따른 감독 외에도 후견인의 선임과 변경(민법 제936조, 제940조), 사임에 대한 허가(제939조), 후견감독인의 선임(제940조의3, 제940조의4), 후견인의 법정대리권 또는 신상대행권한의 범위 변경(제938조), 피후견인의 신상결정에 대한 허가(제947조의2), 수인의 후견인 또는 후견감독인의 권한 행사에 관한 결정의 변경과 취소 및 의사표시를 갈음하는 재판(제949조의2, 제940조의7), 후견인과 후견감독인의 보수 수여(제955조) 등을 통하여 후견감독을 시행한다.

Ⅱ. 가정법원의 후견감독 실무

1. 가정법원 후견감독의 일반적인 절차

5 가정법원의 후견감독은 일반적으로, ① 후견개시심판의 확정에 따른 기본후견감독사건의 직권 개시, ② 친족후견인과 미성년후견인에 대한 교육 실시, ③ 후견인의 재산목록 및 안심상속 원스톱서비스 또는 상속인(후견인)금융거래서비스 조회결과 제출, ④ 정기적 후견감독예정일(보통 심판확정일로부터 1년이 경과하는 시점부터 1년 주기로 정해진다) 도래 시 후견인으로부터 후견감독보고서를 제출받아 기본적인 후견감독 실시, ⑤ 추가조사 필요 시 신상 또는 재산에 관한 심층적인 후견감독 실시, ⑥ 후견인 변경 또는 경고나 고발 등의 후속조치 실시, ⑦ 후견임무 수행에 관하여 필요한 처분명령, 권한초과행

2 김성우, 성년후견실무, 박영사(2018), 153.

위 허가심판 등 감독과 관련된 부수사건 처리, ⑧ 피후견인이 사망하거나 능력을 회복하는 등의 경우 후견감독의 종료 순서로 진행된다.[3]

2. 후견개시심판 직후의 후견감독

가. 기본후견감독사건의 개시

6 후견개시심판이 확정되면 가정법원은 직권으로 기본후견감독사건을 개시한다.[4] 기본후견감독사건은 특별한 사정이 없는 이상 해당 후견이 종료할 때까지 계속되고, 후견이 종료되면 심판 없이 기본후견감독사건의 절차는 종료된다(후견사건의 처리에 관한 예규 제7조 제1항·제2항). 법원의 모든 후견감독 절차는 기본후견감독사건을 중심으로 이루어진다.[5]

나. 재산목록 등의 제출 및 확인

7 후견인이 후견사무의 초반에 하여야 할 중요한 사무 중 하나가 피후견인의 재산조사 및 재산목록의 제출이다. 민법은 재산목록의 작성기한을 2개월로 정하고 있지만(민법 제941조 제1항), 심판에서는 보통 친족후견인이 다수인 점을 감안하여 작성 및 제출기한을 특정일로 명시하고 있고, 사건에 따라서는 피후견인의 신상에 관한 보고를 함께 명하는 경우도 있다. 후견인이 재산목록을 제출할 때에는 그 내용의 적정성을 확인하기 위한 자료로 안심상속 원스톱서비스 또는 상속인(후견인)금융거래조회서비스 조회 결과 등을 첨부하도록 하고 있다.[6]

3 김성우, 성년후견실무, 박영사(2018), 153~154.

4 '기본'이라는 표현을 사용하는 이유는 이 사건에서 일상적이고 정기적인 감독이 이루어질 뿐 아니라, 후견감독 과정에서 별개의 사건으로 처리되는 후견인보수 청구사건, 후연인의 임무수행을 위한 처분명령사건 후견감독 과정에서 별개의 사건으로 청구되는 사건들과 구별하기 위함이다. 기본후견감독사건에는 후견개시사건과 별개의 사건번호가 새로 부여된다. 감독사건의 사건부호는 개시사건의 사건부호인 '느단'을 사용하고 있었는데, 사건별 부호문자의 부여에 관한 예규 개정으로 2017. 7. 1.부터는 사건번호 '후감'을 사용하고 있다. 후견개시 재판부는 직권사건 개시서를 작성하여 첨부함으로써, 기본후견감독사건 번호를 부여받는다.

5 따라서 기본후견감독사건이 개시된 후부터는, 감독법원은 기본후견감독사건에서 심문을 여는 등 심리를 할 수 있고, 후견인과 피후견인 등은 기본후견감독사건의 번호를 확인하여 그 번호로 각종 보고서나 교육참여확인서 등 필요한 서류를 접수하여야 한다. 또한 후견감독부수사건 중 가사소송법 제2조 제1항 제2호 가목에서 별개의 사건으로 심판하도록 한 사건들은 기본검독사건과는 별개의 사건번호(사건부호는 '느단'이다)가 부여된다. 따라서 각 법원의 접수담당자나 재판부 실무관은 후견개시사건과 기본후견감독사건 및 후견감독부수사건이 접수되거나 배당될 경우, 관련 사건이 있는지 확인하여 그 재판부에 사건을 배당하고, 해당 사건은 관련 사건으로 전산 입력하여야 한다. 그래야만 법관과 후견감독 담당자가 관련 사건으로 등록된 사건 전부를 후견감독 과정에서 종합적으로 검토할 수 있고, 감독의 통일성과 연속성이 유지될 수 있게 된다.

6 김성우, 성년후견실무, 박영사(2018), 155.

8 재산목록이 제출되면, 감독법원은 후견개시심판 과정에서 제출된 재산목록 및 심문조서, 상속인금융거래조회서비스 조회결과 등과 비교하여 누락된 수입이나 재산이 있는지를 확인한 후 재산목록검토보고서를 작성하고 있고, 이에 기초하여 정기 기본후견감독 예정일까지 후견인의 적정한 후견사무 수행을 기대할 수 있을지, 조기에 심층적인 조사나 개입을 할 필요가 있는지 여부를 판단한다.[7]

다. 친족후견인 등에 대한 교육

9 후견사무의 적정한 수행과 피후견인의 복리 보호를 위해서는 후견인의 역할 강화가 필수적이다. 가정법원은 후견이 개시되면 특별한 사정이 없는 한 지체 없이 새로이 선임된 후견인 등에 대하여 그 직무와 책임에 관한 교육을 실시하고 있다(후견사건의 처리에 관한 예규 제6조 제1항).

10 전문가후견인의 경우 선발요건으로서 후견사무에 대한 일정한 지식과 경험 및 역량을 점검하는 절차를 거치고 있으므로, 가정법원에서는 후견이 개시되면 우선 친족후견인에 대하여 교육을 실시하고 있다. 주된 내용은 후견제도와 후견감독절차에 대한 이해, 재산조사와 재산목록 작성과 제출방법, 일반적인 후견사무 수행 방법, 후견사무 보고서 작성과 제출방법, 법원의 허가를 받아야 되는 사항과 방법 등이다.

11 미성년후견인에 대한 교육을 별도로 실시하는 가정법원도 있는데, 그 교육내용에는 미성년자의 심리적·정서적 특성을 고려하여 미성년자에 대한 보호와 지원, 보호자로서의 역할과 양육방법에 대한 이해 등이 추가된다.[8]

3. 정기 기본후견감독

가. 정기 기본후견감독의 의의

12 기본후견감독은 보통후견개시심판 확정 후 1년이 경과한 시점을 시작으로 매년 제출하도록 되어 있는 후견사무보고서 제출일에 맞추어 정기적으로 시행된다. 보통 법관의 후견감독조사명령에 따라 법원사무관 등 또는 가사조사관이 후견감독사무 담당자(가사소송법 제45조의4, 가사소송규칙 제38조의6)로서 조사명령을 수행하고, 조사를 마친 때에는 후견감독조사보고서를 작성하여 담당 판사에게 보고하여야 한다(후견사건의 처리에 관한 예규 제8조).

7 김성우, 성년후견실무, 박영사(2018), 155.
8 김성우, 성년후견실무, 박영사(2018), 156.

나. 기본후견감독의 준비

13 심판이 확정되고 기본후견감독이 개시되면, 담당 법관은 후견감독조사명령을 하고, 후견감독사건 담당 재판부에서는 심판에 기재된 후견사무보고서 제출 날짜에 맞추어 최초 정기 후견감독예정일을 전산에 입력한다. 후견감독사무 담당자는 후견감독예정일 1개월 전에 후견인교육이수확인서, 재산목록과 후견사무보고서가 제출되었는지 확인하고, 제출되지 않은 경우 보정명령 등을 통하여 제출을 독려한다.

14 후견감독사무 담당자는 본격적인 후견감독에 들어가기 전에 후견개시사건과 기본후견감독사건, 후견감독부수사건 등 관련 사건과 메모를 검토하여 사건의 전체적인 개요와 진행경과, 피후견인의 재산관리 및 신상보호에 관한 일반적인 내용과 특이점, 후견인의 권한 범위, 친족 등 이해관계인과의 다툼 유무, 후견감독부수사건 유무 등을 미리 파악하여 두어야 한다.[9]

다. 기본후견감독의 실시

15 후견감독사무 담당자는 후견인이 제출한 후견사무보고서를 통하여 다음과 같은 사항을 확인한다. 기본후견감독은 후견인에 대한 유선 또는 소환 조사, 신상 및 재산에 관한 현황 파악을 위한 출장조사, 소명자료 제출을 위한 보정명령 등의 방법으로 행하여진다.

1) 기본사항

16 후견인의 보고기한 준수 유무, 피후견인과 후견인의 거주정보와 연락처 등 인적사항의 변동 유무를 확인한다.

2) 피후견인의 재산관리에 관한 사항

17 이미 제출되어 있는 재산목록과 비교하여 적극재산과 소극재산, 수입과 지출 내역의 변동 유무와 소명자료 제출 여부, 지출항목과 지출액이 적정한지 여부, 피후견인의 재산변동 사유가 적정한지 여부, 지출 및 재산관리 계획이 제대로 수립되었는지 여부, 피후견인의 재산관리에 관한 특이사항과 후견인의 의견 등을 확인한다.

9 김성우, 성년후견실무, 박영사(2018), 157.

3) 피후견인의 신상보호에 관한 사항

18 후견인의 피후견인에 대한 접촉 빈도와 방법, 피후견인의 거주지와 거주지의 소유관계, 피후견인과 후견인의 동거 유무, 후견인 외에 동거하는 다른 친족 유무, 시설에 거주하고 있다면 의사, 간호사, 간병인의 상주 여부 및 시설의 규모와 치료 장비의 구비 여부, 피후견인의 정신적·신체적 상태의 변화유무 및 치료 상황, 피후견인에게 생활유지, 개호, 주거확보, 의료, 교육, 재활, 복지서비스 이용 등 적절한 후견서비스가 제공되고 있는지 여부, 후견인의 후견사무 지속의사와 후견계획, 신상결정대행권한 범위의 변경 필요 여부, 피후견인의 신상 보호에 관한 친족의 다툼 등을 확인한다.

4) 기본후견감독보고서 작성 및 제출

19 후견감독사무 담당자는 조사를 마치면 기본후견감독조사보고서를 작성하여 법관에게 제출한다. 기본후견감독조사보고서에는 피후견인의 신상보호와 재산관리가적정하게 이루어지고 있는지, 후견인의 후견사무 수행이 적정하게 이루어지고 있는지에 관한 평가를 요약하여 기재한다. 아울러 후견인의 후견사무에 대한 특이사항과 가능한 후속조치에 대한 의견[10]과 다음 후견감독 시행일 및 검토·유의 사항 등을 기재한다.

5) 후견감독인에 대한 기본후견감독

20 후견감독인에 대해서는, 후견인이 제출한 재산목록이 후견감독인의 참여 하에 작성되었는지(민법 제942조), 후견감독인의 후견감독사무가 적정하게 수행되고 있는지, 즉 후견감독인이 후견인의 후견활동을 정기적으로 확인하고 적시에 적절하게 개입하고 있는지, 후견감독인의 동의사항으로 되어 있는 후견사무(제950조)에 대하여 동의권을 적절하게 행사하고 있는지, 후견인과 원활하게 소통하고 후견인과 피후견인의 상황을 잘 파악하고 있는지, 후견감독사무보고서가 정해진 기한 내에 충실하게 작성되었는지 등을 확인한다.

21 가정법원의 후견감독사무 담당자는 후견감독인의 후견감독사무에 대한 조사를 마치면 후견감독집행조사보고서를 작성하여 법관에게 제출한다.

10 보통 피후견인의 신상보호와 재산관리 현황에 특이사항이 없으면 처분의견을 '현행유지', 관리의견을 '정상관리(1년)'로, 특이사항이 있으면 처분의견을 '경고, 후견인 변경, 고발조치, 후견감독인 선임, 신상 심층후견감독, 재산 심층후견감독', 관리의견을 '관리대상(6개월), 특별관리(3개월), 특별관리(1개월)'로 기재하고 있다.

라. 정기 기본후견감독의 종료와 후속조치

22 후견감독사건 담당 법관은 제출된 후견감독보고서 또는 후견감독집행조사보고서를 통하여 후견인 및 후견감독인의 사무가 적절하게 이루어지고 있는지 확인하고 별다른 문제가 없으면 정기 기본후견감독절차를 종료한다. 피후견인의 보호와 후견인의 적정한 후견사무 수행을 위하여 추가적인 조치가 필요하다고 판단되면 ① 심층후견감독명령, ② 이해관계인의 심문, ③ 경고, ④ 후견감독인의 선임, ⑤ 후견인 변경 또는 추가 선임, ⑥ 고발 등의 후속조치를 취한다.[11]

4. 심층후견감독

가. 심층후견감독의 개념과 종류

23 기본후견감독을 시행한 결과 후견인의 후견사무수행의 적정성과 피후견인의 재산 및 신상에 관한 보다 포괄적이고 깊이 있는 조사와 감독이 필요한 경우, 심층후견감독을 시행한다. 심층후견감독은 피후견인의 재산상황 및 후견인의 재산관리사무에 관하여 회계·세무 전문가가 조사를 하는 재산에 관한 심층후견감독과 사회복지사 등의 후견감독보조인이 피후견인의 거소 등을 방문하여 피후견인의 신상에 대하여 조사하는 신상에 관한 심층후견감독이 있다.

나. 재산에 관한 심층후견감독

24 재산 심층후견감독은 재산의 규모가 크거나 종류가 많아서 회계·세무 전문가에 의한 조사가 필요한 경우, 후견개시 전후로 피후견인의 재산이 권한이나 법원의 허가 없이 일탈된 경우, 기본후견감독 결과 후견인의 횡령이나 재산관리 부실이 발견된 경우, 부동산 처분이나 증여행위에 대한 법원의 허가를 구하는 사건에 있어서 타당성 검토가 필요한 경우 등에 행하여진다. 보통 재산 심층후견감독은 법원이 미리 위촉해 둔 공인회계사, 세무사 등[12]이 담당하는데, 후견기록과 소명자료 등을 검토하는 방법으로 시행한다.[13]

11 김성우, 성년후견실무, 박영사(2018), 159~161.

12 가사소송규칙 제45조의4 또는 그에 따라 제정된 법원의 내규를 근거로 하고, 내규의 정함에 따라 '전문후견감독위원' 또는 '후견감독보조인'으로 부르는 것이 일반적이다. 피후견인의 재산상황을 조사하거나 임시로 재산관리를 할 수 있는 권한이 있고, 보수는 피후견인의 재산에서 지급할 수 있다.

13 김성우, 성년후견실무, 박영사(2018), 161~162.

다. 신상에 관한 심층후견감독

25 신상에 관한 심층후견감독은 피후견인의 건강상태 등에 급격한 변화가 있어 즉각적인 개입이 필요함에도 불구하고 후견인의 적절한 조치가 없는 경우, 피후견인이 정신장애 등으로 폐쇄병동 등에 격리되어 있는 경우, 피후견인이 요양원 등에 장기간 입소하고 있어 후견인이나 친족의 돌봄이 잘 이루어지지 않고 있는 경우, 기본후견감독 결과 후견인이 피후견인의 신상보호 상황을 제대로 파악하지 못하고 있는 경우 등에 행하여진다.

26 신상에 관한 심층후견감독은 법관 또는 조사관이나 사무관 등 기본후견감독 담당자가 행하는 경우도 있으나, 보통 법원이 내규 등을 근거로 미리 선정하여 둔 사회복지사 등의 후견감독보조인이 담당한다.[14]

라. 심층후견감독 실시 후의 절차

27 회계조사나 방문조사 등을 직접 수행한 전문가 등은 보고서를 작성하여 후견감독사무 담당자에게 제출하고, 후견감독사무 담당자는 조사결과 및 의견을 첨부한 심층후견감독사무보고서를 법관에게 제출한다. 법관은 이를 검토한 후 적술한 후속조치 여부 등을 결정하게 된다.[15]

5. 후견감독 종료

가. 후견감독 종료 시의 법원의 업무처리절차

28 개시된 후견이 종료되면 후견감독 역시 종료하게 된다. 감독법원은 피후견인의 사망 사실 등을 알게 된 경우에는 후견인 등으로부터 피후견인의 폐쇄기본증명서를 제출받는다. 피후견인의 재산에 관한 계산보고서가 반드시 법원에 제출되어야 하는 것은 아니지만, 재산에 관한 계산보고서나 최종보고서 등이 제출되면 이를 검토하여 특이사항이 있는 경우 후견감독절차 종료 전에 심층후견감독을 실시하기도 한다.[16]

나. 후견종료등기

29 후견종료심판이 확정된 경우에는 법원의 촉탁에 의하여 후견종료등기가 이루어지고(가사소송법 제9조, 가사소송규칙 제5조의2 제1항), 피후견인이 사망한

14 김성우, 성년후견실무, 박영사(2018), 162.
15 김성우, 성년후견실무, 박영사(2018), 162~163.
16 김성우, 성년후견실무, 박영사(2018), 163.

경우에는 후견인이 사망 사실을 안 날로부터 3개월 내에 후견종료등기신청을 하여야 하므로(후견등기에 관한 법률 제29조 제1항), 감독법원은 후견인 등에게 후견종료등기신청을 안내하고 있다.[17]

Ⅲ. 재산상황의 조사 및 재산관리에 관한 처분

30 가정법원은 효과적인 후견감독을 위하여 재산상황의 조사와 재산관리 등 후견임무 수행에 필요한 처분을 할 수 있다. 대표적인 처분의 하나로서 가정법원은 임무수행에 관한 보고를 명할 수 있다.

31 후견감독인의 경우에는 후견인에 대하여 그 임무 수행에 관한 보고를 요구할 수 있도록 명문으로 규정하고 있다(민법 제953조). 가정법원의 경우에는 이를 명문으로 규정하고 있지는 않으나, 민법 제954조의 '필요한 처분'의 하나로서 후견인에게 후견사무에 대하여 정기적으로 보고하도록 명할 수 있다고 보아야 한다.[18] 가정법원은 후견인에게 피후견인의 재산상황에 대해서 보고하도록 명할 수 있을 뿐 아니라, 피후견인을 위하여 연간, 분기 또는 월별로 지출할 비용을 예정하여 지출 계획을 수립하고, 증빙자료를 첨부하여 그 집행의 결과를 보고하도록 명할 수 있다.

32 가정법원은 그 밖에 필요한 처분으로서 피후견인의 가옥 수선과 같은 재산관리에 관한 사실행위, 등기 등 재산에 대한 보존행위, 재산의 매각, 임대, 담보권의 설정 등과 같은 처분행위도 명할 수 있다.[19] 나아가 후견인이 피후견인을 대리하여 일정한 재산상의 법률행위를 하는 경우에 사전에 가정법원의 허가를 받도록 명하는 것도 민법 제954조의 해석에 의하여 가능하다는 견해[20]가 있으나, 이러한 경우는 민법 제938조 제2항에 근거하여 가정법원의 허가를 얻도록 하는 것이 가능하게 되었다고 할 것이다.[21]

17 김성우, 성년후견실무, 박영사(2018), 164.
18 가정법원의 감독사건 실무도 이와 같이 이루어지고 있음은 앞에서 본 바와 같다.
19 김주수/김상용, 주석 민법, 친족(4)(제5판), 한국사법행정학회(2016), 253.
20 김주수/김상용, 주석 민법, 친족(4)(제5판), 한국사법행정학회(2016), 253.
21 성년후견제도해설, 법원행정처(2013), 70.

제 955 조 [후견인에 대한 보수]

법원은 후견인의 청구에 의하여 피후견인의 재산상태 기타 사정을 참작하여 피후견인의 재산 중에서 상당한 보수를 후견인에게 수여할 수 있다.

[관련조문] 민법 제955조의2(지출금액의 예정과 사무비용), 가사소송법 제2조(가정법원의 관장 사항), 제43조(불복), 가사소송규칙 제27조(청구기각심판에 대한 불복), 제32조(사전처분), 제36조(즉시항고)

[참고문헌] 김주수/김상용, 주석 민법, 친족(4)(제5판), 한국사법행정학회(2016); 김성우, 성년후견실무, 박영사(2018); 후견사건 처리실무, 법원행정처(2015)

[민법 제955조는 미성년·성년후견감독인(민법 제940조의7), 한정후견감독인(제959조의5 제2항), 한정후견사무(제959조의6), 특정후견감독인(제959조의10 제2항), 특정후견사무(제959조의12)에 관하여 준용]

Ⅰ. 의의

1 후견인에 대한 보수 지급방법 및 그 재원을 정하는 조문이다. 여기서 후견인은 미성년후견인과 성년후견인을 모두 포함한다. 위임의 법적 성질에 비추어 후견인은 무보수로 임무를 수행하는 것이 원칙이라고 할 수도 있으나, 사안에 따라서는 후견임무의 수행에 많은 시간과 노력을 요하는 경우도 있으므로, 이에 대한 적절한 보상이 요구된다.[1] 실무상 전문가후견인이 아닌 친족후견인에게는 지출한 비용 외에 보수는 지급하지 않는 것이 일반적이다.

2 그러나 보수를 수여하지 않는 것이 피후견인을 돌보지 않은 다른 친족들과의 형평에 비추어 심히 불공평한 결과가 되는 경우, 친족후견인에게 일정한 보수를 수여하는 것이 동기부여가 되는 등 피후견인의 복리에 도움이 될 것으로 예상되는 경우, 친족후견인이 피후견인을 돌보기 위하여 직장을 그만두거나 기대되는 수입을 포기한 경우로서 피후견인의 개호에 소요되는 시간과 노력, 실제 포기한 수입 등에 관한 객관적인 자료가 제출된 경우 등에는 예외적으로 친족후견인에 대해서도 보수가 수여될 수 있을 것이다.[2]

1 김주수/김상용, 주석 민법, 친족(4)(제5판), 한국사법행정학회(2016), 255.
2 김성우, 성년후견실무, 박영사(2018), 135.

Ⅱ. 보수 수여의 기준

3 가정법원은 후견인의 청구에 의하여 피후견인의 재산상태 기타 사정을 참작하여 피후견인의 재산 중에서 상당한 보수를 후견인에게 수여할 수 있다(민법 제955조). 실무에서는 피후견인의 재산 가액을 기준으로 아래와 같이 7단계로 나누어 보수를 정하고 있다.[3]

피후견인의 재산 가액 (원)	후견인 월별 기본 보수 (원)
1억 이하	200,000
1~2억 미만	300,000
2~5억 미만	400,000
5~10억 미만	500,000
10~30억 미만	600,000
30~100억 미만	900,000
100억 이상	1,300,000 이상

4 실무상 기본 보수를 기준으로 피후견인의 재산이 거주용 부동산 하나만 있는 경우, 단순하고 반복적인 업무만 있는 경우, 후견인의 업무에 대한 성실도가 평균에 미치지 못하는 경우 등에는 감액하고, 소송행위, 상속재산분할 협의, 채권회수 등을 통하여 피후견인의 재산을 증가시킨 경우, 피후견인의 재산관계가 복잡하거나 피후견인의 친족 등 이해관계인들로부터 시달림을 받는 등 업무수행의 난이도가 높은 경우 등에 있어서는 증액하여 보수액을 정하고 있다.[4] 여러 명의 후견인이 선임된 경우에는 업무 분장의 내용에 따라 안분하여야 할 것이다.[5]

3 후견사건 처리실무, 법원행정처(2015), 142.
4 김성우, 성년후견실무, 박영사(2018), 136.
5 후견사건 처리실무, 법원행정처(2015), 142.

Ⅲ. 보수 수여의 방법과 심판

1. 보수 수여의 방법

5 후견인의 보수 수여는 가사소송법상 라류 가사비송사건에서 정하는 바와 같이 별개의 청구에 의하여 심판하도록 되어 있다[가사소송법 제2조 제1항 제2호 가목 23) 참조].

6 후견인은 보통 1년에 한 번 법원에 후견사무보고서를 제출하면서 함께 보수 청구를 하고 있는데, 보수 청구서에는 ① 기본사항(피후견인의 재산정도, 후견사무 수행기간), ② 일반사무 처리(서류 발급, 대면접촉 또는 전화, 재산조회 부동산 보수공사 등 관리, 은행업무와 세금납부와 같은 공과금 처리 등), ③ 특별사무 처리내역(소송행위, 채권회수, 상속재산분할협의, 보험금 수령, 피후견인의 거소 이전 또는 환경 개선 특별진료를 통한 건강회복 등), ④ 피후견인의 친족 사이의 분쟁상황 등 후견사무의 난이도를 결정하는 사유 등을 자세하게 적고 그에 부합하는 자료를 제출한다.[6] 이에 따라 대략적으로 산출된 금액을 청구취지에 기재한다.

7 후견인이 정기급으로 보수의 지급을 청구하였더라도, 피후견인에게 정기급 지급에 적합한 재산이 없는 경우에는(예컨대 피후견인의 유일한 재산이 거주용 부동산인 경우) 피후견인 사후에 일시금으로 지급하도록 정할 수도 있을 것이다.[7] 실무에서는 매년 보수심판을 하는 번거로움을 덜고 일시에 다액의 보수를 지급하는데 대한 피성년후견인이나 친족의 심리적 저항과 반발을 줄이기 위하여 월 지급액으로 정하기도 한다.[8]

2. 보수 수여의 심판과 주문례

8 후견인에 대한 보수수여 심판에 대해서는 즉시항고가 허용되지 않는다(가사소송법 제43조 제1항, 가사소송규칙 제36조 참조).[9] 후견인의 보수수여 청구를 기각한 심판에 대하여는 청구인이 심판을 고지받은 날로부터 14일 내에 즉시항

6 김성우, 성년후견실무, 박영사(2018), 137.
7 김주수/김상용, 주석 민법, 친족(4)(제5판), 한국사법행정학회(2016), 257.
8 김성우, 성년후견실무, 박영사(2018), 137.
9 따라서 이에 대한 불복은 민사소송법 제449조의 요건을 갖춘 경우 특별항고로 보아 대법원에 기록을 송부하여야 한다. 특별항고기간은 재판이 고지된 날로부터 1주일이다(민사소송법 제449조).

고 할 수 있다(가사소송규칙 제27조, 가사소송법 제43조 제5항).

9 민법 제955조는 한정후견인, 특정후견인 및 후견감독인에 대해서도 준용된다(민법 제959조의6, 제959조의12, 940조의7). 후견인 외에 가정법원의 명령에 의하여 후견사무의 실태, 재산상황의 조사 또는 재산관리를 하는 사람(가사소송법 제45조의4 제2항. 법원사무관 등이나 가사조사관 같은 법원 소속 공무원이 아닌 사람을 말한다)이나 후견인선임 심판 등에 앞서 사전처분으로 선임된 직무대행자 또는 임시후견인(가사소송규칙 제32조 제6항)에 대하여도 가정법원은 피후견인의 재산에서 상당한 보수의 지급을 명할 수 있다.

10 후견인에 대한 보수 수여 심판의 주문례는 다음과 같다.

> <정기급으로 지급을 명하는 경우>
> “청구인(성년후견인)에게 사건본인(피성년후견인)의 성년후견사무에 대한 보수로 이 심판 확정일부터 임무 종료일까지 사건본인(피성년후견인)의 재산에서 매월 200,000 원(부가가치세 포함)을 수여한다.
> 위 보수는 성년후견사무의 내용에 따라 증액 또는 감액될 수 있다.”
>
> <일시급으로 지급을 명하는 경우>[10]
> “청구인(성년후견인)에게 2019. 7. 7.부터 2020. 7. 6.까지의 사건본인(피성년후견인)의 성년후견사무에 대한 보수로 사건본인(피성년후견인)의 재산에서 1,600,000 원(부가가치세 포함)을 수여한다.”

10 실무상 일시급으로 지급을 명하는 경우에는 보수 뿐만 아니라 민법 제955조의2에 따른 사무처리비용까지 함께 지급을 명하는 경우가 많다.

제 955 조의 2 [지출금액의 예정과 사무비용]

후견인이 후견사무를 수행하는 데 필요한 비용은 피후견인의 재산 중에서 지출한다.

[본조신설 2011. 3. 7.]

[관련조문] 민법 제954조(가정법원의 후견사무에 관한 처분), 제955조(후견인에 대한 보수), 가사소송법 제2조(가정법원의 관장사항)

[참고문헌] 김주수/김상용, 주석 민법, 친족(4)(제5판), 한국사법행정학회(2016); 주해친족법(제2권)(제2판), 박영사(2025); 김성우, 성년후견실무, 박영사(2018); 성년후견제도해설, 법원행정처(2013)

[민법 제955조의2는 미성년·성년후견감독인(제940조의7), 한정후견감독인(제959조의5 제2항), 한정후견사무(제959조의6), 특정후견감독인(제959조의10 제2항), 특정후견사무(제959조의12)에 관하여 준용]

Ⅰ. 의의

1 후견인의 사무비용 지출에 관하여 정하는 조문이다. 후견인이 후견사무를 수행하는데 필요한 비용은 피후견인의 재산 중에서 지출한다(민법 제955조의2). 종전 민법의 해석상으로도 후견사무에 필요한 비용은 피후견인의 재산으로부터 지출하는 것으로 인정되어 왔으나, 후견 비용의 처리를 둘러싼 불명확성과 분쟁의 소지를 제거하기 위해 2011년 개정 민법에서는 이를 명문화하였다.[1]

2 후견인의 보수는 전조에서 규정하고 있으므로, 민법 제955조의2의 후견비용에 포함되지 않는 것으로 해석된다. 후견비용은 피후견인의 재산 중에서 지출되므로, 후견인에게는 과실수취권이나 수익권이 인정되지 않는다.[2]

Ⅱ. 지출금액의 예정

3 민법 제955조의2의 표제에는 사무비용 외에 지출금액의 예정이 포함되어 있으나 제955조의2 본문에는 관련 내용이 규정되어 있지 않아서, 후견인에게

1 주해친족법(제2권)(제2판), 박영사(2025), 1491(현소혜, 김수정).
2 김주수/김상용, 주석 민법, 친족(4)(제5판), 한국사법행정학회(2016), 257.

지출금액 예정의 의무가 있는지 여부에 관하여 해석상 논란이 있을 수 있다.[3] 지출금액의 예정에 관한 규정을 둔 취지는, 피후견인의 생활, 교육 또는 요양간호 및 재산관리를 위한 비용의 지출을 후견인의 독자적인 판단에 맡길 경우 피후견인에게 불이익이 생길 염려가 있기 때문이다. 따라서 후견인이 처음 취임한 때부터 매년 필요한 지출 예정액을 정하여, 그 한도에 따르도록 함으로써 피후견인의 재산을 보호하려는 것이다.[4] 가정법원은 민법 제954조에 의해서 후견인에게 지출금액의 예정에 관하여 매년 보고하도록 명할 수 있을 것이다.

Ⅲ. 가정법원의 수여 심판이 필요한지 여부

4 후견인의 보수 수여는 가사소송법상 라류 가사비송사건의 하나로 정하고 있지만[가사소송법 제2조 제1항 제2호 가목 23) 참조], 후견인의 사무비용 지출에 관하여는 가사소송법에 별도의 규정이 없어 가정법원의 수여심판이 필요한지 여부가 문제된다. 통신비나 교통비, 기록복사비용 등 통상적인 후견사무 수행을 위하여 지출한 비용은 법원의 심판 없이도 피후견인의 재산에서 지급받을 수 있을 것이다.

5 한편 후견사무 집행을 위하여 이행보조자를 둔 경우 그에 대한 보수, 통상적인 범위를 넘는 교통비의 지출(예컨대 후견사무 수행을 위하여 여객기의 비즈니스 석을 이용하는 경우, 대중교통이 아닌 택시나 자가용을 이용하는 경우 택시요금 또는 유류비와 기사의 일당) 등은 문제가 될 여지가 있다.

6 이에 대하여는, 피후견인의 재산가액이나 후견사무의 긴급성과 난이도 등을 종합하여 사안에 따라 구체적으로 판단하여야 할 것이나, 이러한 경우라면 가정법원에 비용수여 청구를 통하여 지급받는 것이 적정성 여부에 대한 논란을 피할 수 있을 것이라는 견해[5]가 있다.

3 성년후견제도해설, 법원행정처(2013). 53.
4 김주수/김상용, 주석 민법, 친족(4)(제5판), 한국사법행정학회(2016), 258.
5 김성우, 성년후견실무, 박영사(2018), 135.

제 956 조 [위임과 친권의 규정의 준용]

제681조 및 제918조의 규정은 후견인에게 이를 준용한다.

[관련조문] 민법 제681조(임대차의 의의), 제918조(제삼자가 무상으로 자에게 수여한 재산의 관리), 제922조(친권자의 주의의무), 가사소송법 제2조(가정법원의 관장 사항)

[참고문헌] 김주수/김상용, 주석 민법, 친족(4)(제5판), 한국사법행정학회(2016); 배인구, "성년후견제도에 관한 연구-시행과 관련된 이론적·실무적 쟁점을 중심으로", 고려대학교 석사학위논문(2013)

Ⅰ. 의의

1 후견인의 사무처리와 관련된 준용 규정으로서, 민법 제956조에 따르면 민법 제681조 및 제918조는 후견인에게 준용된다. 이때 후견인에는 미성년후견인과 성년후견인이 모두 포함된다.

Ⅱ. 후견인의 주의의무

2 위임에 관한 민법 제681조가 후견인에게 준용되므로, 후견인은 선량한 관리자의 주의로써 후견사무를 처리하여야 한다. 친권자의 주의의무가 자기 재산에 관한 행위와 동일한 정도로 경감되는 것과 차이가 있다(민법 제922조 참조). 따라서 후견인은 경과실에 대해서도 책임을 지며, 피후견인에게 손해가 생기면 배상하여야 한다(그 손해배상책임의 성질에 관해서는 후견인이 피후견인의 사무를 처리한다는 점에서 위임관계와 유사하므로 채무불이행책임으로 구성할 수도 있고, 후견인과 피후견인이 자유로운 의사에 의한 계약관계가 아니라 일종의 신분관계라는 점에서는 불법행위책임으로 구성할 수도 있을 것이다).[1]

3 민법 제956조에 의해 후견인은 수임인에 준하는 지위를 갖게 된다. 따라서 일본 최고재판소[2]의 태도와 같이 그가 후견사무를 처리함에 있어 배임·횡령 등을 한 때에는 친족상도례 규정이 적용되지 않는다는 견해[3]가 있다. 참고로

1 김주수/김상용, 주석 민법, 친족(4)(제5판), 한국사법행정학회(2016), 259.
2 日最決 2012. 10. 9. 刑集 第66卷 10号.
3 배인구, "성년후견제도에 관한 연구-시행과 관련된 이론적·실무적 쟁점을 중심으로", 고려대학교 석사학위논문(2013), 44.

우리나라에도 친족후견인이 피성년후견인의 재산을 횡령한 사건에서 친족상도례의 적용을 배척하고 후견인에게 유죄를 선고한 하급심 판결[4]이 있다(위 사건의 항소심[5]은 "성년후견인의 후견사무는 공적인 성격을 가지므로, 친족 사이의 사적관계에서 발생한 일부 재산범죄에 관한 특례규정인 형법 제328조 제1항은 적용될 수 없고, 이러한 법률의 해석이 죄형법정주의 원칙에 반하지도 않는다."는 이유로 원심의 유죄 판단을 유지하였다).

Ⅲ. 제3자가 무상으로 피후견인에게 준 재산관리

4 후견인에게는 민법 제918조가 준용된다. 따라서 무상으로 피후견인에게 재산을 수여한 제3자가 후견인의 관리에 반대하는 의사를 표시한 때에는 후견인이 그 재산을 관리하지 못한다(민법 제918조 제1항). 이 경우 당해 재산은 제3자가 지정한 재산관리인 또는 제3자가 지정한 사람이 없을 때에는 법원이 선임한 재산관리인에 의해 관리된다[민법 제918조 제2항, 가사소송법 제2조 제1항 제2호 가목 15) 참조]. 법원은 이미 지정 또는 선임된 관리인을 개임할 수도 있다(민법 제918조 제3항). (☞ 상세한 내용은 민법 제918조 주석 참조).

4 제주지방법원 2017. 11. 8. 선고 2017고단284 판결.
5 제주지방법원 2018. 9. 6. 선고 2017노672 판결(확정).

제 4 관 후견의 종료

<신설 2011. 3. 7>

제 957 조 [후견사무의 종료와 관리의 계산]

① 후견인의 임무가 종료된 때에는 후견인 또는 그 상속인은 1개월 내에 피후견인의 재산에 관한 계산을 하여야 한다. 다만, 정당한 사유가 있는 경우에는 법원의 허가를 받아 그 기간을 연장할 수 있다.

② 제1항의 계산은 후견감독인이 있는 경우에는 그가 참여하지 아니하면 효력이 없다.

[전문개정 2011. 3. 7.]

[관련조문] 민법 제11조(성년후견종료의 심판), 제14조한정후견종료의 심판), 제14조의3(심판 사이의 관계, 제909(친권자), 제909조의2(친권자의 지정 등), 제926조(실권 회복의 선고), 제927조(대리권, 관리권의 사퇴와 회복), 제927조의2(친권의 상실, 일시 정지 또는 일부 제한과 친권자의 지정 등), 제931조(유언에 의한 미성년후견인의 지정 등, 제940(후견인의 변경), 제955조(후견인에 대한 보수), 제959조의20(후견계약과 성년후견·한정후견·특정후견의 관계), 가사소송법 제9조(가족관계등록부 기록 등의 촉탁), 제45조의3(성년후견·한정후견·특정후견 관련 심판에서의 진술 청취), 후견등기에 관한 법률 제29조(종료등기의 신청), 가사소송규칙 제5조의2(후견등기부기록을 촉탁하여야 할 심판등), 제38조(정신상태의 감정)

[참고문헌] 김주수/김상용, 주석 민법, 친족(4)(제5판), 한국사법행정학회(2016); 주해친족법(제2권)(제2판), 박영사(2025); 송덕수, 친족상속법(제4판), 박영사(2018); 김성우, 성년후견실무, 박영사(2018); 김형석, "성년후견·한정후견의 개시심판과 특정후견의 심판", 서울대학교 법학 제55권 제1호, 서울대학교 법학연구소(2014)

[민법 제957조는 한정후견인(제959조의7), 특정후견인(제959조의13)에 관하여 준용]

Ⅰ. 의의

1 후견사무 종료에 따른 후견인의 임무를 정하기 위한 조문이다. 민법 제957조는 미성년후견인과 성년후견인 모두에게 적용된다.

Ⅱ. 후견 종료의 원인

2 민법 제957조는 "후견인의 임무가 종료된 때"적용된다. 후견의 종료는 그 원인에 따라 후견 그 자체가 종료하는 경우, 즉 절대적 종료와 후견은 종료하지 않으나 현재 후견임무를 수행하는 후견인의 임무가 종료하는 경우, 즉 상대적 종료로 분류하는 것이 일반적이다. 어떤 경우이든 후견인의 임무가 종료하면 후견인이, 후견인이 사망하였을 때에는 그 상속인이 민법 제957조에 따른 관리계산을 할 의무를 진다.[1]

Ⅲ. 절대적 종료

1. 미성년후견의 종료

3 미성년후견이 절대적으로 종료되는 원인으로는, 먼저 미성년자 보호의 필요성이 없어진 경우가 있다. 여기에 해당하는 것으로는 ① 미성년자가 성년에 도달한 경우, ② 미성년자가 혼인하여 성년으로 의제되는 경우, ③ 미성년자가 사망한 경우 등이 있다.

4 둘째로 종전의 친권으로 이행하는 경우가 있는데, 여기에는 ① 친권상실선고 또는 법률행위대리권과 재산관리권 상실선고에 대한 실권회복선고가 있는 경우(민법 제926조), ② 법률행위대리권과 재산관리권을 사퇴하였던 친권자가 이를 회복한 경우(제927조) 등이 해당한다.

5 셋째로 새로운 친권자가 생기는 경우이다. 즉, ① 미성년자가 양자가 되어서 양친의 친권에 따르는 경우(민법 제909조 제1항 후문), ② 부모를 알지 못하여 후견이 개시되었던 미성년자의 모가 판명되거나 부에 의하여 인지된 경우, ③ 단독친권자의 사망, 양부모의 사망 등으로 인하여 미성년후견인이 선임되었는데, 그 후 가정법원이 생존친 또는 친생부모를 친권자로 지정한 경우(제909조의2 제4항), ④ 단독친권자에게 소재불명 등 친권을 행사할 수 없는 중대한 사유가 있어서 미성년후견인이 선임되었는데, 그 후 부 또는 모가 다시 친권을 행사할 수 있게 되어 가정법원에서 새로 친권자로 지정된 경우(제927조의2 제2항 제3호), ⑤ 유언으로 미성년후견인이 지정되었으나, 가정법원이 청구에 의하여 생존친을 친권자

1 김주수/김상용, 주석 민법, 친족(4)(제5판), 한국사법행정학회(2016), 262.

로 지정한 경우(제931조 제2항) 등이다.

2. 성년후견·한정후견·특정후견의 종료

6 절대적으로 종료하는 경우로는 성년후견·한정후견 종료의 심판, 피성년후견인·피한정후견인의 사망 등이 있다. 특정후견의 경우에는 후견의 목적인 특정한 사무가 종료하거나 특정후견개시심판에서 정한 일정한 기간이 만료함으로써 당연히 종료된다.[2] 일정한 기간이 도과하면 바로 성년후견이 종료되도록 하는 기간제한 규정을 두자는 입법론적 제안이 있었으나 관철되지 아니하였다.

7 따라서 가정법원이 성년후견·한정후견 개시심판 당시 그 기간을 정한 경우에도 기간의 도과만으로는 성년후견이나 한정후견이 종료될 수 없다.[3] 가정법원이 성년후견개시의 심판을 하면서 그 기간을 정할 수 없다는 견해[4]도 있다.

IV. 상대적 종료

8 후견이 상대적으로 종료하는 경우는 후견인의 사망·사임·변경·결격의 사유가 발생하였을 때라고 보는 것이 다수의 견해[5]이다. 다만 후견인의 결격 사유가 발생한 경우에 대해서는, 결격 사유가 절대적인 것이 아닐 뿐 아니라 후견인 변경이나 사임 심판 없이 결격 사유의 존재만으로 곧바로 후견인이 교체되거나 후견인의 임무가 종료되도록 하는 것이 반드시 피후견인의 복리에 유리하다고 할 수 없으므로, 결격 사유 발생이 독립적인 후견 종료 사유가 되는 것은 아니라는 견해[6]가 있다.

9 후견인이 배우자였던 경우에 혼인관계가 종료하면 혼인의 종료만으로 후견이 종료한다고 볼 것인지의 문제가 있다. 종전 민법의 법정후견인 제도 하에서는 배우자라는 신분관계에 기하여 당연히 후견인이 되었다는 점에서 배우자의 지위를 잃게 되면 후견도 종료한다고 해석되었지만, 2011년 개정 민법에서는 가정법원이 가장 적합한 사람을 후견인으로 선임한다는 점에서 배우자로서의 신분

2 김주수/김상용, 주석 민법, 친족(4)(제5판), 한국사법행정학회(2016), 261.

3 주해친족법(제2권)(제2판), 박영사(2025), 1495(현소혜, 김수정).

4 김형석, "성년후견·한정후견의 개시심판과 특정후견의 심판", 서울대학교 법학 제55권 제1호, 서울대학교 법학연구소(2014), 459.

5 김주수/김상용, 주석 민법, 친족(4)(제5판), 한국사법행정학회(2016), 261; 주해친족법(제2권)(제2판), 박영사(2025), 1495(현소혜, 김수정); 송덕수, 친족상속법(제4판), 박영사(2018), 250.

6 김성우, 성년후견실무, 박영사(2018), 138.

상실이 당연히 후견 종료의 사유가 된다고 볼 수는 없다.[7]

10 그러나 혼인관계가 해소된 경우에는 전 배우자가 계속해서 후견인으로서 임무를 수행하는 것이 적절하지 않은 경우가 대부분일 것이므로, 가정법원은 직권 또는 일정한 자의 청구에 의하여 후견인을 변경할 필요가 있을 것이다(민법 제940조).[8]

V. 후견 종료에 따른 사무처리

1. 후견종료심판의 경우

11 성년후견과 한정후견 개시의 원인이 소멸한 경우에는 후견인이 가정법원에 후견종료심판의 청구를 하여야 한다(민법 제11조, 제14조 참조). 감정은 필수적인 것은 아니지만(가사소송규칙 제38조 참조), 실무에서는 거의 예외 없이 감정이 실시되고 있다.[9] 한편 피후견인에게 다른 종류의 후견을 개시하는 심판을 하는 경우(민법 제14조의3, 제959조의20 참조)에는 법원이 직권으로 후견종료심판을 한다.

12 어느 경우이든 법원은 원칙적으로 피후견인과 후견인의 의견을 청취하여야 하고(가사소송법 제45조의3 제1항 제2호), 개시심판과는 달리 성년후견과 한정후견의 종료심판에 대해서는 즉시항고가 허용되지 않는다.

13 후견종료심판이 확정되면, 가정법원의 법원사무관 등은 재판장의 명을 받아 지체 없이 후견등기관에게 후견등기부에 기록할 것을 촉탁해야 하므로(가사소송법 제9조, 가사소송규칙 제5조의2 제1항 참조), 후견인은 별도의 후견종료등기신청을 할 필요가 없다.

2. 피후견인 사망의 경우

14 피후견인이 사망하면, 후견인은 가정법원에 후견종료심판청구를 하는 것이 아니라 사망사실을 안 날로부터 3개월 내에 가정법원[10]의 후견등기사무를 담당하는 후견등기관에게 종료등기신청을 하여야 한다(후견등기에 관한 법률 제29조 제1항). 또한 후견인은 감독법원에 피후견인의 폐쇄기본증명서와 아래에서 보는 재산에

7 주해친족법(제2권)(제2판), 박영사(2025), 1495(현소혜, 김수정).

8 김주수/김상용, 주석 민법, 친족(4)(제5판), 한국사법행정학회(2016), 261.

9 김성우, 성년후견실무, 박영사(2018), 139.

10 후견등기사무의 관할에 대해서는 후견등기에 관한 법률 제4조 및 후견등기에 관한 규칙 제9조에서 정하고 있는데, 원칙적으로 사건본인의 주소지를 관할하는 가정법원이지만, 법원의 심판에 따른 후견등기사무는 그 사건의 제1심 가정법원이 관할 법원이 된다.

관한 계산보고서를 제출하여야 한다.

15 이는 감독법원의 후견감독을 종료하게 하기 위함이다. 피후견인이 사망하면 후견인의 일반적인 권한과 의무는 원칙적으로 소멸하고, 후술하는 바와 같이 일정한 범위 내에서만 권한과 의무를 부담한다.[11]

VI. 후견사무 종료에 따른 계산

1. 계산의 주체

16 후견인의 임무가 종료한 때에는 후견인 또는 그 상속인(상속포기신고를 한 상속인은 포함되지 않으나, 한정승인신고를 한 상속인은 이에 해당된다)[12]은 1개월 내에 피후견인의 재산에 관한 계산을 하여야 하고, 다만 정당한 사유가 있는 경우에는 법원의 허가를 받아 그 기간을 연장할 수 있다(민법 제957조 제1항).

17 계산의무자는 절대적 종료와 상대적 종료를 불문하고 ① 후견인의 사망, 실종선고 이외의 사유로 인한 임무종료의 경우에는 당해 후견인 또는 그 법정대리인(후견인이 피성년후견인이나 피한정후견인이 된 경우)이며, ② 후견인의 사망, 실종선고로 인한 임무종료의 경우에는 그 상속인 또는 법정대리인(상속인이 피성년후견인이거나 피한정후견인인 경우)이다.

2. 계산 보고의 상대방

18 계산 보고의 상대방이 누가 될 것인지는 후견 종료의 원인에 따라 나누어 생각해 볼 수 있다. 먼저 절대적 종료의 경우에는 ① 미성년자의 성년도달과 성년후견종료심판의 확정으로 인한 후견종료의 경우는 피후견인이었던 자, ② 피후견인의 사망, 실종선고로 인한 후견종료의 경우에는 피후견인이었던 저의 상속인 또는 그 법정대리인, ③ 미성년후견에 있어서 친권으로 이행되어 후견이 종료된 경우에는 친권자 등이 된다. 다음으로 상대적 종료의 경우에는 새로 선임된 후견인이 될 것이다.

3. 관리 계산의 내용 및 방법

19 피후견인의 재산에 관한 계산은 재산목록, 후견사무보고서에 기재하여 감독법원

11 김성우, 성년후견실무, 박영사(2018), 139.
12 김성우, 성년후견실무, 박영사(2018), 140.

에 이미 제출한 것으로 포함하여, 후견사무종료시를 기준으로 피후견인의 적극재산, 소극재산, 수입과 지출 등 모든 사항을 결산한 것을 의미한다. 따라서 직전 후견사무보고서를 기준으로 이후에 변동된 사항이 있으면 이를 기재하여 정기 후견사무보고서에 해당하는 형식으로 계산보고서를 작성하면 된다.[13] 금전 기타 물건의 반환인도 혹은 상환 등의 행위는 포함되지 않는다.[14]

20 관리 계산을 완료하고 이를 보고하는 기간은 후견종료의 날로부터 1개월 내이다. 다만 계산 내용이 복잡하거나 후견인에게 부득이한 사정이 있어서 이 기간을 연장하는 것이 상당하다고 인정할 수 있는 사유가 있는 때에는 가정법원의 허가를 받아 그 기간을 연장할 수 있다[가사소송법 제2조 제1항 제2호 가목 24) 참조].

21 위의 관리 계산은 후견감독인(미성년후견감독인 또는 성년후견감독인)이 있는 경우에는 그의 참여가 없으면 효력이 없다(민법 제957조 제2항). 이는 계산의 정확을 기하려는 취지이다. 관리 계산의 의무 위반은 채무불이행이 될 것이다. 또 민법 제957조의 의무는 간접강제에 의하여 이행을 강제할 수 있다는 견해[15]가 있다.

Ⅶ. 후견인의 보수 청구의 문제

22 후견사무의 종료 시까지의 후견인의 보수는 피후견인의 재산에서 지급되어야 한다(민법 제955조). 그런데 피후견인이 사망하면 피후견인의 재산은 상속재산이 되어 그에 대한 후견인의 관리권은 소멸됨이 원칙이고, 특히 상속인들 사이에 상속재산분할협의까지 이미 이루어진 후에는, 상속채무인 후견인 보수의 지급을 둘러싸고 상속인들과 후견인 사이에 다툼이 종종 발생한다.

23 후견인은 재산에 관한 계산 보고를 완료하기 전에 후견종료 시까지의 보수 청구를 함이 바람직하고, 가사 가정법원으로부터 보수심판을 받지 못하였다고 하더라도 이를 반영하여 재산에 관한 보고를 하여야 한다. 만일 재산에 관한 보고에 반영하지 못한 채 재산 인도까지 마친 경우, 상속인들이 임의로 보수지급에 응하지 않는다면 민사소송 등을 통하여 지급받을 수밖에 없을 것이다.[16]

13 김성우, 성년후견실무, 박영사(2018), 140.
14 김주수/김상용, 주석 민법, 친족(4)(제5판), 한국사법행정학회(2016), 263.
15 김주수/김상용, 주석 민법, 친족(4)(제5판), 한국사법행정학회(2016), 264.
16 김성우, 성년후견실무, 박영사(2018), 141.

제 958 조 [이자의 부가와 금전소비에 대한 책임]

① 후견인이 피후견인에게 지급할 금액이나 피후견인이 후견인에게 지급할 금액에는 계산종료의 날로부터 이자를 부가하여야 한다.
② 후견인이 자기를 위하여 피후견인의 금전을 소비한 때에는 그 소비한 날로부터 이자를 부가하고 피후견인에게 손해가 있으면 이를 배상하여야 한다.

[관련조문] 민법 제379조(법정이율), 제957조(후견사무의 종료와 관리의 계산)

[참고문헌] 김주수/김상용, 주석 민법, 친족(4)(제5판), 한국사법행정학회(2016); 주해친족법(제2권)(제2판), 박영사(2025); 김성우, 성년후견실무, 박영사(2018)

[민법 제958조는 한정후견인(제959조의7), 특정후견인(제959조의13)에 관하여 준용]

Ⅰ. 의의

1 후견사무종료에 따른 후견인 또는 피후견인의 책임을 정하는 조문이다. 미성년후견인과 성년후견인에게 모두 적용된다.

Ⅱ. 이자의 부가

2 후견사무 종료에 따른 계산결과 후견인이 피후견인에게 지급할 금액 또는 피후견인이 후견인에게 지급할 금액이 있는 때에는 계산종료의 날로부터 이자를 부가하여야 한다(민법 제958조 제1항). 후견인이 피후견인에게 지급할 금액이란 후견인이 관리하는 피후견인의 금전 또는 후견인이 피후견인을 위해 수령한 금전 등을 말한다.[1]

3 이러한 금전은 피후견인에게 속하는 것이므로, 후견인이 그 임무를 종료하였을 때에는 하루빨리 이를 피후견인에게 반환하여야 한다. 다만 그 금액은 후견의 계산에 의하여 비로소 확실하게 알 수 있으므로, 그 계산의 종료 이후 이에 이자를 붙이도록 하였다.[2] 이율은 연 5푼의 법정이율에 의한다(민법 제379조). 다만 후견사무와 관련 없는 원인으로 발생한 채무, 예컨대 불법행위로 인한 손해배상

1 김성우, 성년후견실무, 박영사(2018), 140.
2 김주수/김상용, 주석 민법, 친족(4)(제5판), 한국사법행정학회(2016), 265.

채무 등은 여기에 해당하지 않는다.

4 한편 피후견인이 후견인에게 지급할 금액이란, 후견사무 집행에 관하여 피후견인이 후견인에 대하여 부담하는 금전채무, 예컨대 후견인이 대신 지급한 후견사무 비용 등을 말한다.[3] 현실적으로 후견인이 언제나 피후견인의 재산에서 후견사무의 집행에 필요한 모든 비용을 지출하는 것은 어려우며, 실제로는 종종 자신의 재산으로 그 제출에 충당하는 경우가 있을 것이다.

5 이러한 경우 그 지출은 피후견인이 부담하여야 할 것이나, 다만 그 금액은 후견계산을 종료함으로써 확정되므로, 후견의 계산종료의 날로부터 법정이율에 의한 이자를 붙여서 후견인에게 지급하도록 하였다. 역시 후견사무의 집행과 관련 없는 다른 원인으로 지급할 금전에는 민법 제958조의 적용이 없다. 이때 계산종료의 날이란 실제 계산이 종료된 날을 의미하고, 민법 제957조에 따른 후견인 임무 종료일로부터 1개월이 경과한 날을 의미하는 것은 아니다.[4]

Ⅲ. 금전소비의 책임

6 후견사무 종료에 따른 계산결과 후견인이 자기를 위하여 피후견인의 금전을 소비한 것이 밝혀진 때에는 그 소비한 날로부터 이자를 부가하고, 피후견인에게 손해가 있으면 이를 배상하여야 한다(민법 제958조 제2항). 후견인이 후견사무집행의 범위 밖에서 자기를 위하여 피후견인의 금전을 소비하는 것은 불법행위이다. 이로 인하여 피후견인에게 손해를 입힌 때에는 손해배상의 의무가 있는 것은 물론이나, 민법 제958조는 다시 그 금전을 소비한 날로부터 법정이율에 의한 이자를 붙여서 소비금액을 피후견인에게 반환하도록 하였다.

7 이러한 규정을 둔 것은 '후견인이 자기를 위하여 피후견인의 금전을 소비한 때에 반환할 금액'을 민법 제958조 제1항에 따른 '후견인이 피후견인에게 지급할 금액'에 포함된 것으로 해석하여 계산종료일로부터 이자를 부가하는 일이 발생하지 않도록 이를 명백히 한 것이라는 견해[5]가 있다.

3 김성우, 성년후견실무, 박영사(2018), 140.
4 주해친족법(제2권)(제2판), 박영사(2025), 1497(현소혜, 김수정).
5 주해친족법(제2권)(제2판), 박영사(2025), 1497(현소혜, 김수정).

제 959 조 [위임규정의 준용]

제691조, 제692조의 규정은 후견의 종료에 이를 준용한다.

[관련조문] 민법 제129조(대리권소멸후의 표현대리), 제691조(위임종료시의 긴급처리), 제692조(위임종료의 대항요건)

[참고문헌] 김주수/김상용, 주석 민법, 친족(4)(제5판), 한국사법행정학회(2016); 주해친족법(제2권)(제2판), 박영사(2025); 박동섭, 친족상속법(제4판), 박영사(2013); 송덕수, 친족상속법(제4판), 박영사(2018); 한봉희/백승흠, 가족법, 삼영사(2013); 김성우, 성년후견실무, 박영사(2018)

Ⅰ. 의의

1 후견사무 종료에 관한 준용규정이다. 후견종료 후에는 후견인이 피후견인을 위하여 어떠한 행위도 할 수 없다면, 피후견인에게 불이익을 가져올 우려가 적지 않다. 따라서 민법 제959조는 위임의 규정을 준용하여 후견인에게 수임인의 의무를 부과하였다. 이때 후견에는 미성년후견과 성년후견이 모두 포함된다.

Ⅱ. 후견종료 후의 긴급처리

2 후견종료 후에 피후견인, 그 상속인이나 후임의 법정대리인이 그 사무를 처리할 수 있을 때까지는 후견인, 그 상속인이나 법정대리인은 급박한 사정이 있는 때에는 그 사무의 처리를 계속하여야 한다. 이때에는 후견이 존속하는 것과 동일한 효력이 있다(민법 제959조, 제691조). 사무처리는 위와 같이 급박한 사정이 있는 때에 한하며, 그 범위를 일탈해서는 안 된다.[1]

3 '급박한 사정'이란 위임사무에 속하고 있던 수임인의 권리가 곧 시효로 소멸할 우려가 있는 경우, 위임인이 중병 때문에 스스로 위임사무를 볼 수 없거나 새로운 수임인을 선임하기도 어려운 경우 등 종래 위임의 취지에 따라서 선처하지 않으면 위임인에게 불이익이 되는 경우를 말한다.[2] 이와 관련하여, 피후견인의 생전에 후견인이 수행하고 있던 피후견인의 가족관계등록부 상의 추정 선순위

1 김주수/김상용, 주석 민법, 친족(4)(제5판), 한국사법행정학회(2016), 266.
2 주해친족법(제2권)(제2판), 박영사(2025), 1498(현소혜, 김수정).

단독 상속인에 대한 입양무효소송 및 위 상속인을 상대로 한 재산반환 및 손해배상청구 소송의 수행을 위하여 후견인의 임무수행의 계속을 명하고 소송행위를 허가한 하급심 심판[3]이 있다.

4 한편, 피후견인의 상속인이 없거나 상속인이 있더라도 즉시 피후견인의 장례 등과 관련된 사무를 처리할 형편이 되지 못하는 경우에는 후견인은 긴급한 사무로서 피후견인의 장례에 관한 사무를 처리할 수 있다는 견해[4]도 있으나, 이러한 일들은 후견인의 원래 사무 영역에 포함되지 않거나 급박한 사정에도 포섭되지 않으므로, 후견인은 위임종료시의 긴급처리에 관한 민법 제691조에 의해서 위와 같은 사무를 처리할 수 없다는 반대론[5]이 있다.

Ⅲ. 후견종료의 대항요건

5 후견종료의 대항요건에도 위임에 관한 규정이 준용된다. 즉, 후견종료의 사유는 이를 상대방에게 통지하거나 상대방이 이를 한 때가 아니면 이로써 상대방에게 대항할 수 없다(민법 제959조, 제692조). 여기서 '상대방'이 누구를 의미하는지에 관하여, ① 후견인을 의미한다는 견해,[6] ② 피후견인에 대해서는 후견인이 되고, 후견인에 대해서는 피후견인이 된다는 견해,[7] ③ 후견종료 후 후견인과 거래한 상대방[8]이라는 견해가 있다.

3 서울가정법원 2017. 3. 27. 자 2016느단52387 심판(확정) 참조. 위 사안에서는 상속개시 전부터 상속대상 재산을 은닉하거나 소비해 온 단독 상속인의 상속적격에 대한 소송(입양무효소송)이 계속 중이어서, 후견인이 사무를 중단할 경우 상속재산을 관리할 수 있는 사람이 사실상 존재하지 않는 급박한 사정이 있으므로, 입양무효소송을 통하여 확정된 정당한 상속인이 소송을 수계하거나 정당한 상속인이라고 주장하는 사람이 상속재산 보존을 위한 새로운 소송을 제기할 때까지 후견사무를 계속할 필요가 있다고 판단하였다. 실제로 입양무효 소송에서 위 단독 상속인의 입양이 무효로 판단되기도 하였다[서울가정법원 2017. 12. 14. 선고 2016드단305795 판결(확정) 참조].

4 김주수/김상용, 주석 민법, 친족(4)(제5판), 한국사법행정학회(2016), 267.

5 김성우, 성년후견실무, 박영사(2018), 142. 이와 관련하여 일본의 성년후견사무의 원활화를 도모하기 위한 민법 및 가사사건수속법의 일부를 개정하는 법률(2016. 4. 6. 제정, 2016. 10. 13. 시행)에 따라 개정 된 일본 민법 제873조의2는, 위에서 든 것과 같은 이른바 '사후(死後)사무'에 관하여 후견인이 사무를 계속할 필요가 있고 상속인의 의사에 반하지 않는 것이 명백한 경우에 한하여 상속인이 상속재산을 관리할 수 있을 때까지 일정한 범위 내에서 후견인의 사무수행을 허용하고 있는바, 위 견해는 우리나라도 일정한 요건 하에 후견인의 위와 같은 사후사무 처리를 허용하는 입법이 필요하다고 한다.

6 주해친족법(제2권)(제2판), 박영사(2025), 1498(현소혜, 김수정); 박동섭, 친족상속법(제4판), 박영사(2013), 417.

7 김주수/김상용, 주석 민법, 친족(4)(제5판), 한국사법행정학회(2016), 267; 송덕수, 친족상속법(제4판), 박영사(2018), 251.

8 한봉희/백승흠, 가족법, 삼영사(2013), 355.

6 위 ①의 견해에 의하면, 위 규정의 취지는 예컨대 피성년후견인에 대하여 후견종료심판이 확정되었음에도 불구하고 성년후견인에게 이를 통지하지 않아 성년후견인이 이를 모르고 후견사무를 계속 수행하였다면 보수를 지급받을 수 있고, 그의 대 리행위도 유효하다는 의미라고 한다.[9] 위 견해에 따르면 후견종료 후 후견인과 거래한 상대방은 민법 제129조에 따른 표현대리의 성립을 주장할 수 있다고 한다.

7 후견등기부의 경우 그 증명서의 발급 청구권자가 극히 제한되어 있고, 등기부 기록 여부에 따라 상대방의 귀책사유 판단이 달라진다면 누구나 피후견인에게 관련 증명서를 발급받아 올 것을 요구함으로써 사실상 낙인과 배제의 결과를 가져올 수 있으므로, 후견종료심판이 후견등기부에 기록되었다는 사실은 표현대리의 성립 여부에 큰 영향을 줄 수 없을 것이다.[10]

9 다만 현행 가사소송법상 성년후견종료심판은 성년후견인에게도 고지하도록 되어 있으므로, 그다지 실익은 없다.

10 주해친족법(제2권)(제2판), 박영사(2025), 1499(현소혜, 김수정).

제 2 절 한정후견과 특정후견

<신설 2011. 3. 7>

[총설]

[참고문헌] 김주수/김상용, 주석 민법, 친족(4)(제5판), 한국사법행정학회(2016); 윤진수/현소혜, 2013년 개정 민법 해설, 법무부(2013); 김성우, 성년후견실무, 박영사(2018); 후견사건 처리실무, 법원행정처(2015); 구상엽, "성년후견제도의 입법과정에서의 주요 쟁점 및 향후 과제", 민사법학 제65호, 한국민사법학회(2013); 김형석, "민법 개정안에 따른 성년후견법제", 가족법 연구 제24권 제2호, 한국가족법학회(2010); 김형석, "성년후견·한정후견의 개시심판과 특정후견의 심판", 서울대학교 법학 제55권 제1호, 서울대학교 법학연구소(2014); 박인환, "성년후견제도 시행 4년의 평가와 과제", 법조 통권 제722호, 법조협회(2017)

Ⅰ. 한정후견

1. 한정후견의 대상 및 청구권자

가. 한정후견의 대상자

1 2011년 개정 민법은 행위능력 제한과 후견인의 동의나 대리에 의한 행위능력의 보충을 불가분적으로 이해하였던 전통적 후견 관념을 버리고, 피후견인의 개별적, 구체적인 필요에 따라 보호조치를 유연하게 구성할 수 있는 한정후견제도를 도입하였다.[1]

2 한정후견은 가정법원이 사건본인의 상태에 맞게 행위능력을 제한할 수 있는 후견 유형이므로 정신적 제약으로 인하여 사무처리 능력이 부족한 사람 중에서 성년후견의 원인이 있는 경우를 제외한 모든 사람을 대상으로 할 수 있는 탄력적인 보호유형이다.[2]

1 김형석, "민법 개정안에 따른 성년후견법제", 가족법 연구 제24권 제2호, 한국가족법학회(2010), 118.
2 후견사건 처리실무, 법원행정처(2015), 100. 성년후견제도 입법 과정에서 한정후견이 가장 광범위한 적용 대상을 가지고 법정후견의 중심이 될 수 있도록 설계되었다는 견해로는, 구상엽, "성년후견제도 입법과정애서의 주요 쟁점 및 향후 과제", 민사법학 제65호, 한국민사법학회(2013), 680 참조.

3 한정후견이 개시될 본인은 "질병, 장애, 노령, 그 밖의 사유로 인한 정신적 제약으로 사무를 처리할 능력이 부족한 사람"이어야 한다(민법 제12조 제1항). 즉, 한정후견의 대상자는 ① 정신적 제약으로 ② 사무처리능력이 부족해야 하며, ③ 정신적 제약과 사무처리 능력의 부족 사이에 인과관계가 있어야 하고, ④ 사건본인은 성년자이어야 한다.

4 대상자에게 정신적 제약이 있을 것을 요건으로 하므로, 신체적 장애가 있다 하더라도 그것만으로는 한정후견이 개시될 수 없다. 듣고 말하는 능력이 제약된 경우에도 대체로 여러 보조수단에 의해 의사표시를 하는 것에 큰 문제가 없으므로 신체적 제약을 성년후견이나 한정후견개시 사유로 할 필요는 없다고 보이고, 또한 신체적 장애로 인한 정신적 제약이 있으면 이를 이유로 성년후견이나 한정후견을 할 수 있다는 것에는 의문이 없기 때문이다.[3]

5 성년후견은 사무처리 능력의 지속적 결여를 요건으로 하지만(민법 제9조 참조), 한정후견은 그 정도에 이르지 아니한 사무처리 능력의 부족상태를 이유로 개시할 수 있다. 성년후견과 달리 사무처리 능력의 흠결이 지속적이어야 함을 명시적인 요건으로 하고 있지는 않으나, 한정후견이 개시되면 반드시 한정후견인을 선임해야 하고 한정후견종료심판이 있기 전까지 한정후견이 계속되는 것을 전제로 하고 있기 때문에 성년후견과 마찬가지로 정신적 제약의 지속성이 요구된다고 해석된다.[4]

6 한편, 종래의 한정치산에서와는 달리 재산의 낭비로 자기나 가족의 생활을 궁박하게 할 염려가 있는 사람에 대해서는 그러한 낭비벽이 정신적 제약에 따른 사무처리 능력의 부족이라는 관점에서 포섭되지 않는 한, 단순히 자기나 가족의 생활을 궁박하게 할 염려가 있다는 이유만으로 한정후견을 개시할 수는 없다.[5]

7 정신적 제약과 사무처리 능력의 부족 사이에 인과관계가 있어야 한다. 즉 사무처리 능력이 부족하다는 사정이 질병, 장애, 노령 그 밖의 사유로 인한 정신적 제약의 결과로 존재하여야 한다.

8 또한 한정후견개시심판의 본인은 성년자이어야 한다. 한정후견개시심판의 청구

3 김형석, "성년후견·한정후견의 개시심판과 특정후견의 심판", 서울대학교 법학 제55권 제1호, 서울대학교 법학연구소(2014), 443.

4 후견사건 처리실무, 법원행정처(2015), 101.

5 김형석, "성년후견·한정후견의 개시심판과 특정후견의 심판", 서울대학교 법학 제55권 제1호, 서울대학교 법학연구소(2014), 460; 윤진수/현소혜, 2013년 개정 민법 해설, 법무부(2013), 39.

권자에 미성년후견인과 미성년후견감독인이 포함되어 있으나, 이것이 미성년자에 대해서 한정후견을 개시할 수 있다는 취지는 아니다. 미성년자의 보호는 친권자나 미성년후견인의 보호로 충분하므로, 미성년자에 대하여 한정후견에 의한 보호를 할 이유가 없다.

9 특히 미성년자의 행위능력은 제한되는데 반하여, 피한정후견인은 원칙적으로 행위능력을 보유하므로, 미성년자에 대해서 한정후견을 개시하는 것은 미성년자 보호 제도의 취지와 맞지 않는다.[6]

나. 한정후견개시심판의 청구권자

10 한정후견의 심판절차는 청구권자의 청구에 의해 개시한다(가정법원이 직권으로 절차를 개시할 수 없음은 성년후견의 경우와 같다). 청구권자는 "본인, 배우자, 4촌 이내의 친족, 미성년후견인, 미성년후견감독인, 성년후견인, 성년후견감독인, 특정후견인, 특정후견감독인, 검사 또는 지방자치단체의 장"이다(민법 제12조 제1항).

11 후견계약이 등기되어 있는 경우에는 위 청구권자들 이외에 임의후견인과 임의후견감독인도 한정후견개시 심판을 청구할 수 있으나, 이 경우 가정법원은 본인의 이익을 위하여 특별히 필요할 때에만 한정후견개시의 심판을 하게 된다(민법 제959조의20 제1항).

12 미성년자가 한정후견의 대상이 될 수 없음은 앞서 본 바와 같다. 따라서 미성년후견인, 미성년후견감독인이 한정후견의 심판을 청구하는 것은, 정신적 제약으로 사무를 처리할 능력이 부족한 상태에 있는 미성년자가 아무런 보호조치 없이 성년에 이르게 되면 보호의 공백상태가 생길 수 있어 이러한 사태를 사전에 방지할 목적으로 성년기에 가까운 시점에서 한정후견개시의 심판을 청구할 수 있는 경우로 한정된다.[7]

다. 후견 유형의 변경 문제

13 한정후견의 청구권자에는 성년후견인, 성년후견감독인, 특정후견인, 특정후견감독인이 포함되어 있는데, 이는 성년후견이 개시된 경우라 할지라도 피성년후견인의 정신능력이 호전된 경우 성년후견보다는 제약이 적은 한정후견으로 후견 유형을 변경할 수 있도록 한 것이다. 마찬가지로 특정후견이 개시된 이후라도

6 김주수/김상용, 주석 민법, 친족(4)(제5판), 한국사법행정학회(2016), 272.
7 김주수/김상용, 주석 민법, 친족(4)(제5판), 한국사법행정학회(2016), 272; 윤진수/현소혜, 2013년 개정 민법 해설, 법무부(2013), 28.

필요한 경우에는 한정후견으로 변경할 수 있다.[8]

14 다른 한편으로, 한정후견개시 심판의 청구가 있었으나 의사의 감정 등의 결과 피후견인이 될 사람의 사무처리 능력이 지속적으로 결여되어 있는 경우 가정법원은 성년후견개시의 심판을 할 수 있는가 또는 반대로 성년후견개시심판 청구에 대하여 한정후견개시 심판을 할 수 있는가의 문제가 있다.

15 이에 관하여는, ① 비송사건에서 법원은 당사자의 청구취지에 구속되지 않는다는 점 등을 들어 가능하다는 견해,[9] ② 성년후견개시심판의 청구가 있더라도 한정후견에 의한 보호로 충분하다면 가정법원은 한정후견개시심판을 할 수 있으나, 반대로 한정후견개시심판을 청구한 경우에 성년후견개시심판을 하는 것은 청구인의 신청의 범위를 초과한 것으로서 필요최소개입의 원칙에 부합하지 않는다는 이유로 허용되지 않는다는 견해,[10] ③ 후견개시 여부에 대한 결정과 후견 유형의 선택에 있어서 가정 존중되어야 할 것은 사건본인의 의사이고, 한정후견 심판의 경우 제한되는 행위를 구체적으로 정하여야 하는 실제적인 필요가 있으므로, 원칙적으로 당사자가 청구하는 유형의 후견심판만이 가능하다는 견해[11] 등이 있다.

16 이에 관하여 대법원은 "성년후견이나 한정후견에 관한 심판 절차는 가사소송법 제2조 제1항 제2호 (가)목에서 정한 가사비송사건으로서, 가정법원이 당사자의 주장에 구애받지 않고 후견적 입장에서 합목적적으로 결정할 수 있다. 이때 성년후견이든 한정후견이든 본인의 의사를 고려하여 개시 여부를 결정한다는 점은 마찬가지이다(민법 제9조 제2항, 제12조 제2항). 위와 같은 규정 내용이나 입법 목적 등을 종합하면, 성년후견이나 한정후견 개시의 청구가 있는 경우 가정법원은 청구취지와 원인, 본인의 의사, 성년후견 제도와 한정후견 제도의 목적 등을 고려하여 어느 쪽의 보호를 주는 것이 적절한지를 결정하고, 그에 따라 필요하

8 후견사건 처리실무, 법원행정처(2015), 101.

9 윤진수/현소혜, 2013년 개정 민법 해설, 법무부(2013), 40.

10 김주수/김상용, 주석 민법, 친족(4)(제5판), 한국사법행정학회(2016), 273.

11 김성우, 성년후견실무, 박영사(2018), 51. 이 견해에 의하면, 가정법원은 심리결과 청구한 후견 유형의 요건이 충족되지 않거나 법원이 후견적 입장에서 다른 유형의 후견을 개시함이 상당하다고 판단하는 경우에는 청구취지 변경을 권고하고 그 신청을 기다려 심판함이 상당하고, 다만 사건본인의 복리와 보호를 위해서 후견개시가 반드시 필요함에도 불구하고 청구인이 요건이 충족되지 않는 유형의 후견만을 고집하면서 법원의 청구취지변경권고에도 응하지 아니하는 예외적인 경우에는, 법원이 후견적 입장에서 청구취지변경 없이 다른 유형의 후견을 개시할 수 있다고 한다.

다고 판단하는 절차를 결정해야 한다. 따라서 한정후견의 개시를 청구한 사건에서 의사의 감정 결과 등에 비추어 성년후견 개시의 요건을 충족하고 본인도 성년후견의 개시를 희망한다면 법원이 성년후견을 개시할 수 있고, 성년후견 개시를 청구하고 있더라도 필요하다면 한정후견을 개시할 수 있다고 보아야 한다." 라고 판시[12]하여, 위 ①의 견해를 취하고 있다.

2. 한정후견개시심판의 절차

가. 관할과 사전처분

17 한정후견개시심판의 청구(심판청구서는 전산양식 C2859)에 대한 재판은 가정법원의 전속관할에 속하고[가사소송법 제2조 제1항 제2호 가목 1)의3], 피한정후견인이 될 사람의 주소지의 가정법원이 관할한다(가사소송법 제44조 제1항 제1호의2). 한정후견개시의 심판청구가 있는 경우에도 가사소송법상 사전처분을 활용할 수 있다(가사소송법 제62조).

18 즉, 가정법원은 사전처분으로 임시후견인을 선임할 수 있으며, 한정후견을 개시하는 절차에서 임시후견인에 대해서는 한정후견인에 관한 규정이 준용된다(가사소송규칙 제32조 제4항). 이러한 임시후견인의 선임처분은 그 선임된 자에게 고지하여야 하고, 가정법원의 사무관 등은 지체 없이 사건본인에게 그 뜻을 통지해야 한다(가사소송규칙 제32조 제5항·제2항).

19 또한 가정법원은 상당하다고 인정할 때에는 언제든지 임시후견인에게 사건본인의 신상보호 또는 재산관리에 필요한 명령을 할 수 있고, 그 선임한 임시후견인을 해임하거나 개임할 수 있다(가사소송규칙 제32조 제5항·제3항). 임시후견인에 대해 청구인 또는 사건본인의 재산으로부터 상당한 보수를 지급할 것을 명할 수 있다(가사소송규칙 제32조 제6항).

20 이러한 사전처분이 있으면 대법원규칙이 정하는 바에 따라 후견등기부에 기록된다(후견등기에 관한 법률 제27조). 임시후견인을 선임하거나 개임하는 재판, 그의 권한범위를 정하거나 변경하는 재판, 여러 명의 임시후견인의 권한 행사에 관한 결정과 그 변경 또는 취소의 재판이 있으면 후견등기사무를 처리하는 자에게 지체 없이 후견등기부기록을 촉탁해야 한다(가사소송법 제9조, 가사소송규칙 제5조의2 제1항 제5호). 이러한 재판이 효력을 상실하거나 종료한 때에는 가정법원의

12 대법원 2021. 6. 10. 자 2020스596 결정.

법원사무관 등은 가사소송법 제9조의 예에 의하여 후견등기부기록을 촉탁해야 한다(가사소송규칙 제5조의2 제2항).

나. 필수적 감정과 가사조사

21 심판절차에서 가정법원은 피한정후견인이 될 사람의 정신상태에 관하여 의사에게 감정을 시켜야 한다(가사소송법 제45조의2 제1항 본문). 실무상 사건본인을 둘러싼 사람들 사이에 이해관계의 대립이 있는 경우, 병원 진료기록이 없거나 그 진료기록이 지나치게 오래된 경우에는 일반적으로 감정을 실시하고 있다.[13]

22 정신과 전문의가 감정하는 것이 원칙이나, 반드시 그 분야의 전문가로 감정주체가 한정되는 것은 아니다.[14] 청구인이 감정받기 희망하는 병원이 대학병원, 종합병원, 그에 준하는 전문 정신병원 등으로 병원의 신뢰성에 별 문제가 없다면 그 병원으로 감정촉탁을 하고, 특별히 희망하는 병원이 없거나 청구인이 감정받기 희망하는 병원이 감정하기에 부적절한 경우에는 업무협약을 체결한 병원에 감정촉탁을 하는 것이 실무관행이다.[15]

23 그러나 피한정후견인이 될 사람의 정신상태를 판단할 만한 다른 충분한 자료가 있는 경우에는 예외적으로 감정을 생략할 수 있다(가사소송법 제45조의2 제1항 단서).

24 대법원도 "가사소송법 제45조의2 제1항은 '가정법원은 성년후견 개시 또는 한정후견 개시의 심판을 할 경우에는 피성년후견인이 될 사람이나 피한정후견인이 될 사람의 정신상태에 관하여 의사에게 감정을 시켜야 한다. 다만 피성년후견인이 될 사람이나 피한정후견인이 될 사람의 정신상태를 판단할 만한 다른 충분한 자료가 있는 경우에는 그러하지 아니하다'라고 정하고 있다. 이 규정의 의미는 의사의 감정에 따라 정신적 제약으로 사무를 처리할 능력이 부족하거나 지속적으로 결여되었는지를 결정하라는 것이 아니라, 의학상으로 본 정신능력을 기초로 하여 성년후견이나 한정후견의 개시 요건이 충족되었는지 여부를 결정하라는 것이다. 따라서 피성년후견인이나 피한정후견인이 될 사람의 정신상태를 판단할 만한 다른 충분한 자료가 있는 경우 가정법원은 의사의 감정이 없더라도 성년후견이나 한정후견을 개시할 수 있다."라고 판시하였다.[16]

13 후견사건 처리실무, 법원행정처(2015), 16.
14 김성우, 성년후견실무, 박영사(2018), 39.
15 후견사건 처리실무, 법원행정처(2015), 16.
16 대법원 2021. 6. 10. 자 2020스596 결정.

25 정신감정과 관련하여, 한정후견의 경우에는 가정법원이 한정후견인의 법률행위 대리권의 범위, 동의권의 범위 및 신상결정 대행의 범위를 직권으로 정하여야 하므로, 감정서 또는 진단서 내용을 세분화하여 재산관리 및 신상보호에 관한 사건본인의 능력을 파악할 수 있게 하는 것이 바람직하다.[17]

26 한정후견개시 사건의 심리에 있어서 가사조사는 사건본인의 정신적 제약 상태를 비롯한 후견개시 여부에 관한 정보와 후견인 후보자를 비롯한 친족 등 이해관계인에 관한 정보를 수집하고, 후견감독에 대비하여 후견인 후보자를 교육하고 신뢰를 형성하는 기능을 한다.

27 사건본인을 둘러싼 친족 등 이해관계인 사이에 다툼이 현실화되어 있는 경우, 표면적으로는 다툼이 없는 것으로 보이지만 후견개시 이후에는 다툼이 발생할 가능성이 높아 보이는 경우, 후견청구의 실질적인 동기가 된 근본적인 갈등의 원인이나 문제점을 파악하여야 할 경우, 사건본인의 정신적 제약 여부를 판단할 진단서나 진료기록이 없고 감정을 할 수도 없는 경우, 사건본인이 정신병원 등에 수용되어 있어 그의 의사와 상태를 출장조사를 통하여 확인하여야 하는 경우, 후견인 후보자에 대한 심층조사가 필요한 경우, 후견개시 심판 청구 전에 친족 등에 의한 사건본인 재산의 일탈이 발견된 경우, 청구인이나 후견인 후보자가 유일한 가족이거나 먼 친척 또는 이해관계인인 경우, 후견인 후보자가 지나치게 연로하거나 연소한 경우 등에는 보통 가사조사가 실시된다.[18]

다. 본인의 의사 고려 및 이해관계인의 진술청취

28 가정법원은 한정후견개시의 심판을 할 때 본인의 의사를 고려해야 한다(민법 제12조 제2항, 제9조 제2항). 이를 위해 가정법원은 한정후견개시의 심판을 할 때 피한정후견인이 될 사람의 진술을 들어야 한다(가사소송법 제45조의3 제1항 제1호). 진술을 들을 때 가정법원은 피한정후견인이 될 사람을 직접 심문하여야 한다(가사소송법 제45조의3 제2항 본문).

29 다만 그 사람이 자신의 의사를 밝힐 수 없거나 출석을 거부하는 등 심문할 수 없는 특별한 사정이 있는 때에는 그러하지 아니하다(가사소송법 제45조의3 제2항 단서). 그리고 이러한 심문을 위해 검증이 필요한 경우에는 민사소송법 제365조, 제366조 제1항·제3항을 준용한다(가사소송법 제45조의3 제3항).

17 후견사건 처리실무, 법원행정처(2015), 102.
18 김성우, 성년후견실무, 박영사(2018), 46.

30 이상의 규정에 따라 피한정후견인이 될 사람의 진술을 듣는 외에는, 가정법원은 사건관계인을 심문하지 아니하고 한정후견개시의 심판을 할 수 있다(가사소송법 제45조). 그러나 한정후견의 개시는 사건본인 및 그 친족들에게 영향을 줄 수 있으므로, 가정법원이 심판에 이해관계를 가지는 관계인들도 심문하는 것이 상당하다.[19]

31 특히 사건본인이나 사건본인을 보호하고 있는 친족 등이 사건본인의 정신상태가 온전함을 주장하면서 후견개시에 반대하고 있는 경우에는 사건본인에 대한 심문은 필수적이고, 사건본인의 추정 선순위 상속인을 비롯하여 의견을 조회한 친족이나 가사조사의 대상이 된 이해관계인 모두를 소환하여, 후견개시 여부 및 후견인 선임에 대한 의견을 듣는 것이 바람직하다.[20]

라. 한정후견개시심판

32 가정법원은 한정후견의 청구가 있으면 그에 대해 심판을 하여야 한다. 가정법원이 한정후견개시의 심판을 할 경우, 반드시 동시에 한정후견인을 선임하여야 한다(민법 제959조의2).

33 한정후견개시의 심판은 당사자와 절차에 참가한 이해관계인에게 고지해야 하고(가사소송규칙 제25조), 한정후견인으로 선임된 사람과 한정후견감독인으로 선임된 사람에게 고지해야 한다(제35조 제1항). 불복이 없는 한, 이 고지에 의해 효력이 발생한다(가사소송법 제40조). 또한 가정법원의 사무관 등은 심판에 대해 지체없이 사건본인에게 그 뜻을 통지해야 한다(가사소송규칙 제35조 제2항).

34 이러한 심판에 대해서는 한정후견의 청구권자가 즉시항고할 수 있으며, 임의후견을 받는 사람에게 한정후견이 개시된 때에는 임의후견인과 임의후견감독인도 불복할 수 있다(가사소송규칙 제36조 제1항 제2호 가목, 즉시항고기간은 가사소송규칙 제31조).

35 한정후견개시의 심판이 효력을 발생한 경우에는 지체 없이 후견등기사무를 처리하는 사람에게 후견등기부기록을 촉탁해야 한다(가사소송법 제9조, 가사소송규칙 제5조의2 제1항 제2호 가목, 후견등기에 관한 법률 제20조 제1항).

36 가정법원은 신청인이 부당한 목적으로 심판 청구를 하는 것이 명백한 경우가 아닌 한 가사비송절차에 소요되는 비용을 지출할 자금능력이 없거나 이를 지출

19 김형석, "성년후견·한정후견의 개시심판과 특정후견의 심판", 서울대학교 법학 제55권 제1호, 서울대학교 법학연구소(2014), 463.

20 김성우, 성년후견실무, 박영사(2018), 50.

하면 생활에 현저한 지장이 있는 사람에 대하여 그 사람의 신청에 따라 또는 직권으로 절차구조를 할 수 있다(가사소송법 제37조의2 제1항). 여기에는 민사소송법 제128조 제2항부터 제4항, 제129조부터 제131조가 준용되며(가사소송법 제37조의2 제2항), 민사소송규칙 제24조부터 제27조가 준용된다(가사소송규칙 제22조의2).

3. 한정후견개시의 효과

가. 한정후견인의 선임과 그 권한

37 한정후견개시의 효과는 일차적으로 한정후견인이 선임된다는 것 외에는 없다. 한정후견개시의 심판만으로는 피한정후견인의 행위능력제한도 발생하지 않으며, 한정후견인이 법정대리인이 되는 것도 아니다. 가정법원이 별도로 한정후견인에게 피한정후견인의 법률행위에 대한 동의권을 유보하는 심판을 한 때에만 그 정한 범위 내에서 피한정후견인의 행위능력은 제한되며(민법 제13조), 가정법원이 별도로 법정대리권과 신상결정대행권한을 부여한 한도에서만 한정후견인은 법정대리인이 되고 신상결정을 대행할 수 있다(제959조의4).[21]

나. 피한정후견인의 행위능력과 동의권

38 성년후견인이 법률의 규정에 의하여 당연히 피성년후견인에 대한 포괄적인 대리권을 가지고 주로 대리권 행사를 통해서 직무를 수행하는 것과는 달리, 한정후견인이 대리권을 보유하기 위해서는 별도로 가정법원의 심판이 있어야 하고 동의권 행사가 중요한 직무수행 방식이라는 점에서 큰 차이가 있다. 가정법원은 피한정후견인이 한정후견인의 동의를 받아야 하는 행위의 범위를 정할 수 있는데(민법 제13조 제1항), 피한정후견인의 잔존능력과 의사, 후견이 필요한 사무의 범위 등을 파악하기 위하여, 실무에서는 한정후견 심판청구서에 그에 관한 의견을 기재한 서면을 제출받고 있다.[22]

39 이와 같이 범위가 정하여졌더라도 사건본인, 배우자, 4촌 이내의 친족, 한정후견인, 한정후견감독인, 검사 또는 지방자치단체의 장의 청구에 의하여 그 범위를 변경할 수 있다(민법 제13조 제2항). 한정후견인의 동의를 필요로 하는 행위에 대하여 한정후견인이 피한정후견인의 이익이 침해될 염려가 있음에도 그 동의를

21 김형석, "성년후견·한정후견의 개시심판과 특정후견의 심판", 서울대학교 법학 제55권 제1호, 서울대학교 법학연구소(2014), 465.

22 김성우, 성년후견실무, 박영사(2018), 111.

하지 아니하는 때에는 가정법원은 피한정후견인의 청구에 의하여 한정후견인의 동의를 갈음하는 허가를 할 수 있다(민법 제13조 제3항).

40 피한정후견인이 한정후견인의 동의를 받아야 하는 행위의 범위 결정과 그 변경 및 한정후견인의 동의를 갈음하는 허가는 모두 가사소송법상 라류 가사비송사건으로 정해져 있다[가사소송법 제2조 제1항 제2호 가목 1)의4].

다. 한정후견인의 법률행위 대리권

41 한정후견인은 당연히 피한정후견인을 대리할 권한을 부여받는 것은 아니지만, 가정법원은 피한정후견인의 보호를 위하여 필요한 경우 한정후견인에게 대리권을 수여하는 심판을 할 수 있고(민법 제959조의4 제1항), 본인, 배우자, 4촌 이내의 친족, 한정후견인, 한정후견감독인, 검사 또는 지방자치단체의 장의 청구 또는 직권에 의하여 대리권의 범위를 변경할 수 있다(제959조의4 제2항, 제938조 제4항).

42 성년후견의 경우에는 원칙적으로 성년후견인에게 재산사무를 포괄하는 대리권이 부여되지만 가정법원이 이를 감축할 수 있도록 하고(민법 제938조 제1항·제2항), 특정후견의 경우에는 가정법원이 특정후견인에게 기간과 범위가 특정된 대리권을 부여할 수 있도록 하고 있는 것에 대하여(제959조의11), 2011년 개정 민법은 한정후견에서는 그 중간적인 형태로서 가정법원이 사무의 범위는 정하지만 그 사무의 범위 내에서는 포괄적 대리권이 부여되는 내용을 예정한다.[23]

43 가정법원은 한정후견인의 대리권의 범위를 정하기 위하여 실무상 청구인 등으로부터 그에 관한 의견을 기재한 서면을 제출받고 있지만, 수여 여부 및 범위에 관하여 그에 구애받지 않고 직권으로 정한다.[24]

라. 법률행위의 취소권

44 한정후견인의 동의가 필요한 것으로 정해진 법률행위를 피한정후견인이 한정후견인의 동의 없이 하였을 때에는 그 법률행위를 취소할 수 있다(민법 제13조 제4항 본문). 다만 일용품의 구입 등 일상생활에 필요하고 그 대가가 과도하지 아니한 법률행위에 대하여는 그러하지 아니하다(민법 제13조 제4항 단서). 따라서 이러한 법률행위에 관하여는 피한정후견인이 완전한 행위능력을 보유하고 있다고 할 수 있다.[25]

23 김형석, “민법 개정안에 따른 성년후견법제”, 가족법 연구 제24권 제2호, 한국가족법학회(2010), 144.
24 김성우, 성년후견실무, 박영사(2018), 111.
25 후견사건 처리실무, 법원행정처(2015), 109.

마. 한정후견인의 신상에 관한 권한

45 가정법원은 한정후견인에 대해서도 피한정후견인의 신상에 관한 결정권한을 부여할 수 있고, 성년후견인의 신상보호에 관한 관련 규정이 준용된다(민법 제959조의4, 제938조 제3항, 제959조의6, 제947조, 제947조의2).

바. 소멸시효 기간의 정지

46 피한정후견인의 행위능력이 제한되는 범위 내의 권리에 관하여 소멸시효 기간 만료 6개월 내에 피한정후견인에게 한정후견인이 없다면, 그가 능력자가 되거나 한정후견인이 취임한 때로부터 6개월 내에 시효가 완성되지 않는다(민법 제179조). 한정후견인에 대한 피한정후견인의 권리도 같다(민법 제180조 제1항).

4. 한정후견의 종료

47 한정후견의 종료 원인은 한정후견개시의 원인이 소멸한 경우(민법 제14조), 피한정후견인에 대하여 성년후견개시의 심판을 할 경우(제14조의3 제1항), 피한정후견인에 대하여 임의후견감독인을 선임할 경우(제959조의20 제2항), 피한정후견인이 사망한 경우 등이다. 한정후견개시의 원인이 소멸한 경우에는 본인, 배우자, 4촌 이내의 친족, 한정후견인, 한정후견감독인, 검사 또는 지방자치단체의 장의 청구에 따라 가정법원이 심판을 함으로써 한정후견은 종료한다[민법 제14조, 가사소송법 제2조 제1항 제2호 가목 1)의3].

48 한정후견종료의 심판이 효력을 발생한 경우에는 가정법원은 지체 없이 후견등기사무를 처리하는 사람에게 후견등기부기록을 촉탁해야 한다(가사소송법 제9조, 가사소송규칙 제5조의2 제1항 제2호 가목, 후견등기에 관한 법률 제20조 제1항).

Ⅱ. 특정후견

1. 특정후견의 대상과 청구권자

가. 특정후견의 대상

49 특정후견은 일시적 또는 특정한 후견사무의 처리를 위하여 가정법원이 직접 필요한 처분을 하거나 또는 특정후견인을 선임하여 그 사무를 처리할 권한을 부여하는 제도이다.

50 일단 후견이 개시되면 그 종료 시까지 계속되는 지속적 후견에서의 과잉개입의 위험을 피함과 아울러, 후견인의 도움이나 보호가 꼭 필요한 특정 사항이나 일정 기간 동안만 후견을 받도록 함으로써 필요최소 개입의 원칙에 부합하고 피후견인의 행위능력을 제한하지 않는다는 장점이 있다.[26]

51 특정후견의 대상자는 "질병, 장애, 노령, 그 밖의 사유로 인한 정신적 제약으로 일시적 후원 또는 특정한 사무에 관한 후원이 필요한 사람"이어야 한다(민법 제14조의2 제1항).

52 정신적 제약으로 인하여 일시적으로 자신의 사무를 처리할 능력이 없거나 부족한 상태 또는 정신적 제약으로 인하여 특정한 사무를 처리할 능력이 없거나 부족한 상태에 있어 당해 사무의 처리와 관련해 다른 사람의 조력이 필요한 사람이 특정후견의 대상이 된다. 정신적 제약과 후원의 필요 사이에는 인과관계가 존재해야 한다.

53 특정후견을 받을 본인의 정신적 제약의 정도는 그 기준을 정하기 어렵다. 일반적으로 지적능력이 떨어지긴 하여도 일상적인 사회생활에 지장이 없는 사람이 대상이 될 것이지만, 성년후견이나 한정후견의 요건을 충족할 정도로 중대한 정신적 흠결을 가진 사람도 주변 가족들의 도움으로 원만한 생활을 하고 있다면 반드시 법정후견이 개시될 필요는 없으므로, 일시적으로 또는 특정한 사무에 관하여 가정법원의 후원을 받을 필요가 있는 경우에도 특정후견의 대상이 될 수 있다는 견해[27]가 있다.

54 특정후견은 성년자에 대해서만 할 수 있다. 친권이나 미성년후견의 보호를 받는 미성년자의 경우, 친권자나 미성년후견인이 법정대리인으로서 재산관리와 신상감호의 권한이 있을 뿐 아니라(민법 제913조 내지 제920조, 제945조, 제949조 등), 이해상반의 경우에도 규율하는 특별규정이 있으므로(제920조 단서, 제921조, 제949조 제2항, 제949조의3, 제950조 등) 특정후견을 할 필요가 없다.

55 민법 제14조의2 제1항은 미성년후견인과 미성년후견감독인을 청구권자로 언급하고 있으나, 이는 미성년후견 존속 중에 특정후견을 할 수 있다는 의미가 아니라, 정신적 제약이 있는 미성년자가 성년이 될 것을 전제로 발생하는 일시적·특정

26 박인환, "성년후견제도 시행 4년의 평가와 과제", 법조 통권 제722호, 법조협회(2017), 19.
27 김형석, "성년후견·한정후견의 개시심판과 특정후견의 심판", 서울대학교 법학 제55권 제1호, 서울대학교 법학연구소(2014), 466.

적 후원을 위해 청구할 수 있다는 의미라고 할 것이다.[28]

56 이미 성년후견이나 한정후견을 받고 있는 성년자의 경우(성년후견인이나 한정후견인이 당해 일시적 후원이나 특정적 후원과 관련된 법정대리권이나 신상결정의 대행권한을 가지고 있지 않은 경우)에는, 원칙적으로 성년후견인이나 한정후견인의 권한을 확장하는 심판을 청구하거나, 이미 선임된 후견인이 그 사무를 처리하기에 부적절하다면 후견인을 추가하거나 변경하는 방법으로 문제를 해결하는 것이 바람직하다고 할 것이다.[29]

나. 특정후견심판의 청구권자

57 특정후견의 심판절차는 청구권자의 청구에 의하여 개시하고, 본인, 배우자, 4촌 이내의 친족, 미성년후견인, 미성년후견감독인, 검사 또는 지방자치단체의 장이 청구권자가 된다(민법 제14조의2 제1항). 후견계약이 등기되어 있는 경우에는 위 청구권자들 이외에 임의후견인과 임의후견감독인이 청구할 수 있으며 이 경우 본인의 이익을 위하여 특별히 필요한 경우에만 특정후견의 심판을 청구할 수 있다(민법 제959조의20 제1항 전문). 다만, 성년후견, 한정후견의 경우와는 달리 특정후견이 개시되어도 후견계약이 종료하지 않는다(민법 제959조의20 제1항 후문).

58 실무상 접수되는 특정후견 사건의 상당수는 공공후견 지원사업의 일환으로 지방자치단체의 장이 발달장애인 및 치매환자에 대하여 청구하는 특정후견 사건이다(발달장애인 권리보장 및 지원에 관한 법률 제9조, 치매관리법 제12조의3).

2. 특정후견심판의 절차

가. 관할과 사전처분

59 특정후견심판의 청구(심판청구서는 전산양식 C2860)에 대한 재판은 가정법원의 전속관할에 속하고[가사소송법 제2조 제1항 제2호 가목 1)의5], 피특정후견인이 될 사람의 주소지 가정법원이 관할한다(가사소송법 제44조 제1항 제1호의2). 특정후견의 심판청구가 있는 경우에도 가사소송법상 사전처분(가사소송법 제62조)을 활용할 수 있다(가사소송규칙 제32조 참조).

28 김형석, “성년후견·한정후견의 개시심판과 특정후견의 심판”, 서울대학교 법학 제55권 제1호, 서울대학교 법학연구소(2014), 467.

29 김형석, “성년후견·한정후견의 개시심판과 특정후견의 심판”, 서울대학교 법학 제55권 제1호, 서울대학교 법학연구소(2014), 468.

60 물론 특정후견은 일시적이거나 특정적인 후견만을 내용으로 하므로, 사전처분에 의한 가정법원의 조치는 경우에 따라서는 특정후견의 목적을 달성하게 하는 결과를 발생시킬 수 있어서 신중하게 활용하는 것이 바람직하다.

나. 의사 등의 의견청취

61 가정법원은 특정후견의 심판을 할 경우에는 의사나 그 밖의 적당한 사람의 의견을 들어야 하며 이 때 의견은 진단서 또는 그 밖에 이에 준하는 서면이나 말로써 진술하게 할 수 있다(가사소송법 제45조의2 제2항). 특정후견이 성년후견이나 한정후견과 달리 일시적이거나 특정적인 후견이라는 사정을 고려하여 엄밀한 감정이 아닌 의견청취만으로 판단하는 것을 허용한 것이다.

다. 본인의 의사고려 및 이해관계인의 진술청취

62 특정후견은 본인의 의사에 반하여 할 수 없다(민법 제14조의2 제2항). 특정후견은 성년후견이나 한정후견 같은 지속적·포괄적 후견제도를 원하지 않거나 이를 활용할 필요가 없는 사람에 대한 일시적·특정적 후원을 위한 제도이므로, 그 활용 여부에 관한 본인의 의사가 매우 중요하다. 여기서 본인의 의사에 반하여 할 수 없다는 의미는 본인이 특정후견에 동의할 것을 요구하는 것이 아니라, 특정후견에 반대하는 본인의 의사가 확인되는 경우에는 가정법원이 특정후견의 심판을 할 수 없다는 의미이다.[30] 본인의 반대의사는 묵시적으로도 표시될 수 있다고 하겠지만, 추정적 의사를 고려할 수는 없다고 할 것이다.

63 본인의 의사를 확인하기 위해 가정법원은 특정후견의 심판을 할 때 피특정후견인이 될 사람의 진술을 들어야 한다(가사소송법 제45조의3 제1항 제1호). 진술을 들을 때 가정법원은 피특정후견인이 될 사람을 직접 심문하여야 한다(가사소송법 제45조의3 제2항 본문). 다만 그 사람이 자신의 의사를 밝힐 수 없거나 출석을 거부하는 등 심문할 수 없는 특별한 사정이 있는 때에는 그러하지 아니하다(가사소송법 제45조의3 제2항 단서). 그리고 이러한 심문을 위해 검증이 필요한 경우에는 민사소송법 제365조, 제366조 제1항·제3항을 준용한다(가사소송법 제45조의3 제3항).

64 다만, 피특정후견인이 될 사람이 출석하지 않는다고 하여 반드시 본인의 의사에 반하여 심판이 제기되었다고 볼 것이 아니라 가사조사 등을 통하여 본인의 의

30 김형석, "성년후견·한정후견의 개시심판과 특정후견의 심판", 서울대학교 법학 제55권 제1호, 서울대학교 법학연구소(2014), 470.

사를 확인하는 실무례와, 제출된 서류 등에 본인의 의사가 표시되었고 이를 의심할 만한 특별한 사정이 없는 경우(제출자가 지방자치단체인 경우 등)에는 바로 심판절차로 나아가는 실무례가 있다.[31]

라. 특정후견의 심판

65 가정법원은 특정후견의 청구가 있으면 그에 대한 심판을 하여야 한다. 청구권자가 청구를 취하할 수 있는지 여부에 대해서는 이를 허용하는 것이 실무이다. 성년후견이나 한정후견의 경우와는 달리, 가정법원은 청구권자의 청구에 구속된다고 해석되므로 특정후견의 청구를 받은 가정법원이 성년후견이나 한정후견을 개시할 수는 없다.[32]

66 가정법원이 특정후견의 심판을 하는 경우, 반드시 동시에 피특정후견인의 후원을 위하여 필요한 처분을 명하는 심판을 해야 한다[민법 제959조의8, 가사소송법 제2조 제1항 제2호 가목 24)의3]. 규정은 가정법원이 "명할 수 있다."고 하지만, 이는 가정법원에 권한이 있음을 표현하는 것에 그치며 재량을 부여하는 의미는 아니다. 그렇지 않고 본인의 후원을 위한 특정후견을 하면서 가정법원이 후원을 위한 처분을 명하지 않는 결과를 허용한다면 특정후견은 아무런 내용이 없는 무용한 절차가 될 것이기 때문이다. 따라서 가정법원은 특정후견의 심판과 함께 후원을 위해 필요한 처분을 해야 하며, 두 심판은 불가분의 관계에 있다고 해야 한다.[33]

67 특정후견의 심판을 하는 경우에는 특정후견의 기간 또는 사무의 범위를 정하여야 한다(민법 제14조의2 제3항). 특정후견은 일시적 또는 특정적 후원을 위한 제도이므로, 가정법원이 특정후견의 심판에서 그 심판의 효력 범위를 명확하게 정하도록 한 것이다. 사무범위는 피특정후견인의 필요에 따라 넓을 수도 있고 좁을 수도 있으며, 특정후견의 기간에도 제한은 없다. 다만 특정후견으로 처리해야 할 범위가 지나치게 넓거나 그 기간이 지나치게 장기인 경우에는 지속적 후견제도에 의해야 할 필요성이 크다고 볼 여지는 있을 것이다.

68 성년후견이나 한정후견의 경우와는 달리 특정후견의 심판을 하는 경우에는 반드시 특정후견인을 두어야 하는 것은 아니다. 다만 가정법원은 특정후견에 따른

31 후견사건 처리실무, 법원행정처(2015), 119.
32 김형석, "성년후견·한정후견의 개시심판과 특정후견의 심판", 서울대학교 법학 제55권 제1호, 서울대학교 법학연구소(2014), 471.
33 김형석, "성년후견·한정후견의 개시심판과 특정후견의 심판", 서울대학교 법학 제55권 제1호, 서울대학교 법학연구소(2014), 471.

보호조치로 피특정후견인을 후원하거나 대리하기 위하여 특정후견인을 선임할 수 있다(민법 제959조의9 제1항).

69 특정후견의 심판은 당사자와 절차에 참가한 이해관계인에게 고지해야 하고(가사소송법 제25조), 후원을 위한 조치로 특정후견인이나 특정후견감독인이 선임되면(민법 제959조의9 제1항, 제959조의10 제1항) 이들에게도 고지해야 한다(가사소송규칙 제35조 제1항). 불복이 없는 한, 이 고지에 의해 효력이 발생한다(가사소송법 제40조). 가정법원의 법원사무관 등은 심판에 대해 지체 없이 사건본인에게 그 뜻을 통지해야 한다(가사소송법 제35조 제2항).

70 이러한 심판에 대해서는 특정후견의 청구권자가 즉시항고 할 수 있으며, 임의후견을 받는 사람에게 특정후견을 한 경우 임의후견인과 임의후견감독인도 불복할 수 있다(가사소송규칙 제36조 제1항 제3호 가목). 심판이 효력을 발생하면 가정법원은 후견등기사무를 처리하는 사람에게 후견등기부기록을 촉탁해야 한다(가사소송법 제9조, 가사소송규칙 제5조의2 제1항 제3호 가목, 후견등기에 관한 법률 제20조 제1항).

71 특정후견심판의 절차에서도 가사소송법상 절차구조가 이용가능하다(가사소송법 제37조의2, 가사소송규칙 제22조의2).

3. 특정후견의 효과

가. 후원을 위한 처분

72 특정후견의 효과는 가정법원이 피특정후견인의 후원을 위하여 명하는 처분의 내용에 따라 정해진다(민법 제959조의8). 가정법원은 이러한 처분으로서 관계인에게 특정행위를 명하거나 부작위를 명하는 등의 방법으로 재산이나 신상에 관한 사무처리에 필요한 처분을 할 수 있다.

나. 피특정후견인의 행위능력

73 특정후견심판이 확정되더라도 피특정후견인의 행위능력에는 아무런 영향이 없으므로, 특정후견의 처분으로 피특정후견인의 행위능력을 제한할 수는 없다. 따라서 피특정후견인이 거주하는 주택의 매매에 관하여 특정후견인이 선임되고, 법정대리권을 부여받은 경우에도 피특정후견인은 이와 관계없이 스스로 자신이 거주하는 주택의 매매계약을 체결할 수 있고 소유권이전등기도 할 수 있다.

74 경우에 따라서는 특정후견인과 피특정후견인이 각각 그 주택에 대하여 매매계약을 체결하는 사태가 생길 수도 있다. 이런 경우에는 민법의 일반 원칙에 따라

서 이 두 개의 계약은 모두 유효하다. 그리고 특정후견인이나 피특정후견인으로부터 먼저 소유권이전등기를 받은 매수인이 그 주택의 소유권을 취득한다. 이는 임의대리권을 수여한 본인이 처분 권한을 상실하지 않는 것과 같다.[34]

다. 특정후견인의 선임과 그 권한

75 피특정후견인의 후원을 위하여 필요하다고 인정하면 가정법원은 기간이나 범위를 정하여 특정후견인에게 대리권을 수여하는 심판을 할 수 있다[민법 제959조의11 제1항, 가사소송법 제2조 제1항 제2호 가목 24)의4]. 이 경우 가정법원은 특정후견인의 대리권 행사에 가정법원이나 특정후견감독인의 동의를 얻도록 명할 수 있다(민법 제959조의11 제2항).

76 특정후견인에게 위와 같은 대리권이 수여되었다고 하더라도 이는 피특정후견인의 후원을 위한 것으로 일정한 기간이나 범위가 정하여져 있기 때문에 포괄적인 대리권을 가지는 것은 아니다(특정후견의 경우에는 재산관리권과 대리권에 관한 민법 제949조가 준용되지 아니한다).[35]

4. 특정후견의 종료

77 특정후견은 일시적 후원을 위해 가정법원이 정한 기간 동안 효력을 가지거나, 특정적 후원을 위해 특정사무의 처리종료시점까지 효력을 가진다. 그러므로 가정법원이 심판에 정한 기간이 도과하거나 사무처리가 종료되면(민법 제14조의2 제3항), 특정후견은 법률상 당연히 효력을 상실하며, 별도로 특정후견을 종료하는 심판 등은 필요하지 않다. 2011년 개정 민법이 성년후견이나 한정후견과는 구별하여 특정후견 '개시'의 심판이라는 표현을 쓰지 아니하고 단순히 특정후견의 심판이라고 표현하는 것도 바로 그러한 이유 때문이다.[36]

78 그 밖에 특정후견의 종료 원인은 피특정후견인에 대하여 성년후견·한정후견 개시 심판을 할 경우(민법 제14조의3), 피특정후견인에 대하여 임의후견감독인을 선임할 경우(제959조의20 제2항), 피특정후견인이 사망한 경우 등이다.[37]

34 김주수/김상용, 주석 민법, 친족(4)(제5판), 한국사법행정학회(2016), 288.
35 후견사건 처리실무, 법원행정처(2015), 123.
36 김형석, "성년후견·한정후견의 개시심판과 특정후견의 심판", 서울대학교 법학 제55권 제1호, 서울대학교 법학연구소(2014), 472.
37 후견사건 처리실무, 법원행정처(2015), 125.

제 959 조의 2 [한정후견의 개시]

가정법원의 한정후견개시의 심판이 있는 경우에는 그 심판을 받은 사람의 한정후견인을 두어야 한다.

[본조신설 2011. 3. 7.]

[관련조문] 민법 제12조(한정후견개시의 심판), 제13조(피한정후견인의 행위와 동의), 제938조(후견인의 대리권 등), 제954조(가정법원의 후견사무에 관한 처분), 제959조의3(한정후견인의 선임 등), 제959조의4(한정후견인의 대리권 등)

[참고문헌] 김주수/김상용, 주석 민법, 친족(4)(제5판), 한국사법행정학회(2016); 주해친족법(제2권)(제2판), 박영사(2025); 김성우, 성년후견실무, 박영사(2018)

Ⅰ. 의의

1 한정후견의 개시 원인과 개시 효과를 정하는 조문이다. 가정법원은 성년자가 질병, 장애, 노령, 그 밖의 사유로 인한 정신적 제약으로 사무를 처리할 능력이 부족한 경우에는 본인, 배우자, 4촌 이내의 친족, 성년후견인, 성년후견감독인, 검사 또는 지방자치단체의 장의 청구에 의하여 한정후견개시의 심판을 한다(민법 제12조 제1항). 그리고 한정후견개시심판이 있는 경우에는 성년후견개시심판에서와 마찬가지로 한정후견인을 두어야 한다(민법 제959조의2).

2 성년후견의 경우와는 달리 피한정후견인은 한정후견의 개시에도 불구하고 포괄적으로 그 행위능력이 제한되지 않는다는 점에서 한정후견개시심판 시 한정후견인 선임을 강제할 필요가 있는지는 입법론적으로 의문이라는 견해[1]가 있다.

3 이에 대하여, 특정한 사무의 처리를 목적으로 하는 특정후견의 경우와는 달리 능력의 제한이 수반되지 않더라도 사무처리능력이 부족한 피한정후견인에 대한 지속적인 조력과 지원을 위해서는 한정후견인의 선임이 필수적이기는 하나, 입법론적으로 이를 한정후견인의 선임에 관한 민법 제959조의3과 별개의 독립한 조문으로 규정할 필요가 있는지는 의문이라는 견해[2]가 있다.

1 주해친족법(제2권)(제2판), 박영사(2025), 1501(현소혜, 김수정).
2 김주수/김상용, 주석 민법, 친족(4)(제5판), 한국사법행정학회(2016), 290.

Ⅱ. 한정후견개시심판의 주문 기재사항과 주문례

1. 한정후견개시심판의 주문 기재사항

4 실무상 한정후견개시 심판의 주문에 기재하여야 할 사항으로는, ① 한정후견개시 선언(민법 제12조 제1항), ② 한정후견인 선임(민법 제959조의2, 제959조의3 제1항), ③ 피한정후견인이 한정후견인의 동의를 받아야 하는 행위의 범위 결정(제13조 제1항), ④ 한정후견인에 대한 대리권 수여 및 한정후견인의 대리권의 범위 결정(제959조의4 제1항·제2항), ⑤ 한정후견인이 피한정후견인의 신상에 관하여 결정할 수 있는 권한의 범위 결정(제959조의4 제2항, 제938조 제3항), ⑥ 피한정후견인의 재산에 관한 목록 작성 및 제출의무(한정후견의 경우에는 재산조사나 재산목록에 관한 의무를 정한 민법 제941조를 준용하고 있지는 않지만, 실무에서는 민법 제959조의6, 제954조, 가사소송규칙 제38조의2를 근거로 모든 한정후견개시 심판에서 재산목록 작성 및 제출이 명하여지고 있다),[3] ⑦ 후견사무보고서 작성 및 제출의무(민법 제954조, 제959조의6, 가사소송규칙 제38조의2) 등이 있다.

2. 한정후견개시심판의 주문례

5 실무상 한정후견개시심판의 주문례(기본형)[4]는 다음과 같다.

> 1. 사건본인에 대하여 한정후견을 개시한다.
> 2. 사건본인의 한정후견인으로 청구인을 선임한다.
> 3. 사건본인이 한정후견인의 동의를 받아야 하는 행위의 범위, 한정후견인의 대리권의 범위 및 한정후견인이 사건본인의 신상에 관하여 결정할 수 있는 권한의 범위는 각 별지 기재와 같다.
> 4. 한정후견인은 이 심판 확정일[5]로부터 2 개월 이내에 사건본인의 재산목록[기준일 : 이 심판 확정일, 안심상속(후견인) 원스톱 서비스 조회 또는 상속인(후견인) 금융거래조회서비스 조회 결과를 첨부할 것]을 작성하여 이 법원에 제출하여야 한다.
> 5. 한정후견인은 이 심판 확정일로부터 1 년이 경과한 날을 시작으로 매년 후견사무보고서(기준일: 매년 이 심판 확정일과 같은 월, 일)를 작성하여 이 법원에 제출하여야 한다.

3 김성우, 성년후견실무, 박영사(2018), 72.
4 김성우, 성년후견실무, 박영사(2018), 72~73 참조.
5 친족후견인을 선임하여 심판 후 항고 없이 확정될 것으로 예상되는 경우에는 당사자의 편의를 위하여 심판일로부터 일정기간이 지난 특정일을 재산목록 제출일로, 확정 예정일로부터 1년 후의 특정일을 후견사무보고서 제출일로 기재하기도 한다. 후견사건 처리실무, 법원행정처(2015), 104.

제 959 조의 3 [한정후견인의 선임 등]

① 제959조의2에 따른 한정후견인은 가정법원이 직권으로 선임한다.

② 한정후견인에 대하여는 제930조 제2항·제3항, 제936조 제2항부터 제4항까지, 제937조, 제939조, 제940조 및 제949조의3을 준용한다.

[본조신설 2011. 3. 7.]

[관련조문] 민법 제930조(후견인의 수와 자격), 제936조(성년후견인의 선임), 제937조(후견인의 결격사유), 제939조(후견인의 사임), 제940조(후견인의 변경), 제949조의3(이해상반행위), 제959조의2(한정후견의 개시), 가사소송법 제2조(가정법원의 관장 사항), 제9조(가족관계등록부 기록 등의 촉탁), 제62조(사전처분), 후견등기에 관한 법률 제27조(사전처분에 관한 기록사항), 가사소송규칙 제5조의2(후견등기부기록을 촉탁하여야 할 심판등), 제32조(사전처분)

[참고문헌] 주해친족법(제2권)(제2판), 박영사(2025); 후견사건 처리실무, 법원행정처(2015)

Ⅰ. 의의

1 한정후견개시의 심판이 있는 경우 가정법원은 직권으로 한정후견인을 선임한다[민법 제959조의3 제1항, 가사소송법 제2조 제1항 제2호 가목 18)]. 한정후견개시 심판의 청구에는 일정한 사람들의 청구가 필요하지만, 가정법원은 한정후견개시 심판을 하는 경우 한정후견인의 선임 청구가 없더라도 반드시 한정후견인을 선임하여야 한다(직권선임이라고는 하지만, 이는 지정이나 신청이 없더라도 사건본인의 상황과 수요에 맞는 한정후견인을 선임해야 한다는 의미일 뿐, 이해관계인 등의 의사나 희망을 무시하라는 취지가 아니다).[1]

2 종전 민법에서와 같은 법정후견인 제도가 적용될 여지가 없음을 선언하는 한편, 선임방법, 사임, 변경 등 한정후견인의 법적 지위 일반을 정하기 위한 조문이다.

1 후견사건 처리실무, 법원행정처(2015), 26.

Ⅱ. 한정후견인의 수와 자격, 선임기준

1. 한정후견인의 수와 자격

3 한정후견인에 대하여는 민법 제930조 제2항과 제3항이 준용되므로(민법 제959조의3 제2항), 법인도 한정후견인이 될 수 있고(제930조 제3항), 피한정후견인의 신상과 재산에 관한 모든 사정을 고려하여 여러 명의 한정후견인을 둘 수 있다(제930조 제2항). 한정후견인을 복수로 선임하는 경우 가정법원은 한정후견인이 공동으로 또는 사무를 분장하여 그 권한을 행사하도록 정할 수 있다[민법 제959조의6에 의한 제949조의2의 준용, 가사소송법 제2조 제1항 제2호 가목 21)의3]. 한정후견인에 대하여도 후견인의 결격사유에 관한 민법 제937조가 준용된다(민법 제959조의3 제2항).

2. 선임기준

4 가정법원은 한정후견인의 선임에 있어서 피한정후견인의 의사를 존중하여야 하며, 피한정후견인의 건강, 생활관계, 재산상황, 한정후견인이 될 사람의 직업과 경험, 피한정후견인과의 이해관계의 유무(법인이 한정후견인이 될 때에는 사업의 종류와 내용, 법인이나 그 대표자와 피한정후견인 사이의 이해관계의 유무를 말한다) 등의 사정도 고려하여야 한다(민법 제959조의3 제2항, 제936조 제4항).

Ⅲ. 한정후견인의 재선임과 추가선임

1. 재선임

5 민법 제959조의2에 따라 선임된 한정후견인이 사망, 결격, 그 밖의 사유로 없게 된 경우 가정법원은 직권으로 또는 피한정후견인, 친족, 이해관계인, 검사, 지방자치단체의 장의 청구에 의하여 한정후견인을 선임한다(민법 제959조의3 제2항에 의한 제936조 제2항의 준용). 한정후견개시 심판 당시 한정후견인을 선임하는 경우와는 달리 한정후견인이 없게 된 때에는 가정법원이 그러한 사정을 알 수 없는 경우도 있으므로, 일정한 자의 청구에 의한 선임을 허용하였다.

2. 추가선임

6 민법 제959조의2 또는 제959조의3 제2항에 따라 한정후견인이 선임된 후에도

가정법원은 필요하다고 인정하면 직권으로 또는 한정후견인, 피한정후견인, 친족, 이해관계인, 검사, 지방자치단체의 장의 청구에 의하여 추가로 한정후견인을 선임할 수 있다(민법 제959조의3 제2항에 의한 제936조 제3항의 준용). 한정후견감독인 역시 이해관계인으로서 추가선임을 청구할 수 있을 것이나.[2]

IV. 한정후견인의 사임 및 변경

1. 사임

7 한정후견인의 사임에 관해서는 성년후견인의 사임에 관한 규정을 준용한다(민법 제959조의3 제2항에 의한 제939조의 준용). 따라서 한정후견인은 정당한 사유가 있는 경우 가정법원의 허가를 받아 사임할 수 있고[민법 제959조의3 제2항, 제939조, 가사소송법 제2조 제1항 제2호 가목 19)], 이 경우 한정후견인은 사임청구와 동시에 가정법원에 새로운 한정후견인의 선임을 청구하여야 한다.

2. 변경

8 한정후견인의 변경에 관해서는 성년후견인의 변경에 관한 규정을 준용한다(민법 제959조의3 제2항에 의한 제940조의 준용). 따라서 가정법원은 피한정후견인의 복리를 위하여 한정후견인을 변경할 필요가 있다고 인정하면 직권으로 또는 피한정후견인, 친족, 한정후견감독인, 검사, 지방자치단체의 장의 청구에 의하여 한정후견인을 변경할 수 있다[민법 제959조의3 제2항, 제940조, 가사소송법 제2조 제1항 제2호 가목 18)].

9 한정후견인 변경심판을 하는 경우에는 피한정후견인과 그 변경이 청구된 한정후견인 및 한정후견인이 될 사람의 진술을 들어야 하며(가사소송법 제45조의3 제1항 제5호), 한정후견인 변경심판에 대해서는 변경의 대상이 되는 한정후견인이(가사소송규칙 제36조 제1항 제2호 나목), 한정후견인 변경청구 기각 심판에 대해서는 민법 제959조의3 제2항에 의하여 준용되는 제940조에서 정한 자가 즉시항고를 할 수 있다(가사소송규칙 제36조 제2항 제4호).

2 주해친족법(제2권)(제2판), 박영사(2025), 1508(현소혜, 김수정).

V. 한정후견인의 직위에 준하는 자

1. 특별대리인

10 한정후견인이 피한정후견인과의 사이에 이해상반행위를 하는 경우 및 한정후견인이 한정후견에 따르는 수인의 피한정후견인 사이에 이해상반행위를 하는 경우에는 특별대리인의 선임을 청구하여야 한다(민법 제959조의3 제2항 및 제959조의6에 의한 제949조의3 준용). 이 때 특별대리인은 한정후견인을 대신하여 피한정후견인의 법률행위를 대리한다. 다만, 후견감독인이 있는 경우에는 그러하지 아니하다(☞ 상세한 내용은 민법 제949조의3 주석 참조).

2. 임시후견인

11 가정법원은 아직 한정후견인을 선임하기 전이라도 직권 또는 당사자의 신청에 의해 가사소송법 제62조 제1항에 따른 사전처분으로서 임시후견인을 선임할 수 있다. 이 때 선임된 임시후견인에 대해서는 한정후견인에 관한 규정이 준용된다(가사소송규칙 제32조 제4항). 이러한 사전처분이 있으면 대법원규칙이 정하는 바에 따라 후견등기부에 기록된다(후견등기에 관한 법률 제27조).

12 임시후견인을 선임하거나 개임하는 재판, 그의 권한범위를 정하거나 변경하는 재판, 여러 명의 임시후견인의 권한 행사에 관한 결정과 그 변경 또는 취소의 재판이 있으면 후견등기사무를 처리하는 자에게 지체 없이 후견등기부기록을 촉탁해야 한다(가사소송법 제9조, 가사소송규칙 제5조의2 제1항 제5호).

13 임시후견인을 선임하는 내용의 사전처분이 후견등기부에 기록되지 않은 경우에 그 대세적 효력을 인정할 수 있을지가 문제된다. 이에 관하여, "가사소송법 제62조의 규정에 의한 사전처분결정이 확정되면 그 결정내용과 같은 법률관계가 임시로 형성되고 이와 같은 형성력은 대세적 효력이 있으며, 이러한 형성력은 사전처분의 확정과 동시에 발생하는 것으로서 별도의 집행행위를 필요로 하는 것은 아니므로,[3] 사전처분이 후견등기부에 등기되어 공시되지 아니하였다는 사정만으로 사전처분의 대세적 효력을 배제할 수는 없다."고 한 하급심 판결[4]이 있다.

3 대법원 2009. 7. 23. 선고 2008다78996 판결 등 참조.

4 서울중앙지방법원 2018. 10. 11. 선고 2017가합549648(본소), 2017가합568997(반소) 판결.

3. 직무대행자

14 한정후견인 변경심판에 앞서 필요한 경우 가정법원은 직권 또는 당사자의 신청에 의해 가사소송법 제62조 제1항에 따른 사전처분으로서 한정후견인의 직무집행의 전부 또는 일부를 정지하고 그 직무대행자를 선임할 수 있다. 이 때 직무대행자에 대해서는 한정후견인에 관한 규정을 준용함이 원칙이다(가사소송규칙 제32조 제1항).

제 959 조의 4 [한정후견인의 대리권 등]

① 가정법원은 한정후견인에게 대리권을 수여하는 심판을 할 수 있다.

② 한정후견인의 대리권 등에 관하여는 제938조 제3항 및 제4항을 준용한다.

[본조신설 2011. 3. 7.]

[관련조문] 민법 제13조(피한정후견인의 행위와 동의), 제140조(법률행위의 취소권자), 제938조(후견인의 대리권 등), 제949조(재산관리권과 대리권), 제959조의2(한정후견의 개시), 제959조의3(한정후견인의 선임 등), 민사소송법 제55조(제한능력자의 소송능력), 제56조(법정대리인의 소송행위에 관한 특별규정), 가사소송법 제2조(가정법원의 관장 사항), 제45조의3(성년후견·한정후견·특정후견 관련 심판에서의 진술 청취)

[참고문헌] 김주수/김상용, 주석 민법, 친족(4)(제5판), 한국사법행정학회(2016); 주해친족법(제2권)(제2판), 박영사(2025); 김성우, 성년후견실무, 박영사(2018); 김주수/김상용, 친족·상속법(제14판), 박영사(2017); 윤진수/현소혜, 2013년 개정 민법 해설, 법무부(2013); 후견사건 처리실무, 법원행정처(2015); 김형석, "민법 개정안에 따른 성년후견법제", 가족법연구 제24권 제2호, 한국가족법학회(2010); 김형석, "피성년후견인과 피한정후견인의 소송능력", 가족법연구 제27권 제1호, 한국가족법학회(2013); 제철웅, "요보호성인의 인권 존중의 관점에서 본 새로운 성년후견제도", 민사법학 제56호, 한국민사법학회(2011); 박인환, "의사결정 지원을 위한 성년후견제도의 평가와 모색", 비교사법 제22권 제2호, 한국비교사법학회(2015); 배인구, "성년후견제도에 관한 연구-시행과 관련된 이론적·실무적 쟁점을 중심으로", 고려대학교 석사학위논문(2013)

Ⅰ. 의의

1 한정후견인에게는 미성년후견인이나 성년후견인과 달리 포괄적인 법률행위 대리권이 수여되지 않는다. 피한정후견인은 가정법원으로부터 동의유보 심판을 받지 않는 이상 행위능력이 제한되지 아니하므로, 한정후견인에게는 언제나 포괄적인 권한을 인정할 필요가 없기 때문이다.[1] 민법 제959조의4는 한정후견인이 필요한 범위 내에서만 탄력적으로 대리권을 행사할 수 있도록 가정법원에 일정한 범위 내에서 한정후견인에게 대리권을 수여하는 내용의 심판을 할 수 있는 권한을 부여하였다.[2]

[1] 주해친족법(제2권)(제2판), 박영사(2025), 1511(현소혜, 김수정).

[2] 김형석, "민법 개정안에 따른 성년후견법제", 가족법연구 제24권 제2호, 한국가족법학회(2010), 120.

2 따라서 가정법원은 피한정후견인의 보호와 지원을 위하여 필요한 사무에 한하여 한정후견인에게 대리권을 수여하는 심판을 할 수 있고(민법 제959조의4 제1항), 한정후견인은 이와 같이 대리권을 수여받은 범위에 있어서만 피한정후견인의 법정대리인이 된다.

Ⅱ. 법정대리권의 범위

1. 한정후견개시심판과의 관계

3 한정후견개시심판에 따라 한정후견인을 선임하면(민법 제959조의2, 제959조의3), 반드시 한정후견인에게 대리권 수여의 심판을 하여야 하는지의 문제가 있다. 이에 대하여는, 이를 동시에 해야 한다는 명문의 근거가 없고, 가정법원은 한정후견인의 대리권의 범위를 정하기 위하여 청구인 등으로부터 그에 관한 의견을 기재한 서면을 제출받고 있지만 수여 여부 및 범위에 대하여 그에 구애받지 않고 직권으로 정할 수 있다는 점에서 이를 부정하는 견해[3]가 다수설이다.

4 다만, 한정후견개시심판 시에 한정후견인에게 대리권 수여의 심판을 하지 않았더라도 한정후견 개시 후에 대리에 의한 보호의 필요성이 있는 경우에는 추가로 대리권 수여의 심판을 할 수 있는 것은 당연하다.

2. 동의유보 심판과의 관계

가. 대리권에 대한 동의권의 우위 문제

5 2011년 개정 민법은 한정후견인에게 가정법원의 동의유보 심판에 의해 피한정후견인에 대한 동의권만을 부여하는 것을 원칙으로 하되(민법 제13조 제1항), 필요에 따라 가정법원이 한정후견인에게 대리권을 수여할 수 있도록 함으로써 피한정후견인의 자기결정권 존중과 충분한 보호의 제공이 동시에 가능하도록 하였다는 견해[4]가 있다. 또한 피한정후견인의 의사를 기초로 하여 이에 한정후견인 동의를 하는 방식의 보호가 본인의 의사를 전제를 하지 않는 대리 방식의 보호보다 자기결정권 존중에 보다 부합하는 보호수단이라는 점에서, 한정후견인에게 대리권을 수여하는 심판에 앞서 한정후견인에게 동의권을 부여하는 동의유보의

3 주해친족법(제2권)(제2판), 박영사(2025), 1513(현소혜, 김수정); 김성우, 성년후견실무, 박영사(2018), 111; 김주수/김상용, 주석 민법, 친족(4)(제5판), 한국사법행정학회(2016), 295.

4 윤진수/현소혜, 2013년 개정 민법 해설, 법무부(2013), 131.

심판에 의한 보호가능성을 우선적으로 고려하는 것이 타당하다는 견해[5]도 있다.

6 한편 실무에서는 한정후견개시의 심판을 하면서 동시에 피한정후견인이 한정후견인의 동의를 받아야 하는 행위의 범위와 한정후견인에 대한 대리권 수여 및 한정후견인의 대리권의 범위를 함께 정하는 것이 일반적이다.[6]

나. 동의권 유보와 대리권의 범위의 일치 문제

7 한정후견인에게 수여하는 대리권의 범위는 민법 제13조 제1항에 따른 동의유보 심판의 범위와 일치하여야 하는지, 즉 가정법원은 한정후견인에게 동의권이 인정되는 범위 내에서만 대리권을 수여할 수 있는지의 문제가 있다.

8 이에 대하여는, ① 한정후견인의 대리권의 범위와 동의유보의 범위를 일치시키는 것이 타당하다는 견해,[7] ② 한정후견에 있어서는 동의유보가 대리권 수여보다 우선시 되어야 하므로 동의유보의 범위를 초과하는 대리권 수여는 허용될 수 없다는 견해,[8] ③ 동의권 유보는 피한정후견인의 능력을 고려하여 중요한 법률행위에 한정후견인이 조력하도록 하는 수단임에 반하여 대리권은 한정후견인이 피한정후견인의 사무를 현명에 의한 대리로 처리할 수 있는 가능성을 부여하는 수단으로서 그 기능과 목적이 다르므로, 같은 범위로 정해질 필요가 없다는 견해[9] 등이 있다.

9 종래의 실무와 다수설은 위 ③의 견해를 따르고 있으나,[10] 최근 하급심 결정 중에는 "가정법원이 한정후견인에게 부여한 동의권의 범위를 초과하는 사항에 관하여 대리권을 부여하는 것은 부적법하다."는 것을 전제로, 제1심 법원이 한정후견인에게 부여한 동의권의 범위와 같이 한정후견인의 대리권의 범위를 변경하여야 한다고 한 사례[11]가 있다.

10 현재 가정법원의 실무에서는 특별한 사정이 없는 한 한정후견개시심판을 하면서 동의유보 사항의 범위와 대리권의 범위를 대체로 동일하게 정하고 있는 것

5 김주수/김상용, 주석 민법, 친족(4)(제5판), 한국사법행정학회(2016), 294.
6 후견사건 처리실무, 법원행정처(2015), 103.
7 제철웅, "요보호성인의 인권존중의 관점에서 본 새로운 성년후견제도", 민사법학 제56호, 한국민사법학회(2011), 291.
8 윤진수/현소혜, 2013년 개정 민법 해설, 법무부(2013), 132.
9 김주수/김상용, 주석 민법, 친족(4)(제5판), 한국사법행정학회(2016), 297; 김형석, "민법 개정안에 따른 성년후견법제", 가족법연구 제24권 제2호, 한국가족법학회(2010), 145.
10 김성우, 성년후견실무, 박영사(2018) 112; 후견사건 처리실무, 법원행정처(2015), 110.
11 서울가정법원 2018. 1. 17. 자 2017브30016 결정.

으로 보이고, 피후견인의 잔존능력을 존중하고 이를 적극 활용함이 상당하다는 측면에서 동의유보 사항이 아닌 범위에까지 한정후견인에게 대리권을 부여하는 것은 신중할 필요가 있다고 하겠다.

11 그러나, 사건본인의 개별적·구체적 필요에 따라 그 행위능력과 보호조치를 탄력적으로 구성할 수 있다는 점이 한정후견제도의 입법 취지이자 제도적 장점이고,[12] 피후견인의 상태나 다양한 후견 수요에 대응하기 위해서는 동의유보 사항이 아닌 범위에도 대리권을 부여하는 것이 현실적으로 필요한 경우가 있는 점 등에 비추어 보면, 한정후견인에게 동의권의 범위를 초과하여 대리권을 부여하는 것을 일률적으로 부적법하다고 보는 것이 타당한지는 의문이다.

3. 법률행위 취소권과의 관계

12 한정후견인의 동의가 필요한 법률행위를 피한정후견인이 한정후견인의 동의 없이 하였을 때에는 그 법률행위를 취소할 수 있다(민법 제13조 제4항 본문). 다만 일용품의 구입 등 일상생활에 필요하고 그 대가가 과도하지 아니한 법률행위에 대하여는 그러하지 아니하다(민법 제13조 제4항 단서).

13 한편, 민법 제140조는 취소할 수 있는 법률행위는"제한능력자, 착오로 인하거나 사기·강박에 의하여 의사표시를 한 자, 그의 대리인 또는 승계인"만이 취소할 수 있다고 규정하고 있으므로, 2011년 개정 민법의 해석상 동의유보된 사항에 대하여 한정후견인에게 대리권이 수여되어 있지 않다면 한정후견인이 이러한 행위를 취소할 수 있는지의 문제가 있다.

14 동의유보의 범위와 한정후견인의 대리권의 범위가 같고, 가정법원이 동의권 행사 범위를 정하면서 취소에 따른 원상회복에 관한 법정대리권을 수여하는 심판을 한다면 이러한 문제가 없겠으나, 동의유보와 대리권의 범위는 그 기능과 목적이 달라 같이 정해질 필요가 없다는 견해를 따를 경우에는 이러한 문제가 발생할 수 있다. 이에 관하여는, ① 동의유보의 심판의 범위 내에 관련 대리권(취소와 관련된 원상회복관계를 대리할 법정대리권) 수여의 의사표시가 함께 포함된 것으로 보아야 한다는 견해,[13] ② 동의유보된 사항에 대하여 별도로 대리권 수여의 심판이 없는 한 피한정후견인만이 취소권을 행사할 수 있으며, 오히려 그러

12 김형석, "민법 개정안에 따른 성년후견법제", 가족법연구 제24권 제2호, 한국가족법학회(2010), 118; 박인환, "개정 민법상 임의후견제도의 쟁점과 과제", 가족법연구 제26권 제2호, 한국가족법학회(2012), 193.

13 김형석, "민법 개정안에 따른 성년후견법제", 가족법연구 제24권 제2호, 한국가족법학회(2010), 145.

한 제도 운용이 장애인권리협약 제12조 등에 부합한다는 견해[14] 등이 있다.

4. 재산관리권과의 관계

15 한정후견인은 대리권을 수여받은 범위 내에서 재산관리권도 행사할 수 있다는 견해[15]가 있다. 민법 제959조의6에 의하여 한정후견인에게 준용되는 제949조 제1항의 취지도 그러하다. 다만 대리권 수여 심판과 동의유보 심판이 중첩적으로 내려진 범위 내에서는 이를 수긍할 수 있으나, 동의유보 심판의 범위를 초과하는 경우에는 한정후견인에 의한 대리권보다 피한정후견인에 의한 재산관리권이 우선한다고 보아야 한다는 이유로 이때에는 한정후견인의 재산관리권을 인정할 수 없다는 견해[16]가 있다.

16 이에 대하여는, 재산에 관한 법률행위 대리권을 부여하면서 그 재산관리에 관한 사실행위에 대하여는 권한을 부여하지 않는다는 것은 납득하기 어렵고, 따라서 가정법원이 대리권을 수여한 사무의 범위 내에서는 재산관리에 관한 법적, 사실적 행위에 대한 권한도 주어져 있다고 보아야 한다는 반론[17]이 있다.

5. 소송대리권과의 관계

17 피한정후견인은 한정후견이 개시되더라도 원칙적으로 소송능력이 있다. 다만 피한정후견인은 한정후견인의 동의가 필요한 행위에 관하여는 대리권 있는 한정후견인에 의해서만 소송행위를 할 수 있다(민사소송법 제55조 제2항). 다만 피한정후견인의 소송행위 자체도 동의권 유보사항이 될 수 있고, 가정법원이 소송행위에 관하여 한정후견인의 동의를 받을 것으로 정하는 경우, 피한정후견인은 한정후견인의 동의가 없는 한 소송능력이 없다고 보아야 한다.[18]

18 이러한 피한정후견인의 소송능력은 미성년자 또는 피성년후견인이 원칙적으로 법정대리인에 의해서만 소송행위를 할 수 있는 것과는 다르다. 대리권 있는 한정후견인이 상대방의 소 또는 상소 제기에 관하여 소송행위를 하는 경우에는

14 박인환, "의사결정지원을 위한 성년후견제도의 평가와 모색", 비교사법 제22권 제2호, 한국비교사법학회(2015), 749.

15 배인구, "성년후견제도에 관한 연구-시행과 관련된 이론적·실무적 쟁점을 중심으로", 고려대학교 석사학위논문(2013), 60.

16 주해친족법(제2권)(제2판), 박영사(2025), 1512(현소혜, 김수정).

17 김주수/김상용, 주석 민법, 친족(4)(제5판), 한국사법행정학회(2016), 296.

18 김성우, 성년후견실무, 박영사(2018), 87; 김형석, "피성년후견인과 피한정후견인의 소송능력", 가족법연구 제27권 제1호, 한국가족법학회(2013), 70~72.

그 후견감독인으로부터 특별한 권한을 받을 필요가 없다(민사소송법 제56조 제1항). 다만, 제1항의 법정대리인이 소의 취하, 화해, 청구의 포기·인낙 또는 민사소송법 제80조에 따른 탈퇴를 하기 위해서는 후견감독인으로부터 특별한 권한을 받아야 한다. 후견감독인이 없는 경우에는 가정법원으로부터 특별한 권한을 받아야 한다(민사소송법 제56조 제2항).

Ⅲ. 신상에 관하여 결정할 수 있는 권한의 범위

19 가정법원은 한정후견인이 피한정후견인의 신상에 관하여 결정할 수 있는 권한의 범위를 정할 수 있다(민법 제959조의4 제2항에 의한 제938조 제3항의 준용). 한정후견사무에 신상보호업무를 포함시킴에 따라 그 사무처리에 필요한 절차규정을 둔 것이다.

20 가정법원은 한정후견개시 심판과 동시에 또는 사후적으로 한정후견인이 피한정후견인의 신상에 관하여 결정할 수 있는 권한의 범위를 결정하는 심판을 할 수 있다[민법 제959조의4 제1항, 가사소송법 제2조 제1항 제2로 가목 24)의2]. 그 심판의 관할, 진술청취, 고지 및 즉시항고, 후견등기의 촉탁 등에 관한 사항은 모두 대리권 수여 심판과 동일하다(가사소송법 제45조의3 제1항 제8호 등 참조).

21 한편, 민법은 가족법상의 행위능력과 관련하여 미성년자와 피성년후견인에 대하여만 규정하고 있을 뿐(예컨대, 약혼은 민법 제801조, 제802조, 혼인은 제808조, 협의상 이혼은 제835조, 입양은 제873조, 협의상 파양은 제902조, 유언은 제1063조) 피한정후견인에 대하여는 규정하고 있지 않다. 따라서 피한정후견인은 가족법상 법률행위에 관해서는 완전한 행위능력을 가지며(유언의 경우에는 명시적으로 민법 제1062조에서 제13조의 적용을 배제하고 있으므로, 한정후견인은 법정대리인의 동의를 받지 않고 단독으로 유언을 할 수 있다), 의사능력이 있는 한 원칙적으로 유효하게 법률행위를 할 수 있다고 보아야 한다.[19]

Ⅳ. 대리권의 범위의 변경

22 한정후견인에게 대리권을 수여하는 심판을 한 후에라도 그 권한의 범위가 적절하지 않게 된 경우 가정법원은 본인, 배우자, 4촌 이내의 친족, 한정후견인, 한정

19 김주수/김상용, 친족·상속법(제14판), 박영사(2017). 514.

후견감독인, 검사 또는 지방자치단체의 정의 청구에 의해 그 범위를 변경할 수 있다[민법 제959조의4 제2항에 의한 제938조 제4항의 준용, 가사소송법 제2조 제1항 제2호 가목 24)의2]. 그 심판의 관할, 진술청취, 고지 및 즉시항고, 후견등기의 촉탁 등에 관한 사항은 모두 대리권 수여 심판과 동일하다(가사소송법 제45조의3 제1항 제7호·제8호 등 참조).

제 959 조의 5 [한정후견감독인]

① 가정법원은 필요하다고 인정하면 직권으로 또는 피한정후견인, 친족, 한정후견인, 검사, 지방자치단체의 장의 청구에 의하여 한정후견감독인을 선임할 수 있다.

② 한정후견감독인에 대하여는 제681조, 제691조, 제692조, 제930조 제2항·제3항, 제936조 제3항·제4항, 제937조, 제939조, 제940조, 제940조의3 제2항, 제940조의5, 제940조의6, 제947조의2 제3항부터 제5항까지, 제949조의2, 제955조 및 제955조의2를 준용한다. 이 경우 제940조의6 제3항 중 "피후견인을 대리한다"는 "피한정후견인을 대리하거나 피한정후견인이 그 행위를 하는 데 동의한다"로 본다.

[본조신설 2011. 3. 7.]

[관련조문] 민법 제681조(수임인의 선관의무), 제691조(위임종료시의 긴급처리), 제692조(위임종료의 대항요건), 제930조(후견인의 수와 자격), 제936조(성년후견인의 선임), 제937조(후견인의 결격사유), 제939조(후견인의 사임), 제940조(후견인의 변경), 제940조의3(미성년후견감독인의 선임), 제940조의5(후견감독인의 결격사유), 제940조의6(후견감독인의 직무), 제947조의2(피성년후견인의 신상결정 등), 제949조의2(성년후견인이 여러 명인 경우 권한의 행사 등), 제955조(후견인에 대한 보수), 제955조의2(지출금액의 예정과 사무비용), 가사소송법 제2조(가정법원의 관장 사항, 제9(가족관계등록부 기록 등의 촉탁), 제44조(관할 등), 제45조의3(성년후견·한정후견·특정후견 관련 심판에서의 진술 청취), 가사소송규칙 제5조의2(후견등기부기록을 촉탁하여야 할 심판등), 제35조(심판의 고지등), 제36조(즉시항고)

[참고문헌] 주해친족법(제2권)(제2판), 박영사(2025); 김성우, 성년후견실무, 박영사(2018); 김주수/김상용, 친족·상속법(제14판), 법문사(2017); 김형석, "성년후견감독인", 성년후견 제2호, 한국성년후견학회(2014)

Ⅰ. 의의

1 한정후견감독인에 관한 사항을 정하기 위한 조문이다. 민법 제959조의5는 한정후견감독인이 임의기관임을 선언함과 동시에 한정후견감독인을 선임할 수 있는 사유, 한정후견감독인의 자격과 선임기준, 사임과 변경, 권한의 범위 및 감독, 보수 등 그 법적지위 전반에 관해 규정하고 있다(☞ 이하 준용되는 조문에 관한 자세한 내용은 각 해당 조문 주석 참조).

Ⅱ. 한정후견감독인의 선임

1. 선임사유

2 가정법원은 필요하다고 인정하면 직권으로 또는 피한정후견인, 친족, 한정후견인, 검사, 지방자치단체의 장의 청구에 의하여 한정후견감독인을 선임할 수 있다[민법 제959조의5 제1항, 가사소송법 제2조 제1항 제2호 가목 18)의3].

2. 재선임과 추가선임

3 가정법원이 선임한 한정후견감독인이 사망, 결격, 그 밖의 사유로 없게 된 경우에는 직권으로 또는 피한정후견인, 친족, 한정후견인, 검사, 지방자치단체의 장의 청구에 의하여 한정후견감독인을 선임한다(민법 제959조의5 제2항 제1문에 의한 제940조의3 제2항의 준용).[1]

4 가정법원은 한정후견감독인이 선임된 경우에도 필요하다고 인정하면 직권으로 또는 피한정후견인, 친족, 이해관계인, 검사, 지방자치단체의 장의 청구에 의하여 추가로 한정후견감독인을 선임할 수 있다(민법 제959조의5 제2항 제1문에 의한 제936조 제3항의 준용).

Ⅲ. 한정후견감독인의 자격 및 선임기준

1. 한정후견감독인의 수와 자격

5 한정후견감독인은 피한정후견인의 신상과 재산에 관한 모든 사정을 고려하여

[1] 법문상 "선임한다."는 표현을 사용하고 있으나, 한정후견인과 달리 한정후견감독인은 임의기관이므로 피한정후견인의 복리나 보호를 위하여 재선임의 필요성이 있는 경우에만 선임한다고 봄이 상당하다: 김성우, 성년후견실무, 박영사(2018), 61.

여러 명을 둘 수 있고, 법인도 한정후견감독인이 될 수 있다(민법 제959조의5 제2항 제1문에 의한 제930조 제2항 및 제3항의 준용). 여러 명의 한정후견감독인을 둔 경우 가정법원은 직권으로 여러 명의 한정후견감독인이 공동으로 또는 사무를 분장하여 그 권한을 행사하도록 정할 수 있고, 그 결정을 변경 또는 취소할 수도 있다[민법 제959조의5 제2항 제1문에 의한 제949조의2 제1항·제2항의 준용, 가사소송법 제2조 제1항 제2호 가목 21)의3].

6 여러 명의 한정후견감독인이 공동으로 권한을 행사하여야 하는 경우에 어느 한정후견감독인이 피한정후견인의 이익이 침해될 우려가 있음에도 필요한 권한행사에 협력하지 않으면 가정법원은 피한정후견인, 한정후견인, 한정후견감독인 또는 이해관계인의 청구에 의하여 그 한정후견감독인의 의사표시를 갈음하는 재판을 할 수 있[민법 제959조의5 제2항 제1문에 의한 제949조의2 제3항의 준용, 가사소송법 제2조 제1항 제2호 가목 21)의3].

2. 결격사유와 선임기준

7 민법 제937조 제1호 내지 제9호에 해당하는 사람 및 한정후견인의 가족은 한정후견감독인이 될 수 없다(민법 제959조의5 제2항 제1문에 의한 제937조 및 제940조의5의 준용). 가정법원은 한정후견감독인을 선임할 때에는 피한정후견인의 의사를 존중하여야 하며, 그 밖에 피한정후견인의 건강, 생활관계, 재산상황, 한정후견감독인이 될 사람의 직업과 경험, 피한정후견감독인과의 이해관계 유무(법인이 한정후견감독인이 될 때에는 사업의 종류와 내용, 법인이나 그 대표자와 피한정후견인 사이의 이해관계의 유무를 말한다) 등의 사정도 함께 고려하여야 한다(민법 제959조의5 제2항 제1문에 의한 제936조 제4항의 준용).

Ⅳ. 한정후견감독인 선임심판의 절차

1. 관할과 사전처분

8 한정후견감독인 선임심판은 피한정후견인이 될 자의 주소지 가정법원의 전속관할에 속한다(가사소송법 제44조 제1항 제1호의2 본문). 다만, 한정후견개시심판이 확정된 후에 한정후견감독인을 선임하는 경우에는 한정후견개시심판을 한 가정법원이 관할 법원이 된다(가사소송법 제44조 제1항 제1호의2 단서). 이때 가정법원은 피한정후견인의 이익을 위하여 필요한 경우에는 직권 또는 일정한 자의 신청에 따른 결정으로 관할 가정법원을 피한정후견인의 주소지의 가정법원으로 변경할

수 있다(가사소송법 제44조 제2항).[2]

9 가사소송규칙 제32조에 규정되어 있지는 않지만, 가정법원은 사건해결에 특히 필요하다고 인정될 경우 가사소송법 제62조에 따른 사전처분의 일환으로서 임시한정후견감독인을 선임할 수 있을 것이다.[3]

2. 진술청취

10 한정후견감독인 선임심판을 하는 경우에는 피한정후견인(피한정후견인이 될 사람을 포함한다)과 한정후견감독인이 될 사람의 진술을 들어야 한다(가사소송법 제45조의3 제1항 제4호). 한정후견감독인의 선임에 앞서 한정후견인의 의견을 들어야 하는 것은 아니다.[4]

3. 선임심판

11 가정법원은 한정후견개시심판과 동시에 한정후견감독인 선임심판을 할 수 있다[가사소송법 제2조 제1항 제2호 가목 19)]. 물론 한정후견이 개시된 후 사후적으로도 선임심판을 할 수 있다. 이때 가정법원은 한정후견감독인에게 그 후견감독사무에 관하여 필요하다고 인정되는 사항을 지시할 수 있다(가사소송규칙 제38조의2).

12 한정후견감독인 선임심판은 당사자와 절차에 참가한 이해관계인, 한정후견인 및 한정후견감독인이 될 자에게 고지하고(가사소송규칙 제35조 제1항), 사건본인인 피한정후견인에게 지체 없이 그 뜻을 통지하여야 한다(제35조 제2항).

13 한정후견감독인 선임심판에 대한 즉시항고는 허용되지 않는다. 단, 한정후견개시심판 자체를 다툼으로써 한정후견감독인 선임심판의 효력을 다툴 수는 있다. 한정후견개시심판에 대해 즉시항고를 할 수 있는 자는 민법 제12조 제1항에서 정한 청구권자 및 제959조의20 제1항의 임의후견인, 임의후견감독인이다.

14 한정후견감독인 선임심판이 확정된 때 가정법원은 지체 없이 후견등기사무를 처리하는 사람에게 후견등기부에 등기할 것을 촉탁하여야 한다(가사소송법 제9조, 가사소송규칙 제5조의2 제1항 제2호 나목).

2 관할변경 결정을 하는 경우에는 부수사건 뿐 아니라 기본후견감독사건도 함께 변경해야 할 것이다.
3 주해친족법(제2권)(제2판), 박영사(2025), 1519(현소혜, 김수정).
4 주해친족법(제2권)(제2판), 박영사(2025), 1518(현소혜, 김수정).

Ⅴ. 한정후견감독인의 직무와 법적 지위

1. 한정후견감독인의 직무

15 한정후견감독인은 한정후견인의 사무를 감독하며, 한정후견인이 없는 경우 지체 없이 가정법원에 한정후견인의 선임을 청구하여야 한다(민법 제959조의5 제2항에 의한 제940조의6 제1항의 준용). 한정후견감독인은 피한정후견인의 신상이나 재산에 대하여 급박한 사정이 있는 경우 그의 보호를 위하여 필요한 행위 또는 처분을 할 수 있다(민법 제959조의5 제2항에 의한 제940조의6 제2항의 준용).

2. 한정후견감독인의 법적 지위

가. 특별대리인으로서의 지위

16 한정후견인과 피한정후견인 사이에 이해가 상반되는 행위에 관하여는 한정후견감독인이 한정후견인을 대리하거나 피한정후견인이 그 행위를 하는 데 동의한다(민법 제959조의5 제2항에 의한 제940조의6 제3항의 준용).

나. 수임인으로서의 지위

17 한정후견감독인은 위임계약의 수임인과 유사한 지위를 갖는다. 따라서 민법 제959조의5 제2항은 위임에 관한 몇몇 규정을 한정후견감독인에게 준용하고 있다. 즉, ① 한정후견감독인은 그 감독업무의 본지에 따라 선량한 관리자의 주의로써 후견감독업무를 처리하여야 하고(민법 제681조의 준용), ② 후견감독이 종료된 경우라도 급박한 사정이 있는 때에는 피한정후견인, 그 상속인이나 법정대리인이 위임사무를 처리할 수 있을 때까지 그 사무의 처리를 계속하여야 하며(제691조의 준용), ③ 후견감독이 종료되었다는 사유는 이를 상대방에게 통지하거나 상대방이 이를 안 때가 아니면 이로써 상대방에게 대항하지 못한다(제692조의 준용).

Ⅵ. 신상결정 권한의 대행 및 제한

1. 의료행위 동의권의 대행

18 한정후견감독인은 한정후견인에 갈음하여 피한정후견인의 신체를 침해하는 의료행위에 대해 동의권을 대행할 수 있으며(민법 제959조의5 제2항에 의한 제947조의3 준용), 그 직접적인 결과로 사망하거나 상당한 장애를 입을 위험이 있을 때에는 가정법원의 허가를 받아야 한다[민법 제959조의5 제2항에 의한 제947조의2 제4

항의 준용, 가사소송법 제2조 제1항 제2호 가목 21)].

2. 거주용 부동산의 처분

19 한정후견감독인이 피한정후견인을 대리하여 피한정후견인이 거주하고 있는 건물 또는 그 대지에 대하여 매도, 임대, 전세권의 소멸, 그 밖에 이에 준하는 행위를 하는 경우 가정법원의 허가를 받아야 한다[민법 제959조의5 제2항에 의한 제947조의2 제5항의 준용, 가사소송법 제2조 제1항 제2호 가목 21)의2].

3. 치료 목적의 격리 여부

20 한정후견감독인은 치료 등의 목적으로 피한정후견인을 정신병원이나 그 밖의 다른 장소에 격리할 수 없다. 이는 가정법원의 허가를 받더라도 마찬가지다.[5] 민법 제947조의2 제2항은 한정후견감독인에게 준용되지 않기 때문이다.

Ⅶ. 한정후견감독인의 사임 및 변경

1. 사임

21 한정후견감독인은 정당한 사유가 있는 경우 가정법원의 허가를 받아 사임할 수 있다[민법 제959조의5 제2항에 의한 제939조의 준용, 가사소송법 제2조 제1항 제2호 가목 19)].

2. 변경

22 가정법원은 피한정후견인의 복리를 위하여 한정후견감독인을 변경할 필요가 있다고 인정되면 직권으로 또는 피한정후견인, 친족, 한정후견감독인(복수의 한정후견감독인이 있는 경우를 전제로 하여, 어느 한 한정후견감독인이 다른 한정후견감독인의 변경을 청구하는 경우이다.[6] 이와 달리 후견인 변경에 관한 규정인 민법 제940조가 후견감독인 변경에 준용되는 경우에는 후견감독인이 아닌 후견인이 후견감독인 변경을 청구할 수 있는 것으로 해석해야 한다는 견해[7]에 의할 경우 한정후견인이 청구권자가 될 것이다. ☞ 상세한 내용은 민법 제940조의7 주석 참조), 검사, 지방자치단체의 장의 청구에 의하여 한정후견감독인을 변경할 수 있다[민법 제959조의5 제2항에 의한 제940조의 준용, 가사소송법 제2조 제1항 제2호 가목 19)].

5 주해친족법(제2권)(제2판), 박영사(2025), 1521(현소혜, 김수정).
6 김형석, “성년후견감독인”, 성년후견 제2호, 한국성년후견학회(2014), 97.
7 김주수/김상용, 친족·상속법(제14판), 법문사(2017), 548.

23 이때 가정법원은 피한정후견인과 그 변경이 청구된 한정후견감독인 및 한정후견감독인이 될 사람의 진술을 들어야 한다(가사소송법 제45조의3 제1항 제6호). 한정후견감독인 변경심판에 대해서는 변경의 대상이 되는 한정후견감독인이, 기각심판에 대해서는 그 청구권자가 즉시항고할 수 있다(가사소송규칙 제36조 제1항 제2호 나목, 제2항 제4호).

Ⅷ. 한정후견감독인의 보수와 비용

1. 한정후견감독인의 보수

24 가정법원은 한정후견감독인의 청구에 따라 피한정후견인의 재산상태 기타 사정을 참작하여 피한정후견인의 재산 중에서 상당한 보수를 한정후견감독인에게 수여할 수 있다[민법 제959조의5 제2항에 의한 제955조의 준용, 가사소송법 제2조 제1항 제2호 가목 23)].

2. 사무비용의 지출

25 한정후견감독인이 한정후견사무를 수행하는데 필요한 비용은 피한정후견인의 재산 중에서 지출한다(민법 제959조의5 제2항에 의한 제955조의2의 준용).

제 959 조의 6 [한정후견사무]

한정후견의 사무에 관하여는 제681조, 제920조 단서, 제947조, 제947조의2, 제949조, 제949조의2, 제949조의3, 제950조부터 제955조까지 및 제955조의2를 준용한다.

[본조신설 2011. 3. 7.]

[관련조문] 민법 제15조(제한능력자의 상대방의 확답을 촉구할 권리), 제681조(수임인의 선관의무), 제920조(피성년후견인의 복리와 의사존중), 제947조(피성년후견인의 복리와 의사존중), 제947조의2(피성년후견인의 신상결정 등), 제949조(재산관리권과 대리권), 제949조의2(성년후견인이 여러 명인 경우 권한의 행사 등), 제949조의3(이해상반행위), 제950조(후견감독인의 동의를 필요로 하는 행위), 제951조(피후견인의 재산 등의 양수에 대한 취소), 제952조(상대방의 추인 여부 최고), 제953조(후견감독인의 후견사무의 감독), 제954조(가정법원의 후견사무에 관한 처분), 제955조(후견인에 대한 보수), 제955조의2(지출금액의 예정과 사무비용, 가사소송법 제2조(가정법원의 관장 사항)

[참고문헌] 주해친족법(제2권)(제2판), 박영사(2025); 김형석, "피후견인의 신상결정과 그 대행", 가족법연구 제28권 제2호, 한국가족법학회(2014); 제철웅, "요보호성인의 인권존중 관점에서 본 새로운 성년후견제도", 민사법학 제56호, 한국민사법학회(2011)

Ⅰ. 의의

1 한정후견인의 의무와 권한 범위, 그 제한 및 감독, 보수와 비용 처리 등에 관하여 일반적으로 정하기 위한 조문이다(☞ 이하 준용되는 조문에 관한 상세한 내용은 각 해당 조문 주석 참조).

Ⅱ. 한정후견인의 의무

1. 선관주의의무

2 한정후견인은 후견의 본지에 따라 선량한 관리자의 주의로써 그 사무를 처리하여야 한다(민법 제959조의6에 의한 제681조의 준용).

3 ☞ 구체적인 의미는 성년후견인의 경우와 같으므로, 민법 제956조 주석 참조.

2. 피한정후견인의 복리와 의사존중

4 한정후견인은 피한정후견인의 재산관리와 신상보호를 할 때 여러 사정을 고려하여 그의 복리에 부합하는 방법으로 사무를 처리하여야 한다(민법 제959조의6에 의한 제947조의 준용). 특히 한정후견인은 자기결정권의 보장을 위하여 피한정후견인의 복리에 반하지 않는 한 그의 의사를 최대한 존중하여야 한다.[1]

Ⅲ. 한정후견인의 권한

1. 재산관리권과 대리권

5 민법 제959조의6에 의하여 준용되는 제949조에 의하면, 한정후견인은 피한정후견인의 재산을 관리하고 그 재산에 관한 법률행위에 대하여 피한정후견인을 대리한다. 그러나 미성년후견인이나 성년후견의 경우와는 달리 한정후견인에게는 포괄적인 재산관리권 및 법률행위의 대리권을 인정할 수 없다. 위 조문의 준용은 대리권 수여의 심판을 받은 한정후견인이 그 대리권 행사에 불가분적으로 결합된 영역과 사항에 한정해서 재산관리권이 있다고 해석해야 할 것이다.[2]

6 따라서 한정후견인은 민법 제959조의4 제1항에 따라 가정법원으로부터 대리권을 수여받은 한도 내에서 대리권과 재산관리권을, 제13조 제1항에 따라 동의유보 심판을 받은 한도 내에서 재산관리권을 행사할 수 있을 뿐이다.[3]

2. 동의권 및 취소권

7 한정후견인은 민법 제13조 제1항에 따라 동의유보 심판을 받은 한도 내에서 피

1 주해친족법(제2권)(제2판), 박영사(2025), 1524(현소혜, 김수정).

2 제철웅, "요보호성인의 인권존중 관점에서 본 새로운 성년후견제도", 민사법학 제56호, 한국민사법학회(2011), 290.

3 주해친족법(제2권)(제2판), 박영사(2025), 1525(현소혜, 김수정).

한정후견인의 법률행위에 관하여 동의권을 행사할 수 있다. 한정후견인의 동의가 필요한 법률행위를 그의 동의 없이 하였을 때에는 그 법률행위를 취소할 수 있다(민법 제13조 제4항).

8 한편, 피한정후견인은 약혼, 혼인, 협의상 이혼 등과 같은 가족법상 법률행위에 관해서는 의사능력이 있는 한 완전한 행위능력을 가지므로, 위와 같은 동의권 및 취소권의 행사는 재산법상 법률행위에 한해 행사할 수 있다고 할 것이다.[4]

3. 신상결정 대행권한

9 종래의 한정치산의 경우와는 달리 2011년 개정 민법은 한정후견에 관하여도 민법 제947조 및 947조의2를 준용함으로써 한정후견인에게도 피한정후견인의 신상에 관하여 대신 결정할 수 있는 권한을 부여하였다. 다만, 피한정후견인이라도 그의 상태가 허락하는 범위 내에서는 자신의 신상에 관하여 단독으로 결정하는 것이 원칙이므로(민법 제959조의6에 의한 제947조의2 제1항의 준용), 한정후견인은 피한정후견인이 스스로 신상에 관하여 결정할 수 없는 경우 가정법원으로부터 그 권한을 수여받은 범위 내에서만 신상결정을 대행할 수 있을 뿐이다(민법 제959조의4에 의한 제938조 제3항의 준용).

10 신상결정대행권한을 행사함에 있어 일정한 법률행위 대리권이 필요한 경우 한정후견인은 민법 제959조의4 제1항에 따라 가정법원으로부터 그에 관한 대리권을 수여받아야 한다.[5] 민법 제959조의6에 의한 제949조 제1항의 준용에도 불구하고, 한정후견인은 한정후견사무에 관한 포괄적인 대리권을 갖지 못하기 때문이다.

4. 한정후견인이 여러 명인 경우

11 여러 명의 한정후견인을 둔 경우 가정법원은 직권으로 여러 명의 한정후견인이 공동으로 또는 사무를 분장하여 그 권한을 행사하도록 정할 수 있고, 그 결정을 변경 또는 취소할 수도 있다[민법 제959조의6에 의한 제949조의2 제1항 및 제2항의 준용, 가사소송법 제2조 제1항 제2호 가목 21)의3].

12 여러 명의 한정후견인이 공동으로 권한을 행사하여야 하는 경우에 어느 한정후견인이 피한정후견인의 이익이 침해될 우려가 있음에도 필요한 권한행사에 협

4 주해친족법(제2권)(제2판), 박영사(2025), 1525(현소혜, 김수정).

5 주해친족법(제2권)(제2판), 박영사(2025), 1525(현소혜, 김수정); 김형석, "피후견인의 신상결정과 그 대행", 가족법연구 제28권 제2호, 한국가족법학회(2014), 250.

력하지 아니할 때에는 가정법원은 피한정후견인, 한정후견인, 한정후견감독인 또는 이해관계인의 청구에 의하여 그 한정후견인의 의사표시를 갈음하는 재판을 할 수 있다[민법 제959조의6에 의한 제949조의2 제3항의 준용, 가사소송법 제2조 제1항 제2호 가목 21)의3].

Ⅳ. 한정후견인의 권한에 대한 제한

1. 피한정후견인의 행위를 목적으로 하는 채무부담행위

13 한정후견인이 피한정후견인을 대리하여 그의 행위를 목적으로 하는 채무를 부담하는 계약을 체결하는 경우에는 피한정후견인 본인의 동의를 얻어야 한다(민법 제959조의6에 의한 제920조 단서 및 제949조 제2항의 준용).

2. 신상결정 대행시 가정법원의 허가

가. 치료 목적의 격리

14 한정후견인이 피한정후견인을 치료 등의 목적으로 정신병원이나 그 밖의 장소에 격리하려는 경우 가정법원의 허가를 받아야 한다[민법 제959조의6에 의한 제947조의2 제2항의 준용, 가사소송법 제2조 제1항 제2호 가목 21)].

나. 의료행위 동의권의 대행

15 한정후견인은 피한정후견인의 신체를 침해하는 의료행위에 대해 피한정후견인이 동의할 수 없는 경우 그를 대신하여 동의할 수 있다(민법 제959조의6에 의한 제947조의2 제3항의 준용). 다만 피한정후견인이 의료행위의 직접적인 결과로 사망하거나 상당항 장애를 입을 위험이 있을 때에는 가정법원의 허가를 받아야 한다[민법 제959조의6에 의한 민법 제947조의2 제4항 본문의 준용, 가사소송법 제2조 제1항 제2호 가목 21)].

16 허가절차로 의료행위가 지체되어 피한정후견인의 생명에 위험을 초래하거나 심신상의 중대한 장애를 초래할 때에는 사후에 허가를 청구할 수 있다(민법 제959조의6에 의한 제947조의2 제4항 단서의 준용).

다. 거주용 부동산의 처분

17 한정후견인이 피한정후견인을 대리하여 피한정후견인이 거주하고 있는 건물 또는 그 대지에 대하여 매도, 임대, 전세권 설정, 저당권 설정, 임대차의 해지, 전

세권의 소멸, 그 밖에 이에 준하는 행위를 하는 경우에는 가정법원의 허가를 받아야 한다[민법 제959조의6에 의한 제947조의2 제5항의 준용, 가사소송법 제2조 제1항 제2호 가목 21)의2].

3. 이해상반행위

18 한정후견인에 대해서는 민법 제921조가 준용되므로(민법 제959조의6 및 제959조의3에 의한 제949조의3의 준용), 법정대리인인 한정후견인과 피한정후견인 사이에 이해상반행위를 하는 경우 또는 한정후견인의 후견에 따르는 수인의 피한정후견인 사이에 이해상반행위를 하는 경우 한정후견인은 법원에 특별대리인이 선임을 청구하여야 한다. 다만, 한정후견감독인이 있는 경우는 그러하지 아니하다. 이때에는 한정후견감독인이 특별대리인의 지위를 대신하기 때문이다(민법 제959조의5 제2항에 의한 제940조의6 제3항의 준용).

4. 한정후견감독인의 동의

19 한정후견인이 피한정후견인을 대리하여 민법 제950조 제1항 제1호 내지 제6호에 해당하는 법률행위를 하는 경우 또는 피한정후견인이 위 법률행위를 하는 데 동의하고자 하는 경우에는 한정후견감독인의 동의를 받아야 한다(민법 제959조의6에 의한 제950조 제1항의 준용).

20 한정후견감독인의 동의가 필요한 행위에 대하여 한정후견감독인이 피한정후견인의 이익이 침해될 우려가 있음에도 동의를 하지 아니하는 경우 한정후견인은 가정법원에 한정후견감독인의 동의를 갈음하는 허가를 청구할 수 있다[민법 제959조의6에 의한 제950조 제2항의 준용, 가사소송법 제2조 제1항 제2호 가목 21)의4]. 이때 거래상대방의 보호를 위해 민법 제15조에 따른 확답을 촉구할 권리가 인정된다(민법 제959조의6에 의한 제952조의 준용).

5. 피한정후견인의 재산 등 양수에 대한 취소권

21 한정후견인이 피한정후견인에 대한 제3자의 권리를 양수하는 경우 피한정후견인은 이를 취소할 수 있다(민법 제959조의6에 의한 제951조 제1항의 준용). 한정후견감독인이 있는 경우 그의 동의 없이 한정후견인이 피한정후견인에 대한 제3자의 권리를 양수하였다면 피한정후견인 본인뿐만 아니라 한정후견감독인도 이를 취소할 수 있다(민법 제959조의6에 의한 제951조 제2항의 준용). 이때 거래상대방의 보호를 위해 민법 제15조에 따른 확답을 촉구할 권리가 인정된다(민법 제959조의6에

의한 제952조의 준용).

Ⅴ. 한정후견인에 대한 감독

1. 한정후견감독인

22 한정후견감독인은 그 일반적인 후견감독사무의 이행을 위해 언제든지 한정후견인에게 그의 임무수행에 관한 보고와 재산목록의 제출을 요구할 수 있고, 피한정후견인의 재산상황을 조사할 수 있다(민법 제959조의6에 의한 제953조의 준용).

2. 가정법원에 의한 감독

23 가정법원은 직권으로 또는 피한정후견인, 한정후견감독인, 민법 제777조에 따른 친족, 그 밖의 이해관계인, 검사, 지방자치단체의 장의 청구에 의하여 피한정후견인의 재산상황을 조사하고, 한정후견인에게 재산관리 등 후견임무 수행에 관하여 필요한 처분을 명할 수 있다[민법 제959조의6에 의한 제954조의 준용, 가사소송법 제2조 제1항 제2호 가목 22)].

Ⅵ. 한정후견인의 보수와 비용

1. 한정후견인의 보수

24 가정법원은 한정후견인의 청구에 따라 피한정후견인의 재산상태 기타 사정을 참작하여 피한중후견인의 재산 중에서 상당한 보수를 한정후견인에게 수여할 수 있다[민법 제959조의6에 의한 제955조의 준용, 가사소송법 제2조 제1항 제2호 가목 23)].

2. 사무비용의 지출

25 한정후견인이 한정후견사무를 수행하는데 필요한 비용은 피한정후견인의 재산 중에서 지출한다(민법 제959조의6에 의한 제955조의2의 준용).

제 959 조의 7 [한정후견인의 임무의 종료 등]

한정후견인의 임무가 종료한 경우에 관하여는 제691조, 제692조, 제957조 및 제958조를 준용한다.

[본조신설 2011. 3. 7.]

[관련조문] 민법 제691조(위임종료시의 긴급처리), 제692조(위임종료의 대항요건), 제957조(후견사무의 종료와 관리의 계산), 제958조(이자의 부가와 금전소비에 대한 책임), 가사소송법 제2조(가정법원의 관장사항), 제9조(가족관계등록부 기록 등의 촉탁), 후견등기에 관한 법률 제29조(종료등기의 신청), 가사소송규칙 제5조의2(후견등기부기록을 촉탁하여야 할 심판등)

[참고문헌] 김성우, 성년후견실무, 박영사(2018)

Ⅰ. 의의

1 한정후견사무의 종료에 따른 한정후견인의 임무와 사무처리방법 등에 관한 조문이다(☞ 이하 준용되는 조문에 관한 자세한 내용은 각 해당 조문 주석 참조).

Ⅱ. 한정후견사무 종료의 원인

2 한정후견사무의 종료는 그 원인에 따라 후견 그 자체가 종료하는 경우, 즉 절대적 종료와 후견은 종료하지 않으나 현재 후견임무를 수행하는 한정후견인의 임무가 종료하는 경우, 즉 상대적 종료로 나뉠 수 있다(☞ 후견종료의 원인에 관한 상세한 내용은 민법 제957조 주석 참조).

1. 절대적 종료

3 피한정후견인이 사망하거나, 민법 제14조, 제14조의3 제1항, 제959조의20 제2항에 따른 한정후견종료의 심판이 있는 때에는 한정후견사무가 절대적으로 종료한다[가사소송법 제2조 제1항 제2호 가목 1)의3].

2. 상대적 종료

4 한정후견인이 사망하거나 사임(민법 제939조), 변경(제940조)된 경우에는 당해 한

정후견인의 임무가 종료되고, 새로운 한정후견인이 선임된다. 후견인의 결격 사유가 발생한 경우도 상대적 종료 원인으로 볼 수 있다는 것이 다수설이나, 이는 독립적인 후견 종료 사유가 되는 것은 아니라는 견해[1]도 있다.

Ⅲ. 후견사무 종료에 따른 임무

1. 재산에 관한 계산

5 한정후견인의 임무가 종료된 때 한정후견인 또는 그 상속인은 1개월 내에 피한정후견인의 재산에 관한 계산을 하여야 한다(민법 제959조의7에 의한 제957조 제1항 본문의 준용). 다만, 정당한 사유가 있는 경우에는 법원의 허가를 받아 그 기간을 연장할 수 있다[민법 제959조의7에 의한 제957조 제1항 단서의 준용. 가사소송법 제2조 제1항 제2호 가목 24)]. 후견감독인이 있는 때에는 그가 계산에 참여하지 않으면 효력이 없다(민법 제959조의7에 의한 제957조 제2항의 준용).

2. 이자의 부가와 금전소비에 대한 책임

6 계산의 결과 한정후견인이 피한정후견인에게 지급할 금액이나 피한정후견인이 한정후견인에게 지급할 금액에는 계산종료의 날로부터 이자를 부가하여야 하며, 한정후견인이 자기를 위하여 피한정후견인의 금전을 소비한 때에는 그 소비한 날로부터 이자를 부가하고 피한정후견인에게 손해가 있으면 이를 배상하여야 한다(민법 제959조의7에 의한 제958조의 준용).

3. 위임 규정의 준용

7 한정후견사무 종료의 경우에 급박한 사정이 있는 때에는 한정후견인, 그 상속인이나 법정대리인은 위임인, 그 상속인이나 법정대리인이 위임사무를 처리할 수 있을 때까지 그 사무의 처리를 계속하여야 한다(민법 제959조의7에 의한 제691조의 준용). 또한 한정후견 종료의 사유는 이를 상대방에게 통지하거나 상대방이 이를 안 때가 아니면 이로써 상대방에게 대항하지 못한다(민법 제959조의7에 의한 제692조의 준용).

1 김성우, 성년후견실무, 박영사(2018), 138.

Ⅳ. 후견종료의 신고 또는 등기

8 민법 제14조, 제14조의3 제1항, 제959조의20 제2항에 따른 한정후견종료의 심판, 제939조에 따른 한정후견인 사임허가 심판 또는 제940조에 따른 한정후견인 변경심판이 확정된 때에는 가정법원은 지체 없이 후견등기사무를 처리하는 사람에게 후견등기부에 등기할 것을 촉탁하여야 한다(가사소송법 제9조, 가사소송규칙 제5조의2 제1항 제2호).

9 반면 피한정후견인의 사망 등 가정법원의 심판을 거치지 않고 한정후견이 종료한 때에는 한정후견인이 한정후견의 종료를 안 날로부터 3개월 내에 종료등기를 신청하여야 한다(후견등기에 관한 법률 제29조 제1항).

제 959 조의 8 [특정후견에 따른 보호조치]

가정법원은 피특정후견인의 후원을 위하여 필요한 처분을 명할 수 있다.

[본조신설 2011. 3. 7.]

[관련조문] 민법 제14조의2(특정후견의 심판), 제959조의9(특정후견인의 선임 등), 제959조의10특정후견감독인), 제959조의11(특정후견인의 대리권), 제959조의20(후견계약과 성년후견·한정후견·특정후견의 관계), 가사소송법 제2조(가정법원의 관장 사항), 제9조(가족관계등록부 기록 등의 촉탁), 제44조(관할 등), 제45조의3(성년후견·한정후견·특정후견 관련 심판에서의 진술 청취), 가사소송규칙 제25조(심판의 고지), 제36조(즉시항고)

[참고문헌] 김주수/김상용, 주석 민법, 친족(4)(제5판), 한국사법행정학회(2016); 주해친족법(제2권)(제2판), 박영사(2025); 김주수/김상용, 친족·상속법(제14판), 박영사(2017); 윤진수/현소혜, 민법개정총서5 : 2013년 개정 민법 해설, 법무부(2013); 김성우, 성년후견실무, 박영사(2018); 김형석, "민법 개정안에 따른 성년후견 법제", 가족법 연구 제24권 제2호, 한국가족법학회(2010); 김형석, "성년후견·한정후견의 개시심판과 특정후견의 심판", 서울대학교 법학 제55권 제1호, 서울대학교 법학연구소(2014); 박인환, "새로운 성년후견제도에 있어서 특정후견 도입의 의의와 과제", 민사법의 이론과 실무 제17권 제1호, 민사법의 이론과 실무학회(2014); 배인구, "성년후견제도에 관한 연구-시행과 관련된 이론적·실무적 쟁점을 중심으로", 고려대학교 석사학위논문(2013); 이진기, "개정 민법 규정으로 본 성년후견제도의 입법적 검토와 비판", 가족법연구 제26권 제2호, 한국가족법학회(2012); 제철웅, "요보호성인의 인권존중 관점에서 본 새로운 성년후견제도", 민사법학 제56호, 한국민사법학회(2011)

Ⅰ. 의의

1 가정법원은 질병, 장애, 노령, 그 밖의 사유로 인한 정신적 제약으로 일시적 후원 또는 특정한 사무에 관한 후원이 필요한 사람에 대하여 본인, 배우지, 4촌 이내 친족, 미성년후견인, 미성년후견감독인, 검사 또는 지방자치단체의 장의 청구에 의하여 특정후견의 심판을 할 수 있다[민법 제14조의2 제1항, 가사소송법 제2조 제1항 제2호 가목 1)의5]. 후견계약이 등기되어 있는 경우에도 후견계약에서 임의후견인에게 수여한 권한의 범위를 넘어선 사무를 처리하기 위하여 임의후견인 또는

임의후견감독인의 청구에 의하여 특정후견의 심판을 할 수 있다(민법 제959조의20 제1항). 가정법원은 특정후견심판을 할 때 피특정후견인의 후원을 위하여 필요한 처분을 명할 수 있다[민법 제959조의8, 가사소송법 제2조 제1항 제2호 가목 24)의3]. 특정후견은 성년후견이나 한정후견과는 달리 피특정후견인의 행위능력을 제한하지 않고 일시적 또는 특정한 사무에 관하여 가정법원의 도움을 받도록 함으로써 자기결정권의 존중 및 보충성의 원칙을 실현하기 위한 제도이다.[1]

2 따라서 일회적 처분으로 본인을 보호하는 데에 충분한 경우라면 가정법원은 굳이 후견인을 선임하지 않고 직접 그러한 처분을 함으로써 피특정후견인을 보호할 수 있는바, 민법 제959조의8는 이와 같이 가정법원이 특정사무의 후원 내지 피특정후견인의 보호를 위해 직접 개입할 수 있는 근거를 마련하기 위한 조문이다.

3 나아가 가정법원은 민법 제959조의8에 따른 처분의 하나로 피특정후견인을 후원하거나 대리하기 위한 특정후견인을 선임할 수 있다(민법 제959조의9). 이때 특정후견인의 선임과 민법 제959조의8에 의한 그 밖의 처분을 서로 배타적인 것으로 볼 필요는 없으므로, 가정법원은 제959조의8에 의한 처분만을 하거나 특정후견인만을 선임할 수도 있고, 제959조의8에 의한 처분과 특정후견인의 선임을 병행할 수도 있다고 해석된다.[2]

Ⅱ. 처분의 대상과 내용

1. 재산관리와 신상보호

4 가정법원이 민법 제959조의8에 따라 '피특정후견인의 후원을 위하여 명할 수 있는 필요한 처분'의 대상은 주로 피특정후견인의 재산과 관련된 처분이 될 것이나, 반드시 재산관리에 대한 처분으로 한정하여 해석해야 할 이유는 없으므로 피특정후견인의 신상보호에 대한 처분도 포함된다고 할 것이다.[3]

5 이에 대하여, 신상결정이 긴급하게 필요한 경우에는 응급의료에 관한 법률 등 관련 법률의 규정을 이용하여 적절한 대응이 가능하고, 피특정후견인은 어느 정도 정신적 능력이 있음을 전제로 한다는 점, 신상보호는 지속성과 사안의 중대

1 주해친족법(제2권)(제2판), 박영사(2025), 1535(현소혜, 김수정).
2 김주수/김상용, 주석 민법, 친족(4)(제5판), 한국사법행정학회(2016), 308.
3 김주수/김상용, 친족·상속법(제14판), 박영사(2017). 541; 주해친족법(제2권)(제2판), 박영사(2025), 1535(현소혜, 김수정); 김성우, 성년후견실무, 박영사(2018), 114.

성을 특징으로 한다는 점 등을 근거로 가정법원이 신상보호에 관한 처분을 할 수 있는지에 대해 의문을 제기하는 견해[4]도 있다.

2. 처분의 내용과 범위

가. 현상변경적 처분

6 가정법원은 피특정후견인의 후원을 위해 그의 특정 재산에 관한 관리·보존과 같은 현상유지적 처분은 물론, 적극적으로 현상을 변경하는 처분행위를 명할 수도 있고, 처분을 금하는 부작위를 명할 수도 있다.[5] 이점에서 민법 제22조에 따른 부재자 재산관리를 위한 처분과는 차이가 있다.

나. 특정후견인의 동의를 얻을 것을 명하는 처분

7 가정법원이 피특정후견인의 후원을 위하여 필요한 처분의 일환으로 피특정후견인에게 일정한 범위의 법률행위를 할 때 특정후견인의 동의를 얻을 것을 명할 수 있는지의 문제가 있다.

8 이에 대하여는, ① 특정후견은 피특정후견인의 행위능력을 제한하기 위한 제도가 아니므로 이러한 유형의 처분은 허용되지 않는다는 견해[6]가 있는 반면, ② 예를 들어 피특정후견인이 그 소유의 특정한 부동산을 처분하려고 할 때 가정법원이 제3자나 특정후견인의 동의를 받아 처분하도록 결정하는 것을 금할 이유가 없고, 이는 피특정후견인의 행위능력을 제한하는 것이라기보다는 민법 제959조의8의 입법목적인 피특정후견인의 의사결정을 후원하는 유력한 방법이 될 수 있다는 점에서 이를 긍정하는 견해[7]도 있다.

다. 피특정후견인의 의사표시를 갈음하는 재판

9 가정법원이 피특정후견인의 후원을 위하여 필요한 처분의 하나로서 피특정후견인의 의사표시를 갈음하는 심판을 할 수 있는지에 관하여는, 부정설과 긍정설이 대립한다.

10 먼저 부정설로는, ① 우리 법체계상 의사표시를 갈음하는 재판은 의사표시의 의

4 이진기, "개정 민법 규정으로 본 성년후견제도의 입법적 검토와 비판", 가족법연구 제26권 제2호, 한국가족법학회(2012), 106.

5 주해친족법(제2권)(제2판), 박영사(2025), 1536(현소혜, 김수정); 김주수/김상용, 친족·상속법(제14판), 박영사(2017). 541.

6 주해친족법(제2권)(제2판), 박영사(2025), 1536(현소혜, 김수정).

7 김주수/김상용, 주석 민법, 친족(4)(제5판), 한국사법행정학회(2016), 311.

무 있는 채무자에 대한 이행판결로서 인정되고 있고, 비송절차에서 법원의 처분에 그와 같은 효력을 인정하는 예는 현행법에서 찾기 어렵다는 견해,[8] ② 가정법원이 피특정후견인의 의료행위에 대한 동의의 의사표시를 갈음하는 심판을 내리는 방식으로 개입하는 것을 허용한다면, 이는 비송사건의 본질에도 반하고 그러한 심판에도 불구하고 실제 의료계약이 체결되지 않는 경우 피특정후견인을 위한 즉각적인 치료가 불가능하여 실효성이 없다는 견해[9] 등이 있다.

11 다음으로 긍정설로는, ① 의료시술에 대한 1회의 동의가 필요하다면 이를 위하여 굳이 특정후견인을 선임할 필요는 없고 오히려 가정법원의 결정으로 동의에 갈음하는 것이 필요하다는 견해,[10] ② 적어도 신상결정에 관한 한 가정법원의 후견적 개입이 허용될 수 있다는 점에서 시설 입소나 거소의 결정, 침습적 의료행위에 대한 동의에 관해서는 가정법원의 직접 결정이 부인되지는 않는다는 견해[11] 등이 있다.

Ⅲ. 처분의 절차

1. 직권에 의한 절차

12 가정법원은 특정후견의 심판과 동시에 직권에 의하여 필요한 처분을 명한다. 문언상으로는 처분을 명할 것인지 여부가 가정법원의 재량에 속하는 것으로 보이지만, 특정후견의 심판을 할 때에는 반드시 민법 제959조의8에 따른 심판을 하거나, 제959조의9에 따른 특정후견인 선임의 심판을 하여야 한다. 그렇지 않으면 특정후견의 심판은 아무런 내용이 없는 무용한 절차가 될 것이기 때문이다.[12]

2. 그 밖의 사항

13 특정후견에 따른 보호조치 처분 사건은 피특정후견인의 주소지 가정법원의 전

8 김형석, "민법 개정안에 따른 성년후견법제", 가족법연구 제24권 제2호, 한국가족법학회(2010), 149. 이 견해는 이러한 내용의 심판이 필요한 때에는 의사표시를 할 특정후견인을 선임하여 사무를 처리하도록 하면 된다고 한다.

9 윤진수/현소혜, 2013년 개정 민법 해설, 법무부(2013), 137.

10 제철웅, "요보호성인의 인권존중 관점에서 본 새로운 성년후견제도", 민사법학 제56호, 한국민사법학회(2011), 306.

11 박인환, "새로운 성년후견제도에 있어서 특정후견 도입의 의의와 과제", 민사법의 이론과 실무 제17권 제1호, 민사법의 이론과 실무학회(2014), 22.

12 김형석, "성년후견·한정후견의 개시심판과 특정후견의 심판", 서울대학교 법학 제55권 제1호, 서울대학교 법학연구소(2014), 471.

속관할에 속한다(가사소송법 제44조 제1항 제1의2호). 위 사건은 가사소송법상 독립한 진술 청취 사건으로 규정되어 있지는 않으나, 특정후견의 심판과 동시에 보호조치 처분을 명할 때에는 피특정후견인이 될 사람의 진술을 들어야 할 것이다(가사소송법 제45조의3 제1항 제1호). 피특정후견인의 후원을 위하여 필요한 처분을 명하는 심판을 할 때에는 이를 당사자 및 절차에 참가한 이해관계인에게 고지하여야 하고, 사건본인에게 통지하여야 한다(가사소송규칙 제25조, 제36조).

14 특정후견심판에 대하여는 즉시항고로 다툴 수 있으나, 피특정후견인을 위하여 필요한 처분에 대하여는 따로 즉시항고를 규정하고 있지 않으므로, 위 처분에 대하여 불복하는 경우에는 특정후견심판에 대하여 즉시항고하여야 한다(이와 독립하여 피특정후견인을 위하여 필요한 처분심판 자체에 대해서는 즉시항고할 수 없다).[13] 가정법원은 심판의 효력 발생시 지체 없이 후견등기의 촉탁을 하여야 한다(가사소송법 제9조, 가사소송규칙 제5조의 제1항 제3호 라목). 필요한 경우에는 민법 제959조의8의 처분심판에 앞서 직권 또는 일정한 자의 청구에 의하여 사전처분을 할 수도 있다(가사소송법 제62조).

3. 제재수단에 관한 입법론

15 특정후견의 실효성을 부여하기 위해서는 법원의 처분에 따르지 않는 사람에 대하여 제재수단을 마련할 필요가 있으므로, 이후 가사소송법의 개정으로 특정후견에 따른 법원의 처분에 대해서도 이행명령(가사소송법 제64조)을 할 수 있도록 하여 과태료나 감치(제67조, 제68조)의 제재방법을 활용해야 한다는 견해[14]가 있다. 이에 대해서는 심판서상 당사자의 지위에 있지 않은 사람에게까지 이행명령을 부과할 수 없다는 반대견해[15]가 있다.

IV. 특정후견심판의 주문 기재사항과 주문례

1. 특정후견심판의 주문 기재사항

16 실무상 특정후견심판 주문의 기재사항으로는 ① 특정후견 선언(민법 제14조의2 제1항), ② 특정후견인 선임(제959조의9 제1항), ③ 특정후견의 기간, 특정후견 사

13 김주수/김상용, 주석 민법, 친족(4)(제5판), 한국사법행정학회(2016), 312.
14 김형석, "민법 개정안에 따른 성년후견법제", 가족법연구 제24권 제2호, 한국가족법학회(2010), 149.
15 배인구, "성년후견제도에 관한 연구-시행과 관련된 이론적·실무적 쟁점을 중심으로", 고려대학교 석사학위논문(2013), 66~67.

무의 범위, 특정후견인의 대리권의 범위 결정(제14조의2 제3항, 제959조의11 제1항·제2항), ④ 특정후견감독인 선임(제959조의10 제1항), ⑤ 특정후견사무보고서, 특정후견감독사무보고서의 작성과 제출의무 등이 있다.[16]

2. 특정후견심판의 주문례

17 실무상 특정후견심판의 주문례(기본형)[17]는 다음과 같다.

1. 사건본인에 대하여 특정후견을 한다.
2. 사건본인의 특정후견인으로 사회복지사 김○○(주민등록번호, 주소)을 선임한다.
3. 특정후견에 관한 사항은 별지 기재와 같다.
4. 사건본인의 특정후견감독인으로 서울특별시 △△구를 선임한다.
5. 특정후견인은 2019. 12. 31.을 시작으로 2021. 12. 31.까지 매년 12. 31. 후견사무보고서(사건본인의 신상보호사무에 관하여 사진 10 매 이상을 첨부할 것)를 작성하여 특정후견감독인에게 제출하여야 한다.
6. 특정후견감독인은 매년 특정후견인으로부터 후견사무보고서를 제출받은 때로부터 1 개월 이내에 후견감독사무보고서를 작성하여 위 후견사무보고서와 함께 이 법원에 제출하여야 한다.

16 김성우, 성년후견실무, 박영사(2018), 77.

17 김성우, 성년후견실무, 박영사(2018), 77 참조(실무상 대부분 특정후견감독인을 선임하고 있으므로, 이를 기본형으로 제시한다).

제 959 조의 9 [특정후견인의 선임 등]

① 가정법원은 제959조의8에 따른 처분으로 피특정후견인을 후원하거나 대리하기 위한 특정후견인을 선임할 수 있다.

② 특정후견인에 대하여는 제930조 제2항·제3항, 제936조 제2항부터 제4항까지, 제937조, 제939조 및 제940조를 준용한다.

[본조신설 2011. 3. 7.]

[관련조문] 민법 제14조의2(특정후견의 심판), 제930조(후견인의 수와 자격), 제936조(성년후견인의 선임), 제937조(후견인의 결격사유), 제939조(후견인의 사임), 제940조(후견인의 변경), 제959조의8(특정후견에 따른 보호조치), 제959조의11(특정후견인의 대리권), 가사소송법 제2조(가정법원의 관장 사항), 제45조의3(성년후견·한정후견·특정후견 관련 심판에서의 진술 청취), 제62조(사전처분), 가사소송규칙 제32조(사전처분), 제36조(즉시항고)

[참고문헌] 주해친족법(제2권)(제2판), 박영사(2025); 김주수/김상용, 친족·상속법(제14판), 박영사(2017); 윤진수/현소혜, 2013년 개정 민법 해설, 법무부(2013); 김성우, 성년후견실무, 박영사(2018); 이현곤, 성년후견제도의 이해와 활용(전면개정판), 고시계사(2018); 후견사건 처리실무, 법원행정처(2015); 김형석, "민법 개정안에 따른 성년후견법제", 가족법연구 제24권 제2호, 한국가족법학회(2010), 150; 박인환, "새로운 성년후견제도에 있어서 특정후견 도입의 의의와 과제", 민사법의 이론과 실무 제17권 제1호, 민사법의 이론과 실무 학회(2014); 배인구, "성년후견제도에 관한 연구 시행과 관련된 이론적 실무적 쟁점을 중심으로", 고려대학교 석사학위논문(2013); 이영규, "특정후견", 법학논총 제31집 제1호, 한양대학교 법학연구소(2014); 이진기, "개정 민법 규정으로 본 성년후견제도의 입법적 검토와 비판", 가족법연구 제26권 제2호, 한국가족법학회(2012); 제철웅, "성년후견제도의 개정방향", 민사법학 제42권, 한국민사법학회(2008)

Ⅰ. 의의

1 가정법원이 특정후견의 심판을 하는 경우에는 피특정후견인을 위하여 필요한 처분을 명할 수 있고(민법 제959조의8), 그 처분의 일종으로 특정후견인을 선임할 수 있다[민법 제959조의9 제1항, 가사소송법 제2조 제1항 제2호 가목 18)]. 민법 제959조의9는 제959조의8과는 별도로 특정후견인의 선임 및 특정후견인의 자격과 선임기준, 직무수행, 사임과 변경 등 법적 지위 일반에 관하여 상세히 정하고 있다(☞ 이하 준용되는 조문에 관한 상세한 내용은 각 해당 조문 주석 참조).

Ⅱ. 특정후견인의 선임

1. 임의적 선임

2 가정법원은 민법 제959조의8에 따른 처분으로 피특정후견인을 후원하거나 대리하기 위한 특정후견인을 선임할 수 있다(민법 제959조의9 제1항). 특정후견인을 선임할 것인지 아니면 피특정후견인의 후원에 필요한 그 밖의 처분을 할 것인지는 가정법원의 재량에 속한다. 따라서 가정법원이 특정후견의 심판을 하는 경우에 반드시 특정후견인을 선임하여야 하는 것은 아니다. 일회적 처분으로 피특정후견인을 보호하는데 충분한 경우라면 가정법원이 굳이 특정후견인을 선임하지 않고, 직접 그러한 처분을 함으로써 피특정후견인을 보호할 수도 있을 것이다.[1]

3 특정후견 심판 시에는 특정후견인을 선임할 필요성이 없어서 선임하지 않았는데, 그 후 선임의 필요성이 있다고 판단되는 경우 가정법원에 특정후견인의 선임을 청구할 수 있는지에 대해서는 아무런 규정이 없다. 물론 가정법원이 직권으로 선임하는 것은 민법 제959조의8에서 정한 '피특정후견인의 후원을 위하여 필요한 처분'의 일환으로 가능할 것이나, 가정법원에서 직권으로 선임하지 않는 경우 제936조 제2항에서 규정하고 있는 청구권자(피특정후견인, 친족, 이해관계인, 검사, 지방자치단체의 장)들이 특정후견인이 선임을 청구할 수 있는지와 관련하여, 이를 긍정하는 견해[2]가 있다.

4 다만, 실무에서는 거의 모든 특정후견 사건에서 피특정후견인의 원활한 후원을 위하여 특정후견인을 선임하고 있다.[3]

2. 자격 및 선임기준

5 일단 특정후견인을 선임하는 이상 그 자격 및 선임기준, 결격사유 등은 성년후견인에 준한다. 따라서 여러 명의 특정후견인을 둘 수도 있고, 법인을 특정후견인으로 선임할 수도 있다(민법 제959조의9 제2항에 의한 제930조 제2항·제3항의 준용). 가정법원이 특정후견인을 선임할 때에는 피특정후견인의 의사를 존중하여야 하며, 그 밖에 피특정후견인의 건강, 생활관계, 재산상황, 특정후견인이 될 사람의 직업과 경험, 피특정후견인과의 이해관계의 유무(법인이 특정후견인이 될 때에는 사

1 김주수/김상용, 친족·상속법(제14판), 박영사(2017). 542.
2 이영규, "특정후견", 법학논총 제31집 제1호, 한양대학교 법학연구소(2014), 403~404.
3 후견사건 처리실무, 법원행정처(2015), 120.

업의 종류와 내용, 법인이나 그 대표자와 피특정후견인 사이의 이해관계의 유무를 말한다) 등의 사정도 고려하여야 한다(민법 제959조의9 제2항에 의한 제936조 제4항의 준용).

6 민법 제937조에서 정한 후견인 결격사유에 해당해서는 안 됨은 물론이다(민법 제959조의9 제2항에 의한 제937조의 준용). 가정법원이 선임한 특정후견인이 사망, 결격, 그 밖의 사유로 없게 된 경우 재선임, 필요한 경우 추가선임이 가능함도 성년후견인의 경우와 같다(민법 제959조의9 제2항에 의한 제936조 제2항 및 제3항의 준용).

3. 선임심판의 절차

7 가정법원이 특정후견인 선임심판을 하는 경우에는 피특정후견인(피특정후견인이 될 사람을 포함한다)과 특정후견인이 될 사람의 진술을 들어야 한다(가사소송법 제45조의3 제1항 제3호). 특정후견인 선임심판은 당사자, 절차에 참가한 이해관계인(가사소송규칙 제25조), 특정후견인과 특정후견감독인이 될 자에게 고지하고(제35조 제1항), 사건본인인 피특정후견인이 될 사람에게는 그 뜻을 통지하여야 한다(제35조 제2항).

8 특정후견인 선임심판 자체에 대하여 불복할 수는 없지만, 특정후견심판에 대하여 즉시항고함으로써 사실상 특정후견인 선임심판에 대하여 다툴 수 있다. 특정후견인 선임심판이 확정된 때에는 가정법원은 지체 없이 후견등기 사무를 처리하는 사람에게 후견등기부에 등기할 것을 촉탁하여야 한다(가사소송법 제9조, 가사소송규칙 제5조의2 제1항 제3호 나목).

9 가정법원은 특정후견인 선임 전에 직권 또는 당사자의 신청에 의한 사전처분으로 임시후견인을 선임할 수 있다(가사소송규칙 제32조 제4항). 이때 선임된 임시후견인에 대해서는 특정후견인에 관한 규정이 준용된다(가사소송규칙 제32조 제4항).

Ⅲ. 특정후견인의 권한

1. 대리권

가. 대리권 수여심판에 따른 법정대리권

10 특정후견인은 민법 제959조의11에 따라 가정법원으로부터 대리권을 수여받은 한도 내에서 피특정후견인을 대리할 수 있다. 특정후견인에 대해서는 민법 제949조가 준용되지 않으므로, 포괄적 대리권을 행사할 수 없다.[4] (☞ 특정후견인의 대리권

4 주해친족법(제2권)(제2판), 박영사(2025), 1540(현소혜, 김수정).

및 그 행사방법 등에 관해서는 민법 제959조의11 및 제959조의12의 각 주석 참조)

나. 소송대리권

11 특정후견의 심판에도 불구하고 피특정후견인의 행위능력은 제한되지 않으므로 피특정후견인은 스스로 소송행위를 할 수 있다. 물론 피특정후견인의 정신적 제약으로 말미암아 스스로 소송행위를 할 수 없을 때에는 가정법원이 민법 제959조의11 제1항에 따라 특정후견인에게 소송대리권을 수여하는 심판을 할 수 있을 것이다.

2. 재산관리권

12 특정후견인에 대해서는 민법 제949조가 준용되지 않으므로, 피특정후견인의 재산에 관한 일반적인 재산관리권은 인정되지 않는다. 다만, 특정후견인은 가정법원이 민법 제14조의2 제3항에 따라 특정후견의 심판 시에 정한 특정후견의 기간 또는 사무의 범위 내에서 피특정후견인을 위해 재산관리를 위한 각종의 처분, 특히 사실행위를 할 권한을 갖는다.[5]

3. 신상에 관하여 결정할 수 있는 권한

13 특정후견인은 피특정후견인의 신상에 관한 결정을 대행할 권한이 있는지, 즉 가정법원은 특정후견인에게 피특정후견인의 신상결정에 관한 권한을 수여할 수 있는지에 관하여는 견해가 나뉜다.

14 이를 부정하는 견해[6]는, 피특정후견인은 자신의 신상에 관하여 결정할 수 있는 능력이 있다는 것을 전제로 하고 있다는 점, 특정후견에는 신상결정 대행권한에 관한 민법 제938조 제3항 및 제947조의2가 준용되지 않는다는 점, 현행 가사소송법이나 후견등기에 관한 법률도 이를 전제로 한 규정이 마련되어 있지 않다는 점 등을 근거로 한다.

15 반면에 이를 긍정하는 견해[7]는, 신상보호를 위해 특정후견의 심판을 할 필요가 적지 않을 뿐 아니라 특정후견은 원래 신상보호를 위해 도입된 제도라는 점, 특

5 주해친족법(제2권)(제2판), 박영사(2025), 1541(현소혜, 김수정).

6 김성우, 성년후견실무, 박영사(2018), 114; 배인구, "성년후견제도에 관한 연구-시행과 관련된 이론적·실무적 쟁점을 중심으로", 고려대학교 석사학위논문(2013), 69; 이진기, "개정 민법 규정으로 본 성년후견제도의 입법적 검토와 비판", 가족법연구 제26권 제2호, 한국가족법학회(2012), 106.

7 윤진수/현소혜, 2013년 개정 민법 해설, 법무부(2013), 143; 이현곤, 성년후견제도의 이해와 활용(전면개정판), 고시계사(2018), 42; 김형석, "민법 개정안에 따른 성년후견법제", 가족법연구 제24권 제2호, 한국가족법학회(2010), 150; 박인환, "새로운 성년후견제도에 있어서 특정후견 도입의 의의와 과제", 민사법의 이론과 실무 제17권 제1호, 민사법의 이론과 실무학회(2014), 23.

정후견인에게는 민법 제947조가, 특정후견감독인에게는 제940조의6 제2항이 준용되므로 명문의 근거가 전혀 없지는 않다는 점, 법률행위 대리권과 신상결정 대행권한이 엄격하게 분리되는 개념은 아니라는 점 등을 근거로 한다.[8]

16 다만, 부정설 중에서도 가정법원이 후견적 시위에서 피특정후견인의 후원을 위하여 필요한 보호조치(민법 제959조의8 참조)의 일환으로 피특정후견인의 신상보호에 관한 처분을 할 수 있다고 보는 견해[9]는 결과적으로 실무 운용에 있어서 긍정설과 큰 차이는 없을 것으로 보인다.

4. 동의권과 취소권

17 특정후견의 심판에도 불구하고 피특정후견인의 행위능력은 제한되지 않고, 특정후견인의 주된 사무수행 방식은 성년후견인이나 한정후견인과 달리 피특정후견인에 대한 법적 조언 등을 통한 후원이므로,[10] 특정후견인은 원칙적으로 동의권이나 취소권을 행사하는 방법으로 피특정후견인의 자기 결정에 간섭할 수 없다.[11]

18 이에 대하여는 피특정후견인의 보호를 위해서 그의 행위능력을 제한해야 한다는 반대 견해[12]가 있고, 입법론으로서 피특정후견인의 행위를 무효로 돌릴 수 없다면 사실상 성년후견이나 한정후견을 강제할 위험이 있으므로 특정후견인에게 취소권을 부여할 필요가 있다는 견해[13]도 있다.

Ⅳ. 특정후견인의 사임 및 변경

1. 사임

19 특정후견인은 정당한 사유가 있는 경우 가정법원의 허가를 받아 사임할 수 있다 [민법 제959조의9 제2항에 의한 제939조의 준용, 가사소송법 제2조 제1항 제2호 가목 19)].

2. 변경

20 가정법원은 피특정후견인의 복리를 위하여 특정후견인을 변경할 필요가 있다고

8 이와 같이 특정후견인에게 신상결정에 관한 권한을 수여할 수 있다고 보는 견해는, 대부분 명문의 규정이 없더라도 민법 제938조 제3항 및 제947조의2는 특정후견의 경우에도 유추적용 할 수 있다고 본다.

9 대표적으로, 김성우, 성년후견실무, 박영사(2018), 114 참조.

10 김성우, 성년후견실무, 박영사(2018), 113.

11 주해친족법(제2권)(제2판), 박영사(2025), 1542(현소혜, 김수정).

12 이진기, "개정 민법 규정으로 본 성년후견제도의 입법적 검토와 비판", 가족법연구 제26권 제2호, 한국가족법학회(2012), 96~97.

13 제철웅, "성년후견제도의 개정방향", 민사법학 제42권, 한국민사법학회(2008), 139.

인정하면 직권으로 또는 피특정후견인, 친족, 특정후견감독인, 검사, 지방자치단체의 장의 청구에 의하여 특정후견인을 변경할 수 있다[민법 제959조의9 제2항에 의한 제940조의 준용, 가사소송법 제2조 제1항 제2호 가목 18)].

21 특정후견인 변경심판을 하는 경우에는 피특정후견인과 그 변경이 청구된 특정후견인 및 특정후견인이 될 사람의 진술을 들어야 하고(가사소송법 제45조의3 제1항 제5호), 그 심판에 대해서는 변경의 대상이 된 특정후견인만이 즉시항고할 수 있다(가사소송규칙 제36조 제1항 제3호 나목). 반면 특정후견인 변경청구 기각 심판에 대해서는 민법 제959조의9 제2항에 의해 준용되는 제940조에 규정한 자가 즉시항고할 수 있다(가사소송규칙 제36조 제2항 제5호).

22 특정후견인 변경심판에 앞서 필요한 경우 가정법원은 직권 또는 당사자의 신청에 의해 가사소송법 제62조에 따른 사전처분으로서 직무대행자를 선임할 수 있다(가사소송규칙 제32조 제1항). 이때 직무대행자에 대해서는 특정후견인에 관한 규정을 준용함이 원칙이나(가사소송규칙 제32조 제1호), 가정법원은 상당하다고 인정할 때 언제든지 직무대행자에게 사건본인의 신상보호 또는 재산관리에 필요한 명령을 할 수 있고, 그 선임한 직무대행자를 해임하거나 개임할 수 있다(가사소송규칙 제32조 제3항). 위와 같은 직무대행자 선임처분은 그 선임된 자 및 해당 특정후견인에게 고지하여야 하고, 사건본인에게 그 뜻을 통지하여야 한다(가사소송규칙 제32조 제2항).

제 959 조의 10 [특정후견감독인]

① 가정법원은 필요하다고 인정하면 직권으로 또는 피특정후견인, 친족, 특정후견인, 검사, 지방자치단체의 장의 청구에 의하여 특정후견감독인을 선임할 수 있다.

② 특정후견감독인에 대하여는 제681조, 제691조, 제692조, 제930조 제2항·제3항, 제936조 제3항·제4항, 제937조, 제939조, 제940조, 제940조의5, 제940조의6, 제949조의2, 제955조 및 제955조의2를 준용한다.

[본조신설 2011. 3. 7.]

[관련조문] 민법 제681조(수임인의 선관의무), 제691조(위임종료시의 긴급처리), 제692조(위임종료의 대항요건), 제930조(후견인의 수와 자격), 제936조(성년후견인의 선임), 제937조(후견인의 결격사유), 제939조(후견인의 사임), 제940조(후견인의 변경), 제940조의5(후견감독인의 결격사유), 제940조의6(후견감독인의 직무), 제949조의2(성년후견인이 여러 명인 경우 권한의 행사 등), 제955조(후견인에 대한 보수), 제955조의2(지출금액의 예정과 사무비용, 가사소송법 제2조(가정법원의 관장 사항, 제44(관할 등), 제45조의3(성년후견·한정후견·특정후견 관련 심판에서의 진술 청취), 가사소송규칙 제35조(심판의 고지등), 제36조(즉시항고), 제38조의2(후견사무등에 관한 지시)

[참고문헌] 주해친족법(제2권)(제2판), 박영사(2025); 김주수/김상용, 친족·상속법(제14판), 박영사(2017); 김성우, 성년후견실무, 박영사(2018); 김형석, "성년후견감독인", 성년후견 제2호, 한국성년후견학회(2014)

Ⅰ. 의의

1 특정후견감독인에 관한 사항을 정하기 위한 조문이다. 민법 제959조의10는 특정후견감독인이 임의기관임을 선언함과 아울러 가정법원이 특정후견감독인을 선임할 수 있는 사유, 특정후견감독인의 자격 및 선임기준, 특정후견감독인의 권한과 직무, 그 사임과 변경 등 특정후견감독인의 법적 지위 일반에 관해 상세히

규정하고 있다(☞ 이하 준용되는 조문에 관한 상세한 내용은 각 해당 조문 주석 참조).

Ⅱ. 특정후견감독인의 선임

1. 선임 사유

2 가정법원은 필요하다고 인정하면 직권으로 또는 피특정후견인, 친족, 특정후견인, 검사, 지방자치단체의 장의 청구에 의하여 특정후견감독인을 선임할 수 있다[민법 제959조의10 제1항, 가사소송법 제2조 제1항 제2호 가목 18)의3]. (☞ 후견감독인이 필요하다고 인정할 수 있는 경우에 관한 상세한 내용은 민법 제940조의4 주석 참조).

2. 재선임과 추가선임

3 민법 제959조의10 제2항은 특정후견감독인이 사망, 결격, 그 밖의 사유로 없게 된 경우에 직권으로 또는 청구권자의 청구에 의하여 다시 특정후견감독인을 선임할 수 있는 근거 규정인 제940조의3 제2항 또는 제940조의4 제2항을 준용하고 있지 않다. 이는 입법의 미비로서 관련 규정을 유추 적용해야 한다는 견해[1]가 있다. 준용 규정을 신설하는 것이 바람직할 것이다.[2]

4 가정법원은 특정후견감독인을 선임한 후에도 필요하다고 인정하면 직권으로 또는 피특정후견인, 특정후견인, 친족, 이해관계인, 검사, 지방자치단체의 장의 청구에 의해 추가로 특정후견감독인을 선임할 수 있다(민법 제959조의10 제2항에 의한 제936조 제3항의 준용).

3. 자격 및 선임기준

가. 특정후견감독인의 수와 자격

5 특정후견감독인은 피특정후견인의 신상과 재산에 관한 모든 사정을 고려하여 여러 명을 둘 수 있고, 법인도 특정후견감독인이 될 수 있다(민법 제959조의10 제2항에 의한 제930조 제2항 및 제3항의 준용). 여러 명의 특정후견감독인을 둔 경우 가정법원은 직권으로 복수의 특정후견감독인이 공동으로 또는 사무를 분장하여 그 권한을 행사하도록 정할 수 있고, 그 결정을 변경 또는 취소할 수도 있다[민법 제959조의10 제2항에 의한 제949조의2 제1항 및 제2항의 준용, 가사소송법 제2조 제1항

1 김주수/김상용, 친족·상속법(제14판), 박영사(2017). 547.
2 주해친족법(제2권)(제2판), 박영사(2025), 1545(현소혜, 김수정).

제2호 가목 21)의3].

6 여러 명의 특정후견감독인이 공동으로 권한을 행사하여야 하는 경우 어느 특정후견감독인이 피특정후견인의 이익이 침해될 우려가 있음에도 필요한 권한행사에 협력하지 않는 때에는 가정법원은 피특정후견인, 특정후견인, 특정후견감독인 또는 이해관계인의 청구에 의하여 그 특정후견감독인의 의사표시를 갈음하는 재판을 할 수 있다[민법 제959조의10 제2항에 따른 제949조의2 제3항의 준용, 가사소송법 제2조 제1항 제2호 가목 21)의3].

나. 결격사유와 선임기준

7 민법 제937조 제1호 내지 제9호에 해당하는 사람과 특정후견인의 가족은 특정후견감독인이 될 수 없다(민법 제959조의10 제2항에 의한 제937조 및 제940조의5의 준용).

8 가정법원은 특정후견감독인을 선정할 때에는 피특정후견인의 의사를 존중하여야 하며, 그 밖에 피특정후견인의 건강, 생활관계, 재산상황, 특정후견감독인이 될 사람의 직업과 경험, 피특정후견인과의 이해관계 유무(법인이 특정후견감독인이 될 때에는 사업의 종류와 내용, 법인이나 그 대표자와 피특정후견인 사이의 이해관계의 유무를 말한다) 등의 사정도 고려하여야 한다(민법 제959조의10 제2항에 의한 제936조 제4항의 준용).

Ⅲ. 특정후견감독인의 선임절차

1. 관할과 사전처분

9 특정후견감독인 선임심판은 피특정후견인이 될 자의 주소지 가정법원의 전속관할에 속한다(가사소송법 제44조 제1항 제1호의2 본문). 다만, 특정후견심판이 확정된 후에 특정후견감독인을 선임하는 경우에는 특정후견심판을 한 가정법원이 관할법원이 된다(가사소송법 제44조 제1항 제1호의2 단서). 이때 가정법원은 피특정후견인의 이익을 위하여 필요한 경우에는 직권 또는 일정한 자의 신청에 따른 결정으로 관할 가정법원을 피특정후견인의 주소지의 가정법원으로 변경할 수 있다(가사소송법 제44조 제2항).[3]

3 관할변경 결정을 하는 경우에는 부수사건 뿐 아니라 기본후견감독사건도 함께 변경해야 할 것이다. 실무상 특정후견 사건에서의 관할변경 신청은 공공후견 사건에서 지방자치단체가 하는 경우가 대부분이다.

10 가사소송규칙 제32조에 규정되어 있지는 않지만, 가정법원은 사건해결에 특히 필요하다고 인정될 경우 가사소송법 제62조에 따른 사전처분의 일환으로서 임시특정후견감독인을 선임할 수 있을 것이다.[4]

2. 진술청취

11 특정후견감독인의 선임심판을 하는 경우에는 피특정후견인(피특정후견인이 될 사람을 포함한다)과 특정후견감독인이 될 사람의 진술을 들어야 한다(가사소송법 제45조의3 제1항 제4호). 특정후견인은 필수적 진술청취 대상자가 아니다.

3. 선임심판

12 가정법원은 특정후견의 심판과 동시에 또는 심판 후에 특정후견감독인 선임심판을 할 수 있다[가사소송법 제2조 제1항 제2호 가목 18)의3]. 이때 가정법원은 특정후견감독인에게 그 후견감독사무에 관하여 필요하다고 인정되는 사항을 지시할 수 있다(가사소송규칙 제38조의2).

13 특정후견감독인 선임심판은 당사자와 절차에 참가한 이해관계인(가사소송규칙 제25조), 특정후견인 및 특정후견감독인이 될 자(제35조 제1항)에게 고지하고, 사건본인인 피특정후견인이 될 자에게는 그 뜻을 통지하여야 한다(제35조 제2항).

14 특정후견감독인 선임심판 자체에 대한 즉시항고는 허용되지 않는다. 다만, 특정후견심판을 다툼으로써 사실상 특정후견감독인 선임심판에 대하여도 다툴 수 있을 것이다. 특정후견심판에 대하여 즉시항고를 할 수 있는 자는 민법 제14조의2 제1항에서 정한 청구권자 및 제959조의20 제1항의 임의후견인, 임의후견감독인이다(가사소송규칙 제36조 제1항 제3호 가목).

15 특정후견감독인 선임심판이 확정된 때에는 가정법원은 지체 없이 후견등기사무를 처리하는 사람에게 후견등기부에 등기할 것을 촉탁하여야 한다(가사소송법 제9조, 가사소송규칙 제5조의2 제1항 제3호 나목).

IV. 특정후견감독인의 직무와 권한

1. 사무감독권한

16 특정후견감독인은 특정후견인의 사무를 감독하며, 후견인이 없는 경우 지체 없

4 주해친족법(제2권)(제2판), 박영사(2025), 1547(현소혜, 김수정).

이 가정법원에 후견인의 선임을 청구하여야 한다(민법 제959조의10 제2항에 의한 제940조의6 제1항의 준용).

17 한편 특정후견사무에 대해서는 민법 제949조의3, 제950조, 제951조가 준용되지 않으므로 특정후견감독인은 특정후견인에 갈음하여 이해상반행위를 대리할 수 없고, 특정후견인이 제950조 제1항에서 정한 행위를 대리할 때 동의권을 행사할 수도 없다. 특정후견인이 피특정후견인에 대한 제3자의 권리를 양수하는 경우 특정후견감독인의 동의를 받아야 하는 것도 아니다.

18 또한 민법 제941조, 제942조가 특정후견감독인에게 준용되지 않을 뿐 아니라 특정후견인 자신이 이러한 의무를 부담하지도 않으므로, 특정후견감독인은 그 감독사무의 수행을 위해 특정후견인의 재산목록작성에 참여하거나 특정후견인의 피특정후견인에 대한 채권채무관계를 제시받는 등의 권한을 행사할 수 없다.[5]

2. 급박한 사무처리 권한

19 특정후견감독인은 피특정후견인의 신상이나 재산에 대하여 급박한 사정이 있는 경우 그의 보호를 위하여 필요한 행위 또는 처분을 할 수 있다(민법 제959조의10 제2항에 의한 제940조의6 제2항의 준용). 특정후견감독인이 신상에 관한 급박한 처분을 하는 경우 민법 제947조의2 제3항 내지 제5항이 적용되는지 여부가 문제될 수 있으나(특정후견감독인에 대하여 민법 제940조의7을 준용하는 규정은 없다), 피특정후견인의 보호를 위하여 유추적용 된다고 보아야 할 것이다.

3. 수임인으로서의 지위

20 특정후견감독인은 위임계약의 수임인과 유사한 지위를 가지므로, 민법 제959조의10 제2항은 위임에 관한 몇몇 규정을 특정후견감독인에게 준용하고 있다.

21 즉, 특정후견감독인은 그 감독업무의 본지에 따라 선량한 관리자의 주의로써 후견감독업무를 처리하여야 하고(민법 제681조의 준용), 후견감독이 종료된 경우라도 급박한 사정이 있는 때에는 피특정후견인, 그 상속인이나 법정대리인이 위임사무를 처리할 수 있을 때까지 그 사무의 처리를 계속하여야 하며(제691조의 준용), 후견감독이 종료되었다는 사유는 이를 상대방에게 통지하거나 상대방이 이를 안 때가 아니면 이로써 상대방에게 대항하지 못한다(제692조의 준용).

5 주해친족법(제2권)(제2판), 박영사(2025), 1548(현소혜, 김수정).

V. 특정후견감독인의 사임 및 변경

1. 사임

22 가정법원은 정당한 사유가 있는 경우 가정법원의 허가를 받아 사임할 수 있다[민법 제959조의10 제2항에 의한 제939조의 준용, 가사소송법 제2조 제1항 제2호 가목 19)].

2. 변경

23 가정법원은 피특정후견인의 복리를 위하여 특정후견감독인을 변경할 필요가 있다고 인정하면 직권으로 또는 피특정후견인, 친족, 특정후견감독인(복수의 특정후견감독인이 있는 경우를 전제로 하여, 어느 한 특정후견감독인이 다른 특정후견감독인의 변경을 청구하는 경우이다.[6] 이와 달리 후견인 변경에 관한 규정인 민법 제940조가 후견감독인 변경에 준용되는 경우에는 후견감독인이 아닌 후견인이 후견감독인 변경을 청구할 수 있는 것으로 해석해야 한다는 견해[7]에 의할 경우 특정후견인이 청구권자가 될 것이다. ☞ 상세한 내용은 민법 제940조의7 주석 참조), 검사, 지방자치단체의 장의 청구에 의하여 특정후견감독인을 변경할 수 있다[제959조의10 제2항에 의한 제940조의 준용, 가사소송법 제2조 제1항 제2호 가목 18)의3].

24 이때 가정법원은 피특정후견인과 그 변경이 청구된 특정후견감독인 및 특정후견감독인이 될 사람의 진술을 들어야 한다(가사소송법 제45조의3 제1항 제6호). 특정후견감독인 변경심판에 대해서는 변경의 대상이 되는 특정후견감독인이, 기각심판에 대해서는 민법 제959조의10 제2항에 의해 준용되는 제940조에서 정한 자, 즉 특정후견감독인 변경청구권자가 즉시항고 할 수 있다(가사소송규칙 제36조 제1항 제3호 나목·제2항 제5호).

VI. 특정후견감독인의 보수와 비용

1. 특정후견감독인의 보수

25 가정법원은 특정후견감독인의 청구에 의하여 피특정후견인의 재산상태 기타 사정을 참작하여 피특정후견인의 재산 중에서 상당한 보수를 특정후견감독인에게

6 김형석, "성년후견감독인", 성년후견 제2호, 한국성년후견학회(2014), 97.
7 김주수/김상용, 친족·상속법(제14판), 법문사(2017), 548.

수여할 수 있다[민법 제959조의10 제2항에 의한 제955조의 준용, 가사소송법 제2조 제1항 제2호 가목 23)].

2. 사무비용의 지출

26 특정후견감독인이 특정후견사무를 수행하는 데 필요한 비용은 피특정후견인의 재산 중에서 지출한다(민법 제959조의10 제2항에 의한 제955조의2의 준용).

제 959 조의 11 [특정후견인의 대리권]

① 피특정후견인의 후원을 위하여 필요하다고 인정하면 가정법원은 기간이나 범위를 정하여 특정후견인에게 대리권을 수여하는 심판을 할 수 있다.
② 제1항의 경우 가정법원은 특정후견인의 대리권 행사에 가정법원이나 특정후견감독인의 동의를 받도록 명할 수 있다.
[본조신설 2011. 3. 7.]

[관련조문] 민법 제959조의8(특정후견에 따른 보호조치), 제959조의9(특정후견인의 선임 등), 가사소송법 제2조(가정법원의 관장 사항), 제9조(가족관계등록부 기록 등의 촉탁), 제45조의3(성년후견·한정후견·특정후견 관련 심판에서의 진술 청취), 가사소송규칙 제5조의2(후견등기부기록을 촉탁하여야 할 심판 등), 제25조(심판의 고지), 제35조(심판의 고지등)

[참고문헌] 주해친족법(제2권)(제2판), 박영사(2025); 김주수/김상용, 친족·상속법(제14판), 박영사(2017); 김성우, 성년후견실무, 박영사(2018); 김형석, "민법 개정안에 따른 성년후견법제", 가족법연구 제24권 제2호, 한국가족법학회(2010)

Ⅰ. 의의

1 가정법원은 특정후견심판이 있다고 하더라도 특정후견인을 반드시 선임하여야 하는 것은 아니지만, 피특정후견인의 후원을 위하여 필요한 처분을 명할 수 있고(민법 제959조의8), 그에 따른 처분으로 피특정후견인을 후원하거나 대리하기 위한 특정후견인을 선임할 수 있다(제959조의9 제1항).

2 특정후견인이 선임되더라도 피특정후견인의 행위능력은 제한되지 않는다. 그럼에도 불구하고 피특정후견인이 질병, 장애, 노령, 그 밖의 사유로 인한 정신적 제약으로 특정한 사무에 관하여 자신의 사무를 처리할 능력이 없거나 부족한 상태에 있는 경우 특정후견인에게 당해 사무에 관한 대리권을 수여함으로써 피특정후견인의 보호와 후원을 보다 효율적으로 할 수 있을 것이다[실무상 일반적으로 특정후견인에게 수여되는 대리권의 범위는, 은행업무(예금계좌의 개설 및 관리, 계좌이체, 인출, 입금 등)에 관한 일체의 대리권, 금전관리(통장 관리, 현금·체크카드 발급 및 해지, 금융정보조회 등)에 관한 대리권, 일상생활용품 및 서비스 구매에 관한 대리권, 의료서비스에 대한 동의, 종료결정, 신청 및 이용에 관한 대리권 등을 예로 들 수 있다].[1]

1 김성우, 성년후견실무, 박영사(2018), 77~78 참조.

3 민법 제959조의11는 이러한 보호와 후원을 위해 가정법원에 특정후견인에 대한 대리권 수여 심판 권한을 부여하는 한편, 특정후견인의 권한 남용을 방지하기 위한 감독장치를 마련하였다.[2]

Ⅱ. 대리권을 수여하는 심판

1. 기간이나 범위를 정한 대리권의 수여

4 가정법원은 피특정후견인의 후원을 위하여 필요하다고 인정하면 특정후견인에게 대리권을 수여하는 심판을 할 수 있다[민법 제959조의11 제1항, 가사소송법 제2조 제1항 제2호 가목 24)의4]. 수여되는 대리권의 내용은 재산법상 법률행위와 관련된 것이라면 무엇이든 가능하다.[3]

5 반면 가정법원이 특정후견인에게 신상결정을 대행하는 권한을 수여할 수 있는지 여부에 관하여는 견해가 나뉜다(☞ 상세한 내용은 민법 제959조의9 주석 참조).

2. 대리권 수여 심판의 절차

6 피특정후견인의 주소지를 관할하는 가정법원(가사소송법 제44조 제1항 제1호의2 본문)은 특정후견의 심판과 동시에 특정후견인이 될 자에게 대리권을 수여하는 심판을 할 수 있다. 가정법원이 특정후견인에게 대리권을 수여하는 심판을 하는 경우에는 피특정후견인(피특정후견인이 될 사람을 포함한다)의 진술을 들어야 한다(가사소송법 제45조의3 제1항 제8호).

7 대리권 수여의 심판은 당사자, 절차에 참가한 이해관계인(가사소송규칙 제25조), 특정후견인 및 특정후견인이 될 자(가사소송규칙 제35조)에게 고지하는 한편, 사건본인에게 그 뜻을 통지해야 한다.

8 그러나 대리권 수여의 심판 자체에 대하여는 즉시항고가 허용되지 않으며, 다만 특정후견심판을 다툼으로써 이에 불복할 수 있을 뿐이다. 특정후견인에 대한 대리권 수여의 심판이 확정된 때 가정법원은 지체 없이 후견등기사무를 처리하는 사람에게 후견등기부에 등기할 것을 촉탁하여야 한다(가사소송법 제9조, 가사소송규칙 제5조의2 제1항 제3호 마목).

2 주해친족법(제2권)(제2판), 박영사(2025), 1551(현소혜, 김수정).
3 주해친족법(제2권)(제2판), 박영사(2025), 1552(현소혜, 김수정).

3. 대리권 수여의 효과

9 가정법원이 특정후견인에게 기간이나 범위를 정하여 대리권을 수여하는 심판을 하면, 특정후견인은 그 기간이나 범위의 한도 내에서 피특정후견인의 법정대리인으로서의 지위를 갖게 된다. 그렇다고 하여 피특정후견인의 행위능력이 제한되는 것은 아니며, 특정후견인은 피특정후견인의 법률행위를 취소할 권한을 갖지 못하므로, 피특정후견인은 여전히 자신의 의사에 따라 각종의 법률행위를 할 수 있다.[4]

10 그 결과 피특정후견인의 법률행위와 특정후견인의 대리에 의한 법률행위가 서로 충돌하는 경우가 발생할 수 있으나, 이러한 경우는 민법의 일반원칙에 따라 법률관계가 결정될 수밖에 없을 것이다.[5]

Ⅲ. 대리권 행사에 대한 감독

11 가정법원은 대리권 수여의 심판을 하는 경우 특정후견인의 대리권 행사에 가정법원이나 특정후견감독인의 동의를 받도록 명할 수 있다[민법 제959조의11 제2항, 후견등기에 관한 법률 제25조 제1항 제7호 라목].

12 특정후견인의 경우 대리권의 기간이나 범위가 제한되어 있으므로, 성년후견인이나 한정후견인의 경우와는 달리 후견인의 권한 행사를 제한하는 내용의 민법 제949조의3, 제950조, 제951조 등은 준용되지 않는다.[6] 민법 제959조의11는 이러한 사정에 대응하여 개별 사안에 따라 특정후견인의 권한 행사에 대한 가정법원의 감독 기능을 강화할 수 있도록 하였다.

13 만약 특정후견인이 이러한 제한을 위반하여 가정법원이나 특정후견감독인의 동의 없이 대리행위를 하였다면, 그 행위의 효과는 어떠한지에 대해서는 견해가 나누어진다. 그 법률행위 자체는 유효한 것으로 보고 다만 피특정후견인은 특정후견인에 대하여 그로 인한 손해배상을 청구하거나 이와 별개로 후견인 변경사유가 된다고 보는 견해[7]가 있는 반면, 민법 제950조 제3항을 유추적용하여 피특정후견인, 특정후견감독인 또는 가정법원이 이를 취소할 수 있다는 견해[8]가 있다.

4 주해친족법(제2권)(제2판), 박영사(2025), 1553(현소혜, 김수정).
5 주해친족법(제2권)(제2판), 박영사(2025), 1553(현소혜, 김수정); 김주수/김상용, 친족·상속법(제14판), 박영사(2017), 541.
6 김형석, "민법 개정안에 따른 성년후견법제", 가족법연구 제24권 제2호, 한국가족법학회(2010), 151.
7 김주수/김상용, 친족·상속법(제14판), 박영사(2017), 543.
8 주해친족법(제2권)(제2판), 박영사(2025), 1552(현소혜, 김수정).

제 959 조의 12 [특정후견사무]

특정후견의 사무에 관하여는 제681조, 제920조 단서, 제947조, 제949조의2, 제953조부터 제955조까지 및 제955조의2를 준용한다.

[본조신설 2011. 3. 7.]

[관련조문] 민법 제681조(수임인의 선관의무), 제920조(자의 재산에 관한 친권자의 대리권), 제947조(피성년후견인의 복리와 의사존중), 제949조의2(성년후견인이 여러 명인 경우 권한의 행사 등), 제953조(후견감독인의 후견사무의 감독), 제954조(가정법원의 후견사무에 관한 처분), 제955조(후견인에 대한 보수), 제955조의2(지출금액의 예정과 사무비용), 가사소송법 제2조(가정법원의 관장 사항)

[참고문헌] 후견사건 처리실무, 법원행정처(2015)

Ⅰ. 의의

1 특정후견의 사무를 처리함에 있어 준수해야 할 각종 의무와 제한, 특정후견인에 대한 감독 및 보수와 비용 등에 관한 사항을 정하기 위한 조문이다(☞ 이하 준용되는 조문에 관한 상세한 내용은 각 해당 조문 주석 참조).

Ⅱ. 특정후견인의 지위 및 의무

1. 선량한 관리자로서의 지위

2 특정후견인과 그 밖에 특정후견의 사무를 처리하는 사람은 후견의 본지에 따라 선량한 관리자의 주의로써 후견사무를 처리해야 한다(민법 제959조의12에 의한 제681조의 준용).

2. 복리배려 및 의사존중 의무

3 특정후견인은 피특정후견인의 재산관리와 신상보호를 할 때 여러 사정을 고려하여 그의 복리에 부합하는 방향으로 사무를 처리하여야 한다. 이 경우 특정후

견인은 피특정후견인의 복리에 반하지 아니하면 피특정후견인의 의사를 존중하여야 한다(민법 제959조의12에 의한 제947조의 준용).

Ⅲ. 특정후견인의 권한 행사에 대한 제한

1. 피특정후견인의 행위를 목적으로 하는 채무의 부담

4 특정후견인이 피특정후견인을 대리하여 그의 행위를 목적으로 하는 채무를 부담할 경우에는 본인의 동의를 얻어야 한다(민법 제959조의12에 의한 제920조 단서의 준용).

2. 특정후견인이 여러 명인 경우

5 여러 명의 특정후견인이 있는 경우 가정법원은 직권으로 여러 명의 특정후견인이 공동으로 또는 사무를 분장하여 그 권한을 행사하도록 정할 수 있다[민법 제959조의12에 의한 제949조의2 제1항의 준용, 가사소송법 제2조 제1항 제2호 가목 21)의3].

6 이때 공동으로 권한을 행사해야 하는 여러 명의 특정후견인 중 어느 특정후견인이 피특정후견인의 이익이 침해될 우려가 있음에도 법률행위의 대리 등 필요한 권한행사에 협력하지 아니할 때에는 가정법원이 그 특정후견인의 의사표시를 갈음하는 재판을 할 수 있다[민법 제959조의12에 의한 제949조의2 제3항의 준용, 가사소송법 제2조 제1항 제2호 가목 21)의3].

Ⅳ. 특정후견인에 대한 감독

1. 특정후견감독인

7 특정후견감독인은 언제든지 특정후견인에게 그의 임무수행에 관한 보고와 재산목록의 제출을 요구할 수 있고 피특정후견인의 재산상황을 조사할 수 있다(민법 제959조의12에 의한 제953조의 준용).

8 현재 실무상 특정후견 사건에서는 거의 대부분 특정후견감독인으로 지방자치단체가 선임되어 지방자치단체에서 특정후견인을 직접 감독하고 있다.[1]

2. 가정법원에 의한 감독

9 가정법원은 직권으로 또는 피특정후견인, 특정후견감독인, 민법 제777조에 따른

[1] 후견사건 처리실무, 법원행정처(2015), 124~125.

친족, 그 밖의 이해관계인, 검사, 지방자치단체의 장의 청구에 의하여 피특정후견인의 재산상황을 조사하고, 특정후견인에게 재산관리 등 후견임무 수행에 관하여 필요한 처분을 명할 수 있다[민법 제959조의12에 의한 제954조의 준용, 가사소송법 제2조 제1항 제2호 가목 22)].

V. 특정후견인의 보수와 비용

1. 특정후견인의 보수

10 가정법원은 특정후견인의 청구에 의하여 피특정후견인의 재산상태 기타 사정을 참작하여 피특정후견인의 재산 중에서 상당한 보수를 특정후견인에게 수여할 수 있다[민법 제959조의12에 의한 제955조의 준용, 가사소송법 제2조 제1항 제2호 가목 23)].

2. 사무비용의 지출

11 특정후견인이 특정후견사무를 수행하는 데 필요한 비용은 피특정후견인의 재산 중에서 지출한다(민법 제959조의12에 의한 제955조의2의 준용).

제 959 조의 13 [특정후견인의 임무의 종료 등]

특정후견인의 임무가 종료한 경우에 관하여는 제691조, 제692조, 제957조 및 제958조를 준용한다.

[본조신설 2011. 3. 7.]

[관련조문] 민법 제14조의3(심판 사이의 관계), 제691조(위임종료시의 긴급처리), 제692조(위임종료의 대항요건), 제957조(후견사무의 종료와 관리의 계산), 제958조(이자의 부가와 금전소비에 대한 책임), 제959조의20(후견계약과 성년후견·한정후견·특정후견의 관계), 가사소송법 제2조(가정법원의 관장 사항), 제9조(가족관계등록부 기록 등의 촉탁), 후견등기에 관한 법률 제29조(종료등기의 신청), 가사소송규칙 제5조의2(후견등기부기록을 촉탁하여야 할 심판등)

[참고문헌] 주해친족법(제2권)(제2판), 박영사(2025); 김주수/김상용, 친족·상속법(제14판), 박영사(2017); 이현곤, 성년후견제도의 이해와 활용(전면개정판), 고시계사(2018); 구상엽, "개정 민법상 성년후견제도에 대한 연구-입법배경, 입법자의 의사 및 향후 과제를 중심으로", 서울대학교 대학원 박사논문(2012); 배인구, "성년후견제도에 관한 연구-시행과 관련된 이론적·실무적 쟁점을 중심으로", 고려대학교 석사학위논문(2013)

Ⅰ. 의의

1 특정후견사무의 종료에 따른 특정후견인의 임무와 사무처리방법 등을 정하기 위한 조문이다(☞ 이하 준용되는 조문에 관한 상세한 내용은 각 해당 조문 주석 참조).

Ⅱ. 특정후견사무 종료의 원인

2 특정후견사무의 종료는 그 원인에 따라 별도의 특정후견종료심판이 필요하지 않은 경우와 특정후견종료심판이 필요한 경우로 나누어 볼 수 있다.

1. 특정후견종료심판이 필요하지 않은 경우

3 특정후견은 특정후견심판을 통해 후원하고자 했던 피특정후견인의 사무처리가 종료되거나 특정후견심판에서 미리 정한 기간의 도과에 의해 종료함이 원칙이며(민법 제14조의2 제3항), 이때 별도로 특정후견을 종료하는 심판은 필요하지 않다.[1]

[1] 주해친족법(제2권)(제2판), 박영사(2025), 1557(현소혜, 김수정); 김주수/김상용, 친족·상속법(제14판), 박영사(2017), 540.

4 그러나 특정후견사무의 처리 중 사정변경으로 특정후견을 종료해야 할 필요가 있을 수 있고, 목적한 사무처리가 완료되었다는 점에 관하여 다툼이 있을 수도 있다.[2] 이러한 경우에는 민법 제954조에 따른 가정법원의 후견사무에 관한 처분 또는 제959조의8에 따른 피특정후견인의 후원을 위한 처분으로서 특정후견을 종료한다는 취지의 처분을 명할 수 있다는 견해[3]가 있다.

5 또한 피특정후견인이 사망한 경우(절대적 종료) 및 특정후견인이 사망 또는 사임, 변경된 경우(상대적 종료)에도 당해 특정후견인의 임무가 종료된다. 후자의 경우에는 새로운 특정후견인이 선임된다.

2. 특정후견종료심판이 필요한 경우

6 아직 특정후견심판에서 정한 기간이 도과하지 않았거나 사무처리가 종료되지 않았다고 하더라도, 피특정후견인에 대하여 성년후견·한정후견의 개시심판을 할 때에는 종전의 특정후견에 대해서는 종료심판을 하여야 하고, 이 경우에는 특정후견 종료심판에 의하여 특정후견이 종료된다[민법 제14조의3, 가사소송법 제2조 제1항 제2호 가목 1)의5].

7 피특정후견인에 대하여 가정법원이 임의후견감독인을 선임할 경우에도 종래의 특정후견의 종료심판을 하여야 한다(민법 제959조의20 제2항).[4] 이에 대하여는, 임의후견과 특정후견의 병존이 인정되는 이상 임의후견의 개시에도 불구하고 특정후견을 종료시킬 필요가 없다는 반대견해[5]가 있다.

Ⅲ. 후견사무 종료에 따른 임무

1. 재산에 관한 계산

8 특정후견인의 임무가 종료된 때 한정후견인 또는 그 상속인은 1개월 내에 피특정후견인의 재산에 관한 계산을 하여야 한다(민법 제959조의13에 의한 제957조 제1항 본문의 준용). 다만, 정당한 사유가 있는 경우에는 법원의 허가를 받아 그 기

2 이현곤, 성년후견제도의 이해와 활용(전면개정판), 고시계사(2018), 291.

3 배인구, "성년후견제도에 관한 연구-시행과 관련된 이론적·실무적 쟁점을 중심으로", 고려대학교 석사학위논문(2013), 71.

4 주해친족법(제2권)(제2판), 박영사(2025), 1558(현소혜, 김수정).

5 구상엽, "개정 민법상 성년후견제도에 대한 연구-입법배경, 입법자의 의사 및 향후 과제를 중심으로", 서울대학교 대학원 박사논문(2012), 162.

간을 연장할 수 있다[민법 제959조의13에 의한 제957조 제1항 단서의 준용. 가사소송법 제2조 제1항 제2호 가목 24)]. 특정후견감독인이 있는 때에는 그가 계산에 참여하지 않으면 효력이 없다(민법 제959조의13에 의한 제957조 제2항의 준용).

2. 이자의 부가와 금전소비에 대한 책임

9 계산의 결과 특정후견인이 피특정후견인에게 지급할 금액이나 피특정후견인이 특정후견인에게 지급할 금액에는 계산종료의 날로부터 이자를 부가하여야 하며, 특정후견인이 자기를 위하여 피특정후견인의 금전을 소비한 때에는 그 소비한 날로부터 이자를 부가하고 피특정후견인에게 손해가 있으면 이를 배상하여야 한다(민법 제959조의13에 의한 제958조의 준용).

3. 위임 규정의 준용

10 특정후견사무 종료의 경우에 급박한 사정이 있는 때에는 특정후견인, 그 상속인이나 법정대리인은 위임인, 그 상속인이나 법정대리인이 위임사무를 처리할 수 있을 때까지 그 사무의 처리를 계속하여야 한다(민법 제959조의13에 의한 제691조의 준용). 또한 특정후견 종료의 사유는 이를 상대방에게 통지하거나 상대방이 이를 안 때가 아니면 이로써 상대방에게 대항하지 못한다(민법 제959조의13에 의한 제692조의 준용).

IV. 후견종료의 신고 또는 등기

11 민법 제14조의3 제1항, 제959조의20 제2항에 따른 특정후견종료의 심판, 제939조에 따른 특정후견인 사임허가 심판 또는 제940조에 따른 특정후견인 변경심판이 확정된 때에는 가정법원은 지체 없이 후견등기사무를 처리하는 사람에게 후견등기부에 등기할 것을 촉탁하여야 한다(가사소송법 제9조, 가사소송규칙 제5조의2 제1항 제3호).

12 반면 피특정후견인의 사망 등 가정법원의 심판을 거치지 않고 특정후견이 종료한 때에는 특정후견인이 특정후견의 종료를 안 날로부터 3개월 내에 종료등기를 신청하여야 한다(후견등기에 관한 법률 제29조 제1항).

제 3 절 후견계약

<신설 2011. 3. 7>

[총설]

[참고문헌] 김주수/김상용, 주석 민법, 친족(4)(제5판), 한국사법행정학회(2016); 주해친족법(제2권)(제2판), 박영사(2025); 윤진수/현소혜, 2013년 개정 민법 해설, 법무부(2013); 구상엽, 장애인을 위한 성년후견제도, 경인문화사(2015); 김성우, 성년후견실무, 박영사(2018); 구상엽, "성년후견제도의 입법과정에서의 주요 쟁점 및 향후 과제", 민사법학 제65호, 한국민사법학회(2013); 권영준, "2017년 민법 판례 동향", 서울대학교 법학 제59권 제1호, 서울대학교 법학연구소(2018); 김수정, "임의후견에서 본인의 자기결정권과 법원의 감독", 가족법연구 제31권 제2호, 한국가족법학회(2017); 김형석, "민법 개정안에 따른 성년후견법제", 가족법연구 제24권 제2호, 한국가족법학회(2010); 박인환, "개정 민법상 임의후견제도의 쟁점과 과제", 가족법연구 제26권 제2호, 한국가족법학회(2012); 박인환, "실질적 자기결정존중의 관점에서의 후견계약의 평가와 의사결정지원방안의 모색", 가족법연구 제29권 제2호, 한국가족법학회(2015); 박인환, "성년후견제도 시행 4년의 평가와 과제", 한·독 성년후견 전문가대회 자료집(2017); 오호철, "임의후견제도의 개선에 관한 고찰", 비교사법 제20권 제4호, 한국비교사법학회(2013); 이영규 "임의후견제도의 활성화 방안", 한양법학 제25권 제3호, 한양법학회(2014); 제철웅, "개정 민법상의 후견계약의 특징, 문제점, 그리고 개선방향", 민사법학 제66호, 한국민사법학회(2014)

Ⅰ. 임의후견제도의 의의와 도입배경

1. 제도의 의의

1 2011년 민법 개정에 따라 신설된 성년후견제도는 종래의 금치산자, 한정치산자 제도를 폐지하고 이를 대체하는 새로운 법정후견제도로서 성년후견, 한정후견, 특정후견의 세 가지 보호유형을 도입하였다.

2 뿐만 아니라, 법정후견 외에 본인이 의사능력이 있는 동안 장차 자신을 위하여 후견사무를 처리해 줄 임의후견인을 선정하고 도움을 받고자 하는 후견사항을 미리 정하여 후견계약을 체결해 둠으로써 스스로 장래의 후견 필요성에 대비하

는 임의후견제도(임의후견은 후견이 개시되는 근거와 시기에 관한 용어로서 법정후견에 대비되는 개념이고, 후견계약은 임의후견개시의 근거가 되는 일종의 위임계약을 의미한다. 민법은 두 가지를 모두 사용하고 있고, 일반 학계나 실무에서도 같은 의미로 쓰거나 혼용하고 있다)[1]를 신설하였다.[2]

3 개정 민법상 법정후견제도는 성년자 보호에 있어서도 민법의 일반 이념을 좇아 국가의 후견적 개입을 최소화하고 사적 자치를 우선하며, 요보호인의 잔존능력에 기초한 자기결정의 가능성을 인정하여 본인의 의사를 존중함으로써, 궁극적으로 요보호인의 인권을 보호하고 정상화를 통한 사회복귀의 촉진을 지향하는 성년후견제도의 기본이념을 실현하기 위한 것이다.

4 그러나 새로운 법정후견제도가 종전 민법상 제도보다 한층 유연하고 탄력적으로 구성되었다고 하더라도, 법률이 정한 일정한 보호유형을 전제로 하는 한 요보호인의 개별적 욕구와 필요를 완벽하게 충족시키는 데에는 한계가 있을 수밖에 없다. 무릇 사적 자치의 이념에서 보면 후견에 있어서도 요보호인 스스로 자신에게 가장 적합한 보호조치를 스스로 설계하여 결정할 수 있다면 그것이야말로 본인의사의 존중의 원칙에 부합하고 사적 자치의 이념을 가장 잘 실현할 수 있는 방법이 아닐 수 없다.[3]

5 후견계약을 이행·운영할 때 본인의 의사를 최대한 존중하여야 한다는 개정 민법의 규정(민법 제959조의14 제4항)에서 보듯이, 임의후견은 본인의 의사결정을 우선적으로 중시하는 기조 위에 서 있다.[4] 임의후견은 새롭게 도입된 성년후견제도 중에서 사적 자치의 이념을 가장 잘 실현하는 제도이고, 후견을 필요로 하는 사람이 자신에게 가장 적합한 보호조치를 스스로 설계할 수 있도록 하는 후견제도의 변화 방향을 잘 반영한 제도이다.[5] 이 점에서 임의후견은 성년후견법 개정의 계기가 된 UN 장애인권리협약의 취지를 가장 잘 살린 제도로 평가되기도 한다.[6]

1 김성우, 성년후견실무, 박영사(2018), 173.
2 박인환, "개정 민법상 임의후견제도의 쟁점과 과제", 가족법연구 제26권 제2호, 한국가족법학회(2012), 192.
3 박인환, "개정 민법상 임의후견제도의 쟁점과 과제", 가족법연구 제26권 제2호, 한국가족법학회(2012), 193.
4 윤진수/현소혜, 2013년 개정 민법 해설, 법무부(2013), 156.
5 권영준, "2017년 민법 판례 동향", 서울대학교 법학 제59권 제1호, 서울대학교 법학연구소(2018) 535.
6 김수정, "임의후견에서 본인의 자기결정권과 법원의 감독", 가족법연구 제31권 제2호, 한국가족법학회(2017), 200.

2. 입법례와 도입배경

6 통상의 위임계약에 있어서는 위임인이 스스로 수임인의 사무처리에 관하여 적절한 감독과 통제를 할 수 있으나, 후견을 목적으로 하는 위임계약에 있어서는 후견사무의 이행이 위임인의 정신능력 저하를 전제로 한 것이므로, 실제 후견사무가 이행되는 시점에서 위임인은 수임인의 후견사무의 처리를 적절하게 감독·통제할 수 없는 상태에 있게 된다.[7]

7 또한 후견사무에는 재산관리 외에 신상보호도 포함되어야 하고, 그 처리를 위해서는 수임인에게 신상에 관한 일신전속적 결정 권한을 부여할 필요가 있다. 결국 후견계약은 피후견인의 재산과 신상에 큰 영향을 미칠 수 있으므로 그 체결이나 내용에 대한 적절한 규제가 필요하다. 앞서 본 바와 같이 본인이 후견사무의 처리를 적절히 통제하기 어렵다는 점에서 후견계약을 완전히 계약자유의 원칙에 맡겨두기도 어렵다.[8]

8 따라서 후견계약을 도입하는 경우에는 일정한 한도에서 이를 규제하고 감독하는 제도를 마련할 필요가 있고, 많은 나라의 입법례가 후견계약에 대하여 특별한 규정을 두는 것도 이러한 이유에 기인한 것이다.[9]

9 그리하여 오늘날 세계 각국은 자기결정 존중의 관점에서 본인 자신의 수권(결정)에 의한 임의후견을 제도화하고, 국가의 후견적 개입(법정후견)에 대하여 임의후견 우선의 원칙을 확립하였다. 가령, 영국에 있어서 지속적 대리권(enduring power of attorney, the Enduring Power of Attorney Act 1985) 또는 영속적 대리권(lasting power of attorney, the Mental Capacity Act 2005) 혹은 계속적 대리권(continuing power of attorney, 스코틀랜드의 경우), 독일민법상 인정되는 사전대리권(예방적 대리권 또는 장래대리권이라고도 한다. vorsorgevollmacht, 독일 민법 제1901조의 c 등), 프랑스의 장래보호위임(mandat de protection future, 프랑스 민법 제477조)과 같은 제도들이 모두 여기에 해당한다. 이와 같은 임의후견제도들은 자기결정 존중의 관점에서 종래 법정후견을 갈음하는 것이라는 의미에서 특히 후견대체제도(Alternative to Guardianship)라고 불린다.[10]

7 박인환, "개정 민법상 임의후견제도의 쟁점과 과제", 가족법연구 제26권 제2호, 한국가족법학회(2012), 194.
8 김주수/김상용, 주석 민법, 친족(4)(제5판), 한국사법행정학회(2016), 322.
9 김형석, "민법 개정안에 따른 성년후견법제", 가족법연구 제24권 제2호, 한국가족법학회(2010), 122.
10 박인환, "실질적 자기결정존중의 관점에서의 후견계약의 평가와 의사결정지원방안의 모색", 가족법연구 제29권 제2호, 한국가족법학회(2015), 106.

10 우리나라도 이러한 세계적 추세에 따라 새로운 성년후견제도의 도입과 함께 본인의 수권에 의한 임의후견제도를 명문화하였다. 다만, 그 법적 형태로서는 프랑스나 일본의 입법례를 따라 위임의 일종인 후견계약의 형태로 규정하였다(민법 제954조의14).[11]

Ⅱ. 민법상 후견계약의 특징과 유형

1. 비교법적 특징

11 민법은 제959조의14 이하 7개 조문을 "후견계약"이라는 독립된 절로 규정하고 있다. 성년후견제도를 도입하는 방식에는 민법 개정 또는 특별법 제정의 두 가지 방식이 있고, 후자의 경우 신속한 입법이 가능하다는 점과 절차 등에 대한 세부적인 규정까지 둘 수 있다는 점 등의 장점이 있어 장애인단체에서는 주로 특별법 제정을 통한 성년후견제도 도입을 주장해왔다.[12]

12 그러나, ① 후견제도는 단순한 사회복지 시스템이 아니라 대등한 당사자 사이의 진정한 사적 자치를 구현하기 위한 법적 지원장치인 점, ② 무엇보다 기존의 금치산·한정치산 제도가 가지고 있는 부정적인 이미지를 근본적으로 바꾸기 위해서는 기본법인 민법을 개정할 필요가 있다는 점, ③ 프랑스, 독일, 일본도 민법 개정을 통해 성년후견제도의 기초를 마련하는 등 국제적 입법 동향도 민법 개정이 수반되는 경우가 많았던 점 등을 근거로 민법 개정 방식으로 성년후견제도가 도입되었다.[13]

13 개정 민법의 가장 큰 특징 중의 하나는 임의후견에 관한 내용도 민법전에 포함시켰다는 것이다. 일본의 경우 민법전에는 법정후견의 내용만 담고 임의후견에 대해서는 특별법을 제정하였는데, 우리나라는 후견제도에 대한 부정적 인식을 개선하기 위해서 임의후견도 민법전에 포섭시키는 방식을 택하였다. 즉, 임의후견은 온 국민이 거부감 없이 이용할 수 있는 미래지향적 후견이라는 점(판단능력이 부족한 사람 뿐 아니라 온전한 판단능력을 가진 사람도 임의후견을 통해 장래의 후견을 스스로 설

11 박인환, "실질적 자기결정존중의 관점에서의 후견계약의 평가와 의사결정지원방안의 모색", 가족법연구 제29권 제2호, 한국가족법학회(2015), 107.

12 구상엽, "성년후견제도의 입법과정에서의 주요 쟁점 및 향후 과제", 민사법학 제65호, 한국민사법학회(2013) 674.

13 구상엽, "성년후견제도의 입법과정에서의 주요 쟁점 및 향후 과제", 민사법학 제65호, 한국민사법학회(2013) 675~676.

계할 수 있기 때문이다), 향후 임의후견의 이용자가 많아지면 성년후견제도 전반에 대한 이미지를 긍정적으로 재고할 수 있을 것으로 기대되는 점 등을 고려한 것이다.[14]

14 위와 같이 민법 개정을 통해서 성년후견제도를 도입하고, 그 과정에서 법정후견뿐만 아니라 임의후견까지 포섭한 것은 매우 바람직한 방식이었다고 평가된다.[15] 하지만 개정 민법상 후견계약 관련 조문은 준용 규정을 제외하면 7개에 불과한데, 후견계약이 성년후견제도의 미래지향적 모델로서 가지는 위상이나 외국의 입법례[16] 등을 고려할 때 후견계약의 절차 및 한계 등에 관한 보다 구체적인 규정들이 필요하다는 견해[17]가 있다.

2. 제도적 특징

15 임의후견의 첫 번째 단계는 후견계약이다. 후견계약은 기본적인 구조에서 자신의 사무처리를 타인에게 위탁하는 위임계약의 성격을 가지며, 단지 그 사무처리의 내용을 후견으로 하였다는 점에서 특징이 있다.[18]

16 후견계약은 임의후견을 받을 본인과 임의후견인이 될 상대방(법인도 이에 해당할 수 있다) 사이의 계약에 의하여 성립한다. 그런데 후견계약은 본인의 재산관리 및 신상보호에 관한 사무의 전부 또는 일부를 임의후견인에게 위탁하는 것이므로(민법 제959조의14 제1항) 본인의 생활에 미치는 영향이 매우 크다. 따라서 한편으로는 본인과 임의후견인에게 계약을 체결함에 있어 한 번 더 숙고의 기회를 주는 동시에, 다른 한편으로는 이후 발생할 수 있는 분쟁에 대비하여 계약의 내용을 명확히 할 필요가 있다. 이러한 점을 고려하여 후견계약은 반드시 공정증서에 의하여 체결해야 하므로(민법 제959조의14 제2항), 요식행위에 해당한다.[19]

17 임의후견의 두 번째 단계는 후견등기이다. 공정증서로 체결된 후견계약은 등기되어야 한다(민법 제959조의15 제1항 참조). 후견계약에 관한 등기는 임의후견인이

14 구상엽, "성년후견제도의 입법과정에서의 주요 쟁점 및 향후 과제", 민사법학 제65호, 한국민사법학회(2013), 677~678.

15 구상엽, "성년후견제도의 입법과정에서의 주요 쟁점 및 향후 과제", 민사법학 제65호, 한국민사법학회(2013), 678.

16 참고로 프랑스 민법에서는 장래보호위임계약에 대하여 19개의 조문을 두고 있고, 일본 임의후견법은 13개 조문으로 구성되어 있다.

17 구상엽, "성년후견제도의 입법과정에서의 주요 쟁점 및 향후 과제", 민사법학 제65호, 한국민사법학회(2013), 678.

18 김형석, "민법 개정안에 따른 성년후견법제", 가족법연구 제24권 제2호, 한국가족법학회(2010), 151.

19 김형석, "민법 개정안에 따른 성년후견법제", 가족법연구 제24권 제2호, 한국가족법학회(2010), 152.

관할 가정법원에 단독으로 신청하고(후견등기에 관한 법률 제20조 제2항), 등기되어야 할 사항은 공정증서를 작성한 공증인과 증서에 관한 사항, 후견계약의 본인과 임의후견인에 대한 사항, 임의후견인의 권한 범위에 대한 사항 등이다(후견등기에 관한 법률 제26조 제1항 참조).

18 임의후견의 세 번째 단계는 임의후견감독인의 선임이다. 후견계약이 효력을 가지려면 가정법원이 본인, 임의후견인 등 법이 정하는 청구권자의 청구에 의하여 임의후견감독인을 선임하여야 한다(민법 제959조의14 제3항, 제959조의15).[20] 따라서 후견계약에서 당사자들이 효력 발생 시점을 정하였다고 하더라도 그것만으로 효력이 발생하는 것은 아니며, 가정법원이 약정된 효력발생시점이 도달하였음을 확인하고 임의후견감독인을 선임한 때에 비로소 효력을 발생한다. 이러한 점에서 임의후견감독인의 선임은 후견계약에 대하여 법률이 부과하는 일종의 법정조건(conditio juris)이라고 할 수 있다.[21]

19 한편, 본인이 후견계약을 체결하였으나 이와 별도로 법정후견 개시 사건이 법원에 계속되는 등, 임의후견과 법정후견이 충돌하는 상황이 생길 수 있다. 즉, 임의후견 사유인"질병, 장애, 노령 그 밖의 사유로 인한 정신적 제약으로 사무를 처리할 능력이 부족한 상황"(민법 제959조의14 제1항)은 법정후견의 하나인 한정후견개시 사유(제12조 제1항)와 정확히 일치하므로, 임의후견과 법정후견의 요건을 동시에 충족하는 것도 가능하다.[22] 그러나 우리 민법상 법정후견과 임의후견은 원칙적으로 병존할 수 없다.[23]

20 민법 제959조의20 제1항은 법정후견의 보충성을 천명한다.[24] 이에 따르면 후견계약이 등기되어 있는 경우에는 가정법원은 '본인의 이익을 위하여 특별히 필요할 때에만'청구권자의 청구에 의하여 성년후견, 한정후견 또는 특정후견의 심판을 할 수 있다. 임의후견이 우선하는 것을 원칙으로 삼되, 본인의 이익을 위해 법정후견을 개시할 수 있는 예외도 인정한 것이다.[25]

20 권영준, "2017년 민법 판례 동향", 서울대학교 법학 제59권 제1호, 서울대학교 법학연구소(2018), 536.
21 김형석, "민법 개정안에 따른 성년후견법제", 가족법연구 제24권 제2호, 한국가족법학회(2010), 155.
22 권영준, "2017년 민법 판례 동향", 서울대학교 법학 제59권 제1호, 서울대학교 법학연구소(2018) 536.
23 윤진수/현소혜, 2013년 개정 민법 해설, 법무부(2013), 171. 이에 대한 입법론적 비판으로는, 구상엽, 장애인을 위한 성년후견제도, 경인문화사(2015) 184~185 참조.
24 권영준, "2017년 민법 판례 동향", 서울대학교 법학 제59권 제1호, 서울대학교 법학연구소(2018), 536; 대법원 2017. 6. 1. 자 2017스515 결정 참조.
25 권영준, "2017년 민법 판례 동향", 서울대학교 법학 제59권 제1호, 서울대학교 법학연구소(2018), 536.

3. 후견계약의 유형

21 법률상 분류는 아니지만, 학자들은 대체로 일본의 예를 참고하여 후견계약을 크게 세 가지 유형으로 분류하고 있다.[26]

22 첫 번째는 이른바 '장래형 후견계약'으로서, 후견계약에 있어서 가장 통상적인 이용형태이다. 장래형은 본인이 임의후견계약을 체결하고 그 효력 발생은 장래의 어느 시점에서의 임의후견감독인의 선임에 의존하는 유형이다. 이러한 유형에서는 장래 본인의 판단능력이 저하되어 임의후견인의 도움이 필요한 상황이 되었을 때에 적기에 임의후견감독인이 선임되어 후견계약을 발효시키는 것이 긴요하다. 그런데 임의후견인이 동거 친족이 아닌 제3의 전문직의 수임인이라면, 본인이 언제 후견계약에서 예정하고 있는 정신 상태에 이르게 되었는지를 파악하는 것이 쉽지 않다. 따라서 후견계약상 임의후견인이 가능한 한 신속히 본인의 상태를 파악하여 적시에 임의후견감독인의 선임청구가 가능하도록, 정기적으로 접촉하여 본인의 상태를 확인할 필요가 있다.[27]

23 두 번째는 이른바 '이행형 후견계약'으로서, 재산관리에 관한 통상의 위임계약에서 후견계약으로 이행하는 계약체결유형이다. 즉, 본인이 위임인으로 재산관리계약을 체결하여 계약 체결시부터 재산관리사무를 위탁하고, 자기의 판단능력이 저하한 다음에는 임의후견감독인을 선임하여 그 감독 하에 임의후견인으로서 계속해서 사무처리의 도움을 받고자 하는 계약형태이다. 이 계약 체결 유형에서는 후견계약과 함께 현재의 재산관리 및 신상보호에 관한 사무의 위탁과 대리권 수여를 내용으로 하는 통상의 위임계약이 동시에 체결된다. 일본의 실무에서는 통상의 위임계약과 후견계약이 하나의 공정증서로 체결되는 것을 일반적 형태로 하고 있는데, 이 유형에 있어서는 대리인의 권한남용이 크게 문제가 된다. 즉, 본인이 이미 임의후견개시가 필요한 정신상태에 이르렀음에도 불구하고 임의후견인이 임의후견감독인의 선임을 청구하지 아니하고, 종전의 위임계약에 의하여 자의적으로 사무를 처리함으로써 대리권 남용의 위험이 있다는 것이다.[28]

26 주해친족법(제2권)(제2판), 박영사(2025), 1564~1565(현소혜, 김수정); 박인환, "개정 민법상 임의후견제도의 쟁점과 과제", 가족법연구 제26권 제2호, 한국가족법학회(2012), 220~222.

27 박인환, "개정 민법상 임의후견제도의 쟁점과 과제", 가족법연구 제26권 제2호, 한국가족법학회(2012), 220.

28 박인환, "개정 민법상 임의후견제도의 쟁점과 과제", 가족법연구 제26권 제2호, 한국가족법학회(2012), 220~221.

24 세 번째는 이른바 '즉효형 후견계약'으로서, 본인이 이미 보호가 필요한 정신적 제약이 있는 상태에 있어서 후견계약 체결과 동시에 임의후견감독인 선임을 청구하여 곧바로 임의후견에 의한 보호를 시작하는 유형이다. 이러한 체결 유형에 있어서는 후견계약을 체결할 당시 본인이 그에 필요한 의사능력을 갖추고 있었는지 여부가 사후에 다투어질 가능성이 많다. 이 문제에 관해서는 공정증서 작성 과정에서 공증인의 적극적 개입과 역할을 통하여 본인의 의사능력의 존부에 관한 확인을 적극적으로 수행함으로써 이를 예방하여야 할 것이다. 그에 따라 이미 후견계약 체결에 필요한 의사능력이 결여되어 있는 경우에는 법정후견에 의한 보호를 구할 수 밖에 없을 것이다.[29]

Ⅲ. 임의후견제도에 대한 비판과 개선방안

1. 이용현황과 비판

25 2013년 7월 1일부터 시행된 새로운 성년후견제도는 신청 건수의 증가 추세에서도 알 수 있듯이[30] 성공적으로 안착하고 있다. 다만 법정후견과는 달리 임의후견의 경우 이용건수가 연간 수십 건에 불과할 정도로 극히 미미한 실정이다.[31]

26 이처럼 임의후견제도가 우리 법문화에 안착하지 못하는 이유에 관하여, 제도 자체의 생소함과 아울러 공정증서에 의한 작성 및 등기, 임의후견감독인 선임 등 복잡한 구조와 절차 등이 지적되고 있다.[32] 이처럼 번거로운 절차와 과도한 비용을 요구하는 입법례는 우리 민법과 그 모델이 된 일본법뿐이고, 우리의 제도는 임의후견을 이용하고자 하는 의사결정능력 장애인에게 불필요한 간섭과 개입을 함으로써 자기결정권을 평등하게 보장하지 않는다는 비판도 있다.[33]

27 우리 민법이 다른 국가들에 비하여 임의후견에 관한 통제의 정도가 강한 측면이 있기는 하나, 독일이나 프랑스의 경우에도 임의후견 개시단계에서 어느 정도 법원이 개입하고 있고 개시 후의 감독은 오히려 더욱 강화되고 있는 추세이

29 박인환, "개정 민법상 임의후견제도의 쟁점과 과제", 가족법연구 제26권 제2호, 한국가족법학회(2012), 221~222.

30 2016년 이후에는 전국적으로 매년 수천 건 이상의 법정후견 사건이 접수되고 있고, 2018년의 경우 성년후견은 5,927건, 한정후견은 742건, 특정후견은 520건이 접수되었다; 대법원 사법연감(통계) 참조.

31 김성우, 성년후견실무, 박영사(2018), 174.

32 권영준, "2017년 민법 판례 동향", 서울대학교 법학 제59권 제1호, 서울대학교 법학연구소(2018), 538.

33 제철웅, "개정 민법상의 후견계약의 특징, 문제점, 그리고 개선방향", 민사법학 제66호, 한국민사법학회(2014), 120.

다.[34] 따라서, 제도 자체의 문제 외에도 사리를 분별하고 판단하는 능력이 확실히 있을 때에 미리 후견계약을 체결하여 놓는 문화나 분위기가 조성되어 있지 않다는 점도 임의후견이 활성화되지 못하는 이유로 거론된다.[35]

2. 개선방안에 관한 논의

28 임의후견제도의 개선 및 이용증진 방안과 관련하여 다음과 같은 논의가 있다.

29 먼저, 임의후견제도를 성공적으로 정착시키기 위해서는 사회전반적인 인식을 개선하는 것이 중요하고, 이를 위해 국가, 지방자치단체, 사회복지기관 등이 적극적으로 제도에 대한 홍보를 하여야 한다는 것이다.[36] 이 견해는 신뢰할 수 있는 임의후견인을 양성하기 위한 매뉴얼의 개발, 무자력자도 이용할 수 있는 공적지원제도의 확충, 지자체 담당 공무원이나 일반인들을 대상으로 한 교육프로그램 개발 등이 필요하다고 주장한다.

30 다음으로 임의후견제도에 대한 접근성을 높이는 방안으로, 이용자가 보다 편리하게 사용할 수 있고 다양한 후견수요를 충족할 수 있는 표준화된 후견계약서[37] 양식을 마련하고, 후견계약 체결을 원활하게 할 수 있도록 도움을 주는 상담창구의 개설과 공공서비스의 확대 등이 필요하다는 견해가 있다.[38]

31 마지막으로 제도의 개선과 관련한 논의로서는, 현행 임의후견제도의 낮은 이용률과 사적자치에 대한 제한 등을 근거로 입법적인 개선이 필요하다거나 영국의 지속적 대리권(enduring power of attorney)과 같이 임의후견제도를 대체하거나 보완할 제도를 도입해야 한다는 견해가 있으나, 한편 제도 시행의 경험이 충분하지 않은 현재 시점에서 임의후견에 관한 법률을 개정하기 보다는 현행법의 틀 내에서 제도의 장점을 충분히 살리면서 이용의 장벽을 낮출 수 있는 고민이 필요하다는 견해도 있다.[39]

34 김성우, 성년후견실무, 박영사(2018), 175.

35 권영준, "2017년 민법 판례 동향", 서울대학교 법학 제59권 제1호, 서울대학교 법학연구소(2018), 538.

36 오호철, "임의후견제도 개선에 관한 고찰", 비교사법 제20권 제4호(2013), 1288~1289; 이영규, "임의후견제도의 활성화방안", 한양법학 제25권 제3호, 한양법학회(2014), 96~97.

37 현재 사용되고 있는 후견계약서 양식으로는, 법무부 전자공증시스템(enotary.moj.go.kr)에서 제공하는 후견계약 공정증서 양식과 사단법인 성년후견지원본부에서 사용하는 후견계약서 양식 등이 있다.

38 김성우, 성년후견실무, 박영사(2018), 175; 오호철, "임의후견제도 개선에 관한 고찰", 비교사법 제20권 제4호, 한국비교사법학회(2013), 1289~1290.

39 김성우, 성년후견실무, 박영사(2018), 175; 박인환, "성년후견제도 시행 4년의 평가와 과제", 한·독 성년후견 전문가대회 자료집(2017), 70.

제 959 조의 14 [후견계약의 의의와 체결방법 등]

① 후견계약은 질병, 장애, 노령, 그 밖의 사유로 인한 정신적 제약으로 사무를 처리할 능력이 부족한 상황에 있거나 부족하게 될 상황에 대비하여 자신의 재산관리 및 신상보호에 관한 사무의 전부 또는 일부를 다른 자에게 위탁하고 그 위탁사무에 관하여 대리권을 수여하는 것을 내용으로 한다.

② 후견계약은 공정증서로 체결하여야 한다.

③ 후견계약은 가정법원이 임의후견감독인을 선임한 때부터 효력이 발생한다.

④ 가정법원, 임의후견인, 임의후견감독인 등은 후견계약을 이행·운영할 때 본인의 의사를 최대한 존중하여야 한다.

[본조신설 2011. 3. 7.]

[관련조문] 민법 제120조(임의대리인의 복임권), 제127조(대리권의 소멸사유), 제680조(위임의 의의), 제681조(수임인의 선관의무), 제682조(복임권의 제한), 제686조(수임인의 보수청구권), 제690조(사망·파산 등과 위임의 종료), 제940조의7(위임 및 후견인 규정의 준용), 제947조의2(피성년후견인의 신상결정 등), 제959조의15(임의후견감독인의 선임), 제959조의16(임의후견감독인의 직무 등), 제959조의17(임의후견개시의 제한 등), 공증인법 제25조(증서를 작성할 수 없는 경우), 후견등기에 관한 법률 제20조(촉탁 또는 신청에 의한 등기), 제26조(후견계약에 관한 기록사항)

[참고문헌] 김주수/김상용, 주석 민법, 친족(4)(제5판), 한국사법행정학회(2016); 주해친족법(제2권)(제2판), 박영사(2025); 신영호, 로스쿨 가족법강의(제2판), 세창출판사(2013); 윤진수/현소혜, 민법개정총서5 : 2013년 개정 민법 해설, 법무부(2013); 한봉희/백승흠, 가족법, 삼영사(2013); 김성우, 성년후견실무, 박영사(2018); 서울대학교 산학협력단(이동진/김수정), 임의후견제도 발전방향에 관한 연구, 법원행정처(2017); 성년후견제도해설, 법원행정처(2013); 구상엽, "개정 민법상 성년후견제도에 대한 연구-입법배경, 입법자의 의사 및 향후 과제를 중심으로", 서울대학교 대학원 박사논문(2012); 김형석, "민법 개정안에 따른 성년후견법제", 가족법연구 제24권 제2호, 한국가족법학회(2010); 김현진, "프랑스의 성년후견제도-장래보호위임계약을 중심으로", 가족법연구 제26권 제1호, 한국가족법학회(2012); 박인환, "개정 민법상 임의후견제도의 쟁점과 과제", 가족법연구 제26권 제2호, 한국가족법학회(2012); 박인환, "고령인지장애인의 인권보호와 성년후견", 저스티스 통권 제146권 제1호, 한국법학원(2015); 박인환, "실질적 자기결정존중의 관점에서의 후견계약의 평가와 의사결정지원방안의 모색", 가족법연구 제29권 제2호, 한국가족법학회(2015); 백승흠, "일본의 성년후견제도의 개관", 가족법연구 제16권 제1호, 한국가족법학회(2002); 이진기, "개정 민법 규정으로 본 성년후견제도의 입법적 검토와 비판", 가족법연구 제26권 제2호, 한국가족법학회(2012)

Ⅰ. 의의

1 임의후견제도는 후견을 받을 사람 스스로 사무를 처리할 능력이 결여되거나 부족하게 될 상황에 대비하여 자신의 사무를 대신해 줄 사람과 그 사람이 처리할 사무의 범위를 미리 정해둘 수 있다는 점에서, 성년후견 영역에서 사적자치 및 자기결정 존중의 이념을 가장 충실하게 실현할 수 있는 제도로 평가된다.[1]

2 후견계약은 임의후견개시의 근거가 되는 일종의 위임계약을 의미하는바, 민법 제959조의14는 임의후견제도의 기본정신, 즉 본인의 의사 존중 및 후견인의 권한남용의 방지라는 목적을 달성하기 위하여 필요한 기본적인 내용을 담고 있으며,[2] 구체적으로는 후견계약의 의의와 요건, 후견계약의 내용, 방식 및 효력발생시기, 후견계약을 이행함에 있어 요구되는 주의의무 등을 정하고 있다.

Ⅱ. 후견계약의 의의와 요건

1. 후견계약의 의의와 성질

3 후견계약은 질병, 장애, 노령, 그 밖의 사유로 인한 정신적 제약으로 사무를 처리할 능력이 부족한 상황에 있거나 부족하게 될 상황에 대비하여 자신의 재산관리 및 신상보호에 관한 사무의 전부 또는 일부를 다른 자에게 위탁하고 그 위탁사무에 관하여 대리권을 수여하는 것을 내용으로 한다(민법 제959조의14 제1항).

4 후견계약은 본인의 사무처리를 다른 사람에게 위탁하는 것을 내용으로 한다는 점에서 그 법적 성질에 있어서 위임에 해당한다(민법 제680조). 따라서 원칙적으로 무상·편무계약이지만 보수의 약정이 있는 경우에는 유상·쌍무계약이다(민법 제686조).

5 다만 후견계약은 위임인이 정신적 제약으로 사무를 처리할 능력이 부족한 상황에 있거나 그러한 상황을 대비하여 재산관리와 신상보호에 관한 사무를 위탁한다는 점에서, 그 목적과 내용이 다른 위임계약과 구별된다.[3]

1 김성우, 성년후견실무, 박영사(2018), 173.
2 주해친족법(제2권)(제2판), 박영사(2025), 1563(현소혜, 김수정).
3 김주수/김상용, 주석 민법, 친족(4)(제5판), 한국사법행정학회(2016), 324.

2. 후견계약의 요건

가. 후견계약의 당사자

6 후견계약은 위임계약의 일종이므로 사무처리를 위탁하는 위임인과 이를 승낙하는 수임인 사이에 의사표시의 합치에 의하여 성립한다.[4] 이때 위임인은 질병, 장애, 노령, 그 밖의 사유로 인한 정신적 제약으로 사무를 처리할 능력이 부족한 상황에 있거나 부족하게 될 가능성이 있는 사람으로서 장래 피후견인의 지위에 놓이게 될 사람이다.[5]

7 2011년 개정 민법과 후견등기에 관한 법률은 후견계약의 위임인에 해당하는 사람을 "본인" 또는 "후견계약의 본인"이라고 지칭하고 있는 반면, 가사소송법은 그를 "피임의후견인" 또는 "피임의후견인이 될 자"라고 지칭한다.

8 한편 수임인은 후견계약의 발효 전후를 불문하고 "임의후견인"이라고 부르는데, 이에 대하여 후견계약 발효 전에는 "임의후견수임인"으로, 발효 후에는 "임의후견인"이라고 불러야 한다는 견해[6]도 있다.

9 결국 후견계약의 당사자는 임의후견을 받게 될 본인(위임인)과 임의후견인이 될 상대방(수임인)이라고 할 것이다.[7]

나. 후견계약의 본인

10 후견계약을 체결하기 위해서는 피후견인이 될 본인에게 의사능력이 있어야 한다는 점에 대해서는 이론이 없으므로, 의사능력이 없는 사람이 체결한 후견계약은 무효가 된다.[8]

11 피성년후견인과 피한정후견인과 같은 제한적 행위능력자가 후견계약을 체결할 수 있는지 여부에 관해서는 ① 피성년후견인, 피한정후견인을 불문하고 의사결정능력이 있다면 언제든지 후견계약을 체결할 수 있다는 견해,[9] ② 피성년후견인은 후견계약을 체결할 수 없으나, 피한정후견인은 의사능력이 있는 한 후견계

4 김주수/김상용, 주석 민법, 친족(4)(제5판), 한국사법행정학회(2016), 326.

5 주해친족법(제2권)(제2판), 박영사(2025), 1566(현소혜, 김수정).

6 구상엽, "개정 민법상 성년후견제도에 대한 연구-입법배경, 입법자의 의사 및 향후 과제를 중심으로", 서울대학교 대학원 박사논문(2012), 161.

7 주해친족법(제2권)(제2판), 박영사(2025), 1566(현소혜, 김수정); 김형석, "민법 개정안에 따른 성년후견법제", 가족법연구 제24권 제2호, 한국가족법학회(2010), 152.

8 김성우, 성년후견실무, 박영사(2018), 176.

9 윤진수/현소혜, 2013년 개정 민법 해설, 법무부(2013), 149. 이 견해에 따르면 가정법원은 피한정후견인의 후견계약 체결에 관해 동의유보 심판을 내릴 수도 없다고 한다.

약을 체결할 수 있다는 견해(피성년후견인의 경우에는 성년후견인에게 포괄적인 법률행위의 취소권이 있으므로, 확정적으로 유효한 후견계약을 체결할 수 없다는 점 등을 근거로 한다)가 있는데, 후자의 견해[10]가 다수설이다.

12 피한정후견인이 후견계약을 체결할 수 있다고 본다면, 후견계약 체결이 가정법원이 정한 동의유보 대상에 포함된 경우에는 한정후견인의 동의를 받아, 동의유보의 대상이 아니라면 피한정후견인이 단독으로 유효한 후견계약을 체결할 수 있다.[11]

13 미성년자가 법정대리인의 동의를 얻어 스스로 후견계약을 체결할 수 있는지에 관하여는 이를 긍정하는 견해[12]가 있으나, 미성년자가 성년에 이르기 전까지는 포괄적인 법정대리권을 가진 친권자나 미성년후견인이 존재한다는 이유로 이를 부정하는 견해[13]도 있다.

다. 임의후견인

14 임의후견인이 의사능력과 행위능력을 갖추어야 함은 물론이다. 임의후견인의 자격에 대하여는 아무런 규정을 두고 있지 않으므로 민법 제937조가 정하는 결격사유가 있는 사람도 일응 후견계약의 당사자가 될 수는 있으나, 임의후견감독인 선임심판 전까지는 그러한 결격사유가 치유되거나 흠결이 보정되어야 한다.[14]

15 또한 임의후견인은 현저한 비행을 하거나 후견계약에서 정한 임무에 적합하지 아니한 사유가 없어야 한다(민법 제959조의17 제1항), 임의후견인은 여러 명일 수도 있고, 법인일 수도 있다.[15] 여러 명의 임의후견인을 선임한 경우 그 권한행사 방법은 당사자의 의사에 따라 다양한 방식으로 후견계약에서 정할 수 있다.[16]

16 여러 명의 임의후견인 사이에 순위를 정하는 이른바‘예비임의후견인’을 선임하는 것이 일정한 조건 하에 가능하다고 보는 견해[17]도 있다.

10 김주수/김상용, 주석 민법, 친족(4)(제5판), 한국사법행정학회(2016), 330~331; 김형석, “민법 개정안에 따른 성년후견법제”, 가족법연구 제24권 제2호, 한국가족법학회(2010), 153; 박인환, “개정 민법상 임의후견제도의 쟁점과 과제”, 가족법연구 제26권 제2호, 한국가족법학회(2012), 204.

11 김주수/김상용, 주석 민법, 친족(4)(제5판), 한국사법행정학회(2016), 331; 김성우, 성년후견실무, 박영사(2018), 177.

12 신영호, 로스쿨 가족법강의(제2판), 세창출판사(2013), 265.

13 김성우, 성년후견실무, 박영사(2018), 177.

14 김성우, 성년후견실무, 박영사(2018), 178.

15 성년후견제도해설, 법원행정처(2013), 145.

16 주해친족법(제2권)(제2판), 박영사(2025), 1568(현소혜, 김수정); 김주수/김상용, 친족·상속법(제14판), 박영사(2017), 554.

17 박인환, “개정 민법상 임의후견제도의 쟁점과 과제”, 가족법연구 제26권 제2호, 한국가족법학회(2012), 210~212.

라. 후견계약 체결의 대리

17 본인으로부터 후견계약 체결에 관한 대리권을 수여받은 임의대리인이 본인을 대리하여 후견계약을 체결할 수 있는지에 관하여는, 후견계약의 일신전속적 성격을 근거로 이를 부정하는 견해[18]가 일반적이다.

18 법정대리인이 본인을 대리하여 후견계약을 체결할 수 있는지에 관하여 본다.

19 우선 미성년자의 경우에는, 그 법정대리인인 친권자 또는 미성년후견인이 미성년자의 재산관리와 신상보호에 대한 포괄적인 권한을 가지고 있으므로 미성년자를 대리하여 후견계약을 체결할 수 있다는 견해[19]가 다수설이다. 이 견해는 우리나라에 성견후견제도가 도입된 현실적인 배경(지적·자폐성 장애가 있는 자녀를 둔 부모들이 자신들이 자녀를 돌볼 수 없게 될 때를 대비하여 새로운 후견제도의 마련을 강하게 촉구한 사정)도 고려한 것이다.[20]

20 이러한 다수설에 대하여, 우리 민법은 친권자 유고(有故)시 후견인 선택에 친권자의 의사를 반영하기 위하여 유언에 의한 미성년후견인 지정에 관한 규정을 두고 있는 점, 근본적으로 임의후견은 본인의 의사와 자기결정권을 보장하고자 하는 제도이지 미성년자에 대한 부모의 선택적 후견서비스 지정을 위한 제도가 아니라는 점 등을 근거로 이를 부정하는 견해[21]가 있다.

21 다만, 법정대리인이 미성년자를 대리하여 후견계약을 체결할 수 있다고 보는 견해에서도 즉효형 후견계약의 체결은 허용될 수 없고(즉효형 후견계약의 발효에 의해 기존의 친권 또는 미성년후견이 종료되는 결과가 발생하기 때문이다),[22] 장래 미성년자가 성년이 되는 경우 또는 미성년자의 친권자가 사망하는 경우 등을 대비하여 체결하는 장래형 후견계약만이 허용될 수 있다고 본다.[23]

22 다음으로 피성년후견인이나 피한정후견인의 경우 대리에 의한 후견계약 체결이 가능한지에 대하여는 견해가 나뉜다.

23 즉, ① 후견계약이 반드시 일신전속적인 성격을 갖는 것은 아니고, 대리에 의한

18 윤진수/현소혜, 2013년 개정 민법 해설, 법무부(2013), 150; 김성우, 성년후견실무, 박영사(2018), 178.
19 윤진수/현소혜, 2013년 개정 민법 해설, 법무부(2013), 150~151; 한봉희/백승흠, 가족법, 삼양사(2013), 380; 김형석, "민법 개정안에 따른 성년후견법제", 가족법연구 제24권 제2호, 한국가족법학회(2010), 152~153.
20 김주수/김상용, 주석 민법, 친족(4)(제5판), 한국사법행정학회(2016), 333.
21 김성우, 성년후견실무, 박영사(2018), 177.
22 윤진수/현소혜, 2013년 개정 민법 해설, 법무부(2013), 151.
23 김주수/김상용, 주석 민법, 친족(4)(제5판), 한국사법행정학회(2016), 333(김주수/김상용); 주해친족법(제2권)(제2판), 박영사(2025), 1569(현소혜, 김수정).

후견계약 체결의 필요성도 있다는 점, 권한 남용의 위험은 임의후견감독인 선임 과정에서 보다 적극적으로 심사가 가능하다는 점 등을 근거로 성년후견인이나 한정후견인도 수여받은 대리권의 범위 내에서는 후견계약의 체결을 대리할 수 있다는 견해,[24] ② 후견계약은 신상에 관한 것이므로 재산법상 법률행위에 관한 대리권을 갖고 있는 것만으로는 부족하고, 민법 제938조 제3항 또는 이를 준용하고 있는 제959조의4 제2항에 따라 가정법원으로부터 피후견인을 위해 후견계약을 체결할 수 있는 권한을 부여받은 경우에만 이를 대행할 수 있다는 견해,[25] ③ 성년후견인은 피성년후견인의 진정한 의사를 확인하기 어렵고 악용의 우려가 크므로 어떠한 경우에도 후견계약의 체결을 대리할 수 없고, 한정후견인은 가정법원의 심판을 통하여 신상에 관한 결정권한을 포함하여 후견계약을 대리하여 체결할 수 있는 권한을 명시적으로 부여받은 경우에 한하여 체결할 수 있다는 견해[26] 등이 있다.

24 특정후견인도 수여받은 대리권의 범위에서는 후견계약의 체결을 대리할 수 있다는 견해[27]가 있으나, 심판을 통하여 대리권을 부여받은 경우에도 재산에 관한 부분에 한하여 후견계약을 체결할 수 있을 뿐이라는 견해[28]도 있다.

25 다만, 후견계약은 본인의 의사와 자기결정에 따라 체결되어야 하는 것이 원칙이고, 후견인 등에 의하여 악용될 우려가 있을 뿐 아니라 실제적인 효용도 크지 않으므로, 가정법원이 실제로 한정후견인이나 특정후견인에게 대리에 의한 후견계약체결 권한을 부여하기는 어려울 것이다.[29]

26 미성년자가 성년에 달함으로써 친권은 종료되므로, 성년자의 부모는 자녀를 대리하여 후견계약을 체결할 수 없음은 물론이다. 이와 관련하여, 프랑스 민법 제477조와 같이 물질적·정서적 부양을 맡고 있던 성년자의 부모에게도 자녀를 위해 장래보호위임계약을 체결할 수 있는 권한을 부여할 수 있는 규정을 마련할 필요가 있다는 입법론적 견해[30]가 있다.

24 김형석, “민법 개정안에 따른 성년후견법제”, 가족법연구 제24권 제2호, 한국가족법학회(2010), 152; 한봉희/백승흠, 가족법, 삼양사(2013), 380.
25 윤진수/현소혜, 2013년 개정 민법 해설, 법무부(2013), 152.
26 김성우, 성년후견실무, 박영사(2018), 178.
27 김형석, “민법 개정안에 따른 성년후견법제”, 가족법 연구 제24권 제2호, 한국가족법학회(2010), 152.
28 김성우, 성년후견실무, 박영사(2018), 178.
29 김성우, 성년후견실무, 박영사(2018), 178.
30 김현진, “프랑스의 성년후견제도-장래보호위임계약을 중심으로”, 가족법연구 제26권 제1호, 한국가족법학회(2012), 123; 박인환, “개정 민법상 임의후견제도의 쟁점과 과제”, 가족법연구 제26권 제2호, 한국가족법학회(2012), 203~204.

Ⅲ. 후견계약의 내용

1. 사무의 위탁

가. 재산관리와 신상보호

27 후견계약은 자신의 재산관리 및 신상보호에 관한 사무의 전부 또는 일부를 다른 사람에게 위탁하는 것을 내용으로 한다(민법 제959조의14 제1항). 후견계약의 내용과 그에 따른 임의후견의 내용은 당사자의 의사에 따라 정해지므로, 임의후견인에게 재산관리와 신상보호에 관한 사무를 어느 범위까지 위탁하고 대리권을 수여할 것인지는 당사자의 자유로운 의사에 달려 있다.

28 따라서 재산관리에 관한 사항만을 정할 수도 있고 신상보호에 관한 사항만을 위탁하는 것으로 정할 수도 있으며, 양자 모두를 내용으로 할 수도 있다.[31]

나. 신상보호사무에 관한 법원의 허가 여부

29 임의후견인이 후견계약에 따라 신상보호사무에 관한 권한이 있는 경우, 후견계약상 본인의 격리나 사망 등의 위험이 있는 침습적 의료행위의 동의, 본인의 거주용 부동산의 처분 등의 행위를 함에 있어서 민법 제947조의2 제2항 내지 제5항을 유추적용하여 법원의 허가를 받아야 하는지 문제된다.

30 이에 대하여는, ① 임의후견도 법정후견과 이익상황이 같고 이를 인정하는 입법례가 있으며 공적 통제가 필요하다는 점을 들어 유추적용해야 한다는 견해,[32] ② 신상보호에 관한 임의후견인의 권한 남용은 본인이 후견계약 내에 임의후견감독인의 동의를 받도록 하는 특약을 마련함으로써 방지할 수 있다는 견해[33] 등이 있다.

31 한편 임의후견감독인이 긴급처분을 통하여 피후견인의 일정한 신상결정에 관한 권한을 행사하는 경우에는 가정법원의 허가를 받도록 규정하고 있다(민법 제959조의16 제3항, 제940조의7, 제947조의2 제3항 내지 제5항).

2. 대리권의 수여

32 후견계약의 본인은 임의후견인이 될 자에게 재산관리 또는 신상보호 등 위탁사

31 김성우, 성년후견실무, 박영사(2018), 180.

32 김성우, 성년후견실무, 박영사(2018), 162~163; 김형석, "민법 개정안에 따른 성년후견법제", 가족법연구 제24권 제2호, 한국가족법학회(2010), 157~158.

33 박인환, "개정 민법상 임의후견제도의 쟁점과 과제", 가족법연구 제26권 제2호, 한국가족법학회(2012), 213~215.

무애 관하여 대리권을 수여할 수 있다(민법 제959조의14 제1항). 임의후견인이 될 자가 변호사인 경우에는 소송대리권의 수여도 가능하다.[34]

33 임의후견인에게 대리권을 수여하는 경우 본인의 행위능력이 제한된다고 보는 견해[35]도 있으나, 대리권의 수여로 인하여 본인의 행위능력이 제한되는 것은 아니라는 것이 통설[36]이다. 그 결과 본인의 행위와 임의후견인의 대리행위가 충돌할 가능성도 발생하는데, 이런 경우에는 민법의 일반 원칙에 따르를 수밖에 없을 것이다.

34 대리권을 수여받은 임의후견인은 본인의 임의대리인으르서의 지위를 가지므로, 임의대리에 관한 규정이 널리 준용된다.[37] 임의후견인은 위임계약상 선관주의의무를 부담하고(민법 제681조), 본인의 승낙이 없거나 부득이한 경우가 아니면 포괄적인 복대리인을 선임할 수 없다(제120조, 제682조).

3. 동의권 또는 취소권의 부여

35 후견계약의 내용으로 피후견인의 법률행위에 대한 후견인의 동의권이나 취소권을 부여하는 것은 피후견인의 행위능력을 제한하는 것으로서 허용되지 않거나,[38] 동의권과 취소권을 부여하더라도 당사자 사이의 계약에 지나지 않고 거래상대방을 구속할 수는 없다고 보는 것[39]이 다수설이다.

4. 연명의료 결정 및 사후사무 처리에 관한 수권

가. 연명의료 결정

36 후견계약에 의하여 연명의료 결정에 관한 권한을 부여할 수 있는지의 문제가 있는데, 종래의 대법원 판결[40] 취지에 의하면, 후견계약에 있어서 연명의료 결정에 관한 본인이 의사가 명백히 표시되어 있다면, 구속력 있는 사전의료지시로서의 직접적 효력은 인정될 수 없을지라도, 본인의 의사를 추정하는 유력한 자

34 주해친족법(제2권)(제2판), 박영사(2025), 1572(현소혜, 김수정); 백승흠, "일본의 성년후견제도의 개관", 가족법연구 제16권 제1호, 한국가족법학회(2002), 351.

35 이진기, "개정 민법 규정으로 본 성년후견제도의 입법적 검토와 비판", 가족법연구 제26권 제2호, 한국가족법학회(2012), 101.

36 주해친족법(제2권)(제2판), 박영사(2025), 1573(현소혜, 김수정); 김형석, "민법 개정안에 따른 성년후견법제", 가족법연구 제24권 제2호, 한국가족법학회(2010), 123; 김성우, 성년후견실무, 박영사(2018), 182.

37 주해친족법(제2권)(제2판), 박영사(2025), 1573(현소혜, 김수정).

38 주해친족법(제2권)(제2판), 박영사(2025), 1573(현소혜, 김수정).

39 김성우, 성년후견실무, 박영사(2018), 180.

40 대법원 2009. 5. 21. 선고 2009다17417 전원합의체 판결 참조.

료로서의 의미는 가진다고 할 수 있을 것이다.[41]

37 그러나 현재로서는 2016년 2월 3일 제정된 '호스피스·완화의료 및 임종과정에 있는 환자의 연명의료 결정에 관한 법률'이 정한 사전연명의료의향서의 작성 및 등록절차에 따라야 할 것이고, 후견계약에 연명의료 결정에 관한 내용이 있다고 하더라도 위 법률에서 정하는 사전연명의료의향서로서의 구속력을 인정할 수는 없을 것이다.[42]

나. 사후사무의 처리

38 피후견인의 사망은 민법상 위임의 종료사유(민법 제690조)이자 대리권의 소멸사유(제127조 제1항)에 해당하므로, 위임인의 사망으로 즉시 그 권한이 소멸하게 된다. 그러나 통상의 사무위탁과는 달리 사후 사무처리의 위탁은 본인의 사망에 의하여 비로소 권한 행사의 필요성이 발생하는 것이므로, 위 민법 규정에 의하여 권한이 소멸하는 것으로 해석하면 위임인의 의사에 반하게 된다.

39 따라서 이와 같이 위임인의 위탁사무가 사후사무처리의 위탁을 목적으로 하는 경우에는 위임이 종료하지 않고 그에 기초한 대리권도 소멸하지 않는 것으로 해석해야 한다는 견해가 있다. 다만 이러한 경우에도 위임인의 지위는 상속인에게 승계되므로 상속인에 의한 위임의 임의해지나 대리권 수여의 철회가 가능하게 되는데, 만약 위임인이 위임 해지 금지 또는 수권행위 철회금지의 특약을 한 경우에 이것이 상속인을 구속할 있는가는 문제될 수 있다.[43]

5. 임의후견인의 보수 등 그 밖의 사항

40 본래의 의미의 후견계약의 대상은 아니지만, 후견계약에는 임의후견인의 보수에 관한 사항을 정할 수 있고(성년후견인의 보수 수여에 관한 민법 제955조는 임의후견에 적용되지 않는다),[44] 임의후견인에게 소송행위를 하도록 하거나 개호행위 등 사실행위를 위탁하는 것을 내용을 할 수도 있다.[45]

41 김주수/김상용, 주석 민법, 친족(4)(제5판), 한국사법행정학회(2016), 338.

42 김성우, 성년후견실무, 박영사(2018), 180.

43 김주수/김상용, 주석 민법, 친족(4)(제5판), 한국사법행정학회(2016), 338; 박인환, "고령인지장애인의 인권보호와 성년후견", 저스티스 통권 제146권 제1호, 한국법학원(2015), 32.

44 김성우, 성년후견실무, 박영사(2018), 180; 김형석, "민법 개정안에 따른 성년후견법제", 가족법연구 제24권 제2호, 한국가족법학회(2010), 151.

45 김성우, 성년후견실무, 박영사(2018), 180; 서울대학교 산학협력단(이동진/김수정), 임의후견제도 발전방향에 관한 연구, 법원행정처(2017), 29~30.

Ⅳ. 후견계약의 방식

1. 공정증서

41 후견계약은 공정증서로 체결해야 한다(민법 제959조의14 제2항). 공증인은 법령을 위반한 사람, 무효인 법률행위와 무능력으로 인하여 취소할 수 있는 법률행위에 관하여는 공정증서를 작성할 수 없으므로(공증인법 제25조), 후견계약에 관한 공정증서를 작성할 때 촉탁인에게 의사능력 내지 의사결정능력이 있는지 여부 또는 촉탁인의 대리인에게 이를 대리 내지 대행할 권한이 있는지 살펴야 한다.[46]

42 공정증서의 방식을 갖추지 않은 후견계약에 관하여, 후견사무의 처리를 목적으로 하는 일반적인 위임계약으로서의 효력을 인정할 것인지의 문제가 있다.

43 이를 부정하는 견해[47]는 후견사무의 감독으로부터 도피하는 수단으로 악용될 우려가 있다는 점 등을 이유로 한다. 반면 이를 긍정하는 견해[48]는 통상의 위임계약으로서의 효력을 부인할 근거가 없다는 점, 위임인이 의사능력을 상실하여 수임인이 후견계약상의 권한을 남용할 위험이 있는 경우에는 위임인에 대한 법정후견을 개시하면 된다는 점 등을 이유로 한다.

2. 등기

44 공정증서로 체결된 후견계약은 등기되어야 한다(민법 제959조의15 제1항 참조). 후견계약은 피후견인이 될 사람의 재산과 신상에 미치는 영향이 크므로, 후견계약의 위·변조를 막고 그 체결·존속에 관한 사항을 객관적으로 공시하여 계약의 완전성을 보전하고, 법원이나 제3자에 대한 공시를 통하여 후견계약이 있음에도 불구하고 이를 간과한 채 법정후견이 개시되는 것을 막기 위함이다.[49]

45 후견계약에 관한 등기는 임의후견인이 관할 가정법원에 단독으로 신청하고(후견등기에 관한 법률 제20조 제2항), 등기되어야 할 사항은 공정증서를 작성한 공증인과 증서에 관한 사항, 후견계약의 본인과 임의후견인에 대한 사항, 임의후견인의 권한 범위에 대한 사항 등이다(후견등기에 관한 법률 제26조 제1항 참조).

46 주해친족법(제2권)(제2판), 박영사(2025), 1575(현소혜, 김수정); 김성우, 성년후견실무, 박영사(2018), 179. 후견계약 체결을 위한 공정증서의 서식을 표준화·법정화 할 필요가 있다는 견해로는, 박인환, "개정 민법상 임의후견제도의 쟁점과 과제,", 가족법연구 제26권 제2호, 한국가족법학회(2012), 199.

47 윤진수/현소혜, 2013년 개정 민법 해설, 법무부(2013), 153.

48 박인환, "개정 민법상 임의후견제도의 쟁점과 과제,", 가족법연구 제26권 제2호, 한국가족법학회(2012), 197~198.

49 주해친족법(제2권)(제2판), 박영사(2025), 1576(현소혜, 김수정); 김성우, 성년후견실무, 박영사(2018), 179.

V. 후견계약의 효력

1. 효력발생시기

46 후견계약은 가정법원이 임의후견감독인을 선임한 때부터 효력을 발생한다(민법 제959조의14 제3항). 이런 의미에서 임의후견감독인의 선임은 후견계약의 효력발생요건이다.[50] 후견계약이 본인의 자기결정권을 보장하는 제도이기는 하지만, 본인의 복리를 실질적으로 보호하고 악용을 방지하기 위하여 임의후견감독인의 선임을 통하여 후견개시과정에 공적으로 개입할 장치를 마련한 것이다.[51]

47 후견계약에서 그 효력발생시기를 달리 정하거나 효력발생에 다른 조건을 부가하는 약정을 둔 경우 그 효력이 문제된다. 임의후견감독인이 선임되지 않더라도 후견계약의 효력이 발생한다고 하는 등 민법이 정하는 임의후견의 효력발생 요건을 배제하거나 그 제도의 취지를 잠탈하고자 하는 약정은 무효이다.[52]

48 다만, 특정 연령에의 도달 등의 조건이나 기한을 붙인 경우에는 임의후견제도를 악용하려고 하는 의도가 없고 본인의 진의임을 확인할 수 있다면, 본인의 의사존중이라는 면에서 그 효력을 인정해도 무방하다는 견해[53]가 있다.

49 그러나 이러한 조건이나 기한이 성취되었다는 사정만으로 바로 임의후견감독인을 선임할 것은 아니며, 가정법원은 후견개시의 필요성을 종합적으로 검토하여 임의후견감독인의 선임 여부를 결정할 수 있다고 할 것이다.[54]

2. 후견계약의 무효와 취소

50 후견계약 체결 당시 본인이 의사능력이 없는 상태였거나 후견계약이 선량한 풍속 기타 사회질서에 반하는 경우에는 그 후견계약은 무효이다. 후견계약에 착오·사기·강박과 같은 취소 사유가 있는 경우에도, 후견계약이 당사자의 진의가 중요한 가족법상 법률행위일 뿐 아니라, 본인이나 임의후견인이 취소권을 행사할 것을 기대하기 어렵다는 이유로 무효 사유로 보아야 한다는 견해[55]가 있다.

50 김주수/김상용, 주석 민법, 친족(4)(제5판), 한국사법행정학회(2016), 340~341.
51 김성우, 성년후견실무, 박영사(2018), 181.
52 김성우, 성년후견실무, 박영사(2018), 181.
53 윤진수/현소혜, 2013년 개정 민법 해설, 법무부(2013), 158~159.
54 김주수/김상용, 주석 민법, 친족(4)(제5판), 한국사법행정학회(2016), 340.
55 윤진수/현소혜, 2013년 개정 민법 해설, 법무부(2013), 155; 김형석, "민법 개정안에 따른 성년후견법제", 가족법연구 제24권 제2호, 한국가족법학회(2010), 156.

51 이러한 경우 가정법원은 임의후견감독인 선임 청구를 기각하여야 한다(사건본인이 입원감정 당시 감정의사에게 "강제입원에 대한 두려움 때문에 강요에 따라 이 사건 후견계약에 서명하였고, 임의후견의 의미를 모르는 상태에서 이 사건 후견계약에 서명하였다."고 말하였을 뿐 아니라 심문기일에서도 "임의후견을 모른다."고 진술한 사안에서, "이 사건 후견계약은 사건본인의 진정한 의사에 따라 체결되었다고 볼 수 없어 무효 또는 취소사유가 존재한다."는 이유로 후견감독인선임청구를 기각한 하급심 사례[56]가 있다).

52 후견계약은 당사자의 진의가 중요하므로, 무효나 취소 사유가 있다면 가정법원이 임의후견감독인을 선임하였다 하더라도 그 하자가 치유되지 않는다.[57]

VI. 본인의 의사존중

53 가정법원, 임의후견인, 임의후견감독인은 후견계약을 이행·운영할 때 본인의 의사를 최대한 존중하여야 한다(민법 제959조의14 제4항). 2011년 개정 민법에 도입된 성년후견제도의 이념인 자기결정권의 존중 정신을 임의후견에서도 실현하고자 하는 취지이다.[58]

54 즉, 후견계약은 제도의 목적이 '스스로 사무를 처리할 능력이 부족한 상황에 있거나 부족하게 될 상황에 대비'하기 위한 것이므로, 본인 스스로 또는 임의후견인이나 제3자의 조력을 통해서 결정할 수 있는 경우에는 임의후견인의 권한 행사는 제한되어야 한다.[59] 따라서 임의후견인은 그 권한 행사에 앞서 본인에게 의사결정능력이 있는 한, 본인의 의사 내지 자기결정을 존중하여 그에 따라 위탁사무를 처리하여야 한다.[60]

56 서울가정법원 2018. 5. 16. 자 2017느단53344 심판(확정).
57 김성우, 성년후견실무, 박영사(2018), 183.
58 주해친족법(제2권)(제2판), 박영사(2025), 1577(현소혜, 김수정).
59 박인환, "실질적 자기결정존중의 관점에서의 후견계약의 평가와 의사결정지원방안의 모색", 가족법연구 제29권 제2호, 한국가족법학회(2015), 127.
60 김주수/김상용, 주석 민법, 친족(4)(제5판), 한국사법행정학회(2016), 341.

제 959 조의 15 [임의후견감독인의 선임]

① 가정법원은 후견계약이 등기되어 있고, 본인이 사무를 처리할 능력이 부족한 상황에 있다고 인정할 때에는 본인, 배우자, 4촌 이내의 친족, 임의후견인, 검사 또는 지방자치단체의 장의 청구에 의하여 임의후견감독인을 선임한다.
② 제1항의 경우 본인이 아닌 자의 청구에 의하여 가정법원이 임의후견감독인을 선임할 때에는 미리 본인의 동의를 받아야 한다. 다만, 본인이 의사를 표시할 수 없는 때에는 그러하지 아니하다.
③ 가정법원은 임의후견감독인이 없게 된 경우에는 직권으로 또는 본인, 친족, 임의후견인, 검사 또는 지방자치단체의 장의 청구에 의하여 임의후견감독인을 선임한다.
④ 가정법원은 임의후견임감독인이 선임된 경우에도 필요하다고 인정하면 직권으로 또는 제3항의 청구권자의 청구에 의하여 임의후견감독인을 추가로 선임할 수 있다.
⑤ 임의후견감독인에 대하여는 제940조의5를 준용한다.
[본조신설 2011. 3. 7.]

[관련조문] 민법 제14조의2(특정후견의 심판), 제937조(후견인의 결격사유), 제940조의5(후견감독인의 결격사유), 제940조의7(위임 및 후견인 규정의 준용), 제959조의14(후견계약의 의의와 체결방법 등), 제959조의17(임의후견개시의 제한 등), 제959조의18후견계약의 종료), 제959조의20(후견계약과 성년후견·한정후견·특정후견의 관계), 가사소송법 제9조(가족관계등록부 기록 등의 촉탁), 제44조(관할 등), 제45조의5(진단결과 등의 청취), 제45조의6(임의후견 관련 심판에서의 진술 청취), 가사소송규칙 제5조의2(후견등기부기록을 촉탁하여야 할 심판등), 제27조(청구기각심판에 대한 불복), 제35조(심판의 고지등), 제38조의2(후견사무등에 관한 지시)

[참고문헌] 김주수/김상용, 주석 민법, 친족(4)(제5판), 한국사법행정학회(2016); 주해친족법(제2권)(제2판), 박영사(2025); 김성우, 성년후견실무, 박영사(2018); 성년후견제도 해설, 법원행정처(2013); 김형석, "민법 개정안에 따른 성년후견법제", 가족법연구 제24권 제2호, 한국가족법학회(2010)

Ⅰ. 의의

1 후견계약은 가정법원이 임의후견감독인을 선임한 때부터 효력이 발생한다(민법 제959조의14 제3항). 법정후견에서와는 달리 임의후견감독인은 임의후견에서 반드시 존재하여야 하는 필수기관이다.[1] 민법 제959조의15는 이와 같은 임의후견감독인을 선임하기 위한 요건과 절차, 재선임과 추가 선임 등에 관한 사항을 정하기 위한 조문이다.

Ⅱ. 임의후견감독인 선임 요건

1. 후견계약의 등기

2 임의후견감독인을 선임하기 위해서는 후견계약이 공정증서에 의하여 작성되고 등기되어 있을 것을 요한다(민법 제959조의15는 제1항). 명문의 규정은 없지만 후견계약은 유효하게 성립한 것이어야 하고, 본인의 의사무능력이나 반사회질서 등으로 무효인 경우는 물론 착오, 사기, 강박 등 취소사유가 있는 경우에도 그 취소 여부와 무관하게 임의후견감독인선임 청구는 기각되어야 한다.[2]

3 한편 등기하지 않은 후견계약은 발효할 수 없으므로,[3] 사실상 등기는 후견계약의 효력발생 요건으로 기능한다.[4]

2. 사무처리능력의 부족

4 가정법원은 본인이 정신적 제약으로 인하여 사무를 처리할 능력이 부족한 상태에 있다고 인정할 때 임의후견감독인을 선임한다(민법 제959조의15는 제1항).

5 사무처리능력이 부족하게 된 원인이 정신적 장애뿐만 아니라 신체적 장애로 인한 것이라도 후견계약을 체결할 수 있다는 견해[5]가 있다. 신체장애의 정도에 따라서는 스스로 수임인을 감독하기 힘든 경우도 있어 임의후견감독인의 도움이 필요할 수 있기 때문이라는 점을 근거로 든다.

1 김주수/김상용, 주석 민법, 친족(4)(제5판), 한국사법행정학회(2016), 340~341; 주해친족법 제2권, 박영사(2015), 1579(현소혜, 김수정).

2 김성우, 성년후견실무, 박영사(2018), 183; 김형석, “민법 개정안에 따른 성년후견법제”, 가족법연구 제24권 제2호, 한국가족법학회(2010), 156.

3 같은 취지의 하급심 판결로, 서울고등법원 2017. 1. 19. 선고 2016나2025469 판결(확정).

4 주해친족법(제2권)(제2판), 박영사(2025), 1580(현소혜, 김수정).

5 주해친족법(제2권)(제2판), 박영사(2025), 1584(현소혜, 김수정).

6 그러나 후견계약 자체가 정신적 제약으로 인한 사무처리 능력이 부족하거나 그런 상황에 이를 것을 대비하여 체결하는 것일 뿐 아니라(민법 제959조의14 제1항 참조) 이 점에 있어서만 법정후견과 달리 해석할 합리적인 이유도 없으므로, 신체적 장애로 인한 사무처리 능력 부족은 임의후견감독인 선임의 요건이 되지 아니한다.[6]

7 정신적 제약의 상태가 지속적이어야 하는 것은 아니고, 일시적 제약에 불과하더라도 필요한 경우에는 후견계약을 이용할 수 있다는 견해[7]가 있다.

8 후견계약은 당사자 사이의 계약이므로, 그 내용에 후견개시의 원인이 되는 정신능력에 관하여 정해져 있다면 원칙적으로 그에 따르고, 그렇지 않은 경우에는 후견사무의 내용, 계약의 체결경위 등을 종합적으로 고려하여 사무를 처리할 능력이 부족한 상황에 있는지 여부를 판단하여야 할 것이다.[8]

3. 본인의 동의

9 본인이 아닌 자의 청구에 의하여 가정법원이 임의후견감독인을 선임할 때에는 미리 본인의 동의를 받아야 한다(민법 제959조의15는 제2항 본문). 후견계약은 본인의 의사에 따라 체결된 것이므로, 그 효력발생 역시 본인의 의사에 따르도록 한다는 취지이다.[9]

10 가정법원은 후견계약을 이행·운영할 때 본인의 의사를 최대한 존중하여야 한다(민법 제959조의14 제4항)는 기본정신과도 부합한다. 2011년 개정 민법은 후견계약 의사표시의 철회에 관한 규정(민법 제959조의18 제1항)을 마련하는 외에, 미처 이를 철회하지 못한 때에도 본인이 반대하는 경우에는 가정법원이 임의후견감독인을 선임하지 못하도록 하였다.[10]

11 본인이 스스로 임의후견감독인 선임을 청구한 때에는 본인의 동의가 있는 것으로 간주할 수 있기 때문에, 본인의 동의를 받아야 하는 경우는 배우자, 4촌 이내의 친족, 임의후견인, 검사 또는 지방자치단체의 장이 임의후견감독인 선임청구를 하는 경우로 한정된다.

6 김성우, 성년후견실무, 박영사(2018), 184; 서울대학교 산학협력단(이동진/김수정), 임의후견제도 발전방향에 관한 연구, 법원행정처(2017), 32.
7 윤진수/현소혜, 2013년 개정 민법 해설, 법무부(2013), 158.
8 김성우, 성년후견실무, 박영사(2018), 184~185; 성년후견제도 해설, 법원행정처(2013), 151.
9 김성우, 성년후견실무, 박영사(2018), 185.
10 주해친족법(제2권)(제2판), 박영사(2025), 1584(현소혜, 김수정).

12 본인의 동의가 반드시 명시적이어야 하는 것은 아니지만, 특정후견심판을 함에 있어서는 소극적으로 본인의 의사에 반하지 않을 것을 요구하는 것(민법 제14조의2 제2항 참조)과는 달리 적극적으로 본인의 동의를 요구한다는 점에서 차이가 있다.[11]

13 다만, 본인이 후견계약의 효력발생, 즉 임의후견감독인의 선임에 동의하는 의사를 표시할 수 없는 상태(예컨대, 식물인간 상태에 있어서 의사능력이 결여되어 스스로 의사표시를 할 수 없는 경우)에 있는 때에는 그러하지 아니하다(민법 제959조의15는 제2항 단서).

4. 임의후견인의 자격

14 임의후견인이 후견인의 결격사유를 정한 민법 제937조 각 호에 해당하는 자 또는그 밖에 현저한 비행을 하거나 후견계약에서 정한 임무에 적합하지 아니한 사유가 있는 자인 경우에는 가정법원은 임의후견감독인을 선임하지 아니한다(민법 제959조의17 제1항).

15 본인이 선임한 자라고 하더라도 임의후견인이 후견임무 수행에 적합하지 않은 경우에는 임의후견감독인을 선임하지 않음으로써 후견계약의 효력발생을 저지하고, 이로써 임의후견인의 권한남용으로부터 본인을 보호하겠다는 취지이다.[12]

5. 법정후견이 개시되어 있는 경우

16 원칙적으로 임의후견감독인을 선임하는 데 법정후견은 장애가 되지 않으나, 예외적으로 가정법원이 성년후견이나 한정후견 조치의 계속이 본인의 이익을 위하여 특별히 필요하다고 인정하면 임의후견감독인 선임청구를 기각할 수 있다(민법 제959조의20 제2항 단서).

Ⅲ. 임의후견감독인의 선임절차

1. 청구권자

17 본인, 배우자, 4촌 이내의 친족, 임의후견인, 검사 또는 지방자치단체의 장이 청구권자이다(민법 제959조의15는 제1항). 본인은 의사능력이 있는 한 단독으로 청구

11 김주수/김상용, 주석 민법, 친족(4)(제5판), 한국사법행정학회(2016), 345.
12 김주수/김상용, 주석 민법, 친족(4)(제5판), 한국사법행정학회(2016), 345.

할 수 있다.[13] 4촌 이내의 친족은 민법 제777조의 정함에 따르므로 사실혼 배우자 등은 포함되지 않는다. 임의후견인은 후견계약의 수임인으로서 위임계약상의 선관주의의무에 기하여 임의후견감독인 선임을 청구할 의무가 있다.[14]

2. 관할과 사전처분

18 임의후견감독인 선임청구 사건은 피임의후견인이 될 사람의 주소지 가정법원의 관할에 속한다(가사소송법 제44조 제1의2호). 가사소송규칙 제32조에 규정되어 있지는 않지만, 가정법원은 사건 해결에 특히 필요하다고 인정될 경우 가사소송법 제62조에 따른 사전처분의 일환으로서 임시임의후견감독인을 선임할 수 있을 것이다.[15]

3. 심리

가. 본인 등의 의사확인

19 가정법원은 임의후견감독인 선임을 위해서 피임의후견인이 될 사람, 임의후견인 및 임의후견감독인이 될 사람의 진술을 들어야 한다(가사소송법 제45조의6 제1항). 이를 위하여 가정법원은 피임의후견인을 심문하여야 하고, 다만 그 사람이 자신의 의사를 밝힐 수 없거나 출석을 거부하는 등 심문할 수 없는 특별한 사정이 있는 때에는 그러하지 아니하다(가사소송법 제45조의6 제2항).

20 실무에서는 본인의 동의 여부나 의사 확인을 위해 심문을 열어 본인을 소환하고, 법정후견의 경우와 마찬가지로 사건본인이 사지마비나 의식불명 등으로 심문할 수 없는 경우에는 후견적 입장에서 본인의 추정적 의사 등 제반사정을 종합하여 임의후견감독인 선임 여부를 결정한다.[16]

21 본인이 정신병원 등에 격리되어 있는 경우나 거동이 불편한 경우 등에는 가사조사관의 출장조사 등을 통하여 본인이 의사를 확인한다.

22 또한 실무에서는 후견계약의 효력이나 내용, 후견개시 여부, 후견인 선정, 후견감독인 선임에 대한 본인의 추정 선순위 상속인의 의견을 청취하고 있다. 청구서에 동의서를 첨부하게 하거나, 첨부되지 않은 경우 주민등록등본을 제출받아 의견조회를 하고 있다. 본인을 둘러싼 친족 등 이해관계인의 의견을 듣는 것은 본인 의

13 김성우, 성년후견실무, 박영사(2018), 186.
14 성년후견제도 해설, 법원행정처(2013), 150.
15 주해친족법(제2권)(제2판), 박영사(2025), 1588(현소혜, 김수정).
16 김성우, 성년후견실무, 박영사(2018), 186.

사의 진정성과 후견계약 체결 당시 본인의 정신상태 등을 판단할 자료를 획득하고, 일부 친족에 의하여 후견계약이 악용되는 것을 방지하기 위함이다.[17]

나. 정신감정 등 필요여부

23 임의후견은 성년후견이나 한정후견과 달리 본인의 정신상태 판정을 위하여 감정이 반드시 필요한 것은 아니다. 의사나 그 밖의 전문지식이 있는 사람의 의견을 듣는 것으로 족하며, 이 경우 의견을 말로 진술하게 하거나 진단서 또는 이에 준하는 서면으로 제출하게 할 수 있다(가사소송법 제45조의5). 다만, 본인의 현재 또는 후견계약 체결 당시의 정신상태에 대하여 다툼이나 의문이 있는 경우에는 정신감정을 실시하는 것이 바람직하다.[18]

4. 심판

24 심리결과 임의후견개시의 요건이 갖추어진 것으로 판단되면 가정법원은 임의후견감독인 선임심판을 한다. 후견계약에 특정인을 임의후견감독인으로 선임하는 내용을 정하여 두었더라도 그에 구속되지 아니한다.[19]

25 민법 제777조에 따른 임의후견인의 가족은 임의후견감독인이 될 수 없고(민법 제959조의15는 제5항, 제940조의5), 제937조의 후견인 결격사유가 있는 사람도 임의후견감독인이 될 수 없다(제959조의16 제3항, 제940조의7, 제937조).

26 가정법원은 임의후견감독인에 대하여 후견감독사무에 관하여 필요하다고 인정되는 사항을 지시할 수 있다(가사소송규칙 제38조의2). 실무에서는 임의후견감독인에게 부과하는 의무나 지시 등을 선임심판에서 정하고 있고, 임의후견이 개시된 후부터 임의후견감독인에 대한 감독을 하고 있다.[20]

27 임의후견감독인 선임심판은 당사자와 절차에 참가한 이해관계인(가사소송규칙 제25조), 임의후견인 및 임의후견감독인이 될 자(제35조 제1항)에게 고지하고, 사건본인에게는 그 뜻을 통지하여야 한다(제35조 제2항).

28 임의후견감독인 선임청구를 인용한 심판에 대하여는 즉시항고가 허용되지 않고, 이를 기각한 심판에 대하여는 청구인이 즉시항고 할 수 있다(가사소송규칙 제27조).

29 임의후견감독인 선임심판이 확정되면 가정법원은 후견등기사무를 처리하는 사람

17 김성우, 성년후견실무, 박영사(2018), 187.
18 김성우, 성년후견실무, 박영사(2018), 187.
19 김성우, 성년후견실무, 박영사(2018), 187.
20 김성우, 성년후견실무, 박영사(2018), 188.

에게 후견등기부에 등기할 것을 촉탁하여야 한다(가사소송법 제9조, 가사소송규칙 제5조의2 제1항 제4호 가목).

Ⅳ. 재선임과 추가선임

1. 재선임

30 가정법원은 임의후견감독인이 없게 된 경우 직권으로 또는 본인, 친족, 임의후견인, 검사 또는 지방자치단체의 장의 청구에 의하여 임의후견감독인을 선임한다(민법 제959조의15는 제3항). 임의후견감독인은 필수 기관이므로, 사망이나 결격 등의 사유로 없게 된 경우 가정법원은 반드시 임의후견감독인을 재선임하여야 한다.[21]

2. 추가선임

31 가정법원은 임의후견감독인이 선임된 경우에도 필요하다고 인정되면 직권으로 또는 본인, 친족, 임의후견인, 검사 또는 지방자치단체의 장의 청구에 의하여 임의후견감독인을 추가로 선임할 수 있다(민법 제959조의15는 제4항). 추가선임을 할 것인지는 가정법원의 재량이다.

Ⅴ. 임의후견감독 선임심판의 주문례

32 임의후견감독인 선임심판의 주문례는 '일반형'과 '임의후견감독인에 의한 조기감독이 필요한 경우'로 나누어 볼 수 있다.[22]

< 일반형 >

1. 사건본인의 임의후견감독인으로 김○○(주민등록번호, 주소)을 선임한다.
2. 임의후견감독인은 이 심판 확정일로부터 1년이 경과한 날을 기준으로 하여 매년 후견감독사무보고서(기준일: 매년 이 심판 확정일과 같은 월, 일)를 작성하여 이 법원에 제출하여야 한다.

< 임의후견감독인에 의한 조기 감독이 필요한 경우 >

1. 사건본인의 임의후견감독인으로 사단법인 ◇◇(등록번호, 소재지, 대표자)을 선임한다.

21 주해친족법(제2권)(제2판), 박영사(2025), 1586(현소혜, 김수정).

22 김성우, 성년후견실무, 박영사(2018), 188~189 참조.

2. 임의후견감독인은 이 심판 확정일로부터 2개월 이내에 임의후견인으로부터 사건본인의 재산목록[안심상속(후견인) 원스톱 서비스 조회 또는 상속인(후견인) 금융거래조회서비스 조회 결과를 첨부할 것] 및 이 심판 확정일 이후 사건본인의 신상에 관한 보고서[후견사무보고서 중 신상보호 부분을 활용하되 사진 10매 이상을 첨부할 것]를 제출받아, 그 재산목록 및 신상에 관한 보고서에 의견서를 첨부하여 이 법원에 제출하여야 한다.
3. 임의후견감독인은 이 심판 확정일로부터 1년이 경과한 날을 기준으로 하여 매년 후견감독사무보고서(기준일: 매년 이 심판 확정일과 같은 월, 일)를 작성하여 이 법원에 제출하여야 한다.

제 959 조의 16 [임의후견감독인의 직무 등]

① 임의후견감독인은 임의후견인의 사무를 감독하며 그 사무에 관하여 가정법원에 정기적으로 보고하여야 한다.
② 가정법원은 필요하다고 인정하면 임의후견감독인에게 감독사무에 관한 보고를 요구할 수 있고 임의후견인의 사무 또는 본인의 재산상황에 대한 조사를 명하거나 그 밖에 임의후견감독인의 직무에 관하여 필요한 처분을 명할 수 있다.
③ 임의후견감독인에 대하여는 제940조의6 제2항·제3항, 제940조의7 및 제953조를 준용한다.
[본조신설 2011. 3. 7.]

[관련조문] 민법 제681조(수임인의 선관의무), 제691조(위임종료시의 긴급처리), 제930조(후견인의 수와 자격), 제936조(성년후견인의 선임), 제939조(후견인의 사임), 제940조(후견인의 변경), 제940조의5(후견감독인의 결격사유), 제940조의6(후견감독인의 직무), 제940조의7(위임 및 후견인 규정의 준용), 제949조의2(성년후견인이 여러 명인 경우 권한의 행사 등), 제953조(후견감독인의 후견사무의 감독), 제954조(가정법원의 후견사무에 관한 처분), 제955조(후견인에 대한 보수), 제955조의2(지출금액의 예정과 사무비용), 제959조의15(임의후견감독인의 선임), 가사소송법 제2조(가정법원의 관장 사항), 제45조의6(임의후견 관련 심판에서의 진술 청취), 제45조의7(임의후견감독사무의 실태 조사), 가사소송규칙 제36조(즉시항고), 제38조의2(후견사무등에 관한 지시)

[참고문헌] 김주수/김상용, 주석 민법, 친족(4)(제5판), 한국사법행정학회(2016); 주해친족법(제2권)(제2판), 박영사(2025); 김성우, 성년후견실무, 박영사(2018); 김주수/김상용, 친족·상속법(제14판), 박영사(2017); 김형석, "성년후견감독인", 성년후견 제2호, 한국성년후견학회(2014); 제철웅, "요보호성인의 인권존중의 관점에서 본 새로운 성년후견제도 : 그 특징, 문제점, 그리고 개선방안", 민사법학 제56호, 한국민사법학회(2011)

Ⅰ. 의의

1 가정법원은 임의후견감독인에 대한 감독을 통하여 간접적으로 임의후견인의 후견사무를 감독할 뿐 직접적으로 임의후견인의 후견사무에 개입하지 않는다. 이

와 같이 임의후견인에 대한 법원의 직접적인 개입과 감독이 예정되어 있지 않으므로, 임의후견인의 권한남용을 막고 본인의 의사와 이익을 보호하는 임의후견감독인의 역할은 법정후견의 경우보다 더 중요하다고 볼 여지도 있다.[1]

2 민법 제959조의16의 입법 형식과 관련하여, 제959조의16 제3항에 의하여 준용규정인 제940조의7을 준용함으로써 위 조항이 준용하고 있는 일부 규정을 재준용하고 있어 임의후견감독인에 관한 규정의 전모를 파악하기 어렵다거나,[2] 제959조의16 제3항은 성년후견인의 추가선임에 관한 제936조 제3항도 준용하고 있으나 임의후견감독인의 추가선임에 관해서는 이미 제959조의15 제4항이 규정하고 있어 중복규정에 해당한다[3]는 비판이 있다.

3 민법 제959조의16는 임의후견감독인의 감독사무 및 권한과 그 제한, 자격, 결격사유, 사임 및 변경, 보수와 비용 등 임의후견감독인의 법적 지위와 관련된 제반사항을 성하기 위한 조문이다(☞ 이하 준용되는 조문에 관한 상세한 내용은 각 해당 조문 주석 참조).

Ⅱ. 임의후견감독인의 자격과 선임기준

1. 자격

4 임의후견감독인은 피임의후견인의 신상과 재산에 관한 모든 사정을 고려하여 여러 명을 둘 수 있고, 법인도 임의후견감독인이 될 수 있다(민법 제959조의16 제3항, 제940조의7, 제930조 제2항·제3항).

5 실무에서는 임의후견감독인에 관하여 본인의 친족 등 이해관계인의 다툼이 있으면 제3자인 전문가후견인 후보자 중에서 임의후견감독인을 선임하는 것이 보통이다. 다툼이 없더라도, 임의후견인에 대한 견제와 본인에 대한 보호는 실제로 임의후견감독인에게 기대할 수밖에 없어 가급적 객관적이고 공정하게 감독사무를 수행할 수 있는 제3자, 특히 법인후견인이 우선적으로 고려되고 있다.[4]

6 따라서 임의후견인이 추천한 후보자나 청구인의 대리인인 변호사 등은 임의후견인이나 청구인과 이해관계를 함께 할 가능성이 높아서 선임에 신중을 기할

1 김성우, 성년후견실무, 박영사(2018), 190.
2 김주수/김상용, 주석 민법, 친족(4)(제5판), 한국사법행정학회(2016), 348.
3 주해친족법(제2권)(제2판), 박영사(2025), 1590(현소혜, 김수정).
4 김성우, 성년후견실무, 박영사(2018), 187~188.

필요가 있다.[5]

2. 결격사유

7 민법 제959조의16 제3항에 의해 준용되는 제940조의7은 후견인의 결격사유에 관한 제937조를 준용하고 있으므로 제937조 제1호 내지 제9호에 해당하는 자는 임의후견감독인이 될 수 없다. 그 밖에 임의후견인의 가족 역시 임의후견감독인이 될 수 없다(민법 제959조의15 제5항, 제940조의5).

3. 선임기준

8 가정법원은 임의후견감독인을 선임할 때 피임의후견인의 의사를 존중하여야 하며, 그 밖에 본인의 건강, 생활관계, 재산상황, 임의후견감독인이 될 사람의 직업과 경험, 본인과의 이해관계의 유무(법인이 임의후견감독인이 될 때에는 사업의 종류와 내용, 법인이나 그 대표자와 본인 사이의 이해관계의 유무를 말한다) 등의 사정도 고려하여야 한다(민법 제959조의16 제3항, 제940조의7, 제936조 제4항).

Ⅲ. 임의후견감독인의 권한과 직무

1. 임의후견감독인의 권한

가. 임의후견인의 사무에 대한 감독

9 임의후견감독인은 임의후견인의 사무를 감독한다(민법 제959조의16 제1항). 사무감독을 위하여 임의후견감독인은 언제든지 임의후견인에게 그의 임무수행에 관한 보고와 재산목록의 제출을 요구할 수 있고, 본인이 재산상황을 조사할 수 있다(민법 제959조의16 제3항, 제953조).

10 이와 관련하여 임의후견인에게는 재산목록 작성의무가 없으므로, 임의후견감독인도 임의후견인에게 재산목록의 작성이나 제출을 요구할 수 없다는 견해[6]가 있다. 그러나, 임의후견인이라도 후견계약에 재산목록 작성의무를 부담하고 있을 수 있고, 임의후견감독인은 임의후견인의 후견사무 수행에 대해 일반적·포괄적 감독권한을 갖고 있으므로, 임의후견감독인이 이를 요구할 때에는 재산목록을 작성하여 제출할 의무가 있다고 할 것이다.[7]

5 김성우, 성년후견실무, 박영사(2018), 188.
6 김주수/김상용, 친족·상속법(제14판), 박영사(2017), 557.
7 주해친족법(제2권)(제2판), 박영사(2025), 1591(현소혜, 김수정); 김성우, 성년후견실무, 박영사(2018), 191.

11 임의후견감독인의 임의후견인에 대한 감독은 후견사무의 적법성 뿐 아니라 타당성의 검토까지 이루어져야 한다. 임의후견인의 불법적이거나 부적절한 사무집행이 발견되면 즉시 지적하여 시정을 요구하고, 임의후견감독인의 지시나 감독에 따르지 않으면 가정법원에 보고하여야 한다.[8]

나. 급박한 사무의 처리

12 임의후견감독인은 피임의후견인의 신상이나 재산에 대하여 급박한 사정이 있는 경우 그의 보호를 위해 필요한 행위 또는 처분을 할 수 있다(민법 제959조의16 제3항, 제940조의6 제2항). 급박한 사정 하에서 임의후견감독인이 할 수 있는 행위와 처분의 범위가 당초 후견계약에서 위탁한 사무에 한정되는 것인지, 아니면 여기에 한정되지 않고 본인의 보호를 위하여 필요한 행위나 처분을 할 수 있는지 여부에 관하여, 임의후견감독인은 임의후견인의 권한 범위 내에서 이를 대신하여 처리할 수 있다는 견해[9]가 있다.

13 임의후견감독인이 피임의후견인의 신상에 관하여 급박한 사무를 처리하는 경우에는 일정한 제한이 가해진다. 즉, 임의후견감독인은 본인의 신체를 침해하는 의료행위에 대해 그를 대신하여 동의할 수 있으나, 본인이 의료행위의 직접적인 결과로 사망하거나 상당한 장애를 입을 위험이 있을 때에는 가정법원의 허가를 받아야 한다(민법 제959조의16 제3항, 제940조의7, 제947조의2 제3항·제4항). 또한 임의후견감독인이 본인을 대리하여 그가 거주하거 있는 건물 또는 그 대지를 처분하는 행위를 하는 경우에도 가정법원의 허가를 받아야 한다(민법 제959조의16제3항, 제940조의7, 제947조의2 제5항).

다. 이해상반행위의 대리

14 임의후견인과 본인 사이에 이해가 상반되는 행위에 관하여는 임의후견감독인이 본인을 대리한다(민법 제959조의16 제3항, 제940조의6 제3항). 임의후견감독인은 필수기관이므로, 임의후견인이 이해상반행위를 할 때에는 특별대리인을 선임하지 않고 바로 임의후견감독인이 이를 대리할 수 있도록 하였다.

15 민법 제921조 및 제949조의3의 규정이 임의후견인에게 준용되지는 않지만, 임의후견감독인에게 이해상반행위에 관한 대리권이 부여되어 있는 이상 임의후견인

8 김성우, 성년후견실무, 박영사(2018), 191.

9 김주수/김상용, 주석 민법, 친족(4)(제5판), 한국사법행정학회(2016), 350.

이 스스로 한 이해상반행위는 무권대리로서 무효라고 할 것이다.[10]

라. 임의후견감독인이 여러 명인 경우의 권한 행사

16 여러 명의 임의후견감독인을 선임한 경우 가정법원은 직권으로 여러 명의 임의후견감독인이 공동으로 또는 사무를 분장하여 그 권한을 행사하도록 정할 수 있으며, 여러 명의 임의후견감독인이 공동으로 권한을 행사하여야 하는 경우 어느 임의후견감독인이 본인의 이익이 침해될 우려가 있음에도 필요한 권한행사에 협력하지 아니할 때에는 가정법원은 본인, 임의후견인, 임의후견감독인 또는 이해관계인의 청구에 의하여 그 임의후견감독인의 의사표시를 갈음하는 재판을 할 수 있다[민법 제959조의16 제3항, 제940조의7, 제949조의2, 가사소송법 제2조 제1항 제2호 가목 21)의3].

2. 임의후견감독인의 직무

가. 가정법원에의 보고

17 임의후견감독인은 그 사무에 관하여 가정법원에 정기적으로 보고하여야 한다(민법 제959조의16 제1항). 심판에 그와 같은 보고의무가 정해져 있지 않더라도 이와 같은 보고의무는 법률의 규정에 의하여 당연히 발생하는 의무이다. 그러나 임의후견감독인이 언제, 어떻게 보고하여야 하는지 알 수 있도록 심판에 보고의 시기와 기준일, 내용 등을 정하는 것이 일반적이다.[11]

나. 선관주의의무

18 임의후견감독인은 후견감독사무를 수행함에 있어 선량한 관리자의 주의의무(민법 제959조의16 제3항, 제940조의7, 제681조)를 부담한다. 또 명문의 규정은 없으나 피임의후견인의 복리를 배려하고 그의 의사를 존중할 의무가 있으므로, 임의후견감독인은 정기적으로 피임의후견인을 직접 만나 그 필요와 의사를 확인할 필요가 있다.[12]

다. 후견감독사무의 종료와 긴급사무의 처리

19 임의후견감독사무가 종료되더라도 급박한 사정이 있는 경우 임의후견감독인, 그 상속인이나 법정대리인은 본인, 그 상속인이나 법정대리인이 후견감독사무를 처

10 주해친족법(제2권)(제2판), 박영사(2025), 1592(현소혜, 김수정).
11 김성우, 성년후견실무, 박영사(2018), 192.
12 김성우, 성년후견실무, 박영사(2018), 190.

리할 수 있을 때까지 그 사무의 처리를 계속하여야 한다(민법 제959조의16 제3항, 제940조의7, 제691조).

20 후견감독사무가 종료하였다는 사정은 이를 상대방에게 통지하거나 상대방이 이를 안 때가 아니면 이로써 상대방에게 대항하지 못한다(민법 제959조의16 제3항, 제940조의7, 제692조)

IV. 가정법원의 임의후견감독

21 가정법원은 임의후견감독인으로부터 그 사무에 관하여 정기적으로 보고를 받는 것(민법 제959조의16 제1항) 외에 필요하다고 인정하면 임의후견감독인에게 감독사무에 관한 보고를 요구할 수 있고, 임의후견인의 사무 또는 본인의 재산상황에 대한 조사를 명하거나 그 밖에 임의후견감독인의 직무에 관하여 필요한 처분을 명할 수 있다(제959조의16 제2항). 여기서의 '필요한 처분'에는 임의후견감독인에 대하여 감독방법 등에 관한 구체적인 지시를 하는 것 등이 포함된다(가사소송규칙 제38조의2 참조).

22 임의후견의 특성상 가정법원이 임의후견인에 대해서 직접적인 개입이나 감독을 하지 않고 임의후견감독인에 대한 감독을 통하여 간접적으로 임의후견인을 감독할 수 있도록 한 것이다.[13]

23 이에 대해서는 가정법원이 직접 본인을 위해 필요한 처분을 할 수 있도록 후견계약에 대해서도 민법 제954조를 준용해야 한다는 입법론적 비판[14]이 있고, 가사소송법 제45의7(2013. 4. 5. 신설)에서 "가정법원은 법원사무관 등이나 가사조사관에게 임의후견감독사무의 실태를 조사하게 할 수 있다."고 규정하여 사실상 이러한 비판을 절차법적으로 수용하였다는 견해[15]가 있다.

V. 임의후견감독인의 사임과 변경

1. 사임

24 임의후견감독인은 정당한 사유가 있는 경우 가정법원의 허가를 받아 사임할 수 있다[민법 제959조의16 제3항, 제940조의7, 제939조, 가사소송법 제2조 제1항 제2호 가목 19)].

13 김성우, 성년후견실무, 박영사(2018), 192.

14 제철웅, "요보호성인의 인권존중의 관점에서 본 새로운 성년후견제도 : 그 특징, 문제점, 그리고 개선방안", 민사법학 제56호, 한국민사법학회(2011), 321.

15 주해친족법(제2권)(제2판), 박영사(2025), 1595(현소혜, 김수정).

2. 변경

25 가정법원은 본인의 복리를 위하여 임의후견감독인을 변경할 필요가 있다고 인정하면 직권으로 또는 본인, 친족, 임의후견감독인(복수의 임의후견감독인이 있는 경우를 전제로 하여, 어느 한 임의후견감독인이 다른 임의후견감독인의 변경을 청구하는 경우이다.[16] 이와 달리 후견인 변경에 관한 규정인 민법 제940조가 후견감독인 변경에 준용되는 경우에는 후견감독인이 아닌 후견인이 후견감독인 변경을 청구할 수 있는 것으로 해석해야 한다는 견해[17]에 의할 경우 임의후견인이 청구권자가 될 것이다. ☞ 상세한 내용은 민법 제940조의7 주석 참조), 검사, 지방자치단체의 장의 청구에 의하여 임의후견감독인을 변경할 수 있다[제959조의16 제3항, 제940조의7, 제940조, 가사소송법 제2조 제1항 제2호 가목 24)의5].

26 가정법원이 임의후견감독인 변경심판을 하는 경우에는 피임의후견인, 임의후견인, 그 변경이 청구된 임의후견감독인 및 임의후견감독인이 될 사람의 진술을 들어야 한다. 다만, 피임의후견인이 의식불명, 그 밖의 사유로 그 의사를 표명할 수 없는 경우에는 그러하지 아니하다(가사소송법 제45조의6 제1항 제3호).

27 임의후견감독인 변경청구를 인용하는 심판에 대해서는 변경의 대상이 되는 임의후견감독인이(가사소송규칙 제36조 제1항 제4호 가목), 이를 기각하는 심판에 대해서는 청구권자가 즉시항고 할 수 있다(제36조 제2항 제6호).

VI. 임의후견감독인의 보수와 비용

1. 임의후견감독인의 보수

28 가정법원은 임의후견감독인의 청구에 따라 본인의 재산상태 기타 사정을 참작하여 본인의 재산 중에서 상당한 보수를 임의후견감독인에게 수여할 수 있다[민법 제959조의16 제3항, 제940조의7, 제955조, 가사소송법 제2조 제1항 제2호 가목 23)].

2. 사무비용의 지출

29 임의후견감독인이 후견감독사무를 수행하는 데 필요한 비용은 본인의 재산 중에서 지출한다(민법 제959조의16 제3항, 제940조의7, 제955조의2).

16 김형석, "성년후견감독인", 성년후견 제2호, 한국성년후견학회(2014), 97.
17 김주수/김상용, 친족·상속법(제14판), 법문사(2017), 548.

제 959 조의 17 [임의후견개시의 제한 등]

① 임의후견인이 제937조 각 호에 해당하는 자 또는 그 밖에 현저한 비행을 하거나 후견계약에서 정한 임무에 적합하지 아니한 사유가 있는 자인 경우에는 가정법원은 임의후견감독인을 선임하지 아니한다.

② 임의후견감독인을 선임한 이후 임의후견인이 현저한 비행을 하거나 그 밖에 그 임무에 적합하지 아니한 사유가 있게 된 경우에는 가정법원은 임의후견감독인, 본인, 친족, 검사 또는 지방자치단체의 장의 청구에 의하여 임의후견인을 해임할 수 있다.

[본조신설 2011. 3. 7.]

[관련조문] 민법 제143조(추인의 방법, 효과), 제937조(후견인의 결격사유), 제959조의15(임의후견감독인의 선임), 가사소송법 제2조(가정법원의 관장 사항), 제9조(가족관계등록부 기록 등의 촉탁), 제44조(관할 등), 제45조의6(임의후견 관련 심판에서의 진술 청취), 가사소송규칙 제5조의2(후견등기부기록을 촉탁하여야 할 심판등), 제32조(사전처분), 제36조(즉시항고)

[참고문헌] 김주수/김상용, 주석 민법, 친족(4)(제5판), 한국사법행정학회(2016); 주해친족법(제2권)(제2판), 박영사(2025); 김성우, 성년후견실무, 박영사(2018); 윤진수/현소혜, 2013년 개정 민법 해설, 법무부(2013); 김형석, "민법 개정안에 따른 성년후견법제", 가족법연구 제24권 제2호, 한국가족법학회(2010); 배인구, "성년후견제도에 관한 연구-시행과 관련된 이론적·실무적 쟁점을 중심으로", 고려대학교 석사학위논문(2013)

Ⅰ. 의의

1 임의후견은 본인의 자기결정권을 최대한 존중하기 위한 제도이므로, 임의후견인의 적격여부도 원래는 가정법원이 개입할 사항이 아니다. 그러나 후견계약을 체결한 후에 임의후견인의 부적격성이 드러나거나, 사정변경으로 인해 그 계약의 내용에 따른 임의후견을 개시하는 것이 오히려 본인의 복리나 의사에 반하는 결과를 가져올 우려가 있다.

2 이러한 경우 가정법원이 부적격한 임의후견감독인의 선임을 거부함으로써 임의후견을 개시하지 않거나, 이미 개시된 임의후견이라도 임의후견인 해임심판을

통하여 이를 종료시킬 수 있도록 하는 것이 민법 제959조의17의 취지이다.[1]

Ⅱ. 임의후견개시의 제한

1. 제한사유

가. 후견인 결격사유

3 후견계약의 본인이 선임해 놓은 임의후견인이 민법 제937조의 각 호에 해당하는 자인 경우 가정법원은 임의후견감독인을 선임하지 아니한다(제959조의17 제1항). 따라서 후견인 결격사유가 있는 자는 어떠한 경우라도 임의후견인으로서의 직무를 수행하지 못한다.

4 즉, 임의후견인이 ① 미성년자, ② 피성년후견인, 피한정후견인, 피특정후견인, 피임의후견인, ③ 회생절차개시결정 또는 파산선고를 받은 자, ④ 자격정지 이상의 형의 선고를 받고 그 형기 중에 있는 사람, ⑤ 법원에서 해임된 법정대리인, ⑥ 법원에서 해임된 성년후견인, 한정후견인, 특정후견인, 임의후견인과 그 감독인, ⑦ 행방이 불분명한 사람, ⑧ 후견계약의 본인을 상대로 소송을 하였거나 하고 있는 자, ⑨ 제8항에서 정한 사람의 배우자와 직계혈족(다만, 피후견인의 직계비속은 제외)인 경우에는 가정법원은 임의후견감독인을 선임하지 아니한다.

5 민법 제937조 각 호에 해당하는지 여부는 임의후견감독인 선임심판 당시를 기준으로 판단한다. 따라서 후견계약 체결 당시에는 이에 해당하였던 자라도 선임심판 당시 이에 해당하지 않는다면 임의후견이 개시될 수 있는 반면, 계약 체결 당시에는 위 각 호에 해당하지 않았으나, 임의후견감독인 선임심판 당시 이에 해당한다면 임의후견이 개시될 수 있다.[2]

나. 현저한 비행 등

6 임의후견인이 현저한 비행을 하거나 후견계약에서 정한 임무에 적합하지 않은 사유가 있는 경우에 가정법원은 임의후견감독인을 선임하지 않는다(민법 제959조의17 제1항). 여기서 “현저한 비행”이란 임의후견인이 본인의 재산을 횡령하거나 본인을 신체적·정신적으로 학대한 경우와 같이 본인의 재산관리와 신상보호에

1 김주수/김상용, 주석 민법, 친족(4)(제5판), 한국사법행정학회(2016), 354.

2 김주수/김상용, 주석 민법, 친족(4)(제5판), 한국사법행정학회(2016), 354~355; 주해친족법(제2권)(제2판), 박영사(2025), 1597(현소혜, 김수정).

악영향을 미치는 행위를 한 경우를 의미한다.[3]

7 방탕한 습벽이나 상습도박, 범법행위의 반복 등과 같이 임의후견인의 행위가 후견제도의 취지에 정면으로 반할 정도로 윤리적 비난의 대상이 되는 경우를 의미한다고 보는 견해[4]도 있다.

8 "후견계약에서 정한 임무에 적합하지 아니한 사유"가 있는 때라 함은 비행이라고까지 할 수는 없어도 본인의 재산상태를 악화시키거나 그 이익을 침해하는 행위를 한 경우 또는 본인의 의사를 존중하지 않는 일이 반복되는 경우 등을 의미한다.[5]

9 단순히 전문적 지식의 결여나 업무태만, 질병, 노령, 정신적 장애, 장기간의 해외거주 등으로 인해 그 임무를 충실히 수행하기 어렵다는 것 정도로는 이에 해당한다고 볼 수 없을 것이다.[6] 다만, 본인이 후견계약 체결 당시에 그러한 사정을 알지 못하였다면 민법 제959조의17를 적용할 여지가 있다.[7]

다. 후견계약의 하자

10 본인의 사무처리 능력이 부족하고 후견계약에서 정한 발효요건에 해당하며 임의후견인으로서의 부적격 사유가 없는 경우, 가정법원은 임의후견감독인을 선임하여야 한다.

11 그런데 만약 후견계약에 무효사유가 있거나 후견계약상 본인의 의사표시에 착오·사기·강박과 같은 취소사유가 있는 경우 가정법원은 임의후견감독인의 선임을 거부할 수 있는지 문제된다. 후견계약의 성질상 당사자의 진의가 중요하다는 점에서 이를 긍정해야 할 것이다.[8]

12 다만, 본인이 이러한 사실을 알고 임의후견감독인의 선임을 청구하거나 이에 동의한 경우에는 추인의 의사표시(민법 제143조 참조)가 있는 것으로 볼 여지가 있다는 견해[9]가 있다.

3 주해친족법(제2권)(제1판), 박영사(2015), 1442(현소혜, 김수정); 김형석, "민법 개정안에 따른 성년후견법제", 가족법연구 제24권 제2호, 한국가족법학회(2010), 160.

4 배인구, "성년후견제도에 관한 연구-시행과 관련된 이론적·실무적 쟁점을 중심으로", 고려대학교 석사학위논문(2013), 83.

5 주해친족법(제2권)(제2판), 박영사(2025), 1598(현소혜, 김수정).

6 윤진수/현소혜, 2013년 개정 민법 해설, 법무부(2013), 165.

7 주해친족법(제2권)(제2판), 박영사(2025), 1598(현소혜, 김수정).

8 김성우, 성년후견실무, 박영사(2018), 184; 김형석, "민법 개정안에 따른 성년후견법제", 가족법연구 제24권 제2호, 한국가족법학회(2010), 156.

9 김주수/김상용, 주석 민법, 친족(4)(제5판), 한국사법행정학회(2016), 355.

2. 효과

13 임의후견인이 민법 제937조 각 호에 해당하는 자 또는 그 밖에 현저한 비행을 하거나 후견계약에서 정한 업무에 적합하지 아니한 사유가 있는 자인 경우 가정법원은 임의후견인을 선임하지 않고, 제959조의15 제1항에 따른 임의후견감독인 선임청구가 있더라도 이를 기각하여야 한다.[10]

14 이로써 당해 후견계약은 더 이상 효력을 발생할 수 없고 종료하며,[11] 이때 본인은 새로운 후견계약을 체결하거나 법정후견의 개시를 통하여 보호받을 수 있을 것이다.

Ⅲ. 임의후견인의 해임

1. 해임사유

가. 현저한 비행 등

15 임의후견감독인을 선임한 후 임의후견인이 현저한 비행을 하거나 그 밖에 그 임무에 적합하지 아니한 사유가 있게 된 경우 가정법원은 임의후견인을 해임할 수 있다(민법 제959조의17 제2항). 후견계약 체결 당시 존재하였던 본인과 임의후견인 사이의 신뢰관계가 파괴된 경우에, 그 계약의 구속력으로부터 벗어날 수 있도록 한 것이다.[12]

나. 사유의 발생시기

16 현저한 비행 그 밖에 후견계약에서 정한 임무에 적합하지 않은 사유는 임의후견독인을 선임한 후에, 즉 후견계약의 효력이 발생한 후에 비로소 발생한 것이어야 한다. 선임 전에 이런 사유가 있었던 것만으로는 임의후견인을 해임할 수 없다.[13]

다. 임의후견인에게 결격사유가 발생한 경우

17 임의후견감독인 선임 후 민법 제937조 각 호에 해당하는 사유가 발생한 경우에 관해서는 명문의 규정은 없지만 "그 밖에 그 임무에 적합하지 아니한 사유"에

10 주해친족법(제2권)(제2판), 박영사(2025), 1598(현소혜, 김수정).
11 김주수/김상용, 주석 민법, 친족(4)(제5판), 한국사법행정학회(2016), 354.
12 주해친족법(제2권)(제2판), 박영사(2025), 1599(현소혜, 김수정).
13 주해친족법(제2권)(제2판), 박영사(2025), 1599(현소혜, 김수정).

해당하는 것으로 해석해야 한다는 견해[14]가 있다.

18 결격사유가 발생하였다는 것만으로 임의후견이 당연히 종료된다고 할 수는 없지만, 임의후견감독인 선임 당시에 결격사유가 있을 때에는 민법 제959조의17 제1항에 따라 임의후견인이 될 수 없었던 자가 임의후견감독인 선임 후에는 임의후견인의 지위를 유지할 수 있다는 것이 균형에 맞지 않는다는 것을 이유로 한다.[15]

2. 해임절차

가. 청구권자

19 가정법원은 민법 제959조의17 제2항에서 정한 사유가 있는 경우 임의후견감독인, 본인, 친족, 검사 또는 지방자치단체의 장의 청구에 의하여 임의후견인을 해임할 수 있다. 가정법원이 직권으로 임의후견인을 해임할 수는 없다.

나. 관할과 사전처분

20 임의후견인 해임심판 사건은 피임의후견인의 주소지 가정법원의 관할에 속한다(가사소송법 제44조 제1항 제1의2호). 가정법원은 임의후견인 해임심판에 앞서 직권 또는 당사자의 신청에 의하여 가사소송법 제62조에 따른 사전처분으로 임의후견인 직무집행정지 및 직무대행자를 선임할 수 있다(가사소송규칙 제32조 제1항).

다. 심리

21 가정법원이 임의후견인 해임심판을 하는 경우 피임의후견인 및 그 해임이 청구된 임의후견인의 진술을 들어야 한다(가사소송법 제45조의6 제1항 제3호). 위 진술을 듣는 경우 피임의후견인을 심문하여야 하나, 다만 자신의 의사를 밝힐 수 없거나 출석을 거부하는 등 심문할 수 없는 특별한 사정이 있는 때에는 그러하지 아니하다(가사소송법 제45조의6 제1항 제4호·제2항).

라. 심판

22 심리결과 해임사유가 있다고 인정되면 가정법원은 임의후견인 해임심판을 할 수 있다[(민법 제959조의17 제2항, 가사소송법 제2조 제1항 제2호 가목 24)의7]. 해임심판에 대하여는 본인과 임의후견인이, 해임청구 기각심판에 대하여는 해임청구권

14 주해친족법(제2권)(제2판), 박영사(2025), 1599(현소혜, 김수정).

15 이와 같이 본다면, 임의후견인 결격사유가 있음에도 이를 간과한 채 임의후견감독인 선임심판을 한 경우에 뒤늦게 이러한 사실이 발견된 때에도 해임사유가 될 수 있을 것이다.

자가 즉시항고 할 수 있다(가사소송규칙 제36조 제1항 제4호 나목, 제2항 제7호).

23 임의후견인 해임심판이 확정되면 가정법원은 지체 없이 후견등기사무를 처리하는 사람에게 후견등기부에 등기할 것을 촉탁하여야 한다(가사소송법 제9조, 가사소송규칙 제5조의2 제1항 제4호 라목).

3. 해임의 효과

24 법정후견인에게 부적격한 사유가 있는 경우에는 후견인 변경 절차에 의하게 되지만, 임의후견인은 본인이 선임한 자로서 가정법원이 해임한 임의후견인을 대신하여 다른 사람을 임의후견인으로 선임하는 것은 후견계약의 성질상 허용되지 않는다. 따라서 임의후견인의 해임에 의하여 당해 후견계약은 종료하고,[16] 본인은 새로운 후견계약을 체결하거나 성년후견·한정후견의 개시 또는 특정후견의 심판을 청구하여 보호를 받을 수 있다.

16 김주수/김상용, 주석 민법, 친족(4)(제5판), 한국사법행정학회(2016), 356; 김성우, 성년후견실무, 박영사(2018), 195.

제 959 조의 18 [후견계약의 종료]

① 임의후견감독인의 선임 전에는 본인 또는 임의후견인은 언제든지 공증인의 인증을 받은 서면으로 후견계약의 의사표시를 철회할 수 있다.
② 임의후견감독인의 선임 이후에는 본인 또는 임의후견인은 정당한 사유가 있는 때에만 가정법원의 허가를 받아 후견계약을 종료할 수 있다.
[본조신설 2011. 3. 7.]

[관련조문] 민법 제689조(위임의 상호해지의 자유), 제690조(사망·파산 등과 위임의 종료), 제937조(후견인의 결격사유), 제957조(후견사무의 종료와 관리의 계산), 제959조의17(임의후견개시의 제한 등), 제959조의20(후견계약과 성년후견·한정후견·특정후견의 관계), 가사소송법 제2조(가정법원의 관장 사항), 제9조(가족관계등록부 기록 등의 촉탁), 제45조의6(임의후견 관련 심판에서의 진술 청취), 공증인법 제57조(인증 방법), 가사소송규칙 제5조의2(후견등기부기록을 촉탁하여야 할 심판등), 제35조(심판의 고지등), 제36조(즉시항고)

[참고문헌] 김주수/김상용, 주석 민법, 친족(4)(제5판), 한국사법행정학회(2016); 주해친족법(제2권)(제2판), 박영사(2025); 한봉희/백승흠, 가족법, 삼영사(2013); 윤진수/현소혜, 2013년 개정 민법 해설, 법무부(2013); 성년후견제도해설, 법원행정처(2013); 김형석, "민법 개정안에 따른 성년후견법제", 가족법연구 제24권 제2호, 한국가족법학회(2010); 김형석, "성년후견·한정후견의 개시심판과 특정후견의 심판", 서울대학교 법학 제55권 제1호, 서울대학교 법학연구소(2014); 구상엽, "개정 민법상 성년후견제도에 대한 연구 -입법배경, 입법자의 의사 및 향후 과제를 중심으로", 서울대학교 대학원 박사논문(2012); 박인환, "새로운 성년후견제 도입을 위한 민법 개정안의 검토", 가족법연구 제24권 제1호, 한국가족법학회(2010)

Ⅰ. 의의

1 후견계약은 위임계약으로서의 성격을 가지므로, 각 당사자가 언제든지 이를 해지할 수 있다(민법 제689조 제1항). 더구나 후견계약은 당사자의 의사가 가장 중요한 의미를 가질 뿐 아니라 본인의 신상에 지대한 영향을 미치기 때문에 그 철회나 해지의 자유를 더욱 강하게 보장할 필요가 있다.[1]

2 따라서 민법 제959조의18은 본인 또는 임의후견인이 후견계약의 구속력으로부

1 주해친족법(제2권)(제2판), 박영사(2025), 1602(현소혜, 김수정).

터 벗어날 수 있는 가능성을 보장함과 아울러 이를 요식행위로 구성하여 당사자의 진의를 확보하도록 하였다.

3 다만 후견계약이 발효된 후 이를 임의로 종료시킬 경우 본인의 보호에 공백이 발생할 우려가 있을 뿐 아니라 이해관계인들의 신뢰를 해칠 우려도 있으므로, 이때에는 가정법원으로부터 허가를 받은 때에만 후견계약을 종료할 수 있도록 하였다.[2]

Ⅱ. 후견계약의 철회

1. 철회사유

4 본인 또는 임의후견인은 임의후견감독인 선임 전이라면 언제든지 자유롭게 후견계약의 의사표시를 철회할 수 있다(민법 제959조의18 제1항). 이러한 철회를 위하여 어떠한 정당한 사유가 필요한 것은 아니다.[3] 민법 제959조의18에서는 의사표시의 철회라고 하지만, 민법 제689조 제1항에 의한 위임 당사자들의 상호 임의해지와 그 성질이 다르지 않다는 견해[4]도 있다.

2. 철회의 방식

5 후견계약 의사표시의 철회는 반드시 공증인의 인증을 받은 서면에 의해 이루어져야 한다(민법 제959조의18 제1항). 본인이나 임의후견인이 후견계약의 의사표시를 일방적으로 철회할 경우 후견계약의 존부가 외관상 불분명하여 법률관계의 불안정이 발생할 수 있고, 철회 여부가 불명확한 경우 이를 둘러싸고 분쟁이 발생할 가능성도 있으므로 이를 요식행위로 규정한 것이다.[5]

6 사서증서의 인증은 공증인법 제57조에서 정한 방법에 따르므로, 후견계약의 의사표시를 철회하고자 하는 자는 공증인 앞에서 사서증서에 서명 또는 날인하거나, 본인 또는 그 대리인이 사서증서의 서명 또는 날인을 확인한 후 공증인이 그 사실을 증서에 적는 방법에 의하여야 한다.[6]

2 김형석, "민법 개정안에 따른 성년후견법제", 가족법연구 제24권 제2호, 한국가족법학회(2010), 159; 윤진수/현소혜, 2013년 개정 민법 해설, 법무부(2013), 167.

3 주해친족법(제2권)(제2판), 박영사(2025), 1603(윤진수/현소혜).

4 박인환, "새로운 성년후견제 도입을 위한 민법 개정안의 검토", 가족법연구 제24권 제1호, 한국가족법학회(2010), 67.

5 김주수/김상용, 주석 민법, 친족(4)(제5판), 한국사법행정학회(2016), 358.

6 주해친족법(제2권)(제2판), 박영사(2025), 1603(현소혜, 김수정).

3. 철회의 효과

7 후견계약의 의사표시를 철회한 서면이 상대방에게 도달하면 당해 후견계약은 효력을 잃는다. 따라서 당해 후견계약에 기한 후견감독인 선임청구가 있는 경우 가정법원은 이를 기각하여야 한다.[7]

Ⅲ. 후견계약의 종료

1. 가정법원의 허가에 의한 종료

가. 종료사유

8 임의후견감독인의 선임 이후 본인 또는 임의후견인은 정당한 사유가 있는 때에는 가정법원의 허가를 받아 후견계약을 종료할 수 있다(민법 제959조의18 제2항).

9 이때 “정당한 사유”란 후견계약의 존속과 그에 따른 후견사무의 계속을 더 이상 곤란하게 하는 중대한 사정의 변경이 있는 경우를 말한다.[8] 임의후견인의 고령, 중병, 해외이주 등으로 후견임무를 적절히 수행할 것을 기대하기 어려운 경우 또는 본인과 임의후견인 사이의 신뢰관계가 소멸된 경우 등이 이에 해당할 것이다.

10 다만 후견계약은 특별한 인적 신뢰관계에 기초한 것이므로, 당사자들의 의사가 명확하다면 주관적 사정으로 충분하며, 엄격하게 해석할 것은 아니다.[9]

11 임의후견감독인 선임 이후 민법 제959조의17 제2항에서 정한 사유가 발생하거나 임의후견인에게 제937조 각 호에서 정한 후견인 결격사유가 발생한 경우에도 임의후견인을 해임하는 대신 제959조의18 제2항에 따라 후견계약을 종료할 수 있다.[10]

12 후견계약의 양 당사자가 후견계약의 종료에 합의한 때에도 가정법원의 허가는 필요하다고 해석해야 할 것이다.[11]

7 주해친족법(제2권)(제2판), 박영사(2025), 1604(현소혜, 김수정).
8 김형석, “민법 개정안에 따른 성년후견법제”, 가족법연구 제24권 제2호, 한국가족법학회(2010), 159~160; 한봉희/백승흠, 가족법, 삼영사(2013), 383.
9 김주수/김상용, 주석 민법, 친족(4)(제5판), 한국사법행정학회(2016), 359; 주해친족법(제2권)(제2판), 박영사(2025), 1604(현소혜, 김수정).
10 주해친족법(제2권)(제2판), 박영사(2025), 1604(현소혜, 김수정); 김형석, “민법 개정안에 따른 성년후견법제”, 가족법연구 제24권 제2호, 한국가족법학회(2010), 160.
11 김주수/김상용, 주석 민법, 친족(4)(제5판), 한국사법행정학회(2016), 359; 김형석, “민법 개정안에 따른 성년후견법제”, 가족법연구 제24권 제2호, 한국가족법학회(2010), 160.

나. 허가심판의 절차

13 후견계약의 종료에 따른 허가심판[민법 제959조의18 제2항, 가사소송법 제2조 제1항 제2호 가목 24)의8]을 하고자 하는 경우, 가정법원은 피임의후견인 및 임의후견인의 진술을 들어야 한다. 만약 피임의후견인이 의식불명 그 밖의 사유로 의사를 표명할 수 없는 경우에는 그러하지 아니하다(가사소송법 제45조의6 제1항 제4호). 이때 피임의후견인의 진술청취는 심문의 방식을 취해야 함이 원칙이나, 자신의 의사를 밝힐 수 없거나 출석을 거부하는 등 심문할 수 없는 특별한 사정이 있는 때에는 그러하지 아니하다(가사소송법 제45조의6 제2항).

14 후견계약 종료에 관한 심판은 당사자와 절차에 참가한 이해관계인(가사소송규칙 제25조), 임의후견인 및 임의후견감독인에게 고지하고 사건본인에게 통지하여야 한다(가사소송규칙 제35조).

15 후견계약 종료의 허가심판에 대해서는 본인 또는 임의후견인이 즉시항고 할 수 있다(가사소송규칙 제36조 제1항 제4호 다목).

16 가정법원은 후견계약 종료의 허가심판이 확정된 때 지체 없이 후견등기사무를 처리하는 사람에게 후견등기부에 등기할 것을 촉탁하여야 한다(가사소송법 제9조, 가사소송규칙 제5조의2 제1항 제4호 마목).

다. 종료의 효과

17 후견계약이 종료된 경우 후견계약은 장래를 향하여 그 효력을 상실한다. 후견계약의 종료 심판 이전에 임의후견인이 그 권한 범위 내에서 행한 행위의 효력에는 영향이 없다.[12] 이때 임의후견인은 민법 제957조를 유추적용하여 관리의 계산을 하여야 한다는 견해[13]가 있다. 후견계약을 종료하더라도 가정법원이 새로운 임의후견인을 선임할 수 있는 것은 아니다.

2. 그 밖의 사유로 인한 종료

18 후견계약은 위임계약의 일종이므로 민법 제690조가 적용되는 결과, 본인이 사망하거나 파산한 경우, 임의후견인이 사망 또는 파산하거나 성년후견개시심판을 받은 경우에는 후견계약은 가정법원의 허가 없이 종료한다는 견해[14]가 있다.

12 김주수/김상용, 주석 민법, 친족(4)(제5판), 한국사법행정학회(2016), 360.
13 주해친족법(제2권)(제2판), 박영사(2025), 1605(현소혜, 김수정).
14 주해친족법(제2권)(제2판), 박영사(2025), 1605(현소혜, 김수정); 성년후견제도해설, 법원행정처(2013), 148.

19 이에 대하여, 후견계약의 성질상 민법 제690조의 적용은 제한된다고 보아야 하고, 특히 본인이 파산한 경우를 일률적으로 후견계약의 종료사유로 보는 것은 본인의 보호에 공백을 가져올 가능성이 크므로 제한적으로 해석해야 한다는 비판론[15]이 있다.

20 후견계약은 민법 제950조의20 제1항에 따른 성년후견 또는 한정후견 개시심판이 있는 때에도 종료한다. 이때 별도로 후견계약 종료의 허가심판을 받아야 하는 것은 아니다.[16]

Ⅳ. 후견계약의 변경 가능성

21 후견계약이 체결된 후 본인과 임의후견인이 후견계약을 변경할 수 있는지 문제가 된다. 임의후견감독인 선임 전에는 공정증서에 의한 새로운 후견계약을 체결하는 방식으로 변경할 수 있다는 견해[17]가 있다.

22 임의후견감독인이 선임된 후에 후견계약의 내용을 변경할 수 있는지에 관하여는, 후견계약의 변경이 허용되지 않는다는 견해[18]와 가정법원의 허가를 받아 간이하게 후견계약을 변경할 수 있다는 견해[19]가 대립한다. 이를 허용하지 않을 경우 가정법원의 허가를 받아 후견계약을 종료한 후 새로운 후견계약에 관한 공정증서를 작성하고 임의후견감독인을 선임해야 하는데, 이는 지나치게 번거롭다는 것이 후설의 근거이다.[20]

15 김주수/김상용, 주석 민법, 친족(4)(제5판), 한국사법행정학회(2016), 360; 구상엽, "개정 민법상 성년후견제도에 대한 연구-입법배경, 입법자의 의사 및 향후 과제를 중심으로", 서울대학교 대학원 박사논문(2012), 158.

16 주해친족법(제2권)(제2판), 박영사(2025), 1606(현소혜, 김수정).

17 성년후견제도해설, 법원행정처(2013), 139; 박인환, "새로운 성년후견제 도입을 위한 민법 개정안의 검토", 가족법연구 제24권 제1호, 한국가족법학회(2010), 68.

18 김형석, "성년후견·한정후견의 개시심판과 특정후견의 심판", 서울대학교 법학 제55권 제1호, 서울대학교 법학연구소(2014), 468.

19 박인환, "새로운 성년후견제 도입을 위한 민법 개정안의 검토", 가족법연구 제24권 제1호, 한국가족법학회(2010), 68.

20 주해친족법(제2권)(제2판), 박영사(2025), 1607(현소혜, 김수정).

제 959 조의 19 [임의후견인의 대리권 소멸과 제 3 자와의 관계]

임의후견인의 대리권 소멸은 등기하지 아니하면 선의의 제3자에게 대항할 수 없다.

[본조신설 2011. 3. 7.]

[관련조문] 민법 제127조(대리권의 소멸사유), 제129조(대리권소멸후의 표현대리), 제690조(사망·파산 등과 위임의 종료), 제959조의17(임의후견개시의 제한 등), 제959조의18(후견계약의 종료), 제959조의20(후견계약과 성년후견·한정후견·특정후견의 관계), 가사소송법 제9조(가족관계등록부 기록 등의 촉탁), 후견등기에 관한 법률 제29조(종료등기의 신청), 가사소송규칙 제5조의2(후견등기부기록을 촉탁하여야 할 심판등)

[참고문헌] 김주수/김상용, 주석 민법, 친족(4)(제5판), 한국사법행정학회(2016); 주해친족법(제2권)(제2판), 박영사(2025); 구상엽, 장애인을 위한 성년후견제도, 경인문화사(2015); 윤진수/현소혜, 민법개정총서5 : 2013년 개정 민법 해설, 법무부(2013); 현소혜, "제한적 행위능력제도와 거래의 안전", 서강법률논총 제2권 제2호, 서강대학교 법학연구소(2013); 김형석, "민법 개정안에 따른 성년후견법제", 가족법연구 제24권 제2호, 한국가족법학회(2010)\

Ⅰ. 의의

1 후견계약이 종료하는 경우 후견계약에 기초하여 본인이 임의후견인에게 수여한 대리권은 소멸한다. 대리권 소멸 후의 대리행위는 무권대리로 무효이다. 그러나 거래 상대방으로서는 임의후견인의 대리권이 소멸하였는지 여부를 쉽게 확인할 수 없으므로, 임의후견인을 신뢰하였던 거래 상대방을 보호할 필요가 있다.

2 한편, 본인의 입장에서도 임의후견인과 거래하였던 상대방이 민법 제129조에 따른 표현대리의 성립을 주장할 경우 불측의 손해를 입을 수 있다.

3 따라서 민법 제959조의19는 대리권의 소멸을 등기한 경우 표현대리의 성립을 저지할 수 있도록 함으로써 본인을 보호하는 한편, 대리권의 소멸을 등기하지 않은 경우 이를 알지 못했던 거래 상대방에게 대항하지 못하도록 함으로써 거래의 안전도 도모하기 위한 조문이다.[1]

[1] 주해친족법(제2권)(제2판), 박영사(2025), 1607(현소혜, 김수정); 현소혜, "제한적 행위능력제도와 거래의 안전", 서강법률논총 제2권 제2호, 서강대학교 법학연구소(2013), 53.

4 민법 제959조의19의 입법 취지와 관련하여, 법정후견에 대해서는 대리권 소멸에 관한 등기를 대항요건으로 하지 않으면서 임의후견에 대해서만 이를 대항요건으로 하는 것에 대하여 비판적인 견해[2]가 있다.

Ⅱ. 요건

1. 대리권의 소멸

5 임의후견인의 대리권이 소멸되는 경우는 민법 제959조의18 제2항 또는 제959조의20 제1항에 따라 후견계약이 종료된 경우가 이에 해당한다. 후견계약의 본인이 사망하거나 파산한 경우(민법 제690조)에도 후견계약은 종료된다.[3]

6 이러한 절대적 소멸 외에 상대적 소멸 원인으로 임의후견인이 사망하거나 민법 제959조의17 제2항에 따라 가정법원에 의해 해임된 경우가 있다. 또한 민법 제127조에 의하면 임의후견인에게 성년후견개시심판이 있었던 경우 또는 임의후견인이 파산한 경우도 대리권 소멸사유가 된다.[4]

2. 등기

7 임의후견인의 대리권 소멸이 후견등기부에 등기되어야 한다(민법 제959조의19). 민법 제959조의17 제2항, 제959조의18 제2항 또는 제959조의20 제1항에 의해 후견계약이 종료되는 경우에는 가정법원이 후견등기부에 기록을 촉탁하는 반면(가사소송법 제9조, 가사소송규칙 제5조의2 제1항 제4호 라·마목, 제5조의2 제2항), 본인의 사망 또는 파산 등의 경우에는 임의후견인이 종료 등기를 신청하여야 한다(후견등기에 관한 법률 제29조 제1항).

Ⅲ. 효과

1. 대리권 소멸의 등기를 한 경우

8 임의후견인의 대리권 소멸을 등기한 경우에는 선의의 제3자에게도 대항할 수 있다(민법 제959조의19의 반대해석). 따라서 본인은 언제나 임의후견인의 대리권

2 구상엽, 장애인을 위한 성년후견제도, 경인문화사(2015), 182.
3 특히 파산의 경우에는 비판적인 견해가 있음은 민법 제959조의18의 주석에서 본 바와 같다.
4 주해친족법(제2권)(제2판), 박영사(2025), 1608(현소혜, 김수정).

소멸 후 무권대리행위에 대한 책임을 면한다.[5] 민법 제959조의19는 그 취지상 제129조에 대한 특칙으로 보아야 하므로, 선의의 제3자는 제129조에 따른 표현대리의 성립도 주장할 수 없다.[6]

2. 대리권 소멸의 등기를 하지 않은 경우

9 임의후견인이 대리권 소멸을 등기하지 않은 경우 본인은 선의의 제3자에게 대항할 수 없다(민법 제959조의19). 선의의 제3자에게 과실이 있더라도 본인은 책임을 면할 수 없다.[7] 이때 제3자가 선의인지 여부의 입증책임에 관하여, 제3자가 스스로 선의임을 입증하여야 한다는 견해[8]가 있으나, 거래 상대방에 불과한 제3자에게는 후견등기사항증명서의 발급청구권이 인정되지 않는 점 등에 비추어 본인이 제3자의 악의를 입증하여야 할 것이다.[9]

5 주해친족법(제2권)(제2판), 박영사(2025), 1608(현소혜, 김수정).

6 김주수/김상용, 주석 민법, 친족(4)(제5판), 한국사법행정학회(2016), 362; 김형석, "민법 개정안에 따른 성년후견법제", 가족법연구 제24권 제2호(2010), 161.

7 윤진수/현소혜, 2013년 개정 민법 해설, 법무부(2013), 168.

8 김형석, "민법 개정안에 따른 성년후견법제", 가족법연구 제24권 제2호. 한국가족법학회(2010), 161.

9 김주수/김상용, 주석 민법, 친족(4)(제5판), 한국사법행정학회(2016), 362; 현소혜, "제한적 행위능력제도와 거래의 안전", 서강법률논총 제2권 제2호(2013), 53.

제 959 조의 20 [후견계약과 성년후견·한정후견·특정후견의 관계]

① 후견계약이 등기되어 있는 경우에는 가정법원은 본인의 이익을 위하여 특별히 필요할 때에만 임의후견인 또는 임의후견감독인의 청구에 의하여 성년후견, 한정후견 또는 특정후견의 심판을 할 수 있다. 이 경우 후견계약은 본인이 성년후견 또는 한정후견 개시의 심판을 받은 때 종료된다.

② 본인이 피성년후견인, 피한정후견인 또는 피특정후견인인 경우에 가정법원은 임의후견감독인을 선임함에 있어서 종전의 성년후견, 한정후견 또는 특정후견의 종료 심판을 하여야 한다. 다만, 성년후견 또는 한정후견 조치의 계속이 본인의 이익을 위하여 특별히 필요하다고 인정하면 가정법원은 임의후견감독인을 선임하지 아니한다.

[본조신설 2011. 3. 7.]

[관련조문] 민법 제9조(성년후견개시의 심판), 제12조(한정후견개시의 심판), 제14조의2(특정후견의 심판), 가사소송법 제9조(가족관계등록부 기록 등의 촉탁), 가사소송규칙 제5조의2(후견등기부기록을 촉탁하여야 할 심판등)

[참고문헌] 김주수/김상용, 주석 민법, 친족(4)(제5판), 한국사법행정학회(2016); 주해친족법(제2권)(제2판), 박영사(2025); 김성우, 성년후견실무, 박영사(2018); 성년후견제도해설, 법원행정처(2013); 윤진수/현소혜, 2013년 개정 민법 해설, 법무부(2013); 권영준, "2017년 민법 판례 동향", 서울대학교 법학 제59권 제1호, 서울대학교 법학연구소(2018); 김현진, "프랑스의 성년후견제도: 장래보호위임계약을 중심으로", 가족법연구 제26권 제1호, 한국가족법학회(2012); 김형석, "성년후견·한정후견의 개시심판과 특정후견의 심판", 서울대학교 법학 제55권 제1호, 서울대학교 법학연구소(2014); 박인환, "새로운 성년후견제 도입을 위한 민법 개정안의 검토", 가족법연구 제24권 제1호, 한국가족법학회(2010); 배인구, "성년후견제도에 관한 연구-시행과 관련된 이론적·실무적 쟁점을 중심으로", 고려대학교 석사학위논문(2013); 배인구, "한정후견과 임의후견", 2017년 가족법 주요 판례 10선(2018)

Ⅰ. 의의

1 민법 제959조의20는 성년후견·한정후견·특정후견과 같은 법정후견과 임의후견 간의 관계를 정하기 위한 조문이다. 후견계약이 존재하는 경우에는 이른바 '보충

성의 원칙'에 따라 원칙적으로 법정후견은 개시되지 않는다. 이는 사적자치의 원칙에 따라 임의후견에 의한 보호를 선택한 본인의 의사와 자기결정권을 존중하기 위함이다.[1]

2 다만 임의후견 우선의 원칙과 법정후견의 보충성은 절대적인 것은 아니고 본인의 이익을 위하여 특별히 필요한 때에는 이를 제한할 수 있는바, 민법 제959조의20는 이러한 경우를 대비하여 보충성의 원칙을 일부 포기하고 임의후견과 법정후견 간의 우선순위가 조정될 수 있도록 하였다.[2]

Ⅱ. 후견계약이 등기되지 않은 경우

3 후견계약이 체결되었더라도 등기되지 않은 경우에는 법정후견과 임의후견 간에 우열이 없다. 따라서 가정법원은 재량에 따라 민법 제9조, 제12조, 제14조의2에 정한 바에 따라 법정후견의 심판을 할 수 있다.[3]

4 다만, 이러한 경우에도 본인의 의사는 존중되어야 하므로 후견계약조차 체결되지 않은 경우에 비해서는 신중하게 법정후견 개시를 결정해야 한다는 견해[4]가 있다.

Ⅲ. 후견계약이 등기되어 있는 경우

1. 임의후견 우선의 원칙

5 후견계약이 등기되어 있는 경우에는 원칙적으로 본인에 대하여 법정후견을 개시하지 못한다. 이때는 임의후견이 우선하고 법정후견은 보충적으로 운용될 필요가 있다.[5] 예외적으로 가정법원은 본인의 이익을 위하여 특별히 필요할 때에만 청구에 의하여 법정후견을 개시할 수 있다(민법 제959조의20 제1항).

6 대법원도 본인에 대하여 한정후견개시심판 청구가 제기된 후 심판이 확정되기 전에 후견계약이 등기된 사안에서 "이와 같은 민법 규정은 후견계약이 등기된 경우에는 사적자치의 원칙에 따라 본인의 의사를 존중하여 후견계약을 우선하도록 하고, 예외적으로 본인의 이익을 위하여 특별히 필요할 때에 한하여 법정

1 김성우, 성년후견실무, 박영사(2018), 196.
2 주해친족법(제2권)(제2판), 박영사(2025), 1611(현소혜, 김수정).
3 주해친족법(제2권)(제2판), 박영사(2025), 1612(현소혜, 김수정); 김성우, 성년후견실무, 박영사(2018), 198.
4 성년후견제도해설, 법원행정처(2013), 161.
5 김성우, 성년후견실무, 박영사(2018), 196.

후견에 의할 수 있도록 한 것"이라고 판시하였다.[6]

7 위 사안의 개요는 다음과 같다. 제1심에서 고령으로 인지능력에 제약이 있는 사건본인에 대하여 한정후견개시심판[7]이 있었고, 이에 대하여 사건본인이 항고하면서 그 항고심 계속 중에 후견계약을 체결하고 후견계약의 등기를 마쳤다. 위 후견계약의 임의후견인은 가정법원에 임의후견감독인 선임 청구를 하였고, 사건본인 측은 한정후견개시심판 사건의 항고심 재판부에 "법정후견에 대한 임의후견의 우선적 지위를 규정한 민법 제959조의20의 규정 취지에 비추어 임의후견감독인 선임 청구에 관한 심판이 있을 때까지 항고심의 심리가 중단되어야 한다."고 주장하였다. 그러나 항고심 법원은 "사건본인이 심문 종결이 예고되자 후견계약과 그 등기를 마치고 임의후견감독인 선임 청구를 한 것은 종전의 사건본인의 일관된 주장, 즉 사건본인은 정신적 제약으로 사무를 처리할 능력이 부족한 상황에 있지 않다는 주장과 완전히 배치되는 것일 뿐 아니라 그 동안의 진행경과를 보면 사건본인이나 후견계약상 임의후견인은 후견계약 제도를 남용하여 이 사건의 심리를 방해하고 절차를 지연시키는 의도를 가진 것으로 판단하지 않을 수 없다."는 점 등을 지적하면서 사건본인 측의 요청을 받아들이지 않고 심리를 계속한 끝에 항고를 기각[8]하였고, 사건본인은 위 항고심 결정에 대하여 재항고하였다. 대법원은 위 재항고 사건에서 "사건본인의 정신적 제약의 정도 및 후견계약과 사건본인을 둘러싼 제반 사정 등을 종합하면, 사건본인에 대하여는 후견계약의 등기에 불구하고 한정후견에 의한 보호가 필요하다고 인정된다."는 이유로 사건본인의 재항고를 기각[9]하였다. 이후 가정법원은 위 후견계약의 임의후견인이 청구한 임의후견감독인 선임 청구를 기각[10]하였다.

8 한편, 위 대법원 2017스515 결정 이후에 나온 대법원 2020으547 결정은 "...이러한 규정의 문언, 체제와 목적 등에 비추어 보면, 후견계약이 등기된 경우 본인의 이익을 위한 특별한 필요성이 인정되어 민법 제9조 제1항 등에서 정한 법정후견 청구권자, 임의후견인이나 임의후견감독인의 청구에 따라 법정후견 심판을 한 경우 후견계약은 임의후견감독인의 선임과 관계없이 본인이 성년후견 또는 한

6 대법원 2017. 6. 1. 자 2017스515 결정.
7 서울가정법원 2016. 8. 29. 자 2015느단31667 심판.
8 서울가정법원 2017. 1. 13. 자 2016브30098 결정.
9 위 대법원 2017. 6. 1. 자 2017스515 결정.
10 서울가정법원 2017. 8. 24. 자 2016느단11312 심판(확정).

정후견 개시의 심판을 받은 때에 종료한다고 보아야 한다."라고 판시[11]하였는바, 이는 기존의 판례 입장을 유지하면서도 본인의 이익을 위한 특별한 필요성을 부각시키는 듯한 의미가 있어서 주목된다.

2. 후견계약의 등기 시점

9 후견계약의 등기가 반드시 법정후견의 청구 전에 이루어져야 하는지 문제되는데, 민법 제959조의20 제1항은 후견계약 등기와 법정후견 청구의 시간적 선후에 제한을 두지 않고 있으므로, 법정후견이 청구된 후에 후견계약이 체결되고 등기되었다고 하더라도 적용된다.[12]

10 대법원도 위 2017스515 사건에서, "민법 제959조의20 제1항에서 후견계약의 등기 시점에 특별한 제한을 두지 않고 있고, 같은 조 제2항 본문이 본인에 대해 이미 한정후견이 개시된 경우에는 임의후견감독인을 선임하면서 종전 한정후견의 종료 심판을 하도록 한 점 등에 비추어 보면, 위 제1항은 본인에 대해 한정후견개시심판 청구가 제기된 후 그 심판이 확정되기 전에 후견계약이 등기된 경우에도 그 적용이 있다고 보아야 한다."라고 판시함으로써, 이러한 경우에도 법정후견의 보충성 원칙이 적용됨을 명시적으로 밝혔다.[13]

3. 법정후견이 개시될 수 있는 요건

가. 의의

11 후견제도는 본인의 이익을 보호하기 위한 것이므로, 법정후견이 본인의 이익을 위하여 특별히 필요한 예외적인 경우에는 법정후견이 우선하여 인정될 수 있는 길도 열어 놓아야 한다. 따라서 이러한 예외적인 경우에는 법정후견 사건을 담당한 법원은 후견등기의 존재에도 불구하고 법정후견을 개시할 수 있도록 하였다.[14]

나. 청구권자

12 후견계약이 등기되어 있는 경우 법정후견을 청구할 수 있는 청구권자에, 민법 제959조의20 제1항에 규정된 임의후견인 또는 임의후견감독인 외에 제9조, 제12조, 제14조의2에 정해진 본인, 배우자, 4촌 이내의 친족, 검사 또는 지방자치단체의

11 대법원 2021. 7. 15. 자 2020으547 결정.
12 김성우, 성년후견실무, 박영사(2018), 198.
13 배인구, "한정후견과 임의후견", 2017년 가족법 주요 판례 10선(2018), 107.
14 권영준, "2017년 민법 판례 동향", 서울대학교 법학 제59권 제1호, 서울대학교 법학연구소(2018), 537.

장도 포함되는지가 문제된다.

13 민법 제959조의20이 위 각 규정에 대한 특칙임을 이유로 이를 부정하는 견해[15]도 있으나, 후견계약이 있음에도 불구하고 법정후견을 개시하는 것은 임의후견만으로는 본인의 보호에 공백이 발생할 수 있고 임의후견인에 의한 권한남용이 예상되는 경우 등인데, 이러한 경우 임의후견인이나 임의후견감독인의 청구를 기대하기는 어려우므로 이를 긍정하는 견해[16]가 타당하다.

다. 특별한 사정

14 민법 제959조의20 제1항에서 법정후견의 개시 요건으로 정하고 있는 "본인의 이익을 위하여 특별히 필요할 때"란 임의후견만으로는 본인 보호에 불충분하거나 미흡하여 법정후견에 의한 보호의 필요성이 있는 경우이다.

15 구체적으로는, 후견계약 당시 예상했던 것보다 본인의 정신적 제약의 정도가 악화되어 후견계약에서 정한 범위의 대리권만으로는 본인의 보호가 불충분한 경우, 본인 보호를 위하여 법정후견의 동의권이나 취소권 제도를 이용할 필요가 있는 경우, 후견계약에서는 재산관리권만을 대상으로 약정하였는데 본인이 신상보호도 필요하게 된 경우, 후견계약에 따른 임의후견인이 후견사무를 처리함에 있어서 불성실하거나 현저한 직무태만 등을 이유로 해임된 경우, 후견계약 체결 이후 임의후견인에게 결격사유가 발생한 경우 등과 같이 후견계약의 존재에도 불구하고 피후견인의 실질적인 보호가 어려워 후견을 보다 강화해야 할 필요가 있을 때를 말한다.[17]

16 대법원은 위 2017스515 사건에서 "후견계약의 등기에 불구하고 한정후견 등의 심판을 할 수 있는 '본인의 이익을 위하여 특별히 필요한 때'란 후견계약의 내용, 후견계약에서 정한 임의후견인이 그 임무에 적합하지 아니한 사유가 있는지, 본인의 정신적 제약의 정도, 기타 후견계약과 본인을 둘러싼 제반 사정 등을 종합하여, 후견계약에 따른 후견이 본인의 보호에 충분하지 아니하여 법정후견

15 박인환, "새로운 성년후견제 도입을 위한 민법 개정안의 검토", 가족법연구 제24권 제1호, 한국가족법학회(2010), 64.

16 김성우, 성년후견실무, 박영사(2018), 197; 윤진수/현소혜, 2013년 개정 민법 해설, 법무부(2013), 170; 배인구, "성년후견제도에 관한 연구-시행과 관련된 이론적·실무적 쟁점을 중심으로", 고려대학교 석사학위논문(2013), 85.

17 김성우, 성년후견실무, 박영사(2018), 197; 성년후견제도해설, 법원행정처(2013), 160; 배인구, "한정후견과 임의후견", 2017년 가족법 주요 판례 10선(2018), 108.

에 의한 보호가 필요하다고 인정되는 경우를 말한다."라고 판시[18]하여 법원의 후견적 개입이 정당화되는 기준을 구체적으로 제시하였다.[19]

4. 심판절차

17 법정후견의 개시심판 절차가 진행되고 있는 도중에 후견계약이 체결되거나 그 등기가 이루어지고 임의후견감독인 선임청구가 제기된 경우, 임의후견 우선의 원칙에 의하여 임의후견감독인 선임청구 사건의 결과를 보기 위하여 법정후견 개시심판의 절차가 중단되어야 하는지 문제된다.

18 이 경우 법정후견 개시심판 절차를 심리하는 재판부가 임의후견감독인 선임청구 사건의 결과를 기다려 재판하여야 할 절차법적 근거는 없으므로 심리를 계속하여도 무방하고, 단지 본인의 이익을 위하여 특별히 필요할 때에 해당하는지 여부에 관하여 세심하게 심리하면 될 것이다.[20]

19 대법원도 "민법 제959조의20 제1항 전문은 후견계약이 등기된 경우에는 본인의 이익을 위하여 특별히 필요한 때에만 법정후견 심판을 할 수 있다고 정하고 있을 뿐이고 임의후견감독인이 선임되어 있을 것을 요구하고 있지 않다. 또한 법정후견 청구권자로 '임의후견인 또는 임의후견감독인'을 정한 것은 임의후견에서 법정후견으로 원활하게 이행할 수 있도록 민법 제9조 제1항, 제12조 제1항, 제14조의2 제1항에서 정한 법정후견 청구권자 외에 임의후견인 또는 임의후견감독인을 추가한 것이다. 민법 제959조의20 제1항 후문은 '이 경우 후견계약은 성년후견 또는 한정후견 개시의 심판을 받은 때 종료된다'고 정하고 있고, '이 경우'는 같은 항 전문에 따라 법정후견 심판을 한 경우를 가리킨다. 이러한 규정의 문언, 체제와 목적 등에 비추어 보면, 후견계약이 등기된 경우 본인의 이익을 위한 특별한 필요성이 인정되어 민법 제9조 제1항 등에서 정한 법정후견 청구권자, 임의후견인이나 임의후견감독인의 청구에 따라 법정후견 심판을 한 경우 후견계약은 임의후견감독인의 선임과 관계없이 본인이 성년후견 또는 한정후견 개시의 심판을 받은 때 종료한다고 보아야 한다."라고 판시하였다.[21]

18 대법원 2021. 7. 15. 자 2020으547 결정도 같은 취지로 판시하였다.
19 권영준, "2017년 민법 판례 동향", 서울대학교 법학 제59권 제1호, 서울대학교 법학연구소(2018), 537.
20 김성우, 성년후견실무, 박영사(2018), 198.
21 대법원 2021. 7. 15. 자 2020으547 결정.

5. 효력

가. 성년후견 및 한정후견 개시심판의 경우

20 가정법원은 등기된 후견계약이 있더라도 심리 결과 본인의 이익을 위하여 특별히 필요할 때에는 성년후견, 한정후견 또는 특정후견 심판을 할 수 있고, 이 경우 후견계약은 본인이 성년후견 또는 한정후견의 개시심판을 받은 때 종료된다(민법 제959조의20 제1항). 이때 종료되는 후견계약의 등기는 가정법원의 촉탁에 따라 말소된다(가사소송법 제9조, 가사소송규칙 제5조의2 제2항).

21 민법 제959조의20 제1항 후문에 따라 종료되는 후견계약은 가정법원에 의하여 임의후견감독인이 선임되어 있는 경우로 한정되어야 한다는 견해[22]가 있다.

22 후견계약이 발효하기 전에 성년후견이나 한정후견 개시심판을 받은 경우에는 임의후견감독인을 선임함과 동시에 민법 제959조의20 제2항에 따라 기존의 성년후견 또는 한정후견 종료심판을 하는 것이 가능하고, 본인이 후견계약의 발효에 특정한 조건을 붙인 경우 그러한 본인의 의사를 존중하여 임의후견이 개시되기 전까지 일시적으로 법정후견을 이용할 수 있도록 하여야 한다는 점을 근거로 한다.

23 그러나, 문언의 통상적인 해석방법이나 법률의 취지에 비추어 보아도 민법 제959조의20 제1항 전문의 "후견계약"과 후문의 "후견계약"을 달리 해석해야 할 합리적인 근거가 없는 점, 제959조의20 제1항 전문의 "특별히 필요할 때"와 제959조의20 제2항 단서의 "특별히 필요하다고 인정"할 때는 동일한 원리나 의미로 해석되어야 할 것인 점, 제959조의20 제1항 후문의 "이 경우"는 같은 항 전문에 따라 등기된 후견계약에도 불구하고 법정후견에 의한 보호가 "특별히 필요할 때"에 해당한다고 판단된 경우라고 할 것인데, 그럼에도 불구하고 종료되지 않은 후견계약이 존재한다면 다시 제959조의20 제2항 단서가 정하는 "특별한 필요"의 인정 여부에 대하여 이중으로 판단하게 됨으로써 소송경제에 반하거나 판단의 모순 저촉이 일어날 가능성이 있는 점, 법정후견 개시심판에서 "특별히 필요한 때"에 해당한다고 판단하였다면 그 심리 과정에서 조건이나 기한과 관련한 본인의 의사 및 조건의 성취가능 여부 등을 포함한 후견계약 전반에 관한 검토를 거쳐 후견계약을 종료시키는 것이 타당하다는 결론을 내린 것으로 봄이 상당한 점 등에 비추어 보면, 제959조의20 제1항 후문에 따라 종료되는 후견계약이 임의후

22 윤진수/현소혜, 2013년 개정 민법 해설, 법무부(2013), 171~172.

견감독인의 선임으로 효력을 발생하고 있는 경우에 한정된다고 볼 수는 없다.[23]

24 다만, 입법론적으로는 법정후견이 개시되었다고 하여 일률적으로 후견계약을 종료시킬 것이 아니라, 구체적인 사안에 따라 임의후견과 법정후견이 병존할 수 있는 예외 규정을 마련해 두어야 한다는 견해[24]가 있다.

나. 특정후견심판을 받은 경우

25 특정후견심판을 받은 경우에는 임의후견이 당연히 종료되지는 않으므로, 이러한 경우 임의후견과 특정후견이 병존할 수 있는지가 문제된다.

26 이에 관하여는, ① 특정후견은 일시적·특정적 보호제도이므로 임의후견과 충돌하지 않고, 임의후견인의 권한은 후견계약에 의하여 확정되어 변경이 불가능하므로 임의후견인의 권한이 미치지 아니하는 영역에 대해 특정후견을 사용할 실익이 있다는 점을 근거로 그 병존가능성을 긍정하는 견해,[25] ② 특정후견인과 임의후견인의 병존시 견해가 충돌하는 경우 등을 예상할 수 있으므로 이러한 경우 후견계약의 효력을 일시정지하는 등 조정이 필요하다는 견해,[26] ③ 사건본인의 의사를 존중하는 범위 내에서 그 이익을 보호하는 방향으로 후견인 사이의 권한 범위를 적절히 조절하되, 다만 특정후견심판이 있었다는 것은 본인의 이익을 위하여 특별히 필요한 때에 해당한다고 판단한 것이므로 임의후견인의 권한은 그와 저촉되는 범위에서 제한될 수 있다는 견해[27] 등이 있다.

Ⅳ. 법정후견이 개시되어 있는 경우

1. 법정후견 보충성의 원칙

27 본인에게 성년후견 또는 한정후견 개시심판, 특정후견심판이 확정되어 있더라도 후견계약에 따른 임의후견감독인 선임청구가 있는 경우 가정법원은 법정후견 보충성의 원칙에 따라 임의후견을 개시할 수 있다. 후견계약이 법정후견보다 먼

23 김성우, 성년후견실무, 박영사(2018), 199~200. 같은 취지의 하급심 결정으로 서울가정법원 2018. 2. 21. 자 2017브30144 결정(확정).

24 김현진, "프랑스의 성년후견제도: 장래보호위임계약을 중심으로", 가족법연구 제26권 제1호, 한국가족법학회(2012), 122.

25 김주수/김상용, 주석 민법, 친족(4)(제5판), 한국사법행정학회(2016), 364; 김형석, "성년후견·한정후견의 개시심판과 특정후견의 심판", 서울대학교 법학 제55권 제1호, 서울대학교 법학연구소(2014), 468.

26 김현진, "프랑스의 성년후견제도: 장래보호위임계약을 중심으로", 가족법연구 제26권 제1호, 한국가족법학회(2012), 121~122.

27 김성우, 성년후견실무, 박영사(2018), 200.

저 등기되어 있었어야 하는 것도 아니다.[28]

28 이 경우 가정법원은 임의후견감독인을 선임함에 있어서 종전의 성년후견, 한정후견 또는 특정후견의 종료 심판을 하여야 한다(민법 제959조의20 제2항 본문). 이에 대하여는 임의후견과 특정후견의 병존이 가능하다는 전제 하에 특정후견 종료 심판을 강제할 필요가 없다는 견해[29]가 있다.

2. 예외적인 법정후견의 유지

29 다만, 가정법원은 성년후견 또는 한정후견 조치의 계속이 본인의 이익을 위하여 특별히 필요하다고 인정되는 경우에는 법정후견을 유지하고 임의후견감독인을 선임하지 아니한다(민법 제959조의20 제2항 단서).

30 이때 "본인의 이익을 위하여 특별히 필요하다고 인정되는 경우"는 민법 제959조의20 제1항에서 살펴본 내용과 같다. 특정후견의 경우에는 그 조치를 계속하기 위하여 임의후견을 제한할 필요는 적으므로 그 대상에서 제외된다.[30] 특정후견의 심판이 계속될 필요가 있다면 일단 임의후견을 개시한 후 동일한 내용의 새로운 특정후견심판을 하는 것이 가능하기 때문이다.[31]

28 주해친족법(제2권)(제2판), 박영사(2025), 1615(현소혜, 김수정).

29 구상엽, "개정 민법상 성년후견제도에 대한 연구-입법배경, 입법자의 의사 및 향후 과제를 중심으로", 서울대학교 대학원 박사논문(2012), 162; 배인구, "성년후견제도에 관한 연구-시행과 관련된 이론적·실무적 쟁점을 중심으로", 고려대학교 석사학위논문(2013), 86.

30 김성우, 성년후견실무, 박영사(2018), 201.

31 주해친족법(제2권)(제2판), 박영사(2025), 1615(현소혜, 김수정).

제 6 장 친족회

<삭제 2011. 3. 7.>

제 960 조 ~ 제 973 조

1 2011. 3. 7. 민법 일부 개정에 의하여 삭제되었다. 종전 민법상 후견업무에 대한 감독은 친족회가 담당하였으나, 2011년 개정 민법은 후견감독을 담당할 기관으로 후견감독인 제도를 신설하고 기존의 친족회 제도를 폐지하였다.

제 7 장 부양

[총설]

[관련조문] 민법 제826조(부부간의 의무), 제837조(이혼과 자의 양육책임), 제974조(부양의무), 제975조(부양의무와 생활능력), 제976조(부양의 순위), 제977조(부양의 정도, 방법), 제978조(부양관계의 변경 또는 취소), 제979조(부양청구권처분의 금지), 민사집행법 제246조 제1항 제1호(압류금지채권), 가사소송법 제2조(가정법원의 관장 사항), 제46조(관할), 제47조(공동소송에 관한 규정의 준용), 제50조(조정 전치주의), 제62조(사전처분), 제63조의2(양육비 직접지급명령), 제64조(이행 명령), 제67조(의무 불이행에 대한 제재), 제68조(특별한 의무 불이행에 대한 제재), 국민기초생활보장법 제1조(목적), 제3조(급여의 기본원칙), 제4조(급여의 기준 등), 가사소송규칙 제109조(즉시항고), 민사 및 가사소송의 사물관할에 관한 규칙 제3조(가정법원 및 그 지원 합의부의 심판범위)

[참고문헌] 김주수/김상용, 주석 민법, 친족(4)(제5판), 한국사법행정학회(2016); 주해친족법(제2권)(제2판), 박영사(2025); 송덕수, 친족상속법(제7판), 박영사(2024); 이경희/윤부찬, 가족법(10정판), 법원사(2021); 김연화, "노부모부양에 관한 고찰: 부양의무의 법적 근거 및 법적 성격 중심으로", 가사재판연구Ⅱ, 서울가정법원 가사재판연구회(2011); 법원실무제요, 가사[Ⅱ], 법원행정처(2021); 신영호, "피상속인에 대한 상속인의 부양과 상속과의 관계", 재판자료 제102집 가정법원사건의 제문제(下), 법원도서관(2003); 임종효, "양육비청구권에 관한 기초 이론 및 실무상 쟁점", 사법논집 제51집, 법원도서관(2011); 박병호/김유미, "과거의 양육비 구상", 법학 제35권 제3·4호, 서울대학교 법학연구소(1994)

Ⅰ. 의의

1 어느 사회에서나 자기가 가진 재산이나 스스로의 노동력만으로는 생존조차 어려운 사람들이 존재하기 마련이고, 이러한 사람들 또한 우리 사회의 구성원으로서 이들의 생명권과 인간다운 생활을 할 권리를 보장하는 것은 중대한 사회문제일 뿐만 아니라 이들이 속한 가족이나 친족 내부에서도 매우 중요한 문제이다.

2 민법 제7장(민법 제974조 내지 제979조)은 위와 같이 부양이 필요한 사람들에 대한 부양의무를 가속 또는 친족에게 지우고 있고, 이는 일종의 사적 부양으

로서 부양이 필요한 사람에 대한 원칙적인 형태의 부조이다. 국민기초생활보장법과 같이, 국가가 나서서 자신의 생활의 유지·향상을 위하여 그의 소득, 재산, 근로능력 등을 활용하여 최대한 노력하더라도 건강하고 문화적인 최저생활을 유지할 수 없는 사람에게 필요한 급여를 실시하여 이들의 최저생활을 보장하고 자활을 돕는 것(국민기초생활보장법 제1조, 제3조, 제4조)은 공적 부양이라 할 수 있고, 이는 어디까지나 사적 부양을 보충하는 제도적 장치이다.

Ⅱ. 연혁

3 민법상 부양에 관한 규정들은 1958. 2. 22. 민법이 제정된 이래, 호주와 가족 사이의 부양의무에 관한 규정(민법 제974조 제2호)이 1990. 1. 13. 민법개정으로 삭제된 것을 제외하고는 그대로 유지되고 있다.

4 1990. 1. 13. 개정된 민법은 민법 제777조 등 친족의 범위 관련규정을 개정하고, 호주와 가족 사이의 부양의무를 규정한 민법 제974조 제2호를 삭제하면서, 부칙 제11조에서 "구법에 의하여 부양의무가 개시된 경우에도 이 법 시행일부터 이 법의 규정을 적용한다."라고 정하였다.

Ⅲ. 입법례[1]

5 1. 독일에서는 경제적으로 곤란에 처한 노인이 도움을 받기 위하여 자기 자녀에 대하여 부양료의 지급을 청구하거나 국가에 대하여 사회보조금을 신청할 수 있다. 사회보조금은 원칙적으로 2차적인 성질을 가지므로, 국가는 부양의무가 있는 친족에 대하여 구상권을 행사할 수 있으나 국가가 구상권을 행사할 것인가의 여부는 재량에 달려 있다. 독일에서는 판례를 통하여 부양의무자가 자기의 생활을 유지할 수 있는 재산을 보유하고 여유가 있는 때에 부모를 부양할 의무가 있다는 원칙이 형성되어 왔고, 성년 자녀에게 부모를 부양하기 위하여 자신이 사용하는 대지나 가옥을 매도할 것을 요구할 수 없다.

6 2. 스위스민법은 부모의 미성년 자녀에 대한 부양의무와 친족 간의 부양의무를 구별하고 있다. 부모의 미성년 자녀에 대한 부양의무는 일방적이고, 포괄

1 김주수/김상용, 주석 민법, 친족(4)(제5판), 한국사법행정학회(2016), 368, 370~371.

적이며, 무조건적인 것으로서, 부모는 곤궁함속에서도 미성년 자녀와 모든 것을 나누어야 한다. 반면 친족 간의 부양의무는 구체적인 사정에 따라 인정될 수도 있고, 그렇지 않을 수도 있다. 친족 사이에서도 곤궁에 처한 경우에는 상호 경제적으로 부양할 의무가 인정되지만, 부양을 필요로 하는 사람은 자기가 이제껏 누려왔던 생활수준을 보장해 달라고 청구할 수는 없다. 또한 부양의 의무가 있는 사람도 자기의 생활수준을 낮추어가면서까지 곤궁에 처한 친족을 부양할 필요는 없다. 그리고 부양의무를 결정하는 데에는 당사자 사이의 관계도 상당한 비중으로 고려된다. 자녀에 대한 부양의무를 제대로 이행하지 않았던 부모는 자신이 곤궁한 상태에 처한 경우에도 자녀에 대하여 부양을 청구할 수 없다.

IV. 부양의무의 종류

1. 부양의무의 유형과 성질[2]

가. 제1차적 부양의무

7 제1차적 부양의무는 자기의 생활수준을 낮추어서라도 상대방의 생활을 자기와 같은 수준으로 보장해야 하는 내용의 부양의무를 의미하고, 제1차적 부양의무가 인정되는 대표적인 경우는 부부간의 부양과 부모의 미성년 자녀에 대한 부양을 들 수 있다. 부부간의 부양에 관한 근거규정은 부부 사이의 부양·협조의무를 규정한 민법 제826조 제1항이고, 대법원도 "부부 사이의 부양과 협조는 부부가 서로 자기의 생활을 유지하는 것과 같은 수준으로 상대방의 생활을 유지시켜 주는 것을 의미한다.[3] 부부 사이의 상호부양의무는 혼인관계의 본질적 의무이고 부양받을 자의 생활을 부양의무자의 생활과 같은 정도로 보장하여 부부 공동생활을 유지할 수 있게 하는 것을 내용으로 하는 제1차 부양의무"라고 판시하였다.[4] 부모의 미성년 자녀에 대한 부양의무의 경우 명시적인 근거규정이 존재하지 않으나, 부모는 그 소생의 자녀를 공동으로 양육할 책임이 있고, 그 양육에 소요되는 비용도 원칙적으로 부모가 공

2 견해대립이 있으나, 부양의무를 제1차, 제2차적 부양의무로 준별하는 통설과 판례의 태도에 따라 기술한다.

3 대법원 2017. 8. 25. 자 2014스26 결정 참조.

4 대법원 2012. 12. 27. 선고 2011다96932 판결.

동으로 부담하여야 하는 것이며, 이는 부모 중 누가 친권을 행사하는 자인지 또 누가 양육권자이고 현실로 양육하고 있는 자인지를 물을 것 없이 친자관계의 본질로부터 발생하는 의무라고 할 것이다.[5]

나. 제2차적 부양의무

8 제2차적 부양의무는 부양의무자가 자기의 사회적 지위에 상응하는 생활을 하면서 생활에 여유가 있음을 전제로 하여 부양을 받을 자가 자력 또는 근로에 의하여 생활을 유지할 수 없는 경우에 한하여 그의 생활을 지원하는 것을 내용으로 하는 부양의무를 의미하고, 부모의 성년 자녀에 대한 부양의무[6]를 포함한 민법 제974조에서 규정하는 직계혈족 및 그 배우자간, 기타 생계를 같이 하는 친족 간의 부양의무가 제2차적 부양의무에 해당한다.[7]

2. 자녀의 노부모에 대한 부양의무

9 자녀의 노부모에 대한 부양의무를 제1차적 부양의무로 보는 것은 효를 중시해 왔던 전통의 측면과 인도주의적인 측면에서 바람직하다고 볼 수 있지만, 자녀 스스로 부양료를 지급하지 않는 상황에서 노부모가 자녀를 상대로 부양료청구소송을 제기하는 것은 우리 사회의 현실에서 매우 어려운 점, 제1차적 부양의무로 보아 대다수의 노부모에게 자녀에 대한 부양청구권이 인정되면 노부모의 국가에 대한 공적인 부양청구권이 인정될 가능성이 낮아질 수밖에 없는 점, 그 결과 국가에 의한 공적인 부양이 개입할 여지가 없는 노부모들 중 다수가 자녀로부터도 부양료를 받지 못해 부양의 사각지대에 놓이게 될 수도 있는 점 등에 비추어 보면, 자녀의 노부모에 대한 부양의무를 제2차적 부양의무로 보는 것이 실질적으로 노부모를 보호할 수 있다는 측면에서 타당하다.[8]

10 대법원도 "성년인 자녀가 부모에 대하여 직계혈족으로서 민법 제974조 제1호, 제975조에 따라 부담하는 부양의무는 부양의무자가 자기의 사회적 지위에 상응하는 생활을 하면서 생활에 여유가 있음을 전제로 부양을 받을 자가 자력 또는 근로에 의하여 생활을 유지할 수 없는 경우에 한하여 그의 생활을

5 대법원 1994. 5. 13. 자 92스21 전원합의체 결정.
6 대법원 2017. 8. 25. 자 2017스5 결정 참조.
7 대법원 2012. 12. 27. 선고 2011다96932 판결 참조.
8 김주수/김상용, 주석 민법, 친족(4)(제5판), 한국사법행정학회(2016), 369~370.

지원하는 것을 내용으로 하는 제2차 부양의무이다."라고 판시하여 성년 자녀의 노부모에 대한 부양의무를 제2차적 부양의무로 인정하였다.[9]

V. 양육비청구권과 부양료청구권의 관계

11 양육비청구권은 양육친이 비양육친을 상대로 미성년 자녀의 양육에 필요한 비용을 청구할 수 있는 권리로서 실질적으로는 양육친이 자신의 이름으로 자녀의 부양료청구권을 대신 행사하는 것으로 볼 수 있으므로, 부양료청구권과 법적 성질이 대체로 동일하다. 따라서 양육비청구권에도 민법 제979조의 처분금지규정이 적용되고, 양육비청구권 또한 민사집행법 제246조 제1항 제1호가 압류금지채권으로 규정한 '법령에 규정된 부양료'에 포함된다고 할 것이다.

12 한편 양육비청구권은 양육친의 비양육친에 대한 권리로 이해하고 부양청구권은 미성년 또는 성년 자녀의 부모에 대한 권리라고 구분하여 파악하는 견해[10]도 있다. 그러나 양육비와 부양료가 본질적으로 동일한 성격을 가지고 있고, 입법자가 미성년자녀의 부양료 청구와 관련하여 양육자 아닌 다른 사람의 권리행사를 부정하려는 하였다고 보기 어려운 점 등을 고려할 때, 양육비는 부양료를 유개념으로 하는 종개념에 해당하고, 양육비청구권은 자녀의 부모에 대한 부양청구권을 따로 일컫는 용어일 뿐이라고 이해하는 견해[11]가 타당하다. 따라서 유추해석을 통해 미성년자가 부모를 상대로 부양료 지급을 구하여 집행권원을 가진 경우에도 양육비 직접지급명령(가사소송법 제63조의2)이나 담보제공명령 및 일시금 지급명령(제63조의3)을 이용할 수 있다 할 것이다.[12]

VI. 부양청구사건의 가사소송법상 분류

13 1. 부부의 일방이 상대방에 대하여 혼인관계 유지 중 자녀에 관한 양육비를 청구하는 경우에는 가사소송법 제2조 제1항 제2호 나목 1의 부부의 부양·협조 또는 생활비용의 부담에 관한 처분 사건이 된다.

9 대법원 2019. 11. 21. 자 2014스44, 45 전원합의체 결정
10 박병호/김유미, "과거의 양육비 구상", 법학 제35권 제3·4호, 서울대학교 법학연구소(1994), 207.
11 임종효, "양육비청구권에 관한 기초 이론 및 실무상 쟁점", 사법논집 제51집, 법원도서관(2011), 223.
12 주해친족법(제2권)(제2판), 박영사(2025), 1628(최준규); 임종효, "양육비청구권에 관한 기초 이론 및 실무상 쟁점", 사법논집 제51집, 법원도서관(2011), 222.

14 2. 양육친이 비양육친에 대하여 이혼사건 등 혼인의 해소에 따라 자녀에 관한 양육비를 청구하는 경우에는 가사소송법 제2조 제1항 제2호 나목 3의 자녀의 양육에 관한 처분 사건이 된다. 법적 성질에 관하여 견해의 대립이 있으나, 양육친은 자신의 이름으로 미성년 자녀의 양육비청구권을 행사할 수 있고, 미성년 자녀를 대리해서 양육비청구권을 행사할 수도 있는 것으로 보인다.

15 양육권을 갖는 미성년 후견인의 양육비심판 청구인적격과 관련하여 대법원은 "가사소송법 제2조 제1항 제2호 (나)목 3)은 '민법 제837조(민법 제837조가 준용되는 경우 포함)에 따른 자녀의 양육에 관한 처분과 그 변경'을 마류 가사비송사건으로 정하고, 민법 제837조는 '양육자의 결정, 양육비용의 부담'을 자의 양육에 관한 사항으로 정하며(제2항), '가정법원은 부·모·자 및 검사의 청구 또는 직권으로 자의 양육에 관한 사항을 변경하거나 다른 적당한 처분을 할 수 있다.'고 정하고 있다(제5항). 가사소송규칙 제99조 제1항은 '자의 양육에 관한 처분과 변경에 관한 심판은 부모 중 일방이 다른 일방을 상대방으로 하여 청구하여야 한다.'고 정하고 있다. 또한 민법은 친권의 상실(민법 제924조), 법률행위 대리권·재산관리권의 상실(제925조)에 관한 규정만을 두고 있었으나, 2014. 10. 15. 법률 제12777호로 개정되면서 가정법원은 친권 상실 사유에 이르지 않더라도 미성년 자녀의 복리를 위해서 친권의 일부를 제한할 수 있다는 규정(제924조의2)을 신설하였고, 가정법원은 미성년 자녀의 보호에 공백이 생기는 것을 막기 위해 친권의 일부 제한 등으로 그 제한된 범위의 친권을 행사할 사람이 없는 경우 미성년후견인을 직권으로 선임하며(제932조 제2항, 제928조), 이 경우 미성년후견인의 임무는 제한된 친권의 범위에 속하는 행위에 한정되는 것으로 정하였다(제946조). 이에 따라 가정법원은 부모가 미성년 자녀를 양육하는 것이 오히려 자녀의 복리에 반한다고 판단한 경우 부모의 친권 중 보호·교양에 관한 권리(민법 제913조), 거소지정권(제914조) 등 자녀의 양육과 관련된 권한(이하 '양육권'이라고 한다)만을 제한하여 미성년후견인이 부모를 대신하여 그 자녀를 양육하도록 하는 내용의 결정도 할 수 있게 되었다. 앞서 본 규정 내용과 체계, 민법의 개정 취지 등에 비추어 보면, 가정법원이 민법 제924조의2에 따라 부모의 친권 중 양육권만을 제한하여 미성년후견인으로 하여금 자녀에 대한 양육권을 행사하도록 결정한 경우에 민법 제837조를 유추적용하여 미성년후견인은 비양육친을 상대로 가

사소송법 제2조 제1항 제2호 (나)목 3)에 따른 양육비심판을 청구할 수 있다고 봄이 타당하다."고 판시하였다.[13]

16 3. 자녀가 비양육친을 상대로 청구하는 경우에는 가사소송법 제2조 제1항 제2호 나목 8의 친족 간 부양에 관한 처분 사건이 된다. 이때에는 법정대리인이 미성년 자녀를 대리할 필요가 있고, 부모가 공동친권자라면 원칙적으로 친권자인 비양육친을 대신할 특별대리인을 선임하여 다른 친권자와 공동으로 미성년자를 대리함이 타당하다.[14]

Ⅶ. 부양에 관한 사건의 일반적 절차

1. 관할

17 **가.** 가사소송법 제2조 제1항 제2호 나목의 마류 비송사건은 상대방의 보통재판적이 있는 곳의 가정법원이 관할한다(가사소송법 제46조). 상대방이 여러 명인 때에는 관련재판적에 관한 민사소송법 제25조의 규정이 준용되어(가사소송법 제47조) 상대방 중 1명의 보통재판적이 있는 곳의 가정법원에 토지관할이 있게 된다. 부양에 관한 처분 사건의 사물관할은 가정법원의 단독판사에 속한다(민사 및 가사소송의 사물관할에 관한 규칙 제3조).

18 **나.** 민법 제974조 소정의 부양권리자와 부양의무자에 해당하지 않는 사람들 사이에 체결된 부양에 관한 계약은 민법 제976조, 제977조에서 규정하는 부양에 관한 당사자의 협의에 해당하지 않으므로 그 이행을 구하는 것은 순수한 민사소송사항에 속할 뿐 부양에 관한 처분사건에 해당하지 않는다.

2. 심리

19 **가.** 본안 소송계속 중 임시로 부양료가 지급되어야 할 필요성이 있다면, 법원은 직권 또는 신청에 의하여 부양료 지급 사전처분을 할 수 있고(가사소송

13 대법원 2021. 5. 27. 자 2019스621 결정.

14 이에 대하여 미성년자라 하더라도 권리만을 얻는 행위는 법정대리인의 동의가 필요 없으므로(민법 제5조 제1항 단서), 이 경우 미성년자가 법정대리인의 대리를 통해서가 아니라 직접 유효하게 행위를 할 수 있기 때문에 미성년 자녀가 법정대리인의 대리를 통하지 않고 직접 부모를 상대로 양육비의 지급을 구할 수 있다는 반대 견해로, 임종효, "양육비청구권에 관한 기초 이론 및 실무상 쟁점", 사법논집 제51집, 법원도서관(2011), 249.

법 제62조 제1항), 사전처분은 실무상 부양료청구 사건뿐만 아니라 이혼소송이 제기된 경우에도 많이 활용된다. 그런데 부부 사이에 이혼소송이 계속 중인 경우, 민법 제837조에서 이혼과 자의 양육책임을 규정하고 있음에도 불구하고 이혼소송에서 청구 기각을 구하는 입장이라는 이유만으로 이혼소송과 별개로 혼인 지속을 전제로 하여 부부간의 부양의무에 기하여 양육비의 지급을 구하는 부양료청구소송을 제기하는 것은 이를 양립 가능하다고 볼 근거가 명확하지 아니할 뿐 아니라 별개의 사건으로 처리되면 자칫 모순되는 결과를 가져올 우려가 없지 아니하므로,[15] 이혼소송이 계속 중인 법원에 양육비(부양료) 사전처분을 신청하는 것이 바람직할 것이다.

20 **나.** 마류 비송사건에 해당하는 부양에 관한 사건에도 조정전치주의가 적용된다(가사소송법 제50조 제1항). 부양에 관하여는 당사자 사이의 협의가 언제나 우선하는 것이지만, 부양권리자를 어느 누구도 부양하지 않기로 하는 합의와 같이 부양의 본질에 반하는 내용의 조정이나 합의는 허용되지 않는다.

21 **다.** 부양에 관한 사건에서 심판계속 중 부양권리자 또는 부양의무자 중 어느 한쪽이 사망하면 사망 이후의 부양의무는 당연히 소멸하지만, 사망 이전에 이미 발생된 부분은 상속된다고 볼 것이므로, 상속인이 절차를 수계하게 될 것이다.

22 **라.** 부양에 관한 사건이 심판, 조정, 화해 등으로 확정된 경우 부양권리자는 이행명령(가사소송법 제64조)과 과태료(제67조), 감치(제68조) 등 집행에 관한 제도를 활용할 수 있다.

23 **마.** 심판에 대하여는 당사자 또는 이해관계인이 즉시항고를 할 수 있으므로(가사소송규칙 제109조) 그 심판이 확정되어야 효력이 생긴다. 즉시항고를 할 수 있는 이해관계인으로는 부양의무자가 아니면서 부양권리자를 사실상 부양하고 있는 제3자 등을 들 수 있다. 확정된 심판에 의하여 당사자의 구체적인 권리의무가 형성, 확정되므로 심판에는 형성력이 있고, 금전의 지급 등을 명하는 심판은 집행권원이 되므로 그 범위 내에서는 집행력도 있으나 기판력은 없다.

15 서울가정법원 2015. 12. 2. 자 2015브35 결정(재항고기각으로 확정).

24 **바.** 심판이 확정된 후 부양관계에 관한 사정변경이 있는 때에는 가정법원은 당사자의 청구에 의하여 그 심판을 취소 또는 변경할 수 있다(☞ 상세한 내용은 민법 제978조 주석 참조).

3. 심판의 주문례

가. 부양의 순위결정의 심판의 경우

25 상대방을 청구인에 대한 부양의무자로 정한다.

26 참가인에 대한 부양의무자를 상대방으로 정한다.(부양의무자가 다른 부양의무자를 상대방으로 하여 심판청구를 하고 부양권리자가 참가한 경우)

나. 부양료의 지급을 명하는 심판

27 상대방이 이행하여야 할 의무의 내용을 구체적으로 특정하여야 하고, 일시급을 명하는 경우의 주문례는 "상대방은(또는 "상대방들은 연대하여") 청구인에게 ○○원을 지급하라."이고, 정기급을 명하는 경우의 주문례는 "상대방은 청구인에게 2018. 12. 31.부터 2030. 12. 31.까지(또는 "청구인이 사망에 이르기까지") 월 ○○원씩을 매월 말일에 지급하라.", "청구인에게, 상대방 A는 2018. 12. 31.부터 월 ○○원씩 매월 말일에, 상대방 B는 2018. 12. 31.부터 월 □□원씩 매년 6. 30.에, 상대방 C는 △△원씩 매년 12. 31.에 각 지급하라."이다.

제 974 조 [부양의무]

다음 각호의 친족은 서로 부양의 의무가 있다.

1. 직계혈족 및 그 배우자간
2. 삭제 <1990. 1. 13>
3. 기타 친족 간(생계를 같이 하는 경우에 한한다.)

[관련조문] 민법 제766조(손해배상청구권의 소멸시효), 제767조(친족의 정의), 제768조(혈족의 정의), 제769조(인척의 계원), 제770조(혈족의 촌수의 계산), 제771조(인척의 촌수의 계산), 제772조(양자와의 친계와 촌수), 제775조(인척관계 등의 소멸), 제776조(입양으로 인한 친족관계의 소멸), 제777조(친족의 범위), 제826조 제1항(부부간의 의무), 제975조(부양의무와 생활능력)

[참고문헌] 김주수/김상용, 주석 민법, 친족(4)(제5판), 한국사법행정학회(2016); 주해친족법(제2권)(제2판), 박영사(2025); 법원실무제요, 가사[Ⅱ], 법원행정처(2010); 임종효, "양육비청구권에 관한 기초이론 및 실무상 쟁점", 사법논집 제51집, 법원도서관(2011); 이수영, "과거 양육비 청구권의 소멸시효", 민사재판의 제문제 제21권, 한국사법행정학회(2012); 차성안, "국민연금법의 유족연금 수급권자", 서울대학교 대학원 박사학위논문(2011)

Ⅰ. 부양에 관한 권리·의무의 특성

1. 발생과 소멸

1 민법 제974조에서 규정하고 있는 부양의무는 제2차적 부양의무에 해당한다. 이때의 부양의무는 ① 당사자들이 일정한 친족관계(민법 제974조)에 해당하고, ② 부양을 받을 자가 자기의 자력 또는 근로에 의하여 생활을 유지할 수 없어야 하며(민법 제975조), ③ 부양의무자가 자기의 사회적인 지위나 신분에 적합한 생활정도를 낮추지 않고 부양할 수 있을 만한 여유가 있어야 발생하고, 위의 요건 중 하나라도 소멸하면 부양의무는 소멸하게 된다.

2. 부양청구권의 특성

2 부양을 받을 권리는 신분법상의 권리임과 동시에 타인의 급부를 요구하는 것이므로 채권과 유사한 신분적 재산권에 해당된다. 부양을 받을 권리는 ① 행사상·귀속상 일신전속권으로서 채권자의 대위행사가 허용되지 않고(민법 제404조 제1항), 상속[1]되지 않으며(민법 제1005조 단서), ② 타인에게 양도할 수 없고 또 장래에 향하여 포기할 수 없으며(민법 제979조), ③ 강제집행절차에서 압류가 금지되고(민사집행법 제246조), 파산재단에도 속하지 않으며(채무자회생 및 파산에 관한 법률 제383조), ④ 부양을 받을 권리를 수동채권으로 하는 상계도 금지되고(민법 제497조). ⑤ 부양을 받을 권리가 제3자에 의하여 침해되었을 경우에 권리자는 그 제3자에 대하여 손해배상 청구를 할 수 있다(민법 제750조).

3 한편, 대법원은 "부양받을 권리는 채권에 유사한 일종의 신분적 재산권이라 할 것이므로 그 권리가 충족되지 않음에 관련되는 일반적인 정신상의 고통은 그 재산권의 실현에 의하여 회복되는 것이라고 봄이 상당하고, 부(父)인 피청구인의 청구인들에 대한 부양의무불이행(생모가 부양하고 있던 기간)으로 인한 회복할 수 없는 정신적 손해는 특별사정으로 인한 손해"라고 판시[2]하였다.

Ⅱ. 부양의무가 발생하는 친족관계

1. 직계혈족 및 그 배우자간

가. 직계혈족[3]

4 직계혈족 사이에는 다른 요건을 충족하는 한 상호간에 부양의무가 인정된다(다만 직계혈족 중에서 미성년 자녀에 대한 부모의 부양의무는 제1차적 부양의무이므로 여기서 제외됨). 혼인 외 자녀와 부(父) 사이의 친자관계는 인지에 의해 자의 출생시로 소급하여 발생하므로, 인지전의 부와 자는 원칙적으로 서로 부양의

1 부양료 심판청구 이후 절차 종료 전에 부양권리자 또는 부양의무자 중 일방이 사망하면 사망 이후의 부양의무는 당연히 소멸하므로, 해당 심판청구사건은 당사자의 사망으로 인하여 종료되는 것이 원칙이지만, 사망 이전에 이미 발생된 부분은 상속된다고 볼 것이므로, 상속인이 절차를 수계할 수 있다.

2 대법원 1983. 9. 13. 선고 81므78 판결.

3 직계혈족의 의미에 대하여는 민법 제768조 주석 참조.

무를 부담하지 않는다.[4] 다만, 피인지자는 자신의 양육하고 있지 않은 아버지를 상대로 인지 청구와 동시에 과거 및 장래 부양료를 청구할 수도 있다.[5]

5 대법원은 외국 국적 양육자가 한국 국적 비양육자에 대하여 인지판결 확정 전의 과거양육비를 청구한 사건에서 "민법 제860조는 '인지는 그 자의 출생시에 소급하여 효력이 생긴다.'라고 규정하고 있다. 따라서 인지판결 확정으로 법률상 부양의무가 현실화되는 것이기는 하지만 부모의 법률상 부양의무는 인지판결이 확정되면 그 자의 출생 시로 소급하여 효력이 생기는 것이므로, 양육자는 인지판결의 확정 전에 발생한 과거의 양육비에 대하여도 상대방이 부담함이 상당한 범위 내에서 그 비용의 상환을 청구할 수 있다고 보아야 한다."라고 판시하였다.[6]

나. 직계혈족의 배우자[7]

6 '직계혈족 및 그 배우자간'이란 며느리와 시부모관계, 사위와 장인·장모관계, 계부와 처의 자녀 사이, 계모와 夫의 자녀 사이 등을 의미하고, 다른 요건을 충족하는 한 이들 상호간에 부양의무가 인정된다.

7 배우자가 사망한 경우, 사망한 배우자의 직계혈족이 생존하고 있는 배우자를 상대로, 또는 생존하고 있는 배우자가 사망한 배우자의 직계혈족을 상대로 민법 제974조 제1호에 근거하여 부양을 청구할 수 있는지가 문제될 수 있다. 이에 대하여 이혼율·재혼율의 증가로 친생부모 사망시 계부모에 의한 계자녀 부양의 필요성이 커진 점, 생계를 같이 하는 경우에 한하여 부양의무를 부담하게 되면 계부모에 의한 계자녀의 유기가 가능해 질 수 있는 점 등을 들어 긍정하는 취지의 견해[8]가 있으나 배우자관계는 혼인의 성립에 의하여 발생하고, 당사자 일방의 사망 또는 혼인의 무효·취소, 이혼으로 인하여 소멸하는 것이므로 직계혈족이 사망함으로써 직계혈족과의 배우자관계는 소멸되었기에 생존하고 있는 배우자는 '배우자였던 자'에 불과하여 민법 제974조 제1호의 '직계혈족 및 그 배우자간'에 포함되지 않는다[9]고 보는 것이 타당하다.

4 대법원 1981. 5. 26. 선고 80다2515 판결.
5 대법원 1972. 7. 11. 선고 72므5 판결, 서울고등법원 2012. 10. 10. 선고 2012르1641 판결(확정) 참조.
6 대법원 2023. 10. 31. 자 2023스643 결정.
7 배우자의 의미에 대해서는 민법 제777조 주석 참조.
8 차성안, "국민연금법의 유족연금 수급권자", 서울대학교 대학원 박사학위논문(2011), 29.
9 서울가정법원 2007. 6. 29. 자 2007브28 결정(재항고기각으로 확정).

대법원도, "청구인의 아들이자 상대방과 1975. 2. 4. 혼인신고를 한 망인이 1999. 5. 23. 사망하였고 상대방이 청구인과 생계를 같이 하고 있는 경우가 아니라는 이유로 망인 사망 이후의 부양료청구를 배척"[10]하여 같은 입장이다. 다만 이들 사이에 사망한 망인의 배우자가 재혼하지 않은 경우 인척관계는 존속하므로 민법 제974조 제3호에 의해서 생계를 같이 하고 있는 경우에 한하여 부양의무가 인정될 여지는 있다.

2. 생계를 같이 하는 기타 친족[11]

8 여기서의 친족은 민법 제777조가 규정하는 범위의 친족 중 위 제1항에서 설명한 친족을 제외한 나머지 친족을 의미한다. '생계를 같이 하는' 경우란 공동의 가계 내에서 생활하는 것을 의미한다고 해석되므로, 동거를 하면서 생활공동체관계에 있는 경우뿐만 아니라 동거를 하지 않더라도 기숙사에 거주하면서 학비, 용돈 등을 받아서 생활하는 경우와 같이 공동의 가계에 속한 때에는 생계를 같이 한다고 볼 수 있다.[12]

3. 호주와 가족 간의 부양의무의 삭제

9 1990년 민법일부개정 전에는 호주와 가족 사이에도 부양의무가 있었으나, 개정법에 의하여 이들 사이의 부양의무는 폐지되었다.

4. 신분관계에 관한 다툼이 있는 경우의 처리방법[13]

10 가정법원이 부양에 관한 심판의 전제문제로서 신분관계의 유무에 관하여 심리, 판단할 수는 있지만, 그 심판에는 기판력이 없으므로 후에 가사소송 등에 의하여 신분관계가 부정되면 심판은 그에 배치되는 범위에서는 효력을 상실한다고 보아야 할 것이다. 따라서 당사자 사이의 신분관계의 확정을 위한 가사소송 등이 계속되어 있는 때에는 판결의 확정을 기다려 부양에 관한 심판을 하는 것이 바람직하다.

10 대법원 2013. 8. 30. 자 2013스96 결정.

11 친족의 의미에 대해서는 민법 제767조 주석, 친족의 범위에 대해서는 민법 제777조 주석 각 참조.

12 김주수/김상용, 주석 민법, 친족(4)(제5판), 한국사법행정학회(2016), 373~374; 주해친족법(제2권)(제2판), 박영사(2025), 1645(최준규).

13 법원실무제요, 가사[Ⅱ], 법원행정처(2021), 583.

Ⅲ. 과거의 부양료상환청구

1. 의의

11 부양의무자에게 부양권리자를 부양할 의무가 인정됨에도 이를 이행하지 않는 상태가 지속될 경우 부양권리자는 부양의무자를 상대로 이미 경과한 기간에 관한 부양료, 즉 과거의 부양료상환청구를 할 수 있는 것인지가 문제된다.

2. 사안별 검토

가. 과거의 양육비상환청구[14]

1) 전원합의체 결정의 의의

12 대법원은 종래 일관되게 과거의 양육비상환청구를 인정하지 않았으나,[15] 위 전원합의체 결정으로 종전의 입장을 폐기하고 과거의 양육비상환청구를 인정하였다. 부모의 미성년 자녀에 대한 부양의무는 성질상 자녀의 출생과 동시에 발생하는 것으로서 부모 양쪽이 이를 분담하여야 하므로, 변경된 판례의 태도는 타당하다.

2) 전원합의체 결정의 요지(다수의견)

13 가) 어떠한 사정으로 인하여 부모 중 어느 한 쪽만이 자녀를 양육하게 된 경우에, 그와 같은 일방에 의한 양육이 그 양육자의 일방적이고 이기적인 목적이나 동기에서 비롯한 것이라거나 자녀의 이익을 위하여 도움이 되지 아니하거나 그 양육비를 상대방에게 부담시키는 것이 오히려 형평에 어긋나게 되는 등 특별한 사정이 있는 경우를 제외하고는, 양육하는 일방은 상대방에 대하여 현재 및 장래에 있어서의 양육비 중 적정 금액의 분담을 청구할 수 있음은 물론이고, 부모의 자녀양육의무는 특별한 사정이 없는 한 자녀의 출생과 동시에 발생하는 것이므로 과거의 양육비에 대하여도 상대방이 분담함이 상당하다고 인정되는 경우에는 그 비용의 상환을 청구할 수 있다.

14 나) 한 쪽의 양육자가 양육비를 청구하기 이전의 과거의 양육비 모두를 상대방에게 부담시키게 되면 상대방은 예상하지 못하였던 양육비를 일시

14 대법원 1994. 5. 13. 자 92스21 전원합의체 결정.
15 대법원 1967. 1. 30. 선고 66므40 판결 등.

에 부담하게 되어 지나치고 가혹하며 신의성실의 원칙이나 형평의 원칙에 어긋날 수도 있으므로, 이와 같은 경우에는 반드시 이행청구 이후의 양육비와 동일한 기준에서 정할 필요는 없고, 부모 중 한 쪽이 자녀를 양육하게 된 경위와 그에 소요된 비용의 액수, 그 상대방이 부양의무를 인식한 것인지 여부와 그 시기, 그것이 양육에 소요된 통상의 생활비인지 아니면 이례적이고 불가피하게 소요된 다액의 특별한 비용(치료비 등)인지 여부와 당사자들의 재산 상황이나 경제적 능력과 부담의 형평성 등 여러 사정을 고려하여 적절하다고 인정되는 분담의 범위를 정할 수 있다.

나. 과거의 부양료상환청구

15 1) 판례는 앞서 본 과거의 양육비상환청구와 달리, 부부간 부양 또는 부모와 성년의 자녀·그 배우자 사이의 부양의 경우 특별한 사정이 없는 한 부양의무자에 대한 부양의무 이행청구에도 불구하고 부양의무자가 부양의무를 이행하지 아니함으로써 이행지체에 빠진 후의 것이거나, 그렇지 않은 경우에는 부양의무의 성질이나 형평의 관념상 이를 허용해야 할 특별한 사정이 있는 경우에 한하여 이행청구 이전의 과거 부양료를 인정한다.[16]

16 이때의 이행청구는 재판상청구로 한정되는 것이 아니라 재판외의 청구로 족하고,[17] 여기서 '특별한 사정'이란 요부양상태에 있을 당시 부양청구를 할 수 없었던 합리적 사정으로서, 중병에 걸리거나 교통사고 피해를 입는 등으로 인하여 이례적이고 특별한 고액의 수요가 발생하여 부양권리자가 적시에 필요한 부양청구를 하기 어려운 경우, 부양의무자가 부양료를 계속 지불해 오다가 이를 중단하였고 부양권리자 입장에서 부양료가 지급되리라고 신뢰하여 적시에 부양료 청구를 하지 않은 경우 등을 의미하는 것으로 해석한다.[18]

17 2) 학설로는, 과거 부양료청구를 인정할 것인지 여부는 법이론의 문제라기보다 정책적 판단의 문제라거나, 법적으로 인정되는 의무라면 과거의 것도 청구할 수 있다고 하여야 하고 민법 제163조 제1호에서 정한 3년의 단기 소멸시효를 감안할 때 과거의 부양료도 이행지체 발생과 무관하게 원칙적으로

16 대법원 2012. 12. 27. 선고 2011다96932 판결, 대법원 2013. 8. 30. 자 2013스96 결정 등.
17 대법원 1991. 10. 8. 선고 90므781, 798 판결.
18 주해친족법(제2권)(제2판), 박영사(2025), 1678(최준규).

청구할 수 있다고 보는 견해[19]가 유력하다. 또한, 미성년 자녀에 대한 부모의 부양의무가 자녀의 출생시부터 당연히 발생하는 것처럼 부부 사이의 부양의무도 특별한 사정이 없는 한 혼인의 성립과 더불어 당연히 발생하는 것이어서 부부 사이의 과거부양료청구는 과거양육비와 동일하게 취급해야 한다는 취지로 판례를 비판하는 견해[20]도 있으나, 판례도 부양의무의 성질이나 형평의 관념상 이행지체 이전의 부양료를 청구할 수 있는 경우를 인정하고 있으므로 실제 사건에서 부당한 결론이 발생할 여지는 크지 않다.

다. 이혼 후 과거의 부양료상환청구 등

18 부부가 이혼을 한 후에 일방이 타방에 대하여 과거의 혼인기간부터 혼인해소시까지의 부양료를 청구하는 것이 가능한 것인지 본다. 각급법원 판례 중에는, 청구인이 전혼 배우자를 상대로 민법 제833조에 따라 부부공동생활에 필요한 비용을 청구한 사안에서, 이를 과거 부양료청구로 선해하여 '이 사건 청구 이전에 청구인이 상대방에게 부양의무의 이행을 청구하였다거나, 형평의 관념상 이 사건 청구 이전의 부양료를 인정하여야할 특별한 사정이 있다고 보기 어렵다'는 이유로 청구인의 청구를 받아들이지 않은 사례[21]가 있는 등 위와 같은 경우 청구 자체가 불가능하다고 단정하기는 어렵다.

19 한편, 재산분할에 있어 부부 생활비용 대부분을 부담하였다는 사정 등을 분할비율로 참작하는 것은 별론으로 하더라도, 가사소송규칙 제96조가 혼인비용부담심판의 당사자를 '부부 중 일방'으로 제한하고 있는 취지 등에 비추어 '전혼 부부 중 일방'이 혼인비용부담심판을 신청하는 것은 허용하기 어렵다.

3. 지연손해금의 문제

20 과거의 부양료에 대하여 일시금 지급을 명하는 심판에서 대다수의 각급법원 실무에서는 심판 확정 이후의 지연손해금 부분만을 인용하고 있다.[22]

19 주해친족법(제2권)(제2판), 박영사(2025), 1679(최준규); 송덕수, 친족상속법(제7판), 박영사(2024), 287; 이경희/윤부찬, 가족법(10정판), 법원사(2021), 331.

20 김주수/김상용, 주석 민법, 친족(4)(제5판), 한국사법행정학회(2016), 376.

21 서울가정법원 2018. 4. 13. 자 2017브23 결정(재항고기각으로 확정).

22 임종효, "양육비청구권에 관한 기초 이론 및 실무상 쟁점", 사법논집 제51집, 법원도서관(2011), 296 이하.

4. 관할의 문제

21 이혼한 부부 사이에 있었던 미성년 자녀에 대한 과거의 부양료청구사건[23]에서 대법원은, 가사소송법 제2조 제1항 제2호 나목 3에서 민법 제837조의 규정에 의한 자의 양육에 관한 처분을 가사비송사건으로 규정하면서 그 처분의 대상이 되는 양육에 관한 사항을 장래의 것만으로 한정하고 있지 아니한 점 등을 들어 위 사건을 가정법원의 심판사항으로 보았다.[24] 그 밖에 과거의 부양료상환청구 사건도 가사소송법 제2조 제1항 제2호 나목 1·8에서 장래의 것만으로 한정하고 있지 아니하므로 가정법원의 심판사항으로 보는 것이 타당하다.

5. 소멸시효의 문제

가. 종래의 대법원 판례

22 종래 대법원은 과거 양육비 청구와 관련하여, "양육자가 상대방에 대하여 자녀 양육비의 지급을 구할 권리는 당초에는 기본적으로 친족관계를 바탕으로 하여 인정되는 하나의 추상적인 법적 지위이었던 것이 당사자 사이의 협의 또는 당해 양육비의 내용 등을 재량적·형성적으로 정하는 가정법원의 심판에 의하여 구체적인 청구권으로 전환됨으로써 비로소 보다 뚜렷하게 독립한 재산적 권리로서의 성질을 가지게 된다. 이와 같이 당사자의 협의 또는 가정법원의 심판에 의하여 구체적인 지급청구권으로서 성립하기 전에는 과거의 양육비에 관한 권리는 양육자가 그 권리를 행사할 수 있는 재산권에 해당한다고 할 수 없고, 따라서 이에 대하여는 소멸시효가 진행할 여지가 없다고 보아야 한다."라고 판시하였다.[25]

나. 학설

23 위 판례에 동의하면서 양육비(부양료)채권은 협의·심판으로 구체적 내용과 범위가 확정되기 전까지는 권리를 행사할 수 있는 상태라고 볼 수 없고,[26] 법

23 대법원 1994. 5. 13. 자 92스21 전원합의체 결정.

24 위 전원합의체 결정의 보충의견 참조. 한편, 위 전원합의체 결정에는, 부모의 일방이 상대방에게 자의 양육에 관한 사항에 대하여 협정을 요청하거나 심판을 청구하지 아니한 채 자를 양육한 경우에 과거의 양육비상환을 청구하는 것은, 청구인이 부양의무 없이 부양수요자에게 부양을 하였다고 하여 그 부양의무가 있는 자에게 그 부양료의 상환을 청구하는 것이기 때문에 성질상 민사소송사항이라고 본 반대의견도 있었다.

25 대법원 2011. 7. 29. 자 2008스67 결정 참조.

26 김주수/김상용, 주석 민법, 친족(4)(제5판), 한국사법행정학회(2016), 377; 이경희/윤부찬, 가족법(10정판), 법원사(2021), 332.

률상 혼인관계에 있을 경우 이혼청구 전까지 별도로 양육비를 청구하기 쉽지 않으므로 과거양육비가 소멸시효로 완성되었다고 본다면 부당한 결과에 이를 수도 있다는 것 등을 근거로 드는 견해[27]가 있다.

24 반면, 추상적인 권리의 소멸시효 대상성을 부정하는 것에 논리필연적인 이유가 있다고 볼 수 없고 미성년 자녀 보호의 필요성은 민법 제180조를 통하여 충분히 달성할 수 있다는 등의 이유로 위 판례에 의문을 제기하는 견해도 있다.[28]

다. 대법원 2024. 7. 18. 자 2018스724 전원합의체 결정

25 최근 대법원은 이혼한 부부 사이에서 어느 일방이 과거에 미성년 자녀를 양육하면서 생긴 비용의 상환을 상대방에게 청구하는 경우 자녀가 아직 미성년이어서 양육의무가 계속되는 동안 과거 양육비의 지급을 구할 권리는 종래 대법원 판결과 같이 당사자의 협의 또는 가정법원의 심판에 의하여 구체적인 청구권의 범위와 내용이 확정되지 않는 이상 그 권리의 성질상 소멸시효가 진행하지 않는다고 볼 특별한 사정이 있다고 보아야 하나, 자녀가 성년이 되어 양육의무가 종료된 경우 당사자의 협의 또는 가정법원의 심판에 의하여 구체적인 청구권의 범위와 내용이 확정되지 않은 이상 자녀에 대한 과거 양육비의 지급을 구할 권리의 소멸시효는 자녀가 성년이 된 때부터 진행한다고 판시하여 앞서 본 종래 대법원 판례를 이 결정과 배치되는 범위에서 변경하였다.

라. 소멸시효의 기간

26 협의나 심판으로 구체적 내용이 확정된 양육비청구권 또는 부양료청구권 중 1년 이내의 정기에 지급되는 채권에는 3년의 단기소멸시효가 적용되고 이에 해당하지 않는 채권에는 10년의 소멸시효가 적용될 것이라는 견해[29]가 있으나, 1년 이내의 정기에 지급되는 것이라 하더라도 확정된 심판(조정)에 의하여 양육비채권과 관련한 법률관계가 확정된 경우에는 3년의 단기소멸시효가 적용되지 않고 민법 제165조 제1항이 유추적용되어 10년의 소멸시효가 적용된다는 각급법원 판례도 있다.[30]

27 이수영, "과거 양육비 청구권의 소멸시효", 민사재판의 제문제 제21권, 한국사법행정학회(2012), 529~542.

28 주해친족법(제2권)(제2판), 박영사(2025), 1686(최준규).

29 주해친족법(제2권)(제2판), 박영사(2025), 1684(최준규).

30 서울가정법원 2009. 11. 6. 자 2009브15 결정(재항고기각으로 확정), 창원지방법원 2018. 12. 4. 선고 2018드단14001(항소기각으로 확정).

6. 부양료의 구상

27 부양료는 그 법적 성질에 비추어 사전구상권이 발생한다고 볼 여지가 없고, 다만 공동의 부양의무자가 여럿일 때 부양료를 지급한 일부가 다른 부양의무자에 대하여 구상을 청구하는 경우와 부양의무자가 아닌 제3자가 부양의무자를 상대로 구상을 청구하는 경우에 문제가 될 수 있다.

가. 부양의무자 사이의 구상청구

28 1) 자신이 부담하는 부양의무의 범위를 넘어 부양을 한 부양의무자, 후순위임에도 부양을 한 부양의무자는 다른 부양의무자(적어도 동순위의 부양의무자임을 요한다)를 상대로 사무관리 또는 부당이득을 원인으로 구상청구를 할 수 있다. 이때 구상청구의 상대방으로는, 고의적으로 협정에 응하지 않았거나 협정 또는 심판에 의하여 정해진 부담을 이행하지 않은 부양의무자일 것을 요하고, 부양의무는 있으나 실제로 부양능력이 없는 자는 협정이나 조정·심판에서 제외된다.

29 2) 구상권자가 부양이 아닌 그 밖의 법률관계로 부양권리자에게 부양료를 지급하였다는 사정이 명백하게 입증되지 않은 이상 구상권자가 타인의 채무를 변제할 의도로 부양료를 지급하였다고 보아야 한다.

30 3) 이혼을 한 부모의 일방이 상대방을 상대로 자녀의 양육에 소요된 비용의 상환을 청구한 경우 이러한 사건은 가사소송법 제2조 제1항 제2호 나목 3의 가사비송사건에 해당하고,[31] 모가 성년 자녀의 병원비를 지출한 후 이혼한 전 남편을 상대로 구상을 청구한 경우 이러한 사건은 가사소송법 제2조 제1항 제2호 나목 8의 가사비송사건에 해당한다.[32] 후순위 부양의무자가 될 친족이 다른 친족에게 구상청구를 하는 경우에도 가사소송법 제2조 제1항 제2호 나목 8의 가사비송사건에 해당한다고 봄이 타당하다.

31 반면 부부간의 부양의무를 이행하지 않은 부부의 일방에 대하여 상대방의 친족이 구하는 부양료의 상환청구는 가사소송법 제2조 제1항 제2호 나목 마류사건의 어디에도 해당하지 아니하여 이를 가사비송사건으로 가정법원의

31 대법원 1994. 5. 13. 자 92스21 전원합의체 결정
32 대법원 1994. 6. 2. 자 93스11 결정.

전속관할에 속하는 것이라고 할 수는 없고, 이는 민사소송사건에 해당한다.[33] 위 2011다96932 판결에 대하여는 법원이 민법 제976조, 제977조를 (유추)적용하여 부모와 아내 사이의 부양의무 순위 및 부양방법을 정할 수 있는 점을 고려할 때 유추적용을 통하여 마류 8호 사건으로 볼 수 없는지 의문이 있다며 비판하는 견해가 있다.[34]

32 4) 제1차 부양의무(부부의 일방)와 제2차 부양의무(부모의 성년 자녀에 대한 부양의무)는 의무이행의 정도뿐만 아니라 의무이행의 순위도 의미하는 것이므로, 제2차 부양의무자는 제1차 부양의무자보다 후순위로 부양의무를 부담한다. 따라서 제1차 부양의무자와 제2차 부양의무자가 동시에 존재하는 경우에 제1차 부양의무자는 특별한 사정이 없는 한 제2차 부양의무자에 우선하여 부양의무를 부담하므로, 제2차 부양의무자가 부양받을 자를 부양한 경우에는 소요된 비용을 제1차 부양의무자에 대하여 상환청구할 수 있다.[35] 그리고 민법 제974조, 제975조에 의하여 부양의 의무 있는 사람이 여러 사람인 경우에 그 중 부양의무를 이행한 1인이 다른 부양의무자에 대하여 이미 지출한 과거 부양료의 지급을 구하는 권리는 당사자의 협의 또는 가정법원의 심판 확정에 의하여 비로소 구체적이고 독립한 재산적 권리로 성립하게 되지만, 그러한 부양료청구권의 침해를 이유로 채권자취소권을 행사하는 경우의 제척기간은 부양료청구권이 구체적인 권리로서 성립한 시기가 아니라 민법 제406조 제2항이 정한 '취소원인을 안 날' 또는 '법률행위가 있은 날'로부터 진행한다.[36]

나. 부양의무가 인정되지 않는 제3자의 구상청구

33 민법 제974조에 의하여 부양의무를 부담하지 않는 제3자가 부양을 필요로 하는 상태에 있는 사람에 대하여 부양을 하였다는 이유로 부양의무자를 상대로 구상청구를 할 수도 있는데, 이러한 구상청구권은 실체법상 근거는 사무관리 또는 부당이득 규정이다. 제3자의 부양의무자에 대한 구상청구 사건은 성질상 가정법원의 심판사항으로 보아야 한다는 견해[37]도 있으나, 제3자

33 대법원 2012. 12. 27. 선고 2011다96932 판결.
34 주해친족법(제2권)(제2판), 박영사(2025), 1677(최준규).
35 대법원 2012. 12. 27. 선고 2011다96932 판결.
36 대법원 2015. 1. 29. 선고 2013다79870 판결.
37 김주수/김상용, 주석 민법, 친족(4)(제5판), 한국사법행정학회(2016), 378.

가 부양심판을 청구할 수 있는 법률적인 근거를 찾기 어려우므로 민사사건으로 보아 민사법원이 처리함이 타당하다.[38]

Ⅳ. 약정 부양료의 지급을 구하는 경우의 관할문제

34 약정 부양료, 즉 당사자 사이의 부양료 협정의 이행을 청구한 사건이 가사사건인지 여부가 문제된다. 대법원은, 이혼하면서 처가 자녀의 양육을 맡기로 하되 남편은 막내인 자녀가 대학을 졸업할 때까지 매월 자녀들에 대한 부양료를 지급하기로 한 협정의 이행을 가사사건으로 청구한 사안에서, 당사자에게 부양료 협정의 이행을 명한 원심판결이 정당하다고 하였다.[39]

35 당사자가 부양료 협정에 관한 주장이나 자료제출 없이 약정금청구 형식으로 민사소송을 제기한 경우, 액수 산정과 관련하여 별도 심리가 필요 없고 약정의 존부만이 쟁점으로 다루어지거나, 약정금 내용이 불분명하거나 부양료 이외에 다른 성질의 금원에 관한 약정도 포함된 상황이라면, 그대로 민사사건으로 처리하는 것이 바람직하다.

38 주해친족법(제2권)(제2판), 박영사(2025), 1678(최준규).
39 대법원 1992. 3. 31. 선고 90므651, 668 판결.

제 975 조 [부양의무와 생활능력]

부양의 의무는 부양을 받을 자가 자기의 자력 또는 근로에 의하여 생활을 유지할 수 없는 경우에 한하여 이를 이행할 책임이 있다.

[관련조문] 민법 제974조(부양의무), 제976조(부양의 순위)

[참고문헌] 김주수/김상용, 주석 민법, 친족(4)(제5판), 한국사법행정학회(2016); 임종효, "양육비청구권에 관한 기초 이론 및 실무상 쟁점", 사법논집 제51집, 법원도서관(2011); 제철웅, "부양청구권 및 부양비용 상환청구권에 관한 몇가지 해석론적 제안", 법학논총 제31집 제1호, 한양대학교(2014)

Ⅰ. 의의

1 부양의무는 민법 제974조에서 규정한 신분관계가 존재한다고 하여 당연히 발생한다고 할 수 없다. 일정한 신분관계가 있는 당사자 사이에서 부양의무를 인정하기 위해서는 부양을 받을 자에 관하여는 민법 제975조와 같이 자기의 자력 또는 근로에 의하여 생활을 유지할 수 없어야 하는 요건이 충족되어야 하고, 부양을 할 자에 관하여는 명문의 규정은 없으나 부양을 할 수 있는 자력이 있어야 한다는 요건이 충족되어야 한다. 신분관계를 비롯한 부양의무자와 부양권리자에 관한 위 요건이 모두 충족되어야 현실적으로 부양의무가 발생하지만, 부모의 경우 요건이 충족되지 않더라도 미성년 자녀를 부양할 의무를 부담함은 물론이다.

Ⅱ. 부양의 필요(요부양상태)

2 1. 부양을 받으려고 하는 자는 타인으로부터 부양을 받아야만 할 상태(이른바 요부양상태)에 있어야 한다. 민법 제975조는 요부양상태를 '자기의 자력 또는 근로에 의하여 생활을 유지할 수 없는 경우'라고 규정하고 있다. 요부양상태가 초래된 원인에 관하여 아무런 규정이 없으므로 부양을 받으려는 자의 낭비 등 고의 또는 과실로 인하여 요부양상태가 되었다고 하더라도 이는 부양의 정도를 정함에 있어 참작할 수 있을 뿐 부양의무의 발생 자체를 방해하는 요소라고 볼 수는 없다.

3 2. '자력'이란 재산과 재산적 수입능력을 의미한다. 정기적인 급여소득이나 임대료 등의 수입(과실)이 없는 상태라고 하더라도, 상당한 가치가 있는 재산을 소유하고 있다면 요부양상태에 있다고 보기 어렵다. 이때의 수입은 소유하는 재산으로부터 직접 발생하지 않는 것이라 하더라도 무관하므로, 국민연금을 비롯한 각종 공적·사적 연금, 민법 제726조 이하에서 정한 종신정기금 수입도 포함하는 의미이다.

4 민법 제923조 제2항에 비추어 미성년 자녀가 소유한 재산에서 수취한 과실이 미성년 자녀의 양육비에 충당되어야 한다는 점은 명백하므로, 미성년 자녀가 자신이 소유한 재산에서 발생하는 재산수입으로 생활비용을 조달하기 충분하다면 부모에게 양육비를 청구할 수 없다.[1]

5 3. '근로'란 자기의 노동력을 제공하여 그 대가로 보수를 받는 것을 의미한다.

6 부양을 받을 자가 자력 또는 근로에 의하여 자기의 생활비용 전부를 스스로 부담할 수 없어야 하므로, 생활비용 일부에 부족함이 있다면 부족분에 대한 부양청구가 가능하다.

7 충분한 노동력을 가지고 있는 사람이 합리적 이유 없이 무위도식하면서 살아가고 있음에도 부양을 받을 권리를 인정하는 것은 부당하므로, 근로에 의하여 생활을 유지할 수 없는 경우에 해당하려면 현재 무직으로서 근로소득이 없다는 사정만으로는 충분하지 않고 근로에 종사하여 수입을 얻는 것이 당사자의 건강상태, 사회적 여건 등에 비추어 불가능하거나 현저히 곤란하다고 인정되어야 한다.

Ⅲ. 부양의무자의 자력

8 민법 제975조가 부양의무자의 부양능력을 부양의무 발생요건으로 정하고 있지 않지만, 다른 사람을 부양할 수 있는 능력이 없는 사람에게 부양의무를 인정하는 것은 부당할 뿐만 아니라 부양권리자에게도 별다른 도움이 되지 않으므로, 부양의무자에게 부양능력이 있어야만 부양의무가 발생한다는 점에 대해서는 이론의 여지가 없다.

1 임종효, "양육비청구권에 관한 기초 이론 및 실무상 쟁점", 사법논집 제51집, 법원도서관(2011), 262.

9 다른 사람을 부양할 수 있는 능력이란, 부양의무자의 재산과 수입에서 부양의무자 자신의 사회적 지위에 상응하는 생활비용, 부담하는 채무의 변제에 필요한 금액 및 선순위의 부양권리자에 대하여 현재 지급하는 부양료 액수를 공제하고 남은 잉여가 있는 것을 의미하고, 잉여가 없을 때에는 부양의무자는 부양권리자에 대하여 부양을 해야 할 신분관계에 있더라도, 무자력을 원인으로 부양의 청구에 응하지 않을 수 있다.[2]

10 한편, 미성년 자녀에 대한 양육비지급의무에 관하여는, 미성년 자녀의 부모는 자신의 최저생계비를 제외한 자산, 노동력 등 처분가능한 모든 자력을 동원해서 자신과 미성년 자녀를 부양해야 하고, 결국 노동력이 있을 경우 노동을 해서 생계비를 벌어 자녀를 부양할 가족법상의 의무가 있다는 견해[3]를 참고할 만하고, 서울가정법원이 제정 및 개정하여 공표한 양육비 산정기준표에서도 현재 소득이 없는 부모 또한 최소한의 자녀 양육비에 대하여 책임을 분담하는 것으로 규정하고 있는 것도 비슷한 맥락으로 이해할 수 있다.

2 김주수/김상용, 주석 민법, 친족(4)(제5판), 한국사법행정학회(2016), 419~420.
3 제철웅, "부양청구권 및 부양비용 상환청구권에 관한 몇가지 해석론적 제안", 법학논총 제31집 제1호, 한양대학교(2014), 480.

제 976 조 [부양의 순위]

① 부양의 의무있는 자가 수인인 경우에 부양을 할 자의 순위에 관하여 당사자간에 협정이 없는 때에는 법원은 당사자의 청구에 의하여 이를 정한다. 부양을 받을 권리자가 수인인 경우에 부양의무자의 자력이 그 전원을 부양할 수 없는 때에도 같다.

② 전항의 경우에 법원은 수인의 부양의무자 또는 권리자를 선정할 수 있다.

[관련조문] 민법 제974조(부양의무), 제978조(부양관계의 변경 또는 취소), 가사소송법 제2조 제1항(가정법원의 관장 사항)

[참고문헌] 주해친족법(제2권)(제2판), 박영사(2025)

Ⅰ. 의의

1 민법 제976조는 부양의무자 또는 부양권리자가 수인일 경우 이들 사이의 우선순위를 정하는 방법에 관하여 규정하고 있다. 기본적인 원칙은 당사자 사이에 협정이 있으면 이에 따르고 그렇지 아니할 경우 법원이 이를 정한다는 것이다.

Ⅱ. 각국의 입법례[1]

2 독일 민법과 오스트리아 민법은 배우자가 부양권리자의 다른 친족보다 우선하여 부양의무를 부담하는 것이 원칙인 것으로 규정하고 있다(독일 민법 제1608조 제1항, 오스트리아 민법 제143조 제2항). 다만 독일 민법에서 직계비속이 직계존속보다 우선하여 부양의무를 부담한다고 규정하고 있는 것(독일 민법 제1606조 제1항)과 달리 오스트리아 민법에서는 직계존속이 직계비속보다 우선하여 부양의무를 부담한다고 규정하고 있다.

1 주해친족법(제2권)(제2판), 박영사(2025), 1652(최준규).

Ⅲ. 순위를 정하는 절차와 기준

1. 기본적 원칙

3 부양의무자가 수인일 경우 당사자가 협의하여 순위를 정하거나 협정이 없는 때에는 법원이 당사자의 청구에 의하여 이를 정하게 되는데, 이때의 법원은 가정법원을 의미하고(가사소송법 제2조 제1항 제2호 나목 8), 당사자는 심판을 청구하기에 앞서 조정을 신청하여야 하는 것이 원칙이다(가사소송법 제50조).

2. 협정

4 **가.** '당사자 간에 협정이 없는 때'라 함은 당사자들이 부양의무자 또는 부양권리자의 순위에 관하여 협의를 하였음에도 합의에 이르지 못하였을 때만을 의미하는 것이 아니라, 당사자들의 전부나 일부가 의식불명의 식물인간 상태에 빠져 있는 등 중병을 앓고 있거나 소재가 불명하거나 장기간 해외에 체류하는 등의 사유로 사실상 협의를 할 수 없는 때에 해당하여도 충분하다.

5 **나.** 반드시 부양의무자 전원이 협의에 참가할 필요는 없지만, 현실적으로 부양의무를 부담하게 되는 부양의무자가 협의에서 제외된다면 그 협정은 부양의무자에게 효력이 없으므로 협정이 체결되더라도 별다른 의미가 없다.

3. 심판청구 사건

6 **가.** 부양권리자가 수인인 경우 부양의무자에게 부양권리자 전원을 부양할 만한 자력이 있다면 부양권리자 상호간의 순위를 정할 필요가 없지만, 그러한 자력이 없는 경우에는 부양의무자의 순위를 정하는 것과 마찬가지로 당사자 사이의 협의가 되지 않으면 당사자의 청구에 의하여 가정법원이 순위를 정한다.

7 **나.** 부양권리자가 수인이고 부양받을 순위에 관하여 다툼이 있는 경우에는 부양권리자 중 1명이 다른 부양권리자 및 부양의무자를 상대방으로 하여 청구할 수 있고, 부양의무자가 수인이고 부양할 순위에 관하여 다툼이 있는 경우에는 부양의무자 중 1명이 부양권리자와 다른 부양의무자를 상대방으로 하여 청구할 수도 있다.

8 **다.** 민법 제976조 내지 제978조의 규정에 의한 부양에 관한 심판청구가 있는 경우에, 심판이 당사자 이외의 부양권리자 또는 부양의무자의 부양의 순위, 정도 및 방법에 직접 관련되는 것인 때에는, 가정법원은 그 부양권리자 또는 부양의무자를 절차에 참가하게 하여야 한다(가사소송규칙 제106조). 특히 부양권리자를 제외한 채 부양의무자 중 1명이 여러 명의 다른 부양의무자를 상대방으로 하여 심판청구를 하는 것도 가능하나, 이 경우에는 부양권리자를 절차에 참가하게 하여야 할 것이다. 다만 그 청구가 장래의 부양의 순위, 정도, 방법과는 관계없이 오로지 과거의 부양료의 구상을 구하는 것일 때에는 굳이 부양권리자를 참가하게 할 필요까지는 없다고 본다.

9 **라.** 수인의 부양의무자의 순위를 정한다고 하여 그 중 1인만이 부양의무를 부담할 필요는 없고, 수인에 대한 부양청구가 있을 때 가정법원은 수인의 부양의무자를 선정할 수 있으며, 이때 이들 사이의 부담관계가 연대채무인가 분할채무인가는 가정법원이 재량으로 정할 수 있다. 연대채무로 구성한다면 부양권리자를 두텁게 보호할 수 있으나 부양의무자들 사이의 구상이나 내부적 부담부분을 정하는 문제가 남고, 분할채무로 구성한다면 부양의무자들 사이의 구상문제가 발생하지 않아 분쟁의 일회적 해결이 가능하다는 장점이 있으나 강제집행의 어려움 등으로 부양권리자의 보호가 충분하지 않거나 부양의무자가 자신의 분담액이 결정될 때까지 부양의무 이행을 미룰 위험이 있다.[2] 가정법원이 부양권리자의 순위를 정할 때에도 수인의 권리자를 선정할 수 있다.

10 **마.** 부양의무자의 순위를 정하는 기준에 관하여는 명시적인 규정이 없으므로, 개별적인 사안에서 제반 사정을 종합적으로 고려하여야 할 것이다.

11 다만, 제1차적 부양의무자와 제2차적 부양의무자가 있는 경우에는 부양의무의 성질이나 형평의 관념상 제1차적 부양의무자가 우선하여 부양의무를 부담한다고 보아야 하므로, 부모가 성년 자녀에 대한 부양료를 지출한 경우에는 성년 자녀의 배우자에 대하여 부양료의 상환을 청구할 수 있을 것이다.[3]

2 주해친족법(제2권)(제2판), 박영사(2025), 1673(석광현).

3 대법원 2012. 12. 27. 선고 2011다96932 판결.

12 그리고 친양자 입양에 따른 양자를 제외(친양자 입양이 되었을 경우 종전의 친자관계는 종료하므로 양자를 기준으로 친부모와 양부모의 친족관계가 병존하는 경우는 상정하기 어렵다)한 미성년 양자에 대하여는, 양자가 실질적으로 양부모와 공동생활을 하는 점과 그 밖에 양자제도의 목적과 기능에 비추어 양부모가 친부모보다 우선하여 양자에 대한 부양의무를 부담한다고 봄이 타당하고,[4] 양친자관계가 사실상 파탄되었다고 하더라도 특별한 사정이 없는 한 양친의 부양의무가 우선한다고 할 수 있다.

13 양자의 양부모에 대한 부양의무와 친부모에 대한 부양의무 사이, 양자의 친부모에 대한 부양의무와 친부모의 다른 친자들이 친부모에 대하여 부담하는 부양의무 사이에는 어느 한쪽의 부양의무가 우선한다고 단정할 수 없고 구체적인 사정을 고려하여 개별적으로 판단하는 것이 타당하다.[5]

4 대전고등법원 2005. 7. 1. 자 2004브6 결정(확정) 참조.
5 주해친족법(제2권)(제2판), 박영사(2025), 1655(최준규).

제 977 조 [부양의 정도, 방법]

부양의 정도 또는 방법에 관하여 당사자 간에 협정이 없는 때에는 법원은 당사자의 청구에 의하여 부양을 받을 자의 생활정도와 부양의무자의 자력 기타 제반사정을 참작하여 이를 정한다.

[관련조문] 민법 제975조(부양의무와 생활능력), 제978조(부양관계의 변경 또는 취소), 가사소송법 제2조 제1항(가정법원의 관장 사항)

[참고문헌] 김주수/김상용, 주석 민법, 친족(4)(제5판), 한국사법행정학회(2016); 주해친족법(제2권)(제2판), 박영사(2025); 법원실무제요, 가사[Ⅱ], 법원행정처(2021)

Ⅰ. 의의

1 현대사회에서는 과거와 달리 금전을 지급하는 방식으로 부양의무를 이행되는 것이 일반적이고, 이는 협정이 아닌 심판으로 부양의무의 이행을 명할 경우는 더욱 그러하다. 민법 제977조에서는 협정을 통하여 부양의 정도 및 방법을 정하는 것을 원칙으로 하되, 협정이 없는 때에 법원이 이를 정하도록 하고 있다.

2 앞서 본 바와 같이 부양의무를 제1차적 부양의무와 제2차적 부양의무로 구별하는 이상 상대방의 생활을 자기와 같은 수준으로 보장해야 하는 내용의 부양의무를 부담하는 제1차적 부양의무의 경우에는 부양의무의 성질에서 곧바로 부양의 정도와 방법이 정해지므로 민법 제977조가 실질적으로 문제되는 것은 제2차적 부양의무이다.

Ⅱ. 부양의 정도와 방법을 정하는 고려요소

1. 부양받을 자의 생활정도와 그 비용

3 **가.** '생활정도'를 고려한다고 것은, 부양받을 자의 지위·건강 등에 따라서 최저

한도의 생활을 유지할 수 있는 수준 이상이어야 함을 의미하고, 이 수준의 생활정도를 유지하기 위한 비용은 위의 생활을 유지하는데 필요한 생활의 전비용에서 부양받을 자의 자력 또는 근로의 수입에 의하여 지출할 수 있는 부분을 공제한 것이다.[1] 부양을 받을 자의 연령, 재능, 신분, 지위 등에 따른 교육을 받는데 필요한 비용도 위에서 말한 생활의 전비용에 포함되지만,[2] 자녀의 혼인비용을 부모가 부담하는 것은 인륜에 의한 것일 뿐 이를 부모에게 법적으로 청구할 수 없으므로 성년인 자녀의 결혼비용은 포함된다고 볼 수 없다.[3]

4 **나.** 부양권리자와 부양의무자의 지위는 이들 상호간의 관계에서 인정되는 것에 불과하므로, 특정 부양의무자(B)에 대하여는 부양권리자(A)라 하더라도 그 부양권리자(A)도 제3자(C)에 대하여는 부양의무자가 될 수 있다. 위 부양의무자(B)가 부양권리자(A)에게 지급하는 부양료에 위 부양권리자(A)가 제3자(C)에 대하여 부담하는 부양료까지 포함된다고 볼 수는 없고, 제3자(C)의 부양청구권은 별도의 법률관계에 따라 해결되어야 할 문제일 뿐이며, 이는 위 부양의무자(B)가 제3자(C)와의 관계에서 부양의무를 부담한다고 하여도 마찬가지다.

2. 부양의무자의 자력

5 부양의무자에게 다른 사람을 부양할 수 있는 능력이 있어야 한다는 것은 부양의무의 발생요건에 해당하는데, 민법 제977조에서는 부양의무자의 자력을 부양의 정도와 방법을 정함에 있어 참작할 요소로 규정하고 있다. 따라서 부양의무자에게 부양능력이 없다는 사정이 명백하지 않은 이상 부양의무자의 생활이 어렵다는 사정은 통상적으로 부양의 정도와 방법을 정할 때 고려될 것이다(☞ 다른 사람을 부양할 능력의 의미에 관하여는 민법 제975조 주석 참조).

6 부양권리자의 생활정도와 비용 등을 고려할 때 필요한 부양료의 액수가 부양의무자의 부양능력을 초과한다면, 해당 부양의무자는 부양능력의 한도 내에서 부양의무를 부담할 뿐이고, 부족한 부분에 대하여는 해당 부양권리자에 대한 그 밖의 부양의무자(차순위 또는 동순위)의 부담으로 돌아갈 뿐이다.

1 김주수/김상용, 주석 민법, 친족(4)(제5판), 한국사법행정학회(2016), 425.
2 대법원 1986. 6. 10. 선고 86므46 판결 참조.
3 대법원 1979. 6. 12. 선고 79다249 판결 참조.

3. 기타 제반사정

7 **가.** 기타 제반사정에는 부양의무자와 부양권리자의 생활내력, 이들 사이의 친소나 교제의 상태, 부양권리자가 요부양상태에 놓이게 된 원인, 심판 당시에 장래 당연히 발생될 것이 예상되는 사정 등을 들 수 있고, 이러한 사정들을 고려요소로 삼을 때에는 일반 사회의 경험칙과 상식에 부합하여야 한다.

8 부양권리자가 요부양상태에 놓이게 된 것이 자신의 잘못, 즉 도박 또는 낭비에 기한 것인지, 아니면 선천적 장애나 불의의 사고와 같이 그에게 책임을 돌릴 수 없는 사유에 기한 것인지 여부 등에 따라 부양의 정도는 달리 정해져야 한다.

9 게다가 부양의무자와 부양권리자의 생활내력과 이들 사이의 관계도 중요한 고려요소이므로, 부양권리자인 부모가 부양의무자인 성년의 자녀를 과거에 성실하게 양육하였는지 여부나 양육과정에서 자녀에 대하여 심각한 유기, 학대행위를 하였는지 여부 등도 참작할 수 있으며, 사안에 따라서는 부모가 성년의 자녀를 상대로 부양료의 지급을 구할 경우 신의칙 등을 근거로 부양청구가 허용되지 않는다고 볼 수 있는 경우도 있을 것이다. 그러나 불가피한 사유로 어쩔 수 없이 미성년 자녀를 제대로 양육하지 못하는 등의 참작사유가 있는 때에는, 어린 시절 자녀를 곤궁하게 한 부모라는 이유만으로 성년인 자녀에게 부양을 청구할 수 없다고 보기 어렵다.

10 **나.** 각급법원 판례 중에는, '자녀들이 청구인인 아버지가 양육의무를 전혀 이행하지 않은 점 등을 들어 부양료 심판청구의 기각을 구하였으나, 이는 부양의 정도나 방법을 정하면서 참작함에 그치는 것이라고 하여 일부 부양료 지급의무를 인정한 사례'[4]가 있고, 1941년생(심판 당시 75세)으로서 부(父)인 청구인이 1977년생(심판 당시 39세)으로서 자녀인 상대방을 상대로 청구인 사망시까지 월 200만 원씩의 부양료 지급을 청구한 사안에서, '청구인이 과거에 처와의 혼인관계 파탄의 원인을 제공하여 결국 두 사람이 이혼하면서 그 자녀인 상대방에게 경제적인 부담과 함께 정신적인 고통을 가하였다면, 청구인이 이제 와 자신의 권리를 주장하며 상대방에게 부양료를 청구하는 것은 신의칙에 반하거나 권리남용에 해당하여 부당하므로 부양료 심판청구를 기각한 사례'[5]도 있다.

4 청주지방법원 제천지원 2006. 3. 31. 자 2005느단140 심판(확정).
5 부산가정법원 2018. 2. 19. 자 2016브49 결정(확정).

Ⅲ. 신분관계별 쟁점

1. 부부 사이

11 **가.** 부부의 일방이 정당한 이유 없이 동거를 거부함으로써 자신의 협력의무를 스스로 저버리고 있다면, 상대방의 동거청구가 권리의 남용에 해당하는 등의 특별한 사정이 없는 한, 상대방에게 부양료의 지급을 청구할 수 없다고 판단한 대법원 판례[6]와 관련하여, 별거에 관하여 부양청구인에게 유책성이 있다고 하여 언제나 부양청구를 부정하는 것은 타당하지 않고 별거와 관련한 유책성, 별거경위, 별거기간, 부부관계의 회복가능성, 회복을 위해 기울인 노력의 정도 등을 고려하여 부양의무의 감면 여부를 결정하여야 한다는 견해가 있다.[7]

12 그러나 위 대법원 판례에 의하더라도 동거거부에 대한 정당한 이유나 동거청구의 정당성 유무를 심리하여 동거청구를 거부하고 있는 배우자의 부양료 청구가 인정될 가능성이 있고, 위 견해가 들고 있는 여러 가지 사정들은 부양료의 액수 산정시 참작할 수 있을 것이다.[8]

13 **나.** 한편 대법원은 부부간 부양의무에 대하여 "혼인관계의 본질적 의무로서 부양받을 자의 생활을 부양의무자의 생활과 같은 정도로 보장하여 부부공동생활의 유지를 가능하게 하는 것이므로, 혼인이 사실상 파탄되어 부부가 별거하면서 서로 이혼소송을 제기하는 경우라고 하더라도, 특별한 사정이 없는 한 이혼을 명한 판결의 확정 등으로 법률상 혼인관계가 완전히 해소될 때까지는 부부간 부양의무가 소멸하지 않는다고 보아야 한다"고 판시하면서 "① 부부간 부양의무는 부부가 동거하면서 정상적인 부부관계를 유지하는 경우보다는 부부가 어떤 이유에서든지 별거하여 배우자 일방이 상대방에 대하여 부양의무를 이행할 필요성이 있는 경우에 더 큰 의미가 있고, ② 이혼의 효

6 대법원 1991. 12. 10. 선고 91므245 판결.

7 주해친족법 제2권, 박영사(2025), 1661(윤진수).

8 부부 사이의 부양료 액수는 당사자 쌍방의 재산 상태와 수입액, 생활정도 및 경제적 능력, 사회적 지위 등에 따라 부양이 필요한 정도, 그에 따른 부양의무의 이행정도, 혼인생활 파탄의 경위와 정도 등을 종합적으로 고려하여 판단하여야 한다는 판례로, 대법원 2012. 12. 27. 선고 2011다96932 판결 참조.

력이 발생되지 않으면 여전히 법률상 부부관계가 남아 있는 것으로 당사자의 의사에 따라 언제든지 다시 정상적인 부부관계로 회복될 여지가 있으며, ③ 재산분할청구 사건에서 혼인 중 이룩한 재산관계의 청산뿐 아니라 이혼 이후 당사자들의 생활보장에 대한 배려 등 부양적 요소, 사실심 변론종결 당시까지의 부양 상황 등을 함께 고려하여 재산분할의 대상과 액수를 정하게 되는데, 이는 이혼의 확정을 전제로 발생하는 것이므로 이혼이 확정되기 전까지의 부양적 요소는 별도의 부양료 심판 등에서 고려될 필요가 있고, 특히 부양이 필요한 배우자가 소득이 없는 경우에는 더욱 그러하고, ④ 부양의무자의 이혼 등 본소에 대하여 부양권리자가 이혼 등의 반소를 제기하였다는 사정은 이혼 의사가 합치되었다는 사정에 불과할 뿐 여전히 둘 사이에는 혼인파탄의 책임 및 부부공동재산의 범위에 관한 분쟁이 남아 있어 혼인이 완전히 해소되었다고 볼 수는 없다"는 것을 근거로 상대방이 이혼 등 청구의 반소를 제기한 날 이후부터는 이혼의사의 합치가 있어 청구인에게 정상적인 부부관계가 유지되고 있음을 전제로 한 부양의무가 인정된다고 볼 수 없다고 판단한 원심결정을 파기하고, 부부간 부양의무의 성격 및 이혼소송 중 소득이 없는 부양권리자에 대한 부양료 지급의 필요성 등을 심리하여 부양의무의 종기를 판단하였어야 한다고 판시하였다.[9]

2. 성년 자녀의 교육비용

14 **가.** 성년이 된 자녀는 민법 제974조를 근거로 부모에게 교육비용[10]을 청구할 수 있을 뿐(가사소송법 제2조 제1항 제2호 나목 8), 이혼 당시 미성년이던 자녀의 양육자로 지정된 부모 중 일방이 미성년 자녀임을 전제로 하여 규정된 민법 제837조의 양육비 규정(가사소송법 제2조 제1항 제2호 나목 3)에 따라 비양육친을 상대로 자녀가 성년이 된 이후 발생한 교육비용을 청구할 수는 없다고 생각된다.

15 다만, 이때의 교육비용은 어디까지나 아래에서 소개하는 대법원 2017. 8. 25. 자 2017스5 결정에서와 같이 제2차적 부양의무 발생요건이 충족되는 한도

9 대법원 2023. 3. 24. 자 2022스771 결정

10 부양의무자에게 과도한 부담을 지우는 유학비용은 부양의무자의 자력 등을 고려하여 신중히 인정되어야 할 것이다. 성년 자녀의 유학비용 상당의 부양료 심판청구를 배척한 것으로는 대법원 2017. 8. 25. 자 2017스5 결정, 부산가정법원 2019. 1. 10. 자 2018느단200880 심판(확정) 등 참조.

내의 것에 국한될 것으로 보이고, 위와 같은 한도 내의 교육비를 지출한 부모 중 일방은 공동부양의무자인 부모 중 타방에 대하여 가사비송사건으로 구상을 청구할 수 있을 것이다.[11] 학설은, 대학진학률이 매우 높은 우리나라의 현실에서는 성년 자녀의 의사와 능력, 부모의 학력과 자력 등을 종합적으로 고려하여 성년 자녀의 교육비용에 관한 부모의 부양의무가 폭넓게 인정되어야 한다는 취지의 견해[12]가 유력하다.

16 **나.** 혼인관계가 유지되고 있다면, 부부의 일방은 상대방에 대하여 성년 자녀의 교육비용을 생활비용의 부담에 관한 민법 제833조와 가사소송법 제2조 제1항 제2호 나목 1(부부의 생활비용의 부담에 관한 처분)에 근거하여 청구할 수 있다.

17 [판례] 성년 자녀가 부를 상대로 유학비용 상당의 부양료를 청구한 사건[13]

① 결정요지

민법 제826조 제1항에서 규정하는 미성년 자녀의 양육·교육 등을 포함한 부부간 상호부양의무는 혼인관계의 본질적 의무로서 부양을 받을 자의 생활을 부양의무자의 생활과 같은 정도로 보장하여 부부공동생활의 유지를 가능하게 하는 것을 내용으로 하는 제1차 부양의무이고, 반면 부모가 성년의 자녀에 대하여 직계혈족으로서 민법 제974조 제1호, 제975조에 따라 부담하는 부양의무는 부양의무자가 자기의 사회적 지위에 상응하는 생활을 하면서 생활에 여유가 있음을 전제로 하여 부양을 받을 자가 자력 또는 근로에 의하여 생활을 유지할 수 없는 경우에 한하여 그의 생활을 지원하는 것을 내용으로 하는 제2차 부양의무이다.

따라서 성년의 자녀는 요부양상태, 즉 객관적으로 보아 생활비 수요가 자기의 자력 또는 근로에 의하여 충당할 수 없는 곤궁한 상태인 경우에 한하여, 부모를 상대로 그 부모가 부양할 수 있을 한도 내에서 생활부조로서 생활필요비에 해당하는 부양료를 청구할 수 있을 뿐이다.

나아가 이러한 부양료는 부양을 받을 자의 생활정도와 부양의무자의 자력 기타 제반 사정을 참작하여 부양을 받을 자의 통상적인 생활에 필요한 비용의 범위로 한정됨이 원칙이므로, 특별한 사정이 없는 한 통상적인 생활필요비라고 보기 어려운 유학비용의 충당을 위해 성년의 자녀가 부모를 상대로 부양료를 청구할 수는 없다.

11 대법원 1994. 6. 2. 자 93스11 결정.

12 주해친족법(제2권)(제2판), 박영사(2025), 1663(최준규).

13 대법원 2017. 8. 25. 자 2017스5 결정.

② 결정이유

재항고인(이하 '청구인'이라 한다)은 원심에서 미국 ○○ ○○○ 대학교 △△학과에 재학 중이어서 자력으로 또는 근로에 의하여 생활을 할 수 없는 경우에 해당한다고 주장하며 아버지인 상대방을 상대로 유학비용 상당의 부양료 지급을 청구하였다. 이에 대하여 원심은 청구인이 상대방의 반대에도 불구하고 미국 유학을 추진한 점 등 그 판시와 같은 사정을 들어, 청구인의 나이 및 건강상태, 학력, 청구인이 구하는 부양료의 내용과 액수 등 제반 사정에 비추어 청구인이 자력 또는 근로에 의하여 생활을 유지할 수 없는 경우에 해당하지 않는다고 보아, 청구인의 위 부양료 청구를 배척하였다. 앞서 본 법리와 기록에 비추어 살펴보면, 원심의 위와 같은 판단에 재항고이유 주장과 같은 민법 제974조 제1호, 제975조에 관한 법리를 오해하거나 논리와 경험의 법칙을 위반하여 자유심증주의의 한계를 벗어나는 등의 위법이 없다.

18 [판례] 성년 자녀가 양부를 상대로 유학비용 상당의 부양료를 청구한 사건, 확정[14]

청구인(1992년생으로서 심판청구 당시 이미 성년) 모의 재혼 후 2014. 8. 1. 계부인 상대방의 자녀로 입양된 청구인이 2014. 9. 해외 대학으로 유학을 갔고, 상대방이 2016. 5. 10. 청구인 모와 협의이혼하고 2017. 5. 이후 청구인의 유학비 지원을 중단한 사안에서, '상대방이 청구인에게 유학을 권유한 사정은 있으나, 상대방이 청구인의 모와 이혼한 후에도 2017. 4.까지 청구인의 유학비용을 부담한 점, 상대방과 청구인 모의 이혼으로 청구인과 상대방 사이의 양친자관계가 계속 유지될 수 있을지 불분명한 점, 청구인의 주장에 의하면 학업이 종료되는 시기는 2018. 12.로서 이 사건 심판청구를 할 당시 유학생활은 4개월 정도밖에 남지 않은 상태였으며, 현재는 그 기간이 이미 도과한 점, 청구인은 모의 도움으로 유학생활을 유지하였으며, 모의 재산은 혼인기간 동안 상대방의 수입으로 형성된 점, 상대방은 현재 직업이 없는 점, 청구인의 나이와 학력, 건강 상태 등에 비추어보면, 청구인이 상대방의 부양을 받지 않으면 생활을 유지할 수 없는 경우에 해당한다거나 상대방이 청구인의 유학비용을 부양료로 지급할 의무가 있다고 인정하기 어렵다'는 이유로 성년 자녀의 양부를 상대로 한 2017. 5.부터 2018. 12.까지의 유학비용(학비, 생활비 등) 합계 9,360만 원 상당의 부양료 심판청구를 기각한 사례.

14 부산가정법원 2019. 1. 10. 자 2018느단200880 심판.

Ⅳ. 부양의 방법

19 1. 부양방법으로 금전부양, 현물부양(금전이 아닌 현물의 제공), 동거부양, 보살핌부양(따로 살면서 부양권리자를 보살피는 것) 등이 있다고 소개[15]되고 있으나, 금전부양을 제외한 나머지 부양방법은 위반시 별도의 위자료청구권 발생의 여지가 있을 뿐 마땅한 강제집행의 방법이 존재하지 않으므로, 협정이나 조정으로 활용될 여지는 있더라도 심판으로 명하기에는 실효성 측면에서 의문이 있어 활용이 매우 저조하고, 실무상 금전부양의 방법이 가장 많이 활용된다.

20 2. 부양료는 통상 매월 정기금의 형식으로 지급되는 것이 일반적이지만, 개별적·구체적 사정을 고려하여 분기 단위, 반기 단위, 연 단위의 지급도 가능하고 일시금의 지급을 명하는 것이 바람직한 경우도 있다. 부양권리자가 도박이나 사치로 부양료를 탕진할 우려가 있는 경우에는 가급적 지급주기를 짧게 설정하는 것이 타당하다.

21 3. 가정법원은 부양료의 지급을 명하는 심판을 할 때 담보를 제공하게 하지 아니하고 가집행할 수 있음을 명하여야 하고(가사소송법 제42조 제1항),[16] 부양료 심판이 확정되기 전까지 임시로 부양료가 지급되어야 할 필요성이 있다면, 부양료 심판을 본안사건으로 하여 직권 또는 신청에 의하여 부양료 지급 사전처분을 할 수 있다(제62조 제1항). 판결, 심판, 조정조서, 조정을 갈음하는 결정 등에 의하여 부양료지급의무가 확정된 경우 부양권리자는 이행명령(가사소송법 제64조)과 과태료(제67조), 감치(제68조) 등의 제도를 활용할 수도 있다.

22 4. 부양당사자의 순위, 부양의 정도 또는 방법이 협정·조정 또는 심판에 의하여 정해진 후에 사정변경이 생겼을 때에는, 가정법원은 당사자의 청구에 의하여 그 협정이나 심판을 취소 또는 변경할 수 있다(민법 제978조).

15 주해친족법(제2권)(제2판), 박영사(2025), 1667(최준규). 이 외에도 연로한 부모를 노인보호시설에 입소시키고 그 비용을 자녀가 부담하는 방식에 의한 시설부양의 방법도 있다는 것에, 법원실무제요, 가사[Ⅱ], 법원행정처(2021), 585.

16 양육비 청구에 관한 대법원 2014. 9. 4. 선고 2012므1656 판결 참조.

23 5. 가정법원은 부양의 정도 또는 방법을 정하거나 이를 변경하는 심판을 하는 경우에는, 필요하다고 인정되는 지시를 할 수 있다(가사소송규칙 제107조). 이는 이행명령과 성질을 달리하는 것으로 친족관계의 조정에 필요한 내용을 의미하고, 가정법원이 후견적 입장에서 하는 권고로서 형성력이나 집행력이 없고, 지시 위반에 대한 특별한 제재도 없다.

V. 부양료 지급의 시기와 종기

1. 시기

24 미성년 자녀에 관한 양육비는 자녀의 출생시부터 발생하고 부부 사이의 부양료는 이행청구 무렵부터 발생한다.[17] 그 밖의 민법상 친족부양에 관해서는 특별한 법률규정이나 명시적인 판례가 없어 가정법원이 일체의 사정을 고려하여 '청구 시점 이후의 적절한 시점'을 선택할 수 있다고 보는 것이 타당하다.

2. 종기

25 **가.** 혼인관계가 유지 중인 부부 사이의 부양료 사건에서는 혼인관계 해소시 또는 별거상태 해소시를 종기로 삼아도 무방하다. 다만 실무상 부양료청구소송 또는 이혼소송이 있을 때 부양료 지급의 사전처분을 할 경우에는 본안사건의 제1심 절차 종료시 또는 본안사건의 확정시를 종기로 정하여 사전처분을 하는 것이 일반적이다.

26 **나.** 미성년 자녀의 양육비에 관하여는 법률규정과 권리의 성질을 고려할 때 자녀가 성년에 이르는 전날을 종기로 정하는 것이 원칙이다.

27 **다.** 그 외 나머지 부양료 사건에서 부양료 지급의 종기는 실무상 부양권리자의 사망시까지 등으로 특정하고 있다.

17 대법원 1994. 5. 13. 자 92스21 전원합의체 결정, 대법원 2008. 6. 12. 자 2005스50 결정 등 참조.

제 978 조 [부양관계의 변경 또는 취소]

부양을 할 자 또는 부양을 받을 자의 순위, 부양의 정도 또는 방법에 관한 당사자의 협정이나 법원의 판결이 있은 후 이에 관한 사정변경이 있는 때에는 법원은 당사자의 청구에 의하여 그 협정이나 판결을 취소 또는 변경할 수 있다.

[관련조문] 민법 제976조(부양의 순위), 제977조(부양의 정도, 방법), 가사소송법 제2조 제1항(가정법원의 관장 사항)

[참고문헌] 김주수/김상용, 주석 민법, 친족(4)(제5판), 한국사법행정학회(2016); 주해친족법(제2권)(제2판), 박영사(2025)

Ⅰ. 의의

1 부양에 관한 법률관계가 심판 등에 의하여 일단 확정된 이후라고 하더라도 이를 그대로 유지할 수 없는 사정변경이 있다면, 법원은 당사자의 청구에 의하여 종전의 협정이나 심판 등을 취소 또는 변경할 수 있다. 부양관계에 관한 당사자의 협정이 있음에도 당사자가 부양의 순위, 정도, 방법에 관한 심판을 청구하는 때에는 청구취지에 협정의 변경 또는 취소가 명백히 나타나지 않더라도 기존 협정의 변경 또는 취소를 구하는 심판청구로 선해할 여지가 크다.

Ⅱ. 사정변경의 의미

2 1. 사정변경은 심판이 확정된 이후에 생긴 것을 의미한다. 부양에 관한 처분의 심판에 있어서는 '그 밖의 여러 사정'을 참작하여야 하고 그 참작하여야 할 사정 중에는 심판 당시에 장래 당연히 발생될 것이 예상되는 사정도 포함되므로 여기에서의 사정변경은 그와 같은 사정을 제외한 것을 말한다.

3 그리고 조정이나 심판의 결과가 단기간에 취소·변경되어 효력을 상실하는 것은 절차의 낭비에 해당할 수 있고 법적 안정성 측면에서도 바람직하지 않으므로 사정변경의 의미는 다소 엄격하게 해석할 필요가 있다. 즉, 부양의 내용을 결정한 후 상당한 기간이 경과하여 물가나 생활수준, 당사자의 수입

등에 큰 변화가 있는 경우, 당사자의 취직·실직·질병 또는 상속에 의한 상당한 규모의 재산취득, 부양을 필요로 하는 친족 또는 부양할 수 있는 친족이 새로 나타난 경우, 당사자 간의 인간관계에 있어서의 심각한 변동(예컨대, 부양권리자가 부양의무자를 살해하려고 한 경우에는 상속결격에 준하여 부양받을 권리도 상실한다고 보아야 할 것이다)이 사정변경에 해당될 수 있는 예[1]이다.

4 2. 대법원은, 이혼하면서 처가 자녀의 양육을 맡기로 하되 자녀들에 대한 부양료로서 남편은 자녀들에게 그가 받는 봉급의 80%와 700%의 상여금을 막내인 자녀가 대학을 졸업할 때까지 매월 지급하기로 한 협정의 이행을 가사사건으로 청구한 사안에서, "부양권리자와 부양의무자 사이에 부양의 방법과 정도에 관하여 협정이 이루어지면 당사자 사이에 다시 협의에 의하여 이를 변경하거나, 법원의 심판에 의하여 위 협정이 변경, 취소되지 않는 한 부양의무자는 그 협정에 따른 의무를 이행하여야 하는 것이고, 법원이 그 협정을 변경, 취소하려면 그럴 만한 사정의 변경이 있어야 하는 것이므로, 부양권리자들이 위 협정의 이행을 구하는 사건에서 법원이 임의로 협정의 내용을 가감하여 부양의무자의 부양의무를 조절할 수는 없다."라고 하면서[2] 당사자에게 부양료 협정의 이행을 명한 원심판결이 정당하다고 하였다.

Ⅲ. 심판의 효력

5 민법 제976조에 의한 취소 또는 변경 심판의 효력에 관하여, 사안에 따라 사정변경 발생시점 등 여러 가지 다른 시점을 기준으로 취소 또는 변경의 효력이 발생한다고 주장하는 견해[3]가 있으나, 취소 또는 변경의 심판은 장래에 향하여 효력을 가지되, 다만, 사정변경이 현저한 경우 부양의무의 본질에 비추어 볼 때 의무를 이행할 필요가 없다는 것이 명백하므로 취소·변경에 관한 협정·조정 또는 심판이 있기 전에도 기존에 정하여진 내용대로의 부양의무 이행을 거부할 수 있다고 보는 견해[4]가 타당하다.

1 김주수/김상용, 주석 민법, 친족(4)(제5판), 한국사법행정학회(2016), 438.
2 대법원 1992. 3. 31. 선고 90므651, 668 판결.
3 주해친족법(제2권)(제2판), 박영사(2025), 1694(최준규).
4 김주수/김상용, 주석 민법, 친족(4)(제5판), 한국사법행정학회(2016), 438.

제 979 조 [부양청구권처분의 금지]

부양을 받을 권리는 이를 처분하지 못한다.

[관련조문] 민법 제404조 제1항(채권자대위권), 제449조 제1항 단서(불가분채권), 제497조(압류금지채권을 수동채권으로 하는 상계의 금지), 제1005조 단서(상속과 포괄적 권리의무의 승계)

[참고문헌] 주해친족법(제2권)(제2판), 박영사(2025); 제철웅, "부양청구권 및 부양비용 상환청구권에 관한 몇가지 해석론적 제안", 법학논총 제31집 제1호, 한양대학교(2014)

1 Ⅰ. 부양을 받을 권리는 부양청구권을 의미한다. 민법 제979조가 부양청구권의 처분을 금지하는 것은 부양청구권이 일신전속권의 성격을 가지는 신분법상 권리의 속성을 가지고 있기 때문이다. 이때의 처분은 양도·포기 또는 담보권설정 등을 의미한다. 부양권리자와 부양의무자 사이에 부양료를 청구하지 않겠다는 합의는 민법 제979조를 위반하여 효력이 없다고 생각된다.

2 Ⅱ. 부양청구권은, 채권자의 대위행사가 허용되지 않고(민법 제404조 제1항), 상속되지 않으며(제1005조 단서, 부양의무도 상속되지 않는다),[1] 타인에게 양도할 수 없고(제449조 제1항 단서) 장래에 향하여 포기할 수 없으며(제979조), 강제집행절차에서 압류가 금지되고(민사집행법 제246조), 파산재단에도 속하지 않으며(채무자회생 및 파산에 관한 법률 제383조), 부양청구권을 수동채권으로 하는 상계도 금지된다(민법 제497조). 다만 대법원은 "가정법원의 심판에 의하여 구체적인 청구권의 내용과 범위가 확정된 후의 양육비채권 중 이미 이행기에 도달한 후의 양육비채권은 상계의 자동채권으로 하는 것이 가능하다."라고 판시[2]하였다.[3] [4]

[1] 다만, 부양료 심판청구 이후 절차 종료 전에 부양권리자 또는 부양의무자 중 일방이 사망한 경우 사망 이전에 발생된 부양료 부분은 상속된다고 보는 것이 타당하다.

[2] 대법원 2006. 7. 4. 선고 2006므751 판결.

[3] 부양료는 아동을 위해 사용되어야 하므로 위와 같은 경우에도 상계가 허용되어서는 안 된다는 견해로는, 제철웅, "부양청구권 및 부양비용 상환청구권에 관한 몇가지 해석론적 제안", 법학논총 제31집 제1호, 한양대학교(2014), 478.

[4] 학설 중에는 협의 또는 심판에 의해 내용과 범위가 확정되고 이행기가 도래한 부양청구권은 처분이 가능하고 상속성도 긍정할 수 있다는 취지의 견해도 유력하게 제시되고 있다. 상세한 내용은 주해친족법(제2권)(제2판), 박영사(2025), 1707(최준규) 참조.

3 파산자로부터 부양을 받는 자의 부양청구권은 재단채권으로서(채무자회생 및 파산에 관한 법률 제473조), 파산절차에 의하지 않고 변제된다(제475조). 또한 파산채권보다 먼저 변제된다(제476조).

제 8 장 호주승계

<삭제 2005. 3. 31.>

제 980 조 ~ 제 996 조

1　민법 제983조(호주상속비용), 제988조(태아의 지위), 제990조(대습상속), 제996조(분묘등의 승계)는 호주상속제도를 호주승계제도로 변경한 1990. 1. 13. 민법 일부 개정에 의하여 삭제되었고, 호주승계에 관한 나머지 조항들은 호주제를 폐지하고 가족에 관한 규정을 새롭게 정한 2005. 3. 31. 민법 일부 개정에 의하여 삭제 되었다(☞ 호주제 폐지에 관하여는 민법 제778조 주석 참조).

찾아보기

사항색인

(ㅌ)

(ㅍ)

(ㅎ)

판례색인

(日)

주석 민법, [친족2] 제7판

제 1 판 발행 1998 년 10 월 10 일
제 2 판 발행 2002년 8 월 30 일
제 3 판 발행 2005년 10 월 15 일
제 4 판 발행 2010 년 11 월 15 일
제 5 판 발행 2016 년 8 월 31 일
제 6 판 발행 2020년 7 월 15 일
제 7 판 인쇄 2025년 7 월 1 일
제 7 판 발행 2025년 7 월 15 일

집필대표 민 유 숙
발 행 인 이 욱 한
발 행 처 韓國司法行政學會
서울특별시 서대문구 경기대로 57 석당빌딩 501호
등 록 1965 년 8 월 27 일 9-94
전 화 (02) 362-2045~8
팩 스 (02) 312-2070
홈페이지 www.law.or.kr
도서몰 www.lexcom.co.kr
ISBN 978-89-8109-902-2
정 가 139,000 원